Joachim von Arnim
ZEITNOT

Joachim von Arnim

ZEITNOT

Moskau, Deutschland und der weltpolitische Umbruch

2. verb. Aufl. 2013

BOUVIER

ISBN 978-3-416-03357-2
©BOUVIER VERLAG, Bonn 2012
Alle Rechte vorbehalten. Ohne ausdrückliche Genehmigung des Verlages ist es auch nicht gestattet, das Werk oder Teile daraus fotomechanisch zu vervielfältigen oder auf Datenträger aufzuzeichnen.
Gedruckt auf FSC-zertifiziertem Papier.

Inhalt

Vorwort von Horst Teltschik	7
Das Modell	11
Die Peripetie	35
Die Anfänge	114
Die Lawine – Auslösung	131
Die Lawine – Beschleunigung	158
Die Lawine – Verbreiterung	193
Die Lawine – Durchbruch	227
Die Eröffnung	255
Endspiel	304
Nachspiel	395
Kritik und Selbstkritik	463
Fazit	509
Anhang	514
Anlage 1	514
Anlage 2	521
Anmerkungen	526
Literaturverzeichnis	533
Personenverzeichnis	541
Abkürzungsverzeichnis	557

Für Claudia

Vorwort

von Horst Teltschik

Den Leser erwartet ein spannendes, aber nicht immer leicht zu lesendes Buch. Joachim von Arnim hat seine Erinnerungen als langjähriger Diplomat im Auswärtigen Dienst der Bundesrepublik Deutschland nicht in der gewohnten Weise niedergeschrieben, wie es viele seiner Kollegen getan haben. Er konzentriert sich vor allem auf die zwei Phasen seiner Karriere, in denen er von 1982 bis 1984 und von 1989 bis 1991 in der Politischen Abteilung der Botschaft in Moskau tätig war, zuletzt als Gesandter und Leiter der Abteilung.

Das waren entscheidende Jahre in der Geschichte der Sowjetunion und in den deutsch-sowjetischen Beziehungen. In der ersten Zeitspanne von 1982 bis 1984 ging es einerseits um den anhaltenden internen Machtkampf in der sowjetischen Führung über die Nachfolge von Generalsekretär Breschnew über Andropow und von dessen Nachfolger Tschernenko zu Generalsekretär Gorbatschow. Andererseits hatten sich in diesem Zeitraum die Ost-West-Beziehungen aufgrund der Aufrüstung der Sowjetunion mit nuklearen Mittelstreckenraketen und der Antwort der NATO mit dem bekannten Doppelbeschluss erheblich abgekühlt. Ein neuer Höhepunkt des Kalten Krieges war erreicht. Die verheißungsvolle Entspannungspolitik mit den Ostverträgen von Willy Brandt und der Unterzeichnung der KSZE-Schlussakte in Helsinki 1975 schien gescheitert zu sein.

Joachim von Arnim, der vor seinem ersten Aufenthalt in Moskau zwei Jahre im Deutschlandreferat und danach im Planungsstab des Auswärtigen Amtes tätig war, hatte sich intensiv in alle Themen der Ost-West-Beziehungen einarbeiten können. Das betraf die Zusammenarbeit mit den drei für Deutschland verantwortlichen Westalliierten. Er hatte sich mit der Politik der deutschen Akteure von Willy Brandt über Egon Bahr bis Helmut Schmidt auseinander gesetzt. Er zwingt auch den Leser, sich mit der Geschichte und Ideologie des Sowjetsystems so weit vertraut zu machen, dass er die Entscheidungsprozesse in der UdSSR besser verstehen kann. Wie schwierig das war, schildert von Arnim sehr anschaulich am Beispiel der „Kreml-Astrologen", wie damals Sowjetexperten oft spöttisch genannt wurden. Er musste dann in Moskau selbst zu diesen Verfahren greifen.

In Moskau tauchte der Autor sofort in das verwirrende Geflecht der verschiedenen sowjetischen Machtzentren ein. Durch das ganze Buch ziehen sich seine zahlreichen Gespräche mit den Vertretern der verschiedensten Institutionen, allen voran mit seinen unmittelbaren Gegenspielern in der 3. Westeuropäischen Abteilung des Außenministeriums, die für Deutschland offiziell zuständig waren. Dazu kamen die verschiedenen Mitarbeiter der Internationalen Abteilung des Zentralkomitees der KPdSU, Mitarbeiter und

Berater des Generalsekretärs, Wissenschaftler aus den verschiedenen Regierungsinstituten, Angehörige des KGB, sowjetische Journalisten und Vertreter von Botschaften anderer Warschauer-Pakt-Staaten. Gleichzeitig tauschte er seine Informationen und Erfahrungen mit den Kollegen westlicher Botschaften und mit ausländischen Korrespondenten aus. Er begleitete eine Vielzahl von politischen Besuchern aller Parteien aus der Bundesrepublik zu ihren sowjetischen Gesprächspartnern und konnte an deren Gesprächsergebnissen und Eindrücken teilhaben.

So gewann der Autor eine Vielzahl von Informationen, die er wie Mosaiksteinchen zu einem Gesamtbild zusammenfügte und als Berichte nach Bonn sandte. Sein Buch enthält eine Reihe dieser Botschaften. Gleichzeitig begleitete ihn die ständige Sorge, privat wie dienstlich abgehört zu werden. Andererseits nutzte er die sowjetischen Abhörversuche, gezielt Informationen zu streuen.

Während seiner ersten Jahre in Moskau erlebte der Autor erstmals die Diadochenkämpfe in der Nachfolge von Breshnew zu Andropow. Dieser hatte Michail Gorbatschow als seinen Nachfolger vorgesehen, doch der konservative Flügel mit Tschernenko an der Spitze setzte sich durch. Das alles spielte sich auf dem Hintergrund der Ost-West-Auseinandersetzung um den Doppelbeschluss der NATO ab. Eindrücklich beschreibt von Arnim die Wechselwirkungen zwischen den turbulenten Ereignissen und Diskussionen in Deutschland und der Politik Moskaus. Selbstbewusst zog er aus seinen Erkenntnissen seine Schlüsse und vertrat sie mit großem Nachdruck. Er scheute sich auch nicht, kritisch die Position seines damaligen Ministers, Hans-Dietrich Genscher, zu analysieren und verfolgte mit Sorge dessen Haltung vor allem in der Phase des deutschen Einigungsprozesses. Das gehört sicherlich mit zu den interessantesten Aspekten seines Buches.

Als von Arnim 1989 zum zweiten Mal in die deutsche Botschaft in Moskau zurückkehrte, befinden sich die Sowjetunion, ihre Bündnisstaaten im Warschauer Pakt, einschließlich der DDR und die Ost-West-Beziehungen in einem tiefgreifenden Veränderungsprozess. Dass dieser am Ende zur deutschen Einheit, zur Auflösung der Sowjetunion und des Warschauer Paktes führen würde, konnte im März 1989 noch niemand voraussehen.

Michail Gorbatschow war seit vier Jahren Generalsekretär. Seine Politik von Glasnost und Perestroika war in vollem Gange. In allen Warschauer Pakt – Staaten, allen voran in Polen und Ungarn, begannen sich die Reformkräfte durchzusetzen. Zwischen der Sowjetunion und den USA war die Gipfeldiplomatie wieder in Gang gekommen; die deutsch-sowjetischen Beziehungen hatten nach dem Besuch von Bundeskanzler Helmut Kohl im November 1988 in Moskau Fahrt aufgenommen. Von Arnim zeichnet diese Prozesse im Detail nach. Wieder tauchte er tief in den Dschungel der widerstreitenden Kräfte in Moskau ein und saugte alle Aussagen seiner vielfältigen Gesprächspartner in ihrer Widersprüchlichkeit auf. Auf allen Ebenen zeichneten sich immer unverhohlener interne Machtkämpfe ab: im Politbüro, im Zentralkomitee der Partei, zwischen dem Kreml, der KPdSU und dem sowjetischen Außenministerium. Sie erfassten den KGB wie die militärische Führung und spiegelten sich in den verschiedenen sowjetischen Verlautbarungen und Medien wider. Die Erfahrung und die intimen Kenntnisse vieler Jahre der Beobachtung ermöglichten es dem Autor, die strukturellen Veränderungen zu erkennen und die richtigen Schlussfolgerungen daraus zu ziehen. Diese waren immer häufiger den Einsichten selbst in seiner Botschaft und noch mehr denen in seinem Mutterhaus in Bonn voraus. Dennoch hielt er mit seinen Überzeugungen nicht zurück.

Wie ein Seismograph versuchte er, die Motive Gorbatschows für seine Reformpolitik nach innen und für seine Politik gegenüber seinen Bündnispartnern im Warschauer Pakt, gegenüber dem Westen und gegenüber der Bundesrepublik im besonderen nachzuspüren. Schon Mitte des Jahres 1989 begegnete er sowjetischen Gesprächspartnern, die begonnen hatten, über die Zukunft beider deutscher Staaten nachzudenken. Andererseits erlebte er sowjetische wie auch deutsche Politiker, die jede Andeutung in Richtung deutsche Einheit strikt ablehnten. Das ist alles im Detail nachzulesen.

Von Arnim erlebte den Fall der Mauer, die „Zehn-Punkte"-Rede des Bundeskanzlers und die Auswirkungen in Moskau. Die Reaktionen seiner sowjetischen Gesprächspartnern entsprachen den jeweiligen politischen Lagern, von denen er drei heraus kristallisierte: von apodiktischer Ablehnung bis zur Bereitschaft, den in Gang gekommenen Prozess hinzunehmen und den Willen, das Beste im Sinne der sowjetischen Interessen daraus zu machen. Nicht überraschend sind die Namen, die er den jeweiligen Lagern in Moskau zuordnete.

Der Autor sollte einmal mehr Recht behalten. Im Februar 1990 begegneten sich Gorbatschow und Helmut Kohl in Moskau. Am Ende des Gespräches hatte der Bundeskanzler die Zusage, dass es jetzt die Entscheidung beider deutschen Staaten sei, ob, wie und wann sie sich vereinigen wollen. In den Folgemonaten ging es vor allem um die Frage, ob ein geeintes Deutschland Mitglied der NATO sein könne oder nicht. Erneut brach ein Richtungskampf in Moskau aus, aber nicht nur dort. Von Arnim erlebte auch deutsche Politiker bis hin zu seinem eigenen Minister, die über Alternativlösungen nachdachten. Er berichtet im Detail über zahllose Gespräche. Er selbst analysierte jede Rede und Verlautbarung sowjetischer Politiker und Experten, um die Chancen für eine NATO-Mitgliedschaft abzuwägen. Früher als andere erkannte er, dass Moskau am Ende zustimmen werde. Und wieder sollte er Recht behalten.

Gleichzeitig verfolgte er bis ins Detail die stärker werdenden Machtkämpfe vor allem zwischen Gorbatschow, Ligatschow und Yelzin. Die sich abzeichnenden Auflösungserscheinungen der UdSSR wurden gezielt gegen Gorbatschow instrumentalisiert. Von Arnim beschreibt die Risiken, die unermüdlichen Bemühungen der Gegner Gorbatschow bis in die Endphase des Einigungsprozesses, sowohl den Reformprozess in der Sowjetunion zu beenden, Gorbatschow abzulösen und die Einheit Deutschlands notfalls sogar mit militärischen Mitteln zu verhindern. Die Geschichte wollte es anders.

Zuletzt unterzieht sich der Autor noch der Mühe, seine Wahrnehmungen und Schlussfolgerungen, die in vielen Berichten an das Auswärtige Amt und an das Bundeskanzleramt zum Ausdruck kamen, nachträglich an Hand der späteren Veröffentlichungen vieler sowjetischer Akteure zu verifizieren. Er fühlt sich voll bestätigt.

Sein vorliegendes Buch ist lebendige Zeitgeschichte, berichtet von einem klugen, in der Sache sehr engagierten Beobachter, der neue Einblicke ermöglicht in eine der spannendsten Phasen sowjetischer und deutscher Politik. Es ist für alle lesenswert, für Fachleute sowie für das breite Publikum.

Das Modell

Die Wissenschaft, der ich mich verschrieben hatte, stand in keinem guten Ruf. Kremlinologie, also der Versuch, durch Lesen der Reden der sowjetischen Führer, auch zwischen den Zeilen, durch die Analyse der aktuellen Verlautbarungen, der Personalveränderungen und der protokollarischen Abläufe an der Spitze des sowjetischen Systems vor allem im Vergleich mit Präzedenzen das zu erwartende operative Vorgehen der Politik der Sowjetunion herauszufinden, galt manchen, auch solchen, die sich professionell mit internationaler Politik im Kalten Krieg befassten, als von vornherein aussichtslos. Sie sprachen verächtlich von „Kreml-Astrologie" und wollten nur dem offen zu Tage liegenden glauben. Jedenfalls hatte die Beobachtung des sowjetischen Verhaltens zu der Überzeugung geführt, die Politik des Kremls sei „ein Mysterium, eingehüllt in ein Rätsel, innerhalb eines Geheimnisses." Auf Englisch: „a mystery, wrapped in a riddle, inside an enigma" klingt es wegen der Alliterationen in Churchills unnachahmlichem Stil eher noch überzeugender.

Und so war jeder Versuch, auf der Basis unablässigen Lesens und Vergleichens den Hintergründen der sowjetischen Politik auf die Spur zu kommen, bei manchen meiner Kollegen im Auswärtigen Dienst dem Vorwurf ausgesetzt, wer so „spekuliere" handle am Rande der Seriosität, ein Urteil, das solchen Analysen des politischen Lebens in der Sowjetunion schon im Ansatz die Chance nahm, wenigstens mit offener Aufmerksamkeit gelesen zu werden. „Ein Kerl, der spekuliert, ist wie ein Tier auf dürrer Heide, von einem bösen Geist im Kreis herumgeführt und ringsumher liegt schöne grüne Weide." So zitierte einmal einer der Adressaten meiner diplomatischen Berichte aus Moskau im Auswärtigen Amt Mephisto, obwohl es diesem damit ja nur darauf ankam, Fausts von Zweifeln gequälten Bemühungen um die wahre Wissenschaft ein Ende zu bereiten, und ihn durch sündiges Lotterleben zu verführen und zu fangen. Teuflische Machenschaften also, die den Erfolgsaussichten dessen, der immer strebend sich um wenigstens eine Annäherung an die Wahrheit bemüht, ja nicht grundsätzlich widersprechen, wie das Ende Fausts beweist.

Richtig war natürlich, dass die Sowjetunion von einem wahren Kult der Geheimhaltung, ja geradezu einer Manie der Verhüllung, des Versteckens, des Verschweigens, der Irreführung und der Täuschung über alles, was sie betraf, besessen war. Diese Manie war in der Zeit der Illegalität der Bolschewiken in den Jahren ihres Entstehens und Wachsens unter der Herrschaft der Zaren eine Lebensnotwendigkeit. Die Konspiration war ihnen zur zweiten Natur geworden, um der zaristischen Geheimpolizei, dem Gefängnis, der Verbannung, dem Exil oder sogar der Todesstrafe zu entgehen. Und nach dem Sieg der Revolution durch den von Lenin und vor allem Trotzki im November 1917 geführten, in tiefer Geheimhaltung vorbereiteten Putsch einer im Vergleich zur Größe des Landes kleinen Minderheit Bewaffneter in Petersburg war es bei der Überzeugung der Bolschewiken geblieben, dass auch in der neuen Situation nach dem Sieg der Oktoberrevolution der sowjetische Staat auf die Fortsetzung der Geheimhaltung von allem Wichtigen weiter angewiesen war, um sich in einem rundum gegnerischen, wenn nicht feindlichen Umfeld zu behaupten. Angesichts ihrer eigenen, noch tief geglaubten Zielsetzung der Weltrevolution gingen die Machthaber der Sowjetunion, die vom endlichen Sieg ihres Systems weltweit überzeugt waren, auch wenn es lange dauern könnte, von dieser grundsätzlichen Feindschaft der westlichen Welt unverändert aus. Die „friedliche Koexistenz", die ja erst Chruschtschow ernsthaft propagierte, war danach eben nur eine Zwischenphase bis zur endlichen Wandlung der Welt zu Sozialismus und Kommunismus. Entscheidend blieb in der bis dahin bevorstehenden Phase der Klassenkämpfe die Leninsche „Machtfrage": Wer (kann) wen (überwältigen)?", d. h. die Frage nach den „Kräfteverhältnissen", also der jeweiligen Größe der schieren Gewaltmittel zur Durchsetzung des sowjetischen Herrschaftsanspruches gegenüber dem bourgeoisen Gegner.

Diese Prägung blieb charakteristisch, trotz der sich über die Entwicklung nach dem zweiten Weltkrieg allmählich mehrenden Anzeichen für ein Überdenken dieser überkommenen Weltsicht, über die folgenden Jahrzehnte. Sie war zu der Zeit, als ich in der politischen Abteilung unserer Botschaft in Moskau von 1982-84 und 1989-91 erst in der Peripetie und dann im grundstürzenden Umbruch des kommunistischen Systems bis fast zum Ende der Sowjetunion arbeitete, nach wie vor dominant. Das Ziel der Weltherrschaft, so unreal es inzwischen auch erscheinen mochte, blieb unaufgebbar, wenn die Kohärenz der marxistisch-leninistischen Ideologie erhalten bleiben sollte, denn nur aus dieser Zielsetzung rechtfertigte sich das angeblich zu seiner Erreichung notwendige Zwangssystem und damit die Herrschaft der es leitenden „revolutionären Avantgarde", d. h. der Parteielite und ihrer Hilfskräfte in den anderen Teilen des Apparates. Es war der Glaube Gorbatschows und seiner Mitstreiter, diesen Zusammenhang lösen und dennoch die Macht behalten und sogar vergrößern zu können, den die westlichen Staaten, allen voran die Bundesrepublik Deutschland, 1989-91 genutzt haben, mit den bekannten, weltverändernden Folgen.

Ich hatte mich am Ende der Ausbildung als Attaché im Auswärtigen Amt 1975 an unsere Botschaft in Moskau gemeldet. Darin steckte sicherlich ein Teil intellektueller Arroganz. Ich wollte mich nur mit den schwierigsten Fragen auseinandersetzen. Ausschlaggebend für diese Wahl des ersten Postens war für mich aber, dass die Gestaltung unseres Verhältnisses zur Sowjetunion für die Lösung des wichtigsten Problems unserer politischen Existenz, der deutschen Teilung, von besonderer Bedeutung, wenn auch nicht allein entscheidend war. In dem Wunsch, an diesem Problem mitzuarbeiten, lag der wichtigste Grund, aus dem ich mich 1972 nach einer juristische Ausbildung und Überlegungen, später einmal Anwalt zu werden, für die diplomatische Laufbahn entschieden hatte.

Eine Reise in das Zonenrandgebiet mit meiner Schulklasse als Sekundaner hatte mir vor Augen geführt, wie unerträglich die Teilung tatsächlich war, jenseits aller durch Lesen oder Gespräche mit meinem Vater entstandenen Überzeugungen über die Gewaltpolitik der Sowjetunion in ihrem mittelosteuropäischen Imperium seit Kriegsende. Wir sahen die Stacheldrahtzäune, den geharkten Todesstreifen mit den Minen, die scharfen Hunde am Leitseil zwischen den Drahtverhauen, die Wachtürme und die Patrouillen der DDR-Grenztruppen immer zu zweit zu Fuß oder im Geländewagen, also den ganzen Horror an der grünen Grenze zwischen den beiden Teilen Deutschlands. Kaum weniger eindrucksvoll war das Gespräch mit einer Gruppe von Flüchtlingen im Notaufnahmelager Friedland, in dem sie ihre oft abenteuerliche Flucht beschrieben. So war ein junger Mann, nur wenige Jahre älter als ich, bei Nacht mit einem Paddelboot über die Ostsee von Mecklenburg nach Holstein geflohen, immer in der Angst, vom Radar der Vorpostenboote erfasst und gefangen zu werden.

Zu Ostern 1968 fuhr ich mit ein paar Freunden im Auto von Prag nach Berlin. Wir trafen uns in Prag im beginnenden Prager Frühling mit tschechischen Studenten und diskutierten dabei natürlich auch darüber, ob die Sowjets die sich akzentuierende Liberalisierung hinnehmen würden. Unsere tschechischen Freunde waren optimistisch. Ich nicht weniger, denn ich glaubte, die Sowjets seien inzwischen wohl selbst zu dem Schluss gekommen, dass sie sich ein zweites Ungarn 1956 nicht mehr leisten könnten. Der Einmarsch im August kam dann für mich wie ein Schock und ich zog mit anderen Bonner Studenten, ich studierte damals dort, vor die sowjetische Botschaft in Rolandseck südlich von Bonn am Rhein gelegen, um zu protestieren. Es flogen auch ein paar Steine, nicht viele, aber es waren genug, um den damaligen Chef des Protokolls des Auswärtigen Amtes, Botschafter Schwarzmann, zu einem eiligen Besuch der Botschaft zu zwingen. Offenbar hatten die Sowjets sich beschwert und Schwarzmann blieb nichts Anderes übrig, als die Vorfälle zu bedauern. Er tat mir leid.

Die Fahrt von Prag nach Berlin hatte über Dresden geführt und wir verließen, was streng verboten war, die Transitstrecke, fuhren zum Zwinger vorbei an den Ruinen des Schlosses und gingen in die Gemäldegalerie. In Berlin kam ich dann begeistert von der sixtinischen Madonna, den Canalettos und den Holländern mit der Überzeugung an, die DDR sei deutscher als wir. Bei uns hatte der Wiederaufbau der Nachkriegszeit die Stadtbilder völlig verändert und viel von der Atmosphäre der alten Städte war dabei verloren gegangen, die in der DDR spürbar erhalten geblieben war. Umso absurder schien mir die Teilung.

Die Sowjetunion als Thema meines Lebens habe ich dann zu Weihnachten desselben Jahres entdeckt. Mein Vater hatte zum Heiligen Abend die „Memoiren eines Diplomaten" von George Kennan[1] geschenkt bekommen, jenes amerikanischen Diplomaten, der mit seinen Berichten zu Ende des zweiten Weltkrieges und kurz danach die analytische Basis der Politik der

Eindämmung geschaffen hatte, auf der die Politik des Westens dann von 1948 bis 1991 aufgebaut war. Von ihm stammten auch wesentliche Teile des Konzepts zum Wiederaufbau Europas, das sein Chef als amerikanischer Außenminister, der Stabschef des amerikanischen Heeres im zweiten Weltkrieg, General George Marshall, 1948 in Harvard verkündete und das als „Marshall-Plan" berühmt wurde. Kennans Memoiren sind ein großartiges Buch. Sie beschreiben ein Leben, das dem Studium der Sowjetunion als gnadenlosem Feind der Freiheit und gefährlichstem Rivalen Amerikas um die Vorherrschaft in der Welt gewidmet war. Das umfasste die Notwendigkeit, sich in die „Seele Russlands", seine Geschichte und Kultur hinein zuführen, denn die russische Prägung ließ den Charakter der Sowjetunion erst erkennen. Sie war die kulturelle Identität, die unter allen marxistisch-leninistischen Dogmen der Weltsicht der herrschenden Nomenklatura zu Grunde lag.

Die Annäherung an diese Seele gelingt einem Ausländer am Ehesten, wenn er die russische Literatur in sich aufnimmt. Zunächst ist man geneigt, Russland für europäisch zu halten. Die Russen sehen so aus und wissen genug von europäischen Dingen, um den Eindruck zu erwecken, sie gehörten dazu. Aber dieser erste Eindruck täuscht. Man lernt mit der Zeit, dass das Gespräch mit Russen kaum je einen verlässlichen Einblick in ihr Denken und Fühlen eröffnet, jedenfalls den Ausländern, die immer nur einige Jahre in Russland verbringen. Russland ist zwar nicht ein ewiges Rätsel, wie Churchill meinte, aber die tausend Jahre der Unterdrückung durch unberechenbare, grausame Machthaber haben die Russen verschlossen gemacht, erst Recht gegenüber Fremden, auch wenn sie sich ganz offen geben. So ist ihre Darstellung durch die großen russischen Schriftsteller wohl das beste Mittel, um ihre Denkweise und ihre Gefühle nachzuempfinden. Die psychologische Kunst Puschkins, Gogols, Tolstois, Dostojewskis und Tschechows ist insofern nicht nur große Literatur, sondern öffnet den Zugang zu den Seelen und Herzen ihres geschundenen Volkes. Dieser Zugang war dann von unschätzbarem Wert, wenn es galt, die „endlose Verschlagenheit" (Kennan) der sowjetrussischen Politik zu durchdringen. Ich kenne keine bessere Beschreibung des eisigen Fanatismus, mit dem die Ziele der Weltverbesserung verfolgt wurden, als die Beschreibung der russischen Anarchisten in den 80er Jahren des 19. Jahrhunderts in den „Dämonen" von Dostojewski.

Ich stahl meinem Vater das Buch Kennans vom Gabentisch und las es bis tief in die Nacht in einem Zuge. Es ist nicht nur historisch in seiner Analyse der Sowjetunion unter Stalin faszinierend, sondern auch eine literarische Leistung in seinem Einfühlungsvermögen in dieses System und die russischen Verhältnisse. Dabei zeigt sich, dass Kennan nicht nur der wohl bedeutendste, westliche Analytiker der Sowjetunion überhaupt gewesen ist, weil er der Politik der amerikanischen Weltmacht für Jahrzehnte die entscheidende Ausrichtung gab. Er war auch ein großer Freund Deutschlands, wo er an der Wende der zwanziger zu den dreißiger Jahren an der Berliner Universität wesentliche Aufschlüsse empfangen hatte. Zu jener Zeit waren die deutschen

Kenner Russlands und der Sowjetunion Otto Hoetzsch und Carl Staehlin führend in der Welt. Mich berührte besonders seine Freundschaft zu Graf Helmut v. Moltke aus Kreisau, dem später von den Nazis ermordeten Widerstandskämpfer. Kennan beschreibt ihn, als er 1940 im Nachdenken über ein Deutschland nach Hitler und dem Krieg die Federalist Papers der Gründungsväter der amerikanischen Demokratie studierte.[2] Hier war ein Amerikaner, der an dem Fortleben eines besseren Deutschlands über die Jahre des Dritten Reiches und des Krieges niemals gezwefelt hat. Eine Art Wunder angesichts der deutschen Verbrechen, das man als Deutscher nur dankbar entgegennehmen kann.

Einen ersten, vertieften Eindruck von meinem späteren Fachgebiet der Kremlinologie hatte ich im Sommer 1967 empfangen, als ich an der Freien Universität in Berlin Jura studierte. Ich hörte nebenbei aus Interesse bei den Politologen am Otto Suhr Institut eine Vorlesung von Richard Löwenthal über sowjetische Außenpolitik seit 1945. Löwenthal war ein grundgelehrter Mann. Er kam von weit Links, war in der Nazizeit aber nicht wie viele deutsche Kommunisten in das Moskau Stalins emigriert, sondern nach London gegangen und trotz seiner jüdischen Herkunft nach dem Krieg nach Deutschland zurückgekehrt. Er war damals so eine Art von Vordenker der SPD, nicht nur in der Außenpolitik, und faszinierte durch seine frei gehaltenen, aber druckreifen Darlegungen in immer stimmigen Perioden. Er hatte Alles im Kopf. Seine Vorlesung stellte den Kampf der Sowjets mit den Amerikanern ab 1945 um die Zuordnung Deutschlands in die amerikanische oder die sowjetische Einflusssphäre in den Mittelpunkt der weltpolitischen Auseinandersetzung zwischen den beiden Supermächten. Er beschrieb dann die allmähliche Überlagerung der deutschen Frage in den West-Ostbeziehungen durch die strategische Bedrohung der USA mit den sowjetischen Interkontinentalraketen ab dem Start des Sputnik 1957 mit der Kubakrise als Gipfelpunkt. Im Ergebnis hatten sich so zu jener Zeit die Probleme der deutschen Teilung und der strategischen Position der USA weltweit und besonders in der NATO in Europa untrennbar miteinander verknüpft.

Zur Vertiefung seiner Vorlesung hatte Löwenthal uns einige Bücher genannt, Klassiker zur Einführung in die sowjetische Politik: „How Russia is ruled" von Merle Fainsod und „The Communist Party of the Soviet Union" von Leonard Shapiro, in denen die innere Ordnung der SU erklärt wird. So wurde mir deutlich, dass Sowjetologie – und das hieß auch Kremlinologie als Analyse der Spitze der Sowjetunion – nichts mit Lesen im Kaffeesatz zu tun hatte, wenn man sie ernsthaft betrieb, sondern tatsächlich eine Wissenschaft war, die zu betreiben unumgänglich war, wenn man sich mit Deutschlands Teilung befassen wollte.

Das war natürlich nur ein Anfang angesichts des Bergs von Literatur, der über die Jahrzehnte der Konfrontation der Weltmächte entstanden war und den ich später mühsam hinauf wanderte, aber am Schluss von Kennans Memoiren dachte ich zum ersten Mal ernsthaft darüber nach, ihm beruflich nachzueifern. Am Ende seiner Moskauer Jahre hatte er einem Diplomaten wie ihm, der versuchte, „Russland zu verstehen", mit auf den Weg gegeben: „Er kann nichts Besseres erwarten, als das einsame Vergnügen dessen, der endlich einen kalten und ungemütlichen Berggipfel erklommen hat, auf dem wenige vor ihm gestanden haben, auf den ihm wenige folgen können und von dem wenige glauben werden, dass er oben gewesen sei."[3]

Es war jenes berühmte Sommersemester 1967 an der FU in Berlin, das Semester der beginnenden Studentenbewegung, des Schahbesuchs mit dem Tode eines Studenten, Benno Ohnesorg, der von einem Polizisten erschossen worden war, der Vietnam-Proteste, des Beginns der Obristen in Griechenland, des Sechs Tage Krieges im Nahen Osten und zu Hause der Debatte um die Notstandsgesetze und der erschreckenden Erfolge der NPD unter Rudolf v. Thadden, in dem ich mich dann ernsthaft mit dem Sozialismus, dem virtuellen der Studenten und dem realen der DDR, auseinandergesetzt habe.

Es war eine Zeit rapider Radikalisierung der Berliner Studenten, und ich habe fasziniert an den „Vollversammlungen" im Auditorium Maximum des Henry-Ford-Baues in Dahlem teilgenommen, in denen sich die Rhetorik Rudi Dutschkes, Lefevres und Nevermanns der überwiegend jubelnden Versammlung bemächtigte. Reden konnten sie. Der einzige Professor, den man nicht wagte niederzubrüllen, wenn er diesen Protagonisten widersprach, war Löwenthal. Er war auf Grund seines Lebenslaufes unangreifbar, auch wenn sein „Revisionismus" natürlich gerügt wurde. Er hat damals in einer dieser Versammlungen Dutschke und die das Podium belagernde Masse der Studenten gewarnt, das, was sie vorhätten, sei dasselbe wie „narodnaja wolja", also letztlich der mörderische Fanatismus der russischen „narodniki", die den Zaren ermordet hatten und das Vorbild für Dostojewskis „Dämonen" gewesen waren.

Ich kaufte mir damals in der Mensa vom Bücher-Tisch des SDS, dem unter den radikalen Studenten tonangebenden Sozialistischen Studentenbund, mit politischen Traktaten Lenins Schriften „Was tun?" und „Der linke Radikalismus, eine Kinderkrankheit des Kommunismus", denn ich wollte mir eine eigene Meinung bilden. Sie enthalten Lenins Konzept von der Partei „neuen Typs" aus konspirativ vorgehenden Berufsrevolutionären und seine Aufforderung, unter allen Umständen die Machtbeteiligung anzustreben und sei es auch unter Verleugnung der eigenen wahren Überzeugungen. Weit mehr als die kommunistischen Kirchenväter spielten aber in den Diskussionen der Studenten damals die Traktate von Herbert Marcuse eine Rolle, „Kritik der reinen Toleranz" und „Der eindimensionale Mensch", in denen sehr deutlich wird, dass an die Stelle der Toleranz, doch der größten Leistung der europäische Aufklärung nach Jahrhunderten der Religionskriege, Intoleranz gegenüber all denen treten sollte, denen das Licht des Marxismus noch nicht aufgegangen war. Und, bei all meinem Entsetzen und meiner Empörung über die Erschießung eines Studenten, beeindruckte mich dann nach

Löwenthal auch Habermas berühmte Warnung vor „Linksfaschismus" auf dem Studentenkongress in Hannover, der von diesem Ereignis ausgelöst worden war. Ich war aus Berlin zu ihm gefahren wie viele Studenten aus dem ganzen Land. Habermas war ja eine Autorität, die offen anzugreifen auch die radikalsten Studenten damals noch nicht wagten.

Die Fahrt zu diesem Kongress brachte ein weiteres Erlebnis, das mich nachdenklich machte. Ich war mit dem Auto nach Berlin gekommen und so die abstoßenden Kontrollen an den Grenzübergängen in Helmstedt und Dreilinden gewohnt. Aussteigen, sämtliche Türen öffnen genauso wie die Vorder- und die Heckklappe, Spiegel unter dem Auto und Sonde im Benzintank, um festzustellen, ob es etwa zu Fluchtzwecken umgebaut war. Dann die Passkontrolle, bei der die Papiere hinter einer Milchglasscheibe verschwanden und man sich in einem leeren Gang, ohne Sicht nach draußen, völlig ausgeliefert fühlte. Auch die verschiedenen Theater- und Opernbesuche im Ostsektor hatten den Rückstand der Lebensverhältnisse dort gezeigt, z. B. in der Dürftigkeit des Buchgeschäfts unter den Linden, doch wohl eines der größten im ganzen Land, in dem es außer Marx-Engels-Gesamtausgaben kaum etwas zu kaufen gab, wenn man versuchte, den Zwangsumtausch klein zu bekommen. Und am Ende dann immer die Hektik der Rückkehr, wenn wir nach einem den Abend abschließenden Bier im Operncafé Unter den Linden zum Übergang an der Heinrich-Heine-Straße zurückhasteten, um ja noch vor Mitternacht mit dem Ablauf des Tagesvisums über die Sektorengrenze in die Westsektoren zu kommen.

Ganz anders bei jener Fahrt nach Hannover. Wir hatten uns mit unseren Autos auf dem Campus in Dahlem getroffen, um möglichst alle Interessenten ohne eigenes Auto mitnehmen zu können. Wir fuhren dann im Konvoi zum Grenzübergang und zu meiner Verblüffung öffneten die Vopos einfach den Schlagbaum und winkten uns durch ganz ohne Kontrolle. Da habe ich natürlich darüber nachgedacht, ob wir nicht in der Gefahr waren, als nützliche Idioten missbraucht zu werden.

Ich habe dann den Anstieg auf den sowjetischen Berg mit weiterer Lektüre fortgesetzt, z. B. mit „Das Opium der Intellektuellen" von dem großen, französischen Sozialwissenschaftler Raymond Aron, einer scharfsinnigen Analyse der Frage, warum der Marxismus auf Intellektuelle so eine eigentümliche Anziehungskraft entfaltet.[4] Er kommt dabei zu dem Ergebnis, dass es die innerweltliche Eschatologie des Marxismus ist, ihre gewisse Heilsverheißung für alle Benachteiligten, die ihn für diejenigen so unwiderstehlich macht, die die Offenheit der Geschichte nicht ertragen können und die unter der ungleichen Verteilung der weltlichen Güter leiden, ohne sich über die effizienteste Methode im Klaren zu sein, um Wohlstand zunächst einmal zu schaffen, bevor er gerecht verteilt werden kann.

Vor allem stellte ich aber fest, dass unter den westlichen Analytikern der sowjetischen Verhältnisse trotz aller Behauptungen über deren Undurchdringlichkeit weitgehende Einigkeit über die grundlegenden Parameter der sowjetischen politischen, ökonomischen und gesellschaftlichen Struktur gab. Diese Struktur war der analytische Ausgangspunkt, von dem aus die Bedeutung der Abweichungen durch die Perestroika in der Sowjetunion und von ihr angestoßen in den Staaten des Warschauer Paktes ab 1985 zu verstehen und zu bewerten waren. Wenn in diese Grundstruktur eingegriffen wurde, dann konnte man einigermaßen sicher sein, dass echte Reformen gewollt waren, nicht lediglich kosmetische Veränderungen, um Hilfe des Westens für das erkennbar marode System zu gewinnen.

Eine neuere Zusammenfassung dieser Grundparameter des sowjetischen Strukturmodells findet sich bei Archie Brown, „The Rise and Fall of Communism".[5]

Das wichtigste Charakteristikum war, darüber herrschte Einigkeit unter den Sowjetologen, das Machtmonopol der kommunistischen Partei unter der Devise der Diktatur des Proletariates, die Marx in seiner Beschreibung der angebliche Gesetze des Verlaufs der Geschichte in der Phase zwischen der Eroberung der Macht und dem Erreichen des Endstadiums des Kommunismus für notwendig erklärt hatte. Diese Diktatur musste, so Lenin, durch die Partei als Avantgarde der Arbeiterklasse geführt werden, weil die Arbeiterschaft aus sich heraus nur gewerkschaftliches Bewusstsein erzeugen könne, nicht das notwendige revolutionäre Bewusstsein, das nur die Elitepartei der Berufsrevolutionäre schaffen könne.[6]

Das nächste Charakteristikum der sowjetischen Struktur war der „demokratische Zentralismus", also die Konzentration aller Macht an der Spitze der Partei mit deren Recht auf unbedingten Gehorsam und strikter Disziplin bei der Umsetzung der Beschlüsse dieser Spitze von oben nach unten, also trotz des Namens das glatte Gegenteil von Demokratie, in der die Kontrolle von unten nach oben verläuft. Diese Spitze war das Politbüro, also ein kleines, sich durch Kooptation von oben ergänzendes Kollektiv, immer so lange, wie der jeweilige Generalsekretär im ständigen Ringen um die Macht unter den Mitgliedern dieses höchsten Gremiums noch nicht so stark geworden war, dass er praktisch allein entscheiden konnte. Darunter war das Zentralkomitee, das ZK, angeordnet, das, von Ausnahmen abgesehen, wenn in im Politbüro die Machtverteilung nicht konsolidiert war, dem Politbüro nur folgen konnte. Die oberste Bürokratie, das Sekretariat des ZK, war so eigentlich der Arbeitsmuskel des Politbüros, nicht des ZK, mit seinen Abteilungen, der sämtlichen politischen, ökonomischen und gesellschaftlichen Sektoren des sowjetischen Lebens die zwingenden Vorgaben machte.

Das dritte Charakteristikum war die Vergesellschaftung der Produktionsmittel, die den Bürgern des Landes jede materielle Basis für eine Behauptung gegenüber der allumfassenden Macht von oben entzog, weil das Ziel Stalins darin bestand, sie zu „Schräubchen" in der riesigen Maschinerie dieses Systems zu machen.

Viertes Charakteristikum war die staatliche Planwirtschaft, also die zwingenden Vorgaben der gigantischen Planungsbürokratie, wer was in welcher Menge und zu welchem Preis zu produzieren hatte mit dem damit einher gehenden Verlust der Möglichkeit, das Eigeninteresse der zum reinen Objekt gewordenen Wirtschaftssubjekte und ihre entsprechende Initiative nutzen zu können.

Fünftes Charakteristikum war die Festlegung aller Tätigkeit auf das Ziel des Aufbaus des Kommunismus. Diese Zielsetzung war die Legitimation für alle Forderungen des Systems, da die Partei nach der geltenden Ideologie dem gesetzmäßigen Ablauf der Geschichte folgte, in der nach der Revolution die „niedrige" Phase des Sozialismus kommt, bis die „hohe" Phase des Kommunismus erreicht wird. Das war nicht etwa lediglich Bemäntelung der Parteidiktatur mit Hilfe einer rabulistischen Dialektik. In diesem Gedankengebäude war das System bis hinauf in die Spitze gefangen, denn sein Macht beruhte in wesentlichen Teilen, soweit nicht lediglich Terror zur Erzwingung von Gehorsam durch Furcht vorherrschte, auf dieser historisch-philosophischen Argumentation. Von deren Richtigkeit waren erhebliche Teile der Bevölkerung bis zum Ende des Systems überzeugt, während den vielen daran Zweifelnden in der durch strikte Zensur nach außen abgeschotteten sowjetischen Welt jede Erfahrung fehlte, was statt dessen richtig sein könnte, so dass es kaum eine Basis für Dissidententum gestützt auf die Überzeugung gab, auch Russland habe eine Alternative.

Sechstes Charakteristikum war die Führung der internationalen kommunistischen Bewegung durch die sowjetische Partei, zunächst mit Hilfe der Komintern, der von der KPdSU gesteuerten, internationalen Vereinigung der Kommunistischen Parteien, und nach deren Auflösung durch Stalin im 2. Weltkrieg, mit Hilfe der Internationalen Abteilung des ZK-Sekretariates in Moskau. Das unablässige Streben nach Weltmacht folgte dem überkommenen russischen Selbstverständnis als zur Weltmacht berufenem Land. Es war aber ebenfalls untrennbar mit der legitimierenden Ideologie verknüpft, nach der der Endpunkt der Geschichte die weltweite Herrschaft des Kommunismus bringen würde, wobei die Kommunisten aller Länder auf dem Weg dahin natürlich vom „Vaterland aller Werktätigen", der SU, geführt würden.

Wer versuchte, dieses System zu verstehen, um ihm begegnen zu können, musste sich so vor allem mit dem Politbüro befassen. Es gab über den dort herrschenden Geist kaum verlässliche Beschreibungen. Allerdings gab es eine unmittelbare Schilderung eines insiders, die unser Verständnis der von uns beobachteten Fülle indirekter Manifestationen der dort herrschenden Situation untermauerte. Milovan Djilas, einer der vier anfangs die jugoslawische Partei unter Tito führenden Politiker, hatte Mitte der vierziger Jahre an Verhandlungen mit dem sowjetischen Politbüro unter Stalin teilgenommen. Er beschreibt sie als Gruppe „kalter, berechnender Verschwörer"[7]. Ihr konspiratives Verhalten entsprach nicht nur ihrer Herkunft aus der Illegalität vor der Revolution, sondern war für jedes Führungsmitglied in den Jahrzehnten der schrittweisen Liquidierung, d. h. der Ermordung der Gefolgschaft Lenins im Politbüro seit dessen Tod bis hin zu den großen Schauprozessen der dreißiger Jahre mit der Ermordung eines großen Teils der Parteielite und der Führung der Streitkräfte, zur Voraussetzung für das bloße Überleben geworden, von der Erhaltung der Machtposition als Führungsmitglied ganz zu schweigen. Was hätte Denken, Fühlen und Handeln dieser Gruppe prägender sein können als die Ermordung Trotzkis mit einem Eispickel in seinem mexikanischen Exil durch einen Killer des NKWD – des

Volkskommissariats für Innere Angelegenheiten – wie die sowjetische Geheimpolizei damals hieß.

Dennoch hatte sich der Charakter des Politbüros im Zeitablauf verändert. In den ersten Jahrzehnten war es tatsächlich von Parteipolitikern dominiert, für die die Durchsetzung der Parteiinteressen in dem Bereich von Staat und Wirtschaft, für den sie jeweils verantwortlich waren, die dominierende Zielsetzung war. Dazu dienten die Parteizellen, die es in allen Ministerien, Verwaltungsorganen und Betrieben bis auf die unterste Ebene gab, genauso in der Armee und der Geheimpolizei. Allmählich übernahmen dann die Mitglieder des Politbüros aber immer mehr die institutionellen Interessen des von ihnen geleiteten Bereichs, also der verschiedenen Sektoren der Wirtschaft, der Landwirtschaft, der Streitkräfte und der Rüstung, der Überwachung und Repression im Erzwingungsapparat der Geheimpolizei, der Polizei und der Justiz einschließlich der Staatsanwaltschaft, des diplomatischen Dienstes, der Medien und des Propagandaapparates, der kulturellen Institutionen und vor allem des jeweiligen Personals. Aus dem Politbüro als reinem Parteigremium war im Laufe der Jahrzehnte also eine Art von Geheimer Staatsrat geworden, der ein System ohne Gewaltenteilung, aber angesichts auch in der SU knapper Ressourcen natürlich konkurrierender Interessen leitete. Der Schlachtruf war zwar „jedinstwo i splatschonnost" (Einheit und Geschlossenheit) geblieben, tatsächlich fand aber hinter dieser totalitären Fassade ein ewiger Kampf der Eliteformationen der sowjetischen Gesellschaft um Macht und Einfluss statt.[8] Fainsod beschrieb schon Anfang der fünfziger Jahre die ständigen Auseinandersetzungen der etablierten Interessen in Partei, Regierung, Sicherheitsapparat und Armee, die sich gegenseitig durchdringen und überwachen.[9]

Dabei hatte sich schon zu Zeiten Lenins neben dem Alles durchdringenden Apparat der Partei der Apparat der Geheimpolizei zum zweiten Träger der Macht entwickelt. Ob unter dem Namen Tscheka (Außerordentliche Kommission), GPU(Politische Verwaltung des Staates), NKWD (Volkskommissariat für Innere Angelegenheiten)oder KGB (Kommitee für Staatssicherheit) war ihr ebenso Alles durchdringendes, aber weitgehend geheimes Netz ein so starker Faktor geworden, dass man von einer Doppelherrschaft sprechen kann, wenn man sich vor Augen führt, welche Rolle dieser geheime Apparat an den entscheidenden Weichenstellungen des Systems gespielt hat. Stalins Kämpfe mit Sinowjew, Trotzki und Bucharin, Chruschtschows Kämpfe gegen Beria, Malenkow und Molotow, oder Breschnews Ablösung Chruschtschows sind alle in konspirativen Formen vor allem mit Hilfe der Geheimpolizei geführt und entschieden worden. Fainsod schreibt dazu: „Es ist nicht zu weit hergeholt, das komplexe Netzwerk der Kontrollen als ein Machtsystem zu beschreiben, das auf Über-Kreuz-Spionage (der Apparate der Partei und der Geheimpolizei) und die Institutionalisierung von Misstrauen gegründet ist."[10] Aus der vielfach bezeugten umfassenden Überwachung selbst der obersten Systemträger, der Mitglieder des Politbüros, durch die Geheimpolizei ergab sich, dass „diese selbst zum Kern der totalitären Macht wurde, eine allgegenwärtige und durchdringende Kraft, die jeden Sektor der Gesellschaft umhüllte in einer bedrohliche Wolke von Misstrauen und Unsicherheit.[11]... Da der Sicherheitsapparat von Notfällen und Gefahr lebt, hängt seine Rechtfertigung von der Erhaltung eines Belagerungszustandes ab."[12] Das Ergebnis war die Desinformation der Parteiführung mit der Betonung angeblicher Verschwörungen und finsteren Drohungen von Innen und Außen. Das Paradox des sowjetischen Totalitarismus bestand so darin, dass es sogar denen, auf die es sich am Stärksten stützte, nicht völlig vertrauen konnte.[13] „So wird die Führung selbst Opfer des von ihr geschaffenen Frankenstein-Monstrums. Das Terrorsystem terrorisiert am Ende genauso den Herren wie den Knecht."[14]

Lenin hatte aus der angeblich historisch notwendigen Diktatur des Proletariates das Recht zum Terror gegen die Mehrheit abgeleitet. Marx hatte 1848 den Terrorismus als nur ein Mittel, die mörderischen Todeswehen der alten Gesellschaft abzukürzen, gerechtfertigt, also als Mittel der Revolution. Unter Lenin wurde er aber dann zum dauerhaften Herrschaftsmittel der Bolschewiken nach der Revolution. Dscherzinski, der mit dem Terror beauftragte Gehilfe Lenins, schrieb dazu 1918: „Die Hymne der Arbeiterklasse wird ab jetzt das Lied des Hasses und der Rache." Sozusagen amtlich wird der Terror dann wenig später mit dem Dekret der bolschewistischen Regierung „Über den roten Terror." Auf diesen Grundlagen beruhte das Zwangssystem bis zu seinem Ende, an dem der Putschversuch 1991 den Anspruch des KGB verdeutlichte, der wahre Hüter des Systems zu sein, nicht die Partei.

Djilas' Erinnerungen an seine „Gespräche mit Stalin" geben auch dessen Grundkonzept für die Behandlung der von der Roten Armee besetzten Gebiete wieder: „Dieser Krieg ist nicht wie in der Vergangenheit; wer immer ein Gebiet besetzt, erlegt ihm auch sein eigenes gesellschaftliches System auf. Jeder führt sein eigenes System ein, so weit seine Armee vordringen kann. Es kann nicht anders sein."[15] Stalin rechtfertigte so rein machtpolitisch seine Politik, den besetzten Staaten das sowjetische System aufzuzwingen, nach dem Motto, die USA machten es ja genauso. Er stützte sich also nicht auf die ideologische Doktrin des gesetzmäßigen Voranschreitens der Weltrevolution, die nun auf diese Gebiete übergreife, sondern stellte dem Mit-Kommunisten Djilas gegenüber ganz ungeschützt den Hegemonialanspruch der Sowjetunion heraus.

Das war das Ergebnis der Entwicklung der Ideologie von Lenin an, der zunächst, um die Revolution in Russland 1917 zu rechtfertigen, sie zur Vorphase der notwendig noch kommenden Revolution in den großen, westlichen Industriestaaten erklärte, mit der nach Marx die Weltrevolution beginnen sollte. Der Erfolg der Revolution in Russland hing danach von der Hilfe ab, die es durch den für sicher erwarteten Ausbruch der Revolution in anderen Ländern, insbesondere den hochentwickelten Industrieländern Westeuropas erhielt. Bereits 1920 entwickelte Lenin dann aber auf dem II. Komintern-Kongress eine Argumentation, in der nicht mehr die Unterordnung Russlands unter die Erfordernisse des weltweiten Kampfes zur Herbeiführung der Weltrevolution beschrieben wird, sondern alle Sozialisten ihre Interessen denen der sowjetischen Sozialisten, sprich Kommunisten, unterzuordnen hatten, weil die SU mit ihrer Revolution bereits die größten Opfer für die Weltrevolution erbracht habe.[16]

Diese glatte Umkehrung der marxistischen Lehre vom angeblich gesetzmäßigen Verlauf der Geschichte in eine bedingungslose Unterordnung unter sowjetische Interessen wurde dann noch deutlicher mit Stalins Konzept vom „Sozialismus in einem Lande", mit dem er es 1925 auf dem XIV. Parteikongress der KPdSU den übrigen Parteien zur Pflicht machte: „die Sowjetunion, die Basis der Weltrevolution und das Vaterland aller Werktätigen, gegen alle Anschläge des Imperialismus zu verteidigen."[17] Gegen Trotzki gewandt, hatte Stalin 1924 die sowjetische Entwicklung aus dem von der Doktrin vorgegebenen, angeblichen weltrevolutionären Zusammenhang herausgenommen und es für möglich erklärt, „ein komplettes sozialistisches System in einem Lande aufzubauen." Aus dem bei Marx ökonomisch hergeleiteten weltrevolutionären Prozess wurde so ein sowjetischer Vormachtanspruch. Zu seiner Untermauerung wurde dann das Konzept des „proletarischen Internationalismus" entwickelt. „Internationalist ist, wer bereit ist, ohne zu schwanken und ohne Bedingungen zu stellen, die SU zu schützen, weil sie die Basis der revolutionären Bewegung in der ganzen Welt ist."[18] Während Marx sein Konzept des Internationalismus aus der angeblichen internationalen Interessenidentität der Arbeiter abgeleitet hatte, wurde es bei Stalin zu einem Disziplinierungsinstrument, mit dem erzwungen wurde, dass die durch die Macht der sowjetischen Waffen eroberten Gebiete auf die „realsozialistische Gesellschaftsordnung", d. h. in ihrer inneren Struktur auf dass sowjetische Modell des Sozialismus und damit auf die totalitäre Form der Einparteienherrschaft festgelegt wurden.

„Reifer Stalinismus war charakterisiert durch die erzwungene Nachahmung der sowjetischen politischen, administrativen und kulturellen Institutionen, absoluter Gehorsam gegenüber sowjetischen Direktiven und sogar Andeutungen, Verwaltungsüberwachung durch sowjetisches Personal, bürokratische Willkür, Polizeiterror unkontrolliert durch die örtliche Partei, wirtschaftliche Beraubung, während überehrgeizige industrielle Investitionsprogramme und eine unterkapitalisierte Landwirtschaft betrieben wurden, kolonieartige Außenhandelsabhängigkeit von der SU, Isolation von der nichtkommunistischen Welt und in gewissem Umfang sogar von anderen Volksrepubliken, wie die realsozialistischen Staaten sich nannten, künstliche Russenliebe, ein gedankenloser Kult Stalins und die daraus folgende verbreitete soziale Anomie, intellektuelle Stagnation und ideologische Sterilität". (Joseph Rothschild „Rückkehr zur Verschiedenheit".)

Zwar lässt sich demgegenüber in den Jahren danach eine allmählich wachsende Diskussion unter den realsozialistischen Staaten über „verschiedene Wege zum Sozialismus" verfolgen. Sie korreliert jedoch deutlich mit den Phasen, in denen die Sowjetführer eine besondere Abhängigkeit von äußerer Hilfe und Zustimmung spürten, z. B. im Kriege 1943 bei Auflösung der Komintern oder 1955, als Chruschtschow um Tito warb. Nur in Phasen der Schwäche wurde also der sowjetische Dominanzanspruch mit der Forderung nach Gleichförmigkeit der Gesellschaftsstruktur anderer realsozialistischer Staaten etwas zurückgenommen, wurde jedoch nie aufgegeben, bis Gorbatschow an die Macht kam.

In seiner Eröffnungsrede auf dem XX. Parteitag im Februar 1956, nicht zu verwechseln mit der berühmten Geheimrede am Ende, hatte Chruschtschow verkündet, dass die Formen des Sozialismus je nach den unterschiedlichen Gegebenheiten verschieden seien und es keine einheitliche Formel gebe, die auf alle anwendbar sei, nur um sogleich von Suslow korrigiert zu werden, dem Ideologie-Papst seit Stalins Zeiten: „Der Übergang zum kommunistischen Herrschaftssystem ist irreversibel. Der sozialistische Aufbau hat sich in der Hauptsache einheitlich zu vollziehen, gestützt auf die Erfahrungen und Hilfe der Sowjetunion."[19] Was mit „Hilfe" gemeint war, wurde dann mit den sowjetischen Interventionen im Herbst 1956 in Ungarn und Polen mehr als deutlich. Wer sich dort zu sehr auf Chruschtschows Ankündigungen verlassen hatte, musste mit Absetzung, Verfolgung und u. U. mit dem Tod bezahlen.

Die danach bis Gorbatschow geltende Doktrin wurde 1957 auf der kommunistischen Weltkonferenz in den „allgemeinen Gesetzmäßigkeiten der sozialistischen Revolution und des sozialistischen Aufbaus" zusammengefasst.[20] Damit wurden die Struktur-Parameter des sowjetischen Modells endgültig zu Gesetzmäßigkeiten der geschichtlichen Entwicklung und also zu weltweit verbindlichen, durch „brüderliche Hilfe im Rahmen des sozialistischen Internationalismus", d. h. durch Intervention durch die realsozialistischen Staaten erzwingbaren Vorgaben der SU gemacht:

- Führungsrolle der Partei bei der Durchführung der Revolution und bei der Errichtung der Diktatur des Proletariates;
- Bündnis der Arbeiterklasse mit der Hauptmasse der Bauern und anderen Gesellschaftsschichten;
- Verstaatlichung des wichtigsten Eigentums an Produktionsmitteln;
- allmähliche Kollektivierung der Landwirtschaft;
- planwirtschaftlicher Aufbau des Kommunismus und Sozialismus;
- ideologische Revolution;
- Kulturrevolution und Schaffung der Intelligenzschicht;
- Gleichberechtigung und brüderliche Verbundenheit unter den Völkern;
- Schutz der sozialistischen Errungenschaften nach innen und außen;
- Proletarischer Internationalismus;

- Verpflichtung der Werktätigen aller Länder, nicht nur die SU sondern alle sozialistischen Länder zu unterstützen;
- brüderliche, gegenseitige Hilfe im Rahmen des sozialistischen Internationalismus.

Das also war das Modell, auf das die Staaten des sowjetischen Machtbereichs festgelegt waren. Es wurde nötigenfalls mit Panzern erzwungen, wie 1953 in der DDR, 1956 in Ungarn und 1968 in der Tschechoslowakei geschehen. Die „Breschnew-Dokrin", wie sie im Juli 1968 mit dem berühmten Brief der späteren fünf Interventionsmächte den Führern des Prager Frühlings übermittelt wurde[21], war also im Grunde nichts Neues, sondern mit der Behauptung der angeblich „beschränkten Souveränität" der realsozialistischen Staaten nur eine pseudo-völkerrechtliche Verbrämung des sowjetischen Unterwerfungsanspruchs und seiner ideologischen Begründung, wie sie Breschnew dann nach der Intervention der sowjetischen, polnischen, ungarischen und bulgarischen Truppen in seiner Rede vor dem Parteitag der polnischen Partei im November 1968 verkündete[22]. Die wohl sklavischste Nachahmung dieses Modells war die DDR.

Am Ende der zweijährigen Attachéausbildung 1975, in der wir 32 Mitglieder der 28. „Crew", d. h. des 28. Einstellungsjahrgangs nach dem Krieg, für den diplomatischen Beruf ausgebildet worden waren, wurden wir in die Personal-Abteilung einbestellt. Wie bei meinem Namen unvermeidlich, wurde ich als erster aufgerufen: „Arnim, Zentrale, 210". Als ich aufgeregt versuchte zu protestieren, ich hätte mich nach Moskau gemeldet, hieß es nur: „Was wollen Sie, 210 ist auch Ostpolitik." In der Tat, das so bezifferte Referat in der Politischen Abteilung der Zentrale des Amtes in Bonn war für „Fragen betreffend Deutschland als Ganzes und Berlin" zuständig.

Es war dies in den Zeiten der Teilung Deutschlands vielleicht das insgesamt wichtigste Referat im ganzen Auswärtigen Amt. Sein Einfluss beruhte auf seiner Verantwortung für die Beziehungen zu den Vier Mächten mit Rechten und Verantwortlichkeiten für Deutschland als Ganzes und Berlin. Es ging also um deren oberste Autorität über die deutschen Dinge, die sie mit ihrem vollständigen Sieg über das Deutsche Reich im 2. Weltkrieg 1945 erobert hatten. Es ging dabei vor allem um die andauernde Achtung dieser Rechte und Verantwortlichkeiten, dem völkerrechtlichen Vorbehaltsbereich, in dem nach der bedingungslosen Kapitulation 1945 die später entstandenen beiden deutschen Staaten nicht selbständig handeln durften, und in dem insofern das völkerrechtliche Fortdauern von Deutschland als Ganzem über den beiden Teilstaaten wirksam wurde und blieb. Die Aufgabe bestand insofern darin, über die Entwicklung nach Aufgabe der Hallstein-Doktrin hinaus die Deutsche Frage offen zu halten, also dem wichtigsten Ziel unserer Außenpolitik, solange die Wiedervereinigung operativ nicht angegangen werden konnte.

Damit nahm das Referat in dem sich nach dem Grundvertrag vom Dezember 1972 entfaltenden Prozess der Verhandlungen mit der DDR über die Folgeverträge zum Grundvertrag eine zentrale Funktion in den innerdeutschen Beziehungen ein, auch wenn die eigentlichen Verhandlungen mit Ost-Berlin vom Kanzleramt geführt wurden, denn es blieb entscheidend, durch die sich so ergebenden Vereinbarungen den alliierten Vorbehaltsbereich nicht zu verletzen. Zu diesem Zweck unterrichteten wir die drei Westmächte in einem dichten Konsultationsprozess über den jeweiligen Verhandlungsstand und diese antworteten mit Hinweisen, wie Ihre Rechte von uns in den Verhandlungen mit der DDR zu wahren waren. Gleichzeitig waren wir auch dafür verantwortlich, dass Berlin (West) in diese Abmachungen tatsächlich einbezogen wurde, denn die schriftliche Einbeziehung durch Berlinklauseln in den Verträgen mit der DDR war nicht möglich. Wegen ihrer andauernden obersten Verantwortung für Berlin waren daran natürlich auch die Drei Mächte, Amerikaner, Briten und Franzosen, interessiert, die ihrerseits in Berlin mit der sowjetischen Botschaft wegen der Berliner Angelegenheiten in einem ständigen Dialog standen.

Der Ort unserer Abstimmung mit den Drei Mächten war die „Bonn-Group", auf deutsch die „Bonner Vierergruppe", in der wir für die Bundesregierung und die drei Botschaften für die Drei Mächte miteinander über die ganze Nachkriegszeit bis zur Wiedervereinigung 1990 zusammenarbeiteten. Mit meiner Zuteilung zum Referat 210 wurde ich der Sekretär der deutschen Delegation in dieser Vierergruppe. Verhandlungsführer war Dr. Kastrup, der spätere Hauptunterhändler bei den Verhandlungen über den Zwei-Plus-Vier-Vertrag. Unser Rechtsberater war Dr. Duisberg, der spätere Leiter des Arbeitsstabes für die innerdeutschen Beziehungen im Kanzleramt während des Prozesses der Wiedervereinigung.

Der nicht real, aber dafür virtuell ständig präsente Teil in unseren Verhandlungen mit den Drei Mächten war natürlich die Sowjetunion. Auch sie hatte an ihren Rechten und Verantwortlichkeiten für Deutschland als Ganzes und Berlin immer festgehalten und es war auch nach der völkerrechtlichen Anerkennung der DDR durch die Masse der Staatengemeinschaft und ihrem Anspruch auf souveräne Herrschaft im Ost-Sektor immer sehr klar, dass die DDR in ihren Westbeziehungen nur soviel Spielraum besaß, wie die SU ihr einräumte. Die Absetzung Ulbrichts durch die Sowjets, dürftig als „Rücktritt" getarnt, im Juni 1971 in der Schlussphase der Verhandlungen über das Berlin-Abkommen der Vier Mächte, als Ulbricht sich offenbar gegen von den Sowjets für unvermeidbar gehaltene Konzessionen wehrte, hatte eindrucksvoll vor Augen geführt, dass dieser Spielraum grundsätzlich gering war.

Meine erste Sitzung in der Vierergruppe schockierte mich. Ich war in das Auswärtige Amt 1973 als glühender Anhänger der Neuen Ostpolitik eingetreten. Die Hallstein-Doktrin hatte unser Land nach erheblicher Wirksamkeit über einige Jahre immer tiefer in eine Sackgasse der außenpolitischen Selbstfesselung geführt. Die menschlichen Beziehungen zu den Menschen in der DDR waren laufend geschrumpft, so dass das gemeinsame Bewusstsein als Deutsche durch die Abschottung der DDR in Gefahr zu geraten schien.

Der erkennbar endgültige Verlust der Ostgebiete jenseits von Oder und Neiße war bei uns innerlich nach wie vor nicht akzeptiert und belastete uns mit unerfüllbaren Forderungen nicht nur im Verhältnis zu den Mitgliedsstaaten des Warschauer Paktes, sondern auch nach Westen hin, wo trotz der Offenhaltung der Zukunft dieser Gebiete im Potsdamer Abkommen niemand mehr bereit war, unsere Gebietsansprüche aktiv zu unterstützen. Und unsere Verantwortung für die Erhaltung der Lebensfähigkeit von Berlin (West) machte uns permanent erpressbar.

Die Neue Ostpolitik war darauf die richtige Antwort. Sie befreite uns vom Sonderkonflikt (Löwenthal), also der Notwendigkeit, die gesamte Ostpolitik des Westens ständig mit der Forderung nach umgehender Beendigung der Teilung zu befrachten, womit, wie Adenauer und Erhard schmerzhaft erfahren hatten, auch die USA nicht mehr einverstanden waren, weil sie in einem umfassend angelegten Entspannungsprozess, der seit der Kuba-Krise stockend in Gang gekommen war, andere Prioritäten hatten. Die Neue Ostpolitik, mit der Brandt mit der SU einen die territorialen Gegebenheiten hinnehmenden Modus Vivendi vereinbarte, beseitigte auch die sowjetische Barriere vor substantiellen Beziehungen unseres Staates mit den Staaten Osteuropas, an der Schröders Versuche des Ausbruchs aus den Schranken der Hallstein-Doktrin durch Errichtung von Handelsvertretungen dort nach ersten Erfolgen gescheitert waren. Die Neue Ostpolitik öffnete dadurch die innerdeutschen Beziehungen zu dem Versuch, die Substanz der Nation durch menschliche Erleichterungen zu bewahren, indem sie das politische und völkerrechtliche Legitimitätsdefizit der DDR in der Gegenleistung für solche Erleichterungen milderte, aber nicht beseitigte. Schließlich wurde mit Hilfe des Berlin-Junktims, also der Verknüpfung der Ratifikation des Moskauer Vertrages durch den Deutschen Bundestag mit wirklichen Verbesserungen für West-Berlin, im Viermächteabkommen vom September 1971 eine einigermaßen erpressungsfreie Basis für Berlins (West) Zukunft geschaffen. Basis des ganzen Konzepts war die Erkenntnis, dass die SU unumgehbar war, wenn es galt, in der Deutschen Frage vorwärts zu kommen.

In meiner ersten Sitzung in der Vierergruppe im April 1975 wurde mir klar, dass die Sowjetunion sich offenbar mit aller Kraft bemühte, wesentliche Konzessionen, die sie uns im Vier-Mächte-Abkommen 1971 gemacht hatte, wieder zurückzunehmen und sich dadurch der Gegenleistung für unsere Anerkennungspolitik zu entziehen. Die Tagesordnung unserer Beratungen bestand nämlich überwiegend aus der Redaktion von Antworten der Drei Mächte auf eine ganze Serie von Berlin-Protesten der SU, mit denen unsere im Abkommen garantierten Anstrengungen, die „Bindungen" zu Berlin (West) „aufrechtzuerhalten und zu entwickeln" und Berlin (West) international zu vertreten, soweit „Angelegenheiten des Status und der Sicherheit nicht berührt sind", als rechtswidrig angegriffen wurden. Diese Proteste der SU bei den Drei Mächten als den Trägern der obersten Gewalt gegen unsere Berlin-Politik wurden von der Bundesregierung so weit irgend möglich, der Protest gegen die Ansiedlung des Umweltbundesamtes war öffentlich bekannt geworden, unter der Decke gehalten. Ihr Bekanntwerden hätte wahrscheinlich zu einer schweren Enttäuschung der deutschen Öffentlichkeit und einem deutlichen Nachlassen der Unterstützung für die Neue Ostpolitik geführt. Die Vierergruppe tagte vertraulich, weder Zeitpunkt noch Tagesordnung der Sitzungen, von ihrem Inhalt ganz zu schweigen, waren öffentlich bekannt, obwohl es ein für die Abstimmung der westlichen Deutschland- und Berlin-Politik zentrales Gremium war. Dort waren z. B. auch die Notfallpläne der Drei Mächte für akute Berlin-Krisen mit uns konsultiert worden.

Die sowjetischen juristischen Haarspaltereien hatten den offensichtlichen Zweck, völkerrechtlich verbindliche und in der Substanz für uns gewichtige Zusagen zurückzunehmen, kaum dass die durch Junktim und Gegenjunktim miteinander verknüpften Verträge vom Bundestag im Mai 1972 unter größten Schmerzen ratifiziert worden waren. Es war für mich eine eindrückliche Lehre über sowjetische Deutschlandpolitik. Die SU blieb ihrer zu Grunde liegenden Interessenlage immer treu, die auf Sicherung der DDR und Unterminierung unserer Politik gerichtet war, zur Offenhaltung der Deutschen Frage den alliierten Vorbehaltsbereich zu bewahren und dadurch einen wesentlichen Teil der völkerrechtlichen Basis unseres Schutzes durch die Drei Mächte gerade auch in Berlin (West) zu erhalten.

Dieser Anfang in der Bonner Vierergruppe war aber nur der zweite Anlass, der mir die Probleme der von mir bis dahin aus Überzeugung unterstützten neuen Ost-Politik offen legte. Der erste stammte aus einer Begegnung mit Egon Bahr. Es gehörte zu den großen Privilegien während unserer Attaché-Ausbildung, dass ungefähr alle sechs Wochen einer unserer „großen" Botschafter z. B. aus Washington, Paris oder Delhi, oder ein führender Politiker aus Bonn einen Abend zu uns in die Ausbildungsstätte kam, einen Vortrag über große Politik hielt und mit uns diskutierte. Ich hatte vor Bahr damals den größten Respekt, nicht nur, weil er Sonderminister im Kanzleramt war, also ein leibhaftiger Bundesminister, sondern auch das alter Ego des von mir verehrten Willi Brandt, den ich als Emigranten dem ehemaligen PG Kurt Georg Kiesinger bei Weitem vorgezogen hatte.

Brandts Warschauer Kniefall war ja keine pathetische Geste, sondern Ausdruck einer Gesinnung, mit der sich unser Land seiner Verantwortung für die in seinem Namen begangenen Verbrechen stellte. Er war auch mutig, weil viele Deutsche, vor allem die Vertriebenen, die Endgültigkeit des Verlustes der Ostgebiete noch nicht verstanden, geschweige denn akzeptiert hatten. Ihnen wurde bis zum Beginn der sozialliberalen Koalition 1969 auch von der verantwortlichen Politik nicht die Wahrheit gesagt. Bahr war der Kopf hinter der Ostpolitik Brandts und sein wichtigster Unterhändler mit den Sowjets gewesen. Er hatte, so verstand ich ihn, den Ausweg aus der Sackgasse gefunden und für die bevorstehende Zeit, in der die deutsche Frage zu für uns akzeptablen Bedingungen nicht angegangen werden konnte, eine Basis gelegt, von der aus der Zusammenhalt der Nation bewahrt und gefördert werden konnte.

Bahr legte uns nun aber in schöner Offenheit dar, dass das Paket der Ostverträge, Moskauer Vertrag, Warschauer Vertrag, Prager Vertrag, Grundvertrag mit der DDR und die bevorstehende Schlussakte von Helsinki, nur die erste Phase einer Politik sein sollte, die nicht als ein länger dauernder Modus Vivendi bis zu einer fundamentalen Veränderung der Sowjetunion gedacht, sondern auf die Wiedervereinigung in nicht allzu ferner Zukunft bei mehr oder weniger gegebenen Kräfteverhältnissen gerichtet war. Nach weiterer Vergrößerung des durch die Verträge gewonnenen deutschen Spielraums solle eher bald eine zweite Phase folgen, in der Deutschland als Kern einer auch Polen, die Tschechoslowakei und die Benelux umfassenden Zone der Neutralität in Mitteleuropa wiedervereinigt werden würde. Dies bedeutete natürlich für uns den Austritt aus der NATO und den Abzug der alliierten Truppen aus dem so vereinten Deutschland.

So hatte ich das Ganze nicht verstanden. Austritt aus der NATO bedeutete den Abzug der Amerikaner über den Atlantik, während die Sowjets sich nur wenige Hundert Kilometer zurückziehen würden. Es bedeutete ein Leben im Schatten der nah bleibenden sowjetischen Macht. Es bedeutete das Ende unserer Westintegration, also unserer definitiven Zuordnung zum Westen und den Rückfall in die Mittellage, die doch ein wesentlicher Grund für die Deutschland verheerenden Folgen einer eigenständigen Großmachtpolitik gewesen war. Es bedeutete auch das Ende unserer europäischen Integrationspolitik mit nicht nur ökonomisch katastrophalen Folgen, sondern auch die tiefe Beschädigung der deutsch-französischen Aussöhnung, einer der bedeutendsten Errungenschaften unserer Außenpolitik nach 1945 und Basis für die politische Einigung Europas, insgesamt also eine fundamentale Gefährdung unserer Sicherheit als freies Land.

Wir hatten in der Attachéausbildung über moderne Geschichte bei dem Kölner Historiker Andreas Hillgruber die Grundgegebenheiten deutscher Außenpolitik seit 1848 erörtert. Hillgruber war konservativ, aber kein Nationalist. Er dachte stark in geopolitischen Kategorien und war zu dem Ergebnis gekommen, dass das von Bismarck geeinte Deutschland als Großmacht gescheitert war, weil es zur europäischen Hegemonie zu klein, zur resignierten Duldung der Gestaltung seines äußeren Umfeldes durch die traditionellen europäischen Großmächte aber zu groß war. Mir war das zu mechanistisch. Entscheidend waren doch die Serie schwerer außenpolitischer Fehler von Bismarcks Nachfolgern und dann die verbrecherische Politik Hitlers gewesen, nicht lediglich unsere geographische Lage und die geopolitischen Gewichte der europäischen Mächte, so bedeutsam sie auch waren.

Vor Allem hatten sich diese Gewichte nach 1945 mit der dauerhaften strategischen Präsenz der USA auf dem europäischen Kontinent grundlegend verschoben, so dass auch ein vereintes Deutschland nicht mehr von kritischer Größe für das europäische Gleichgewicht sein musste. Darüber hinaus war mit der Europäischen Gemeinschaft ein Rechtsrahmen geschaffen worden, in dem die wesentlichen europäischen Probleme in einem permanenten Verhandlungsprozess nicht lediglich machtpolitisch-nationalstaatlich, sondern ausgerichtet an höheren, gemeinsamen Interessen in festen, demokratisch legitimierten Institutionen friedlich lösbar geworden waren. Hillgruber hatte ja auch selbst mit uns die Lehren besprochen, die Adenauer und die ihm folgende deutsche Politik aus den Katastrophen unseres Landes gezogen hatte. Unser deutsches Gewicht war durch amerikanische Präsenz und europäischen Integration für die Welt und Europa erträglich geworden.

Mit der Absage an die Westintegration im Atlantischen Bündnis und in der Europäischen Gemeinschaft, wie die Europäische Union damals noch hieß, einerseits und der beabsichtigten Umgestaltung der Struktur Europas durch Einfügung einer neutralen Mitte andererseits entpuppte sich Bahr als ganz unbelehrter deutscher Nationalist. Ich war so entsetzt, dass ich nach diesem Vortrag einen nächtlichen Spaziergang im nahen Kottenforst machte, um meine Fassung wieder zu gewinnen.

Jetzt war klar, dass der für die Akzeptanz der Ostverträge bei uns entscheidende „Brief zur Deutschen Einheit" in seinem Kern nicht eindeutig, sondern ambivalent war. Er besagte, dass der Moskauer Vertrag – genauso wie der Grundvertrag mit der DDR, zu dem wir den gleichen Brief versendet hatten – „nicht im Widerspruch mit dem politischen Ziel der Bundesrepublik Deutschland steht, auf einen Zustand des Friedens in Europa hinzuwirken, in dem das deutsche Volk in freier Selbstbestimmung seine Einheit wiedererlangt." Der Schlüsselbegriff war der „Zustand des Friedens in Europa". Bahr meinte damit offenbar sein Neutralitätskonzept für Mitteleuropa. Wie wohl die Mehrzahl der Deutschen hatte ich dagegen darunter ein in die NATO und die Europäische Gemeinschaft integriertes, vereintes Deutschland verstanden, auf das wir die Drei Mächte in Art. 7 des von Adenauer abgeschlossenen Deutschlandvertrages („ein wiedervereinigtes Deutschland, das eine freiheitlich-demokratische Verfassung, ähnlich wie die Bundesrepublik, besitzt und das in die Europäische Gemeinschaft integriert ist.") festgelegt hatten, und wodurch wir auch selbst gebunden waren. Es ging aber nicht nur um unsere völkerrechtlichen Verpflichtungen gegenüber den drei Mächten. Adenauers Konzept für die Wiedervereinigung zielte mit seiner Anfang der 50er Jahre formulierten „Politik der Stärke" auf einen „Zustand des Friedens in Europa", in dem die SU auf Grund ökonomischen Zurückbleibens und Unfähigkeit, die Rüstungslast im Ringen mit den USA um die Hegemonie in der Welt weiter zu tragen, selbst eine Neuordnung Europas suchte, in der Deutschland sowohl vereint werden wie westintegriert bleiben konnte. So hatte er sein Konzept in seiner grundlegenden Siegener Rede vom 16. März 1952 dargelegt, die den politischen Kern seiner Antwort auf die berühmte Stalin-Note vom 10. März enthielt.[23]

Zwischen den hinter der Formel des Briefs zur Deutschen Einheit steckenden, beiden Konzepten lagen also außenpolitisch ganze Welten. Der von Außenminister Walter Scheel und seinem Staatssekretär Paul Frank mit größter Mühe gegenüber Gromyko durchgesetzte Brief [24] enthielt also einen

Formelkompromiss, der die Unvereinbarkeit der beiden konzeptionellen Grundansätze überdeckte. Immerhin hatten die Sowjets, die den Brief 1970 zunächst abgelehnt und dann nur zähneknirschend ohne Widerspruch hingenommen hatten, aber zu ignorieren versuchten, seine Existenz dann später in der Prawda mit einer Notiz auch in der SU bekannt gemacht, er habe dem Auswärtigen Ausschuss des Obersten Sowjet im Ratifikationsverfahren über den Moskauer Vertrag vorgelegen. Diese Veröffentlichung am 13. 4. 1972 war offensichtlich genau auf das damals bei uns im Bundestag laufende, auf das Äußerste umstrittene Ratifikationsverfahren zu diesem Vertrag ausgerichtet gewesen, in dem diese Notiz der wankenden Regierung Brandt/Scheel in der Schlussphase vor dem konstruktiven Misstrauensvotum Barzels am 27. 4. 1972 von großem Nutzen war.

Der unbelehrte Nationalismus Bahrs war dann in der Arbeit an den innerdeutschen Beziehungen im Deutschlandreferat des Auswärtigen Amtes sofort deutlich spürbar. Ein Problem z. B., in dem sein Bemühen, unseren Spielraum gegenüber den Drei Mächten zu erweitern, deutlich wurde, war die Grenzziehung an der Elbgrenze zwischen Schnakenburg und Lauenburg. Wir hatten über die gesamte Dauer der Nachkriegszeit die Position vertreten, dass die Grenze dort in weiten Strecken auf dem Ostufer verlief, während die DDR die Mitte des Talweges als Grenze beanspruchte. Die Briten und die Sowjets hatten diese Frage niemals einvernehmlich geklärt. Durch die dem Grundvertrag mit der DDR folgenden innerdeutschen Vereinbarungen war nun eine „Grenzkommission" eingesetzt worden, deren Mandat in der (deklaratorischen) „Feststellung" der Grenze, nicht aber ihrer (konstitutiven) „Festlegung" bestand, dort wo der Grenzverlauf unklar war. Das Ganze war nicht etwa eine juristische Quisquilie oder „Formelkram", wie Brandt die alte Ostpolitik einmal charakterisiert hatte, sondern beruhte auf unserer Position, dass solche Grenzfragen in den Vorbehaltsbereich der Vier Mächte fielen und folglich von den beiden deutschen Staaten nicht gelöst werden konnten. Es ging insofern also um eine konzeptionelle Grundsatzfrage, entweder durch Verteidigung des Vorbehaltsbereichs die Vier Mächte deutschlandpolitisch in der Pflicht zu halten, oder uns, wie Bahr wollte, allmählich deutschlandpolitisch von ihnen zu emanzipieren, um „Spielraum zu gewinnen". Die Fortwirkung der Vorbehaltsrechte als Rahmen für die innerdeutschen Beziehungen waren aber in den folgenden Jahrzehnten unser stärkstes völkerrechtliches Argument für den Sondercharakter der innerdeutschen Beziehungen.

Das Kanzleramt hatte meinem Referatsleiter, Dr. Lücking, einem erfahrenen deutschlandpolitischen Spezialisten, 1975 zu erkennen gegeben, dass es daran denke, auf die DDR-Forderung zur Elbgrenze einzugehen. Er fasste diese Mitteilung mit spitzen Fingern an und stellte sie nicht etwa in der Vierergruppe offiziell zur Diskussion, sondern bestellte den uns wohl gesonnenen britischen Rechtsberater in das Auswärtige Amt ein und erläuterte ihm „informell" das Problem. Diesem war es zu heikel, in ein erkennbar diffiziles Problem innerhalb der Bundesregierung hineingezogen zu werden. Er werde in London nachhören. Nach einiger Zeit kam er mit der Antwort, die Entscheidung sei unsere Sache. London werde sich in jedem Fall heraushalten. So mussten wir das Problem dem Minister vorlegen und empfahlen ihm, auch angesichts des damals gerade ergangenen Urteils des Bundesverfassungsgerichts zum Grundvertrag, das komplizierte Ausführungen zur innerdeutschen Grenze enthielt, die Rechtsfrage des Grenzverlaufs nicht zu entscheiden, sonder das Kanzleramt zu bitten, das Problem aus den laufenden Verhandlungen mit der DDR auszuklammern. BM Genscher folgte, ganz der vorsichtige Jurist, unserem Vorschlag und blieb auch dabei, als der völlig Bahrs Politik folgende Leiter der außenpolitischen Abteilung des Kanzleramtes, Ministerialdirektor Sanne, versuchte, ihn umzustimmen. Das Problem blieb dann bis zur Einheit ungelöst, obwohl die DDR später versuchte, es durch Aufnahme in die vier „Geraer" Forderungen sozusagen zum deutschlandpolitischen Essential zu machen, gewiss nicht nur wegen seiner allenfalls geringen praktischen Bedeutung, sondern wegen seiner negativen Implikationen für die Fortgeltung der Rechte der Vier Mächte und der Demonstration ihrer Souveränität.

Die Aufrechterhaltung dieser Rechte war in der Mitte der siebziger Jahre auch ein zentraler Teil unserer Mitarbeit an den Verhandlungen über die KSZE-Schlussakte, die von den Sowjets und den Warschauer-Pakt-Staaten als abschließende Sicherung ihres territorialen Besitzstandes gedacht gewesen war. Der internationalen Öffentlichkeit waren in den Jahrzehnten nach Annahme der Schlussakte vor allem die darin enthaltenen Garantien für die Menschenrechte und Grundfreiheiten und der „Dritte Korb" mit seinen Bestimmungen über menschliche Kontakte, Information und die kulturelle Zusammenarbeit ein Begriff, denn sie bildeten eine auch diese Staaten bindende Basis für die zunehmenden Aktivitäten der „Dissidenten" überall dort. Für uns waren dagegen die darin enthaltenen, deutschlandpolitisch relevanten Vereinbarungen nicht weniger bedeutsam. Da waren gleich im ersten Prinzip die Möglichkeit zu friedlicher Änderung der Grenzen und das Recht auf freie Bündniswahl verankert. Im Prinzip VI wurde jede bewaffnete Intervention verboten. Prinzip VIII garantierte das Selbstbestimmungsrecht der Völker, einschließlich der freien Wahl ihres äußeren politischen Status. Und in Prinzip X war niedergelegt, dass die Schlussakte die Rechte und Verpflichtungen der teilnehmenden Staaten aus Verträgen, Abkommen und Abmachungen nicht berührte, wodurch klargestellt wurde, dass die alliierten Rechte und Verantwortlichkeiten bezüglich Deutschland als Ganzem und Berlin unverändert erhalten blieben, was den grundsätzlichen Fortbestand Deutschlands in seinen Grenzen von 1937 implizierte, denn darauf bezogen sich diese Rechte und Verantwortlichkeiten.

Die, um diese Ergebnisse zu erreichen notwendigen, intensiven Konsultationen in der Bonner Vierergruppe waren eine für mich prägende Erfahrung für das Vorgehen in den für uns entscheidenden Deutschlandproblemen. Die politischen Kernfragen wurden zunächst zu viert von uns mit den Drei

Mächten behandelt. Erst danach wurden sie in den Prozess der Bildung der westlichen Verhandlungsführung bei der NATO und im Kreis der EG-Mitglieder eingeführt, bevor sie dann von den Unterhändlern in Genf und Helsinki gegenüber den Sowjets zum Tragen gebracht wurden. Das Auswärtige Amt hatte dabei alles getan, um die deutsche Frage offen zu halten und die Basis für eventuelle spätere Verhandlungen zu ihrer Lösung nach unseren Vorstellungen so günstig wie möglich zu halten. Die „Neue Ostpolitik" hatte dieses Ergebnis möglich gemacht. Und die Sowjets hatten sich darauf trotz erkennbaren Widerstrebens der DDR eingelassen. Die Schlussakte war so eine doppelte Wette. Die Sowjets und ihr Gefolge setzten auf ihre statischen, stabilisierenden Elemente wie die Garantie der territorialen Integrität und das Verbot der Einmischung in die inneren Angelegenheiten. Die SU sah in der Schlussakte deshalb eine Vorform eines gesamteuropäischen, kollektiven Sicherheitssystems, durch das die NATO ersetzt werden und Europa in allen Sicherheitsfragen von sowjetischer Zustimmung abhängig gemacht werden sollte. Der Westen setzte dagegen auf die dynamischen Elemente, mit denen der Realsozialismus allmählich transformiert werden sollte.

Das vorsichtige Widerstreben der DDR gegen die uns am wichtigsten erscheinenden Positionen war – trotz ihrer Anstrengungen, die Interna im Warschauer Pakt vor westlichen Augen verborgen zu halten – für uns im Deutschlandreferat in der Berichterstattung unserer Kollegen in Helsinki und Genf, aber auch von unserer Ständigen Vertretung in Berlin(Ost) erkennbar, auch wenn wir die Einzelheiten der sich mehr im Atmosphärischen haltenden Differenzen innerhalb des Warschauer Paktes nicht kannten. Die Ständige Vertretung war an das Netz verschlüsselter Fernschreiben des Auswärtigen Amtes angeschlossen und die Verfasser der Berichte waren überwiegend aus dem Auswärtigen Dienst, so dass sie unsere Informationsbedürfnisse kannten. Sie hatten ständig die Hand am Puls des Ostberliner Apparates.

In meinen zwei Jahren im Deutschlandreferat von 1975 bis 1977 lernte ich aber auch, dass die ständige, aufmerksame Lektüre des „Neuen Deutschland", das viele bei uns für unlesbar hielten, sehr wohl aufschlussreich sein konnte. Da war zum Beispiel der geradezu groteske Personenkult um den Parteichef, also Honecker. Ein Photo mit ihm fand sich fast auf jeder Seite. Und auf den Photos von den häufigen Auftritten des Politbüros mit all seinen Mitgliedern war regelmäßig auch bei rein inneren Angelegenheiten der DDR der sowjetische Botschafter Abrassimow zu sehen. Sein Amtsverständnis als die eigentliche oberste Gewalt repräsentierender Vizekönig Moskaus sprang so ins Auge. Er stand meistens unmittelbar neben Honecker, nicht etwa in der zweiten Reihe, wo ein normaler Botschafter allenfalls hingehört hätte. Für uns war es wesentlich herauszufinden, ob die DDR gegenüber dem Modell der SU überhaupt abweichen konnte. Dabei war bekannt, dass die Sowjets in den entscheidenden Institutionen der DDR, insbesondere des Sicherheitsapparates, mit „Beratern" vertreten war, denen nichts verborgen bleiben sollte. Und bekannt war auch, dass bis hinauf in das Politbüro der SED der KGB Vertrauensleute wie z. B. Stoph besaß, die primär den Sowjets verpflichtet waren und deren Befehle ausführten, ohne untereinander von dieser Verpflichtung zu wissen.

Genauso wie beim Modell Sowjetunion durchdrang der DDR-Sicherheitsapparat den gesamten übrigen Apparat und die Gesellschaft. Zu diesen kontrollierenden „Organen" gehörte nicht nur die Stasi, sondern auch das Innenministerium mit seinen Dienststellen, insbesondere der Polizei, und die Justiz mit den Gerichten und der Staatsanwaltschaft. Auch die Anwaltschaft gehörte dazu. Eine freie Advokatur gab es nicht. Wie in der SU gab es auch in der DDR keine politischen Freiräume für Systemmitglieder und das waren natürlich auch die wenigen zugelassenen Anwälte. Wer versuchte, sich Freiräume zu schaffen, konnte nicht Mitglied des Systems bleiben. Dissidenz war gleichbedeutend mit Systemgegnerschaft und wurde erbarmungslos verfolgt und bestraft. Die angebliche Selbständigkeit der Anwälte war eine Fassade, hinter der sich „Parteilichkeit" und Gehorsamspflicht gegenüber den höheren und u. U. höchsten Instanzen mühsam verbarg.

Prototypisch für diese Verknüpfungen schien mir der notorische „Rechtsanwalt" Vogel zu sein. Über ihn lief nicht nur der Häftlingsfreikauf, mit dem die DDR durch Abmachungen mit der Bundesregierung politische Gefangene zu Geld machte. Er hatte auch den Austausch von sowjetischen Spionen gegen den Piloten des von den Sowjets abgeschossenen amerikanischen Fernaufklärers U 2, Gary Powers, an der Glienicker Brücke arrangiert. Woraus man schließen konnte, dass er nicht nur im Sicherheitsapparat der DDR ganz hoch positioniert war, sondern auch im sowjetischen in Moskau. Vogel gelangte zwar wegen seiner Tätigkeit in „Härtefällen" von Ausreisewilligen bei uns, auch bei einigen der höchsten Politiker, zu einem gewissen Ansehen. Dass er dazu einen direkten Draht zu Honecker hatte, war aber natürlich nicht die Folge seiner persönlichen Statur oder menschlichen Gesinnung, sondern nur die Folge seiner in seiner Behandlung in der DDR doch erkennbaren Zugehörigkeit zur hohen Nomenklatur des Sicherheitsapparates. Die Annahme, Honecker habe sich in diesen Fällen von einem unabhängigen Menschenfreund beeindrucken lassen, ist schlicht abwegig. Sie verkennt das totalitäre System der vollständigen Kontrolle durch den Sicherheitsapparat in der DDR. Vogel war einfach der Mann Honeckers am Überdruckventil, das er, wenn der innere Druck in der DDR zu groß zu werden drohte, kontrolliert öffnete.

Die zwei Jahre im Deutschlandreferat waren so eine gute Einführung in die sowjetische Deutschlandpolitik und ihrer Doppelzüngigkeit. Sie hatten mich auch von der konstitutiven Fragilität der DDR überzeugt. Ihre innere politische Legitimität wuchs nicht etwa in dem Maße, in dem der Westen sie völkerrechtlich aufwertete. Ihr Bedarf an Anerkennung hatte sich als prinzipiell unersättlich erwiesen. Der Grundgedanke der Ostpolitik, so wie ich sie verstand, war richtig. Es war offenbar möglich, Staat und Bürger der DDR an uns heranzuziehen, ohne dass die dazu verwendeten Mittel des Völkerrechts und der Sonderbeziehungen die DDR dauerhaft stabilisierten und damit die Deutsche Frage gegen die Einheit entschieden wurde. Gleichzeitig hatte sich gezeigt, dass die DDR auf das sowjetische Modell unverrückbar festgelegt war. Sie konnte ihrer Natur nach nur als solche Nachbildung existieren. Insofern war das Studium ihrer Struktur und ihres Verhaltens in vielem gleichbedeutend mit einem Studium des Modells selbst, der Sowjetunion. Dies war die analytische Basis, von der aus ich zum Jahresanfang 1982 meinen Posten in der politischen Abteilung unserer Botschaft in Moskau antrat.

Die Periptie

Als ich Anfang Januar 1982 in Moskau ankam, herrschte ein Winter wie im Kino. Die Verfilmung von „Dr. Schiwago", Pasternaks in der SU verbotenem Roman, war zwar wohl in Spanien gedreht worden, aber der bittere Frost und die hohen Schneeverwehungen waren im Moskauer Original nicht weniger beeindruckend als in jenem Film. Selbst am Mittag lag die Temperatur bei 20 Grad Minus. Und die Schneepflüge fuhren ohne Pause zu Dritt schräg hintereinander gestaffelt wie die Mähdrescher bei der Getreideernte in den Ernteschlachten der sowjetischen Propaganda immer im Rund um den Gartenring, die große, sechsbahnige Straße, die das Stadtzentrum Moskaus umfasst, ohne mit den ständig neu fallenden Schneemassen fertig zu werden. Der Verkehr war stark zurückgegangen und die O-Busse, mit denen die Moskauer, die nicht die U-Bahn benutzen konnten, zur Arbeit fuhren, waren nur sporadisch zu sehen. Lastwagen gab es nur wenige und die noch selteneren PKWs waren meistens schwarze „Wolgas", die Dienstwagen der Nomenklatura. Private Autos gab es eben kaum und sie wurden von ihren stolzen Besitzern so gehütet, dass sie bei diesem Wetter nicht benutzt wurden.

In meiner ersten Morgenrunde, der Besprechung in der angeblich abhörsicheren Kabine in der Botschaft, mit der nach der Zeitungs- und Telegrammlektüre der Arbeitstag begann, hatten unsere Militärattachés berichtet – sie mischten sich laufend unter die Menschen und hatten so das Ohr am Puls des Volkes – an einigen Haltestellen habe es Sprechchöre der im dichten Schneetreiben endlos Wartenden gegeben: „Grischin! Grischin!" Das war der Name des für Moskau verantwortlichen Mitgliedes des Politbüros und seine Anrufung wurde von der Runde als seltenes Zeichen öffentlichen Unmuts bewertet. Meine erste Erfahrung mit den Methoden der „Kremlinologie".

Um sich an diesen morgendlichen Besprechungen sinnvoll beteiligen zu können, musste man die Prawda und die Iswestija gelesen haben, obwohl in beiden Zeitungen fast immer dasselbe stand, aber die seltenen Unterschiede waren meist politisch interessant. Dazu kam die Lektüre der über Nacht eingegangenen Telegramme unserer Kollegen aus den großen Hauptstädten Washington, London und Paris, von der NATO in Brüssel oder den Warschauer-Pakt Hauptstädten Warschau, Prag, Budapest, Bukarest, Sofia und natürlich Ost-Berlin sowie aus Peking und Tokyo. Je nach Sachfrage kamen andere – wie die EWG in Brüssel oder die UNO in New York – hinzu. Genauso bekamen diese Kollegen unsere Berichte, so dass man regelmäßig über alles unterrichtet war, was in der internationalen Politik gerade wichtig war. Darüber diskutierten wir dann in der Kabine und, wenn wir uns nicht beherrschen konnten, auch einmal außerhalb.

Die Verwaltung der Botschaft hatte mir eine Wohnung in einem neuen, riesigen Wohnblock an der Dobryninskaja zugewiesen, einem Teilstück des

Gartenrings. 14 Stockwerke hoch, aus vorgefertigten Betonteilen zusammengesetzte „Platte", dem Besten und Modernsten, das die sowjetische Bauwirtschaft zu bieten hatte, mit etwa einem Dutzend Eingängen. Das eine Ende dieses Blockes war noch im Bau. Der Eingang, der zu unserer Wohnung im 9. Stock führte, war gerade fertig geworden. Als mich ein Kollege aus der Verwaltung in das leere Wohnzimmer führte, sagte ich ihm auf der Stelle, dass diese nagelneue Wohnung, die für sowjetische Verhältnisse auf dem höchsten Standard lag, für mich und meine Familie nicht in Frage komme, denn auf den Fensterbänken lag Schnee, und zwar innen trotz der Doppelfenster. Er war sichtlich ärgerlich. Die Botschaft, oder gar ihre Mitarbeiter, konnten ja Wohnungen nicht etwa selbständig mieten, wo sie wollten. Die Wohnungen wurden uns vielmehr von den Sowjets zugewiesen und jede Botschaft musste dann aus ihrem Kontingent die jeweiligen Neuankömmlinge unterbringen. Als ich ihm erklärte, ich hätte zwei kleine Töchter, die eine erst fünf Wochen alt, da müssten die Fenster schon dicht sein, antwortete er nur, ich müsse die Fenster eben mit Tesamoll abdichten für den Winter, so machten es alle. Das sei auch in diesem Neubau notwendig, die Fenster schlössen nirgendwo, und im Übrigen sei das nicht weiter schwierig.

Tatsächlich war es in der Wohnung, trotz des Schnees innen auf der Fensterbank, auch warm, wie ein Rundgang durch die vier Zimmer ergab. Die Heizkörper waren geradezu heiß und hatten kein Ventil, mit dem man ihre Temperatur hätte regeln können. Dazu diente in jedem Zimmer ein kleines Fenster oberhalb oder neben den großen, das nicht verklebt wurde und mit dem man zu große Wärme der von Oktober bis April ohne Rücksicht auf das Wetter unter Volldampf stehenden Heizkörper ins Freie entlassen konnte. Die bedenkenlose Vergeudung der wichtigsten Ressource der sowjetischen Wirtschaft, Öl und Erdgas, wurde mir so gleich am ersten Tag drastisch vor Augen geführt. Die Wohnung hatte immerhin einen hübschen Blick über die Dächer der Stadt und aus dem Wohnzimmer konnte man in der Ferne sogar den großen Kremlpalast und die goldglänzenden Zwiebeltürme der Kreml-Kathedralen sehen. Abgesehen von einem Bett, einem Stuhl und einem kleinen Tisch, die mir die Verwaltung der Botschaft hineingestellt hatte, war die Wohnung leer. Der Umzug sollte erst in zwei Monaten kommen.

Das einzige sowjetische Einrichtungsstück war ein Telefon. Wie mir erklärt wurde, war es auch bereits angeschlossen und man konnte von ihm direkt ins Ausland wählen, was bei unseren Telefonen in der Botschaft nicht ging. Es hieß, die Sowjets hätten zur Olympiade 1980, an der wir wegen Afghanistan nicht teilgenommen hatten, den Selbstwählerfernverkehr für die ganze Stadt geöffnet, danach aber wieder eingestellt. Das Telefon in unserer Wohnung sei also eine Ausnahme. Ich habe es in den folgenden Wochen täglich benutzt, um mit meiner Frau in Brüssel zu sprechen. Mir war noch nicht völlig klar, dass dieses Telefon natürlich deshalb installiert worden war, um mich und meine Frau von vornherein abzuhören und sich so möglichst rasch ein Bild von uns zu verschaffen. Jedenfalls war meine Sehnsucht nach meiner Frau und den beiden kleinen Mädchen stärker als der warnende Verstand.

Der ganze Block war auf der Eingangsseite von einem Zaun umgeben. Es gab nur eine Einfahrt mit einem Schilderhäuschen, in dem ein „Milizionär", tatsächlich ein Angehöriger des KGB, rund um die Uhr die Ein- und Ausfahrenden registrierte und über Telefon meldete. Gleichzeitig traute sich natürlich kein normaler Russe, den Zugang zu uns trotz dieser Bewachung und Kontrolle zu versuchen. Die Vollständigkeit unserer Überwachung zeigte sich auch darin, dass das oberste Stockwerk des Blocks für uns unzugänglich war. Der Eingang dazu befand sich auf der anderen Seite des Gebäudes und, wenn man zufällig am Vormittag dort vorbeikam, konnte man beobachten, dass aus ihm ganze Scharen von Russen strömten, offenbar dann, wenn die Abhörer vom obersten Stock Schichtwechsel hatten.

Über ein Jahr später machten die Diplomaten der Botschaft einen gemeinsamen Spaziergang mit den Mitarbeitern der für Deutschland zuständigen 3. Europäischen Abteilung des Außenministeriums. Diese Übung war von einem unserer früheren Botschafter eingeführt worden, damit man sich auch einmal informell begegnete und menschlich näher kam. Davon konnte dann natürlich keine Rede sein. Das Ganze verlief nach einem strikten Ritual und war völlig verkrampft. Vorneweg ging der Botschafter gepaart mit dem ewigen Leiter dieser Abteilung, Bondarenko.

Alexander Pawlowitsch Bondarenko leitete die 3. Europäische Abteilung seit 1971. Vorher war er Botschaftsrat in Bonn gewesen. Er war ein sowje-tischer Diplomat so recht nach dem Herzen Gromykos, des ebenfalls ewigen Außenministers. Mit anderen Worten war er knüppelhart, nie auf der Suche nach einer Einigungsmöglichkeit, humorlos und darauf bedacht, uns niemals vergessen zu lassen, dass wir den Krieg verloren hatten, also auch nach Jahre langer Bekanntschaft distanziert, abschätzig und kühl. Wenn er lachte, lächeln kam nicht vor, war es immer berechnet. Mit einem Gedächtnis wie ein Elefant kannte er sämtliche Präzedenzen aus unseren Beziehungen seit den fünfziger Jahren. Sein Geisteszustand erschloss sich am Schnellsten, wenn man sich die Bücher in dem Glasschrank hinter seinem Schreibtisch ansah. Ich konnte das problemlos von meinem Platz als Begleiter der Botschafter oder anderer Bonner Emissäre, manchmal einen ganzen Tag Bondarenko schräg gegenüber sitzend, in seinem Büro im Stalin-Wolkenkratzer des Außenministeriums am Smolensker Platz. Dort standen an prominenter Stelle die „Gesammelten Werke" von Walter Ulbricht in wohl zehn in weißes Schweinsleder gebundenen Bänden. Ich glaube kaum, dass selbst ein so hartgesottener Stalinist wie Bondarenko diese ideologischen Dünnbrettbohrereien Ulbrichts jemals gelesen hat, obwohl Ulbricht sich auf seine Qualitäten als „Theoretiker" des Marxismus-Leninismus offenbar etwas ein-bildete. Seine Gesammelten Werke waren vermutlich ein Geschenk an Bon-darenko für Verdienste um den Aufbau der DDR. Aber ihre andauernde Präsenz in diesem Bücherbord genau im Blick seiner westdeutschen Besucher hatte etwas Ostentatives.

Bondarenko war einer der wenigen Abteilungsleiter des Ministeriums, der neben den dort versammelten Vize-Außenministern dem „Kollegium" angehörte, der kollektiven Spitze unter Gromyko, und Bondarenko wurde nicht müde, uns zu erklären, dass er damit, und gebe es auch anderswo in Moskau andere Germanisten, der einzige sei, der befugt sei, autoritativ mit uns zu sprechen. Das stimmte zwar nicht, vor allem wegen der entsprechenden Funktionäre im ZK, aber es gelang Bondarenko über viele Jahre, unseren Dialog mit den Sowjets über sich zu kanalisieren, bis wir in der Endphase der Verhandlungen vor der Wiedervereinigung auch andere Kanäle suchten und fanden.

Bei diesen Spaziergängen folgten dem führende Pärchen zwanglos dem Dienstgrad nach der Gesandte mit Bondarenkos erstem Stellvertreter, dann der älteste Botschaftsrat mit seinem Gegenüber u. s. w. Die Unterhaltungen über unverfängliche Themen wie das Wetter oder die Einkaufsmöglichkeiten im Bonner Kaufhof im Vergleich zu denen bei C & A, allen über deutsche Angelegenheiten arbeitenden Sowjets von ihren Posten in Bonn sehr vertraute Orte, waren eher mühsam. Aber es wäre sinnlos gewesen, z. B. den Streit über die Auslegung des Berlinabkommens fortzusetzen, in dem die Sowjets mit den windigsten Argumenten versuchten, sich ihren Pflichten zu entziehen.

Ich ging zusammen mit Herrn Ussytschenko, einem von Bondarenkos Botschaftsräten, Ukrainer mit langen Dienstjahren in Bonn, als er plötzlich, à propos de rien, erklärte, „Sie lesen ihren Kindern ja aus der Bibel vor." Ich war wie vom Donner gerührt, auch wenn ich versuchte, meine Verblüffung und den rasch folgenden Zorn nicht zu zeigen. Ich hatte dies in der Tat einmal getan. Ausgerechnet zu Weihnachten hatte unser Pfarrer an der kleinen Moskauer Gemeinde Urlaub genommen, so dass es für mich zum ersten Mal in meinem Leben keinen Weihnachtsgottesdienst gegeben hatte. Ich hatte daraufhin meinen beiden kleinen Töchtern die Weihnachtsgeschichte aus dem Lukasevangelium vorgelesen. Sie waren noch zu klein, um den Inhalt zu verstehen, aber ich wollte sie auf das Besondere dieses Festes aufmerksam machen und das haben sie wohl verstanden. Wir waren dabei also abgehört wurden, was mir natürlich nicht neu war. Aber Ussytschenko wollte offensichtlich mitteilen, dass auch nicht das Geringste und Privateste, das in unseren vier Wänden geschah, den Mikrophonen entging. Erkennbarer Zweck der Mitteilung war, den psychischen Druck, unter dem wir ohnehin standen, noch weiter zu erhöhen. Es war eine gezielte Gemeinheit.

Wie ununterbrochen und intensiv diese Abhörerei war, die uns jedes Privatleben raubte, zeigte sich auch, als es in der Wohnung aus irgendeinem Grunde eines Tages einen Kurzschluss gab. Als meine Frau dabei war, den Sicherungskasten zu suchen, klingelte es an der Tür. Erschienen war ein Mann, der mitteilte, er habe gehört, der Strom in unserer Wohnung sei ausgefallen. Er wolle gern helfen, denn ohne Strom würden die in der Tiefkühltruhe gelagerten Vorräte doch schnell schlecht. Ihm ging es zwar offensichtlich um die in solchen Ausländerwohnungen von vornherein fest eingebauten Mikrophone, die mit dem Stromausfall auch ausgefallen waren, aber er trat ein und bald darauf war das Problem behoben. Es war schon unglaublich, mit welcher Unverschämtheit wir behandelt wurden.

Mich hat dieses täglich erneute Ärgernis sehr erbittert je länger es dauerte, und zu dem immer festeren Willen geführt, mich dafür bei den Sowjets zu revanchieren. Eine Privatsphäre gab es nicht für uns, denn auch unsere Hausangestellte, die die Wohnung putzte, die Betten machte und mit den Kindern spazieren ging, war vom KGB, wie alle Angehörigen des UPDK, der Organisation zur „Betreuung" des Diplomatischen Corps, die sich um sämtliche Bedürfnisse der in solchen Ghettos zusammengefassten Ausländer, einschließlich der Journalisten und Geschäftsleute, kümmerte. Meine Frau und ich sind so viel spazieren gegangen, um den Block herum oder in dem Park auf den Sperlingshöhen an der Lomonossow-Universität. Ich fürchte aber, dass wir auch auf diesen ausgetretenen Pfaden mit Richtmikrophonen oder in den Mänteln versteckten Sendern abgehört worden sind.

Die umfassende Überwachung, unter der wir standen, galt natürlich nicht nur für unsere Wohnung, sondern mit wahrscheinlich noch größerer Intensität unseren Büros in der Botschaft. Auch das wurde mir eines Tages im Frühjahr 1983 absichtlich eingerieben. Wir hatten nach der Morgenrunde, wenn man will disziplinlos, die Diskussion außerhalb der Kabine fortgesetzt, ob die Sowjets den zweiten Besuch des Papstes in Polen, der damals geplant wurde, zulassen würden. Ich hatte die Auffassung vertreten, sie würden den Besuch verhindern, denn der erste Besuch Johannes Pauls II. 1978 habe mit dem unaufhaltsamen Zustrom von Millionen von Menschen zu den großen Messen gezeigt, dass er die Polen in ihrem Willen zur Freiheit „galvanisiere" und so das System essentiell herausfordere. Ich lag falsch mit dieser Prognose, der Besuch fand im Juni 1983 statt, mit der von mir erwarteten Wirkung der Festigung der Kirche als unüberwindbarer Gegenmacht zum Partei-Regime und der Belebung der polnischen Tradition des Widerstands des polnischen Volkes gegen die russische Militärmacht. Vorher hatte mich aber ein Mitarbeiter des Verbandes der sowjetischen Freundschaftsgesellschaften mit fremden Ländern, einer der typischen „Frontorganisationen" (Tarnorganisationen) des KGB, bei einem Empfang angesprochen und mir giftig gesagt, „Sie glauben ja, dass der Papst die Polen „galvanisiert". Die Verwendung dieses in Russland eher ungewöhnlichen Wortes sollte sicher zeigen, dass man uns zugehört hatte. Der Zweck dieser Mitteilung war derselbe wie bei Ussytschenko, der große Bruder wollte seine Macht demonstrieren.

Man sollte sich über den ungeheuren Aufwand nicht wundern, der zu unserer Überwachung betrieben wurde. Die Weltsicht der Sowjets war antagonistisch. Die Amerikaner waren die größten Feinde. Gleich danach kamen wohl wir, weil der Kampf der beiden Supermächte auf deutschem Boden ausgetragen wurde. Und von den Deutschen waren die Angehörigen der politischen Abteilung der Botschaft die für die Sowjets gefährlichsten, denn ihre Aufgabe bestand darin, die Hintergründe der sowjetischen Politik herauszufinden und gleichzeitig die westliche Politik unter die Leute zu bringen, also die durch die Zensur bewirkte hermetische Abriegelung der sowjetischen Öffentlichkeit von der Wahrheit des westlichen Lebens aufzubrechen.

Ich war dieser Politischen Abteilung zugeteilt worden und wurde dort nach einigen Monaten stellvertretender Leiter, nachdem ein Kollege versetzt worden war. Mein Aufgabengebiet war die Beobachtung und Analyse der sowjetischen Politik gegenüber den Satellitenstaaten. Das hieß damals vor allem zu Polen, wo drei Wochen vor meiner Ankunft von Jaruzelski das Kriegsrecht verhängt worden war. In der Vorbereitung auf Moskau hatte ich mich mit Hilfe der Berichte unserer Kollegen an der Warschauer Botschaft mit der wachsenden Anspannung in und um Polen befasst. Anfang Juli 1980 war es nach Preiserhöhungen wie in früheren solchen Fällen zu Streiks gekommen, nur waren sie dieses Mal größer als je. Das Regime hatte zunächst weich reagiert und im November 1980 die Solidarność legalisiert. Da die Parteiführung mit der Krise nicht fertig wurde, ging die entscheidende Funktion des Premierministers im Februar 1981 auf einen General über, Jaruzelski, eine in einem „realsozialistischen Land" eigentlich systemwidrige Machtübertragung von der Partei auf die Armee. Zugleich wurde ein bisher nicht zur Spitze zählender Journalist, der für den Dialog mit der Solidarność als Partner eingetreten war, zum Vize-Premierminister, Rakowski.

Bei einem sowjetisch-polnischen Krisengipfel Anfang März 1981 wurde jedoch die sowjetische Unzufriedenheit mit diesem Kurs deutlich. Mit kurz darauf beginnenden Großmanövern nahe der polnischen Ostgrenze begannen militärische Vorbereitungen zu einer Intervention. Politisch dienten Behauptungen, in Polen sei die „Konterrevolution" im Vordringen, dem gleichen Zweck. In diese Situation fiel das Pistolenattentat auf den Papst in Rom am 13. 5. 81. Nach einem Aufruf der Solidarność an die Arbeiter Osteuropas Anfang September waren aus Moskau, das offenbar eine Ansteckungsgefahr empfand, wütende Reaktionen gefolgt. Im Oktober war dann Jaruzelski, der gerade auch noch Parteichef geworden war, was den politischen Bankrott der Partei offensichtlich machte, bei Breschnew in Moskau gewesen. Mit Verhängung des Kriegsrechtes am 13. 12. wendete Jaruzelski die militärische Intervention dann sozusagen im Wege der Ersatzvornahme ab.

Jedenfalls zunächst einmal, denn man konnte nicht übersehen, wie die Polen darauf reagieren würden, so dass eine militärische Intervention des Warschauer Paktes Anfang Januar 1982, als ich in Moskau begann, mich täglich mit den Beziehungen der SU zu den Satelliten zu befassen, noch nicht ausgeschlossen werden konnte. Eindeutig war, dass die weiche Phase der Politik gegenüber der Solidarność seit 1980 zu einem mehr als drastischen Ende gekommen war. Wenige Tage nach meiner Ankunft in Moskau war dann das Mitglied der polnischen Parteiführung Edward Czyrek in Moskau bei Suslow, Nummer zwei im Politbüro und Ideologie-Papst, was zeigte, wo in Moskau in den polnischen Entwicklungen die Hauptmacht lag. Am 1. März kam dann Jaruzelski selbst und man bemühte sich in den Medien, die volle Übereinstimmung herauszustellen.

Das andere große Thema, dem ich mich bald zu widmen hatte, war der NATO-Doppelbeschluss vom Dezember 1979. Es zeichnete sich immer deutlicher ab, dass die Sowjets unbeirrt die Dislozierung der SS-20 vorantrieben und zu ernsthaften Verhandlungen über eine Nulllösung bei den Mittelstreckenwaffen nicht bereit waren, sondern darauf setzten, die von uns angedrohten Gegendislozierungen mit Pershing II und bodengestützten Cruise Missiles mit Hilfe der westeuropäischen, vor allem deutschen Friedensbewegung verhindern zu können, ohne dafür einen Preis in Form eigener Reduzierungen nuklearer Waffen zahlen zu müssen.

Typisch für das entstandene Ringen und unsere Beteiligung daran in der Moskauer Debatte war eine Diskussion, die ich auf einem Empfang in der polnischen Botschaft mit einem vietnamesischen Diplomaten hatte. Auf diesen Empfängen, meistens anlässlich des Nationalfeiertages der gastgebenden Botschaft, stand man nicht nur mit einem Glas in der Hand bei Small Talk herum. Sie waren Informationsbörsen, wo man problemlos mit Leuten sprechen konnte, an die man sonst nicht herankam, vor allem den Funktionären aus dem ZK-Sekretariat, die damals noch kaum westliche Diplomaten in ihren Büros am Alten Platz empfingen. Gleichzeitig waren diese Empfänge auch eine Art von diplomatischem Kampfplatz, auf dem die „Halbleiter" der Sowjets, also die zum Apparat gehörenden sowjetischen Einflüsterer, als Journalisten oder Wissenschaftler getarnt, ausschwärmten und die letzten, angeblichen Insiderinformationen streuten, wobei sie nicht immer logen, dann hätte ihnen bald niemand mehr zugehört. Sie mischten also Dichtung und Wahrheit, und es war unsere Aufgabe herauszufinden, was zutraf und was nicht. Man konnte sich dort völlig frei unterhalten, denn das allgemeine Stimmengewirr von mehreren Hundert Menschen in den großen Sälen war für die Mikrophone undurchdringlich. So waren diese Empfänge ein nützlicher Teil unserer Arbeit.

Der Vietnamese hatte mich spitz gefragt, was Schmidt denn wolle, es herrsche doch ein „ungefähres Gleichgewicht" auf dieser Reichweite. Ich erwiderte, der Bundeskanzler habe auf die ersten sowjetischen Dislozierungen in einer Rede vor dem IISS in London bereits 1977 aufmerksam gemacht und die Sowjets hätten damals gesagt, es herrsche „ungefähres Gleichgewicht". Bei einem Besuch in Bonn ein Jahr später 1978, als schon einige Dutzend SS-20 disloziert gewesen seien, habe Breschnew diese Behauptung wiederholt, obwohl es bis dahin keine Gegendislozierungen der NATO gegeben hatte. Bei seinem weiteren Besuch in Bonn vor wenigen Monaten im November 1981 mit inzwischen über 100 SS-20 habe er das gleiche gesagt. „Und jetzt, 1982...", da wehrte der Vietnamese lachend ab, „schon gut, schon gut", er habe schon verstanden. Ich bin sicher, dass ihm die zunehmende Durchsichtigkeit der sowjetischen Sprachregelung ohnehin klar war und er wusste, dass die Sowjets auf mangelnde Standfestigkeit bei uns setzten. Er wollte also wohl unsere Reaktion testen. Mein Versuch bestand insofern darin zu zeigen, dass wir uns nicht für dumm verkaufen lassen würden. Dies war die entscheidende Voraussetzung, um doch noch zu wirklichen Verhandlungen, nicht lediglich dem Austausch hinhaltender Propaganda zu gelangen.

Es war eines von vielen solchen Gesprächen, das ich in den folgenden Monaten bis zum definitiven Dislozierungsbeschluss des Bundestages am 22. 11. 83 geführt habe, genauso wie meine Kollegen, einschließlich derer von den anderen NATO-Botschaften, um die Sowjets von unserem festen Dislozierungswillen zu überzeugen, falls sie auf die Nulllösung nicht eingingen. Sie waren Teil der westlichen Annahme der sowjetischen weltpolitischen Herausforderung. Auf dem XXV. Parteitag 1976 hatte Breschnew in deutlicher Bewertung der amerikanischen Weltpolitik nach Vietnam und Watergate festgestellt: „Das Kräfteverhältnis verschiebt sich zu Gunsten des Sozialismus." Die Konsequenz dieser Überzeugung, die weltpolitische Oberhand gewonnen zu haben, war die sowjetische Afrikapolitik mit dem militärischen Engagement in Angola und dann am Horn von Afrika, der Einmarsch in Afghanistan im Dezember 1979 und vor allem die unablässige, gigantischen Aufrüstung nicht nur bei den nuklearen Waffen sondern auch mit einer umfassenden Marinerüstung für alle Ozeane und ständig neuen Panzer- oder Kampfflugzeugmodellen, die vor allem in der DDR disloziert wurden.

Es war diese Lage, in der Reagan im Januar 1981 Präsident geworden war und sofort daran ging, die westlichen Verbündeten zu mobilisieren. Die polni-sche Entwicklung führte dann zu einer weiteren Verschärfung des weltpo-litischen Ringens z. B. auch mit amerikanischen Forderungen nach Ein-schränkung unserer Erdgas-Röhrengeschäfte mit der SU im Zuge eines Wirt-schaftsboykotts nach dem Einmarsch in Afghanistan. Dazu war die Bundesregierung nicht bereit. Wir waren damals im Auswärtigen Dienst alle der Meinung, Reagans Rhetorik sei unnötig konfrontativ und hofften darauf, trotz Allem doch noch zu einer echten Entspannung und politischer De-eskalation zu kommen. Im August 1983 wurden dann auch die Getreideverkäufe der USA an die SU wieder aufgenommen. So wurde der Kampf um die Nachrüstung in jenen Jahren immer mehr zum alles entscheidenden Kampfplatz, ob es den Sowjets gelingen würde, das Zentrum der westlichen Position in Deutschland unter ihren Willen zu zwingen, oder ob wir den Sowjets die Vergeblichkeit ihrer auf Gewinnung strategischer Überlegenheit gerichteten Gesamtstrategie und der damit verbundenen jahrzehntelangen riesigen Anstrengung ihrer Wirtschaft und Politik demonstrieren konnten.

Schon als ich in Moskau ankam, war offenbar, dass die Überalterung der sowjetischen Spitze und die sich daraus ergebende Notwendigkeit, Nachfolger zu finden, in diesem Kampf eine wichtige Rolle spielen würde. Breschnew war alt und krank, wie wir bei seinem Besuch bei uns in Bonn im November zuvor festgestellt hatten. Zwar wurde bereits seit Jahren über seine Gesundheit spekuliert, wir hatten nun aber gesehen, dass er nicht mehr in der Lage war, ein nicht vorstrukturiertes Gespräch zu führen oder länger als zwei Stunden an einem Tisch zu sitzen, obwohl er dabei nur abzulesen hatte. Wie sollte er dann die Sitzungen des Politbüros leiten, wenn dort schwierige Probleme z. B. der Verteilung der Ressourcen zwischen Kanonen und Butter anstanden. Wir hatten in Bonn beobachtet, dass er nur noch ein Instrument seiner Gehilfen war, die aber wohl kaum die Macht hatten, den Ausfall des Parteichefs, auf den das System zugeschnitten war, wett zu machen. Das Ergebnis war die Herrschaft der höheren Bürokratie, in der wohl eine Krähe der anderen kein Auge aushackte, mit dem sogar von sowjetischer Seite zu hörenden Ergebnis der allgemeinen „Stagnation". Jedenfalls war Breschnew Anfang 1982 ein hinfälliger Greis, wie man z. B. bei der Maiparade auf dem Roten Platz sehen konnte, als er auf der Tribüne des Lenin-Mausoleums den Vorbeimarsch abnahm. Und es war immerhin möglich, dass ein Nachfolger eine andere Politik machen würde.

Das war also die Situation, in der wir uns zu Jahresanfang 1982 befanden und in der ich mit meiner Moskauer Arbeit begann. Ich war darauf sachlich durch meine Zeit im Deutschlandreferat recht gut vorbereitet. Noch wichtiger für mich waren zwei Jahre von 1977 bis 1978 im Planungsstab des Auswärtigen Amtes gewesen, wo ich mich unter der Leitung des damaligen Ministerialdirektors Klaus Kinkel, damals wie später der engste Vertraute Genschers, um die Ostpolitik zu kümmern hatte. Die Zeit unserer großen politischen Verhandlungen, die zu den Ostverträgen geführt hatten, war inzwischen vorbei, so dass ich mich in nuklearstrategische Fragen vertiefte, die immer mehr in den Mittelpunkt der Ost-West-Beziehungen rückten. Anstoß dafür war Bundeskanzler Schmidts berühmte Londoner Rede vor dem Internationalen Institut für Strategische Studien (IISS) vom Oktober 1977 gewesen. Sie löste in der westlichen Strategic Community sofort eine intensive Debatte aus, die sich in der Berichterstattung der Kollegen bei der NATO in Brüssel und aus den großen, westlichen Hauptstädten, vor allem Washington, gut verfolgen ließ.

Die Analyse der strategischen Situation, auf der der damalige Bundeskanzler seine Argumentation aufbaute, kulminierte in der Behauptung, die Langstreckenwaffen der USA seien durch die Langstreckenwaffen der Sowjets „neutralisiert". Diese Analyse der strategischen Konsequenzen der SALT-Verhandlungen (Strategic Arms Limitation Talks, die Verhandlungen zwischen den USA und der SU über die Begrenzung von Interkontinentalraketen, U-Boot gestützten Raketen und strategischen Bombern seit Anfang der siebziger Jahre) mit ihren Vereinbarungen gleicher Obergrenzen für die Langstreckensysteme löste nicht nur in Washington sondern auch im Auswärtigen Amt nur mühsam verhülltes Entsetzen aus. Bedeutete sie doch, falls sie zuträfe, dass die Abschreckung der NATO, die auf der Koppelung der in und um Europa dislozierten Systeme mit den Langstreckensystemen und der Fähigkeit zur Eskalation bis auf die oberste Ebene aufgebaut war, wirkungslos geworden wäre, denn diese oberste Ebene wäre ja, weil „neutralisiert", nicht mehr einsetzbar gewesen. Das wäre das Scheitern der gesamten bisherigen Strategie der flexiblen Antwort und der Integration im Bündnis gewesen. In jedem Falle hätte Schmidt, wenn er davon so überzeugt war, darüber zunächst vertrauliche Beratungen im Bündnis führen müssen, um für Abhilfe zu sorgen, denn in London beim IISS waren die Sowjets dabei und haben Schmidts für das Bündnis verheerende Beschreibung der angeblich nicht mehr funktionierenden nuklearen Abschreckung sicherlich verstanden.

Die These Schmidts wurde dann auch von vielen Experten und insbesondere von den dafür Verantwortlichen in der Carter-Administration zurückgewiesen. Ihrer Analyse nach gab es mit land- und seegestützten Bombern mittlerer Reichweite ausreichende Fähigkeiten zur Eskalation und strategischer Verbindung zwischen Europa und Nordamerika. Sie konnten deshalb auch Schmidts Schlussfolgerung nicht zustimmen, erforderlich sei, Parität in der „Grauzone", also in dem Reichweitenband zwischen den von SALT begrenzten Langstreckensystemen und den Waffen kürzerer Reichweite, durch Rüstungskontrolle herzustellen.

Implizit in der Rede Schmidts war die Behauptung, für strategisches Gleichgewicht sei Stufenparität, also die gleiche Zahl strategischer Einsatzmittel auf jeder Stufe der Reichweite, also auch auf der Mittelstrecke, erforderlich. Die Carter-Administration und manche andere Experten lehnten dieses Konzept ab. Das wurde bei strategischen Konsultationen, zu denen die erste Mannschaft aus Washington mit David Aaron, dem Stellvertreter Brzezińskis im Weißen Haus, Reginald Bartholomew, der Leiter der Abteilung für Militärpolitische Fragen im State Department, Walter Slocombe, Leiter der entsprechenden Abteilung des Pentagon und Bob Newhouse von der Abrüstungs-Agentur, alarmiert durch Schmidts Kritik, nach Bonn gekommen war, sehr klar. Sie sprachen mit den verantwortlichen Beamten und Offizieren aus dem AA und dem Verteidigungsministerium, und ich konnte von der hinteren Reihe aus zuhören. Stufenparität sei nicht erforderlich, um Koppelung des europäischen Arsenals an die Langstreckensysteme in den USA zu gewährleisten. Die westlichen Abschreckungsmittel aller Reichweiten zu Lande, zu Wasser oder in der Luft bildeten, so die Delegation aus Washingt-on, ein nahtloses Netz. Notwendig sei lediglich die Verfügbarkeit und Modernhaltung einer gewissen Zahl von Mitteln auf der unteren und mittleren Reichweite, um eine flexible Eskalationsfähigkeit bis nach ganz oben zu garantieren.

Schmidt, der ein ausgewiesener Fachmann in strategischen Fragen war und der von den amtlich dafür verantwortlichen Beamten und Offizieren wohl nicht allzu viel hielt, hatte sich vor seiner Rede auch nicht mit ihnen beraten. Gesprächspartner waren vorher offenbar nur einige wenige Mitglieder aus der deutschen strategic community, wie Prof. Kaiser oder Lothar Rühl, gewesen.

Schmidt war auf seine Rednergabe stolz und sprach im Vollgefühl intellektueller Überlegenheit gegenüber jedermann. Seine Direktheit und der fühlbare innere Überdruck haben manche abgeschreckt. Zur Subtilität diplomatischer Gespräche, in denen Andeutungen bereits mehr als genug verraten, hatte er kein Talent.

Dies hatte schlimme Folgen, wie ich 1978 nach Carters Beendigung des Neutronenwaffen-Programms merkte. Es ging um die Frage, ob diese „enhanced radiation weapons" (ERW, Waffen mit verstärkter Strahlungswirkung) in den USA produziert und dann bei uns disloziert werden sollten. Es wären dies Waffen gewesen, die nicht, wie die in Europa bereits in großen Stückzahlen dislozierten Atomsprengkörper, angreifende sowjetische Panzertruppen durch die Druckwelle und die Hitze bei der Explosion zerstören würden, sondern – bei weitgehender Schonung des Umfeldes – durch starke, die Panzerung durchdringende Strahlung die Besatzungen töten würden. Es wäre dies eine sehr wirksame Waffe gewesen, um der sowjetischen Panzerüberlegenheit an der Zentralfront in Deutschland zu begegnen. Wegen ihrer relativ geringeren Zerstörungen wäre auch der Entschluss zu ihrem Einsatz leichter gefallen als bei den herkömmliche atomaren Gefechtsfeldwaffen, die nach der geltenden Strategie eingesetzt werden sollten.

Nach Carters Entscheidung, die ERW nicht zu produzieren, bekam ich im Planungsstab des AA ein Protokoll über ein Gespräch des Bundeskanzlers mit Carters Sicherheitsberater Brzeziński zu lesen, der nach Bonn gekommen war, um das weitere Vorgehen zu besprechen. Beide, Schmidt nicht weniger als Brzeziński, hatten sich nicht die geringste Mühe gegeben, ihre gegenseitige Verachtung zu verbergen. Das Gespräch war so von kaum zu überbietender Bitterkeit, wohl weil beide wussten, dass der andere Recht hatte, Schmidt mit dem Vorwurf an Brzeziński, er habe Carter nicht zur Produktionsentscheidung bringen können, und Brzeziński mit dem Vorwurf an Schmidt, er habe es nicht geschafft, seine Partei zur vorherigen Erklärung ihrer Dislozierungsbereitschaft zu gewinnen. Mit einer derartigen Erklärung Schmidts hatte Brzeziński den zaudernden Carter überrollen wollen. In der Tat war aber der Widerstand gegen die Dislozierung bei uns in der SPD-Fraktion des Bundestages so groß, dass Schmid ihn nur glaubte überwinden zu können, wenn er sich auf die vorherige Produktionsentscheidung Carters würde stützen können. Jeder war darauf angewiesen, dass der andere voranging und keiner von beiden war dazu politisch in der Lage. Die deutsch-amerikanischen Beziehungen litten unter Schmidts offen zur Schau getragener Geringschätzung für Carter. Versuche, die von Schmidt artikulierten, sehr realen Probleme im vertraulichen Gespräch anzugehen, hatten so von vornherein wenig Aussichten auf Erfolg, eine verheerende Situation im Verhältnis der beiden wichtigsten Partner der Allianz.

Ich habe in jenen Monaten versucht, mir ein eigenes Urteil über die Frage zu bilden, wer Recht hatte, Schmidt mit der These von der Neutralisierung der amerikanischen strategischen Systeme und der Notwendigkeit von Parität in der Grauzone, oder die Amerikaner mit der Einräumung einer gewissen

Modernisierungsnotwendigkeit auf der Mittelstrecke. Da Kinkel uns im Planungsstab völlige Freiheit gab, konnte ich mich ein halbes Jahr in die nuklearstrategischen Klassiker vertiefen, Brodie, Wohlstetter, Schelling, Kissinger, Kahn und wie sie alle hießen. Dazu kamen des damaligen Journalisten Lothar Rühls Buch „Machtpolitik und Friedensstrategie", natürlich Schmidts eigene Veröffentlichungen und die sehr profunden Analysen der Wissenschaftler vom Institut für Wissenschaft und Politik in Ebenhausen, sozusagen der deutschen Randcorporation, dem damals wichtigsten amerikanischen Think-Tank, und die oft glänzenden Studien der Adelphi Papers des Londoner IISS (Institute for Strategic Studies).

Ich kam dabei zu dem Ergebnis, dass wohl eher die Amerikaner mit ihrer Überzeugung, Parität auf der Mittelstrecke sei nicht unbedingt erforderlich, Recht hatten. Es gab, das war auch das Ergebnis einer Analyse des Führungsstabs der Streitkräfte der Bundeswehr, die ich hatte studieren dürfen, einen gewissen Modernisierungsbedarf auf der Mittelstrecke, wenn, wie wahrscheinlich, die Sowjets zum Abbau ihrer Überlegenheit durch Rüstungskontrolle nicht bereit waren. Schmidt hat später bestritten, dass seine Paritätsforderung nicht nur die geforderten Rüstungskontroll-Verhandlungen zur Folge haben sollten, sondern auch die Bereitschaft zur Herstellung von Parität durch Nachrüstung implizierten, wenn solche Verhandlungen scheiterten. Ich bin bis heute davon überzeugt, dass er die Eventualität der Notwendigkeit zur Nachrüstung von vornherein gesehen hat. Er war zu klug und zu sachkundig, um diese Eventualität zu übersehen. In seiner Rede vor dem Bundestag über die Beendigung des Neutronenwaffenprogramms im April 1978 hat er dann auch offen erklärt, solange es nicht gelinge, Gleichgewicht durch Maßnahmen der Rüstungskontrolle herzustellen, bleibe das Bündnis darauf angewiesen, durch militärische Anstrengungen seine Sicherheit zu gewährleisten, also nachzurüsten, wie man später sagte.

Dies war seine Reaktion auch auf das Scheitern der Pläne, mit der Neutronenwaffe bei uns ein Mittel zu stationieren, mit dem der Überlegenheit der sowjetischen Panzermassen begegnet werden konnte, ohne den Kampfplatz Deutschland dabei völlig zu verwüsten. Der deutsche Protagonist der Kampagne gegen diese Waffe war Egon Bahr mit seinem Angriff gewesen, die Neutronenwaffe sei eine „Perversion des moralischen Denkens." Davon konnte natürlich keine Rede sein. Die Neutronenwaffe wäre erheblich weniger zerstörerisch gewesen, als die von der geltenden NATO-Strategie vorgesehenen, und bereits seit langem dislozierten Nuklearwaffen.

In dem Kampf um die Neutronenwaffe hatte ich auch zum ersten Mal Gelegenheit, den damaligen sowjetischen Botschafter in Bonn, Valentin Falin, in voller Aktion zu erleben. Er war gegen die Überlegungen der NATO mit einer Serie von Demarchen im Kanzleramt, im AA und auch im Verteidigungsministerium auf der Hardthöhe zu Felde gezogen und die Vermerke darüber hatten auch wir im Planungsstab lesen können. Dabei zeigte sich, dass die Sowjets die strategische und politische Bedeutung einer Dislozierung dieser Waffe bei uns sehr wohl verstanden hatten. Ihre auf der Fähigkeit zu einem großräumigen, konventionellen Angriff auf Westeuropa aufgebaute Westpolitik wäre konterkariert worden, denn die zur Unterlaufung der nuklearen Abschreckung der NATO in der DDR konzentrierten Panzermassen hätten einen guten Teil ihrer Fähigkeit zum raschen, strategischen Durchbruch bis zur Kanalküste verloren. Falins kaum verhüllte Wut gegenüber den Amerikanern und seine ebenfalls spürbare Geringschätzung für die deutschen Politiker, die es wagten, sich der Supermacht Sowjetunion entgegenzustellen, war bei einem Vortrag hervorgebrochen, den Falin damals im Bonner Hotel Königshof vor der Deutschen Gesellschaft für Auswärtige Politik gehalten hatte. Er war dabei von Nikolai Portugalow assistiert, dem damaligen Korrespondenten von Nowosti in Bonn, der mir an jenem Abend durch eine besonders gehässige Stellungnahme, die NATO wolle eben Freund und Feind in Deutschland „versaften", zum ersten Mal auffiel und Falins enger Adlatus war. Raunend hieß es damals, er sei der KGB-Resident, was nicht zu überprüfen war.

Falins Druck war aber nicht entscheidend, dem hätte Schmidt ohne weiteres widerstanden. Gegen die polemische Griffigkeit von Bahrs Ausfällen war in der SPD aber kein Kraut gewachsen. Schmidt war dann nach dieser Niederlage durch den Bahr-Flügel, das zeigte die erwähnte Rede im Bundestag, umso entschlossener, sich solchem innerparteilichen Druck nicht ein zweites Mal zu beugen. Hier liegt die Wurzel für sein Festhalten am NATO-Doppelbeschluss in den folgenden Jahren, bis er dann auch darüber die Macht verlor, weil ihm seine Partei nicht weiter folgen wollte.

Hier liegt auch eine Wurzel für den späteren Verzicht der Sowjets auf ihre Politik der Überrüstung, mit der sie über Jahrzehnte die USA zu überflügeln gedacht hatten. Schmidt hat die Nachrüstung angestoßen, und sei es auch nur als bedauerliche, aber unumgängliche Konsequenz. Kohl hat sie dann durchgesetzt und den sowjetischen Versuch vereitelt, unser Land mit Hilfe der Friedenskampagne durch unseren Verzicht auf die erforderliche Modernisierung der nuklearen Abschreckung in der NATO zu lähmen und dann aus dem Bündnis herauszubrechen. Im Scheitern des sowjetischen Versuchs, die NATO durch Überrüstung in die Knie zu zwingen, wie er z. B. in der SS-20-Rüstung zum Ausdruck kam, also der Dislozierung wachsender Zahlen einer neuen, mobilen Mittelstreckenrakete mit Mehrfachsprengköpfen, liegt deshalb auch eine der wesentlichen Ursachen für den weltpolitischen Umbruch unter Gorbatschow, die zur Befreiung Osteuropas und der Einheit Deutschlands führte.

So weit waren wir im Frühjahr 1982 bei weitem nicht. Allerdings hatte ich inzwischen meine Meinung geändert. 1978 war ich zu dem Ergebnis gekommen, die strategischen Vorteile der allenfalls begrenzt erforderlichen Modernisierung wögen das Risiko nicht auf, dass Schmidt nach seiner Niederlage in der Neutronenwaffenfrage bei einer Nachrüstung erneut an inneren Schwierigkeiten scheitern würde, so dass wir dann den Sowjets erst recht unterlegen erscheinen würden. Der von mir sehr bewunderte Staatssekretär van Well hatte zwar die zehn Punkte der Zusammenfassung meiner dreißigseitigen Studie mit dieser Argumentation alle mit roter Staatssekretärstinte abgehakt, dann aber mit der Bemerkung zurückgeschickt, das sei zwar wohl alles richtig, aber der Bundeskanzler habe sich anders festgelegt und daraus müssten wir nun das Beste machen. Er hatte natürlich Recht und der Vorschlag eines jüngeren Beamten an den Minister, den Bundeskanzler zu überzeugen, er solle seine beschlossen und verkündete Politik der Stufenparität fallen lassen, denn er werde sich mit dieser Politik in seiner eigenen Partei nicht durchsetzen können, war wohl auch allzu kühn. Inzwischen war auch der Doppelbeschluss der NATO gefasst, also der Vorschlag der Reduzierung der Mittelstreckenraketen auf Null an die SU oder, wenn diese sich verweigere, die Nachrüstung mit entsprechenden Systemen durch die NATO, und wir mussten alles tun, um ihn durchzusetzen, wenn wir nicht unsere Glaubwürdigkeit zu Hause und in der Welt völlig verlieren wollten.

Während ich so sachlich auf den Posten in Moskau gut vorbereitet war, ließ meine sprachliche Vorbereitung umso mehr zu wünschen übrig. Man hatte mich für vier Wochen auf einen Anfängerkurs in das Russikum nach Bochum geschickt und das war natürlich viel zu kurz, um wenigstens einigermaßen lesen zu können. In den ersten Monaten in Moskau habe ich mich dann bis an den Rand der Verzweiflung durch die Prawda gekämpft. Ich konnte oft noch nicht einmal die Wortwurzel der konjugierten Verben und deklinierten Nomina erkennen, so dass ich sie auch im Lexikon nicht fand. Gott sei Dank war aber das russische Parteichinesisch so mit lateinischen Neologismen durchsetzt und so stereotyp, dass ich nach einigen Wochen ganz gut mit den russischen gedruckten Medien zu Recht kam.

Das war auch politisch lehrreich. Eines der Verben, das ich z. B. gleich zu Anfang lernen musste, war das russische Wort für „vervollkommnen", in unserer Sprache eine eher selten gebrauchte Vokabel. In den Reden der sowjetischen Führer kam sie dagegen häufig vor, denn wenn sie gesagt hätten, etwas, egal worum es ging, müsse verbessert werden, hätte dies geheißen, dass im fortschrittlichsten Staat der Welt etwas nicht gut war. Das durfte natürlich nicht ausgesprochen werden, aber gegen die „Vervollkommnung" war so gesehen nichts einzuwenden. Das hieß ja nur, ohnehin Gutes noch weiter zu verbessern. Das ließ tief in ein System blicken, in dem es nicht einmal möglich war, Probleme überhaupt klar zu benennen, der Voraussetzung für alle Bemühungen, sie zu lösen.

Noch größer waren meine Probleme mit der gesprochenen Sprache, denn wir hatten praktisch keinen Umgang mit Russen, wenn man von unseren dienstlichen Kontakten mit sowjetischen Diplomaten, Journalisten oder Politologen absieht, bei denen man wenn nicht Deutsch, dann meistens Englisch sprechen konnte. Also setzte ich mich jeden Abend vor den Fernseher, den mir mein Vorgänger, Dr. Michael Libal, späterer Botschafter in Prag, hinterlassen hatte und sah die Nachrichten. Dabei war in jenen ersten

Wochen eines Abends ein General in weißer Uniform aufgetreten und hatte, so weit glaubte ich, ihn verstanden zu haben, von Korruption gesprochen. In welchem Zusammenhang und warum war mir entgangen. Noch tiefer war ich beeindruckt, als der Botschafter, Dr. Meyer-Landrut, am nächsten Morgen in der Kabine das ganz Ungewöhnliche dieses Auftritts erklärte. Der General war der sowjetische Innenminister Schtscholokow gewesen, ein eindeutiger Gefolgsmann Breschnews, der ihn nach Chruschtschows Absetzung auf diesen Schlüsselposten gehoben hatte. Und was er gesagt hatte erinnerte an Selbstkritik, wie sie aus den Schauprozessen zu Zeiten Stalins bekannt war. Er habe nämlich Unregelmäßigkeiten und sogar Korruption in seinem Verantwortungsbereich gestanden. Das war natürlich sensationell, denn dass es Korruption bis in die höchsten Stellungen gab, wurde von uns damals unterstellt, dass sie aber von so hoher Stelle öffentlich zugegeben wurde, löste die Frage nach der Ursache für ein solches Bekenntnis aus, die nur politisch sein konnte. Wer war also der Mächtige, der den Innenminister zu diesem Bekenntnis hatte zwingen können? Breschnew selbst oder jemand Anderes? Wir wussten es nicht.

Botschafter Dr. Meyer-Landrut war der eminenteste Kenner der Sowjetunion im Auswärtigen Dienst. Er stammte aus einer Familie deutscher Balten, die zum Patriziat in Reval gehört hatte. Er sprach fließend Russisch seit Kindertagen. Wie gut es war, merkte ich eines Tages, als mir ein sowjetischer Funktionär, mehr bewundernd als kritisch, sagte, er habe allerdings einen baltischen Akzent. Seine Kultur wurde mir bei einem Besuch seiner Mutter in Moskau noch klarer. Die große alte Dame, sie war weit über die achtzig, war bei einem abendlichen Empfang bald von einer Traube sowjetischer Funktionäre umgeben, denen sie in fließendem, klingenden Russisch von ihrer Jugend erzählte. Sie war in Petersburg im Smolny-Institut erzogen worden. Das war nicht nur, wie jeder Sowjetmensch in der Schule lernte, das Hauptquartier Lenins während der Revolution gewesen, sondern zu zaristischer Zeit das vornehmste Mädchen-Internat Russlands. Den Sowjets standen Mund und Nase offen. Sie waren noch nie jemand aus dem Ancien Regime begegnet. Und die Mischung aus bäuerlichem Dialekt und Politjargon gewöhnt, die die Sprache Breschnews und der Nomenklatura generell ausmachte, war es wohl vor allem der Klang und die Reinheit der Sprache der alten Dame, die sie faszinierte.

Ich bin bei meinen Bemühungen, Russisch zu lernen, nie sehr weit gekommen. Der Sprachunterricht, den ich wie viele meiner Kollegen bei einer Lehrerin vom UpDK nahm, dem KGB-Ableger zur „Betreuung" des Diplomatischen Corps, war schlecht und frustrierend, weil die Lehrerin, wie sich bald zeigte, darauf angesetzt war, mich auszuhorchen, aber andere Lehrer gab es nicht. So habe ich dann, neben der täglichen Fron der Lektüre der Zeitungen und Zeitschriften, begonnen, die russischen Klassiker im Original zu lesen, wobei ich nur sehr langsame Fortschritte machte. Der erste Versuch galt den Kindheitserinnerungen von Lew Tolstoi, die in einem klaren, unkomplizierten, aber nuancierten Russisch geschrieben sind. Er setzt darin vor allem seinem deutschen Erzieher ein liebevolles Denkmal, ein Beispiel von vielen in der russischen Literatur, bei denen man die ständige Auseinandersetzung der Russen mit Deutschland spüren kann.

Nur halb verschüttet unter dem durch den Überfall Hitlers und den folgenden Vernichtungskrieg entstandenen Hass ist diese Auseinandersetzung ambivalent. Einerseits von Bewunderung über die deutsche Wissenschaft und Technik getragen, ist sie andererseits von russischer Verachtung für den deutschen Fleiß und die Genauigkeit geprägt, die die stolzen Russen, die immer und vor allem großzügig erscheinen wollen, für sich selbst ablehnen, weil für sie zu einem Herren der Müßiggang und das Fehlen jeder Pedanterie gehört. Im russischen Weltbild spielt Deutschland eine größere Rolle als alle anderen westlichen Staaten, auch wenn die zaristische Oberschicht sich am Ende mehr nach Frankreich orientierte. Das lag nicht nur an den vielen Deutschen, denen die Zaren hohe und höchste Ämter anvertrauten, weil die Deutschen, meistens aus dem Baltikum, fleißig und nicht korrupt waren, sondern daran, dass die jeweilige westliche Moderne immer über Deutschland nach Russland kam, auch weil die anderen Europäer sich für Russland niemals wirklich interessiert haben

Botschafter Meyer-Landrut hatte sich seit vielen Jahren an verantwortlicher Stelle im AA oder in Moskau mit der SU befasst. So war er z. B. der einzige AA-Angehörige, der Brandt 1971 zu seinem legendären Treffen mit Breschnew in Oreanda auf der Krim begleitet hatte, als die Neue Ostpolitik auf ihrem Höhepunkt stand und wir von den westlichen Verbündeten misstrauisch beobachtet wurden, ob nicht eine Entwicklung à la Rapallo anstand, also eine bilaterale Annäherung unseres Landes an die SU auf Kosten unserer westlichen Verbündeten. Er kannte alle für uns wichtigen Sowjets persönlich bis hinauf zu Gromyko aus vielen Begegnungen. Er war immer gut gelaunt, was in der eher depressiven Moskauer Stimmung für die Botschaft sehr wichtig war. Anders als ich mochte er die Russen, was diese spürten und ihm half, wenn er zur Durchsetzung unserer Interessen Jahre lang mit ihnen focht. Entscheiden sei, sie zu verführen. Er war mein Mentor gewesen, als mich Kinkel als Ost-Experten in den Planungsstab geholt hatte und war wohl auch für meine Versetzung an seine Botschaft verantwortlich. Ich bewunderte ihn restlos und habe viel von ihm gelernt.

Seine Erläuterung von Schtscholokows Auftritt waren für mich der Anstoß, mich auch in die sowjetische Innenpolitik zu vertiefen, obwohl ich dafür gar nicht zuständig war. Aber ich war rasch zu dem Schluss gekommen, dass wegen Breschnews Gesundheit die Nachfolgefrage akut geworden war, und von ihr auch außenpolitisch viel abhängen konnte. So war ich ganz fasziniert, als noch im Januar mein Abteilungsleiter, Gesandter Dr. Peter Dingens, später Botschafter in Kairo, uns auf einen Nachruf in der Prawda aufmerksam machte. Er erklärte mir, dass diese Nachrufe einen ungewöhnlich tiefen Einblick in die Machtverhältnisse boten. „Tschin" ist wohl ein ursprünglich chinesisches Wort und bedeutet „Rang". Die Russen hatten aus der Zeit der Mongolenherrschaft deren System übernommen, die gesamte Gesellschaft in Ränge einzuordnen, die nicht nur protokollarische Bedeutung hatten, sondern der mehr oder minder großen oder kleinen politischen Macht des Betreffenden entsprachen.

So war Russland von Peter dem Großen bis Nikolaus II. in vierzehn Rangstufen geordnet und die Sowjets hatten ein vergleichbar strenges System für die „Tschinowniki", die höheren Chargen der Nomenklatura, beibehalten. In den Nachrufen konnte man nun aus der Größe des Artikels, seiner Platzierung in der Prawda und vor allem den Unterschriften sehr präzise auf die Macht des Verstorbenen, aber auch die Macht der lebendigen Unterzeichner schließen. Je nach dem unterschrieben sogar die Mitglieder des Politbüros und die ZK-Sekretäre, ansonsten die Vorgesetzten, Kollegen und Untergebenen des Verstorbenen und zwar nicht in alphabetischer, sondern in Rang-, d. h. Machtfolge. Die Feststellung der Machtverhältnisse im Gastland ist eine primäre Aufgabe jeder Botschaft. Die sowjetische Praxis der Nachrufe war für uns also sehr aufschlussreich, zumal in einem Land, dessen Führung völlig überaltert war und in dem sich deshalb die Nachrufe häuften.

Gestorben war dieses Mal ein KGB-General, der erste Stellvertreter Andropows an der KGB-Spitze, Zwigun, von dem bekannt war, dass er mit Breschnew verschwägert war und seit dessen Zeiten als Parteisekretär in Dnjepropetrowsk vor Jahrzehnten zu Breschnews Mannschaft gehörte. Der Nachruf war in der Darstellung der Todesursache ungewöhnlich und tatsächlich war in der westlichen Community in Moskau bald das Gerücht verbreitet, Zwigun habe Selbstmord begangen. Das löste natürlich sofort hitzige Diskussionen aus. Warum sollte ein so mächtiger Mann Selbstmord begehen? Als Verbündeter des Parteichefs und in der Spitze des KGB musste er doch unangreifbar sein. So blieb für mich der Entschluss übrig, im Folgenden Näheres über Zwiguns Tod und seine Ursachen herauszufinden. Dabei lag es nach Schtscholokows Geständnis nahe – er gehörte ja auch zum Breschnew-Clan und der Spitze des Sicherheitsapparates – eine Verbindung zwischen dem Schuldbekenntnis des Einen und dem Selbstmord des Anderen zu vermuten. Und möglicherweise war sogar Breschnews Familie in die Sache verwickelt, worauf Meyer-Landrut hingewiesen hatte. Aber wie so oft, Genaues wussten wir noch nicht.

Um der Sache auf den Grund zu gehen, vertiefte ich mich in die Personalkartei in unserem Archiv. Seit Öffnung der Botschaft 1957 hatte eine Serie von Sachbearbeiterinnen mit unermüdlichem Fleiß jede Meldung der Prawda, die ja auch so etwas wie ein Staatsanzeiger war, mit Personalnachrichten erfasst. Wer, wo, welchen Posten bekommen und wohin versetzt worden war, welche Auslandsreisen er mit wem gemacht hatte, welche Auszeichnungen er erhalten, bei welchen Veranstaltungen er geredet hatte und wann und wo er gestorben war, alles Informationen, die trotz der generellen Geheimniskrämerei offen lagen und auch verlässlich waren. In diesen Fragen konnte man sich auf die Akribie der Prawda verlassen. So war in über zwei Jahrzehnten eine Fundgrube entstanden, aus der man die Zusammensetzung der Seilschaften der Nomenklatura und damit auch des Breschnew-Clans mit großer Genauigkeit entnehmen konnte. Dabei wurde erkennbar, dass er Verwandte oder Mitarbeiter aus seinen früheren Positionen als Parteisekretär in Dnjepropetrowsk, der Moldau-Republik und in Kasachstan, also seine persönlichen Vertrauensleute, in hohe und höchste Funktionen in Moskau in Partei und Regierung sowie im KGB und dem Innenministerium platziert und sich damit auch selbst abgesichert hatte.

Am 27. 1., wenige Tage danach, starb Suslow. Den lang angehaltenen Triller, in dem die Melodie des Chopinschen Trauermarsches kulminiert, bis sie dann gegen Ende wieder abfällt, habe ich heute noch im Ohr. Die riesige Blaskapelle der Roten Armee, die auf dem Roten Platz gegenüber dem Leninmausoleum aufmarschiert war, spielte ihn dort ohne Unterbrechung immer wieder über die volle Länge der Staatsbegräbnisse, wenn dort die verstorbenen Mitglieder der Führung an der Kremlmauer beigesetzt wurden. Die Kapelle war so groß dimensioniert, damit einzelne Musiker in der pausenlosen Musik etwas ausruhen konnten, um dann in die stundenlangen, dröhnenden Wiederholungen dieses Marsches wieder einzustimmen, wenn andere Pause machten. Das Ganze wurde jedes mal über die volle Länge im Fernsehen übertragen und trug zu der sich verbreitenden Depression der Menschen des Landes jener Jahre bei, als Breschnews Politbüro starb.

Suslow war nur der Erste. Es folgten Breschnew, Podgorny, lange Jahre Staatschef und fast so mächtig wie Breschnew, Pelsche, ein Lette, der die Nicht-Russen im Politbüro vertrat, Andropow, KGB-Chef und dann Generalsekretär, Ustinow, der ewige Rüstungspapst und Verteidigungsminister und schließlich Tschernenko, Breschnews engster Gehilfe und ebenfalls Generalsekretär. Das Alles in einem Zeitraum von ungefähr drei Jahren. So erzeugten diese immer gleichen Zeremonien alle paar Monate zusammen mit der massiven Weltuntergangspropaganda der Anti-Atom-Kampagne dieser Zeit den Eindruck eines Regime-Endes nicht nur bei uns beobachtenden Diplomaten, sondern spürbar in der sowjetischen Bevölkerung, die diese Stimmung tiefer Depression wahrscheinlich noch sensibler aufnahm als wir. Und niemand wusste, wie es weiter gehen sollte.

Bei der Vorbereitung auf Moskau war mir ein Buch in die Hände gefallen: „Stalins Successors" von Seweryn Bialer, einem Sowjetologen an der Columbia University in New York, das mir von vergleichbaren Analysen der sowjetischen Lage wie von Ulam aus Harvard oder Shulmann, ebenfalls von Columbia, das Profundeste zu sein schien, besser und auch aktueller als die berühmten Bücher der deutschen Sowjetologen Wolfgang Leonhard und Klaus Mehnert[25]. Bialer hatte darin auf die völlige Überalterung und den daraus folgenden Zwang zum Wechsel des Spitzenpersonals verwiesen. Nach dem von ihm vermuteten baldigen Ende Breschnews sei wohl mit einer Übergangszeit von etwa vier Jahren zu rechnen, da seine Hinterbliebenen im

Politbüro alle nicht die Kraft zu besitzen schienen, um die völlig verfahrene sowjetische Karre aus dem Dreck zu ziehen. Wie man heute weiß, war diese Vorhersage verblüffend genau, was natürlich nicht sicher war, als ich es damals las. Sie war aber nicht nur plausibel, sondern mit akribischen Untersuchungen der gegebenen Führungspersonen und auch der Lage der sowjetischen Wirtschaft und Gesellschaft eindrucksvoll begründet. Ich war so schon bei meiner Ankunft auf der Ausschau nach Anzeichen für eine solche Entwicklung.

Sie begannen sich nach Suslows Tod zu häufen. Michail Andrejewitsch Suslow war im ZK der zweite Sekretär gewesen, also der mächtigste Mann nach Breschnew, zuständig nicht nur für Ideologie, also für Alles, was die Menschen denken sollten, sondern auch für die Kommunistische Weltbewegung und insofern auch sehr einflussreich in außenpolitischen Fragen wie etwa dem Verhältnis zu China. Darüber hinaus war mit seiner Position wohl auch eine maßgebliche Beteiligung in den wichtigsten Kader-(Personal)Fragen verbunden. Er war der Typ des kalten Fanatikers, dem der Ruf großrussischen Chauvinismus anhing. Mitglied des Politbüros schon unter Stalin hatte er die ideologischen Konzepte der KPdSU mit ihren angeblich ewig unwandelbaren Gesetzen der Geschichte über die Jahrzehnte der Herrschaft Chruschtschows und dann Breschnews immer so angepasst, dass sie bruchlos der sowjetischen Staatsraison folgten, gerade auch bei den Interventionen in den Satellitenstaaten, und hatte so ihren stalinistischen Kern erhalten.

Mit seinem Tod entstand natürlich sofort die Frage, wer ihm nachfolgen und damit die Nr. zwei des Systems werden würde mit den eventuellen Implikationen für die Nachfolge des hinfälligen Breschnew. In den Wochen darauf konnten wir feststellen, dass Tschernenko anfing, ausländische Parteidelegationen zu empfangen, was bisher Suslows oder Ponomarjows, des langjährigen Politbürokandidaten für die kommunistische Weltbewegung, Aufgabe gewesen war. So waren diese Treffen Indizien nicht nur in der Frage der Nachfolge Suslows, sondern auch Breschnews, wo das allmähliche Vorrücken Tschernenkos vom eher untergeordneten Apparatschik zum Vollmitglied des Politbüros und alter ego Breschnews seit einiger Zeit zu beobachten war. An Andropow als Nachfoger Suslows haben wir zu diesem Zeitpunkt an unserer Botschaft eher nicht gedacht. Er war ideologisch nicht profiliert. Und in der Frage der Nachfolge von Breschnew wurde er von einer Meinung im diplomatischen Corps abqualifiziert. Insbesondere die Amerikaner meinten, die Sowjets würden sich scheuen, den allwissenden langjährigen KGB-Chef sogar an die Spitze heben. Und dem Ausland sei, was die Führung berücksichtigen müsse, ein solcher Repräsentant der umfassenden, mitleidslosen Repression allen Dissidententums nicht zumutbar.

Umso größer war das allgemeine Erstaunen, dass dann am 22. 4. Andropow ausgesucht worden war, um die traditionelle, große Rede bei der jährlichen Feier zu Lenins Geburtstag zu halten. Er wurde in der inzwischen flüssiger gewordenen Konstellation in der Führung durch diese Auswahl sichtbar hervorgehoben. Und noch größer wurde das intensive Interesse der Moskauer Beobachter durch das, was er sagte, wie uns einige unserer „sozialistischen" Gesprächspartner im diplomatischen Corps erklärten.

Zu den für uns wertvollsten Gesprächspartnern darunter gehörten die Jugoslawen und die Chinesen. Sie kamen aus kommunistischen Staaten, sprachen fließend Russisch und hatten regelmäßig ihre Ausbildung an den Moskauer Universitäten und Parteihochschulen erhalten. Sie kannten also das System von Innen, waren aber ständig darauf bedacht den westlichen Diplomaten die Distanz und die Eigenständigkeit ihrer Länder zu demonstrieren. Zu den ständigen Gesprächspartnern des Gesandten, Herrmann Huber, später Botschafter in der Tschechoslowakei zu entscheidender Zeit, gehörte sein jugoslawischer Counterpart, Herr Strbac. Über Huber hatte ich ihn kennengelernt. Er mochte mich wohl, nachdem ich ihm gesagt hatte, die Jugoslawen seien ganz anders als die Satellitenstaaten, sie hätten die Macht selbst erobert, worüber er strahlte. Er predigte mir, jeden Tag die Prawda zu lesen und zwar genau von vorn bis hinten. Da stünde Alles drin, man müsse sie nur zu lesen verstehen. Natürlich werde das Meiste ewig wiederholt, aber manchmal finde man auch Neues, meistens nicht am Anfang, sondern irgendwo später eher versteckt. Das sei aber das Entscheidende. Man müsse es also nur aus dem Text isolieren und vergleichend betrachten. Dann werde Alles klar. Das war guter Rat, wie ich immer wieder feststellen konnte.

Strbac wurde in der Diskussion über Andropows Leninrede ganz eindringlich. Wir müssten sie genauestens prüfen. Sie sei etwas ganz Besonderes. Vergleichbares sei noch nie gesagt worden. Auf Nachfrage wollte er dann aber nicht mehr dazu sagen. Das müssten wir selbst herausfinden. Aufmerksam geworden ging ich in die chinesische Botschaft und sprach mit dem Gesandten, Herrn Ma, eigentlich ein Deutschlandfachmann. Er hatte in Ost-Berlin Philosophie studiert und Kant und Hegel auf Deutsch gelesen. Er mochte die Deutschen. Er war zwar weniger aufgeregt als der Jugoslawe, stimmte aber zu, dass es eine ganz ungewöhnliche Rede sei.

Die Analyse des Textes ergab dann auch Abweichungen vom Üblichen, vor allem in der Auseinandersetzung mit der Entwicklung in Polen. Andropow erörterte die Rolle der SU als Modell für die Satellitenstaaten und diskutierte die Möglichkeit von „Pluralismus" im realen Sozialismus, nicht nur angewendet auf Polen sondern vom Wortlaut her anwendbar sogar auf die SU selbst, was allen bisherigen Lehren von der Alleinherrschaft einer Weltanschauung widersprach. Offenbar hatte die polnische Entwicklung mit der vom Papst bestärkten Volksbewegung der Solidarność dazu geführt, dass Andropow über andere Möglichkeiten der Erhaltung sowjetischer Dominanz als Gewalt und Subventionen nachdachte. Auch das Breschnewsche Konzept von der SU als „Staat des gesamten Volkes", also ohne signifikante nationale oder schichtenspezifische Untergliederungen, wurde implizit hinterfragt. Eindeutig war das Ganze aber natürlich nicht. So sagte er auch, dass „organisierte Opposition gegen den Sozialismus" niemals zugelassen werden könne, was sicherlich gegen die polnische „Solidarność" gerichtet war. In meinem Bericht für die Bonner Zentrale erläuterte ich immerhin das Besondere. Mein Hinweis, dass Andropow mit diesem Auftritt als Persönlichkeit erscheine, die im Kampf um die Breschnew-Nachfolge zu beachten sei, wurde dann aber zu meinem Kummer auf dem Weg nach oben zur Unterschrift durch den Botschafter als „spekulativ" gestrichen. Dabei hatte ich ja keineswegs bloße Annahmen untersucht, sondern meine Folgeüberlegungen an einige tatsächliche, von jedermann erkennbare ungewöhnliche Wendungen der Rede geknüpft. Man musste nur den Mut haben, logische Schlussfolgerungen zu ziehen, also sich dem Neuen zu stellen. Noch waren die Indizien aber dafür offenbar nicht stark genug.

Mit dem Plenum des ZK am 24. Mai verstärkten sich die Anzeichen aber deutlich. Andropow verließ den KGB, wechselte in das ZK-Sekretariat und wurde 2. Sekretär. Er rückte damit an eine entscheidende Stelle im Zentrum der Macht; denn das war das ZK-Sekretariat, davon waren wir damals noch alle überzeugt. Sein Nachfolger beim KGB wurde Fedortschuk, ein KGB-Mann, der aus der Ukraine nach Moskau kam, nicht als großer Löwe galt und Andropow mit dessen in vielen Jahren angehäuften Kenntnissen wohl kaum gefährlich werden konnte. Er war aber erkennbar ein Gefolgsmann Breschnews. So wurde unter uns auch diskutiert, ob Andropow vielleicht von den Breschnew-Anhängern, Andropow hatte anders als Tschernenko seine frühere Karriere nicht Breschnew zu verdanken, von der für sie gefährlichen Position an der Spitze des Sicherheitsapparates entfernt und dadurch sozusagen entschärft worden sei. Auch die Ergebnisse dieses Plenums ergaben also noch kein eindeutiges Bild.

Parallel dazu entwickelte sich der Kampf um die Nachrüstung zum dominierenden außenpolitischen Thema. Im Mai hatte Breschnew die bisherigen sowjetischen Vorschläge für ein „Einfrieren" der Dislozierung neuer Nuklearwaffen, die einen völligen Verzicht der NATO auf Modernisierungen bedeutet und die sowjetische Vorrüstung unangetastet gelassen hätte, durch ein angebliches einseitiges Einfrieren der SU ergänzt. Das war Wasser auf die Mühlen der westlichen Friedensbewegung. Am 10. Juni hatte sie im Bonner Hofgarten mehr als 300.000 Demonstranten auf die Beine gebracht. Die westliche Satellitenaufklärung stellte aber bald fest, dass entgegen Breschnews Behauptungen die Dislozierungen der SS-20 ungebremst weitergingen. Er hatte mit seiner „Einfrierungs-Behauptung" also glatt gelogen. Und so war es für die Durchschlagskraft der NATO-Beschlüsse sehr wichtig, dass das amerikanische Repräsentantenhaus Anfang August eine „Freeze"-Resolution ablehnte, wenn auch nur mit knapper Mehrheit, durch die die Nachrüstung unmöglich gemacht worden wäre.

Das war der Hintergrund, vor dem ich meine Gespräche zu dieser Thematik in Moskau begonnen hatte. Da war zunächst ein stellvertretender Abteilungsleiter in der USA-Abteilung, die die Genfer INF-(Mittelstrecken) Verhandlungen steuerte, Herr Obuchow, ein rüstungskontrollpolitischer

Profi, mit dem man sachlich diskutieren konnte. Zu dieser Kompetenzzuordnung im sowjetischen Außenministerium stand aber in gewissem Gegensatz, dass die Sowjets Botschafter Kwizinskij zum INF-Verhandlungsführer gemacht hatten.

Damals kannte ich Kwizinskij noch nicht persönlich. Dafür war er mir aber aus den Akten im Deutschlandreferat umso besser vertraut. Wir bewahrten dort die Protokolle der Verhandlungen der Vier Mächte über das Berlin-Abkommen auf. Die Amerikaner hatten uns Kopien davon hinterlassen. Daraus ergab sich mit großer Klarheit, dass der führende Kopf unter den sowjetischen Unterhändlern nicht der Delegationsleiter, der damalige Botschafter in der DDR Abrassimow, sondern sein Botschaftsrat Kwizinskij gewesen war. Von ihm stammte auch einer der ersten Entwürfe des späteren Abkommens, auf den er sehr stolz war. Das endgültige Abkommen war aber gegenüber seinem Entwurf in einer ganzen Reihe von Fragen zu unseren Gunsten verbessert worden, weil wir mit dem Berlin-Junktim die Ratifikation des Moskauer Abkommens durch den Bundestag von wesentlichen Berlinpolitischen Konzessionen der Sowjets abhängig gemacht hatten. Insbesondere war es uns so gelungen, vorteilhafte Regelungen für die Präsenz von Personen und Institutionen des Bundes in West-Berlin und hinsichtlich seiner Vertretung nach außen durchzusetzen.

Kwizinskij war in den folgenden Jahren die treibende Kraft bei den ständigen Bemühungen des Leiters der 3. europäischen Abteilung des Sowjetischen Außenministeriums, Bondarenko, die von uns erkämpften Konzessionen wieder rückgängig zu machen. Dieser behauptete, der endgültige Text besage nichts anderes als Kwizinskijs Entwurf. Kwizinskij war uns also sowohl wegen seiner Brillanz als auch seiner Arroganz aufgefallen. Wer ihn uns gegenüber erlebte, gegenüber den deutschen Wirtschaftsgrößen war er um Entgegenkommen bemüht, der bekam seine Verachtung für Deutschland und die Deutschen zu spüren. Er kannte alle unsere Schwächen und war ganz vom sowjetischen Selbstverständnis, eine Supermacht zu sein, durchdrungen. Die Sowjets hatten also für die INF (Intermediate Nuclear Forces)-Verhandlungen über die Reduzierung der Mittelstreckenwaffen in Genf keinen Strategie-Experten, sondern einen Deutschlandspezialisten zum Delegationsleiter gemacht, der auf der deutschen Seele ‚Klavier spielen' konnte. Ein deutliches Indiz dafür, dass es den Sowjets in Genf nicht primär um seriöse Verhandlungen über komplexe Fragen der Nuklearstrategie ging, sondern um Einwirkung auf die deutsche Öffentlichkeit zum Verzicht auf jede Dislozierung bei uns ohne materielle sowjetische Gegenleistung.

Diese sowjetische Grundkonzeption im Tauziehen um das nuklearstrategische Gleichgewicht trat für mich im Herbst 1982 besonders hervor, als ich im Außenministerium ein Gespräch mit Kwizinskijs Genfer Stellvertreter V. N. Popow führte. Er stammte wie Kwizinskij nicht aus der Amerika- sondern der Deutschlandabteilung, war also ursprünglich kein Fachmann für Rüstungskontrolle. Die Deutschlandabteilung hatte mich auf seine Präsenz in

Moskau aufmerksam gemacht – es war ungewöhnlich, dass die Sowjets von sich aus auf uns zukamen – wohl weil man dort von meinen Gesprächen mit Obuchow aus der Amerikaabteilung wusste und die eigene INF-Kompetenz demonstrieren wollte. Popow überfiel mich dann mit lauten Anschuldigungen, die NATO-Position der Nulllösung sei nicht ernst gemeint und diene nur zur Verschleierung des unbedingten Willens zur Dislozierung. Dies folge daraus, dass die Pershing-II-Raketen, die in Deutschland im Falle des Scheiterns der INF-Verhandlungen disloziert werden sollten, der NATO strategisch viel wertvollere Optionen böten, als die SS-20 sie für den Warschauer Pakt mit sich bringe, denn die Pershing könnten Moskau erreichen, die SS-20 aber nicht das strategische Sanktuarium der kontinentalen USA. Bundeskanzler Schmidt kenne diesen Wertunterschied als großer Stratege ganz genau. Es sei völlig unglaubhaft, dass er bereit sei, diesen bedeutenden Vorteil mit der Nulllösung zu verschenken.

Die Argumentation war typisch für die sowjetische Unfähigkeit, die strategische Bedeutung Westeuropas für das westliche Bündnis zu erkennen. Aus ihrer Sicht war Westeuropa für die USA nur Glacis, genauso wie Ost-Mitteleuropa für die SU. Und geschult, jedes politische Problem allein in der Leninschen Kategorie des „Wer–Wen?" zu analysieren, überstieg es ihre Vorstellungskraft, dass der Bundeskanzler nicht versuchte, einen strategischen Vorteil zu gewinnen, sondern zu einem echten Ausgleich bereit war. Als ich Popow erwiderte, der Bundeskanzler trage die Nulllösung, weil er nicht nur ein Stratege sei, sondern eine echte Entspannung wolle, fiel Popow der Unterkiefer herunter. Er war von der Möglichkeit, die NATO bei entsprechender Gegenleistung zu einem vollständigen Dislozierungsverzicht bewegen zu können, sichtlich überrascht. Für mich blieb, dass die Sowjets unsere zukünftigen Mittelstreckenoptionen tatsächlich, nicht nur in der Propaganda, für sehr wertvoll hielten. Dann, so meine Schlussfolgerung, würden sie letztlich auch bereit sein, für unseren Verzicht auf sie mit für uns wertvollen Reduzierungen zu bezahlen.

Um unsere Position in Moskau unter die Leute zu bringen, das Außenministerium entschied ja nicht allein über solche Fragen, ging ich auch in die Institute, in denen internationale Fragen „wissenschaftlich" untersucht wurden. Wir kannten ihren Einfluss zwar nicht genau, waren uns aber ziemlich sicher, dass sie sowohl an der Konzeption in Moskau wie an der Umsetzung der sowjetischen Politik im Ausland beteiligt waren. Das größte Institut war das IMEMO, das sich mit der ganzen Welt befasste. Einer der stellvertretenden Direktoren, Prof. Bykow, zeigte sich relativ gemäßigt und wiederholte nicht nur die sowjetische Propaganda, die USA wollten sich eine Erstschlagsfähigkeit verschaffen. Unter ihm arbeitete Prof. Proektor, ein Deutschlandspezialist, dem ich, wie sich allmählich ergab überflüssigerweise, die NATO-Strategie der flexiblen Antwort und daraus abgeleitet unseren Willen zu Gegendislozierungen gegen die SS-20 erklärte. Schließlich gab es die Strategie- und Rüstungskontrollspezialisten am Amerika-(Arbatow)-Institut Kokoschin, Blagowolin und Bogdanow. Mit ihnen zu sprechen war, wie alle diese Gespräche, mühsam und es war auch selten etwas Neues von ihnen zu erfahren. Sie konnten sich aber nicht dagegen wehren, dass sie natürlich alles nach oben berichten mussten, was ich ihnen sagte, dessen war ich mir ziemlich sicher.

So konnte ich sie benutzen, um unsere Position mit allem Nachdruck im sowjetischen Apparat zu verbreiten.

Ich habe diese Gelegenheiten auch benutzt, um ihnen jedes Mal, wenn die Sowjets mit großen öffentlichen Verlautbarungen angeblich Konzessionen gemacht hatten, die materiell regelmäßig ohne wirklichen Wert waren, einzureiben, dass wir darauf nicht hereinfallen würden. Durch ihre Aufrüstung auf der Mittelstrecke während der vergangenen Jahre hatten sie ja eine beträchtliche Marge für Konzessionen, ohne dabei ihre regionale Eskalationsdominanz in Europa zu gefährden. Ihre Angebote hatten alle, neben der Einbeziehung der britischen und französischen Systeme, ein Ziel: die Verhinderung jeder US-Dislozierung in diesem Reichweitenbereich in Europa, waren also auf Verhinderung oder doch starke Schwächung der strategischer Koppelung der Mittelstreckensysteme mit denen auf der Landstrecke gerichtet, dem für uns zentralen Ziel.

Bogdanow fiel mir dabei besonders auf. Ich hatte seinen Namen von meinen amerikanischen Kollegen. Als ich ihn in seinem Institut zum ersten Mal aufsuchte, lag auf dem Tisch mit den obligatorischen Teegläsern und Plätzchen die Nummer der amerikanischen Zeitschrift „Problems of Communism" mit dem berühmten Photo von „Whiskey on the rocks" auf dem Cover-Blatt, also jenes sowjetischen U-Bootes, das in den Schären vor einem schwedischen Marinehafen auf den Felsen gestrandet war. „Whiskey" war die NATO-Bezeichnung für diese U-Boot-Klasse. Darin kam, so habe ich es empfunden, die ganze Aggressivität der sowjetischen Aufklärung zum Ausdruck, Sie zu demonstrieren, war ihnen offenbar wert, mit solchen U-Boot-Einsätzen in Schweden, einem neutralen Land mit manchen Sympathien für die SU, jede Bereitschaft zu Entspannung zu zerstören.

So vermutete ich sofort, und Bogdanow wollte dies offenbar auch, dass er zum KGB gehörte. Die enge Verbindung der Institute zum Geheimdienst war allgemein bekannt. Man wusste zwar nicht, wer von den „Institutniki", den Diplomaten oder Journalisten, mit denen die westlichen Diplomaten diskutierten, nun im Einzelnen für den KGB oder die GRU, der Spionageorganisation der Streitkräfte, arbeitete. Man konnte in Moskau niemals sicher sein, mit wem man eigentlich sprach. So bin ich immer davon ausgegangen, dass jeder meiner Gesprächspartner möglicherweise zu einem der sowjetischen Geheimdienste gehörte.

Mehr als ein Jahr später bestätigte sich mein Verdacht bei Bogdanow. Er rief mich an, weil ihm von unseren Behörden ohne Angabe eines Grundes ein Visum für die Teilnahme an einem „Symposion" in Deutschland, vermutlich einer Veranstaltung der Friedensbewegung, verweigert worden war, was die

Sache eindeutig machte. Ich war inzwischen zu der Meinung gekommen, Andropow war Generalsekretär geworden, dass der KGB in außenpolitischen Fragen überaus einflussreich geworden war. Es lohnte also zu versuchen, auf ihn einzuwirken. Ich setzte mich deshalb mit dem AA in Bonn in Verbindung und Bogdanow bekam dann das Visum. Das AA hatte verstanden, dass er ein wichtiger Gesprächspartner sein konnte. Und man konnte bei uns ja auf ihn aufpassen. Ich habe dann in diesen drei Jahren noch so etwa zweimal mit ihm gesprochen und versucht zu verdeutlichen, dass die damals in den USA im Gange befindliche Diskussion über „protracted nuclear war", also einen lang hingezogenen nuklearen Krieg, nicht bedeutete, dass Reagan ernsthaft überlege, die SU nuklear anzugreifen, was ihm die sowjetische Propaganda damals, vielleicht auch, weil er einmal einen entsprechenden Witz gemacht hatte, unterstellte. Es war sinnvoll, davon war ich überzeugt, mit ihm zu sprechen.

Von der NATO-Übung „Able Archer", in der im Herbst 1983 ein Atom-Krieg durchgespielt wurde, und die die Sowjets nach allem, was man weiß, in noch stärkere Hysterie versetzte, wusste ich damals nichts. Für die damals in Moskau herrschende Stimmung stand aber ein Gespräch, das ich in diesen Monaten mit Alexander Bowin führte. Er war der damals bedeutendste sowjetische Journalist, politischer Beobachter bei der Iswestija, ehemaliger Mitarbeiter von Andropow in dessen Zeit als ZK-Sekretär für die Satellitenstaaten und danach persönlicher Gehilfe Breschnews.

Ich hatte ihn nicht persönlich aufgesucht. Er war Gesprächspartner unserer Gesandten und etwas oberhalb meiner Kragenweite. Einer der früheren Botschafter, Dr. Wieck, hatte ihn zu Essen in der Residenz geködert, indem er ihm Eisbein servieren ließ. Ein wohlbeleibter Hüne mit, für die SU unerhört, schulterlangem Haar sah er aus wie Balzac in der berühmten Statue von Rodin. Das war sicher Absicht. Er war eben ein Star und man sollte es sehen. Ich war froh, dass ich ihn dann bei einem Herings-Essen mit viel Wodka bei dem Korrespondenten des Dänischen Fernsehens, Samuel Rachlin, vor die Flinte bekam. Rachlin war ein besonders sympathischer und kenntnisreicher Gesprächspartner. Er stammte aus einer jüdischen Familie, die von Stalin nach Sibirien deportiert worden war, war dort aufgewachsen und so ein genauer Kenner der sowjetischen Verhältnisse, bevor die Familie nach Dänemark emigrieren konnte. Seine Empathie und seine Einsichten haben mir öfter geholfen.

Bowin war zunächst gut aufgelegt und genoss, ein Bild der Lebensfreude, sichtbar die frischen Heringsfilets und vor allem den Wodka. Als ich ihn dann ansprach, wurde er ernst und beschrieb die im Lande herrschende, so behauptete er jedenfalls, tiefe Zukunftsangst wegen der amerikanischen Nuklearpläne. Er habe z. B. unter vielen davon zeugenden Leserbriefen auch einen von einer jungen Frau aus Taschkent bekommen, die ihn gefragt habe, ob sie es nach ihrer kurz zurückliegenden Hochzeit denn überhaupt wagen könne, Kinder in diese bedrohte Welt zu setzen. Als ich ihn nach diesem Druck auf die Tränendrüsen fragte, was er denn geantwortet habe, sagte er nach kurzem Zögern lachend: „Kak moschno bolsche." (So viele wie möglich), besonders als Russin in Taschkent. Abgesehen von dem impliziten, kleinen, etwas rassistischen Witz über die rapide Vermehrung der Zentralasiaten und die niedrige Geburtenrate der Russen in Taschkent, war er also offenbar hoch genug aufgehängt, um sich über die geltende Weltuntergangspropaganda letztlich hinwegsetzen zu können. Das war zur Beurteilung der sowjetischen Fähigkeit, Propaganda von Realität zu unterscheiden, von Interesse.

Im Frühjahr 1982 hatte ich wegen meiner Zuständigkeit für die sowjetischen Beziehungen zu den Satellitenstaaten, das waren sie damals tatsächlich in ihrer völligen Festlegung auf das sowjetische Modell, auch einige Antrittsbesuche in den Botschaften dieser Staaten gemacht, mit Ausnahme der DDR, mit der wir nicht sprachen. Meine Gesprächspartner hatten zum Polenproblem, nach dem ich mich vor allem erkundigte, nichts Neues zu sagen. So sprach ich die innere Entwicklung in der SU an, wo sie etwas weniger verschlossen waren, natürlich ohne sich zu exponieren. Ich spürte dabei immerhin, dass sie die Windungen des sich entspinnenden Kampfes um die Breschnew-Nachfolge noch genauer als wir geradezu ängstlich verfolgten. Für sie hing ja vom Ausgang dieses Kampfes noch viel mehr ab als für uns. Für sie war es tatsächlich essentiell wichtig, auf das richtige Pferd im Rennen um die Nachfolge zu setzen.

So fand ich es auffällig, dass im Sommer 1982 Breschnew in seinen Ferien auf der Krim nicht, wie seit Jahren üblich, von allen Parteichefs besucht wurde. Breschnew, von Tschernenko begleitet, empfing zu dieser jährlichen Huldigung dieses Jahr nur die Parteichefs der DDR, Polens, der Tschechoslowakei und der Mongolei. Ungarn, Rumänien und Bulgarien fehlten. So dachte ich, auch von den Chinesen angestoßen, darüber nach, ob in dieser Zweiteilung der sowjetischen Gefolgschaft ein Indiz für ihre Nachfolgeerwartungen steckte, Ungarn, Rumänien und das doch Breschnew eigentlich so besonders ergebene Bulgarien also nicht auf Tschernenko setzten, dem die Tschechoslowaken gerade ihren höchsten Orden verliehen hatten, sondern auf Andropow, dem seit dem letzten ZK-Plenum offensichtlichen Rivalen im Nachfolgekampf.

In diesen Versuchen, die Lage in der sowjetischen Führung besser zu verstehen, half mir in jenem Sommer ein Gespräch mit einem französischen Kollegen, Botschaftsrat Barry de Longchamps, dem Spezialisten für Innenpolitik an der französischen Botschaft, mit dem ich mich etwas angefreundet hatte. Er machte mich darauf aufmerksam, dass der erste Sekretär des Krasnodarer Krais, der Region, in dem die Datschen der sowjetischen Führung an der Schwarzmeerküste lagen, Medunow, wegen Korruption abgesetzt und nach Moskau versetzt worden sei. In die Affäre verwickelt seien Galina, Breschnews Tochter, und ihr Mann Tschurbanow, der von Breschnew nach schwindelerregender Karriere zum 1. stellvertretenden Innenminister gemacht worden war. Es gehe um aktive und passive Bestechung beim Bau und der

Nutzung dieser Sommerhäuser und dabei auch um Galinas freizügige Feste mit wechselnden Liebhabern, an denen ein Sänger der Moskauer Bolschoi-Oper und ein Zirkusdirektor beteiligt waren. Auch von Devisenschiebereien und Diamantengeschenken an Galina sei die Rede im Umfang von mehreren 100.000 Dollar, für sowjetische Verhältnisse sehr viel Geld. Barry de Longchamps war überzeugt, dass die entscheidenden Informationen mit diesen Bloßstellungen der Breschnew-Verwandtschaft, die sich auch in den westlichen Medien niederschlugen, nur aus dem Sicherheitsapparat kommen konnten. Vor dem Hintergrund der vorherigen Geschehnisse um Zwigun und Schtscholokow verdichtete sich so das Bild eines gezielten Angriffs auf den Breschnew-Clan durch den KGB.

Zu unseren Bemühungen, Klarheit über die in Bewegung geratene Rivalität zwischen Tschernenko und Andropow zu gewinnen, gehörte auch die Lektüre der „dicken Journale" wie „Kommunist", der theoretischen Zeitschrift der Partei, „Nowij Mir", der führenden Literaturzeitschrift, oder „Fragen der Philosophie", um einen gewissen Aufschluss über die Ideologie zu gewinnen, die die gerade geltende Linie in der praktische Politik untermauerte. Wir hatten die Fron der Auswertung des darin enthaltenen ideologischen Kauderwelschs unter den sieben Mitgliedern der politischen Abteilung aufgeteilt, um mit der Flut der Publikationen einigermaßen fertig zu werden. Dabei stieß ich auf Artikel, die mir mit den überkommenen Lehren des historischen Materialismus nicht vereinbar schienen. In ihnen steckte offenbar eine Auseinandersetzung mit der polnischen Entwicklung, aber sie ließen sich auch auf die aktuellen sowjetischen Verhältnisse selbst anwenden und waren deshalb, wenn es gelang, die scholastischen Windungen der Argumentation zu entschlüsseln, von aktuellem politischen Interesse, also nicht lediglich praktisch irrelevante Spitzfindigkeiten.

In der „Kritik der politischen Ökonomie" hat Marx das angeblich gesetzmäßige Fortschreiten der Geschichte der Menschheit von gesellschaftlicher Formation zu gesellschaftlicher Formation, also von Feudalismus zu Kapitalismus zu schließlich Sozialismus und Kommunismus, mit der Wirkung der „Widersprüche" zwischen dem Entwicklungsstand der „Produktivkräfte", d. h. der Verfügbarkeit von Ressourcen und dem Stand der Technik, einerseits und den „Produktionsverhältnissen", d. h. den Eigentumsverhältnissen an den Produktionsmitteln andererseits, erklärt. Werden diese „Widersprüche", die dem Unterschied der Interessen der Kapitalisten zu denen der Besitzlosen folgen, zu groß, kommt es zum Übergang in die nächst höhere Gesellschaftsformation. Beim Übergang vom Kapitalismus zum Sozialismus sind die „Widersprüche" so scharf, dass sie zur Revolution führen. Nach diesem Übergang, so die Weiterentwicklung dieser Lehre durch Lenin und Stalin, kann es dann keine „antagonistischen", d. h. nur gewaltsam durch Revolution lösbare Widersprüche mehr geben, da sich nach der mit dem Übergang zum Sozialismus verbundenen Vergesellschaftung der Produktionsmittel die Produktivkräfte mit den Produktionsverhältnissen grundsätzlich in Harmonie befinden.

In einigen Aufsätzen in „Fragen der Philosophie" wurde nun im Herbst 1982 die These entwickelt, die polnischen Entwicklung zeige, dass auch im Sozialismus „Widersprüche" von gesellschaftlichen Interessen so stark werden könnten, dass sie das System gefährdeten, wenn die Partei in der Gestaltung der „Produktionsverhältnisse", d. h. der Form der Steuerung der Wirtschaft, hinter dem inzwischen erreichten Entwicklungsstand der Produktivkräfte zurückbleibe. Auch auf Ungarn 1956, Prag 1968 und Polen 1980 wurde als Beleg für ein solches Parteiversagen hingewiesen. Übersetzte man dieses ideologische Vokabular, so hieß dies, dass die Wirtschaftslenkung in der polnischen Planwirtschaft bei der Befriedigung der Interessen der Arbeiterschaft versagt hatte, weil sie der Notwendigkeit zu Dezentralisierung der Wirtschaftslenkung nicht gefolgt war. Diese Analyse war aber nach dem Kontext auf jedes „realsozialistische" System, also auch auf die SU anwendbar und bedeutete also die Forderung nach Anerkennung und Berücksichtigung unterschiedlicher Interessen verschiedener Gesellschaftsschichten und nach der Dezentralisierung der zentralen Planwirtschaft selbst in der SU. Das war im Grunde ein Abfall vom Glauben der bisher das System tragenden Doktrin. Gleichzeitig ließ sich aber der für die Satellitenstaaten zuständige ZK-Sekretär Russakow mit der traditionellen Darstellung vernehmen, in Polen seien konterrevolutionäre Kräfte im Sturmangriff „auf die Volksmacht", sprich die Herrschaft der KP, begriffen. Ich war so mehr und mehr davon überzeugt, dass hier tatsächlich so etwas wie eine Debatte über politisch bedeutsame Fragen nicht nur der Herrschaftsmethode im Imperium, sondern auch der Ursachen der „Stagnation" in der SU stattfand, die man zu verstehen versuchen musste.

In meinem Erstaunen über die Implikationen dieser nur scheinbar „theoretischen" Debatte zögerte ich, die Konsequenzen aus der der Orthodoxie widersprechenden Argumentation für tatsächlich gewollt zu halten. Aber man konnte nicht übersehen, dass bereits Andropow in seiner Lenin-Rede im Frühjahr 1982 einige der Schlüsselbegriffe wie „Interessen" und „Widersprüche" sowie „Pluralismus" im polnischen Zusammenhang verwendet hatte. Der Autor des am Weitesten gehenden Aufsatzes war ein Professor vom Bogomolow-Institut, das sich mit dem „Sozialistischen Weltsystem" befasste, namens Butenko. Er war so weit gegangen zu behaupten, dass die Widersprüche in Polen, übersetzt in die Realität also der politische Kampf zwischen dem realsozialistischen Parteiregime einerseits und der von Papst und Kirche getragenen Solidarność andererseits, so scharf geworden waren, das sie als antagonistisch gelten könnten und insofern dort die gesellschaftliche Formation des realen Sozialismus an ihr Ende gekommen sei. Dies implizierte, dass dort eine revolutionäre Umwälzung bevorstand, nach der eine auf der besseren Berücksichtigung der streitenden Interessen beruhende Struktur zu erwarten sei. Ich konnte über diese Analyse der polnischen Entwicklung mit ihren Implikationen für den gesamten „realen" Sozialismus in einer der großen autoritativen Zeitschriften der SU nur staunen.

Das Bogomolow-Institut war damals für westliche Diplomaten nicht zugänglich, wohl weil wir keinen Einblick in innersozialistische Interna bekommen sollten. Bei dem Versuch, etwas über Butenko herauszufinden, hörte ich dann von den Amerikanern, dass er zu einer Art von Brain Trust bei Andropow in dessen Zeit als ZK-Sekretär für die Satellitenstaaten gehört hatte. Dazu hätten auch Bowin, Bogomolow und Burlatsky gehört. Dieser letzte sei, so sagte mir mein amerikanischer Kollege und Freund Bill Courtney, der Einflussreichste. Ich nannte von da an diese Andropow offenbar nahe stehende Gruppe nicht nur wegen ihrer mit B beginnenden Namen die „B-Gruppe", sondern auch wie den Teil „B" der sowjetischen Wirtschaftspläne, der sich mit Konsumgütern befasst. Sie schien nicht den klassischen Schwerpunkt auf die Schwerindustrie und die Rüstung zu legen, sondern sich mit den „Interessen" der Bürger zu befassen. Später hörte ich, dass auch Arbatow, der Direktor des USA-Instituts, zu diesem Brain Trust bei Andropow gehört hatte.

Ich lernte Bogomolow einige Zeit danach bei einem Besuch einer von Prof. Ehmke und Egon Bahr geleiteten Delegation der SPD kennen. Er saß bei einem von Ehmke gegebenen Mittagessen neben mir. Ich sprach ihn auf Butenkos Artikel an und er bestätigte lebhaft meinen Eindruck, dass dieser Aufsatz in der Analyse von „Interessen" verschiedener Schichten auch im „Entwickelten Sozialismus" ungewöhnlich sei. Er zuckte überrascht zusammen, als ich darauf verwies, Butenkos Behauptung, solche Interessengegensätze könnten sogar antagonistisch werden, sei geradezu ketzerisch, beruhe doch der ganze marxistische Ansatz auf der Behauptung, nach der Revolution falle der Interessenantagonismus „zwischen gesellschaftlicher Produktion und privater Aneignung" fort. Er widersprach mir aber nicht.

Dieses Essen war auch sonst bemerkenswert. Ehmke frotzelte die hohen sowjetischen KP-Funktionäre mit ausgeschmückten Beschreibungen der SPD als der ältesten sozialistischen Partei, der die jüngere KPdSU Respekt zu zollen habe. Einige der anwesenden Sowjets fanden das in stolzer Empfindlichkeit sichtlich nicht komisch sondern eher als Majestätsbeleidigung. Ehmke war dadurch in seiner typischen Frechheit aber nicht zu beeindrucken. Die beiden Gastgeber waren Arbatow, der Direktor des USA-Instituts, und Sagladin, damals der langjährige stellvertretende Leiter der internationalen Abteilung des ZK-Sekretariates, die ich beide dabei zum ersten Mal persönlich kennenlernte. Sie erhoben sich nach Ehmkes frecher Tischrede beide gleichzeitig zur Antwort und maßen sich gespielt amüsiert mit Blicken, bis sich Arbatow setzte und Sagladin als ersten antworten ließ, ein Lehrstück in Rangbewusstsein. Wer Sagladin war, wusste ich durch einen Hinweis des Botschafters, Sagladin habe nach der „Nelken-Revolution" im April 1974 monatelang in Portugal gelebt, um die nun an der Macht befindlichen Offiziere, die geputscht hatten und nach Links neigten, endgültig in das kommunistische Fahrwasser zu ziehen.

Das große Thema in den Gesprächen waren die seit November 1981 laufenden INF-Verhandlungen. Schmidt hatte inzwischen auch wegen seines Festhaltens an der eventuellen Notwendigkeit der Nachrüstung die Macht verloren und Helmut Kohl war Bundeskanzler mit der ausdrücklichen Ankündigung geworden, er werde den Doppelbeschluss der NATO in beiden Teilen loyal umsetzen. Die beiden SPD-Führer ließen erkennen, dass Schmidts Politik von ihrer Partei nicht fortgesetzt werden würde und sie Verständnis für die sowjetische Forderung hätten, die britischen und französischen Systeme in die Kräftebilanz einzubeziehen. Der Kompromissversuch des amerikanischen Verhandlungsführers Paul Nitze mit Kwizinskij im berühmten Waldspaziergang vom vorherigen Juli war inzwischen bekannt geworden. Beide Seiten hatten ihn desavouiert und so war deutlich geworden, dass die Sowjets mit Hilfe der Friedensbewegung den Kampf um die deutsche Öffentlichkeit gewinnen wollten, und es so zu keinen seriösen Verhandlungen kommen konnte.

Ich war zu diesem Essen eingeladen worden, obwohl ich einige Monate zuvor noch zu Zeiten der Kanzlerschaft Helmut Schmidts einen öffentlichen Zusammenstoß mit Egon Bahr gehabt hatte. Er hatte nach Gesprächen mit den Sowjets im Moskauer ZDF-Studio ein Hintergrundgespräch für die deutschen Korrespondenten gegeben. Ich ging dort hin, um zu erfahren, was er besprochen hatte. Er hatte die Botschaft davon nicht direkt unterrichtet. Er legte seine bekannten Argumente dar, wonach die Nachrüstung gerade nicht, wie Schmidt behaupte, nuklearstrategisch koppelnd zu den Langstreckensystemen in den USA wirken würde, sondern im Gegenteil einen entkoppelnden Effekt und damit die Führbarkeit eines auf Europa beschränkten Nuklearkrieges zur Folge habe. Die Schmidtsche Politik erreiche also das Gegenteil von dem, was sie wolle. Als einer der Korrespondenten mich in der Runde fragte, was ich als Vertreter der Bundesregierung davon hielte, brach meine Empörung, die ich sonst wohl hätte zügeln können, über diese Anstrengungen Bahrs, ausgerechnet in Moskau die Politik des Kanzlers zu konterkarieren, aus mir heraus. Der Bundeskanzler hätte niemals etwas in Gang gesetzt, was die Sicherheit unseres Landes verringern statt vergrößern würde. Bahr reagierte nicht auf diesen hitzigen Einwand eines jüngeren Diplomaten und der Gesandte, dem ich meine Unbeherrschtheit gestand, beruhigte mich. Ihm sei, ohne schwerwiegende Folgen, schon Ähnliches passiert.

Parallel zu diesem immer intensiver werdenden Ringen um Herzen und Hirne der Deutschen verschärfte sich der innersowjetische Kampf um die Breschnew-Nachfolge. Dabei versuchte die Tschernenko-Fraktion offenbar, Breschnew durch Reisen in die Provinz als handlungsfähig und damit die Position seiner Anhänger als stabil zu präsentieren. Es gab sogar ein Gerücht, Andropow habe vorgeschlagen, Breschnew einmal täglich bei irgendeiner Funktion im Fernsehen zu zeigen, was allerdings wohl kaum auf byzantinische Verehrung Breschnews durch Andropow schließen ließ, sondern eher die damit unvermeidliche Offenlegung der Vergreisung Breschnews bezweckte. Besonders deutlich wurde die verschlagene Intriganz dieser Auseinandersetzung bei einem Besuch Breschnews in Baku Ende September 1982. Wir hörten von den Chinesen, Breschnew habe zunächst eine offensichtlich für einen anderen Anlass bestimmte Rede verlesen, bis einer seiner persönlichen Gehilfen mit dem Ruf: „das ist nicht meine Schuld" nach vorne gestürzt sei und das Manuskript gegen die richtige Rede getauscht hatte. Die Chinesen zeigten sich überzeugt, dass der Zwischenfall „nicht zufällig" gewesen war. Das bedeutete, dass jemand absichtlich die Manuskripte vertauscht hatte, um Breschnew zu blamieren, weil er nicht gemerkt hatte, dass er die falsche Rede hielt. Es fiel mir schwer, an solche Palastintrigen zu glauben, aber die Chinesen wussten das wohl besser als wir.

Der Streit um die Nachfolge wurde Ende Oktober 1982 immer offensichtlicher. Breschnew, begleitet von Tschernenko, traf sich zu einer großen Versammlung mit der gesamten Spitze der Streitkräfte und des sowjetischen Rüstungssektors. Vergleichbares hatte es seit vielen Jahren nicht gegeben. Zentraler Punkt von Breschnews Rede war die Versicherung, die Streitkräfte würden auch in Zukunft „alles Nötige" erhalten. Das war zunächst einmal eine Bestätigung der naheliegenden Vermutung, dass es auch in der SU nicht immer Einigkeit über die Ressourcenverteilung zwischen Kanonen und Butter gab. Des Weiteren ließ es darauf schließen, dass die Breschnew-Fraktion versuchte, mit der Zusicherung ungeminderter Finanzierung der Rüstung im Nachfolgekampf den militärisch-industriellen Komplex für Tschernenko zu gewinnen. Das schien mir umso wahrscheinlicher, als ich von einem Osteuropäer hörte, man müsse diese ungewöhnliche Versammlung als „Bildung eines neuen Bündnisses" verstehen, was wiederum nahelegte, dass dieser Komplex so stark war, dass die innerhalb der Partei konkurrierenden Fraktionen um ihn warben und ein Bündnis mit ihm suchten. Ein entsprechender Bericht wurde mir mit der Begründung zurückgegeben, er sei „spekulativ". Dabei hatte ich mich doch nur gefragt, wie diese ungewöhnliche Versammlung zu erklären sei, und sie zu diesem Zweck in den politischen Kontext jenes Herbstes gestellt.

Um meine Analyse ausführlicher darzustellen, schrieb ich ein längeres Papier für den Botschafter über die Lage der sowjetischen Führung und beschrieb darin die Indizien für ihre Spaltung in eine Tschernenko- und eine Andropow-Fraktion. Daran war Manches falsch. So ordnete ich z. B. Gorbatschow der Tschernenko-Fraktion zu, weil er als Verantwortlicher für Landwirtschaft sich für das im Frühjahr beschlossene Lebensmittelprogramm eingesetzt hatte, das Breschnews und Tschernenkos liebstes Kind war und u. U. zu einer den Militärs und Rüstungsmanagern missliebigen Ressourcenverteilung geführt hatte. Ich kam aber zu dem, wie sich bald herausstellte, richtigen Schluss, dass das Ende des „Clans von Djnepropetrowsk", also der Herrschaft der Breschnew-Gefolgschaft bevorstehe, und dass je nach dem Sieger mit unterschiedlichen politischen Schwerpunkten für die Zukunft zu rechnen sei. Wohl wieder eher falsch war der Schluss, Tschernenko sei mehr für Leichtindustrie und Nahrungsmittel, Andropow mehr für Schwerindustrie.

Gleichzeitig war erkennbar geworden, dass auf die SU immer größere Rüstungslasten zukamen, wenn, wie zu erwarten, die INF-Verhandlungen scheiterten und bei uns nachgerüstet wurde. Nach der Streichung der Langstreckenrakete MX („Missile Experimental") durch Carter entstand nun mit der Entscheidung Reagans für diese neue, landgestützte ICBM (Intercontinental Ballistic Missile, ballistische Interkontinentalrakete), für die Sowjets die ungeheuer kostspielige Notwendigkeit, ihre strategischen Abschreckungsmittel beweglich zu machen, weil diese neue punktgenaue Intercontinentalrakete der Amerikaner den Kern der sowjetischen strategischen Rüstung, die unbeweglichen, silogestützten schweren ICBM bedrohen würde. Ich schrieb Andropow den stärkeren Willen zu, im Wettlauf mit dem Westen, koste es, was es wolle, Schritt zu halten. Der Pressereferent der Botschaft gab dann dem Korrespondenten der FAZ in Moskau, Leo Wieland, ein paar Tips. Jedenfalls brachte diese Zeitung am 7. 12., nach Breschnews Tod, einen langen Artikel unter der Überschrift: „Das Ende des Clans von Dnjepropetrowsk", der in der Analyse der damit verbundenen Personalveränderungen zu ähnlichen Ergebnissen wie ich in meinem Papier kam.

In jenen Wochen zirkulierte unter den westlichen Diplomaten ein angeblicher Vorabdruck von „Nowij Mir" mit dem Schluss von Memoiren Breschnews. Wir hatten ihn von Dusko Doder, einem wegen seiner Verbindungen zu den Jugoslawen, er selbst kam von dort, oft sehr gut informierten Korrespondenten der Washington Post. Er wurde berühmt, als er kurz darauf als Erster den Tod Breschnews meldete. Der KGB hat später versucht, ihn mit der Verleumdung, er sei ein sowjetischer Agent, unmöglich zu machen.

Breschnews frühere Memoiren-Bände waren lächerliche Produkte von Ghost-Writer-Byzantinismus gewesen vor allem in der Beschreibung seines angeblichen Heldentums in den Kämpfen am Asowschen Meer während des 2. Weltkrieges. Der neue, angeblich dritte Teil, natürlich wieder nicht aus Breschnews eigener Feder, sondern im Apparat ersonnen, war dagegen interessanter. Er enthielt längere Charakteristika der Hauptkonkurrenten um seine Nachfolge, also Tschernenko, Andropow und dem „Vater der Raketen" Ustinow. Diese Charakteristika waren in Länge und Lob fein austariert. Dennoch kam Tschernenko mit ausführlicherem Lob am besten weg. Bei der Parade zur Oktoberrevolution Anfang November 1982 stand Tschernenko auf der Tribüne des Leninmausoleums unmittelbar neben Breschnew und wurde damit, das Protokoll folgte unerbittlich der machtpolitischen Hackordnung, eindeutig als Nummer zwei gekennzeichnet, Andropow stand erst hinter ihm. Der Eindruck der Hinfälligkeit und Altersstarre Breschnews war wieder stark. Der Nachfolgekampf war noch nicht entschieden.

Zwei Tage darauf ging durch die Medien, dass der Manager des berühmtesten Lebensmittel-Geschäftes Moskaus und seine Frau, Abteilungsleiterin im GUM, dem größten Kaufhaus der Stadt, verhaftet worden seien. Der Kontext war wieder die Affäre um Breschnews Tochter Galina, Medunow und Schtscholokow. Die Absicherung der Mitglieder dieser Coterie in der Spitze des Sicherheitsapparates war offenbar nicht mehr stark genug, um sie vor Verhaftung zu schützen. Die Einschläge der Artillerie der Medien näherten sich immer mehr dem Zentrum des Breschnew-Clans, was man nur als Schwächung von Tschernenkos Nachfolgechancen verstehen konnte, denn alles sprach dafür, dass Andropow den offenbar im Machtkampf mit dem Parteiapparat unter Breschnew und Tschernenko stärkeren KGB immer noch kontrollierte und dass er so den stärkeren Teil des Sicherheitsapparates zur Diskreditierung seines Rivalen um die oberste Macht einsetzte.

Am 10. 11. 1982 starb Breschnew. Obwohl wir in der Vergangenheit und besonders in den letzten Monaten immer wieder über diese Eventualität nachgedacht hatten, war ich überrascht, wohl weil sich diese Erwartung immer wieder nicht realisiert hatte. Ich fuhr mit der U-Bahn ins Stadtzentrum, um zu überprüfen, ob es zu Zeichen der Trauer nach der immerhin 18 Jahre langen Breschnew-Periode kam. In der einsetzenden Dunkelheit ging ich am Gewerkschaftshaus vorbei, wo immer die großen Beerdigungszeremonien stattfanden, zum Roten Platz. Das abendliche Stadtzentrum unterschied sich in nichts von einem gewöhnlichen Abend. Nur die Rote Fahne auf der Kuppel des Swerdlow-Saals des Kremls wehte auf Halbmast. Von der legendären Trauer oder gar der Massenhysterie nach Stalins Tod war nichts zu bemerken. Keine Zeichen von Anhänglichkeit oder Popularität des verstorbenen, von der Propaganda Jahre lang in den Himmel gehobenen Partei- und Staatschefs.

Zwei Tage darauf wurde bekannt gegeben, dass Andropow der Nachfolger geworden war. Der Sicherheitsapparat, genauer gesagt sein von Andropow kontrollierter Teil, hatte sich also im Bündnis mit dem militärisch-industriellen Komplex durchgesetzt. Er hatte offensichtlich die Oberhand gegenüber dem von Zwigun und Schtscholokow kontrollierten Teil gewonnen. Der sonst dominierende, dann aber zwischen Tschernenko und Andropow gespaltene Parteiapparat war in dieser Lage offenbar nicht ausschlaggebend gewesen. Am Abend hatten wir Gäste zum Essen. Der interessanteste Gast unter den Journalisten und Kollegen aus dem diplomatischen Corps war Gyula Thürner, 1. Sekretär an der ungarischen Botschaft, den mir mein Vorgänger, Dr. Libal empfohlen hatte. Er hatte sich bei meinem Antrittsbesuch tatsächlich als offener als die durchschnittlichen osteuropäischen Diplomaten erwiesen und sich auch auf ein Gespräch über die innenpolitische Lage in der SU eingelassen. Ihn interessierte besonders, warum der Bundeskanzler Helmut Schmidt seinen Parteichef Kádár so schätze, was ich bestätigte und mit Schmidts Anerkennung für Kádárs politischen Realismus, seine Wirtschaftspolitik und die damit erkämpften Freiräume für die Ungarn erklärte. Ich hatte damals gerade das Buch eines der Protagonisten des Prager Frühlings, Zdenjek Mlynář, „Nachtfrost" gelesen, das einen faszinierenden Einblick in die inneren Abläufe der Auseinandersetzung der Prager Reformer mit der Breschnew-Führung bietet. Darin ist auch ein Gespräch Kádárs mit den Tschechen beschrieben, in dem Kádár sie fast verzweifelt fragte: „Wisst ihr denn nicht, mit wem ihr es zu tun habt?" eine Frage, in der die ganze Bitternis der Erfahrungen der Ungarn von 1956 zum Ausdruck kam.

Thürner war nicht, wie die Osteuropäer meistens, allein gekommen, sondern hatte zu meiner Überraschung seine Frau, eine Russin, mitgebracht, die allerdings kaum etwas sagte. Wir unterbrachen auf allgemeinen Wunsch das Essen, um um 9 Uhr die Fernsehnachrichten zu sehen. Der Sprecher verlas die Laudatio auf Andropow, die Tschernenko auf dem ZK-Plenum gehalten hatte, das Andropows „Wahl" durch das Politbüro bestätigt hatte. Dabei paraphrasierte er die berühmte Warnung Lenins vor Stalin in seinem politischen Testament, Stalin gehe „nicht aufmerksam mit den Kadern um", indem er Andropow eben diese Aufmerksamkeit bescheinigte. Als er dann auch noch behauptete, dass sich Andropow als besonders zur Arbeit im Kollektiv geeignet erwiesen habe, lachte Thürner nur kurz sarkastisch auf. Diese Behauptung Tschernenkos über Andropows Charakter war offenbar falsch und folgte offensichtlich dem Versuch, den neuen Generalsekretär gleich zu Beginn an die Leine zu nehmen.

Ich verstand dies als Bestätigung unseres Eindrucks von Andropow als sehr entschieden, selbstbewusst und zur Durchsetzung mit allen Mitteln entschlossen. Wir hatten die Diskreditierung der Breschnew-Tschernenko-Fraktion während des vergangenen Jahres beobachtet. Zwigun, Schtscholokow und Tschurbanow waren aus dem Amt gejagt, mit diskreditierenden Informationen bloßgestellt und im Falle des ersten Stellvertreters Andropows an der Spitze des KGB Zwigun bis zum Selbstmord getrieben worden. Der Versuch der Einbindung des neuen Generalsekretärs durch Tschernenko, Andropows in diesem erbitterten und zum Teil auf offener Bühne ausgetragenen Machtkampf unterlegenen Gegner und Rivalen aus dem Clan von Djnepropetrowsk mit der Behauptung von Andropows Teamfähigkeit war Thürner einfach zu dick aufgetragen. Er wusste es offenbar besser. Wer Thürner war, nämlich ein ganz Orthodoxer, wurde mir dann erst ungefähr ein Jahr später klar, als er sich mit einem riesigen, für einen bloßen 1. Sekretär viel zu großen Empfang in der Ungarischen Botschaft verabschiedete. Es wimmelte dort von hohen, uns sonst nicht zugänglichen Funktionären aus dem ZK-Sekretariat. Sogar der ZK-Sekretär für die Satellitenstaaten, Rusakow, war gekommen und ich glaubte zu verstehen, dass er Thürners Schwiegervater war.

Zur Beerdigung Breschnews am 15. 11. 1982 waren der Bundespräsident, Prof. Carstens und Minister Genscher gekommen. Sie hatten ein längeres, aber sachlich wenig ergiebiges Gespräch mit Andropow, in dem sie versuchten, die Sowjets davon zu überzeugen, dass der neue Bundeskanzler Helmut Kohl die Entspannungspolitik seines Vorgängers fortsetzen werde. Carstens, der im Auswärtigen Amt den Ruf großer Kühle und Distanz hinterlassen hatte, gewann mein Herz mit einer Ansprache in der Botschaft vor dem versammelten Personal, in der er seine Zeit als Staatssekretär im Auswärtigen Amt als schönste Zeit in seinem gesamten Berufsleben beschrieb. So etwas trug mich dann für mindestens ein halbes Jahr.

Am 17. 11. wurde Schtscholokow als Innenminister abgesetzt, wie wir hörten wegen der Datschen-Affäre mit Galina und Medunow, was meine Beobachtungen der vergangenen Monate bestätigte. Andropow hatte nicht lange gewartet, seine neue Macht zu zeigen. Schtscholokows Nachfolger wurde Fedortschuk, der ein halbes Jahr zuvor auf Andropows alten Posten als KGB-Chef gesetzt worden war und nun von dort wieder entfernt wurde. Als Innenminister würde er deutlich weniger Macht haben. Sein Nachfolger an der Spitze des KGB wurde Tschebrikow, der zwar auch zum Clan von Dnjepropetrowsk gehörte, aber vor allen Dingen im KGB viele Jahre mit Andropow zusammengearbeitet hatte. Er war also ein guter Kompromiss zwischen den rivalisierenden Gruppen an der Spitze von Staat und Partei. Andropow zeigte dabei seine Hand. Schtscholokows Absetzung zeigte seinen Willen zur Herrschaft.

Auf dem folgenden ZK-Plenum am 22. 11. wurde auch sein Wirtschaftsprogramm deutlicher. Seine Rede enthielt ungewohnt offene Eingeständnisse von schwerwiegenden Mängeln in der Wirtschaft. Er stellt die Notwendigkeit heraus, den wirtschaftlichen Mechanismus der Verwaltung und Planung zu „vervollkommnen", was man nur als Willen zur Veränderung, zur Einschränkung des völligen Zentralismus der Planwirtschaft verstehen konnte, zumal er forderte, die Eigenverantwortung der Betriebe und der regionalen Untergliederungen des Landes zu stärken. Sein in der Lenin-Rede des Frühjahrs erkennbares Nachdenken über die Bedeutung der polnischen Entwicklung klang in der Aufforderung an, die „Erfahrungen der Bruderländer" zu berücksichtigen, womit auch Kádárs Gulasch-Kommunismus gemeint sein konnte, denn Andropows Sympathie für die ungarischen Führer, die er 1956 ja selbst eingesetzt hatte, war bekannt. Wir mussten den Dingen auf der Spur bleiben, aber, so meine Schlussfolgerung, es konnte nun in Richtung Dezentralisierung gehen.

Am 21. 12. verstärkten sich die Indizien für eine solche Schwenkung der Wirtschaftspolitik in Andropows großer Rede auf der Festversammlung im Kreml anlässlich des 65. Jahrestages der Oktoberrevolution, die im Fernsehen übertragen wurde. Sie enthielt eine deutliche Absetzung von Breschnew, indem Andropow offen von „ungelösten Aufgaben" sprach und eine Politik „der Taten, nicht der Worte" forderte und damit seinen Vorgänger implizit wegen Untätigkeit kritisierte. Er erörterte auch wieder die Lenkungsmethoden der Wirtschaft, wobei die Erwähnung „örtlicher" Entscheidungsinstanzen auffiel. In seiner Behauptung, er sei sicher, dass „alle, die sich in diesem Saal eingefunden haben", d. h. neben den Sowjets die Kommunisten aus der ganzen Welt, „die ganze Partei und das ganze Sowjetvolk so wie ich" denken, wurde erkennbar, dass dem offenbar noch nicht so war.

Um den Hintergrund dieser Auseinandersetzung um die Lenkungsmethode der Wirtschaft zu verstehen, musste man sich die damalige Wirtschaftslage der SU vor Augen führen. Es gab ja nicht nur die westlichen Studien z. B. des CIA, in denen in detaillierten Statistiken nachzulesen war, was die „Stagnation", von der die Sowjets selber sprachen, konkret bedeutete. Man konnte es beim Spaziergang durch Moskau auch sehen, wenn man z. B. auf eine Schlange vor einem Geschäft stieß, wo es etwas gab, was, wie viele einfache Konsumgüter, „defizitnij" war. Kaum zu glauben war auch das Chaos auf den Fabrikhöfen. Abgesehen vom Zentrum der Stadt sind in den anderen Vierteln Moskaus Wohnungen und Industrie vermischt. So konnten meine Frau und ich auf unseren Spaziergängen in der Nachbarschaft ohne Mühe sehen, dass sich auf diesen Höfen Abfall, Ausschuss, Rohmaterial, Vorprodukte und Halbfertiges unter offenem Himmel in völligem Durcheinander stapelte und verrostete. Genauso sprangen die im Rohbau verbliebenen Hochhäuser ins Auge, die Jahre lang nicht voran kamen, weil es an dem für den Innenausbau nötigen Material mangelte. Die Russen nannten das „dolgo stroi", „Lang-Bau", also Bauten, die Jahre lang nicht fertig wurden, in der Statistik aber wohl zu den Investitionen gezählt wurden, obwohl sie tatsächlich das eingesetzte Kapital vernichteten, nicht vermehrten. Man konnte mit diesen Einblicken bei Spaziergängen zwar natürlich keinen präzisen Überblick über den Umfang der Probleme gewinnen. Dass er groß war, war aber offensichtlich und er prägte das angeschlagene Selbstverständnis der Menschen, auch der Nomenklatura, selbst wenn sie dies mit ostentativen Beteuerungen ihrer Überlegenheit zu verdecken versuchten.

Noch schlimmer war offensichtlich die Situation der Landwirtschaft, in der sich Missernte an Missernte reihte, was aber nicht nur an ungünstigem Wetter liegen konnte. Wir hatten an der Botschaft einen Landwirtschaftsattaché, der ständig über das Land reiste, um sich ein Bild von den Ernteaussichten zu machen. Er ergänzte damit, wie sich erwiesen hatte, sehr nützlich die entsprechenden amerikanischen Berichte, die Satellitenaufnahmen zur Basis hatten. Diese Agrarmisere war auch gesamtwirtschaftlich von erheblichen Folgen, weil sich daraus der sowjetische Bedarf an Getreideimporten, vor allem aus den USA, ergab, was wiederum entscheidend für die Verfügbarkeit von Devisen aus den Einnahmen der Energieexporte für Importe industrieller Güter von uns war. Die jährlichen Abermillionen von Tonnen Getreide, die das ehemalige Exportland Russland importieren musste, hemmten so die Bemühungen, industriell den Anschluss zu gewinnen. Und über Agrarreform wurde zwar viel geredet, Gorbatschow versuchte, durch Übertragung von Verantwortung und Gewinninteresse nach unten vorwärts zu kommen, je-doch blieb es letztlich beim Kurieren an Symptomen, jedenfalls bis dahin.

Auch außenpolitisch machte sich die Machtübernahme durch einen neuen Generalsekretär in jener Rede bemerkbar. Andropow gab darin persönlich eine vorgeblich entgegenkommende, neue sowjetische Position für die INF-

Verhandlungen bekannt. Ihr Kern bestand in der Forderung, in der Kräftebilanz die 162 britischen und französischen U-Boot-gestützten Raketen, die jeweils nur einen Sprengkopf hatten, unter einer Obergrenze von 150 Systemen und deren Bomber unter einer Gesamtobergrenze von 300 anzurechnen, so dass für amerikanische Systeme weniger als 50 übrig geblieben wären, ein durch Flugzeuge bereits ausgeschöpftes Kontingent. Der Effekt bestand so darin, in Europa der SU 150 SS-20 mit je drei Sprengköpfen zu erhalten, während den USA jegliche Dislozierung landgestützter Raketen-Systeme verwehrt gewesen wäre. Circa 100 SS-20, die bereits in Europa disloziert waren, sollten nach Asien verschoben, also nicht etwa zerstört werden, so dass sie wegen ihrer Mobilität leicht nach Europa zurückverlegt werden konnten. Außerdem wären durch diese Anrechnung Briten und Franzosen daran gehindert worden, ihre Raketen mit Mehrfachsprengköpfen auszurüsten.

Vor allem aber waren die britischen und französischen Systeme für einen ganz anderen strategischen Zweck als die SS-20 vorgesehen, sie gehörten auf die oberste Eskalationsebene der strategischen Abschreckung, während die SS-20 für die Sowjets nur ein für Europa bestimmtes Mittelstreckensystem waren, also zu einer erheblich niedrigeren Eskalationsstufe gehörten, hinter dem das riesige Langstreckenarsenal, das strategische Potential der Sowjets stand. Auch für die gerade begonnen START-Verhandlungen gab Andropow eine kompromisslose Position vor. Er verhärtete die Ablehnung der westlichen Vorschläge in beiden Verhandlungsforen mit der Behauptung, sie verlangten von der SU einseitige Abrüstung, worin einmal mehr zum Ausdruck kam, dass die Sowjets nicht bereit waren, den von uns angebotenen Verzicht auf Dislozierungabsichten, noch war ja kein neues Mittelstreckensystem der NATO disloziert worden, als gleichwertig mit Reduzierungen der bereits dislozierten SS-20 zu begreifen.

Das angebliche Entgegenkommen enthielt, und das war für die Beurteilung der Chancen der Verhandlungen mit dem neuen Generalsekretär entscheidend, also eine so einseitige Substanz, dass es offensichtlich nicht auf einen akzeptablen Kompromiss gerichtet war, sondern die westliche Öffentlichkeit täuschen und die Friedensbewegung munitionieren sollte. Zu diesem Ergebnis kam sehr rasch eine informelle Arbeitsgruppe, in der ich mich mit Botschaftsrat Bill Courtney von der amerikanischen Botschaft, einem britischen Kollegen und Botschaftsrat Philippe Carré von der französischen Botschaft zusammengetan hatte. Wir untersuchten dabei die sowjetische Position, wie sie in ihren immer neuen Varianten in den folgenden Jahren durch eine Serie von Erklärungen zu den INF- und den START-Verhandlungen zum Ausdruck kam. Die niedrigste Ebene der Autorität hatten Erklärungen der sowjetischen Nachrichtenagentur Tass, darüber angeordnet waren Erklärungen der sowjetischen Regierung und die oberste Ebene mit den gewichtigsten Positionen nahmen die Erklärungen von Andropow persönlich ein. Daneben gab es mehrere große Artikel des Verteidigungsminister Ustinow und Veröffentlichungen der Generalität, vor allem von Generalstabschef Ogarkow. Sie hatten erheblich mehr Gewicht, wenn man von den Stellungnahmen Gromykos absieht, als die Interventionen der sowjetischen Diplomaten, denn nach dem Bündnis Andropows mit dem militärisch-industriellen Komplex im Kampf um die Nachfolge konnte man weiterhin voraussetzen, dass unter den Sowjets in diesen Fragen die Militärs letztlich den Ausschlag gaben, mit allen vor allem ökonomischen Konsequenzen, die ihr konzessionsloses Beharren auf ihren Rüstungsprogrammen für die Gesamtsituation des sowjetischen Systems hatte. Das Ergebnis waren die mit den Amerikanern unter Nixon und Kissinger vereinbarten SALT (Strategic Arms Limitation Talks, Verhandlungen zur Begrenzung strategischer Waffen)-Obergrenzen für die strategischen Systeme gewesen, die nicht zu Reduzierungen sondern zur Sanktionierung der geplanten Arsenale geführt hatten. Und bei den im Herbst 1982 in Gang gekommenen START (Strategic Arms Reduction Talks, Verhandlungen zur Reduzierung strategischer Waffen)-Verhandlungen verhielten sich die Sowjets genauso.

Bill Courtney war unter uns der sachkundigste Analytiker. Er hatte einen militärpolitischen Werdegang hinter sich und hat mir sehr geholfen. Ich gewann seine Anerkennung, als ich in der Analyse eines ganzseitigen Artikels Ustinows in der Prawda zu demselben Ergebnis gekommen war wie er. Ustinow hatte darin angekündigt, die SU werde auf die MX-Rakete, die neue Interkontinentalrakete, deren Dislozierung in jenen Monaten des ersten Halbjahres 1983 in Washington nach langem Hin und Her beschlossen worden war, mit einer „launch on warning"-Strategie reagieren, also der Auslösung eines strategischen Nuklear-Schlags im Moment des Eingangs von Warnmeldungen über einen amerikanischen Ersteinsatz. Wir kamen zu dem Schluss, dass Ustinow diese Ankündigung ernst meinte und sie nicht nur, allerdings natürlich auch, Propaganda war, um die USA beschuldigen zu können, eine äußerst instabile strategische Lage herbeigeführt zu haben. Ustinows Artikel stand so für den im Jahresverlauf ständig steigenden Druck im Kampf mit den Amerikanern, ob Reagan mit seiner Entschlossenheit, anderenfalls auf Mittel- und Langstrecke nachzurüsten, die SU letztlich doch zu signifikanten Reduzierungen zwingen konnte.

Wir trafen uns zu unseren Diskussionen in der amerikanischen Botschaft, wo es mehrere abhörsichere Räume gab. Einmal gingen wir dabei in einen Raum auf der unter den Büros der Botschaftsleitung liegenden Etage. An dem Schott, das diese Etage vom Treppenhaus trennte, hing innen das Siegel des CIA. Als wir die Etage nach unserer Besprechung verließen, war es verschwunden. Ich zog daraus die Schlussfolgerung, dass Bill eigentlich für den CIA arbeitete. Mich störte das nicht. Es war bekannt, dass an der Botschaft eine Reihe von CIA-Leuten arbeitete und es waren vermutlich die am Besten ausgebildeten Kollegen mit fließendem Russisch und einem Dr. bei Ulam in Harvard, dem renommiertesten amerikanischen Sowjetologen. Aber ob Foreign Service oder CIA, wir waren Verbündete und auf Gedeih und Verderb auf einander angewiesen. Meine emotionale Neigung zu unseren wichtigsten Verbündeten schon aus Schülertagen mit dem berühmten Kennedy-Besuch, den ich als Schüler in Bonn erlebt hatte, hat mich immer getragen und hatte sich in einem späteren Studienjahr in Chicago verstärkt. So habe ich mit Bill mit der gleichen Rückhaltlosigkeit zusammengearbeitet, die ich in der Bonner Vierergruppe gelernt hatte. Ohne den gleichen, vorbehaltlosen Rückhalt der USA konnte sich unser Land nicht behaupten.

Die Propagandapolitik der Sowjets in diesen Fragen der Strategie und der Rüstungskontrolle hatte zur Folge, dass ich auch mit Journalisten, die wir in der bedrängten westlichen Gemeinschaft in den Ausländerghettos kennenlernten, eng zusammengearbeitet habe. Besonders eng und dann eine Freundschaft wurde meine Beziehung zu einem Korrespondenten der New York Times, Serge Schmemann. Seine Frau stammte aus dem russische Zweig der baltischen Familie der Lambsdorffs und war so weitläufig mit unserem Kulturattaché Hagen Graf Lambsdorff verwandt. Serges eigene Familie stammte aus Russland und er war mit glänzendem Russisch und Liebe zum Land seiner Vorfahren ein ausgezeichneter Kenner der Lebensverhältnisse. So öffnete er mir den Zugang zu mir sonst verschlossenen Seiten der Sowjetunion und erklärte mir manches Russische besser, als die Bücher, die ich darüber las. Ich revanchierte mich mit Analysen der sowjetischen Außenpolitik in Strategie und Abrüstung, die er zu schätzen schien. Er war von der amerikanischen Botschaft wohl eine große Vorsicht gewohnt, während ich, um ihn zu überzeugen, sehr offen war.

Die New York Times ist eine Weltmacht, denn was sie schreibt, wird in den USA schnell zur Meinung aller billig und gerecht Denkenden und ist so für die amerikanische Politik und damit die Politik der amerikanischen Weltmacht ein unumgehbares Datum. Die vertraulichen Genfer INF- und START-Verhandlungen waren in jenen Jahren aber nur ein Nebenschauplatz. Der eigentliche politische Kampf tobte um die westliche Öffentlichkeit und deshalb war es von entscheidender Bedeutung, was die Medien in diesem Kampf berichteten. So begann ich, Serge ab und an, wenn er mich anrief, um sich nach einer neuen, mit allen Propagandafanfaren verkündeten sowjetischen „Initiative" zu erkundigen, zuerst in der abhörsicheren Kabine in der Botschaft, dann mehr und mehr auch sofort am offenen Telefon zu briefen. Wie alle Korrespondenten stand er ständig unter Zeitdruck und es war für mich entscheidend wichtig, dass bereits sein erster Bericht nach New York in der Bewertung der immer neuen Propagandavorschläge der Sowjets richtig lag, denn ein falscher erster Eindruck auf die Öffentlichkeit ist hinterher fast unmöglich zu korrigieren. So holte Serge mich einmal sogar aus einem offiziellen Essen in der Residenz des Botschafters ans Telefon und bekniete mich um Erläuterungen einer gerade herausgekommenen neuen sowjetischen Erklärung. Ich gab sie ihm, obwohl ich natürlich wusste, dass alle meine Telefonate, mit denen ich jeweils die Luft aus der neuen Propaganda herausließ, von den Sowjets abgehört wurden. Ich habe mich also über die

Diplomaten eigentlich gebotene Zurückhaltung hinweggesetzt. Ich hatte aber nichts dagegen, dass die Sowjets sofort hörten, dass wir auf ihre strategischen Milchmädchenrechnungen nicht hereinfielen. Sie sollten wissen, dass wir nur auf ernsthafte Verhandlungsvorschläge eingehen würden. Ich bin mir sicher, dass ich sie dabei bis zur Weißglut getrieben habe. Aber das war die Sache wert. Für mich war es eine süße Revanche. Sie sollten lernen, dass sie uns nicht mit Hilfe der Friedensbewegung zum Klein-Beigeben zwingen konnten und mit wem sie es zu tun hatten.

Am 11. 11. 82, dem Tag nach Breschnews Tod, war Wałęsa in Polen freigelassen worden, sicher unter vorheriger Beteiligung Moskaus. Am 31. 12. wurde das Kriegsrecht in Polen ausgesetzt und ich fragte mich, ob das Vorboten einer anderen Polenpolitik waren, oder ob man sich sicher war, das Land auch so unter Kontrolle zu haben. Jedenfalls waren das Indizien von Bewegung unter dem neuen sowjetischen Generalsekretär. An der Endzeitstimmung in Moskau änderte das aber nichts, denn nur kurz darauf starb am 11. 1. 83 Podgorny, ehemaliger Staatschef, im Fernsehen also wieder stundenlang eine große Beerdigung, wieder Chopin.

Am gleichen Tage kam der Kanzlerkandidat der SPD, Hans-Jochen Vogel, nach Moskau. In Deutschland war nach dem Koalitionswechsel Wahlkampf und Vogel machte die dabei übliche Runde durch die großen Hauptstädte, um sein Kanzlerpotential als Gesprächspartner der Mächtigsten dieser Welt zu demonstrieren. Er bekam einen für einen Politiker ohne Amt aus dem Westen ganz ungewöhnlichen Empfang im Katharinen-Saal des Kreml, einem der großen Prunksäle, wo ich einige Mitglieder der sowjetische Führung zum ersten Mal aus der Nähe beobachten konnte. Sie demonstrierten Freundlichkeit, Vogel blieb jedoch kühl und zurückhaltend. Er spürte die sowjetische Absicht, die SPD für sowjetische Zwecke einzuspannen und litt sichtbar unter der darin zum Ausdruck kommenden Geringschätzung. Seine Delegation, die wir in der Kabine der Botschaft gebrieft hatten, war erkennbar gespalten, Bahr ganz gegen die Nachrüstung, Wischnewski, der getreue Eckehard Helmut Schmidts, eher dafür.

Die Botschaft war an den Gesprächen der SPD-Delegation mit den Sowjets nicht beteiligt. Ich hörte jedoch von einem Delegationsmitglied, einem Kollegen aus dem Auswärtigen Dienst, dass Andropow Vogel wegen der Nachrüstung massiv unter Druck gesetzt hatte. Vogel hatte dem insofern widerstanden, als er sich selbst nicht festgelegt hatte. So war ich über das Wesentliche unterrichtet, als am Abend mein Kollege und Freund Regis de Belenet, der Leiter der politischen Abteilung der französischen Botschaft, zu mir kam, um sich zu erkundigen. Er hatte es eilig, denn Vogel flog von Moskau aus direkt nach Paris zu Gesprächen mit Mitterand und Belenet wollte Paris vorher ins Bild setzen. Ich sagte ihm, was ich wusste, und fügte hinzu, so eindringlich ich konnte, Vogel sei ein anständiger Mann. Man könne also mit ihm argumentieren. Es sei deshalb von größter Wichtigkeit, dass Mitterand mit ihm Tacheles rede. Frankreich habe als eine der Drei Mächte nicht nur Rechte, sondern auch Verantwortlichkeiten uns gegenüber. Es müsse nun diesen Pflichten für die deutsche Sicherheit nachkommen.

Später hörte ich von dem Kollegen, der Vogel begleitet und mich ins Bild gesetzt hatte, dass Mitterand sich gegenüber Vogel dann sehr nachdrücklich für die Politik der NATO ausgesprochen hatte. Vielleicht hat dies zu der berühmten Rede Mitterands vor dem Bundestag kurz darauf am 20. 1. 83 beigetragen, in der er sich mitten im deutschen Wahlkampf energisch für die Nachrüstung einsetzte und in diesem Kontext bekräftigte, Frankreich werde zu allen seinen „Verantwortlichkeiten" stehen, eine Wendung, die er sonst nie verwendete und in der der Status Frankreichs als einer der Vier Mächte zum Ausdruck kam, an den ich appelliert hatte.

Ich wusste aus meiner Zeit im Planungsstab des Auswärtigen Amtes, dass die Franzosen, die sich nach ihrem Rückzug aus der integrierten Struktur des Bündnisses öffentlich immer wieder von der NATO absetzten, in Wahrheit an dem guten Funktionieren der NATO-Integration vital interessiert waren, denn sie bildete geostrategisch gegenüber der sowjetischen Bedrohung den Schutzwall vor Frankreich, der Frankreich erst in die strategische Hinterhand versetzte, aus der es sich seine sicherheitspolitischen Extratouren leisten konnte. Kinkel hatte mich nach dem Neutronenbomben-Desaster nach Paris zu Gesprächen mit dem Planungsstab des Quai d`Orsay geschickt. Wir sprachen über das „Grauzonenproblem" und ich stellte fest, dass die Franzosen daran nicht weniger interessiert waren als wir. Mein Gastgeber, der stellvertretende Leiter des Planungsstabes Gergorin und noch schärfer d`Abboville aus dem Kabinett des Ministers, später Botschafter bei der NATO, hielten mit ihrem Entsetzen über Carters Entscheidung gegen die Produktion der Neutronenwaffe nicht hinter dem Berge. Sie wussten, wie entscheidend wichtig die Funktionsfähigkeit der nuklearen Abschreckung der NATO für sie war, weil sie wussten, dass die Sowjets von der NATO konventionell vom Durchstoß nach Frankreich nicht würden abgehalten werden können. Zum Abschied schenkte mir Gergorin die klassische Studie Raymond Arons über Clausewitz „Penser la Guèrre". Und ich wusste seitdem, dass die Franzosen, wenn es hart auf hart ging, gute Atlantiker waren.

Vogel hatte einige Ehrengäste mitgebracht, die das Prestige seiner Delegation erhöhten. Prominentester unter ihnen war Carl-Friedrich von Weizsäcker, der berühmte Physiker und Philosoph, Bruder des späteren Bundespräsidenten. Bei dem Empfang für die Delegation in der Residenz des Botschafters wurde er von Journalisten umdrängt, sowohl den Moskauer Korrespondenten wie den von Vogel aus Deutschland mitgebrachten. Weizsäcker beschrieb in seiner selbst gewählten Rolle als Weltweiser seine Sorge um den Frieden wegen der durch die Nachrüstungspläne immer angespannteren Weltlage. Als er dann erklärte, er werde von seinen Sorgen so bedrückt, dass er jede Nacht zwischen 2.00 und 3.00 Uhr aus dem Schlaf aufschrecke, ärgerte ich mich so, dass ich ihn unterbrach und fragte, was er dann anschließend tue. Er war etwas verblüfft, lächelte dann aber und räumte freimütig ein, dass er dann wieder einschlafe. Das genügte, um die heiße Luft freizusetzen. .

Meine Skepsis ihm gegenüber mischte sich aber am nächsten Tag mit Bewunderung. Ich war eingeteilt, ihn zu einem Gespräch mit Prof. Alexandrow zu begleiten, Physiker wie er und Präsident der sowjetischen Akademie der Wissenschaften, schon sehr alt aber politisch immer noch aktiv, stalinistisches Urgestein und an der Entwicklung der sowjetischen Nuklearwaffen beteiligt. Er empfing uns im Präsidium der Akademie in der Beletage eines schönen Palais aus dem 18. Jahrhundert auf den Hügeln oberhalb der Moskwa, von wo aus Napoleon das brennende Moskau betrachtete, bevor er den Befehl zum Rückzug gab. Weizsäcker legte dar, er komme im Auftrag des Vorstandes der Max-Planck-Gesellschaft und überbringe eine Einladung für Andrei Sacharow, der sich damals in der Verbannung in Nischnij-Nowgorod befand, dem die Gesellschaft Hilfe bei seinen Gesundheitsproblemen anbiete. Von Alexandrow kam nur eiskalt die gängige Sprachregelung, eine Ausreise komme aus Gründen der Geheimhaltung nicht in Betracht. Auch auf Weizsäckers Vorschlag, die Gesundheitsprobleme als Gründe für die Ausreise anzugeben, ging er nicht ein. Weizsäcker reagierte souverän. Ruhig und würdevoll ließ er sich damit nicht abspeisen und erläuterte noch einmal, dass dieses Angebot einen für alle Beteiligten angenehmen Ausweg aus der Kontroverse biete, die das Ansehen der SU international schädige. Alexandrow blieb stur und ich begleitete Weizsäcker dankbar für seine Haltung hinaus. Sie war leider nicht Standard bei manchen Besuchern, die vor der Supermacht buckelten.

Der große Artikel Andropows in der Märznummer 1983 der wichtigsten theoretische Zeitschrift „Kommunist" faszinierte mich. Unter der Überschrift „Die Lehre von Karl Marx und einige Fragen des sozialistischen Aufbaus in der UdSSR" übernahm er die Gedanken Butenkos vom vergangenen Herbst über Widersprüche fast völlig. „Die Hauptsache ist, dass das System der Wirtschaftslenkung hinter den Anforderungen der materiell-technischen, der gesellschaftlichen und der geistigen Entwicklung der sowjetischen Gesellschaft zurückgeblieben ist. Widersprüche im Sozialismus müssen als Quelle und Stimulans für seine voranschreitende Entwicklung genutzt werden." Zwar konnten bei Andropow, anders als bei Butenko, Widersprüche im Sozialismus nicht antagonistisch sein. Das wäre aus dem Munde des Chefs der KPdSU doch zu viel gewesen, jedoch dürften diese Widersprüche nicht ignoriert, sondern müssten versöhnt werden. Der bestehende Lenkungsmechanismus, also die zentrale Planwirtschaft, versage bei dieser Versöhnung. „Den kolossalen schöpferischen Potenzen unserer Wirtschaft" muss „größerer Raum gegeben werden." Gegenwärtig würden persönliche, lokale Interessen und spezifische Bedürfnisse verschiedener sozialer Gruppen unterdrückt und missachtet, obwohl es bei „der Vervollkommnung unseres Wirtschaftsmechanismus" gerade darum gehe, diese Interessen „als treibende Kraft für das Wachstum der sowjetischen Wirtschaft zu nutzen", indem sie

„mit den Interessen des gesamten Volkes in Übereinstimmung gebracht werden."

Mit anderen Worten wurde hier das Eigeninteresse des homo oeconomicus als treibende Kraft für Wirtschaftswachstum entdeckt, die unterschiedlichen Interessen sozialer Gruppen, die es doch angeblich im „Entwickelten Sozialismus" gar nicht mehr geben konnte, sollten als treibende Kraft für Wachstum genutzt werden, was die Rolle der Partei, die doch angeblich alle Interessen vertrat, doch nur schmälern würde. Andropow forderte, was mit „demokratischem Zentralismus" kaum vereinbar war, die „Verallgemeinerung der Erfahrungen mit der Belebung und umfangreicheren Nutzung der örtlichen Initiativen." und bestritt die Unvereinbarkeit örtlicher Interessen mit dem Gesamtinteresse ausdrücklich, war sich also der Implikationen seiner Gedanken für das geltende System der zentralen Planwirtschaft im Klaren. Das wurde auch in seiner Behauptung erkennbar, dass die Vergesellschaftung der Produktionsmittel mit ihrer Umwälzung der Eigentumsverhältnisse die Widersprüche zwischen dem System der Wirtschaftslenkung, also bei Marx den „Produktionsverhältnissen", einerseits und dem Entwicklungsstand von Wirtschaft und Gesellschaft andererseits, bei Marx den „Produktivkräften", nicht verschwunden seien. Ich konnte es kaum glauben, aber in diesem Jubiläumsartikel anlässlich Marx 100. Todestages stellte Andropow Marx auf den Kopf. Er wollte offenbar mit der „Widerspruchs"-Analyse eine grundlegende Erneuerung der Funktionsweise des politischen und ökonomischen Apparates durch Nutzung der unterschiedlichen Interessen der Mitglieder der Gesellschaft ideologisch untermauern.

Ich war von diesem Artikel so fasziniert, dass ich versuchte, meine Schlussfolgerungen im Gespräch mit den im diplomatischen Corps sachverständigsten Kollegen zu überprüfen, vor allem die These, dass auch im Sozialismus Interessen sich politisch organisieren müssten, was die Axt an die Wurzel des Machtmonopols der Partei legte. Ich ging also zu Kurt Kaman, dem Gesandten an der amerikanischen Botschaft und langjährigen Sowjetologen. Nachdem ich ihm meine Eindrücke an Hand des Artikels geschildert hatte, sagte er mir, ich läse zu viel in ihn hinein und wir kamen am Ende unserer Diskussion zu dem Schluss, dass der Kommunismus sich wohl nie reformieren würde. Nach Rückkehr in unsere Botschaft sagte ich mir trotzdem, dass Andropow geschrieben hatte, was er geschrieben hatte. Man konnte nicht darüber hinweg gehen.

Es war dann politisch bedeutsam, dass danach, wieder in „Kommunist", Artikel erschienen, die mühsam verhüllt in ideologischen codes Andropow widersprachen, indem sie seine These zu entkräften versuchen, auch nach der Vergesellschaftung der Produktionsmittel könne es einen Widerspruch zwischen dem System der Wirtschaftslenkung und den Interessen der Werktätigen geben. Sie stützen sich, nach Amtsantritt Andropows und seinem offensichtlich die neue Linie vorgebenden Artikel, auf große Reden Tichonows, des über achtzigjährigen, langjährigen Ministerpräsidenten und damit höchsten Wirtschaftsfunktionärs, und Tschernenkos aus dem Vorjahr, mit denen die Zentralität der Planwirtschaft verteidigt worden war. Noch war die Tschernenko-Fraktion also stark genug, um sich zu wehren. Auch weil Andropow nicht zugleich mit seiner Übernahme der Funktion des Generalsekretärs auch zum Staatsoberhaupt geworden war, gab es noch Zweifel an seinem vollständigen Sieg.

Ich schrieb einen ausführlichen Schriftbericht, „hard copy", für ein Fernschreiben war die Sache zu lang, an das Auswärtige Amt, in dem ich aus diesen Artikeln den Schluss zog, dass Andropow, auch durch Polen angestoßen, entschlossen sei, die Stagnation der letzten Breschnew-Jahre zu überwinden und dabei, wenn notwendig, Breschnews Hauptklienten und Testamentsvollstrecker, Tschernenko und Tichonow, aus ihren Ämtern zu entfernen. Er werde dabei aber bald auf das alte Dilemma von Steigerung wirtschaftlicher Effizienz durch Dezentralisierung einerseits und Verlust an politischer Kontrolle andererseits stoßen. Die Aussichten auf eine wirkliche Verbesserung der Effizienz der sowjetischen Wirtschaft, um die es hinter dem ideologischen Schleier der Debatte über „Widersprüche" gehe, seien so letztlich dann doch sehr beschränkt.

Am 22. 4. 1983 hielt dann Gorbatschow die Rede auf der üblichen großen Parteiversammlung zu Lenins Geburtstag. Er zitierte dabei wörtlich die entscheidende Stelle des Andropow-Artikels über die „Hauptsache" und sprach so vom „Zurückbleiben des Systems der Wirtschaftslenkung hinter der Entwicklung der Produktivkräfte". Er trat für die „Förderung der sozialistischen Selbstverwaltung" ein und erörterte Probleme bei „der Ware-Geld-Beziehung", problematisierte also das bisherige System der Festsetzung der Preise. Der militärisch-industrielle Komplex erscheine zu übergewichtig. Sogar der „demokratische Zentralismus", also die Konzentration der gesamten Macht an der Spitze wurde zur Diskussion gestellt. Mir wurde jetzt klar, dass Gorbatschow in das Andropow-Lager gehörte und damit zum Reform-Flügel, denn Andropow musste ihn für diese Rede ausgesucht und so hervorgehoben haben.

Aufmerksam geworden verfolgte die westliche Diplomaten-Gemeinschaft dann Mitte Mai eine Reise Gorbatschows nach Kanada, von der die kanadischen Kollegen detailliert berichteten. Er sei anders als die gewohnten Gerontokraten. Er lasse sich auf ernsthafte Diskussionen ein und sei offenbar lernfähig und willig. Im folgenden Sommer gab es dann Hinweise, dass Gorbatschow in der Abwesenheit Andropows in dessen Ferien die Sitzungen des Politbüros leitete, was bedeutete, dass nicht Tschernenko sondern Gorbatschow die Stelle des Nr. 2 in der Hierarchie übernommen hatte. Hieb und stichfest nachprüfen konnten wir das nicht, aber ein weiteres Vorrücken Gorbatschows auf die Position des Parteichefs war von da an eine ernsthafte Möglichkeit.

In diesen Wochen veröffentlichte die Washington Post eine sehr kritische Wirtschaftsstudie einer Soziologin aus Nowosibirsk, Tatjana Saslawskaja. Sie belegte die Existenz unterschiedlicher Interessen und echter sozialer Konflikte in der SU und wendete sich gegen die Zentralisierung aller Wirtschaftsentscheidungen. Die zentrale Planwirtschaft sei nicht reformierbar und müsse insgesamt durch ein marktwirtschaftliches Regulierungsmodell ersetzt werden. Es habe sich im Westen als klar überlegen erwiesen. Diese Fundamental-Kritik einer sowjetischen Wissenschaftlerin erregte natürlich insbesondere im Westen großes Aufsehen. Und ein Artikel eines Professors aus dem Bogomolow-Institut, Ambarzumow, der die Widerspruchsanalyse vertiefte, und mich zum ersten Mal auf diesen „Institutnik" aufmerksam machte, setzte im Drängen auf Dezentralisierung nach.

Parallel dazu war der außenpolitische Kampf um die Nachrüstung weitergegangen. Im Januar 1983 schlugen die Sowjets den Ersteinsatzverzicht nuklearer Waffen, einen Gewaltverzichtsvertrag und eine 500 bis 600 km breite nuklearwaffenfreie Zone in Mitteleuropa, also Deutschland, vor. Es war uralte, reine Propaganda. Das Ziel der Denuklearisierung Deutschlands und des Zerstörens der NATO wurde einmal mehr deutlich. Vom 16. -18. Januar war Gromyko in Bonn zu völlig ergebnislosen Gesprächen. Er verhüllte nicht einmal, dass er nur gekommen war, um mitten in den deutschen Wahlkampf hinein in der Bundespressekonferenz stundenlang die sowjetische „Friedenspropaganda" breitzutreten. Eine glatte Unverschämtheit. So war ich erleichtert, dass Kohl am 6. März trotz seines energischen Einsatzes für den Doppelbeschluss in seinen beiden Teilen in der Bundestagswahl bestätigt wurde.

Die sich entwickelnde, immer stärkere Konfrontation zwischen Ost und West verhärtete sich mit zwei Reden Reagans weiter. Am 8. März nannte er die SU das „evil empire", und am 23. März hielt er die berühmte „Star Wars"-Rede mit der Ankündigung des Aufbaus einer undurchdringlichen, strategischen Verteidigung durch Systeme zum Abfangen angreifender Raketen, „SDI" (Strategic Defence Initiative, Initiative zur strategischen Verteidigung). Reagan hatte mit seiner Charakteristik der SU als „Reich des Bösen" sicherlich Recht. Dass er es trotz der konfrontativen Wirkung auch aussprach, ergab sich aus der Fruchtlosigkeit der Genfer Verhandlungen und der sowjetischen Politik, jedenfalls zunächst alles auf die Karte des Kampfes um die öffentliche Meinung zu setzen. In diesem Kampf war seine Charakteristik das richtige Mittel, um klarzumachen, dass die NATO in dieser Kraftprobe nicht einknicken würde.

Die diplomatischen Folgen dieser sich laufend verschärfenden öffentlichen Konfrontation hatte in Moskau neben uns vor allem die amerikanische Botschaft zu tragen. Ihr Chef, Botschafter Arthur Hartmann, war ein Vorbild an höflicher Standfestigkeit und ruhiger Selbstbehauptung. Er hat mit seinem Geschick, den Dialog der Weltmächte auch unter großer Anspannung fortzuführen, ein bleibendes Verdienst dafür, dass die sowjetische Hysterie nach Reagans Amtsantritt nicht ins Ungemessene stieg. Er war zuvor Botschafter in Paris gewesen und kannte die große Welt. Als Unterstaatssekretär zu Kissingers Zeiten in Washington war er ein enger Gesprächspartner unserer Botschafter und hatte sich dabei als umfassend informierter, verlässlicher Verbündeter erwiesen. Zusammen mit seiner eleganten Frau war er ein großzügiger Gastgeber in Spaso-House, der Residenz der amerikanischen Botschafter, einem schönen palladianischen Bau, den ich aus den Beschreibungen George Kennans kannte.

Typisch für die damalige Situation der westlichen Diplomaten war ein Abend dort, bei dem ein russischer Pianist, Wladimir Feltsmann, spielen sollte. Die Botschaft hatte einen neuen, großen Steinway erhalten. Feltsmann, der den Tschaikowski-Wettbewerb gewonnen hatte, war den Sowjets missliebig geworden, als er seine Ausreise in die USA beantragt hatte und so zum „Refusenik", also einem offenen Gegner des Systems geworden war. Als wir uns erwartungsvoll im Saal von Spaso-House versammelt hatten, kam Hartmann auf die Bühne und teilte mit, es werde noch etwas dauern. Leider sei eine der Bassseiten des neuen Flügels, man könne sich denken warum, entzwei und müsse ersetzt werden. Er deutete also an, dass einer der sowjetischen Bediensteten oder Speditionsarbeiter die Seite mit Absicht zerrissen hatte, um zu zeigen, was die Sowjets von diesem Konzert eines Pianisten mit Konzertverbot nach dem Ausreiseantrag hielten. Die Beziehungen der Amerikaner zur Moskauer Musikszene waren dann aber so gut, dass eine halbe Stunde später der Flügel repariert war und Feltsmann ein begeisterndes Konzert geben konnte.

Da sich die Sowjets inzwischen immer stärker auf die Ablehnung der Nulllösung festgelegt hatten, dachte ich über einen Ausweg nach und schrieb einen Geheimbericht an das Auswärtige Amt, in dem vorgeschlagen wurde, das Angebot der Nulllösung durch ein Angebot einer „Zwischenlösung" zu ergänzen, also ein Angebot, mit dem den Sowjets zugebilligt würde, eine gewisse Anzahl von SS-20 zu behalten und unsererseits in gleicher Dimension aber weniger als die geplante Zahl von 572 Mittelstreckensystemen zu dislozieren. Wir bekamen daraufhin einen wütenden Erlass des zuständigen Referates der Zentrale. Der Doppelbeschluss sei heilig und eine Veränderung des NATO-Beschlusses zur Dislozierung von 572 Systemen sei ausgeschlossen, weil dadurch das mühsam austarierte Gleichgewicht der Dislozierungslasten unter den betroffenen Verbündeten durcheinander gebracht würde. Wir sollten gefälligst die geltende Politik umsetzen und uns nicht den Kopf über Dinge zerbrechen, die uns nichts angingen. Es war also eine groteske Verteidigung von Zuständigkeiten und die Weigerung, darüber nachzudenken, wie aus der entstandenen Konfrontation für uns vorteilhaft herauszukommen war, denn eine solche Zwischenlösung bedeutete ja immerhin die dauerhafte Gewinnung von landgestützten Mittelstreckenoptionen für die NATO, wenn auch in geringerem Umfang. Vor allem würden wir aber aus der propagandistischen Defensive herauskommen. Als ich wütend über diesen Rüffel zum Botschafter ging, lachte er etwas verzweifelt, er hatte ja meinen Vorschlag unterschrieben, und zitierte Bismarcks Spruch von der Zentrale als dem „Zentral-Rindvieh."

Noch größer war meine Genugtuung, als die USA Ende März genau so eine „Zwischenlösung" vorschlugen. Gromyko berief daraufhin eilig eine Pressekonferenz ein, um gegen eine solche Lösung zu polemisieren, in der erneut deutlich wurde, dass die erste, nicht nur propagandistische, sondern strategische Priorität der Sowjets die Verhinderung jeder westlichen Dislozierung war, denn er legte dar, die Zwischenlösung sei noch schlimmer als die Nulllösung. Mit anderen Worten wurde die große Stärke unserer Verhandlungsposition erkennbar. Bei dieser strategischen Priorität der SU mussten wir lediglich bei unserem Bestehen darauf bleiben, dass bei einem vollständigen Dislozierungsverzicht unsererseits die Sowjets alle SS-20 beseitigen müssten, um uns durchzusetzen. Diese Erkenntnis mag dazu beigetragen haben, dass unsere Spitzenpolitiker in der Bundesregierung sich dem Kampf mit der ständig wachsenden Friedensbewegung weiterhin stellten, von der sie, das war auch in Moskau zu spüren, inzwischen nicht wenig beeindruckt waren.

Diese Auseinandersetzung über die Mittelstreckenwaffen wurde aber spätestens mit der „SDI"-Rede Reagans von dem Ringen um die Rüstungskontrolle auf der Langstrecke überlagert. Andropow gab der Prawda am 26. 3. ein Interview, in dem er auf Reagan antwortete. „Beide Seiten anerkennen den Gedanken, dass nur zweiseitige Zurückhaltung auf dem Gebiet der Raketenabwehr die Begrenzung und Reduzierung von Offensivwaffen ermöglicht." Mit anderen Worten bekannte sich Andropow zu dem die SALT-Verträge tragenden Grundgedanken der gegenseitigen Verwundbarkeit, auf dem die Stabilität durch gesicherte Zweitschlagsfähigkeit beruhte, die durch SDI beendet werden würde. Deshalb machte Andropow gleichzeitig den Verzicht der USA auf SDI zur Bedingung von Abkommen über Reduzierungen. Es wurde so klar, dass die Sowjets, wenn es ihnen nicht gelang, durch westlichen Verzicht auf strategische Modernisierungen Eskalationsdominanz zu erreichen, ihrer Strategie tatsächlich das Konzept der NATO der gegenseitig gesicherten Zerstörungsfähigkeit zu Grunde legten, obwohl sie auch schon vor SDI behauptet hatten, die USA verfolgten eine Erstschlagsstrategie.

Dieses Bekenntnis zur gegenseitigen Verwundbarkeit war glaubwürdig, weil es dem offensichtlichen sowjetischen Interesse entsprach, die Anstrengungen zu vermeiden, die bei einem unbegrenzten Wettlauf bei den Offensiv-systemen nach der Entscheidung für die MX und bei den Defensivsystemen nach SDI notwendig werden würden, insbesondere angesichts der Zweifel, ob die Sowjets technisch-wissenschaftlich, vor allem bei der elektronischen Datenverarbeitung mit den erforderlichen Computerkapazitäten, überhaupt in der Lage waren, in einem solchen Wettrennen mitzuhalten. Auch hier also ein Beleg für die Stärke der westlichen Verhandlungsposition und der Aussichten auf Reduzierungen auch auf der Langstrecke, wenn die westlichen Staatsmänner sich der wachsenden Hysterie der Demonstranten nicht beugten und bei den Plänen zur Dislozierung von

Pershing II (einer ballistischen Mittelstreckenrakete), GLCM (einer bodengestützten Cruise-Missile)und MX (der neuen Interkontinentalrakete) blieben. Mit anderen Worten stand hinter Andropows harter Sprache das Eingeständnis der Schwäche, was für unsere Lageanalyse fundamental war.

Es dauerte dann bis Ende Mai 1983, bis der US-Kongress nach langem Kampf die nötigen Haushaltmittel zur Weiterentwicklung der MX bereitstellte. Nachdem sich so auf der Langstrecke die sowjetischen Anstrengungen zerschlagen hatten, westliche Modernisierungen ohne eigene Gegenleistung durch Druck auf die Parlamente und die Öffentlichkeit zu verhindern, konzentrierte sich dieser Versuch mit weiteren Großdemonstrationen immer stärker auf Westeuropa, vor allem auf Deutschland. Der Entscheidungskampf um die Brechung der sowjetischen Politik der Überwältigung der USA durch Rüstung und Ausgreifen in die Dritte Welt seit Vietnam und Watergate fand also in Deutschland statt. Dabei waren im Juni der Bundeskanzler zusammen mit dem amerikanische Vizepräsidenten Bush in Krefeld in eine Demonstration hineingeraten und mit Steinen beworfen worden, was die amerikanische Überzeugung, wir würden standfest bleiben, wohl kaum gefördert hat.

Die Notwendigkeit von Standfestigkeit war einer der Schwerpunkte eines langen Briefes, den ich an den Beauftragten der Bundesregierung für Abrüstung und Rüstungskontrolle, Botschafter Ruth, nach einer Konferenz in Bonn geschrieben hatte. Dort waren die Kollegen aus allen an dieser Thematik beteiligten Posten zusammengerufen worden, um gemeinsam mit den Verantwortlichen aus dem AA und dem BMVg über die Lage bei INF zu beraten. Den interessantesten aber mich gleichzeitig auch etwas befremdenden Vortrag hatte der Stabsabteilungsleiter für Militärpolitik auf der Hardthöhe, Generalmajor Tandecki, gehalten. Er hatte dabei unsere Situation im Ringen der beiden Supermächte beschrieben: „Wenn die Elefanten kämpfen, wird das Gras platt." Ich hielt es für gefährlich, uns selbst so in die Situation völliger Einflusslosigkeit, ja Hilflosigkeit in einer Katastrophe zu versetzen. Gleichzeitig empfand ich seinen Versuch, die Amerikaner koste es, was es wolle, durch Dislozierungen landgestützter Mittelstreckensysteme bei uns auf einen frühzeitigen Ersteinsatz der nuklearen Waffen der NATO festzulegen, als kaum aussichtsreich. Sie würden, so meine Analyse ihrer strategischen Interessen, erst eskalieren, wenn alle konventionellen Möglichkeiten eingesetzt und nicht mehr erfolgversprechend waren. Und das bedeutete für uns, dass wir nicht alles auf die eine Karte der Nachrüstung setzen durften, sondern vor allem im konventionellen Bereich alles tun mussten, um die Bundeswehr maximal zu stärken, z. B. durch Verlängerung der Wehrpflicht wie zu Zeiten der Kuba-Krise.

Das Auswärtige Amt durfte nicht zulassen, dass konventionelle Anstrengungen vom Verteidigungsministerium als von vornherein unzureichend dargestellt wurden, um mit einer solchen Betonung der Notwendigkeiten für die nukleare Eskalation die Nachrüstung durchzusetzen. Für sie gab es eine spezifische Begründung in einem komplexen Szenario. An ihr mussten wir aber festhalten, weil es der SU nach der Neutronenwaffe nicht noch einmal gelingen durfte, notwendige Modernisierungsentscheidungen des Bündnisses zu durchkreuzen. Vor allem musste die Sache durchgestanden werden, weil sonst die Gefahr bestand, dass unsere Bevölkerung in gefährlichem Umfang den Glauben daran verlieren würde, dass sich die Bundesregierung nur für Dinge stark machte, die sie auch für richtig hielt. Im Ergebnis traf ich mich also mit Tandeckis Argumentation, aber wir durften nicht von vornherein politikunfähig werden, in dem wir zu verstehen gaben, die Nulllösung sei nicht ernst gemeint, weil die Mittelstreckenoptionen zur Durchsetzung früher Eskalation angeblich unverzichtbar waren.

In jenen Wochen hatten wir einen Erlass der Zentrale mit der Weisung bekommen, ohne vorher mit den Sowjets zu sprechen, die Argumentation zu beschreiben, die Andropow voraussichtlich verwenden würde, wenn der Bundeskanzler sich Anfang Juli mit ihm in Moskau treffen würde. Es war klar, dass dies ein für die gesamte weitere Entwicklung entscheidender Besuch werden würde. Die Friedensbewegung war auf ihrem Höhepunkt und es war notwendig, dass der Bundeskanzler in dieser Lage einen persönlichen Versuch unternahm, eine diplomatische Lösung der weiter eskalierenden Kontroverse zu finden. Ich setzte mich also hin und schrieb, Andropow werde wohl behaupten, dass wir uns nicht darauf verlassen könnten, dass die Amerikaner in Genf unsere Interessen loyal verträten. Die Amerikaner hätten andere Interessen als wir, sie wollten unbedingt dislozieren, stellten also die von der SU angebotenen Abrüstungsmöglichkeiten zurück. Ihr Zweck sei auch nicht wie bei uns die Ankopplung an das amerikanische Langstreckenpotential, sondern im Gegenteil die Abkopplung, um in Europa ohne Einbeziehung ihres Territoriums einen Nuklearkrieg führen zu können. Andropow werde also versuchen, uns von den Amerikanern zu trennen. Mit echten Konzessionen sei nicht zu rechnen, denn die Sowjets setzten darauf, uns mit der Friedensbewegung zum völligen Verzicht auf Dislozierungen zwingen zu können.

Als ich in Bonn während der Sommerpause nach dem Besuch des Bundeskanzlers die verantwortlichen Kollegen im Auswärtigen Amt aufsuchte, um mich zu orientieren, ich war bei den Gesprächen nicht dabei gewesen, sagten sie mir anerkennend, Andropow habe beinahe wörtlich vorgetragen, was ich berichtet hatte. Der Bundeskanzler sei so gut gerüstet gewesen, denn er habe nach unserer Unterrichtung Weisung gegeben, ihm die notwendige Antwort vorzubereiten. Das war natürlich eine große Freude für mich, obwohl es gar nicht so schwer gewesen war. Die sowjetische Politik war damals derartig festgefahren, dass die Sowjets eigentlich immer dasselbe sagten. Und es gab keinerlei Anzeichen, dass Andropow die bestehende Propagandapolitik aufgeben würde, bevor sie sich als Fehlschlag ergeben hatte. Das war aber vor Beginn der Dislozierungen bei uns im Herbst noch nicht der Fall und so hatten die Sowjets Ende Mai in einer groß aufgemachten „Erklärung der Sowjetischen Regierung" ihre Propagandapolitik noch einmal bestätigt. Diese politische Stagnation ging so weit, dass ich meinen Bonner Kollegen sagte, ich könnte trotz meines schlechten Russisch Reden für den sowjetischen Generalsekretär zu jedem beliebigen Thema verfassen. Alles was ich dazu bräuchte, sei ein Jahrgang der Prawda, Papier, Klebstoff und eine Schere. Das Regime sei eben am Ende und nicht mehr fähig, sich auf ändernde Umstände einzustellen. Reformvorschläge seien blockiert.

Im März hatte es erste Gerüchte gegeben, auch Andropow sei nicht bei guter Gesundheit, die sich zunächst nicht verifizieren ließen und denen ich kaum glauben wollte. Er war doch gerade erst in sein Amt eingesetzt worden und es schien mir unwahrscheinlich, dass man dies mit einem kranken Mann getan hatte. Bei der Maiparade auf dem Roten Platz 1983 konnte man aber von der Diplomatentribüne beobachten, dass Andropow beim Weg die Treppe hinauf zur Tribüne auf dem Lenin-Mausoleum hatte gestützt werden müssen. Also war an den Gerüchten etwas dran, was die Endzeitatmosphäre zusammen mit einer weiteren, großen Beerdigung, in diesem Mai für Pelsche, dem Vertreter der Nicht-Russen im Politbüro, wieder verstärkte. Allerdings hatten Schtscholokow und Medunow inzwischen ihre ZK-Mitgliedschaft verloren, worin Andropows Stärke zum Ausdruck kam, und Andropow hatte mit seiner „Wahl" zum Staatsoberhaupt Mitte Juni seine Position weiter konsolidiert. Aber vielleicht galt diese Konsolidierung eben einem kranken Mann und musste deshalb nicht von Dauer sein.

Dennoch waren wir überrascht, als die Sowjets am Tag des Beginns des Besuchs des Bundeskanzlers Anfang Juli vor Tau und Tag den Botschafter aus dem Bett holten, um ihm mitzuteilen, Andropow könne wegen einer Krankheit – der für Außenhandel verantwortliche stv. Ministerpräsidenten Kostandow, mit dem Botschafter Meyer-Landrut fast befreundet war, sprach von einer schweren Nierenkolik – die Gespräche nicht zur vereinbarten Zeit, sondern erst einige Stunden später beginnen. Der Botschafter konnte nicht wissen, ob man ihn belog, um den Besuch mit einer den Bundeskanzler herabsetzenden Wartezeit zu beginnen. Als man ihm versicherte, Andropow werde ab Mittag zur Verfügung stehen, erreichte er den schon im Aufbruch befindlichen Bundeskanzler in Bonn am Telefon und empfahl, trotzdem zu kommen. Der Bundeskanzler ist dieser Empfehlung gefolgt, zu Recht, denn seine Glaubwürdigkeit als zu echter Abrüstung bereit stand auf dem Spiel.

Im Verlauf des Vormittags rief mich unser Pressereferent aus dem Presse-zentrum des Außenministeriums an und berichtete, einige Sowjets verbreite-ten unter den wartenden Journalisten, die Verschiebung sei ein gezielter Affront wegen unserer Nachrüstungspolitik. Ich antworte ihm, er solle die betreffenden Sowjets sofort zur Brust nehmen. Wenn sie nicht sofort auf-hörten, würden wir den wahren Verschiebungsgrund öffentlich machen. Daraufhin hörte das Gerede auf. Die Sowjets hatten sicher mitgehört. Sie hatten meine Botschaft verstanden und die Öffentlichkeit sollte nicht wissen, dass Andropow an einer beidseitigen Niereninsuffizienz litt.

Die Gespräche endeten mit der berühmten sowjetische Pressemitteilung, Andropow habe dem Kanzler gesagt, im Falle von Dislozierungen der NATO stünde dann ein „Palisadenzaun aus Raketen" zwischen uns und der DDR. Ich fand es interessant, dass die Sowjets so zunächst deutschlandpolitisch, nicht militärpolitisch drohten. Hintergrund dafür war der Milliardenkredit, den der bayrische Ministerpräsident Franz Joseph Strauß am 29. 6. 1983 im Auftrag des Bundeskanzlers eingefädelt hatte, und dessen bevorstehender Besuch bei Honecker am Wehrbellinsee, also unsere Versuche, die innerdeutschen Beziehungen trotz der sich verschlechternden politischen Großwetterlage zu intensivieren. Natürlich war Andropow darüber unterrichtet und kannte unser vitales Interesse an den Beziehungen zur DDR. Honecker war im Mai bei ihm in Moskau gewesen, wo sie sich sicherlich abgestimmt hatten. Eine militärpolitische Drohung der Sowjets kam aber kurz darauf hinzu, es werde „Gegendislozierungen" von SS-21, -22 und -23, also Kurzstreckenraketen, in der DDR und der Tschechoslowakei geben.

Der Bundeskanzler ließ in Moskau keinen Zweifel an unserem Dislozierungswillen, wenn die Nulllösung ausgeschlagen werde, und betonte unser Selbstbestimmungsrecht auch zum Schutz unserer Sicherheit. Er hatte die Beschlüsse des Wirtschaftsgipfels der G 7 von Williamsburg vom Ende Mai 1983 im Rücken, der eine feste, sogar Japan einbeziehende Erklärung mit der Bekräftigung des Doppelbeschlusses abgegeben hatte. Sie zeigte unsere tiefe Einbettung in die westliche Gemeinschaft und war so gut geeignet, den Sowjets die Fruchtlosigkeit ihrer Versuche zu zeigen, uns politisch und strategisch aus dem Verbund der Allianz herauszubrechen und dadurch die Stellung der USA in Europa entscheidend zu schwächen.

Für mich war es die erste Begegnung mit dem Bundeskanzler. Er sprach zu uns in einer Personalversammlung im Zimmer des Botschafters unter dem großen Bismarck-Porträt von Lenbach, das dort hängt. Es war ein regelrechter „Pep-talk", mit dem er uns Mut machte zu unserer „wichtigen Arbeit". Ich war ganz begeistert und vergaß mein bisheriges Vorurteil über den Spießer Kohl, den Provinzler aus der Pfalz. Er gewann mich dann noch mehr, als er auf der den Besuch abschließenden, großen internationalen Pressekonferenz einen kleinen, sehr gebildeten Vortrag über die Juli-Krise 1914 hielt, nachdem ein Journalist unsere jetzige Politik in die angeblich typisch deutsche Kriegspolitik einordnete, wegen der Deutschland auch die Alleinschuld an den beiden Weltkriegen trage. Die Alleinschuld am 2. Weltkrieg bestreite er natürlich nicht, antwortete der Kanzler, auch einen Großteil der Verantwortung am 1. Weltkrieg hätten wir zu tragen. Ohne die österreichische, panische Flucht nach Vorn, ohne den russischen, von nicht einlösbaren Prestige-Bedürfnissen getragenen Hegemoniewillen auf dem Balkan, ohne die französische Entschlossenheit zur Revanche mit der insistenten Ermutigung Petersburgs zum Kriege und ohne den britischen

Willen, Weltmacht zu bleiben gegen den deutschen Willen, Weltmacht zu werden, wäre es wohl kaum zum Kriegsausbruch gekommen. Deshalb treffe alle beteiligten Großmächte ein gerüttelt Maß an Verantwortung für die „Urkatastrophe Europas" (George Kennan).

Ich nahm am Abend am großen Essen im Facettenpalast des Kreml teil. Von italienischen Baumeistern in der Renaissance erbaut, ältester Teil des Kreml und aus dieser Epoche einzigartig in Russland ist er der ganze Stolz der Russen, die das Erbe der Renaissance in Europa ja nicht kennen. Vollständig ausgemalt mit Fresken späterer Zeiten, die Tafel mit gutem Porzellan und Besteck, das Essen und die Bedienung nur „so, so – la, la". Andropow hatte sich entschuldigen lassen. Die Tischrede hielt der alte Tichonow. Die Atmosphäre war ruhig und ernst. Die Sowjets zeigten durch Präsenz mehrerer Politbüromitglieder und die Ortswahl für dieses Essen, dass sie trotz allem den Kanzler respektierten.

Am Morgen des zweiten Tages hatte ich ein für die Lage in der SU bezeichnendes Gespräch gehabt. Am Tag vor dem Eintreffen des Bundeskanzlers hatte „Professor" Proektor, einer unserer Gesprächspartner aus dem IMEMO, bei meinem Abteilungsleiter, Gesandten Dr. Kaestner, später Botschafter in Brasilien, angerufen und um ein Gespräch am zweiten Besuchstag gebeten. Er werde dazu gern in die Botschaft kommen, was ungewöhnlich war. Da Kaestner zur Delegation des Bundeskanzlers bei den Gesprächen gehörte, bat er mich, Proektor wahrzunehmen. Ich hatte Proektor bei zwei Gesprächen in Diskussionen über Nuklearstrategie verwickelt, als auch er zunächst die These vertrat, die Amerikaner strebten nuklearstrategisch nach der Fähigkeit zu einem entwaffnenden Erstschlag. Dazu hatte ich ihn auch auf einen Artikel von Henry Kissinger in Time Magazin verwiesen, in dem dieser den beschlossenen Übergang im Arsenal der USA von silogestützten, also durch „Counterforce"-Schläge verwundbaren Raketen mit Mehrfachsprengköpfen zu leichteren, beweglichen Raketen mit nur einem Sprengkopf geschildert hatte, also eine eindeutige Verstärkung der Zweitschlagsfähigkeit. Proektor las normalerweise wohl nur deutschsprachige Publikationen und sagte mir später, er habe den Artikel mit Interesse gelesen. Er schrieb dann auch einen Artikel in einer sowjetischen Zeitschrift, in dem erstaunlicherweise erkennbar wurde, dass er die NATO nicht nur holzschnittartig nach der geltenden Propaganda beurteilte.

Ich empfing ihn während des laufenden Besuches und habe wohl meine Verblüffung nicht verbergen können, als er mir unverblümt sagte, er sei beauftragt sich zu erkundigen, ob wir mit dem Verlauf des Besuches zufrieden seien. Es war schon unglaublich, decouvrierte er sich so doch als Angehöriger des KGB, denn in wessen Auftrag sollte er sonst handeln. Es musste doch jemand neben dem Außenministerium sein, der Einfluss auf die Steuerung des Besuches hatte.

Da Proektor nicht zum ZK-Sekretariat gehörte, das einen solchen Einfluss haben konnte, kam nur der KGB in Betracht, was auch in so fern plausibel war, als mir Proektor bei einem früheren Gespräch erzählt hatte, er sei häufig zu Gesprächen mit der Friedensbewegung in Deutschland. Er hatte sogar angedeutet, zu den geistigen Vätern des „Krefelder Appells" zu gehören, jenem Manifest der Forderungen der Friedensbewegung, das ihre gesamte Kampagne ab 1981 trug. Ich habe mich dann aber gefasst und verwies auf den unglücklichen Besuchsbeginn. Dann fragte ich ihn vorsichtig, ob die Sowjets bereit wären, uns regelmäßige politische Konsultationen von höheren Beamten der Außenministerien vorzuschlagen. Ich hatte zuvor gehört, dass diese Idee im AA vor dem Besuch ventiliert worden war und eine solche Vereinbarung hätte den Eindruck zerstört, wegen der Raketen trete nun Sprachlosigkeit in unseren Beziehungen ein. Proektor lehnte sofort ab, das sei leider nicht möglich, und ging. Es war für mich eine Lehre über die reale Machtverteilung auch in der Außenpolitik der Sowjetunion, der KGB war offenbar entscheidend, jedenfalls aber nicht weniger wichtig, als das Außenministerium.

In der etwas ruhigeren Zeit danach kam ich dazu, ein Buch zu lesen, das schon länger auf meinem Schreibtisch gelegen hatte „L'empire eclaté" von Helene Carrere d'Encausse, einer französischen Sowjetologin georgischer Herkunft. Sie hatte mit der These, die SU werde mit dem wachsenden Nationalbewusstsein der verschiedenen Völkerschaften in ihrem Riesenreich nicht fertig, Aufsehen erregt. Ich hatte in Moskau keinerlei Anzeichen für eine Zunahme eines solchen Problems beobachtet und war zu der Meinung geneigt, die Sowjets, d. h. vor allem die Großrussen, würden damit wie in der Vergangenheit fertig werden, notfalls eben mit Gewalt. Dennoch waren zwei Wochenendreisen in das Baltikum im Sommer 1983 aufschlussreich gewesen.

Da wir die Annexion der baltischen Staaten niemals anerkannt hatten, konnte der Botschafter dorthin nicht reisen. Die Reisen der Botschaftsmitarbeiter dorthin waren. deshalb für das Gesamtbild der Botschaft von Gewicht. Abgesehen davon zog es mich wegen der baltischen Verwandtschaft, mit der ich in der Nachkriegszeit nach ihrer Flucht aus Riga aufgewachsen war, in die baltischen Hauptstädte. Sie hatten doch eine sehr stark von Deutschen geprägte Geschichte und ich wollte sehen, was davon noch übrig war.

Wenn man nicht von uns aus, sondern von Moskau, dem Osten aus nach Reval/Tallinn kommt, dann versteht man die Russen, die bei dieser Reise sagen, sie führen „nach Europa", so groß ist der Kontrast. Das russische Lebensgefühl, eigentlich nicht zu Europa zu gehören, wird dabei verständlich. Peter der Große hat, so beschreiben es die Russen, mit der Eroberung des Baltikums für Russland „ein Fenster nach Europa gebrochen", nur ein Fenster, nicht einmal eine Tür, durch das sie nun ab dem 18. Jahrhundert immerhin nach Europa hineinsehen konnten. Und Reval ist von seinem äußeren Bild her eine ganz deutsch wirkende Stadt. Sie erinnert stark an Lübeck oder an andere von der Backsteingotik geprägte Hansestädte an der Ostsee wie Wismar, Rostock oder Stralsund und Danzig. Der Burgberg wird vom backsteingotischen Dom beherrscht und ich konnte es kaum fassen, dass an den Pfeilern seiner Schiffe die Wappenschilder der deutsch-baltischen Barone hingen, Stackelberg, Manteuffel, Maydell, Pahlen usw., immer noch, nach 40 Jahren Sowjetunion.

Das deutsche Herkommen ist in der Unterstadt nicht weniger auffällig. Die Straßen mit den spitzgiebeligen Lagerhäusern aus dem 14. und 15. Jahrhundert erinnern an die Lübecker Gruben und die Marktplätze haben ihre mittelalterliche Form einschließlich des in Russland seltenen Kopfsteinpflasters behalten. Mein Kollege Brett und ich, wir waren gehalten, immer zu zweit zu reisen, trauten dann aber unseren Augen nicht, als wir über den Türen und Fenstern einiger Geschäfte Tafeln mit deutschen Inschriften wie „Bäcker" oder „Apotheke" sahen. Als wir uns erkundigten, waren wir sofort wieder in der Gegenwart. Es wurde ein Film über den „Friedenskampf" in Deutschland gedreht und eine deutschere Stadt als Reval konnte man in der SU nicht finden, auch wenn die Zaren am Ende des 19. Jahrhunderts auf den Burgberg direkt neben den lutherische Dom im Zuge der Anstrengungen zur Russifizierung demonstrativ eine große, orthodoxe Kathedrale gesetzt hatten.

Der nächste Ausflug ging nach Wilnius oder Wilna, wie die Polen sagen. Auch hier ist man in „Europa", aber nicht im protestantischen Norden sondern im katholischen Süden. Das Stadtbild ist geprägt von einer ganzen Reihe von Kirchen im Jesuiten-Barock und erinnert an Salzburg oder Trient. Eine schwarze Madonna oben an einem alten Stadttor erinnert an die von Tschenstochau und an die größte Zeit der Stadt während der polnisch-litauischen Union im 17. Jahrhundert, Auf einem der Plätze hat eine Statue von Adam Mickiewicz überlebt, dem größten polnischen Dichter, der in Wilna geboren wurde. Sein Hauptwerk, das polnische Nationalepos „Pan Tadeusz", beginnt mit einer Hymne auf Wilna und Litauen. Russisch ist dagegen in der Altstadt Wilnas nichts. Wir besichtigten eine der großen Barockkirchen. Sie war in den Farben dieser Epoche ocker und blau ganz ordentlich restauriert, „arbeitete" aber nicht. Die Kirche war aus ihr vertrieben. Man hatte im Gegenteil in der Krypta ein „Museum des Atheismus" eingerichtet, in dem einige Ketten und Zangen, angeblich Folterwerkzeuge aus der Inquisition, gezeigt wurden, wodurch der Sieg des „wissenschaftlichen Atheismus" über das christliche „Dunkelmännertum" demonstriert werden sollte. Als wir die trotzdem schöne Kirche verließen, kam ein altes Weiblein auf uns zu, das unsere Bewunderung offenbar mit Freude bemerkt hatte. Sie sagte uns: „Nicht wahr, eine schöne Kirche" und benutzte dabei das russische Wort für eine, natürlich „arbeitende" polnische, d. h. katholische Kirche. Als wir zustimmten, war die Freude groß. So erwies sich die christliche Prägung als stärker als die Jahrzehnte der Verfolgung.

So kurz diese Besuche waren, ergab sich doch aus dem Kontakt mit den Menschen, z. B. den ganz unrussisch höflichen Kellnern, und ihrer im Straßenbild erkennbaren Sorge um ihre Umwelt, dass im Baltikum die hergebrachte Kultur weit stärker war, als die sowjetischen Bemühungen um eine Vereinheitlichung des Lebens im „Staat des gesamten Volkes", von dem auf den Parteitagen der Breschnew-Zeit die Rede gewesen war, um die Wirkung der Ideologie seit der Revolution auf alle Völker der SU zu belegen. Welch gewaltiges politisches Potential darin steckte, war damals aber nicht zu erkennen.

Ende Juli 1983 wurde das Kriegsrecht in Polen aufgehoben, wohl eher ein Zeichen dafür, dass die herrschenden Militärs sich sicher waren, die „Solidarność" inzwischen auch ohne diese Zwangsjacke unter Kontrolle halten zu können, als von Moskauer Liberalismus.

Mitte August trat in Ost-Berlin ein neuer sowjetischer Botschafter auf, Wjatscheslaw Kotschemassow. Ich schaute mir seine Karteikarte an. Er gehörte nicht zu den uns bekannten Deutschlandspezialisten, sondern hatte seine Karriere überwiegend im Komsomol und der Partei gemacht. Er schien aber schon einmal in Ost-Berlin gearbeitet zu haben, als Andropow der für die realsozialistischen Staaten zuständige ZK-Sekretär war. Er war also wohl ein Andropow-Mann. Der ewige Breschnew-Botschafter Abrassimow, der sich als Vizekönig gerierte, war abgelöst worden.

Über diesen Sommer 1983 nahmen die Demonstrationen und Sitzblockaden der Friedensbewegung in Deutschland weiter zu, eifrig genährt von weiterer Propaganda aus Moskau und aus Ost-Berlin, bis sich der Kampf um die deutsche Öffentlichkeit und damit um die Handlungsfähigkeit der Bundeswehr und der Allianz mit einem Schlag entschied. Es war dies der Abschuss der koreanischen Boeing 747 mit 269 Passagieren an Bord, darunter auch Mitglieder des amerikanischen Repräsentantenhauses, durch einen sowjetischen Abfangjäger im Luftraum zwischen Sachalin und Japan am 1. September. Die Nachricht ging sofort um die Welt und die krasse Grausamkeit dieses Abschusses einer offensichtlichen Zivilmaschine löste rund um die Welt Entsetzen und Empörung aus. Vor allem strafte sie die bis dahin bei beachtlichen Teilen der westlichen Öffentlichkeit wirksame Beteuerung der Friedlichkeit der Sowjets Lügen. So gab der Pressesprecher der Bundesregierung Jürgen Sudhoff, später Staatssekretär im AA und Botschafter in Paris, vor der Bundespressekonferenz eine für einen Mann Genschers ungewöhnliche Erklärung ab, mit der der Abschuss mit schneidender Schärfe verurteilt wurde. Die Friedensbewegung sollte sich danach von diesem Verlust der sowjetischen Glaubwürdigkeit nicht mehr erholen. Ihre Kraft war damit bei der Masse derer, die sich bis dahin gutwillig, aber falsch unterrichtet, für den Frieden einsetzten, gebrochen. Mit dem Jumbo-Jet war auch ihre Naivität zerstört worden.

Wir hatten einige Tage davor eine Einladung zu „einem Krug Bier" in die tschechoslowakische Botschaft erhalten. Das war Moskauer Routine. Dort trafen sich alle paar Monate jüngere Diplomaten von den Botschaften der NATO-Staaten mit ihren Gesprächspartnern von den Botschaften der Mitglieder des Warschauer Paktes. Sowjets waren nicht dabei. Sie sollten offenbar nicht mit ihrem dominanten Auftreten stören. Diese Einladungen, bei denen man sich vorsichtig umkreiste, waren beliebt, denn es gab nicht einfach Bier, sondern Pilsener Urquell in unbegrenzter Menge. Man konnte dabei auch abgleichen, ob und inwieweit die Gesprächspartner aus dem WP den sowjetischen Sprachregelungen folgten, woraus sich manchmal Einblicke in unterschiedliche Präferenzen und in die Beziehungen zwischen Moskau und den Satelliten ergaben. Nun fiel diese Einladung auf den Tag nach dem Abschuss. Wir berieten in der Morgenrunde mit dem Botschafter, ob jemand von uns nach diesem Einbruch in den West-Ostbeziehungen, die Atmosphäre war schlagartig eisig geworden, am Abend zu den Tschechen gehen sollte, und es wurde beschlossen, dass nur ich von den mehreren Geladenen die Einladung annehmen sollte.

Als ich abends in der im typisch bombastischen Stil der Stalin-Gotik gebauten tschechoslowakischen Botschaft eintraf, war der gesamte WP bereits versammelt. Von meinen westlichen Kollegen war nur noch ein Brite gekommen, die anderen NATO-Kollegen, allen voran die Amerikaner, fehlten. Einziges Thema war der Abschuss und ich war bald von WP-Diplomaten umringt, die natürlich die sowjetische „Provokations"-These vertraten, also behaupteten, der CIA habe die Maschine absichtlich über die sowjetischen Stützpunkte wie den großen Kriegshafen in Petropawlowsk auf Kamtschatka und die Flugplätze auf Sachalin geschickt. Es könne sich nur um einen Spionageflug handeln. Aus der Tatsache, dass der Westen den Funkverkehr der sowjetischen Abfangjäger mit ihren Leitstellen am Boden abgehört habe, ergebe sich, dass er das angeblich zivile Flugzeug hätte warnen können, spätestens nach dem Überflug von Kamtschatka auf dem Weg nach Sachalin. Das sei der Beweis für die „Provokation".

Unser Luftwaffenattaché hatte uns in der Morgenrunde darauf aufmerksam gemacht, dass der koreanische Jumbo offenbar dem Großkreis zwischen Anchorage in Alaska und Seoul gefolgt war, einer Route, die es über eine ganze Reihe von sensiblen Militärinstallationen der Sowjets führte. Zugleich hatten wir aber ein Telegramm unserer Militärattachés in Tokyo bekommen, aus dem sich ergab, dass der Funkverkehr der sowjetischen Jäger von Stationen der Japaner abgehört worden war, jedoch zu seiner Auswertung mindestens Stunden erforderlich waren und diese reinen Abhörstationen keine Sender besaßen, mit denen sie das koreanische Flugzeug hätten erreichen können. Die in der tschechoslowakischen Botschaft bis dahin beherrscht verlaufene Debatte wurde dann von dem mir bis dahin unbekannten tschechoslowakischen Gesandten mit einem Wutausbruch unterbrochen, der mir die Faust unter die Nase hielt und von seinen Kollegen mit Gewalt zurückgehalten wurde. Ich hatte unsere politischen Argumente ins Feld geführt, dass wir zu solchen Zwecken, wie sie sie behaupteten, niemals ein ziviles Verkehrsflugzeug einsetzen würden. Der CIA sei nicht so verrückt, Abgeordnete des Kongresses einer solchen Gefahr auszusetzen. Der Ablauf sei ein Beleg für die Gefährlichkeit der selbst erzeugten Belagerungsmentalität der Sowjets. Ich fügte dann hinzu „We had no real time information." Ich sehe noch die Verblüffung des mich eben noch bedrohenden Tschechen. Er ließ von mir ab, und ich ging als letzter westlicher Diplomat von diesem Empfang nach Hause. Ich hatte die Situation auskosten wollen. Es war klar geworden, dass man verstanden hatte, dass die Friedenspropaganda zusammengebrochen war.

Am Morgen war Bodo Bertram, damals Leiter der Rechtsabteilung der Botschaft, später Botschafter in Brasilien, zu mir gekommen und hatte im Gespräch über die politischen Folgen des Abschusses den berühmten Ausspruch Talleyrands zitiert, nachdem Napoleon den Herzog von Enghien, ein Mitglied des französischen Königshauses, aus dessen badischem Exil nach Frankreich entführen und auf den Wällen des Forts von Vincennes bei Paris hatte erschießen lassen: „Schlimmer als ein Verbrechen, ein Fehler." Das traf den Nagel auf den Kopf und ich verwendete das Zitat, als der Korrespondent des „Spiegel", Andreas Lorenz, zu mir kam, um sich nach unserer Bewertung der politischen Folgen des Abschusses zu erkundigen. Wir kannten uns vom gemeinsamen Russischstudium in Bochum. In der nächsten Nummer des „Spiegel" erschien dann ein großer Kommentar von Rudolf Augstein, der seine Analyse der politischen Konsequenzen in jenem Talleyrand-Zitat zusammenfasste. Für die Friedensbewegung war das vernichtend.

Daran änderte eine große, internationale Pressekonferenz nichts, die Marschall Ogarkow, der 1. stellvertretende Verteidigungsminister und Generalstabschef, wenige Tage darauf im Moskauer Pressezentrum gab. Er versuchte dabei, die Provokationsthese zu untermauern, was ihm aber nicht gelang. Das Tonband mit der abstoßend brutalen Meldung des Jagdpiloten: „Ziel vernichtet" war über alle Sender gegangen.

Ogarkow war eine internationale Berühmtheit geworden, seit er überaus selbstbewusst die Militärs in der sowjetischen SALT-Delegation angeführt hatte. Welch unerhörten Grad von Selbständigkeit die sowjetischen Militärs in den Breschnew-Jahren erreicht hatten, war in einer scharfen Rüge Ogarkows an die Amerikaner deutlich geworden. Da die Sowjets sich weigerten, von sich aus auf der Basis ihrer eigenen Informationen den Bestand ihres strategischen Arsenals offen zu legen, waren die Amerikaner gezwungen gewesen, diesen sowjetischen Bestand in den Verhandlungen auf der Basis der Ergebnisse der amerikanischen Satellitenaufklärung zu beschreiben, um eine Ausgangsbasis für die beabsichtigten Begrenzungen zu gewinnen. In der auf den entsprechenden, amerikanischen Vortrag folgenden Verhandlungspause hatte Ogarkow den amerikanischen Verhandlungsführer bei Seite genommen und ihn ärgerlich gefragt, wie er dazu komme, diese hochgeheimen Informationen über das sowjetische Arsenal in Gegenwart der sowjetischen Zivilisten offen zu legen. Diese ginge das doch gar nichts an. Der Mangel an politischer Kontrolle durch die sowjetischen politischen Instanzen konnte kaum krasser offenbar werden.

Es war ganz ungewöhnlich, dass ein hoher Militär allein und so prominent vor die Öffentlichkeit trat. Ich konnte mich des Eindrucks nicht erwehren, dass Ogarkow vorgeschickt worden war, um die Alleinverantwortung des Militärs für den Abschuss zu verdeutlichen, nachdem es in Moskau Spekulationen gegeben hatte, der militärische Befehl zum Abschuss sei im Fernen Osten erst nach Einschaltung der politischen Ebene in Moskau gegeben worden. Es handelte sich also bei dieser Pressekonferenz wahrscheinlich um den Versuch, die Politiker in Moskau zu entlasten. Das wurde dann wieder einige Tage später klar, als der Chefredakteur der Prawda der BBC sagte, die militärische Spitze sei wegen des Abschusses gemaßregelt worden. Das war vermutlich nicht gelogen und ein interessanter Einblick in die Rivalitäten in der sowjetischen Entscheidungsstruktur sowie die offenbar in Moskau verbreiteten Bemühungen, den schwarzen Peter für diesen entscheidenden Fehler möglichst weiterzureichen und die politische Spitze zu entlasten.

Wenige Tage danach gab es eine zweite derartig groß angelegte Pressekonferenz, auf der aber nicht Ogarkow, der zu erwarten gewesen war, sondern sein Vertreter, Marschall Achromejew, den ich dabei zum ersten Mal erlebte, und Gromykos 1. Stellvertreter Kornienko die sowjetische INF-Position verteidigten, die britischen und die französischen Systeme bei INF nicht aber bei den START-Verhandlungen über die Langstrecke anzurechnen. Auslöser der Pressekonferenz war offenbar ein Gespräch wenige Tage zuvor in Madrid, in dem Gromyko gegenüber Genscher eingeräumt hatte, die Mittelstreckensysteme hätten eine Doppelnatur, seien also sowohl regional- wie globalstrategisch von Bedeutung. Letztlich bestritt dann aber auch Kornienko diese Doppelnatur nicht und hielt sich damit eine Hintertür offen, die Anrechnung der Drittstaatensysteme in die START-Verhandlungen zu verschieben, ein für uns sehr bedeutsames, weil unsere Position vom gravierenden Ungleichgewicht auf der Mittelstrecke untermauerndes Ergebnis.

In dieser Atmosphäre immer erhitzterer Debatten über das Risiko eines nuklearen Krieges bekam ich ein Papier des für die SU zuständigen Referates aus der Abteilung für Feindnachrichten des Führungsstabs der Streitkräfte im Bundesverteidigungsministerium. Es enthielt eine Analyse der sowjetischen nuklearen Aufrüstung und der sie tragenden Strategie. Sie kam zu dem Ergebnis, dass die Sowjets sich nicht nur auf einen u. U. lang anhaltenden Nuklearkrieg vorbereiteten, sondern dass sie ihn auch führen und gewinnen, also nicht abschrecken wollten, schloss also von einer „nuclear war capability" auf eine „nuclear war strategy", d. h. von der Fähigkeit auf die Absicht. Das war die zur Zeit in den USA herrschende Lehre, die dort zu der von Verteidigungsminister Weinberger vorangetriebenen Doktrin vom „protracted nuclear war" geführt hatte, auf den sich die USA durch entsprechende Rüstungen vorbereiten müsse, um ihn führen und gewinnen zu können.

Der Staatsminister im Auswärtigen Amt, Alois Mertes, ein ehemaliger Kollege aus dem Auswärtigen Dienst mit Posten in Moskau, der in die Politik gegangen war, bat uns um unsere Meinung zu diesem Papier des BMVg. Mir gab das eine seit einiger Zeit erhoffte Gelegenheit, – die verheerenden, total verängstigenden Folgen dieser Analyse auf die Öffentlichkeit waren unübersehbar – in einem ausführlichen Bericht dazulegen, dass diese Analyse der sowjetischen Nuklearstrategie aller Wahrscheinlichkeit falsch war und die Sowjets einen nuklearen Krieg nicht weniger vermeiden wollten wie wir und das ganze westliche Bündnis, allen voran die USA.

Ich begründe dies zunächst mit der SS-20, die doch auf die Herstellung von regionaler Eskalationsdominanz der Sowjets in Europa gerichtet war, um die Allianz vom Überschreiten der nuklearen Schwelle, wie ihn die Strategie der flexiblen Antwort vorsah, abhalten und einen Krieg in Europa konventionell führen und, wie die massive konventionelle Rüstung der Sowjets zeigte, auch konventionell, also gerade nicht nuklear, gewinnen zu können. Die folgende Analyse des Langstreckenpotentials der SU führte mich zu dem Ergebnis, dass sie von einer Zweitschlags-Strategie getragen war, denn das Arsenal bestand nicht nur aus den bekannten schweren, silogestützten Interkontinentalraketen mit Mehrfachsprengköpfen, die man als Erstschlagswaffen verstehen konnte, sondern auch aus immer neuen Serien von U-Boot gestützten Raketen mit immer größerer Reichweite, mit denen die Sowjets versuchten, sich gegen einen entwaffnenden Erstschlag zu sichern. Darüber hinaus gab es erste Informationen, dass die Sowjets begonnen hatten, neue, landgestützte, aber jetzt bewegliche Interkontinentalraketen zu entwickeln, um dadurch die verwundbar gewordenen silogestützten Rasketen zu ersetzen, was ihrer Absicht zur Erhaltung ihrer Zweitschlagsfähigkeit diente, eine mit der Entwicklung der MX in den USA angesichts deren „counterforce-Fähigkeit" logisch zu erwartende Zielsetzung.

Der Schluss von „war-fighting-capability" auf „war-fighting-strategy" war letztlich fraglich, weil Voraussetzung jeder Abschreckung ihre Glaubwürdigkeit und Voraussetzung der Glaubwürdigkeit die militärisch zweckrationale Einsetzbarkeit der Abschreckungsmittel ist. Man kann also von Einsetzbarkeit nicht zwingend auf Einsatz schließen. Diese Logik galt für beide Seiten. Der politische Wille der SU, nahm man Dislozierungen, Sachlogik, sowjetische Erklärungen und sowjetische Interessen zusammen, einen nuklearen Krieg zu vermeiden, konnte danach keinem Zweifel unterliegen. Auch hätten Stimmen wie die des amerikanischen Sowjetologen Richard Pipes („Why the SU thinks it can fight and win in nuclear war") desaströse Folgen, weil sie der SU einen Grad von Aggressivität unterstellten, der angesichts des westlichen Rüstungsstandes jedem militärischen Risikokalkül widersprach und die westliche Öffentlichkeit an der Möglichkeit zu einer rationalen Verteidigungsstrategie angesichts solcher Irrationalität verzweifeln ließ. Es war erkennbar, dass die Sowjets in ihrer Politik und Strategie wesentlich von dem bestimmt waren, was der Westen tat. Das bedeutete einerseits die Notwendigkeit zu unablässiger westlicher Anstrengung in einem von den Sowjets grundsätzlich dynamisch konzipierten Kampf um das

Übergewicht im „Kräfteverhältnis", aber auch andererseits die relativ große Gewissheit, durch Annahme der Herausforderung Krieg so unwahrscheinlich wie noch nie in der Geschichte zu machen.

Zur Untermauerung meiner Analyse der Fähigkeiten des sowjetischen Arsenals zog ich auch einen detaillierten Überblick über die sowjetische „declaratory policy" heran, vor allem einen längeren Aufsatz des Generalstabschefs Ogarkow und verschiedene Reden und Artikel des Verteidigungsministers Ustinow. Das war natürlich problematisch angesichts der mit diesen Äußerungen immer auch verbundenen propagandistischen Absichten. Dennoch konnte man sie nicht einfach bei Seite lassen, soweit sie den sich aus den technischen Charakteristika der verschiedenen Waffensysteme ergebenden strategischen Eigenschaften nicht widersprachen. Es stellte sich bei diesen Erklärungen das grundsätzliche Problem wie bei allen sowjetischen politischen Darlegungen. Vieles daran war gelogen und einfacher Bluff. Gleichzeitig war aber das gesamte politische System des realen Sozialismus so groß und kompliziert, dass es nur durch öffentliche Beschreibungen der geltenden Politik geführt werden konnte, um alle Verantwortlichen rechtzeitig zu erreichen. Diesen wahren Kern herauszufinden, war unsere tägliche Aufgabe. Der Versuch, sich dazu in die sowjetische Interessenlage hineinzudenken, war das beste Mittel dazu.

Ich habe, wie oft bei solchen Bemühungen, die Sowjets verständlich zu machen, nie etwas aus Bonn dazu gehört. Vermutlich habe ich mich damit auf der Hardthöhe nicht beliebter gemacht. Das nahm ich in Kauf. Meiner Meinung nach war militärisches Worst-case-Denken im Westen politisch inzwischen viel zu einflussreich geworden. Das Setzen der Diplomatie auf ein rationales Interessenkalkül des Gegners musste wieder die Oberhand gewinnen.

Der Kampf um die deutsche Öffentlichkeit geriet ab dem Sommer 1983 immer mehr unter Zeitdruck, weil die Sowjets mit zunehmender Klarheit zu verstehen gaben und dann offen drohten, die Genfer Verhandlungen mit Beginn der Dislozierungen in Deutschland am 23. 11., dem von der NATO beschlossenen Datum, abzubrechen. Der Zweck, den Druck auf uns weiter zu erhöhen, bestimmte am 28. 9. eine öffentliche Antwort Andropows auf eine Rede Reagans zwei Tage zuvor vor den UN in New York, in der Reagan erneut eine Variante einer Zwischenlösung mit geringeren Dislozierungen als den 572 beschlossenen gegen den Erhalt einer entsprechenden Anzahl von SS-20 angeboten hatte. Der Westen zeigte so, dass er auch nach dem Abschuss des koreanischen Jumbos verhandlungsbereit blieb. Andropows Antwort war eine glatte Ablehnung ohne die geringsten Anzeichen eventueller Konzessionsbereitschaft.

Auf Initiative Genschers kam es in dieser Phase ständig steigender Anspannung am 16. 10. zu bilateralen Gesprächen mit Gromyko in Wien. Genscher wollte einen letzten Versuch machen. Wie nach dem ganzen Aufbau der sowjetischen Position in den letzten Monaten zu erwarten, waren diese Gespräche fruchtlos. Die Sowjets hatten alles auf die eine Karte gesetzt, dass wir den öffentlichen Druck nicht aushalten und auf die Dislozierungen am Ende verzichten würden. So lange dieses Kalkül nicht evident gescheitert war, konnten sie sich deshalb nicht mehr bewegen. Ich war darum auch eher entsetzt, als ich von Genschers Gesprächsangebot hörte. Die Gefahr, dass die Sowjets es als Signal verstehen würden, dass wir nun kurz vor Beginn der Dislozierungen bei weiter starkem Druck der Friedensbewegung Angst vor der eigenen Courage bekommen hatten und doch noch bereit seien, auf das letzte sowjetische Angebot einzugehen, war zu groß, außerdem mussten solche Gespräche bei unseren Verbündeten in der NATO zu Fragen nach unserer Standfestigkeit führen. Jetzt galt es zunächst, den Dislozierungswillen unter Beweis zu stellen. Nur danach würden die Sowjets bereit sein, für unseren Dislozierungsverzicht mit echten, für uns wertvollen Reduzierungen zu bezahlen.

Niemand beobachtet unseren Außenminister so genau wie der Auswärtige Dienst. Wir bekamen in vielen wichtigen Fragen selten klare Weisungen, denn es ist in der komplizierten Maschinerie des Auswärtigen Amtes und in der Zusammenarbeit mit dem Bundeskanzleramt und den anderen jeweils zu beteiligenden Ministerien viel zu mühsam, die für Weisungen entsprechend klaren, gemeinsame Positionen zeitgerecht zu erarbeiten. Außerdem scheuen sich die Politiker an der Spitze, sich durch solche schriftlichen Weisungen festzulegen. Da deshalb solche Weisungen an die bilateralen Auslandsvertretungen kaum mehr erteilt wurden, waren die Reden und Interviews des Ministers die verlässlichste Information über seine Politik und ihre Formulierung. Sie waren so Sprachregelungen für alle, die diese Politik zu vertreten und zu erklären hatten. So war es auch bei Genscher, obwohl er, je länger er Minister war, desto virtuoser in der Kunst wurde, mit vielen Worten nichts zu sagen. Das diente der Glaubwürdigkeit natürlich nicht, aber oft hatte man nichts Anderes, wenn man sich auf einem Posten im Ausland einer Stellungnahme nicht mehr entziehen konnte, oder es sogar für richtig und wichtig hielt, aktiv Einfluss zu nehmen.

Ich hatte Genscher am Anfang meiner Karriere in seinem Einsatz für den Durchbruch zur Demokratie in Portugal nach der Nelkenrevolution 1974 kennengelernt, als ich im Mittelmeerreferat der Politischen Abteilung zur Ausbildung war und wegen des monatelangen Fehlens des zuständigen Kollegen praktisch der für die iberische Halbinsel verantwortliche Referent gewesen war. Die „Bewegung der Streitkräfte", die die Revolution gemacht hatte, war politisch heterogen und ein Sieg der Kommunisten unter den führenden Offizieren war keineswegs ausgemacht, wie manche dachten. Genscher hatte sich zusammen mit Verteidigungsminister Leber um diese Offiziere bemüht und auch nicht aufgegeben, als Kissinger bereits resigniert hatte. Er war dabei auch unseren Vorschlägen gefolgt, den Obristen der Junta bei Einladungen nach Bonn die Chancen Portugals in Europa bei einer Entscheidung für die Demokratie zu beschreiben und seine Politik hatte Erfolg.

Die Demokraten setzten sich in Portugal gegen die Kommunisten durch mit allen Folgen für die Entwicklung Portugals seitdem. Ich lernte Genscher dann aus größerer Nähe kennen, als ich im Planungsstab bei Kinkel 1978/79 arbeitete. Ich hatte also neben der selbstverständlichen Loyalität, auf die jeder Minister einen Anspruch hat, auch großen persönlichen Respekt vor ihm. Der Minister hatte auch den für unsere außenpolitische Selbstbehauptung so entscheidenden Koalitionswechsel 1982 mitverantwortet. Aber mit diesem Gesprächsangebot an die Sowjets in jenen dramatischen Wochen des Herbstes 1983 fragte ich mich zum ersten Mal, ob er nicht letztlich zu weich war.

Zwei Wochen später legte Andropow nach mit der Ankündigung, wieder in groß aufgemachter öffentlicher Erklärung, dass die SU solange verhandeln werde, wie die NATO darauf verzichte, in der beschlossenen Frist zu dislozieren, was doch bedeutete, dass die SU danach nicht weiterverhandeln würde. Gleichzeitig machte er nun kurz vor Toresschluss doch noch einige Konzessionen, wie die SS-20 in Europa auf 140 zu reduzieren und die überzähligen 140 nicht nach Asien zu verlagern, sondern zu zerstören. Immer natürlich unter der Bedingung, dass die NATO bei null Dislozierungen bleibe.

Wie gering die Bedeutung vertraulicher, diplomatischer Gespräche im sowjetischen Kalkül inzwischen geworden war, bekamen wir in einem Gespräch zu spüren, das der Botschafter auf Weisung aus Bonn mit Gromyko führte, um eine Zweideutigkeit in Andropows Erklärung auszuräumen. Derartige Gespräche waren bisher unterblieben, weil wir auch nur den Anschein vermeiden wollten, wir führten in Moskau Parallelverhandlungen zu Nitzes Bemühungen in Genf, aber inzwischen war der Druck so groß geworden, dass wir uns selbst um Klärung der Lage bemühten. Meyer-Landrut war immer sparsam mit Wünschen für unmittelbare Gespräche mit Gromyko, und hob sich diese Ebene für die wichtigsten Fragen auf. Als er so um den Termin bei Gromyko bat, wussten die Sowjets, dass er ein bedeutsames Anliegen hatte und Gromyko gewährte das Gespräch sofort. Ich begleitete den Botschafter als Protokollant und empfand es dann als Ausdruck der Geringschätzung, dass Gromyko, der doch immer alles bis in die kleinsten Kleinigkeiten wusste, dem Botschafter auf unsere Frage nach dem Sinn einer Passage in Andropows Erklärung nicht direkt antwortete. Er schickte vielmehr einen seiner Gehilfen mit der Weisung hinaus, die Nummer der Prawda zu holen, in der die Erklärung Andropows abgedruckt war. Anschließend las er dann nur die einschlägige Passage vor und fragte den Botschafter ironisch: „Was wollen Sie Herr Botschafter, das ist doch völlig klar." Es war der blanke Hohn und Meyer-Landrut war zu klug, um sich durch sicherlich fruchtloses Nachfragen weiter verhöhnen zu lassen. Wir gingen und wussten einmal mehr, dass es den Sowjets nur noch um den Propagandakampf auf der Straße ging.

Wenige Tage darauf war Gromyko wie ausgewechselt, als er Meyer-Landrut ein großes Abschiedsessen gab. Es fand im Gästehaus des Außenministeriums statt, der seit den Verhandlungen über die Freilassung der Kriegsgefangenen dort bei Adenauers Besuch 1955 in den deutschen Medien legendären „Spiridonowka". Das Haus hieß so, weil die Straße, in der es lag, einmal nach einem Herrn Spiridonow geheißen hatte. Die Bolschewiken hatten sie zur „Tolstoi-Straße" umgetauft, aber nicht nach dem großen Lew Tolstoi von „Krieg und Frieden", sondern nach seinem bei uns weitgehend unbekannten Neffen, Aleksej Tolstoi, einem Schriftsteller, der Sympathien für sie gehabt hatte und aus der Emigration zurückgekehrt war. Das jetzige Gästehaus war ursprünglich die große Stadtvilla eines in der russischen Boom-Periode vor dem ersten Weltkrieg sehr erfolgreichen russischen Unternehmers, Morosow, gewesen, der bei uns als Sammler wunderbarer Gemälde von Gauguin, Cezanne, Matisse und des jungen Picasso bekannt geworden war, die man heute im Moskauer Puschkin-Museum bewundern kann. Morosow hatte auch zu den Unternehmern gehört, die vor der Revolution die Bolschewiken finanzierten. Das Haus besteht dem Geschmack der Zeit entsprechend aus einer Serie von Räumen, jeweils im Stil einer der Epochen der Kunstgeschichte, also (neo)gotisch, Renaissance, Barock, Empire und Jugendstil, ein eklektizistischer Misch-Masch, den man damals nicht nur in Russland schön fand. Die Sowjets waren auf dieses Stadt-Palais sehr stolz. Viele wichtige Verhandlungen hatten dort stattgefunden, nicht nur jene Adenauers mit Chruschtschow und Bulganin, die zur Aufnahme diplomatischer Beziehungen mit uns geführt und auch damals schon mit einem „Brief zur Deutschen Einheit" geendet hatten, in dem Adenauer mitteilte, dass die Beziehungsaufnahme „keine Anerkennung des derzeitigen territorialen Besitzstandes" bedeutete (und an den Scheel und Bahr 1970 sicher gedacht haben, als sie ihren entsprechenden Brief durchsetzten.)

Dieses Abschiedsessen durch den Außenminister persönlich war ein ungewöhnliches Zeichen der Wertschätzung unseres Botschafters, ich weiß von keinem vergleichbaren Fall. Gromyko hielt eine launige, manchmal fast ironisch-witzige Tischrede, gar nicht der seit langem bekannte „Grim-Grom". Um den Tisch saß alles, was unter den Sowjets in den Beziehungen zu uns Rang und Namen hatte, der Vize-Außenminister Kowaljow, der ewige Abteilungsleiter aus dem Außenministerium Bondarenko, Sagladin aus dem ZK-Sekretariat und der bei Nowosti geparkte ehemaligen Botschafter Falin. Bondarenko war beinahe liebenswürdig, als ich mich mit ihm über die DDR unterhielt. Sein großer Stolz auf seine Rolle beim Aufbau der SED-Herrschaft wurde spürbar. Er war tatsächlich der Meinung, Deutschland mit dieser Beförderung seines östlichen Teils in die lichte Zukunft des Sozialismus etwas Gutes getan zu haben. Und verblüffend für mich war auch die Behauptung des neben mir sitzenden Büroleiters Gromykos, Königsberg sei eine alte russische Stadt. In der Tischrede hatte Gromyko Kants Schrift „Vom ewigen Frieden" erwähnt, so waren wir auf Ostpreußen und Königsberg gekommen. Die Stadt sei im Siebenjährigen Krieg von den Zaren erobert und Jahre lang besetzt gewesen. Es war offenbar nicht nur ein sarkastischer Witz, sondern entsprach der russischen Überzeugung, dass alles, was sie einmal erobert hatten, von da an auf immer zu Russland gehörte.

Am 22. 10. drohte Honecker mit einer „Eiszeit" in den innerdeutschen Beziehungen, falls wir dislozieren würden. So setzten die Sowjets alle Hebel in Bewegung, um uns zu beeindrucken und Honecker folgte ihnen. Am 25. gaben sie dann offiziell die angedrohten Gegendislozierungen in den uns benachbarten WP-Staaten bekannt. Am gleichen Tage landeten die Amerikaner auf Grenada, was die Wut der sowjetischen Propaganda noch weiter steigerte. So war mein Erstaunen groß, als am Tag danach die tschechoslowakische Bundesversammlung eine Resolution fasste, in der sie sich zur Fortsetzung der INF-Verhandlungen unter allen Umständen bekannte, ein deutliches Zeichen, dass die Sowjets Probleme hatten, die WP-Mitglieder auf einen Verhandlungsabbruch festzulegen. Gleichzeitig lief bei uns eine Aktionswoche der Friedensbewegung mit wieder hunderttausenden von Demonstranten.

In dieser Endphase der deutschen Auseinandersetzungen vor der für den 22. 11. vorgesehenen Bundestagsdebatte mit dem endgültigen Dislozierungsbeschluss kam am 26. 10. der Bundesvorstand der Grünen nach Moskau. Eingeladen nicht etwa vom Außenministerium, wie es bei westlichen Politikern den Moskauer Zuständigkeiten entsprochen hätte, sondern von der Internationalen Abteilung des ZK, sprachen sie mit Politbüro-Kandidat Ponomarjow, einem stalinistischen Fossil, der schon zu Komintern-Zeiten Vertreter von dessen bulgarischem Vorsitzenden Dimitrow gewesen war und sich seitdem um die „sozialistische Weltbewegung" kümmerte. Die Sowjets wollten offensichtlich ihren, ihnen bis dahin persönlich unbekannten, Mitstreitern in der deutschen Friedensbewegung auf den Zahn fühlen. Und die Grünen wollten mit Transparenten, die sie wegen sofortigen Eingriffs der Miliz nur kurz am Grabmal des unbekannten Soldaten hatten hochhalten können, zeigen, dass sie den Sowjets nicht unkritisch gegenüberstanden.

Die Delegation hatte unser Angebot zu einem Briefing in der Botschaft ausgeschlagen und hatte auch zu den Gesprächen im ZK niemand von uns mitgenommen. Sie kamen aber zu einem Empfang in die Residenz, wo sie davon erzählten und so wurde u. a. deutlich, dass ein Mitglied der Delegation, das Mitglied des Bundestages Milan Horacek, ein nach dem Prager Frühling zu uns emigrierter Tscheche, Ponomarjow massiv angegriffen, den Sowjets Verrat an einem demokratischen Sozialismus vorgeworfen und eine Entschuldigung für den Einmarsch 68 verlangt hatte. Ganz anders der Hamburger Abgeordnete Reents, einer der Kommunisten aus den K-Gruppen, die die Grünen unterwandert hatten, er hatte offenbar Ponomarjow den Abfall vom wahren Marxismus-Leninismus vorgehalten.

Die Gespräche mit der Delegation an diesem Abend zeigten dann auch die große Heterogenität dieses Parteivorstands. Petra Kelly, ein kleine, mädchenhafte, viel zu dünne und vor Überanstrengung zitternde junge Frau, war voller Sendungsbewusstsein, aber nach den Anstrengungen der letzten

Wochen des „Friedenskampfes" kaum ansprechbar, umsorgt und beschützt vom ehemaligen Kommandeur der 12. Panzerdivision der Bundeswehr, Generalmajor Bastian. Otto Schily, ehemaliger Anwalt von Mitgliedern der Baader-Meinhof-Bande, der Fraktionsvorsitzende, zu arrogant, um mit uns Beamten zu sprechen, saß eher mürrisch am Rand. Jürgen Reents erwies sich als kommunistischer Fanatiker, der in der Diskussion jeden Hinweis auf die Jahrzehnte der sowjetischen Hochrüstung einfach für reaktionär erklärte, ohne sich den Tatsachen zu stellen. Mitgereist waren auch Frau Maren-Griesebach, eine Dame aus dem Berliner Großbürgertum, die aus der Antikernkraftbewegung zu den Grünen gekommen war, Frau Beck-Oberdorf, wohl auch Ex-K-Gruppe, und Milan Horacek, freundlich, humorvoll und diskussionsbereit. Und es fiel auf, dass sie sich untereinander kaum austauschten. Ihre jeweilige politische Kultur war dazu offenbar zu verschieden.

Als nach Ende des Empfangs mein Kollege und Freund Hagen Graf Lambsdorff, später Botschafter in Prag, der der Delegation ein bisschen die Stadt gezeigt hatte, und ich mit der Delegation vor die Tür traten, war in der Ferne das dumpfe Grollen schwerer Motoren zu hören. Wir fragten sie, ob wir ihnen noch etwas Interessantes zeigen dürften. Sie stimmten zu, es lag auch auf ihrem Weg. So begleiteten wir sie einige hundert Meter zum Gartenring. In der Dunkelheit bei der schlechten Straßenbeleuchtung wurde das Motorengeräusch immer lauter, je näher wir kamen. Und dann rollten in endloser Schlange die Schützenpanzer, Kampfpanzer, schweren Panzerhaubitzen, Flugabwehrraketenpanzer und am Schluss die überschweren Transporter mit den ballistischen Atomraketen an uns vorbei, die die Parade zur Feier der Oktoberrevolution auf dem Roten Platz Anfang November vorübten. Lambsdorff und ich sahen uns an, Kommentar überflüssig.

Ende Oktober kam der CDU-Abgeordnete Todenhöfer nach Moskau und ich begleitete ihn zu einem Gespräch mit Sagladin. Es fand nicht im ZK-Sekretariat, Sagladins eigentlichem Platz, sondern im sowjetischen Komitee für Zusammenarbeit und Frieden statt, einer typischen Frontorganisation des KGB, was für die Einordnung Sagladins von Interesse war. Gesprächsthema waren natürlich die beiden Genfer Verhandlungen und Todenhöfer erkundigte sich u. a., ob man vielleicht besser vorankäme, wenn man beide Verhandlungen zusammenlegte, eine damals verbreitete Überlegung, weil in einem solchen Format die im Vergleich zu den Tausenden Langstreckenwaffen relativ niedrigen Zahlen von Mittelstreckensystemen weniger ins Gewicht fallen könnten. Sagladin entzog sich jeder ernsthaften Diskussion und verhöhnte Todenhöfer schließlich noch mit der Behauptung, die SU sei im Besitz des SIOP, des „Single Integrated Operations Plan", also der höchst geheimen amerikanischen Gesamtplanung für einen nuklearen Krieg, und wisse deshalb, dass die USA nach der Fähigkeit zu einem entwaffnenden Erstschlag strebten. Es war eine glatte Unverschämtheit, einen außenpolitisch zwar nicht sehr versierten, aber ernsthaft nach einer Lösung suchenden Politiker mit solchen Greuelmärchen zu konfrontieren und zeigte den Willen, genau auf die Wirkung solcher Lügen zu setzen.

Am 13. 11. kam Kwizinskij dann in Genf während eines Spaziergangs mit dem amerikanischen Verhandlungsführer Paul Nitze in einem Genfer Park mit noch einem Angebot, das bald als „Parkspaziergang" bekannt wurde. Die SU sei bereit, er behauptete, dies sei ein vorheriges Angebot Nitzes gewesen, ihr Arsenal in Europa um 572 Sprengköpfe zu reduzieren, wenn die NATO auf die Dislozierung ihrer vorgesehenen 572 Sprengköpfe verzichte. Hinter oberflächlicher Vergleichbarkeit der Zahl der Reduzierungen verbarg sich nur notdürftig, dass auch bei diesem Angebot 120 SS-20 mit 360 Sprengköpfen auf sowjetischer Seite in Europa verbleiben würden, während die NATO auf jede Dislozierung hätte verzichten müssen. Bemerkenswert war, dass diese neue sowjetische Mathematik die britischen und französischen Systeme außer Betracht lies, was die Hohlheit ihrer bisherigen Argumentation offenlegte. Was dann nach Bekanntwerden dieses Angebots in den folgenden Tagen in den Moskauer Medien an schiefen Darstellungen, halben Dementis und schließlich einem totalen Verleugnen eines solchen Angebots mit einem Artikel von VM Ustinow in der Prawda zu lesen war, war für mich schwer zu entschlüsseln. Manches deutete in dem Hin und Her aber daraufhin, dass Kwizinskij in Genf einen wohl nicht mit allen Zuständigen in Moskau abgestimmten Versuchsballon abgelassen hatte, vermutlich weil von Einigen dort nun doch erkannt worden war, dass die SU sich mit Ihrer Abbruchdrohung und dem Versuch, jede NATO-Dislozierung ohne adäquate Gegenleistung zu verhindern, in eine Sackgasse manövriert hatte.

Wo Andropow dabei stand, war nicht zu sagen. Aber die schließliche Verleugnung eines solchen Angebots durch Ustinow, nicht durch ihn selbst, der doch sonst regelmäßig mit seinen persönlichen Erklärungen die sowjetische Position bestimmt hatte, erlaubte die Vermutung, dass er sich mit dem endlichen Desaster der sowjetischen Hochrüstungspolitik nicht persönlich identifizieren wollte. Es war doch klar, dass die SU mit einem Verhandlungsabbruch jedes Mittel verlor, um den Westen zu Rüstungskontrolle und Abrüstung zu bewegen. Die jahrzehntelange Politik der Überwältigung des für schwach gehaltenen Westens durch Hochrüstung gegenüber der NATO, vor allem mit dem Versuch der Lähmung der Bundesrepublik im westlichen Bündnis, der wiederholten Hochrüstung der Feinde Israels und dem immer weiteren Ausgreifen militärischer Interventionen von Angola und dem Horn von Afrika zu Afghanistan und dann sogar wieder in die westliche Hemissphäre nach Nikaragua, Guayana und Grenada war damit endgültig gescheitert, die gigantischen Ausgaben dafür verfehlt.

Am Tag nach dem entscheidenden Beschluss des Bundestages zur Dislozierung am 22. 11. 1983, also dem Tag der ersten Dislozierungen bei uns in Deutschland, kam am 23. 11. Prof. Biedenkopf, nicht mehr Generalsekretär der CDU, aber nach wie vor ein prominenter Politiker, zu uns nach

Moskau. Er hatte eine Einladung von Arbatow, des im Westen damals besonders bekannten Beraters der Generalsekretäre in USA-Fragen, in das Amerika-Institut. Der Botschafter hatte ihn zu einem Briefing in die Botschaft eingeladen und so saßen wir am Morgen vor Beginn seiner Gespräche in der Kabine zusammen. Der frisch eingetroffene Botschafter Jörg Kastl war als langjähriger stellvertretender Generalsekretär der NATO und dann Delegationsleiter beim KSZE-Folgetreffen von Madrid ein erfahrener Sicherheitspolitiker, den ich als Grandseigneur sehr zu bewundern lernte. .

Kastl hatte Jahre zuvor als junger Mann in Moskau unter dem berühmtberüchtigten Botschafter Kroll gearbeitet und kannte so das Land. Er hatte damals seinen Sohn an einer ansteckenden Gehirnhautentzündung verloren, deren Grassieren die Sowjets verschwiegen hatten, weshalb man nicht mehr rechtzeitig hatte reagieren können, so dass Moskau für ihn und seine bewunderungswürdige Frau mit traurigen Erinnerungen verbunden war. Kastl war in Madrid von einem Auto an eine Hauswand geschleudert worden und hatte vielfache Knochenbrüche erlitten. So hatte er ständig Schmerzen, vor allem beim Stehen auf den für einen Diplomaten unvermeidbaren Empfängen. Von alledem ließ er sich jedoch nie etwas anmerken. Er war ein großes Vorbild an Haltung und Gesinnung.

Bevor Kastl mit einem Einstieg in die gegebene, mit dem Dislozierungsbeschluss des Bundestags vom Vortage äußerst zugespitzten Lage beginnen konnte, unterbrach ihn Biedenkopf und hielt einen sich immer mehr in die Länge ziehenden Vortrag über die Sowjetunion und Ihre Politik. Je länger das ging, desto mehr ärgerte ich mich. Was er sagte, war alles richtig und zeugte von seriöser Bemühung um die Probleme. Für uns war das aber natürlich nicht neu und entbehrte vor allem einer Analyse der aktuellen Situation nach dem Beschluss des Bundestages. Diese konnte er gerade eingetroffen natürlich nicht kennen, sie wäre aber für ihn für seine Gespräche von erheblichem Nutzen gewesen. Der Botschafter war wohl zunächst eher verblüfft über Biedenkopfs Betrachtungen. Als dieser dann seine ausführlichen Darlegungen beendet hatte, sagte er nur lachend, „na, ich sehe, Sie sind über Alles orientiert." Die Ironie prallte an Biedenkopf wirkungslos ab. Ihm war nicht klar, dass er über seine Gesprächspartner und die aktuelle Situation etwas hätte lernen können und beendete selbstzufrieden das Gespräch.

Am Nachmittag begleitete ich ihn in das Arbatow-Institut. Wir mussten im Vorzimmer warten. Der Institutssekretär für Außenbeziehungen, also wahrscheinlich ein KGB-Mann, entschuldigte Arbatow. Dieser, so gab er zu verstehen, spreche seit längerem mit dem ZK und sogar Andropow persönlich wegen des Bundestagsbeschlusses. Wir müssten verstehen, der SU bleibe wohl nichts Anderes übrig, als die Verhandlungen abzubrechen. Ich antwortete, wir hätten das erwartet, seien aber zuversichtlich, dass es gelingen werde, in absehbarer Zeit zu neuen Verhandlungen zu kommen. Daraufhin fuhr mir Biedenkopf über den Mund. Es könne keine Rede davon sein, dass wir einen Abbruch erwartet hätten. Der Bundeskanzler habe noch vor wenigen Tagen in einer Sitzung das Gegenteil gesagt. Ich war wie vom Donner gerührt. Wenn Biedenkopfs Behauptung richtig war, so war diese Information wohl kaum für sowjetische Ohren bestimmt, denn sie stellte den Bundeskanzler als falsch unterrichtet dar. Und vor allem kam es jetzt doch darauf an, den Eindruck zu vermeiden, man könne uns mit dem Abbruch imponieren. Die Sowjets hatten mit dem Abbruch mehrfach gedroht und es war für unsere Chancen auf zukünftige erfolgreiche Gespräche wesentlich, dass die Sowjets ihre für die ängstliche Öffentlichkeit bestimmte Propagandapolitik endlich aufgaben. Dazu war wesentlich, dass wir uns unbeeindruckt zeigten.

Das anschließende Gespräch mit Arbatow, in dem dieser den Abbruch der INF-Verhandlungen bestätigte, zeigte immerhin, dass er den Abbruchbeschluss zwar mittrug, aber eigentlich als Fehler betrachtete, den die SU später nur mit einer demütigenden Kehrtwende würde wieder gut machen können. Er wusste, dass Reagans Dynamik nur durch seriöse Verhandlungen würde kanalisiert werden können. Im Übrigen war interessant, was er über die Beziehungen der SU zu den WP-Staaten zu sagen hatte. Die Zeiten, wo die SU alles bis ins Detail habe diktieren können, seien längst vorbei. Diese Staaten folgten mehr und mehr ihren eigenen Interessen und die SU müsse sich Mühe geben, sie im Verbund zu halten. Das waren gewichtige Einblicke in die tatsächliche sowjetische Position zu Beginn der uns angedrohten Periode einer „Eiszeit".

Inzwischen war Andropows Gesundheit mehr und mehr ins Gerede gekommen. Bei der Parade zur Oktoberrevolution Anfang November hatte er gefehlt. Kurz zuvor war offiziell bekannt gegeben worden, er sei erkältet, eine ungewöhnliche Verlautbarung, war die Gesundheit der Kremlführer doch bis dahin offiziell ein Tabuthema. So setzte diese Mitteilung statt zu beruhigen die Diskussion erst Recht in Gang, wie lange Andropow es noch machen würde und mit wem danach zu rechnen war. Diese Debatte intensivierte sich Ende Dezember noch einmal, als Andropow beim ZK-Plenum fehlte, auf dem einige wichtige Personalentscheidungen fielen. Ligatschow, der im Mai offenbar von Andropow aus Tomsk nach Moskau geholt worden war, und Worotnikow, der seit dem Sommer 1982 in Medunows früherem Verantwortungsbereich am Schwarzen Meer aufgeräumt hatte, also beide wohl Andropow-Gefolgsleute, wurden befördert, Ligatschow zum ZK-Sekretär und Worotnikow zum Vollmitglied des Politbüros. Da jedoch auch zwei vermutlich dem Breschnew-Clan zugehörige Spitzenfunktionäre, Solomentzew und Tschebrikow, ebenfalls befördert wurden, war kein Positionsgewinn der einen oder der anderen Gruppe festzustellen. Auffällig war auch, dass es an Entscheidungen zur Sache in den von Andropow selbst so prominent aufgeworfenen Fragen der Wirtschaftslenkung fehlte, nachdem es im ersten Halbjahr immerhin zu ersten Ansätzen einer gewissen Dezentralisierung gekommen war. Andropow kam also nicht mehr weiter voran und litt an seiner Krankheit nun auch politisch.

Die politischen Signale zur Zukunft des Ost-West-Verhältnisses entwickelten sich dann erstaunlich widersprüchlich. Honecker, der kurz vor dem Bundestagsbeschluss mit der „Eiszeit" gedroht hatte, rief nun danach am 25. 11. zu „Schadensbegrenzung" auf, was kaum der sowjetischen Linie entsprach, die westliche Öffentlichkeit mit Drohpolitik in Angst und Schrecken zu versetzen. Von sowjetischer Seite folgte dann am 8. 12. auch der Abbruch der START-Verhandlungen. Am 15. 12. brachen die Sowjets sogar die MBFR-Verhandlungen ab, die sich nur mit konventioneller Rüstungskontrolle befassten, um die ganze Tiefe der Störung der Ost-Westbeziehungen zu verdeutlichen. Ich begann mit einer ganzen Serie von Berichten, in denen ich in den folgenden Monaten beschrieb, dass die Sowjets über kurz oder lang an den Verhandlungstisch zurückkehren würden, weil sie nur so die Dynamik Reagans und der NATO einfangen könnten. Dafür war signifikant, dass am 18. 1. 84 die neuen konventionellen Verhandlungen, „KVAE" über vertrauensbildende Maßnahmen in Europa, begonnen wurden.

Vor allem hatten sich aber zur Jahreswende 1983/84 die Anzeichen dafür vermehrt, dass die Warschauer-Pakt-Staaten inzwischen einen noch nie da gewesenen Spielraum innerhalb des sowjetischen Hegemonialverbandes gewonnen hatten. Ich schickte deshalb ein langes Telegramm nach Hause, in dem ich beschrieb, dass es für die SU inzwischen zweckmäßiger war, innerhalb dieses Verbandes den sich entwickelnden außenpolitischen Sonderinteressen und innenpolitischen Eigenheiten einen gewissen Raum zu lassen, als zu versuchen, für völlige Uniformität in Innen- und Außenpolitik durch ständiges Intervenieren zu sorgen. Wie die unterschiedlichen Reaktionen aus der DDR, der Tschechoslowakei, Ungarn, Rumänien und sogar aus Bulgarien auf die Nachrüstung zeigten – sie hatten z. T. erfolgreich „Gegendislozierungen" von Kurzstreckenraketen der Sowjets bei sich abgewehrt – könnten sich inzwischen die nationalen Interessen der WP-Mitglieder sogar in Formen äußern, die wichtige außenpolitische Operationen der SU störten.

Mehrere WP-Außenminister hätten sich nicht zum Dialogabbruch mit uns zwingen lassen. Ursache dafür sei, dass diese Staaten nicht länger bereit seien, ihre westpolitischen Interessen den Vorgaben der SU völlig zu opfern, zumal die SU ihren eigenen Westhandel nicht einschränke. Ursache sei vermutlich auch die innenpolitische Lage in der SU, in der der Übergang zu einer neuen, dauerhaften Führung noch nicht bewältigt schien. Hinzukomme, dass das den Verband am meisten bedrohende Problem – der Zusammenbruch des sowjetischen Modells in Polen – zunächst einmal gelöst scheine, weil die „Machtfrage" dort bewältigt sei. Andropow habe zwar beim WP-Gipfel in Prag ein Jahr zuvor die Beziehungen zu diesen Staaten zu seiner ersten Priorität erklärt, ein weiterer solcher Gipfel sei aber, obwohl geplant, bisher nicht zu Stande gekommen, wohl auch wegen seiner Gesundheit.

Der Tod Andropows am 9. 2. 84 kam so nicht überraschend. Höhere Funktionäre hatte uns gegenüber in den vergangenen Wochen von „Rollstuhl" gesprochen, was aller Erfahrung nach bei diesem Tabuthema auf Schlimmeres schließen ließ, sonst wäre gar nichts gesagt worden. Lambsdorff war von einem Mitglied der Akademie der Wissenschaften, der mit der Tochter des zu uns emigrierten Schriftstellers Lew Kopelew verheiratet war, unterrichtet worden, Andropow leide an einer beidseitigen Niereninsuffizienz. Da er zur obersten Schicht der Nomenklatura gehörte, hatte er Zugang zu dem selben Sanatorium, in dem Andropow mehrfach wöchentlich zur Dialyse war. So wussten wir nach den ersten Hinweisen bei der Verschiebung der Gespräche des Bundeskanzlers im Sommer im Herbst 1983 dann schon mehr.

Andropow war seit mehr als einem halben Jahr unsichtbar und die Unfähigkeit des Systems, in so einer Lage politisch flexibel und initiativ zu handeln, war überall deutlich geworden. Es dauerte nach seinem Tod einen Tag länger als das letzte Mal, bis der Nachfolger verkündet wurde. Es hatte also Diskussionsbedarf gegeben. Tschernenko, auf den wir wegen einiger größerer Auftritte in den letzten Monaten und einem langen Artikel in der Prawda über die „Erfolge" beim Aufbau des Sozialismus in der Moldau-Republik, seinem früheren Fürstentum, getippt hatten, und nicht der Favorit der amerikanischen Botschaft, Gorbatschow, war auf das Schild gehoben worden. Die Amerikaner hatten über Tschernenko gesagt: „he is a loser." Das war zwar insofern richtig, als er sich das letzte Mal gegen Andropow nicht hatte durchsetzen können, die erneute Stagnation im vergangenen Halbjahr hatte aber dafür gesprochen, dass die alten Breschnew-Jünger immer noch stark waren.

So gab es wieder die gewohnten Beisetzungsfeierlichkeiten, allen voran das Defilee der Nomenklatura an dem Katafalk, der wieder mit nach russischer Sitte offenem Sarg im abgedunkelten Säulensaal des Gewerkschaftshauses aufgestellt worden war. Es war eine Ironie der Geschichte, dass die Sowjets als bekennende Proletarier in diesem Haus der ehemaligen Moskauer Adelsvereinigung, in dem mancher fröhliche Ball stattgefunden hatte, ihre großen Beerdigungen begingen. In dieses Defilee wurden wiederum die große Zahl ausländischer Trauergäste eingeschleust, die im Übrigen wieder ein „working funeral" mit einer Fülle bilateraler politischer Begegnungen abhielten. Ich war dieses Mal eingeteilt, unsere Delegation beim Defilee zu begleiten. Statt Carstens war der Bundeskanzler gekommen und so gingen wir durch den abgedunkelten Saal mit dem Geruch des russischen Winters nach nassen Mänteln, gekampferten Pelzen und muffigen Winterstiefeln, der in diesen Monaten auch für die Bolschoi-Oper und das Konservatorium typisch war. Anzeichen echter Trauer hatte ich wiederum nicht feststellen können. Und über Allem schwebte wieder der endlose Trauermarsch von Chopin.

Bemerkenswert an diesem Besuch des Kanzlers war nicht sein kurzes, inhaltlich unergiebiges Gespräch mit dem neuen Chef, Tschernenko, auch wenn uns der Botschafter hinterher seinen Eindruck mit der ironischen Weisung schilderte, die Beerdigungsakten im Protokollreferat der Botschaft bitte „staubfrei" zu halten. Wir wussten ja, dass Tschernenko alt und krank war. Politisch bedeutsamer war wohl das Gespräch, zu dem der Bundeskanzler in seinem Gästehaus auf den Leninhügeln DDR-Chef Erich Honecker empfing. Dieser zeigte damit, dass er sich sogar in der Höhle des Löwen in Moskau vor den Mikrophonen nicht an die sowjetische Linie hielt, mit uns jedenfalls zunächst einmal nach Beginn der Nachrüstung nicht mehr zu sprechen. Es war wohl das erste Direktgespräch des Bundeskanzlers mit Honecker, er ließ sich von Genscher in dessen Funktion als Vizekanzler begleiten, denn als Außenminister war er für die DDR nicht zuständig und hätte nicht teilnehmen können. Das große Thema war natürlich die Frage, wie es in den Beziehungen weitergehen sollte und die Bereitschaft der DDR zur Schadensbegrenzung wurde wieder erkennbar. So verabredete man sich immerhin zur Fortsetzung des Dialogs, also kein „Palisaden-Zaun aus Raketen", den Andropow doch angedroht hatte.

Das war auch meine Botschaft für Serge Schmemann, der nach Ende der Feierlichkeiten zu mir in der Botschaft in die Kabine kam. Er war voller Spott über Vizepräsident Bush, der nach seinem Motto: „They die, I fly" wieder nach Moskau gekommen war. Bush hatte in seinem Pressebriefing nach seinem Gespräch mit Tschernenko erklärt, er sei zuversichtlich, dass man mit ihm bald wieder zu einer Aufnahme von Verhandlungen kommen werde. Tschernenko sei durchaus geschäftsfähig. Wir wussten zwar alle, dass Tschernenko nicht weniger hinfällig war, als Andropow bei seinem Amtsantritt, und dass er auch früher nie mit konzeptionell neuen Initiativen hervorgetreten war. Dennoch wurde ich dann sehr energisch und schalt Schmemann, er verletze seine Verantwortung als Meinungsmacher in Amerika, wenn er die Befürchtungen nähre, dass es mit Tschernenko nicht gelingen werde, die West-Ost-Beziehungen wieder in ruhigeres Fahrwasser zu geleiten. Vor allem versuchte ich, ihn von dem großen sowjetischen Interesse zu überzeugen, die Verhandlungen bald wieder aufzugreifen. Das war vor allem im Bereich des „Weltraums" zu erwarten, wo die Sowjets offensichtlich sehr besorgt die Entwicklung von SDI davonlaufen sahen, galt aber auch für INF und START. Wir seien also jetzt in einer starken Verhandlungsposition, müssten aber alles vermeiden, um den mit der notwendigen sowjetischen Kehrtwende verbundenen Gesichtsverlust nicht zu vergrößern. Schmemann sagte mir später, mein Appell habe ihn nachdenklich gemacht.

In seiner Skepsis über Tschernenkos persönliche Handlungsfähigkeit hatte er aber Recht. In unserem Telegramm zu seiner Wahl durch das Politbüro hatten wir ihn auch als Übergangslösung gewertet, „Notlösung" war auf dem Weg zum Botschafter gestrichen worden. Die Gründe für diese Entscheidung lagen in der immer noch starken Position der alten Mitglieder, die noch nicht bereit waren, zu Gunsten eines jüngeren abzudanken, die mit Gorbatschow, Worotnikow oder Romanow, dem ehemaligen Parteichef von Leningrad, der im Juni des Vorjahres nach Moskau gekommen und ZK-Sekretär für die Schwerindustrie und die Rüstung geworden war, bereitstanden. Genauso wie diese jüngeren nicht durch Wahl eines Kandidaten aus ihrer Generation die eigenen Chancen auf die Spitzenposition für lange Zeit oder gar immer verlieren wollten. Und in dieser personellen Konstellation war auch in den Sachfragen der sowjetischen Politik mit großer Schwerfälligkeit und Kontinuität der Innovationsschwäche des Systems zu rechnen.

Ich habe es dem neuen Botschafter Kastl hoch angerechnet, dass er diese Prognose unterschrieb. Er hatte uns zu einer Besprechung des Berichtsentwurfs in die Kabine gerufen und gefragt, ob wir uns genügend sicher seien. Als ich erwiderte, er habe uns immer vertraut, hatte ich ihn am Portepee gefasst und er stimmte zu. Seitdem wuchs meine Hochachtung für ihn immer weiter. Er besaß wie Meyer-Landrut die Fähigkeit, andere für sich arbeiten zu lassen, und den Mut, ihre Arbeitsergebnisse dann gegenüber der Zentrale zu vertreten, beides im AA seinerzeit eher seltene Eigenschaften, wo die Neigung groß war, möglichst alles Wichtige an sich zu ziehen und dann selbst zu machen, vor allem aber sich möglichst nicht zu exponieren. Für uns war das natürlich eine umso größere Herausforderung zu sauberer analytischer Arbeit und der dafür erforderlichen Anstrengung. Kastl und Meyer-Landrut haben so das gegebene Potential ihrer Mitarbeiter voll ausgeschöpft. So musste es meiner Meinung nach sein.

Am 18. 3. wurden die MBFR-Verhandlungen in Wien wieder aufgenommen, ein erstes deutliches Zeichen der sowjetischen Bereitschaft an die Verhandlungstische zurückzukehren. Gleichzeitig wurde der Beschluss bekannt, Gorbatschow zum Hauptredner auf einer Ideologie-Konferenz zu machen, wo er über „Interessen" reden sollte, dem Andropow Thema, das mich so fasziniert hatte, weil sogar davon die Rede gewesen war, es gelte, die widersprüchlichen Interessen politisch zu organisieren, um sie als Antrieb für Reformen zu nutzen, was mit dem Machtmonopol der einen Partei kaum vereinbar war.

Im April erregte dann ein Artikel eines Mitgliedes der ungarischen Führung, Matyas Szürös, Aufsehen. Es gebe einen „neuen Typus" der Beziehungen zwischen sozialistischen Staaten. Die „allgemeinen Gesetzmäßigkeiten" des Sozialismus müssten „bereichert" werden. Es könne die Weiterentwicklung der Beziehungen einzelner sozialistischen Staaten zum Westen auch dann geben, wenn sich die Ost-West-Beziehungen insgesamt verschlechterten. Das war nicht nur ein klarer Fall der Verfolgung eigener außenwirtschaftlicher Interessen Ungarns, für die Szürös verantwortlich war, sondern auch ein Versuch, sich ideologisch von der Verbindlichkeit des sowjetischen Modells vorsichtig zu lösen. Szürös fiel mir damit zum ersten Mal auf. Auch wenn die potentielle Tragweite solcher Ideen damals noch nicht erkennbar war, wurde damit im Prinzip das ideologische Konzept in Frage gestellt, das der sowjetischen Machtstellung in Europa und der Welt zu Grunde lag. Die Berichte unserer Kollegen aus den WP-Hauptstädten ergaben, dass Szürös, wie in der SU, in der Tschechoslowakei kritisiert wurde, während man in der DDR und Rumänien Sympathie erkennen ließ. Er hatte ein für alle WP-Staaten zentrales Thema ange-sprochen, Abweichungen vom Modell. Dementsprechend aufmerksam und verbreitet war die Reaktion.

Am 15. 5. bot Reagan den Sowjets an, mit ihnen, wie von Tschernenko in einer Serie von Interviews verlangt, Verhandlungen über „Weltraumfragen" zu beginnen, wenn sie auch die INF- und START-Verhandlungen wieder aufnahmen. Das wurde von den Sowjets zwar abgelehnt, sie waren noch nicht ganz soweit, zeigte aber einen Weg aus der Sackgasse, den Tschernenko suchte, natürlich möglichst ohne Gesichtsverlust. Diese Gemengelage widerstreitender sowjetischer Interessen an Erhaltung westlicher Ängste vor dem Dialogverlust einerseits und Wiedergewinnung von Verhandlungsdruck auf das westliche Verhalten andererseits wurde auch bei einem Besuch Genschers in Moskau im Mai erkennbar, der uns dazu dienen sollte, das Eis zu brechen. Gromyko sprach dabei zwar wieder von Eiszeit, jedoch auch vom sowjetischen Interesse zu Zusammenarbeit im Bereich der Wirtschaft und der Kultur. Das Höflichkeitsgespräch Genschers mit Tschernenko bestätigte den verheerenden Eindruck von seiner Gesundheit, den wir bei der Beerdigung Andropows gewonnen hatten.

Bezeichnend war auch, dass eine Revanchismuskampagne der sowjetischen Medien gegen uns, ein Vorwurf, der immer verwendet wurde, wenn die Beziehungen zu uns schlecht waren, in einigen Mitgliedsstaaten des Warschauer Paktes nicht aufgegriffen wurde. Vielmehr wurde untergründig der Vorwurf dieser Staaten der Heuchelei an die SU erkennbar. Es war nun bekannt geworden, dass die Sowjets bereits seit vielen Jahren nukleare Waffen auf dem Gebiet der WP-Mitglieder stationiert hatten. Aufhebens von der Bedeutung dieser Kurzstreckenwaffen machten die Sowjets aber erst, als die NATO in Europa bodengestützte Raketen stationierte, mit denen sowjetisches Territorium erreichbar war. Solange solche NATO-Systeme nur die Satellitenstaaten bedroht hatten, hatte Moskau von ihnen nicht groß Notiz genommen. Die Öffentlichkeit der WP-Staaten begriff so zum ersten Mal, dass sie seit langem Moskaus nukleare Geisel war und blieb.

Ende Juli 1984 brachen dann die Auseinandersetzungen zwischen der Block-Disziplin verlangenden SU und der an den innerdeutschen Beziehungen vital interessierten DDR offen aus. Die DDR hatte einen weiteren Milliarden-Kredit von uns angenommen. Da erschien in der Prawda ein scharfer und öffentlicher Angriff auf die DDR. Unter dem Titel: „Schadensbegrenzung" beschuldigt er Honecker, auf die westliche Politik einzugehen, Kredite gegen Konzessionen in Souveränitätsfragen zu gewähren, eine präzedenzlose Rüge, weil Honecker die „Eiszeit"-Politik nicht mitmachte. Der Autor war Lew Besimenskij, d. h. der „Namenlose", ein alter Bekannter, „Journalist", besser gesagt Einflussagent von Nowosti, und seit langem Weggefährte von Falin, der vom Apparat in deutschen Angelegenheiten als Sprachrohr eingesetzt wurde, wenn man eingreifen, aber sich nicht selbst offiziell exponieren wollte. An seiner hochrangigen Rückendeckung für diesen Artikel war kein Zweifel. Das wurde wenige Tage darauf mit einem dieses Mal sogar ungezeichneten, also offiziösen, Artikel wieder in der Prawda „Auf falschem Weg" mit gleichem Tenor erkennbar. Die DDR sollte, das war eindeutig, zurückgepfiffen werden. Die Sowjets hatten erkannt, wie stark die ökonomische Abhängigkeit der DDR von uns inzwischen geworden war. Sie war nun sogar stark genug, um sich auch in wichtigen Fragen von der SU zu trennen. Ein derartiger, öffentlicher Streit zwischen der SU und der DDR war präzedenzlos. Das Imperium zeigte also Risse, die umgehend geschlossen werden mussten.

Kurz darauf kam Honecker mit dem halben Politbüro der SED nach Moskau. Wie meistens gelang es uns nicht, Näheres über die Gespräche in Erfahrung zu bringen, jedoch hatte Honecker offenbar seine Politik uns gegenüber verteidigt, während Gorbatschow auf sowjetischer Seite das Wort geführt hatte, was die zunehmende Schwäche von Tschernenko belegte, der kaum noch über Autorität verfügte. Gorbatschow hatte Honecker offenbar bearbeitet, in absehbarer Zeit nicht zu uns zu reisen, ein Plan, über den man seit einiger Zeit sprach. Anfang September gab die DDR jedenfalls die Verschiebung des Honeckerbesuchs bei uns bekannt. Und in einer Serie von Artikeln nicht nur in der Prawda, darunter ein besonders vehementer von „Borissow", vermutlich ein zur Kennzeichnung seines autoritativen Charakters gewähltes Pseudonym, wurde der sowjetische Wille deutlich, die Phase erweiterten Spielraums der WP-Mitglieder wieder zu beenden, die während des Übergangs an der sowjetischen Spitze vor allem nach der Verkündung der Gegendislozierungen und der sowjetischen Forderung auf Dialogabbruch mit uns eingetreten war. Moskau nahm die Satellitenstaaten wieder an die kurze Leine, besonders die DDR.

Im August 1984 waren zwei Artikel eines Wirtschaftswissenschaftlers Prof. Aganbegjan, wie die Saslawskaja aus Nowosibirsk, mit scharfer Kritik an der Wirtschaftspolitik erschienen, ein Anzeichen, dass die Kräfte, die eine Reform wollten, noch lebendig waren. So war uns im Jahresverlauf nach Tschernenkos Machtantritt auch aufgefallen, dass die sowjetischen Führer ein eigentliches Tabuthema, nämlich die Haushaltsbelastung durch Rüstungsausgaben, in mehreren großen Reden angesprochen hatten, Tschernenko im Mai und im September, Gorbatschow im gleichen Monat auf einer Auslandsreise nach Bulgarien und Gromyko im November. Auch wenn sie betonten, die SU könne die Last soweit notwendig tragen, kam darin der offenbar wieder zunehmende Kampf um die Ressourcen zwischen Butter und Kanonen zum Ausdruck.

In die gleiche Richtung einer Abwendung von Konfrontationspolitik deutete Anfang September die Absetzung Ogarkows und die Ernennung Achromejews zum Generalstabschef. Vor allem wurde kurz darauf bei einem Besuch Gromykos im Weißen Haus Ende September 1984 erkennbar, dass die Sowjets nun offenbar beschlossen hatten, die verkündete Periode der Sprachlosigkeit zu beenden.

Wir suchten inzwischen schon wieder nach Anzeichen, wer sich im wieder in Gang gekommenen Kampf um die Nachfolge des kranken Generalsekretärs durchsetzen würde. Im Oktober erhielt Grischin, der Moskauer

Parteichef, den Leninorden und wurde von Tschernenko gepriesen. Da Grischin mehrfach als engster Begleiter Tschernenkos erschien, wurde er im diplomatischen Corps als Konkurrent Gorbatschows gehandelt. Ich konnte nicht glauben, dass die Sowjets zum dritten Mal einen verbrauchten Mann zur Nummer eins machen wollten. So buchte ich Schtscholokows Verlust seines Generalsranges Anfang November 1984, ein weiterer Abstieg nach seiner Selbstkritik im Kampf um die Breschnew-Nachfolge, auf das Konto der Gegner Tschernenkos, also auch Gorbatschows, denn Schtscholokow war ja mit Tschernenko im Clan von Dnjepropetrowsk verbunden gewesen. Im Dezember wurde dann bekannt, dass Schtscholokow Selbstmord begangen hatte. Ich wertete dies als weiteres Zeichen, dass sich der KGB in seiner alten und bekannten Rivalität mit dem Innenministerium wieder durchgesetzt hatte und die Nachfolgechancen des Andropow-Jüngers Gorbatschow stiegen.

Mitte Oktober bat mich einer unserer Militärattachés, ein Papier des BND zu beurteilen, das sich mit der Analyse der sowjetischen Politik der letzten Jahre befasste. Ich benutzte die Gelegenheit, um einige der Grundlinien meiner Auffassungen darzulegen und vor dem herannahenden Ende meines Postens eine Zusammenfassung des damalige Standes meiner Analyse der Veränderungen in der SU während der drei Jahre 1982 bis 1984 zu geben. Ich stimmte zu, dass es in der SU in den wesentlichen Grundfragen der Innen-, Außen- und Wirtschaftspolitik Einigkeit gebe. Gleichzeitig müssten aber auch in der SU politische Zielkonflikte, die es der Natur der Sache nach genauso gebe wie anderswo, entschieden werden. Die Meinung, in der sowjetischen Führung herrsche dauerhaft Konsens über die jeweiligen Prioritäten, hielte ich für falsch. Das Politbüro sei nicht lediglich ein Parteiorgan, sondern eine Art von geheimem Staatsrat, wie es ihn zu zaristischer Zeit gegeben habe, in dem alle institutionalisierten Interessen vertreten seien. Auch „systemimmanent" seien, siehe Wirtschaftspolitik, Diskussionen nicht nur möglich, sondern angesichts des Problemdrucks sogar unvermeidlich. Das gelte mutatis mutandis auch für die Außenpolitik.

Es habe bis zum seinem Tode ein hartes Ringen um die Breschnew-Nachfolge gegeben, die man an den großen Reden der beiden Rivalen Tschernenko und Andropow habe erkennen können. Andropow habe sich mit Hilfe seiner als KGB-Chef gewonnenen Erkenntnisse über die Korruption des Breschnew-Clans durchgesetzt und dann in seinen Reden und vor allem dem Marx-Aufsatz seine nicht nur wirtschaftspolitischen, auf Dezentralisierung gerichteten Reformvorschläge verbreitet, denen Tschernenko erkennbar mit Wiederholungen der Orthodoxie widersprochen habe. Da mit Andropows Rückkehr ins ZK-Sekretariat der Parteiapparat, die wichtigste der Säulen sowjetischer Macht, zwischen ihm und Tschernenko gespalten gewesen sei, habe es dort eine Art von Patt zwischen den Anhängern der beiden Rivalen gegeben. Deshalb habe der militärisch-industrielle Komplex hinter Ustinow den Ausschlag bei der Bestimmung des Nachfolgers Breschnews geben können.

Wegen dieses Bündnisses Andropows mit Ustinow habe Andropow rüstungskontrollpolitisch nicht viel ausrichten können. Ansätze, sich von der dabei geerbten Politik zu lösen, als sich nach dem Williamsburger Gipfel der G-7 gezeigt hatte, dass sie in die Sackgasse führen würde, konnten sich gegen den Widerstand der Propagandisten, die die Friedensbewegung aufgebaut hatten, und Ustinows, der jede Dislozierung bei uns verhindern wollte, bei sich verschlechternder Gesundheit Andropows und erst Recht nach dem Einbruch zwischen West und Ost nach dem Jumbo-Abschuss nicht mehr entwickeln. Das Hin und Her um den „Parkspaziergang" habe gezeigt, wie die Versuche, einen Ausweg zu finden, von Ustinow gestoppt worden seien.

Wie das BND-Papier sähe ich Andropows Leistung in der Innen- und vor allem Wirtschaftspolitik. Bogomolow habe mir bestätigt, dass der Aufsatz von Butenko über die „Widersprüche" der Vorläufer von Andropows Marx-Artikel war. Dieser sei die theoretische Basis der Nowosibirsker Studie der Saslawskaja. Er nehme die Studie im Kern – das Lenkungssystem ist veraltet – vorweg. Das Jahr 1983 sei auch das Jahr des Aufstiegs von Gorbatschow gewesen, der die Ansätze Andropows (Lenkungssystem) und Tschernenkos (Lebensstandard) verknüpft habe. In der Entscheidung über Andropows Nachfolge habe sich Gorbatschow die Position der Nummer zwei gesichert. Die Folge sei die Verkündung von „Experimenten" gewesen, mit denen ein „Programm" zur „Vervollkommnung des Lenkungsmechanismus" erarbeitet werden sollte. Die Auseinandersetzungen seien aber noch nicht vorbei, noch nicht einmal endgültig entschieden.

Mit den Apparaten der Partei, der Sicherheit, der Wirtschaft, des militärisch-industriellen Komplexes und der Diplomatie gebe es auch in der SU institutionalisierte Interessen. Sie könnten normalerweise wohl ohne größere Probleme auf einen Nenner gebracht werden. Die vergangenen Jahre seien aber nicht normal gewesen. Sach-und Personalfragen seien auch in der SU kaum völlig voneinander zu trennen. Ihre Verknüpfung werde in Zeiten des Umbruchs und der Machtkämpfe um die oberste Position besonders deutlich. Für die Zukunft, so mein Resümee, stimmte ich der BND-Studie also zu. Der Grundkonsens werde auch das äußere Bild in dem Maße wieder stärker bestimmen, wie sich die personelle Lage konsolidiere.

Ich nahm so ausführlich Stellung, weil ich die Chance sah, zu einer gemeinsamen Lagebeurteilung in der Bundesregierung zu kommen, die die personellen Rivalitäten und substantiellen Auseinandersetzungen im sowje-tischen System ihrem Gewicht nach angemessen bewertete und nicht jede potentielle politische Dynamik in der SU von vornherein ausschloss, weil das System grundsätzlich als geschlossen betrachtet werden müsse, wie viele Analytiker der SU damals meinten. Wieder erhielt ich keine Antwort.

Am 20. Oktober 1984 wurde in Polen Pater Popieluszko, der prominenteste Priester in der Solidarność, ermordet und es wurde sehr schnell klar, dass die Mörder zur Geheimpolizei gehörten. Die wahre Macht in Polen zeigte ihre Fratze. Ich konnte nicht glauben, dass die Mörder auf eigene Faust gehandelt hatten. Das Entsetzen über den Mord war gewollt.

Am 23. 11. begannen in Genf die Nuklear- und Weltraumverhandlungen. Die Rückkehr zu Verhandlungen über die ganze Bandbreite strategischer Offensiv- und Defensivwaffen wurde absehbar. Das Zögern in Moskau schien überwunden. Das war wohl auch eine Reaktion auf Reagans Wiederwahl am 6. 11. 1984. Die Sowjets wussten nun, woran sie waren.

Am 10. 12. hielt Gorbatschow die Hauptrede auf einer „wissenschaftlich-praktischen All-Unions-Konferenz", und die Prawda gab seine Hauptziele wieder, höherer Lebensstandard, rasches Wirtschaftswachstum, Erhöhung der Arbeitsproduktivität, Selbständigkeit der Unternehmen, Arbeiterselbstverwaltung und Rechenschaftspflicht der Exekutive gegenüber dem Volk, Selbstverwaltung auch in einem politischen Sinne. Gorbatschow wurde damit zum Favoriten in der Nachfolgefrage. Er war offenbar reformwillig, auch wenn unklar blieb, wie weitgehend das Vorgetragene tatsächlich war und wie diese Ziele konkret erreicht werden sollten.

Am 14. 12. machte Gorbatschow Besuch bei Mrs. Thatcher in London und sie überraschte die Welt mit der Mitteilung: „I can do business with this man." So entstand sein Ruf als vernünftiger Mann. Botschafter Kastl hatte uns schon einige Monate davor von einem Gespräch mit Gorbatschow auf einer Außenhandelsmesse in Moskau berichtet, wo er ihm auf dem deutschen Stand begegnet war. Er sei tatsächlich ganz anders als die gewohnten Gerontokraten, wach, dynamisch und interessiert. So bildete sich allmählich eine Erwartung heraus, es könne sich vielleicht wirklich etwas ändern, wenn Gorbatschow sich im Nachfolgekampf durchsetzte. Es hatte sich damals in Moskau das Gerücht verbreitet, bei Tschernenkos Wahl sei bereits vereinbart worden, dass Gorbatschow sein Nachfolger werden solle. Ich hatte dem keinen Glauben geschenkt. Es schien mir unwahrscheinlich, dass die Rivalen im Politbüro sich so frühzeitig für eine noch nicht überschaubare Eventualität festgelegt hatten. Aber ein Anzeichen für Gorbatschows Favoritenstellung war dieses sicherlich lancierte Gerücht schon. Die Endzeitstimmung, die für Gorbatschow nur günstig sein konnte, weil er für den Generationswechsel stand, verstärkte sich mit dem Tod Ustinows am 20. 12. und der damit verbundenen erneut großen Beerdigung noch einmal mit Chopin.

So schied ich im Januar 1985 nach drei aufreibenden Jahren aus Moskau mit der im diplomatischen Corps weit überwiegend verbreiteten Meinung, der nächste Generalsekretär werde Gorbatschow heißen. Der Aufstieg dieses verhältnismäßig jungen Mannes während der vergangenen zwei Jahre änderte aber an meinem Gesamteindruck nichts. Das System hatte keine Zukunft mehr. Obwohl geistig erstarrt, ökonomisch erschöpft, die Landwirtschaft am Boden, militärisch überlastet, psychisch depressiv, mit Rissen im Imperium und im Kampf der Systeme entscheidend zurückgefallen, trotz einiger Versuche zur Entwicklung von Reformansätze in der Wirtschaft und Anzeichen einer Wende in der Außenpolitik sprach aber meiner Meinung nach

Nichts für eine grundlegende Systemänderung, denn sie wäre mit der Gefahr des Machtverlustes der herrschenden Säulen des Apparates verbunden gewesen, und ich glaubte nicht daran, dass irgendjemand von den Herrschenden bereit war, eine solches Risiko einzugehen. Andropows Marx-Artikel hatte mich zwar fasziniert und aufmerksam gemacht und Gorbatschow hatte sich zu diesen Ideen bekannt, die, wenn ernst gemeint, systemgefährdend waren. Das aber konnte er doch nicht wollen. Zu erwarten war also, so mein Schlusseindruck, „more of the same." Die Strukturparameter des sowjetischen Systems, des Modells für den gesamten „realen Sozialismus", schienen mir, trotz der beobachteten Anzeichen für Bewegung, unverrückbar.

Botschafter Kastl gab meiner Frau und mir zu unserem Abschied von Moskau ein großes Abendessen. Auf unseren Wunsch hatte er zwei berühmte Komponisten, Alfred Schnittke und Edison Denissow, den als Dissidenten bekannten Dichter Wosnesenski und die der Botschaft seit Jahren eng verbundene Witwe des Schriftstellers Trifonow eingeladen. Sie waren zu meiner Freude alle gekommen, was allerdings sicher mehr mit dem Botschafter als mit uns zu tun hatte. Immerhin hatten wir uns aber mit Schnittke und Denissow etwas angefreundet. Sie haben wohl die Musikpassion meiner Frau gespürt. Wir waren in Moskau von so viel Hässlichkeit umgeben, dass die großartige Musik, die das Moskauer Musikleben jeden Tag bot, für Claudia und auch für mich eine wesentliche Hilfe waren, um nicht der allgemeinen Tristesse des „realen Sozialismus" zu erliegen. So gingen wir in manchen Wochen mehrmals ins Konzert und hörten dort die weltberühmten russischen Virtuosen wie Gilels, Richter und Baschmet. Wir haben sie z. T. auch persönlich kennengelernt und von ihren Erniedrigungen durch die sowjetische Bürokratie erfahren, die regelmäßig selbst bei so großen Künstlern wie Swjatoslaw Richter mit dem Erhalt einer Ausreisegenehmigung verbunden waren und bei denen die Botschaft zu helfen versuchte.

Die westlichen Botschaften waren damals einfach die beste Verbindung der Moskauer künstlerischen und wissenschaftlichen Elite zum Westen. Isoliert durch das kommunistische System von der Kunst und der Wissenschaft der freien Welt, versuchten diese oft so hoch begabten Menschen mit aller Kraft, Zugang dazu zu finden. So standen sie auch jüngeren westlichen Diplomaten zum Gespräch zur Verfügung, was oft auch pro-fessionell interessant war, selbst wenn es nicht direkt um Politik ging. Wosnesenski zitierte bei Tisch einige seiner Gedichte und der Botschafter hielt wohl vorbereitet, er sprach noch nicht sehr gut Russisch, eine sehr lobende Abschiedsrede auf mich und meine Frau in dieser Sprache. Ich war deshalb beschämt, dass ich, nachdem ich ihm nun meinerseits in dieser Sprache antworten musste, dabei furchtbar gestottert und schreckliche Fehler gemacht habe. Aber meinen großen Dank für das Wohlwollen und die Unterstützung des Botschafters hat man sicher verstanden.

Im Februar brachte das sowjetische Fernsehen dann einen Bericht von

Tschernenkos Stimmabgabe bei den Wahlen zum Obersten Sowjet, offensichtlich nicht in einem normalen Wahllokal, sondern einem für diesen Zweck der Präsentation des Parteichefs extra hergerichteten Raum. Tschernenko wirkte aber noch hinfälliger als bisher und wurde von Grischin fürsorglich begleitet, was die Spekulation über Grischins Nachfolgechancen wieder anheizte. Am 10. 3. wurde dann der Tod Tschernenkos und am 11. 3. Gorbatschows Wahl gemeldet. Inzwischen wieder in Bonn und für andere Dinge verantwortlich freute ich mich doch, dass wir mit unserer Prognose wieder richtig gelegen hatten. Aber ich hatte genug von der SU und war froh, dass ich dieses Reich der Lüge, der Intrige, der Unterdrückung und der Gewalt hatte hinter mir lassen können. Ich war auf dem unwirtlichen Gipfel jenes von Kennan beschriebenen Berges gewesen und hatte, so fand ich, meine Pflicht getan.

Die Anfänge

Es gibt wohl nur wenige Berufe, bei denen die Personalverantwortlichen so große Macht über die ihnen Untergebenen haben, wie die Diplomatie. Dort geht es nicht nur um das berufliche Fortkommen, sondern regelmäßig auch um die völlige Veränderung der Lebensverhältnisse nicht nur für den Betroffenen, sondern auch für seine gesamte Familie, wenn der Weg, wie meistens, weit weg und in ganz fremde Kulturen führen soll. Dennoch war die Personal-Abteilung des Auswärtigen Amtes in den achtziger Jahren noch an weitgehend widerspruchslosen Gehorsam jedenfalls der jüngeren Beamten gewohnt, wenn sie uns auf neue Posten schickte. Man wusste, dass sie bei Ablehnung eines Versetzungsangebots mühelos ein schlechteres machen konnte. Der Wechsel des Arbeitgebers im Falle einer unbefriedigenden Verwendung ist für Berufsdiplomaten aber unmöglich, denn auf Diplomatie als Dialog der Staaten hat das Auswärtige Amt ein Monopol. Man hätte im Falle der Nichteinigung also den Beruf wechseln müssen, was bei meiner Passion für die internationale Politik nicht in Frage kam.

Frau Holik, die Leiterin des Personalreferates, spätere Botschafterin in Wien, war sichtlich konsterniert, als ich spontan nein gesagt hatte. Sie hatte mich Anfang Oktober 1988 zu sich bestellt und mir eröffnet, ich solle zu Anfang März 1989 wieder nach Moskau gehen, dieses Mal als Leiter der Politischen Abteilung der Botschaft. Ich beeilte mich, ihr auf ihre Verblüffung hin zu erklären, dass die drei Jahre beim ersten Mal Moskau für mich eine Art von Folter gewesen waren, weil ich mich an den völligen Verlust des Privatlebens durch das ständige Abhören, die uns verfolgenden Autos bei unseren Ausflügen an den Stadtrand und die vorgeblichen Liebespärchen, die uns auf unseren Spaziergängen begleiteten, niemals hatte gewöhnen können. Frau Holik meinte, das hätten doch schon viele ausgehalten, warum nicht ich ein zweites Mal, ich kennte ja nun die Verhältnisse. Und im Übrigen werde es mit Sicherheit sehr interessant angesichts der jüngsten Entwicklung in Moskau. Ich sagte ihr schließlich, ich müsse darüber nachdenken.

Auf dem Weg nach Hause überlegte ich mir, dass ich sicherlich von Botschafter Meyer-Landrut angefordert worden war, der nach Kastls Pensionierung selbst ein zweites Mal als Botschafter nach Moskau geschickt worden war und, wie ich von den Versetzungen anderer Kollegen wusste, dort sein altes Team wieder zusammenstellte. Ihm konnte ich aber kaum nein sagen. Dazu hatte ich ihm zu viel zu verdanken. Vor allem aber wurde mir bewusst, dass ich mir selbst als Feigling vorkommen würde, wenn ich bei dem Nein blieb. So sagte ich meiner Frau, dass ich für ihr Ja sehr dankbar sein würde, obwohl ich ihr nach der Rückkehr aus Moskau versprochen hatte, dass ich dort nicht wieder hingehen würde. Nch Claudias schließlich, wenn auch wirderstrebend gewährter Zustimmung, begann ich mich im Oktober 1988 auf die neue Arbeit vorzubereiten.

Ich hatte in den vergangenen beinahe vier Jahren bewusst versucht, alles über die Sowjetunion zu vergessen, um mich von meiner damaligen Bedrückung zu befreien. Aber ich hatte natürlich trotzdem Einiges von dem Wichtigsten, was sich seitdem ereignet hatte, registriert.

Da war zunächst das Interview des Bundeskanzlers mit Newsweek im Oktober 1986 gewesen, als er Gorbatschow mit Goebbels verglichen hatte. Trotz der Vertuschungsversuche des Kanzleramtes war ich mir sicher, dass der Bundeskanzler sich so ausgedrückt hatte, wie Newsweek ihn wiedergegeben hatte. Ich kannte den Interviewer, Stan Nagorski, aus Moskau. Er mochte uns Deutsche wohl nicht, war aber ein seriöser Journalist, mit dem ich mich über Polen unterhalten hatte. Er verstand davon viel. Mit ihm als Amerikaner polnischer Herkunft mit einer polnischen Frau seit einem Posten in Warschau lohnte es, über Polen zu sprechen. Vor allem aber fand ich, dass der Bundeskanzler in der Sache vermutlich Recht hatte. Es war zwar sehr hart ausgedrückt, aber ich war 1986 auch der Meinung, dass Gorbatschow an der Grundstruktur des Systems vermutlich nichts ändern wollte, er war ja schließlich ein Produkt dieses Systems und wegen seiner Identifikation damit bis an die oberste Spitze gelangt.

Als der Minister wenige Monate darauf in Genf vor dem Weltwirtschaftsforum eine Rede hielt: „Lasst uns Gorbatschow beim Wort nehmen", fand ich dies viel zu positiv in der Bewertung dessen, was seit Gorbatschows Amtsantritt in der SU tatsächlich, im Gegensatz zu Ankündigungen, geschehen war. Und es war wohl etwa zu dieser Zeit, als Botschafter Kastl, damals frisch pensioniert, einen Leserbrief an die FAZ schrieb, in dem er fragte, von welchen Tatsachen aus der Minister auf eine wirkliche Substanzänderung der sowjetischen Politik schließe. Er kenne keine, die einen solchen Schluss erlaubten. Das schien mir völlig richtig, denn in den Nuklearverhandlungen, dem entscheidenden Aktionsfeld, verfolgte die SU, so mein Eindruck von außen, weiterhin eine Politik der Denuklearisierung Deutschlands mit der Forderung, nach der Nulllösung für die Mittelstreckenwaffen, nun auch Raketen kürzerer Reichweiten völlig zu beseitigen.

Nach meiner Rückkehr aus Moskau hatte ich selbst ein neues sicherheitspolitisches Referat in der Politischen Abteilung der Zentrale in Bonn übernommen und beobachtete mit Missfallen Genschers ständiges Drängen auf die „doppelte" und dann sogar die „dreifache Null", also die Beseitigung der ballistischen Raketen kürzerer und kurzer Reichweite, wodurch das zur Glaubwürdigkeit des Eskalationswillens der NATO im Falle eines Angriffs erforderliche nukleare Potential allzu sehr ausgedünnt werden würde, jedenfalls so lange, wie der Warschauer Pakt konventionell weiter so erdrückend überlegen blieb. In den andauernden Reibereien Genschers mit Verteidigungsminister Woerner und auch dem Bundeskanzleramt war ich bei Konsultationen über eine die Franzosen einschließende, europäische Nukleardoktrin, die ich in London bei der „wiederbelebten" WEU zu führen hatte, in größten Schwierigkeiten, weil es so keine einheitliche Position der Bundesregierung gab, letztlich, so meine Meinung, weil Genscher die Entwicklung in der SU überschätzte, zeigte doch die sowjetische Forderung nach Nulllösungen auch in diesem Bereich, dass sich grundsätzlich an ihrer Politik der nuklearen Entblößung unseres Landes nichts geändert hatte.

Im April 1987 war dann das Interview des SED-Ideologie-Papstes Hager mit dem „Stern" erschienen, in dem er gefragt hatte: „Würden Sie, wenn ihr Nachbar seine Wohnung neu tapeziert, sich verpflichtet fühlen, ihre Wohnung gleichfalls neu zu tapezieren?" Hager war also offenbar, so musste man ihn jedenfalls verstehen, der Meinung, dass Gorbatschow nur Oberflächliches veränderte, die Substanz davon aber nicht berührt war. In gewissem Sinne hatte er dem Bundeskanzler also Recht gegeben. Gleichzeitig machte dieses Interview aber vor allem klar, dass der Haussegen zwischen den Sowjets und der DDR offensichtlich schief hing, denn über diese präzedenzlose Abqualifizierung der Politik eines amtierenden Generalsekretärs der KPdSU durch ein Politbüromitglied einer der Satellitenparteien, ob berechtigt oder nicht, konnte Gorbatschow kaum begeistert sein.

So suchte ich im Rückblick auf die Jahre seit meiner Rückkehr aus Moskau nach Belegen für eine wirkliche Änderung der sowjetischen Politik uns gegenüber und einen solchen Beleg gab es dann auch. Es war Gorbatschows Äußerung zur Deutschen Frage beim Staatsbesuch von Bundespräsident v. Weizsäcker im Juli 1987. Gorbatschow hatte dazu gesagt: „Die Geschichte wird zu gegebener Zeit ihr Urteil darüber sprechen." Ich hatte aber Gromyko noch im Ohr, der immer wieder wiederholt hatte, die Geschichte habe inzwischen mit Bildung zweier deutscher Staaten endgültig über die deutsche Frage entschieden. Die deutsche Öffentlichkeit hatte auf die Äußerung Gorbatschows zwar eher enttäuscht reagiert, jedoch fälschlich, wie ich fand, denn Gorbatschow hatte an die Stelle von Gromykos „nein" zur deutschen Einheit ein „vielleicht" gesetzt und das war doch etwas grundlegend Anderes.

Auch in der sowjetischen Innenpolitik war seit meinem Abschied Anfang 1985 Erstaunliches geschehen. 1985 waren zur Beseitigung von Opponenten drei Vertreter der Breschnew-Periode aus dem Politbüro entfernt worden, Romanow, der für die Interessen der Schwerindustrie im ZK-Sekretariat stand, Grischin, der Moskauer Parteichef, der Ambitionen auf die Nachfolge Tschernenkos gezeigt hatte und Tichonow, Breschnews der zentralen Wirtschaftsplanung verpflichteter Ministerpräsident. Darüber hinaus war der ewige Außenminister Gromyko durch „Beförderung" zum Staatschef von seinem bisherigen Posten abgelöst und durch den georgischen Parteichef Schewardnadse entfernt worden. Damit hatte sich Gorbatschow offenbar im Politbüro Luft verschafft. Im Juni 86 hatte Gorbatschow dann in einer Rede vor einem ZK-Plenum, die in der italienischen Parteizeitung, also wohl kaum ohne sowjetische Autorisierung, zitiert worden war, die sowjetische Situation charakterisiert: „Die herrschende Schicht liegt zwischen Führung und Volk, der Apparat der Minister, der Apparat der Partei. Er will keine Transformation." Das traf nach all unseren Beobachtungen zu, war aber aufsehenerregend, weil es den bisher wie in der Vergangenheit halb verdeckt geführten Machtkampf in der Führung offen legte und den Willen zur Umgehung dieser Schicht, wenn nicht zu mehr, vermuten ließ.

Auf dem sogenannten „Demokratisierungs-Plenum" des sowjetischen ZK Ende Januar 1987 war dann tatsächlich auch ein entsprechender Beschluss gefasst worden. In Zukunft sollte es bei den Wahlen zu den Sowjets auf den verschiedenen Ebenen mehrere Kandidaten je Sitz geben. Das war, wenn es entsprechend umgesetzt wurde, tatsächlich sensationell, weil es eine echte Wahl bedeuten konnte. Und im Februar 1987 war Tschurbanow, der Schwiegersohn Breschnews, verhaftet worden. Gorbatschow führte also erfolgreich die alte Fehde gegen den Breschnew-Clan weiter und zeigte so seinen Gegnern, wie der Sicherheitsapparat mit ihnen im Falle der Widersetzlichkeit umgehen könnte. Beim nächsten ZK-Plenum im Juni 1987, die sowjetische Politik entwickelte sich immer noch im Rhythmus dieser Tagungen, hatte Gorbatschow die im Januar verkündete Demokratisierung mit „politischer Reform" verbunden, was weitergehende Zielsetzungen implizierte, auch wenn sie noch nicht näher beschrieben waren.

Sie waren Ende Mai 1987 etwas deutlicher geworden, als Gorbatschow die Landung eines aus Deutschland stammenden Sportflugzeugs auf dem Roten Platz in Moskau zum Anlass nahm, um die Spitze der Streitkräfte zu entlassen. Sein Zornesausbruch über diesen Vorfall, von dem er auf einer Reise nach Ost-Berlin erfahren hatte, war von den sowjetischen Medien nicht verborgen worden, so dass Gorbatschows Wille, die Militärs politisch zurückzusetzen, bekannt geworden war.

Das ZK-Plenum im Februar 1988 hatte dann die Forderung nach Demokratisierung noch stärker herausgestellt. Ohne sie könne die Perestroika nicht vorankommen. Die Perestroika schien dort also einen neuen Impuls bekommen zu haben. Auf der anderen Seite war dort aber der Moskauer Parteichef, der als Reformer geltende Boris Jelzin, aus dem Politbüro ausgeschlossen worden und hatte seine Moskauer Funktion verloren, was eher ein negatives Zeichen war, auch wenn die Hintergründe nicht bekannt waren. Mitte März 1988 war ein Artikel, angeblich von einer Leningrader Dozentin für Chemie, Nina Andrejewna, in der Moskauer „Sowjetskaja Rossija" erschienen. „Ich kann meine Prinzipien nicht aufgeben". Er war international sofort als eine Art von Anti-Gorbatschow-Manifest verstanden worden, hinter dem der inzwischen zu den Konservativen gezählte ZK-Sekretär für Ideologie und Nummer zwei im Politbüro, Jegor Ligatschow, vermutet wurde. Gorbatschows Position war also offenbar Kritik von liberaler (Jelzin) wie nach wie vor besonders von konservativer Seite ausgesetzt und die Kraft der Konservativen schien dabei die Oberhand zu gewinnen.

Die Prawda, also die nach wie vor autoritative Zeitung, hatte Anfang April 1988 allerdings eine Widerlegung des Andrejewa-Pamphlets gebracht und die XIX. Parteikonferenz Ende Juni diesen Jahres hatte mit einem klaren Sieg

Gorbatschows geendet, denn es war beschlossen worden, einen „Volkskongress" zu schaffen, der über dem Obersten Sowjet stehen sollte und dessen Mitglieder offenbar mit Mehrheit aus einer Art von echter Wahl hervorgehen sollten. Außerdem war eine Erklärung über „Glasnost" angenommen worden, die eine Art von Meinungs- und Pressefreiheit zu versprechen schien. Ihr Hauptautor war offenbar ein mir bis dahin noch nicht aufgefallenes Führungsmitglied, Alexander Jakowlew, gewesen.

Mir gefiel allerdings nicht, dass einer der Protagonisten von „Glasnost", der Chefredakteur der Zeitschrift „Ogonjok", die das schärfste Glasnost-Organ zu sein schien, Korotitsch, Gorbatschow auf der Parteikonferenz coram publico eine Mappe mit Informationen über Korruption in der oberen Parteiführung übergeben hatte. Diese Art von Pressefreiheit roch doch sehr nach der altbekannten KGB-Methode, politische Gegner durch kompromittierende Informationen unmöglich zu machen und warf die Frage nach dem wahren Zweck von Glasnost auf. An das plötzliche Erblühen von freiem, investigativem Journalismus in der Sowjetunion konnte ich jedenfalls nicht glauben. In jedem Falle war Glasnost aber in der gegebenen Situation für Gorbatschow ein nützliches Kampfinstrument und sein Einsatz sprach für die Härte des Kampfes.

Diese Auseinandersetzung war damit nicht zu Ende, sondern drang immer mehr in die Öffentlichkeit. So hatte Ligatschow Anfang August 1988 öffentlich den Vorrang des Klassenkampfes vor den allgemeinmenschlichen Werten verteidigt, während Jakowlew zu gleicher Zeit diese Werte als dem Konzept der Perestroika zu Grunde liegend hervorgehoben hatte. Mit einem weiteren ZK-Plenum Ende September schien der Streit dann zu Gunsten Gorbatschows entschieden worden zu sein, denn Ligatschow wurde als Ideologie-Sekretär von Medwedew, offenbar einem Gorbatschow-Mann, abgelöst und mit Ernennung zum Agrarsekretär, der traditionellen Mission Impossible, degradiert. Gorbatschow selbst verdrängte Gromyko als Staatschef und Jakowlew war Sekretär für Außenpolitik geworden. Die Reformer waren 1988 insgesamt also vorgerückt, wenn auch nur nach Kämpfen.

Gewohnt, neben den Ereignissen in der SU selbst auch nach Anzeichen der Veränderung in der sowjetischen Politik in den Beziehungen zu den Mitgliedern des Warschauer Paktes zu suchen, schaute ich mir dann näher an, was in deren Verhältnis zur SU inzwischen geschehen war und wurde dabei schnell fündig. Da war zunächst einmal Gorbatschows Rede auf dem letzten Parteitag der KPdSU im Februar-März 1986. Er hatte dort gesagt, es gebe keine „Uniformität" und „Hierarchie" unter den Parteien. Ob das nun mehr bedeutete, als Chruschtschow seinerzeit den Jugoslawen gesagt hatte, war natürlich noch offen. Aber er hatte hinzugefügt, dass keine Partei den Anspruch auf Monopolbesitz der Wahrheit erheben könne, und sich für ein Konzept allgemein menschlicher Werte eingesetzt, das den Klassenkampf offenbar überlagern sollte. Das hätte einen fundamentalen Bruch mit dem herkömmlichen „historischen Materialismus" bedeutet. Ganz klar war aber noch nicht, ob Gorbatschow wirklich einen so radikalen Bruch mit der bisherigen ideologischen Herrschaftsbasis herbeiführen wollte.

Der Parteitagsrede war im Oktober 1986 ein Treffen Gorbatschows mit Schriftstellern auf Einladung des bekannten kirgisischen Romanciers Tschingis Aitmatow in Zentralasien gefolgt, wo Gorbatschow „allgemein menschlichen Werten" den eindeutigen Vorrang vor Klasseninteressen gegeben und sich damit nun unbestreitbar von den herrschenden Lehren des historischen Materialismus gelöst hatte. Auf einem RGW-Gipfeltreffen einen Monat später hatte er erklärt, es gelte nunmehr „die Selbständigkeit jeder Partei, ihr Recht zur souveränen Entscheidung über Entwicklungsprobleme ihres Landes, ihre Verantwortung gegenüber dem eigenen Volk." Wenn das ernst gemeint war, dann bedeutete das die Forderung nach einem grundlegenden Systemwandel von der Herrschaft der jeweiligen Parteispitze zu einer demokratisch von unten legitimierten Ordnung. Genau diese Forderung war dann auf dem „Demokratisierungs-Plenum" im Januar 1987 öffentlich zum zentralen Beschluss geworden, der damit, wenn dies keine Propaganda war, das bisherige Herrschaftssystem als für die Zukunft nicht mehr geltend erklärt hatte.

Im November 1987 hatte Gorbatschow diese die ideologische Basis der Herrschaft in allen „realsozialistischen Staaten" zerstörende Argumentation weiterentwickelt. In seiner Rede zum 70. Jahrestag der Oktoberrevolution hatte er bezogen auf die verschiedenen kommunistischen Parteien von der „Freiheit der Wahl" ihres politischen Kurses gesprochen. So konnte man ihn jedenfalls verstehen, denn er hatte auch gesagt, „Alle Parteien sind restlos und unumkehrbar selbständig." Damit schien es also mit der Verbindlichkeit des sowjetischen Modells vorbei. Auch die Gewissheit am Ende stabiler Abstützung der Regime in den Warschauer-Pakt-Staaten auf das Gewalt-Potential des sowjetischen Militärs schien damit entzogen. Als ich dies 1988 ein Jahr später las, konnte ich es kaum glauben, denn es gefährdete doch den Bestand des Imperiums. Im März 1988 war dann ein Besuch in Jugoslawien gefolgt, auf dem Gorbatschow das Recht jeder Partei bekräftigt hatte, einen eigenen Weg zum Sozialismus zu suchen, und hatte gegenseitige Respektierung der verschiedenen Wege des Aufbaus des Sozialismus gefordert, was wieder mehr an traditionelle Aussagen zu dieser Thematik erinnerte.

Erheblich klarer und weitergehender in der Beschreibung der nun geltenden Grundsätze für das Verhältnis Moskaus zu den Warschauer Pakt-Staaten war dann Ende Juni 1988 die XIX. Parteikonferenz der KPdSU gewesen, also dem nach einem Parteitag höchsten Beschlussgremium der Partei, auf der Gorbatschow sich nun sogar zur „Freiheit der Völker und Staaten" bekannt hatte, ihr „Gesellschaftssystem" zu wählen, also nicht nur ihren eigenen Weg zum Sozialismus, sondern, so die eindeutige Implikation, auch ein nicht sozialistisches System würden wählen können. Zwei Wochen später fand sich im Kommunique über einen Polen-Besuch Gorbatschows die Anerkennung der nationalen und historischen Unterschiede beim Aufbau des Sozialismus.

Im Rückblick auf die Jahre seit Gorbatschows Amtsübernahme bis zu diesem Herbst 1988 zeigten sich neben dieser Entwicklung der sowjetischen Erklärungen zum zukünftigen Umgang mit den Satellitenstaaten auch erstaunliche Entwicklungen in diesen Staaten selbst. Einige, nicht alle, hatten begonnen, die von Moskau gewährte Freiheit umzusetzen. Im Mai 1987, also nach dem Demokratisierungs-Plenum des Januars in Moskau, veröffentlichte eine von dem Mitglied der Führung der ungarischen Partei Pozsgay geleitete Kommission ein Papier „Wendepunkt und Reform" mit der Forderung nach Rechtsstaat, Menschenrechten, unabhängiger Justiz, Marktwirtschaft mit freier Preisbildung nach Angebot und Nachfrage. Das ging noch weiter als bis dahin die sowjetische Perestroika, folgte aber ihrer Grundlinie und war angesichts der Machtverhältnisse mit sowjetischen Divisionen in Ungarn und wegen den nach wie vor wie von Beginn des Systems an überall auch im ungarischen Apparat sitzenden Vertretern der Interessen Moskaus nicht ohne Moskauer Billigung verständlich.

Mitte Mai 1987, etwa gleichzeitig mit Pozsgays Aktivitäten, legte dann das Mitglied des ZK der polnischen Partei Rakowski, der damit wieder aus der politischen Versenkung auftauchte, in Polen dem Staatschef General Jaruzelski eine Denkschrift vor, die rasch bekannt wurde und ebenfalls die Marktwirtschaft verlangte. Man konnte davon ausgehen, dass diese Denkschrift absichtlich an die Öffentlichkeit durchgesteckt worden war, mit der man sich an Rakowski als den Befürworter einer Partnerschaft mit „Solidarność" von 1980 erinnerte. Die jetzige Denkschrift forderte nun erheblich weitergehend und im Einklang mit den neuen Moskauer Devisen das Ende der „führenden Rolle der Partei" und sogar freie Wahlen. Rakowski hatte 1980/81 für die weiche Phase gestanden und war dann während des Kriegsrechtes zurückgesetzt worden. Jetzt wollte man ihn offenbar wieder verwenden. Im Juni 1987 hatte der Papst Polen ein drittes Mal besucht und noch mehr Begeisterung als zuvor ausgelöst. Die Macht der Kirche konnte sich nun, der Mord an Kaplan Popieluszko lag drei Jahre zurück, völlig ungehindert entfalten. Rakowski wurde im Dezember 1987 wieder Mitglied des Politbüros der polnischen Partei. Das war von den westlichen Medien nach seiner Denkschrift vom Mai als Comeback eines „Liberalen" gewertet worden, was wohl auch zutraf.

Ich konnte nach den Jahrzehnten der Steuerung der WP-Mitglieder durch die für sie zuständige Abteilung des ZK-Sekretariates in Moskau, die ja auch die Auswahl des Führungspersonals umfasste, nicht glauben, dass diese hohen Parteifunktionäre nun zufällig gleichzeitig und spontan auf Ideen gekommen waren, die bei Gorbatschow vorgezeichnet waren, auch wenn er sie noch nicht vergleichbar explizit beschrieben hatte. Und mit der Einführung von Wahlen zu den Sowjets, in Moskau auf dem Demokratisierungs-Plenum im Januar 1987 beschlossen, hatte Gorbatschow die Richtung vorgegeben. Was in Ungarn und Polen geschah, dafür sprach alle Erfahrung, war zuvor mit Moskau geklärt worden. Ihr schrittweises Vorgehen, immer wieder durch Besuche in Moskau abgestimmt, passte ja auch in die Serie von Erklärungen Gorbatschows, die den Spielraum der Bruderparteien allmählich immer stärker erweitert hatten und ihnen so die Möglichkeit gaben, dem Vorbild seiner Politik trotz ihrer Unvereinbarkeit mit dem früheren „Modell" zu folgen. Das alte Modell sollte offenbar nicht mehr gelten. Damit konnte aber, so meine damalige Überzeugung, nun kaum etwa völlige Freiheit verbunden sein, denn am Willen Gorbatschows, das Imperium zusammenzuhalten, hatte ich keinen Zweifel. Beabsichtigt war wohl eher, so meine Arbeitshypothese vor dem erneuten Arbeitsbeginn in Moskau, ein neues Modell der politischen Struktur dieser Staaten, das es Moskau leichter machen sollte, seine Hegemonie beizubehalten, jedoch ohne die bisherigen Lasten aus Rüstung und ökonomischer Subventionierung.

Der anhaltende sowjetische Wille zur Vorgabe der politischen Grundparameter, trotz der Bekenntnisse zum Recht auf einen eigenständigen Weg zum Sozialismus, war auch in den anderen Warschauer Pakt-Staaten zum Ausdruck gekommen. Bei einem Besuch in Rumänien im Sommer 1987 war Gorbatschow in Gegenwart Ceaușescus geradezu massiv geworden. Deutlich gegen Ceaușescu gerichtet, hatte er „Nepotismus und Bereicherung" angeprangert und sich gegen diejenigen gewandt, „die nicht Schritt mit der Zeit halten können", hatte also verlangt, der Moskauer Entwicklung zu folgen. In dieses Bild der sowjetischen Politik gegenüber Rumänien passte, dass ein von Ceaușescu abgehalfterter Funktionär, Iliescu, 1987, also zur Zeit der auffälligen Memoranden von Pozsgay und Rakowski, einen Zeitungsartikel mit Glasnost-Thesen à la Gorbatschow veröffentlichen konnte, wohl kaum mit backing von Ceaușescu, aber von wem sonst, wenn nicht von den Sowjets in diesem sonst von Ceaușescu total kontrollierten Staat.

Auch in der Tschechoslowakei gab es Symptome eines Wandels, als im Dezember 1987 der Staatspräsident Husák und vor allem der seit dem Prager Frühling als hardliner und Mann Moskaus geltende Ideologie-Papst Biľak zurücktraten. Gleichzeitig erhielt eine vom Prager Kardinal Thomasek unterstützte und offenbar vom Staat nicht behinderte Unterschriftensammlung für mehr Religionsfreiheit in Mähren 600.000 Unterschriften.

Ende April 1988 hatte Pozsgay sogar seine Kandidatur zum Parteichef gegen den amtierenden Kádár mit einem radikalen Reformprogramm verkündet – vom Verfahren und Inhalt her beispiellos in einem WP-Mitgliedsland. Ende Mai folgte dann der Sturz Kádárs, und die Aufnahme von Pozsgay, Nyers und M. Nemeth, die alle als Reformer galten, in das Politbüro der ungarischen Partei. Wo Kádárs Nachfolger, der neue Parteichef Grosz stand, war noch nicht zu übersehen, als ich mich damit im Herbst 1988 beschäftigte. Er war aber im Juli zu Gorbatschow nach Moskau gereist natürlich um sich abzustimmen. Und er hatte von dort keinen erkennbaren Widerspruch zu dem bekommen, was inzwischen in Ungarn geschehen war. Ende Juni z. B., auch das ein erstmaliger Fall, hatten in Budapest 90.000 Menschen gegen Ceaușescus Politik gegenüber der ungarischen Minderheit unbehelligt von den Behörden demonstriert, nachdem es zu einer Fluchtwelle aus Rumänien gekommen war. Im September waren die Dinge zur Gründung einer neuen Quasi-Partei „Demokratisches Forum" gediehen.

Im April/Mai 1988 war es in Polen wie oft nach Preiserhöhungen zu Streiks gekommen. Dieses Mal hatte aber das Regime nicht repressiv reagiert, sondern ein ZK-Plenum hatte Anfang Juli beschlossen, einen „Runden Tisch" in Polen vorzuschlagen und eine umfassende, patriotische und reformfreundliche Koalition der Partei mit anderen Kräften zu bilden, für die nach Lage der Dinge nur die Solidarność in Frage kam. Rakowski, dessen Memorandum von 1987 inzwischen auch in der Bevölkerung allgemein bekannt war, wurde dabei mit der Ernennung zum ZK-Sekretär für Propaganda weiter aufgewertet.

Gorbatschow hatte unmittelbar darauf im Sommer 1988 einen Besuch in Polen gemacht. Das musste nicht nur dort als Ermutigung der neuen Linie verstanden werden, auch weil Gorbatschow dabei ein Gespräch mit Rakowski geführt hatte, den die Sowjets früher geschnitten hatten. Dem war nach einer Streikwelle Ende August ein weiteres ZK-Plenum gefolgt, auf dem Jaruzelski den Mangel an wirtschaftlicher Reform kritisiert hatte. Wałęsa war nun ein konkretes Angebot zu einem „Runden Tisch" gemacht worden. Die sowjetischen Medien signalisierten Einverständnis. Am 31. 8. hatte sich der von der Partei beauftragte Unterhändler, Innenminister General Kiszczak, der für die Durchsetzung des Kriegsrechtes verantwortlich gewesen war, mit Wałęsa getroffen und die Wiederzulassung der Solidarność gegen ein Ende der Streiks angeboten, worauf sie sich geeinigt hatten. Eine solche tatsächliche Teilung der Macht hatte mit dem Modell entsprechend den allgemeinen Gesetzmäßigkeiten des Sozialismus nun wirklich nichts mehr zu tun. Ende September war das Mitglied der polnischen Parteiführung Edward Czyrek dann nach Moskau gereist und war offenbar von Gorbatschow ermutigt worden, den Weg der Verhandlungen mit der Solidarność weiterzugehen. Wenige Tage darauf wurde Rakowski Ministerpräsident und trat öffentlich für die Legalisierung der Solidarność ein.

Auch in den Beziehungen der SU zum Westen, dem ebenfalls zu überprüfenden, für uns wichtigsten Bereich sowjetischer Politikentwicklung, war in den vergangenen vier Jahren viel geschehen. In der Rede zu seinem Amtsantritt als Generalsekretär am 11. 3. 1985 hatte Gorbatschow verkündet: „Wir wollen ein Ende des Wettrüstens", eine angesichts der Überlastung des sowjetischen Systems jedenfalls plausible Erklärung, die nicht wie üblich nur den Amerikanern die Schuld dafür zuschob. Er gab dann auch gleich die Bereitschaft zur Wiederaufnahme von START und INF bekannt und die Verhandlungen über strategische Waffen hatten noch im gleichen Monat begonnen. Im November 1985 hatte es zum ersten Mal seit Reagans Amtsantritt in Genf einen sowjetisch-amerikanischen Gipfel gegeben, der offenbar einigermaßen friedlich verlaufen war. Im Juli davor hatte Gorbatschow allerdings einen einseitigen nuklearen Teststopp verkündet, was der herkömmlichen Propagandapolitik entsprach. Und die sowjetische Informationspolitik nach der Katastrophe von Tschernobyl Ende April 1986 war wieder ganz im sowjetischen Stil des Vertuschens und Verschweigens gewesen. Im Juni 1986 hatte Gorbatschow allerdings den Abzug von sechs Divisionen aus Afghanistan bekannt geben. Wenn sich das bestätigte, war das ein bemerkenswerter Schritt zur Entschärfung dieses Problems.

Im Oktober 1986 war dann der Gipfel von Reykjavik gefolgt, auf dem Gorbatschow offenbar drauf und dran gewesen war, die Amerikaner zu Lasten der Europäer über den Tisch zu ziehen. Reagan hatte sich nämlich zunächst zum Verzicht auf „alle ballistischen Raketen" bereit erklärt, was die nukleare Abschreckungsstrategie der NATO zahnlos gemacht und dadurch dem konventionellen Übergewicht des Warschauer Paktes in Europa zur vollen Geltung verholfen hätte. Darüber hinaus wäre die nukleare Abschreckung der Briten und Franzosen, die weitgehend auf solche Raketen beruhte, unter wohl kaum erträglichen Abrüstungsdruck geraten und hätte so ihre Stellung als Großmächte zentral getroffen. Nur weil Reagan nicht bereit gewesen war, auf SDI zu verzichten, und Gorbatschow genau darauf bestanden hatte, war die strategische Katastrophe einer solchen Einigung zu Lasten der Europäer vermieden worden. Jedenfalls war klar geworden, dass Gorbatschow außenpolitisch keineswegs harmlos, sondern ein gefährlicher Gegner war. Mrs. Thatcher war deshalb eilends nach Washington geflogen und hatte Reagan mit einem Kommunique aus Camp David nuklearstrategisch wieder auf die NATO-Orthodoxie eingeschworen.

Im Februar 1987 hatte man sich in Genf darauf geeinigte, die Mittelstreckensysteme aus den Verhandlungen über die Langstreckenwaffen wieder herauszulösen, was sie vereinfachte. Im Mai hatte Gorbatschow dann in Prag Verhandlungen über Kurzstreckensysteme gefordert und damit die aus der Vergangenheit bekannten Versuche der Sowjets der Entnuklearisierung Mitteleuropas wieder aufgegriffen. Im August hatte die Bundesregierung ihren Verzicht auf die deutschen Pershing Ia, nukleare, bodengestützte Kurzstreckenraketen, bekannt gegeben, umso die Genfer Verhandlungen zu erleichtern. Am 10. 12. 1987 war dann der INF-Vertrag unterzeichnet worden – ein erster bedeutender Erfolg der Jahre langen Bemühungen um Abrüstung und glänzende Bestätigung der Richtigkeit des Doppelbeschlusses der NATO und der Forderung nach einer Nulllösung.

Anfang Februar 1988 hatten die Sowjets den Abzug aller ihrer Truppen aus Afghanistan bis Februar 1989 und damit das Ende ihrer militärischen Intervention verkündet, die weltpolitisch so alarmierend gewesen war. Der Moskauer Gipfel Ende Mai/Anfang Juni 1988 war dann von der großen Rede Reagans vor der Lomonossow-Universität gekennzeichnet gewesen und hatte die Weichen auf Ausbau der sowjetisch-amerikanischen Beziehungen gestellt.

Meine eigene Meinung zu diesen Entwicklungen hatte ich im September 1988 in einem Vortrag vor meinem Rotary-Club in Bonn ausgebreitet, der zeigt, wie ein mit der Sache einigermaßen vertrauter, deutscher Diplomat damals dachte. Es habe sich eine Lage entwickelt, in der zum ersten Mal seit Jahrzehnten die West-Ost-Konfrontation in Europa signifikant abnehmen könnte, wenn es nun auch zu einem deutlich niedrigeren, stabilen Niveau konventioneller Streitkräfte käme. In der dann entstehenden, bisher nur potentiellen, in den Köpfen der Handelnden aber schon berücksichtigten Lage würde die schon jetzt bedeutende ökonomische Potenz unseres Landes auf West-, vor allem aber auf Mittel- und Osteuropa noch stärker ausstrahlen als bisher. Die SU würde wohl versuchen, uns durch mehr oder minder subtile Belebung des Mitteleuropa-Konzeptes mit Hilfe der DDR, der Tschechoslowakei und Polens Spielräume für eine operative Ostpolitik unseres Landes im nationalen Rahmen, also mehr oder weniger aus dem multilateralen Verbund des Westens herausgelöst, anzudeuten. In Westeuropa und in den USA gebe es Anzeichen für reziproke Befürchtungen, dass wir darauf eingehen und in eine Mittellage zurückfallen könnten. Der unseren Staat tragende Wandel der politischen Grundwerte seit 1945 sei vielen im Westen für die Definition unseres Standortes immer weniger entscheidend vorgekommen, als unsere nationale deutsche Identität. Ein grundlegender Irrtum, wenn man die Entwicklung der Bundesrepublik seit dem zweiten Weltkrieg betrachte, dennoch ein politisches Faktum. Wenn wir aber unsere Europapolitik der Ergänzung der Wirtschafts- und Währungsunion durch eine Sicherheitsunion unbeirrt fortsetzten, dann böte sich eine seit langem nicht mehr dagewesene Chance zu Fortschritten auf dem Weg zu einer Friedensordnung für ganz Europa, in der die deutsche Frage einmal lösbar werden könnte. Soweit meine vorausschauende Analyse im Frühherbst 1988. In ihr steckte bereits die Überzeugung, dass die DDR sich dem von Moskau ausgehenden Wandel nicht entziehen können würde.

Die Entwicklung in den Staaten des Warschauer Paktes hatte sich im Verlauf des Herbstes 1988 weiter beschleunigt. Mitte Oktober hatte Rakowski der Solidarność vier Kabinettssitze angeboten, eine für einen realsozialistischen Staat unerhörte Machtteilung. Wałęsa hatte aber abgelehnt, offenbar weil er glaubte, das abgewirtschaftete System werde bald noch bessere Angebote machen. Seitdem Jaruzelski mit der Berufung von Rakowski die Abwendung von der gnadenlosen Repression vorangegangener Jahre signalisiert hatte, die ihren Gipfel im Mord an Popieluszko erreicht hatte, war die Mitte der achtziger Jahre in der Illegalität nur noch mühsam überlebende Solidarność inzwischen erstarkt und gewann wieder sichtlich an Kraft.

Ende Oktober 1988 hatte sich eine Außenministertagung des Warschauer Paktes erkennbar gegen die Breschnew-Doktrin ausgesprochen. Und Anfang November war nun sogar in Bulgarien von Parteimitgliedern ein „Club zur Unterstützung von Glasnost und Perestroika" gegründet und nicht gleich wieder verboten worden. Damit gab es auch aus dem orthodoxesten Staat des Warschauer Paktes, Bulgarien, das sich zu Breschnews Zeiten der Sowjetunion sogar als zusätzliche Republik angedient hatte, Anzeichen einer Bewegung hin zu einer Systemreform. In der Gründung eines solchen Clubs steckte offensichtlich der Vorwurf an die amtierende Führung unter Schiwkow, nicht genug für Glasnost und Perestroika in Bulgarien getan zu haben, denn ohne ein solches Versagen der dafür eigentlich verantwortlichen Partei wäre die Gründung eines derartigen Clubs nicht nötig gewesen. Ein solcher, öffentlicher Vorwurf war in einem totalitär kontrollierten Staat wie Bulgarien nur möglich, wenn die Kritiker einen starken politischen Rückhalt gegen die eigene Parteiführung hatten, der nach Lage der Dinge nur aus Moskau kommen konnte.

Im gleichen November war in Ungarn das „Bündnis freier Demokraten", schon eine zweite Quasi-Partei, gegründet worden. Und unsere Botschaft in Budapest machte darauf aufmerksam, dass Ungarn die UN-Flüchtlingskonvention unterzeichnet hatte, offenbar, um die Flüchtlinge aus Rumänien nicht mehr zurückschicken zu müssen. Ende des Monats wurde Nemeth, einer der Reformer in Ungarn, Ministerpräsident. Und in Polen hatte das Regime eine Live-Fernsehdiskussion Wałęsas mit dem Chef der offiziellen Gewerkschaften Miodowicz zugelassen, in der Wałęsa seinen Kontrahenten völlig demoliert hatte. Er hatte die Gelegenheit auch genutzt, um das Programm der Solidarność vor dem ganzen Land auszubreiten und einen „Runden Tisch" zu fordern. In Ungarn und Polen gingen die Dinge also weiter schnell voran.

Ganz anders in der DDR. Kaum glauben konnte ich in jenen Tagen des Novembers 1988, dass die DDR den Vertrieb des „Sputnik", einer Art von Digest mit Artikeln aus der sowjetischen Presse, verboten hatte. Auch der Vertrieb der „Neuen Zeit", einer offiziösen sowjetischen Zeitschrift über Außenpolitik, war verboten worden, und das in einem Lande, in dem man den Menschen seit Jahrzehnten einbläute: „Von der Sowjetunion lernen, heißt siegen lernen". Ein klareres Zeichen für ein grundlegendes Zerwürfnis der DDR-Führung mit Gorbatschow und dessen Mannschaft konnte es nicht geben.

Dagegen war es dem Bundeskanzler bei seinem nach dem Zerwürfnis wegen des Goebbels-Vergleichs lang vorbereiteten Besuch bei Gorbatschow Ende Oktober in Moskau gelungen, die Stimmung wieder zu reparieren und mit der Verabredung eines Staatsbesuchs Gorbatschows bei uns 1989 den Dialog zu intensivieren.

Im Gesamtlagebild, das ich in diesen Monaten vor der erneuten Ausreise Anfang März 1989 nach Moskau zusammenstellte, nicht zu übersehen waren auch einige Ereignisse, die daraufhin deuteten, dass Nationalitätenprobleme in der SU nicht mehr ohne Weiteres durch die Repressionsdrohung wie in der Vergangenheit unter Kontrolle gehalten werden konnten. Ende Februar 1988 hatten Aserbeidschaner in der nicht weit von Baku liegenden Stadt Sumgait eine größere Zahl von Armeniern umgebracht und es schien sich ein gewaltsamer Konflikt zwischen Armeniern und Aserbeidschanern um die armenische Exklave Nagorny-Karabach anzubahnen. Im Herbst 1988 hatten sich in den baltischen Staaten „Volksfronten" gebildet, die in Konkurrenz zur

Partei auftraten und beanspruchten, die wahren Interessen der Esten, Letten und Litauer zu vertreten, wohl kaum erwünschte Folgen der Perestroika. Am 16. 11. hatte der Oberste Sowjet Litauens sogar die „Souveränität" erklärt. Wenn auch nicht klar war, welche Konsequenzen das haben sollte, war dies für ein bisher extrem zentralistisches System wesensfremder Schritt.

In diesen letzten Wochen vor der Ausreise häuften sich die Ereignisse, aus denen sich ergab, dass ich in Moskau bald tatsächlich vor einer fundamental veränderten inneren Situation der SU stehen würde. Im Januar 1989 hatte Moskau Nagorny-Karabach unter direkte Unionsverwaltung genommen, weil das Problem sich offenbar verschlimmerte. Im gleichen Monat gab es Unruhen im Fergana-Tal in Zentralasien, wo die Usbeken offenbar viele Meschketen, ein von Stalin dorthin deportiertes Turkvolk, umgebracht hatten. Die Nationalitätenprobleme weiteten sich also aus.

So gab es viel zu besprechen, als ich Mitte Dezember 1988 nach Köln fuhr, um mich dort von den Wissenschaftlern des „BIOST", des „Bundesinstituts für ostwissenschaftliche und internationale Studien" auf die Höhe der Entwicklung bringen zu lassen. Dieses Institut war die wissenschaftliche Heimat für eine Gruppe von Ostexperten, die dort frei von Lehrverpflichtungen die Entwicklungen in der kommunistischen Welt akribisch verfolgten und darüber zusammenfassende und detaillierte Studien veröffentlichten. Für einen Diplomaten wie mich, der nie genug Zeit hatte, die Dinge über viele Jahre ohne Unterbrechung genau zu verfolgen, waren sie sehr ergiebige Gesprächspartner. Und so ging ich einen Tag lang mit ihnen durch die letzten Monate und Jahre, wobei viel zu lernen war. Am Schluss folgte eine Diskussion mit mehreren von ihnen gleichzeitig unter Leitung von Prof. Vogel, dem Direktor des Instituts, in der wir über die letzte sensationelle Entwicklung sprachen, die Rede Gorbatschows vor der General-Versammlung der UNO am 7. 12. 1988.

Die Ankündigung einseitiger konventioneller Reduzierungen um 500.000 Mann in dieser Rede wurde, angesichts des in den letzten Jahren mehrfach erkennbaren Entlastungswillens Gorbatschows, für wahrscheinlich ernst zu nehmen gehalten. Als dann einer der Diskutanten aber darauf hinwies, Gorbatschow habe auch einmal mehr die „Freiheit der Wahl" des Ge-sellschaftssystems verkündet, was tatsächlich das Ende der Breschnew-Doktrin bedeuten könnte, guckten wir uns an und lachten. Das konnte nicht sein. Die Erklärungen der Sowjets der letzten Jahre und ihre Förderung liberalisierender Entwicklungen vor allem in Ungarn und Polen waren gut und schön, aber mehr als eine gewisse Gewährung der Freiheit zur Suche nach einem effizienteren, weniger auf Repression aufgebauten System für die Warschauer-Pakt-Mitglieder konnte es nach unserer, in Jahre langer Beobachtung des sowjetischen Systems geformter Überzeugung nicht sein. Der Austritt aus dem Warschauer Pakt, der 1956 in Ungarn der Auslöser zur militärischen Intervention gewesen war, schien uns auch auf die längere Sicht unmöglich. Die sowjetische Bereitschaft zur

Auflösung des Imperiums konnte man ausschließen. Davon waren wir alle fest überzeugt.

Andererseits waren alle diese Staaten von dem Glaubenssatz geprägt, dass die Sowjetunion ihnen um eine historische Periode voraus sei. Wurde die Struktur des Modells verändert, so mussten die Warschauer-Pakt-Staaten als „reale Sozialisten", wenn sie ideologisch konsequent blieben, über kurz oder lang folgen. Die entsprechenden Entscheidungen waren deshalb in Ungarn wie in Polen, entsprechend der sowjetischen Reform von oben, von der jeweiligen Führung ausgegangen und mit Moskau abgestimmt worden. Gerade die polnische Entwicklung während der achtziger Jahre hatte gezeigt, dass Jaruzelski dort nichts Wichtiges ohne Moskauer Zustimmung getan hatte. Die Warschauer und Budapester Führungen hatten den erwachenden Gesellschaften in ihren Ländern auch ihren anhaltenden Willen demonstriert, die Entwicklungen unter Kontrolle zu halten und sich nicht etwa dem Risiko des Machtverlustes auszusetzen. Typisch dafür war, dass Jaruzelski den Innenminister, General Kiszczak, mit den Verhandlungen mit der Solidarność beauftragt hatte. Gleichzeitig war erkennbar, dass die hinter dieser Liberalisierung zurückbleibenden Staaten wie die DDR zunehmend unter Druck gerieten. Dafür war nach der „Sputnik"-Affaire bezeichnend, dass die SED auf einem ZK-Plenum im Dezember 1988 den „Sozialismus in den Farben der DDR" ausgerufen und sich so gewiss von der sowjetischen Entwicklung distanziert hatte.

Vor diesem Hintergrund waren die Angebote zu einem „Runden Tisch" in Polen und zu einem Mehrparteiensystem in Ungarn mit ihrer Implikation des Endes des Machtmonopols der kommunistischen Partei in allen „realsozialistischen" Staaten in meiner Vorbereitung auf Moskau von höchstem Interesse. Es galt, in Moskau zu prüfen, ob dieser Trend auch dort allmählich stärker wurde, denn den vorliegenden Erklärungen in diese Richtung allein konnte man nach aller Erfahrung mit dem System und auch angesichts der Indizien, dass Gorbatschow noch mächtige Gegner hatte, nicht trauen. Allerdings war Ende Dezember 1988 Tschurbanow, der ehemalige erste stellvertretende Innenminister und Schwiegersohn Breschnews, nun zu zwölf Jahren Haft wegen Korruption verurteilt worden, ein weiteres Zeichen an die gesamte Nomenklatura, dass der Sicherheitsapparat hinter Gorbatschow stand.

Die Entwicklungstrends in den „realsozialistischen Staaten" liefen in den ersten Wochen des neuen Jahres weiter auseinander. Während die DDR die ideologische Orthodoxie herausstellte, wurden in Ungarn im Januar 1989 neue, nicht kommunistische politische Parteien zugelassen. Eine von Pozsgay geleitete Kommission von Historikern prüfte, ob es sich 1956 um einen Volksaufstand und also nicht um eine das Regime seitdem legitimierende „Konterrevolution" gehandelt hatte. In Polen setzte Jaruzelski die Legalisierung der Solidarność durch und das polnische ZK nahm den Vorschlag für einen „Runden Tisch" an.

Jetzt gab es auch Anzeichen, dass die DDR in das Visier der sowjetischen Reformer geriet. Am 10. 1. 89 hatte Schewardnadse beim KSZE-Folgetreffen in Wien eine mich elektrisierende Rede gehalten. „Der eiserne Vorhang rostet." Aus dem Munde des sowjetischen Außenministers war das sensationell, denn er wusste doch, dass die Existenz der DDR auf der Existenz der Mauer aufgebaut war. Das SED-Regime unternahm die riesigen Anstrengungen zur Erhaltung, dem Ausbau und der Bewachung dieses Monstrums doch nur, weil es offensichtlich davon überzeugt war, ohne es nicht überleben zu können. In der Logik dieser Infragestellung der Mauer durch den sowjetischen Außenminister lag aber, dass die deutsche Frage wieder auf uns zu kam. Honecker hatte – so nicht überraschend und doch in präzedenzlosem Gegensatz zu den Moskauern – eine Woche später gekontert. „Die Mauer wird noch 50 oder 100 Jahre bestehen, solange wie die Bedingungen noch existieren, die zu ihrer Errichtung geführt haben." Dagegen hatte sich Jakowlew, der inzwischen für Außenbeziehungen zuständige ZK-Sekretär, wieder nur wenige Tage später in einem Interview von der Mauer distanziert: „Wir haben sie nicht gebaut." Das war zwar historisch nicht einmal die halbe Wahrheit, aber gerade deshalb ein Indiz für den Willen, sich von der früheren sowjetischen DDR-Politik abzusetzen.

Gleichzeitig hatte das Regime in der Tschechoslowakei gezeigt, auf welcher Seite es in dieser Kontroverse zwischen Reformern und Neo-Stalinisten stand. Am 15. 1. waren in Prag 4.000 Demonstranten anlässlich des Todestages von Jan Palach, des Studenten, der sich aus Protest gegen den Einmarsch der Sowjets 1968 selbst verbrannt hatte, von der Polizei brutal auseinander geprügelt worden. Vaclav Havel, Spitzenmann der illegalen, tschechoslowakischen Bürgerbewegung Charta 77, war verhaftet worden.

Anfang Februar erklärte Pozsgay in einem Interview: „Der sozialistische Weg ist völlig falsch." Das ungarische ZK sprach sich nun offiziell für ein Mehrparteiensystem aus und die „führende Rolle der Partei" wurde aus dem Entwurf einer neuen Verfassung gestrichen. An Stelle des Jahrestages der Oktoberrevolution wurde der Tag der Revolution 1848 in Ungarn zum Nationalfeiertag gemacht. Alles Schritte, die offenbar verdeutlichen sollten, dass das „Modell" für Ungarn nicht mehr galt. Gleichzeitig begann in Polen der „Runde Tisch". In Bulgarien wurde neben den offiziellen Gewerkschaften eine neue Gewerkschaft gegründet, „Podkrepa", die sich dem Verein für Glasnost und Perestroika anschloss. Es entstand also eine mit Schiwkows Politik nicht einverstandene, auf Reform à la Gorbatschow drängende Organisation in Konkurrenz mit den bestehenden, von Schiwkow gesteuerten Organisationen. Ich hielt es für ausgeschlossen, dass diese Konkurrenz auf spontanem, mutigem Protest von einfachen Bürgern aufbaute. In Bulgarien konnte so etwas nur durch Kräfte geschehen, die politischen Rückhalt hatten und der konnte nach dem Charakter des Regimes nur aus Moskau stammen. Dagegen wurde in Berlin ein junger Mann, Chris Gueffroy, bei einem Fluchtversuch an der Mauer erschossen. Havel wurde wegen Teilnahme an der Palach-Demonstration zu 10

Monaten Gefängnis verurteilt. Andererseits hatte in der Tschechoslowakei der Abzug sowjetischer Truppen begonnen und am 19. Februar war der sowjetische Truppenabzug aus Afghanistan abgeschlossen worden. Mir war nicht ganz klar, wie ich diese Unterschiede in der Entwicklung mit einigen vorpreschenden und anderen retardierenden Staaten und Moskaus Rolle dabei verstehen musste, aber die Abläufe mit den à-limina-Besuchen der Führer der Satellitenstaaten im kommunistischen Vatikan in Moskau und Gorbatschows Visitationen bei ihnen sprachen dafür, dass Gorbatschow die Revolutionen von oben, die in Polen und Ungarn und nun sogar in Bulgarien in Gang gekommen waren, anschob und nicht nur tolerierte, was Implikationen für die DDR und damit für Deutschland mit sich bringen musste.

Bei einem Vortrag auf der Hardthöhe vor einem Lehrgang der französischen Verteidigungsakademie am 17. Januar 1989 musste ich trotz dieser Unklarheit versuchen, diese Implikationen für die westlichen Verbündeten zu beschreiben. Der Vortrag zeigt, wie weit ich in meinen Vorbereitungen auf Moskau inzwischen war. Ich hatte die Witterung aufgenommen. Die deutsche Frage war nicht nur wegen Schewardnadses Wiener Erklärung, sondern auch wegen der Implikationen der Entwicklungen in Ungarn und Polen inzwischen nach vorne gerückt. Sie sei, so sagte ich, nicht ein Problem der nationalen Organisation des staatlichen Lebens des deutschen Volkes, sondern beruhe auf dem Mangel an Freiheit im anderen Teil Deutschlands. Als Freiheitsproblem sei es ein Problem aller Europäer, für die Freiheit nicht nur ein abstraktes Ideal, sondern eine das eigene Handeln wirklich bestimmende Kategorie sei. Deshalb verlangten die Deutschen, auch die geringste Möglichkeit zu nutzen, um das Maß an Freiheit in Osteuropa zu vergrößern. In der Lage, wie sie sich seit Amtsantritt Gorbatschows entwickelt habe, hätten die Möglichkeiten zugenommen, die Margen von Freiheit in Osteuropa zu vergrößern. Niemand wisse, um wie viel dies möglich sein werde, niemand könne ausschließen, dass die politischen Systeme im Warschauer Pakt, die sich überall, nicht nur in der SU in einem Prozess der Veränderung befänden, auch wieder verhärteten. Die Frage, die sich für die West-Europäer in dieser Lage stelle, sei, ob sie versuchen sollen, diese Veränderungsprozesse zu fördern, oder ob sie warten sollen, bis deutlich sei, ob diese Veränderungen von Dauer seien. Die Bundesregierung halte es für ein Gebot der Glaubwürdigkeit unseres Engagements für mehr Freiheit, diese Entwicklungen zu unterstützen. Dabei gehe es in der politischen Auseinandersetzung mit Gorbatschow auch um die Initiative im Prozess des Wandels in den West-Ost-Beziehungen, zu dem sich die sowjetische Führung aufgrund der inneren Schwierigkeiten in der SU veranlasst sehe. Wir dürften nicht den Eindruck entstehen lassen, als ob die SU ein Konzept für die zukünftige Struktur ganz Europas besäße, dem die Westeuropäer nichts entgegenzusetzen hätten.

Die Franzosen, eine für höhere Führungsaufgaben ausgewählte Gruppe, die außenpolitisch fortgebildet werden sollte, hörten aufmerksam zu. Mit der deutschen Frage hatte ich offenbar ein auch ihnen inzwischen nicht mehr als völlig illusorisch erscheinendes Thema angesprochen. Sie fragten mich, was denn geschehen würde, wenn die Menschen in der DDR frei entscheiden könnten. Würden sie sich dann für die deutsche Einheit entscheiden nach den Jahrzehnten der Trennung und Indoktrinierung? Ich antwortete, wir könnten keine Meinungsumfragen in der DDR durchführen, ich sei jedoch überzeugt, dass, wenn wirklich frei, sie sich für die Einheit entscheiden würden. Das Freiheitsproblem sei also mit dem Einheitsproblem untrennbar verbunden. Das war eine Versuch, die Franzosen in der sich entwickelnden Lage am Portepee ihrer Freiheitstradition zu fassen, um sie für unser nationales Ziel zu engagieren und ihnen zu erklären, dass es uns nicht um die Wiederherstellung des alten Machtstaates ging, unter dem sie so gelitten hatten, sondern primär um Freiheit für unsere Landsleute.

Am Ende meiner Vorbereitung auf die Rückkehr nach Moskau stand so der Eindruck, dass das „Modell" sich immerhin in der Diskussion befand, dass bei einem Übergreifen der Veränderungen in Polen und Ungarn die DDR in große Schwierigkeiten kommen könnte und dass alles weitere, u. U. sogar die deutsche Frage, davon abhängen würde, wie die Entwicklung in der SU selbst verlaufen würde. Ich blieb skeptisch, dass Gorbatschow das „Modell" ernsthaft würde verändern wollen. Es galt aber, in Moskau aufzupassen, denn wir standen tatsächlich vor einer ganz neuen Herausforderung, einem sowjetischen Führer, der beweglich, dynamisch und geschickt den Westen zwang, die bisherige Politik zu überprüfen und so anzupassen, dass er im offensichtlichen Andauern des Kampfes um die westliche öffentliche Meinung nicht in die Defensive geriet.

Die Lawine – Auslösung

Am ersten März 1989 trat ich dann meinen Dienst in Moskau wieder an. Wir bekamen die Wohnung meines Vorgängers im „Deutschen Haus", kein Plattenbau, sondern ein Wohnblock, der Fama nach von deutschen Kriegsgefangenen, für Russen der Beweis für höchste Qualität, Anfang der fünfziger Jahre konventionell solide gebaut, an einem prestigeträchtigen Ort unmittelbar an der Moskwa neben dem Stalin-Wolkenkratzer des Hotels Ukraina und schräg gegenüber vom „Weißen Haus", dem Sitz der Russischen Unionsrepublik, gelegen. Der Botschaft war dort ein kompletter Eingang mit mehr als einem Dutzend Stockwerken zugewiesen. Unsere Wohnung lag im achten Stock mit drei hohen Wohnräumen in einer Enfilade mit Parkett und Stuck, ganz ansehnlich für Moskauer Verhältnisse. Dafür waren die Kinderzimmer, die Küche und das Bad am Rande des Akzeptablen. Der oberste Stock des Blocks war, wie üblich, auch dort saßen die Abhörer, unzugänglich und vor dem Eingang stand das gewohnte Schilderhäuschen mit der „Miliz". Der große Bruder hatte uns wieder.

Ich verbrachte das erste Wochenende allein in der leeren Wohnung. Meine Frau und die inzwischen drei Kinder kamen erst vier Wochen später, nachdem ich unsere Möbel einigermaßen hatte einräumen können. An jenem Wochenende entdeckte ich „Glasnost" und ich war so fasziniert davon, dass mich die Ungemütlichkeit der Wohnung gar nicht störte. Ich hatte mir aus dem Büro ein neues „dickes Journal" mitgenommen, „Iswestija ZK KPSS", eine Zeitschrift also mit Nachrichten aus dem ZK-Sekretariat, die es früher nicht gegeben hatte. Schon allein Informationen aus dieser früher ganz geheimen Bürokratie waren ungewöhnlich. Ich kam dann aber aus dem Staunen kaum heraus. Die ganze Nummer der Zeitschrift war dem Wortprotokoll der Sitzung des ZK-Plenums im Oktober 1987 gewidmet, bei dem Jelzin aus dem ZK ausgeschlossen worden war. Das Plenum hatte sich offenbar so gut wie gar nicht mit dem von Gorbatschow vorgelegten „Bericht" aus Anlass des 70. Jahrestages der Oktoberrevolution befasst. Vielmehr hatte Jelzin in einer kurzen Rede Ligatschow persönlich wegen dessen traditioneller Führung des ZK-Sekretariates scharf angegriffen, die Diskussionen des Politbüros als von „Lobhudelei" und Personenkult für Gorbatschow geprägt beschrieben und beklagt, dass die Perestroika nach zwei ½ Jahren dem Volk „nichts gebracht" habe.

Die darauf folgenden Reden waren sämtlich voller Aggressivität und abstoßender Polemik gegen Jelzin. Es gab nur eine Ausnahme. Arbatow setzte sich vorsichtig und etwas überheblich gegen die Meute der Kritiker für Jelzin ein. Dieser habe immerhin Mut. Der die Sitzung leitende Gorbatschow unterbrach dann Arbatow mit einer sarkastischen Bemerkung über gedankenlosen Mut und Ryschkow, der Ministerpräsident, wies Arbatow deutlich zurecht. In der Argumentation einiger der Alten wie Schtscherbitzki, dem ukrainischen Parteichef, Tschebrikow vom KGB, Gromyko und Solomentzew von der Russischen Republik, zeigte sich ihr Triumph-Gefühl über die Gelegenheit, nach einem so plumpen Angriff auf Ligatschow und auch Gorbatschow die Folgen von Glasnost geißeln zu können, die z. B. durch einige Zeitungsinterviews Jelzins entstanden seien. So überraschte es nicht, dass die durch Jelzins Angriff letztlich Getroffenen, seine früheren Verbündeten Gorbatschow und Jakowlew, ihn nicht minder hart wegen „politischer Unreife" angriffen. Da die Namen der Redner alle genannt waren, konnte man sich ein Bild über den jeweiligen Sprecher machen. Die bis dahin herrschende Anonymität des Parteiapparates war durchbrochen. Man konnte so auch unterschiedliche Gruppen und Persönlichkeiten unterscheiden. Als ich am nächsten Tag in der Morgenrunde mein Erstaunen beschrieb, erntete ich nur ein Lächeln und man sagte mir, jetzt sei eben „alles anders".

Ich lernte dann rasch meine Mannschaft in der Politischen Abteilung kennen. Da war mein Vertreter, Botschaftsrat Reinhard Schäfers, später Botschafter in Paris, zuständig für Sicherheits- und Deutschlandpolitik, mit einem Verstand wie ein Rasiermesser, kühl und unbegrenzt belastbar. Er kam von einem Posten im Kanzleramt und kannte dort alle in der außen- und deutschlandpolitischen Abteilung. Dann Botschaftsrat Dr. Rudolf Adam, Innenpolitik, insbesondere Nationalitätenfragen, später Präsident der Bundessicherheitsakademie, Studienstiftler und nach dem Studium in Oxford dem Motto des Balliol-College „effortless superiority" verpflichtet, dabei immens fleißig und mit schneller Feder. Er kam aus dem Präsidialamt, wo er für Weizsäcker Reden geschrieben hatte. Da war der 1. Sekretär Benedikt Haller, Außenpolitik, insbesondere Abrüstung und Rüstungskontrolle, sowie sowjetische Dritte Welt-Politik, ein zurückhaltender, kluger Schwabe, und der 1. Sekretär Detlev Wolter, Protokoll, auch aus Süddeutschland, unser Hans Dampf in allen Moskauer Gassen, 2. Sekretär Thietmar Bachmann, erst am Anfang der Karriere jedoch engagiert und neugierig, Botschaftsrat Alexander Allardt, Presse, er kannte alle Germanisten unter den sowjetischen Journalisten und hatte einen besonders guten Draht zur Iswestija, die sich von der Prawda mehr und mehr durch Reformgeneigtheit unterschied. Seine Bierparties für seine Klienten waren in Moskau berühmt und dass er der Sohn eines früheren Botschafters war, half ihm auch. Schließlich Botschaftsrat Thomas Pöse, Sozialreferent, zuständig also für Gewerkschaften und die Jugend-Organisation Komsomol, ein in der Wolle gefärbter Gewerkschafter. Er war für seine Jahre an unserer Botschaft in Moskau vom DGB ausgeliehen und hatte glänzende Beziehungen zu den sowjetischen Gewerkschaften, wo ein Mann mit seinem Hintergrund gut ankam. Als Sachbearbeiterin für das Archiv gab es die unermüdliche Frau Männel, als Sachbearbeiterin in Presse und Protokoll Frau Schlund und schließlich zwei Sekretärinnen Frau Theodor und Frau Weissenburger, die den Strom unserer Berichte schrieben, oft nach der eigentlichen Dienstzeit und unter großem Zeitdruck. Ich war bald sehr stolz auf sie alle und bemühte mich, es ihnen so leicht wie möglich zu machen. Dabei half mir, dass sie alle wussten, dass wir eine wichtige Aufgabe für unser Land zu erfüllen hatten. Das war eine besondere Motivation für uns.

In der Serie meiner Antrittsbesuche fing ich, wie es sich gehörte, im Außenministerium in der für uns zuständigen 3. Europäischen Abteilung an. Ich wurde von Ussytschenko empfangen, der inzwischen zum Stellvertreter Bondarenkos geworden war. Er begrüßte mich ohne jede Regung über die Erneuerung unserer Bekanntschaft und hatte auch in der Sache nichts zu sagen. Anders dann der Besuch im Sekretariat des ZK. Es war inzwischen üblich geworden, auch dort Besuch zu machen, nachdem es früher für uns nur selten möglich gewesen war, dorthin vorzudringen. Die grundsätzliche Zuständigkeitsverteilung, Außenministerium für uns, ZK für die DDR, war zwar noch erhalten, doch die schon immer bestehende Kompetenz des ZK für die Beziehungen zur SPD hatte sich offenbar ausgeweitet, spätestens seit Falin 1988 von Nowosti kommend, der oft vom KGB als Cover für seine Agenten benutzten Presseagentur, im ZK-Sekretariat die internationale Abteilung übernommen hatte.

Der im Sekretariat des ZK für uns zuständige Referatsleiter war Viktor Rykin, ein blonder, athletischer Russe mittleren Alters, den ich von meinem ersten Aufenthalt flüchtig kannte, als er bei Gesprächen mit SPD-Delegationen in den hinteren Bänken saß. Er war inzwischen offenbar aufgestiegen und begrüßte mich freundlich. Wir diskutierten über den Stand der Beziehungen nach dem Besuch des Bundeskanzlers im vergangenen Herbst. Er bestätigte, dass es dort zu einer Art von Durchbruch im Verhältnis Gorbatschows zu Kohl gekommen war und fragte mich, wie die Perestroika in Bonn ankomme. Als ich, bestrebt, den letzten Rest von Säuernis über den Goebbels-Vergleich zu beseitigen, erwiderte, ich hätte es nie für möglich gehalten, aber Gorbatschow genieße in Bonn auch in der Spitze der Regierung inzwischen ein gewisses Vertrauen, war Rykin ganz begeistert. Daraufhin dämpfte ich ihn mit dem Hinweis, das gelte aber für andere Führungsmitglieder wie z. B. Ligatschow nicht und so gebe es nach wie vor Fragen über die Grundrichtung der Moskauer Politik. Das ernüchterte ihn sichtlich, aber er traute sich nicht, sich von mir, wie ich versucht hatte, in ein Gespräch über die innenpolitischen Kräfteverhältnisse verwickeln zu lassen. Ich war trotzdem zufrieden, es war ein guter Start in den Moskauer Dschungel hinein.

Am 11. März begann der Wahlkampf für die von der Parteikonferenz im Vorjahr beschlossenen Wahlen zum Volkskongress. Es waren 2.250 Sitze zu vergeben. Bei 1.500 von ihnen, also der Mehrzahl, gab es tatsächlich mehr als einen Kandidaten und deshalb entwickelte sich im ganzen Land ein richtiger Wahlkampf mit Versammlungen und Reden, in denen sich die Konkurrenten präsentierten. Dabei erlebte ich zum ersten Mal Jelzin, der in Moskau gegen einen typischen Mann des Apparates kandidierte, als Wahlkämpfer auf der

Ladefläche eines Lastwagens mit einem Megaphon in der Hand. Er war politisch offenbar auch nach seiner Absetzung keineswegs erledigt, sondern immer noch wegen seiner Zeit als Moskauer Parteichef, in der er als Populist bekannt geworden war, bei den Moskauern beliebt. Als ich die Szene im Park vor dem Lenin-Stadion beobachtete, konnte ich es kaum glauben, aber hier zeigten sich tatsächlich nach Ungarn und Polen nun auch in der SU unleugbare Ansätze zu einem Mehrparteiensystem und ich hatte einen ersten Anfall von Euphorie angesichts der Implikationen, die eine solche Veränderung des „Modells" für alle „realsozialistischen" Staaten, also auch für die DDR, haben musste.

Am 15./16. März tagte ein ZK-Plenum zur Landwirtschaft. Die Reden waren in der Prawda in voller Länge abgedruckt und so stellte ich fest, dass Ligatschow sich in den anstehenden Fragen der Agrarreform weitgehend durchgesetzt hatte. Reformansätze wie die Übertragung größerer Flächen von den Kolchosen auf Einzelbauern zu deren freier Bewirtschaftung als Pächter waren fast völlig blockiert worden. Das ausdrückliche Festhalten Gorbatschows an einer umfassenden Preisreform, um die massiven Subventionen auf Nahrungsmittel zu verringern, blieb eine Absichtserklärung ohne auch nur den Beginn einer praktischen Umsetzung.

Politisch nicht weniger interessant war, dass das Plenum unter Leitung von Gorbatschow eine Kommission einsetzte, die „einige Reden des Genossen Jelzin" untersuchen sollte. Gorbatschow hatte damit den Orthodoxen erlaubt, ein Verfahren zum Ausschluss Jelzins aus der Partei in Gang zu setzten und dadurch die Grenzen der Redefreiheit, also von Glasnost festzulegen. Nach wie vor von der Allmacht der ZK-Plena überzeugt, kam ich zu dem Schluss, dass Jelzin wohl doch keine Zukunftschance hatte. Anderseits war die Frist, bis zu der die Kommission zu berichten hatte, bis also die Basis für endgültige Beschlüsse über Jelzin geschaffen war, so bemessen, dass Jelzin seinen Wahlkampf unbehindert zu Ende führen konnte.

Ich nahm die Ergebnisse dieses ZK zum Anlass, um meine erste ausführliche Analyse der Lage nach vier Jahren Gorbatschow nach Hause zu schicken. Das führte zu der ersten, scharfen Auseinandersetzung, wie ich sie von da an immer wieder mit dem Auswärtigen Amt zu bestehen hatte, das von Gorbatschows Problemen möglichst wenig hören wollte. Ich schrieb,

Die Ergebnisse des ZK-Plenums vom 15./16. 3. 1989 untermauern den Eindruck eines andauernden, harten und zähen, nach wie vor noch nicht entschiedenen Ringens zwischen den Kräften des grundlegenden Wandels und des tief verwurzelten Beharrens im sowjetischen politischen System. Gorbatschow hat sich persönlich wieder zu denjenigen bekannt, die „radikale Veränderungen" wollen. Er hat aber Kompromisse mit den von Ligatschow geführten Konservativen schließen müssen, nicht nur in der Landwirtschaft, wo es Ligatschow gelungen ist, das Kolchose/Sowchosesystem als Grundmodell zu konsolidieren. Er hat auch durch Einsetzung der Jelzin-Kommission den Vertretern der Orthodoxen im ZK erlaubt, die derzeitigen Grenzen von „Glasnost" zu beschreiben. Insgesamt scheinen die Kräfteverhältnis fast ausgewogen. Vorwärtstreibend wirkt die wohl auch von Ligatschow geteilte Erkenntnis, dass der Lebensstandard der Bevölkerung angehoben werden muss. Das gegenwärtige ZK ist aber, anders als das Politbüro seit dem vergangenen Herbst, in seiner Mehrheit noch kein Gorbatschow-ZK, Ligatschow ist der eigentliche Gewinner gewesen, wie das gerade veröffentlichte Protokoll des Anti-Jelzin-ZK-Plenums vom Oktober 1987 beweist. Es zeigt die alten Kämpfer keineswegs in der Defensive.

Gleichzeitig hat die Prawda allerdings gemeldet, dass Ligatschow bei den Wahlen der Kandidaten der Partei für den Obersten Sowjet die meisten Gegenstimmen aller Kandidaten, nämlich 78, erhalten hat. Darin wird deutlich, dass ein Mann wie Jelzin, wenn er nicht ganz so unbedacht in das Messer der Konservativen läuft, für Gorbatschow einen gewissen Wert hat, weil er ihm ermöglicht, als Schiedsrichter zwischen Konservativen und Liberalen zu entscheiden. Von daher ist zu erklären, dass Jelzin trotz seiner generellen Vorverurteilung durch das ZK nicht schon vor der Wahl aus der Partei ausgeschlossen wurde, sondern das Problem – wie andere durch Verweis in eine Kommission – über den Wahltag mit einem eventuellen Sieg Jelzins über seinen Gegenkandidaten – hinaus verschoben wurde...

Vier Jahre nach Amtsantritt ist das politische Schicksal der Perestroika und von Gorbatschow also nach wie vor nicht endgültig entschieden und nichts deutet daraufhin, dass der endgültige Durchbruch bald bevorsteht. Er wird sich wohl erst dann ergeben, wenn Gorbatschow sich ähnlich legitimieren kann, wie dies politische Führer im Westen tun, also durch konkrete Erfolge in Form eines sich in gefüllten Regalen ausdrückenden, wachsenden Lebensstandards... Erst dann wird er sich gegen die Vertreter der Orthodoxie durchsetzen können, die bei andauernder Drohung mit Gewalt, ihre Herrschaft nach wie vor ideologisch begründen... So verwendet Gorbatschow Glasnost, d. h. die ätzende Kritik an der Misswirtschaft der vergangenen Jahrzehnte, sowohl um seine im „alten Denken" befangenen Gegner zu diskreditieren, und Verständnis in der Bevölkerung für die Zeit zu erwecken, die für wirkliche Verbesserungen notwendig ist. Hier, in der Bewusstseinsveränderung der Menschen, liegen auch die wesentlichen Elemente der „Unumkehrbarkeit" der Folgen der letzten vier Jahre. Wer immer das Land regiert, kann aus den Köpfen nicht mehr verdrängen, was Gorbatschow in sie hat eindringen lassen. In der Zukunft wird sich deshalb jede politische Führung der SU nicht mehr allein ideologisch legitimieren können.

Nachdem ich den Berichtsentwurf auf den Weg zum Botschafter gegeben hatte, kam der Gesandte, Dr. Heyken, später Botschafter in Kiew, zu mir und fragte mich in meinem Zimmer, ob der Bericht nicht zu kritisch sei. Etwas ärgerlich, dass wir die Diskussion vor den Mikrophonen führten, obwohl mir meine Mitarbeiter gleich zu Anfang gesagt hatten, man könne inzwischen alles auch außerhalb der Kabine besprechen, erwiderte ich, in den entscheidenden Fragen der Wirtschaftsreform sei Gorbatschow in den ganzen vier Jahren seiner Amtszeit keinen substantiellen Schritt vorwärts gekommen. Die mit soviel Vorschusslorbeeren erwarteten Vorschläge des gegenwärtig bekanntesten Wirtschaftsberaters Abalkin kurierten auch nur an Symptomen herum. Von der viel beredeten Freigabe von Preisen sei bisher nichts zu sehen. Man komme nicht um die Schlussfolgerung herum, dass Gorbatschow offensichtlich mächtige Gegner habe, die an der herkömmlichen zentralen Planwirtschaft nichts ändern wollten und die Umsetzung von Gorbatschows Ankündigungen immer wieder verhinderten. Nach einigem Nachdenken stimmte Heyken mir zu und Botschafter Meyer-Landrut unterschrieb den Bericht.

Kurz darauf bekam ich einen zornigen Brief meines Vorgängers, der nun das Sowjetunionreferat der Zentrale leitete. Ich dächte noch genauso wie bei meinem ersten Posten, jetzt sei aber alles anders. Ich sei nicht der bis zu seinem Abgang vertretenen analytischen Linie der Berichterstattung der Botschaft gefolgt und mein Bericht sei im Amt unangenehm aufgefallen. Ich hätte mir mit ihm keinen Gefallen getan. Wenn so etwas wieder passiere, werde er gegenüber den höheren Vorgesetzten im Amt korrigierend eingreifen. Ich war darüber natürlich ziemlich wütend, denn ich hatte lediglich aus den für jedermann sichtbaren Tatsachen logische Schlussfolgerungen gezogen, die man nicht einfach mit dem Hinweis auf die früheren Bewertungen aus der Welt schaffen konnte. Die Agrarreform war tatsächlich nicht vom Fleck gekommen und der Reformer Jelzin war mit einem Verfahren überzogen worden. Außerdem hatte der Botschafter, unser größter Sachkenner, den Bericht unterschrieben. Aber die Zentrale wünschte offenbar keinerlei Hinweise, dass Gorbatschow noch Probleme hatte. Wenn die sowjetischen Verhältnisse so einfach gewesen wären. Der Botschafter tröstete mich dann auch. Wir könnten nur nach bestem Wissen und Können weiterarbeiten.

Am 19. März zogen 5.000 Pro-Jelzin-Demonstranten vom Gorki-Park an der Moskwa, nachdem ihre Versammlung dort verboten worden war, mitten durch die Stadt zum Rathaus einige Kilometer entfernt, ohne dass die Miliz eingriff, für sowjetische Verhältnisse war das unerhört. Am 26. 3. wurden die Wahlergebnisse bekannt und in Moskau wie in Leningrad wurden die Spitzen des Parteiapparates fast sämtlich abgewählt. Jelzin, dessen Wahlkampf von der Stadtverwaltung immer wieder massiv behindert worden war, bekam 5.118.745 Stimmen, sein Gegner aus dem Apparat dagegen nur 392.633. Sacharow wurde auf der Liste der Akademie der Wissenschaften gewählt, nachdem er zunächst vom Akademie-Präsidium gar nicht auf die Kandidatenliste gesetzt worden war. Es hatte sich daraufhin aber in den Instituten eine solche Protestbewegung entwickelt, dass er sich letztlich durchsetzen konnte.

Am 25. März wurde Gorbatschow zum Vorsitzenden des Obersten Sowjet gewählt und damit als Staatsoberhaupt bestätigt. Am 29.3. sagte er im Fernsehen die Niederlagen der Apparatsvertreter in den Wahlen zum Volkskongress seien ein natürlicher Teil der Demokratie. Man brauche dazu kein Mehrparteiensystem. Ich nahm es als Bestätigung dafür, dass er es für richtig hielt, nicht immer zu sagen, was er tatsächlich machte, denn die Fraktionen, aus denen sich in der eingeschlagenen politischen Logik Parteien ergeben konnten, gab es ja schon, was er zweifellos erkannt hatte, aber offenbar nicht zugeben wollte, um die Konservativen nicht weiter zu reizen.

Meine tägliche Rundschau über die sowjetische Politik gegenüber den Satelliten ergab, dass in Ungarn die Dinge inzwischen weitergingen. Am 15. März fand in Budapest, ohne dass die Polizei eingriff, eine Großdemonstration der neuen Parteien mit 100.000 Teilnehmern statt. Es war der Tag des alten Nationalfeiertages im Gedenken an die 48er Revolution in Ungarn und hatte insofern einen antirussischen Akzent, denn es war ja der Zar, der diese Revolution niedergeschlagen hatte, weil Wien nicht mehr die Kraft dazu besessen hatte. Kurz nach dieser Demonstration waren Grosz und Nemeth in Moskau bei Gorbatschow und man konnte davon ausgehen, dass sie sich ihr weiteres Vorgehen hatten absegnen lassen. Wozu sonst wären sie gekommen? Gleichzeitig hatten die neuen Parteien in Ungarn einen „Runden Tisch" eröffnet. Anfang April verabschiedete das ungarische Parlament ein Gesetz zum Schutz der Vereinigungs- und Versammlungsfreiheit. In Polen billigte das ZK der polnischen Partei die Ergebnisse des von Jaruzelski eingesetzten „Runden Tisches". Die tägliche Lektüre der Telegramme der Kollegen aus den Warschauer-Pakt-Staaten wurde so immer spannender.

In Rumänien war Ende März 1989 ein offener „Brief der Sechs" bekannt geworden. Sechs prominente Parteimitglieder, darunter zwei ehemalige Ministerpräsidenten, klagten darin Ceaușescu an, er verrate den Sozialismus, verletze die Menschenrechte und zerstöre mit der „Systematisierung" – einem Programm, mit dem Ceaușescu die alten Dörfer abreißen ließ, um sie durch hässliche Neubauten auf der grünen Wiese zu ersetzen – die hergebrachte Struktur der Landschaft. Einer der Autoren, Brucan, ehemaliger Herausgeber der Parteizeitung Scintea und rumänischer Fernsehchef, hatte den Brief offenbar an Radio Freies Europa gegeben und damit für seine Verbreitung in ganz Osteuropa gesorgt. Er war für seine guten Verbindungen nach Moskau, offenbar zum KGB, bekannt und hatte bereits 1987 der BBC ein Ceaușescu scharf kritisierendes Interview gegeben. Die Veröffentlichung dieses Briefes war ein für Rumänien unerhörtes Ereignis. Interessant war Ceaușescus Reaktion. Die „Sechs" wurden zwar unter Hausarrest gestellt, aber sonst nicht weiter belangt. Dazu waren sie offenbar zu hoch abgesichert, was auf Rückendeckung durch Moskau schließen ließ.

Mein nächster Gesprächspartner in der Serie der Antrittsbesuche war Prof. Daschitschew. Er gehörte während meines ersten Postens zu den Kontakten unseres früheren Gesandten Arnot, später Botschafter in Ungarn, der ihn jedoch nur mit spitzen Fingern angefasst hatte. Daschitschew vertrat schon damals manchmal derartig extrem „liberale" Anschauungen, dass wir eher an Desinformation durch einen KGB-Mann glaubten als an im sowjetischen System vertretbare, seriöse Standpunkte. Aber er war immer interessant und ich hatte ihn der Gruppe von Vordenkern zugeordnet, die seinerzeit für Andropow gearbeitet hatten, als dieser ZK-Sekretär für die „realsozialistischen" Staaten gewesen war, also Bowin, Bogomolow, Burlatsky, Butenko und Arbatow. So ging ich zu ihm in das Bogomolow-Institut, wo er als stellvertretender Direktor arbeitete. Dieses Institut der Akademie der Wissenschaften, das für das „Sozialistische Weltsystem" zuständig war, kannte ich noch nicht. Es war während meines ersten Aufenthaltes für westliche Diplomaten unzugänglich gewesen, weil man uns offenbar keinen Einblick in die sozialistischen Interna bieten wollte. Inzwischen stand es auch westlichen Diplomaten offen.

Daschitschew empfing mich sehr freundlich und wir berochen uns vorsichtig. Zu meiner Überraschung führte er mich dann zu Bogomolow, ich müsse den Direktor kennenlernen. Als ich Bogomolow darauf aufmerksam machte, dass wir uns schon einmal über die Aufsätze Butenkos mit der Erörterung der „Widersprüche" im Sozialismus unterhalten hatten, konnte er sich wohl nur aus Höflichkeit daran erinnern, bestätigte aber, dass dies eine im Vorfeld der Perestroika wichtige Diskussion gewesen sei. Inzwischen sei man aber viel weiter.

Daschitschew begleitete mich danach die Treppe hinunter nach draußen und dann, bei schönem Frühlingswetter, sogar bis zu meinem in einiger Entfernung geparkten Auto. Er sagte mir auf dem Weg dorthin, so sicherlich vorbedacht außerhalb der Reichweite der Mikrophone, im Herbst werde es in der DDR zu einer großen Krise kommen und es hänge für die Weiterentwicklung der sowjetischen Beziehungen zu uns viel davon ab, dass wir uns dann nicht einmischten. Ich erwiderte, der Bundeskanzler habe ja vor noch nicht langer Zeit Honecker mit allen Ehren in Bonn empfangen. Mehr könne man von uns wohl kaum erwarten. Die DDR sei nun einmal ein System ohne jede politische Legitimität. Das sei ein Geburtsfehler, für den man uns nicht verantwortlich machen könne. Auf dem Rückweg zur Botschaft dachte ich dann natürlich über diese Mitteilung nach und fragte mich, ob es wieder einmal eine von Daschitschews Sensationsmitteilungen war, vermutlich dazu gedacht, uns durcheinander zu bringen, oder ob diese Mitteilung ernst zu nehmen war. Jedenfalls schien sie mir zu ungesichert und ich verzichtete deshalb darauf, über dieses Gespräch einen Bericht zu schreiben. Das Risiko, in Bonn für leichtgläubig gehalten zu werden, war mir zu groß.

Ein weiterer Antrittsbesuch galt Botschafter Mendelewitsch, dem Leiter des Planungsstabes im Außenministerium, einem sehr alten Herren, der wie viele dort trotz sichtlicher Gebrechen an seinem Posten eisern festhielt, weil die Pensionen wohl derart miserabel waren, dass man davon kaum leben konnte, einer der Hauptgründe für die Überalterung der Nomenklatura. Sein mich am Eingang des Ministeriums abholender Mitarbeiter bat mich, mit ihm vorsichtig umzugehen, er sei nicht mehr ganz gesund, ein ungewöhnlich menschlicher Rat im sowjetischen Außenministerium. Mendelewitsch genoss bei uns einen guten Ruf. Er war nicht nur gebildet und angenehm im Umgang. Er war auch der sowjetische Delegationsleiter bei den Verhandlungen über die KSZE-Schlussakte gewesen, in der wir u. a. die Menschenrechtsgarantien und den „Dritten Korb" hatten unterbringen können, was in den Jahren danach zu einem allmählichen Gärungsprozess in den Staaten des Warschauer Paktes beigetragen hatte. Er hatte also unter Beweis gestellt, dass er für eine auf uns zugehende, nichtkonfrontative, sowjetische Westpolitik eintrat.

Er empfing mich sehr freundlich und stellte mir seinen Deutschlandexperten, Gesandten Dimitriew, vor. Das Gespräch wandte sich dann aber, ganz ungewöhnlich im Außenministerium, bald der sowjetischen Innenpolitik zu und er fragte mich, was ich von den Wahlen zum Volkskongress hielte. Als ich antwortete: „Tschudo" (Wunder), strahlte er über das ganze Gesicht und sagte mir mit Tränen in den Augen, er habe darauf immer gehofft, aber nicht geglaubt, so etwas noch zu erleben. Ich schied tief beeindruckt. Solche Gefühlsausbrüche waren bei den hartgesottenen sowjetischen Diplomaten selten. Mendelewitsch glaubte also an den Ernst von Gorbatschows Forderungen nach „Demokratisatia", die inzwischen die Devise der „Uskorenie" (Beschleunigung) der Wirtschaft weitgehend abgelöst hatten, so dass sich der Schwerpunkt der Reform von Oben von der Wirtschaft auf die Politik zu verschieben begann.

Am 5. 4. wurden in Warschau die Ergebnisse des „Runden Tisches" bekannt gegeben: Legalisierung der Solidarność, demokratischeres Wahlrecht. Es wurde ein Zweikammersystem eingeführt. Das Oberhaus, der Senat, sollte völlig frei gewählt werden. Das mächtigere Unterhaus ‚Sejm' würde in Zukunft zu 65% von der PvAP (Polnische vereinte Arbeiter-Partei, die polnische kommunistische Partei) besetzt. Die Deputierten für die restlichen Sitze sollten frei gewählt werden. Der Übergang zur Marktwirtschaft wurde beschlossen. Insgesamt wollte also das bisherige System die Reform zwar vorantreiben, sich die entscheidenden Machtpositionen aber sichern. Jedenfalls war aber das bisherige Machtmonopol der Partei nun tatsächlich aufgebrochen. Eine Sensation. Und die Entwicklung verbreitete sich. Am 6.4. gab Radio Budapest den Beginn eines partiellen Abzuges der sowjetischen Truppen ab 25. 4. bekannt.

Am Tag darauf reiste Gorbatschow begleitet von den führenden Köpfen für die Außenpolitik, Schewardnadse und Jakowlew, zu einem Besuch nach London. Er benutzte ihn, um ganz in früherer Manier gegen die Einführung eines Folgesystems für die nukleare Kurzstreckenrakete der NATO, der „Lance", bei uns zu polemisieren. Er verwendete dabei wieder primär deutschlandpolitische, nicht strategische Argumente und stellte eine Art von Junktim zwischen den VKSE-Verhandlungen, also dem Fortgang der konventionellen Abrüstung in Europa, und dem Verzicht auf die Modernisierung der nuklearen Kurzstreckenraketen der NATO her. Mrs. Thatcher hielt mit einer Argumentation dagegen, die ebenso deutschlandpolitische Untertöne hatte. Sie wollte mit der Dislozierung von „Fotl" (Follow On To Lance, der geplanten, neuen Kurzstreckenrakete der NATO) eine „Brandmauer" in der Abrüstungspolitik gegen die Denuklearisierung der NATO errichten. Eine solche „Mauer" konnte nach Lage der Dinge nur durch Deutschland verlaufen. Und das war ihr offensichtlich recht. Ich war enttäuscht über diesen sowjetischen Rückfall in fruchtlose Polemik. In seiner

Westpolitik war Gorbatschow offenbar immer noch alten Versuchen verpflichtet, uns aus dem Verbund der NATO so weit wie möglich heraus zu lösen.

Das sowjetische Primärziel schien die „dritte Null" zu sein, d. h. die vollständige Abschaffung der ballistischen Kurzstreckenwaffen bis 500 KM Reichweite, nachdem im INF-Vertrag der vollständige Abbau der Mittelstreckensysteme und der Kurzstreckenwaffen mit über 500 km Reichweite vereinbart worden war. Dabei mussten die in Bonn zuständigen Beamten und Offiziere mit einem Bundeskanzler arbeiten, der sich aus dem täglichen Tauziehen zwischen Genscher und Woerner oder Scholz heraushielt, und einer CDU-Fraktion, der das Verständnis für die Strategie der ‚flexiblen Antwort' allmählich verloren ging. Ihr Vorsitzender, Alfred Dregger, war mit der Bemerkung, „je kürzer die Reichweite desto toter die Deutschen", in aller Munde. Und Genscher verschleppte beharrlich die Entscheidung zur Modernisierung der Kurzstreckenwaffen, was im Ergebnis auf die Entnuklearisierung unseres Landes hinauslief. Das konnte aber, wie die Erfahrung bei INF gezeigt hatte, nur bedeuten, dass die Sowjets den Anreiz zu echten Verhandlungen, in denen auch sie zum Abbau gezwungen werden konnten, verloren. Die Bereitschaft der NATO zur Modernisierung war auch auf der Kurzstrecke die Voraussetzung für sowjetische Abrüstung, denn an einseitige sowjetische Reduzierungen in diesem Bereich konnte man damals noch nicht glauben. So fühlten die Sowjets sich offensichtlich in dem Versuch bestärkt, Deutschland doch noch im NATO-Bündnis zu singularisieren und dadurch die Amerikaner aus Europa zu vergraulen. Gorbatschows Besuch bei Mrs. Thatcher in diesem, sonst so viele Veränderungen bringenden Frühjahr bestätigte dies einmal mehr.

Am 9. 4. waren die sowjetischen Medien dann voll von Meldungen und Kommentaren über eine Demonstration in der Hauptstadt Georgiens, Tiflis. Dort hatten Fallschirmjäger, die gegen die friedlichen Demonstranten eingesetzt worden waren, 19 Menschen mit ihren Klappspaten erschlagen. Außerdem war offenbar Giftgas eingesetzt worden. In Moskau entbrannte sofort eine öffentliche Diskussion, ob Gorbatschow in London von der Absicht des Truppeneinsatzes gewusst und ihn gar gebilligt hatte. Gorbatschow bestritt dies, was kein günstiges Licht auf seine Fähigkeit zur Kontrolle des Gewaltapparates warf, andererseits aber den Schluss nahelegte, dass Ligatschow als 2. Sekretär, Tschebrikow als KGB-Chef und Jasow als Verteidigungsminister, also die Verantwortlichen für den Sicherheitsapparat, die Abwesenheit der Reformer während deren Besuch in London ausgenutzt hatten, um mit dem Militäreinsatz politische Zeichen zu setzen.

Sechs der neu gewählten Abgeordneten des Volkskongresses schrieben in der Glasnost-Zeitung Moscow News einen protestierenden Offenen Brief. Die Ereignisse in Tiflis könnten als Modell verstanden werden, nach dem die Perestroika insgesamt beendet werden solle. Ich ging zu Golembiowski, dem stellvertretenden Chefredakteur der Iswestija, den ich kurz zuvor zu einem sehr freundlichen Vorstellungsgespräch aufgesucht hatte. Als ich mich jetzt erkundigte, fand ich ihn empört, dass Gorbatschow die für den Einsatz Verantwortlichen nicht sofort kritisiert, wenn schon nicht abgesetzt hatte. Es handele sich zweifellos um eine „Provokation" der Konservativen, mit der sie demonstrieren wollten, dass die Perestroika inzwischen das Land destabilisiert und zu Nationalitätenkonflikten geführt habe. Golembiowski ließ klar erkennen, dass die Verantwortlichen im KGB und den Streitkräften saßen und im Politbüro noch mächtig waren.

Ich schied tief beeindruckt von der Offenheit mit der Golembiowski seine Kritik zum Ausdruck gebracht hatte. Einerseits gab es also offenbar Teile des KGB, die Gorbatschow bekämpften und in Tiflis aktiv gewesen waren, andererseits schien es auch Teile zu geben, die ihn unterstützen, wie der Rückblick auf Gorbatschows Herkunft aus der Gefolgschaft Andropows und die Methode zeigte, mit der er seine Gegner bekämpfte. Ich fragte mich so zum ersten Mal, ob nicht nur der Partei-, sondern auch der Sicherheitsapparat gespalten war. Als dann am 13. 4. eine Botschaft Gorbatschows an die Georgier erschien, in der er den Gewalteinsatz bedauerte, schien er sich entschieden zu haben, auf welche Seite er sich stellen wollte. Seine Bemerkung, der Einsatz habe der Perestroika, der Demokratisierung und der Erneuerung des Landes geschadet, zeigte, dass er die Affäre selbst in einen großen politischen Rahmen einordnete.

Anfang April lud ich, der Umzug war inzwischen eingetroffen und die Wohnung empfangsbereit, Rykin zusammen mit dem Vertreter der Friedrich Ebert-Stiftung in Moskau, Schuhmacher, zu einem Abendessen bei uns zu Hause ein. Die beiden kannten sich offensichtlich gut. Schuhmacher war beim ZK-Sekretariat akkreditiert und fungierte erkennbar als Verbindungsmann zum Partei-Vorstand der SPD nicht nur zu seiner Stiftung. Er war ein lohnender Gesprächspartner mit Einblicken, wie wir sie von der Botschaft aus kaum gewinnen konnten. In jenen Tagen kam auch eine Delegation der SPD unter Leitung von Hans Jochen Vogel nach Moskau, die ich zu einem Gespräch mit dem Chefredakteur der Iswestija, Laptew, begleitete, der auch zum Vorsitz eines der Häuser des Obersten Sowjet gehörte. Laptew, erkennbar ein Mann Gorbatschows, war überaus offen in der Beschreibung der innenpolitischen Probleme des Landes und den Folgen der Wahlen, aber doch sehr selbstsicher und optimistisch in der Beschreibung von Gorbatschows Aussichten, damit fertig zu werden. Ich begegnete dabei seinem Vertreter Golembiowski wieder. Er war der eigentliche Blattmacher, weil Laptew politisch zu viel zu tun hatte, um sich ständig um die Zeitung zu kümmern. Als ich dann am Rande des Gesprächs mit Vogel mit Golembiowski über den Stand der Perestroika sprach, strich er die Fortschritte heraus und sagte mir mit einer gewissen Schärfe, es gebe aber wohl Leute, denen alles nicht schnell genug gehe. Ich war darüber so verblüfft, dass ich mich fragte, ob er meine kürzliche Diskussion mit Heyken kannte, in der ich den Mangel an substantiellen Fortschritten kritisiert hatte, und wurde wieder misstrauisch, ob man uns nicht doch weiter abhörte.

Über das ganze Frühjahr waren zwei sowjetische Staatsanwälte, Gdljan und Iwanow, aufgefallen, die wegen Korruption in den zentralen Stellen in Moskau Ermittlungen betrieben und sie auch öffentlich präsentierten, wodurch sie populär geworden waren. Adam erklärte mir, sie seien in den letzten Jahren mit solchen Ermittlungen in Zentralasien bekannt geworden und mir fiel ein, dass sie während meines ersten Postens gegen Schtscholokow aufgetreten waren. Ich konnte nicht glauben, dass es sich um mutige Anhänger der Offizial-Maxime handelte, die nun ohne Weisung von höherer Stelle rechtsstaatlich gegen die Moskauer Nomenklatura vorgingen. Die Staatsanwaltschaft gehörte doch auch zu den „Organen", das heißt zum Sicherheitsapparat. Also war jedenfalls ein Teil dieses Apparates von Gorbatschow zur Bekämpfung seiner Gegner in der bekannten Diskreditierungsmanier des KGB eingesetzt, ein weiteres Indiz dafür, dass er in diesem Apparat sowohl Gefolgsleute wie Gegner hatte.

Im April trat das Politbüro in Ungarn zurück. Bei uns fiel eine Meldung der Frankfurter Rundschau auf. Danach hatte Pozsgay gesagt, „das ungarische Grenzsystem zu Österreich ist historisch, politisch und technisch überholt", was mich an Schewardnadses Ausspruch vom Rosten des Eisernen Vorhangs erinnerte. Ende des Monats begann der sowjetische Truppenabzug aus Ungarn und die Sowjets gaben in jenen Tagen den Abzug von 10.000 Panzern und 10.000 Mann aus der DDR bekannt, so dass deutlich wurde, dass die allmählich deutlicher werdenden Entlastungsbemühungen Gorbatschows grundsätzlich auch die DDR umfassten, wenn auch unklar war, in welchem Umfang.

Bei meinen Versuchen, mir eine Meinung über die Tiefe der Reform zu bilden, stieß ich auf einen Artikel eines Angehörigen des Bogomolow-Instituts, Igor Kljamkin, dem ich noch nicht begegnet war. Elfie Siegl, eine deutsche Journalistin, die ich von meinem ersten Posten in Moskau kannte und schätzte, sie schrieb inzwischen für die FAZ, hatte mich auf ihn aufmerksam gemacht. Er griff die ideologisch delikateste Frage von allen auf, ob nämlich die gegenwärtigen Probleme des Landes ihre Wurzeln nicht nur in der von Stalin überkommenen Struktur hatten, sondern Ursachen besaßen, die weiter sogar bis zu Lenin zurückreichten. Kljamkin benutzte seine folgende Verteidigung Lenins zu einem umso vernichtenderen Angriff auf Stalin und den von ihm gigantisch aufgeblähten Parteiapparat, mit dem er jede Möglichkeit zu innerparteilicher Demokratie vernichtet habe. Seine historischen Argumente wendete Kljamkin dann aber auf die Gegenwart an: „Solange, wie das administrative System lebt und gedeiht, solange Reformen und Wechsel in seinem Inneren verlaufen und seine Struktur unberührt lassen, kann es keinen wirklichen Fortschritt geben. Man kann zwar annehmen, dass bei Zulassung freier Wahlen zu den Sowjets der demokratische Druck auf den Partei- und Staatsapparat wächst. Das könnte man nur begrüßen. Aber freie Wahlen gibt es bisher nicht und ich bin nicht überzeugt, dass es sie bald geben wird. (Der Artikel stammte aus dem Februar, vor den März-Wahlen zum Volkskongress) Wenn die Parteiorgane die Bedrohung ihrer Immunität und Unkontrolliertheit spüren, dann werden sie versuchen, eine solche Lage zu beenden und zwar mit der Begründung, dass sie einen Anschlag auf das Allerheiligste – die führende Rolle – begünstige." Das administrative System müsse also zerstört werden. Es sei der „Ursprung der Lügen." Deshalb sei eine Neudefinition der „führenden Rolle" der Partei notwendig, um „die ideologische Okkupation der Wirtschaft und von allem Übrigen" durch dieses System zu beenden. Als Motiv des Handelns der Mitglieder der Gesellschaft müsse das „ich will" anstelle des „ich muss" treten. Hier wurde also nun die fundamentale Struktur der Macht unverhüllt und massiv angegriffen. Kljamkin entwickelte dann sogar aus dem „Interessen"-Konzept, in offensichtlicher Anknüpfung an die Widersprüche-Debatte der Andropow-Zeit, die Forderung, diese Interessen politisch zu organisieren, gipfelnd in der Forderung nach einem Mehrparteiensystem und freien Wahlen.

In der März-Nummer von „Fragen der Philosophie" wurde dieser Angriff von meinem alten Bekannten, Professor Butenko, auch aus dem Bogomolow-Institut, fortgesetzt. Das von Stalin geschaffene System, das weiterhin bestehe, bedeute die Herrschaft der Nomenklatura und sei von Grund auf undemokratisch. Sie bedeute die Übernahme der Macht aus den Händen des Volkes in die des exekutiven Apparates. Und zur gleichen Zeit erscheinen zwei Artikel ebenfalls von Angehörigen des Bogomolow-Instituts, Len Karpinski und Alexander Tsipko, die sogar zu dem Ergebnis kamen, die Wurzeln der Probleme lägen jedenfalls teilweise sogar noch vor Stalin. Besonders aufregend fand ich dabei Tsipkos Artikelserie, über die Adam einen großen Bericht geschrieben hatte. Sie enthielt im Ergebnis in einer Fundamental-Kritk eine systematische Zerstörung der Lehren Lenins, der bis dahin gegenüber jeder Kritik heilig geblieben war. Tsipko war aber nicht irgendein Intellektueller, sondern war stellvertretender Leiter der ZK-Abteilung für die „realsozialistischen" Staaten gewesen.

Die „Iswestija KPSS" druckte im März „im Auftrag des Politbüros" zum ersten mal in der SU den Volltext der berühmten Geheimrede Chruschtschows vom XX. Parteitag 1956 mit ausführlichen Erläuterungen ab. Erstaunlich war auch ein Interview zu dieser Veröffentlichung mit Generaloberst Wolkogonow, inzwischen Leiter des historischen Instituts der Streitkräfte. Er war mir während meines ersten Postens als Stellvertreter des Kommandeurs der politischen Hauptverwaltung, also der Politruks in den Streitkräften, aufgefallen, der damals wütende Kommentare über die amerikanische Nuklearrüstung geschrieben hatte, sich nun aber anscheinend zur Perestroika bekannte. Chruschtschow sei auf halbem Wege stehengeblieben, weil „die Bürokratie, der Dogmatismus und der Zwang, die Hauptelemente des stalinistischen Systems" zu tief verankert gewesen seien. Relikte dieses Systems existierten bis heute, so schrieb er und stellte damit einen

Gegenwartsbezug her, der die Beseitigung dieses Systems implizierte. Ich konnte auch kaum glauben, dass bei einer offiziellen Feier anlässlich des 95. Geburtstages von Chruschtschow, der bis vor kurzem noch eine Unperson gewesen war, der Emigrant Lew Kopelew eine Rede halten durfte.

Der alte Witz, „die SU ist das einzige Land der Welt mit einer unvorhersehbaren Vergangenheit" bestätigte sich einmal mehr. Aber es ging offensichtlich nicht nur um Vergangenheitsbewältigung, sondern um den gezielten Versuch, durch einen Angriff auf die ideologischen Grundlagen der Parteiherrschaft, die vor Stalin von Lenin geschaffen worden waren, eine ideologische Basis für den Machtverlust des Parteiapparates, so weit er sich nicht in Wahlen behaupten konnte, zu schaffen, also die Grundlage für ein Mehrparteien-System und demokratischer Legitimierung einer neuen Exekutive zu legen. So schrieb ich in einem diese Debatte zusammenfassenden Bericht am 20. 4., es gehe um den Versuch der Neudefinition der Aufgabe der Partei und damit – für alle Staaten des „realen Sozialismus" – um eine ganz wesentliche Machtfrage, die je nach ihrer Entscheidung das politische System grundlegend verändern könne.

Ich spürte, wie in mir sich eine wachsende Begeisterung über diese sich offenbar radikalisierende Revolution von Oben entwickelte. Ich war überzeugt, dass diese Reformintellektuellen, auffälligerweise fast alle aus dem selben Institut, nicht von sich aus den Parteiapparat angriffen, sondern auf Weisung höherer Instanzen und letztlich von Gorbatschow handelten. Man konnte ausschließen, dass sie in dem immer noch von oben kontrollierten System spontan aus eigenem Antrieb vorgingen. Sie waren ja alle Produkte dieses Systems und hatten ihm ihre Positionen zu verdanken. Die Folgen für die dem „Modell" verpflichteten Staaten des Warschauer Paktes, also auch die DDR, schienen mir immer noch eigentlich undenkbar, aber doch nicht weniger bevorstehend real als das, was bereits in der SU, Polen und Ungarn eingetreten war. Ihre Gründung auf dem „Modell" musste dies erzwingen, so meine Schussfolgerung.

Deutlich ernüchterter war ich, als ich zu dieser Zeit von Ussytschenko in das Außenministerium einbestellt wurde. Ich erwartete ein Gespräch über die bereits laufenden Vorbereitungen von Gorbatschows im Juni bevorstehenden Besuch bei uns und war dann konsterniert, als er mir eine Liste mit Namen von ehemaligen Botschaftsangehörigen vorlas, die „wegen mit ihrem diplomatischen Status nicht vereinbaren Aktivitäten" in Zukunft kein Visum für die SU mehr erhalten würden. Ich protestierte und fügte auf diese unerhörte Beschuldigung der Spionage einer ganzen Reihe tüchtiger Kollegen hinzu, es gebe in der SU offensichtlich Kreise, die keine Verbesserung in unseren Beziehungen wünschten und die Besuchsvorbereitung absichtlich stören wollten. Ussytschenko nahm das mit steinerner Mine entgegen. So war also die Situation in der für uns zuständigen dritten Europäischen Abteilung des Außenministeriums.

Ende April, also kaum mehr als vier Wochen nach dem letzten ZK-

Plenum über Landwirtschaft, auf dem die Reform blockiert worden war, fand überraschend ein weiteres ZK-Plenum statt. Ich nannte es das „Pensionierungs-Plenum", denn sein Hauptergebnis war der angeblich freiwillige Rückzug von 74 Vollmitgliedern und 24 Kandidaten in den Ruhestand. Der Botschafter berichtete in der Morgenrunde, der ehemalige Chef-Kommentator der Prawda, Schukow, stalinistisches Urgestein, habe für die Pensionierten eine Abschiedsrede gehalten, in der er Gorbatschow gedankt und um Verständnis für die alten Kader gebeten habe. Hintergrund dieser Bitte war nach dem, was der Botschafter gehört hatte, dass den Pensionisten Dossiers mit kompromittierendem Material über ihr bisheriges Verhalten vorgelegt worden waren. Mit anderen Worten hatte Gorbatschow sich offenbar des KGB bedient, um widerspenstige Altkader hinauszuwerfen und sich so endlich eine Mehrheit im ZK zu verschaffen. In der Prawda wurde ein Protokoll der Sitzung veröffentlicht und exponierte so die um ihre Stellung zitternden Mitglieder, diskreditierte also den Apparat. Meine Analyse der Mehrheitsverhältnisse beim letzten Plenum war also richtig gewesen. Hier wurde mit harten Bandagen gekämpft und mich erinnerte das Verfahren des Einsatzes kompromittierender Informationen des KGB an Andropows Angriffe auf den Breschnew-Clan im Kampf um die Nachfolge. So viel hatte sich also doch nicht geändert.

Am 26. April machte ich einen Antrittsbesuch, ich war auch für die Presse verantwortlich, bei Maslennikow, einem leitenden außenpolitischen Redakteur der Prawda. Wir unterhielten uns über die Deutsche Frage und er sagte mir „Auf die Dauer werden die Deutschen natürlich machen, was sie wollen." Ich konnte es kaum fassen, so etwas Unerhörtes von einem hohen Prawda-Mann. Ich war aber noch so fest meinen Überzeugungen aus der Vergangenheit verhaftet, dass ich es eher als Witz, denn als ernsthafte Meinung abbuchte.

Am 28. April nahm ich vormittags an einem Kolloquium teil, das der „Politische Club" aus Berlin im Hotel International organisiert hatte. Dieser Club war mit seinen Veranstaltungen in West-Berlin während der achtziger Jahre ein nützliches Forum gewesen, weil sich dort Politiker, Diplomaten, Wissenschaftler und Journalisten aus den Warschauer-Pakt-Staaten bei einem westlichen Gastgeber versammeln konnten, ohne, wegen des Status Berlins, ein Visum zu brauchen. Und wer aus dem Westen nicht in diese Staaten reisen wollte, konnte dort mit interessanten Gesprächspartnern aus dem Osten diskutieren. Als ich in Moskau zuhörte, geschah etwas für mich ganz ungewohntes, geradezu Sensationelles. Es entwickelte sich nämlich coram publico eine offene, kontroverse, ja geradezu scharfe Diskussion zwischen zwei sowjetischen Funktionären. Der eine der Diskutanten war Sagladin, er firmierte inzwischen als außenpolitischer Berater Gorbatschows, hatte aber nach wie vor auch eine nicht ganz klare Funktion in der internationalen Abteilung des ZK. Der andere war Bereschkow, leitender Redakteur der vom Arbatow-Institut herausgegebenen Zeitschrift „USA". Er war bei uns seit langem als Stalins und Molotows Dolmetscher in ihren Gesprächen mit Ribbentrop und Hitler bekannt, also ursprünglich ein Germanist mit weit in die Vergangenheit reichenden Erfahrungen. Er hatte Molotow im Dezember 1940 zu den Gesprächen mit Hitler in Berlin begleitet, in deren Anschluss Hitler den Angriff auf die SU beschlossen hatte.

Sagladin hatte sich in seinem Vortrag fast völlig auf eine Polemik gegen „Fotl", die nuklear bestückte Kurzstreckenrakete konzentriert, die der jetzt bei uns stationierten Lance-Rakete folgen sollte. Seine Argumentation war dabei ganz die alte, aus der Debatte über die Nachrüstung sechs Jahre zuvor bekannte. Das Ziel, die völlige Entnuklearisierung Deutschlands und damit die Zerstörung der nuklearen Abschreckung der NATO, war genau das gleiche geblieben, wie auch der Versuch, uns mit deutschlandpolitischen Argumenten von unseren westlichen Verbündeten zu trennen. Es war verblüffend, wie wenig sich die damals gegen die Pershing II verwendeten Argumente geändert hatten. Als Sagladin mit seiner Tirade gegen „Fotl" geendet hatte, meldete sich erregt Bereschkow zu Wort. Ich war ihm früher auf Empfängen bei uns und bei den Amerikanern begegnet, ohne dass wir tiefer ins Gespräch gekommen waren. Er griff Sagladin heftig an und warnte davor, sich erneut in eine eskalierende Propagandaschlacht über Nuklearfragen hineinzusteigern. Das führe nur von den viel wichtigeren Themen der politischen und wirtschaftlichen Zusammenarbeit weg.

Ich kehrte einigermaßen erstaunt über diesen offenen Ausbruch grundlegender Meinungsverschiedenheiten unter den Sowjets in wichtigen außenpolitischen Fragen in die Botschaft zurück. Es gab also tatsächlich unterschiedliche Denkschulen im außenpolitischen Apparat. Das Ganze war umso erstaunlicher gewesen, als der Bundeskanzler am Tag zuvor vor dem Bundestag in einer Regierungserklärung die Verschiebung der Dislozierungsentscheidung über „Fotl" verkündet und Verhandlungen über nukleare Kurz-Streckenwaffen und Artillerie gefordert hatte. Aber vielleicht hatte Sagladin gerade deshalb nachgelegt, um in altbekannter Manier eventuelle sowjetische Gegenleistungen für den endgültigen Verzicht auf „Fotl" klein zu halten.

Am Abend kam dann mein Vertreter Reinhard Schäfers zu mir. Er war am Nachmittag auf dem Kolloquium gewesen und hatte sich am Rande mit Dimitriew, Mendelewitschs Mann für Deutschland aus dem Planungsstab des Außenministeriums unterhalten. Dabei hatte Dimitriew eine schwere Krise in der DDR im kommende Hebst vorausgesagt. Mir fiel natürlich sofort Daschitschews gleiche Prognose wenige Wochen zuvor ein. Ich war aber noch nicht fähig, daraus berichtsfähige Schlussfolgerungen zu ziehen. Zwar dachte ich seit Längerem darüber nach, ob und gegebenenfalls welche Folgen die Revolution von Oben auch in der DDR haben würde. Es lag in der Logik des „Modells", dass die DDR von seiner Änderung erfasst werden würde und dass dies für die DDR als deutschem Teilstaat noch gravierendere Folgen haben könnte, als sie in der SU, Polen und Ungarn bereits erkennbar waren. Ich hatte aber bisher zwar Anzeichen eines tiefgreifenden Zerwürfnisses der

DDR mit der SU festgestellt, jedoch noch keinerlei Indizien dafür, dass entweder Honecker einschwenken oder dass sich aus dem Streit über die Perestroika eine System-Krise der DDR ergeben würde. So verschob ich Daschitschews und Dimitriews Prognosen wieder in den Hinterkopf.

Zur Entwicklung der deutsch-sowjetischen Beziehungen in jenen Wochen gehörte auch die Gründung der „Wiedergeburt", also einer Vereinigung der Russlanddeutschen, mit der sie vor allem ihre Rehabilitierung betrieben, nachdem sie von Stalins Justiz als „Verräter und Faschisten" verurteilt und aus der Ukraine und von der Wolga in den Ural, nach Kasachstan, Mittelasien und Sibirien verschleppt worden waren. Für uns alle an der Botschaft Moskau war diese Gründung ein bewegendes Ereignis. Eine unserer wichtigsten Aufgaben seit Wiederaufnahme der Beziehungen unter Adenauer war ja, den Zigtausenden erniedrigten und beleidigten Landsleuten, die über Jahrzehnte durch Zwangsarbeit in den Bergwerken des Ural oder den Halbwüsten Kasachstans in den Lagern der „Arbeitsarmee" geschunden worden waren, bei der Rückkehr nach Deutschland zu helfen, das ihre Vorfahren zur Zeit Katharinas der Großen verlassen hatten. Das Elend, das den Kollegen aus der Rechts- und Konsulatsabteilung aus ihren Lebensläufen entgegenschlug, die zu den Ausreiseanträgen gehörten, war unbeschreiblich, und die Treue, mit der die Antragsteller trotz aller Schikanen wegen der Antragsstellung an ihrem Deutschtum festhielten, war überwältigend. So hatte es zu den deprimierendsten Eindrücken meines ersten Moskauer Postens gehört, zusehen zu müssen, wie aus dem schmalen Flüsschen der Ausreisegenehmigungen während der Hochzeit der Entspannungspolitik Mitte der siebziger Jahre ein immer dünneres Rinnsal geworden war, das nach der Nachrüstung 1983 fast völlig versiegte. Jetzt, in diesem Frühjahr 1989 nahm die Zahl der Genehmigungen sprunghaft zu. Die Kollegen kamen trotz laufender Verstärkung nicht mehr hinterher. Gleichzeitig bildete sich direkt unter meinem Fenster in dem kleinen Park, der die Botschaft von der Straße trennte, eine immer längere Schlange. Im Sommer 1990 nahm der Ausreisedruck über Monate solche Formen an, dass man sich morgens auf dem Weg in die Botschaft nur mühsam seinen Weg durch die an die Tausend gehende Menge der Wartenden bahnen konnte.

Adam machte mich darauf aufmerksam, dass die „Wiedergeburt" kaum gegründet in sich gespalten war. Er kannte ihre Funktionäre und so war bald klar, dass wir nicht damit rechnen konnten, dass alle von ihnen vertrauenswürdig und verlässlich waren. Vielmehr musste man immer damit rechnen, dass jedenfalls einige für den KGB arbeiteten. Für die sowjetische Geheimpolizei konnte eine Gruppe wie die Russlanddeutschen, gerade wegen ihrer Verbindung zu uns, natürlich nicht unbeobachtet bleiben, auch weil sie wegen ihrer Zielsetzung der Wiedererrichtung der Wolga-Republik ein Präzedenzfall für die Behandlung vieler anderer diskriminierter und verschleppter Minderheiten war. Mit ihr ließ sich auch die neue Politik der Aufarbeitung der Vergangenheit vorantreiben, die innenpolitisch von großer Brisanz war. Die

Konservativen reagierten darauf sofort, u. a. indem sie die Einheimischen an der Wolga gegen die Wiedererrichtung der Republik für die Deutschen aufhetzten. Die Frage des Umgangs mit den Wolgadeutschen war also nicht nur eine konsularische Aufgabe für uns, sondern einer der wichtigen Kampfplätze zwischen Reformern und Konservativen und damit hochpolitisch.

Am 2. Mai gab die ungarische Regierung bekannt, dass die reparaturbedürftigen Grenzhindernisse zu Österreich nicht wieder hergestellt werden würden. Dazu gab es Fernsehbilder, die Soldaten zeigten, während sie mit großen Scheren den Stacheldraht zerschnitten. Ich war erneut elektrisiert, denn diese Bilder konnten in der DDR nicht ohne Wirkung bleiben.

Noch hatte ich diese Fernsehreportage kaum verdaut, als mich ein Besuch des Generalinspekteurs der Bundeswehr mit einer großen Delegation in Moskau zu meinem ersten großen Bericht über die Implikationen der Gesamtentwicklung der letzten Monate für die Deutsche Frage bewegte. Vor der Landung des Flugzeugs der Bundeswehr mit unseren höchsten Offizieren hatte unser Verteidigungsattaché, General Wetter, auf dem Flughafen gewartet. Dabei war der sowjetische Gastgeber, der Chef des Generalstabes Generaloberst Moisejew, von sich aus auf ihn zugekommen und hatte ihm unvermittelt gesagt, er müsse wissen, dass die sowjetischen Streitkräfte noch niemals etwas gegen die deutsche Einheit gehabt hätten. Die Geschichte habe Deutschland geteilt. Aber Geschichte müsse auch korrigierbar sein und die Geschichte werde „von uns" gemacht. Als General Wetter dies in der Morgenrunde vortrug, war ich wie vom Donner gerührt. Die Aussage zur geschichtlichen Bedingtheit der deutschen Teilung war dem Sinne nach nicht neu. Gorbatschow hatte Weizsäcker Ähnliches gesagt. Aber der Hinweis auf eine jetzt gegebene „Korrigierbarkeit", also Wiederherstellung der Einheit „von uns", also nicht irgendjemand in mehr oder minder ferner Zukunft, war sensationell.

Ich war in den Tagen davor vor allem durch die deutschlandpolitischen Untertöne der „Fotl"-Debatte aufmerksam geworden und fragte den Botschafter nach einigen Tagens des Nachdenkens, wie er Moisejews Bemerkung bewerte. Er meinte, es habe sich wohl um eine captatio benevolentiae gehandelt. Ich hielt inzwischen für möglich, dass mehr dahintersteckte und arbeitete eine Analyse dieser Bemerkung in einen längeren Bericht über die sowjetische Westpolitik ein, an dem ich zur Vorbereitung der üblichen NATO-Frühjahrstagungen saß. Ich gebe seinen wesentlichen Inhalt hier wieder, weil er für den Stand unserer Überlegungen in Moskau im späten Frühjahr 1989 charakteristisch ist.

„Die SU beobachtet die derzeitige Diskussion im Bündnis über Fotl sehr genau... Sie hat erkannt, dass es inzwischen keineswegs nur mehr um einen Streit über die Frage geht, welche nuklearen Mittel in welcher Zahl in Europa disloziert werden müssen, damit die Strategie der flexiblen Antwort glaubwürdig implementierbar bleibt. Eventuelle Impli-

kationen dieser Debatte für den status quo in Europa und die deutsche Frage sind ihr also bewusst und werden in das Kalkül mit einbezogen. In der gegebenen Lage konkurriert das sowjetische Interesse an der Bewahrung des status quo bzw. an einer Schwächung des westlichen Verbundes mit dem Interesse an Abbau der militärischen Konfrontation und der Gewinnung von Zeit und Ressourcen für die Verbesserung der eigenen wirtschaftlichen Lage... Außenpolitisch kommt das andauernde Interesse der SU hinzu, ihre Westpolitik mehrgleisig und hier insbesondere mit den USA voranzutreiben. Sie hat grundsätzlich kein Interesse daran, unsere Position als der einzigen echten Nicht-status-quo-Macht, entscheidend zu stärken...

Wesentlicher Antrieb der sowjetischen Westpolitik ... ist ... das grundlegende Interesse der SU an der Bewahrung ihrer Position als zweiter Weltmacht und erst in zweiter Linie das dringende Interesse an Freimachung von bisher für Rüstung eingesetzten Ressourcen für die Hebung des Lebensstandards und der Gewinnung von westlicher Unterstützung ihrer Wirtschaft... Wenn es nicht rasch genug gelingt, ein solches Freiwerden in zweiseitigen Verhandlungen zu erzielen, so ist grundsätzlich die sowjetische Führung mehrheitlich auch zu einseitigen Maßnahmen bereit, da sie erkannt hat, dass das Bündnis seinerseits nicht beabsichtigt, den status quo mit militärischen Mitteln zu verändern. Der Verdacht, die wichtigsten Mitgliedstaaten des Bündnisses wollten die Weltmachtposition der SU unterhöhlen, sitzt jedoch tief...

Die sich in letzter Zeit häufenden öffentlichen Stellungnahmen führender Militärs in den großen Zeitungen deuteten darauf hin, dass insbesondere in der militärischen Führung erhebliche Befürchtungen bestehen, dass die Politik einseitiger konventioneller Reduzierungen sich fortsetzen und auch andere Bereiche als die bisher vor allem betroffenen Landstreitkräfte erfassen könnte... Obwohl Gorbatschow auf dem letzten ZK-Plenum seine Stellung weiter konsolidiert hat, ist deutlich erkennbar, dass er Gegner im Parteiapparat hat, denen die „Demokratisierung" bereits jetzt erheblich zu weit geht. Sie scheinen ihre eventuelle politische Chance in einem längeren Ausbleiben wirklicher Verbesserungen des Lebensstandards zu sehen. Sie haben ein Interesse daran, das weitere Freiwerden von Rüstungsressourcen zu verhindern oder zu verzögern. In ihnen haben konservative Kräfte unter den Militärs also eine Stütze und eventuelle Verbündete.

Grundsätzlich so gegenüber dem Westen aus der Defensive agierend, ist es für Gorbatschow verlockend, innerwestliche Diskussionen über die Modernisierung auszunutzen. Er kann versuchen, so erkennbar in seiner Junktim-Drohung (der Drohung, nukleare und konventionelle Rüstungskontrolle zu verknüpfen und so die gesamten Verhandlungen aufzuhalten) in London, die Wirkung der Perestroika im Westen, etwa in der Verschiebung der Modernisierung, zu Hause zu dem Beweis zu verwenden, dass eine Politik einseitiger Reduzierungen das Sicherheitsrisiko für die SU nicht erhöht, sondern sogar verringert. Umgekehrt ist der eventuelle Wille des Bündnisses zur Modernisierung für die Gegner Gorbatschows zu Hause das beste Mittel, um plausibel zu machen, dass seine Politik eben nicht zum Nachlassen westlicher Rüstungsanstrengungen führt. Für diese Kräfte ist daher die Junktim-Drohung nicht Mittel, um den Abrüstungsprozess auf breitere Gebiete zu erstrecken, sondern um mögliche Fortschritte in einzelnen Gebieten durch den Hinweis auf Mangel an Fortschritt in anderen zu verhindern und damit der Gesamtentwicklung zwischen West und Ost ihren Schwung zu nehmen...

Gorbatschow ist die Gefahr der Überziehung der Junktim-Drohung sicher bewusst, die damit auch den Gegnern von Veränderungen im westlichen Bündnis (wie Mrs. Thatcher) den Hebel in die Hand gibt, um das gleiche Ziel wie die hiesigen Gegner von Bewegung zu erreichen...

Es ist insofern auch bezeichnend, dass von sowjetischen Gesprächspartnern in den letzten Tagen ungefragt die deutsche Frage aufgeworfen worden ist. Dies rührt nicht nur aus der Beobachtung, dass die innerwestliche Modernisierungsdebatte in den Medien stark mit Argumenten pro und contra Wiedervereinigung geführt wird (Genscher hatte sich in der entscheidenden Bundestagsdebatte wenige Tage zuvor darauf berufen, dass die aus seinem Amtseid entspringende, nationale Verantwortung seine Heimat und die Stadt, in der er geboren worden sei, einschließe „Ich bin aus Halle an der Saale.") und es für die SU insofern naheliegt, unsere westlichen Verbündeten als uns gegenüber unehrlich anzugreifen. Allerdings bringt eine solche Argumentation, wenn sie öffentlich verwendet würde, für die Sowjets die Gefahr mit sich, dann vom Westen in eine Debatte verwickelt zu werden, wer nun mehr bereit wäre, den Status quo zu verändern... Gleichzeitig ist denkbar, dass bei den hiesigen Verteidigungspolitikern die Absicht eine Rolle spielt, uns deutschlandpolitische Hoffnungen zu machen, wenn wir zuvor sicherheitspolitische Schritte unternehmen, die dem definierten Interesse unserer Hauptverbündeten zuwiderlaufen.

Dieses Spiel mit deutschen Hoffnungen ist für die SU grundsätzlich gefährlich, solange sie – wie seit dem zweiten Weltkrieg – ihre Weltmachtstellung wesentlich auf eine Hegemonie im Warschauer Pakt aufbaut, die sie durch Verteidigung der politischen Systeme des „realen Sozialismus" zementiert. Es gibt in Moskau jedoch schon Wissenschaftler, die einräumen, dass das Grundprinzip der „freien Wahl" nicht nur die Breschnew-Doktrin aus den Angeln hebt, sondern gerade auch für die deutsche Frage von fundamentaler Bedeutung sein könnte. Aussagen von verantwortlichen Personen zu dieser Frage sind nach wie vor selten. Sie fallen aber insofern auf, als in ihnen, z. B. durch Moisejew gegenüber unseren Militär-Attachés, das Element der potentiellen Bewegung auch in dieser Frage, wie schon durch Gorbatschow persönlich während des Besuchs des BK, nicht mehr à limine bestritten wird. Darin liegt der deutliche Versuch einer captatio benevolentiae ... Schon dieser Versuch geht aber der DDR, wie z. B. bei ... einer kürzlichen Rede des DDR-Botschafters König ... deutlich wurde, zu weit. Die in allen operativen deutschlandpolitischen Fragen (Berlin) harte Haltung des Außenministeriums ist bezeichnend dafür, dass man sich dort der Verwundbarkeit der DDR für die Entwicklung einer solchen Diskussion wohl bewusst ist...

Taktisch befindet die SU sich so in der schwierigen Lage, uns Hoffnung auf Bewegung zu machen, die über Abrüstung und Rüstungskontrolle hinausträgt, während sie den USA, Großbritannien und Frankreich gegenüber wohl glaubt, Versuche der Veränderung des status quo im Keim ersticken zu sollen. Dieses taktische Dilemma entspringt dem zu Grunde liegenden Problem, dass der innere Wandel des politischen Systems der SU und die sich daraus ergebenden Folgen für ihre Verbündeten dem Westen gegenüber ambivalente Folgen haben, weil sie die westliche Bereitschaft zur Hilfe fördern, die Dominanz der SU in den WP-Staaten dadurch aber potentiell abnimmt.

Ich war dem Botschafter dankbar, dass er diese Überlegungen unterschrieb. Ich hatte nicht gewagt, noch expliziter auf die Möglichkeit einzugehen, dass sich aus deutschlandpolitischen Avancen der Sowjets uns gegenüber letztlich ein Angebot für Zurückhaltung bei der NATO-Modernisierung ergeben könnte, wie es Stalin 1952 gemacht hatte, also Einheit gegen Neutralität. Meine Hinweise auf die Verknüpfung der „Fotl"-Debatte mit der deutschen Frage waren klar genug. Jedenfalls habe ich von da an immer intensiver darüber nachgedacht, ob sich ein solches Angebot entwickelte, als der Systemwandel sich in der SU in den folgenden Monaten weiter beschleunigte. Der Versuch, uns aus dem westlichen Verbund herauszubrechen, war ja sowohl in der operativen Phase der Neuen Ostpolitik wie im Kampf um die Nachrüstung zu beobachten gewesen. Er lag während der vergangenen Jahrzehnte seit der Gründung der Bundesrepublik der gesamten sowjetischen Politik uns gegenüber zu Grunde.

Hintergrund dieses Nachdenkens waren auch die Diskussionen, die wir während unserer Attaché-Ausbildung mit Professor Hillgruber über die Frage gehabt hatten, ob Adenauer 1952/53 eine große Chance für die Wiedervereinigung verpasst hatte. Ich war nach der Lektüre des glänzenden Buches von Arnulf Baring darüber „Im Anfang war Adenauer" zu dem Ergebnis gekommen, dass es Stalin primär um die Verhinderung der Westbindung und insbesondere der Wiederbewaffnung gegangen war und Adenauer Recht damit gehabt hatte, zunächst einmal den freien Teil Deutschlands nach Hitler grundlegend zu verwestlichen, anstatt, und sei es auch vereint, in die Mittellage zurückzufallen, die sich als so verderblich für unser Land erwiesen hatte. Die Westbindung war nicht nur sicherheitspolitisch notwendig, weil ein neutrales Deutschland mit einem von dort in der Mitte Europas vertriebenen Amerika immer im Schatten sowjetischer Macht gelebt hätte. Sie war auch notwendig, um Deutschland nach der Nazi-Barbarei wieder in den Kreis der Kulturnationen zurückzuführen. Wir mussten uns, das schien mir immer dringlicher, wegen der inzwischen erkennbaren Verflüssigung des Status quo in Polen und Ungarn und der wahrscheinlichen Rückwirkungen auf die DDR fragen, ob eine Neuauflage der sowjetischen Neutralisierungs-Versuche bevorstand.

Die Signale aus der DDR in jenen Tagen waren gemischt. Zu den Zeichen von anhaltender Ablehnung der Perestroika durch die SED einerseits kamen erstmals auch von dort Zeichen politisch relevanten Dissidententums andererseits. Mein Vertreter, Reinhard Schäfers, zu dessen Aufgaben die tägliche Lektüre des „Neuen Deutschland" gehörte, machte mich auf Artikel „Zur Geschichte der Komintern" aufmerksam, die, neostalinistisch eifernd, in deutlichem Kontrast zu den sowjetischen Versuchen der letzten Zeit standen, die Geschichte des Stalinismus ernsthaft aufzuarbeiten. Neben solche Belege für die orthodoxe Intransigenz des DDR-Regimes traten dann aber am 7. 5. Berichte über öffentliche Proteste gegen die Fälschung der Ergebnisse der Kommunalwahlen in der DDR. Diese Wahlen waren doch schon immer gefälscht worden. Wieso, so fragte ich mich, gab es dieses Mal öffentliche

Proteste? Hatte Glasnost nun auch in der DDR Folgen? Woher nahm die „Kirche von Unten" ihren Mut zu demonstrieren trotz der Festnahmen? Wie war zu erklären, dass das verantwortliche Politbüromitglied Krenz dem Pfarrer Eppelmann erlaubt hatte, die Wahlen zu beobachten? Wir wussten es nicht, ungewöhnlich war es schon, aber es passte in die insgesamt zu beobachtende Lockerung.

Am 10. Mai kam der amerikanische Außenminister James Baker nach Moskau. Zusammen mit Schäfers ging ich in die den Besuch abschließende große internationale Pressekonferenz im Pressezentrum des Außenministeriums am Gartenring. Diese Pressekonferenzen gehörten zum festen Programm aller wichtigen Besuche in Moskau und waren auch für Diplomaten offen. So habe ich dort eine ganze Reihe von Persönlichkeiten aus dem ersten Rang der Weltpolitik erlebt. Baker gab eine glänzende Präsentation seiner Gespräche mit Schewardnadse und Gorbatschow, die die gesamte Breite der Weltpolitik abgedeckt hatten. Baker war sichtlich in seinem Element. Er hatte Übung mit solchen öffentlichen Auftritten und den dazu gehörenden, oft scharfen Befragungen durch die westlichen Korrespondenten. Die sowjetischen Journalisten waren zurückhaltender. Sie waren einen solchen Umgang mit den Mächtigen nicht gewohnt. Nach der selbstsicheren Beschreibung der Gespräche über die regionalen Konflikte wie das Nahost-Problem und die START-Verhandlungen ließ Baker nur beim Thema der Rüstungskontrolle in Europa und der NATO-Modernisierung auf der nuklearen Kurzstrecke eine gewisse Besorgnis erkennen, ohne dass klar wurde, woher diese Besorgnis im Einzelnen rührte, aber er deutete auf Fragen vorsichtig an, dass die Sowjets wohl mit einer neuen Abrüstungsinitiative kommen würden, um „Fotl" zu verhindern.

Und tatsächlich gaben die Sowjets unmittelbar nach der Abreise Bakers den Abzug von 500 Sprengköpfen auf Kurzstreckenraketen aus Osteuropa und die Bereitschaft, über die übrigen zu verhandeln, bekannt. Sie besaßen in diesem Reichweitenband eine riesige Überlegenheit und konnten deshalb einseitig reduzieren, ohne dadurch gewichtige nukleare Optionen zu verlieren. Bei Verhandlungen über ihre übrigen nuklearen Mittel dieser Kategorie wäre die NATO angesichts ihres eigenen geringen Arsenals in dieser Reichweite von vornherein in einer schwachen Verhandlungsposition gewesen und Modernisierungen wären unter massiven politischen Druck geraten. Es war ein typischer Propaganda-Coup in altbekannter Manier, durch Täuschung der westlichen, insbesondere deutschen Öffentlichkeit die Modern-Haltung der NATO-Waffensysteme zu verhindern. Hier gab es also weiterhin keine Veränderung in den Methoden der sowjetischen Sicherheitspolitik zu verzeichnen.

Dies war unser Hauptgesprächsthema, als Schäfers mich kurz darauf zu einem Antrittsbesuch bei Arbatow Junior in das IMEMO begleitete. Dieser hatte sich in den vergangenen Jahren aus dem Schatten seines im Westen sehr bekannten Vaters gelöst und inzwischen einen eigenen Ruf als sicherheitspolitischem Fachmann erworben. Als er in der gleichen Art gegen „Fotl" zu polemisieren begann, wie ich sie aus dem Kampf um die Mittelstreckenraketen sechs Jahre zuvor kannte, unterbrach ich ihn und fragte ihn mit einiger Schärfe, was das solle. Wenn die Sowjets, siehe Schewardnadses Verhalten gegenüber Baker, wieder Propaganda statt Politik machen wollten, so würden sie uns gerüstet finden. Wir hätten eine solche Schlacht schon einmal gewonnen und würden sie, gestärkt durch diesen Sieg, auch wieder gewinnen. Die Sowjets würden sich also wieder eine blutige Nase holen. Der Besuch von Gorbatschow bei Mrs. Thatcher habe doch bewiesen, dass ein derartiges sowjetisches Vorgehen in die Sackgasse eskalierender Polemik und schließlich zur Blockade der Beziehungen führe. Ich hätte aber inzwischen den Eindruck gewonnen, dass die SU eine neue Politik machen wolle. Deren Glaubwürdigkeit stehe in der Debatte über die Kurzstreckenwaffen auf dem Spiel. Es habe sich als sinnlos und schädlich erwiesen, die gesamten Beziehungen wieder auf Fragen der Sicherheitspolitik von im Grunde minderem Rang zu reduzieren, während wir doch gerade versuchten, diese Beziehungen beim Gorbatschow-Besuch in wenigen Wochen auf eine breite Basis zu stellen. Daraufhin wiegelte Arbatow ab. So sei es nicht gemeint.

Es waren dann die Entscheidung Präsident Bushs auf dem NATO-Gipfel am 30. Mai, die Modernisierungsentscheidung zu verschieben, aber wohl auch Gorbatschows Erkenntnis, sich von den Konservativen im Apparat nicht wieder in die Ecke des Wettrüstens drängen zu lassen, die es erlaubten, den West-Ostbeziehungen eine andere, auf politische Deeskalation zielende Richtung zu geben. Eine erneute Hysterisierung der deutschen Öffentlichkeit wurde vermieden. Auf diesem Gipfel der NATO setzte Bush auch eine Initiative zur konventionellen Abrüstung mit Reduzierung der Gesamtstärke der NATO um 20% durch. Er trat auch für die teilweise Reduzierung der Kurzstreckenraketen ein, also nicht für eine „dritte Null", ein gewisses Potential sollte in diesem Reichweitenband verbleiben. Jedenfalls hörte die sowjetische Anti-Modernisierungspropaganda schlagartig auf, obwohl die NATO-Modernisierung noch nicht endgültig begraben war.

Bush nahm am 31. Mai in Mainz mit einer großen Rede die Deutschen im Vorfeld des Gorbatschow-Besuchs bei uns geschickt für sich ein. Er forderte, die Teilung Europas aufzuheben, „wir wollen Selbstbestimmung für Deutschland und ganz Osteuropa", stellte also die Frage nach den Konsequenzen der Perestroika gerade auch für Deutschland. Er bot uns „partnership in leadership" an, eine Rolle, die wir bisher im Bündnis noch nicht besessen hatten und die uns schmeichelte. Bush nahm dabei in Kauf, dass eine solche Funktionsbeschreibung der Deutschen in London und Paris wohl kaum auf große Begeisterung stoßen würde. Aber, so schien mir damals in Moskau, die Amerikaner hatten inzwischen, vor allem nach dem Baker-Besuch in der SU, wohl auch den Eindruck, dass ihr Kampf mit den Sowjets um die deutschen Herzen und Hirne in eine neue, wieder hart umkämpfte Runde ging. Sonst hätte Bush uns diese Avancen nicht gemacht, was auch den Schluss zuließ, dass die USA die Perestroika als für ihre Stellung in Europa u. U. gefährlich bewerteten.

Dafür sprach auch eine Unterhaltung, zu der in diesen Tagen eine amerikanische Journalistin von „Time-Magazine", Anne Blackman, zu mir kam. Sie erklärte, sie sei, wie ihre Kollegen in anderen interessierten Hauptstädten, von den Herausgebern in den USA beauftragt sich zu erkundigen, ob wir glaubten, dass die deutsche Wiedervereinigung in Gang kommen würde. Sie deutete an, es gebe entsprechende Informationen. Ich antwortete ihr: „reunification is a pie in the sky", also ein Hirngespinst, wovon ich damals auch noch halb überzeugt war. Trotz der Indizien der letzten Monate schien mir allenfalls eine Perestroikaähnliche Reform in der DDR, kombiniert mit Versuchen, uns auf das neutralistische Glatteis zu führen, wahrscheinlich, wenn auch mehr als das inzwischen nicht mehr ausgeschlossen werden konnte. Ich hielt es vor allem nicht für richtig, sie über meinen allmählich zunehmenden Verdacht zu unterrichten, es könne vielleicht mehr in Bewegung kommen, schon gar nicht vor den Mikrophonen in meinem Zimmer. Ich befürchtete auch, dass publizistischer Lärm das zarte Pflänzchen wieder zertreten könnte. Ich war ihr gegenüber also nicht völlig offen, aber das schien mir unter den gegebenen Umständen nicht möglich. Festzuhalten war für mich, dass es offenbar auch in Amerika Leute gab, die über eine solche Entwicklung der deutschen Dinge nachdachten.

In jenen Tagen erneuerte ich meine Bekanntschaft mit Bowin. Alexander Allardt und ich suchten ihn in seinem Büro in der Iswestija auf, um ihn im Vorfeld des Gorbatschow-Besuchs zu einer Reise durch die Bundesrepublik einzuladen. Es war dies Teil des hervorragenden Programms des Bundespresseamtes, einflussreiche Ausländer nicht nur zu Gesprächen nach Bonn zu holen, sondern ihnen auch eine Woche lang das Land, seine Wirtschaft und Kultur zu zeigen. So sahen sie Hamburg, Dortmund, Rüsselsheim und München und nicht nur Rotenburg, Würzburg oder Neuschwanstein. Bowin war hocherfreut über die Gelegenheit, Deutschland besser kennen zu lernen, als wir das Reiseprogramm mit ihm besprachen. Er kannte die DDR, war aber noch nie bei uns gewesen. Er wünsche sich, so sagte er, Gespräche: „mit Leuten, die über die Wiedervereinigung nachdenken." Ich war auf diese erkennbar überlegte Bitte hin wieder ganz elektrisiert, was er lachend bemerkte, es war aber kein Witz, er meinte es ernst. Wir konnten ihm immerhin verraten, dass er voraussichtlich vom Bundespräsidenten empfangen werden werde. Dieser sei auch für dieses Thema ein geeigneter Partner. So war dieses Gespräch ein weiteres Indiz für ein eventuelles Akut-Werden der deutschen Frage, denn Bowin war ja nicht irgendwer. Auf seinem Schreibtisch und im Bücherregal dahinter standen signierte Photos von Andropow, mit denen er auf seinen Mentor verwies und damit auf seine Zugehörigkeit zu einem mächtigen Teil des Sicherheitsapparates, auch wenn nicht klar war, aus wem dieser Teil genau bestand.

Auch Bogdanow habe ich in diesen Maiwochen aufgesucht. Er war inzwischen nicht mehr im USA-Institut bei Arbatow Senior, sondern Präsident des sowjetische „Friedenskomitees" geworden, also einer der typischen Frontorganisationen des KGB. Er war nach wie vor interessant. Mein Vorgänger hatte mir hinterlassen, dass Bogdanow sich an ihn mit der Bitte um Hilfe bei der Anknüpfung sowjetischer diplomatischer Beziehungen zu Süd-Korea gewandt hatte und wir hatten daraufhin auch einen Kontakt hergestellt; auch Schäfers sprach ab und an mit ihm. Bogdanow sagte mir dieses Mal, die Sowjets wollten den Bundeskanzler nicht in eine unangenehme Lage bringen, was ich als auf die Modernisierung bezogen verstand und offenbar bedeutete, dass die Sowjets die bisherige Konzentration auf einen Propaganda-Krieg um die Fotl-Dislozierung aufgeben und nicht, wie bei dem Besuch Gorbatdschows in London, in die Mitte des bevorstehenden Besuchs in Bonn stellen würden. Das wäre, dachte ich, wichtig. Wir müssten wissen, so Bogdanow, dass die sowjetische Abrüstungspolitik vor allem innenpolitisch motiviert sei. Es gehe um eine Verringerung der ökonomischen Belastung. Er kritisierte in diesem Zusammenhang den Ministerpräsidenten Ryschkow. Man werde sehen, wie die im Juni anstehende Neubildung der Regierung verlaufe. Dort sei mit einem teilweisen Wechsel zu rechnen. Die Vorbereitung darauf verlaufe allerdings schwierig. Auch wenn Bogdanows Mitteilungen natürlich mit Vorsicht zu genießen waren, passten sie doch in meine Analyse der Versuche Gorbatschows einer Reform, manche Sowjets sprachen von einer Revolution, von Oben einschließlich einer Außenpolitik zur ökonomischen Entlastung gegen nach wie vor erhebliche Widerstände.

Mitte Mai besuchte Gorbatschow Peking parallel zu wachsenden Massendemonstrationen von Studenten auf dem Platz des Himmlischen Friedens Tien An Men mit Forderungen nach Meinungs-, Versammlungs- und Pressefreiheit. Das musste ihn nicht nur gegenüber seinen Gastgebern in Verlegenheit bringen, denn die Studenten beriefen sich zum Teil auf ihn. Vor allem aber schien das zunehmende Chaos in der Stadt seinen Gegnern überall, auch zu Hause, in die Hände zu arbeiten, die schon lange der Meinung waren, zu genau solchen Zuständen werde die Perestroika auch in der Sowjetunion führen. Gorbatschows indirekter Kommentar zur chinesischen Entwicklung, „Wirtschaftsreform funktioniert nicht, wenn sie nicht von radikaler politischer Reform getragen ist" legte sein eigenes Konzept offen. Sein eigentliches Ziel war die Wirtschaftsreform, nicht die Demokratisierung. Demokratisierung war für ihn im Grunde nur Mittel zum Zweck.

Zu dieser Zeit hörten wir von den Amerikanern, dass Schewardnadse beim Besuch Bakers diesem gesagt habe, die Teilung Europas sei einer der schlimmsten Fehler ihrer Vorgänger gewesen. Nach dem Eindruck Bakers war Schewardnadse davon überzeugt, dass sich die SU mit ihrer Politik der Nachkriegszeit eine zu große Last aufgebürdet hatte. Ich fühlte mich in meiner analytischen Arbeitshypothese bestätigt, dass es der Gorbatschow-

Mannschaft primär um wirtschaftliche Entlastung auch durch eine neue Politik gegenüber dem Hegemonialbereich ging.

Die Konsequenzen zeigten sich aber auch mehr und mehr innerhalb der SU. In Moldowa war eine Volksfront, wie es sie im Baltikum schon gab, gegründet worden. Die Obersten Sowjets von Litauen und Estland erklärten ihre „Souveränität", ohne dass ganz klar war, ob dies die Erklärung der Souveränität ihrer Staaten bedeuten sollte. Jedenfalls waren es Absetzbewegungen von Moskau. Und Anfang Juni gab es erneut Pogrome gegen die Meschketen in Usbekistan mit mehr als 100 Toten, so dass der Ausnahmezustand verkündet wurde. Ein zweiter Versuch der Konservativen nach Tiflis? Das war nicht zu beurteilen.

Ende Mai 1989 auf unserem großen Empfang zum Tag des Grundgesetzes in der Residenz des Botschafters lernte ich Jakowlew, immerhin Vollmitglied des Politbüros, und Primakow, den Nachfolger Jakowlews als Direktor des IMEMO, kennen. Dieser Empfang ersetzte bei uns den bei allen Botschaften üblichen Jahresempfang anlässlich des Nationalfeiertages, den wir nicht hatten. Die Gäste strömten nur so zu uns, vor allem Sowjets, und der Botschafter war über den Rang des Ehrengastes, Jakowlew, sehr zufrieden, denn an ihm zeigte sich der Stellenwert der besuchten Botschaft und des betreffenden Landes in der sowjetischen Außenpolitik. Jahre lang waren zu uns keine Vollmitglieder des Politbüros mehr gekommen, sondern nur die Minister, die an den Wirtschaftsbeziehungen zu uns interessiert waren. Jakowlew, klein und untersetzt, wirkt eher muffig und kurz angebunden. Primakow, von ähnlicher Statur, war dagegen von überströmender, etwas öliger Freundlichkeit, vor allem als ich ihm von meinen Gesprächen mit Proektor erzählte, „kommen Sie nur, kommen Sie nur."

Ich schaute mir danach beider Karteikarten in unserem Archiv an und fragte die westlichen Kollegen nach beiden. Bei Primakow war die Meinung ziemlich unumstritten, dass er zum KGB gehörte. Er war als Journalist und Spezialist für diese Region im arabischen Raum und hatte in Kairo, wo er als Prawdakorrespondent gewesen war, als der KGB-Resident gegolten. Bei Jakowlew waren die Dinge weniger eindeutig, da er, abgesehen von langen Jahren als Botschafter in Kanada, seine Karriere im ZK-Sekretariat in der Abteilung für Agitation und Propaganda gemacht hatte. Aber mit fiel doch auf, dass er Ende der fünfziger Jahre, also im tiefsten kalten Krieg, an der Columbia-University in New York studiert hatte. Das war zu jener Zeit ganz ungewöhnlich, ein Privileg, das ein normaler sowjetischer Student wohl kaum bekommen hätte. Er war später Anfang der siebziger Jahre als Leiter der Agitationsabteilung des ZK von Suslow abgesetzt worden, das war bekannt, weil er sich in einem großen Zeitungsartikel gegen großrussischen Chauvinismus gewendet hatte. Man hatte ihn daraufhin als Botschafter nach Kanada geschickt, und so vom Zentrum der Macht entfernt. Von dort hatten ihn Andropow und Gorbatschow 1983 zurückgeholt, offenbar nach seinen Gesprächen mit dem letzteren während seines Besuches dort. Seine Verwendung als Botschafter, ohne Angehöriger des diplomatischen Dienstes zu sein, war auch verdächtig. So blieb für mich ein deutlicher Verdacht, dass auch Jakowlew einen Hintergrund im Sicherheitsapparat hatte genauso wie Schewardnadse, der seine Karriere in Georgien fast ganz beim KGB und im Innenministerium gemacht hatte. Er war von dort aus dann von oben in den Parteiapparat eingestiegen, bevor er als Außenminister nach Moskau geholt worden war.

Außenpolitisch durfte in jenem Mai auch ein Treffen des ungarischen Premierministers Nemeth mit seinem polnischen counterpart Rakowski in Warschau nicht übersehen werden. Sie hatten über ihre Ziele, pluralistische Demokratie, Achtung der Menschenrechte und Marktwirtschaft völliges Einvernehmen erzielt und sich also als Reformer zusammengeschlossen.

Ende des Monats hatte Schewardnadse sich in Paris erneut relativierend zur Bedeutung der Berliner Mauer geäußert. Daraufhin entschloss ich mich nun doch, den Hinweis des Gesandten Dimitriew am Rande der Tagung des Berliner Clubs auf eine schwere Krise der DDR im bevorstehenden Herbst nach Bonn zu berichten. Die gleiche Mitteilung von Daschitschew von meinem Antrittsbesuch hielt ich weiter zurück wegen seiner zweifelhaften Glaubwürdigkeit. Zu meiner Empörung, der ich in einem Gespräch mit Schäfers und Adam in meinem Büro freien Lauf ließ, wurde der Bericht in Bonn geleakt und erschien am 4. 6. mit Quellenangabe in der „Welt am Sonntag". Wer würde in Moskau noch mit uns reden, wenn sich solche Mitteilungen bald danach in der Presse wiederfinden ließen? Ich fragte mich auch nach dem Zweck dieser „Indiskretins" in Bonn. Sollte so kurz vor dem bevorstehenden Gorbatschow-Besuch die Spannung noch einmal erhöht werden? In jedem Fall war aber für uns offenbar noch größere Vorsicht bei der Berichterstattung geboten, was unsere Aufgabe nicht leichter machte, für die Bundesregierung als eine Art von Frühwarnsystem zu fungieren.

Gleichzeitig belebte sich im Vorfeld des am 25. Mai beginnenden Volkskongresses die innenpolitische Auseinandersetzung in der SU mehr und mehr. Der schon mehrfach auffällige Staatsanwalt Iwanow wurde nun konkret mit einem Angriff auf den Führer der Konservativen, Ligatschow, wegen Korruption. Am 23. Mai fand in Moskau eine Massendemonstration von 100.000 Jelzin-Anhängern statt. Am gleichen Tage dementierte der Vorsitzende des Leningrader Stadt-Sowjets, dass der Leningrader Parteichef Solowjow, Kandidat des Politbüros, eine Absprache mit dem Oberkommandierenden des örtlichen Wehrkreises getroffen habe, Truppen in die Stadt zu schicken. Der armenische Parteiführer forderte Teile nicht nur der wirtschaftlichen und kulturellen sondern auch der politischen Souveränität für die Republiken. Und dem bisher als Dissident von den Medien mit Schweigen übergangene Roi Medwedew wurde plötzlich Raum im zentralen Fernsehen eingeräumt, um zu erklären, es liege auf der Hand, dass es im Volkskongress Fraktionen gebe.

Die Lawine – Beschleunigung

Die Sitzungen dieses Kongresses brachten dann eine fulminante Beschleunigung im Prozess der Übertragung der Macht von den von oben eingesetzten Parteigremien, die Wahlen zu ihnen waren ja nur der Vollzug von auf der nächst höheren Ebene gefallenen Entscheidungen, auf in echten Wahlen unter konkurrierenden Kandidaten von unten legitimierte, parlamentarische Organe. Schon der Beginn der Tagung – sie wurde über die gesamte Dauer der ersten Sitzungsperiode von mehr als einer Woche von Anfang bis Ende live im Fernsehen übertragen – war sensationell. Ein Deputierter aus Riga stürmte ans Mikrophon und verlangte, mit einer Schweigeminute für die Opfer der Fallschirmjäger in Tiflis zu beginnen, was der vorsitzende Alterspräsident auch zuließ, so dass sich der ganze Saal im Gedenken erhob. Unter dem folgenden Vorsitz Gorbatschows wurde dann ein von Jakowlew geleiteter Untersuchungsausschuss des Kongresses gebildet, der vor allem feststellen sollte, wer den Befehl zum Einsatz von Gewalt und Giftgas gegeben hatte. So begann der Kongress mit einer klaren Frontstellung gegen die Konservativen.

Das wurde noch deutlicher, als Gorbatschow, ebenfalls entgegen der geplanten Tagesordnung, Sacharow, der sich vom Saal unterstützt vorne an der Tribüne präsentiert hatte, als erstem Debattenredner das Wort erteilte. So hörte das gesamte Land zum ersten Mal offen, vollständig und von der Parteiführung offensichtlich toleriert die Forderungen der Dissidenten. Die folgenden Tage wurden dann stark von den Balten und den Kaukasiern geprägt, in deren Reden die Katastrophe der bisherigen Nationalitätenpolitik deutlich wurde. Die Reden ließen auch zum ersten Mal den Gesamtumfang der riesigen Wirtschafts- und Umweltprobleme erkennen genauso wie die sozialen Missstände. So zog ich am 4. 6. in einem ausführlichen Bericht eine Zwischenbilanz, den ich hier im Wesentlichen wiedergebe, weil er in das Lagebild einfloss, das man in Bonn vor Gorbatschows Ankunft zusammenstellte. Ich schrieb:

„Es fällt schwer, Distanz und einen kühlen Kopf zu behalten, wenn ein so großes Land, das auf das Schicksal Deutschlands so entscheidenden Einfluss hat wie die Sowjetunion, sich selbst von Grund auf verändert. Die weltpolitischen Implikationen eines eventuellen, keineswegs sicheren, aber eben nicht mehr unwahrscheinlichen Erfolges der Wende zur Demokratie sind so weitreichend, dass man sich scheut, sie auszusprechen. Nachdem die Wahlen zum Volkskongress die Tür zur Demokratie einen Spalt breit geöffnet haben, hat der politische Druck, den die vom Land fasziniert verfolgten Debatten entfalten, sie einen guten Teil weiter aufgestoßen. Nach ein ½ Wochen Volkskongress kann man sagen: der Prozess der Verschiebung der Macht von der Partei zu gewählten Organen ist ein wesentliches Stück vorangekommen. Vor allem aber haben die Redner dem Land einen Spiegel vorgehalten, in dem sichtbar wird, was es schon lange weiß, aber nicht

auszusprechen wagte, die SU ist ein wirtschaftlich rückständiges, sozial zutiefst ungerechtes, ökologisch stark zerstörtes und geistig und moralisch korrumpiertes Land, dessen Gewissen von einigen überaus mutigen Künstlern und Wissenschaftlern am Leben gehalten wurde. „Die Entmystifizierung der Macht", wie ein Deputierter dies ausdrückte, in diesem Spiegel des Kongresses ist nicht mehr rückgängig zu machen, denn durch die Direktübertragung des Fernsehens hat die Masse der Bevölkerung in ihn hineinschauen können...

Die Machtfrage ist in Bewegung, wenn auch noch lange nicht zu Gunsten der Volksvertretung entschieden. Die Forderungen Jelzins nach einem Gesetzt über die Partei und des Deputierten Wlassow nach einem Gesetz über den KGB sowie die scharfen, wenn auch noch nicht völlig expliziten Angriffe auf die Führung der Streitkräfte und der Inneren Truppen im Zusammenhang mit den Ereignissen von Tiflis am 9. April sind jedoch präzedenzlos und können sich bei der Bevölkerung, wenn auch nicht bei der Kongressmehrheit, auf große Zustimmung stützen. Es hat sich in dem sich seit Anfang März beschleunigenden Prozess der „Demokratisatia" eine Grundwelle des Unmutes der Bevölkerung aufgebaut, die Gorbatschow gegen die bisherigen Machtstrukturen zu lenken versucht, bisher mit staunenswertem Geschick...

Gorbatschows persönliche Bedeutung für diesen Prozess der Machtverschiebung ist überhaupt nicht zu überschätzen. Zu Jahresanfang wurde in mehreren enttäuschenden Reden Gorbatschows die Stagnation der Perestroika als Wirtschaftsreform immer sichtbarer. In dieser Lage griff Gorbatschow zu dem Mittel der Veröffentlichung der Stenogramme der ZK-Plena vom Herbst 1987 (dem Anti-Jelzin-Plenum) und insbesondere des „Pensionierungs-Plenums" vom April 1989, um den Parteiapparat in der laufenden Kampagne für den Volkskongress als reformunwillig zu diskreditieren. Der Erfolg war überwältigend, wie sich in der Moskauer Wahl Jelzins zeigte...

Bis heute ist nicht sicher, warum es in der Nacht vom 9. auf den 10. April in Tiflis zu 18 Toten und dem Einsatz von CS-Gas in hohen Dosen gekommen ist. Die Konspirationstheorien, die durch die Reden mancher Deputierter hindurch schimmern, sind bisher weder belegt noch entkräftet. Sie entsprechen der politischen Kultur dieses Landes und zeigen die Furcht vieler, dass mehr oder weniger anonyme Mächte in Parteiführung und Sicherheitsapparat wieder die Oberhand gewinnen könnten. Mit den Untersuchungskommissionen über die Tifliser Ereignisse und die Bestechungsvorwürfe der Bundesanwälte Gdljan und Iwanow, in die der konservative Flügel der Parteiführung einbezogen ist, hat Gorbatschow aber u. U. wichtige Druckmittel gegen seine Gegner in der Hand, ebenso wie in der Kommission der „Datschen-Frage", die sämtliche Privilegien der Nomenklatura prüfen soll...

Die Förderung der Demokratisierung durch Gorbatschow ist also zunächst als Mittel des politischen Machtkampfes zur Durchsetzung einer wirklich tiefgreifenden Wirtschaftsreform zu begreifen. Es darf nicht übersehen werden, dass in der SU, einem Lande ohne in Jahrzehnten gefestigte rechtsstaatliche Überzeugungen, der zynische Einsatz von Druck und Verleumdung eine politische Überlebensfrage sein kann. Dahinter steht aber eine sich immer stärker konturierende Vision einer Sowjetunion, die so leben soll wie Westeuropa, also politisch frei, wirtschaftlich gesund und sozial gerecht...

Die Risiken des sich radikalisierenden Wandlungsprozesses der inneren Struktur der SU liegen auf der Hand. Die Sehnsucht nach Freiheit, Wohlstand und Gerechtigkeit trifft auf ein im vernünftigen Ausgleich von Interessen im Rahmen fester Spielregeln völlig ungeübtes Land. Nationalitäten-Gegensätze bis zu altem Hass, ökologische Krise in Mittelasien verbunden mit Bevölkerungsexplosion und kultureller Verschiedenheit, ökonomischer Rückstand um Jahrzehnte, weit verbreitete Armut und Mangel an allgemein akzeptierten Idealen sind schwere Hypotheken. So spielen, wie im 19. Jahrhundert, die Intellektuellen eine entscheidende Rolle, denn sie verfügen über die Autorität, die einem Gebildeten in einem seine eigene Unbildung nach wie vor tief empfindenden Volk zuwächst.

Gorbatschow hat die Tendenz des Kongresses, aus ihm eine verfassungsgebende Versammlung zu machen, mit der Zusage aufgefangen, im neuen Obersten Sowjet an einer grundlegenden Verfassungsreform zu arbeiten. Er hat die Gefahr erkannt, dass sich aus einem Umbau („Perestroika") der Machtstruktur eine Auflösung dieser Struktur entwickelt, die sie nicht mehr steuerbar werden ließe. So haben sich zwar die Voraussetzungen für einen Wandel der SU zu einem demokratischen System in den letzten Tagen im Vergleich mit der Lage davor weiter verbessert. Es widerspräche jedoch jeder historischen Erfahrung anzunehmen, dass eine solche Entwicklung in diesem Lande weiter ohne Rückschläge oder Pausen voranschreiten könnte...

Die unmittelbaren außenpolitischen Folgen dieser Entwicklung sind in Polen und Ungarn ablesbar. Zwar hält die SU am Einparteiensystem fest. Ansätze für eine organisatorische Verfestigung von Interessen in Form von „Strömungen" sind aber auch in der SU bereits deutlich erkennbar. Bei allem Gerede davon, dass es im realen Sozialismus kein „Modell" mehr gebe, geraten dadurch die Systeme kultivierter Staaten wie DDR und CSSR unter einen wohl auf die Dauer unwiderstehlichen Druck. Gleichzeitig sind in den Ost-West-Beziehungen bei den Abrüstungsbemühungen die Konsequenzen einer echte Orientierung der SU auf Erhöhung des Lebensstandards der Bevölkerung offensichtlich, die immer mehr zur Voraussetzung der Dauerhaftigkeit des Wandels geworden ist. Die Last des hypertrophen Verteidigungsapparates soll reduziert werden. Beide Entwicklungen verschärfen den Zielkonflikt, der zwischen der Erhaltung der Weltmachtstellung der SU durch militärische Macht als Rückhalt des „realen Sozialismus" und der Konzentration auf die eigenen unmittelbaren Bedürfnisse besteht. Die Stabilisierung des Übergangs von der einen zur anderen Priorität ist deshalb die eigentliche Aufgabe.

So meine Bilanz für Bonn. Die Hinweise auf die Konsequenzen für Deutschland im ersten und letzten Absatz des Berichts schienen mit ausreichend, um Bonn auf Gorbatschows mögliches Eingehen auf die deutsche Frage vorzubereiten und es war wichtig, Bonn darauf hinzuweisen, dass sich die Prioritätenfolge der sowjetischen Politik zu verschieben begann, weg von der ersten Priorität der Erhaltung der Weltmachtstellung, die ich noch wenige Wochen zuvor in dem Bericht zu Moisejews Äußerungen zu Deutschland zu Grunde gelegt hatte.

Das Bild, das der Kongress von der SU gezeichnet hatte, war wirklich vernichtend. Die Zerstörung des Ökosystems des Aralsees mit der Austrocknung der Flüsse aus dem Pamir, deren Wasser nicht mehr in diesem See verdunstete, weil es vorher bei der Bewässerung viel zu großer Baumwollplantagen versickerte, so dass im Pamir nicht mehr genügend Schnee fiel, um die Flüsse zu speisen und den ursprünglich riesigen See zu füllen, war nur das eklatanteste Beispiel für bedenkenlosen Raubbau. Das Leben der Menschen in den radioaktiv verseuchten Gebieten um das Versuchsgelände Semipalatinsk wurde mit schonungsloser Offenheit beschrieben. Der Konflikt um Nagorny-Karabach hatte im Plenum zu hasserfüllten Auseinandersetzungen zwischen Armeniern und Aserbeidschanern geführt. Die Forderungen der Balten nach Freiheit hatten die Debatten geprägt. Das Bildungswesen wurde in seiner ganzen Rückständigkeit und Vernachlässigung gegeißelt. Dramatisch war die Kritik an der Armee, von deren Einsatz in Afghanistan viel Bitterkeit übrig geblieben war, und deren Umgang mit den Rekruten als erniedrigend und beleidigend angegriffen wurde. Insgesamt wurde unwiderleglich klar, dass nur eine Reform an Haupt und Gliedern helfen konnte.

Ich befand mich so nach den Tagen vor dem Fernseher in einem Zustand der Euphorie, die ich nur mühsam beherrschen konnte, wenn ich an die Konsequenzen freier Wahlen in der DDR dachte. Ich hatte diese Konsequenzen in meinem Bericht nur angedeutet, denn ich fürchtete, die Leser in Bonn könnten mich für inzwischen total übergeschnappt halten. Aber der Abgeordnete Popow hatte die Einrichtung einer Fraktion der Progressiven, der „interregionalen Gruppe", vorgeschlagen, so dass die Ansätze zu einem Mehrparteiensystem zu wachsen schienen. Das Machtmonopol der Partei und der demokratische Zentralismus mit seiner Konzentration aller Macht an der Spitze der Partei waren stark unter Druck geraten. Das „Modell" schien inzwischen auch in der SU nicht mehr zu gelten.

In meinem Kopf waren so nur noch wenige, kleine Widerhaken verblieben, die mich vor der Überzeugung zurückhielten, der Übergang zu einer echten Demokratie könne bald gelingen. Da war die Tatsache, dass eine auffällig große Zahl der radikalsten Reform-Deputierten wie Karjakin und Ambarzumow aus ehemaligen oder gegenwärtigen Angehörigen des Bogomolow-Instituts bestand, das ich für zumindest KGB nah hielt, weil es für westliche Diplomaten über viele Jahre verschlossen gewesen war. Der vielleicht rhetorisch auffälligste Redner war Sobtschak gewesen, ein bisher unbekannter Juraprofessor aus Leningrad. Jura war aber die klassische Ausbildung der höheren Kader des Sicherheitsapparates, die dort lernten, die Willkür des Systems in die Form von Gesetzen zu kleiden und so zu tarnen.

Sobtschak sprach, was ganz ungewöhnlich war, frei und in einem klaren, klassischen Russisch, nicht in der üblichen „langue de bois" der Funktionäre. Ich wurde auf ihn richtig aufmerksam, als er über Roi Medwedew herzog, jenen Medwedew, Bruder eines nach London emigrierten Wissenschaftlers, der seit Jahren Gesprächspartner des diplomatischen Corps war und überwiegend für einen Dissidenten, nicht wie von einer Minderheit der Beobachter für einen Halbleiter des KGB, gehalten wurde. Er sei, so Sobtschak, der „unabhängigste" aller Deputierten, was bei mir den Geschmack der Denunziation Medwedews als eben abhängig, d. h. kontrolliert vom KGB, hinterließ. Dafür sprach auch, dass ich bei einem Besuch einer der Sitzungen im Kongresspalast des Kreml in einer Pause Medwedew völlig allein und sichtlich deprimiert im Untergeschoss sitzend angetroffen hatte, ohne irgendeinen anderen der Reformdeputierten, die sonst überall in dichten Trauben diskutierten. Wie war eine solche Offenlegung von Medwedews Agententätigkeit zu erklären? Woher nahm Sobtschak den Mut dazu? Wer deckte ihn dabei? Und auch Wlassows Auftritt mit der Forderung nach einem den KGB kontrollierenden Deputiertenausschuss und einem nicht länger geheimen Budget des KGB kam mir so extrem vor, dass ich mich fragte, ob das nicht eine mit Bedacht in Gang gesetzte Bewegung war und nicht lediglich das Projekt eines liberal gesonnenen Deputierten. Es war mir einfach zu viel an demonstrativer Rechtsstaatlichkeit. Es war eben wohl vor allem eine Revolution von oben, bei der die bekannten Kampfmittel des Sicherheitsapparates gezielt eingesetzt wurden. Zu dieser Inszenierung gehörte vermutlich auch die sicherlich vorher abgesprochene Rede des Schriftstellers Aitmatow, mit der er Gorbatschow als Sozialdemokraten in den Himmel hob, als er ihn als Kandidaten für die Präsidentschaft präsentierte.

Am 1. und 2. Juni kam der Politische Direktor des Auswärtigen Amtes, mein Ausbilder im Deutschlandreferat Dieter Kastrup, der inzwischen zum Ministerialdirektor aufgestiegen war, nach Moskau, um den Gorbatschow-Besuch bei uns vom 10. bis 15. Juni vorzubereiten. Hauptgegenstand seiner Gespräche mit Bondarenko waren die beabsichtigte „Gemeinsame Erklärung" und verschiedene Berlin-Probleme in Abkommen, die beim Besuch unterzeichnet werden sollten. Die Verhandlungen waren schwierig, auch weil Bondarenko einige Zusagen Schewardnadses von dessen jüngstem Besuch in Bonn bei Genscher unter fadenscheinigen Gründen wieder zurücknahm. So etwas hatte es bisher nur umgekehrt gegeben, wenn Gromyko „unverantwortliche Konzessionen" seiner Untergebenen wieder aufhob. Bondarenko fühlte sich jetzt also offenbar stark genug, um sich offen gegen Positionen seines Ministers zu stellen, ein in dem streng disziplinierten Apparat des Außenministeriums unerhörtes Vorgehen und weiteres Indiz auf interne Machtkämpfe auch über die außenpolitische Linie.

Am 4. Juni schlugen die Machthaber in Peking zu. Panzer walzten die Studenten auf dem Tien-An-Men-Platz nieder. Es gab viele Tote. Bald darauf fasste die Volkskammer in Ost-Berlin einen Beschluss, in dem diese brutale Niederschlagung der Demokratiebewegung als „Wiederherstellung von Ordnung und Sicherheit unter Einsatz bewaffneter Kräfte" gefeiert wurde. Die implizite Drohung an die eigene Bevölkerung und die erneute Absetzung von der Entwicklung in der SU wurde überall empfunden.

Am 8. Juni kam der ehemalige Bundeskanzler Helmut Schmidt zu einer Konferenz nach Moskau und ich holte ihn vom Flugzeug ab. Er hatte zwar kein Amt mehr, aber bei einem ehemaligen Bundeskanzler gehörte sich das so. Auf der Fahrt vom Flughafen in die Stadt unterzog er mich einem seiner im Auswärtigen Dienst während seiner Amtszeit berüchtigten peinlichen

Verhöre. Von der Länge der Flüsse in Sibirien bis hin zur Stärke der Position Gorbatschows ging es ohne Pause bis zum Hotel, gemischt mit Erinnerungen an den fürchterlichen Winterfeldzug 1941/42, als Schmidt einer der Einheiten der Wehrmacht angehört hatte, die bis an den Moskauer Stadtrand vorgedrungen waren. Er erzählte kurz davon, als ich ihn auf die gewaltige Panzersperre aufmerksam machte, die, als Denkmal erhalten geblieben, den äußersten Punkt des deutschen Angriffs in jenem Winter markierte.

Er fragte mich dann, ob die Gewaltanwendung in China Gorbatschow nutze oder schade. Ich antwortete, die Demonstrationen vorher hätten ihm wohl geschadet, weil sie als Folge überzogener Liberalisierungspolitik die Nomenklatura in Moskau vermutlich in ihrem Widerstreben bestärkt hätten. Jetzt danach sei die Wirkung für Gorbatschow wohl eher positiv, weil sich zeige, dass mit Gewalt keines der Probleme lösbar sei. Zu meiner Erleichterung nahm Schmidt das mit nachdenklicher Zustimmung auf und fragte mich abschließend, ob er eine Einladung Falins zu einem Gespräch annehmen solle, wobei er durchblicken ließ, dass er, anders als viele Sozialdemokraten, Falin nicht schätzte. Ich erwiderte, ich könne das im Rückblick auf Falins Tätigkeit während der Auseinandersetzung über die Neutronenbombe und die Nachrüstung sehr gut nachvollziehen. Falin sei aber als Leiter der Internationalen Abteilung des ZK immer noch ein einflussreicher Mann. Insofern könne ein Gespräch lohnen. Der Bundeskanzler a. D. schloss das Gespräch mit der Bemerkung, na dann werde er die Einladung wohl annehmen.

Am 8. 6. staunte ich über das Wahlergebnis in Polen. Solidarność gewann im Unterhaus des Sejm alle zur Wahl stehenden Sitze und war dort jetzt mit 35% vertreten – die übrigen Sitze waren für die Partei reserviert. Darüber hinaus gewann Solidarność sogar 99 von 100 Sitzen im Oberhaus, dem Senat. Es wurde also klar, dass bei gänzlich freien Wahlen die Partei von einer Springflut hinweggeschwemmt werden würde und nur Solidarność politische Legitimität besaß. Es war atemberaubend und man fragte sich, wie das Ancien Regime in Polen, das die Gewaltmittel des Staates ja noch vollständig in den Händen hielt, nun reagieren würde. Zunächst geschah aber nichts.

Der Kontrast zur DDR konnte nicht größer sein. Der ZK-Sekretär des SED für Sicherheit, Egon Krenz erklärte am Tag nach dem Truppeneinsatz, das chinesische Vorgehen gegen die Studenten sei gerechtfertigt, denn damit sei die „Konterrevolution" zerschlagen worden. Die „gemeinsamen Gesetzlichkeiten" des Sozialismus hätten Vorrang gegenüber den nationalen Besonderheiten. Klarer konnte man sich auch von der Perestroika in der SU nicht absetzen. Was aber die „gemeinsamen Gesetzlichkeiten" inzwischen in Moskau galten, zeigte ein Beschluss des Volkskongresses in Moskau vom gleichen Tage, der die „Freiheit der Wahl" bekräftigte.

Am 13. Juni wurde die „Gemeinsame Erklärung" über den Besuch Gorbatschows bei uns veröffentlicht. Dieses Besuchsergebnis war für mich, trotz aller Beobachtungen der Wochen zuvor, kaum zu glauben, denn es enthielt, von unserer Öffentlichkeit weitgehend unbemerkt, noch nie dagewesene sowjetische Äußerungen zur Deutschen Frage. Seit der Schlussakte von Helsinki von 1975 hatten wir niemals wieder ein so klares Bekenntnis der SU zum Selbstbestimmungsrecht der Völker erreicht und zwar nicht nur generell für alle Völker, sondern dieses Mal auch in einem bilateralen Dokument höchsten Ranges direkt auf uns bezogen. Es war auch klar, was damit gemeint war, denn Sagladin hatte in offensichtlicher Vorbereitung des Gorbatschow-Besuchs wenige Tage vor seinem Beginn der Bild-Zeitung ein Interview gegeben, in dem er auf die Frage nach der Wiedervereinigung das Selbstbestimmungsrecht der Deutschen bestätigt hatte. Ich hatte frühere Entwürfe der „Gemeinsamen Erklärung" gelesen, mit denen das Auswärtige Amt uns in den vergangenen Monaten über den Stand der Verhandlungen unterrichtet hatte. In ihnen hatte sich keine derartige Aussage gefunden, sie musste erst in der Schlussphase, als auf beiden Seiten die Spitzen einbezogen waren, in das Papier aufgenommen worden sein, was meine Analyse bestätigte, dass die sowjetische Bürokratie erheblich restriktiver als die Spitze war. Zusammen mit der Bekräftigung des Rechtes jeden Staates, sein politisches und soziales System frei zu wählen und vor allem der Verabredung, zur Überwindung der Trennung Europas zusammenzuwirken, hatte sich Gorbatschow weiter engagiert, als ich zu hoffen gewagt hatte. Im Effekt wurde mit dieser Erklärung der Inhalt des Briefs zur Deutschen Einheit zum Moskauer Vertrag mit unserer Berufung auf das Recht, auf einen Zustand des Friedens in Europa hinzuwirken, in dem das deutsche Volk in freier Selbstbestimmung seine Einheit wiederfindet, von den Sowjets bestätigt. Aus der damals nur sehr widerstrebend hingenommenen, einseitigen, deutschen Erklärung zur Einheit Deutschlands war jetzt aber ein zweiseitiges Engagement zum Zusammenwirken geworden, denn da es sich auf die Teilung Europas bezog, galt es auch für die Teilung Deutschlands. Man konnte ausschließen, dass den akribisch arbeitenden Germanisten auf der sowjetischen Seite diese Implikationen nicht bewusst waren.

Ich kam in diesen Tagen aus dem Staunen nicht heraus. Daschitschew wurde bei uns mit der Bemerkung zitiert, die SU wolle die „Getrenntheit" Deutschlands überwinden. Damit sei nicht die Wiedervereinigung gemeint, das sei eine Sache der Geschichte. Das war zwar im Einzelnen unklar, bestätigte aber die inzwischen operative Relevanz der deutschen Frage. Dies war auch die Schlussfolgerung, die ich aus einer seltsamen Begegnung mit den „Germanisti" unter den sowjetischen Journalisten zog. Die „Gesellschaft für deutsch-sowjetische Freundschaft", also eine offiziöse Organisation, mit der die Sowjets die „gesellschaftlichen" Kontakte zu uns kontrollierten, hatte zur Besprechung des Ergebnisse von Gorbatschows Deutschlandreise die deutschen Korrespondenten zu einem Treffen mit den Deutschlandspezialisten aus den sowjetischen Zeitungen, Rundfunk und Fernsehen eingeladen und ich war begleitet von einem der jüngeren Kollegen dazu gebeten worden. Vergleichbares hatte es noch nie gegeben. Als ich im „Haus der Freundschaft" am Kalinin-Propekt ankam, wo das Treffen stattfinden sollte, war auch keiner unserer Korrespondenten erschienen. Sie ahnten wohl, dass dort Sprachregelungen verkündet werden sollten und waren fortgeblieben. Sehr schnell stellte sich dann auch heraus, dass nicht etwa an eine Diskussion der politischen Bedeutung des Besuchs gedacht war. Vielmehr gab ein mir bis dahin nur vom Sehen bekannter, pausbäckiger Journalist von Nowosti, Markow, quasi-amtliche Erläuterungen zum Inhalt der „Gemeinsamen Erklärung" und bat, sichtlich Gehorsam verlangend, die Festlegungen der Erklärung hinfort zu beachten. Es war interessant für die Beurteilung der Bedeutung von „Glasnost", dass die anwesenden sowjetischen Journalisten nun offenbar genau wussten, was von ihnen gefordert wurde.

Dabei verwies der Nowosti-Mann zu meiner Verblüffung vor allem darauf, dass das „Deutschland" in unserem Staatsnamen in Zukunft, wie in der „Gemeinsamen Erklärung" erkenntlich, im Nominativ zu übersetzen sei, es müsse ab jetzt also heißen „Federativnaja Respublica Germania", nicht länger mit dem Genitiv „Germanii". Die politischen Implikationen dieser grammatikalischen Änderung erschlossen sich den anwesenden Deutschland-Spezialisten sofort. Die Sowjets hatten über Jahrzehnte auf der Verwendung des Genitiv mit der Behauptung bestanden, die russische Grammatik lasse nur den Genitiv, also „Deutschlands" zu. Das war offensichtlich falsch, denn das amtliche Verzeichnis des diplomatischen Corps in Moskau verzeichnete Nigeria als „Federativnaja Respublica Nigeria". Der Hintergrund der sowjetischen Insistenz, bei uns den Genitiv zu verwenden, war ihre Auffassung, dass in dem Nominativ „Germania", „Deutschland", unser Anspruch auf Vertretung des ganzen Deutschland zum Ausdruck komme. Bis zu den Ostverträgen war das auch nicht falsch, danach aber schon, denn wir hatten den Alleinvertretungsanspruch aufgegeben, das Ziel der Einheit allerdings nicht.

So hatten wir seit dem Moskauer Vertrag über diese Bezeichnungsfrage einen ewigen, erbitterten Kleinkrieg mit den Sowjets geführt. Bei jedem Messe- oder Ausstellungsprogramm, jedem Theatergastspiel oder Sportwettkampf musste mit dem Außenministerium stundenlang um Formulierungen für das Informationsmaterial gerungen werden, durch die der Streit um die Übersetzung unseres Staatsnamens weder in die eine noch in die andere Richtung präjudiziert wurde. Falin hatte 1970 bei einem legendären Spaziergang immer rund um den Garten hinter der Botschaft in den Schlussverhandlungen über den Moskauer Vertrag Außenminister Scheel zur Akzeptanz des Genitivs breitgeschlagen, nachdem Staatssekretär Frank zuvor den Nominativ durchgedrückt hatte.

Das Ganze war natürlich weit mehr als eine kleinliche Diplomaten-Streiterei über ein nebensächliches, grammatikalisches Detail. Vielmehr kam darin zum Ausdruck, dass Falin et al. sich nicht vorstellen konnten, dass wir auf den Alleinvertretungsanspruch tatsächlich verzichtet hatten. Wie der „Brief zur Deutschen Einheit" zeigte, hielten wir ja an der Zielsetzung der Wiedervereinigung fest; umso härter und dauerhafter war dann das sowjetische Beharren auf dem Genitiv. Unsere Zielsetzung der Wiedergewinnung der deutschen Einheit sollte so als aussichtslos bekämpft werden. Vor diesem Hintergrund erschloss sich nun die politische Bedeutung der sowjetischen Akzeptanz des Nominativs in der „Gemeinsamen Erklärung" im Juni 1989. Sie war ein deutliches Indiz dafür, dass Falin und Bondarenko die sowjetische Politik uns gegenüber nicht länger dominierten, vor allem aber, dass unsere Zielsetzung der Einheit nicht länger entschieden bekämpft wurde. Ich konnte es kaum fassen.

Aus diesem Streit seit 1970 ergibt sich auch, warum die Deutschlandpolitiker im Auswärtigen Amt, zu denen ich seit meiner ersten Verwendung gehörte, Falin immer als ihren härtesten, gefährlichsten Gegner angesehen haben. Er hatte uns auch berlinpolitisch mit der „Frank-Falin"-Klausel betrogen, die eben nicht zur problemlosen Einbeziehung West-Berlins in unsere Zusammenarbeit mit der SU geführt hatte, sondern Grundlage endloser Streitereien war, mit denen die Sowjets sich mala fide ihrer Verpflichtungen aus dem Vier-Mächte-Abkommen entzogen. Umso seltsamer war Bahrs immer aufs Neue demonstrierte Einigkeit mit diesem Feind Deutschlands. Falin war im Tauziehen über die Ratifizierung des Moskauer Vertrages ja sogar in eine Schlüsselstellung für das Überleben der Regierung Brandt gelangt, als er 1972 natürlich nicht nur passiv, wie er später behauptete, an der entscheidenden informellen Sitzung teilnahm, in der die Vertreter der Bundestagsfraktionen die Resolution des Bundestages zur Auslegung dieses Vertrages redigierten, mit der die CDU den Vertrag passieren ließ. Das war doch eine für jeden Deutschen unerträgliche Situation gewesen, aus der Falin jedoch wohl seine erkennbare Überzeugung bezogen hatte, er sei fähig, das Schicksal Deutschlands maßgeblich zu beeinflussen.

Am 16. Juni hatte Gorbatschow in der seinen Besuch abschließenden Presse-Konferenz die Existenz der Mauer von der Existenz ihrer Vorbedingungen abhängig gemacht. Das klang nur oberflächlich ähnlich wie Honecker im Januar. Vor dem Hintergrund der gerade eingegangenen Verpflichtung zur Überwindung der Trennung Europas wirkte diese Antwort jetzt aber eher als eine Relativierung der Zukunft der Mauer. Der Gesandte, Dr. Heyken, späterer Botschafter in Kiew, fuhr zum Flughafen, um die aus Deutschland zurückkehrende sowjetische Delegation zu begrüßen. Er fand dort praktisch die gesamte Führung der SU vor. Die Stimmung war gut. Der Besuch wurde als Erfolg gewertet. Heyken bekam von jedem ein freundliches Wort. Sie betonten die herzliche Aufnahme Gorbatschows bei uns. Gorbatschow selbst äußerte sich sehr zufrieden und verabschiedete sich mit den Worten: „An die Arbeit." Insgesamt waren wir also nicht nur ein gutes Stück weitergekommen, sondern fingen in mancher Beziehung erst richtig an.

In diesem Juni wurden auch die Berichte unserer Botschaft in Budapest immer aufregender. Am 13. hatte ein offizieller „Runder Tisch" die Arbeit begonnen und rückte das Ende des Machtmonopols der Partei in Ungarn in die Nähe. Nach der Unterschrift einige Monate zuvor ratifizierten die Ungarn nun die UN-Flüchtlingskonvention, so dass auch die inzwischen dort eintreffenden DDR-Flüchtlinge Bleiberecht in Ungarn erhielten und nicht mehr in die DDR zurückgeschickt wurden. Unsere Kollegen berichteten aus Budapest von wiederholten Demarchen der DDR-Botschaft gegen diese neue Rechtslage und wir demarchierten unsererseits bei den Ungarn, der Konvention nun auch bezüglich der Deutschen zu folgen, was diese zusagten. Am 16. Juni wurde Nagy, der Parteiführer während der Revolution 1956, unter Beteiligung einer riesigen Menge an einem würdigen Platz beigesetzt, nachdem er seinerzeit am Stadtrand verscharrt worden war. Zu den Sargträgern gehören Pozsgay und Nemeth, die beiden Führer der Reform, die so unmissverständlich signalisierten, dass sie auf der Seite der Reform standen. Die Prawda warnte in diesem Zusammenhang lediglich vor „antisowjetischen Angriffen", was nicht unbedingt eine völlige Verurteilung war. Ein Kommentar von ADN, der Agentur der DDR, beschrieb die Feier dagegen als „antikommunistische Angelegenheit, von der Opposition ins Werk gesetzt."

Am 23. Juni gab es dann Fernsehaufnahmen des relativ neuen ungarischen Außenministers Horn mit dem österreichischen Außenminister Mock beim Zerschneiden des Stacheldrahts an der Grenze. Das sah natürlich, wie nach den ersten Ankündigungen im Mai, wieder auch die ganze DDR und ich fragte mich, wie das dort wirken würde. Nach den Erfahrungen mit früheren Fluchtversuchen über die Balkanstaaten schien mir wahrscheinlich, dass sich nun ein Weg über Ungarn öffnete. In der Fülle der Zeitungsartikel fand ich auch einen Hinweis, dass Horn, jedenfalls als junger Mann, Angehöriger des ungarischen Geheimdienstes gewesen war und ich fragte mich, ob er es vielleicht immer noch war, nachdem auch in Moskau einige der Antreiber der Perestroika einen solchen Hintergrund hatten.

Am 19. 6. nahm mich der Botschafter, der zu meinem großen Bedauern plötzlich nach Bonn zurückversetzt worden war, mit in das ZK zu seinem Abschiedsbesuch bei Jakowlew, der uns dort in seinem großen Büro in dem geheimnisumwitterten Gebäude am Alten Platz sehr freundlich empfing. Jakowlew war begleitet von Falin und Rykin und brachte das Gespräch sehr schnell auf die Frage nach der Existenz der geheimen Zusatzprotokolle zu den Verträgen zwischen Ribbentrop und Molotow aus dem August und September 1939. Über dieses Thema war offenbar schon während des Gorbatschow-Besuchs bei uns gesprochen worden und der Botschafter war beauftragt worden, das Gespräch darüber mit Jakowlew fortzusetzen. Es ging natürlich nicht um Geschichte, sondern um höchst aktuelle Politik. Die baltischen Deputierten hatten auf dem Volkskongress darauf verwiesen, dass Hitler und Stalin mit diesen Vereinbarungen Osteuropa unter sich aufgeteilt und so die Basis für die völkerrechtswidrige Annexion der baltischen Staaten durch die SU 1940 gelegt hatten. Daraus ergab sich, dass die baltischen Staaten ein Recht auf Unabhängigkeit hatten, das sie nun einforderten.

War schon dies gravierend genug für den Zusammenhalt der sowjetischen Union, so ging es im Grunde um noch mehr, nämlich um die Frage nach dem Charakter der sowjetischen Außenpolitik überhaupt und ihre behauptete Friedensliebe. Existierten die Zusatzprotokolle, waren die Mitschuld Stalins an der Entfesselung des zweiten Weltkrieges und die räuberische Natur des sowjetischen Staates offenbar. Und die Partei, die diese Verbrechen über Jahrzehnte gedeckt hatte, war damit kompromittiert. Die Schärfe der Debatten des Volkskongresses über die Existenz der geheimen Zusatzprotokolle hatte hier ihre tieferen, politischen Gründe. Es ging ganz grundsätzlich um die bisher unantastbare Stellung der Partei, die doch angeblich immer Recht hatte. Jakowlew war vom Volkskongress gewählt worden, den Ausschuss zu leiten, der diese Frage nun endgültig klären sollte und hatte damit eine scharfe Waffe gegen die Partei in der Hand.

Der Botschafter kam gut vorbereitet. Zwar waren in unseren Archiven die Originale der beiden Zusatzprotokolle in den Nachkriegswirren verloren gegangen, so dass wir von ihnen nur noch Kopien auf Mikrofilm besaßen, jedoch hatte sich bei uns die große Landkarte im Original erhalten, auf der Ribbentrop und Stalin mit breitem Stift die Grenze gezogen hatten, mit der Estland, Lettland und Kurland sowie die weißrussischen und ukrainischen Gebiete Polens ostwärts der Curzon-Linie der SU zugeschlagen worden waren. Auch die Unterschriften der beiden Kontrahierenden, für die Sowjets hatte nicht Molotow sondern Stalin unterschrieben, und Stalins Paraphe an einer Korrektur des Grenzverlaufs waren auf der Karte gut zu erkennen. Meyer-Landrut hatte natürlich nicht das Original der Karte dabei, übergab jedoch ein sehr gutes, farbiges Faksimile, das für einen wissenschaftlichen Aufsatz über das Thema im „Osteuropa-Archiv" angefertigt worden war. Mein Vorgänger und ich hatten diesen Aufsatz in den vergangenen Monaten bereits samt Faksimile der Karte einer Reihe unserer Gesprächspartner bei der Presse oder in den Instituten der Akademie der Wissenschaften übergeben. Aus dem Aufsatz ergab sich auch, dass Bessarabien, jetzt Moldowa, mit dem ersten geheimen Zusatzprotokoll und Litauen mit dem zweiten an Stalin ausgeliefert worden waren.

In der folgenden Diskussion hielt sich Jakowlew weitgehend zurück. Das Wort auf sowjetischer Seite führte Falin in der für ihn typischen, mephistophelischen Mischung aus oberflächlicher Höflichkeit und untergründiger Schärfe. Er bestritt unbeeindruckt von unseren Argumenten und Beweisen in länglich gewundenen Ausführungen weiterhin die Existenz der Zusatzprotokolle. Originale fehlten und hätten in den sowjetischen Archiven nicht gefunden werden können. Jakowlew ließ nur durch seine Körpersprache erkennen, dass er Falins haarspalterische Argumentation nicht teilte. Meyer-Landrut beschrieb dann näher, dass die Wahlen und Abstimmungen, die während des Krieges in den baltischen Staaten zur Sanktionierung der

Annexionen durch die SU inszeniert worden waren, den gewaltsamen Charakter ihrer Einverleibung in die SU nicht verdecken könnten. Als Falin auch dies bestritt, reichte Meyer-Landrut Jakowlew ein Buch über den Tisch. Es war auf einer Seite aufgeschlagen, auf der ein Photo den Moment der Abstimmung im estnischen Parlament zeigte. Zu sehen waren nicht nur der Saal mit den Abgeordneten mit zum Zeichen der Zustimmung erhobenen Armen, sondern auch die Rotarmisten, die alle zwei Meter an den Wänden entlang standen, Gewehr bei Fuß mit aufgepflanztem, langem, russischem Bajonett. Es war ein argumentativer K.-O.-Schlag auf Falins stalinistischen Solar-Plexus und ich konnte meine Begeisterung über Meyer-Landrut nur mühsam kontrollieren. Am Liebsten wäre ich triumphierend aufgesprungen. Aber das hätte sich nicht gehört. Jakowlew jedenfalls bedankte sich und verabschiedete uns noch freundlicher, als er uns empfangen hatte.

Am 17. Juni hielt Erhard Eppler, in den vergangenen Jahren einer der Protagonisten der sehr problematischen, weil das DDR-Regime aufwertenden Nebenaußenpolitik der SPD mit der DDR, die große Rede bei der üblichen Feierstunde im Bundestag. Aus seinem Munde war sie ungewöhnlich in ihrem Bestehen auf der Fortexistenz der deutschen Nation und ihrer scharfen Kritik an der Führung der DDR. Er beschuldigte sie „realitätsblinder Selbstgefälligkeit" wegen ihrer Haltung zur Perestroika. Er hatte offensichtlich gemerkt, dass die deutsche Frage allmählich in Bewegung kam. Sein Urteil mochte auch auf gerade durchgesickerten Informationen gründen, wonach auf einem ZK-Plenum der SED wenige Tage zuvor der Dresdner Parteichef Modrow, der den Ruf des Progressiven hatte, scharf getadelt worden sei, woraus man auf Spannungen in der SED über der Haltung zur Perestroika schließen konnte.

Eine Woche danach kam Honecker auf der Durchreise nach Magnitogorsk im Ural zu Gorbatschow nach Moskau. Die sowjetischen Medien nahmen davon kaum Notiz, genauso wenig von seiner Rede in dem gigantischen Stahl-kombinat, dessen Jahrestag gefeiert wurde. Honecker hatte offenbar als junger Mann in den dreißiger Jahren dort am Aufbau mitgearbeitet. Das niedrige, kursorische Profil des Besuches, immerhin eines Staats- und Parteichefs eines Warschauer-Pakt-Staates, in den sowjetischen Medien fiel uns natürlich auf und wir deuteten es als Indiz für schlechte Beziehungen. Das volle Ausmaß des offenbar tiefen Zerwürfnisses wurde aber erst erkennbar, als Schäfers mit der Nummer des Neuen Deutschland zu mir kam, in der der Volltext der langen Rede Honeckers in Magnitogorsk abgedruckt worden war. Honecker hatte dort wieder von den „allgemeinen Gesetzmäßigkeiten des Sozialismus" gesprochen und sie klar erkennbar in Gegensatz zur Perestroika gebracht. Damit hatte er Gorbatschow nun sogar auf sowjetischem Boden öffentlich des ideologischen Abweichlertums geziehen. Die Rede war also ein unzweideutiger Angriff auf die Gesamtpolitik Gorbatschows. Honecker hatte damit nicht nur Gorbatschow zu belehren versucht. Die Vermutung lag vielmehr nahe, dass er darauf setzte, dass Gorbatschows

Gegner stark genug wären, um weiteres Abweichen von der reinen Lehre zu verhindern, und er dort mächtigen Rückhalt besaß. Jedenfalls glaubte ich nicht an bloße dogmatische Sturheit. Honecker war durch ein Leben des Kalküls der „Kräfteverhältnisse" geprägt und trotz seines Alters noch nicht greisenhaft verdummt. Er fühlte sich offenbar stark genug für einen solchen Angriff, rechnete also auf mächtige Verbündete in der SU. Anders war sein Vorgehen nicht zu verstehen.

Ende dieses Monats Juni kam der Verwaltungsrat des ZDF unter Führung seines Vorsitzenden Konrad Kraske, einem bekannte CDU-Politiker, nach Moskau zu Gesprächen mit sowjetischen Medienvertretern. Ich briefte sie vor Gesprächsbeginn voller Begeisterung über die Fortschritte der Demokratisierung durch den Volkskongress und machte auch, ohne auf Einzelheiten einzugehen, darauf aufmerksam, dass diese Entwicklung auch für uns bedeutende Implikationen haben könne. Der bekannte, langjährige Oberbürgermeister von Mainz, Jockel Fuchs, ein alter SPD-Mann, der zur ZDF-Delegation gehörte, meinte danach zweifelnd, ich sei ja wohl noch etwas jung für solche Urteile. So dramatisch könne es kaum sein. Kraske verteidigte mich, als politischer Botschaftsrat müsse ich wissen, was vor sich gehe. Er kam nach einem Gespräch mit dem Generaldirektor von Tass, der sowjetischen Nachrichten-Agentur, Krawtschenko, der auch Rundfunk- und Fernsehdirektor war, zu mir. Dieser hatte den ZDF-Vertretern gesagt, bisher habe die DDR eine West-Front. Wenn es so weitergehe, habe sie bald auch eine Ost-Front. Und Kraske meinte, jetzt verstehe er noch besser, was ich ihnen vor den Gesprächen gesagt hatte. Für mich war Krawtschenkos Ausspruch ein Beleg für die Richtigkeit unserer Analyse, dass sich die Dinge zwischen Gorbatschow und der DDR immer mehr zuzogen.

Gleichzeitig beobachtete ich, von der Hand Moskaus darin überzeugt, wie die Entwicklung der Liberalisierung auf weitere Staaten des Hegemonialbereichs der Sowjets übergriff. Ende Juni veröffentlichte Havel, ohne sofort wieder verhaftet zu werden, zusammen mit zwei anderen Autoren „Einige Bemerkungen" mit dem Aufruf zur Pressefreiheit, dessen Verbreitung offenbar nicht verhindert wurde und schnell tausende Unterschriften fand. Und selbst in Bulgarien gab es erneut Anzeichen, dass die Perestroika nun auch dort Fuß fasste, als Anfang Juli 121 Personen, die Anführer des „Clubs zur Unterstützung von Glasnost und Perestroika", einen Appell an die Nationalversammlung veröffentlichten, die von Schiwkow betriebene Vertreibung der Türken aus dem Land zu beenden. Das war nun offener und öffentlich verbreiteter Widerspruch in Bulgarien gegen eine Politik Schiwkows, mit der er versuchte, den bulgarischen Nationalismus aufzustacheln, vermutlich um damit von der allgemeinen Stagnation des Landes und der Verweigerung der Reform abzulenken.

Ende Juni beschäftigte ich mich auch mit einem Problem der sowjetischen Innenpolitik, das sich allmählich immer deutlicher abzeichnete, dem Rechtsextremismus. Ich schrieb wieder einmal einen längeren Bericht, weil die bloße

Feststellung solcher Erscheinungen in einem kommunistischen Land manchem meiner Leser wohl abwegig erscheinen mochte, so dass es notwendig war, die Belege für diese Entwicklung zu beschreiben und nicht nur ein analytisches Fazit zu liefern.

„Es wird hier in Moskau eine politische Entwicklung spürbar, die schon seit einiger Zeit ab und an zu verzeichnen war und deren Kraft nach wie vor nicht einzuschätzen ist, deren rechtsextreme, insbesondere rabiat antisemitische Ausrichtung aber manifest ist... . Befürchtungen der progressiven Elite über „die Gefahr von Rechts" wurden im Zusammenhang mit der Tötung von 19 Demonstranten durch Fallschirmjäger und dem Einsatz von CS-Gas in hohen Dosen durch Sondereinheiten der Inneren Truppen in Tiflis am 9. April im Volkskongress erstmals deutlich artikuliert... Die z. T. nur wenig verschleierte Diskussion während des Volkskongresses über die Gefahr eines Militärputsches erhielt mit den chinesischen Ereignissen eine neue Dimension und führte zu Dementis durch Gorbatschow und Jasow, denen es aber nicht gelungen ist, die für die SU typische, aus Mangel an echten Informationen sich selbst nährende Erörterung der angeblichen Gefahr „von Rechts" zu unterbinden...

In der sich verschärfenden Diskussion in der intellektuellen Elite über das zukünftige politische System sind alte Richtungskämpfe zwischen „Westlern" und „Slawophilen" neu entbrannt... Die deutlich spürbare, tiefsitzende Angst der progressiven Intellektuellen, die sie oft zu wohl überzogenen Schilderungen der Gefahr von Rechts verleitet, ist aber wohl weniger in der tatsächlichen Stärke der chauvinistischen Bewegung in der russischen Bevölkerung begründet, obwohl wir zunehmende russische Verärgerung über das als präpotent empfundene Auftreten der Balten und der Kaukasier spüren. Diese Angst beruht vielmehr auf der historischen Erfahrung, dass es noch in jüngerer Vergangenheit im Parteiapparat (Suslow), der Armee und dem KGB sehr einflussreiche Personen gab, bei denen sich russischer Chauvinismus und prinzipientreuer „Sozialismus" im Stalinismus untrennbar vermischt hatten und deren Anhänger wohl kaum alle schon ihre Posten haben räumen müssen...

Die von Gorbatschow bewirkte Neuinterpretation des Leninismus, nach der die „Erneuerung des Sozialismus" schlicht darin bestehe, alles zu tun, was den Lebensstandard erhöht, ist ideologisch offensichtlich inhaltslos. So liegt die Sorge nahe, dass die Versuche, sozialdemokratische Vorstellungen als wahren Leninismus auszugeben – worauf Gorbatschows Linie bisher nicht eingestanden, aber klar erkennbar hinaus läuft – nicht schnell genug vorankommen, und dann der russische Chauvinismus in die leere Form des „Sozialismus" wieder eindringt...

In einer solchen Lage, in der die alte Struktur keine Zukunft zu haben scheint, eine neue aber noch nicht erkennbar ist, kann man die Sorge der westlich orientierten Intellektuellen, von denen viele jüdischer Abstammung sind, über Erscheinungen des Rechtsextremismus verstehen, die sich in einigen Zeitschriften zeigen... Manchmal klingen nur in den Untertönen die alten Ressentiments der Russen an, von anderen Völkern wegen zu großer Gutmütigkeit und Langmut ständig übervorteilt zu werden. In der Monatszeitschrift des russischen Schriftstellerverbandes „Nasch Sowremjennik" (Unser Zeitgenosse) ist aber die Wut über den von vielen Russen selbst empfundenen Mangel an

Konkurrenzfähigkeit offen ausgebrochen... In einer Auseinandersetzung des Chefredakteurs mit den nationalen Identitäten der Völker in der SU behauptet er, dass die Russen – im Gegensatz zu anderen Völkern der SU – sich immer durch ihre Bereitschaft ausgezeichnet hätten, andere Völker zu assimilieren. Als Beispiel für die Verweigerung der Assimilation werden dann die Juden angeführt. Zum Beweis wird... auf die „Russophobie" verwiesen, die bestimmte Zeitschriften (Ogonjok, Junost, Literaturnaja Gazeta) auszeichne... In einer Erörterung des Verhältnisses des (russischen) Dichters Jessenin zu dem (jüdischen) Politiker Trotzki wird versucht, Trotzki als personifizierte Gefahr der Machtübernahme der Juden in der SU darzustellen. In gewundener Rabulistik wird dargelegt, dass die „Protokolle der Weisen von Zion" vielleicht doch echt seien. Sie seien viel zu raffiniert, um von einer so dummen Behörde wie der zaristischen Geheimpolizei zu stammen. Einige der z. Zt. besonders einflussreichen Schriftsteller wie z. B. Grossmann oder früher Mandelstam werden wütend angegriffen, weil sie versuchten, alles in der sowjetischen Kultur wirklich Intelligente als jüdischen Ursprungs auszugeben... Der russische Mensch, der die ganze Last des Lebens des Volkes trage, und begreife, dass er in seinem Leben diese Rechte niemals werde nutzen können, betrachtet deshalb das Gerede über die Menschenrechte nicht zu Unrecht als Rechte der Juden... Die untergründige Bösartigkeit dieser Denunziation der Menschenrechte als Rechte einer ausbeuterischen Minderheit... endet mit der Feststellung, man könne sich vorstellen, wie die „zivilisierten Deutschen" sich gefühlt hätten, als (durch die judische Zuwanderung nach dem ersten Weltkrieg) das „Herz ihrer alten Hauptstadt von einem unverständlichen Stamm" eingenommen worden sei, so wie heute die jüdische Kulturgesellschaft „Schalom" das Herz Moskaus einnehme.

Die Infamie dieses Hinweises auf das, was die „zivilisierten Deutschen" mit Juden taten, wird in einem weiteren Artikel „Russophobie" durchgehalten, ... der in einem langen, pseudohistorischen Traktat zu beweisen versucht, dass die Juden (das „kleine Volk") vor allem mit Hilfe einer ständigen Verbiegung der russischen Geschichte versuchten, die Russen („das große Volk") zu beherrschen, indem sie ihm und der Welt einredeten, die Russen seien ein Volk von Sklaven und müssten wegen der Gefährlichkeit ihrer Neigung zum Despotismus bekämpft werden... Das heiße, „wenn man plötzlich auf irgendeine Weise die Rolle des Staates beseitigt und als einzige in der Gesellschaft tätige Kräfte die unbegrenzte wirtschaftliche und politische Konkurrenz zurückbleibt, dann kann das Resultat nur schnelles und völliges Chaos sein." Der Staat müsse seinen mächtigen Einfluss also behalten. Gegen das „kleine Volk" helfe jedenfalls nur die Verbundenheit der Russen mit ihrer „Erde" und untereinander im russischen Volk. Dies sei eine Frage der nationalen Selbsterhaltung.

Ich versuchte damit zu beschreiben, dass die Perestroika in der Tat von Rechtsaußen als jüdische Machenschaft angegriffen wurde, die ins Werk gesetzt werde, um Chaos zu erzeugen und die Russen den Juden und dem Westen auszuliefern. Es war nicht leicht herauszufinden, wer hinter dieser in der Publizistik zunehmend anzutreffenden Richtung stand. Dass sie höhere Deckung haben musste, ergab sich aus ihrer Verbreitung auch in anderen Zeitschriften wie „Literaturnaja Rossija" und „Molodaja Gardia".

Um einen unmittelbaren Eindruck zu gewinnen, ging ich deshalb zum

Chefredakteur des „Nasch Sowremjennik". Nach meinem Eintreffen dort wurden wir sofort von einem Photographen aufgenommen. Das sei so üblich, erklärte mir der Chefredakteur, als ich dem zunächst widerstrebte. Das Gespräch drehte sich dann fast völlig um den Antisemitismus seiner Zeitschrift und mein Gesprächspartner griff dabei „Glasnost" als jüdische Verschwörung an, weil die Chefredakteure der sie tragenden Zeitschriften Ogonjok (Korotitsch), Literaturnaja Gazeta (Burlatsky), Moskowskije Nowosti (Jegor Jakowlew) und Znamja (Baklanow) alle Juden seien. Als er dann meinte, ich als Deutscher müsse doch Verständnis für die Notwendigkeit des Kampfes gegen die Juden haben, erwiderte ich, die Deutschen hätten durch den Judenmord ihre Ehre verloren. Ob er das auch für das russische Volk wolle? Er war darüber zwar kurz erstaunt, wiederholte dann aber seine antisemitischen Tiraden, so dass ich mich rasch verabschiedete. Die gesamte Geschichte des Judenmords wurde fanatisch bestritten und, so meine Schlussfolgerung, diese Kräfte waren offenbar nicht zu vernachlässigen.

Mich hat das tief beeindruckt. Dass Antisemitismus, auch in sehr rabiater, gewaltsamer Form, zum herkömmlichen russischen Nationalismus gehörte und sowohl von den Zaren wie von Stalin politisch instrumentalisiert worden war, um Popularität zu gewinnen, war bekannt. Die Begegnung damit traf mich aber besonders, weil für mich der Versuch, nach unserer Verantwortung für den staatlich organisierten Massenmord an der Wiederherstellung der deutschen Ehre mitzuarbeiten, zum Kern der Aufgaben eines deutschen Diplomaten gehört. Jeder Deutsche, der im Ausland lebt, erfährt dabei, dass er die Last der deutschen Schuld mit sich trägt und man von ihm ausgesprochen oder nicht erwartet, die nationale Verantwortung dafür auch persönlich zu übernehmen. Jedenfalls gilt das für Diplomaten als offiziellen Vertretern Deutschlands. Deshalb trifft sie die weit verbreitete Unterstellung doppelt, als Deutsche hätten sie natürlich Sympathien für Antisemitismus.

Ich habe mich schon als Schüler am Bonner Beethoven-Gymnasium Anfang der sechziger Jahre mit Hilfe einiger sehr guter Lehrer mit dem 3. Reich, Hitler und dem Judenmord auseinandergesetzt. Wie ungeheuer schwer, wenn nicht unmöglich es aber sein würde, den so besudelten deutschen Ruf wieder herzustellen, war mir erst während einer Reise um die Welt 1971/72 klar geworden, die ich nach Abschluss des Studiums in Deutschland unternahm. Sie begann mit einem Sommerkurs an der Universität Amsterdam zur Einführung in das amerikanische Recht. Ich lernte dort eine holländische Kommilitonin kennen, die mich anzog und um die ich mich bemühte. Als ich einem englischen Kommilitonen gestand, ich sei leider völlig erfolglos geblieben, fragte er mich lapidar: „Don´t you realize, she is jewish?", was mich bestürzte.

Während meines folgenden Studiums in Chicago half mir die Bibliothekarin der Law School, eine ältere Dame, besonders kompetent bei der Suche nach den Büchern, die ich für meine Masterarbeit brauchte. Wir wurden aber nicht recht warm miteinander, obwohl ich sie oft sprach, wenn ich viele Tage bis spät in die Nacht in der mir in der Bibliothek zugewiesenen Mönchszelle verbrachte, wo meine Bücher standen. Erst kurz vor meinem Abschied nach fast einem Jahr gelang ein auch persönliches Gespräch und sie berichtete mir, dass sie als kleines Mächen dem Aufstand des Warschauer Ghettos nur wie durch ein Wunder entkommen war. Ich schämte mich.

Bei einer Omnibusfahrt von Tokio zum berühmten Tokugawa-Schrein während meiner Rückreise nach Hause über den Pazifik und Asien fiel mir ein altes weißhaariges Ehepaar auf. Anders als die übrigen, meist aus den USA, Australien und Neuseeland stammenden Touristen sprachen die beiden Deutsch miteinander. Als ich sie, erfreut über die Begegnung mit Landsleuten so fern von zu Hause, ansprach, reagierten sie zunächst etwas betreten. Es stellte sich dann heraus, dass sie jüdische Emigranten waren, die durch die Flucht nach Brasilien den Nazis entgangen waren. Sie waren im Weiteren dann aber sehr freundlich und luden mich sogar ein, sie einmal in Brasilien zu besuchen.

In Singapur brauchte ich neue Socken und fand bei der Suche in der Innenstadt einen kleinen Herrenausstatter. Als mich die ältere Verkäuferin fragte, welche Größe es sein solle, antwortete ich, auf Englisch wisse ich dies nicht, auf Deutsch sei es Größe 41. Daraufhin wechselte sie in klingendes Wienerisch und rief ihren Mann herbei. Sie waren als Wiener Juden nach dem Anschluss Österreichs geflohen und nach Singapur verschlagen worden, wo sie mit ihrem Geschäft so gerade überleben konnten. So folgte mir die deutsche Schande um die Welt. Ich bin mir dessen immer bewusst geblieben.

Anfang Juli reiste Gorbatschow nach Frankreich und wurde dort von der Bevölkerung fast so enthusiastisch begrüßt wie kurz zuvor bei uns. Das half uns in der westlichen Gemeinschaft, wo wir bereits der „Gorbimanie" geziehen wurden und man die Sorge spürte, wir könnten auf Grund von Illusionen über die Perestroika nach Osten abdriften. In dieser Situation war die Rede wichtig, die Gorbatschow am 6. 7. vor der Parlamentarischen Versammlung des Europarates in Straßburg hielt. Er beschrieb erneut das „gemeinsame Europäische Haus", das wir in der „Gemeinsamen Erklärung" als Rahmen für die zu erarbeitende Friedensordnung definiert hatten. Besonders explizit war jetzt seine Absage an die Breschnew-Doktrin. Es gebe keine „begrenzte Souveränität". „Jeder Versuch, die Souveränität der Staaten zu begrenzen, ist unzulässig." Das gewann inzwischen vor dem Hintergrund der Entwicklungen im Warschauer Pakt zunehmend an Profil. Kurz zuvor war Rakowski in Warschau als Ministerpräsident zurückgetreten und Jaruzelski hatte General Kiszczak mit der Regierungsbildung beauftragt. Die Partei wurde also im Ergebnis der Wahlen von der Regierungsspitze entfernt, um die Solidarność besser einbeziehen zu können. Diese Entwicklungen wurden mit Gorbatschows Straßburger Rede im Ergebnis politisch sanktioniert.

Das wurde unmittelbar darauf bei einem Gipfeltreffen des Warschauer

Pakts in Bukarest noch deutlicher. Dort wurde eine Erklärung beschlossen, nach der es keinerlei „universelles Sozialismus-Modell" gebe, niemand besitze „das Monopol auf die Wahrheit", es gelte die „Freiheit der Wahl des Gesellschaftssystems." Auf militärisches Eingreifen „in Bruderländern" wurde ausdrücklich verzichtet. Damit wurden aber die „Bruderparteien" nicht etwa in die Freiheit entlassen. Mit dieser Zerstörung der ideologischen Grundlagen ihrer Herrschaft und ihrer Machtbasis wurden vielmehr die Satellitenstaaten im Effekt massiv von Moskau unter Druck gesetzt, sich ihre politische Legitimation nun selbst zu verschaffen, ohne sich weiter auf die sowjetischen Gewaltmittel stützen zu können. Es wurde von ihnen also die gleiche Revolution von Oben zur Errichtung einer echten, von unten legitimierten Demokratie verlangt, wie sie inzwischen in der Sowjetunion selbst im Gange war, denn nach dieser Gipfelerklärung konnten sie nicht einfach weitermachen wie bisher. Ich begann deshalb gespannt auf Zeichen zu warten, dass dieser Druck, nach Polen und Ungarn, auch in den anderen Satellitenstaaten zu sichtbaren Veränderungen führte, natürlich vor allem in der DDR, die sich, wie bei Honeckers Reise nach Magnitogorsk erkennbar, bisher noch erbittert wehrte.

Auch die innenpolitische Entwicklung in der SU beschleunigte sich über den Sommer. Die „Glasnost"-Medien benutzen Unfälle auf Atom-U-Booten und den Irrflug einer MIG-23 bis zum Absturz in Belgien, um in einer erkennbaren Kampagne die Streitkräfte zu diskreditieren, die bisher als Muster von Ordnung und Funktionstüchtigkeit gegolten hatten. Am 10. 7. schlug Jelzin im Volkskongress nun offiziell die Gründung einer „interregionalen Gruppe" der progressiven Deputierten vor, die sich sehr bald formierte. An der Spitze standen Popow, ein Wirtschaftswissenschaftler, und Stankjewitsch, ein junger Journalist. Die Balten und die Georgier waren stark vertreten. Das gleiche galt für das Bogomolow-Institut mit Ambarzumow an der Spitze einer Gruppe, die eine sozialdemokratische Partei gründen wollte.

Am gleichen Tage begannen zu meinem ungläubigen Staunen Massenstreiks der Bergarbeiter. So etwas hatte es in der SU noch nie gegeben. Ausgehend vom mittelasiatischen Kohlerevier des Kusbas sprangen sie bald in den Donbas, das Kohlerevier in der Ukraine, nach Workuta im hohen Norden und nach Karaganda in Kasachstan über. Die Medien berichteten breit und mit Sympathie über das Elend der Bergleute, die z. T. seit Jahrzehnten in kaum heizbaren Baracken leben mussten und denen es am Nötigsten fehlte, z. B. Seife, um sich nach der Schicht im Bergwerk waschen zu können. Der politische Effekt dieser präzedenzlosen Streikbewegung schien mir in einer Schwächung Gorbatschows zu bestehen, dem es über Wochen nicht gelang, die Streiks beizulegen. Sie mussten auf das sowjetische Publikum, das an ewige innere Ruhe gewöhnt war, wie sich ausbreitendes Chaos wirken. Es fiel mir schwer zu glauben, dass sich diese Streiks, deren örtliche Führer sich ungehindert koordinierten, allein aus sozialem Protest erklären ließen. Wahrscheinlicher war, dass den Bergleuten, die ihr Schicksal über Jahrzehnte geduldig ertragen hatten, signalisiert worden war, sie könnten sich jetzt straflos erheben. Auch die Tatsache, dass nicht versucht wurde, die Streiks mit Hilfe der noch existierende Zensur zu verschweigen und die Verbindungsaufnahme unter den verschiedenen, Tausende von Kilometern auseinander liegenden Revieren zu verhindern, gab mir Stoff zum Nachdenken. Und mein Verdacht, dass Gorbatschow mit Anheizung dieser Streiks gezielt geschwächt werden sollte, wuchs mit einem ZK-Plenum Mitte des Monats, auf dem er von Ligatschow, Worotnikow, dem russischen Ministerpräsidenten, und Ryschkow, dem Unionsministerpräsidenten, scharf kritisiert wurde, wie bald herauskam.

Gewaltsame Streitigkeiten zwischen Georgiern und Abchasen verstärkten zusätzlich den Eindruck des Verfalls der Autorität Gorbatschows und der inneren Ordnung durch Ausbreitung von Nationalitätenkonflikten, nachdem Gorbatschow zu Monatsanfang des Juli in einer großen Fernsehansprache mit der Anwendung von Gewalt gegen alle Versuche gedroht hatte, die Integrität der Union zu gefährden. Gleichzeitig hatte er die „tiefe Umbildung der Union" in Richtung einer Föderation angekündigt und so ein weiteres Feld für grundlegende Reform geöffnet. Im Kern war diese ungewöhnliche Fernsehansprache von der Sorge getragen, der Verband der Union könne durch Sezession gesprengt werden, wobei Gorbatschow die größte Gefahr offenbar im Baltikum sah. In meiner Bewertung der Ansprache wies ich darauf hin, dass es sich bei der Erörterung der baltischen Geschichte nicht nur um die Aufarbeitung der Vergangenheit, sondern wegen der Volksbewegungen vor allem im Baltikum um eine aktuelle Frage von großer Brisanz handele.

Besorgt, dass sich daraus ein Problem ergeben könnte, das uns deutschlandpolitisch stören würde, weil es gegenüber der Westpolitik vorrangig werden konnte, schlug ich in der Berichterstattung vor, sich mit Erklärungen zum Baltikum zurückzuhalten und zunächst mit unseren Verbündeten eine Haltung zu entwickeln, mit der unsere Nicht-Anerkennung der Annexionen uns einerseits nicht länger bei der praktischen Anknüpfung von Kontakten zu den Balten behindere, und die andererseits nicht von Moskau als Mittel zur Sprengung der Union verstanden werden könne. Ich sah also eine klare Priorität unserer unmittelbaren Interessen in Deutschland vor unserem Interesse an einer gerechten Lösung des baltischen Problems. Die von Gorbatschow losgetretene Lawine hatte inzwischen immer breitere Bereiche erfasst, was uns einerseits ungeahnte Möglichkeiten öffnen konnte, andererseits aber bei völligem Kontrollverlust auch zu radikaler Beendigung der Reformpolitik und zum Rückfall in die altgewohnten Gewaltstrukturen führen konnte. Der konservative Flügel in der sowjetischen Führung war ja immer noch erkennbar stark. Umsicht bei der Förderung unserer deutschen Prioritäten war also geboten.

Der Eindruck der laufend zunehmenden Beschleunigung der Gesamtentwicklung verstärkte sich in diesem Sommer weiter, als nun der publizistische Angriff auf die Grundstruktur der Ideologie sich direkt gegen

Lenin zu wenden begann. In Moskau war in der progressiven Zeitschrift „Oktjabr" eine lange unterdrückte Novelle von Wassili Grossmann erschienen, eines 25 Jahre zuvor verstorbenen Schriftstellers, der mit dem gerade erst veröffentlichten Roman „Leben und Schicksal" berühmt geworden war. Dieser Roman schilderte die Schlacht bei Stalingrad und wurde von den Rezensenten wegen seiner Beschreibung des zweiten Weltkrieges und des Schicksals der Russen darin mit Tolstois „Krieg und Frieden" verglichen, der dort das gleiche mit den Kriegen gegen Napoleon getan hatte. „Leben und Schicksal" war ein großartiges Buch, aber kritisch gegenüber Stalin und deshalb in der SU Jahre lang verboten gewesen, obwohl es im Grunde eine einzige Hymne auf das Heldentum des russischen Volkes im Zweiten Weltkrieg war. Grossmann war also alles Andere als ein Russenhasser. Ich schrieb dazu:

„Alles fließt", diese Weltbeschreibung Heraklits, ist der Titel einer Novelle Grossmanns, die hier zur Zeit die Moskauer Intelligenz bewegt, auch weil der Titel gut auf die gegenwärtige Lage zu passen scheint, obwohl sie Anfang der fünfziger Jahre spielt. Die darin enthaltene Untersuchung der Person und der wesentlichen Charakteristika der Politik Lenins ... ist vermutlich eine der wesentlichen Ursachen für die Besorgnisse der konservativen „realen Sozialisten" in der SU und im Warschauer Pakt darüber, dass – einmal bei Stalin begonnen – die Bewältigung der Vergangenheit nicht mehr vor Lenin haltmacht und damit die Legitimation der Parteiherrschaft als „Avantgarde", die schon durch den Rückgriff auf wirkliche Wahlen erschüttert wird, auch ideologisch endgültig verloren gehen könnte. Grossmann behauptet, dass Stalin im Kern nur fortgesetzt und vervollkommnet habe, was Lenin in der Revolution begonnen habe, nämlich die Zerstörung der Freiheit in Russland. Dabei wird Lenin nicht nur persönlich in für dieses Land unerhörter Weise als unduldsam und grausam angegriffen. Seine Politik wird vielmehr in die Tradition der russischen Geschichte gestellt, die als Geschichte sich immer weiter verschärfender Formen der Sklaverei begriffen werden müsse.

Die redaktionelle Einführung der Novelle ist weniger wegen ihrer ausführlichen „Widerlegung" der Angriffe auf Lenin von Interesse. Sie verdient vielmehr deshalb Aufmerksamkeit, weil sie die These ..., wonach die Herrschaft des Parteiapparates das Wesen des Stalinismus ausmacht und deshalb zur endgültigen Beseitigung des Stalinismus dieser Apparat zerschlagen werden muss, aufgreift und ausführlich „marxistisch" zu belegen versucht. Damit wird der gegenwärtig in vielfältiger Form zu verfolgende, publizistische Kampf gegen den Apparat – der Partei, der Regierung, der Armee, des Innenministeriums – als Kampf gegen den Stalinismus gerechtfertigt.

Die Auseinandersetzung über die Frage, ob Russland überhaupt fähig ist, frei zu sein, ist nicht lediglich ein Streit unter Literaten. Die Überwindung dieser Selbstzweifel ist vielmehr die politische Voraussetzung dafür, sich im Kampf gegen die ihre Macht verteidigenden Apparate durchsetzen zu können. Es ist typisch für diese Selbstzweifel, dass nun, (vorgeblich in einer Erörterung der französischen Revolution zweihundert Jahre zuvor mit der Machtübernahme durch das Militär am Ende), die Frage auftaucht, ob eine solche Revolutionierung der alten Machtstruktur zu einem neuen „Thermidor" und „Bonapartismus" führen werde. Diese Auseinandersetzung, die auch in Reden der Führung angeklingt (Jakowlew war mir besonders aufgefallen), hat in der Ungefestigtkeit der gegenwärtigen politischen Lage ihre tiefere Ursache.

Grossmann beginnt mit der Frage, wieso Lenin ... einen Staat geschaffen habe, der Jagoda, Jeschow, Berija, Merkulow und Abakumow (die Henker Stalins) mit seinen höchsten Orden ausgezeichnet habe. Lenins „völlige Intoleranz politischer Demokratie" sei dadurch zum Ausdruck gekommen, dass er niemals habe einräumen können, dass seine politischen Gegner wenigstens teilweise Recht haben könnten und er teilweise Unrecht. Er habe nicht die Wahrheit gesucht, sondern den Sieg. Er habe Alles einer Leidenschaft, der Erringung der Macht, untergeordnet. Er habe dem Alles geopfert und dafür Russlands „Heiligstes", seine Freiheit getötet... Die Unduldsamkeit, der Druck, die Unbeugsamkeit gegenüber Andersdenkenden, seine Verachtung der Freiheit, sein Fanatismus, seine Grausamkeit gegenüber Feinden, alles, was zum Sieg der Sache Lenins beigetragen habe, das habe auch die russische Unfreiheit festgeschmiedet.

Hier geht die Schilderung Lenins in die des Charakters Russlands über, die in der Schärfe der Kritik hinter der Tschaadajews aus dem vorigen Jahrhundert nicht zurückbleibt. (In einem Reisebericht durch das Land hat Tschaadajew die ganze, ungeheure Misere des Lebens in Russland auf dem Lande beschrieben.)

Die Propheten Russlands, Grossmann nennt vor allem Dostojewski, hätten die Kraft der russischen Seele in der Geburt der Unfreiheit gesehen. „Die russische Seele, eine tausendjährige Sklavin." ... Lenins Synthese der Unfreiheit mit dem Sozialismus habe die Welt mehr erschüttert, als die Entdeckung der Atom-Energie... Die Italiener und die Deutschen hätten dann auf ihre Weise die Ideen des nationalen Sozialismus entwickelt... Das Blutvergießen unter Stalin habe schon unter Lenin begonnen. Stalin habe die von Lenin übernommenen revolutionären Kategorien der Diktatur und des Terrors zum Fundament seines Staates gemacht. Der von Stalin geschaffene Staat der Unfreiheit sei aber nicht mit ihm gestorben. Das Fundament dieses Staates, die Unfreiheit, sei unerschüttert. Jedoch habe die Freiheit „entgegen dem Genie Lenins, entgegen dem kosmischen Ausmaß der Gewalt Stalins" überlebt.

Der Autor der Einführung in die Novelle Grossmanns ... stellt dann die derzeit herrschende Lehre dar „Je mehr Demokratie, desto mehr Sozialismus." ... Zu fragen sei, ob nicht Denker wie Tolstoi, Ghandi, Galbraith oder Brandt in den Rahmen der Leninschen Tradition des sozialistischen Pluralismus passten... Das Wesen des Stalinismus bestehe in der Diktatur nicht der Person Stalins sondern der Bürokratie, der Armee und des Unterdrückungs-Apparates... . Chruschtschow habe nicht entschlossen genug gehandelt, um die „Neo-Stalinisten Suslow und Breschnew" an der Eroberung der Macht zu hindern. Er sei selber Opfer des von ihm geformten administrativen Kommando-Systems geworden. „Wir dürfen nicht ein drittesmal heute an derselben Stelle stolpern." Es gehe jetzt um den Kampf zweier Tendenzen, der bürokratisch-totalitären und der demokratisch-sozia-listischen.

Hier artikulierte sich also die Gegenposition zu den Rechtsextremen, die mir zuvor aufgefallen waren. Ich schickte den Bericht den Bonner Instanzen und den Kollegen an den interessierenden Botschaften, so dass mich z. B. aus Rom eine ungläubige Nachfrage erreichte, nicht einmal die italienische (kommunistische)Partei sei bisher derartig weit gegangen. Diese Auseinandersetzung in den „dicken Journalen" in Moskau spiegelte aber vor allem den Machtkampf an der Spitze des sowjetischen Systems wider und Gorbatschow hatte offenbar noch nicht endgültig gesiegt, denn es ging im Zeichen von Glasnost eben nicht lediglich, davon war ich immer mehr überzeugt, um Presse- und Meinungsfreiheit, sondern um von den um die Macht kämpfenden Parteien inszenierte, publizistische Kampagnen. Das änderte allerdings nichts daran, dass dadurch das dem Regime zu Grunde liegende Gedanken-Gebäude für die jahrzehntelang indoktrinierte Bevölkerung seine Unantastbarkeit verlor.

Parallel dazu besuchte Präsident Bush im Juli 1989 Polen und Ungarn. Er hatte einen Monat zuvor in einem Interview mit der Washington Post erklärt, er wolle mit seiner Reise die Entwicklung dort nicht zu unilateralen Vorteilen ausnutzen. Dennoch war ich besorgt, diese Reise könnte in Moskau die Hardliner bestärken, die Gorbatschow bereits wegen der wachsenden Entfernung beider Staaten von der SU angriffen. Bush war dann aber sehr vorsichtig und einfühlsam. In Polen bezeichnete er Jaruzelski als „einen der führenden Reformer in den Ländern Osteuropas", womit er im Effekt bei der Solidarność für Jaruzelski in der bevorstehenden Wahl zum Staatspräsidenten warb. In Ungarn begrüßte er den Beginn des sowjetischen Truppenabzugs. Damit wurde Gorbatschow nicht überfordert. Leider kam es auf dem Gipfel der G-7 der führenden Weltwirtschaftsmächte Mitte Juli bei den Feiern zum 200. Jahrestag der französischen Revolution in Paris nur zu einem Beschluss für Wirtschaftshilfe für Polen, Ungarn und die Tschechoslowakei, nicht für die SU, was Gorbatschow in seiner Bedrängnis durch die Streiks und die Nationalitätenkonflikte geholfen hätte.

In diesen Wochen wurden die Berichte der Kollegen aus den Warschauer-Pakt-Hauptstädten nun wirklich dramatisch. In Ost-Berlin, Prag, Budapest und Warschau begann die Zahl der DDR-Flüchtlinge in unseren Botschaften das übliche, eher geringe Maß zu überschreiten. Gleichzeitig wurde am 19. 7. Jaruzelski mit nur einer Stimme Mehrheit zum Staatspräsidenten gewählt. Bushs Intervention war also wohl ausschlaggebend gewesen. Rakowski, der in Polen 1987 mit seinem Memorandum das politische Überdruckventil geöffnet hatte, wurde nun sogar Parteichef. Am 27. 7. wurde der erste Oppositionelle in das ungarische Parlament gewählt und in Rumänien hatte ein evangelischer Geistlicher mit dem ungarischen Namen Tökes im Fernsehen die Verletzung der Menschenrechte in Rumänien kritisieren können. Honecker war offenbar ernsthaft krank geworden. Die Ungarn waren am 24. 7. in Moskau gewesen und hatten in ihren Verhandlungen mit den Sowjets jetzt sogar den vollständigen Truppenabzug der Sowjets aus ihrem Land gefordert. 1956 sollte also vollständig revidiert werden. Das allein war schon eine sowjetische Konzession, die im ganzen Warschauer Pakt widerhallte.

Am 17. Juli begleitete ich den Unterabteilungsleiter im Auswärtigen Amt und Kollegen von meinem ersten Posten in Moskau, Dr. Gründel, später Botschafter in Kopenhagen, zusammen mit zwei Bundestagsabgeordneten aus dem Haushalts-Ausschuss zu Bogdanow. Die beiden Abgeordneten, der Sprecher der Regierungs-Koalition im Ausschuss Carstens und der Passauer Abgeordnete Rose, im Ausschuss verantwortlich für den Haushalt des AA, waren für uns von größter Wichtigkeit, denn sie entschieden über alle für eine vernünftige Außenpolitik erforderlichen Ausgaben. Sie wollten mit einem sowjetischen Parlamentarier sprechen und da der Volkskongress und der Oberste Sowjet der Union gerade eine Pause machten, brachte ich sie zu Bogdanow, der neben seinem Hauptjob im „Friedenskomitee" Deputierter im Obersten Sowjet Russlands war. Dass er zugleich dem KGB angehörte, hatte ich unseren Abgeordneten vorher in meinem Lage-Briefing gesagt. Der Vortrag von Bogdanow vor den Abgeordneten war dann auch für mich, der schon allerlei gewohnt war, sensationell. Er bestand vor allem aus einer halbstündigen, erregten Philippika gegen die Streitkräfte. Ihre Führung sei total unfähig. Sokolow, der damalige Verteidigungsminister, habe zu Gorbatschows Amtsantritt nicht einmal angeben können, wie hoch der Verteidigungshaushalt eigentlich sei und wie viele Divisionen sie unter Waffen hatten. Der militärisch-industrielle Komplex koste die Haare vom Kopf. Es sei aber nicht mehr nötig, die alte sowjetische Politik der belagerten Festung fortzusetzen. Gorbatschow habe angefangen, den Apparat zu zerschlagen. Es werde keine Einparteienherrschaft mehr geben.

Ich habe danach länger über das Gehörte nachgedacht. Es bestätigte meine Arbeitshypothese, dass das der gesamten Politik Gorbatschows zu Grunde liegende Motiv ökonomisch, nicht politisch war. Das System sollte von Grund auf entlastet werden, um Mittel zur Hebung des Lebensstandards der Bevölkerung zu gewinnen. Dieser Entlastungswille war so stark, dass er zu erheblichen, einseitigen konventionellen Reduzierungen und teilweiser nuklearer Abrüstung geführt hatte. Auch die Kosten des Imperiums sollten mit Truppenabzug reduziert werden. Mit Ungarn war dieser Abzugsprozess schon im Gange. Und um alles dies durchzusetzen, hatte Gorbatschow offenbar mit Hilfe von Teilen des KGB die Revolution von Oben in Gang gesetzt, um die bisherige Symbiose zwischen Parteiherrschaft, militärischer Stützung des Imperiums, militärisch- industriellem Komplex und Weltmacht-Diplomatie und Rüstung zu zerstören. Es war nicht neu in der sowjetischen Geschichte, dass die Geheimpolizei die Streitkräfte angriff, wie Bogdanow es jetzt getan hatte. Man musste nur an Marschall Tuchatschewski denken, den Oberkommandierenden in den dreißiger Jahren, den Stalin zusammen mit einem Großteil der Führung der Roten Armee in den Schauprozessen der dreißiger Jahre mit Hilfe der Geheimpolizei hatte umbringen lassen. Auch bei Marschall Schukows Absetzung unter Chruschtschow Ende der fünfziger Jahre hatte der KGB seine Finger im Spiel gehabt. Und ich hatte beginnend während meines ersten Postens gesehen, wie Andropow und nun Gorbatschow sich der kompromittierenden Informationen des KGB bedient hatten, um politische Gegner auszuschalten. Es konnte sich dieses Mal aber wohl nur um einen Teil des riesigen Sicherheitsapparates handeln, der Gorbatschow mit solchen Informationen munitionierte und also seine Partei ergriff, denn es hatte ja auch mehrere Anzeichen gegeben, dass konservative Kräfte im Sicherheitsapparat, etwa bei der Gewaltanwendung in Tiflis, auf der Seite der Gegner Gorbatschows gestanden hatten.

Am 28. 7. 89 brachte mich Alexander Allardt zu Korotitsch, seit drei Jahren Chefredakteur des Ogonjok, einer alten, aber lange Zeit in der Versenkung verschwundenen Zeitschrift, inzwischen etwa mit dem „Stern" zu vergleichen, die sich an die Spitze der „Glasnost"-Publikationen vorgekämpft hatte und besonders bissige Artikel über die Nomenklatura brachte. In dem freundlichen Gespräch vertrat Korotitsch zum Einschreiten der Fallschirmjäger in Tiflis wie Golembiowski die Provokationsthese. Die Konservativen hätten das Ganze inszeniert. Er gab zu verstehen, dass sie aus dem KGB und den Streitkräften kämen und im Politbüro vertreten seien. Sie wollten die Perestroika beenden, um durch Unruhen eine Eskalation von Gewaltmaßnahmen bis hin zur Gesamtrepression hervorzurufen, durch die die Perestroika diskreditiert und letztlich beendet werden solle. Also war auch er der Meinung, dass es einen konservativen Flügel im Sicherheitsapparat gab, der gegen Gorbatschow arbeitete.

Danach brachte Korotitsch uns den Gang hinunter zur Treppe. Als wir dabei eine Tür passierten, auf der „Stankjewitsch" stand, fragte mich Korotitsch, ob ich ihn kenne. Als ich verneinte, meinte er, das sei ein kommender Mann. Sein Vater sei ein ganz hohes Tier gewesen, bei: „na, Sie wissen schon, wo". Zunächst dachte ich mir nichts weiter bei diesem Outing eines offenbar toten, hohen KGB-Mannes. Erst als der junge Stankjewitsch in den folgenden Wochen rapide unter den Reformpolitikern aufstieg, dachte ich wieder darüber nach und fragte mich, ob Korotitsch mit seiner Bemerkung auch auf den Hintergrund von Stankjewitsch Junior angespielt hatte und insofern also den Teil des Sicherheitsapparates, der, wie von mir bereits aus anderen Indizien geschlossen, hinter den Progressiven stand.

In jenen Tagen wurde der Gesandte, Dr. Heyken, von Prof. Schurkin angesprochen. Ich kannte Schurkin von meinem ersten Posten, als er einer der stellvertretenden Direktoren des Arbatow (Amerika-)Instituts gewesen war. Inzwischen war er Direktor des Europa-Instituts geworden, das neugegründet worden war, nachdem die Sowjets die wachsende Bedeutung der europäischen Integrationspolitik entdeckt hatten. Schurkin hatte zu Gorbatschows Delegation auf dessen Reise zu uns gehört und machte nun Heyken darauf aufmerksam, dass Gorbatschow in der Rede vor dem BDI in Köln etwas sehr Wichtiges zur Deutschen Frage gesagt habe, das uns offenbar völlig entgangen sei. Ich recherchierte daraufhin den deutschen Volltext der Rede und stellte fest, dass dort ein Satz enthalten war, der in der russischen Fassung von Tass fehlte und offenbar gestrichen worden war.

„Jetzt brechen politische und wirtschaftliche „Eisenvorhänge" zusammen."
Das war in der Tat aufsehenerregend, auch wenn unsere Medien dies nicht erkannt hatten, so dass es auch in ihren Zusammenfassungen gefehlt hatte. Gorbatschow übernahm damit nun selber, was Schewardnadse schon zu Jahresbeginn über den Eisernen Vorhang und damit über die Mauer gesagt hatte, und verschärfte es auch noch, „jetzt" breche der Eiserne Vorhang zusammen. Hier war also nicht mehr von der „Geschichte" oder „50 oder 100 Jahren" die Rede wie zuvor bei ihm und Honecker. Und es war sicherlich kalkuliert, dass die Sowjets uns von sich aus auf diese Aussage hinwiesen. Genauso interessant war, dass Tass den Satz gestrichen hatte. Einige unter den Sowjets, man konnte nicht genau wissen wer, hatten ihn im Nachhinein offenbar für zu brisant gehalten.

Der Volkskongress hatte auch eine Weiterentwicklung in der Frage des Umgangs mit den Russlanddeutschen gebracht. Adam und ich besuchten deshalb den Vorsitzenden einer vom Volkskongress eingesetzten Kommission, die die Frage der Rehabilitierung und der Wiedererrichtung der Wolga-Republik untersuchen sollte. Es war dies, wie sich bei der Begrüßung in seinem Büro im Obersten Sowjet herausstellte, ein hoher Parteifunktionär, der als 1. Sekretär eines der „Gebiete" in Sibirien den Typ des mächtigen Provinzfürsten repräsentierte. Ich hatte aus den Debatten des Volkskongresses und der Lektüre der Zeitungen schon damals den Eindruck, dass Ligatschow versuchte, Gorbatschows Politik gegenüber den Russlanddeutschen zu nutzen, um Gorbatschow als Deutschenfreund, also als Freund der „faschistischen Okkupanten" darzustellen und zu diskreditieren, denn das war das Bild der Deutschen, das die sowjetischen Propaganda über Jahrzehnte am Leben gehalten hatte.

Ich hielt es in dieser Lage für verfehlt, von deutscher Seite besonders auf die rasche Wiedererrichtung der Wolga-Republik zu drängen. Ich fürchtete, dass dies Gorbatschow im inneren Machtkampf schaden würde, ohne den Russlanddeutschen bald und wirksam zu helfen. Wirkliche Aussichten auf eine lebenswerte und lebensfähige Wolgarepublik bestanden ohnehin nur, wenn der Demokratisierungsprozess, der ja erst am Anfang stand, erheblich weiter fortgeschritten war. Ich sagte deshalb unserem Gesprächspartner, die Bundesregierung sei natürlich an der Rehabilitierung der Russlanddeutschen interessiert und würde eine Wolgarepublik wohl auch finanziell unterstützen. Wir sähen aber die innenpolitischen Schwierigkeiten dabei und wollten Gorbatschow bei ihrer Überwindung nicht durch unzeitiges Drängen stören. Das überraschte unser Gegenüber offenbar, aber aus seiner Reaktion ergab sich, dass er diese Haltung, mit der Gorbatschows Popularität geschont werden sollte, für richtig hielt.

Da meine Frau mit den Kindern Anfang Juli zu Ferienbeginn nach Bayern geflogen war, konnte ich an den Wochenenden wieder kurze Reisen machen, um einen direkten Eindruck vom Leben außerhalb der Metropole Moskau zu gewinnen. So flog ich mit meinem Kollegen und Freund Christoph Eichhorn, inzwischen politischer Gesandter in Washington, nach Stalingrad, dem Ort der wohl fürchterlichsten Schlacht des zweiten Weltkrieges, von der an die Wehrmacht, auch wenn der Krieg noch mehr als zwei Jahre dauerte, im Grunde entscheidend geschlagen war. Die Stadt heißt heute „Wolgograd", aber für jeden Deutschen ist sie wohl auf immer mit dieser Schicksals-Schlacht verbunden, in der auf unserer Seite 100.000 und der der Sowjets 700.000 Soldaten gefallen sind, wahrhaft unfassbare Dimensionen dieses Kampfes auf Leben und Tod zwischen Deutschen und Russen. Auf dem Flug von Moskau, er dauerte an die drei Stunden über den russischen Landozean nach Süd-Osten mit schließlich der Trockensteppe zwischen Don und Wolga, waren mir die riesigen Entfernungen deutlich geworden, die die deutschen Truppen damals überwunden hatten, und die einem beim Betrachten von kriegsgeschichtlichen Landkarten großen Maßstabs nicht verständlich werden. Die ganze Region wirkte aus dem Flugzeug öde und menschenleer, bis die Wolga erreicht wurde. Mir fiel dabei eine berühmte de-Gaulle-Anekdote ein. Er hatte im Dezember 1944 auf der Reise von Teheran über Stalingrad nach Moskau beim Anblick der zerstörten Stadt zu seinen Mitreisenden, zu denen auch eine sowjetische Begleitung gehörte, gesagt: „Quel grand peuple!" Die Sowjets hatten das auf sich bezogen, gemeint hatte er aber uns, weil wir derartig unendlich weit vorgestoßen waren. Und das spürten wir auch, als wir uns in Wolgograd dann den Bahnhof anschauten und die exotischen Namen der Reiseziele der Züge lasen, die von dort aus in die noch unendlicheren Weiten jenseits des Ural abgingen.

Wir wohnten in einem Intouristhotel, wohl dem „ersten Haus am Platze". Bei uns hätte es nicht mehr als drei Sterne, die Verhältnisse waren eben bescheiden, mitten in der Stadt. Eine kleine Gedenktafel an der Ecke des Gebäudes machte darauf aufmerksam, dass dort im Keller der Gefechts-Stand der 6. Armee gewesen war, von dem aus Generaloberst und dann Feldmarschall Paulus die Schlacht geleitet hatten. Dort hatte er auch die Übergabe unterzeichnet. Die Stadt, die damals vollständig zerstört worden war, bestand nun aus Plattenbauten. Nur ein älteres Gebäude war noch zu sehen, eine zerschossene Fabrik unmittelbar am Ufer der Wolga, um die wohl wochenlang erbittert gekämpft worden war, so dass man die Ruine zur Erinnerung hatte stehen lassen. Sie war aus großen Felssteinen gebaut, die dem Beschuss mit schwerer Artillerie widerstanden hatten, als Paulus versuchte, die letzten, noch auf der westlichen Seite verbliebenen russischen Truppen, die sich dort verschanzt hatten, in den Fluss zu werfen. Sonst gab es aus der Vorkriegszeit nichts mehr.

Das Schönste an Stalingrad, und insofern heißt sie heute zu Recht Wolgograd, ist der Fluss, die Wolga. Sie ist dort etwa zwei Kilometer breit und hat auf der östlichen Seite gegenüber und auf den Inseln im Strom breite Sandstrände. Sie leuchteten in der Julisonne bei einer Fahrt mit dem Tragflügelboot flussabwärts bis zur Schleuse am Eingang des Wolga-Don-Kanals, der von Stalin mit Zwangsarbeitern unter ungeheuren Menschenopfern gegraben worden war. Die Fahrt führte an endlosen Fabrikanlagen auf dem westlichen Ufer vorbei, chemische Industrie, deren Abwässer, so sagte man uns, seit vielen Jahren ungeklärt in die Wolga abgelassen wurden. Das hatte selbst diesen gewaltigen Fluss im Laufe der Zeit so vergiftet, dass die Störe selten geworden waren und damit der Kaviar, der beim Fang dieser Fische 800 km stromabwärts im Kaspischen Meer vor Astrachan früher reichlich gewonnen worden war und die Kassen des Fischerei-Ministeriums gefüllt hatte.

Christoph und ich besuchten dann die beiden Gedenkstätten der Schlacht, den Mamaja-Hügel, auf dem die riesige „Mutter des Vaterlandes" mit dem in die Höhe gereckten Schwert steht, eine gigantische Nike-Nachbildung aus Beton. In ihrer bombastischen Wucht ist sie aber doch recht eindrucksvoll, ähnlich wie der große Trauersaal mit der ewigen Flamme. Es ist der Respekt vor den Opfern, die das russische Volk in dieser Schlacht gebracht hat, der daran hindert, dort die ständige Wiederholung eines Tonbands mit Schumanns „Träumerei" als kitschig zu empfinden. Es war für ein Gott entfremdetes System eben unmöglich, sich solch einem Tod gegenüber angemessen auszudrücken.

Als Deutscher fand ich aber besonders traurig, dass die Sowjets es auch in der anderen, großen Gedenkstätte unten am Fluss in dem die Schlacht rekonstruierenden Museum nicht über sich gebracht hatten, auch der Tragödie der deutschen Soldaten zu gedenken, die dort in gutem Glauben für ihr Vaterland gekämpft hatten und gefallen waren. So waren dort zwar einige erbeutete deutsche Panzer und Geschütze ausgestellt, ich konnte aber nirgends ein Anzeichen für die Bereitschaft zur Versöhnung entdecken.

Auf einem Abendspaziergang dem Ufer entlang, in kurzer Entfernung begleitet wie üblich von einem „Schwanz", der uns durch die gesamte Besichtigung gefolgt war, diskutierten Christoph und ich über die nun, Jahrzehnte nach dieser deutsch-russischen Schicksalsschlacht, entstandene Lage im Rückblick auf die von den Sowjets angestoßenen Veränderungen der letzten Monate vor allem in Ungarn und Polen und die ansteigende Woge von Flüchtlingen in unseren Botschaften. Ich beschrieb ihm meinen Eindruck, dass die deutsche Frage womöglich tatsächlich in Bewegung kommen könnte. Auf seinen skeptischen Hinweis, die DDR sei doch die institutionalisierte Kriegsbeute der SU, antwortete ich, die gegebene Situation unterscheide sich grundsätzlich vom früheren Konzert der Mächte in Euro-pa. Die weltpolitische Lage sei heute ganz anders als nach dem ersten Weltkrieg. Die strategische Präsenz der USA in Europa sei dauerhaft, das Gewicht auch des vereinten Deutschland sei deshalb von fundamental geringerer Bedeutung für den europäischen Kontinent. Das wisse auch die SU in ihrem Versuch, sich nicht länger tragbarer Lasten zu entledigen. Aber natürlich könne man noch nicht sagen, wohin der entfachte Schwung tragen werde. Ich war mir nicht sicher, ob unsere Begleiter zuhörten. Ich hatte nichts dagegen, ihnen so die Bedeutung der amerikanischen Präsenz in Europa zu verdeutlichen.

Ein weiterer Wochenendausflug dieses Juli 1989 führte mich mit meinem jüngeren Kollegen, Dr. Wolter, nach Kiew. Wir hatten dort gerade ein neues Generalkonsulat eröffnet und ich wollte den Generalkonsul, Graf Bassewitz, später Botschafter in der Ukraine, besuchen. Anders als Stalingrad, ein einziges, hässliches Neubaugebiet, zeigt das Zentrum von Kiew das Bild einer alten, gewachsenen Stadt, trotz der auch dort großen Kriegszerstörungen. Beim Gang über die Kastanienalleen der Boulevards im Sommer meint man dort einen Hauch von galizischem K. u. K. zu verspüren. Vor allem aber beeindrucken die prachtvollen Klöster und Kirchen, in denen die byzantinischen Wurzeln Russlands sichtbar werden, besonders die Mosaik-Madonna in der Kuppel der Sophien-Kathedrale, die an die Hagia Sophia in Konstantinopel gemahnt, und die in ihren ausgewogenen Proportionen schöne Kirche auf dem „Goldenen Tor", die trotz ihrer geringen Größe gefällt. Sie ist das Vorbild der ebenfalls kleinen Kirchen der Städte am „Goldenen Ring" um Moskau, wie Wladimir und Susdal, die mit ihren die Wände schmückenden Plastiken und den die Säulen des Portals tragenden Löwen an die italienische Romanik erinnern und damit an die Zeit zwischen der Christianisierung der Kiewer Rus und dem Mongolensturm, als sich das Land teilweise nach Westeuropa ausrichtete und die Fürsten französische Prinzessinnen heirateten.

Am Bahnhof wurden wir vom Fahrer des Konsulats abgeholt, der uns sicher mit Bedacht an dem großen Reiterstandbild Bogdan Chmelnitzkijs vorbeifuhr, jenes Kosakenfürsten, der 1654 den Vertrag mit Russland unterzeichnet hatte, mit dem die nach dem Sieg über die verhassten, katholischen Polen nur wenige Jahre selbständige Ukraine ihre Unabhängigkeit schon wieder verlor. Unser Fahrer erklärte uns dazu, in Kiew sei man seit je davon überzeugt, dass die Russen Chmelnitzkij damals betrunken gemacht hatten, damit er unterschreibe, was wohl besagte, dass die Unabhängigkeit nicht freiwillig verloren worden war

Damit waren wir gleich in das Grundproblem der ukrainischen Existenz eingeführt, über das wir dann mit dem Generalkonsul diskutierten, der Haltung zu Russland, die auch nach der Revolution 1917 zu einigen Jahren Unabhängigkeit geführt hatte. Dieses Problem schien uns damals im Zuge der generellen Ausbreitung von Unabhängigkeitsbestrebungen in der SU gerade wieder akut zu werden und wir fragten Graf Bassewitz, wie stark solche Bewegungen in der Ukraine seien. Ich hatte zur Einstimmung auf Kiew Gogols Roman „Taras Bulba" gelesen, eine Kosakengeschichte, in der die russische Identifikation mit den Kämpfern „an der Grenze", das ist die Übersetzung von „u Kraina", besonders deutlich wird. Auch wenn man in der Moskauer Tretjakow-Galerie das berühmte Bild Repins „Die Kosaken schreiben einen Brief an den Sultan" betrachtet, wird einem klar, dass für einen Russen die Ukraine, das „Kleine Russland", von dem auch Solschenizyn spricht, untrennbar zu Russland gehört. Wir waren uns mit Bassewitz einig, dass das erwachende Nationalgefühl der Ukrainer in seiner

Stärke kaum mit dem in den baltischen Staaten vergleichbar sei. An ernsthafte Probleme für Moskau konnten wir nicht glauben.

Der tiefste Eindruck unseres Besuches in Kiew war aber das Denkmal von Babi Jar, das an den Massenmord der Einsatzgruppen der SS an den Juden der Stadt erinnert. Es liegt am oberen Ende einer Waldschlucht und besteht zwar auch aus Beton, gibt aber den Sturz der Ermordeten in diese Schlucht ergreifend wieder. So entrannen wir nach Stalingrad auch hier nicht den Spuren deutscher Schuld. Auch in Kiew wurden wir offenbar ständig überwacht. Als wir vom Denkmal in Babi Jar zur Hauptstraße zurückgekehrt waren, suchten wir vergeblich nach einem Taxi. Wir machten uns deshalb zu Fuß auf den Rückweg in die Stadt, doch nach wenigen Metern nur brauste eine schwarze „Wolga" heran und hielt, ohne dass wir gewunken hatten, denn es war kein Taxi. Der Fahrer fragte nur kurz, wohin wir denn wollten, und fuhr uns ohne Weiteres zur Anlegestelle der Ausflugsdampfer am Ufer des Dnjepr, ohne ein Entgelt zu verlangen. Auf der Fahrt flussaufwärts fast bis zum nahen Tschernobyl waren wir dann auch in Begleitung. Ich habe mich daran nie gewöhnen können, auch wenn es, wie dieses Mal, ganz nützlich war.

In diesen Tagen kam der neue Botschafter, Dr. Klaus Blech, kurz nach Moskau, um sein Beglaubigungsschreiben zu übergeben, bevor er für fast sechs Wochen in den Urlaub ging. Die leitenden Mitarbeiter der Botschaft begleiteten ihn zu dieser feierlichen Prozedur in den Kreml, wo er von Lukjanow, Gorbatschows erstem Stellvertreter an der Spitze des Obersten Sowjet und damit sozusagen Vize-Staatspräsident, empfangen wurde. Lukjanow stammte aus dem Apparat des ZK. Er war dort Leiter der „Allgemeinen Abteilung" gewesen, die offenbar für die wichtigsten Kader (Personal-)Fragen des Partei- und des Sicherheitsapparates verantwortlich war. Sie diente wohl auch der sachlichen Steuerung der „Organe", also des KGB, des Innenministeriums, der Polizei, der Gerichte und der Staatsanwaltschaft. Es war bekannt, dass er ein Studienfreund Gorbatschows aus gemeinsamen Zeiten an der juristischen Fakultät der Lomonossow-Universität in Moskau war. Zugleich hieß es von ihm, er habe 1956 in Ungarn zu den Beratern Andropows gehört. Er gab sich im Gespräch als gelehrter Rechtswissenschaftler, worauf Blech, selbst ein hervorragender Jurist, gerne einging. Er diskutierte mit Lukjanow über den Volkskongress und die von ihm beschlossene Verfassungsreform. Es war eine seltsam doppelsinnige Diskussion, denn, wenn auch dieselben Begriffe verwendet wurden, so bedeuteten sie etwas ganz Anderes je nach dem, ob Blech oder Lukjanow sie gebrauchte.

„Recht" und „Rechtswissenschaft" waren in den realsozialistischen Systemen nicht Instrumente zur Begrenzung von Macht, wie in den westlichen Verfassungen, sondern Instrumente der Macht, mit denen die schiere Willkür der Systeme verhüllt wurde. „Rechtswissenschaft" war dementsprechend die klassische Ausbildung der höheren Kader des Sicherheitsapparates, in der sie lernten, ihre Maßnahmen als „Recht" darzustellen. Infolgedessen gab es in den realsozialistischen Systemen eine Flut immer neuer „Gesetze", die von den gehorsamen „Parlamenten" abgesegnet wurden, aber nicht von allgemein verbindlichen Werten getragen waren, sondern von der Logik der „Machtfrage", d. h. der Diktatur des Politbüros, folgten. Slogans wie es solle nicht das Recht des Stärkeren, sondern die Stärke des Rechts entscheiden, die im Westen gut ankamen, waren deshalb eine zynische Irreführung, denn was „Recht" war, entschied im Zeichen der „Parteilichkeit" die Partei. Ich habe damals eine Beziehung zum „Institut für Staat und Recht" der Akademie der Wissenschaften aufgebaut, wo eben jene Kader ausgebildet wurden, denn es war, weil mächtig als Autorität in der intensiven laufenden Debatte über Verfassungsänderungen, eine politisch interessante Institution. Aber ich wurde immer besonders vorsichtig, wenn im Lebenslauf eines Sowjetbürgers eine juristische Ausbildung auftauchte. Und es war bezeichnend für die Zugehörigkeit dieses Instituts zum riesigen Sicherheitsapparat, dass westliche Diplomaten dort während meines ersten Aufenthaltes keinen Zugang hatten.

Gleichzeitig verschärften sich die regionalen Probleme weiter. Am 23. Juli forderten die Demonstranten in Tiflis nun die Unabhängigkeit Georgiens. Am 29. Juli fasste der Oberste Sowjet Lettlands eine Resolution über die Souveränität des Landes. Und bei einem Spaziergang las ich zufällig in einer am Kiewer Bahnhof ausgehängten Moskauer Zeitung einen Brief, den Herr Heyken ein gutes halbes Jahr zuvor noch aus dem Auswärtigen Amt in Bonn an eine baltische Zeitung geschrieben hatte. Auf deren Anfrage hin bestätigte er in seiner Antwort die Existenz der Zusatzprotokolle zu den Abkommen zwischen Ribbentrop und Molotow von 1939. Ich fand es trotz „Glasnost" in diesem Juli 1989 immer noch erstaunlich, dass ein Moskauer Massenblatt diesen, doch schon älteren Brief an eine baltische Zeitung nun offenbar gezielt abdruckte.

Ende des Monats schien die vor allem durch die Streiks der Bergleute ausgelöste innenpolitische Krise etwas abzuflauen. Gorbatschow hatte den Streikenden mit „Spezial"-Maßnahmen gedroht. Das Wort „Spezial" war in der SU eine Chiffre für den KGB. Er hatte also mit dem Einsatz der Mittel des Sicherheitsapparates von der Verhaftung bis hin zur massiven Gewaltanwendung gedroht. In einem bewertenden Bericht schrieb ich:

„... Es ist Gorbatschow gelungen, wie das weitgehende Abflauen der Streikwelle zeigt, der innenpolitischen Krise zunächst einmal die Spitze abzubrechen... Die hinter den Streiks steckenden politischen Gegensätze nicht nur über die zukünftige Wirtschaftsstruktur, Stichwort Selbstständigkeit der Betriebe, sondern auch der angestrebten politischen, föderalistischen und pluralistischen Ordnungsformen verschärfen sich aber weiter... In den Debatten des Obersten Sowjet ist der Wille der Abgeordneten deutlich geworden, sich gegen den seine alte Suprematie verteidigenden Parteiapparat als oberste Macht durchzusetzen.

Das wesentliche Instrument in diesem Kampf der alten mit den neuen Strukturen sind die Wahlen zu den Republiken, Gebieten, Kreisen und Städten... Dabei ist wesentlich, dass verschiedene Abgeordnete verlangen, dass die „gesellschaftlichen Organisationen" (sprich die Partei, die Gewerkschaften, der Jugendverband usw.) sich an diesen Wahlen beteiligen sollen, aber nicht mehr wie bei der Wahl zum Volkskongress durch interne Wahl ihrer Vertreter, sondern indem sich ihre Kandidaten der Volkswahl stellen müssen... Mit der Konkurrenz verschiedener „gesellschaftlicher Organisationen" in einem Wahlkreis würde also ein entscheidender Schritt zu einem Mehrparteiensystem getan... Auf einer Konferenz des Ersten Sekretäre im ZK hatte sich Ligatschow für einen „Arbeiterkongress" ausgesprochen... Gorbatschow versuchte dies jedoch mit dem Vorschlag aufzufangen, Vertreter der Arbeiter zu den Parteiversammlungen einzuladen...

Gorbatschow ist inzwischen aus der Defensive wieder heraus. Seine Stärke liegt nicht nur in seinen Verbündeten in der Parteiführung, die den Apparat der Partei wohl zuverlässig kontrollieren können (Jakowlew, Medwedew, Rasumowski) und den Obersten Sowjet, der insgesamt „Progressiver" wirkt, als der mehrheitlich deutlich konservative Volkskongress. Sie liegt vor allem – wie bei den Wahlen zum Volkskongress – in der offenbar intensiven und verbreiteten Ablehnung des alten Apparates durch die Bevölkerung. Die Möglichkeit, bei Wahlen mit ihm abzurechnen, mag über die großen Wirtschaftsprobleme auf einige Zeit hinwegtrösten.

Hintergrund dieses Berichtes waren auch erstmalige scharfe Angriffe im Obersten Sowjet auf den bisher eher in das Gorbatschow-Lager gezählten Ministerpräsidenten Ryschkow. Er war als „oberster Unternehmer" des Landes für die Streiks verantwortlich gemacht worden. Völlig präzedenzlos war auch ein mit schneidender Schärfe vorgetragener Angriff des mir bereits aufgefallenen progressiven Abgeordneten Sobtschak auf Ryschkows Nominierungen der Mitglieder der neuen Unionsregierung. Traditionell waren diese Vorschläge vom Obersten Sowjet einstimmig und ohne Aussprache abgenickt worden. Sobtschak beschuldigte nun, gestützt auf eine Reihe von Personalinformationen, eine ganze Anzahl von Ministerkandidaten im Außenhandels- und Fischereibereich (Kaviar) der Korruption. Ich fragte mich natürlich, woher Sobtschak diese offenbar zutreffenden Informationen hatte. War dies einmal mehr Diskreditierung durch den KGB oder rechtsstaatliche Korruptionsverfolgung? Jedenfalls bekam der sonst immer freundlich lächelnde Ryschkow auf offener Bühne einen regelrechten Wutanfall über die Impertinenz, die er in diesen Beschuldigungen sah, musste dann aber hinnehmen, dass die kritisierten Kandidaten überwiegend vom Obersten Sowjet abgelehnt wurden. Sobtschak hatte Ryschkow schon zuvor im Fernsehen scharf kritisiert, weil er die Wirtschaftsreform verzögere. Das Ganze gab Anlass, sich erneut über die Gruppierung der Reformer einerseits und der Konservativen andererseits in der obersten Führung und damit über die Stärke ihrer jeweiligen Stellung Gedanken zu machen.

Anfang August kamen unsere Militärattachés von einem Empfang zurück, auf dem ihnen ein sowjetischer „Halbleiter", Professor Melamid aus dem IMEMO, gesagt hatte, die DDR verlange, wegen der Flüchtlinge, die über die Oder nach Polen schwämmen, nun auch an der Oder-Neiße-Grenze eine Mauer zu bauen. „Das machen wir aber nicht", hatte er apodiktisch hinzugefügt. Von solchen Flüchtlingen hatten wir schon gehört. Aber dass ein offenbar gezielt eingesetzter Sowjetmensch die DDR vor uns so denunzierte, war neu und zeigte, dass die DDR in der Flüchtlingsfrage auch von sowjetischer Seite unter Druck kam und wir das wissen sollten. Ich konnte es kaum glauben.

Ähnliche Anzeichen sowjetischen Drucks, jetzt auf die Tschechoslowakei, gab es, als die Iswestija gegen Anfang August einen Leserbrief des ehemaligen tschechoslowakischen Außenministers Hajek abdruckte, in dem er zum bevorstehenden Jahrestag des sowjetischen Einmarsches in der Tschechoslowakei im August 1968 eine offizielle, sowjetische Entschuldigung verlangte. Hajek war berühmt geworden, als er in jenen Augusttagen im Sicherheitsrat der UNO die Sowjets scharf angegriffen und den Abzug ihrer Truppen verlangt hatte, worauf hin er sofort abgesetzt worden war. Mir fiel der Leserbrief umso mehr auf, als Botschafter Huber kurz zuvor aus Prag berichtet hatte, dass Hajek, den er zum Essen in seine Residenz, das Palais Lobkowitz, eingeladen hatte, so dass wir über die Lage der „Charta 77" gut unterrichtet waren, nur wenige Meter vom Tor des Palais entfernt, als er nach Hause ging, von der tschechoslowakischen Miliz verhaftet worden war. Das Prager Regime stand Hajek also ganz anders als die Iswestija gegenüber. Das bestätigte sich bald, als uns Journalisten von der Iswestija hohnlachend erzählten, der tschechoslowakische Botschafter sei wegen des Leserbriefs von Hajek beim Chefredakteur vorstellig geworden und habe protestiert. Das war für mich auch insofern interessant, als offenbar die offiziellen Tschechoslowaken in Moskau wie ich auch nicht daran glaubten, hier mache sich Pressefreiheit bemerkbar, die man nur hinnehmen konnte, sondern offenbar überzeugt waren, dass es sich um gezielte Politik der Moskauer Reformer handelte, nun auch die Tschechoslowakei unter Reformdruck zu setzen.

Ein fundamentales analytisches Problem jener Zeit, mit dem ich lange gerungen habe, weil ich mich nicht einfach früheren Eindrücken ergeben durfte, war, wie Medienveröffentlichungen zu bewerten waren. Viele meiner Kollegen im diplomatischen Corps verstanden sie als die einfache Folge sich entwickelnder Pressefreiheit. Ich fragte mich aber, woher in einem Land wie der SU auf einmal so viele mutige Journalisten und Herausgeber kommen sollten. Sie stammten doch alle ausnahmslos aus der Schulung für den kommunistischen Propagandaapparat. Und woher kamen die finanziellen Mittel für die Verbreitung dieser Publikationen, die fast nichts kosteten und in denen es keine Reklame gab, mit der sie hätten Geld verdienen können. Sie wurden doch offensichtlich alle nach wie vor letztlich staatlich finanziert. Kurzum, ich kam zu der Auffassung, dass die Medien nach wie vor politische Instrumente waren, die von den hinter ihnen stehenden Gruppierungen, deren Umrisse man schattenhaft erkennen konnte, für den Positionskampf finanziert, geschützt und eingesetzt wurden. Also war der Abdruck dieses Leserbriefes Hajeks Ausdruck politischer Kräfte, die hinter den rapiden Veränderungen in den Warschauer-Pakt-Staaten standen und nun offenbar auch das konservative Regime in Prag ins Visier nahmen.

Ebenfalls zu Anfang August würdigte Gorbatschow in einer Rede vor dem Obersten Sowjet seine Westreisen der vergangenen Wochen. Es gehe dabei um die Rückkehr des Landes in die Weltzivilisation, ein danach immer wieder wiederholtes Grundmotiv seiner Politik. Für uns wichtig war seine Feststellung, die „Gemeinsame Erklärung" von seinem Deutschlandbesuch habe „prinzipielle Bedeutung". Die Beziehungen zu uns wurden so gegenüber denen zu Frankreich und Großbritannien herausgehoben und die Verabredungen mit uns zur Überwindung der „Trennung" Europas erhielten so hohen Rang.

Mit diesen Beobachtungen und Gedanken im Kopf verabschiedete ich mich aus Moskau in die Sommerferien nach Oberbayern. Über die Medien blieb ich aber natürlich mit den sich weiter beschleunigenden Entwicklungen verbunden. Am 8. August wurde unsere Ständige Vertretung in Ost-Berlin wegen Überfüllung durch Flüchtlinge geschlossen. Am 9. August gaben die Ungarn bekannt, sie würden keine Flüchtlinge mehr zurückschicken. Am 12. August kritisierte uns die Prawda wegen der Aufnahme der Flüchtlinge in unseren Botschaften, um am 13., dem Tag des Mauerbaus, zu fordern, dass sich die Bewohner des Europäischen Hauses frei von einem Raum in einen anderen bewegen können müssten, nun war also doch sogar die Prawda klar gegen die DDR gerichtet. Am 14. wurde die Botschaft Budapest wegen Überfüllung ge-schlossen und Pozsgay trat in jenen Tagen für die Ausreise der Flüchtlinge ein, ohne ihre Pässe zu stempeln, so dass sie problemlos hätten zurückkehren können.

Am 16. 8. fing der Malteser-Ritterorden an, in Ungarn mit Genehmigung der Regierung Zeltlager für die Flüchtlinge zu bauen. Am 19. 8. fand an der ungarisch-österreichischen Grenze ein „Picknick" der Pan-Europa-Union statt, das Otto v. Habsburg mit Pozsgay abgesprochen hatte. Dabei wurde für einige Zeit die Grenze geöffnet, so dass Hunderte fliehen konnten. Alles natürlich in voller Breite im Fernsehen, sodass die ganze DDR wieder mitsehen konnte. Der Bundeskanzler erklärte dazu am 22. 8. vor der Bundespresse-Konferenz: „Die deutsche Frage ist wieder auf der Tagesordnung der Weltpolitik" und ordnete damit die Abläufe in Ungarn richtig in die Gesamtentwicklung ein. Ich war hell begeistert, nun blieben wir nicht länger passiv in der Hinnahme nie erwarteter Ereignisse, sondern bemühten uns, die Initiative zu gewinnen. Am 24. ließen die Ungarn 200 Botschaftsflüchtlinge ausreisen. Ich war überzeugt, dass die Ungarn für all das ein Moskauer Backing hatten. Es hatte dazu in den vergangenen Monaten genügend Begegnungen der Spitzenpolitiker in Budapest und Moskau gegeben. Die Ungarn waren ja erst Ende Juli in Moskau gewesen und hatten sich, die Kontroverse mit der DDR über die Flüchtlinge war ja schon länger im Gange, mit den Sowjets sicherlich nicht nur über den Truppenabzug unterhalten.

Auch das Beispiel Polen zeigte, dass sich die Moskauer die Dinge nicht aus der Hand nehmen ließen. Ende Juli hatte Tass gemeldet, Jakowlew habe erklärt, die politischen Regelungen in Polen, d. h. die Aufnahme von Vertretern der Solidarność in die Regierung, seien allein Sache der Polen. Am 16. August erklärte das Sowjetische Außenministerium zu den Verhandlungen über die Regierungsbildung in Polen zwischen Kiszczak und Wałęsa, die SU habe keine Absicht zur Intervention. Die Sowjets sanktionierten also den allmählichen Machtübergang auf die Solidarność. Am 19. 8. nominierte Jaruzelski Mazowiecki zum Ministerpräsidenten, nachdem die Solidarność Kiszczak als Ministerpräsidenten abgelehnt hatte. Wenige Tage darauf sickerte durch, sicherlich absichtlich, dass Rakowski sich in einem Telefonat mit Gorbatschow vorher die Ernennung Mazowieckis habe absegnen lassen. Die Kleiderordnung im Warschauer Pakt wurde also noch eingehalten. Die letzten Entscheidungen fielen immer noch in Moskau. Am 24. wurde Mazowiecki gewählt. Am 26. besuchte der KGB-Chef Krjutschkow Warschau und äußerte, wie die Iswestija meldete, Anerkennung für Mazowiecki.

Die Lawine beschleunigte sich weiter, auch in der SU selbst. Am 18. 8. gab Jakowlew der Prawda ein Interview, in dem er als Leiter der zuständigen Untersuchungskommission des Volkskongresses die Existenz der Zusatzprotokolle zu den Abkommen zwischen Ribbentrop und Molotow zugab, jedoch behauptete, dies habe mit dem gegenwärtigen Status der baltischen Republiken nichts zu tun. Er wusste, als er das sagte, sicherlich, dass das nicht stimmte. Es war ein mühsamer Versuch, die Dinge unter Kontrolle zu halten. Am 23. 8., dem Jahrestag der Unterzeichnung der ersten Vereinbarungen zwischen den Nazis und den Sowjets 1939, bildeten Tausende von Menschen eine Kette durch das gesamte Baltikum und demonstrierten für die Unabhängigkeit. Das litauische Parlament erklärte die Annexion 1940 für illegal. Am 26. 8. wurde in Moskau eine Erklärung des Politbüros gegen die Entwicklung im Baltikum veröffentlicht. Am 5. 9. gab Primakow als Vorsitzender des Unions-Sowjet des Obersten Sowjet eine Pressekonferenz, in der er erklärte, die Warschauer-Pakt-Staaten könnten über ihren Weg frei entscheiden, die Balten nicht, weil sie nicht souverän seien. Hier wurde klar, dass der Entlastungswille der Mannschaft Gorbatschows Grenzen hatte. Der Bestand der Union sollte darunter nicht leiden.

Am 19. 8. wurde das Dilemma der DDR angesichts der Reformprozesse im Warschauer Pakt zum ersten Mal von einem prominenten Vertreter des Systems offen angesprochen. Professor Reinhold von der Akademie für Gesellschaftswissenschaften beim ZK der SED, also einer der obersten Ideologen, langjähriger Unterhändler der SED mit der SPD, sagte, die DDR sei nur als sozialistischer Staat denkbar. „Welchen Grund gäbe es für eine kapitalistische DDR neben einer kapitalistischen BRD?" Mit anderen Worten, mit Reformen, die das „Modell" beseitigten, konnte die DDR nicht stabilisiert werden. Sie verlor dann ihre Daseinsberechtigung. Das allgemeine Erstaunen zu Hause über diese Äußerung zeigte, dass es immer noch unmöglich war, das Undenkbare, nämlich das Verschwinden der DDR, das in der Entwicklung angelegt war, als sich rapide nähernde Realität zu erkennen. Umso erstaunlicher war ein Interview, das Egon Bahr am 22. 8. der „Welt" gab, in dem er die massenhafte Ausreise von DDR-Bewohnern als Gefährdung der Entspannungspolitik bezeichnete. Ich fragte mich einmal mehr, wo er eigentlich stand.

Am Tag davor hatte in Prag zum Jahrestag des Einmarschs 1968 eine Demonstration mit 300 Teilnehmern stattgefunden. Sie wurde zwar von der Polizei aufgelöst, etwas Vergleichbares hatte es aber seit Jahren nicht gegeben. Am 23. wurde die Botschaft Prag wegen Überfüllung durch Flüchtlinge geschlossen. Sie stiegen aber weiter über den Zaun, ohne von der Polizei gehindert zu werden, was ich seltsam fand. Waren dies weitere Anzeichen dafür, dass die Lawine nun auch die Tschechoslowakei erfasste?

Die Lawine – Verbreiterung

In der Sowjetunion donnerte sie inzwischen immer mächtiger zu Tal. Am 27. 8. gab es Massendemonstrationen in Kischinew in der Moldau-Republik, auf denen die Gleichstellung der rumänischen Sprache gefordert wurde und auch Forderungen nach dem Beitritt zu Rumänien laut geworden waren. Bessarabien war ja 1939 auch Gegenstand der geheimen Zusatzprotokolle zu den Vereinbarungen zwischen Ribbentrop und Molotow gewesen. Parallel dazu demonstrierten jetzt dort aber auch die Gagausen, ein kleines, christianisiertes Turkvolk, das in der Moldau-Republik, dem alten Bessarabien, lebt. Sie forderten Autonomie von den mehrheitlichen Rumänen und natürlich die Gleichstellung ihrer Sprache. Offenbar kam es dabei zu gewaltsamen Zwischenfällen. Als ich davon in Bayern las, fiel mir ein, dass Rudolf Adams Russischlehrerin uns im Juli gesagt hatte, wir sollten uns mal mit den Gagausen beschäftigen, was ich nicht verstand, denn von diesem Volk war noch nie die Rede gewesen. Auch ich hatte auf Adams Empfehlung einige Stunden bei dieser Lehrerin genommen, bis sie anfing, ständig politische Themen aufzuwerfen. Ich ging davon aus, dass sie wie alle diese „Sprachlehrerinnen" vom UPDK, der „Betreuungsbehörde für das diplomatische Corps", für den KGB arbeitete. Deshalb hatte ich dann meinen Unterricht bei ihr abgebrochen. Aber was ihre Aufforderung sollte, sich mit den Gagausen zu beschäftigen, erschloss sich mir erst jetzt. Sie hatte uns offenbar auf ein herannahendes Problem aufmerksam machen wollen. Wir bekamen ja von allen Seiten politische Hinweise. Am 28. 8. gab es in Aserbeidschan einen Generalstreik mit der Forderung nach Anerkennung der aserbeidschanischen Volksfont. Auch dort kam offenbar die Parteiherrschaft ins Rutschen und die Nationalisten wurden stärker.

Am 1. September gab der Bundeskanzler im Bundestag zum fünfzigste Jahrestag des Kriegsbeginns eine Regierungserklärung ab, in der er sagte: „Die Zerbröckelung jahrzehntealter Verkrustungen in Europa schafft neue Hoffnung auch für die Einheit unseres Vaterlandes." (Der Geheim-Besuch der Ungarn in Schloß Gymnich vom Ende August war damals noch nicht bekannt. Auch wir in Moskau wussten nichts davon.) Hier machte der Bundeskanzler vor dem Bundestag noch deutlicher als in der Pressekonferenz zum „Picknick" von Sopron, worum es inzwischen ging und ich war erleichtert, dass es nun sogar auf höchster Ebene jemanden gab, der diese Entwicklung mit wachsender Geschwindigkeit auf uns zukommen sah. Am 4. 9. fand in Leipzig eine Demonstration bei einer Kirche statt, die nicht sofort von der Polizei aufgelöst wurde. Sie war offenbar klein, aber wegen der gleichzeitigen Leipziger Messe sofort im Westen bekannt geworden. Und am 8. 9. konnten 117 Flüchtlinge aus unserer Ständigen Vertretung in Ost-Berlin nach Vermittlung des bekannten DDR-Rechtsanwalts Vogel ausreisen, der mir u. a. wegen seiner Vermittlung des Austauschs von Spionen an der Glienecker Brücke zwischen Potsdam und Wannsee suspekt war.

Am 10. 9. wurde die endgültige Öffnung der ungarisch-österreichischen Grenze bekannt gegeben. Das war nach den verschiedenen Etappen der Ankündigungen über den irreparablen Zustand der Grenzhindernisse im Mai über das Grenz- Treffen Horn/Mock im Juni, das „Picknick" im August und die Zeltlager des Sommers nicht mehr unerwartet. Als die völlige Öffnung dann aber kam, diskutierten wir dennoch aufgeregt in meinem Dienstzimmer über ihre politische Bedeutung und ich fragte meine Kollegen rhetorisch, ob ihnen klar sei, dass dies für die DDR und damit auch für uns fundamentale Auswirkungen haben würde. Rudolf Adam brachte die Dinge auf den Punkt: „Eine Mauer, die man problemlos umgehen kann, ist keine Mauer mehr", worin die so entstandene, existenzielle Gefahr für die DDR zum Ausdruck kam. Tass brachte am Tag darauf eine Erklärung zur Grenzöffnung in Ungarn und kritisierte darin den Bundeskanzler scharf. „Die DDR ist untrennbares Mitglied im Warschauer Pakt und treuer Freund und Verbündeter." Gleichzeitig besuchte Ligatschow Ost-Berlin und gab ADN ein die DDR unterstützendes Interview. Die Moskauer Konservativen hatten also die Gefahr erkannt, die der DDR aus ihrer Sicht inzwischen drohte und gaben der Lage-Analyse des Bundeskanzlers damit Recht.

Am 11. 9. erschien ein Aufruf einer neuen Organisation in der DDR, des „Neuen Forums", in dem eine Art von Vorform einer politischen Partei sich demokratisch artikulierte. Am 14. 9. wurde eine weitere Organisation gegründet, der „Demokratische Aufbruch", was sofort von den Medien verbreitet wurde. Nun gab es keinen Zweifel mehr, die Perestroika hatte nun auch die DDR erreicht und die SED bekam Konkurrenz, die nicht sofort vom Gewalt-Apparat zerschlagen wurde. Am 15. 9. meldete die „Welt" unter Berufung auf Falin, Moskau befürchte einen Aufstand in der DDR, womit Daschitschews und Dimitriews Prognosen der vergangenen Monate eine noch höhere Autorität erhielten.

In Warschau begann am 12. 9. die neue Regierung unter Mazowiecki ihre Arbeit. Sie bestand fast völlig aus Mitgliedern der Solidarność. Allerdings hatte das bisherige militär-kommunistische System sich die Ministerien für Inneres, Verteidigung, Verkehr und Außenhandel reserviert. Zusammen mit Jaruzelski als Staatspräsident hatte es also noch den Fuß in der Tür und Mazowiecki musste auf ihre Positionen Rücksicht nehmen. Dennoch, für ein bisher „realsozialistisches" Land ein kaum fassbarer Umbruch.

Am 10. 9. wurde in der Ukraine die Volksfront „Rukh" gegründet und am 13. 9. demonstrierten 150.000 ihrer Anhänger in Lwiw. Nun wurden also sogar die slawischen Republiken der Sowjetunion von der von Gorbatschow losgetretenen Lawine der Forderungen nach Demokratie und Selbstbestimmung erfasst.

Am Tag danach wurde Jelzin im Weißen Haus empfangen und Präsident Bush war für einige Minuten dazu gestoßen. Die sowjetischen Medien berichteten erstaunlich korrekt über diese Aufwertung von Gorbatschows Haupt-Gegner auf der Reformseite. Jelzin schien sich zu einem echten

Konkurrenten Gorbatschows im Kampf um diesen Flügel unter den Deputierten des Volkskongresses zu entwickeln. Das waren Anzeichen für die Herausbildung tatsächlich von Unten wachsender, demokratischer, nicht von Oben inszenierter Strukturen. Dass sie Ernst genommen wurden, ergab sich in diesen Tagen aus einem Gerücht, dass in Moskau zirkulierte, Jelzin sei im Suff in die Moskwa gefallen. Das war natürlich nicht zu verifizieren, konnte aber nach dem, was man über Jelzin sonst berichtete, durchaus zutreffen. In jedem Falle war aber dieser Klatsch geeignet, Jelzin herabzusetzen und dieser politische Zweck war sehr real.

Am 11. 9. hielt der Bundeskanzler auf dem Parteitag der CDU in Bremen eine große Rede zur Einführung, in der er auch die Lage nach der Grenzöffnung in Ungarn behandelte. Es zeige sich „der Wille zur Einheit der Nation". In einer Zusammenfassung der „Gemeinsamen Erklärung" vom Gorbatschow-Besuch hob er besonders das dort verankerte Recht der Deutschen auf Selbstbestimmung und das Recht jeden Staates auf die „freie Wahl" seiner Gesellschaftsordnung hervor. Er forderte Freiheit und Einheit für alle Deutschen „Es gilt, die dynamische Entwicklung im Westen und den Reformprozess im Osten unseres Kontinents schöpferisch mit einander zu verknüpfen und so die Teilung Europas und die Teilung unseres Vaterlandes zu überwinden. Das ist die Aufgabe von heute und von morgen. Es ist etwas in Bewegung gekommen, was unsere Nation ganz unmittelbar berührt."

Mir wurde bei der Lektüre dieser Rede klar, dass meiner Abteilung in der Maschinerie der Bundesregierung nun eine entscheidende Aufgabe zuwuchs. Es ging nicht nur um die Deutsche Frage. Unsere Aufgabe musste vielmehr in einen weltpolitischen Umbruch eingeordnet werden, der inzwischen nicht nur sämtliche Satellitenstaaten sondern vor allem die Sowjetunion selbst erfasst hatte, ja von Moskau ausging, so dass die erfolgreiche Mitwirkung der Bundesregierung bei der Lösung der nun akut werdenden Probleme einer eventuellen Neuordnung des Verhältnisses der beiden Weltmächte zueinander und aller Europäer untereinander wesentlich davon abhing, wie rasch und sicher wir die Moskauer Abläufe verstanden und den Bonnern erklären konnten. Sie brauchten eine verlässliche analytische Basis, wenn sie operativ darangingen, gegenüber unseren Verbündeten in der NATO, allen voran den Amerikanern, und unseren Partnern in der EG, allen voran den Franzosen, und natürlich vor allem gegenüber den Sowjets und danach der DDR und den anderen WP-Staaten die sich öffnenden Möglichkeiten auszunutzen. Wir in Moskau waren am Nahesten an der alles bestimmenden sowjetischen Entwicklung und es gab niemanden, der die jeweilige Lage besser beurteilen konnte als wir.

Vor allem mussten wir versuchen, ständig neue Entwicklungen verständlich zu machen, die sämtliche westliche Experten über Jahre als unmöglich betrachtet hatten. Wir mussten also ständig gegen den ‚conventional wisdom' anschreiben. Dabei durften wir den sich in Bonn und in den westlichen Hauptstädten nur allmählich wandelnden Auffassungen sowjetischer Politik nicht zu weit vorauseilen, um nicht als Illusionisten abgeschrieben zu werden, die, vor lauter „Gorbimanie", jeglichen Realismus verloren hatten. Wir hatten also eine pädagogische Aufgabe von größter Dringlichkeit, sollte die Bundesregierung von dem beispiellosen Schwung der sowjetischen Politik nicht überwältigt werden, so dass unsere Grundinteressen als freies Land dabei nicht mehr gewahrt werden könnten.

Am 15. 9. machte unser neuer Botschafter, Dr. Klaus Blech, seinen Antrittsbesuch bei Vize-Außenminister Kowaljow. Blech kam aus Bonn, wo er als Staatssekretär im Bundespräsidialamt den höchsten Posten bekleidet hatte, den ein Beamter in Bonn erreichen konnte. Zuvor Botschafter in Japan und Politischer Direktor im Auswärtigen Amt war er vor allem Mitte der siebziger Jahre auch unser Chefunterhändler bei den Verhandlungen über die KSZE-Schlussakte in Genf gewesen und hatte dabei Kowaljow, der nach Mendelewitsch in Genf die Verhandlungen für die Sowjets geführt hatte, gut kennengelernt. Blech stammte wie ich aus dem Deutschlandreferat des Auswärtigen Amtes und war ein über viele Jahre erfahrener Ostpolitiker. Er hatte nur einen Nachteil, er sprach noch kein Russisch, war nie in Moskau auf Posten gewesen und kannte deshalb den Moskauer Dschungel nicht.

Kowaljow, von Bondarenko begleitet, empfing den neuen Botschafter nicht etwa freundlich, wie es sich bei einem Antrittsbesuch gehört hätte im Umgang unter altbekannten Profis der internationalen Beziehungen. Er überging Blechs einleitende Genfer KSZE-Reminiszenzen kurz angebunden und fiel wegen der Rede des Bundeskanzlers auf dem CDU-Parteitag über ihn her. Ohne den Bundeskanzler bei Namen zu nennen, sprach er von „einem Politiker", was die Respektlosigkeit des Angriffs noch vergrößerte, der es gewagt habe, internationale Vereinbarungen von höchstem Rang zu verletzen. Er habe nämlich den Moskauer Vertrag in Gegensatz zur „Gemeinsamen Erklärung" gebracht, beide Vereinbarungen besagten jedoch das Gleiche. Der „Politiker" habe die „Gemeinsame Erklärung" falsch ausgelegt und Kowaljow ging so weit zu behaupten, dies sei nur wider besseres Wissen möglich. Die Sowjetunion müsse deshalb dringend darum bitten, in Zukunft bei der richtigen Interpretation zu bleiben.

Es war eine richtige kalte Dusche für den Botschafter zu Beginn seiner Arbeit. Er ließ sich davon allerdings nicht beeindrucken. In der Botschaft zurück las ich noch einmal den Text der inkriminierten Rede nach. An der von Kowaljow so streng gerügten Stelle hatte der Bundeskanzler gesagt: „Anders als im Moskauer Vertrag werden darin (In der „Gemeinsamen Erklärung") gemeinsame Wege aufgezeigt, wie der Status quo, wie die Trennung überwunden werden kann." Damit hatte der Bundeskanzler zweifellos Recht. Eine entsprechende Aussage ist im Moskauer Vertrag nicht zu finden. Es war so für die uns zur Genüge bekannten Haltung der Beamten-Ebene des Außenministeriums bezeichnend, dass sie sich gerade diese Stelle der Rede herausgepickt hatten. Die gemeinsame Verpflichtung zur Überwindung der Trennung Europas aus der „Gemeinsamen Erklärung" passte nicht in ihre nach wie vor auf die Perpetuierung der Teilung ausgerichtete Politik.

Das Ganze beruhte offenbar auf einem scharfmacherischen Bericht Kwizinkijs vom CDU-Parteitag. Seine wahre Haltung uns gegenüber ist inzwischen am Titel seiner Memoiren zu erkennen: „Vor dem Sturm". Veröffentlicht nach dem Zwei-plus-Vier-Vertrag und dem begleitenden großen bilateralen Vertrag hätte man: „Nach dem Sturm" erwarten können, denn darin war alles Wesentliche geregelt worden. Mit der Anspielung dieses Titels seiner Memoiren auf den Roman Fontanes, der die Zeit in Preußen während des russischen Durchmarsches nach Westeuropa 1813 vor den Entscheidungsschlachten gegen Napoleon beschreibt, wird deutlich, dass Kwizinskij in seinen Erinnerungen mit dem „Sturm", also der Revanche, dem erneuten Marsch der russischen Truppen nach Westen droht. Er hat die Vereinbarungen von 1990, wie die Lektüre seiner Erinnerungen verdeutlicht, als Katastrophe empfunden, nicht etwa als Befreiung von einer unerträglichen Last und Öffnung des Landes für ein freies, prosperierendes System. Es ist auch bezeichnend für Kwizinskij, dass er 1991 nach dem Putschversuch der Konservativen gegen Jelzin das Zirkulartelegramm an die sowjetischen Auslandsvertretungen unterschrieben hat, mit dem sie über den angeblichen Wechsel unterrichtet und zu Loyalität gegenüber den neuen Machthabern aufgefordert wurden, nachdem sich kein anderer Vizeminister gefunden hatte, der bereit war, einen solchen Erlass zu unterschreiben. Damals in dem Gespräch beim Antrittsbesuch von Blech war Kowaljows und Bondarenkos von Kwizinskij ausgelöster Angriff ein weiterer Beleg für unsere wachsende Überzeugung, dass es innerhalb des sowjetischen Apparates mindestens zwei, sich stark unterscheidende deutschlandpolitische Denkschulen gab, eine für und eine gegen die Öffnung der deutschen Frage, und dass Bondarenko et al sich stark genug fühlten, auf der obersten Ebene erzielte Einigungen schlicht in Abrede zu stellen und zu bekämpfen.

Am 15. 9. erschien in der Prawda ein Artikel, der ganz ungewöhnliche Einblicke in das aktuelle Verhältnis der Sowjets zur DDR öffnete. Er war als eine Art von Rezension des wenige Monate zuvor bei uns erschienenen Buches des Stasi-Spionage-Chefs Markus („Mischa") Wolf aufgezogen. Dieses Buch, „Die Troika", hatte auch bei uns einiges Aufsehen erregt, weil Wolf darin in der Schilderung der Geschichte seiner Familie während der Nazizeit als ein eigentlich ganz vernünftiger, gemäßigter Mann erscheint, quasi ein Demokrat, wie die Rezension des Buches im „Spiegel" einige Wochen zuvor zu verstehen war, die ich gelesen hatte. Das war natürlich Unfug wie ein Blick auf Wolfs Lebenslauf als Mann Moskaus in der Spitze der Stasi zeigte. Jetzt gab er der Prawda in dieser Rezension eine Art von Interview. Die Prawda brachte nur sehr selten Interviews, wie wir sie gewohnt sind, und gab ihm so Gelegenheit, sich über die Parteispitze der SED zu äußern. Man konnte das, was er da sagte, nur als implizite Aufforderung an Honecker verstehen, von seinen Ämtern zurückzutreten. Von der Prawda gefragt, warum er zwei Jahre zuvor in den Ruhestand getreten sei, er sei doch bei guter Gesundheit, hatte er das Stichwort bekommen um darzulegen, es sei eine wichtige Aufgabe jeden Chefs – Honeckers Name, er lag nun seit Wochen im Krankenhaus, fiel in diesem Zusammenhang – rechtzeitig einen Nachfolger aufzubauen und dann zurückzutreten. Auch erkennbar auf Honecker bezogen hieß es dann, im Geist vieler Leute lebe leider der Stalinismus noch heute nach. Mit anderen Worten, der Mann des KGB in der Stasi-Spitze, Wolfs Jugend in Moskau während der Stalin-Zeit und seine sowjetische Staatsbürgerschaft waren ja bekannt, forderte den Rücktritt des Generalsekretärs seiner eigenen Partei und dies auch noch in der Prawda. Bezeichnend für Wolf war auch, dass er seinen Stolz darauf erkennen ließ, dass er „in der Führung" der SU „Mischa" genannt werde. Daraus konnte man nur entnehmen, dass es zumindest Teile des sowjetischen Sicherheitsapparates gab, die im Bunde mit Partnern in der Stasi-Spitze nun aktiv die Absetzung Honeckers betrieben. Es war kaum zu glauben, aber so stand es nur wenig verhüllt in der wichtigsten sowjetischen Zeitung. Aus Bonn gab es wie gewohnt auf meinen Bericht keine Reaktion, aber meine Überzeugung verfestigte sich, dass die Lawine von einem Teil des Sicherheitsapparates in Moskau losgetreten worden war, der sie nun mit Hilfe solcher Kräfte in den Satellitenstaaten verbreiterte und verstärkte.

Zur gleichen Zeit einigte sich der „Runde Tisch" in Ungarn auf freie Wahlen in einem Mehrparteiensystem. Die Staatsführung proklamierte die „Republik Ungarn", mit anderen Worten die „Volksrepublik" gehörte von nun an zur Vergangenheit. Die Werte der bürgerlichen Demokratie und des demokratischen Sozialismus wurden gleichermaßen anerkannt. In einem Interview in Washington nannte Szürös, einer der Reformer an der Spitze des noch funktionierenden, aber inzwischen von den Reformern gelenkten Apparates, Neutralität als eine für Ungarn „bevorstehende Möglichkeit". Und am 19. 9. gründete Pozsgay eine „Bewegung für ein demokratisches Ungarn" mit dem offenbaren Ziel, die Opposition in Ungarn in einer Quasi-Partei einzusammeln und „das sozialistische System stalinistischer Ausprägung" abzuschaffen. Bereits zuvor war eine „Allianz freier Demokraten" gegründet worden, die für den Austritt aus dem Warschauer Pakt eintrat, die Forderung, die 1956 die militärische Intervention der Sowjets ausgelöst hatte.

Am 17. 9. brachte das Moskauer zentrale Fernsehen einen Aufsehen erregenden Bericht seines Bonner Korrespondenten Kondratjew mit offenbarer Sympathie für die DDR-Flüchtlinge in unseren Vertretungen in Ost-Berlin und Budapest. Er fiel mir damit zum ersten Mal auf, denn für die Fernsehreportagen über die Verhältnisse bei uns waren immer dieselben Bilder über Bettler in unseren Großstädten, besonders den Bettler in der Bonner Fußgängerzone, stereotypisch, um die „Verelendung" im Kapitalismus zu zeigen. Aber es ging natürlich nicht nur um einen Korrespondenten, der plötzlich seine liberalen Neigungen entdeckt hatte, sondern um die Entscheidungsträger in den Moskauer Fernseh-Institutionen, die einen solchen Bericht gesendet und damit den Druck gezeigt hatten, unter dem die DDR inzwischen stand.

Am 19. 9. veröffentlichte die Synode der evangelischen Kirche in der DDR einen Aufruf mit der Forderung nach Parteienvielfalt und Ausreisefreiheit. Am gleichen Tage wurde unsere Botschaft in Warschau wegen Überfüllung durch Flüchtlinge – inzwischen waren es 600 – geschlossen.

In Moskau tagte zwei Tage ein Plenum des ZK zu den Nationalitätenproblemen. Bezeichnend für die inzwischen eingetretene Situation war ein Interview gewesen, das der Führer der ukrainischen National-Bewegung „Rukh" mit Namen Drach zwei Tage zuvor Tass gewährt hatte. Er forderte darin die Unabhängigkeit der Ukraine, die aber mit Russland zusammen bleiben solle. Das war zwar unklar, aber dennoch sensationell als Berücksichtigung dieser Bewegung in den zentralen, noch immer gesteuerten sowjetischen Medien und diente offenbar der Einstimmung der ZK-Mitglieder darauf, dass die überkommene Struktur der SU mit ihrem extremen Zentralismus bei allenfalls formal föderativer Struktur nicht mehr zu halten war. Auf dem Plenum waren die Reformer auch im Vormarsch wie die Vorschläge Gorbatschows zu den politischen und ökonomischen Bedingungen der zukünftigen Union zeigten. Schtscherbitzki, der ukrainische Parteichef, der für die bisherige totale Unterordnung unter Moskau stand, wurde aus dem Politbüro entlassen. Das Gleiche geschah mit Tschebrikow, dem Chef des Sicherheitsapparates.

Was ich von Golembiowski in der Iswestija dazu hörte, bestätigte meine Arbeitshypothese, dass es zwei Gruppierungen in diesem Apparat gab, denn Tschebrikow, der Letzte aus dem Clan von Dnjepropetrowsk in der Führung, war angeblich in der Moskauer Sommerpause in Moldawien gewesen und hatte dort die Gagausen aufgestachelt, sich gegen die Moldawier zu wehren, die dort die Annäherung an Rumänien betreiben. Als ich das hörte, fielen mir natürlich wieder die Hinweise von Adams Sprachlehrerin auf die Gagausen vor den Sommerferien ein. Ihre damaligen Warnungen wurden für mich jetzt zu Indizien für die Spaltung des Sicherheitsapparates und die Versuche, entsprechend dem Tifliser Muster vom April die Nationalitätenprobleme gegen die Perestroika und Gorbatschow einzusetzen. Von Krjutschkow, dem Nachfolger Tschebrikows im Politbüro, wurde kolportiert, er habe 1956 zu Andropows Budapester Botschaft gehört, vermutlich sollte so seine Nähe zum Übervater des Sicherheitsapparates, von dem 1982 die ersten Anstöße zur Reform ausgegangen waren, betont werden.

Andererseits hatte Gorbatschow sich gegen die Behauptung gewendet, die baltischen Staaten hätten ihr Recht zur Selbstbestimmung noch nicht ausgeübt, bestritt also ein noch bestehendes Recht zur Sezession. Darüber hinaus hielt Ligatschow auf dem Plenum eine Rede gegen die „Liberalen" und der Verteidigungsminister Jasow erklärte, Gewaltanwendung sei zur Abwehr von Sezession zulässig. Die Reform kam also voran, aber offenbar nur mühsam gegen noch nicht beseitigte, mächtige Widerstände und Gorbatschow hielt sich in der Mitte, fähig, die beiden Flügel gegeneinander auszuspielen.

Zu meiner großen Erleichterung hatten wir Anfang September ein Weisung des Auswärtigen Amtes erhalten, die sowjetische Deutschlandpolitik und die Beziehungen zwischen der SU und der DDR zu beschreiben. Das gab uns die erwünschte Gelegenheit, auf das Thema im Zusammenhang einzugehen, ohne den Vorwurf befürchten zu müssen, wir seien inzwischen übermäßig alarmistisch. Schäfers hatte die Sache übernommen und in den vergangenen Wochen nach den Regeln der Kunst die Runde gemacht, um zu versuchen, in spezifisch zu dieser Thematik geführten Gesprächen noch mehr herauszufinden, als sich uns aus den Medien oder unsystematischen Kontakten bisher erschlossen hatte. Als er mir seinen Entwurf Ende September vorlegte, bestand meine Aufgabe darin, wie bei den Berichten aus meiner Abteilung generell, das Wichtigste herauszuarbeiten und die Aussagen, die implizit im Text steckten, durch entsprechende Einschiebsel explizit zu machen. Schäfers wollte es weitgehend dem logischen Verstand unserer Leser überlassen, aus unseren Beschreibungen selbst die analytischen Schlussfolgerungen zu ziehen, während ich es angesichts der zunehmenden Geschwindigkeit der deutschlandpolitischen Abläufe für erforderlich hielt, einen lauten Warnruf abzugeben, damit wir unserer Funktion als Frühwarnsystem der Bundesregierung Genüge tun konnten. Aber es war natürlich einmal mehr gut zu wissen, dass Schäfers und ich im Wesentlichen der gleichen Meinung waren. So fügte ich Schäfers Entwurf dieses Mal einen langen Schwanz an:

„Dieser Bericht beruht in weiten Teilen nicht auf expliziten Äußerungen, sondern auf der Extrapolation sehr viel begrenzterer Aussagen. Er ist mit entsprechendem Vorbehalt aufzunehmen und ist als Beitrag zum Durchdenken lange Zeit undenkbarer Fragen gedacht. Die Entwicklung der Beziehungen der SU zur DDR ist enger denn je mit der innersowjetischen Entwicklung und den in anderen WP-Ländern ablaufenden Reformprozessen verknüpft. Diese Beziehungen haben sich in den letzten Monaten zweifellos verschlechtert... Der Systemwandel in der SU zwingt, wenn er gelingt, die DDR zu einer ähnlichen Entwicklung, weil sie keinerlei Aussichten hat, ihrer Bevölkerung dauerhaft Freiheiten zu verweigern, welche in der SU gewährt werden. Dieses Zusammenhangs sind sich die Führungen beider Staaten bewusst... Sowjetische Gesprächspartner versuchen bisher zu übergehen, dass sich sogar die Frage der weiteren Existenz der DDR als selbständiger Staat stellen könnte. Dass diese Konsequenz gesehen wird, ist aber kein Zweifel... Die Tass-Erklärung zur Grenzöffnung in Ungarn zeigt, dass man sich des Mangels an politischer Legitimität der DDR ganz bewusst ist...

Teilweise nimmt man Zuflucht zu untergründigen Appellen an die Interessen unserer westlichen und östlichen Nachbarn und versucht, die bloße Existenz der DDR als Garantie für den Frieden in Europa aufzubauen. Diese alte Denkschule sieht die Teilung Deutschlands als im Interesse der Weltmachtstellung der SU notwendig und die Hegemonie der SU über die DDR als deren wesentliches Element. Diese Denkschule sucht nun, für den Fall des endgültigen Zusammenbruchs der bisherigen Politik als Erstreckung des realen Sozialismus auf wenigstens einen Teil Deutschlands, nach neuen Argumenten und zwar solchen des europäischen Mächtegleichgewichts, das angeblich ein wiedervereinigtes Deutschland unerträglich mache... Das Problem der sowjetischen Glaubwürdigkeit angesichts eigener wachsender Betonung des Prinzips der Selbstbestimmung wird gesehen... Das „Neue Denken" ... macht in seiner logischen Konsequenz auch die Existenz der DDR nicht mehr zur conditio sine qua non. Wenn der „gewandelte Sicherheitsbegriff" ernst gemeint ist, so setzt er die Dislozierung von 20 Divisionen in einem zweiten deutschen Staat nicht mehr voraus...

Gorbatschow und Schewardnadse hüten sich, die außenpolitischen Implikationen des von ihnen selbst behaupteten engen Zusammenhangs zwischen innerer Perestroika und außenpolitischem „neuen Denken" offenzulegen, weil ihnen bei weitem nicht genügend sicher ist, dass der Westen eine entsprechende neue Ordnung Europas gerade auch gegenüber der SU honorieren würde, die SU also Gefahr läuft, ihre Position in Mittel- und Osteuropa ohne wirklich bedeutende Förderung des Westens auf dem Weg zu einer konkurrenzfähigen Gesellschaft zu verlieren ... Die DDR weiß, dass ihre Existenz, genauso wie die Entwicklung in Ungarn und Polen, gewichtige Argumente im inneren Kampf für und gegen die Demokratisierung in der SU sind, und sie urteilt offenbar so, dass sie sich in diesem Kampf noch eine Chance ausrechnet. Sie setzt also offenbar auf das Scheitern Gorbatschows...

Für die Zukunft hängt deshalb auch in den sowjetischen Beziehungen zur DDR alles davon ab, ob der Systemwandel in der SU tatsächlich weiter voranschreitet. Wenn Gorbatschow sich zu Hause entscheidend durchsetzt, dann kann man davon ausgehen, dass er bereit ist, die europäischen Konsequenzen zu tragen, die eine Demokratisierung der DDR als Konsequenz des Wandels in der SU haben kann... Das heißt nicht, dass er aktiv starken Druck auf die DDR ausüben würde, um dort rapiden Wandel zu erzwingen. Er würde aber wohl, trotz der destabilisierenden Folgen für die DDR auf Grund sowjetischer Demokratisierung, an seiner Innenpolitik keine Abstriche machen, und versuchen, ob nicht doch Politiker à la Nyers in der DDR gefunden werden können, die DDR also sozusagen sozialdemokratisch stabilisierbar ist... Seine Äußerungen sind, wenn man sie ernst nimmt, von einer solchen Radikalität, dass man auch seine Bereitschaft zu einer zur Vereinigung der beiden deutschen Staaten führenden Entwicklung nicht ausschließen kann, wenn sie die Gewähr dafür bietet, dass die SU den Anschluss an die entwickelten westlichen Staaten findet... Der von Gorbatschow entschlossen vorangetriebene Prozess des Systemumbaus (gesellschaftlicher Pluralismus, Selbstkritik, Reduzierung der Rolle der Partei, Dezentralisierung, Einführung marktwirtschaftlicher Elemente, Deideologisierung der Außenpolitik) kumuliert in der Sicht der DDR-Führung zu „Häresie" an dem System, das (von Prof. Reinhold inzwischen eingeräumt) letztlich die Existenz der DDR garantiert bzw. ausmacht...

Die Gesprächspartner bestehen aus drei Gruppen. Die erste, bestehend aus dem Apparat des SAM, empfindet sich als Schöpfer und Verteidiger der DDR. Die zweite, unter Falin im ZK, sieht die deutschen Probleme, unmittelbar der Parteiführung zuarbeitend, stärker auch in Bezügen der Gesamtpolitik Gorbatschows. Falin verbindet mit uns wohl keine Sympathie, jedoch, wie traditionell bei vielen Deutschlandexperten, eine gewisse bewundernde Faszination für dieses „Übermaß" an Dynamik, Talent und Fleiß der Deutschen... Mitarbeiter Falins haben uns aber zu erkennen gegeben, dass manche Westeuropäer mit dem „Europäischen Haus" wohl deshalb nichts anfangen können(oder wollen), weil sie kein Interesse an einem wirklichen Mitwirken Russlands in Europa haben und etwas hilflos der Möglichkeit entgegensehen, dies bei einem Aufbrechen der europäischen Nachkriegsordnung nicht mehr verhindern zu können... -Die dritte Gruppe besteht aus Moskauer Intellektuellen, für die praktisch kein Tabu mehr gilt... Man rechnet in Moskau, so Professor Daschitschew, in zwei Jahren mit erheblichen sozialökonomischen Problemen und Krisenerscheinungen in der DDR... Es kommt so ein aus der Not geborenes, sowjetisches Kalkül zum Tragen, wonach in absehbarer Zeit die heutige Führung der DDR aus Altersgründen die Macht abgeben wird... Man geht hier davon aus, dass zwar nicht unbedingt lupenreine Perestroikisten nach Honecker und Co. kommen werden, dass man aber in der jüngeren Generation den Zwang verspürt zur Anpassung an eine sich international verändernde Umwelt, zu mehr Flexibilität in der Wirtschaftspolitik und allmählich auch zu mehr Pluralismus und Offenheit im gesellschaftlich-politischen Leben... Markus („Mischa") Wolf mit seiner Befürwortung von mehr Glasnost und „Erfüllung der sozialistischen Begriffe mit tatsächlich politischem Inhalt" könnte ein Wortführer dieser von sowjetischer Seite erwarteten SED-Führung sein... Die Existenz des „Erzproblems" im Zusammenhang mit der DDR, nämlich die „Deutsche Frage" ... wird hier von niemand, der über sowjetische Westpolitik nachdenkt, bestritten... Dem sowjetischen Fernsehzuschauer wird in diesen Tagen anhand von zumeist österreichischen Aufnahmen von DDR-Flüchtlingen eindrucksvoll verdeutlicht, dass die Situation zwischen beiden deutschen Staaten wohl doch noch Fragen aufwirft, die über Regelungen praktischer Nachbarschaft hinausgehen... Die sowjetische Führung weiß, dass sie über diese Fragen in nicht zu ferner Zukunft (nicht erst in „Hundert Jahren") mit den Betroffenen sprechen muss, wenn sie das Zusammenleben in Europa weiter verändern und entspannen will. Die sowjetische Führung weiß, dass wir dabei der Hauptansprechpartner, der „Schlüssel" sind."

Der Bericht war also der Versuch, die Summe aus der Gesamtentwicklung zu ziehen, nicht nur in der SU selbst, sondern, ausgehend von noch andauernder, wenn auch im Einzelfall unterschiedlich großer, sowjetischer Fähigkeit zur Steuerung der wesentlichen Abläufe in allen Warschauer-Pakt-Staaten, auch im sowjetischen Imperium insgesamt und der sowjetischen Westpolitik, nicht nur der Deutschlandpolitik. Wie üblich gab es wieder keine Reaktion aus Bonn.

Am 23. 9. ließ Schewardnadse bei einem Treffen mit Baker in Jackson Hole in den Rocky Mountains das bisherige Junktim zwischen den START-Verhandlungen und dem SDI-Programm fallen. Er deblockierte damit diese für das Verhältnis der beiden Supermächte zentralen Verhandlungen, ein weiteres, gewichtiges Zeichen für den Willen der Gorbatschow-Mannschaft, durch Abrüstung rasch zu einer Entlastung der SU von bedeutenden Rüstungsausgaben zu kommen. Am gleichen Tage war Mrs. Thatcher, die britische Premierministerin, bei Gorbatschow in Moskau. Unsere britischen

Kollegen konnten uns, wohl nicht nur, weil sie bei den Gesprächen nicht dabei gewesen waren, sondern auch auf Weisung von Oben, so gut wie nichts sagen. Aber die Interviews der Premierministerin: „The German Question is not on the agenda." sagten mehr als genug. Die Briten versuchten, die von Gorbatschow losgetretene und ständig weiter genährte Lawine aufzuhalten, die mit jedem Tag Breite und Wucht gewann. So gab es jetzt auch aus Polen erste, vorsichtige Forderungen nach Neutralität.

Um diese Zeit wurde ich von zwei Journalisten, die ich auf Meyer-Landruts Abschiedsempfang für die Presse kennengelernt hatte, zu einem Besuch in die „Akademie für Gesellschaftswissenschaften beim ZK der KPdSU" eingeladen. Ich akzeptierte, denn es handelte sich um einen nach aller Beobachtung nicht unwichtigen Teil des Apparates, der für uns bisher unzugänglich war. Dort wurden offenbar die für höhere Aufgaben ausgesuchten Parteikader der SU und der Satellitenstaaten ausgebildet. Im Verlauf des Besuchs stellte sich heraus, dass die beiden Journalisten nur als Vermittler für die Leitung der Akademie fungierten, die sich für Verbindungen zu akademischen Einrichtungen bei uns interessierte und im Gegenzug Studierenden aus der Bundesrepublik Stipendien für die Arbeit in Moskau anbot. Man führte mich zu diesem Zweck durch das zur Akademie gehörende Studentenheim mit für unsere Begriffe akzeptablen, für sowjetische Verhältnisse luxuriösen Zimmern. Man betonte, sowohl das Promotions- wie das Habilitationsrecht zu besitzen.

Für mich war das ein weiteres Indiz, dass inzwischen auch zum Kern des Parteiapparates gehörende Institutionen es für an der Zeit hielten, für eine Zukunft, in der die Zusammenarbeit mit dem Westen wichtig wurde, vorzusorgen. Ich konnte ihnen natürlich nicht sagen, dass sich bei uns wohl kaum jemand für ihre bankrotte Pseudo-Wissenschaft interessierte, wollte aber nicht nein sagen. Vielleicht war die Bibliothek der Akademie für den einen oder anderen Sowjetologen interessant. Das Eindringen in diese Zitadelle einer sterbenden Ideologie war u. U. reizvoll. Ich schrieb einen Brief an meinen Vorgänger im Auswärtigen Amt und bat um Hilfe eine deutsche Institution mit so einem Interesse ausfindig zu machen.

Ich war in jenen Tagen sehr überrascht, als ich einen Anruf aus der 3. Europäischen Abteilung erhielt und mir mitgeteilt wurde, Bondarenko müsse mich unbedingt sofort sprechen. Da Bondarenko sonst strikt darauf achtete, nur mit dem Botschafter und mit dem Gesandten nur zu sprechen, wenn dieser Geschäftsträger war, fragte ich zurück, ob er tatsächlich mich und nicht den Botschafter meinte. Die Antwort war eindeutig, es gehe um mich und bitteschön sofort. Ich sprang in mein Auto und wurde von Bondarenko bereits erwartet. Begleitet von Ussytschenko redete er mich in erhobenem Tone an. Es gehe um eine dringliche und überaus wichtige Angelegenheit. Zur Zeit sei ein Transport für die sowjetische Botschaft in Bonn unterwegs. Es gehe um eine abhörsichere Kabine. Wenn wir uns unterstünden, diesen Transport, der als diplomatisches Gepäck im Sinne der Wiener Konvention über Diplomatische Beziehungen völkerrechtlich geschützt sei, in irgendeiner Weise zu behelligen, hätte dies kaum absehbare, gravierende Konsequenzen für unsere Beziehungen. Ich antworte, er könne sich darauf verlassen, dass wir die Wiener Konvention beachten würden, wenn der Transport entsprechend ausgewiesen sei.

Zurück in der Botschaft informierte ich den Gesandten, bevor ich nach Bonn berichtete. Er wunderte sich wie ich, dass Bondarenko für diese Demarche gerade mich einbestellt hatte. Bei weiterem Nachdenken nahm ich diese Einbestellung als weiteres Indiz dafür, dass die Sowjets mich für den BND-Residenten an unserer Botschaft hielten. Ich hatte darüber schon nachgedacht, als Ussytschenko mich wenige Monate zuvor zitiert hatte, um mir die Liste mit den Kollegen vorzulesen, die angeblich ihre Pflichten als Diplomaten verletzt hatten. Es ging beide Male um Sicherheitsfragen, für die ich nicht zuständig war. Die Sowjets glaubten aber offenbar, dass ich dennoch der dafür richtige Gesprächspartner sei. Später im Frühjahr 90 hat man mir das auf einem Empfang in der Residenz unverhüllt ins Gesicht gesagt. Gegen so etwas ist kein Kraut gewachsen. Wenn man dementiert, bestärkt das den Verdacht eher, als dass es ihn ausräumt. An einem Ort wie Moskau, wo das beliebteste Rätselraten im diplomatischen Corps in der Suche nach dem Residenten des jeweiligen Geheimdienstes an den verschiedenen Botschaften besteht, kann man gegen eine solche Verdächtigung nichts machen. Angenehm war es mir nicht, aber ich musste es offenbar ertragen. Auch im Gespräch mit westlichen Journalisten spürte ich ab und an diesen Verdacht, ohne dass ich in der Lage war, diesem Gerede ein Ende zu setzen. Ich hatte manchmal sogar im Gespräch mit westlichen Kollegen den Eindruck, dass mir wegen dieses Verdachtes Misstrauen entgegen schlug, dabei ist es der Beruf des Diplomaten, Vertrauen zu schaffen.

Die Lektüre der dicken Journale ergab immer erstaunlichere Belege dafür, dass Glasnost nicht lediglich ein Weg zu Pressefreiheit war, sondern ein gezieltes, sehr politisches Kampfmittel der „Revolution von Oben". Dieses Mal fiel mir ein Artikel von einem mir bis dahin unbekannten Autor, Andras Migranian, auf. Wie Kljamkin gehörte er zum Bogomolow-Institut. Sein Artikel bedeutete die Einführung der Typen politischer Herrschaftsformen der großen westlichen Soziologen wie Max Weber oder Talcott Parsons in die sowjetische politische Debatte. Der Artikel unterminierte, sicherlich mit Bedacht, die Grundlagen der Ideologie des Marxismus-Leninismus, indem politische Entwicklungen nicht mehr als antagonistische Klassenkämpfe sondern als demokratische Interessenauseinandersetzungen analysiert wurden. Dennoch forderte Migranian im Ergebnis, die Demokratie mit diktatorischen Methoden durchzusetzen, weil anders der Widerstand des Apparates nicht zu brechen sei.

Viele Beobachter im Westen nahmen das ideologische, jetzt soziologische, Kauderwelsch seit langem nicht mehr ernst. Zu Unrecht, denn die marxistisch-leninistische Ideologie lieferte den Regimen in allen kommunistischen Staaten die Legitimation für ihre Partei-Diktaturen. Diese Regime wussten, dass man auf Bajonetten nicht sitzen kann, wie Talleyrand Napoleon gesagt hatte. Sie brauchten die marxistisch-leninistische Ideologie zur Bemäntelung ihres Unterdrückungswillens. Wenn diese ideologische Basis zerstört wurde, gerieten diese Regime ins Rutschen. In meiner damaligen Euphorie nahm ich die Darlegungen Migranians als Ausdruck der Zielsetzung, die Macht der Partei auf gewählte Gremien zu übertragen. Die Übertragung von Kompetenzen an den Volkskongress schien mir dazu den Durchbruch zu zeigen. Dass am Ende dieser Entwicklung eine neue Diktatur zur besseren Förderung wirtschaftlichen Wachstums stehen könnte, kam mir damals noch nicht in den Sinn, obwohl Migranian gerade so eine Diktatur forderte.

Am 25. 9. hatte ich auf einem Empfang der Friedrich Ebert-Stiftung für den Schleswig-Holsteinischen Ministerpräsidenten Björn Engholm ein Gespräch mit Portugalow, Falins engstem Mitarbeiter im ZK. Normalerweise vermied ich das Gespräch mit ihm, nicht nur wegen seiner nassforschen, zynischen Art, sondern weil er auch der regelmäßige Gesprächspartner meiner Botschafter war und ich diesen Dialog nicht genau genug kannte, um mich immer mit dem gleichen Zungenschlag auszudrücken. Jetzt war er aber auf mich zugekommen. Er sagte mir,

„...man beobachte die Lage in Deutschland in der SU mit wachsender Sorge. Die Entwicklung in der DDR könne sich, wenn nicht alle Seiten größte Zurückhaltung übten, schon in nächster Zeit krisenhaft entwickeln. Man glaube im ZK-Sekretariat nicht, dass wir daran ein Interesse hätten. Es sei doch so, dass man in der DDR einfach vor einem biologischen Problem stehe. Die jetzige Generation der DDR-Führer werde die Dinge nicht ewig bestimmen. Es gebe in der SED eine ohne weiteres belebbare sozialdemokratische Tradition. Zu Ungeduld bestehe keinerlei Anlass. Aber das könne alles nur etwas werden, wenn die Dinge sich in einer gewissen Ruhe entwickelten.

Er rate dazu, dass der Bundesminister diese Fragen mit AM Schewardnadse bespreche. Der könne ein offenes Wort vertragen. Es sei für die SU sehr wichtig, von uns aus berufenem Mund zu hören, was wir zu tun beabsichtigten, um die Menschen in der DDR vor irrationalem Vorgehen zu warnen. Sei es denn wirklich nicht möglich, den Flüchtlingen, wie den Asylanten, keine Arbeitserlaubnis zu geben? Man wisse, dass wir „mit dem alten Herren in der 3. Europäischen Abteilung" unsere Probleme hätten. Das sollten wir nicht überschätzen. Es sei aber so, dass die SU insgesamt derzeit nicht auch noch unkontrollierte Entwicklungen in der DDR gebrauchen könne.

Ich erwiderte (unter Bezug auf einen aktuellen Kommentar der Prawda, der den Bundeskanzler scharf kritisiert hatte,) *die Bundesregierung sei um vernünftige, kontrollierte und stabile Entwicklungen bemüht. Die Prawda entstelle die Äußerungen des Bundeskanzlers offensichtlich in der Absicht, die Probleme zu verschärfen. Angesichts der Gesamtentwicklung, die im Wesentlichen nicht die Bundesregierung angestoßen habe, könne kein führender deutscher Politiker das Thema Wiedervereinigung vermeiden. Die internationale Debatte darüber sei in West wie Ost im Gange. Die Interviews des*

Bundesministers der letzten Tage seien ein klarer Beweis für die Bemühung, dieser Debatte eine vernünftige Richtung zu geben. Im Übrigen kenne man im ZK die Lage bei uns gut genug, um zu wissen, dass Vorschläge wie der der Verweigerung der Arbeitserlaubnis juristisch unmöglich und politisch für jeden deutschen Politiker tödlich wären. Die Lösung könne nur dadurch gefunden werden, dass die DDR-Führung eine Politik mache, die die Menschen zum freiwilligen Bleiben bewege. Der Gesprächspartner räumte dies ein, bat dann aber noch einmal eindringlich um Geduld. Wenn die Deutschen dazu nicht fähig seien, dann könne die Entwicklung auch rasch wieder zum völligen Stillstand kommen, so dass die deutsche Frage wieder auf lange Zeit als geschlossen zu betrachten wäre."

So mein Bericht über diese Unterhaltung nach Bonn. Ich gab dabei, was sonst im Auswärtigen Dienst nicht immer üblich war, meine Antwort ausführlich wieder, um den Bonnern, falls gewünscht, eine Korrektur zu ermöglichen. Bewertend fügte ich hinzu, dass Portugalow

„*...deutlich bemüht war, die Lage in der DDR als krisenhaft zugespitzt darzustellen. Seine Anregung, das Gespräch des Bundesministers mit Schewardnadse zu nutzen, mag, wie auch abfällige Bemerkungen anderer Mitarbeiter des ZK über die 3. Europäische Abteilung, darauf hindeuten, dass man sich einer korrekten Unterrichtung Schewardnadses durch sein Haus nicht sicher ist. Insgesamt ist man im ZK ganz offensichtlich vor allem auf Zeitgewinn aus, was vermutlich vor allem mit der Belastung der Mannschaft um Gorbatschow mit den sowjetischen Problemen zusammenhängt... Es gibt aber Indizien dafür, dass die sowjetische Führung unter Gorbatschow nicht lediglich das Problem verschieben will, sondern zu gegebener Zeit durchaus bereit ist, zu einer Lockerung in der DDR beizutragen."*

Dieses Gespräch war als Bestätigung unserer vorherigen, ausführlichen Analyse wichtig. Vor allem das Ende von Portugalows sicherlich genau überlegten Darlegungen zeigte, dass man sich im ZK bewusst war, dass die Deutsche Frage wieder akut geworden war und dass man eigentlich nicht vorhatte, sie alsbald wieder zu schließen. Die abwiegelnde Berichterstattung unserer Kollegen aus Ost-Berlin, die die DDR als im Kern stabil beschrieb, war also nicht richtig. Und außerdem war nun bestätigt, dass das ZK-Sekretariat und Bondarenko verschiedene Politiken verfolgten.

Der neue Botschafter war nach seinem Sommerurlaub nun endgültig eingetroffen. Er bat mich bald in die Kabine und um ein in die politische Lage einführendes Briefing: „Herr von Arnim, was ist hier eigentlich los?" So herausgefordert versuchte ich, ihn nicht mit der Fülle der Indizien zu überschütten, aus denen ich in den vergangenen Monaten das Puzzle meiner Analyse zusammengesetzt hatte, sondern die Dinge auf den Punkt zu bringen. Es handele sich um eine Revolution von Oben, einen echten Reformversuch, nicht lediglich Propaganda und ‚Window-Dressing', wie man anfänglich vermuten musste. Er werde von Andropow-Zöglingen vorangetrieben, treffe aber nach wie vor auf den erbitterten, noch nicht endgültig gebrochenen

Widerstand anderer Teile der Führung. Die Wurzeln der „Revolution" lägen in der Erkenntnis der Unfähigkeit zu Wachstum der zentralen Kommandowirtschaft mit der Stagnation des Endes der Breschnew-Zeit. Hinzugekommen sei mit dem Scheitern der Friedenskampagne vor allem in Deutschland und der Politik Reagans die Erkenntnis, dass der Westen im Wettrüsten nicht zu schlagen sei. Und das dritte entscheidende Problem habe sich aus dem immer erneuten, aber in Polen ab 1980 besonders eklatanten Scheitern der Beherrschung des Imperiums mit militärischer Macht ergeben.

Die Lage sei unübersichtlich und instabil. Es gebe eine Reihe von Indizien, dass es sich nicht nur um einen klassischen Machtkampf in der Parteiführung handle, sondern dass dieser Kampf auch zu einer Konfrontation verschiedener Teile des Sicherheitsapparates geführt habe. Insofern könne man die Lage mit der des Dritten Reiches zu Kriegsende vergleichen, als ein Teil des Sicherheitsapparates der SS, der SD unter Schellenberg, versucht habe, in der Erkenntnis des bevorstehenden Regimezusammenbruchs das Nazi-Regime doch noch durch Vereinbarungen mit den Westmächten zu retten und zu stabilisieren. Dies zeige sich in den forcierten Bemühungen um Abrüstung und dem Versuch, das Imperium in Zukunft von der Zustimmung der Beherrschten und nicht länger von der Angst vor militärischer Intervention tragen zu lassen. Wir müssten uns also, gerade in Deutschland, auf Einiges gefasst machen.

Der Botschafter hörte sich das ruhig an und fragte, „also SD gegen SS?" Ich stimmte zu, das war der Kern der Sache. Eine intellektuelle Elite im KGB versuchte gegen den Rest dieser Organisation, Hilfe aus dem Westen zur Rettung des Systems zu erlangen und die dafür notwendigen Voraussetzungen zu schaffen. Auf meine Frage, ob ich diese bisher nur auf Indizien gestützte Arbeitshypothese berichten solle, wehrte der Botschafter ab. Das sei noch zu unsicher.

Am 25. 9. setzte sich in Leipzig die inzwischen regelmäßige Montagsdemonstration zum ersten Mal in Bewegung, nachdem sie bisher immer in oder an der Nikolai-Kirche stattgefunden hatte. Mit inzwischen 7.000 Demonstranten war dies die größte Demonstration in der DDR seit dem 17. Juni 1953 und die Polizei griff wieder nicht ein. Das gab neuen Grund sich zu fragen, inwieweit die Lawine nun auch den bisher von Hardlinern wie Krenz beherrschten DDR-Apparat erfasst hatte.

Am Tag danach hielt Schewardnadse seine jährliche Rede vor der UNO-Vollversammlung in New York. Er betonte die „Freiheit der Wahl" und schloss „Gewaltanwendung vor Allem gegen das eigene Volk" aus. Manchem in Ost-Berlin müssen die Ohren geklungen haben.

Wieder einen Tag später brachten die Hauptnachrichten des Moskauer Fernsehens Bilder von der Mauer in Berlin und von der innerdeutschen Grenze einschließlich Todesstreifen und scharfen Hunden zwischen den Zäunen sowie von Jeeps mit bewaffneten Patrouillen auf dem Kolonnenweg. Ich konnte es kaum fassen, solche Bilder im Sowjetischen Fernsehen zu sehen. Das hatte es noch nie gegeben. Die Mauer im Bild kam in den sowjetischen Medien bis dahin einfach nicht vor.

Am 29. 9. brachte die FAZ ein Interview mit Modrow, der in unseren Medien als Reformer gehandelt wurde. „Man muss über die Massenflucht aus der DDR nachdenken, darüber bin ich mir einig mit meinem Freund Mischa Wolf." Ich sah das als Indiz für Modrows Nähe zur KGB-Gruppe in der Stasi. Ein „SD" in der DDR? Die Honecker-Linie kam dagegen am 2. 10. in einem Leitartikel des „Neuen Deutschland" zum Ausdruck, in dem es hieß, man solle den Flüchtlingen keine Träne nachweinen. Nun akzentuierte sich auch die Spaltung des Apparates in der DDR.

Ende September begegnete ich wieder einmal Rykin vom ZK auf einem Empfang im Hotel „Oktjabrskaja". Bei meinem ersten Aufenthalt war es noch im Bau als Unterbringung für die Mitglieder des ZK während der Plena. Es war mit viel Marmor, Kristalllüstern und Raffgardinen der Inbegriff von Luxus nach sowjetischem, sehr plüschigem Geschmack und immer noch nicht ohne Einladung frei zugänglich. Während wir uns einige Vitrinen mit weißblauem Porzellan einer Moskauer Manufaktur ansahen, auf das die Sowjets sehr stolz waren, fragte mich Rykin à propos de rien, ob mir Tjutschew ein Begriff sei. Als ich verneinte, erklärte er mir, Tjutschew sei der nach Puschkin bedeutendste russische Lyriker des 19. Jahrhunderts. Er sei aber auch lange Jahre Diplomat gewesen und habe als zaristischer Botschafter in München die deutsche Einigung durch Bismarck verfolgt, den er sehr verehrt habe. Weniger geschätzt habe er allerdings dessen gewaltsame Methode. Ich nahm das etwas verwirrt zur Kenntnis und fragte mich, was der Hinweis auf einen Russen sollte, der 1870 für die deutsche Einheit war. Rein historisch schien es mir von einem eher ungebildeten Apparatschik wie Rykin nicht gemeint zu sein. Wie aber dann?

Am 29. 9. besuchte Gorbatschow Kiew und drohte den „Extremisten von Rukh". So weit war es nun auch in der Ukraine gekommen. Die Beschlüsse des Obersten Sowjet der Union der Tage zuvor, mit denen den baltische Staaten „wirtschaftliche Unabhängigkeit" gewährt worden war, kamen jedenfalls schon zu spät. Es ging inzwischen um politische Unabhängigkeit und zwar bald.

Am 30. 9. verkündete Genscher vom Balkon des Palais Lobkowitz der Menge der Flüchtlinge, dass sie ausreisen durften. Ihr überschäumender Jubel war im Fernsehen auch für die gesamte DDR mitzuempfinden. Wir in Moskau erfuhren bald aus Bonn, dass der Minister in New York am Rande der General-Versammlung der Vereinten Nationen mit Schewardnadse gesprochen hatte, um ihn um Intervention bei dem zum konservativen Lager zu zählenden Prager Regime zu bitten. Offenbar mit Erfolg. Der Flüchtlingsstrom war wohl inzwischen auch für die Prager Machthaber zum Problem geworden. Und wir hörten dann auch, dass in den Zügen, die die Flüchtlinge über DDR-Gebiet zu uns brachten, zu ihrer Beruhigung und wohl auch um Übergriffe der DDR-Behörden verhindern zu können, Kollegen aus dem Auswärtigen Dienst mitgefahren waren. Die Autorität der

DDR wurde Stück für Stück zurückgedrängt. Aber von dort kamen nach wie vor zwiespältige Meldungen. Am 1. 10. wurde eine neue Quasi-Partei, der „Demokratische Aufbruch" gegründet und ebenfalls nicht sofort wieder verboten. Auf der Montagsdemo in Leipzig waren es am 2. 10. schon 15.000 Menschen. Aber Honecker sprach zurück aus dem Krankenhaus davon, von den Chinesen könne man lernen, wie man die Konterrevolution unterdrückt und Krenz sprach auf Besuch in Peking von „Solidarität mit den chinesischen Genossen", drohte also mit Gewalt.

Anfang Oktober kam Alt-Bundespräsident Carstens zu einem Symposium einer amerikanischen Stiftung nach Moskau. Botschafter Blech lud mich zu einem Abendessen zu seinen Ehren in die Residenz ein. Er war vor Jahren Carstens persönlicher Referent gewesen. Einziger sonstiger Gast war Semjonow, der 1958 in Verhandlungen über einen Handelsvertrag Carstens Gegenüber gewesen war und nun in Pension in Moskau lebte. Karl Carstens, der mich bei seiner Teilnahme an der Breschnew-Beerdigung für sich eingenommen hatte, war nun in der persönlichen Begegnung beinahe herzlich. Er freute sich auch offensichtlich über das Wiedersehen mit Semjonow. Nach dem Austausch von Reminiszenzen über ihre damaligen Verhandlungen, die schließlich zum Abschluss eines Handelsvertrages geführt hatten, kam das Gespräch natürlich auf die gegebene Lage und die Perestroika. Dabei wendete sich Semjonow plötzlich von Carstens ab, schaute mich an und sagte: „Sie dürfen sich nicht nur auf Gorbatschow konzentrieren. Es gibt noch andere, die sogar noch wichtiger sind." Ich war wie vom Donner gerührt.

Semjonow war eigentlich ein stalinistisches Fossil. Er hatte Molotow schon Ende 1940 als Botschaftsrat zu den Verhandlungen nach Berlin begleitet, nach deren Ende bei unerwarteter großer, sowjetischer Härte Hitler sich zum baldigen Angriff auf die SU entschloss. Auf einem Photo von der Begrüßung Molotows durch Ribbentrop auf dem Anhalter Bahnhof sieht man Semjonow lächelnd hinter Molotow stehen. Nach dem Krieg war er dann erst unter Stalin und dann dessen Nachfolgern Jahre lang sowjetischer Hochkommissar in der SBZ gewesen. Nach Stalins Tod hatte er der SED-Führung unter Ulbricht Berijas Weisungen überbracht, als Berija sich mit Gedanken trug, die DDR zum Objekt von Verhandlungen mit den Westmächten zu machen, die dann nicht weiter trugen, weil er abgesetzt und ermordet wurde. Und in den Jahrzehnten danach hatte sich Semjonow als Chef-Unterhändler bei den START-Verhandlungen mit den Amerikanern und als Botschafter in Bonn als knüppelharter Apparatschick erwiesen, auch wenn die den mächtigen Botschafter bewundernden Wirtschaftskreise bei uns nicht begriffen, dass seine beachtliche Gemäldesammlung von ihm wegen der stalinistischen Verfemung der Künstler billig zusammengekauft worden war und wenig mit heimlicher Sympathie für moderne Maler aber viel mit Sinn für ein gutes Geschäft zu tun hatte.

Von Semjonow war also als Letztem zu erwarten, dass er die Autorität des immer, jedenfalls nach außen hin, als unantastbar geltenden Generalsekretärs der Partei in Frage stellen würde. Ich verzichtete auf die Frage, wen er mit den noch Wichtigeren gemeint hatte. Er hätte es wohl von sich aus gesagt, wenn er es gewollt hätte. Aber ich habe mir natürlich wochenlang den Kopf zerbrochen, auf wen Semjonow angespielt hatte, vor den Mikrofonen!

Am 2. 10. forderte der stellvertretende Sprecher des Sowjetischen Außenministeriums, Perfiliew, unsere Botschaften in Mittel-Osteuropa sollten sich bei der Aufnahme von Flüchtlingen zurückhalten. Perfiliew vertrat regelmäßig die Linie des Apparates des Ministeriums, nicht die des von Gorbatschow oben aufgesetzten Ministers. Schewardnadses eigentlicher Sprecher Tschurkin, einer der jungen Überflieger, war viel flexibler. Der Bundeskanzler sagte am Tag danach in einem Interview, er habe über die Zeit der Flüchtlingsbewegung Kontakt zu Gorbatschow gehalten, für mich ein weiterer Beleg, dass Gorbatschow die Entwicklung über ihren gesamten Verlauf gebilligt hatte. Seine Politik war eben ganz anders, als die der Arbeitsebene des SAM.

Nach den Ausreisen vom 30. 9. war die Botschaft Prag bereits am 3. 10. wieder überfüllt mit 5.000 Menschen. Dieses Mal sprach der Bundeskanzler direkt mit den Tschechoslowaken, die am 4. 10. die Ausreise zuließen. Die DDR schloss nun die Grenzen zu Polen und der Tschechoslowakei, um die Ausreise völlig zu stoppen. Jetzt geschah also, wovon Melamid uns Anfang August gesagt hatte, die SU werde sich daran nicht beteiligen. Die Frage war, wie die Menschen darauf reagieren würden. Die innere Entwicklung in der DDR mit der Gründung der Quasi-Parteien und den wachsenden Demonstrationen sprach inzwischen dafür, dass das Regime eine vorsichtige Öffnung versuchte und die Bevölkerung allmählich immer mutiger wurde, je länger die über Jahrzehnte befürchtete, gewaltsame Repression jeder öffentlichen Regung von Kritik ausblieb.

In Moskau arbeiteten die westlichen Botschaften ganz eng zusammen. Der Botschafter traf sich alle vier Wochen mit seinen Kollegen von den Botschaften der Drei Mächte, der Gesandte traf sich ebenfalls monatlich mit seinen Partnern von den Botschaften der 12 Mitgliedsstaaten der EG. Es gab auch einen NATO-Zirkel und auf Arbeitsebene hatten wir einen Siebenerkreis gegründet, an dem auch die Japaner teilnahmen, überwiegend um über sowjetische Innenpolitik zu diskutieren. Anfang Oktober musste ich den Gesandten im EG-Kreis vertreten. Die Sitzung fand bei uns in der Kabine statt und ich benutzte die Gelegenheit, um die Kollegen auf die Indizien hinzuweisen, dass eine grundlegende Änderung der sowjetischen Deutschland-Politik im Gange war.

Am Abend zuvor hatten die Fernsehnachrichten nach der kürzlich gesendeten Reportage über die Mauer wieder zwei Berichte aus Deutschland gebracht, die ich für indikativ hielt. Zunächst war in einer Reportage aus Ost-Berlin Honecker, selbst ein Greis, im Vorfeld des 40. Jahrestages der DDR bei der Auszeichnung von „Parteiveteranen" zu sehen. Es waren abstoßende

Bilder von uralten Leuten mit eingefallenen, zahnlosen Mündern oder schlechten Gebissen im Rollstuhl. Sie wären mir, trotz der unnötig krassen Kamera, wohl nicht weiter aufgefallen, wenn nicht unmittelbar anschließend eine Reportage aus Bonn gefolgt wäre, die von einem fröhlichen Volksfest in der Bonner Rheinaue berichtete, wo ein junger Vater sein jubelndes Kind voller Lebensfreude in die Luft warf, um es dann sicher wieder aufzufangen. Der Korrespondent hatte also auf die gewohnten Bilder zur Demonstration der Misere des Kapitalismus bei uns verzichtet und im Gegenteil Jugend, Wohlstand und Glück gezeigt. Mit anderen Worten sah die DDR sehr alt aus, wir dagegen jung und zukunftsträchtig. Ich recherchierte dann ein wenig und es stellte sich beim Suchen im „Bonner General-Anzeiger" heraus, dass das Bonner Fest bereits einige Zeit zurücklag. Man hatte den von mir empfundenen Kontrast also durch Zusammenschneiden zweier unverbundener Ereignisse absichtlich herbeigeführt.

Ich gab dann den Kollegen einen kurzen Überblick über die Indizien der letzten Monate, dass die Sowjets von der ungarischen Grenzoperation von ihrem Anfang im Frühjahr an gewusst und sie wohl nicht lediglich abgesegnet, sondern vermutlich sogar mitinitiiert hatten, wofür auch die Indizien zunehmenden Drucks auf Honecker sprachen. Seit dem Hinweis Moisejews Anfang Mai, dass die sowjetischen Streitkräfte niemals gegen ein vereintes Deutschland gewesen seien, war ich besorgt, dass die Sowjets versuchen könnten, uns mit deutschlandpolitischen Avancen von unseren Verbündeten zu trennen. Jetzt war es an der Zeit, sie auf die sich inzwischen öffnenden Eventualitäten aufmerksam zu machen, denn, was immer da auf uns zukommen konnte, wir würden ihr Verständnis und ihre Hilfe brauchen. Dazu musste man frühzeitig vertrauensvoll auf sie zugehen, um den niemals weit unter der Oberfläche steckenden Rapallo-Verdacht zu bekämpfen. Trotz der Jahrzehnte der Verbundenheit in NATO und EU hatten viele Westeuropäer und auch Amerikaner niemals jenen Vertrag zwischen dem Deutschen Reich und der SU vergessen, mit dem die Deutschen hatten zeigen wollen, dass sie nicht bereit waren, sich nach dem ersten Weltkrieg dauerhaft in internationaler Isolation halten zu lassen. Dass sich Deutschland und die Deutschen nach dem zweiten Weltkrieg in den Jahrzehnten der Westintegration völlig verändert hatten, war vielen auch unter unseren engsten Freunden und Verbündeten nicht bewusst.

Kurz darauf rief mich der französische Gesandte, Herr Peissik, an und fragte, ob ich einmal zu ihm kommen könne. So ging ich gern in die französische Botschaft, wo Peissik mich in die französische Kabine bat. Er sagte mir, mein Briefing sei so interessant gewesen, dass er gern mehr dazu hören würde. Er wäre sehr dankbar, wenn ich ihm meine Sicht im Zusammenhang schildern würde. Ich hielt ihm, dankbar für die Gelegenheit, einen längeren Vortrag, in dem ich alle wesentlichen Ereignisse von den Vorwarnungen über eine Herbstkrise der DDR im März und April bis zu dem Inhalt der „Gemeinsamen Erklärung" und dem sowjetischen backing der

Flüchtligswoge, der Kontroverse zwischen Honecker und Gorbatschow im Zusammenhang mit Honeckers Reise nach Magnitogorsk und Wolfs Rücktrittsforderung beschrieb. Ich analysierte auch die Entwicklung im Warschauer Pakt, in der es inzwischen, siehe Ungarn, sogar Anzeichen für die Bereitschaft der Sowjets zur strategischen Entlastung durch Truppenabzug gab. Wir diskutierten eine halbe Stunde über die so eingetretene Lage und die Implikationen von Entwicklungen in der DDR à la Polen oder Ungarn mit meinem abschließenden Hinweis, inzwischen könne man selbst einen Abzug aus der DDR nicht mehr ausschließen, denn er läge in der Logik der beobachteten Entlastungspolitik. Er antwortete darauf, die gesamte Position der SU beruhe auf ihrer Herrschaft über die Satelliten. Abzug wäre also das Ende der sowjetischen Weltmachtposition und fügte im Brustton der Überzeugung hinzu: „Ils ne le feront jamais." (Das tun sie nie.) Meine Replik, das hätte ich vor einem halben Jahr auch noch gedacht, es passierten aber laufend Dinge, die wir alle immer für unmöglich gehalten hätten, überzeugte ihn nicht.

Am 4. 10. veröffentlichten die DDR-Oppositionsgruppen, Neues Forum, Demokratie jetzt, Vereinigte Linke, einen gemeinsamen Aufruf zur demokratischen Umgestaltung von Staat und Gesellschaft einschließlich freier Wahlen unter UN-Aufsicht. Die Entwicklung in der DDR begann also, den Rückstand gegenüber Polen und Ungarn aufzuholen.

Am gleichen Tage gab Falin zusammen mit Bahr eine Pressekonferenz in Bonn, bei der Falin sagte, „die Ausreise aus Prag ist ein Präzedenzfall." Falin erhöhte also den Druck auf die DDR und versuchte nicht etwa, ihn zu verringern, wie man hätte vermuten können. Ich war aber überzeugt, dass die DDR eine freie Ausreise, wie sie Falin nun befürwortete, nicht aushalten würde, das musste Falin doch zumindest als Risiko bewusst sein. Da er es einging, stellte sich mir die Frage, ob nun bald das Bahrsche Konzept der Einheit gegen Neutralisierung Mitteleuropas auf uns zukommen könnte, denn die Gemeinsamkeit der Pressekonferenz war ja nur ein weiterer Beleg für die Gemeinsamkeit ihrer Position. Bahr hatte an ihr stets festgehalten.

In der Nacht vom 4. auf 5. 10. schritt dann aber die Volkspolizei brutal gegen die Demonstranten bei Modrow in Dresden ein, die sich wegen der aus der Tschechoslowakei durchfahrenden Flüchtlingszüge am Bahnhof versammelt hatten. Kam nun doch noch die befürchtete große Repression? Man konnte es nicht wissen.

Am 6. 10. hatte ich nach Wochen des Wartens ein Gespräch mit Prof. Popow, einem der fünf Stellvertretenden Vorsitzenden der Deputierten der „Interregionalen Gruppe" des Volkskongresses, das mich so überzeugte, dass ich wieder an die Chance echter Demokratie auch in der Sowjetunion glaubte. Popow war Professor an dem Institut für Wirtschaft der Akademie der Wissenschaften und Herausgeber der bedeutendsten wirtschaftswissenschaftlichen Fachzeitschrift der SU „Fragen der Wirtschaft". Er war mir auf dem Volkskongress durch eine Rede aufgefallen, in der er den Wirtschaftsapparat und Ligatschow persönlich scharf angegriffen und die Bildung echter Fraktionen im Volkskongress gefordert hatte. Er erwies sich im Gespräch als bescheiden und zurückhaltend im Auftreten und offen und freundlich in seinen Auskünften, auch, wenn er der genauen Zuschreibung von Sachpositionen zu Personen auswich. In einem ausführlichen Bericht schrieb ich:

"... Popows Darlegungen bestätigen, dass die Grundlinie der in Moskau aktiven, politischen Intelligenz, von der Gorbatschows nicht abweicht. Diese Intellektuellen begreifen den politischen Sinn eines taktischen Absetzens von ihm, um ihm die Möglichkeit zu geben, sich unmittelbaren Angriffen des Apparates besser zu entziehen. Dabei entsteht eine Lage, in der der alte Apparat einerseits und die sich politisch organisierenden Progressiven andererseits darum kämpfen, der mit der Zerstörung der alten Ideologie und der Zurückdrängung der alten Machtstruktur politisch aus den Fugen geratenen Bevölkerung einen verlässlichen Rahmen anzubieten. Gorbatschow steht auf der Seite der Progressiven... Mit Verteilung der Verfügung über das Staatseigentum von der Moskauer Spitze auf Republiken, Kreise, Städte, Kooperative und Private soll der zweiten Säule des Apparates, der Wirtschaftsbürokratie, die Macht genommen werden. .

Die interregionale Gruppe, so sagte Popow, stehe organisatorisch noch ganz am Anfang... Sie kämpfe zur Zeit um die Zulassung einer sie tragenden Stiftung mit Recht auf ein Bankkonto für Spenden... Eine Konstituierung der Gruppe als eigenständige Rechtsperson sei auf absehbare Zeit weder rechtlich möglich noch politisch weise... Es gebe zwar inzwischen Arbeitsgruppen, die sich mit den spezifischen Problemen der anstehenden Gesetzesvorhaben auseinandersetzten. Sie stünden aber an einem absoluten Neuanfang. In der SU gebe es nur eine äußerst schwach ausgeprägte Rechtskultur. Die neuen Abgeordneten verstünden auch recht gut, sich bei den Wählern durchzusetzen. Ihnen fehle aber fast ausnahmslos eine für die Gesetzgebungsarbeit ausreichende Vorbildung. Diese (Arbeit) sei allerdings für das bevorstehende Jahr eher sekundär. Die gesamte gesellschaftliche Struktur der SU werde von mächtigen politischen Kräften bewegt. Die bloße Veraschiedung von Unionsgesetzen werde sie nicht kanalisieren können.

Primär komme es darauf an, bis hinunter auf die lokale Ebene Volksvertretungen zu schaffen, von denen die Gesetze auch tatsächlich angewandt würden. Von der bisherigen Struktur sei das nicht zu erwarten, im Gegenteil... Man dürfe mit der Verabschiedung der Wahlgesetze nicht bis zum Frühjahr warten, weil man dann die in Gärung befindlichen politische Kräfte nicht in Wahlkämpfen kontrolliert zum Austrag der Interessen bringen könne. Es gebe auch starke Kräfte im Apparat, die ein ganz anderes Wahlprinzip durchsetzen wollten, nämlich die Wahl nicht nach der Region sondern nach Betrieben bzw. Kolchosen. (Hier spielte er offenkundig auf Ligatschows Position im letzten ZK-Plenum an.) ... Dann könne der Apparat, der selbst nicht in den Vordergrund treten könne, wieder seine „Arbeiter" vorschicken... Zwar würden im Zuge der Restrukturierung der gesamten Volkswirtschaft genügend neue Arbeitsplätze entstehen... Das brauche aber Zeit, während der die sozialen Probleme sich verschärften. So wachse die Gefahr, dass sich Entwicklungen wie der Poujadismus in Frankreich oder der Peronismus in Argentinien ergäben, bei denen sich ein verantwortungsloser Populist an die Spitze einer orientierungslosen, potentiell gewalttätigen Masse setze. Die interregionale Gruppe werde z.

T. gescholten, weil sie (den Populisten) Jelzin zu ihrem Sprecher gemacht habe. Es sei aber besser, ihn einzubinden, als ihn der politischen Entwicklung frei auszusetzen.

Insgesamt gehe ihm die Entwicklung eigentlich zu schnell. Es wäre besser gewesen, sie langsam und regional differenziert voranzutreiben. Die Unterschiede der politischen Kultur zwischen Moskau und z. B. Zentralasien seien eben gewaltig. Aber in Moskau wolle man eben immer für das ganze Land entscheiden. So sei nun das ganze Land in Bewegung. Es werde nicht leicht sein, sie unter Kontrolle zu halten. Man müsse aber wohl durch diese Phase hindurch.

Ich fand diese Analyse so vernünftig und klar, es war ja eine regelrechte Transformationsstrategie, dass sie mich zu dem Schluss bewegte, es seien insgesamt offenbar doch demokratisch gesonnene Leute mit Überblick und einleuchtenden, konzeptionellen Vorstellungen am Werk, denen wir helfen mussten, um dann in den sich notwendig ergebenden Möglichkeiten für Deutschland ein optimales Ergebnis auch für uns erzielen zu können.

Meine Begeisterung über diese real werdenden Möglichkeiten steigerte sich am nächsten Vormittag zur Euphorie. Ich las vor der Morgenrunde in der Prawda den Volltext der Rede, die Gorbatschow am 6. 10. im Palast der Republik in Ost-Berlin anlässlich des 40. Jahrestages der DDR gehalten hatte, und konnte es kaum fassen, dass Gorbatschow darin ein Gedicht über den deutschen Einigungsprozess unter Bismarck zitiert hatte:

„Zur Einheit – wie der Große prophezeite –
wird man mit Eisen nur und Blut getrieben...
Doch wir versuchen es mit Liebe. -
Wer Recht hat, wird die Zukunft dann entscheiden."

Dieses Gedicht war also zwar kritisch zur Methode Bismarcks, jedoch eindeutig positiv zum Ergebnis, „Einheit". Und Gorbatschow hatte hinzugefügt, Tjutschew, sein Dichter, habe mit dem Wort „Liebe" ausgedrückt, „was wir heute unter Übereinstimmung, Zusammenarbeit, Zusammenwirken, menschlicher Kommunikation in Bezug auf Europa im zwanzigsten Jahrhunderts verstehen." Mir fiel natürlich sofort Rykins kürzliche Frage nach Tjutschew wieder ein. Man konnte sicher sein, dass er als Referatsleiter für die Bundesrepublik im ZK-Sekretariat an der Redaktion der Rede beteiligt gewesen war. Ich hatte alle Reden Gorbatschows der letzten Jahre gelesen. Ein Gedicht hatte er darin noch nie zitiert. Es war also bewusst in die Rede eingefügt worden und Rykin hatte mich darauf und sogar auf die Übereinstimmung im Ziel der Einheit, wenn auch nicht in der dazu verwendeten Methode, hinweisen wollen. Es war doch eine Ungeheuerlichkeit, dass Gorbatschow ausgerechnet in der Feier zum Jahrestag der Gründung der DDR ein Gedicht über die deutsche Einheit zitierte. Dass es ihm damit ernst war, ergab sich auch aus einer Passage etwas später, in der er gesagt hatte, der Prozess der Annäherung zwischen Ost und West könne nur auf einem Wege vor sich gehen, „in dessen Verlauf alle Mauern der Feindseligkeit, der Entfremdung und des Misstrauens zwischen den europäischen Völkern fallen."

Wir diskutierten natürlich diese Rede in der Morgenrunde und der Botschafter wies daraufhin, dass in ihr eine ganz ungewöhnliche Abhängigkeit des gegebenen Status quo in Europa von veränderlichen Bedingungen zum Ausdruck gebracht werde, während sonst immer gerade seine Unveränderlichkeit, die Unantastbarkeit der Ergebnisse des zweiten Weltkrieges betont worden war. Ich stimmte begeistert darüber zu, dass er zu dem gleichen Ergebnis wie ich gekommen war, und verwies auf das Gedicht über die „Einheit" und das Fallen der „Mauern". Wenn davon auch erst weiter hinten die Rede war, und zunächst längere, orthodoxe Darlegungen die Existenz der DDR als sozialistischem Staat priesen, so stand in solchen Reden der sowjetischen Führung das Wichtige meistens an eher versteckter Stelle. Die Abweichungen von den Standardaussagen weiter hinten waren regelmäßig politisch weit wichtiger, als das Gewohnte am Anfang. Insofern war auch nicht entscheidend wichtig, dass Bondarenko in Gorbatschows Rede sogar seine Kritik an der Parteitagsrede des Bundeskanzlers untergebracht hatte, die „gemeinsame Erklärung" werde falsch ausgelegt.

Nach der Besprechung kam Schäfers in mein Zimmer. Er hatte die Rede in ihrer deutschen Übersetzung im „Neuen Deutschland" gelesen. Dort war das in der russischen Urfassung völlig eindeutige Wort „Mauern", die fallen würden, mit „Schranken" übersetzt worden. Das überzeugte mich nun erst Recht von meiner Analyse der Rede. „Mauern" hatten die SED-Leute, die die deutsche Fassung erarbeitet hatten, für zu stark und klar gehalten. Deshalb hatten sie es durch „Schranken" ersetzt. Wir hatten Gorbatschow also richtig verstanden. Es ging ihm um deutsche Einheit und den Fall der Mauer.

Die westlichen Medien merkten von dem Allen nichts. Sie waren aber wegen: „Wer zu spät kommt, den bestraft das Leben." in heller Aufregung. Dabei war Gorbatschow in dem Interview, das er nach dem Treffen mit dem SED-Politbüro dem sowjetischen Fernsehen gegeben hatte, noch viel expliziter als in jenem Spruch in dem Verlangen nach Reformen an Haupt und Gliedern in der DDR gewesen. Wir warteten, wie es sich gehörte, das Telegramm unserer Kollegen von der Ständigen Vertretung in Ost-Berlin ab. Sie interpretierten Gorbatschows Rede als Unterstützung der DDR. Ich konnte daraufhin nicht anders, als in unserem Bericht hervorzuheben, dass das Gegenteil richtig war und breitete unsere Moskauer Analyse aus.

Die Analyse der russischen Fassung der Rede ... zeigt in einer ganzen Reihe von Elementen, dass Gorbatschow die „Realitäten" in Europa in einer bisher unbekannten Weise relativiert und sich indirekt sogar zur Beseitigung der Mauer bekannt hat Dies war dann offenbar für die SED zu viel, so dass das „Neue Deutschland" an dieser Stelle seine Rede falsch übersetzt hat („Schranken" statt korrekt „Mauern"). Gorbatschow hat in seinem Interview für das sowjetische Publikum gesagt, ... dass er aus seinem Zusam-

mentreffen mit den Bürgern... spüre, dass sie „glühende Anhänger" der Perestroika seien..., sie dächten darüber nach, was man verbessern müsse, nicht nur im wirtschaftlichen und sozialen Bereich ... sondern auch in der Sphäre der „politischen und gesellschaftlichen Institutionen" ... Diese Fragen hätten im Zentrum seines Gesprächs mit dem SED-Politbüro gestanden. Der Sozialismus gehe durch eine tiefe Umbildung. Es gebe kein Land, das sich dabei nicht ändere. Gorbatschow hat damit für das hiesige Publikum erkennbar herausgearbeitet, dass die Bevölkerung in der DDR auch Veränderungen in den politischen Institutionen der DDR entsprechend sowjetischem Vorbild will und dass er darüber mit dem sich sträubenden SED-Politbüro gesprochen hat.

... Das Gedicht Tjutschews ist zwar ein Anti-Bismarck-Gedicht, jedoch betrifft die Kritik nur die Methode Bismarcks („Blut und Eisen"), nicht aber sein Ziel („Einheit"). Für die SED-Führung ist wohl spürbar, dass es sich nicht um einen bloßen Bildungsbeweis Gorbatschows handelt, denn er sagte dann, Tjutschew habe mit der Beschreibung seiner Methode („Liebe") alles ausgedrückt, was „wir am Ende des 20. Jahrhunderts" bezüglich Europas meinen. Er hat damit also einen Bezug zwischen der Bismarck-Zeit und der Gegenwart hergestellt. (Ich schilderte dann mein Gespräch mit Rykin über Tjutschew kurz zuvor.) ... In der folgenden Passage ist dann nicht nur sehr positiv von den Möglichkeiten die Rede, die sich aus Abkommen mit uns ergeben. Der von der SU mit uns beschrittene Weg wird der DDR vielmehr sogar als „Weg der Annäherung zwischen West und Ost" angepriesen, auf dem „alle Mauern (Mauern) der Feindschaft, Entfremdung und des Misstrauens fallen können." Und wenn dann von Gorbatschow neben Mrs.. Thatcher und Mitterand der Bundeskanzler namentlich genannt wird, um „Optimismus" zu begründen, dann kann das der SED-Führung kaum glatt heruntergegangen sein.

Wie üblich keine Reaktion, weder aus Bonn noch aus Ost-Berlin. Wahrscheinlich zieh man uns wieder einmal der „Spekulation", aber davon konnte keine Rede sein, Gorbatschow hatte gesagt, was er gesagt hatte, und man hatte uns mit der Nase darauf gestoßen, dass sich die SU die Option der staatlichen „Einheit" öffnete, nicht nur der Stabilisierung der DDR durch Reform. Wozu sonst hatte Gorbatschow in der Rede von „Einheit" gesprochen? Das war doch das eigentlich Interessante, ja Sensationelle daran.

Am 7. 10. ging die Polizei in Ost-Berlin gegen die Demonstranten für die Perestroika vor, aus deren Menge heraus gerufen worden war: „Gorbi, hilf uns". Krasser konnte der Gegensatz zwischen der sowjetischen und der SED-Führung kaum zum Ausdruck kommen. In Schwante bei Berlin wurde am gleichen Tage die SDP, also eine sozialdemokratische Partei gegründet, die sich allerdings durch die Umkehrung der Reihenfolge der Buchstaben in der Abkürzung von unserer SPD etwas absetzte. Am 8. 10. zog Modrow in Dresden die Polizei zurück und versuchte mit Hilfe des ebenfalls für einen Reformer gehaltenen Bürgermeisters Berghofer den Dialog mit den Demonstranten.

Am 9. 10. gab es dann eine noch größere Montagsdemonstration in Leipzig – 70.000 Menschen. Unser Fernsehen berichtete davon und von der

Vermittlungsaktion davor zwischen dem Staat und den Demonstranten mit Hilfe von „Sechs" Prominenten unter Beteiligung von Kurt Masur, des berühmten Leipziger Dirigenten. Zu den so intervenierenden „Sechs" gehörten auch zwei höhere Leipziger SED-Funktionäre. Auch über die zuvor umlaufenden Gerüchte über dieses Mal bevorstehende massive Gewaltanwendung wurde berichtet, die dann durch die Vermittlung entkräftet wurden.

Ich fragte mich einmal mehr, warum Stasi, Polizei und Armee nicht eingriffen, sondern in der Mitwirkung zweier SED-Funktionäre sogar Zeichen des Einlenkens des Regimes erkennbar wurden. Am Unterdrückungswillen Honeckers und Krenz hatte ich keinen Zweifel nach allem, was sie in den vergangenen Monaten zu Tien-An-Men und der Konterrevolution gesagt hatten. Ich hatte dafür nur eine Erklärung: die Sowjets mussten der SED-Spitze gesagt haben, dass sie anders als 1953 ihre Truppen in den Kasernen lassen würden. Wenn Honecker sich der sowjetischen Rückendeckung gewiss gewesen wäre, hätte er doch schon viel früher eingegriffen, auch aus dem Krankenhaus heraus. Wir kannten ihn und sein Regime seit Langem und wussten, dass er, Mielke, Krenz usw. in der „Machtfrage" völlig rücksichtslos und zu allem entschlossen waren. Das hatten sie an der Mauer und im Zuchthaus von Bautzen über Jahrzehnte bewiesen. Also, es gab keine andere Erklärung, die sowjetische Haltung hatte sich geändert und ohne sowjetische Billigung waren die Machtmittel der DDR nicht einsetzbar. Das ergab sich inzwischen auch aus einer Vielzahl sowjetischer Erklärungen, zuletzt der von Schewardnadse nur zwei Wochen zuvor vor den UN, keine Gewalt, „vor allem nicht gegen das eigene Volk". Die ganze Glaubwürdigkeit der von Gor-batschow über Jahre entwickelten Politik hing daran. Jede Gewaltanwendung hätte die Aussicht auf wirtschaftliche Hilfe des Westens sofort zu Nichte gemacht. So hatte die SED in Leipzig drohen, aber nicht tatsächlich zuschlagen können.

In Ungarn spaltete sich zu dieser Zeit die Partei. Grosz verlor den Vorsitz des reformwilligen Teils und Nyers, einer der führenden Reformer, wurde sein Vorsitzender. So entstand eine neue sozialistische Partei mit einer Methode, der Spaltung, die auch in Moskau und den anderen realsozialistischen Staaten nahelag.

Am 9. 10. kam eine Delegation der FDP-Bundestagsfraktion bestehend aus den MdB Ronneburger, Hoyer und Feldmann nach Moskau. Ich briefte sie vor Gesprächsbeginn in der Kabine und wies sie vor allem auf das von Gorbatschow in Berlin zitierte Gedicht über die Einheit hin. Als ich ihnen sage, die Russen liebten es eben, sich manchmal etwas um die Ecke herum auszudrücken, wurden ihnen die Implikationen klar und sie nahmen es mit eher ungläubigem Staunen auf. Ich begleitete sie zu einem Gespräch mit Rykin in das ZK-Sekretariat. Es ging um die Entwicklung von Beziehungen der FDP zur KPdSU. Bisher hatte ja von unseren Parteien fast ausschließlich die SPD regelmäßige Gespräche mit dieser. Rykin erklärte solche

Beziehungen zur FDP für nützlich und forderte die Abgeordneten zu unserer Verblüf- fung auf, in Zukunft in der DDR nicht mehr mit den Blockparteien sondern mit dem „Neuen Forum" und dem „Demokratischen Aufbruch" zusammen-zuarbeiten. Und das von einem langjährigen Verantwortlichen für die kommunistische Weltbewegung aus der internationalen Abteilung der KPdSU. Die Abgeordneten waren danach mir gegenüber nicht mehr ganz so skeptisch wie nach meinem Vortrag.

Am Tag darauf fand ein Treffen Gorbatschows mit den wichtigsten Medienchefs statt. Dabei griff er, was sofort bekannt wurde, sicherlich war es mit Absicht gestreut worden, die Liberalen scharf an. Insbesondere forderte er den Chefredakteur der Wochenschrift „Argumenti i Fakti", Starkow, zum Rücktritt auf. Das erregte natürlich erhebliches Aufsehen, denn diese Zeitschrift gehörte zu den wichtigsten Glasnost-Publikationen. Es war, so der Eindruck von meinem ersten Posten, eine ständig vom KGB genutzte Zeitschrift, eigentlich mehr ein Informationsdienst, mit der er seine typischen Diskreditierungskampagnen betrieb. Sie hatte angeblich eine Auflage von mehr als 10 Millionen und kostete nur wenige Kopeken. Inzwischen gab es Deputierte, die vorschlugen, Argumenti i Fakti, nach dem Vorbild der Krasnaja Swesda als Organ der Streitkräfte, zum offiziellen Organ des KGB zu machen. Es stellte sich damit die Frage, ob der Angriff Gorbatschows auf Starkow ein ernsthaftes Zurücknehmen der Glasnost-Politik oder nur ein taktischer Entlastungsangriff war, um selbst nicht mit der am Weitesten verbreiteten Glasnost-Publikation identifiziert werden zu können. Für diese Interpretation sprach dann, dass Starkow auf seinem Posten blieb, während gleichzeitig der konservative Chefredakteur der Prawda, Afanasiew, abgesetzt und durch einen liberalen Gorbatschow-Mann, Frolow, ersetzt wurde. Das Ganze war ein Zeichen für die andauernde Härte des Kampfes Gor- batschows mit den Konservativen. Sie waren immer noch stark, auch wenn sie schrittweise ihre Machtpositionen verloren.

So erläuterte ich in einem Bericht, den Bonnern die sich rasch weiter entwickelnde innenpolitische Lage.

Die Diskussion der Intelligenz über die Notwendigkeit einer Stärkung der Führung in Richtung auf eine Art von „aufgeklärtem Absolutismus" war Vorbote eines inzwischen sehr realen politischen Ringens zwischen Konservativen und Progressiven. Während es den Progressiven mit Vorschlägen einer Stärkung der „Vollmachten" Gorbatschows offensichtlich darum geht, ihm weitere Mittel zur Brechung des Widerstands in den Apparaten der Partei, Wirtschaft und innerer Verwaltung zu geben, versuchen die Konservativen, mit dem Vorschlag von Notverordnungen gerade die alte Struktur zu zementieren und die Reformgesetzgebung ins Leere laufen zu lassen... Das vor wenigen Tagen beschlossene „Gesetz über Arbeitskonflikte" hat... politisch nicht etwa die Funktion, Streiks in Zukunft in gewissem Umfang zu legalisieren. Der Hauptzweck seiner Verteidiger im Obersten Sowjet bestand vielmehr darin, indirekt eine Handhabe gegen politische Streiks ... zu gewinnen... Es gab auch deutliche, in Reden und Interviews Ligatschows und

Tschebrikows erkennbare Ansätze bis hinauf in die Führung, unter Hinweis auf diese, z. T. wohl provozierten Streiks, den Kurs Gorbatschows der „Demokratisierung" anzugreifen...
Der Gesetzentwurf über die Kooperativen... war... Gegenstand harter Anklagen der Konservativen, dass diese, weil an die staatlichen Preise nicht gebunden, die allgemeine Mangellage zu spekulativen Wuchergeschäften nutzten und die Inflation anheizten... Umgekehrt war den Progressiven offenbar bewusst, dass hinter diesen, wohl weitgehend berechtigten Angriffen letztlich der Versuch des alten Apparates stand, den sich in den Kooperativen bildenden Ansatz eines privatwirtschaftlichen Sektors durch prohibitive Besteuerung zu beseitigen, also eine grundsätzliche ordnungspolitische Frage ansteht... Die Progressiven wollen das Konzept des aufgeklärten Absolutismus anbieten, um den sich offenbar ausbreitenden Wunsch nach „sicheren Verhältnissen" zu befriedigen... Sie fordern, in der SU eine Instanz mit wirkliche „ präsidentieller Macht" wie in den USA zu schaffen, mit dem ... die innere Sicherheit aufrechterhalten und Streiks beendet oder Verkehrsprobleme (es ging um die Unterversorgung ganzer Regionen durch ein von den Konservativen manipuliertes Transportsystem) *gelöst werden können... Die Konservativen versuchen dabei offenbar, die gegebenen ökonomischen und nationalen Probleme noch zu verschärfen, um Gorbatschow so „von unten" bremsen zu können. Gleichzeitig halten die Gorbatschow-Anhänger diese Bemühungen für so gefährlich, dass sie zu einer traditionell seit Stalin vermiedenen Konzentration der Macht über die verschiedenen Teile des Sicherheitsapparates in einer Hand (Gorbatschows) aufrufen.*

Dies war der innenpolitische Hintergrund der weiter voranschreitenden Verflüssigung auch der außenpolitischen Verhältnisse. Am 16. 10. wurde in Sofia eine KSZE-Folgekonferenz eröffnet. Um die Eröffnungsfeier herum gab es eine für Bulgarien beispiellose Demonstration in der Innenstadt durch die Ökoglasnost-Bewegung. Schiwkow konnte diese Manifestation von Opposition in seinem Staat offenbar nicht mehr verhindern.

Am Tag danach kam Willi Brandt mit einer größeren SPD-Delegation, Bahr und der spätere Bundeskanzler Schröder gehörten dazu, nach Moskau zu Gesprächen vor allem mit Gorbatschow. Anlass war die Verleihung eines Ehrendoktors durch die Lomonossow-Universität an Brandt. Bei einem Frühstück in der Residenz vor Gesprächsbeginn bat mich der Botschafter, zur Lage vorzutragen. Ich war begeistert, Brandt persönlich vortragen zu dürfen und zählte die Indizien für die sowjetische Öffnung auch in der deutschen Frage seit dem vergangenen Sommer auf, ging wieder besonders auf die Berliner Rede Gorbatschows ein und schloss, es sei an der Zeit, mit den Sowjets über die deutsche Frage zu sprechen. Der Botschafter erzählte mir später, Brandt habe die Unterrichtung anregend gefunden, worüber ich mich natürlich freute.

Am Mittag gab der Botschafter nach den Gesprächen, bei denen wir nicht dabei gewesen waren, einen großen Empfang mit sowjetischen Gästen. Er bat mich, Brandt die Wichtigsten darunter vorzustellen, denn er war selber noch zu kurz vor Ort, um alle zu kennen. Brandt wehrte dann aber lachend ab. Er hatte die meisten der anwesenden, einflussreichen Sowjets bereits während der Gespräche kennengelernt und war bester Laune. Vor allem die für Deutschland verantwortlichen Mitarbeiter des ZK-Sekretariates waren wohl fast vollzählig gekommen, darunter auch einige, die ich noch nicht kannte und die wir auch gar nicht eingeladen hatten. Aber sie waren einfach mitgekommen. Ich setzte mich neugierig geworden zu ihnen und Rykin stellte sie mir vor. Es begann dann ein Gespräch, wie ich es ab und an in Moskau schon geführt hatte. Sie fragten mich nämlich, ob ich Boitzenburg kennte, jenes große Renaissanceschloss, das der Hauptsitz der Arnimschen Familie in der Uckermark gewesen war, also dem Teil der Mark Brandenburg, aus dem ursprünglich alle Linien unserer sehr zahlreichen und nach dem zweiten Weltkrieg weitzerstreuten Familie stammen. Als ich verneinte, erzählten sie nicht ohne eine gewisse Häme, sie kennten Boitzenburg sehr gut, denn dort sei inzwischen ein Erholungsheim, zu dem auch die Angehörigen der sowjetischen Dienststellen in der DDR Zugang hätten. Sie könnten sich vorstellen, dass der Verlust immer noch schmerze. Ich gab mir Mühe, meinen Zorn über diese Gemeinheit nicht zu zeigen. Dann hätten sie erst recht triumphiert.

So vertiefte ich mich in ein Gespräch über die aktuelle politische Lage mit einem mir bis dahin unbekannten Sowjetmenschen namens Fjodorow, der Deutsch idiomatisch und akzentfrei eher noch besser als Portugalow sprach. Später hörte ich, er trage den nicht sehr russischen Vornamen Rafael, sei der Sektionsleiter für die DDR im ZK und früher der KGB-Resident in Ost-Berlin gewesen. Dabei sagte er mir: „Bahr will ja eine Mitteleuropa-Lösung. Das aber wollen wir nicht." Man denke eher an ein Sonderverhältnis der beiden deutschen Staaten für die nächsten 10 Jahre.

Das gab mir Grund darüber nachzudenken, ob es unter den sowjetischen Deutschlandpolitikern nach meiner damaligen Arbeitshypothese, neben der Betonfraktion Bondarenkos, die jede Änderung ablehnte, der Gruppe, die Neutralität für Einheit forderte, dies war die wohl mit Bahr geteilte Position Falins, und den vor allem auf Entlastung vom Imperium Abzielenden wie Daschitschew noch eine weitere Gruppe gab, die die DDR durch Reform stabilisieren und erhalten, nicht nur zum Verkauf herausputzen wollte. Auch dafür sprach Einiges.

Vor allem war nicht klar, worauf Gorbatschow selbst abzielte, auch wenn er sich sogar die Einheitsoption zu öffnen schien. Ich rang nach den Erfahrungen mit Indiskretionen vor dem Gorbatschow-Besuch mit mir, wie ich Fjodorows Mitteilung über Bahr nach Bonn transportieren sollte, denn die Gefahr, dass etwas auch innenpolitisch so Heikles geleakt werden würde, schien mir groß. Ich habe sie dann einige Wochen später in einem Brief an Herrn Teltschik, den Leiter der außenpolitischen Abteilung im Bundeskanzleramt, untergebracht, den ich von meiner letzten Verwendung her aus Bonner Ressortbesprechungen über eine eventuelle, deutsche Beteiligung an der SDI-Forschung der Amerikaner ein wenig kannte.

Am Nachmittag gab Brandt in der Botschaft eine meisterhafte Pressekonferenz. Das Zimmer des Botschafters war dazu einmal mehr umgeräumt worden und Brandt stand an der dem großen Lenbach-Portrait von Bismarck gegenüberliegenden Wand, sozusagen Auge in Auge mit dem eisernen Kanzler. Er begann mit einem ironischen Witz. Er habe mit Gorbatschow strengstes Stillschweigen vereinbart. Er könne also gar nichts sagen. Dann aber sprach er völlig frei und ohne jedes Zögern, aber mit genau kalkulierten Akzenten und Pausen über eine Viertelstunde. Am Ende hatte er tatsächlich über das Gespräch mit Gorbatschow nichts Konkretes gesagt. Niemand hätte sagen können, er habe die vereinbarte Vertraulichkeit verletzt. Dennoch war aus den Zwischentönen und Anspielungen klar geworden, dass die deutschen Dinge dabei seien, sich vorwärts zu bewegen. Er werde dem Bundeskanzler, mit dem er schon vorher gesprochen habe, genau berichten.

Danach kam der mitgereiste Redakteur der „Zeit", Gunter Hofman, auf Schäfers und mich zu. Er erzählte, Schmidt-Heuer, der Zeit-Korrespondent in Moskau, mit dem Schäfers und ich regelmäßig sprachen, habe einen aufgeregten Bericht geschickt und u. a. aus der Berliner Rede Gorbatschows abgeleitet, dass es bald um die Wiedervereinigung gehen könnte. Das sei aber so over the top, dass man sich in Hamburg frage, ob man es drucken könne. Wir sagten ihm, ohne offenzulegen, dass Schmidt-Heuer von uns einen Tipp bekommen hatte, Schmidt-Heuer sei ein kluger Beobachter, er habe unserer Beobachtung nach wohl Recht. Ich werde Hofmans skeptischen, ungläubig abschätzigen Blick nicht vergessen. Ich schrieb dann einen langen, begeisterten Bericht über den Brandt-Besuch. Ich war überzeugt, dass sich die Dinge gegenüber der Berliner Rede Gorbatschows noch einmal weiter bewegt hatten und weiter bewegen würden.

Und das geschah dann auch, denn wieder nur einen Tag später setzte das ZK-Plenum der SED in Ost-Berlin Honecker, Mittag und Herrmann ab. Nun hatte die Lawine endgültig auch das DDR-Regime destabilisiert. Es wurde bald auch bekannt, dass Honecker im Politbüro, ganz der disziplinierte Kommunist, für seine eigene Absetzung gestimmt hatte, was mir die Vermutung nahe legte, er habe verstanden, dass seine Absetzung Moskaus Wille war. Genauso war es bei Ulbrichts „Rücktritt" 1971 gewesen, als dieser sich gegen die sowjetische Bereitschaft wehrte, bei uns für den Moskauer Vertrag mit Berlinpolitischen Konzessionen zu bezahlen. Es war auch bekannt, dass eine ganze Reihe der Politbüromitglieder, z. B. Stoph, konspirativ dem KGB verpflichtet waren, der ja den gesamten DDR-Apparat auf diese Weise kontrollierte. So funktionierten alle Satellitenstaaten. Ich ging deshalb davon aus, dass diese Absetzung wenn nicht auf Betreiben des seit langem von Honecker offen herausgeforderten Gorbatschow so doch mit seinem Einverständnis erfolgte.

Schäfers und ich diskutierten in diesen Wochen etwas undiszipliniert in meinem Dienstzimmer über die Zielsetzung der sowjetischen Politik gegenüber Deutschland. Schäfers zweifelte dabei sehr an der Berechtigung meiner Frage, ob es nicht um mehr gehe, als um eine Stabilisierung der Perestroika und um deren Durchbruch in allen Satellitenstaaten – auch in der DDR. Ich verwies auf meinen Eindruck, dass die Dinge sich auch in der DDR in ihrem Ansatz nicht von unten entwickelt hätten, sondern die Gegner Honeckers offenbar von Moskau aus ermutigt worden seien, siehe Wolf. Wir waren uns einig, dass die ungarische Entwicklung, nun die Umbildung der Partei, von oben angestoßen worden war. Bezüglich Polens war er skeptischer, als ich darauf hinwies, die Öffnung habe mit der Ernennung Rakowskis durch Jaruzelski begonnen, der dann der Solidarność wieder Raum gegeben habe. Ich sagte Schäfers, jedenfalls müsse der SU doch klar sein, dass es bei der DDR nur um einen Teilstaat gehe, der ein fundamentales Legitimitäts-Defizit habe. Wenn die SU so handele, wie sie dies den Indizien nach auch gegenüber der DDR tue, also nicht bremse sondern schiebe, dann müsse ihr das Risiko bewusst sein, dass die deutsche Frage in Bewegung komme. Schäfers stimmte zu, meinte aber, die SU glaube wohl, das Risiko beherrschen zu können. Ich war nach der Beobachtung der gesamten sowjetischen Politik mit ihrer Wurzel der Suche nach westlicher Hilfe nicht völlig davon überzeugt, dass die SU die DDR unter keinen Umständen zum Verhandlungsobjekt machen würde. Als gelernter Jurist definierte Schäfers das sowjetische Vorgehen in Bezug auf die deutsche Einheit als „grobe Fahrlässigkeit", während ich eher „Dolus eventualis", also bedingten Vorsatz für gegeben hielt.

Wir sprachen dabei auch über unsere führenden Politiker. Ich sagte ihm, aktiv und seit Jahrzehnten ununterbrochen hätten sich eigentlich nur zwei um die Wiedervereinigung bemüht, Bahr und Genscher. Ich beschrieb Schäfers kurz das Mitteleuropakonzept, das Bahr als von den USA nach dem Mauerbau tief enttäuschter, deutscher Nationalist meiner Meinung nach mit unbeirrbarer Konsequenz verfolge. Ich erklärte ihn aber für letztlich ungefährlich, weil er im Westen keinerlei Vertrauen genieße und gegen den Willen der Drei Mächte keine Regelung für Deutschland möglich sei. Er sei ein gescheiterter, von allen erkannter „Ersatz-Fouché".

Genscher habe zwar einen vergleichbar starken Willen zur deutschen Einheit. Er sei aber außenpolitisch, anders als der konzeptionell denkende Bahr, eher ein genialer Taktiker ohne ein vergleichbar präzise und konkret durchgearbeitetes Konzept zur Erreichung des angestrebten Zieles. Aller-dings segle er oft hart am Wind, wie zuletzt in der „Fotl"-Debatte, in deren Konsequenz die völlige Denuklearisierung Deutschlands liege, was die NATO-Strategie unterminieren könnte. Das sei allerdings etwas Anderes, als die Neutralisierung, auf die Bahr hinaus wolle. Genscher sei wohl letztlich doch ein Atlantiker. Aber dass Dregger in dieser Debatte über die Nuklearstrategie der NATO Genscher entgegengekommen sei, zeige die Gefahren übersteigerten deutschen Nationalismus. Schäfers, der im Kanzleramt gearbeitet hatte und die Einflussmöglichkeiten der führenden CDU-Politiker auf den Bundeskanzler gut kannte, meinte, man solle Dreggers Einfluss nicht überschätzen. Aber meine Deutung Genschers als deutschem Nationalisten sei ihm noch nicht so klar gewesen. Ich erzählte ihm daraufhin eine Anekdote, die ich von Kinkel hatte. Kissinger hatte Genscher in den ersten Jahren seiner Amtszeit als Außenminister Mitte der siebziger Jahre nach Gesprächen in Bonn in seiner Maschine nach Berlin mitgenommen. Zu einem bestimmten Zeitpunkt sei Genscher aufgestanden und habe Kissinger mit sanfter Gewalt an das Fenster gehievt. Nach unten zeigend habe er dann gerufen: „Das ist meine Heimat." Die Amerikaner erzählten davon noch nach Jahren.

Brandt und Bahr hätten, meiner Meinung nach, nicht dieselbe Position, obwohl sich Bahr immer in den Schatten Brandts stelle. Brandt sei ein viel flexibler als Bahr denkender Mann, der sich seine Handlungsmöglichkeiten nicht durch vorgefasste Konzepte nehmen lasse. Bei allem Willen, den Status quo zu überwinden, der in der neuen Ost-Politik wirksam geworden sei, habe er sich niemals in eine Abhängigkeit von den Sowjets begeben, weshalb sie ihn auch durch Guillaume bespitzelt hätten. Und nun arbeite er als Patriot, der die Verantwortlichkeiten kenne, mit dem Bundeskanzler zusammen. Ich sagte Schäfers dies mit im Verlauf der Diskussion wachsender Absicht vor den Mikrophonen, denn ich wollte nach den Erfahrungen der letzten Tage auch den Zuhörern klar machen, dass der Weg nicht über Bahr/Falin und deren Mitteleuropakonzept und auch nicht ohne oder gar gegen die Drei Mächte gehen konnte.

Dazu muss man die Lage verstehen, in der wir arbeiten mussten. Bismarck beschreibt in seinen „Gedanken und Erinnerungen" ein Gespräch mit Zar Alexander II. Dieser war sehr deutsch-freundlich und hatte eine preußische Prinzessin, eine Schwester Kaiser Wilhelms I., zur Mutter. Der Zar beschwerte sich gegenüber Bismarck, damals preußischer Gesandter in Petersburg, über die Korrespondenz seiner deutschen Verwandten aus dem hessischen Hause mit den Großfürsten. Der Zar habe gesagt, so Bismarck, er habe ja nichts gegen den Klatsch unter Verwandten, auch sei nicht schlimm, dass sie über ihn, den Zaren, eine schlechte Meinung hätten. Es sei aber herz- und taktlos, dass sie diese Meinungen in diese Briefe hineinschrieben, denn sie müssten doch wissen, dass ihre Briefe von der Geheimpolizei abgefangen und ihm vorgelegt würden. Diese Anekdote zeigt die Doppelbödigkeit jeder Unterhaltung an der Botschaft Moskau außerhalb der Kabine. Man konnte mit ihnen wichtige Mitteilungen an den „Zaren" lancieren. Aber man konnte ihn so auch sehr verärgern. Man musste also vorsichtig sein. Das soll nicht heißen, ich hätte bei jedem Gespräch in meinen Moskauer Jahren immer auch an die Mikrophone gedacht. Das kann man nicht über Jahre. Ich habe aber doch öfter solche Gespräche wie dieses mit Schäfers in der Absicht geführt, den Sowjets eine message zukommen zu lassen, gerade weil mich die ständige Abhörerei so beleidigte. Ich habe einfach versucht, den Spieß umzudrehen.

Adam Michnik sagte dem „Spiegel" in jenen Tagen, das Selbstbestimmungsrecht der Deutschen sei „ein Gebot der Moral" und „ein Gebot der pol-nischen Staatsraison." Es gab jetzt also autoritative Stimmen von

„Solidarność", die für die deutsche Einheit eintraten und zwar mit den stärksten Argumenten.

Die inzwischen erreichte Breite des Umbruchs wurde in den nächsten Tagen immer deutlicher. Schewardnadse forderte im Obersten Sowjet die Auflösung beider Bündnisse und zeigte so den Willen, die gesamte Nachkriegsstruktur Europas in Frage zu stellen. Er erhöhte so den Änderungsdruck auch im Warschauer Pakt weiter, statt ihn zurückzudrängen. Und in Ungarn endete der „Runde Tisch" mit dem Beschluss zu freien Wahlen, erst des Staatspräsidenten und dann des Parlaments. Nach einer Meldung der New York Times vom 23. 10. 1989 hatte Kardinal Glemp Bush bei dessen Besuch Ende 1987 gesagt, dass die Solidarität schwach sei. Das bestätigte meinen Eindruck, dass Jaruzelski im Sommer 1987 nicht etwa wegen Drucks von Unten Rakowski wieder nach vorne geholt, sondern sich sicher gefühlt hatte und deshalb auf die Solidarność zugegangen war. Es war eben auch in Polen, jedenfalls zunächst, eine Revolution von oben.

Am 24. 10. erschien ein offener Brief des bulgarischen Außenministers Mladenow mit der Forderung nach dem Rücktritt Schiwkows. Wenn auch mit einer gewissen Verspätung hatte die Lawine nun auch Bulgarien voll erfasst und auch dort begann es von Oben. Am 27. 10. bekräftigte eine Außenministerkonferenz des Warschauer Paktes in Moskau das „Recht auf freie Wahl des Gesellschaftssystems" und betonte noch einmal die Abschaffung der Breschnew-Doktrin. Am 28. 10. fand auf dem Wenzelsplatz in Prag zum Jahrestag der Gründung der unabhängigen Tschechoslowakei die größte Demonstration seit 1968 statt. Die Tschechen waren offenbar nun auch aufgewacht und wurden mutiger. Das konservative Regime wehrte sich allerdings und ließ die Demonstration von der Polizei zerschlagen.

Am 27. 10. wurde Primakow, inzwischen nicht mehr beim IMEMO sondern Vorsitzender eines der beiden Häuser des Obersten Sowjet, bei einem Besuch in den USA zitiert, er glaube nicht, dass es bei neuen Maßnahmen zur Wiedervereinigung Deutschlands große Schwierigkeiten geben würde. Und am 30. 10. erklärte ein Mitarbeiter des ZK-Sekretariates in Moskau der FAZ auf Frage nach der Mauer, er hoffe, dass sich alles ändern werde. Am Tag zuvor hatte er in den USA in einem Interview Ja zum Recht auf Austritt aus dem Warschauer Pakt gesagt. Am 27. 10. hatte die DDR den visumfreien Reiseverkehr in die Tschechoslowakei wieder zugelassen. Unsere Botschaft in Prag lief sofort wieder voll. Am 30. 10. waren es bei der Montagsdemonstration in Leipzig 300.000 Demonstranten. In der Morgenbesprechung zitierte Adam Jacob Burkhardts „Weltgeschichtliche Betrachtungen". Danach zeichneten weltpolitische Krisen sich durch eine laufend beschleunigende Entwicklung von Entscheidungen aus, deren Reifen normalerweise Jahrzehnte in Anspruch nehme, die sich nun aber im Verlauf von Monaten oder gar nur Wochen überstürzten.

Am Tag danach kam der neue Generalsekretär der SED, Egon Krenz, nach Moskau. Er gab am Schluss seines kurzen Besuches eine internationale

Pressekonferenz, an der ich teilnahm. Er hatte von der Lage und den sie immer schneller vorantreibenden Kräften offenbar nichts verstanden. Er sagte z. B. „ich als Kommunist" und sprach von der Mauer als „Schutzwall". Gegenüber den Fragen nach der zukünftigen Politik antwortet er in dem gleichen altbekannten Parteichinesisch. Ich ging in der Überzeugung nach Hause, er konnte es nicht sein. Mit ihm war eine neue, demokratische Politik nicht zu machen.

Am gleichen Tag äußerte sich Mitterand auf dem deutsch-französischen Gipfel grundsätzlich positiv zur Wiedervereinigung. Bush hatte schon fünf Tage zuvor erklärt, er habe davor keine Angst.

Am 3. 11. erlaubte die DDR, vermutlich auch im Ergebnis des Krenz-Gesprächs mit Gorbatschow, den Flüchtlingen die direkte Ausreise zu uns aus der Tschechoslowakei, Polen und Ungarn, verlangte also nicht mehr die vorherige Rückkehr auf eigenes Gebiet. Diese Erlaubnis führte zu endlosen Trabi-Kolonnen von den Grenzübergangsstellen der DDR zur Tschechoslowakei im Erzgebirge bis zur tschechoslowakisch/bayrischen Grenze bei Furth im Wald. Der Ausreisedruck aus der DDR stieg täglich. Die Flüchtlinge in der Botschaft Prag durften nun auch direkt ausreisen. Die Flüchtlingszüge aus Prag über DDR-Gebiet zu uns mit den schweren Unruhen in Dresden waren für die DDR offenbar eine allzu schlechte Erfahrung gewesen.

Am 4. 11. fand in Ost-Berlin auf dem Alexander-Platz eine Großdemonstration statt – anscheinend mehr als 500.000 Demonstranten. Sie war angeblich auf Initiative von einigen Intellektuellen organisiert worden. Es war aber für mich auch in Moskau erkennbar, dass die Berliner Parteiorganisation der SED, der Schabowski vorstand, bei der Vorbereitung geholfen hatte. Es sprachen lauter Redner, die die DDR durch Reform stabilisieren und als sozialistischen Reformstaat erhalten wollen. Nach meinem Eindruck handelte es sich bei mehreren Rednern um der Stasi verbundene Personen wie Markus Wolf, Stefan Heym, Gysi, vielleicht auch Schorlemmer, der mir durch sein Plädoyer für Zusammenarbeit mit der SED und Krenz suspekt wurde, also so etwas wie die „SD"-Fraktion in der DDR. Es lag nach den Ereignissen der vergangenen Monate ja nahe darüber nachzudenken, ob es nicht nur in Moskau mit Jakowlew und Schewardnadse, oder in Polen mit Jaruzelski und Rakowski, in Ungarn mit Pozsgay, Nemeth(Studium in Harvard während des Kalten Krieges) und Horn auch in den anderen Warschauer-Pakt-Staaten der Geheimpolizei zuzurechnende oder nahestehende Personen gab, die versuchten, die Lawine zu lenken. Wolf war allerdings ausgepfiffen worden. Am gleichen Tage gab es vor der Nationalversammlung in Sofia eine präzedenzlose Demonstration von 4.000 Menschen für eine demokratische Reform.

In diesen Tagen begleitete ich den Botschafter ins Außenministerium zu einem Gespräch mit Vize-Außenminister Kowaljow. Dieser war wieder von Bondarenko begleitet und es stellte sich rasch heraus, was die beiden wollten. Es habe sich in den letzten Monaten leider ein bedauerliches Missverständnis ergeben, in dessen Folge wir nun unsere Noten an das Außenministerium mit der Übersetzung unseres Staatsnamens im Nominativ schickten. Das sei aber auf Grund der Regeln der russischen Grammatik nicht möglich. Allein zulässig sei der Genitiv „Germanii". Wir könnten ihm das abnehmen, er sei nämlich nicht nur Diplomat sondern auch als Dichter Mitglied im sowjetischen Schriftstellerverband. Als der Botschafter remonstrierte, es habe beim Staatsbesuch Gorbatschows bei der Redaktion der „Gemeinsamen Erklärung" eine Einigung gegeben, in Zukunft den Nominativ zu verwenden, fiel ihm Bondarenko eifernd ins Wort, davon könne gar keine Rede sein. Das Außenministerium habe dem niemals zugestimmt und, wie Kowaljow mit seiner besonderen Autorität als Dichter gesagt habe, gehe nur der Genitiv.

Nachdem der Botschafter dann verärgert geantwortet hatte, dann müsse man sich eben wieder wie in der Vergangenheit durchwursteln, kam das Gespräch auf die Entwicklung in Deutschland. Kowaljow meinte, man müsse sich überlegen, in welchem Format man die sich eventuell ergebenden Probleme besprechen könne, ganz ohne Präjudiz natürlich, falls die Gespräche der Vier Botschafter in Berlin nicht ausreichten. Es gebe ja Präzedenzien aus den fünfziger Jahren. Der Botschafter reagierte darauf sehr energisch. Wenn Gespräche in Gang kommen sollten, dann sei das Genfer Format von 1956, mit den beiden deutschen Staaten am Katzentisch, unter keinen Umständen mehr akzeptabel. Die Zeiten seien vorbei, in denen man über uns ohne unsere volle Beteiligung reden könne.

Ich war über den Versuch, die Zusage des Staatsbesuchs Gorbatschows zur Übersetzung von „Bundesrepublik Deutschland" wieder zurückzunehmen, so verärgert, dass ich zunächst nicht begriff, dass Kowaljow wegen eines Formats sondiert hatte, in dem über die deutschen Dinge gesprochen werden könnte, und zwar jenseits des Vier-Mächte-Formats der Botschafter in Berlin, über das damals die Diskussion begann. Jedenfalls erfuhren wir bald, dass nach sowjetischer Vorstellung die Botschafter dort nicht auf das Thema „Luftverkehr", das die Amerikaner einige Zeit zuvor angestoßen hatten, eingeschränkt werden sollten und es war den Sowjets angesichts der inzwischen eingetretenen Lage offenbar dringlich.

Ich nahm diese sowjetische Demarche auch als weiteren, nun sehr klaren Beweis, dass die Arbeitsebene des Außenministeriums bis hinauf zu Kowaljow eine andere, sehr viel restriktivere Politik uns gegenüber verfolgte als Gorbatschow. Und wie hart diese innersowjetische Kontroverse inzwischen war, wurde bald darauf durch eine kurzen Artikel in „Argumenti i Fakti" deutlich, der sich über Kowaljows schriftstellerisch-dichterische Produktionen lustig machte. Es gab dazu keinen ersichtlichen Anlass wie etwa das Erscheinen neuer Gedichte von ihm oder Ähnliches. Ich konnte es gar nicht glauben, aber Kowaljow war offenbar wegen des Genitiv für Deutschland ins Visier der Hintermänner von Argumenti i Fakti geraten, die wir im KGB ansiedelten – die typische, herabsetzende Manier bestätigte dies – ein weiteres Indiz für die Existenz einer „SD-Fraktion" in der SU.

Die Lawine – Durchbruch

Anfang November schrieb Gorbatschow in der Prawda, die Perestroika gebe dem Sozialismus ein „menschliches Antlitz", eine klare Anspielung auf den Prager Frühling und damit eine Absage an das tschechoslowakische, konservative Regime mitten in diesem Herbst, in dem die von ihm losgetretene Lawine immer breitere Gebiete erfasste. Jetzt nahm er sich offenbar auch die Tschechoslowakei vor.

Am 5. 11. flog ich mit der Familie zu Herbstferien nach Köln. Es war notwendig, alle Vierteljahr dem Moskauer Druckkessel, in dem wir wohnten und arbeiteten, wenigstens für einige Tage zu entkommen, um sich aussprechen und wirklich entspannen zu können. Gleichzeitig nutzte ich diese Deutschlandaufenthalte, um in das Auswärtige Amt und in das Kanzleramt zu gehen, um mich über die Meinungsbildung und die politischen Absichten der Zentrale zu orientieren. Man konnte sich dazu nicht auf das AA beschränken, denn, wie ich aus der Erfahrung der Diskussion über die nukleare Abrüstung wusste, konnte man keineswegs davon ausgehen, dass Auswärtiges und Kanzleramt immer einer Meinung waren. Im AA war ich in der Politischen Abteilung beim zuständigen Referat und zwei Unterabteilungsleitern sowie im Ministerbüro, wo man unsere Berichte natürlich genau gelesen hatte, aber noch nur zu weniger weittragenden Schlussfolgerungen bereit war.

Ähnlich war das Denken im Kanzleramt offenbar noch disparat. Der Stellvertreter Teltschiks in der Außenpolitischen Abteilung und alte Kollege aus dem Deutschlandreferat, Peter Hartmann, später Staatssekretär und Botschafter in Paris, war offen gegenüber meinen Hinweisen, dass wir u. U. sogar rasch vor bislang für völlig undenkbar gehaltene Eventualitäten gestellt werden könnten. Gorbatschow treibe die Entwicklung im ganzen Imperium unablässig und entschlossen voran. Der Leiter der Unterabteilung für die Beziehungen zur DDR, mein alter Kollege aus der Bonner Vierergruppe Claus Duisberg, später Botschafter in Brasilia, erklärte es jedoch gleich zur Einleitung unseres Gesprächs für unverantwortlich, jetzt über die Wiedervereinigung zu reden. Da er meine Berichte aus Moskau las, sie gingen immer auch an das Kanzleramt, war dies offenbar auf mich gemünzt, denn in ihnen war ja von der deutschen Einheit die Rede gewesen, wenn sowjetische Äußerungen dies erforderten. Duisberg war aber so apodiktisch, dass ich es für klüger hielt, jetzt keine weitere Auseinandersetzung zu entfachen. Ich hätte ihn, so mein Eindruck, doch nicht überzeugen können. Er war, so meine Schlussfolgerung, derartig von seiner Zeit als Gesandter an der Ständigen Vertretung in Ost-Berlin geprägt, dass er sich nicht vorstellen konnte, dass die DDR mit all ihren Manifestationen eines Staates wie Regierung, Beamtenschaft und Armee, mit denen er zu tun gehabt hatte, doch nur auf Sand gebaut war, denn es fehlte ihr eben jede politische Legitimität.

Dann traf ich aber auf dem Gang noch kurz Herrn Teltschik, der mich sehr freundlich begrüßte. Wir kannten uns, wenn auch nicht näher. Ein richtiges Gespräch war an diesem Ort zwischen Tür und Angel leider nicht möglich, aber ich nutzte die Gelegenheit, um rasch meine Warnung loszuwerden, dass die deutsche Frage mit wachsender Geschwindigkeit auf uns zukomme. Er reagierte deutlich sensibler als Hartmann oder gar Duisberg. Ich spürte, dass ihn die Lage so wie mich regelrecht umtrieb. Als er mit Übernahme der Kanzlerschaft durch Helmut Kohl Leiter der außenpolitischen Abteilung der Kanzleramtes wurde, zu der auch die Sicherheitspolitik, die Europapolitik und die innerdeutschen Beziehungen gehörten, teilte ich das Missvergnügen vieler aus dem Auswärtigen Dienst über den outsider, der nun die vielleicht wichtigste außenpolitische Funktion in der Bundesregierung nach dem Kanzler, dem Minister und dem Verteidigungsminister übernommen hatte und die operativen Usancen nicht kannte, so dass er am Anfang auch ein paar handwerkliche Fehler machte.

Man konnte aber bald feststellen, dass er sich in der Substanz der wichtigsten außenpolitischen Fragen gut auskannte und den ganz aus der Innenpolitik kommenden neuen Kanzler schnell in die wesentlichen Zusammenhänge einführte und dann sachkundig beriet. Es gelang ihm auch bald, offenbar enge und vertrauensvolle Beziehungen zu seinen Partnern in den großen Kanzleien im Weißen Haus, im Elysée-Palast und in Downing Street aufzubauen, was nicht lediglich an seiner besonders engen Beziehung zum Kanzler lag. Man konnte vielmehr bald beobachten, dass er einen auch unter Berufsdiplomaten seltenen Sinn für die „Grand Strategy" unseres Landes hatte, also zur Zusammenschau der außen-, sicherheits-, wirtschafts-, europa- und deutschlandpolitischen Determinanten der deutschen Interessen fähig war. Ich hatte das aus der Nähe erlebt, als ich an einer von ihm geleiteten interministeriellen Arbeitsgruppe teilnahm, die unsere Antwort auf die Einladung Reagans zu erarbeiten hatte, uns an der SDI-Forschung zu beteiligen. Er holte die beteiligten Ministerien schnell aus ihrer Routine, insbesondere das Verteidigungsministerium, dessen Rüstungsabteilung seit langen Jahre vergeblich versucht hatte, der deutschen Industrie eine Beteiligung am Hochtechnologie-Bereich der amerikanischen Rüstung zu sichern. Dass dies auch Teltschik im Ergebnis nicht gelang, lag nicht an ihm und seiner Initiative und politischem Sinn für dieses auch außenpolitisch bedeutende Projekt, sondern daran, dass US-Verteidigungsminister Weinberger gar nicht daran dachte, das in Reagans Einladung liegende Entgegenkommen substantiell zu honorieren. So hatte ich Hochachtung für ihn gewonnen.

An diesem Tag meiner Gespräche im Kanzleramt war in Ost-Berlin der Entwurf eines neuen Reisegesetzes veröffentlicht worden. So bestätigte sich, dass die Ausreisefrage in den Monaten des Sommers und des Herbstes zum zentralen Problem der DDR geworden war. Bei der Montagsdemonstration in Leipzig waren es dieses Mal 50.000 Demonstranten. Am 7. 11. trat der Ministerrat der DDR zurück. Am 8. 11. wurde das „Neue Forum" offiziell zugelassen, nicht mehr lediglich geduldet wie seit seiner Gründung im September. Am gleichen Tage sprach der Bundeskanzler in seiner Rede zur Lage der Nation vor dem Bundestag von der Wiedervereinigung, auch wenn das Wort nicht fiel, denn er hielt ausdrücklich am Auftrag des Grundgesetzes der Einheit in freier Selbstbestimmung fest. Er stellte der DDR nun sogar politische Bedingungen für die Intensivierung der Zusammenarbeit und erhob Forderungen. „Wir wollen nicht unhaltbare Zustände stabilisieren. Aber wir sind zu umfassender Hilfe bereit, wenn eine grundlegende Reform der politischen und wirtschaftlichen Verhältnisse in der DDR verbindlich festgelegt wird.", d. h. Verzicht auf das Machtmonopol der SED, Zulassung unabhängiger Parteien, freie Wahlen, Abbau der Planwirtschaft und Aufbau einer marktwirtschaftlichen Ordnung. Er hatte die Lage erkannt und ergriff die Initiative, was mich sehr beruhigte, denn meine größte Sorge, die mit der laufenden Beschleunigung der Veränderungen durch Gorbatschow immer größer wurde, war, dass wir von der Entwicklung überwältigt werden und zu Regelungen gezwungen werden könnten, die für uns als freies Land gefährlich wären.

Am 9. 11. abends saß ich vor dem Fernseher, als Schabowski die freie Ausreise „unverzüglich" verkündete. Meine entgeisterte Reaktion war der Ausruf: „Mein Gott, jetzt machen sie die Mauer auf!" Mir kam nach der schrittweisen Öffnung der Grenze in Ungarn in den Sommermonaten und den direkten Ausreisemöglichkeiten aus der Tschechoslowakei während der letzten Wochen und Tage nicht in den Sinn, dass Schabowski etwas Anderes gemeint haben oder sich geirrt haben könnte. Diese Öffnung der Mauer in Berlin und der innerdeutschen Grenze war doch nur der logische Endpunkt einer seit längerem zu beobachtenden Entwicklung und änderte an der in den letzten Tagen bereits erreichten freien Ausreise, über die Tschechoslowakei, nichts Wesentliches mehr.

In meine Euphorie mischte sich aber sogleich die Frage, ob wir mit der Maueröffnung nun nicht wie 1952/53 mit diplomatischen Noten unter Zugzwang in Richtung Neutralität gesetzt werden sollten, sondern jetzt mit den unumgehbaren Realitäten der offenen Grenze und dem absehbaren Flüchtlingsstrom. Der gesamte Ablauf des Jahres sprach dafür, dass es sich um einen von der Moskauer SD-Fraktion gezielt und konsequent in Gang gesetzten und gegen alle Widerstände durchgesetzten Prozess handelte. Und wer war Schabowski? Nach Dem, was bekannt war, gehörte er zu den von allen Hunden gehetzten Spitzenfunktionären mit Ausbildung in Moskau, jahrelanger Mitgliedschaft im Politbüro und Chefredakteur des „Neuen Deutschland", war also ein Medien-Profi, der wusste, was er tat. Ich war zwar überrascht, dass diese Verkündung nun gerade jetzt kam. Aber eigentlich war sie zu erwarten gewesen. Jetzt mussten wir uns sofort um ein diplomatisches Konzept und politisches Programm bemühen, mit denen wir trotz der Wucht der Ereignisse unsere Ordnungsvorstellungen für ein freies Deutschland und Europa würden durchsetzen können. Die Rede des Bundeskanzlers vom Vortag enthielt ja dazu bereits wichtige Elemente.

Am 10. 11. trat die Mehrheit des SED-Politbüros zurück und Modrow wurde als Ministerpräsident empfohlen. Willi Brandt sagte: „Jetzt wächst zusammen, was zusammen gehört." Er trat also ohne Zögern für die Einheit ein, ganz im Gegensatz zu anderen SPD-Politikern wie Momper in Berlin, der trotz seines privilegierten Standorts nicht begriff, was die Stunde geschlagen hatte. Manches von ihm konnte man sogar so verstehen, dass er die Einheit, selbst wenn sie zu akzeptablen Bedingungen zu haben wäre, gar nicht wollte. Eine wahre Schande. Es ging doch gar nicht um großdeutsche Machtphantasien, sondern um den Schutz unserer Landsleute vor Theoretikern, die sie als Versuchskaninchen für Experimente einsetzen wollten, um endlich den wahren Sozialismus zu schaffen. Es ging darum, ihnen, die in 45 Jahren Kommunismus so viel länger und härter als wir für die Verbrechen Deutschlands hatten büßen müssen, den Weg zu gesicherter Freiheit und die Aussicht auf „Wohlstand für alle" zu öffnen.

Zurück in Moskau setzte ich in dieser sich beschleunigenden Entwicklung natürlich meine tägliche Rundschau über die Ereignisse im Warschauer Pakt fort. Am Tage des Rücktritts des SED-Politbüros trat in Sofia Schiwkow zurück und es begannen wochenlange Demonstrationen. Wir hörten aus Warschau, dass Geremek, der Außenpolitiker der Solidarität, uns beim durch den Mauerfall unterbrochenen Besuch des Kanzlers in Polen gesagt hatte: „wenn die Mauer fällt, kommt die Wiedervereinigung. Das wird ein großer Tag für Polen. Es wird dann Nachbar von EG und NATO." Das starke Interesse eines freien Polen an der Vereinigung des weiterhin westintegrierten Deutschland war einleuchtend und für uns sehr nützlich.

In einer Erklärung von Tass, also einer offiziösen Bekanntmachung, wurde der Mauerfall begrüßt, genauso wie die übrigen Veränderungen in der DDR und die Öffnung der Grenzen. Der Mauerfall, so hieß es sogleich beschwichtigend, sei aber nicht der erste Schritt zur Wiedervereinigung. Die Grenzen der DDR würden bald zu Staatsgrenzen wie jede andere. Moskau sah also das Risiko, dass sich die Forderung nach Wiedervereinigung erheben könnte, schien aber an die Möglichkeit zur Stabilisierung der DDR zu glauben. Das entsprach Schäfers vor kürzlicher Analyse.

Am 11. 11. telefonierten Genscher und Schewardnadse, wobei der Minister das deutsche Interesse an Stabilität betonte. Wir erfuhren auch, dass Gorbatschow – vermutlich durch eine Tartarenmeldung Kwizinskijs aufgehetzt, es hatte ja gar keine Ausschreitungen gegen sowjetische Institutionen gegeben – am 10. 11. dem Bundeskanzler seine Sorge übermittelt hatte, die Dinge könnten in Berlin außer Kontrolle geraten. So war Gorbatschows Politik. Er setzte immer größere Volksmassen in Bewegung, versuchte aber gleichzeitig ihre Richtung und ihr Ziel zu kontrollieren.

Der Wille zur Kontrolle einerseits, zur Vorwärtsbewegung in Richtung weltpolitische Entlastung andererseits kam dann in verschiedenen Stellungnahmen dieser Tage zum Ausdruck. Gorbatschows Pressesprecher Gerassimow stellte sich am 11. 11. gegen die Wiedervereinigung und betonte die

Stellung der DDR als strategischem Verbündeten der SU. Am 14. 11. wendete sich Schewardnadse gegen „Versuche gewisser Kreis, die Wiedervereinigung auf die Tagesordnung zu setzen und die Existenz der souveränen DDR zu gefährden." Bei einem Besuch des französischen Außenministers Dumas in Moskau am Tag darauf, äußerte er seine „große Sorge über Bemühungen, die deutsche Wiedervereinigung zum Thema aktueller Politik zu machen." Dagegen sagte Daschitschew DPA am 12. 11., der Mauerfall sei ein sichtbares Zeichen des Zusammenbruchs des Status Quo in Europa, und sprach sich für einen evolutionären Prozess aus. Erst wenn eine neue Friedensordnung errichtet sei, könne er sich eine deutsche Konföderation vorstellen. Am gleichen Tage lehnte der sowjetische Vize-Außenminister Karpow Vier-Mächte Verhandlungen über Deutschland ab, solange die DDR dazu noch nicht bereit sei. Im Effekt brachte er also nun öffentlich ein Nachdenken über ein Forum für operative Deutschland-Verhandlungen in Gang. Wir wussten aber schon seit dem Gespräch des Botschafters mit Kowaljow, dass die Sowjets sich darüber Gedanken machten. .

In diesen Tagen verbreiteten westliche Nachrichten-Agenturen eine Meldung über Äußerungen zweier hoher sowjetischer ZK-Funktionäre in den USA. Sie hatten gesagt, die deutsche Frage stehe nun wieder auf der Agenda, auch wenn eine Reihe von Politikern in West und Ost dies nicht wahrhaben wollten. Diese Meldung führte im Moskauer diplomatischen Corps zu erheblicher Aufregung, weil sich manche fragten, ob unsere früheren Hinweise an unsere Kollegen, die Dinge kämen in Bewegung, möglicherweise doch richtig gewesen waren. Der amerikanische Botschafter Matlock, der ein ausgewiesener Fachmann unter Sowjetologen war, gab dann die Parole aus, die beiden Sowjets hätten wohl kaum gewusst, was sie da vor der Presse machten. Ich war anderer Meinung, denn diese Hinweise passten zu Dachitschews Bemerkungen jener Tage und zeigten vor allem den von mir seit dem Frühjahr zunehmend befürchteten sowjetischen Versuch, uns mit Verhandlungsbereitschaft über die deutsche Frage von unseren westlichen Verbündeten zu trennen. Und dass es dazu Ansatz-Punkte gab, zeigte sich in Mitterands Ankündigung vom 15. 11., er werde bald die DDR besuchen.

Ich ließ mir deshalb die Karteikarten über die beiden ZK-Funktionäre, die von den Agenturen zitiert worden waren, aus unserem Archiv kommen. Sie hießen Schischlin und Gratschew, und ich stellte fest, dass Schischlin seit Jahren öffentlich aufgetreten war, u. a. war er Pressechef der Moskauer Olympiade 1980 gewesen und hatte lange in der ZK-Abteilung für internationale Propaganda gearbeitet. Gratschew war offenbar der Frankreich-Spezialist des ZK-Sekretariates und hatte Gorbatschow als Pressesprecher während seines kürzlichen Frankreichbesuchs begleitet. Sie waren also beide keine heurigen Hasen, sondern im Umgang mit der westlichen Presse erfahren. Mein darauf folgender Bericht, dass es sich um zwei Profis handele, die mit viel Presseerfahrung sicherlich gewusst hatten, was sie taten, wurde nach einigen Tagen des Schmorens Gegenstand einer intensiven Debatte in der Morgenrunde, die leider ohne Ergebnis blieb, so dass der Bericht nicht abging. Mir schien es aber entscheidend wichtig, Bonn aufzufordern, nun ohne Zögern in Paris und London unser ganzes Gewicht einzusetzen, um den sowjetischen Trennungsversuch zu vereiteln. Zurück in meinem Büro wurde mir eine weitere Agentur-Meldung hereingereicht. Jakowlew, also die Nr. zwei im Politbüro, hatte auf einer Japanreise genau das Gleiche gesagt wie Schischlin/Gratschew in den USA. Bei seiner Pressekonferenz in Tokyo hatte er laut Tass am 15. 11. erklärt, die Veränderungen in Polen, Ungarn und der DDR bedrohten niemand, außer denen, die sich noch nicht demokratisiert hätten. Es seien „normale und gesunde Prozesse" und hätten „mit dem Zusammenbruch des Sozialismus nichts zu tun... Die Wiedervereinigung ist Sache der Deutschen, in die Moskau sich nicht einmischen wird." Er behauptete auch, die USA, Frankreich und Großbritannien versuchten, die SU zur Bremsung der Entwicklung in Deutschland zu veranlassen. Jetzt war es offensichtlich. Hier wurde mit Bedacht versucht, uns von unseren Verbündeten zu trennen, indem behauptet wurde, sie seien, anders als die SU, gegen die Wiedervereinigung. Abgesehen davon wurde der Wille erneut sichtbar, die Lawine immer weiter und immer breiter den Berg hinunter zu treiben. Nun wurden von Jakowlew auch die noch zurückgebliebenen Regime in der Tschechoslowakei, Bulgarien und Rumänien mit der Forderung konfrontiert, sich zu demokratisieren.

Deshalb bedrängte ich den Botschafter erneut, Bonn mit der Erläuterung des offenbar abgestimmten Vorgehens der drei hohen ZK-Funktionäre zu alarmieren, was mir leider nicht gelang. So nutzte ich eine der Sitzungen im EU-Kreis, in der die Erklärung Matlocks diskutiert wurde, um meinen Kollegen zu erläutern, dass Schischlin und Gratschew mit größter Wahrscheinlichkeit die politische Tragweite ihrer Äußerungen zur deutschen Frage bewusst gewesen war und wir vor dem nun offensichtlichen Versuch standen, die Bundesrepublik von ihren Hauptverbündeten mit dem Argument zu trennen, diese seien gegen die Wiedervereinigung. Ich sehe noch heute meine britischen Kollegen, David Logan und Roderic Lyne, von denen ich manchen nützlichen Hinweis bekommen hatte, vor mir, wie sie sich eifrig Notizen von meinen Erläuterungen machten. Sie meldeten sich daraufhin zwar nicht zu Wort, ich war aber froh, dass London mit ziemlicher Sicherheit unterrichtet werden würde. Dort musste man doch begreifen, was gespielt wurde.

Am gleiche Tage erfuhren wir von einer Rede, die Gorbatschow vor dem „Allunionsforum" sowjetischer Studenten in Moskau gehalten hatte. Sie enthielt ein grundsätzliches Ja zur Wiedervereinigung. Das sei aber keine Frage aktueller Politik. „Ich glaube, dass alle, sowohl die europäische wie die Weltgemeinschaft, an Stabilität interessiert sind, daran, dass sich im Rahmen dieser Stabilität und einer normalen Entwicklung des Helsinki-Prozesses Europa und die Welt entwickeln." Wir hatten dazu zunächst nur eine kurze und durch die Betonung der mangelnden Aktualität der Wiedervereinigung eher negativ wirkende Meldung des englischen Dienstes von Tass. Es gelang uns jedoch, von einer befreundeten Botschaft die einschlägige Meldung des russischen Dienstes von Tass zu bekommen. Sie war erheblich ausführlicher und zeigte, dass Gorbatschow sich erstaunlich positiv zur Wiedervereinigung geäußert hatte. Insbesondere hatte er gesagt, „Überlegungen in Bezug auf die Wiedervereinigung würden Einmischung in die inneren Angelegenheiten der BRD und der DDR darstellen."

Damit wurde das „Recht auf freie Wahl" auf die Wiedervereinigung angewendet und diese als „innere Angelegenheit" in das alleinige Ermessen der beiden deutschen Staaten gestellt. Eine sensationelle Aussage aus sowjeischem Mund, wo doch so oft noch von der DDR als strategischem Verbündeten gesprochen und das eigene Mitentscheidungsrecht so betont wurde. Die Streichung dieser Passage sowohl im englischen Dienst von Tass wie in der Prawda des nächsten Tages bewies sowohl ihre Bedeutung wie ihre Sensibilität. Wir berichteten jetzt entsprechend.

Im Folgenden zeigte sich immer wieder der Versuch der Sowjets dem jeweiligen Publikum im Ausland oder Inland spezifisch auf sein Verständnis abgestimmte Positionen zu vermitteln. Dabei sollte dem sowjetischen Publikum die Außenpolitik so erklärt werden, dass dadurch nach außen die Schwäche der sowjetischen Position nicht erkennbar wurde. Dies war eine für unsere Analysen wesentliche Erscheinungsform der Entwicklung der sowjetischen Politik, aus der sich Rückschlüsse auf die wahre sowjetische Position ziehen ließen. Jedenfalls, Gorbatschow und Jakowlew hatten jetzt Wiedervereinigung zu einer alleinigen Sache der Deutschen erklärt. Und natürlich machten wir Bonn auf diese unerhörte Wendung aufmerksam.

Dieser Entwicklung entsprach eine weitere Rede des Bundeskanzlers am 16. 11. mit dem Angebot zu umfassender Hilfe für die DDR, wenn es dort zu umfassenden Reformen komme. „Wir sind noch weit von Selbstbestimmung. Die Menschen in der DDR müssen selbst über die Frage der Einheit entscheiden." Am 17. 11. antwortete Modrow darauf mit dem Vorschlag einer „Vertragsgemeinschaft". Also keine Wiedervereinigung, sondern Erhalt der DDR durch massive Hilfe von uns. War das das „Sonderverhältnis", von dem mir Fjodorow gesprochen hatte?

Zu Jakowlews Aufforderung zu weiterer Demokratisierung passte, dass am 17. 11. in Prag die seit langem erste genehmigte Studentendemonstration stattfand, es ging um die Erinnerung an einen von den Nazis ermordeten Studenten, Jan Opletal. Nachdem sie jedoch plötzlich von ihrem genehmigten Weg abwich und sich in die Innenstadt zum Wenzelsplatz gewendet hatte, wurde sie von der Polizei mit massiver Gewalt zerschlagen. Es gab sofort Gerüchte, angeblich aus dem Geheimpolizeimilieu, dass es einen Toten gegeben habe, die auch von den sowjetischen Agenturen gemeldet wurden. Besonders ausführlich war dabei ein neuer sowjetischer Dienst, „Interfaks", den ich seit seiner Gründung vor einigen Monaten las. Er verbreitete seine oft Interna bringenden Meldungen per Faks. Sie deckten die gesamte sowjetische innen- und außenpolitische Landschaft ab und schienen zuzutreffen. So fragte ich mich, woher dieser Dienst von einem Tag auf den anderen ein offenbar umfangreiches Netz von Korrespondenten hatte und wie er sich finanzierte, denn er kostete wenig. Auf Grund der offenbar zutreffenden Meldungen von Interna lag die Vermutung nahe, dass die Hintermänner die Quellen des Sicherheitsapparates anzapfen konnten.

Vor dem Hintergrund meiner Beobachtungen der Auslösung der Revolutionen von Oben in den anderen Warschauer-Pakt-Staaten suchte ich natürlich auch in den tschechoslowakischen Ereignissen nach Indizien für eine solche Aufstachelung von oben des sich unten entwickelnden Freiheitswillens der Bevölkerung in Prag. Die Berichterstattung von Interfaks suggerierte einen solchen Ablauf. Da war zunächst die Frage, wieso dieses Mal eine absehbar große Studentendemonstration genehmigt worden war. Schon die Person und Befugnis des Genehmigenden, der Chef des kommunistischen Jugendverbandes, Mohorita, war ungewöhnlich. Was hatte er mit einer Frage der inneren Sicherheit zu tun? Bekannt war immerhin, dass in den dem „Modell" folgenden Staaten die Chefs der Jugendverbände wie Andropow, Honecker und Krenz hinterher oft leitende Funktionen im Sicherheitsapparat übernahmen. Da war zweitens die Frage, wie sich die Demonstranten entschlossen hatten, vom geplanten Weg abzuweichen und sich in Richtung Innenstadt und Wenzelsplatz zu wenden, also die Konfrontation mit den Machthabern zu suchen, und da war drittens die Frage nach dem Toten, da in den Tagen danach sich widersprechende Meldungen der Medien nicht nur in der SU zu der Frage eintrafen, ob es tatsächlich einen von der Polizei erschlagenen Studenten gegeben hatte. Interfaks war deutlich bemüht, alle drei Fragen als ungeklärt herauszustellen und schürte so die Provokationsthese.

Am gleichen Tage brachte Nowosti ein Interview mit Portugalow. Die Deutschen hätten ein Recht auf ein Sonderverhältnis der beiden deutschen Staaten. Eine Vertragsgemeinschaft sei möglich, die Wiedervereinigung verfrüht und mit Erfordernissen der Stabilität geopolitisch und geostrategisch nicht vereinbar. Die DDR stehe nicht zur Disposition. Portugalow bremste also mit einer nach außen gerichteten Botschaft.

Praktisch gleichzeitig hielt Schewardnadse vor dem Obersten Sowjet, also nach Innen gewandt, eine Rede, in der er sagte, die Erneuerung der DDR entspreche den Interessen des Sozialismus. Er verteidigte also den sich beschleunigenden Wandel und sprach sich implizit gegen eine Intervention aus. In meinem Bericht dazu stellte ich heraus, dass Schewardnadse zwar einseitige Veränderungen des Status Quo abgelehnt, jedoch die Möglichkeit friedlicher, einvernehmlicher Veränderungen im gesamteuropäischen Kontext bejaht hatte.

Am Abend hatten dann Frau Süssmuth, die Präsidentin des Deutschen Bundestages, und Herr Fabius, Präsident der französischen Nationalversammlung, Gesprä-che in Moskau. Sie waren vom Parlamentsreferenten des AA, meinem alten Studienfreund Wolfgang Ischinger, begleitet, später Staatssekretär und Bot-schafter in London, Paris und Washington, der mir kurz das Wichtigste erzählte. Es war eine Bestätigung der Aussagen Gorbatschows vor den Studenten: Die Wiedervereinigung stehe nicht auf der Tagesordnung, aber man müsse das Recht jeden Volkes respektieren, u. a. das Recht auf die Wahl seines eigenen Entwicklungsweges, ohne dass irgendein Druck von außen ausgeübt werden dürfe.

Am 18. 11. wurde in Prag, ausgelöst durch die Studentendemonstration des Vortages und die Nachricht von dem Toten dabei, das „Bürger-Forum" mit Havel an der Spitze gegründet, ohne dass die in einem Theater Versammelten sofort verhaftet wurden. Die Schauspieler streikten wegen des Toten und riefen für den 27. zum Generalstreik auf. Am 19. 11. nahmen auch Vertreter der tschechoslowakischen Blockparteien an den anschwellenden Diskussionen im Bürgerforum teil, verschoben sich also weg von der Partei hin zu den Reformern und die Forderung nach Rücktritt von Partei- und Staatsführung wurde laut.

Am 18. 11. beschloss das Europäische Parlament eine Resolution, die Bürger der DDR hätten das Recht zum Beitritt zur Bundesrepublik – und damit zur EU. Damit wurde deutlich, dass der DDR im Falle der Wiedervereinigung keine langwierigen Beitrittsverhandlungen bevor standen, wie sie sonst bei Beitrittskandidaten erforderlich sind. Wir erfuhren bald darauf, dass der Bundeskanzler auf einer Sondertagung des Europäischen Rates am 18. von Mrs. Thatcher mit der Position konfrontiert worden war, die Erklärungen der NATO zur Wiedervereinigung der vergangenen Jahrzehnte, die wir regelmäßig in den Kommuniques der Ministertagungen und Gipfeltreffen untergebracht hatten, gälten nicht mehr. Ich war zum ersten Mal über unsere Verbündeten entsetzt, ihre bisherigen Bremsversuche waren ja allenfalls noch zu verstehen, aber jetzt waren sie drauf und dran, in das doch so evidente, offene Messer Gorbatschows zu laufen.

Am 19. 11. erklärte sich Georgien für „souverän".

Am 20. 11. waren bei der inzwischen regelmäßigen Leipziger Montagsdemonstration die Rufe „Wir sind ein Volk" genau so zu hören wie „Wir sind das Volk."

Am gleichen Tage veranstaltete das Außenministerium wieder einmal ein Briefing von Perfiliew: „Fragen, die die Beziehungen der sozialistischen Staaten zu Westeuropa betreffen, müssen natürlich gemeinsam gelöst werden und nicht einseitig." Bondarenko versuchte also wieder, die Politik der Spitze des Politbüros mit Gorbatschow, Jakowlew und Schewardnadse zurückzunehmen, die den Deutschen das alleinige Recht zur „freien Wahl" zugestanden hatten. Die Belege für einen Kampf verschiedener deutschlandpolitischer Gruppen erhärteten sich täglich. Dabei wurde aber die Gruppe, die, wenn auch unter Kautelen, immer mehr die Wiedervereinigung zum Thema machte, stärker und hatte auch die ranghöchsten Sprecher.

Die Kollegen aus Prag berichteten nun täglich. Die Demonstrationen in Prag weiteten sich nach der unsicheren Meldung über den Tod des Studenten von Tag zu Tag aus und wurden am 21., 22. und 23. nicht mehr von der Polizei gestört. Am 23. gab es erste Gespräche des Bürgerforums mit dem Ministerpräsidenten Adamec. Am 24. trat das gesamte Politbüro und ZK-Sekretariat in Prag zurück. Auf der Großdemonstration dieses Tages von 250.000 Demonstranten sprach Havel gemeinsam mit Dubček. Dort wurde auch eine Botschaft von Kardinal Thomasek verlesen. „Wir sind von Ländern umgeben, die die Schranken des Totalitarismus zerbrochen haben. Wir können nicht mehr warten. Wir brauchen eine demokratische Regierung." Jetzt hatte die Lawine auch in der Tschechoslowakei eine unwiderstehliche Wucht erreicht.

Vom 23. zum 26. besuchte der neue polnische Regierungschef Mazowiecki Moskau. Gorbatschow sagte dabei: „Die Beziehungen waren noch nie so gut." Mazowiecki sagte seinerseits ja zum Selbstbestimmungsrecht des deutschen Volkes. Dies sei jedoch keine Frage des heutigen Tages. Das sagte er auch, seinen Gastgebern ein Stück, aber nicht ganz entgegenkommend. Schon morgen, wenn nicht heute, konnte es anders sein.

Gorbatschow schlug in jenen Tagen vor, 1990 einen KSZE-Gipfel zu veranstalten, offenbar um den Veränderungen der letzten Monate im Warschauer Pakt einen internationalen Rahmen zu geben, was mich darüber nachdenken ließ, ob das auch der Zeitrahmen für die deutsche Entwicklung sein sollte. Jedenfalls wurde hier nun der Versuch erkennbar, die Lawine in ein festeres Bett zu lenken.

Gleichzeitig nahte der amerikanisch-sowjetische Gipfel von Malta Anfang Dezember heran und so entwarf ich am 23. 11. wieder einmal einen längeren Bericht „Sowjetische Westpolitik vor dem Malta-Gipfel", um den Bonnern bei der Erarbeitung einer Basis für vorherige Gespräche des Bundeskanzlers mit Bush zu helfen, so dass die Amerikaner in Kenntnis unserer Analyse in die Gespräche mit den Sowjets gehen konnten. Der folgende Bericht war ein Gemeinschaftswerk des Botschafters und mir:

1. „Helsinki II" und „Transformation, nicht Liquidation" der Gegebenheiten, auch der Bündnisse, sind die Schlüsselbegriffe des sich entwickelnden sowjetischen Konzepts für die Stabilisierung des rapiden Wandels in Mittel- und Osteuropa. Ihre sich häufende Verwendung durch Gorbatschow in der nicht abreißenden Serie der Gespräche mit hochrangigen Besuchern in den letzten Wochen zeigt, dass die SU unter Gorbatschow inzwischen nicht mehr als Status Quo-Macht bezeichnet werden kann.

2. „Stabilität" und „Ruhe" sind zwar nicht weniger häufig zu findende Worte. Sie bezeichnen aber inzwischen nicht mehr das Ziel der sowjetischen Politik der bedingungslosen Verteidigung der „Nachkriegsordnung", sondern sind Ausdruck der Forderung, bei der im Gange befindlichen Veränderung dieser Nachkriegsordnung „ruhig" und „vernünftig" vorzugehen, d. h. vor allem „nicht einseitig" und „im Konsens" die „Erbschaft der Geschichte", d. h. die „Teilung Europas" zu überwinden, von der die „deutsch-deutschen Fragen" nur „ein Glied" sind.

3. Zwar fehlt es bisher an näheren Erklärungen von autorisierter Seite, welche konkreten Vorstellungen hinter diesen Darlegungen von Gorbatschow und Schewardnadse stehen. Dennoch ergeben sie vor dem Hintergrund der rasch voranschreitenden Emanzipationsbewegungen in Mittel- und Osteuropa und in der Vorbereitung des Gipfels von Malta den erkennbaren Versuch, von der westlichen Seite eine politische Legitimation einer neuen Struktur in Mittel- und Osteuropas zu gewinnen, die sowjetischen Sicherheitsinteressen Rechnung trägt, den Bestand der SU sichert und wirtschaftlicher Hilfe des Westens auch an die SU den Weg öffnet.

4. Dieses massive sowjetische Interesse ist insbesondere die Konsequenz des laufenden Verlustes des politischen Werts der sowjetischen militärischen Präsenz in Mittel- und Osteuropa. Die SU hat auf den Einsatz dieser Streitkräfte zur Erzwingung von Konformität verzichtet. Dieser Verzicht ist auch glaubwürdig, da ein Einsatz alle Chancen zu einer umfassenden Zusammenarbeit des Westens mit der SU und auf Entlastung durch Abrüstung auf lange Zeit zerstören würde.

5. Angesichts des diesem Verzicht auf Gewalt folgenden Funktionsverlustes dieser Streitkräfte und dem Fehlen einer glaubwürdigen Bedrohung durch die NATO ist es nur eine Frage der Zeit, bis die Völker der bisherigen Mitgliedsstaaten des Warschauer Paktes den Abzug der sowjetischen Truppen verlangen werden. Denn sie sehen, bei allen Problemen untereinander, in diesen Truppen in erster Linie nicht einen Schutz vor NATO-Truppen, sondern die eigentliche Bedrohung. Sie können nicht hoffen, dass zukünftige sowjetische Führer sich bezüglich ihres Einsatzes selbst ähnlich die Hände binden. Dies ist der sowjetischen Führung bewusst. Sie wird deshalb, und dies schlägt sich in der Forderung nach „Helsinki II" nieder, zu handeln versuchen, bevor die Entwicklung in Mittel- und Osteuropa die sich bildende Zwickmühle, die ihre Präsenz gefährdet, endgültig schließt.

6. Die Suche nach einem Ersatz für den Warschauer Pakt muss in dieser Lage zwangsläufig über Absprachen mit dem Westen laufen, die durch Legitimation andauernder, wenn auch eventuell stark reduzierter amerikanischer Präsenz eine politische Basis für vergleichbare sowjetische Präsenz schaffen. Dazu sollen beide Bündnisse offenbar so etwas Ähnliches wie Suborganisationen eines gemeinsamen europäischen Sicherheitssystems werden.

7. Aus diesem Ansatz folgt, dass die SU kein Interesse an der Verdrängung der amerikanischen Präsenz und auch kein Interesse an einer Antagonisierung von Frankreich und Großbritannien wegen deren Status als nuklearen Mächten hat. Sie braucht ihre Präsenz und Mitwirkung an diesem Gesamtsystem genauso im ökonomischen Bereich, in dem es nicht im sowjetischen Interesse liegt, auf das sich allmählich zusammenschließende Deutschland als einzigem potenten und gleichzeitig kooperationswilligen Partner im Westen angewiesen zu sein.

8. Dieses Interesse an umfassender Kooperation ist aber die eigentliche Triebkraft der sowjetischen Außenpolitik. Es entspringt dem Willen, den Anschluss der SU an den Entwicklungsstand moderner Staaten des Westens zu schaffen. Dieser Wille ist der Motor der internen Demokratisierung der SU, die ihrerseits nolens volens die SU zur Hinnahme ähnlicher Prozesse in den Warschauer-Pakt-Staaten veranlasst hat.

9. Der Versuch der Legitimierung sowjetischer Sicherheitsinteressen mit Hilfe des Westens ist aber nicht nur der Versuch, aus der Not des Machtverfalls im Warschauer Pakt eine Tugend zu machen. Die Nationalitätenprobleme in der SU sind vielmehr inzwischen tatsächlich dabei, den Bestand der Union in ihrer gegenwärtigen Ausdehnung zu bedrohen. Es ist keineswegs sicher, dass die Republiken im Kaukasus und vor allem im Baltikum bereit sind, freiwillig bei der Union zu bleiben, wenn diese nur den Zwangscharakter ihrer Bildung in den zwanziger Jahren anerkennt. Gerade für das Baltikumproblem sind daher territoriale Besitzstandsgarantien des Westens in indirekter Form, wie etwa einer Bestätigung der europäische Grenzen, für Gorbatschow von großem innenpolitischen Wert.

10. In der Zunahme der Diskussion über die Eignung eines westlichen „Marshall-Plans" für die SU in den sowjetischen Medien sowie insbesondere in der allmählich stärkeren Erwähnung der Führung, wenn auch bisher in der Form, dass man auf Almosen nicht angewiesen sei, wird aber deutlich, dass Gorbatschow und seine Mannschaft ein solches Gesamtsystem auch brauchen könnten, um nicht nur Diskriminierungen zu beseitigen, sondern echte Hilfe zu erhalten. Das beginnende Interesse an, bisher vom Westen Entwicklungsländern vorbehaltenen, staatlichen Garantien von Krediten ist ein bezeichnendes Symptom. Es folgt inzwischen auch nicht mehr lediglich dem den Gesamtprozess auslösenden und tragenden Interesse an einer Wiedergewinnung des Anschlusses an den Westen, sondern ist immer stärker die Konsequenz eines sich verschärfenden Versorgungsnotstandes.

11. Die SU sieht sich selbst in dieser Lage fast auf ganzer Linie in einer Position der Schwäche. Sie fürchtet, dass sich die USA sich auf eine Lebensversicherung für den Warschauer Pakt durch seine Verknüpfung mit der NATO zu einem Gesamtsystem der Sicherheit nicht einlassen, die Erosion der sowjetischen Position in Mittel- und Osteuropa, eventuell sogar im Baltikum, abwarten und u. U. sogar noch verstärken würden. Gleichzeitig sitzt die Sorge tief, dass die Deutschen, gerade weil sie das Gegenteil beteuern, die seit 1945 noch nie so günstig erscheinende Lage ausnutzen könnten, um ihre nationale Frage zu forcieren.

12. In dieser Situation baut Gorbatschow und seine Mannschaft auf den Verstand des Westens, d. h. auf die Erkenntnis, dass ein weiteres Abgleiten der sowjetischen Position entweder ihn zu einem radikalen Wechsel seiner Politik zwingen oder, nach inneren Auseinandersetzungen, eine neue Führung an die Macht bringen könnte, die eine radikal veränderte, d. h. die alte sowjetische Politik betreibt. Während vor einiger Zeit eine dynamische Außenpolitik (z. B. INF-Abkommen) ein Mittel der Kompensation für das

Ausbleiben innerer, wirtschaftlicher Erfolge war, tritt jetzt deutlich die Sorge in den Vordergrund, dass eine nicht mehr ganz kontrollierte außenpolitische Dynamik die innere Stabilität negativ beeinflusst.

13. Gorbatschow hofft dabei, dies ist die Folge seiner Eindrücke bei uns, die stark gewesen sein müssen, wohl vor allem auf uns, da wir nur in einer Gesamtregelung die Aussicht haben, unser nationales Problem dauerhaft lösen zu können. Er setzt gleichzeitig auf das Interesse von Frankreich und Großbritannien, eine übermäßige deutsche Position zu verhindern, auf das er in seinen Gesprächen wohl gestoßen ist. Alle Hinweise von sowjetischer Seite, dass es aber gerade diese Staaten seien, die die deutsche Einheit nicht wollten, machen aber deutlich, dass die SU inzwischen nicht mehr glaubt, sich ihrerseits dagegen exponieren zu müssen. Die SU ist einerseits in der vorteilhaften Lage, dort, wo sie Zeit braucht, weitgehend durch andere bremsen lassen zu können, aber auch zu wissen, dass eine Beschleunigung, sollte eine solche ihr Vorteile bringen, letztlich in ihrer Hand liegt. Andererseits legt sie sich gewiss die für ihr Gewicht höchst bedeutsame Frage vor, ob – objektiv und in der Perzeption (einiger) westlicher Staaten – noch die bisher unbezweifelte Prämisse stimmt, dass nämlich der Demokratisierungsprozess in Mittel- und nichtsowjetischem Osteuropa unauflöslich mit der Perestroika in allen ihren Facetten in der SU verbunden ist. Vieles spricht dafür, dass dies nicht mehr der Fall ist, dort vielmehr der point of no return auch dann überschritten bleibt, wenn es in der SU selbst zum Rückschlag käme. Trifft dies zu, wäre das Interesse an der SU zumindest bei denen reduziert, für die die Grenze Europas am Bug liegt. Das Klassenziel der kleineuropäischen Demokratisierungsmission wäre also schon erreicht, die SU im Grunde (wenn auch noch unter Berücksichtigung ihrer Größe und Masse) marginalisiert. Dass eine solche Schlussfolgerung für die SU nicht nur nach ihrem (macht-)politischen Selbstverständnis, sondern auch für die gegenwärtige Führung wegen ihrer mannigfaltig begründeten Politik der Europäisierung der SU unerträglich sein muss, liegt auf der Hand. Sie wäre, käme sie zur Wirkung, das Ende dieser Politik und ihrer Exponenten. Die SU hat zumindest zwei Hebel, die sie gegen eine solche Tendenz einsetzen kann:

— Die mehr oder weniger diskrete Demonstration, dass ohne sie in der blockübeegreifenden und mit der Demokratisierung in der DDR, Polen usw. nicht identischen deutschen Frage nichts geschehen kann, aber alles, wenn sie sich dazu in Übereinstimmung mit dem Willen und den Gefühlen der Deutschen entscheiden sollte. Dies angesichts der Tatsache, dass sie als europäische Macht bei ihrer Größe vom Argument der zu vielen 80 Mio. Deutschen eigentlich nicht sehr zu beeindrucken ist.

- Die relative Sicherheit, dass wenigstens die Deutschen das wissen und es bei der Definition ihrer Interessen und ihres substantiellen Engagements ins Kalkül einbeziehen (obgleich einige Töne aus der deutschen Wirtschaft in allerletzter Zeit, jetzt sich in der näherstehenden und „leichteren" DDR auf Kosten der schwierigeren SU engagieren zu wollen, hier doch etwas irritiert haben.) Recht autoritativen Äußerungen, nach denen die sowjetische Führung in der Bundesrepublik das westliche Land mit der weitaus größten Fähigkeit des Verstehens, was die SU heute sei und was sie politisch wolle, sehe, haben hier ihren Platz.

14. Gleichzeitig sieht die SU, dass jenes britisch-französische Schutzschild gegen die Entwicklung in Deutschland fallen dürfte, wenn Bedingungen, die es jetzt noch politisch legitimieren, wie die Nichtanerkennung der Oder-Neiße-Grenze, brüchig werden. Die Hauptunbekannte in diesem Kalkül ist deshalb die Geschwindigkeit der Abläufe in der DDR, bzw. die Ungewissheit, ob ihre Bevölkerung diesen Staat in neuer Form noch tragen würde, was die SU derzeit angesichts seines Mangels an historische Identität wohl kaum glaubt, oder ob sich zunächst Sachsen, Thüringen, Brandenburg und Mecklenburg wiederentdecken, und dann eine neue Föderation nicht mehr aufzuhalten ist. Es fällt auf, dass in allen Äußerungen zur deutschen Frage, „nicht in den jetzigen Gegebenheiten, aber...", auch in persönlichen Gesprächen Zeitspannen, in denen sich das letztlich für unvermeidbar gehaltene „aber" sich realisieren könnte, nicht mehr erwähnt werden (anders als soeben noch Frau Thatcher). Es kommt darauf an, die Rahmenbedingungen geschaffen zu haben, bevor elementare Ereignisse eintreten, die eben – diese Erfahrung hat man am 9. 11. gemacht – nicht absolut auszuschließen sind. Daneben (und überhaupt nicht nachrangig) mag die Überlegung eine Rolle spielen, dass der Druck der deutschen Frage die Schaffung solcher Rahmenbedingungen fördert, die – ganz abgesehen vom deutschen Aspekt – im dringenden materiellen Interesse der SU liegen, siehe oben 8 tund 10. Diese materielle Interesse wird in entscheidendem Maße nur mit deutscher Kooperations-bereitschaft zu befriedigen sein.

15. Die gesamte Interessenlage der SU, aber auch der Charakter Gorbatschows sprechen dafür, dass er schnell vorangehen will. Der Gipfel von Malta ist der passende Ort. So wird es wahrscheinlich, dass die SU dort
   - gegen politische Legitimation des Warschauer Paktes in einem gesamteuropäischen Sicherheitssystems die weitere Toleranz der Emanzipationsprozesse im Warschauer Pakt anbietet;
   - den Weg zu – jeder – Lösung der deutschen Frage, die sowjetischen Interessen entspricht, offenhält, ohne dass Auswirkungen auf den territorialen Bestand der SU sowie der anderen WP-MS eintreten dürfen;
   - die Beschleunigung des Prozesses der Abrüstung mit Truppenabzügen herbeiführt, um Restkontingente politisch abzusichern."

Das war also unser Gemeinschaftswerk, das am 28. 11. abging. Natürlich etwas lang geworden und nicht in allem kohärent. Das scharfsinnige und differenzierte Denken des Botschafters hatte sich deutlich niedergeschlagen. Allerdings teilte ich nicht seine Auffassung, dass die SU nach Belieben bremsen oder andere bremsen lassen könne. Ihr lief meiner Meinung nach die Zeit davon. Der Bericht war so ein Versuch, die Resultante aus dem innersowjetischen Kampf und dem Ringen der verschiedenen deutschlandpolitischen Faktoren in Moskau während der Monate seit dem Sommer zu ziehen. Meine Absicht, den Bonnern die Geschwindigkeit des sowjetischen Positionsverlustes und den daraus folgenden Zwang zu raschem Vorgehen – die Zwickmühle – zu verdeutlichen, so dass sie auf die Amerikaner noch vor dem Gipfel einwirken würden, kam aber noch genügend heraus.

Am 26. 11. erschien in Moskau ein Grundsatzartikel Gorbatschows in der

Prawda mit seinen grundlegenden ideologischen Vorstellungen. Für mich war dabei verblüffend, wie er implizit an seine Rede zu Lenins Geburtstag 1983 mit dem zuvor von Andropow entwickelten Konzept der „Widersprüche" als agens der Reform anknüpfte. „Wir sagen jetzt, dass wir unser gesamtes Sozialsystem radikal reformieren müssen, von der ökonomischen Basis bis zum Überbau einschließlich einer Reform der Eigentumsbeziehungen, des wirtschaftlichen Mechanismus, des politischen Systems." Er sprach sich gegen „bürokratischen Zentralismus" und für „freiwilligen Zusammenschluss der Arbeitskollektive" aus. Das Einparteiensystem muss „auf der gegenwärtigen komplexen Stufe" beibehalten werden, aber die Partei „ muss Pluralismus und Wettbewerb unter den Ideen entwickeln." Es war der für sein gesamtes Vorgehen typische Versuch, durch Verwendung der gewohnten Vokabeln des Marxismus-Leninismus zu verschleiern, dass er damit Unvereinbares vorhatte, nämlich die Zulassung des Privateigentums an Produktionsmitteln, die Abschaffung der zentralen Planwirtschaft und die Beseitigung des Machtmonopols einer straff zentralistisch von oben geführten Einheitspartei. Allerdings fehlte einmal mehr eine Beschreibung eines konkreten Programms, wie diese Ziele erreicht werden sollten, vielleicht weil dann die wahre Zielsetzung allzu klar geworden wäre und seine Gegner in der Führung für solche Offenheit immer noch zu stark waren.

Am 25. 11. waren es in Prag schon 500.000 Demonstranten und das Fernsehen hatte begonnen zu berichten, so dass die große Rede, die Havel dort hielt, überall vernommen werden konnte. Am 26. 11. verhandelte Havel mit dem Ministerpräsidenten Adamec, der jedoch ausgepfiffen wurde, als er nun seinerseits vor der wieder riesigen Demonstration zu sprechen versuchte. Am 27. 11. wurde der Aufruf zum Generalstreik weitgehend befolgt. Am 28. 11. versprach Adamec in den Verhandlungen mit Havel, eine „breite Regierung" zu bilden. Die „führende Rolle" der Partei wurde aus der Verfassung gestrichen. Die sowjetische Botschaft nahm ein Schreiben des Bürgerforums „mit Vergnügen" entgegen und signalisierte so, wo die sowjetischen Sympathien lagen.

Am 26. 11. wurde in Ost-Berlin der Aufruf „Für unser Land" veröffentlicht, der den Willen zur Erhaltung der DDR durch die Suche nach einem reformierten Sozialismus zum Ausdruck brachte. In der uralten, kommunistischen Manier der Volksfronttaktik wurden wieder wie bei der Demonstration am 4. 11. angeblich unabhängige Dichter und Intellektuelle vorgeschickt. Da jedoch bald auch die höchsten Vertreter der SED unterschrieben, fiel kaum jemand auf diesen Täuschungsversuch herein. Die Hauptintention der SED, die Macht zu behalten, war durchsichtig genug.

Am 27. 11. kam Kastrup zu Konsultationen über Berlin-politische Fragen nach Moskau und ich begleitete ihn zu Bondarenko. Es ging um die Erstreckung zweier Schifffahrtsabkommen auf Berlin(West) und die Aufnahme eines Konzerts der Berliner Philharmoniker (sie waren ja aus West-Berlin) in Moskau in unser bilaterales Kulturprogramm für das folgende

Jahr. Bondarenko blieb völlig intransigent und blockte mit kleinlicher Verbissenheit alles ab, trotz der inzwischen fundamental veränderten Lage. Ein Konzert der Philharmoniker durfte nicht Teil eines bundesrepublikanischen Kulturprogramms sein und die Berliner Schifffahrt durfte nicht durch die Bundesregierung vertreten werden. Er war offensichtlich entschlossen, uns zu demonstrieren, dass sich auch nach dem Mauerfall im Grunde genommen nichts verändert hatte. Als wir am Rande über die Bestrebungen zur Wiederschaffung der Länder in der DDR sprachen, und ich ihm erklärte, dass der bisherige Versuch der Zerstörung der historisch-regionalen Identität der Menschen keine Aussicht auf Erfolg habe, die DDR also ein Kunstprodukt sei, reagierte er völlig ahnungslos. Er war tatsächlich der Meinung, dass die Einführung eines straffen Zentralismus nach sowjetischem Vorbild nur dem Fortschritt gedient habe.

Um diese Zeit briefte ich zwei Korrespondenten, die zu mir gekommen waren, um sich vor dem Gipfel von Malta über die deutschen Entwicklungen zu orientieren. Bill Keller, Korrespondent der New York Times, dem ich von meiner Freundschaft zu Serge Schmemann erzählt hatte, und Susan Cornwell, eine Britin, die mit dem Korrespondenten des Independent, Rupert Cornwell, einem Bruder von John Le Carré, verheiratet war und für ein amerikanische Medium arbeitete. Sie wollten vor allem wissen, ob die SU die Erhaltung der DDR durch Reform oder letztlich die Wiedervereinigung wolle. Das war natürlich die Frage aller Fragen und ich erläuterte ihnen meine damalige Arbeitshypothese vom dolus eventualis, also einer offenbaren Bereitschaft der sowjetischen Spitze, dass es im Zuge der Bemühungen um Stabilisierung der DDR durch Reform zu einer nicht mehr aufzuhaltenden Entwicklung zur Wiedervereinigung kommen würde. Ich betonte mit Blick auf den Gipfel, dass der Westen sich nicht überraschen lassen dürfe. Insbesondere sei westliches Zögern gefährlich, fügte ich unter Anspielung auf Thatcher und Mitterand hinzu, weil es zu einer Anti-Westmächte-Stimmung in Deutschland führen könnte. Das aber würde Gorbatschow eine sonst nicht bestehende Stärke geben. Allerdings sei ich überzeugt, dass Gorbatschow letztlich nach einer Lösung mit den USA suche, nicht gegen sie, da er Zugang zu westlicher Hilfe wolle. Es war mir wichtig, dass diese Warnung vor dem sowjetischen Versuch, uns gegeneinander auszuspielen, in die angelsächsischen Medien geriet.

Am 28. 11. war ich wieder einmal der Euphorie nahe. Der Bundeskanzler hielt im Bundestag seine 10 Punkte-Rede, die in der Zielbeschreibung eines deutschen Bundesstaates zwar noch vorsichtig war, aber in der Entwicklung eines Konzeptes zur Transformation der DDR als Voraussetzung für Hilfe Gorbatschow die Initiative zur Gestaltung des weiteren Vorgehens in Deutschland aus der Hand nahm. Unser Zwickmühlen-Telegramm war zwar wohl zu spät gekommen, um auf diese Rede noch Einfluss zu haben, aber es konnte helfen, in den Tagen vor dem Gipfel die Gefahr zu beseitigen, dass Bush von Gorbatschow überwältigt werden würde.

So war ich froh, dass die Amerikaner nun zeigten, dass sie verstanden hatten, was die Glocke geschlagen hatte, als Außenminister Baker am 29. 11. in einem den Gipfel vorbereitenden Presse-Briefing vier Grundsätze für die deutsche Einigung verkündete:
- Selbstbestimmung
- NATO- und EG-Mitgliedschaft
- schrittweise und friedlich
- Unverletzlichkeit der Grenzen.

Am 28. 11. wurde in Prag weiter über eine Koalitionsregierung unter breiter Beteiligung des Bürgerforums verhandelt. Am 29. 11. traten die Verfassungsänderungen in Kraft, mit denen der kurz zuvor abgesetzte Parteichef Jakeš auch seine für die innere Sicherheit entscheidende Funktion als Vorsitzender des nationalen Verteidigungsrates verlor.

Ende November erschien im „Neuen Deutschland" in der typischen KGB-Manier zur Diskreditierung politischer Gegner, die ich im Kampf Andropows gegen den Breschnew-Clan mit seiner „Datschen"-Affaire kennengelernt hatte, eine Artikelserie, in der die Privilegien der Mitglieder des SED-Politbüros – die Häuser in Wandlitz, die Jagd-Häuser und „Datschen" für ihre Kinder und Auslandskonten mit Millionen in der Schweiz – beschrieben wurden. Die nicht klaren Hintermänner versuchten offensichtlich, den Volkszorn auf die alte, abgesetzte Führung der SED zu lenken und beschuldigten sie dazu krimineller Delikte, Korruption und Bereicherung. Ich konnte nicht glauben, dass im „Neuen Deutschland" nun plötzlich unerschrockene Journalisten am Werke waren, die ihre freie Meinung sagten. Das Ganze war offensichtlich vom Sicherheitsapparat inszeniert, um die auftauchenden neuen Leute an der SED-Spitze als Saubermänner erscheinen zu lassen.

Am 29. 11. besuchte Gorbatschow Italien und ich verfolgte seine Pressekonferenz in Mailand genau, um seine Reaktion auf den 10-Punkte-Plan des Bundeskanzlers festzustellen. Sie fiel durchaus gemäßigt aus, was ich auffällig und für uns sehr befriedigend fand. Die Moskauer Reaktion des stellvertretenden Pressesprechers des Außenministeriums Gremitzkich, eines Germanisten, der aus der Bondarenko-Schule stammte, war dagegen scharf ablehnend. Der Bundeskanzler versuche, den Reformprozess in der DDR in nationalistische Bahnen zu lenken. Seine Bedingungen für Wirtschaftshilfe liefen auf Änderung des politischen und wirtschaftlichen Aufbaus der souveränen DDR hinaus, erklärte er. Aus dieser Ecke war nichts Anderes zu erwarten.

Am Tag danach wurde der Besuch Gorbatschows beim Papst im Vatikan vom sowjetischen Fernsehen breit gebracht. Die Szene mit Gorbatschow, der während der Privataudienz dem Papst in dessen Bibliothek gegenüber an dessen Schreibtisch saß und unter dem großen Auferstehungsbild den Kopf zum Papst hinüber streckte, während dieser ihm, leicht zur Seite gewendet, sein Ohr bot, so dass fast das Bild einer Beichte entstand, nahm mir den Atem. Noch überwältigender war dann das folgende Quasi-Interview mit dem Papst, der nach einem Stichwort des sowjetischen Interviewers die Gelegenheit wahrnahm, um in fließendem Russisch, wenn auch mit polnischem Akzent, eine kleine Predigt über die Notwendigkeit der Bewahrung der ewigen Werte zu halten, ohne dass er unterbrochen wurde. Es war kaum zu glauben, dass ihm eine solche Gelegenheit in dem von Brest bis Wladiwostok reichenden Hauptmedium geboten wurde, war doch der Papst bis dahin geradezu der Inbegriff des Dunkelmännertums gewesen, dessen die katholische Kirche in Jahrzehnten fanatischer Propaganda des „wissenschaftlichen Atheismus" beschuldigt worden war. Für das sowjetische Publikum, das so erzogen war, musste diese Ansprache Johannes Paul II. im sowjetischen Fernsehen also ein tiefer Schock sein. Sie hat die breite Masse in der SU wohl mehr als vieles Andere davon überzeugt, dass nun tatsächlich ein tiefgreifender Umbruch im Gange war. Es passte ins Bild, dass kurz vor diesem Besuch Gorbatschows im Vatikan die unierte Kirche in der Ukraine wieder zugelassen worden war, eine offensichtliche Vorbereitung des Besuchs.

Am 1./2. Dezember fand dann der sowjetisch-amerikanische Gipfel auf Malta statt. Wie vorhergesehen schlug Gorbatschow einen KSZE-Gipfel „Helsinki II" und die Verwandlung der Bündnisse in politische Organisationen vor, ohne eine solche Konferenz zur Voraussetzung für eine Lösung der deutschen Frage zu machen. Auf der abschließenden Pressekonferenz äußerte er sich dazu im Vergleich zu früheren Aussagen eher konservativ. Zwei deutsche Staaten seien eine Realität. Das sei eine Entscheidung der Geschichte gewesen. Die Geschichte entscheide selbst über die Schicksale auf dem Kontinent. Zum 10 Punkte Plan des Bundeskanzlers sagte er nur eher milde, er sei gegen „künstliche Beschleunigungen." Mehr über den Gipfel erfuhren wir in Moskau zunächst nicht.

Am 1. 12. strich die Volkskammer die „führende Rolle der Partei" aus der DDR-Verfassung. Am 3. 12. trat Krenz als Parteichef und das ganze SED-Politbüro und ZK zurück. Mir fiel auf, dass Markus Wolf in die Gruppe rückte, die einen Sonderparteitag vorbereiten sollte, was auf eine starke Position des KGB in diesem Gremium schließen ließ. Die zweifellos vom Sicherheitsapparat munitionierte, juristische Diskreditierungs-Kampagne gegen die frühere SED-Führung setzte sich fort. Der ehemalige Wirtschaftszar Mittag und der Gewerkschaftsboß Tisch wurden sogar verhaftet. Und der Chef der Berliner Anwaltsvereinigung, Gysi, wurde Vorsitzender der Untersuchungskommission der Volkskammer, die Amtsmissbrauch und Korruption untersuchen und damit die Kampagne vorantreiben sollte. Er war also der oberste Saubermann, ein Indiz für seinen Hintergrund im Sicherheitsapparat. Die Anwaltschaft gehörte ohnehin, das war bekannt, zu den „Organen", d. h. dem Sicherheitsapparat im weiteren Sinne. Jedenfalls in der SU gab es keine freie Advokatur und in der DDR war dies nicht grundsätzlich anders. Das Prinzip der „Parteilichkeit" war Jahre lang offen als auch für die Anwaltschaft geltend verkündet worden, Parallel zu diesen Konsolidierungsbemühungen der neuen SED-Spitze entwickelte sich die Bürgerbewegung in der DDR aber weiter. Am 3. 12. forderte eine Menschenkette durch die ganze DDR freie Wahlen.

Am gleichen Tage hatte der Bundeskanzler in Brüssel ein Gespräch mit Präsident Bush. Dieser war offensichtlich auf der Seite Kohls auch nach den 10 Punkten. Am 4. 12. folgte dann ein NATO-Gipfel in Brüssel mit einer Rede Bushs, in der er die vier Grundsätze Bakers für die deutsche Einheit bekräftigte und so erkennbar eine andere Position als Thatcher und Mitterand einnahm.

Parallel in Prag schlug Adamec dem Bürgerforum eine Regierung vor, in der 16 von 21 Mitgliedern aus der Partei kommen sollten. Das Bürgerforum fühlte sich so stark, dass es dieses Angebot ablehnte. Am 4. 12. forderte Adamec dann in dem Versuch, die Initiative zurück zu gewinnen, den Abzug der sowjetischen Truppen aus der Tschechoslowakei. Die riesigen Demonstrationen dauerten aber an. In dieser äußersten Zuspitzung der Lage in der Tschechoslowakei, in der Adamec immer noch versuchte, das bisherige System im Kern zu retten, veröffentlichte ein Gipfeltreffen des Warschauer Paktes am 5. 12. in Moskau eine Erklärung der SU, Bulgariens, Ungarns, der DDR und Polens mit einer Entschuldigung für den Einmarsch 1968. Damit ging die SU auf eine wesentliche Forderung des Bürgerforums ein und desavouierte so öffentlich Adamec in den laufenden Verhandlungen. Diese Parteinahme der SU war dann in Prag entscheidend. Am 7. 12. trat Adamec nach seinem zähen, wochenlangen Kampf zurück und in der neuen Regierung waren nur noch acht von 21 Ministern aus der Partei. Den Ausschlag hatte wieder einmal Moskau gegeben. Auf dem Gipfel bekräftigte Gorbatschow zwar die Permanenz der Allianzen, sagte jedoch auch: „Die Geschichte hat gezeigt, wie wichtig es ist, politische Mittel zur Lösung aller Konflikte zu verwenden unter strikter Beachtung der Prinzipien der Souveränität, Unabhängigkeit und Nichteinmischung." Das war mitten in der dramatischen Umbruchsphase im ganzen Warschauer Pakt der erneute Verzicht auf die militärische Intervention.

Unmittelbar im Anschluss an diesen Gipfel kam Bundesaußenminister Genscher nach Moskau zu Gesprächen mit Schewardnadse und Gorbatschow. Wir holten ihn am Spätnachmittag am Flugplatz ab. Am Abend saßen wir mit ihm und seiner Delegation beim Botschafter in der Residenz bei einem Glas Whisky zusammen. Dabei erinnerte sich Genscher zunächst an seine wohl ersten Gespräche in Moskau, als er als parlamentarischer Geschäftsführer der FDP-Fraktion im Frühjahr 1969, kurz vor der Bildung der ersten sozialliberalen Koalition, den FDP-Vorsitzenden Scheel und den Abgeordneten Mischnick begleitet hatte. Er erzählte dabei von einer Kontroverse, die sie bei eben so einem Abend in der Residenz mit dem Botschaftsrat gehabt hatten, der damals die Politische Abteilung der Botschaft leitete und versucht habe, sie von ihren ostpolitischen Konzepten abzubringen, die damals zum Entwurf der Neuen Ostpolitik beitrugen. Dieser ungebührliche Versuch der Belehrung von Politikern durch einen Beamten sei natürlich vergeblich gewesen.

Da er, während er dies erzählte, die ganze Zeit mich ansah, fragte ich mich, ob er vielleicht meinte, ich verhielte mich ähnlich ungebührlich mit meinen Berichten zur großen Politik. Ich fühlte mich von diesem Vorwurf frei. Ich konnte nichts dafür, dass Gorbatschow die Weltpolitik in Bewegung gebracht hatte, genauso wenig dafür, dass das AA mich auf diesen Posten gesetzt hatte und es war doch die Aufgabe meiner Abteilung, über die sowjetische Politik und ihre Konsequenzen für uns zu berichten. Natürlich stimmte es, dass ich mir dabei dauernd den Kopf des Bundeskanzlers zerbrach. Schuld daran, dass ich mir das angewöhnt hatte, war aber Genschers wichtigster Berater, Klaus Kinkel, gewesen, als er uns damals im Planungsstab des AA dazu aufforderte, um Genscher so zu helfen. Das hatte mit Selbstüberhebung, wie Genscher andeutete, nichts zu tun. Wir schuldeten ihm geradezu unsere Beobachtungen und Überlegungen. Er konnte sie jederzeit verwerfen, wenn er sie für falsch hielt, aber es war doch niemand näher an den sowjetischen Ereignissen als wir, die wir uns Jahre lang täglich von früh bis spät um sie bemühten. Von wem konnte der Minister denn besseren Rat erhalten?

Im weiteren Verlauf des Abends taute Genscher dann aber in einer mir völlig neuen und unerwarteten Weise auf. Er beschrieb seine fürchterlichen Erlebnisse zu Ende des Zweiten Weltkrieges, von den Großangriffen der alliierten Bomberflotten auf die Chemiewerke in Leuna und Buna in seiner Heimat bis zu dem entsetzlichen Schlamassel, in das er ganz zu Ende des Krieges geraten war, als sich die Reste der Armee Wenck, der er als blutjunger Soldat angehörte, noch gerade vor Eintreffen der Russen über die Elbe nach Westen gerettet hatten. Der sonst so verschlossene Mann scheute sich sehr sympathisch auch nicht, die Todesangst erkennen zu lassen, die er damals ausgestanden hatte. Er schilderte das so eindringlich, dass ich zu dem Schluss kam, er müsse damals zum Pazifisten geworden sein, entschlossen, alles in seiner Macht zu tun, um Krieg in Deutschland unter allen Umständen zu verhindern. Davon und von dem darin für uns liegenden Risiko tief beeindruckt fuhr ich nach Hause.

An den Gesprächen des nächsten Tages war ich nicht beteiligt, und wartete so mit Kollegen aus Bonn vor der Tür, bis Genscher plötzlich herauskam und entgegen dem Besuchsprogramm in die Botschaft fuhr, um über die entstandene Gesprächssituation in der Kabine zu beraten. Offenbar waren Gorbatschow und Schewardnadse in ihrer Kritik am Bundeskanzler mit seinen 10 Punkten von beispielloser Schärfe gewesen. Ich hörte, Gorbatschow habe von einem Versuch des Kanzlers zum „Diktat" gesprochen und ihn so in gewisser Weise mit Hitler verglichen.

In der Botschaft angekommen schloss mich Genscher zusammen mit einigen anderen Kollegen aus Bonn von der Besprechung aus. Nur der Botschafter und der Gesandte durften von der Botschaft teilnehmen, obwohl Genscher doch wusste, dass die Analysen der sowjetischen Politik aus der politischen Abteilung der Botschaft stammten. Ich hielt es in der entstandenen Lage für entscheidend, ihm darzulegen, dass sich nicht etwa die sowjetische Politik geändert hatte und sich Gorbatschow und Schewardnadse jetzt etwa gegen die von ihnen selbst angestoßene Entwicklung zur Wiedervereinigung stellten, sondern Gorbatschow die Lawine unter allen Umständen selber lenken wollte und nun sah, dass der Bundeskanzler ihm die Initiative aus der Hand genommen hatte. Die Sowjets wollten die Initiative aber unbedingt behalten, um ihre Bedingungen durchzusetzen, die noch nicht endgültig fixiert zu sein schienen und über die mehrere Denkschulen sich stritten, u. U. einschließlich der Forderung nach Neutralität.

So hielt ich nach Ende der Besprechung Genschers Büroleiter, Frank Elbe, ebenfalls ein alter Kollege aus dem Deutschlandreferat, späterer Botschafter in Warschau, in der Kabine fest, um wenigstens ihm meine Gedanken zu unterbreiten. Auch eine – wohl nicht von den entscheidenden Personen getragene – Bemühung um Stabilisierung der DDR durch Reform sei noch im Spiel. Wir sollten uns von der Reaktion Gorbatschows nicht beeindrucken lassen und die Dinge so niedrig wie möglich hängen.

Genau dies tat dann Genscher in seiner den Besuch abschließenden großen Pressekonferenz, so dass die Schwere der Kontroverse den Medien zunächst verschlossen blieb. Als ich ihn hinterher darüber erleichtert ansprach, konnte ich ihm dann doch noch kurz meine Meinung über die grundlegende Bedeutung unseres Gewinns der Initiative ohne jedes konfrontative Auftreten gegenüber den Sowjets beschreiben.

Nachdem ich so die Härte des Zusammenpralls in Genschers Gesprächen gespürt hatte, war ich von der Darstellung überrascht, die Tass am Tag darauf der Öffentlichkeit von den Gesprächen gab. Sie ließ Gesprächsbereitschaft zu den zehn Punkten erkennen. Lösungen müssten im Geiste des „neuen Denkens" gefunden werden. „Die SU ist bereit, das Problem im Geiste des neuen Denkens zu lösen, welches die Achtung der Position der Gegenseite, die Berücksichtigung ihrer Interessen voraussetzt." Mir waren diese kommuniqueartigen Tass-Mitteilungen über Gorbatschows Gespräche mit Ausländern, die dann auf der Seite eins der Prawda abgedruckt wurden und so die ganze SU erreichten, schon lange aufgefallen, weil sie nicht nur den zusammengefassten Inhalt der Gespräche fair wiedergaben, sondern regelmäßig über die Probleme hinausweisende, operative Vorschläge zu ihrer Lösung enthielten und zwar jeweils in einem liberalisierenden und beschleunigenden Sinne. Als ich mich im ZK erkundigte, wer der Redakteur dieser Mitteilungen sei, sagte man mir, dies sei der Büroleiter Gorbatschows, Tschernjajew, der eine wachsende Rolle spiele. Man konnte aber ausschließen, dass Tschernjajew diese Texte vor Veröffentlichung Gorbatschow nicht vorlegte. Sie mussten von ihm gebilligt sein. Dies gab diesen Verlautbarungen in dem sich entwickelnden sowjetischen Stimmgewirr ein besonderes Gewicht, auch weil sich zeigte, dass die sowjetische Politik sich, u. U. nach einer gewissen Phase von Widersprüchlichkeiten, regelmäßig in die in diesen Meldungen von Tschernjajew vorgezeichnete Richtung weiterentwickelte. Insgesamt signalisierten die Sowjets also nach der 10-Punkte-Rede des Bundeskanzlers zwar taktische Verstimmung, aber strategische Verhandlungsbereitschaft über die mit der deutschen Einheit verbundenen Fragen.

Vieles sprach auch dafür, dass hinter dem Zorn über diese Rede des Kanzlers die Germanisten um Bondarenko und Kwizinskij standen. Darauf hatte schon Gremitzkichs Stellungnahme hingedeutet. Gorbatschows erste Mailänder Reaktion war ja eher gemäßigt gewesen, und hatte sich erst nach seiner Rückkehr von Malta, sicher auf der Basis von Vorlagen dieser Germanisten, verschärft. Bezeichnend dafür waren auch scharfe Angriffe gewesen, die der Stellvertreter Mendelewitschs an der Spitze des Planungsstabes des Außenministeriums, Gongadse, an Botschafter Citron, dem Chef unseres Planungsstabes, gerichtet hatte, als sie sich kurz nach der 10-Punkte-Rede in Moskau zu Konsultationen trafen, in denen Gongadse auch seine Wertschätzung für Bondarenko zum Ausdruck gebracht hatte.

Um diese Zeit erreichten uns Informationen aus der Berliner Presse, dass Portugalow dort gestreut hatte, die Direktwahl der Berliner Abgeordneten für den Bundestag sei zwar wegen des Status der Stadt verboten, aber die SU würde wohl keinen großen Krach schlagen, wenn es trotzdem geschähe. Angesichts der darüber sofort in Bonn und Berlin entstandenen Debatte, schrieb ich einen Bericht, in dem ich dringend davor warnte, sich in dieser inzwischen drittrangigen Frage auf eine Auseinandersetzung mit den Sowjets einzulassen. Es gehe inzwischen um die Einheit, in derem Zuge das Problem sich von selbst lösen würde. Es komme aber dabei auf unsere Glaubwürdigkeit als vertragstreuer Partner an. Einige Tage darauf hörte ich aus Bonn, dass Kwizinskij in dieser Sache scharf gegen eine eventuelle Verletzung des Vier-Mächte-Abkommens protestiert hatte. Für mich ein weiteres Indiz, dass Falin/Portugalow eine andere Politik als Kwizinskij/Bondarenko verfolgten. Nicht auszuschließen war auch, dass Portugalow nach den 10 Punkten einen weiteren Krach hatte provozieren wollen. Wir mussten uns aber strikt an die Verträge halten, um Gorbatschow die Durchsetzung neuer Verträge mit uns gegen die Widerstände in Moskau zu erleichtern.

Am 6. 12. trat Krenz als Staatsratsvorsitzender und damit Staatsoberhaupt der DDR zurück. Am 7. 12. wurde in Berlin der „Runde Tisch" eröffnet und der Beschluss zu freien Wahlen im Mai gefasst. Am gleiche Tage begann der Sonderparteitag der SED, auf dem Gysi – trotz des nach außen propagierten Scheins eines Neuanfangs – durch die Doppelabkürzung SED-PDS die Kontinuität mit der SED durchsetzte, sowohl um das Parteivermögen zu retten als auch um den Zusammenhalt der Mitglieder insgesamt zu wahren, als ihre Spaltung wie in Ungarn drohte. Am gleiche Tage wurde Stasi-Boss Mielke verhaftet, bald darauf Stoph, der Ministerpräsident, Axen, der ZK-Sekretär für internationale Beziehungen, und sogar Honecker. Der Versuch der neuen Führer, sich dadurch von ihren Vorgängern an der Partei- und Staatsspitze abzusetzen, war aber durchsichtig und auch nicht ernst gemeint, wie der Verlauf der Verfahren bald zeigte.

Am 6. 12. traf sich Gorbatschow mit Mitterand in Kiew. Die sich an die Gespräche anschließende große Pressekonferenz wurde im sowjetischen Fernsehen live übertragen, so dass ich einen direkten Eindruck gewinnen konnte, der noch klarer war, als ihn die genaue Analyse des Protokolls in der Prawda ergab. Mitterand sagte – dabei war die Körpersprache noch aussagekräftiger als seine Worte – der Prozess der deutschen Einigung dürfe den Veränderungen im Osten, der Stärkung der EU und der Entwicklung gesamteuropäischer Strukturen nicht vorauseilen. Gorbatschow beschrieb im Vergleich dazu weniger Kautelen für die Entwicklung in Deutschland und zeigte sich ihr gegenüber wohlwollender als sein französischer Gesprächspartner. Er postulierte kein Hintereinander von europäischem Prozess und deutscher Entwicklung, sondern sagte flexibler: „im Kontext des europäischen Prozesses müssen wir Antworten erhalten, wie das Problem der Wiedervereinigung von zwei Staaten von Statten gehen wird bzw. zu lösen ist." Wahlfreiheit für die inneren Angelegenheiten gelte auch für die DDR. Der Tenor von Gorbatschows Aussagen zur deutschen Einheit war also „Warum nicht?", während der Mitterands war: „Warum?". Mitterand benutzte auch den Ort des Treffens, um an alte Verbindungen Frankreichs zu Russland anzuknüpfen, so dass Deutschland dann, wie vor dem ersten Weltkrieg geopolitisch, daran dachte er offenbar, wieder in der Mitte, in der Zange, liegen würde. Es war grotesk und gefährlich.

Am 8. 12. kam mein französischer Kollege Michel Duclos zu mir in die Botschaft und wir gingen in die Kabine. Wir hatten uns in den vergangenen Monaten gut kennengelernt und ich hatte von ihm manchen guten Hinweis erhalten, z. B. dass die Franzosen eine ganz hohe Meinung von Gratschew als Frankreich-Verantwortlichem im ZK-Sekretariat und seiner Nähe zu Gorbatschow hatten. Duclos war sichtlich konsterniert, als ich über ihn herfiel. „Was denkt Ihr Euch eigentlich? Kohl gleich Wilhelm II oder Hitler? Er ist ein Katholik aus der Pfalz." Ich warnte ihn also in erhobenem Tone, in die sowjetische Falle zu gehen und sich genau im entscheidenden Zeitpunkt des Kampfes um eine Wiedervereinigung, die die Westbindung bewahrte, von uns trennen zu lassen. Es gebe in der deutschen Politik niemand, der mehr für die weitere europäische Integration eintrete als den Bundeskanzler. Mitterand habe kein Recht, das bedeutendste Ergebnis der europäischen Politik der Nachkriegszeit, die deutsch-französische Aussöhnung, aufs Spiel zu setzen. Die SU schiebe die Einheit an. Nicht wir hätten die Mauer eingerissen. Wir müssten dem entstandenen Druck gemeinsam standhalten, um für uns und den gesamten Westen akzeptable Bedingungen zu erhalten und nicht von der Lawine hinweggefegt zu werden. Schließlich erinnerte ich ihn an Art. 7, Abs. zwei des Deutschlandvertrages mit der Verpflichtung der Westalliierten auf eine Wiedervereinigung, in der die Westintegration erhalten bleibt: „Bis zum

Abschluss einer friedensvertraglichen Regelung werden die Unterzeichnerstaaten zusammenwirken, um mit friedlichen Mitteln ihr gemeinsames Ziel zu verwirklichen: ein wiedervereinigtes Deutschland, das eine freiheitlich-demokratische Verfassung, ähnlich wie die Bundesrepublik, besitzt und das in die Europäische Gemeinschaft integriert ist." Ich war also so massiv, wie ich nur konnte. Es war entscheidend, dass in Paris ankam, dass Frankreich sich in dem bevorstehenden, unausweichlichen Kampf mit aller Kraft an unserer Seite engagierte und die Dämonen der Vergangenheit endgültig überwand, entweder Deutschland geteilt zu halten oder uns über die Versetzung in die geopolitische Mittellage kontrollieren zu wollen.

Am 7. 12. begann in Moskau die erstmalige Veröffentlichung von Solschnizyns „Archipel Gulag" in einer allgemein zugängliche Publikation. Am gleichen Tage strich das litauische Parlament das Machtmonopol der Partei aus der Verfassung. In Bulgarien gründeten die im vergangenen Jahr entstandenen, neuen Organisationen nun eine „Union demokratischer Kräfte", also eine Partei, mit der das Monopol der kommunistischen Partei gebrochen wurde.

Am 8. 12. schlug Schewardnadse den Drei Mächten Gespräche der Vier Mächte über Deutschland vor. Das sowjetische Interesse, die Entwicklung möglichst bald wieder unter Kontrolle zu bekommen, wurde darin sichtbar. Wie wir bald aus Bonn erfuhren, gelang es Kastrup in Beratungen der Bonner Vierergruppe, die Thematik der vier Botschafter auf die Reagan-Initiative von 1987 zur Verbesserung des Luftverkehrs nach Berlin einzuschränken. Die Drei Mächte respektierten also nun doch unseren Willen, uns von Beratungen über das Verhältnis der beiden deutschen Staaten und die deutsche Frage nicht länger ausschließen zu lassen.

Am 8./9. Dezember tagte der Europäische Rat in Straßburg und ich entdeckte am Tag darauf voller Begeisterung, dass es uns gelungen war, den Volltext des Briefs zur Deutschen Einheit als gemeinsames Ziel der EG im Kommunique unterzubringen. Gleichzeitig war der Beschluss zur Einberufung einer Regierungskonferenz der EG über eine Wirtschafts- und Währungsunion gefasst worden, die die Franzosen seit langem forderten, um die Dominanz der D-Mark auf den europäischen Währungs- und Finanzmärkten unter Kontrolle zu bringen. Mitterand glaubte also, uns weiter einbinden zu müssen und setzte so die Währungsunion durch, die wir zur Vertiefung der Integration ohnehin wollten. Für uns also ein glänzendes Geschäft.

Zur gleichen Zeit tagte in Moskau ein ZK-Plenum. Wir hörten von einem deutschen Journalisten mit alten Verbindungen zum ZK-Sekretariat Gorbatschow sei wegen seiner Außenpolitik massiv kritisiert worden. „Wenn der Papst uns lobt, machen wir etwas falsch" hatte einer der Diskutanten ausgerufen, was ich als Bestätigung meiner Analyse der Wirkung der Papst-Ansprache im Fernsehen begriff. Gorbatschow habe dann gesagt: „Wir unterstreichen mit aller Entschiedenheit, dass wir die DDR nicht im Stich lassen." Ich rief Portugalow an, um die Dinge zu klären, und er war bereit, mir am Telefon Auskunft zu geben. „Da ist mal wieder alles verdreht worden." Mit anderen Worten, der Kern der ursprünglichen Information traf zu. Der Abdruck von Gorbatschows Rede am Tag danach zeigte im Übri-gen, dass die Perestroika – entgegen den Beteuerungen zum Recht auf „freie Wahl" – jetzt von ihm vor dem ZK als Vorbild für die WP-Staaten beschrieben worden war, worin der Wille zur Erhaltung einer Vormachtrolle und zur Gestaltung des Hegemonialbereichs nach neuem sowjetischem Muster offengelegt wurde. Aus einem Artikel über das Plenum in Moscow News, dem Perestroika-Blatt für das Ausland, ergab sich, dass die Kritik an Gorbatschows Außenpolitik so scharf gewesen war, dass er mit Rücktritt gedroht hatte, sicher in der Gewissheit, dass dies von der Mehrheit im ZK abgelehnt werden würde. Der Autor des Artikels war der Schriftsteller Granin, von dem wir wussten, dass er Gorbatschow nahestand, seit er diesen auf dem Staatsbesuch bei uns im vergangenen Sommer begleitet hatte.

Gleichzeitig musste die Lawine im gesamten sowjetischen Hegemonialbereich immer in unserem Blick bleiben, denn von ihr gingen erkennbar immer stärkere Rückwirkungen auf die Lage in Moskau aus. Am 9. 12. trat Husák, der tschechoslowakische Staatspräsident, zurück. Am Tag danach setzte ein ZK-Plenum in Sofia den Parteichef Schiwkow ab, nachdem der schon bisher als Kopf der Opposition aufgetretene Außenminister Mladenow ihn scharf kritisiert hatte. Am 17. 12. wurde Mladenow zum neuen Parteichef gewählt. Am gleichen Tage kam es zu schweren Unruhen in Temeschwar in Rumänien wegen des schon aufgefallenen protestantischen Pastors Tökes, der sich nicht versetzen lassen wollte. Die Rede war von einem Massaker, in dem die Sicherheitskräfte hunderte von Demonstranten getötet hätten. Nun hatte die Lawine auch Rumänien erfasst.

Am 9. 12. lehnte Ligatschow bei einer Rede in Tomsk in Sibirien, seiner Heimatbastion, ein Mehrparteiensystem ab. Noch gab er sich also nicht geschlagen. Ministerpräsident Ryschkow legte darüber hinaus ein „Stabilisierungsprogramm" für die Wirtschaft vor, mit dem er klar von allen Ansätzen zu einer Strukturreform und der Freigabe der Preise abrückte. Die Konservativen waren also immer noch stark und wir mussten sie im Auge behalten. Denn sie standen auch für die alte Außenpolitik.

Am 10. 12. gab Schewardnadse ein Interview für CBS, in dem er Ja zur Einheit sagte, aber die Frage stellte, unter welchen Umständen sie stattfinden könne, wann und in welchem Europa. Der „Europäische Prozess" müsse vorher abgeschlossen sein. Er begann damit also die inzwischen zu erwartende und unumgängliche Diskussion, wie und wann die deutsche Frage nun konkret operativ-konzeptionell angegangen werden sollte. Am 11. 12. tagten die Botschafter der Vier Mächte in Berlin im alten Kontrollratsgebäude und der sowjetische Botschafter, Kotschemassow, schlug, wie wir bald darauf aus Bonn erfuhren, regelmäßige Treffen der vier Botschafter vor, um die „Destabilisierung der DDR" durch „gewisse Kräfte" zu verhindern. Die

Drei Mächte gingen darauf jedoch nicht ein. Unsere Ablehnung solcher Bevormundung setzte sich durch. Es war auch unklar, mit welcher Autorität Kotschemassow eigentlich sprach. Schewardnadse war ja offener gewesen und am 12. 12. hatte ein uns bekannter „Wissenschaftler" aus dem IMEMO, Baranowski, in Moscow News einen Artikel mit der rhetorischen Frage veröffentlicht, mit welchem Recht man den Deutschen die Wiedervereinigung versagen könne, wenn sie sie wollten. Am 15. 12. hatte mein alter Gesprächspartner Proektor in Hamburg laut DPA erklärt, die SU werde eine Entscheidung der Deutschen für die Wiedervereinigung akzeptieren. Das bedeutete, dass jedenfalls ein Teil des sowjetischen Sicherheitsapparates die Entwicklung zur deutschen Einheit weiter anschob, meine „SD-Hypothese" bestätigte sich.

Am 11. 12. unterrichtete der Minister den Auswärtigen Ausschuss des Bundestages über seine Gespräche in Moskau wenige Tage zuvor. Gorbatschow habe dabei gesagt, die SU habe die Entwicklung in der DDR nicht nur „toleriert", sondern „angestoßen." Ich hörte dies mit tiefer Befriedigung. Meine Analyse, dass die Entwicklung überall nicht spontan „von unten" gekommen war, sondern dass die Sowjets sie angeschoben hatten, bis die Menschen verstanden hatten, dass sie sich nun gefahrlos erheben konnten, hatte sich bestätigt. Denn was Gorbatschow für die DDR gesagt hatte, traf nach meinen Beobachtungen in allen Warschauer-Pakt-Staaten zu und entsprach demselben Prozess der Revolution „von oben", die die Mannschaft um Gorbatschow auch in der SU selbst in Gang gesetzt hatte.

So wichtig, wie dabei die Entwicklung in Deutschland war, so bedeutete dieses Vorgehen Gorbatschows sogar einen weltpolitischen Umbruch, weil es mit dem Schwund der Macht des Warschauer Paktes die Position der zweiten Weltmacht Sowjetunion in der Auseinandersetzung mit den USA und ihren Verbündeten fundamental veränderte. Dafür sprachen Gorbatschows Reden. Ihm ging es um die Beziehungen zum gesamten Westen und dabei allen voran den Amerikanern. Das hatte sich auch in Malta gezeigt. Gleichzeitig hatte die Lawine aber inzwischen eine derartige Wucht angenommen, dass der in Gorbatschows Mitteilung an Genscher zum Ausdruck kommende Wille zur weiteren Kontrolle der Entwicklung durch ihn selbst immer weniger durchsetzbar geworden war, auch weil inzwischen die westlichen Staaten die Herausforderung erkannt und sich ihr, allen voran der Bundeskanzler, zu stellen begonnen hatten.

Das wurde in einer Rede besonders klar, die US-Außenminister Baker am 12. 12. in Berlin hielt. In ihr entwickelte er ein Konzept zur Herstellung der deutschen Einheit in der NATO, aufgebaut auf seinen bekannten vier Prinzipien, unter Einsatz von EG und auch der KSZE, die dazu weiterentwickelt werden müsse. Die NATO solle politischer werden und Beziehungen zu Mittel- und Osteuropa aufbauen. Notwendig sei ein „neuer Atlantizismus" mit einer dauerhaften US-Präsenz in Europa. Ich stellte die Rede begeistert über die damit erreichte konzeptionelle Klarheit in unserer

Moskauer Morgenrunde vor und betonte, dass nunmehr ein operatives Konzept für Verhandlungen über die Wiedervereinigung vorliege, mit dem wir gegenüber der die Dinge vorantreibenden SU handlungsfähig würden. Ich stieß damit bei den Kollegen immer noch auf ungläubiges Staunen. Trotz aller für uns in Moskau besonders fühlbaren Veränderungen hatten sie noch Schwierigkeiten damit, dass die Wiedervereinigung nun so rasch auf uns zukommen sollte.

Nach dieser Berliner Rede nahm ich es Baker nicht übel, dass er sich am gleichen Tage in Potsdam mit Modrow traf, auch wenn das auf ersten Blick wie eine Aufwertung der DDR wirkte. Wohin die Dinge tatsächlich gingen, zeigte das Kommunique der NATO-Außenminister am 15. 12., in dem wir, wie im EG-Rahmen in Straßburg kurz zuvor, den Text des Briefes zur deutschen Einheit unterbrachten und damit das Bündnis erneut auf unser Ziel der Einheit festlegten.

Am 12. 12. begann in Moskau die zweite Sitzungperiode des Volkskongresses, auf der Sacharow gleich zu Beginn die Streichung des Art. 6 der Verfassung verlangte, in dem die „führende Rolle" der Partei verankert war. Gorbatschow wehrte sich gegen diese Streichung, was mich darüber nachdenken ließ, wie stark seine Stellung eigentlich war, denn dass er mit der Forderung eigentlich einverstanden sein musste, unterlag keinem Zweifel. Er lavierte offenbar. Wenige Tage darauf starb Sacharow und die Progressiven verloren damit ihren glaubwürdigsten Sprecher. Im Park am Lenin-Stadion fand eine Trauerkundgebung statt, die von der Polizei fast völlig abgeriegelt war. Der Dienstwagen, mit dem ich ostentativ dorthin fuhr, wurde jedoch anstandslos durchgewinkt, so dass ich noch einmal die Prominenz der Reformer bei ihren Nachrufen auf Sacharow hören und beobachten konnte. Claudia, die sich spontan entschlossen hatte, zur Trauerkundgebung zu gehen, hatte es erheblich schwerer. Sie wurde zunächst von der Miliz abgewiesen, gelangte dann aber doch noch in den Park, indem sie von der anderen Seite der Moskwa über eine winterlich vereiste Eisenbahnbrücke kletterte, die dort den Fluss überquerte und anders als die Straßen nicht abgesperrt war. Es war wegen der vereisten Schwellen, zwischen denen man nach unten den Fluss sah, eine ziemlich halsbrecherische Kletterpartie zusammen mit einigen Russen, die diesen Weg zur Trauerkundgebung gefunden hatten.

Der Tod Sacharows war ein tiefer Einschnitt in die Entwicklung der Reform-Bewegung in Russland. Er war eine Stimme der Vernunft von überragender Autorität nicht nur unter den Russen, der in den nationalen Konvulsionen der folgenden Jahre eine starke Stütze der wenigen echten Demokraten in Russland und den anderen Republiken hätte werden können. Die Kilometer lange Schlange einfacher Moskowiter vor seiner Wohnung, in der ein Kondolenz-Buch auslag, zeigte Sacharows einzigartige Stellung als Fels in der Brandung der sich ständig verstärkenden nationalistischen Leidenschaften.

Am 13. 12. verabschiedete ein Ministertreffen der G-24 in Washington den

Beschluss zur Gründung eines Stabilitätsfonds von 1 Mrd. Dollar für Polen. Das war auch für uns in Moskau nützlich, denn es zeigte, dass der Wechsel des Wirtschaftssystems sich lohnte.

Am gleichen Tage veröffentlichte die SPD eine Pressemitteilung, in der ein Einschwenken der Partei auf eine Politik in Richtung Wiedervereinigung erkennbar wurde. Jedoch wurde eine Reihe von Bedingungen gestellt. Vom 18. – 20. 12. tagte dann ein SPD-Parteitag, auf dem Brandt sich gegen eine Verschiebung der Einheit bis zum Ende des europäischen Prozesses aussprach. Der Unterschied zu Bahr wurde deutlich, als dieser für die Verknüpfung beider Prozesse eintrat. Es ging dabei um weit mehr als nur um eine Nuance. Die Verknüpfung der deutschen Einigung mit der gesamteuropäischen Politik, das war offensichtlich, würde die deutsche Einheit stark verzögern und von unübersehbaren Entwicklungen außerhalb Deutschlands abhängig machen.

Kurz zuvor hatte in Berlin der zweite Abschnitt des Sonderparteitages der SED getagt, der gegen „die Einverleibung der DDR" votierte, dort hatte man also die Zeichen der Zeit erkannt und wehrte sich mit allen verbliebenen Kräften. Gorbatschow hatte Jakowlew geschickt, der jedoch nicht sprach und nur eine unverbindliche Botschaft seines Parteichefs übergab, in der er die Ereignisse der letzten Wochen für nützlich erklärte. Gorbatschows von Jakowlew vorgetragene Ermutigung, den Weg des demokratischen Sozialismus weiterzugehen, konnte man auch sehr ambivalent verstehen.

Am 15. 12. erklärte Tass, die Wiederherstellung des Vier-Mächte-Mechanismus solle das Mitspracherecht der SU in der deutschen Entwicklung sichern. Am 17. 12. meldete sich wieder einmal der Bonner Korrespondent des sowjetischen Fernsehens, Kondratjew, zu Wort. Die SU müsse sich dem Willen der Deutschen zur Wiedervereinigung stellen. Es gehe nicht mehr um eine hypothetische Rechtsfrage. In beiden Stellungnahmen wurde also die Sorge ausgedrückt, den bereits manifesten Willen zur Einheit kaum mehr steuern zu können. Diese Sorge sprach in jenen Tagen auch aus einem Brief Gorbatschows an den Bundeskanzler, von dem wir nach einiger Zeit hörten. Gorbatschow habe die Einheit hart abgelehnt und sich erneut über die 10 Punkte und die eingetretene Beschleunigung beschwert. Hier waren offenbar einmal wieder Bondarenko und Kwizinskij am Werk gewesen und Gorbatschow hatte sie gewähren lassen.

Am 17. 12. stellte Modrow sein neues Kabinett vor. Da ich mit einem Sohn des ehemaligen Generalinspekteurs der Bundeswehr, de Maizière, befreundet bin, fiel mir die Ernennung eines der Ost-CDU angehörenden Rechtsanwalts gleichen Namens zum stellvertretenden Ministerpräsidenten für Kirchenfragen auf. Diese Ernennung hatte sogleich einen Geruch, denn er war als „Anwalt" vermutlich den „Organen" nahe und die Überwachung der Kirchen war eine der klassischen Aufgaben der Geheimpolizei in allen kommunistischen Staaten. Gleichzeitig war de Maizières Zuständigkeit angesichts der Bedeutung der Kirchen in der Bürgerbewegung von besonderem Gewicht. Modrow würde, so meine Analyse, damit nicht irgendeinen bisher politisch völlig unerfahrenen Anwalt beauftragen.

Am 19. 12. spaltete sich die litauische Partei. Die große Mehrheit unter dem bisherigen Parteichef Brazauskas sprach sich für die Lösung von Moskau aus. In Kiew war nun öffentlich ohne Behinderung ein Kongress der ukrainischen Unabhängigkeitsbewegung Rukh zusammengetreten und in Georgien gab es Großdemonstrationen für die Unabhängigkeit. Die innere Situation der SU wurde also immer unübersichtlicher.

Am gleichen Tage machte der Bundeskanzler einen Besuch in Dresden. Ich sah die Bilder von seiner Rede vor der Ruine der Frauenkirche mit der überwältigenden Reaktion der Zuhörer und las die Rede nach. Jetzt gab es keinen Zweifel mehr, dass die Bevölkerung der DDR überwiegend nicht für die Erhaltung der DDR war, sondern die Einheit wollte. Damit kamen die erforderlichen Verhandlungen über die Bedingungen dafür noch schneller auf uns zu, als ich selbst noch vor wenigen Wochen gedacht hatte. So wuchs rapide der Druck, eine einvernehmliche, westliche Verhandlungskonzeption zu entwickeln und auch England und Frankreich einzubinden.

Die Eröffnung

Am Tage danach las ich in Moskau die Rede, die Schewardnase am 19. 12. in Brüssel vor dem Politischen Ausschuss des Europäischen Parlaments gehalten hatte. Sie war Aufsehen erregend, denn Schewardnadse stellte das „Ob" der Einheit gar nicht mehr zur Diskussion. Diese Rede war eher als der Eröffnungszug der SU in der nun konkret werdenden internationalen Debatte über die Bedingungen der Einheit zu verstehen. Sie war zugleich Ausdruck des großen Zeitdrucks, unter dem die SU sich angesichts der Geschwindigkeit der Abläufe in der DDR inzwischen sah. Sie versuchte offenbar, so schnell wie möglich einen Rahmen zu schaffen, in dem sie ihre Position zur Geltung bringen konnte, bevor sie durch die Entwicklung in der DDR vollends wertlos würde.

Schewardnadse beschrieb in dieser Rede nicht in der üblichen sowjetischen Manier vor Verhandlungen Maximalpositionen zu den Bedingungen für die deutsche Einheit, wie z. B. die Neutralität des vereinten Deutschland, wie es Stalin 1952 getan hatte, sondern stellte zu den Kernproblemen der sicherheitspolitischen Zuordnung lediglich 7 Fragen. Die entscheidenden waren:

„Welchen Platz würde dieses nationale deutsche Gebilde in den militärpolitischen Strukturen, die in Europa existieren, einnehmen? Schließlich kann man nicht ernsthaft erwarten, dass sich der Status der DDR radikal ändert, während der Status der BRD derselbe bleibt...

Wenn die deutsche Einheit Formen annimmt, was wäre das militärische Potential eines solchen Gebildes, seine Militärdoktrin und die Struktur seiner Streitkräfte?

Wird man bereit sein, eine Entmilitarisierung zu akzeptieren, einen neutralen Status anzunehmen und die wirtschaftlichen und anderen Beziehungen zu Osteuropa grundsätzlich umzustrukturieren, wie es in der Vergangenheit beabsichtigt war?"

Hier wurde impliziert, dass man auch an andere Mittel zur Kontrolle des militärischen Potentials als Entmilitarisierung oder Neutralität denken könne. Schewardnadse verzichtete sicher bewusst darauf, sich die Forderungen „der Vergangenheit" zu Eigen zu machen, auch wenn er sie nicht explizit ablehnte. Er verzichtete auf Antworten und zeigte damit eine erstaunliche Flexibilität.

Gleichzeitig war diese Liste von Fragen eine Akkumulation von Verhandlungsmasse, um möglichst lange – Zeitgewinn war für die SU in der deutschen Frage inzwischen entscheidend – verhandeln zu können. Zugleich war ein Zusammenhang mit der für das folgende Jahr vorgeschlagenen KSZE-Gipfelkonferenz hergestellt, auf der ein „vereinbartes Herangehen an die gegenwärtige Lage in Europa" verabschiedet und eine organisatorische Verfestigung eventuell „in supranationaler Form" erreicht werden sollte. Die sowjetische Lagebeurteilung kam insbesondere in der erneuten Warnung vor beschleunigendem Druck auf die DDR zum Ausdruck. Der Wille zur Synchronisation der Entwicklung in Deutschland mit den Bemühungen um Abrüstung und um die Öffnung der westlichen Wirtschaft war der Leitgedanke. Dies war der Kern der sowjetischen Interessenlage, sich über Deutschland den andauernden Zugang zur internationalen Zusammenarbeit in Europa zu sichern.

Bei der Stellung dieser Fragen, die vom eher konventionellen Rest der Rede zu unterscheiden waren, war offensichtlich nicht die Betonfraktion um Bondarenko am Werk gewesen. Das war umso bemerkenswerter, als die Amerikaner in Bakers Rede wenige Tage zuvor ihre Position insbesondere in der NATO-Frage unmissverständlich klar gemacht hatten. Schewardnadse hatte darauf angespielt, d. h. mit seiner Rede in Brüssel darauf reagiert und zwar eben nur in Frageform, also sehr weich. Der Wille, „ein neues Kapitel der Weltpolitik" aufzuschlagen, d. h. auch ein gedeihliches Verhältnis zur westlichen Vormacht der Vereinigten Staaten von Amerika herzustellen, kam deshalb am Schluss der Rede umso eindeutiger heraus.

Ich entwarf einen Bericht mit einer detaillierten Analyse der Rede, in der ich vor allem darauf hinwies, wie ungewöhnlich es war, dass der sowjetische Außenminister sich nach der Entwicklung der letzten Tage und Wochen nicht festgelegt hatte, weil er sich offensichtlich nicht festlegen wollte. Er hatte mit seinen Fragen – der übrige, konventionelle Inhalt der Rede, es kam immer auf das Neue an, war weniger wichtig – praktisch operative Verhandlungen über die deutsche Einheit begonnen, weil er darin die zu behandelnde Materie beschrieben und als dringlich anzugehen charakterisiert hatte. Es schien mir wichtig, dass die Bonner erfuhren, was zu den 7 Fragen aus Moskauer Sicht zu sagen war, denn nun waren ja wir am Zug, eine Antwortposition zu erarbeiten und zwar schnell, denn die Ereignisse beschleunigten sich weiter, aber leider blieb der Bericht beim Botschafter hängen.

Am gleichen Tage machte Schewardnadse einen offiziellen Besuch im NATO-Hauptquartier in Brüssel beim Generalsekretär und im NATO-Rat mit den Botschaftern der Mitgliedsstaaten, dieser bisher als ärgstem Feind angegriffenen Organisation. Das war mehr als eine Geste, sondern eine bewusste Verbindungsaufnahme, die meine Analyse der Rede als entgegenkommend bestätigte.

Es war in dieser Lage notwendig, noch einmal die innenpolitische Situation zu beschreiben, wie sie sich in den letzten Wochen weiterentwickelt hatte und vor deren Hintergrund die sowjetische Außenpolitik verstanden werden musste. Ich schrieb deshalb in einem Bericht,

„Vor einem halben Jahr konnte man die innenpolitische Auseinandersetzung noch im Kern zutreffend, wenn auch vereinfacht, als Kampf zwischen radikalen Reformern, für die Gorbatschow stand, und dem Willen zur Beibehaltung des alten Regimes begreifen, das sich im alten Parteiapparat und dort vor allem in Politikern wie Ligatschow personifizierte. Wenn Gorbatschow damals „aus der Mitte" operierte, so war dies vor allem Taktik. Die Progressiven, die sich Jelzin als populäre Galionsfigur ausgesucht hatten, wurden von

Gorbatschow vorgeschickt. Die Konservativen hatten diese Taktik wohl begriffen, Gorbatschow war aber politisch zu stark und zu populär, als dass es ihnen opportun erschienen wäre, ihn direkt und persönlich anzugreifen.

Jetzt zu Jahresende entsteht ein Bild, das Gorbatschow und seine Mannschaft nicht mehr nur taktisch, sondern strategisch, man könne auch sagen programmatisch, in der Mitte zeigt. Dabei wird diese Mitte immer schmaler... Vor allem beginnen die Pole rechts und links sich nicht nur politisch zu kräftigen, sondern auch programmatisch mit Substanz zu füllen. Dabei wird „rechts" immer deutlicher, dass die Positionsinteressen des alten, im neostalinistischen Denken geprägten Apparates an Kraft verlieren, während dort russisch-chauvinistische-antidemokratische Überzeugungen zum tragenden Faktor werden. „Links" wird dagegen, insbesondere von den Balten aber auch dem „extremen Flügel" der Interregionalen Deputiertengruppe und den Volksfronten in der RSFSR (der Russischen Sowjetrepublik) die Forderung nach dem endgültigen Bruch mit dem „realen Sozialismus" deutlicher. Der „demokratische Sozialismus" solle also rasch und entschlossen, nicht „halbherzig" taktierend auf dem Wege der Gorbatschowschen Erneuerung geschaffen werden.

Gorbatschow und seine Mannschaft sehen diese Polarisierung und sind offenbar überzeugt, dass derzeit die eigentliche Gefahr „von rechts" kommt. Sie dämpfen daher nicht nur ihre Reformrhetorik, sie vermeiden auch die direkte Auseinandersetzung mit den Konservativen in dem Kernthema der Wirtschaftsreform(Eigentum), die die eigentliche politische Gretchenfrage nach der Echtheit des Willens zur Teilung der Macht aufwirft, und die sie derzeit wohl nicht glauben, für sich entscheiden zu können. Sie setzen ... auf die Wirkung der in den nächsten Monaten bevorstehenden Regionalwahlen. Sie hoffen, mit der neu gewählten Schicht von Politikern entweder die alte Partei erneuern oder, wenn das nicht gehen sollte, neue, demokratisch legitimierte Organisationen aufbauen zu können... Es ist dieser Versuch, Zeit bis dahin zu gewinnen, der die Polarisierung vorantreibt. „Rechts" sieht man dabei die Gefahr zunehmender „Wirren", „links" dagegen das Risiko der „starken Hand."

Insgesamt schien mir also Gorbatschows Position eher schwächer geworden zu sein mit der Gefahr des Verlustes der Unterstützung durch die Progressiven und der Stärkung seiner chauvinistischen Gegner. Das machte deutlich, wie umkämpft zu Hause die Position derer war, die außenpolitisch den weltpolitischen Umbruch forcierten.

Vom 20. – 22. 12. besuchte Mitterand die DDR und verstärkte meinen Eindruck, dass er immer noch prüfte, ob dieser Staat nicht doch noch stabilisierbar sei und die Einheit so vermieden werden könne. Es war schon skandalös, dass er in seiner vorbereiteten Tischrede vom „Volk der DDR" sprach, während in den Demonstrationen vor der Tür die Parole „Wir sind ein Volk" inzwischen die Oberhand über „Wir sind das Volk" gewonnen hatte. Auch die Unterzeichnung mehrerer Verträge erweckte den Anschein einer dauerhaften Stützung der DDR durch Paris genauso wie Gespräche nicht nur mit dem Ministerpräsidenten Modrow sondern auch dem neuen Parteichef Gysi. Nur in einer Diskussion mit Studenten in Leipzig schien

Mitterand nachdenklicher geworden zu sein. Spätestens nach der Brüsseler Rede Schewardnadses hätte ihm doch klar sein müssen, dass die Gorbatschow-Mannschaft die Einheit vorantrieb und er damit bei weiterem Zögern Gefahr lief, das Verhältnis zu Deutschland langfristig schwer zu beschädigen. Er hätte den Besuch in der DDR ja auch noch kurzfristig absagen können. Dass er dies nicht getan hatte, war indikativ für seine wahren Präferenzen.

Am 21. 12. berichtete der Botschafter über Äußerungen des neuen ersten stellvertretenden Außenministers Adamischin, einem angenehmen und intelligenten Mann, der von Schewardnadse, offenbar auch zur Kontrolle Bondarenkos, eingesetzt worden war. Adamischin hatte gesagt, man habe grundsätzlich keine Schwierigkeiten mit einem vereinten Deutschland und keine Furcht vor seinem militärischen Potential. Die SU werde sich nicht in den Dienst von Verbündeten und Freunden Deutschlands stellen lassen, die Schwierigkeiten mit der Vorstellung eines vereinten Deutschland hätten. Da war er wieder, der Versuch, uns von unseren Verbündeten zu trennen. Gleichzeitig wurde erneut deutlich, dass die militärpolitischen Fragen nicht die entscheidenden waren. So brachte dieses Gespräch eine sehr wertvolle Untermauerung unserer Analyse.

In diesen Tagen vor Weihnachten begleitete ich den CDU-Bundestagsabgeordneten Karl Lamers zu einem Gespräch mit Marschall Achromejew in den Kreml, wo der Marschall sein Büro als militärischer Berater Gorbatschows hatte, nachdem er aus dem aktiven Generalstabsdienst ausgeschieden war. Beim vorangegangenen Briefing in der Kabine hatte Lamers, der Sprecher der CDU im Auswärtigen Ausschuss des Bundestages, ein Mann mit außenpolitisch-konzeptioneller Begabung und einer guten, zurückhaltenden Art, angedeutet, der Bundeskanzler habe ihn geschickt, um einmal den Militärs den Puls zu fühlen. Im Gespräch mit Achromejew ging es dann natürlich um Deutschland und auch von diesem Marschall kam kein Neutralitätsverlangen. Er erläuterte, dass es einen Zusammenhang zwischen den START-Verhandlungen und den Wiener Verhandlungen über Konventionelle Abrüstung in Europa gebe. Er ließ indirekt sogar eine Abzugsbereitschaft aus der DDR erkennen, wenn die USA bei den START-Verhandlungen über strategische Waffen auch in die Reduzierung seegestützter Systeme, nicht nur der ballistischen Raketen auf U-Booten, einwilligten.

Das hatte durchaus eine gewisse strategische Logik. Die Panzermassen der Sowjets in der DDR waren Basis der Weltmacht-Position der SU durch ihre Bedrohung ganz Westeuropas mit einem blitzartigen Vormarsch bis zu den Häfen am Kanal, während die US-Marine, insbesondere mit ihren von Flugzeugträgern gestützten Maschinen, eine unmittelbare Bedrohung der strategischen Basen der Sowjets auf der Kola-Halbinsel bedeuteten. Wenn die SU also durch Abzug aus Mitteleuropa die konventionelle, strategische Bedrohung der NATO beseitigte, konnte sie eine strategisch vergleichbare Gegenleistung durch Begrenzung schiffsgestützter Mittel der USA verlangen.

Als Lamers darauf hinwies, die USA seien vor allem eine maritime Macht und würden sich darauf wohl kaum einlassen, erwiderte Achromejew, er sei Panzeroffizier. Die Panzertruppe sei der Kern der sowjetischen Streitkräfte. Wenn man wolle, dass die strategische Rolle dieses Kerns reduziert werde, dann müssten die maritim denkenden USA ein gleichwertiges Opfer bringen. Jedenfalls war Achromejew zwar ernst, aber unpolemisch und ohne Schärfen uns gegenüber. Der gradlinig, selbstbewusst und ungemein sachkundig argumentierende Marschall beeindruckte mich.

Ich begleitete Lamers auch zu einem Gespräch mit Sagladin. Dieser firmierte inzwischen nicht mehr als stellvertretender Leiter der internationalen Abteilung des ZK, sondern als außenpolitischer Berater Gorbatschows. Er betonte besonders die Warnung vor Versuchen, das Tempo der Entwicklung weiter zu erhöhen, verzichtete aber auf die Beschreibung von offensichtlich für uns inakzeptablen Vorbedingungen für die Einheit. Jetzt müsse der „europäische Prozess", also der Aufbau eines gesamteuropäischen Sicherheitssystems, beschleunigt werden, das werde dem „anderen" (deutschen) Prozess helfen. Das Problem der deutschen Einheit bestehe. Das bestreite die SU nicht. Aber wie solle es gelöst werden? Die SU wolle den begonnenen Prozess nicht liquidieren oder stoppen, sondern die Bedingungen schaffen, damit er sich friedlich, normal, „vorsichtig wie Bush sagt" entwickele. Die SED habe keine Mehrheit. Modrow wisse, dass er keine Zeit habe. Er müsse aber zusammen mit den anderen Parteien selbst entscheiden. Wichtig in Schewardnadses Zielbeschreibung für die Gipfelkonferenz sei die gesamteuropäische Struktur und die Zusammenarbeit. Das müsse gut vorbereitet werden. Dann könnten „10 Punkte für Europa" dabei herauskommen. Es war eine erneute Bestätigung der Analyse, dass die Sowjets die Dinge selbst nach eigenen Tempovorstellungen vorantreiben wollten und befürchteten, dass ihre Position bei raschem Voranschreiten der Dinge in der DDR immer schwächer werden würde.

Ich hatte vor dem Abflug nach Deutschland in die Ferien über Neujahr am 21. 12. im IMEMO auf Einladung eines Professors, dem ich beim Erhalt eines Visums geholfen hatte, ein Gespräch mit einer mir bis dahin unbekannten Professorin, Frau Schedrina, die mich dort überraschend erwartete und sogleich das Wort übernahm, während mein Bekannter schweigend in der Ecke saß. Sie sagte mir, die Wortwahl Gorbatschows gegenüber Genscher („Diktat") sei Taktik gewesen, mit anderen Worten nicht seine wahre Position. Sie selbst habe wegen der 3. europäischen Abteilung des SAM einen Vortrag nicht veröffentlichen dürfen, den sie auf einer Fachkonferenz über Deutschland 1987 gehalten habe. Diese Abteilung habe die Zeiten nicht verstanden und verstehe sie nach wie vor nicht. (Von dieser Fachkonferenz hatten wir gerüchteweise schon gehört. Insbesondere habe Daschitschew dort einen geradezu revolutionären Vortrag zur Deutschlandpolitik gehalten, den Bondarenko scharf abgelehnt habe.) Sie verwies auf die dringende Notwendigkeit, Geduld zu haben. Das Militär habe in der SU nach wie vor eine sehr starke Stellung. Das sei unbedingt zu berücksichtigen. Sie fragte mich nach meinem Eindruck von Schewardnadses Brüsseler Rede und ich antwortete ihr, um auf den Busch zu klopfen, es handele sich um die Eröffnungsposition operativer Verhandlungen über die Wiedervereinigung. Sie stimmte lebhaft zu und bestätigte die Signifikanz der Tatsache, dass Schewardnadse zu den Kernfragen lediglich Fragen gestellt hatte, ohne sie zu beantworten. Jetzt seien wir am Zuge.

Am 22. 12. versuchte Ceaușescu vor einer Pro-Ceaușescu-Demonstration in Bukarest zu sprechen, wurde dann aber, als die Versammlung in eine Anti-Ceaușescu-Demonstration umschlug, durch Sprechchöre und Zwischenrufe so massiv gestört, dass er völlig entgeistert die Rednertribüne verließ und floh. In Bukarest gab es nach ersten Informationen 50 Tote bei Kämpfen, die zwischen Anhängern und Gegnern Ceaușescus ausbrachen, bei denen die Securitate, die rumänische Geheimpolizei, eine undurchsichtige Rolle spielte. Der Belagerungszustand wurde verhängt und eine bisher unbekannte „Front zur nationalen Rettung" erklärte sich zur neuen Regierung. Nun hatte die Lawine auch das rumänische Regime hinweggefegt und offenbar war der Anstoß wieder, noch offensichtlicher als in den anderen WP-Staaten, von der Geheimpolizei ausgegangen, die aller Wahrscheinlichkeit nach mit dem KGB verbunden und von ihm jedenfalls teilweise unterwandert war.

Am 23. 12. bestätigte der Volkskongress in Moskau durch Mehrheitsbeschluss die Existenz der geheimen Zusatzprotokolle zu den Ribbentrop-Molotow Vereinbarungen von 1939. Dem waren scharfe Auseinandersetzungen auf offener Bühne zwischen Jakowlew, der als Vorsitzender des zuständigen Untersuchungsausschusses die Existenz bestätigte, und Falin, der als Sekretär des Ausschusses sie weiterhin bestritt, vorausgegangen. Jakowlew hielt eine glänzende Rede, während Falin sich in spitzfindiger, rabulistischer Polemik verlor. Die Vereinbarungen wurden für null und nichtig erklärt, nicht dagegen die auf sie folgende Annexion der baltischen Staaten, Bessarabiens und der Bukowina. Dies war in dieser innenpolitischen Phase der sowjetischen Entwicklung, in der die „führende Rolle" der Partei bereits heftig umstritten war und ihr Machtmonopol öffentlich immer stärker in Frage gestellt wurde, eine eminent politische Entscheidung, weil die Anerkennung der Zusammenarbeit Stalins mit Hitler das Prestige der Partei als historisch immer richtig entscheidender Kraft schwer schädigte.

Auf dem Kongress gab auch der Deputierte Sobtschak den Bericht der von ihm geleiteten Kommission zur Untersuchung des Militäreinsatzes in Tiflis im vergangenen Frühjahr ab. Er kam zu dem Schluss, dass der Einsatz-Befehl aus Moskau gekommen sei. Gemeint sein konnten nur Ligatschow, Jasow und Tschebrikow, die damit offen beschuldigt wurden, die Perestroika zu hintertreiben, indem sie Nationalitätenkonflikte schürten. Die Auseinandersetzung zwischen Progressiven und Konservativen wurden also immer heftiger, zeitweise verliefen sie im großen Saal des Parteitagspalastes im Kreml beinahe tumultartig. Der erwartete Bericht einer anderen Kommission über die Wolga-Deutschen und die eventuelle Errichtung einer autonomen Republik für die Deutschen blieb dagegen aus. Offensichtlich konnte man sich nicht einigen und die Sache schien Gorbatschow den Einsatz seiner Position nicht wert oder zu heikel.

In diesen Tagen berichtete die New York Times, dass die Amerikaner bei Schewardnadse sondiert hatten, ob die Sowjets nicht militärisch in Rumänien intervenieren könnten, um weitere Massaker zu verhindern. Schewardnadse hatte abgelehnt, meiner Meinung nach, weil dadurch der die ganze Politik Gorbatschows tragende Grundsatz der Nicht-Intervention durchbrochen worden wäre. Den Amerikanern war offensichtlich nicht klar, dass die erbitterten innersowjetischen Auseinandersetzungen andauerten und dass es dabei gerade um dieses Prinzip ging. Ich war entsetzt über diese gravierende Fehleinschätzung der Lage in Moskau durch die Amerikaner, mit der den Gegnern Gorbatschows Argumente geliefert wurden.

Am 25. 12. wurde Ceaușescu hingerichtet. Iliescu, ein alter kommunistischer Politiker, der in den Jahren zuvor mit Ceaușescu-Kritik aufgefallen war und seine Ämter niedergelegt hatte, wurde Staatspräsident. Mein Eindruck, dass es sich bei der ganzen Entwicklung in Rumänien um eine von langer Hand vorbereitete Inszenierung der Geheimpolizei handelte, verstärkte sich. Roman, ebenfalls ein Altkommunist, wurde Ministerpräsident. Die innen- und außenpolitischen Umwälzungen verstärkten sich weiter gegenseitig. Am 25./26. 12. fand in Moskau ein Sonderplenum des ZK statt, auf dem Gorbatschow den Balten drohte. Am 29. 12. wurde Havel Staatspräsident der Tschechoslowakei.

Am 27. 12. wurden am großen sowjetischen Ehrenmal in Treptow in Ost-Berlin antisowjetische Grafitti entdeckt, was sofort zu einer großangelegten Kampagne der SED-Medien führte, die die Gefahr beschworen, dass durch die Liberalisierung eine Belebung des Faschismus gefördert werde.

Am 3. 1. 1990 veranstaltete die SED deshalb eine Großdemonstration in Treptow und die konservativen Medien in der SU beteiligten sich an der Kampagne. Ich konnte mich des Eindrucks nicht erwehren, dass es sich um eine Stasi-Inszenierung handelte. Das Ehrenmal war ja gut bewacht und die Grafitti passten allzu gut in die traditionelle und in den letzten Wochen wiederbelebte „antifaschistische" Propaganda der SED, mit der sie mit der Warnung vor der angeblichen, faschistischen Gefahr vom Beginn ihrer Herrschaft 1945 an versucht hatte, ihren undemokratischen Charakter zu verhüllen und sich selbst als „demokratisch" zu legitimieren.

Der „antifaschistische Widerstand" war die Lebenslüge der DDR, mit der sie sich selbst betrog. Der darin liegende Versuch der Abwälzung der deutschen Verantwortung für den Massenmord an den Juden mit dem Hinweis auf den kommunistischen Widerstand und die kommunistische Emigration vor dem Krieg war aussichtslos, nicht nur, weil die Kommunisten mit den Nazis aktiv bei der Zerstörung der deutschen Demokratie in der Weimarer Republik zusammengearbeitet hatten, sondern vor allem, weil die

die DDR führende Schicht sich tief und dauerhaft mit dem Stalinismus identifiziert hatte. Nach dem Krieg scheiterte der Versuch der Legitimierung der daraus geborenen Unterdrückungsherrschaft in der DDR, weil die Berufung auf die angeblich demokratische Gesinnung der „kommunistischen Antifaschisten" sich täglich als zynische Heuchelei entlarvte. Politisch real darin war die Flucht aus der Verantwortung sowohl für die deutsche Geschichte wie für die totalitäre Gegenwart, so dass die DDR weder eine Beziehung zu Israel aufbauen konnte, noch – jenseits völkerrechtlich-politischer Anerkennung – innernationale und internationale Anerkennung finden konnte. Da der Versuch der Beschreibung eines überzeugenden „demokratischen Sozialismus" zur Stabilisierung der DDR schon Ende 1989 gescheitert war, probierten Modrow und Gysi es jetzt also wieder mit dem „Antifaschismus" als Legitimation. Das war so durchsichtig wie immer und konnte den Versuch, sich damit an der Macht zu halten, nicht tragen. Die SED-PDS war politisch am Ende und nur noch eine Interessenvertretung der Mitglieder der SED-Nomenklatura.

Am 31. 12. 1989 schlug Mitterand eine „Europäische Konföderation" der EG mit den mittel-osteuropäischen Staaten einschließlich der DDR vor. Die Absicht, diese sich rapide nach Westen bewegenden Staaten auf diese Weise aus der EG herauszuhalten und damit auch die deutsche Einheit zu verhindern, war offensichtlich. Für uns war es wichtig, diesen Staaten – unseren in Zukunft freien, östlichen Nachbarn – den Weg in die EG zu öffnen. Ihre rasche wirtschaftliche Entwicklung war notwendig, um ein großes Wohlstandsgefälles an unserer zukünftigen Ostgrenze zu verhindern, weil das unsere Sicherheit gefährdet hätte. Dazu mussten die Ressourcen der Gemeinschaft nutzbar gemacht werden. Ich habe lange darüber nachgedacht, warum es Mitterand so schwer fiel, die herannahende Wiedervereinigung zu akzeptieren. Wahrscheinlich waren es seine Kriegserlebnisse, er war ja Kriegsgefangener in Deutschland gewesen, die er nicht vergessen konnte.

Wir hatten eben generell noch schwer an unserer Vergangenheit und an Europas Erfahrung mit dem 1871 vereinten Deutschen Reich zu tragen. Die Periode unserer Teilung war zu kurz, als dass unsere Nachbarn nicht von der Erinnerung an unsere Politik während der Einheit von 1870 bis 1945 geprägt gewesen wären. Für sie war die Teilung nur eine historische Episode, nach deren sich nun abzeichnendem Ende Deutschland wieder mit seinem ganzen Potential als dem volksreichsten und wirtschaftlich gewichtigsten Land in Europa zu spüren sein würde. In der offenbar mit wachsender Beschleunigung herannahenden Phase der Verhandlungen über die Wiedervereinigung galt es deshalb, die Westbindung und damit die Kontrolle des deutschen Potentials durch unsere Nachbarn und die USA noch weiter zu verfestigen, sonst würde die bevorstehende Einheit von vornherein mit den alten Problemen einer europäischen Ordnung belastet sein, die wieder durch fragile Gleichgewichtskalküle der Nationalstaaten geprägt wäre. Das mussten wir unbedingt verhindern.

So flog ich vor Neujahr besorgt und verärgert nach Hause. Mein letzter Bericht über die Gespräche von Lamers, den ich mit der Darstellung meines Gesprächs mit Prof. Schedrina verbunden hatte, schmorte beim Botschafter. Er kämpfte noch mit der Beschreibung eines mir nicht näher bekannten, eigenen Gesprächs mit Sagladin, die er in den Bericht einarbeiten wollte. Wenn wir nützlich sein wollten, dann mussten wir in der inzwischen galoppierenden Entwicklung aber schnell sein. Sonst bestand die Gefahr, dass wir von den von den Sowjets – und unseren Hauptverbündeten – in immer schnellerer Folge gesetzten Fakten doch noch überwältigt werden würden. Die Lage schrie inzwischen nach einem Konzept für baldige, konkrete Verhandlungen über die deutsche Einheit und deren europäische Einbettung, und es war unsere Aufgabe, die Bonner Instanzen voran zu treiben

Wenn ich auch gehofft hatte, in den Tagen des Jahreswechsels, die Claudia, die Kinder und ich wie oft in Oberbayern verbrachten, trotz meiner inneren Unruhe etwas Abstand von den sich überschlagenden Ereignissen des vergangenen Jahres zu gewinnen, so wurde ich schnell enttäuscht. Die trotz aller Widerstände bis hinauf in die Moskauer Führung von der Gorbatschow-Mannschaft selbst losgetretene und ständig über die Jahre der Perestroika genährte Lawine hatte zwar die politischen Strukturen des sowjetischen Modells überall im Bereich des „realen Sozialismus" hinweggefegt. Aber es galt nun, Vorschläge zu machen, wie eine neue Ordnung in Mittel- und Osteuropa aufgebaut werden könnte, in der das überwältigende Verlangen nach Freiheit das diese Ordnung bestimmende Prinzip sein und neue Stabilität geschaffen werden würde. Die 10-Punkte Rede des Bundeskanzlers war der erste Versuch, ein solches Konzept zu entwickeln. Es hatte genügt, um Gorbatschow im Wettbewerb um das bessere Bild der Zukunft erst einmal zu schlagen. Aber es hatte noch keinen Verhandlungsprozess beschrieben, mit dem dieses Bild in die Wirklichkeit umsetzbar geworden wäre.

Bakers Berliner Rede war schon erheblich substantiierter in der Definition der Prinzipien einer neuen Ordnung gewesen, vor allem in dem Bemühen, die NATO so anzupassen, dass sie den Umbruch überleben und die amerikanische Präsenz in Europa garantieren würde und entsprach so unseren vitalen Interessen. Aber auch diese Rede genügte nicht, um die sich offenbar mit rasender Geschwindigkeit nähernden Verhandlungen mit konkreten Zielen zu versehen. Schewardnadses Rede vom 19. 12. hatte die Substanz der anstehenden Fragen etwas detaillierter beschrieben, wenn auch dazu nur Fragen gestellt. Der Verzicht auf die übliche Formulierung sowjetischer Maximal-Positionen zeigte zwar eine ungewöhnliche Offenheit, aber dahinter konnten dennoch leicht inakzeptable Vorstellungen wie die Neutralisierung Deutschlands verborgen sein.

So war es dringlich geworden, die westliche Zielsetzung unter den Verbündeten einvernehmlich festzulegen und dafür kam es natürlich wesentlich darauf an, wie sich die Dinge in Moskau weiterentwickeln würden. So würde unsere Berichterstattung über die inneren Kämpfe in Moskau und die damit verknüpften Auseinandersetzungen unter den sowjetischen Republiken, genauso wie über die Beziehungen zu den Warschauer-Pakt-Staaten, allen voran zur DDR, für die Bonner Entscheidungen wichtig bleiben. Ich setzte mich deshalb an meinen Schreibtisch, um einen Brief an Herrn Teltschik, den engsten außenpolitischen Berater des Bundeskanzlers, im Bundeskanzleramt zu entwerfen, in dem ich die voraussichtlichen sowjetischen Verhandlungsziele darstellen wollte. Während ich daran arbeitete, las ich am 5. 1. die Berichte über das Treffen des Bundeskanzlers mit Mitterand in Latche in Südfrankreich. Danach schien es dem Bundeskanzler gelungen zu sein, Mitterands Bedenken und Sorgen über das eventuelle Gewicht des vereinten Deutschland in Europa mit integrationspolitischen Zusagen einigermaßen zu beschwichtigen. Mitterands klägliche Auftritte in Kiew und in der DDR schienen damit weitgehend überwunden. Ich war erleichtert, denn es war für die bevorstehenden Verhandlungen mit den Sowjets entscheidend, dass Deutschland und Frankreich sich nicht auseinanderdividieren ließen. Aber es hatte nicht viel gefehlt und Mitterand wäre in die sowjetische Falle gegangen.

Am Tag darauf hielt dann der Minister in Stuttgart beim traditionellen Drei-Königs-Treffen der FDP die übliche große Rede als Parteivorsitzender. Sie brachte nach Bakers und Schewardnadses Reden nun Genschers Beitrag zur konzeptionellen Debatte über die zukünftige Stellung des Vereinten Deutschland im neuen Gesamteuropa. Der Bericht der FAZ darüber entsetzte mich. Genscher versuchte erkennbar, wenn auch wie immer nur sehr vorsichtig und eher implizit, den Weg zu einer Neutralitätslösung für die Einheit zu öffnen. Gesagt hatte er, „ in einem zweiten Schritt" müssten die bis dahin „kooperativ strukturierten Bündnisse" in einen „Verbund kollektiver Sicherheit überführt werden", überführt, also doch wohl ersetzt, nicht nur ergänzt[26]. Da war es, das System „kollektiver Sicherheit" an Stelle der NATO und damit der amerikanischen Sicherheits-Garantie. Ich konnte es kaum glauben. Aber hier bestätigten sich meine schlimmsten Befürchtungen. Die sicherheitspolitische Westintegration sollte offenbar durch ein System ersetzt werden, in dem die Sowjetunion mitentscheiden und damit die westliche Sicherheitsintegration lähmen konnte. Und das, obwohl der Ausgang der Umwälzung in Moskau keineswegs klar und die treibende Kraft offenbar ein Teil des KGB war. Das Letztere hatte ich zwar bisher nicht explizit berichten können, aber dass es unwahrscheinlich war, dass wir es mit echten Demokraten zu tun hatten, lag auf der Hand. Gorbatschow und seine Mannschaft waren doch alle Produkte des sowjetischen Systems. Gleichzeitig war die Lage in der DDR noch sehr unübersichtlich, genauso wie in Moskau. Wir hatten also doch Grund zu größter Vorsicht.

Von „Neutralität" hatte Genscher zwar nicht explizit gesprochen, aber ein solches System kollektiver Sicherheit würde der SU sogar noch mehr Einfluss einräumen, als wenn Deutschland neutral in die Mitte zwischen die Bündnisse gerückt würde, denn in einem solchen System, das definitionsgemäß nur im Konsens würde entscheiden können, würde die SU jede deutschlandbezogene, ihr missliebige Entscheidung mit ihrem Veto verhindern können. Und wenn der „Verbund kollektiver Sicherheit" auch nur langfristig und in einem „zweiten Schritt" hergestellt werden sollte, so sollte durch diese Rede offenbar der Weg dazu eben jetzt am Vorabend der bevorstehenden Verhandlungen über die deutsche Einheit geöffnet werden, wozu sonst hätte Genscher jetzt davon geredet, so dass ein weiteres Abgleiten in den bevorstehenden, sicherlich harten Verhandlungen zu befürchten war. Hier wurden unvertretbare Konzessionen angedeutet, bevor diese Verhandlungen überhaupt begonnen hatten und obwohl sich Schewardnadse in dieser Kernfrage flexibel gezeigt hatte.

Das gab für mich den Ausschlag, den langen Brief an Herrn Teltschik zu Ende zu bringen. Ich hatte damit angefangen, nicht nur weil die Erarbeitung eines Verhandlungskonzeptes inzwischen sehr dringlich geworden war, sondern auch weil mir Genscher bei seinem Moskaubesuch signalisiert hatte, dass er meine Berichte nicht wünschte, obwohl wir doch in Moskau Manches erlebt, beobachtet und gedacht hatten, was für die Entscheidungsbildung in Bonn wertvoll gewesen sein musste. Auch war meine Analyse der Schewardnadse-Rede offenbar nicht abgegangen und der sowjetische Eröffnungszug in jetzt operativen Verhandlungen über die deutsche Einheit so nicht aus Moskauer Sicht erklärt worden war. Ich kämpfte längere Zeit mit mir, ob ich den Brief am Auswärtigen Amt vorbei direkt an Teltschik abschicken sollte, kam dann aber auch nach Zureden meiner Frau zu dem Schluss, dass ich einen Maulkorb nicht akzeptieren durfte. Im Kanzleramt lag die letzte Verantwortung für unsere Politik. Es musste über die sowjetische Politik ins Bild gesetzt werden und niemand, das war meine Überzeugung, konnte die Lage in Moskau besser beurteilen als wir an der Botschaft.

Ich dachte dabei auch an mein professionelles Vorbild, George Kennan, der sich im zweiten Weltkrieg am State-Department und dem Pentagon vorbei direkt an den außenpolitischen Berater Roosevelts, Harry Hopkins, gewandt hatte, als seine Berichte aus Lissabon über die Bereitschaft der Portugiesen, den Amerikanern freiwillig die Azoren zu überlassen, wenn man vernünftig auf sie zuginge, von der Washingtoner Bürokratie bei Seite geschoben worden waren und man sich im Pentagon auf ein Niederkämpfen der portugiesischen Verteidigung und eine amphibische Landung versteift hatte. Hopkins und Roosevelt hatten Kennans Vorschläge für geeignete Gespräche mit den Portugiesen über die Nutzung der Basen auf den Azoren dann sofort eingeleuchtet. Teltschik war so etwas wie der Harry Hopkins des Bundeskanzlers. Ich wollte an ihn appellieren, die gefährlichen konzeptionellen Ansätze Genschers zu bekämpfen. Sie durften sich angesichts der von der SU nach wie vor ausgehenden Gefahr nicht weiterentwickeln. Unter der Hand wurde der Brief immer länger.

Ich erinnerte Teltschik einleitend kurz an unser Gespräch auf dem Gang im Kanzleramt, das mir den Mut gäbe, mich direkt an ihn zu wenden. Ich schrieb dann, wir könnten uns die Einheit kaufen und zwar mit Geld.

Sicherheitspolitische Konzessionen würden wahrscheinlich gar nicht nötig, wenn wir auf die sowjetische Interessenlage eingingen. Sie sei im Kern ökonomisch, nicht politisch motiviert und beruhe auf im Wesentlichen drei Ursachen:

> Erstens: der Unfähigkeit der zentralen Planwirtschaft, die Stagnation der Jahre unter Breschnew und danach zu überwinden und zu gesamtwirtschaftlichem Wachstum zu finden,

> zweitens: der Unfähigkeit, die Kosten einer auf den Sieg im weltweiten Wettrüsten setzenden Politik der Überwindung der USA weiter zu tragen und

> drittens: dem Unwillen, den Mühlstein der Beherrschung des ostmitteleuropäischen Imperiums durch militärischen Zwang und Subventionierung nicht lebensfähiger Systeme weiter um den Hals zu behalten.

Dies sei auch das Ergebnis der Analyse der polnischen Entwicklung insbesondere durch Andropow Anfang der achtziger Jahre.

Ziel sei aber nicht nur eine umfassende Entlastung, sondern auch die Gewinnung westlicher Hilfe, um die Wirtschaft zur Erhöhung des Lebensstandards der Bevölkerung und zum Anschluss an die moderne Technologie des Westens zu transformieren, weg von einer völlig verzerrten Struktur, die durch die Symbiose von militärisch-industriellem Komplex mit der zentralen Wirtschaftsbürokratie und dem imperialen außenpolitischen Apparat bestimmt sei. Das sei mit dem Slogan Gorbatschows gemeint, der am Anfang der Perestroika gestanden habe: „So kann (darf) man nicht (weiter-)leben". Getragen werde diese Politik von einem Teil des Sicherheitsapparates, der als wohl einzige Institution in der SU den Überblick über die verheerende Gesamtlage besitze. Diese Politik sei allerdings nach wie vor hart umkämpft und es gebe massive, konservative Widerstände im alten Apparat von Partei, Wirtschaft und Sicherheit, auch beim Militär.

Deutschlandpolitisch gebe es wohl drei sich bekämpfende Denkschulen, die „Betonfraktion" um Bondarenko, die keinerlei Veränderung wolle, die „Germanisten" um Falin, die eine Mitteleuropa-Lösung und die Neutralität des vereinten Deutschland wollten, und die „Amerikaner", die vor allem mit den USA zusammenarbeiten wollten und wüssten, dass die Neutralität Deutschlands für die USA inakzeptabel sei. Sie hätten die strategische Position der USA auf dem europäischen Kontinent akzeptiert. Hier schob ich auch einen Hinweis auf das ein, was mir Fjodorow beim Empfang für Willi Brandt zu Bahrs, und damit zu Falins, Haltung („Mitteleuropa") gesagt hatte.

Ich brachte dann meine Analyse der Schewardnadse-Rede in Brüssel unter und folgerte daraus, dass die „Amerikaner" sich in Moskau wahrscheinlich durchsetzen würden, wenn wir hart blieben. Ich riet dazu, mit der Aufnahme operativer Verhandlungen über die Einheit noch zu warten und in der DDR zunächst weiter Fakten zu schaffen, da die sowjetische Verhandlungsposition im Zeitablauf entsprechend der „Zwickmühle" an Wert verliere. Die Furcht, wegen der Geschwindigkeit der Abläufe in der DDR unter Druck zu kommen, sei der Grund für die sowjetische Warnung davor, beschleunigend einzuwirken. Ich warnte deshalb meinerseits vor der Tendenz des AA, mit Verhandlungen bald zu beginnen, und vor der in Genschers Rede erkennbaren Bereitschaft, für die Einheit mit sicherheitspolitischen Konzessionen zu bezahlen.

Schließlich wies ich darauf hin, dass Gorbatschow sich, trotz unserer Bedeutung, als Weltpolitiker verstehe, der nur die USA als adäquaten Gesprächs- und Verhandlungspartner akzeptiere. Es gehe ihm um weit mehr als nur um eine Lösung der deutschen Frage oder der zukünftigen europäischen Struktur, sondern um einen neuen weltpolitischen „grand bargain" mit den USA. Wir müssten also mit den USA engste Fühlung halten, da zu erwarten sei, dass Gorbatschow die Schlüsselfragen mit den USA regeln wolle. Ich regte an, in jedem Fall mit dem Nachdenken darüber zu beginnen, was wir den Sowjets als Gegenleistung anbieten könnten, wenn sie die Einheit in der NATO akzeptierten, denn Gorbatschow werde sich in dem erbitterten Kampf mit seinen Gegnern nicht durchsetzen können und wollen, wenn er als Gegenleistung für den totalen Umbau der sowjetischen Politik nicht den ersehnten Anschluss an die Weltzivilisation bieten könne.

Zwei Wochen später erreichte mich in Moskau Teltschiks Antwort. Er bedankte sich und teilte mir mit, dass er den Brief außerhalb des Dienstweges dem Bundeskanzler vorgelegt habe, worüber ich natürlich sehr glücklich war. Er habe bereits im Ressortkreis mit der Suche nach eventuellen Gegenleistungen begonnen. Die Ministerien seien aber noch sehr schwerfällig bei der Entwicklung von Ideen. Er sei auch weiterhin an unseren Beobachtungen vor allem zur sowjetischen Innenpolitik interessiert.

Mitte Januar kam der Staatssekretär im Bundeslandwirtschaftsministerium, Dr. Kittel, zu Verhandlungen nach Moskau. Im Grunde genommen ging es, weil stark verbilligte Lebensmittel geliefert werden sollten, um ein in diesem Winter gewichtiges Geschenk von Nahrungsmittelhilfe für Moskau und Leningrad. Ich kannte Kittel aus meiner Zeit an der EG-Vertretung in Brüssel, wo Kittel die Nummer zwei gewesen war. Er beschrieb mir sein Erstaunen, dass seine Verhandlungspartner ihm zu verstehen gegeben hätten, eigentlich gar kein Interesse an der Nahrungsmittelhilfe zu haben. Ich erklärte ihm, es handele sich vermutlich um das typisch sowjetische Bazar-Verhalten, wo man, um den Preis zu drücken, so tut, als wolle man gar nichts kaufen. Denkbar sei aber auch, dass es im Apparat Widerstände gegen eine Annäherung an uns gebe. Das Angebot, das die Sowjets dann natürlich doch annahmen, war ein nützlicher Beginn einer Politik des Angebots wirtschaftlicher Hilfe und wirkte in der spürbar zunehmenden Versorgungskrise entlastend für Gorbatschow, der dem Bundeskanzler offenbar seine Empfangsbereitschaft signalisiert hatte.

Zu dieser Zeit erschien in „Moscow News" ein Artikel von Bowin, in dem er zur NATO-Mitgliedschaft des Vereinten Deutschland fragte, warum eigentlich nicht? Das war natürlich sensationell, so explizit war dies noch von niemand Einflussreichem in Moskau gesagt worden. Und dass Bowin nach wie vor einflussreich war, unterlag keinem Zweifel, da seine aufsehenerregenden Kommentare weiterhin vor allem in der Iswestija erschienen. Hier meldete sich also die „SD-Fraktion" zu Wort und drängte weiter auf Annäherung an die Amerikaner als Vormacht der NATO.

Gleichzeitig verschärften sich die inneren Spannungen immer mehr. Gorbatschow fuhr in diesen Tagen zu einem Besuch in die baltischen Staaten. Er versuchte dabei, in dem für ihn typischen Bad in der Menge und mit wortreichen Erklärungen die Bevölkerung von ihrem Streben nach Unabhängigkeit abzubringen, jedoch sichtlich ohne Erfolg. Die täglichen Fernsehberichte ließen ihn schwach, ja hilflos aussehen, weil die Menschen seine Argumentation mit der wirtschaftlichen Verflechtung der baltischen mit den anderen Sowjetrepubliken nicht akzeptierten. In Aserbeidschan gab es wieder Unruhen mit vielen Toten unter der armenischen Minderheit und bei Demonstrationen in der Moldau-Republik wurde wieder die Wiedervereinigung mit Rumänien gefordert.

Zu Hause schritt die Debatte über unsere zukünftige sicherheitspolitische Stellung voran. So berichtete am 16. und 20. 1. die „Welt" über von Möllemann vorgetragene Forderungen der FDP nach Reduzierung der Bundeswehr auf 350.000 Mann, Verzicht auf die Modernisierung der Nuklearwaffen der USA in Europa und die gleichgewichtige Beseitigung der nuklearen Kurzstreckenraketen und der nuklearen Artillerie. Ich war überzeugt, dass Genscher dahinter steckte, wenn er auch persönlich nicht aufgetreten war, aber jedermann wusste, dass Möllemann sein „Minenhund" war. Hier sollte die Position der Bundesregierung aufgeweicht werden, bevor die entscheidenden Verhandlungen überhaupt begonnen hatten. Verteidigungsminister Stoltenberg wies diese Forderungen als „wahltaktisch" im Blick auf die in diesem Jahr anstehenden Bundestagswahlen zurück. Sie waren umso erstaunlicher, als die Bundesregierung wenige Wochen zuvor am 7. 12. 1989 beim Beschluss der Bundeswehrplanung die Gesamtstärke auf 420.000, bei günstigem Verlauf der Wiener Abrüstungsverhandlungen auf 400.000, festgelegt hatte. Die neuen FDP-Vorschläge sollten zwar erst auf einem Wahlparteitag im September beschlossen werden, politisch wirkten sie aber natürlich sofort, sicher mit Absicht.

Am 18. 1. gab der Bundeskanzler der Washington Post ein Interview. Angesichts der Lage in Osteuropa sei es noch zu früh, bereits jetzt über die Notwendigkeit einer Entscheidung für die Modernisierung der Lance nachzudenken. Ein erstes sicherheitspolitisches Signal des Entgegenkommens des Kanzlers an die Sowjets, klar, aber erheblich zurückhaltender als die FDP.

Am gleichen Tage veröffentlichte Schewardnadse einen Namensartikel in der

Iswestija zur deutschen Frage spürbar restriktiver als die Brüsseler Rede. Ich fragte mich nach den Gründen. Offenbar hatte es Gegendruck gegeben.

Vom 18. -20. 1. tagte in Moskau eine „Allunionskonferenz" der Partei, auf der eine „Demokratische Plattform" für den nächste Parteitag ausgearbeitet wurde. Es war ein sozialdemokratisches Programm mit Ende des „demokratischen Zentralismus", also der Herrschaft des Politbüros. Es gab heftige, sehr kontroverse Debatten. Der Hauptredakteur der „Plattform", Schostakowski, Direktor der Höheren Parteischule, galt als Protegé Jakowlews. Trotz der zunehmenden inneren Spannungen trieb die Mannschaft Gorbatschows die Revolution von oben also weiter voran.

Am 19.1. kam unser Minister für Entwicklungshilfe, Warnke, zu Gesprächen nach Moskau. Beim Gespräch mit Gorbatschow war ich nicht dabei. Wie ich aus Warnkes Delegation hörte, war Niemand unter Warnkes Gesprächspartnern gegen die Wiedervereinigung gewesen, aber Falin stellte Bedingungen und Sagladin warnte vor dem Verlust der Kontrolle in der DDR. Gorbatschow hatte sich vor allem für die Wirtschaftslage bei uns interessiert, was zeigte, wo sein Interessenschwerpunkt lag.

Am gleichen Tage kam es zu einem massiven Truppeneinsatz in Baku in Aserbeidschan mit Hunderten von Toten. In einem Gespräch kurz darauf mit Golembiowski von der Iswestija, den ich wieder einmal aufsuchte, ich ging jedes Vierteljahr zu ihm, erlebte ich einen offenen Zornesausbruch. Dahinter, so Golembiowski, steckten Jasow (der Verteidigungsminister) und die Konservativen. Es sei genauso wie in Tiflis im vorigen Jahr. Sie wollten Gorbatschow zum generellen Einsatz von Gewalt bringen. Es sei eine „Provokation". Aber: „Jasow wird schon sehen, was er davon hat." Nach allem, was man inzwischen wusste, war ich überzeugt, Golembiowski hatte Recht und vor allem fühlte er sich offenbar stark, denn sonst hätte er sich nicht so ungeschützt geäußert. Am 20. 1. rechtfertigte Gorbatschow aber im Fernsehen den Einsatz, was zu Fragen nach der Stärke seiner Position Anlass gab. Offenbar scheute er die direkte Auseinandersetzung mit dem Militär. Gleichzeitig ernannte er allerdings Petrakow, einen als fortschrittlich geltenden Wissenschaftler, zu seinem persönlichen Wirtschaftsberater und schaffte so ein Gegengewicht zu Ryschkows Bürokratie der zentralen Planung. Ende Januar bildete Rukh in der Ukraine eine Menschenkette für die Unabhängigkeit mit 100.000 Menschen.

Etwa zu dieser Zeit rief mich der als Dissident bekannte Maler Boris Birger an und bat mich um ein Gespräch. Ich kannte Birger zwar von verschiedenen Begegnungen bei Empfängen in der Residenz, allerdings nicht näher. Seine Bilder hatten in jener Moskauer Ausstellung gehangen, die unter Chruschtschow von Bulldozern zerstört worden war. Er war Dissident seit der Breschnew-Zeit und bezeichnend für ihn war, dass er es gewesen war, der Sacharow am Bahnhof abgeholt hatte, als dieser nach Gorbatschows Begnadigung aus der Verbannung aus Gorki, dem alten Nischnij Nowgorod, nach Moskau zurückkehrte. Sie waren ganz eng befreundet, was Birgers

Persönlichkeit genauso verdeutlicht, wie seinen Mut und die Festigkeit, mit der er über viele Jahre ertrug, als Dissident seine Kunst kaum zeigen zu können.

Ich lud ihn zu einem Mittagessen nach Hause ein. Dabei teilte er mir mit, er gehöre zum Vorstand der Moskauer jüdischen Gemeinde. Diese sei inzwischen wegen des ungehinderten Zunehmens des Antisemitismus auf das Äußerste besorgt. Gewaltanwendung gegen Juden und jüdische Einrichtungen seien auch in größerem Umfang nicht mehr ausgeschlossen. Er sei deshalb beauftragt zu fragen, ob die Bundesregierung bereit sei, für die russischen Juden zu intervenieren. Ich versuchte, ganz bewusst vor den Mikrophonen, ihn zu beruhigen. Auch wir an der Botschaft hätten zwar das Zunehmen rechtsextremer Phänomene in der SU in letzter Zeit festgestellt. (Angehörige der rechtsextremen Organisation „Pamjat" waren in jüdische Veranstaltungen eingedrungen und hatten die Anwesenden, antisemitische Parolen brüllend, verprügelt.) Wir seien aber überzeugt, dass dieses Problem der Führung unter Gorbatschow bewusst sei und er gewaltsame Ausschreitungen mit Sicherheit nicht dulden würde. Ihm sei bekannt, welche Folgen eine Ausbreitung von Antisemitismus für das internationale Ansehen der SU haben würde. Ich setzte darauf, dass diese Botschaft bei den Sowjets über die Mikrophone ankommen würde. Diese Methode schien mir wirksamer als offizielle Demarchen, die das Außenministerium aller Erfahrung nach einfach abschmettern würde.

Ein paar Wochen darauf lud Birger Claudia, die Kinder und mich zur Feier des Geburtstages seiner Tochter zu sich nach Hause ein. An der Tür empfingen uns zwei kräftige junge Männer, die offenbar als Wächter fungierten. Birger und seine Gäste, wir waren die einzigen Ausländer, waren den ganzen Abend sehr freundlich zu uns und nahmen uns quasi in ihre Familie auf. Vielleicht ging es auch um die schützende Wirkung der Diplomatennummer meines Autos, das ich vor der Haustür geparkt hatte. Jedenfalls war ich dem damaligen Innenminister, Wolfgang Schäuble, sehr dankbar, als er eine Möglichkeit schuf, mit der ausreisewillige russische Juden zu uns nach Deutschland emigrieren konnten, eine Möglichkeit, die lebhaft genutzt wurde, weil das amerikanische Einwanderungskontingent chronisch überfüllt war und nicht alle Emigranten nach Israel wollten. Dass sie sich nun für uns, das Land der Mörder, entschieden, fand ich überwältigend. Als die Israelis empört in Bonn demarchierten, diese Emigranten gehörten nach Israel und wie kämen wir dazu, sie aufzunehmen, konnten wir ihnen nur sagen, dass diese Entscheidung für Deutschland von uns nicht kritisierbar sei. Dass wir ihr Kommen als eine Gnade empfanden, war amtlich nicht aussprechbar.

Am 21. 1. brachte „Moscow News" einen Artikel von Karaganow vom Europa-Institut. Die Wiedervereinigung sei wahrscheinlich und bedeute keine Bedrohung der europäischen Sicherheit, wenn es entsprechende Sicherheitsgarantien gebe, worin der Pferdefuß versteckt war. Mein Eindruck, dass er zu den Hardlinern gehörte, bestätigte sich. Ganz anders am gleichen Tage Baranowski vom IMEMO, der uns schon vor Weihnachten mit der Frage aufgefallen war, wer berechtigt sei, sich der Wiedervereinigung entgegenzustellen, und den Schäfers deshalb aufgesucht hatte. Baranowski entwickelte in einem Artikel ein Konzept für Verhandlungen über die deutsche Einheit:

1. Stufe Verhandlungen der Vier Mächte
2. Stufe Verhandlungen der Vier plus zwei deutsche Staaten
3. Stufe Verhandlungen der Vier plus zwei und der unmittelbaren Nachbarn Deutschlands
4. Stufe Absegnung im KSZE-Rahmen

Hier wurde für uns zum ersten Mal ein Verfahrensrahmen beschrieben, in dem die verschiedenen verbundenen, aber verschiedene Staaten berührenden Probleme der deutschen Einigung behandelt werden konnten. Schäfers berichtete sofort, denn es war klar, dass es sich nicht lediglich um die persönliche Position eines Wissenschaftlers handelte. Hier sprach eine der Fraktionen und zwar weder ein „Germanist" (Falin) noch ein Betonkopf (Kwizinskij/Bondarenko), also wohl ein „Amerikaner".

Gleichzeitig durften wir die Entwicklung im Warschauer Pakt nicht aus den Augen verlieren. Am 22. 1. forderten Polen, Ungarn und die Tschechoslowakei den vollständigen Abzug der sowjetischen Truppen. Der von mir im Zwickmühlen-Bericht prognostizierte Abzugsdruck entwickelte sich also tatsächlich. Das hatte offensichtliche Implikationen für die DDR. In diesen Tagen beschloss auch ein „Runder Tisch" in Bulgarien die Einführung eines Mehrparteiensystems und freie Wahlen. Auch dort war also die Wucht der Lawine ungebrochen.

Am 24. 1. gab Portugalow der BILD ein Interview. „Wenn das Volk die Einheit will, kommt sie. Wir werden uns in keinem Fall gegen diese Entscheidung stellen, wir werden uns nicht einmischen." Das hieß, wie schon die Diskussion mit Warnke gezeigt hatte, dass Falin und die „Germanisten" jedenfalls ab jetzt, wahrscheinlich aber von vornherein, auch wenn sie es nicht offen gesagt hatten, nicht mehr auf die Stabilisierung der DDR durch Reform setzten.

Am 25. 1. sagte Premierministerin Thatcher dem Wall Street Journal in einem Interview, wir verfolgten „nationalistische Ziele" und gab sich als Beschützerin Gorbatschows vor angeblich unerfüllbaren Forderungen von uns. Das Schicksal der Menschen in der DDR war ihr offensichtlich egal, genauso wie das der Polen, Tschechen usw., die ja alle nicht sicher frei sein konnten, wenn die sowjetischen Truppen in Deutschland blieben. Nun war auch sie drauf und dran, in die sowjetische Falle zu geraten.

Einen Tag später gab Jasow in der Iswestija zu, der Truppeneinsatz in Baku habe nicht der Verhinderung von Gewalt der Aseris gegen die Armenier gedient, denn diese hatte schon vorher fast völlig aufgehört, sondern der Zerstörung der aserbeidschanischen Volksfront. Damit war klar, es ging um den Einsatz von militärischer Gewalt, um den Zusammenhalt der Union zu erzwingen. Ein Menetekel für die Balten.

Parallel ging die innere Transformation der Staaten des Warschauer-Paktes immer schneller voran. So wurde am 27. 1. in Polen die PVAP aufgelöst und eine „Sozialdemokratie der Republik Polen" gegründet. Das bedeutete das Ende der kommunistischen Partei und der Volksrepublik. Und am 28. 1. zog Modrow auf Druck der neuen Parteien das Datum für die ersten freien Wahlen in der DDR von Mai auf März vor.

Am selben Tage gab Genscher der „BILD-am-Sonntag" ein Interview: „Wer die Grenze der NATO bis zur Oder und Neiße vorziehen will, schlägt die Tür zu für ein geeintes Deutschland." Das war nun noch deutlicher als die Drei-Königsrede. Meine Sorgen wuchsen. Sollte das vereinte Deutschland sicherheitspolitisch zweigeteilt bleiben und das Beitrittsgebiet außerhalb des NATO-Schutzes bleiben oder steckte, denn das schien mir schon juristisch nicht vorstellbar, eben doch der Austritt des vereinten Deutschland aus dem Bündnis dahinter?

Am 29. 1. ging ich zu Daschitschew, um mir nach der Weihnachtspause ein Gefühl für die aktuelle Lageentwicklung in Moskau zu verschaffen. Ich hatte ihn seit meinem Antrittsbesuch nicht mehr gesprochen, er empfing mich aber sofort in seinem Institut. Er zeigte sich überzeugt davon, dass Gorbatschow mit dem sich in den letzten Wochen formierenden konservativen Widerstand gegen die Perestroika fertig werden werde. Er bezeichnete es aber als „sehr wichtig", noch vor dem ZK-Plenum(5./6. 2.) die Argumentation zu entkräften, die Entwicklung in Mittel-Osteuropa, insbesondere in der DDR, beweise, dass die Perestroika der SU außenpolitisch wesentlichen Schaden zugefügt habe.

Er insistierte länger auf der Frage, wie die NATO auf die sowjetischen Sicherheitsinteressen eingehen werde, wenn die sowjetischen Truppen sich in Zukunft aus den WP-MS zurückzögen und gleichzeitig die beiden deutschen Staaten sich schrittweise vereinigten. Aus seinen Darlegungen wurde deutlich, dass der Gedanke einer Konferenz der Vier Mächte zusammen mit beiden deutschen Staaten, wie sie Kowaljow uns gegenüber erwähnt hatte, in der innersowjetischen Diskussion nach wie vor eine erhebliche Rolle spielte. In meinem Bericht darüber gab ich Daschitschew ausführlich wieder, weil er von einer erstaunlichen Offenheit war. Er sagte:

„Die Partei stehe in der SU vor sehr schwierigen Problemen. Es sei aber immer klarer geworden, dass die Ziele der Perestroika sich in einem Ein-Parteiensystem nicht erreichen ließen. Die Gründung einer Assoziation sozialdemokratischer Parteien in Tallinn sei ein ermutigender Schritt. Aber man brauche natürlich Zeit. Jetzt vor dem Plenum des ZK in Moskau habe man es mit gezielten Versuchen konservativer Kreise zu tun, doch noch, „etwa mit Hilfe eines Führers wie Ligatschow", die Perestroika aufzuhalten. Es sei offensichtlich, dass Gorbatschows eigentliche Feinde nicht an der Seite der „Radikalen" stünden. Die Konservativen würden derzeit deutlich stärker. Das wichtigste Gegenmittel sei die „Demokratisierung der obersten Macht", d. h. die

Offenlegung der Positionen z. B. durch Öffentlichkeit der ZK-Sitzungen, da der Apparat im Volk kaum eine Stütze habe.

Er habe keinen Zweifel, dass die Gewalt in Aserbeidschan von langer Hand vorbereitet worden und mit gezieltem Timing gerade jetzt ab 12. 1. zum Ausbruch gebracht worden sei. 40.000 Kämpfer könne man nicht von heute auf morgen organisieren und ausrüsten. In diesem Kampf gegen Gorbatschow werde von neostalinistischen Kräften der großrussische Chauvinismus ganz gezielt angefacht und eingesetzt. Der Artikel von Prochanow in der Nr. 1 der Literaturnaja Rossija, (die Zeitung des rechtsextremen, russischen Schriftstellerverbandes) „Die Tragödie des Zentralismus", sei geradezu als Manifest der Anti-Perestroika-Kräfte zu betrachten. Wegen seiner Aussagen zur angeblichen Zerstörung der geopolitischen Architektur Osteuropas durch die Perestroika habe er einen Antwortartikel geschrieben, der wohl in der nächsten Nr. von Moscow News erscheinen werde. Dies sei wichtig, damit noch vor dem Plenum diese Argumentation entkräftet werde, in der die Verbindung des großrussischen Chauvinismus mit neostalinistischen Bestrebungen besonders deutlich werde.

Ziel der „russischen Infanteristen" (im zweiten Weltkrieg), deren Knochen sich laut Prochanow in den Gräbern regten, sei aber nicht die Erstreckung des Stalinismus auf Ost- und Mitteleuropa gewesen, sondern die Zerstörung des Faschismus, die Befreiung der SU und die Befreiung der Länder Osteuropas. Er glaube, dass die sowjetische Bevölkerung dies verstehen werde. Es gebe genug gesunden Menschenverstand. Wir müssten aber wissen, dass es in der SU auch in nach wie vor einflussreichen Stellungen „Unverbesserliche" gebe, die davon überzeugt blieben, dass die Teilung Deutschlands im sowjetischen Interesse liege. Sie verstünden einfach nicht, dass die SU nur bei Einigung Deutschlands auch wieder Teil Europas werden können. Mit ihnen müsse man rechnen, wenn man jetzt überlege, welche Regelungen zu schaffen seien, um die rapiden Veränderungen in ein kollektives Sicherheitssystem einzuordnen. Man sei sich in Moskau nicht im Klaren, woran der Umfang der andauernden Flucht aus der DDR liege. Er frage sich, ob dies mit der andauernde Stationierung sowjetischer Truppen zusammenhänge.

Ich schilderte antwortend unsere Auffassung, dass die Bevölkerung vor allem deutliche Signale rascher ökonomischer Verbesserungen brauche. Die Perspektive der Einheit werde wohl auch immer bedeutsamer.

Daschitschew replizierte, die wirtschaftliche Zusammenarbeit mit uns sei wohl tatsächlich sehr wichtig. Sein Institut habe die sowjetische Regierung auch kritisiert, weil sie jetzt mit der derzeitigen DDR-Regierung einen Vertrag abgeschlossen habe. Es wäre besser gewesen abzuwarten. Aber insgesamt gelte doch, die Frage der militärischen Sicherheit sei die Hauptfrage. Die Präsenz der sowjetischen Truppen in den Staaten des WP sei eine Konsequenz der alten Annahme, dass die SU durch den Westen bedroht sei. Dies sei, auch wenn dies natürlich von vielen Militärs noch anders gesehen werde, falsch. Man werde also aus allen diesen Staaten über kurz oder lang abziehen und zwar vollständig. Man müsse aber überlegen, wie dies zu bewerkstelligen sei. In der sowjetischen Diskussion spiele die Frage eine große Rolle, ob denn etwa die NATO sich in Zukunft bis an die Oder erstrecken solle. Es werde durchaus diskutiert, welchen Sinn der WP in Zukunft eigentlich noch haben könne und ob man ihn nicht besser auflöse. Man brauche aber, schon aus psychologischen Gründen, damit das Ganze nicht völlig einseitig wirke, antwortende, parallele westliche Maßnahmen der Demilitarisierung. So werde z. B., wenn die Demilitarisierung ganz Deutschlands nicht gangbar sei, daran gedacht, die ganze DDR zu entmilitarisieren.

Ich verwies auf Interviews des Bundeskanzlers mit der Washington Post und des Ministers mit der Welt am Sonntag. Wir hätten Schewardnadses Brüsseler Rede sehr wohl verstanden, in der auch die Frage nach Garantien gestellt werde. Der Minister habe auch in seiner Wiener Rede (Er hatte dort vor der KSZE gesprochen) in einer Reihe von Fragen, die von Schewardnadse in dessen Iswestija-Artikel aufgeworfen worden seien, positive Antworten nicht nur in Prozedurfragen gegeben. Für uns sei wichtig, dass nicht versucht werde, überholte Formen der Zusammenarbeit der Vier Mächte zu benutzen. Eine volle Beteiligung der Deutschen von Anfang an sei unverzichtbar.

Daschitschew erwiderte, darüber denke man sehr wohl nach. Sein Institut habe schon vor 4 Monaten eine Konferenz der Sechs vorgeschlagen, nicht um die Entwicklung in Deutschland zu beenden, sie sei im Gang, unnatürliche Bremsversuche würden wohl nur deutschen Nationalismus hervorrufen, aber damals habe man eine solche Konferenz nicht gewollt. Es sei sehr zu fragen, wer für eine solche Konferenz die Initiative übernehmen solle.

Ich antwortete, ich wüsste nicht, wie man in Bonn über eine solche Konferenz denke. Vielleicht sei auch der Gedanke einer Initiative nicht der richtige. Es gebe in der nächsten Zeit genügend Gelegenheit auf entsprechender Ebene, die Sachprobleme bilateral zu diskutieren. Dann sehe man klarer, wie die Rechte und Verantwortlichkeiten der Vier Mächte abzulösen seien.

Daschitschew legte dar, die vorliegenden Aussagen des Ministers zur Übernahme politischer Aufgaben durch die Bündnisse und zur Schaffung verschiedener Organe einer gesamteuropäischen Struktur seien sehr interessant. Er werde sie sehr genau studieren. Soweit er sehe, befassten sie sich aber nicht mit den eigentlichen Kernfragen der militärischen Sicherheit. Er müsse auf seine Fragen nach konkreten Schritten der NATO zurückkommen, wenn sich im Zuge des Rückzugs der sowjetischen Truppen die militärische Struktur des WP verändere.

Ich erwiderte, die Frage der Personalstärken stehe auf der Tagesordnung der Wiener Verhandlungen. Dort könnte man ja über den Rahmen des bisher erörterten hinausgehen, sobald Wien I abgeschlossen sei, um die Potentiale der Staaten weiter zu begrenzen. Was dies konkret bedeuten werde, könne ich nicht sagen. Auch wir brauchten Zeit, um Antworten auf die rasche Entwicklung zu finden. Es sei aber sehr wesentlich, das auch in der „Gemeinsamen Erklärung" des Bundeskanzlers und des Generalsekretärs verankerte Prinzip der Beteiligung der USA an der Europäischen Friedensordnung zu beachten. Die alte Forderung nach Auflösung der Bündnisse werde aber weder dem, noch dem anhaltenden Interesse der westeuropäischen Staaten an einer amerikanischen Garantie gegenüber der SU gerecht. Für diese Staaten bleibe die SU eine militärische Supermacht. In diesem Sinne entspreche die Perzeption der Parallelität der Bündnisfunktionen und daraus abgeleitete Forderungen nach parallelen Schritten der Transformation den Problemen nicht. Dies hieße aber nicht, dass wir die Legitimität der Frage der SU nach Garantien ihrer eigenen Sicherheit bestritten, gerade wenn zu der neuen Friedensordnung ein geeintes Deutschland gehöre. Notwendig sei ein System, das beide Garantien miteinander verbinde.

Daschitschew erwiderte, eine das amerikanische Engagement ausdrückende, symbolische Präsenz in Europa sei wohl kaum ein Problem. Jedenfalls sei es aber notwendig, sich diesen Fragen der militärischen Aspekte des sich einigenden Deutschland konkret zuzuwenden, damit man der sonstigen Entwicklung nicht hinterherlaufe.

Der Bericht war sicherlich wieder lang, aber es lohnte, die Überlegungen Daschitschews, der der Entwicklung der sowjetischen Position regelmäßig vorauseilte, aber nicht falsch gelegen hatte, vollständig nach Bonn zu transportieren. Sie waren in der Beschreibung der innenpolitischen Lage und des deutschlandpolitischen Denkens seiner Fraktion von erstaunlicher Offenheit und Präzision. Gleichzeitig waren sie eine sehr wertvolle Bestätigung unseres auf analytischem Wege gewonnenen Lagebildes.

Ich gab dabei auch absichtlich meine Antworten wieder, nicht weil ich sie für so besonders bedeutend hielt, sondern um Bonn, wenn gewünscht, die Möglichkeit zur Korrektur zu geben. Es war ja ein schon fast operatives Gespräch mit einem Vertreter der SD-Fraktion des Sicherheitsapparates gewesen, der sich, wie sich im Verlauf mehr und mehr gezeigt hatte, zu einem derartigen Gespräch autorisiert gegeben hatte. Ich hatte auch keine konkreten Weisungen gehabt und musste auf dem schmalen Grat zwischen den Interviews und Reden des Bundeskanzlers und des Ministers versuchen, in die richtige Richtung voranzugehen. Außerdem wollte ich zeigen, dass ich die Frage nach einer Initiative für eine Konferenz der Sechs abzuwimmeln versucht hatte. Ich war ja der Meinung, dass wir zunächst noch weitere Fakten in der DDR schaffen sollten, bevor wir mit Verhandlungen begännen. Zum anderen schien mir wichtig, den Gedanken der Parallelität der Behandlung der beiden Bündnisse zu bekämpfen, denn dass der WP sich zusehends auflöste, während die NATO auch für uns als westeuropäischem Staat weiter gebraucht wurde, war doch entscheidend. Und schließlich wollte ich in der laufenden konzeptionellen Debatte darauf hinweisen, dass die Ablösung der Vorbehaltsrechte über Deutschland als Ganzes, die die Vier Mächte mit der bedingungslosen Kapitulation 1945 erworben hatten, der völkerrechtliche Kern einer Regelung der Einheit sein müsste. Wie auch immer, ich erhielt wieder keine Antwort aus Bonn, sah aber bald, dass Vorschläge für Verhandlungen zu sechst, erst „4 plus 2", dann „Zwei-plus-Vier", nun auch aus Washington und Bonn kamen.

Am 30. 1. kam MPr. Modrow nach Moskau. Schon vor Gesprächsbeginn brachten die Agenturen eine Äußerung Gorbatschows, die Vereinigung werde von niemand prinzipiell in Zweifel gezogen. Die Geschichte habe ihre Korrekturen bereits angebracht. Damit war Modrows Position schon vor Gesprächsbeginn entscheidend geschwächt, sicher mit Absicht. Modrow sagte der Presse dann nach den Gesprächen: „ich glaube, die Perspektive der Einheit liegt vor uns." Er forderte aber Neutralität des vereinten Deutschland. Die Prawda brachte am Tag darauf nichts davon, sondern nur, die SU habe generell nichts gegen die Einheit. Mir fiel auf, dass die sowjetischen Medien zu dieser merklichen Verschiebung der sowjetischen Position, weg von der DDR als „strategischem Verbündeten", kaum etwas brachten. Es sollte offenbar nicht auffallen, war aber wichtig als Aufgabe der Option, die DDR durch Reform zu erhalten.

Am Tag danach hielt Genscher in Tutzing am Starnbergersee sicher nicht zufällig an der gleichen evangelischen Akademie, an der Bahr seinerzeit sein berühmtes Konzept des „Wandels durch Annäherung" verkündet hatte, eine große Rede. In ihr baute er sein Konzept eines kollektiven Sicherheitssystems in Europa aus der Drei-Königs-Rede weiter aus. Keine Ausdehnung des NATO-Territoriums nach Osten, keine Einbeziehung von DDR-Gebiet in Strukturen der NATO, die beiden Bündnisse sollen in gesamteuropäischen Strukturen „aufgehen". Genscher sagte auch über Polen, Ungarn und die Tschechoslowakei, dass, was immer im WP geschehe, das NATO-Terri-torium nicht nach Osten vorgeschoben werde. Ich war erneut entsetzt. Mein Verständnis der Drei-Königs-Rede bestätigte sich, die Bündnisse sollten verschwinden, die Garantie des NATO-Schutzes für das vereinte Deutsch-land wurde nicht gefordert, das beitretende Territorium würde keinen Schutz genießen. Er hatte zwar auch gesagt: „Neutralismus wollen wir nicht." Aber Neutralismus ist eine geistige Einstellung, während Neutralität ein juristischer Status ist. Bei Genscher waren solche Unterschiede wichtig.

Genscher war, was man bis dahin nur ab und an ahnen konnte, wenn es auch schwer eindeutig festzumachen war, deutschlandpolitisch ein Schüler Thomas Dehlers, jenes FDP-Politikers aus den fünfziger Jahren, der deutschlandpolitisch mit Adenauer aneinandergeraten war.[27] Dehler hatte seinerseits sein Konzept von einem anderen FDP-Bundestagsabgeordneten namens Pfleiderer bezogen. Pfleiderer, ein ehemaliger Diplomat aus der Wilhelmstraße, hatte im September 1952, wenige Monate nach der berühmten Note Stalins vom März des gleiche Jahres, die Einheit für Neutralität anzubieten schien, einen Plan zur Wiedervereinigung vorgelegt. Es war ein Plan gegen die Westintegration der Bundesrepublik, für ein disengagement der Bündnisse, für die Rückkehr Deutschlands in die Mittellage.[28] Diese Zusammenhänge hatte mir 1978 Wolfgang Schollwer erklärt, als wir im Planungsstab unter Kinkel zusammenarbeiteten. Schollwer war ein alter FDP-Mann, der Ende der sechziger Jahre Denkschriften vorgelegt hatte, die zur Konzeption der Neuen Ostpolitik beigetragen hatten, schon bevor die sozialliberale Koalition 1969 gebildet worden war. Er arbeitete auch damals im Planungsstab weiter an deutschlandpolitischen Fragen und genoss in der FDP einen beachtlichen Ruf als ostpolitischer Vordenker.

So wurde Anfang 1990 wieder klar, dass es bei uns zwei konkurrierende Konzepte für die deutsche Einheit gab. Die einen dachten an eine sich nach Osten ausweitende Westintegration, die anderen an ein in der Mitte liegendes, weitgehend entmilitarisiertes Deutschland in einem europäischen, kollektiven Sicherheitssystem. Das waren nun aber nicht mehr theoretische Positionen ohne praktische Bedeutung, sondern – von der Öffentlichkeit unbemerkt –

fundamentale Gegensätze in der Position der Bundesregierung, die in dieser akuten Phase der Vorbereitung der entscheidenden Verhandlungen so schnell wie möglich beseitigt werden mussten.

Am 31. 1. schlug Bush in seiner jährlichen Rede zur Lage der Nation vor, in den Wiener Verhandlungen die amerikanischen und die sowjetischen Truppen in der Reduktionszone in der Mitte Europas durch asymmetrische Reduktionen auf jeweils 195.000 Mann zu bringen. Die US-Truppen außerhalb der Zone sollen außer Ansatz bleiben. Das war ein für die bevorstehenden Verhandlungen konzeptionell wichtiger Vorschlag wegen der darin liegenden, asymmetrischen Behandlung der beiden Bündnisse, denn die SU hätte weit mehr Truppen abziehen müssen.

Am gleichen Tage übernahm nun auch die Prawda die „antifaschistische" SED-Propaganda wegen der Grafitti am Ehrenmal in Treptow und angeblicher neo-nazistischer Entwicklungen in der DDR und demonstrierte so, dass die SED noch einflussreiche Freunde in Moskau besaß. Am 1. 2. veröffentlichte Modrow seinen Plan „Deutschland, einig' Vaterland", in dem Neutralität zur Bedingung der Einheit gemacht wurde. Der Kampf um die entscheidenden Fragen der Einheit stand also noch bevor.

Am gleichen Tage erschien in der Süddeutschen Zeitung ein Artikel eines „Wissenschaftlers" vom Arbatow-Institut, Andrei Kortunow, den ich von meinem ersten Posten kannte, als wir einmal über die Nachrüstung diskutiert hatten. Auch sein Bruder war interessant. Er arbeitete im SAM in der Amerikaabteilung an Fragen der strategischen Rüstungskontrolle. In der Süddeutschen Zeitung war nun zu lesen, dass man der NATO-Mitgliedschaft des vereinten Deutschland zustimmen könne. Neutralisierung sei unmöglich und vermutlich nicht einmal wünschenswert. Nach Bowin war das jetzt der zweite Moskauer „Politologe", der sich für die NATO-Mitgliedschaft aussprach. Ein weiteres Mosaiksteinchen für die Existenz der „SD-Fraktion" oder der „Amerikaner", wie ich sie auch nannte, weil sie für proamerikanische Positionen eintraten.

Am 2. 2. war Gysi zu einem Gespräch bei Gorbatschow in Moskau. Ich ging in die internationale Pressekonferenz im Pressezentrum des Außenministeriums, mit der sein Besuch endete. Er war erheblich geschickter als Krenz und konnte sich ausdrücken, ohne in das alte Parteichinesisch zu verfallen, wirkte aber verschlagen und untergründig aggressiv. Er distanzierte sich ausführlich von Modrows Forderung nach Neutralität. Das reiche nicht aus. Notwendig sei Entmilitarisierung des Vereinten Deutschland. Also auch er wies die Fragen nach den Bedingungen der Einheit nicht im Zeichen der angeblich anstehenden Stabilisierung der DDR durch Reform-Sozialismus zurück, offenbar weil er wusste, dass die Erhaltung der DDR schon nicht mehr realistisch war und er war zu klug, um vor der gewieften internationalen Presse einem nicht mehr erreichbaren Ziel hinterher zu laufen. In der Prawda am folgenden Tag wurde im Bericht über diese Pressekonferenz diese Distanzierung Gysis von Modrow nicht aufgegriffen, obwohl sie großen

Raum eingenommen hatte. Die Prawda übernahm also seine Entmilitarisierungsforderung nicht. Dafür gab sie seinen Darlegungen im Gespräch mit Gorbatschow breiteren Raum. Es würden antikommunistische Stimmungen in der DDR geschürt und neonazistische, profaschistische Gruppen würden aktiv. Beide Gesprächspartner hätten auf die Unzulässigkeit der Einmischung von außen in das innenpolitische Leben der DDR hingewiesen, was man nicht anders als Versuch der Unterminierung eines souveränen Staates qualifizieren könne, der einer der wichtigsten Garanten der Stabilität in Europa sei. Dass damit aber der Weg zur Einheit nicht grundsätzlich blockiert werden sollte, ergab sich aus den Darlegungen Gorbatschows, wonach die Frage der deutschen Einheit ihre Lösung im Rahmen des europäischen Prozesses beim Bau des gemeinsamen Hauses in Europa finden könne. Ob dies unter den Bedingungen der gesamteuropäischen Konföderation geschehe, der Idee von Präsident Mitterand, oder in irgendeiner anderen Form, sei eine Frage der Geschichte.

Wenige Tage danach traf ich bei einem Empfang einen der älteren Botschaftsräte und Sektorleiter für die Bundesrepublik aus der 3. Europäischen Abteilung des SAM, Rodin. Wir sprachen über den Gysi-Besuch und er fragte mich zum Schluss, ob ich wisse, wer Gysis Vater gewesen sei. Als ich antwortete: „Ja, Staatssekretär für Kirchenfragen", antwortete er: „Na, dann wissen Sie ja Bescheid." Ich verstand das als eindeutiges Outing von Gysi-Junior als Mann des Sicherheitsapparates, denn die Überwachung der Kirchen gehörte in allen kommunistischen Staaten zu den Aufgaben dieses Apparates und auf das Argument „der Apfel fällt nicht weit vom Stamm", war ich schon früher gestoßen.

Am 3. 2. brachte die Prawda eine ausführliche Stellungnahme Schewardnadses zum „Konzept" Modrows „für die Erörterung der Wege zur Einheit Deutschlands", zugleich hatte sich Schewardnadse über die Verhandlungslage der SU in den sich beschleunigenden Prozessen in Mittel-Osteuropa geäußert. Ich berichtete dazu Schewardnadses wesentliche Aussagen:

„... Die SU habe sowohl zur DDR wie zur „BRD" in vielem nicht ähnliche, aber insgesamt gute, vielseitige Beziehungen, (eine ungewöhnliche Gleichsetzung gegenüber den früheren Betonungen der Bruderschaft mit der DDR.) *Die SU wolle sich in keiner Weise den nationalen Bestrebungen des deutschen Volkes in der DDR und der „BRD entgegenstellen, das unser nächster Nachbar in Europa ist" ... Alle Völker, besonders die Völker der Sowjetunion, müssten das Recht auf die Garantie haben, dass von deutschem Boden nie mehr eine Kriegsdrohung ausgehen werde... Es entstehe die Frage, ob nicht die Politiker wissen müssten, was die Menschen über die derzeitige Bewegung zur deutschen Einheit dächten... Man müsse ein Mittel suchen, um die öffentliche Meinung auf möglichst demokratischem Wege zu klären, z. B. durch ein gesamteuropäisches Referendum unter Beteiligung der USA und Kanadas oder wenigstens durch breite parlamentarische Erörterung... Es sei äußerst wichtig, dass dem Gedanken des einigen Vaterlandes für die Deutschen in der DDR und „BRD" keine nazistischen Anschauungen beigemischt würden... Unter den europäischen Staaten sei die Meinung weit*

verbreitet, dass die Annäherung der beiden deutschen Staaten mit dem gesamteuropäischen Prozess synchronisiert werden müsse. Es sei auch zu fragen, ob nicht die gegenwärtige Entwicklung um die beiden deutschen Staaten mit noch größerer Stärke die Notwendigkeit zeige, schon in diesem Jahr ein Gipfeltreffen im KSZE-Rahmen abzuhalten. Es wäre sehr interessant, von den Regierungen in der DDR und der „BRD" detaillierter zu erfahren, wie sie die Bewegung zur Einheit mit dem Helsinki-Prozess verbinden wollten... Soll man einen Friedensvertrag abschließen? ... Es sei auch begründet, die Frage nach der Notwendigkeit der Erklärung militärischer Neutralität durch beide deutsche Staaten zu stellen sowie die Frage nach der von ihnen zu verwirklichenden praktischen Schritte zur Senkung des Niveaus der Bewaffnung und der Demilitarisierung der beiden deutschen Staaten... . Die SU wolle, dass die Bewegung der Deutschen zum einigen deutschen Vaterland ohne Kataklysmen verlaufe, das europäische und das Weltgleichgewicht nicht verletze und die Nachbarn nicht bedrohe. Er glaube, dies sei ein natürlicher und legitimer Wunsch.

Schewardnadse versuchte also nun, die europäische Staatenwelt und die USA als Verbündete bei Bremsversuchen (gesamteuropäisches Referendum, Friedensvertrag) zu gewinnen. Wichtig blieb, dass er in den Kernfragen wieder nur, wie in Brüssel, Fragen gestellt, aber keine apodiktischen Antworten gegeben hatte. Stark war auch die Warnung vor neonazistischen Entwicklungen, hinter der sich echte Sorgen verbergen konnten, dass von Neonazismus in der DDR die relativ größte Gefahr des Umschlagens der DDR-Entwicklung in Gewalt, evtl. sogar gegen die eigenen Truppen drohte.

Im gleichen Bericht übermittelte ich eine Äußerung Schewardnadses, die mir der Schlüssel zum Verständnis der gesamten Position der Gorbatschow-Mannschaft zu sein schien. In der neuesten Nummer von „Kommunist", der theoretischen Zeitschrift der KPdSU, war eine Rede abgedruckt worden, die Schewardnadse kurz zuvor vor dem „Partei-Aktiv" des SAM gehalten hatte. Die länglichen ideologischen Ausführungen waren uninteressant. Überhaupt hatte er zu keiner aktuellen, operativen Frage der sowjetischen Außenpolitik Stellung genommen, bis auf eine Stelle. Dort hatte er gesagt, die SU befinde sich in der gegenwärtigen Lage gegenüber den Entwicklungen in Mittel- und Osteuropa in äußerster „Zeitnot". Er verwendete das deutsche Wort, das den schachbesessenen Russen vertraut ist. Er beschrieb damit die gegebene Situation der SU als dieselbe wie im Endspiel einer Schachpartie, in der man seine zugemessene Bedenkzeit für die Prüfung der weiteren Züge fast völlig aufgebraucht hat und deshalb gezwungen ist, ohne jede weitere Überlegung zu ziehen, weil die Partie sonst einfach durch Zeitablauf verloren geht.

Ich hätte über diesen Fund jubeln mögen, denn er bestätigte meine Analyse aus dem „Zwickmühlen"-Bericht, dass die Sowjets wussten, dass ihre Position in Mittel- und Osteuropa mit wachsender Geschwindigkeit an Wert verlor, wir also bei Setzung weiterer vollendeter Tatsachen in der DDR abwarten konnten, bis die SU zu praktisch jeder, ihr Gesicht einigermaßen wahrenden Lösung mit dem Westen bereit sein würden, allerdings immer vorausgesetzt, dass es beim Verzicht auf den Einsatz ihrer Truppen blieb. Ich wertete diese Charakteristik der Lage als „Zeitnot" auch als Beleg dafür, dass Gorbatschows Außenpolitik von vornherein und nach wie vor wie in einer Schachpartie mit Bedacht betrieben wurde und die entstandene Destabilisierung gewollt war, um aus der fast völligen Bewegungsunfähigkeit der Jahrzehnte zuvor herauszufinden. Der Steuerungswille Gorbatschows reagierte dabei mit umso größerer Heftigkeit, als das Entwicklungstempo nicht mehr ungestört von ihm bestimmt werden konnte, sondern ihm von uns aus der Hand genommen wurde. Es war dieser kaum zu fassende Glaube an die eigene Fähigkeit, wenn ungestört, selbst die größten Konvulsionen beherrschen zu können, in dem die Hybris Gorbatschows, von der ich mehr und mehr überzeugt war, zum Ausdruck kam. Nachdem wir sie erkannt hatten, konnten wir sie nutzen.

Zu Ende Januar/Anfang Februar entwickelte sich mit dem Herannahen des für die Zukunft der Partei wohl kritischen ZK-Plenums eine gewaltige Kampagne in den konservativen Medien einschließlich des Fernsehens gegen eine für den 3. 2. 1990 in Moskau geplante Großdemonstration des „Wahlbündnisses Demokratisches Russland", d. h. der Progressiven mit Jelzin an der Spitze. Sie war sicherlich auf die am folgenden Tag beginnenden Debatten des Plenums gezielt, auf dem über die „Demokratische Plattform", d. h. die Umformung der Partei zu einer tatsächlich demokratischen Partei, entschieden werden sollte. Moskau schwirrte von Gerüchten, es würden Truppen gegen die Demonstranten eingesetzt werden. Die Demonstranten würden Gewalt anwenden, niemand würde sie unter Kontrolle halten können, die Demonstration müsse deshalb abgesagt werden. Es entstand eine regelrechte Hysterie. Es hieß, Fallschirmjäger aus Tula, einer nicht weit südlich von Moskau gelegenen Stadt, seien im Anmarsch auf die Stadt. Jakowlew gab dann eine große Pressekonferenz, an der ich teilnahm, in der er die Medien und das über das Fernsehen partizipierende Publikum beruhigte. Die Gerüchte über das Anrücken der Truppen seien falsch. Die Demonstration könne stattfinden, aber es sei natürlich notwendig, dass die Demonstranten besonnen blieben. Dieser sehr prominente Auftritt Jakowlews vor einem entscheidenden ZK-Plenum, auf dem die offensichtlich weitgehend von ihm inspirierte, entscheidende Umformung der Partei beschlossen werden sollte, ließ mich zu dem Schluss kommen, dass er nun nicht mehr nur der konzeptionelle Kopf hinter der Perestroika war, sondern inzwischen auch zu den mächtigsten, gestaltenden Politikern im Lande gehörte.

Am 4. 2. fand die Demonstration dann auch statt – mit 300.000 Teilnehmern die größte Demonstration seit Menschengedenken. Die Reden und Transparente zeugten zwar von großer Heterogenität der politischen Auffassungen, jedoch von eindeutiger Ablehnung der Zeiten vor 1985. Die Demonstranten fordern den Rücktritt des ZK. Die Ablehnung von Pessimismus und Chauvinismus war nicht weniger deutlich, Gegendemonstrationen am Rande waren von kläglichem Umfang. Gorbatschows Behauptung: „Das Volk will die Perestroika", wurde eindrucksvoll untermauert.

Am gleichen Tage antwortete Daschitschew, wie er mir angekündigt hatte, auf Prochanow mit einem Artikel in Moscow News. Gleichzeitig fiel mir ein Artikel von Burlatsky auf, jenem Politintellektuellen, der Andropows Think Tank geleitet hatte und jetzt Chefredakteur der Literaturnaja Gazeta war, der renommiertesten der Perestroika-Zeitungen, die schon seit langem als Sprachrohr des KGB galt. Er propagierte darin ein Präsidialregime nach amerikanischem Vorbild und plädierte für die Abschaffung der Parteiherrschaft. Das war also wieder das Konzept der Durchsetzung der Demokratie mit autoritären Methoden, das bereits andere, jedoch an Einfluss nicht vergleichbare Autoren wie Migranian, verfochten hatten.

Nach diesem dramatischen Aufgalopp begann dann am 5. 2. das Plenum. Es war um eine Vielzahl von Vertretern der Gebiets-Parteiorganisationen, Künstlern, Militärs, Wissenschaftlern und Arbeitern „erweitert" worden, mit denen offensichtlich die Mehrheit der Perestroika-Befürworter garantiert wurde. Die mir von Daschitschew beschriebene „Demokratisierung" der obersten Macht durch Offenlegung der Beratungen wurde schon zu Beginn mit dem Beschluss, alle Materialien des Plenums zu veröffentlichen, in die Tat umgesetzt. In meinem Bericht über diesen ersten Tag kam ich zu dem Ergebnis

„Der Durchbruch zu einem Mehrparteiensystem zeichnet sich ab... Der grundlegende Wandel der KPdSU von einer sich nach dem Prinzip des „demokratischen Zentralismus" von oben nach unten strukturierenden Partei zu einer in Wahlen von unten nach oben aufgebauten, neuen Partei ist nun nahe. Die Herausbildung eines „präsidentiellen" Systems des Staatsaufbaus und der klaren Trennung von Staats- und Parteiführung ist im Gange. Wirtschafts-, Verfassungs-(Föderation) und Armeereform sollen beschleunigt werden. Personalveränderungen im Politbüro werden angedeutet. Eine neue „Pensionierungswelle" im ZK steht bevor. Insgesamt scheint sich also Gorbatschow, seine Mannschaft und seine Politik auf ganzer Linie durchzusetzen. Es hängt von seinen weitgehend taktischen Überlegungen ab, wie groß die Schritte heute und in den nächsten Monaten bis zum vorgezogenen Parteitag Ende Juni/Anfang Juli werden."

Ich stützte mich dabei vor allem auf Gorbatschows „Bericht", mit dem er das Plenum eröffnet hatte. Die wesentlichen Punkte waren:

- Dem Parteitag solle ein Wahlkampf für die Bestimmung der Delegierten vorangehen, in dem die nun zu beschließende „Demokratische Plattform" diskutiert werden solle.

- Nach Verabschiedung der „Plattform" jetzt solle ein weiteres Plenum ein neues „Statut" der Partei beschließen, das die organisatorische Umsetzung der Demokratisierung bringen solle.

- Die „führende Rolle" der Partei solle aus der Verfassung gestrichen werden, der „politische Pluralismus" solle wachsen, der „ideologische Dogmatismus" solle beendet werden.

- Die Wahlen zu den Gliederungen der Parteien sollten ihre Rechenschaftspflicht gegenüber den jeweiligen Wählern nach unten garantieren.
- Das ZK solle erheblich verkleinert werden.
- Vom Politbüro war nicht mehr die Rede. Jedoch solle in den vom ZK gewählten Gremien „mehr Glasnost" herrschen.

Die Gesamtlage bewertend hatte Gorbatschow gesagt, es wäre naiv, nicht davon auszugehen, dass es den Separatisten, Nationalisten und Chauvinisten nicht darum gehe, der Perestroika einen „Präventivschlag" zu versetzen. Damit spielte er sehr deutlich auf Jasows Truppeneinsatz in Aserbeidschan an, beinahe eine offene Herausforderung der Konservativen, und sagte, er werde solchen Machenschaften nicht weichen. Er stellte sich dann rhetorisch, aber nicht substantiell in die Mitte zwischen den „Abenteurern" links und denen, die „die Rückkehr zum früheren Zustand" wünschten, rechts. Eine „Militärreform" wurde angekündigt, die im Wesentlichen aus einer Kürzung auf das Maß der „vernünftigen Hinlänglichkeit" bestehen solle. In der Diskussion hatte Jelzin das Ende des Nomenklatur-Systems, die Freiheit zur Fraktionsbildung in der Partei und deren echte Föderalisierung gefordert. Auch die Bildung eines „runden Tisches" für die SU war gefordert worden. In einem weiteren Bericht nach Abschluss des Plenums am 8. 2. schrieb ich:

„ ... Die bisher weitgehend verdeckt geführten Auseinandersetzungen zwischen der Mannschaft um Gorbatschow mit den Konservativen hinter Ligatschow sind jetzt offen gelegt worden. Diese Auseinandersetzungen haben zu einem überzeugenden Sieg Gorbatschows geführt. Die Konservativen geben sich jedoch keineswegs geschlagen. Ihre Reden zeigen, dass sie versuchen werden, die Entscheidung zum Systemwechsel, die das Plenum bedeutet, im bevorstehenden Kampf um die Mehrheit des russischen Volkes zu revidieren... Die Konservativen haben aber wohl nur dann Aussicht auf Erfolg, wenn die innere Lage in Russland, etwa in Folge eines weiteren Absinkens der Versorgung der Grundbedürfnisse, wirklich instabil werden sollte.

Die deutsche Frage, deren innenpolitische Sensibilität für Gorbatschow schon lange deutlich ist, steht zwar nicht im Mittelpunkt der Bemühungen um die Bindung der russischen Emotionen an die Konservativen. Zu rasche Entwicklungen in Deutschland, insbesondere ein rasches Anwachsen neonazistischer Kräfte in der DDR, würden aber Gorbatschow erhebliche Probleme bereiten... Im deutschlandpolitischen Teil der Debatte ist noch klarer geworden, dass die Konservativen die Teilung Deutschlands aufrechterhalten wollen, während Gorbatschow sie, wenn auch nur allmählich und zu ausgehandelten Bedingungen, zu beenden bereit ist. Wir haben also die grundsätzlich gestärkte sowjetische Führung auf unserer Seite."

Schewardnadse hatte die Deutschlandpolitik gerechtfertigt und die Nichteinmischung in innere Angelegenheiten Deutschlands betont. Jakowlew hatte in seine Rede gefragt. „Wenn wir bei uns Freiheit und Demokratie wollen, wie können wir sie anderen verweigern?" Positionen, wie sie der Botschafter in Warschau, Browikow vertrat, der Westen jubiliere über den Zerfall des

Warschauer Paktes, und Ligatschows, der vor deutschem Revanchismus und „Einverleibung der DDR" gewarnt hatte, waren in der Minderheit geblieben.

„Gorbatschow hat durch dieses Plenum seine Stellung so überzeugend gefestigt, dass sich Verzögerungen bei der operativen Aufarbeitung der sich im Zusammenhang mit Deutschland stellenden Probleme nicht mehr mit dem Hinweis auf seine angeblich überlastete Position rechtfertigen ließen. (Thatcher, Mitterand) Im Gegenteil, auch seine innenpolitische Position wird in dem Maße stärker, wie er auf einen konkreten Verhandlungsprozess verweisen kann, in dem die deutsche Entwicklung kontrollierbar wird.

Zu diesem Schluss trug auch ein Telefonat mit Rykin im ZK bei, den ich angerufen hatte, als mit der Veröffentlichung der Rede Browikows in der Prawda der Eindruck entstanden war, Gorbatschow stehe westpolitisch unter massivem Druck. Rykin dementierte dies nur halb, sagte jedoch, es komme darauf an, weiter vorwärts zu gehen, und das könne Gorbatschow nach dem Gesamtergebnis des Plenums. Damit wurde klar, dass nun die Zeit zur Entscheidung über einen konzeptionellen Rahmen für unsere Verhandlungen gekommen war.

Allerdings war der Versuch der Konservativen in Schwung gekommen, eine von der Unionsstruktur der Partei unabhängige, russische Parteiorganisation aufzubauen, um eine nicht von Gorbatschow beherrschte Machtbasis zu gewinnen. Traditionell hatten ja die Unionsrepubliken formal eigene Parteiorganisationen, die natürlich von Moskau gesteuert wurden. Nur die RFSFR, also die Russische „Föderation", hatte keine eigene Parteistruktur, sondern wurde von der sowjetischen Struktur mitregiert. Gorbatschow hatte schon vor Weihnachten ein „russisches Büro" der Partei gegründet, um der Gründung einer russischen Parteiorganisation durch die Konservativen den Wind aus den Segeln zu nehmen. Das hatte aber offenbar nichts genutzt. Daraus konnte sich eine Spaltung entwickeln, in der die Konservativen die neue russische Parteiorganisation dominieren könnten.

Am 6. 2. hatte sich Havel, inzwischen Staatspräsident, gegen die Neutralität des vereinten Deutschland ausgesprochen. Er wollte also wie die Polen die Rückendeckung durch die NATO an seiner Westgrenze. Dagegen hatte Bahr auf der Münchener „Wehrkunde"-Tagung erklärt: „Ein vereintes Deutschland und NATO-Mitgliedschaft schließen sich gegenseitig aus." Eine Bestätigung seiner schon vor Jahren uns Attachés vorgetragenen Mitteleuropa-Konzeption.

Zur Vorbereitung des herannahenden Besuchs des Bundeskanzlers und des Ministers am 10./11. 2. schicke ich eine Analyse der Äußerungen Schewardnadses der letzten Wochen zur Frage der NATO-Mitgliedschaft des Vereinten Deutschland nach Hause, die auch als eine Antwort auf Genschers Tutzinger Rede gedacht war.

„Im Mittelpunkt der gegenwärtigen Diskussion über die Möglichkeit, die deutsche Einheit herbeizuführen, steht die Frage, ob die SU der Mitgliedschaft des neuen Staates „Deutschland"

in der NATO akzeptieren würde. Nach den bisher vorliegenden sowjetischen Aussagen ist diese Frage weder eindeutig mit nein noch mit ja zu beantworten. Die Tatsache, dass die sowjetische Haltung bisher nicht eindeutig ist, muss dann auch als erstes festgehalten werden."

Ich ging dann erneut die Brüsseler Rede Schewardnadses vom 19. 12., den Artikel in der Iswestija vom 18. 1. und seine Stellungnahme in der Prawda vom 3. 2. im Detail durch. Dabei stellte ich heraus, dass Schewardnadse in allen drei ausführlichen Stellungnahmen zum entscheidenden Thema der Bündniszugehörigkeit kein einziges Mal eine eigene, explizite Position dafür oder dagegen bezogen hatte, sondern allenfalls Fragen gestellt, oder die Position Modrows als verständlich zitiert hatte. Nur zu einem Thema hatte er eindeutig eine eigene, sowjetische Position statuiert, zur Notwendigkeit der Begrenzung des militärischen Potentials des vereinten Deutschland, ohne eine Größenordnung anzugeben, was bedeutete, dass dieses Potential nicht etwa beseitigt werden sollte.

„Insgesamt entsteht so das Bild einer sowjetischen Position, in der die Zugehörigkeit auch des Gebietes der DDR zum Vertragsgebiet der NATO für die SU in dem Maße akzeptabler wird, wie die zukünftige völkerrechtliche Regelung in Bezug auf bzw. mit Deutschland bindende, verifizierbare und verifizierte Verpflichtungen enthält, durch die das militärische Potential Deutschlands begrenzt wird und zwar nicht einmal auf ein „symbolisches" Potential... Hinzukommen sollen fühlbare Reduzierungen aller Streitkräfte in Mitteleuropa, nicht nur der Vier Mächte. Nicht weniger wichtig ist, dass diese Regelung der militärischen Fragen durch Regelungen ergänzt wird, durch die Deutschland zur Brücke der wirtschaftlichen Zusammenarbeit zwischen Ost und West wird und einen bedeutsamen Teil seines wirtschaftlichen Potentials nach Osten ausrichtet. Die SU hat andererseits nichts dagegen, dass Begriffe wie Neutralisierung und der eventuell völligen Entmilitarisierung im Spiel bleiben, weiß sie doch, dass diese harte Abwehrreaktionen auslösen, die ihr bei ihren gegenwärtigen Bremsversuchen helfen können."

Im Ergebnis bedeutete der Bericht also, dass ein Schutz des neu zu uns tretenden Staatsgebietes durch die NATO zu einem akzeptablen Preis durchsetzbar sei.

Am 7. 2. erklärte Jakowlew vor der Presse, es gebe keine Vorbehalte gegen die Wiedervereinigung, wenn es dadurch nicht zu neuen Bedrohungen komme. Ich nahm es als Bestätigung meiner Analyse. Daschitschew trat am gleichen Tage in Moscow News für die Wiedervereinigung ein. Am gleichen Tage boten wir der DDR die Währungsunion an. Ich war glücklich, dass wir in der Initiative blieben. Am 9. 2. sprach sich der neue polnische Außen-minister Skubiszewski gegen eine Neutralität des vereinten Deutschland aus. Wir hatten also die Polen und die Tschechoslowaken, wahrscheinlich auch die Ungarn, in der entscheidenden Frage an unserer Seite. Ebenso am gleichen Tage brachte das Neue Deutschland eine Äußerung Falins, in der er Ja zur Einheit sagte, wenn die sowjetischen Bedingungen akzeptiert würden, dazu zähle auch die Denuklearisierung.

Das war zwar deutlich restriktiver als Jakowlew, aber, jedenfalls explizit, weder Neutralität noch Entmilitarisierung.

Am 8./9. 2. war Außenminister Baker zu Gesprächen in Moskau und sah Schewardnadse und Gorbatschow. Ich ging wieder zur abschließenden Pressekonferenz, die zeigte, wie riskant unsere Lage war. Zu meinem Entsetzen ließ sich nämlich Baker länglich und kompliziert zur „jurisdiction" der NATO bei einer Vereinigung Deutschlands aus, also zu ihrem Geltungsbereich, und schien dabei, so musste man ihn jedenfalls verstehen, zu akzeptieren, dass diese „jurisdiction" nicht nach Osten vorgeschoben werden werde, wenn es zur Vereinigung komme. Das war ein wesentliches Zurückgehen hinter die Position der vier NATO-Prinzipien des Dezember-Anfangs für die deutsche Einheit, zu denen ja auch die NATO-Zugehörigkeit des vereinten Deutschlands gehörte. Ich vermutete, dass dies auf Genschers Einfluss auf Baker zurückzuführen war. Die beiden hatten sich gerade gesehen. Ich war aber zu dem Schluss gekommen, dass die Geltung der Schutzgarantie des Bündnisses für die beitretenden neuen Bundes-Länder nicht nur notwendig, sondern auch durchsetzbar war, wenn wir darum kämpften. Baker hatte vorzeitig in dieser Schlüsselfrage nachgegeben. Es war schlimm.

Vor der Pressekonferenz war Rowland Evans, ein bekannter amerikanischer Fernsehjournalist, zu mir gekommen, offenbar auf Empfehlung meines besten Freundes und Kollegen, Henning Horstmann, später Botschafter beim Heiligen Stuhl, damals Pressereferent an unserer Botschaft in Washington, der alle wichtigeren amerikanischen Journalisten kannte und sie mir wohl schickte, wenn sie nach Moskau kamen. Ich empfing Evans in meinem Dienstzimmer und erläuterte ihm ganz bewusst vor den Mikrophonen, dass Gorbatschow die Zusammenarbeit mit den USA suche und deshalb die strategische Präsenz der USA in Europa akzeptiere. Er wisse, dass ein Angriff auf diese Position, wie es die Forderung nach der Neutralität des Vereinten Deutschland wäre, weil die USA dann abziehen müssten, von den USA als strategische Herausforderung aufgefasst werden und damit das Ende aller Aussichten auf Wirtschaftshilfe bedeuten würde. Ich hatte dies sowjetischen Gesprächspartnern zwar bereits zuvor vor Augen geführt, aber es konnte nicht schaden, in der offensichtlich heftigen innersowjetischen Auseinandersetzung über die Bedingungen der deutschen Einheit diesen Zusammenhang noch einmal klar zu machen.

Meinen Bericht über Bakers Besuch schrieb ich in fliegender Hast, denn als Tass das übliche Kommunique veröffentlichte, das ich für meinen Bericht auszuwerten hatte, war man in Bonn schon bei der Abreise der Delegation des Bundeskanzlers und des Ministers, die unmittelbar im Anschluss an Baker nach Moskau kamen.

„Die deutsche Frage hat allen Anzeichen nach im Mittelpunkt der Gespräche Bakers mit Gorbatschow am 9. 2. gestanden. Das Tass-Kommunique lässt auf erhebliche Kritik

Gorbatschows am Vorgehen der Bundesregierung vermutlich wegen „Forcierens" schließen. Gleichzeitig haben wohl Vorwürfe wegen unzulässiger „Einmischung" in den DDR-Wahlkampf eine Rolle gespielt. Gleichzeitig wird aber erneut deutlich, dass es der SU nicht um ein Anhalten, sondern ein Kanalisieren der Entwicklung in Deutschland geht. Der dafür von der SU präferierte Rahmen ist der der 35(KSZE-MS). In der Thematik der Sicherheitsinteressen in Bezug auf Deutschland schließen die sowjetischen Mitteilungen keine Lösung aus. Verlangt wird ein „friedliebender Staat", der niemand bedroht.

Ich hielt auch fest, dass die SU die von den USA für amerikanische und sowjetische Truppen vorgeschlagene Obergrenze von 195.000 Mann akzeptiert hatte, jedoch nicht nur für Mittel-, sondern für ganz Europa. Das war konzeptionell von Interesse, denn es bedeutete nicht nur die dauerhafte Präsenz amerikanischer Truppen in Europa, sondern auch die Beseitigung der Idee, in Mitteleuropa eine gesonderte Zone zu schaffen, eine Zone, die als konzeptioneller Ansatzpunkt für eine weitergehende Forderung auf Neutralisierung Mitteleuropas hätte dienen können.

Bei der Ankunft des Bundeskanzlers und des Ministers am 10. 2. übergab ihnen der Botschafter einen Brief Bakers mit einer Schilderung seiner Gespräche, den uns die Amerikaner hinterlassen hatten. Ich erfuhr erst einige Tage später, dass Baker dem Kanzler darin mitgeteilt hatte, Gorbatschow wolle sich in der deutschen Frage nicht festlegen, nicht einmal zur NATO-Mitgliedschaft, was meine vorherige Analyse bestätigte.

Am Nachmittag fuhren wir zu den Gesprächen, die im Großen Kremlpalast stattfanden. Ich sah dabei Gorbatschow, den ich bisher nur im Fernsehen und im Parteitagspalast bei den Sitzungen des Volkskongresses aus der Ferne erlebt hatte, zum ersten Mal von Nahem. Er kam die große Prachttreppe hinunter, an deren Kopf ein großes Bild von Lenin während einer Rede die Perspektive bestimmt, und begrüßte den Bundeskanzler am Fuß der Treppe. Sein rotes Muttermal auf der Stirnglatze fiel mir dabei zum ersten Mal auf. Auf den Photos von ihm wurde es offenbar wegretuschiert. Er wirkte angespannt und offenbar erkältet, nicht so strahlend, selbstbewusst und charismatisch gelöst wie sonst. Die Delegationen wurden dann sofort geteilt. Der Bundeskanzler, begleitet von Teltschik, folgte Gorbatschow und Tschernjajew nach oben, während der Minister, begleitet von Kastrup, mit Schewardnadse und Tarasenko, dem neuen Chef des Planungsstabes des Sowjetischen Außenministeriums, in einen Raum im Parterre ging. Der Rest der Deutschen und der Sowjets wartete in einem Saal gleich neben der Eingangshalle.

Nach etwa einer Stunde traten die Delegationen zur Vollsitzung zusammen und ich setzte mich an das unterste Ende des Tisches gegenüber den Sowjets, während der Bundeskanzler, der Minister und die höheren Herren in der Mitte unserer Reihe saßen. Obwohl wir alle Platz gefunden hatten, kam dann aber der Büroleiter des Bundeskanzlers, Herr Neuer, später Botschafter in Lissabon, den ich von gemeinsamen Zeiten während meines ersten Moskauer Postens kannte, und verscheuchte den Gesandten Heyken und mich vom

Tisch. Der Bundeskanzler wünsche keine so zahlreichen Delegationen. Enttäuscht und verärgert über den Gesichtsverlust gegenüber den Sowjets stand ich auf und setzte mich im Hintergrund zusammen mit Heyken und einem Angehörigen der 3. Europäischen Abteilung an die Wand. Dort war die Akustik so schlecht, dass man kaum verstehen konnte, was gesprochen wurde. Feststellbar war immerhin, dass man sich offenbar näher gekommen war. Die Stimmung war jedenfalls ausgezeichnet.

Als wir nach Ende der Sitzung dann die Treppe hinunter zum Ausgang gingen, fand ich mich im Gedränge zufällig unmittelbar hinter dem Bundeskanzler und dem Minister und hörte so mit, worüber sie sprachen. Ich konnte es kaum glauben, aber das Thema war das Datum der nächsten Bundestagswahl und die Wahlaussichten, nota bene nach der Einheit! So weit waren wir also schon. Ich staunte über die Kaltblütigkeit, mit der sie sich sofort den innenpolitischen Konsequenzen ihrer Gespräche zuwendeten.

Offenbar in Voraussicht eines guten Gesprächsergebnisses hatte auf Weisung des Kanzlers die mitgereiste Mannschaft des Bundespresseamtes die deutschen Fernsehjournalisten auf den Roten Platz vor das Spasskij-Tor in der Mauer des Kreml bestellt, das direkt auf den Roten Platz führt und normalerweise nur von der höheren Nomenklatura zur Einfahrt in den Kreml genutzt wurde. Der Kanzler hatte ausnahmsweise die Erlaubnis erhalten, den Kreml mit seiner Kolonne dort zu verlassen, so dass er, als er kurz für die wartenden Kameras ausstieg, das abendlich erleuchtete, offene Kremltor im Rücken hatte. Ein besseres Bild als das des lächelnden Riesen im Schneetreiben auf dem Roten Platz vor dem geöffneten, großen Tor in der Kremlmauer konnte es aus Moskau nicht geben.

Zurück mit der Delegation des AA in der Residenz des Botschafters saßen wir wieder in der Bibliothek bei einem Glas Whisky zusammen und der Minister erzählte, was vorgefallen war. Als er berichtete, Gorbatschow habe praktisch vorbehaltlos der Einheit zugestimmt, schlug ich entgeistert/ begeistert die Hände vor das Gesicht. Daraufhin wendete Genscher sich mir zu, sah mich an und sagte: „Ja, Herr v. Arnim, jetzt – mit der Betonung auf dem jetzt – haben Sie recht." Ich fand das seltsam, er hatte also meine Berichte gelesen, sie aber offenbar verworfen und nun, als sie sich als richtig erwiesen hatten, brachte er es nicht fertig, einfach nur Danke zu sagen. Meine Abteilung und ich hatten dafür Jahre lang hart gearbeitet und die Ergebnisse nicht aus Rechthaberei, sondern weil es unsere professionelle Analyse war, so berichtet, wie es unsere Pflicht war. Aber es war bekannt, dass Genscher es nicht mochte, wenn seine Untergebenen in einer wichtigen Frage besser lagen als er selbst. Der amerikanische Außenminister George Shultz schreibt in seinen Memoiren, ein Minister habe einen Anspruch auf den Widerspruch seiner Mitarbeiter, um alle Gesichtspunkte berücksichtigen zu können. So will es auch die preußische Tradition, die verlangt, seine Überzeugungen vorzu-tragen, auch wenn man damit Ungnade riskiert. Ich beteuerte daraufhin, ich hätte lediglich versucht, aus den beobachteten Tatsachen logische Schluss-folgerungen zu ziehen.

Genscher wandte sich dann dem Thema zu, das er auf der Treppe im Kreml mit dem Kanzler diskutiert hatte, den Wahlaussichten bei gesamtdeutschen Wahlen. Dabei wies er darauf hin, dass Sachsen und Sachsen-Anhalt auf Grund ihrer industriellen Prägung traditionell links gewählt hätten und spielte mit dem Gedanken einer eventuellen Erneuerung einer sozialliberalen Koalition. Aber jetzt könnten die Dinge doch anders sein. Auf seine Bitte hin telefonierte ich dann mit Legationsrat Haller, den wir in das Pressezentrum des SAM abgestellt hatten, um Gorbatschows Sprecher Gerassimow zu verfolgen, der dort vor der Pressekonferenz des Bundeskanzlers die sowjetische Sicht der Gespräche beschrieb. Ich erfuhr dabei, dass Gerassimow länglich über alles Mögliche geredet hatte, aber die grundsätzliche Einigung über die Wiedervereinigung dabei gar nicht herausgekommen war. Ich sagte dem Minister, Gerassimow habe versucht „to drown the fish", was er gelassen entgegennahm.

Wir fuhren dann in das Pressezentrum, um dort an der folgenden Pressekonferenz des Bundeskanzlers teilzunehmen, der von einem Essen mit Gorbatschow kam. Vor Beginn bugsierte mich Genscher, mich an den Schultern fassend, vor den Kanzler und bat mich, ihm zu Gerassimows Darlegungen vorzutragen. Der Bundeskanzler beachtete mich aber gar nicht. Er war bereits durch Bundesminister Johnnie Klein, den Bundespressesprecher, unterrichtet, was mich sehr erleichterte. Ich war gegenüber dem obersten Träger der Verantwortung für unser Land doch ziemlich befangen. Obwohl der Bundeskanzler sich dann in seinem Vortrag vor den Journalisten natürlich bemühte, das Epochale des Durchbruchs zu erklären, zeigten ihre Reaktionen, dass sie nicht begreifen konnten, was da geschehen war. Eine Zustimmung der SU zur deutschen Einheit war für sie immer noch außerhalb jeder Vorstellung.

Am nächsten Morgen fuhr ich zunächst kurz in die Botschaft, um mir das sowjetische Presseecho anzusehen. Dort las ich dann mit wachsender Euphorie den offenbar wieder von Tschernjajew redigierten Tass-Bericht auf der Seite eins der Prawda: „Es gibt zur Zeit zwischen der UdSSR und der BRD und der DDR keine Meinungsverschiedenheiten darüber, dass die Deutschen selbst die Frage der Einheit der deutschen Nation lösen und selbst ihre Wahl treffen müssen, in welchen Staatsformen, zu welchem Zeitpunkt, mit welchem Tempo und zu welchen Bedingungen sie diese Einheit realisieren wollen." Danach wurde zwar die Einheit mit der gesamteuropäischen Entwicklung und der Berücksichtigung der Interessen sowohl der Nachbarn als auch der übrigen Staaten der Welt verknüpft, jedoch entstand der Eindruck, dass die Deutschen auch über die äußeren Bedingungen selbst entscheiden könnten, da von diesen Bedingungen überhaupt nicht weiter die Rede war. Es war also ein fundamentaler Durchbruch, wenn man sie mit den so komplizierten Darlegungen Schewardnadses der letzten Wochen verglich.

Ich sprang in mein Auto und fuhr in das Gästehaus auf den Leninhügeln, wo der Bundeskanzler untergebracht war. Kaum eingetreten begegnete ich dem Minister und fragte ihn begeistert, ob er den Tschernjajew-Bericht mit der Formel zur Einheit zu unseren Bedingungen schon gesehen habe. Er sei sensationell. Ich übersetzte ihm dann schnell die russische Prawda-Fassung. Genscher winkte ab, er war auf der Basis westlicher Agenturmeldungen bereits offenbar korrekt unterrichtet und freute sich genauso wie ich über diese Formulierung, mit der die Sowjets sich ja bis zu einem gewissen Grade selbst gebunden hatten.

Während wir dort im Eingangsflur standen, kam Herr Neuer dazu und lud den Minister und mich ein, mit in das Zimmer zu kommen, in dem der Bundeskanzler mit seiner engsten Umgebung frühstückte. Als ich zunächst verblüfft zögerte mitzukommen, beruhigte mich Neuer sehr freundlich, nein, nein, ich sei auch gemeint. So setzte ich mich mit an den großen Tisch zum Kanzler, Herrn Teltschik, Frau Weber, der Büroleiterin des Kanzlers, Herrn Ackermann, seinem persönlichen Pressesprecher, und dem Minister. Sonst war aus dem AA niemand dabei, auch der Botschafter nicht. Es entspann sich ein Hin und Her zwischen dem Kanzler und dem Minister, in dem der Kanzler den Minister gnadenlos frozzelte, insbesondere über dessen ständige, wohl inszenierte Presseraufereien mit dem bayrischen Ministerpräsidenten Franz Joseph Strauß zum beiderseitigen publizistischen Vorteil. Es war ein typisches Gespräch unter zwei Alphatieren, in dem Kohl zum sichtlichen Unbehagen Genschers demonstrierte, dass er das größere dieser Tiere war. Das ging so weit, dass Genscher nach einer Weile aufstand und sichtlich entnervt das Zimmer verließ. So saß ich dann noch eine halbe Stunde alleine mit der engsten Kanzlermannschaft zusammen. Zum Gespräch hatte ich nichts weiter beizutragen als den Hinweis, dass die auf dem Tisch stehenden, fett gebackenen Marillenknödel ganz ausgezeichnet seien, was der Kanzler gleich auf die Probe stellte. Er ließ den Kaviar stehen, um sie mit Wohlbehagen zu verzehren.

Meine Teilnahme an diesem Frühstück hatte Folgen. Mir war bald klar, dass auf diese Weise die Sowjets, deren Personal uns umgab und die am Mikrophon jedes Wort mithörten, den Eindruck gewinnen mussten, ich gehörte zum engeren Kreis der Kanzler-Vertrauten. Das war zwar nicht der Fall, aber die Geste Neuers, mich dazu zu bitten, der sich damit vielleicht für das Verscheuchen am Vorabend entschuldigen wollte, vielleicht hatte Teltschik ihm auch von meinem Memorandum erzählt, hatte bei den Sowjets aber wohl Folgen, bei denen solche Fragen der Nähe und des Ranges im Umfeld der Mächtigen noch viel bedeutender waren als bei uns. Sie haben mich dann wohl für ein ganz hohes Tier, noch dazu vom BND, gehalten, denn nicht einmal der Botschafter war dabei gewesen. Ich bekam dies in den Monaten darauf angenehm wie unangenehm zu spüren.

Am 11. 2. boten die Sowjets bei Verhandlungen mit der Tschechoslowakei und Ungarn auch den Polen Truppenabzug an. Daschitschews Voraussagen traten ein. Der erkennbare Umfang des sowjetischen Entlastungsinteresses wurde immer größer und umfasste damit sicher auch die Truppen in der

DDR, der ökonomisch größten Last, auch wenn von ihnen noch nicht die Rede war. Vom 11. – 14. gab es wieder Unruhen in Tadjikistan mit 22 Toten.

Am 13. 2. wurde in Ottawa am Rande der Abrüstungskonferenz über den „Offenen Himmel" die „Zwei-plus-Vier"-Formel für Verhandlungen über die deutsche Einheit beschlossen. Damit war die konzeptionelle Debatte über den Verhandlungsrahmen grundsätzlich abgeschlossen. Eine riesige Friedenskonferenz mit allen unseren Kriegsgegnern – über 50 Staaten – würde es nicht geben. Daschitschews Hinweise hatten sich als autoritativ erwiesen. Unmittelbar davor hatte mich mein kanadischer Kollege über Gespräche unterrichtet, die sein Außenminister in Ottawa bilateral mit Schewardnadse vor Beginn der Gespräche über den „offenen Himmel" geführt hatte. Sie waren interessant gewesen, weil Schewardnadse dabei weitere Flexibilität in den in Wien anstehenden Fragen der konventionellen Rüstungskontrolle gezeigt hatte, die auch für die sowjetischen Truppen in der DDR relevant waren, um deren Abzug es in Zukunft ja gehen würde. Mein Bericht darüber erreichte unsere Delegation in Ottawa wohl noch gerade vor Verhandlungsbeginn.

Am gleichen Tage akzeptierte Modrow Verhandlungen über die Währungsunion. Und ebenfalls an diesem Tag ventilierte Portugalow in der „Saarland-Zeitung" die „französische Lösung". Das hieß nun sogar von ihm und dem mit Sicherheit hinter ihm stehenden Falin die Zustimmung zur NATO-Mitgliedschaft einschließlich des DDR-Gebietes, wenn wir aus der militärischen Integration des Bündnisses ausschieden. Die Sowjets gingen also rückwärts. Wir mussten nur hart bleiben.

Jetzt, kurz nach dem Bundeskanzlerbesuch, lud mich Markow, der Nowosti-Journalist, der nach dem Gorbatschow-Besuch bei uns im Sommer 1989 verkündet hatte, dass es in Zukunft „Germania" im Nominativ heißen müsse, zu einem Mittagessen im Restaurant des Pressezentrums ein. Ich kannte ihn bis dahin nur vom Sehen und wunderte mich, was er von mit wissen wollte. Wir diskutierten über das Besuchsergebnis und ich sagte ihm, dass wir Deutsche also frei seien, wann, wie und zu welchen Bedingungen wir die Vereinigung herstellen wollten. Zwischen uns und der SU bleibe so im Wesentlichen also nur der Truppenabzug zu regeln, über den sie ja bereits mit den WP-Staaten verhandelten. Markow widersprach, druckste aber inhaltslos herum, als ich ihn fragte, was sonst denn noch anstünde. Ich entwickelte ihm dann unsere Überlegungen zu wirtschaftlicher Hilfe jenseits von weiterer Nahrungsmittelhilfe für den Fall der Einigung über die Einheit, um ihm und seinen Oberen den Mund wässerig zu machen. Neben bilateralen Maßnahmen seien wir auch bereit, uns multilateral in EG und G-7 für die SU einzusetzen. Er hörte es mit sichtlichem Interesse.

Am 16. 2. fragte Schewardnadse in der Süddeutschen Zeitung, ob Neutralität realistisch sei. Vorsichtiger konnte man das Thema zwar kaum ansprechen, es war aber gegenüber dem Ergebnis des Kanzlerbesuchs eine Verhärtung. Am 17. 2. trat Stoltenberg, unser Verteidigungsminister, in einem

Pressegespräch für die Einbeziehung ganz Deutschlands in die NATO ein und wurde dafür sofort von Genscher kritisiert.

Am 19. 2. fand ein Ministergespräch beim Bundeskanzler statt, in dem Kohl zu meinem Entsetzen für Genscher entschied: „Keine Einheiten oder Institutionen der NATO dürfen auf das DDR-Territorium vorgeschoben werden, auch nicht NATO assignierte oder nicht assignierte Einheiten der Bundeswehr." Also nicht einmal eine „französische Lösung." Dieses Gesprächsergebnis, das doch angesichts der bevorstehenden Verhandlungen unbedingt hätte geheim bleiben müssen, sickerte entsprechend den Bonner Usancen sofort durch und ich war ziemlich verzweifelt, dass nun offenbar sogar das Kanzleramt unsere Hinweise verworfen hatte, dass die volle NATO-Mitgliedschaft letztlich durchsetzbar sein werde.

Die SPD West und Ost gab am gleichen Tage eine Erklärung zum „Weg zur Deutschen Einheit" ab, gegen Mitgliedschaft in NATO und Warschauer Pakt, also für Neutralität. Und Schewardnadse schrieb einmal mehr einen Namensartikel in der Iswestija. Die SU werde solange gegen die NATO-Mitgliedschaft des vereinten Deutschland sein, wie die NATO sich nicht ändere. Also härter als die Brüsseler Rede vom Dezember, aber nach wie vor kein glattes nein zur NATO-Mitgliedschaft des vereinten Deutschland, sondern ein bedingtes ja. Am 20. 2. sagte Genscher in der FAZ, eine Stationierung nationaler (deutscher) Streitkräfte in der DDR komme nicht in Frage, was auf eine Entmilitarisierung des DDR-Gebiets hinauszulaufen schien. Das vereinte Deutschland wäre so sicherheitspolitisch zweigeteilt geblieben.

Am 21. 2. gab Gorbatschow der Prawda ein Interview, in dem er für die deutsche Einheit eintrat. Die Begriffe „Neutralität" oder „Entmilitarisierung" kamen nicht vor, jedoch sprach er sich nun klar gegen eine NATO-Mitgliedschaft und für die Synchronisierung der Vereinigung mit dem europäischen Prozess aus. Notwendig sei eine „prinzipiell neue Struktur europäischer Sicherheit." Das war nun eine kritische Verhärtung der bisherigen sowjetischen Position und ein klares Indiz, dass Gorbatschow es offenbar schwer hatte, gegen die Konservativen in der Führung und die Beton-Fraktion und die „Germanisten" unter den Deutschlandpolitikern anzukommen. Dieses Interview beseitigte bei mir den letzten Rest der Euphorie, die mich nach dem Kanzlerbesuch noch einmal überfallen hatte. Mir wurde klar, dass trotz meiner Analyse vom ökonomischen Ursprung der ganzen Innen- und Außenpolitik noch ein sehr harter Kampf bevorstand, um akzeptable Bedingungen für die Einheit durchzusetzen. Meine Arbeitshypothese „SS gegen SD" hatte sich inzwischen aber zur analytischen Überzeugung verfestigt. Wir mussten deshalb wissen, wie die Fronten zwischen den kämpfenden Fraktionen verliefen, wer wo stand und wie die Stärkeverhältnisse waren. Ich kam so zu dem Schluss, dass ich noch mehr als bisher alles tun musste, um in den sowjetischen Dschungel einzudringen und so den Bonnern den besten Weg zur Überwindung aller Widerstände zeigen zu können.

Dazu war in jedem Fall notwendig, dass die Sowjets an meine

andauernde Sympathie für die Perestroika glaubten, die eine Realität gewesen war und die sie sicher registriert hatten, obwohl ich inzwischen zu dem Schluss gekom-men war, dass sie für uns auch enorm gefährlich werden konnte, wenn es den Sowjets gelang, den Deutschen vorzumachen, dass ihnen wegen der Pere-stroika von der SU keine Gefahr mehr drohe und die NATO verzichtbar sei. Diese andauernde Sympathie vorzutäuschen, würde nicht einfach sein. Die Sowjets wussten von meinem ersten Posten, dass ich sie hasste. Ein Versuch meinerseits, ihnen nun sozialistische Neigungen vorzumachen, hätte deshalb keine Aussicht auf Erfolg gehabt. Ich kam aber zu dem Schluss, dass ich Sympathie für Russland vorgeben konnte, die ich zwar nicht empfand, ich habe mit den Russen wegen ihres schrecklichen Schicksals eigentlich immer mehr Mitleid gehabt. Aber dazu konnte ich mich wohl glaubwürdig in die Tradition preußischer Russlandpolitik von Tauroggen über Bismarck bis zu Rapallo stellen. Es machte insofern Sinn, die Option der Entwicklung einer starken bilateralen Beziehung des vereinten Deutschland zu Russland, die unsere multilaterale Einbindung in NATO und EU nicht berührte, als gangbaren Weg in die zukünftige Neuordnung Europas zu beschreiben, selbst wenn diese Option meiner Meinung nach ihrerseits für uns auch nicht ganz ungefährlich war. Aber ich musste unbedingt näher an die Sowjets herankommen und ohne Risiko würde das nicht möglich sein.

Da kam mir der Zufall zur Hilfe. Eine meiner Tanten hatte mir in diesen Tagen eine alte Photographie, wohl aus der „Saturday Evening Post", von 1905 geschickt. Sie zeigte meinen Urgroßvater, Admiral Graf Baudissin, zusammen mit Kaiser Wilhelm II. und dem Zaren Nikolaus II. im Sommer 1905 auf einer ihrer Yachten bei Björkö, einer kleinen Insel im Finnischen Meerbusen, in deren Nähe die beiden Monarchen gerade den Vertrag von Björkö geschlossen hatten. Dieser Vertrag war damals eine politische Sensation, weil er praktisch den Austritt Russlands aus der Entente und damit das Ende der Mittellage des Kaiserreiches bedeutete. Er war deshalb auch nicht von langer Dauer. Der Zar wurde von seinen Ministern nach Rückkehr seiner Yacht nach Petersburg sofort gezwungen, ihn zu beenden, und Reichskanzler v. Bülow in Berlin pfiff den Kaiser zurück. Auf dem Photo war aber mein lächelnder Urgroßvater zu sehen, wie er hinter den beiden auf einer Bank sitzenden Monarchen stand und seine Arme beinahe väterlich um ihre Schultern breitete. Er war damals Chef des in Kiel stationierten I. Schlachtschiffgeschwaders der kaiserlichen Marine und hatte den Kaiser auf dieser Sommerreise begleitet.

Er wurde bald darauf Chef des Admiralstabes, wohl auch weil er dem Kaiser persönlich nahestand und Jahre lang als Kommandant der Yacht des Kaisers „Hohenzollern" die Nordlandreisen des Kaisers mit seiner engeren Entourage mitgemacht hatte. Chef des Admiralstabes blieb er allerdings nur weniger als zwei Jahre, weil er mit Tirpitz aneinandergeriet. Er gehörte mit dem Prinzen Heinrich, einem Bruder des Kaisers und ebenfalls Admiral, zu einer Partei in der Marine, die gegen den Bau der gegen England gerichteten schweren Schlachtflotte war und dafür leichtere Kreuzergeschwader zum Schutz der Kolonien bauen wollte. Tirpitz saß aber beim Kaiser am längeren Hebel. Nachdem Baudissin, der das Recht zum Immediat-Vortrag besaß, den Kaiser von seinem Kreuzer-Konzept überzeugt hatte, ging Tirpitz seinerseits zum Kaiser und drehte ihn wieder um. Wie mir meine Großmutter erzählte, habe sich ihr Vater, trotz seiner Nähe zur Person des Kaisers, bitter darüber beklagt, dass bei Wilhelm II. immer derjenige Recht bekomme, der ihn als letzter aufsuche. So unterhielt ich mich gezielt mit meiner Frau in unserer Wohnung über diesen Urgroßvater zwischen dem Kaiser und dem Zaren und seine Rolle bei diesem deutsch-russischen Vertragsprojekt.

Ein anderes Mittel zum gleichen Zweck waren Unterhaltungen über eine kleine Kristalldose, die uns eine Tante meiner Frau zu unserer Hochzeit geschenkt hatte. Sie stammte von ihrem Vater, Ago Freiherr v. Maltzan, der darin seine Manschettenknöpfe aufbewahrt hatte, und besaß einen silbernen Deckel, in den das Maltzansche Wappen eingraviert war. Sie fand dieses Andenken an den berühmten Ago, der ja die treibende Kraft hinter dem Vertrag von Rapallo gewesen war, bei mir jungem Diplomaten in den richtigen Händen. Ich dachte mir, diese Reminiszenzen mit dem klingenden Namen Agos, würden bei den Zuhörern hinter den Mikrophonen gut ankommen. Das war es jedenfalls, was ich wollte. Die Sowjets wussten, dass ich während meines ersten Postens in Moskau die acht Bände der Friedrichsruher Ausgabe von Bismarcks Werken von Anfang bis Ende gelesen hatte. Die preußische Tradition, sie sollte leben.

Am 21. 2. schrieb ich in Antwort auf Berichte der Kollegen aus Wien von den Verhandlungen über konventionelle Abrüstung, dass das Problem der zukünftigen Personalstärke der Bundeswehr nach der Einheit besser zusammen mit den Stärken anderer reduzierender Staaten multilateral dort geregelt würde, als bei Zwei-plus-Vier, wo wir singularisiert werden würden.

Am gleichen Tage fasste der Oberste Sowjet der Union eine Resolution mit dem Aufruf, in Zukunft auf Demonstrationen für politische Ziele zu verzichten. Offenbar fürchtete man in diesem konservativ dominierten Gremium inzwischen die Popularität Jelzins.

Am 24. 2. wurde eine „Erklärung des Kollegiums des Sowjetischen Außenministeriums" veröffentlicht, die sich gegen die NATO-Mitgliedschaft des vereinten Deutschland aussprach. Zum „Kollegium" gehörten die stellvertretenden Außenminister, von denen es etwa 6 gab, sowie die Abteilungsleiter des Ministeriums, sozusagen die kollektive Spitze des sowjetischen diplomatischen Dienstes. Solche „Erklärungen" waren sehr selten. Offenbar hatte Bondarenko, der uns immer wieder gesagt hatte, wie stolz er auf seine Zugehörigkeit zu diesem Kollegium war, geschafft, seine Kollegen zu so einer Erklärung zu bewegen. Dennoch war sie seltsam, denn das Außenministerium äußerte sich sonst immer nur im Namen des Ministers wie überall auf der Welt. Offenbar wollte sich Schewardnadse nicht vergleichbar eindeutig festlegen. Meine Hypothese, dass er eine andere Politik machte als der Stab seines Ministeriums erhielt so weitere Nahrung.

Am gleichen Tage wurde der ungarische Außenminister Horn, der für uns in der Frage der Grenzöffnung so hilfreich gewesen war, von den konservativen sowjetischen Medien kritisiert, weil er eine Mitgliedschaft Ungarns in der NATO zur Diskussion gestellt hatte. Das ging offenbar nun doch zu weit.

Am 24./25. Februar 1990 besuchte der Bundeskanzler Präsident Bush, der ihn zu Gesprächen im kleinsten Kreis nach Camp David eingeladen hatte. Es wurde sofort bekannt, dass die beiden Einigung auf die Unverzichtbarkeit der NATO-Mitgliedschaft des vereinten Deutschland erzielt hatten. Mir fiel ein Stein vom Herzen. Der gefährliche Beschluss des Bonner Ministergesprächs vom 19. 2. war korrigiert worden und der Bundeskanzler nun wieder auf der richtigen Position. In der Pressekonferenz hatte die Frage nach der Garantie der polnischen Westgrenze die Hauptrolle gespielt und die gewundenen Erklärungen des Bundeskanzlers, warum diese Garantie nicht jetzt, sondern erst von einem vereinten Deutschland abgegeben werden könne, hatten offenbar nicht überzeugt. Aber seine primär innenpolitischen Motive, die Sorge wegen der Gefahr eines Zuwachses der Republikaner vor den im Herbst anstehenden bayrischen Landtagswahlen, konnte er nicht offenlegen.

Am 25. 2. fanden in einer ganzen Reihe von Städten der SU trotz des Beschlusses des Obersten Sowjet vom 21. 2. große Demonstrationen der Progressiven statt. In Moskau 200.000 für Jelzin, in Minsk, zum ersten Mal in Weißrussland, immerhin 100.000 für eine neugegründete Volksfront. Wie zu Monatsanfang vor der Massendemonstration vor dem ZK-Plenum hatte es massive Medienpropaganda gegeben, es sei mit Gewaltanwendung und chaotischen Zuständen zu rechnen. Es gab wieder Gerüchte über Einsatz von Gewalt durch KGB und Armee, deren Truppen angeblich wieder nah bei Moskau gesehen worden waren. Die Demonstranten hatten sich aber wieder nicht abschrecken lassen und der innenpolitische Druck stieg immer weiter.

Am 26. 2. wurde bei Gesprächen von Havel mit Gorbatschow in Moskau ein Vertrag über den vollständigen Abzug der sowjetischen Truppen aus der Tschechoslowakei unterzeichnet. Der Einmarsch von 1968 wurde damit endgültig rückgängig gemacht. Diese Vereinbarung des Abzugs ohne jede Forderung nach einer Gegenleistung durch die NATO demonstrierte einmal mehr den unbedingten Willen der Gorbatschow-Mannschaft zur Entlastung in Mitteleuropa, ein wegen der 400.000 Mann in Deutschland für uns sehr bedeutsames Signal.

Am 27. 2. billigte der Oberste Sowjet der Union die Einführung eines Präsidialsystems mit weitreichenden Vollmachten für seinen Vorsitzenden Gorbatschow als „Präsidenten". Sobtschak, der Leningrader Jura-Professor, hatte sich stark für außerordentliche Befugnisse des Präsidenten und ihrer dementsprechenden Definition in der zukünftigen Verfassung eingesetzt. Hier waren wieder die Befürworter der Demokratie mit autoritären Mitteln am Werk. Der junge progressive Abgeordnete und Jelzin-Anhänger Stankjewitsch hatte sich seinerseits gegen eine „imperiale Präsidentschaft" ausgesprochen, worin sich die Spaltung der Progressiven zwischen Gorbatschow- und Jelzin-Anhängern nun allmählich deutlicher abzeichnete.

Ende Februar traf ich bei einem gesellschaftlichen Anlass Fjodorow, Falins Stellvertreter aus dem ZK, der für die DDR zuständig war. Er sagte mir zu dem Gesprächsergebnis des Bundeskanzlers zwei Wochen zuvor, die SU habe noch eine ganze Reihe von „Varianten" zur Lösung der Deutschen Frage, im sowjetischen Jargon also Alternativvorschläge. Ich nahm es als offensichtlichen Versuch, das von Tschernjajew redigierte Gesprächsergebnis, nach dem allein die Deutschen über die Bedingungen der Einheit zu entscheiden haben, zu relativieren. Als ich ihn daraufhin fragte, ob er das Ergebnis zurücknehmen wolle, wich er aus. Ein erkennbares Symptom, dass es nicht nur im Außenministerium, sondern auch im Apparat des ZK noch Widerstände gab, die sich noch nicht geschlagen gaben.

Am 2. 3. besuchte der Vorsitzende der DDR-SPD, Ibrahim Böhme, Moskau und führte Gespräche im ZK. Er war eingeladen worden, weil man offenbar mit ihm noch Politik machen wollte. In der anschließenden Pressekonferenz wirkte er unerfahren, wich aber geschickter als etwa Krenz jeder Festlegung aus. Ganz anders, sehr deutsch, verhielt sich sein Begleiter, Finanzminister Walter Romberg. Er vertrat zu allem und jedem apodiktische Positionen und war empfindlich gegenüber jeder skeptischen Frage, ob die DDR denn noch große Bedingungen stellen könne.

Am gleichen Tage wurde in Moskau ein Abkommen mit der Mongolei über vollständigen Truppenabzug geschlossen. Der Entlastungswille machte sich einmal mehr bemerkbar.

Am 5. 3. sprach sich Bowin im Fernsehen gegen die Neutralität des Vereinten Deutschland aus. Ich nahm es als Beleg für die Position der Polit-Intellektuellen, die die „SD-Fraktion" konzeptionell munitionierten. Am gleichen Tage veröffentlichte Proektor vom IMEMO, mein alter Gesprächspartner von meinem ersten Posten und vermutlicher KGB-Mann, einen Artikel in der „Neuen Zeit", einer außenpolitischen Zeitschrift, die als Sprachrohr von Nowosti galt, in dem er sich für den Truppenabzug aus der DDR einsetzte, um die SU zu entlasten. Proektor gehörte also auch zur „SD-Fraktion" und brachte nun ohne Umschweife sogar den Abzug aus der DDR aufs Tapet.

Ebenfalls an diesem Tage ging ich einmal wieder zu Rykin ins ZK. Als ich sein Büro am Alten Platz betrat, hing er am Telefon und winkte mir, mich zu setzen. Ich hörte so zu, wie er auf Russisch mit drastischen Worten über den „Dummkopf" Daschitschew schimpfte, er sei ein völlig verrückter Spinner oder so ähnlich. Ich wusste nicht, ob das Telefonat, mit wem auch immer es geführt wurde, für meine Ohren inszeniert war. Möglich war das jedenfalls, um mir zu signalisieren, mit wem ich nicht sprechen sollte. In jedem Fall nahm ich es als weiteren Beleg für meine Analyse, dass es unter den Deutschlandpolitikern in den verschiedenen Teilen des Apparates heftige

Meinungsverschiedenheiten gab. Dabei hatte Daschitschew immerhin mit seiner Anregung von Gesprächen zu sechst richtig gelegen. Er war also, das wusste ich seitdem, sehr ernst zu nehmen und die Arbeitsebene des ZK-Sekretariates lehnte ihn offenbar ab. Alles nicht unwichtig, um sich im Moskauer Dschungel zurechtzufinden.

In der folgenden, sehr freundlich geführten Unterhaltung ging es dann fast nur noch um die Frage, ob Deutschland nach Art. 23 GG, d. h. unter Beibehaltung des Bonner Grundgesetzes, oder 146 GG, d. h. durch Aushandlung einer völlig neuen Verfassung in einer gesamtdeutschen verfassungsgebenden Versammlung, vereinigt werden sollte. Ich erinnerte Rykin daran, dass dies nach dem Gespräch des Kanzlers allein Sache der Deutschen sei, worauf er antwortete, das sei natürlich so, aber wir müssten verstehen, dass der pure Anschluss der DDR für die SU schwer zu schlucken sei. Ich hielt ihm deshalb einen kleinen Vortrag über deutsche Verfassungsgeschichte seit Napoleon, um zu begründen, dass wir noch niemals eine auch für unsere Nachbarn und Partner so gute Verfassung besessen hätten wie das Grundgesetz. Die Verfassung von 1848 habe einen sehr geglückten Grundrechtsteil gehabt, sei aber an der Frage gescheitert, welche Staaten wie am neuen Bund beteiligt werden sollten. Die Bismarck-Verfassung habe dann zwar das Problem der Föderation sehr staatenfreundlich gelöst und das modernste Wahlrecht seiner Zeit in ganz Europa gebracht, allerdings auch ein Übergewicht für Preußen festgelegt und sei auch keine parlamentarische Verfassung gewesen, weil der Reichskanzler für die Gesetzgebung zwar eine Mehrheit im Reichstag brauchte, jedoch letztlich nur vom Kaiser abhing. Die Weimarer Verfassung habe dann die Verantwortung der Exekutive gegenüber dem Reichstag verankert, jedoch zu viel Macht beim Reichspräsidenten angesiedelt. Ihre plebiszitären Bestimmungen hätten die Nazi-Demagogie stark gemacht. Das Grundgesetz habe die Lehren aus all diesen Erfahrungen gezogen und uns ein ausgewogenes System von Rechten der Individuen und der Gemeinschaft sowie zwischen Bund und Ländern gebracht. Für sozialistische Verfassungsexperimente sei bei uns kaum jemand zu haben und alles spreche dafür, dass auch die Menschen in der DDR weit überwiegend genau dieses System wollten. Es lohne sich für die SU nicht, sich mit uns über dieser Frage zu zerstreiten. Das koste nur unnötig guten Willen. Rykin hörte sich das Alles ruhig an. Jedenfalls insistierte er nicht, als ich mich dann verabschiedete. Ich war zufrieden, unsere Position in das sowjetische System eingespeist zu haben, um Verschleppungsversuchen durch solche Verfahrensdebatten entgegen zu wirken.

Am 6. 3. sprach sich Gorbatschow in einem ARD-Interview, dessen Nachdruck ich auf Seite eins der Prawda nachlas, ganz zu Anfang gegen die NATO-Mitgliedschaft des vereinten Deutschland aus. Das sei „absolut ausgeschlossen", weil dadurch die strategische Balance in Europa verschoben würde. Ich konnte dies nach allem, was ich inzwischen über die sowjetische Interessenlage dachte, wie sie von der Gorbatschow-Mannschaft definiert war, nicht zum Nennwert nehmen. Und richtig hieß es dann weiter hinten, diese Mitgliedschaft gehöre „in diesen Handel" („b etom torge", man kann auch übersetzen „in diesen Schacher"), war also sehr wohl zu haben. Fraglich war danach nicht das Prinzip der NATO-Mitgliedschaft, sondern der Preis dafür. Ich berichtete entsprechend und betonte, dass nach aller Erfahrung in solchen Äußerungen die wahre sowjetische Position meist nicht am Anfang, sondern an eher versteckter Stelle weiter hinten zu finden sei. So waren jedenfalls unsere kremlinologischen Erfahrungen.

Am gleiche Tage hatte Schäfers ein Gespräch mit Professor Blagowolin – auf Deutsch hieß er also „gutwillig" – einem Wissenschaftler vom Arbatow-Institut, den ich von meinem ersten Posten her kannte und der sich dabei in der Tat meistens relativ vernünftig zu militärpolitischen Fragen eingelassen hatte. Er erklärte die Entwicklung in der DDR und in Osteuropa für hilfreich für die SU, weil sie zeige, dass der sozioökonomische Ansatz des realen Sozialismus falsch sei. Notwendig sei die Beendigung der untragbaren Rolle der SU als Gendarm Osteuropas. Die Zukunft liege in der Zusammenarbeit zwischen Moskau, Brüssel-EG und Washington. Die EG sei dabei das Gravitationszentrum. Das war also nun die Position der „SD-Fraktion" in Reinkultur, ein radikaler konzeptioneller Bruch zur herkömmlichen Einordnung der SU in die Weltkonstellation der Mächte. So klar hatte sie uns allerdings noch nie jemand beschrieben, auch wenn wir ihr analytisch schon nahe gekommen waren. Und die Tatsache, dass Blagowolin sie uns so freimütig beschrieb, zeigte, dass er einen gewichtigen Rückhalt haben musste. An akademische Diskussionen unter Wissenschaftlern glaubte ich schon lange nicht mehr. Es waren Kämpfe unter rivalisierenden Fraktionen.

Am 7. 3. veröffentlichte Tass eine Erklärung über ein Gespräch Modrows mit Ryschkow in Moskau, aus der sich ein Versuch Modrows ergab, durch Vereinbarungen mit der SU möglichst viel von den Wirtschaftsstrukturen, die zwischen SU und DDR über die Jahre entstanden waren, über die Einheit hinwegzuretten. Mir wurde einmal mehr klar, dass die DDR-Nomenklatura in Moskau alte, enge Verbindungen besaß, die uns noch zu schaffen machen könnten.

Am gleichen Tage brachte die Iswestija ein Interview Schewardnadses, in dem er sich gegen die Einheit nach Art. 23 GG aussprach. Die Absicht der Rettung von DDR-Erbe in eine neue Verfassung hinein war wieder spürbar. Außerdem würde die Vereinigung in dieser Form, die die Aushandlung einer ganz neuen Verfassung bedeutete, sehr viel länger dauern und den Vereinigungsprozess so den Wechselfällen der Politik der nächsten Zeit viel stärker aussetzen. Ich war froh, Rykin das Entscheidende dazu gesagt zu haben. Er hatte es sicher weitergegeben.

In diesen Tagen machte ich ein Besuch beim „Institut für Gesellschaftswissenschaften beim ZK", nicht zu verwechseln mit der im Übrigen gleichnamigen „Akademie", wo mich der Direktor empfing. Das Institut diente offenbar sowohl zur Schulung junger sowjetischer Funktionäre wie solcher aus den kommunistischen Parteien der Dritten Welt. Wir kamen dann sehr schnell auf den Gang der Parteireform nach dem Februar-Plenum des ZK. Er schilderte mir die Fülle der im nächsten Vierteljahr bevorstehenden Wahlen der Delegierten zu den beiden großen Parteitagen, der Union einerseits und der neuen russischen Parteiorganisation andererseits, mit vorangehenden Wahlen der Mitglieder der Sowjets auf Republiks-, Gebiets- und Kreisebene bis hinunter zu einer Art erster Kommunalwahlen. Als ich über diese Überforderung staunte, widersprach mein Gesprächspartner meiner Schlussfolgerung nicht, das Ergebnis werde dabei wohl eher ein Zerbrechen der Parteistruktur als ihre Reform sein. Das sei wahrscheinlicher. Die Entschlossenheit, trotzdem oder eben gerade deswegen voranzugehen, war aber offenbar eisern. Wir würden unsere Verhandlungen also parallel zu einem zunehmenden Zerfall der gegebenen inneren Strukturen und mehr oder weniger aussichtsreichen Versuchen, neue zu schaffen, durchziehen müssen, was zu allen möglichen Rückkoppelungen führen konnte.

In diesen Wochen kam auch Susan Cornwell wieder einmal zu mir. Sie hatte in der DDR gearbeitet und sprach ganz ordentlich Deutsch. Jedenfalls interessierte sie sich für meine Bewertung der Entwicklung in den Monaten, seit wir uns im Herbst zuletzt unterhalten hatten. Sie stellte ihre Frage in die Geschichte der deutsch-russischen Beziehungen und ich beschrieb ihr in einem längeren Rückblick, dass die Moderne seit den Zeiten Peters des Großen und Katharinas der Großen immer über Deutschland nach Russland gekommen sei. Auch im ganzen 19. Jahrhundert bis zum Ersten Weltkrieg sei dies so gewesen, wie man an der Bevorzugung deutschstämmiger Diplomaten und Politiker wie z. B. Nesselrode, Giers, Lam(b)sdorf(f) oder Witte durch die Zaren erkennen könnte. Zum Schluss sagte ich ihr, wie alles bewusst vor den Mikrophonen, in Zukunft, darauf laufe die Entwicklung hinaus, würden die Deutschen wohl wieder in diese Funktion der Übermittler der Moderne versetzt werden, und lieh ihr ein Buch zum Thema „Tausend Jahre Nachbarschaft, Russland und die Deutschen". Die Anknüpfung an diese Tradition falle den deutschen Geschäftsleuten und Wissenschaftlern nicht schwer. Wir seien eben wohl das einzige größere Volk Westeuropas, das sich ernsthaft für Russland interessiere. So entwickelte ich meine Message über die bilateralen Folgen einer Einigung in der deutschen Frage zu unseren Bedingungen.

In diesem Monat fanden dann die mit dem Institutsdirektor erörterten Kommunalwahlen in Russland, der Ukraine und Weißrussland statt mit Mehrheiten für die Demokraten. Die Kandidaten des Apparates wurden geschlagen, vor allem in den großen Städten. Im Baltikum siegten die Unabhängigkeit verlangenden Gruppierungen. Bei den parallelen ersten freien Wahlen in den Gebietsparteiorganisationen wurde die Hälfte der ersten und zweiten Sekretäre nicht wiedergewählt. Der Umbruch erfasste nun auch die Basis der Parteistrukturen.

In jenen Wochen machte ich auch dem Direktor des Instituts für Staat und Recht der Akademie der Wissenschaften, Prof. Topornin, einen Besuch. Sein

Institut wurde von Gorbatschow in der Debatte zur Verfassungsreform laufend zur Hilfe gerufen und war als Ausbildungsstätte der höheren Kader des Sicherheitsapparates bekannt, so dass wir es bis dahin niemals besucht hatten. Es war inzwischen klar, dass die in Gang gekommene Reform eine Fülle neuer Gesetze, praktisch eine ganz neue rechtliche Struktur erforderte. Ein Bericht von Herrn Poese, des Sozialattachées aus meiner Abteilung, hatte sich mit der Frage einer neuen arbeitsrechtlichen Struktur befasst, den ich zum Anlass nahm, die inzwischen entstandene Lage in der SU mit der in Japan zu Beginn der Meiji-Ära zu vergleichen. Dort waren Gesetze aus Deutschland, England und den USA zum Vorbild genommen worden und hatten das japanische Rechtsdenken auf Jahrzehnte geprägt. Ich sah nun eine Chance, vergleichbar tief und nachhaltig auf die SU einzuwirken und sie damit bürgerlich zu transformieren, etwa im Zivilrecht, das für eine Marktwirtschaft erforderlich wurde und Voraussetzung für die Sicherung von Investitionen war. Eine solche Transformation der SU würde uns durch die damit verbundene Verbürgerlichung auch den größten Gewinn an Sicherheit im Vergleich mit allen anderen anstehenden Veränderungen bringen. Ich schlug deshalb dem Auswärtigen Amt vor, das Justizministerium einzuschalten, um den Sowjets umfassende Rechtsberatung anzubieten. Professor Topornin empfing mich zunächst reserviert, war aber offenbar kein Funktionär sondern so etwas wie ein Rechtswissenschaftler, bei allem Vorbehalt, die man bei Menschen seiner Profession in der SU immer haben musste. Ich lud ihn zu einer Quoten-Reise nach Deutschland ein, was er freudig annahm. Ihm wurden dann bei uns die Spitzen der Justiz und der entsprechenden Ministerien in Bund und Land sowie der Zugang zu rechtswissenschaftlichen Instituten geboten. Er kehrte davon tief beeindruckt zurück, wie ich bei einem Mittagessen hinterher feststellen konnte.

Die gleiche Strategie der Beschreibung der Attraktivität späterer, bilateraler Beziehungen zu uns nach der Einheit verfolgte ich auch mit der Einladung eines anderen „Akademik", Professor Fjodorow. Er leitete eines der großen Institute für Maschinenbau und war mir als Begleiter Gorbatschows bei dessen Westreisen aufgefallen. Er war Vollmitglied des ZK und so auch politisch bestens verbunden. Für seine Reise zu uns hatte er sich, was ich als Nicht-Fachmann nicht begriffen hatte, lauter Besuche gewünscht, die ihn Technologien nahe brachten, die auf der Embargoliste des COCOM standen. Man hatte es aber bei uns offenbar verstanden, ihn zu interessieren, ohne die Bestimmungen zu verletzen. Jedenfalls kam er hell begeistert zurück und bat um Ausbau dieser Beziehung. Er habe auch Gorbatschow persönlich Bericht erstattet, was natürlich bedeutsam war, wussten wir doch, wie beeindruckt Gorbatschow von seinen Besuchen bei Daimler-Benz und Hoesch gewesen war. Das Angebot des weiteren Ausbaus dieser Beziehungen im Bereich der Wissenschaft und Technik war von kaum zu überschätzender Bedeutung bei dem Bemühen, die Sowjets zu überzeugen, dass wir auch nach dem Abzug ihrer Truppen aus Deutschland weiter mit ihnen zusammenarbeiten würden, also auch dann, wenn sie keinen Hebel mehr besitzen würden, um uns zu erpressen. Diese Überzeugung war aber die entscheidende Voraussetzung dafür, sie zu diesem Abzug zu bewegen.

Am 8. 3. nahm der Bundestag eine Resolution zur Bestätigung der Oder-Neiße-Grenze an: „Das polnische Volk soll wissen, dass sein Recht, in sicheren Grenzen zu leben, weder jetzt noch in Zukunft von uns Deutschen durch Gebietsansprüche in Frage gestellt wird." Am Tag darauf erklärte Mitterand bei einem Besuch Jaruzelskis in Paris diese Resolution für unzureichend und trat für einen Friedensvertrag Polens mit Deutschland ein. Es war ein weiterer Beleg dafür, dass Mitterand die grundlegende, demokratische Veränderung Deutschlands seit dem Zweiten Weltkrieg, und damit die das Problem der Ostgrenze politisch definitiv lösende Bedeutung des Warschauer Vertrages von 1970 nicht verstanden hatte. Er hielt es auch, trotz der Erklärungen des Bundeskanzlers in den letzten Wochen, immer noch für richtig, an die Tradition der kleinen Entente anzuknüpfen, als Frankreich Polen gegen Deutschland gestützt hatte.

Der französischen Botschaft in Bonn gelang es offensichtlich nicht, Paris zu erklären, warum der Bundeskanzler aus innenpolitischen Gründen eine vertragliche Endlösung mit Polen erst nach der Einheit anstrebte. Es ging dem Bundeskanzler um die Zurückdrängung der Rechtsextremen, nicht etwa ihre insgeheime Unterstützung. Das aber musste jedem aufmerksamen Beobachter der deutschen Innenpolitik längst klar sein. Die CDU hatte ja die Wirksamkeit des Gebietsverzichts im Warschauer Vertrag seit Jahren nicht mehr bestritten und es gab auch in der neuen Situation niemand ernst zu nehmenden in der deutschen Politik, der diese Verpflichtung revidieren wollte. Der klare Wille des deutschen Parlaments, wie er in der Resolution mit den Stimmen der Union zum Ausdruck gekommen war, hätte Mitterand also mehr als genügen können. Aber bei ihm waren alte Stereotypen über deutsche Politik wichtiger als die Realitäten der letzten Jahrzehnte.

Am 10. 3. wurde ein ungarisch-sowjetisches Abkommen über den vollständigen Truppenabzug unterzeichnet, wieder ohne Anknüpfung an eine Gegenleistung der NATO oder ein Junktim zum Fortgang des KSZE-Prozesses. Darüber hinaus wurde um diese Zeit in Moskau eine offizielle „Erklärung der sowjetischen Regierung" über den Prozess des Abzuges der sowjetischen Truppen veröffentlicht, die von ihrem Wortlaut her auch auf die Truppen in der DDR anwendbar war und zeigte, dass die SU für den Abzug auch von dort an einen Zeitraum von nur wenigen Jahren dachte. Das war eine in ihrer Substanz und in ihrem Timing, noch vor Beginn der Zwei-plus-Vier Verhandlungen, überaus wertvolle, quasi selbstbindende Vorfestlegung der Sowjets in der substantiell bedeutendsten Frage.

Aufgehängt an einen Bericht der Botschaft London, aber vor allem gezielt auf die konzeptionellen Vorschläge des Ministers zur Institutionalisierung der KSZE als Ersatz, nicht etwa nur einer Ergänzung der Bündnisse, schrieb ich einen längeren Bericht, in dem ich herausarbeitete, dass sich der Warschauer

Pakt, siehe die Abzugsverträge, in einem rapiden Zerfall befand und warnte vor Konzepten, mit denen dem Warschauer Pakt als Bestandteil eines zukünftigen kollektiven Sicherheitssystems eine Lebensverlängerung auf Dauer gewährt werden würde. Zugleich hob ich die Bedeutung der sowjetischen Akzeptanz einer Ungleichbehandlung der beiden Bündnisse in Wien hervor, weil sich daraus konzeptionell die Möglichkeit der Beibehaltung der NATO bei Verschwinden des Warschauer Paktes ergab, ohne dass überwölbende, gesamteuropäische Strukturen in die NATO hineinwirken könnten.

Der 11. 3. brachte die Erklärung der Unabhängigkeit Litauens nach dem Wahlsieg von Sajudis, der dafür kämpfenden Volksfront, in den Republikwahlen und die Wahl von Landsbergis, eines völlig intransigent auf Unabhängigkeit bestehenden Politikers, zum Staatspräsidenten. Am 12. 3. folgte die Forderung nach Abzug der Armee und des KGB aus der ganzen Republik, ein Novum im bisherigen Kampf der Republiken um Lösung von Moskau.

Ich ging zu Bickauskas, dem Vertreter Litauens in Moskau, zu einem Gespräch in die litauische Vertretung, um Näheres über das geplante weitere Vorgehen der Litauer zu erfahren. Ich warnte ihn dabei davor, die Konzessionsbereitschaft Gorbatschows überzustrapazieren. Der Reformprozess stoße in Moskau ohnehin auf starke Widerstände. Ihn jetzt auch noch mit der Unabhängigkeit der Balten zu belasten, könne zu einem vollständigen Umschwung in Moskau und der Rückkehr der Konservativen führen. Die Balten müssten Geduld haben. Entscheidend sei der den Truppenabzug sichernde Erfolg der Verhandlungen über die Deutsche Einheit und zwar auch für die Balten. Danach stünden auch ihre Chancen besser. Er hielt mir entgegen, wir wollten lediglich unsere Interessen verwirklichen, und sei es auf Kosten der baltischen Freiheit. Daran war natürlich etwas, trotzdem war meine Warnung richtig. Meine Mahnung zu Umsicht schien ihn dann auch zu beeindrucken. Ein schwieriges Gespräch vor den Mikrophonen, die sicher auch dort angebracht waren.

Am gleichen Tage verkündete Gorbatschow ein Paket von Maßnahmen zur Wirtschaftsreform, das einer sein früheren wirtschaftspolitischen Berater, Professor Abalkin, ausgearbeitet hatte, der, wie sich nun erwies, der zentralen Wirtschaftsbürokratie unter Ryschkow verbunden blieb. Die genauere Prüfung ergab, dass Abalkin sich an keines der Kernprobleme der zentralen Planung von Mengen und Preisen herangewagt hatte. Das war sehr enttäuschend. Die Ernennung von Petrakow wenige Wochen zuvor hatte offenbar keinen Einfluss auf dieses Ergebnis gehabt. Gorbatschow hatte also den Widerstand der Planwirtschaftler, hinter denen seine konservativen Gegner in der Führung standen, immer noch nicht brechen können. Das war auch für die zu erwartende Außenpolitik relevant.

Vom 11. – 15. März fand die III. Sitzungsperiode des Volkskongresses der Union in Moskau statt. Er billigte die Beschlüsse des Obersten Sowjet vom Februar-Ende zur Verfassungsreform. Mit 1.771 Stimmen gegen 164 bei 74

Enthaltungen wurde immerhin beschlossen, statt der Parteiherrschaft ein Präsidialsystem einzuführen, nachdem zuvor die Progressiven noch einmal ihre Argumente gegen außerordentliche Vollmachten für Gorbatschow vorgetragen hatten. Die Artikel 6 und 7 („führende Rolle" der Partei) wurden aus der Verfassung gestrichen. Neue Parteien und Privateigentum an Grund und Boden wurden legalisiert. In Antwort auf die litauische Unabhängigkeitserklärung beschloss der Kongress die Suspendierung der Unabhängigkeit der baltischen Staaten. Darüber könne erst entsprechend einem noch zu beschließenden Unionsgesetz über das Verfahren bei Sezessionen, einem in der Verfassung grundsätzlich garantierten Recht der Republiken, entschieden werden. Der sich abzeichnende Inhalt dieses Gesetzes errichtete aber so hohe Hürden für die Sezession, dass dieses Recht praktisch leerlaufen würde.

In der außenpolitischen Debatte des Kongresses setzte sich Gorbatschow nun für einen Friedensvertrag mit Deutschland und die Synchronisierung der Vereinigung mit dem gesamteuropäischen Prozess ein. Beides hatte er so klar noch nicht ausgesprochen. Die Forderung nach einem Friedensvertrag widersprach streng genommen auch der Einigung auf den Zwei-plus-Vier-Rahmen. Er stand also sichtlich unter Druck der Konservativen. Dieser brach bei einer Rede eines alten, pensionierten Marschalls der Luftwaffe, Koschedub, dem erfolgreichsten sowjetischen Jagdflieger des Zweiten Weltkrieges, krass hervor. Er hielt in voller Uniform und nach russischer Sitte von oben bis unten mit Orden behängt eine sehr perestroikakritische Rede. Sich von der Rednertribüne zu dem hinter ihm etwas erhöht sitzenden Gorbatschow umwendend rief er aus: „Wir sind Russen, wir überwinden Alles!" Das war offenbar ein Ausspruch Suworows, einem großen russischen Feldherren während der napoleonischen Kriege. Es war gleichzeitig eine direkte, massive Drohung, die sich Gorbatschow jedoch ohne Regung anhörte. Beinahe noch schlimmer war eine Rede eines noch aktiven Generalobersts des Heeres, Makaschow, der den schönen, deutschen Vornamen Albert trug, und die Osteuropapolitik Gorbatschows in Grund und Boden verdammte. Er fragte Gorbatschow, ob er mit seiner Politik einseitiger Abrüstung aufhören werde, denn sie sei „entweder eine Dummheit oder ein Verbrechen." Wenn er keine befriedigende Antwort erhalte, werde er „zusammen mit allen, die sich für Männer und Verteidiger des Vaterlandes halten" mit nein gegen die Präsidialverfassung stimmen. Er verließ danach mit dem Ausruf den Saal, die „Verräter" würden ihrer gerechten Strafe nicht entgehen.

Als ich kurz darauf mit Golembiowski, den ich wieder einmal zur Messung der innenpolitischen Temperatur aufgesucht hatte, in der Iswestija darüber sprach, war er wieder regelrecht empört. Dieses Mal aber nicht nur über die Generäle, sondern eher noch mehr über Gorbatschow, weil er Makaschow nicht sofort von seinem einflussreichen Kommando als Kommandeur des Wehrkreises Ural abgelöst hatte. Es sei unglaublich, dass Gorbatschow nicht sofort hart durchgegriffen habe, denn das sei eine Ermutigung der Konservativen. Mit seinem ständigen Lavieren komme Gorbatschow einfach nicht vorwärts. Es war eine für mich wichtige Unterhaltung, weil in ihr nun deutlicher geworden war, dass sich die Progressiven tatsächlich und nicht mehr nur aus taktischen Gründen von Gorbatschow zu lösen begannen. Bezeichnend für die Kampfmethoden der „SD-Fraktion" war dann einige Tage danach ein Artikel in „Argumenti i Fakti", in dem Koschedub als Aufschneider und Prahlhans herunter gemacht wurde. Die Masse seine „Luftsiege" seien von der stalinistischen Propaganda erfunden worden. Hier ging es also im Kampf der Fraktionen wieder in typischer KGB-Manier unter die Gürtellinie.

Am 12. 3. löste der „Runde Tisch" in der DDR sich kurz vor den ersten freien Wahlen auf. Seine Forderung nach Gleichberechtigung der beiden deutschen Staaten zeigte, dass die am Runden Tisch überwiegenden Bürgerrechtler dem inzwischen erkennbaren Willen der Masse der Bevölkerung nach Übernahme unseres Systems fremd gegenüberstanden.

Am gleichen Tage meldete die „Welt", dass Stoltenberg über eine weitere Reduzierung der Bundeswehr nachdenke. Nach massivem Druck der Arbeitsgruppe Verteidigung der CDU/CSU-Fraktion des Bundestages schienen nun 400.000 das Maximum. Nach Meinung von „Experten", die die „Welt" zitierte, sie konnten nach dem Kontext des Artikels nur aus der Fraktion sein, könnte sich die Friedensstärke auf 350.000 einpendeln. Inzwischen war nach der FDP also auch die CDU in der Frage der zukünftigen Obergrenze der Bundeswehr flexibel geworden.

Endspiel

Seit Schewardnadses Eröffnungszügen in Brüssel waren nun fast drei Monate des öffentlichen Hin und Her über das geeignete Verhandlungsformat und die Ziele der unterhandelnden Staaten vergangen. Wir hatten die Zeit gut genutzt, um die innere Einheit faktisch voranzutreiben und uns eine optimale Ausgangsposition zu verschaffen. Aber nun standen die eigentlichen, in Ottawa einen Monat zuvor vereinbarten Zwei-plus-Vier-Verhandlungen an. So schickte ich am 13. 3. ein langes vertrauliches Telegramm mit einer Analyse der voraussichtlichen sowjetischen Ziele nach Bonn. (vgl. den Volltext in der Anlage 2). Ich glaubte, den Bonnern eine solche Zusammenfassung unserer Eindrücke des Moskauer Stimmengewirrs der letzten Monate schuldig zu sein. Auch hatten meine Schlussfolgerungen:
- Akzeptanz der SU der Geltung der NATO-Garantie aus den Artikeln 5 und 6 des NATO-Vertrages für ganz Deutschland, Gegenleistung nur durch Begrenzung der Stärke der Bundeswehr bei Akzeptanz einer andauernden, wenn auch reduzierten alliierten Präsenz in Deutschland;
- Nachrangige Bedeutung der Schaffung gesamteuropäischer Strukturen, keine Notwendigkeit eines kollektiven Sicherheitssystems;
- Bereitschaft der SU, sich in der Grenzfrage mit der einvernehmlichen Beschreibung der Grenzen des Vereinten Deutschlands zu begnügen;
- Bereitschaft der SU, auf die Vorbehaltsrechte zum Zeitpunkt des Zusammentreffens von innerer und äußerer Schiene der Einigung zu verzichten,
- Übergangszeit nach der Einheit für den vollständigen sowjetischen Truppenabzug von etwa vier Jahren,
- Notwendigkeit der Befriedigung sowjetischer Wirtschaftsinteressen in Bezug auf die DDR.

Es gab nur Aussicht auf Akzeptanz in Bonn, wenn ich sie in den Kontext der sowjetischen innen- und außenpolitischen Interessenlage stellte, weil diese Ergebnisse den bisherigen Überlegungen des Ministers widersprachen.

Es schien mir deshalb entscheidend zu zeigen, dass diese Schlussfolgerungen nicht bloße Spekulation über Denkmöglichkeiten waren, sondern auf einer Analyse der Gesamtentwicklung und der einschlägigen Aussagen der Sowjets nach den Regeln der Kunst beruhten. Der Bericht war auch als Beitrag zur konzeptionellen Gliederung und Abgrenzung der anstehenden Verhandlungsmassen mit der SU und den Drei Mächten einerseits und der DDR andererseits gedacht, um die evtl. Ansatzpunkte sichtbar zu machen, an denen die SU versuchen könnte, die äußeren mit den inneren Aspekten der deutschen Einigung zu verknüpfen, um Druck auf uns auszuüben. Wie gewohnt, bekam ich aus Bonn keinerlei Reaktion.

Am 13. 3. gab der Generalsekretär der NATO, Manfred Woerner, ein Interview, in dem er dem Verbleib sowjetischer Truppen im Beitrittsgebiet nach der Einheit zustimmte, wenn zuvor ein Datum für ihren endgültigen Abzug vereinbart worden sei. Das Konzept einer Übergangszeit nach der Einheit bekam so allmählich Inhalt und Konturen.

Am 14. 3. wurde wieder einmal eine „Erklärung des Sowjetischen Außenministeriums" veröffentlicht, die sich dieses Mal gegen die Vereinigung nach Art. 23, eine Politik der vollendeten Tatsachen und die Währungsunion aussprach. Davon, dass die Bedingungen der Einheit allein unsere Sache waren, war keine Rede mehr. Am gleichen Tage fand die erste Sitzung der Zwei-plus-Vier auf Ebene hoher Beamter statt. Es sickerte bald durch, dass die Sowjets die NATO-Mitgliedschaft abgelehnt hatten. Wie erwartet war der Anfang schwer, aber es war eben nur der Anfang. Wenn wir hart blieben, würden wir uns durchsetzen. Das war meine Überzeugung auf Grund der Bewertung der Kräfteverhältnisse unter den sich in Moskau bekämpfenden Fraktionen.

Am 17. 3. endete ein Treffen der Außenminister des Warschauer Paktes in Prag ohne Kommunique. Es wurde aber rasch bekannt, dass der neue tschechoslowakische Außenminister Dienstbier dabei erklärt hatte, Neutralität für Deutschland wäre die schlechteste Lösung. Der neue polnische Außenminister Skubiszewski und der ungarische Außenminister Horn hatten im gleichen Sinne Stellung genommen, nachdem sich Schewardnadse, vermutlich aus taktischen Gründen, hart gegen die NATO-Mitgliedschaft gewendet hatte. Es wurde die an und für sich evidente Interessenlage unserer östlichen Nachbarn sichtbar, an ihrer Westgrenze nicht die alte, ungebundene deutsche Großmacht zu haben, sondern die NATO und damit die amerikanische Weltmacht, was uns nur nutzen konnte.

Am 18. 3. fand in Moskau ein ZK-Plenum statt, auf dem Ligatschow einmal mehr die Osteuropapolitik Gorbatschows kritisierte. Sie stärke die NATO. Am gleichen Tage erschien jedoch ein Interview von Daschitschew in der „Bild am Sonntag", die sowjetische Truppenpräsenz verliere ihren Sinn: „Wenn das deutsche Volk den Wunsch äußert, das Land solle Mitglied der NATO sein, wird sich dem Wunsch niemand widersetzen." So blieb auch die Position seiner Fraktion nach Verhandlungsbeginn weiterhin hörbar und klar.

In der ganzen ersten Märzhälfte hatte der Bundeskanzler sehr aktiven Wahlkampf in der DDR gemacht und ließ sich dabei von niemand hindern. Das Echo war überwältigend. In Chemnitz 200.000, Magdeburg 130.000, Cottbus 100.000, Rostock 100.000 und Leipzig 300.000 Zuhörer, die ihm begeistert zustimmten.

Am 18. 3. abends ging ich zum ersten Mal in das Moskauer Studio des DDR-Fernsehens zu einer Wahlparty anlässlich der ersten freien Wahlen zur Volkskammer. Vergleichbare Zusammentreffen der Moskauer DDR-Vertreter mit der westdeutschen Community hatte es noch nie gegeben. Die

DDR-Vertreter hatten sich immer ängstlich von uns ferngehalten und auch wir verspürten keine Lust, den Moskauer Angehörigen der DDR-Nomenklatura, mit Sicherheit alle stramme SED-Leute, zu begegnen. Als die ersten Hochrechnungen einen Erdrutschsieg der CDU und ihrer Verbündeten zeigten, gab es eine Menge langer Gesichter, z. T. sogar unter den westdeutschen Journalisten, die erkannten, dass damit der Sieg des Bundeskanzlers in den bald anstehenden gesamtdeutschen Bundestagswahlen sehr wahrscheinlich wurde, denn nun war nicht nur klar, dass die Einheit nicht mehr aufzuhalten war, sondern dass sie auch sehr schnell kommen und ihm zugerechnet werden würde.

Die Begleiterin Wormspächers, des Vorsitzenden der „Wiedergeburt", also der Vereinigung der Russlanddeutschen, die auch zur Wahlparty gekommen war, heulte wie ein Schlosshund, was ich als Indiz für die wahre Position dieses Vorsitzenden interessant fand. Es hatte Bestrebungen in dieser Vereinigung gegeben, die Russlanddeutschen nicht zu uns, sondern in die DDR zu lenken. Nun zeigte sich, dass es für die Emigranten bald keine sozialistische Alternative mehr geben würde.

Ich stieß dort auch auf Daschitschew und wir sprachen natürlich über Zwei-plus-Vier. Daschitschew schimpfte lauthals über die jüngste Erklärung des Kollegiums des sowjetischen Außenministeriums. Es gebe Leute, die nicht zur Kenntnis nehmen wollten, dass der reale Sozialismus „bankrott" sei. Er blieb unverzagt bei seinen Positionen zum Truppenabzug und zur NATO, was zur Bewertung der Kräfteverhältnisse zwischen den Moskauer Fraktionen wichtig war.

Nicht weniger interessant fand ich ein Gespräch mit der Leiterin des Studios, Hardy Kühnrich, sicherlich eine der prominentesten Journalisten der DDR-Medien. Sie beschrieb mir die Szene im vergangenen Oktober, als sie mit ihren Kollegen im Schloss Niederschönhausen vor der Tür des Saales gewartet hatte, in dem Gorbatschow mit dem gesamten Politbüro der SED sprach. Als dann nach Gesprächsende Gorbatschow allein mit Falin aber unbegleitet von seinen SED-Gesprächspartnern herausgekommen sei, habe sie gedacht: „Mein Gott, jetzt ist Alles aus!" Es war ein tiefer Einblick in das Denken der SED-Nomenklatura, die offenbar früher, als bisher offengelegt worden war, mit angehaltenem Atem die uns nur in kremlinologischen Indizien erkennbare, aber fundamentale Auseinandersetzung zwischen Gorbatschow und Honecker verfolgt hatte. Frau Kühnrich gehörte mit ihrer Position sicherlich zu den DDR-Funktionären mit dem besten Einblick in die Beziehungen der DDR zur SU, so dass sie in der Lage war, derartig weitreichende Schlussfolgerungen aus solchen Szenen wie der in Niederschönhausen zu ziehen. Aus ihrer Darlegung ergab sich auch die Richtigkeit unserer Analyse, dass es jedenfalls Gorbatschow schon damals nicht primär auf die Erhaltung der DDR und damit die Erhaltung ihrer realsozialistischen Hinterlassenschaft angekommen war. Das war aber nach wie vor für die Verhandlungen über die Einheit sehr bedeutsam.

Wir sahen dann noch gemeinsam das Fernsehinterview Schilys, in dem sich seine abstoßende Arroganz entlarvte. Gefragt, was er von dem Wahlergebnis halte, zog er nur eine Banane aus der Tasche und hielt sie in die Kamera, bevor er sie schälte und hinein biss. Es war eine widerliche Denunziation des Wunsches der Menschen in den neuen Bundesländern nach Wohlstand, der, wie sie verstanden hatten, eine Frucht der Freiheit war. Deshalb hatten sie sich für die Übernahme unseres Systems ausgesprochen. So verspottete der Protagonist der Toskana-Fraktion die Proleten, die, statt als linkes Stimmvieh zu dienen, in der Tat auch einmal in die Toskana wollten. Ich fand Schilys Verhalten ekelhaft.

In diesen Tagen wurde auch bekannt, dass der Rechtsanwalt Wolfgang Schnur, wieder ein Anwalt, vom „Demokratischen Aufbruch", und Ibrahim Böhme von der „SDP" beide langjährige Mitarbeiter der Stasi waren. Sie waren nicht nur bei der Gründung dieser Organisationen im vergangenen Herbst dabei gewesen, sondern hatten sie maßgeblich betrieben und dann sich auch an die Spitze gesetzt. Das war ein Beleg nicht nur für die ohnehin zu erwartende Tatsache, dass die Stasi die Dissidentenszene in der DDR systematisch unterwandert hatte, sondern sogar mit in Gang gesetzt hatte und steuerte, jedenfalls zu steuern versuchte. Ein Beleg für meine Analyse, dass der Anstoß zur Lawine auch in der DDR vom Sicherheitsapparat gekommen war und zwar mit größter Wahrscheinlichkeit mit Wissen und Billigung der Moskauer Zentrale des KGB.

Am 19. 3. hielt der Bundeskanzler eine wichtige Rede bei der Eröffnung einer KSZE-Wirtschaftskonferenz in Bonn. Er bekräftigte dabei unseren Verzicht auf ABC-Waffen und unseren Willen, auch nach der Einheit Mitglied im Nichtverbreitungsvertrag zu bleiben, eine in den Verhandlungen über die Einheit bedeutsame Zusage. Das Abschlussdokument dieser Konferenz war vor allem wegen des Bekenntnisses aller Mitgliedsstaaten zu Marktwirtschaft und Privateigentum ein Durchbruch auf dem Weg zur Schaffung wirtschaftlicher Strukturen in den Staaten des Warschauer Paktes, allen voran der SU, die zu enger Kooperation auf der Unternehmensebene fähig sein würden.

Am gleichen Tage briefte ich in der Kabine ausführlich Professor Ritter von der Stiftung Wissenschaft und Politik in Ebenhausen bei München. Er hatte damit eine einflussreiche Position in der deutschen außenpolitischen Debatte. Ich kannte ihn, den Gründer dieses Instituts von Wissenschaftlern an der Schnittstelle von Wissenschaft und Außenpolitik, flüchtig von früheren Seminaren in Ebenhausen. Er war mit dem Botschafter befreundet, stammte ursprünglich aus der legendären Abteilung „Fremde Heere Ost" General Gehlens im Generalstab des Heeres während des Zweiten Weltkrieges und war so alt erfahrener Ostexperte. Ich sagte ihm, was ich über die voraussichtlichen sowjetischen Ziele bei Zwei-plus-Vier berichtet hatte, also dass die NATO-Mitgliedschaft des vereinten Deutschland wohl durchsetzbar sei. Ich fügte hinzu, möglicherweise würden wir aber auf alle dual-capable, also nuklearwaffenfähige Flugzeuge der Luftwaffe verzichten müssen, nachdem ich Derartiges gehört hatte. Die Quelle war wohl Professor Kokoschin gewesen, ein Wissenschaftler vom Arbatow-Institut, den ich schon von meinem ersten Posten her kannte und der Spezialist für militärpolitische Fragen war. Ich hatte ihn zuletzt bei einem Essen beim Gesandten Dr. Heyken gesprochen. Ritter meinte dazu: „Na, das werden wir wohl verkraften können." Ich war seiner Meinung und erläuterte ihm, dass wir die Hauptgegenleistung wohl ökonomisch zu erbringen haben würden. Da müssten wir uns etwas einfallen lassen. Er stimmte zu.

Im Zuge meiner Bemühungen bilateral an alte deutsch-russische Verbindungen anzuknüpfen ging ich in jenen Wochen auch zu Salygin, dem Chefredakteur von „Nowij Mir", der bedeutendsten literarischen Zeitschrift in der SU. Sie war als Plattform für die Schriftsteller des „Tauwetters" unter Chruschtschow berühmt geworden, als sie Solschenizyns Novelle „Ein Tag im Leben des Iwan Denissowitsch" veröffentlichte, in der die Ungeheuerlichkeit der Lager Stalins beschrieben wird. Salygin versuchte, wie wir beim Lesen der letzten Nummern festgestellt hatten, an diese liberale Tradition wieder anzuknüpfen. Er hatte sich auch im Volkskongress, er war dort Deputierter, einen Namen mit einer Initiative zur Rettung des Aral-Sees gemacht und war sozusagen der prominenteste „Grüne" unter den sowjetischen Politikern, von dem es auch hieß, er habe ein enges Verhältnis zu Gorbatschow. Er war zwar gesundheitlich etwas fragil und im Gespräch sehr freundlich, überließ die Unterhaltung dann aber weitgehend zwei seiner „Sekretäre für internationale Beziehungen". Solche „Sekretäre" gab es an allen größeren sowjetischen Institutionen. Sie waren vom KGB und überwachten die jeweiligen Kontakte mit der Außenwelt. Auch sie reagierten freundlich, als ich Salygin zu einer Quotenreise nach Deutschland einlud, wo er noch nie gewesen war. Er freute sich über die Aussicht und wir besprachen seine Wünsche für die Reiseroute. Aus der Reise wurde dann leider nichts, wohl weil Salygin tatsächlich gesundheitliche Probleme hatte. Aber für mich war aufschlussreich, dass selbst jemand wie er offenbar auch nach den Jahren der Perestroika immer noch vom KGB kontrolliert wurde.

Inzwischen hatte sich auch die innersowjetische Auseinandersetzung darüber weiterentwickelt, was mit den Russlanddeutschen geschehen solle. Dabei war eine Alternative zur Wiedergründung der Wolga-Republik ins Spiel gekommen, die ich für noch gefährlicher hielt, als die bisherigen Versuche der Konservativen, Gorbatschow mit diesem Problem als Deutschenfreund in den Augen der Russen zu diskreditieren. Nun gab es Bestrebungen, auf die autonome Republik an der Wolga, wo der antideutsche Widerstand sich mehr und mehr regte, zu verzichten und die Russlanddeutschen in das nördliche Ostpreußen umzusiedeln. Dort kamen sie zwar nicht her, aber es war ja im Gefühl der Russen ein immer noch quasi deutsches Gebiet. Einer der beiden Teile, in die sich die „Wiedergeburt" gespalten hatte, trat für diese Lösung ein. Abgesehen davon, dass auch diese Lösung am Wunsch der Russlanddeutschen vorbeiging, zu uns zu kommen, steckte in diesem Plan die Gefahr des Entstehens einer deutschen Irridenta in Ostpreußen und damit für uns bei Versuchen, ihnen etwa bei der Ansiedlung in Ostpreußen zu helfen, das Risiko, zum Entsetzen der Polen, Litauer und vor allem der Westmächte, in die Rolle desjenigen zu geraten, der die staatliche Zuordnung dieses Teils der ehemaligen Ostgebiete wieder aufs Tapet bringen könnte. Ich war der Meinung, dass hinter diesem Plan der Versuch stand, uns damit doch noch von den Westmächten zu trennen. Es war also eine Falle.

Am 21. 3. machte uns Adams Sprachlehrerin, die uns im vergangenen Sommer auf das Gagausen-Problem in der Moldau-Republik hingewiesen hatte, auf einen Artikel in der „Literaturnaja Rossija", der rechtsextremen Zeitung des russischen Schriftstellerverbandes, aufmerksam. Es war wieder ein guter Tip. Wir hatten auf diese Zeitung kein Abonnement und der Artikel wäre uns sonst entgangen. Wir besorgten ihn uns und es stellte sich heraus, dass dort ein gewisser „Alexandrow" einen scharf gegen die Wiedervereinigung gerichteten Artikel veröffentlicht hatte. „Alexandrow" war offensichtlich ein Pseudonym. Der Autor setzte sich in genauer Kenntnis der Beschlüsse und Vereinbarungen der Vier Mächte der Nachkriegszeit mit dem Status Deutschlands auseinander und demonstrierte seine totale Ablehnung der gegenwärtigen Politik Gorbatschows und Schewardnadses. Wir schlossen sofort auf Bondarenko als Autor, nicht nur weil er mit Vornamen Alexander hieß, sondern weil sich im kollektiven Gedächtnis der Botschaft die Erinnerung gehalten hatte, dass er vor Jahren unter diesem Pseudonym publiziert hatte. Ich schrieb eine ausführliche Analyse des Artikels und kam zu dem Schluss, dass es in Moskau immer noch Leute gebe, mit denen wir trotz Gorbatschow und Schewardnadse noch hart würden ringen müssen. Wir schickten den Bericht auch nach Windhoek in Namibia, weil wir wussten, dass der Minister sich dort am Rande der Unabhängigkeitsfeiern mit Schewardnadse treffen würde.

Einige Tage darauf erbat sich Ussytschenko, der Stellvertreter Bondarenkos, von uns diesen Artikel, von dem er gehört habe, aber im Ministerium sei diese Zeitung nicht vorhanden. Wir schickten ihm eine Kopie. Für mich war es ein Beleg, dass wir trotz Perestroika weiterhin abgehört wurden, denn woher sonst sollte er von dem Artikel „gehört" und erfahren haben, dass wir ihn besaßen. Dass er ihn sich gerade von uns erbat, sollte uns wohl darauf erneut aufmerksam machen. So ähnlich war er ja schon während meines ersten Postens verfahren. Und Adams Sprachlehrerin wurde offenbar von der SD-Fraktion straff geführt, um uns auf die Machenschaften der Konservativen aufmerksam zu machen. Die Bedingungen, unter denen wir arbeiten mussten, waren schon absurd.

Am gleichen Tage führte Schäfers ein interessantes Gespräch mit Professor Kremenjuk, einem „Wissenschaftler" vom Arbatow-Institut. Dieser erklärte die andauernde Militärpräsenz der USA nach der Einheit für notwendig, um das sonst zu erwartende Aufrüsten von Frankreich und Großbritannien gegen das deutsche Übergewicht zu vermeiden. Ein für uns gut nutzbarer Gedanke in der anhaltenden Moskauer Debatte über die Notwendigkeit unserer weiteren NATO-Mitgliedschaft. So erhielten wir fast jeden Tag Signale von den in Moskau miteinander kämpfenden Fraktionen. Noch war nicht klar, wer sich dabei am Ende durchsetzen würde, auch wenn wir von Gorbatschows Präferenzen für uns wussten.

Zu dieser Zeit hatten wir bei einem Abendessen Ussytschenko und Baranowski, jenen Wissenschaftler vom IMEMO, der als erster in Moskau mit einem Konzept für Verhandlungen der Sechs aufgefallen war, bei uns zu Gast. Die beiden kannten sich nicht und Ussytschenko erkundigte sich vorsichtig bei Baranowski, was er am IMEMO tue. Wir diskutierten natürlich über die deutsche Entwicklung, ohne dass von beiden in der Sache Neues zu hören war. Baranowski war gegenüber der Vereinigung sehr offen, während Ussytschenko lauter Hindernisse beschrieb. Das war in der Offenheit der Gegensätze unter Sowjets immer noch ungewohnt. Wirklich beeindruckt war ich aber von der kalten Arroganz, mit der Baranowski mit Ussytschenko umging, einem erheblich älteren und erfahreneren Mann. Seine Argumentation war mehr eine Zurechtweisung als ein Diskussionsbeitrag und Ussytschenko lies es sich gefallen, er wurde im Gesprächsverlauf vielmehr immer vorsichtiger und schwenkte am Ende beinahe ein. Für mich war es ein weiteres, wertvolles Indiz, dass die Arbeitsebene des Außenministeriums eine andere Politik als die vermutlich zum Sicherheitsapparat gehörenden außenpolitischen Vordenker der Perestroika betrieb und dass die Diplomaten wussten, dass diese „Wissenschaftler" vermutlich am längeren Hebel saßen.

Am 23. 3. hielt der Minister eine große Rede vor einer Sondersitzung der Parlamentarischen Versammlung der WEU in Luxemburg: „Die kooperativ strukturierten Bündnisse müssen in einen Verbund gemeinsamer kollektiver Sicherheit überführt werden. Sie schaffen neue Strukturen der Sicherheit in Europa, von denen sie zunehmend überwölbt werden, in denen sie schließlich aufgehen können." Das lief auf die Perpetuierung des Warschauer Paktes für die vorhersehbare Zukunft und das endliche Verschwinden der NATO hinaus. Auch wenn Genscher die Neutralisierung Deutschlands negativ bewertete und das Bündnis für die Zukunft lobte, war damit klar, dass die NATO „schließlich" durch ein System ersetzt werden sollte, in dem der SU ein Veto in allen Fragen der europäischen Sicherheit gewährt werden würde, denn solche „Strukturen" würden natürlich nur im Konsens entscheiden können. Das war absehbar.

Nun war völlig klar, was Genscher seit der Dreikönigsrede anstrebte. Die darin liegende Aufgabe unserer primären Westintegration war aber gefährlich für deutsche Freiheit in einem uns wohlgesonnenen Umfeld, da sie auf einer falschen Analyse des von der SU als nuklearer Supermacht in jedem Falle ausgehenden Risikos einerseits und dem Mangel an Verständnis für die Ängste unserer westlichen Nachbarn in Europa vor dem Gewicht eines nicht länger westlich gebundenen vereinten Deutschland andererseits beruhte. Mit anderen Worten, der Preis, den Genscher bereit war, für die Wiedervereinigung zu zahlen, war viel zu hoch. Er sagte in dieser Rede auch: „Wir werden niemand vor vollendete Tatsachen stellen", was entweder unglaubwürdig war, denn wir mussten das Eisen in der DDR schmieden, so lange es heiß war, oder es war gefährlich, wenn Genscher tatsächlich glaubte, darauf verzichten zu können. Es war doch notwendig, den entstandenen überwältigenden Schwung zu nutzen, um die Einheit zu unseren Bedingungen durchzusetzen. Wenn wir das in der gehörigen Form erklärten, würde man es sogar in Moskau, wenn auch u. U. nur zähneknirschend, verstehen. Ich war von dieser Rede umso mehr erschüttert, als wir in unserer Berichterstattung die sowjetische vor allem ökonomische Primärzielsetzung beschrieben und im Detail analysiert hatten. In ihr spielte aber ein solches System kollektiver Sicherheit keine entscheidende Polle.

Das wurde in einem Artikel von Bowin in der „Zeit" vom gleichen Tage einmal mehr verdeutlicht. Kurz darauf erschien er auch in der Iswestija, so dass auch das sowjetische Publikum diese Auffassung des prominentesten sowjetischen Kommentators in sich aufnehmen konnte. Er sagte Ja zur NATO-Mitgliedschaft des vereinten Deutschland. Das sei ein „Sieg des gesunden Menschenverstandes". Der „gesunde Menschenverstand" wurde als Argument an und für sich von den Reformern überwiegend in der Innenpolitik verwendet und war, wie sich zumeist aus dem Kontext ergab, eine Chiffre zur Kennzeichnung des Willens des KGB, der für sich in Anspruch nahm, vorurteilslos denken zu können. Für mich war diese Bowin-Stellungnahme deshalb wertvoll als Bestätigung der Richtung und der Stärke der Position der „SD-Fraktion."

Am gleichen Tage erschien in der „Neuen Revue" in Deutschland ein Interview mit Koptelzew, einem Germanisten, der in den letzten Jahren bei Falin im ZK gearbeitet hatte, gerade aber als erster Stellvertreter Bondarenkos in die 3. europäische Abteilung des Außenministeriums gewechselt war, und den wir von früheren diplomatischen Posten u. a. in Hamburg gut kannten. Koptelzew erklärte sich nun einverstanden mit einem vollständigen Abzug der sowjetischen Truppen aus Deutschland binnen zwei bis 3 Jahren, aber: „wir müssen etwas vorweisen können, was wir dafür bekommen haben." Das war eine Bestätigung meiner Analyse, dass die Sowjets nicht unbedingt eine lange Abzugsperiode wollten und zeigte in der Frage der Gegenleistung für die NATO-Mitgliedschaft erneut Flexibilität, indem keine präzisen, hohen Forderungen gestellt wurden.

Und ebenfalls an diesem Tage hatte ich ein Gespräch mit Professor Kokoschin, der inzwischen stellvertretender Direktor des Arbatow-Instituts geworden war. Wir unterhielten uns sehr freundlich und er präzisierte zum ersten Mal die sowjetische Forderung nach einer Begrenzung der Gesamtstärke der Bundeswehr. Mehr als 300.000 dürften es nicht sein. Er verwies dabei auch auf die innenpolitischen Probleme, die deutsche Vereinigung in der SU akzeptabel zu machen. Es war ein weiterer Mosaikstein für meine

Auffassung, dass es den Sowjets dieser Reform-Couleur nicht primär auf Neutralisierung, Entmilitarisierung oder NATO-Austritt ankam. Sie wollten eine konkrete Begrenzung unseres Potentials. Ich ließ mich aber auf keine Zahlendiskussion ein. Er erzählte mir dann, er arbeite zur Zeit an einem historischen Artikel über die deutschen Heerführer während der Einigungskriege des 19. Jahrhunderts, vor allem Moltke, sichtlich auf mein Interesse rechnend. Ich ging darauf ein und machte ihn auf den Grafen Blumenthal aufmerksam, den Stabschef der Armee des Kronprinzen im Krieg gegen Österreich 1866, der die große Bewegung aus dem südlichen Oberschlesien geleitet hatte, mit der die Österreicher in der Schlacht bei Königgrätz von Nord-Osten umfasst und damit entscheidend besiegt worden waren. Ihm machte das Spaß. Mir auch.

Schäfers hatte parallel dazu ein Gespräch mit Popow im Außenministerium, meinem früheren Gesprächspartner in Sachen Nulllösung aus der 3. europäischen Abteilung. Popow sei, so Schäfers Beschreibung, fast verzweifelt gewesen, als er einräumte, die SU müsse nicht unter allen Umständen am Warschauer Pakt festhalten. Das war ein aus dieser Ecke unerwartetes Bekenntnis zu Realismus angesichts der Entwicklungen in Ungarn, Polen und der Tschechoslowakei. Diese bestätigten sich am 25. 3., als in Ungarn die Demokraten bei den ersten freien Wahlen siegten.

Am 26. 3. ernannte Gorbatschow die Mitglieder des neuen Präsidialrates, also des zukünftigen Politbüro-Ersatzes. Die Mitgliedschaft war so gemischt, dass sich daraus keine klare politische Ausrichtung herleiten ließ. Adam schrieb sich die Finger wund. Unerhörtes passierte jeden Tag und mit immensem Fleiß und klarem analytischem Blick transportierte er nach Hause, was als innenpolitischer Hintergrund unserer Verhandlungen über die Einheit wesentlich für das Verständnis der sowjetischen Haltung war. So waren die Bonner Arbeitsebene und die Kollegen bei der NATO in Brüssel, wo das gemeinsame Vorgehen der Verbündeten in ununterbrochenen Konsultationen abgestimmt wurde, immer auf dem Laufenden. Ich befürchtete aber, dass die höheren Chargen in Bonn nicht die Zeit hatten, diese Entwicklungen so intensiv zu verfolgen, dass sie sich daraus selbst ein Gesamtbild zusammensetzen konnten und schrieb deshalb wieder einmal auf der Basis von Adams Berichterstattung einen Überblick über die Gesamtlage.

Die Ereignisse der letzten Wochen – Durchbruch zum Mehrparteiensystem, Einführung der Präsidialverfassung, Sezessionsstreit mit Litauen, Aufbrechen des Warschauer Paktes – sind so schnell verlaufen und haben jedes für sich ein so großes Gewicht, dass man darüber streiten kann, welches von ihnen nun das Wichtigste war. Zusammengenommen bedeuten sie aber, dass auch in der SU ... die Zwischenphase zwischen dem alten Regime und der Grundlegung eines offenen Systems der Konkurrenz gesellschaftlicher Kräfte ... hinter uns liegt. Nach wie vor ist nicht klar, wohin die Reise schließlich gehen wird. Die Überzeugung aber, nun die Brücken zum früheren System endgültig hinter sich abgebrochen zu haben, ist jetzt nicht mehr rhetorische Beschwörung der „Unumkehrbarkeit der Perestroika" durch ihre

Initiatoren, sondern die, gerade angesichts der Größe der sichtbar gewordenen Probleme und der Ungewissheit ihrer Lösung, eher erschreckte Erkenntnis der Lage.

Jetzt, wo das „Mehrparteiensystem" auch in der SU nicht mehr Gegenstand politologischer Systemvergleiche sondern zu täglich zu beobachtender politischer Anstrengung geworden ist, wird klar, dass es die Spaltung der KPdSU bedeutet. Damit ist aber nicht nur die Abspaltung einzelner mehr oder weniger repräsentativer Gruppen unter dem bisherigen Namen „Demokratische Plattform" gemeint, oder die Gründung einer jetzt auch in Russland sich konsolidierenden, sozialdemokratischen Partei. Es geht noch mehr um die Zurückdrängung des seit Jahrzehnten unerschütterten Zentrums der Macht, des Politbüros der Partei, durch ein neues, unbekanntes und von Gorbatschow nach seinem Willen besetztes Organ, den „Präsidialrat". Es geht zugleich um ein auf den Februar und März-Plena des ZK und im Volkskongress sichtbar werdendes Zerbrechen der politischen Solidarität der obersten Führungspersönlichkeiten. Gorbatschow und Ryschkow haben sich auf offener Bühne Vorwürfe gemacht und setzen gleichzeitig die ihnen verfügbaren Apparate ein, um dem anderen die Verantwortung für die allgemein nur mit der unmittelbaren Nachkriegszeit für vergleichbar gehaltenen Wirtschaftslage zuzuspielen. Schewardnadse und Jakowlew einerseits und Ligatschow andererseits führen eine bittere Fehde über die Konsequenzen der Außenpolitik des „Neuen Denkens", die den einen als „Sieg des gesunden Menschenverstandes" und dem anderen als „Verlust der Pufferzone" erscheint.

Die vertikalen Risse in der Partei kreuzen sich mit den horizontalen der Entwicklung autonomer Parteien der Republiken, weil die Konservativen mit der Gründung der russischen Partei versuchen, noch eine gewaltige, konservativ geschlossene Struktur aus dem Unionsapparat zu retten, während Jakowlew auch diese russische Bastion durch rasches Vorantreiben des Parteienpluralismus auch in Russland aufzubrechen versucht.

Das Ergebnis wirkt wie ein Schwarze Peter Spiel um die Verantwortung für die Spaltung aber nicht wie ein ernstgemeinter Versuch, die programmatisch-politische Einheit noch einmal zu retten. Der Wille, sich nicht zur Offenlegung der eigenen Karten provozieren zu lassen, scheint Ryschkows und Ligatschows Verhalten zu bestimmen, während Gorbatschow immer offener zur Kenntlichmachung persönlicher Positionen und Verantwortlichkeiten aufruft. Seit dem Februar-Plenum und der Präsidentenwahl fühlt er sich offenbar stark genug, um die Entscheidung mit den Bremsern und Verwässerern zu suchen.

Die Zerschlagung gegebener Organisationsstrukturen, in denen sich konservative Kräfte sammeln könnten, ist in den letzten Wochen auch im Sicherheitsapparat allmählich stärker sichtbar geworden. Innenminister Bakatin war mit seiner Präsidentschaftskandidatur auf dem letzten Volkskongress natürlich keine Konkurrenz für Gorbatschow. Er sollte es wohl auch nicht sein, sondern relativierte den anderen „Kandidaten" Ryschkow. Bakatin hat so nicht nur auf dem letzten Kongress an politischem Gewicht gewonnen. Er hat sich auch in den Monaten seit dem vergangenen Sommer einen kaum angreifbaren Ruf als Verbrechensbekämpfer sowie als Vorkämpfer gegen nationalistische Ausschreitungen als Oberkommandierender der Inneren Truppen erworben, die in den Konflikten in Mittelasien und im Kaukasus eine untadelige Rolle gespielt haben, anders als die Armee. Bakatin ist, darauf deutete schon sein Auftreten auf der 19. Parteikonferenz hin, im Grunde wohl ein von Gorbatschow geförderter Reformer, andererseits wegen seiner bisherigen Tätigkeit als Innenminister von konservativ-russischer Seite nicht angreifbar.

Er hat in den letzten Tagen angekündigt, die Politorgane der Inneren Truppen aufzulösen. Er hat damit einen Schritt getan, gegen den sich die Streitkräfte, insbesondere der Kommandeur der Politorgane Lisitschew, auf dem letzten Volkskongress noch heftig gewehrt haben. Die Auflösung dieser politischen Hauptverwaltung ist aber eine der prominentesten Forderungen der Progressiven, die dies mit dem Streichen der Verfassungsartikel über die führende Rolle der Partei und die Einführung des Mehrparteiensystems begründen. Die Politorgane sind aber vermutlich einer der Orte, wo sich die Interessen der Konservativen in den Streitkräften mit denen des alten Parteiapparates am stärksten mischen. Sie waren jedenfalls das Lenkungsinstrument, mit dem der alte Parteiapparat die Streitkräfte steuern konnte. Bakatin hat nun gegenüber einer US-Delegation angekündigt, er werde im Innenministerium eine sowjetische Bundespolizei nach Art des FBI gründen. Was darunter im Einzelnen zu verstehen war ist zwar nicht klar. Es mag sich hier jedoch eine Übernahme von Funktionen des KGB abzeichnen, wenn dieser, wenn man von den von Krjutschkow geschilderten Schwerpunktaufgaben ausgeht, sich in Zukunft vielleicht stärker auf die Auslandsspionage konzentriert.

Neben diesem Zerbrechen der Partei- und Staatsstruktur verschärft die litauische Krise den Test der Haltbarkeit des sowjetischen Staatsverbandes. Die Entwicklung der letzten zwei Jahre hat gezeigt, dass es dabei nicht nur um den Sonderfall einer Republik geht, die auf Grund ihrer Geographie und Geschichte den relativ stärksten Anspruch auf Selbständigkeit hat, es geht mehr noch um Litauen als Präzedenzfall, weil die politischen Argumente gegen dann erwartete Wünsche der Esten, Letten, Georgier, Aserbeidschaner und Moldawier, vielleicht sogar der Ukrainer zu fehlen scheinen, wenn man die litauische Sezession erlaubt hat.

Das litauische Beispiel ist auch zur Reizung der Konservativen besonders geeignet, weil die russischsprachige Minderheit in Litauen zu einem wichtigen Teil aus Angehörigen der Streitkräfte besteht, sich in Litauen also der litauisch-russische Gegensatz mit dem zwischen den progressiven Strukturen und der Armee überschneidet, die ihrerseits neben den Gewerkschaften der wichtigste Träger konservativer politischer Vorstellungen ist.

Die Litauer reizen so aber auch russische Progressive, weil sie aus deren Sicht den russischen Konservativen in die Hände spielen. Gleichzeitig sehen diese Progressiven in den Sezessionsbestrebungen die Bestätigung der sie selbst am tiefsten beunruhigenden Auffassung, nämlich dass die Russen zu Demokratie und Rechtsstaatlichkeit ohnehin nicht fähig sind, so dass man sich von ihnen trennen muss. Die Sezessionsbestrebungen verstärken so die Selbstzweifel gerade auch der Progressiven in Russland und deren Sorge, am Ende der undemokratisch geprägten russischen Masse, an der das vordemokratische Mittelasien hängt, nach Trennung der Balten und Auswanderung der Juden und Deutschen, alleine gegenüberzustehen.

Die Antwort der Konservativen, die Organisation der Russischen Föderierten Sowjetrepublik in eigenen Partei-, Gewerkschafts-, Wissenschafts- und Kulturorganisationen, trifft auf eine Fülle von Problemen, da die Unionsstruktur, aus der diese russischen Organisationen herausgelöst werden müssen, von Gorbatschow und seiner Mannschaft beherrscht wird. Während aber im Jahr zuvor Gorbatschow versucht hat, diese Ent-

wicklung, die von extrem russisch-nationaler Seite vorangetrieben wurde, aufzuhalten, versucht er inzwischen, seine Leute auf Schlüsselstellungen in Russland zu setzen, weil er die Unaufhaltsamkeit dieser Entwicklung erkannt hat. Diese Taktik ist aber schon nicht mehr überall durchsetzbar, wie etwa die Bemühungen des Leningrader Parteichefs Gidaspow zeigen, sich an die Spitze der Bewegung zu setzen, indem er, trotz des ZK-Beschlusses, vor dem Unionsparteitag nur eine „Partei-Konferenz" der russischen Parteiorganisation einzuberufen, auf die Einberufung eines Gründungs-„Kongresses" der russischen Partei noch im April drängt.

Ein von Gorbatschow eingesetztes weiteres Mittel zur Schwächung seiner russischen konservativen Gegner entsprechend der Devise „teile und herrsche" ist auch die Aktivierung der Autonomieansprüche der assoziierten Republiken innerhalb der RFSFR. Diese, die russische Republik, ist ja ihrerseits juristisch eine Föderation, in der z. T. durchaus beachtliche Völker bisher nur formal gewisse Autonomie besitzen. Die Sprecher dieser assoziierten Republiken, insbesondere aus dem Ural, haben sich auf dem letzten Volkskongress unter erkennbarer Förderung Gorbatschows deutlicher artikuliert und so ein Gegengewicht gegen die sich neuformierende russische Republik geschaffen.

Die zunehmende Internationalisierung des litauischen Konflikts mit den vor allem amerikanischen Mahnungen zu Verzicht auf Gewalt macht ihn auch für die Progressiven noch schwerer erträglich. Während Gorbatschow sich gegenüber Landsbergis je nach weiterem Verlauf auch „großzügig" hätte geben können, er hat ja den Verfassungstext mit dem – bisher rein theoretischen – Recht auf Sezession im Rücken und den Willen der Progressiven auf seiner Seite, die Gesetze nunmehr ernst zu nehmen, war er gegenüber Mahnungen von Bush in einer fast ausweglosen Situation. Folgte er ihnen, so schien er nicht mehr „Herr der Lage", überging er sie, so verlor er außenpolitisch an Glaubwürdigkeit, während sich innenpolitisch seine Gegner in der Überzeugung bestärkt fühlen würden, dass ohnehin „nur so" Ordnung geschaffen werden könne.

Diese Stimmung frustrierten Willens zu Liberalität, selbst wenn es die Weltmachtstellung kosten sollte, ist aber vor allem durch die Entwicklung im Warschauer Pakt entstanden. Die Wahlen in der DDR haben nun auch dem Letzten bewiesen, dass der Seitenwechsel dieses Staates durch „Erneuerung des Sozialismus" nicht mehr zu verhindern ist. Die Wahlen in Ungarn bekräftigen, dass ein Seitenwechsel auch die vermutliche Konsequenz der Entwicklung anderer „Bruderstaaten" sein wird. Die Prager Tagung der Außenminister des Warschauer Paktes bestätigt, dass damit nicht nur im Falle der Tschechoslowakei sondern vielleicht auch im Falle Polens zu rechnen ist. Mit der schrittweisen Einführung von Valuta-Abrechnung im RGW zerbricht auch diese Organisation mehr und mehr.

Die altvertrauten Instrumente der Sicherung sowjetischer außenpolitischer Interessen greifen nicht mehr. Ein durchdachtes Konzept der Zusammenarbeit im „Europäischen Haus" ist noch nicht vorhanden. So greift man zu Ersatzkonstruktionen wie der Verbindung zur EG oder zum Europarat. Gleichzeitig setzt sich nun allmählich die Erkenntnis durch, dass man in Zukunft wohl mehr und mehr auf den angewiesen sein könnte, den man über Jahrzehnte – neben den USA – am Stärksten bekämpft hat – uns.

Beobachtet man die Menschen, so prägen in diesen ersten Frühlingstagen nicht Hoffnung und Entschlossenheit zu neuem Aufbruch, sondern eher Pessimismus, Resignation und

Selbstzweifel die Stimmung in Moskau. Sie verfolgen die Machtspiele der politischen Klasse um Mehrparteiensystem und Präsidentschaft eher angewidert. Sie nehmen es als Beweis der traditionellen Gleichgültigkeit der Mächtigen für die Sorgen der Menschen und nicht begeistert als die endliche Übernahme westlicher Verfassungsstrukturen.

Die Aussicht auf eine Verbreitung des Bezugsscheinsystems angesichts zunehmender Inflation, leerer Geschäfte, wachsender Schlangen und steigender Gereiztheit ist für sie weit wichtiger als die Verheißungen der Marktwirtschaft am Ende „unpopulärer" Maßnahmen. Der Glaube an den Sozialismus als der eigentlich doch gerechteren Ordnung hat viele die Grausamkeit des Stalinismus und die lähmende Sturheit der Breschnew-Herrschaft ertragen lassen. Er wurde zerstört in immer radikalerer Kritik. Die natürliche Religiosität der Russen soll die ethische Lücke füllen, kann aber nach all den Jahrzehnten der Verhöhnung des „Idealismus" den Menschen die so sehr notwendige Anleitung zum Handeln nicht geben. Nach Jahrzehnten der Bevormundung weckt der Aufruf zur Selbstverantwortung mehr Furcht als Freude.

Der Austausch des Plans durch den Markt hat bisher nur die alte Struktur der Kommandowirtschaft unterhöhlt. Jenseits der Fähigkeit, auf dem Kolchosmarkt zu feilschen, herrscht bei der Masse, und sie reichte hinauf bis in die höhere Wirtschaftsbürokratie, ökonomische Orientierungslosigkeit. Wer weiß schon, was „Demonopolisierung" in der SU bedeuten soll, waren doch Monopole bis vor kurzem die typischen Ausbeutungsinstrumente des Kapitalismus. Und wem ist schon klar, dass und wie man mit solchen Instrumenten die Regale füllen könnte.

So stellen auch gebildete Gesprächspartner mehr und mehr Fragen, in denen wachsende Skepsis über die Aussichten der Perestroika anklingt. Wer hat politisch das Sagen, wenn die Ersten Sekretäre vor Ort der rückhaltlosen Kritik preisgegeben werden und nichts mehr durchsetzen können oder sollen, es sei denn durch „Überzeugung" und nicht mehr durch das, was seit eh und je zählt, durch Taten sprich Sanktionen. Wie soll Ordnung herrschen, wenn die Sucht zu endloser Debatte freien Lauf erhält, der die Russen nach eigener Überzeugung schon deshalb verfallen sind, weil solange nicht gearbeitet werden kann, wie geredet wird. Von der Unfähigkeit zu verantwortlichem, disziplinierten Gebrauch der Freiheit durch die russische Masse sind auch viele Intellektuelle tief überzeugt, was gegenüber Ausländern zu der typischen Mischung aus Trotz, Scham und dem Wunsch zum Verbergen der eigenen „Schande" führt.

Insgesamt versucht Gorbatschow mit der Beschleunigung der Wirtschaftsreform, der durch die Präsidentschaft gestärkten Eindämmung der Sezessionsbewegung bei Vortrieb der „Föderalisierung", der Armeereform und von Maßnahmen im Sicherheitsapparat, neue Strukturen zu schaffen, während die alten immer rascher verfallen.

Die breite Masse kann dies entweder nicht erkennen – und soll z. T. dies wohl auch nicht – oder aber verspricht sich davon wenig. Das Ergebnis ist eine sinkende Popularität Gorbatschows und ein Zunehmen der Zweifel an den Erfolgsaussichten der Perestroika. Maßnahmen wie die Herabsetzung des konservativ geprägten Regierungsapparates mit Ryschkow durch Skandale oder wieder zunehmende Angriffe auf die Privilegien des Apparates erhöhen die Popularität der Perestroika inzwischen nicht mehr. Die Menschen haben andere Sorgen. Diese Herabsetzung bewirkt aber immerhin etwas anderes, politisch in der SU nach wie vor Entscheidendes, sie zeigt Gorbatschow am längeren Hebel.

Das Ausland hat in dieser Lage u. U. entscheidenden Einfluss. Das Management der Litauen-Krise erfordert höchste Einfühlung. Noch wichtiger sind aber Beweise dafür, dass das Ziel Gorbatschows, die Einordnung der SU in die „zivilisierte Welt", näher rückt. Fragen wie die Art der Beteiligung der SU an der neuen Bank für Entwicklung und Zusammenarbeit, haben dabei eine kaum zu überschätzende Signalwirkung. Es muss sichtbar werden, dass die Perestroika Früchte trägt".

So mein Resümee, mit dem ich zeigen wollte, dass unsere Verhandlungen über die deutsche Einheit und damit die Befreiung Osteuropas in der SU auf eine Entwicklung trafen, in der sich Reform, Revolution von oben, Zerfall und Restaurationsversuche zu einer brisanten Mischung verbunden hatten.

Am 27. 3. machte ich meinen Antrittsbesuch bei Tarasenko, dem neuernannten Nachfolger des verstorbenen Mendelewitsch an der Spitze des Planungsstabes des Außenministeriums. Vorher hatte ich mir seine Kartei-Karte in unserem Archiv angeschaut und dabei festgestellt, dass er von einer Position an der sowjetischen UNO-Vertretung in New York zu Schewardnadse nach Tiflis geschickt worden war, als Schwewardnadse dort noch als Republiks-Parteichef fungierte, Monate, bevor er im Juli 1985 nach Moskau als neuer Außenminister gekommen war. Das bedeutete, dass Tarasenko wahrscheinlich kein einfacher Diplomat war, denn dann wäre er wohl kaum in die Provinz versetzt worden. Gleichzeitig bedeutete es wahrscheinlich auch, dass er dorthin schon im Blick auf Schewardnadses spätere Moskauer Verwendung entsandt worden war, was ein Indiz dafür war, dass die Perestroika auch außen- und personalpolitisch von langer Hand geplant war. Und schließlich ließ dies mich erneut darüber nachdenken, ob nicht auch Schewardnadse im Grunde ein Mann des Sicherheitsapparates war, denn er hatte seine gesamte Karriere, bevor er in Georgien Parteichef wurde, beim georgischen KGB und Innenministerium gemacht. Die Politik, die er machte, wurde sonst in Moskau ja von der „SD-Fraktion" betrieben. Also gehörten er und Tarasenko zu ihr.

Im Gespräch war Tarasenko sehr freundlich zu mir. Als wir über die deutschen Dinge sprachen, kamen wir auch auf Bondarenko und er sagte lachend: „Ja, ja, das ist unsere Berliner Mauer." Das war eine im Außenministerium präzedenzlose Kritik eines Abteilungsleiters durch einen anderen. Für mich war es vor allem eine Bestätigung meiner Analyse, dass Schewardnadse und seine mit ihm zusammen oben auf die Hierarchie des Außenministeriums gesetzte Mannschaft eine ganz andere Politik betrieben als Bondarenko und die Betonfraktion.

Diese machte sich aber am 28. 3. mit einer „Erklärung der sowjetischen Regierung" bemerkbar, in der u. a. darauf bestanden wurde, dass die Enteignungen der Jahre 1945 bis 1949 nicht rückgängig gemacht werden dürften. Hier zeigte sich wieder, dass die SED-Nomenklatura nach wie vor gute Verbindungen zum alten Apparat in Moskau besaß und sich mit ihm zusammentat, um möglichst viel von der politischen Struktur der DDR über die sich abzeichnende Einheit hinwegzuretten.

Am 30. 3. ging ich zu Proektor, dem Professor, vermutlich KGB, aus dem IMEMO, mit dem ich bei meinem ersten Posten über die Nachrüstung diskutiert hatte. Ich hatte ihn seit einem Jahr nicht mehr gesehen und wollte mein Netz möglichst breit auswerfen. Einige seiner Interviews der letzten Zeit belegten, dass er wohl zur „SD-Fraktion" gehörte. Wir diskutierten nun über die äußeren Bedingungen der Einheit und ich wies ihn darauf hin, dass die Versuche Stresemanns und Briands, nach dem ersten Weltkrieg zu einer Aussöhnung zu gelangen, an der Frage der Dauer der militärischen Besetzung des linken Rheinufers durch französische Truppen gescheitert seien. Die andauernde Besetzung habe das Verhältnis vergiftet. Dadurch, dass Frankreich sich erst viel zu spät mit Stresemanns Nachfolgern auf den Truppenabzug geeinigt habe, sei der Aufstieg Hitlers gefördert worden. Es komme jetzt darauf an, den Abzug der sowjetischen Truppen so zu gestalten, dass vergleichbare Gefühle der Demütigung der Deutschen vermieden würden, um zu einem gedeihlichen Verhältnis zu kommen. Das bedeute, dass eine Übergangsperiode für den Abzug der Truppen nicht lang sein könne. Proektor erwiderte, die einschlägige „Erklärung der Sowjetischen Regierung" habe zu dieser Frage die Jahre 1995/96 erwähnt. Also hatte ich die wenige Wochen zuvor veröffentlichte „Erklärung" richtig verstanden, sie bezog sich also tatsächlich auch auf die DDR und bedeutete eine Abzugsperiode von etwa vier Jahren, was mir angesichts des Umfangs der abzuziehenden Truppen von fast 400.000 Mann nicht übermäßig erschien.

Wir diskutierten dann über die Frage, wie der Prozess der deutschen Vereinigung publizistisch so begleitet werden könne, dass sich die sowjetische Öffentlichkeit damit leichter abfände. Proektor regte dabei ohne Umschweife – wieder nicht lediglich als persönliche Meinung, sonder mit dem expliziten Hinweis auf eine konkrete Beauftragung, die nur vom KGB stammen konnte – eine Resolution des Bundestages zum bevorstehenden 45. Jahrestages des Kriegsendes an. Er sagte, die Stimmung in der Partei und im Obersten Sowjet sei sehr gegen die Deutschlandpolitik Gorbatschows. Es sei deshalb sehr wichtig, etwas zur Verbesserung der Stimmung zu tun. Ob nicht der Bundestag, der Bundespräsident oder der Bundeskanzler anlässlich des 8. Mai eine entsprechende Resolution fassen und sich auch noch einmal zur polnischen Grenzfrage äußern könnten? Ich verteidigte den Kanzler, es gehe ihm eindeutig darum, die Republikaner in Bayern unter der 5%-Grenze zu halten. Dies liege auch im Interesse unserer Partner. In der Sache sei seine Haltung zur polnischen Grenze völlig klar.

Ich berichtete dies mit der Empfehlung nach Bonn, Proektors „Anregung" so weit wie möglich zu folgen und begründete dies mit der herausragenden Bedeutung des 8. Mai für das Selbstverständnis der auf ihren Sieg im zweiten Weltkrieg so stolzen Menschen in der SU. Die verschiedenen Hinweise auf die Unpopularität der Gorbatschowschen Deutschlandpolitik seien wohl keine Erfindungen. Eine Geste in Richtung auf die sowjetischen Gefühle könne deshalb hilfreich sein.

Ich schenkte Proektor dann ein kleines Buch, Sebastian Haffners Studie „Der Teufelspakt" über die Vereinbarungen zwischen Ribbentrop und Molotow 1939. Grund dafür war nicht nur, dass darin diese in der SU immer noch umstrittenen Verhandlungen und ihre Ergebnisse einschließlich der geheimen Zusatz-Protokolle präzise beschrieben sind. Das Büchlein ist auch, trotz seiner Kürze, eine glänzende Beschreibung der deutsch-sowjetischen Beziehungen seit Lenins Reise durch Deutschland 1917 mit Hilfe der Reichsleitung nach Petersburg, den Verhandlungen zwischen Kühlmann und Trotzki über den Vertrag von Brest-Litowsk und zwischen Wirth, Rathenau und Maltzan mit Tschitscherin über den Vertrag von Rapallo. Ich stellte mich so bewusst in eine russisch-deutsche Tradition, aber mit der Betonung, dieses Mal gelte es, eine dauerhafte, keine Seite überfordernde Regelung zu finden und das bedeute die NATO-Mitgliedschaft des vereinten Deutschland.

Ich war auf dieses Geschenk auch gekommen, weil damals in Moskau auf einer der größten Bühnen ein Stück von Schatrow gespielt wurde: „Brestskij Mir", also „Der Friede von Brest". Schatrow war bekannt dafür, dass er Stücke schrieb, die zur jeweiligen politischen Konjunktur passten und deshalb vom Regime goutiert wurden. Während meines ersten Postens hatte ich so ein Agitprop-Stück Schatrows „So werden wir siegen" gesehen, mit dem der Aufbruch zu Ende der Breschnew-Herrschaft gefördert werden sollte. Das geschlossene Politbüro hatte es sich damals unter viel Publizität angesehen. Es war deshalb interessant, dass nunmehr offenbar eine Parallele zwischen der Lage der SU während der Brester Verhandlungen mit der gegenwärtigen Lage hergestellt wurde, also eine Lage, in der das ums Überleben kämpfende sowjetische System gezwungen war, selbst die härtesten Friedensbedingungen zu akzeptieren, also auch in äußerster „Zeitnot" gewesen war. So ein Stück von Schatrow jetzt bedeutete also, dass wir uns durchsetzen würden, wenn wir nur hart blieben.

Am 30. 3. erklärte der Oberste Sowjet Estlands den Beginn einer „Übergangsperiode" bis zur völligen Unabhängigkeit. Die Esten hatten sich also von den Moskauer Drohungen nicht einschüchtern lassen. Am gleiche Tage endete in Bulgarien der „Runde Tisch" mit dem Beschluss zu freien Wahlen zu einer verfassungsgebenden Nationalversammlung. Die Kraft der Lawine war noch nicht erschöpft.

Bei einem Empfang in der Residenz traf ich Sagladin im Gespräch mit dem Botschafter. Sie unterhielten sich über die sowjetische Regierungserklärung, nach der die Enteignungen zwischen 1945 und 1949 nicht rückgängig gemacht werden dürften. Sagladin fragte mich dann mit gewohnter Häme, ich gehöre doch zu der adeligen Familie der Arnims, die in der Mark Brandenburg so große Latifundien wie z. B. Boitzenburg besessen habe. Als ich dies bestätigte, erklärte er mit gespieltem Mitgefühl, ich müsse trotzdem verstehen, dass eine Rückgabe auch angesichts der Stimmung der sowjetischen Bevölkerung nicht in Frage komme. Das wäre eine Revision von Maßnahmen, in denen für sie das Ergebnis des zweiten Weltkrieges zum Ausdruck komme. Ich wendete mich ab. So wie ich Sagladin beurteilte, wäre eine Diskussion zwecklos gewesen und hätte ihm nur das Vergnügen bereitet, weiter in der Wunde zu bohren.

Am 1. 4. warnte das Politbüro vor ausländischen Einflüssen zur Auslösung von Streiks. Die Konservativen machten sich wieder bemerkbar.

Bei einem großen Abendessen in der Residenz am 2. 4. verabschiedete der Botschafter den zukünftigen sowjetischen Botschafter in Bonn, Terechow, der dort Kwizinskij ablösen sollte. Vize-Außenminister Adamischin hatte dem Botschafter erzählt, er sei froh, als Botschafter nach Rom zu gehen. Er sei der endlosen Streitereien mit dem sturen Bondarenko müde. Kwizinskij komme aus Bonn zurück, weil er der beste Kenner der deutschen Dinge sei. Ich vermutete dagegen, dass nicht so sehr Kwizinskijs Sachkunde ausschlaggebend für dieses Revirement war, sondern der Wille, ihn in Moskau stärker an die Kandare nehmen zu können, nachdem er in den vergangenen Monaten, am Schlimmsten beim Fall der Mauer, gefährlich dazwischen geschossen hatte. Jedenfalls war zu diesem Abendessen der Großteil der 3. Europäischen Abteilung gekommen. Ich saß bei Tisch neben Koptelzew. Wir berochen uns ein bisschen und er stellte sich für einen Stellvertreter Bondarenkos als erstaunlich vernünftig heraus.

Als wir nach Tisch in kleinerer Runde zusammen saßen, entbrannte sofort eine Diskussion über die Zwei-plus-Vier-Verhandlungen. Bondarenko führte das große Wort unter den Sowjets, selbst Vize-Außenminister Kowaljow beschränkte sich auf kurze Einwürfe. Bondarenko ereiferte sich besonders darüber, dass die alliierten Vorbehaltsrechte nicht zum Zeitpunkt der Vereinigung der beiden deutschen Staaten aufgehoben werden könnten. Sie seien als juristische Basis für den weiteren Aufenthalt der Streitkräfte in der Abzugsperiode unverzichtbar. Ich freute mich über Botschafter Blech, der energisch widersprach. Diese Fortgeltung sei überflüssig, man könne genauso verfahren wie mit den Franzosen nach de Gaulles Austritt aus der militärischen Integration der NATO. Da habe man alles für die weitere Stationierung der französischen Truppen bei uns Erforderliche in einem bilateralen Vertrag geregelt. Er habe damals an den Verhandlungen teilgenommen und es sei völlig unproblematisch gewesen. Für den Aufenthalt der sowjetischen Truppen könne man es genauso machen. Bondarenko ließ das natürlich nicht gelten und versuchte, Unterschiede zwischen den beiden Fällen herauszuarbeiten.

Ich beobachtete dabei Koptelzew, den offenbar nicht nur die Erläuterungen des Botschafters sehr interessierten, sondern auch durch Kopfnicken und Körpersprache signalisierte, ohne Bondarenko laut zu widersprechen, dass der Weg eines solchen bilateralen Vertrages wohl gangbar sei. Ich hatte schon bei unserem Gespräch bei Tisch, auch wegen seiner zeitweiligen Arbeit im ZK, also außerhalb des diplomatischen Dienstes, überlegt, ob Koptelzew vielleicht nicht lediglich Diplomat war. Sein Verhalten jetzt mit der sichtlichen Absetzung von Bondarenkos Position gab diesem Verdacht weitere Nahrung. Wir lernten an jenem Abend auch den zukünftigen Botschafter in Bonn, Terechow, kennen. Er erwies sich als profillos. Er würde von Bondarenko in Zukunft leicht zu kontrollieren sein.

Am 3. 4. trat das neue Unions-Gesetz über das Verfahren bei Sezessionen von Republiken aus der Union in Kraft. Wie erwartet errichtete es so hohe Hürden, dass es in der Wirkung ein Gesetz zur Verhinderung von Sezessionen war. Damit war zu erwarten, dass das Verhältnis des Moskauer Zentrums zu den Republiken nicht nur im Baltikum sich weiter anspannen würde.

Am gleichen Tage gab die SU nun auch offiziell zu, dass die polnischen Offiziere in Katyn vom NKWD und nicht von Deutschen ermordet worden waren. Dies war ein weiterer wesentlicher Schritt zur Bewältigung der sowjetischen Vergangenheit, der im Volkskongress hart umkämpft gewesen war und bedeutete eine eklatante Niederlage der Konservativen. Das war für das zukünftige Verhältnis der SU zu seinem größten unmittelbaren Nachbarn in Mitteleuropa grundlegend. Ohne dieses Schuldbekenntnis war das polnische Volk nicht zu einem ernst gemeinten Entgegenkommen gegenüber den Russen bereit.

Am 6. 4. erschien in der Iswestija ein Interview des Bundeskanzlers, in dem er darauf hinwies, dass die NATO sich verändere. Gleichzeitig lehnte er einen formellen Friedensvertrag als anachronistisch und zu kompliziert nach Jahrzehnten der Zusammenarbeit zwischen den ehemaligen Kriegsgegnern ab. Am Tag darauf konterte Schewardnadse in der gleichen Zeitung, die NATO-Mitgliedschaft sei für die SU inakzeptabel. Nach den Stellungnahmen der „SD-Fraktion" der letzten Wochen und Tarasenkos Bemerkungen mir gegenüber bewertete ich dies wieder als Verhandlungstaktik, nicht als Ausdruck unverrückbarer Positionen.

In diesen Tagen forderte die Volksfront in der Moldau-Republik den Anschluss an Rumänien. Also ging man auch dort weiter voran und die innere Destabilisierung vertiefte sich. Dazu gehörte, dass in der Zeitschrift Korotitschs „Ogonjok", der wohl schärfsten Perestroika-Publikation, zu jener Zeit ein Artikel über den Wahlkampf zum bevorstehenden russischen Volkskongress erschien. Er schilderte breit den Wahlkampf eines angeblich aus dem KGB wegen politischer Meinungsverschiedenheiten ausgeschiedenen Generals, Kalugin, der in den vergangenen Monaten schon mehrfach in den Medien als Gegner seines alten Arbeitgebers, sozusagen als KGB-Rebell, und Anhänger der Perestroika aufgefallen war. Er kandidierte nun in Stawropol, der Heimat Gorbatschows, gegen einen der Protagonisten der russischen Konservativen, Poloskow. Es war sicherlich kein Zufall, dass diese beiden Flügelmänner ihrer Fraktionen ausgerechnet dort gegeneinander antraten. Zum Lob Kalugins durch Ogonjok gehörte auch die Beschreibung seiner Nähe zu Jakowlew, also, zu diesem Ergebnis war ich im Verlauf des vergangenen Jahres gekommen, des eigentlichen Vordenkers Gorbatschows. Ogonjok erweckte dabei den Eindruck, als hätten Kalugin und Jakowlew seinerzeit Ende der fünfziger Jahre zusammen in den USA studiert und verstünden sich seitdem ausgezeichnet. Ich verstand den Artikel deshalb als im Effekt ein „Outing" Jakowlews als KGB-Mann, so sehr wurde er in die Nähe Kalugins gerückt.

Das war in der sich ständig zuspitzenden inneren Machtauseinanderetzung immer noch unerhört, weil dadurch nun deutlicher wurde, dass die Perestroika wesentlich von einem Teil des KGB erfunden worden war und weiter vorangetrieben wurde. Damit bestätigte sich meine Analyse, dass es ein Teil des Sicherheitsapparates, die „SD-Fraktion", war, der vermutlich mit Jakowlew an der Spitze Urheber und Motor der Revolution von oben war. Fasziniert von diesem Indiz für meine Grundthese vom Kampf „SS gegen SD" bat ich Schäfers und Adam in unsere kleine Kabine in der politischen Abteilung und diskutierte mit ihnen meine Schlussfolgerung. Sie waren erheblich skeptischer und meinten, es sei jedenfalls nicht so bedeutsam, während ich aus dem Outing von Jakowlew schloss, dass der Machtkampf sich nun so verschärft hatte, dass er die Konspiration durchbrach, in deren eiserner Disziplin die Nomenklatura bisher lebte. Wir einigten uns dann auf einen vertraulichen Bericht, in dem ich bat, auch den BND einzuschalten, um festzustellen, ob Kalugin und Jakowlew tatsächlich zusammen in den USA studiert hatten. Wie gewohnt, bekamen wir jedoch keine Antwort.

Es lag in diesem Zusammenhang nahe, auch darüber nachzudenken, ob nicht auch Gorbatschow selbst zu dieser Fraktion des Sicherheitsapparates gehörte, nachdem sich nun immer deutlicher gezeigt hatte, dass seine beiden engsten Mitstreiter, Jakowlew und Schewardnadse, diesen Hintergrund hatten. Gorbatschow hatte allerdings eine fast reine Partei-Karriere gemacht. Nur am Anfang stand seine juristische Ausbildung in Moskau, die für die höheren Kader des Sicherheitsapparates typisch war. Hinzukam, dass er nach deren Abschluss, wenn auch nur kurz, in seiner Heimat Stawropol für die Staats-anwaltschaft gearbeitet hatte, die nun sicher zum Sicherheitsapparat gehörte. Auch seine anschließende Verwendung im Komsomol, bis er zur Partei-organisation wechselte, widersprach dem nicht unbedingt. Mir war aufge-fallen, dass nicht nur in der SU die hohen Parteifunktionäre, die im jeweiligen ZK für die Kontrolle des Sicherheitsapparates zuständig waren, ihre Karriere öfter in den jeweiligen Jugendorganisationen begonnen hatten, bis sie dann auf relativ hoher Ebene in den Parteiapparat einstiegen. So war es z. B. bei Andropow, Honecker und Krenz gewesen. Aber, das musste ich einräumen, die Indizien waren bei Gorbatschow doch nur recht dünn. Er hatte sich jedoch im Kampf gegen seine Gegner der typischen KGB-Methode der publizistischen Kompromittierung bedient und war Andropows Zögling. So ordnete ich auch ihn als wohl doch zu diesem „aufgeklärten" Teil des Sicher-heitsapparats gehörig ein.

Am 10. 4. erschien ein Interview Schewardnadses zur NATO-Frage. „Es muss ein Kompromiss gesucht werden." Da kam nun doch wieder die

Bereitschaft hervor, an der Ablehnung der NATO-Mitgliedschaft des vereinten Deutschland nicht unter allen Umständen festzuhalten und bestätigte meine Analyse, dass seine bisherigen Ablehnungen Taktik gewesen waren.

Am 13. 4. kam Jaruzelski nach Moskau und würdigte die Anerkennung der Verantwortung für die Katyn-Morde durch die Sowjets.

In diesen Tagen erschien in den Zeitungen ein „Offener Brief" des Zentralkomitees an die Mitglieder der Partei mit dem Aufruf zum Kampf gegen ideologische Schwankungen. Das bedeutete, dass die Konservativen im ZK-Sekretariat immer noch sehr stark waren. Die Tatsache, dass Gorbatschow den Brief offenbar abgesegnet hatte, zeigte jedenfalls, dass er inzwischen schon wieder nicht mehr, wie auf dem Februar-Plenum, die offene Auseinandersetzung mit den Konservativen suchte, sondern wieder lavierte.

Mitte des Monats fuhren wir zu Osterferien nach Deutschland. Ich besuchte Kaestner, der bei meinem ersten Moskauer Posten mein Abteilungsleiter gewesen war und nun das für die West-Ost-Beziehungen zuständige Referat in Teltschiks Abteilung im Kanzleramt leitete, um mich zu orientieren. Ich trug ihm die Lage vor und hob vor allem auf die Notwendigkeit ab, in der NATO-Frage mit größter Härte zu kämpfen. Die Reden Genschers seien gefährlich und führten in die falsche Richtung. Kaestner beruhigte mich und erzählte mir von den Gesprächen des Bundeskanzlers Ende Februar mit Bush in Camp David, an denen er teilgenommen hatte. Er berichtete, Bush habe Kohl vorher gebeten, Genscher nicht mitzubringen, der dann, anders als sein Counterpart Baker, auch nicht dabei gewesen sei. Der Bundeskanzler habe sich in der NATO-Frage fest mit Bush versprochen. Das kurze Wackeln des Bundeskanzlers in dieser Frage bei dem Krach zwischen Genscher und Stoltenberg sei definitiv vorbei. Der Bundeskanzler habe mit Bush auch die Frage der evtl. Endstärke der Bundeswehr besprochen. Dies sei „Chefsache". Über Genschers Reden bräuchte ich mir also keine Sorgen zu machen. Ich war aber von dieser Sorge so besessen, dass ich ihm noch nach dem Abschied auf dem Gang hinterher rief, „nicht mit Genscher." Kaestner war von meiner Insistenz sichtlich überrascht, aber sie war notwendig.

Am gleichen Vormittag ging ich auch in das AA, um die Situation dort zu überprüfen und meine letzten Beobachtungen zu übermitteln. Da ich auf der Arbeitsebene niemand erreichen konnte, ging ich zu Kastrup, der als Politischer Direktor die Zwei-plus-Vier-Verhandlungen steuerte. Er war mein Ausbilder im Deutschlandreferat und der Bonner Vierergruppe gewesen und ich schätzte ihn sehr. So fand ich den Mut, ihn auch unangemeldet aufzusuchen, aber der Vortrag über die Moskauer Fraktionen, auf den ich mich eingestellt hatte, schien mir wichtig genug, ihn zu stören. Er war in seinem Büro, als ihn seine Vorzimmerdame fragte, ob er für mich Zeit habe. Als ich nach der Ablehnung insistierte, blieb er bei seinem Nein und ich setzte mich ziemlich verzweifelt vor seine Tür in der Hoffnung, ihm vielleicht doch noch Einiges persönlich sagen zu können, was ich bisher nicht hatte berichten können. Nach einer gewissen Zeit des Wartens kam ein Kollege und Freund herein, Christian Pauls, später Botschafter in Kanada. Als ich ihm meine Situation erklärte und ihn bat, für mich bei Kastrup ein gutes Wort einzulegen, antwortete er mir: „Ich kann hier jederzeit rein." und öffnete nach kurzem Anklopfen die Tür. Als er herauskam sagte er mir, Kastrup sei nun doch bereit, mich zu empfangen.

Kastrup begrüßte mich kurz angebunden und fragte, was es denn so Wichtiges gäbe. Als ich mit meinem Vortrag begann, merkte ich jedoch schnell, dass er gar nicht zuhörte, sondern weiter Akten las. Ich gab entnervt auf und sagte ihm nur noch, die Frage der Obergrenze der Bundeswehr werde im Rahmen der Gegenleistungen für die durchsetzbare NATO-Mitgliedschaft sehr wichtig werden. Sie über Kwizinskij/Bondarenko zu spielen, wäre gefährlich. Sagladin sei ebenfalls nicht zu trauen. Kastrup bedankte sich kurz. Darüber habe er auch schon nachgedacht. So schied ich in der Überzeugung, im AA nicht mehr persona grata zu sein. Grund dafür war vermutlich die Insistenz meiner Berichte auf der Durchsetzbarkeit der NATO-Mitgliedschaft. Vielleicht hatte man auch von meinen Kontakten zum Kanzleramt gehört. Daran konnte ich nichts ändern. Sie waren notwendig, denn nach den mir seit Langem bekannten Usancen der außenpolitischen Profilierung in der Regierungskoalition konnte man nicht damit rechnen, dass das Auswärtige und das Kanzleramt sich gegenseitig vollständig informierten geschweige denn abstimmten. Ich konnte also auch weiterhin nichts tun, als Beiden unsere Moskauer Beobachtungen per Bericht anzubieten.

Zurück in Moskau stellte ich fest, dass die innenpolitischen Veränderungen sich weiter beschleunigten. Am 17. 4. fand in Moskau eine Großdemonstration für die beiden Staatsanwälte Gdljan und Iwanow statt, auf der sich zeigte, dass die Progressiven immer mehr in das Jelzin-Lager überwechselten. Am 18. 4. verhängte Moskau eine drastische Reduzierung der Lieferungen von Gas und Öl nach Litauen. Am 19. 4. gab Schewardnadse der Literaturnaja Gazeta, einem der führenden Perestroika-Blätter, ein Interview, in dem er einen offenen Überblick über die internen Angriffe auf Gorbatschow und ihn selbst gab. Er warnte vor dem Tod der Perestroika und dem Herannahen der Diktatur. Diese Offenlegung der inneren Machtkämpfe belegte, dass sie offenbar immer härter wurden. Dazu gehörte, dass wir von einem Angehörigen des Arbatow-Instituts erfuhren, dass Arbatow inzwischen nicht mehr Gorbatschow, sondern Jelzin berate, ein weiteres Anzeichen dafür, dass die Reformer begannen, Gorbatschow zu verlassen. Damit war nicht mehr in jedem Fall sicher, dass Gorbatschow die bisherige Außenpolitik würde durchhalten können, mitten in den mit uns laufenden Verhandlungen. Ihr sowjetisches Umfeld wurde immer dramatischer.

Am 23. 4. übergab der Bundeskanzler Kwizinskij in Bonn den Entwurf eines bilateralen „großen Vertrages", der die Einigung begleiten und die Basis eines engen Verhältnisses zwischen dem vereinten Deutschland und der SU bilden sollte. Wir erfuhren bald davon, allerdings nichts Näheres zum Inhalt. Ich war dennoch begeistert, dass man nun auch im Kanzleramt verstanden hatte, dass eine solche bilaterale Begleitung die Sowjets bei der Entscheidung über Zwei-plus-Vier positiv bewegen würde. Sie brauchten die Aussicht auf enge Zusammenarbeit auch nach dem Schluss der Übergangsperiode für den Abzug ihrer Truppen. Sie konnte ein solcher Vertrag bieten.

Am 24. 4. schrieb der Bundeskanzler Gorbatschow einen Brief anlässlich des 45. Jahrestages des Kriegsendes, in dem er einfühlsam auf die sowjetische Gefühlslage beim Gedenken an die Opfer des Krieges einging. Hier hatte mein Bericht über Proektors Anregung zu diesem Datum offenbar Früchte getragen. Daneben hatte der Bundeskanzler auch zugesagt, man werde Lösungen für die ökonomischen Verpflichtungen der DDR gegenüber der SU finden, und hatte damit geschickt die ökonomischen Motive von Gorbatschows Politik angesprochen. Es war genau die richtige Mischung.

Am 25. 4. antwortete ich auf eine Weisung aus Bonn mit der Frage, ob die Beobachtung unserer Unterhändler in Wien zutreffe, dass sich die sowjetische Haltung in letzter Zeit verhärtet habe. Ich stimmte zu, dass dies eine Folge der Wechselwirkung zwischen der innenpolitischen Polarisierung und dem außenpolitischen Verhalten sei. Zur Untermauerung schreib ich:

„Gorbatschow richtet in diesen Monaten auch seine Außenpolitik auf den Parteikongress Anfang Juli aus. Er will dort belegen können, dass die Perestroika weiterhin auch außenpolitische Erfolge gebracht hat. Die Äußerungen der sowjetischen Führung seit Schewardnadses Washingtonbesuch am 8. 4. deuten darauf hin, dass die SU für den sowjetisch-amerikanischen Gipfel Ende Mai zumindest auf eine Paraphe unter ein START-Abkommen hofft, um gerade auch damit auf dem Parteitag arbeiten zu können. Die deutliche Verhärtung der sowjetischen Position bei diesem Schewardnadse-Besuch ist insofern nicht nur Folge des sich gerade zur Zeit hier verschärfenden innenpolitischen Tauziehens, in dem sich die Reformer keine außenpolitische Blöße geben wollen, als auch Teil des „endgame" vor den vermutlich entscheidenden Verhandlungen Schewardnadses mit Baker Mitte Mai in Moskau. Die tatsächlich gegebene gewisse Schwächung der innenpolitischen Position der Reformer wird dabei von ihnen gegenüber den USA mit dem Ziel eingesetzt, nicht überfordert zu werden.

Das Temporisieren der Sowjets bei den Verhandlungen über konventionelle Abrüstung in Wien (und noch mehr bei den Verhandlungen über „open skies") ist insbesondere vor dem Hintergrund der Entwicklung in Deutschland zu sehen, die die SU mehr und mehr befürchten lässt, ihre sicherheitspolitischen Interessen in einer Abfolge von einem Wien I in bisheriger westlicher Konzeption und Wien II in unklarem, später festzulegendem Format nicht mehr wahren zu können.

Das Abwarten in Wien soll so wohl dazu dienen, Druck in Richtung auf die Klärung der wesentlichen Parameter des zukünftigen sicherheitspolitischen Status Deutschlands im Rahmen der Zwei-plus-Vier-Verhandlungen zu schaffen. Die SU hofft dabei auf unser Interesse an einem erfolgreichen KSZE-Gipfel zu Jahresende, um Druck auf die übrigen NATO-Mitglieder auszuüben.

Sie setzt also ihre militärische Präsenz in der DDR ein, d. h. unser Interesse an einem raschen Abzug, um nicht nur ein für sie interessantes Wien I, sondern eine grundlegende Neubestimmung der militärischen Strukturen in Mitteleuropa durchzusetzen, die sie im weiteren Ablauf, z. B. nach den Wahlen in der Tschechoslowakei und der Befriedigung polnischer Interessen durch uns für immer schwerer durchsetzbar hält.

Auch insofern ist denkbar, dass sie hofft, auf dem sowjetisch-amerikanischen Gipfel Grundentscheidungen durchsetzen zu können, die auf dem Parteikongress präsentabel sind, d. h. eine Grundstruktur eines gesamteuropäischen Sicherheitssytems vorstellen zu können, das ihr insbesondere erlaubt, den weiteren Vollzug der deutschen Einheit hinnehmen zu können.

Bilateral uns gegenüber führt das zu dem Versuch, uns zum „Demandeur" bei Zwei-plus-Vier zu machen. Multilateral ist es jedoch eher die SU, die sich in „Zeitnot" (Schewardnadse) befindet.

Dies bedeutet, dass Gorbatschows taktischer Spielraum relativ schmal ist. Es ist durchaus denkbar, und von der Struktur der jeweiligen Arsenale und ihrer gegenwärtigen bzw. zukünftigen Dislozierung her sogar naheliegend, dass er an einer raschen Sicherung der sowjetischen Interessen in Europa stärker interessiert ist, als an einem raschen Ergebnis bei START. Es ist aber zu früh, um bewerten zu können, ob die SU an ein solches „crossbargaining" denkt.

Zunächst kommt es Gorbatschow aber wesentlich darauf an, ob er mit Hilfe einer relativ harten Linie in der Litauen-Frage und einer Aufschiebung von unvermeidlich unpopulären Wirtschaftsreformmaßnahmen (Preisreform) innenpolitisch genügend Raum gewinnen kann, um den Konservativen, die als solche nicht populär sind, die Chance auf Unterstützung in der russischen Arbeiterschaft, die sie derzeit zu nutzen versucht, wieder zu nehmen."

Das Ganze war ein Versuch, den Bonnern die zentrale Bedeutung des bevorstehenden 28. Parteitages auch für die Außenpolitik vor Augen zu führen. Noch funktionierte das alte System der Parteiherrschaft, wenn auch nur noch mit Ächzen und Stöhnen. Und im Aufgalopp zu diesem voraussichtlich über Gorbatschow entscheidenden Parteitag waren der Mitte Mai anstehende Baker-Besuch in Moskau und dann natürlich der sowjetisch-amerikanische Gipfel Ende Mai/Anfang Juni in Washington die entscheidenden Knotenpunkte, an denen die sowjetische Innen- und Außenpolitik sich verbanden, so dass unsere Hauptanliegen voraussichtlich im Gespräch der Sowjets mit den Amerikanern noch vor dem Besuch des Bundeskanzlers in Moskau, der für Mitte Juli terminiert war, besprochen und u. U. auch entschieden würden. Die entscheidende innersowjetische Auseinandersetzung auch über unsere Anliegen war aber vorher auf diesem Parteitag unmittelbar vor dem Eintreffen des Kanzlers zu erwarten.

Am 26. 4. gab Schewardnadse der „Irish Times" ein Interview, der Warschauer Pakt solle erhalten bleiben, bis er durch ein neues Sicherheitssystem ersetzt werde, durch das die NATO in gleicher Weise wie der Warschauer Pakt transformiert werde. Hier klang immerhin der Gedanke an, dass die

NATO bleiben könne, wenn sie sich transformiere. Aber der Versuch der Rettung des Warschauer Paktes durch ein neues Sicherheitssystem war das überwiegende Element. Am gleichen Tage gab Proektor Radio Moskau ein Interview, in dem er Ja zu NATO-Mitgliedschaft des Vereinten Deutschland sagte. Meine Einordnung Proektors in die „SD-Fraktion" bestätigte sich. Schewardnadse musste offenbar weiter auf dem schmalen Grat zwischen den Moskauer Fraktionen balancieren.

Ebenfalls gleichzeitig wurde auf einem Deutsch-Französischen Gipfel ein gemeinsamer Brief des Bundeskanzlers und Mitterands an die neue litauische Führung beschlossen, mit dem sie die Litauer aufforderten, den Beschluss zur Unabhängigkeit zu suspendieren. Ich war glücklich, dass so die Delikatesse der Entwicklung im Baltikum und das darin liegende Risiko für Gorbatschow Berücksichtigung fanden.

Gegen Mittag dieses Tages ging ich auf einen Empfang der Lufthansa. Er fand im „Metropol", einem der alten Moskauer Hotels in der Innenstadt, in einem wunderbar restaurierten Artdeco-Saal statt, wo der neue Stationsleiter der Lufthansa, unser früherer Luftwaffenattaché Oberst i. G. Barakling, alle Moskowiter versammelt hatte, die irgendetwas mit Deutschland zu tun hatten, um die Eröffnung einer neuen, sehr viel leistungsfähigeren Lufthansa-Vertretung in Moskau zu feiern. Im Gewimmel kam dann sehr bald Portugalow auf mich zu und zog mich in eine Ecke. Er müsse dringend mit mir sprechen, bitte aber darum, seinen Namen nicht zu nennen, denn er vertrete lediglich seine persönliche Meinung.

Er begann dann ganz umgänglich mit der Bemerkung, er verstehe unsere Frustration über das Taktieren des Außenministeriums. Dahinter stünden jedoch ernsthafte Schwierigkeiten. Man empfinde unsere Position in der NATO-Frage als arrogant. Man tue in Bonn so, als ob die SU zu akzeptieren habe, was der Bundeskanzler mit Bush und der Minister mit Baker diesbezüglich ausmachten. Der Genscher Plan sei natürlich keine Lösung. Er laufe darauf hinaus, dass die sowjetischen Truppen in der DDR dort in Zukunft „von NATOs Gnaden" bleiben dürften. Dies könne man hier niemand zumuten. Natürlich sei man bereit, diese Truppen abzuziehen, aber das werde ja nicht schnell gehen können, schon deshalb, weil die Briten und die Franzosen sich mit ihren Truppen bei uns „festkrallen" würden, so dass es nicht zu der für sowjetische Abzüge erforderlichen Reziprozität kommen könne. Gegen eine symbolische amerikanische Restpräsenz, nach Abzug der Anderen, habe man nichts. Man traue uns aber nicht zu, die Anderen so rasch aus Deutschland herauszubekommen, wie das Problem der Rechts-Basis der sowjetischen Präsenz auf die SU zukomme.

Die SU bestehe gar nicht auf einem förmlichen Friedensvertrag. Es müsse aber schon ein multilateraler Vertrag sein zwischen uns und den Hauptbeteiligten, also etwa mit allen unseren Nachbarn bzw. europäischen Kriegsgegnern. Die SU werde sicherlich bereit sein, darin förmlich und ein für alle Mal auf Reparationen und die Vier-Mächte-Rechte zu verzichten.

Aber es müsse etwas Ähnliches mit dem hinein, was im Moskauer Vertrag stehe.

Die Amerikaner schwankten derzeit zwischen zwei Haltungen. Die einen wollten die Lage jetzt nutzen, um die SU „endlich auf Null" zu bringen. Die Anderen hätten Angst vor der Balkanisierung Europas. Das sei eine positive Tendenz, die man beim Aufbau eines europäischen Sicherheitssytems nutzen könne. Sie sei aber nicht stark genug, um noch in diesem Jahr zu einem für die SU ausreichend ausgeprägten Sicherheitssystem zu gelangen. Dafür werde man mehr Zeit brauchen. Dies schaffe allerdings das Problem, dass die SU das bedeutende Potential an gutem Willen und Vertrauen gerade auch in der deutschen Bevölkerung gefährde, weil dann eben ihre Truppen bleiben müssten. Ihr bleibe aber nichts Anderes übrig, als „aus der Sache eine Hängepartie zu machen", wenn man ihr in der NATO-Frage nicht entgegenkomme. Jedenfalls die Strategie der Vorneverteidigung und der flexiblen Antwort müsse aufgegeben werden. Auch die bodengestützten Nuklearwaffen müssten abgezogen werden. Die Bundesregierung werde das bis Jahresende aber nicht schaffen. Die Zeitvorstellungen des Ministers seien deshalb unrealistisch. Der Zerfall des Warschauer Paktes sei für die SU nicht ausschlaggebend. Was Ungarn, Tschechen und evtl. die Polen machten, sei ihr am Ende egal. Der Warschauer Pakt sei in Zukunft eben die SU.

Ich erwiderte, dass die Zeit wohl nicht für die SU arbeite. Man müsse die Lage in diesem Jahr ausnutzen, in dem die USA Stabilitätsinteresse bewiesen. Die Bundesregierung habe ihre Bereitschaft zu wirklich bedeutsamen Abrüstungsschritten signalisiert. Wenn dies von der SU nicht aufgegriffen werde, dann brauche sie sich nicht zu wundern, wenn die Dinge nicht vorankämen. Man scheine unsere Einflussmöglichkeiten in Washington zu unterschätzen. Die SU könne aber nicht erwarten, dass wir sie einsetzten, wenn wir nicht wüssten, was die SU eigentlich wolle. Uns scheine, dass sie im Grunde abziehen wolle, jetzt werde aber von einer „Basis" für Präsenz gesprochen.

Portugalow antwortete, es sei in gewissem Sinne richtig, dass man in Moskau genau wisse, was man nicht wolle, aber nur vage, was man wolle. Es gehe der SU um eine Übergangszeit, um ein Sicherheitssystem aufbauen zu können. Wir müssten uns eben etwas einfallen lassen. Schewardnadse könne das wohl nicht, weil „solche Sachen ganz oben entschieden werden." Dazu seien dann wohl Gespräche Gorbatschows mit dem Bundeskanzler erforderlich. Wir sollten uns aber vor allem im Klaren sein, dass die SU „die Sache zur Hängepartie macht", wenn wir nicht auf sie zukämen.

Ich habe dieses Gespräch natürlich sofort genauso berichtet, allerdings ohne Portugalows Namen zu nennen, aber mit dem Hinweis, es handele sich um Falins engsten Mitarbeiter im ZK. So war den Bonner Eingeweihten klar, um wen es sich handelte. Seine einleitende Bemerkung, er vertrete nur seine persönliche Meinung, schien mir nur die übliche Methode, mit der man unter Diplomaten, und eine solche Rolle nahm Portugalow ein, eine delikate Frage sondiert, so dass die entsprechende Regierung davon ohne Gesichtsverlust wieder abrücken kann, wenn ihr die Antwort nicht gefällt. Ich hatte keinen Zweifel, dass Falin dahinterstand. Portugalow, was viele in Deutschland auf Grund seiner Medienpräsenz bei uns, aber eben nie in der SU, nicht verstanden, war ja im ZK nur so etwas wie ein Referatsleiter bei uns, also ein Funktionär mittleren Ranges und mit Falin seit vielen Jahren eng verbunden. Eine persönliche Initiative seinerseits schien mir also ganz unwahrscheinlich. Hier hatte vielmehr die „Germanisten-Fraktion" gesprochen, um uns vor der ersten Sitzung der Zwei-plus-Vier auf Ministerebene am 5. 5. unter maximalen Druck zu setzen. Leider strich der Botschafter meine abschließende Bewertung, es sei dies wahrscheinlich nicht die wahre Haltung Gorbatschows, für den es entscheidend auf westliche Wirtschaftshilfe ankomme. Der Botschafter wollte sich nicht exponieren. Meine Absicht, gegen die Drohung mit der Verschleppung Mut zu machen, die sich auf die Analyse stützte, die Germanisten seien letztlich nicht ausschlaggebend, kam so nicht zur Wirkung.

Aber da war sie nun, die von mir von Beginn von Zwei-plus-Vier an befürchtete Drohung mit der Verschleppung der Verhandlungen, gehüllt in die so typischen Begriffe einer Schachpartie, und sie war von Seiten der wohl von Falin geführten Germanisten-Fraktion kein Bluff, denn für sie spielte die „Zeitnot", in der sich Gorbatschow auch aus innenpolitischen Gründen befand, keine Rolle. Sie hatte sich mit dem totalen Gewaltverzicht nicht identifiziert und war zur Revision des Erreichten bereit, wenn ihre Bedingungen nicht erfüllt wurden. Allerdings hatte Portugalow erkennen lassen, dass er den im Zeitablauf eintretenden Vertrauensverlust in Deutschland erkannt hatte, aber der Wille, uns durch Verschleppung zu erpressen, war bei dieser Fraktion offenbar stärker als die Sorge vor einer wachsenden Unpopularität in der DDR. Ich hatte zwar versucht, mit meiner Antwort klar zu machen, dass wir uns nicht würden einschüchtern lassen, weil die Zeit für uns arbeite, aber ich überlegte natürlich doch, welche Wirkung ein längerer Stillstand in den Verhandlungen wegen unseres Bestehens auf der NATO-Mitgliedschaft haben könnte.

Es war keineswegs auszuschließen, dass die inzwischen zur Stabilisierung der Lage in Deutschland nach rascher Vereinigung schreiende Bevölkerung in der NATO-Frage, wenn sie als wesentliches Hindernis für die rasche Vereinigung erschien, zum Nachgeben neigen könnte, denn bei uns war inzwischen die Meinung verbreitet, von der SU drohe keine Gefahr mehr. Dort habe sich die Demokratie durchgesetzt. So weit waren wir aber noch lange nicht. Insofern wuchs im Zeitablauf das Risiko, dass die NATO von der Mehrheit in Deutschland für nicht mehr notwendig gehalten werden würde. Dann könnte der Bundeskanzler stark unter Druck kommen, in der NATO-Frage nachzugeben, um dadurch die schnelle Einigung auf die Einheit zu den von Falin et al. geforderten Bedingungen herbeizuführen und so den immer noch ununterbrochenen Flüchtlingsstrom unter Kontrolle zu bringen. Die Währungsunion stand ja schon kurz bevor und die Menschen in der DDR drohten, zu uns zu kommen, wenn die D-Mark nicht zu ihnen kam. Gleichzeitig stand z. B. das Gesundheitssystem in der DDR offenbar kurz vor dem Zusammenbruch, weil die Ärzte das Land verließen. Wir mussten bei der Einheit also rasch vorwärts kommen.

Ich überlegte deshalb noch einmal, wie nach dem Mauerfall, ob die Germanisten-Fraktion unter Falin – auch durch anfängliche Zeichen von Flexibilität und dann zunehmende Härte – genau diese Situation hatte herbeiführen wollen, um uns doch noch aus der NATO herauszubrechen. Ich dachte in meinem Alarm, dass wir so erpresst werden könnten, sogar darüber nach, ob man nicht das Ganze wieder zurückdrehen könnte, denn die Lage in Moskau war ja keineswegs endgültig entschieden, die Konservativen weiterhin stark und die treibende Kraft in Gorbatschows Mannschaft war offenbar eine Fraktion des KGB, auf die man natürlich nicht dauerhaft setzen konnte. Anders als man in Deutschland glaubte, war das Ganze also weiterhin brandgefährlich für unsere Freiheit und Demokratie. Aber ich kam dann doch schnell zu dem Schluss, dass es kein zurück mehr gab. Wir mussten nun mit aller Kraft den Durchbruch nach vorne suchen und uns dabei derjenigen in Moskau bedienen, die wir bereit fanden, auf unsere Bedingungen einzugehen, wer auch immer das war.

Dazu war vor allem nötig, in dieser zunehmend drängenden Fülle der Ereignisse die Übersicht zu behalten. Da half ein Gespräch, dass Botschafter Blech am gleichen Tage mit dem DDR-Botschafter in Moskau, König, geführt hatte. Die beiden hatten in den vergangenen Wochen einen Dialog angefangen, nachdem nach den DDR-Wahlen die Einheit immer näher rückte. König hatte ihm von einem Gespräch des neuen DDR-Außenministers Meckel mit Tarasenko, Schewardnadses Planungsstabchef, erzählt, in dem Tarasenko gesagt hatte, sie wüssten, dass die Synchronisierung des Prozesses der deutschen Einigung mit dem Gesamteuropäischen Prozess nicht klappen würde. Man solle keine Mühe darauf verschwenden. In der Analyse der Lage war dies ähnlich wie bei Portugalow, in der operativen Schlussfolgerung jedoch diametral entgegengesetzt. Während Portugalow forderte, durch unser Nachgeben in der NATO-Frage eine Basis eines gesamt-europäischen Sicherheitssystems zu schaffen, hatte Tarasenko genau dies für sinnlos erklärt. Die gravierenden Unterschiede der Fraktionen wurden einmal mehr erkennbar.

Und schließlich hatte an diesem Tage die neue Volkskammer mit Mehrheit gegen eine neue Verfassung für die DDR gestimmt. Der Anschlusswille verdeutlichte sich. Wozu eine neue Verfassung, wenn das Grundgesetz vor der Tür stand? Die Einheit nach Art. 146 war nun endgültig aus dem Spiel.

Am 28. 4. beschloss der Europäische Rat, das höchste Organ der EG, die Öffnung der EG für die DDR durch eine „phasenweise Eingliederung" – das hieß also nicht durch die sonst bei Beitritten notwendigen, Jahre langen Beitrittsverhandlungen. Das war eine große Erleichterung der uns bevorstehenden Anstrengungen, das zurückgebliebene Beitrittsgebiet auf unser Niveau zu bringen.

In diesen Tagen übermittelten wir ein sowjetisches Memorandum nach Bonn, in dem die Einheit nach Art. 23 abgelehnt, die Einhaltung der sowjetischen Außenhandelsverträge mit der DDR und im Falle der Wirtschafts- und Währungsunion die Finanzierung der Besatzungskosten in Valuta verlangt, sowie die Rückgängigmachung der Enteignungen zwischen 1945 und 1949 abgelehnt wurde. Das war eine typische Fleißarbeit der Betonfraktion mit dem Versuch, so viele Forderungen wie irgend möglich zu akkumulieren, um das Tempo der nun unmittelbar bevorstehenden Zwei-plus-Vier-Verhandlungen auf Ministerebene zu bremsen.

Am 29. 4. war der neue DDR-Ministerpräsident de Maizière in Moskau. Er sagte, die Einigung solle stufenweise erfolgen, was nicht unserem Konzept entsprach. Seine Behandlung durch die Sowjets, höflich aber nicht besonders prominent, deutete darauf hin, dass sie ihn nicht mehr für einen entscheidenden Faktor hielten.

Am 1. Mai verließ Gorbatschow und mit ihm der Rest der sowjetischen Führung die Tribüne auf dem Lenin Mausoleum bei der üblichen Maiparade auf dem Roten Platz, als diese in eine massive und scharfe Demonstration der Progressiven gegen Gorbatschow umschlug. Das war für ihn ein unerhörter Gesichtsverlust mit dementsprechender Schwächung seines Charismas als Führer zu neuen, besseren Zeiten.

Am 3. 5. tagte in Brüssel eine Sondersitzung der NATO-Außenminister und beschloss, die Rolle der in Europa stationierten Nuklearwaffen zu überprüfen. Baker gab bekannt, dass die USA einseitig auf die Entwicklung eines Nachfolgesystems für die Lance und die Modernisierung der nuklearen Artillerie verzichten würden, eine wichtige Öffnung in der laufenden sicherheitspolitischen Debatte mit den Sowjets. Gleichzeitig wurde auch beschlossen, dass das vereinte Deutschland Vollmitglied der NATO bleiben, aber keine NATO-Einheiten oder Einrichtungen in das Beitrittsgebiet verlagert werden sollen. Das war nun die notwendige klare Position vor der ersten Sitzung der Zwei-plus-Vier auf Ministerebene am 5. Mai.

Am gleichen Tage berichtete Schäfers über eine Grundsatzartikel der Prawda, in dem es hieß, die NATO-Mitgliedschaft des vereinten Deutschland wäre „keine weltumfassende Katastrophe". Ein „europäisches Sicherheitssystem" böte eine Lösung, durch die die Blöcke überflüssig würden. Das war ein wichtiger Schritt vorwärts. Die sowjetische Öffentlichkeit wurde erkennbar schrittweise an die gesamtdeutsche NATO-Mitgliedschaft herangeführt, ohne dass das europäische Sicherheitssystem, das dieses Ergebnis erlauben würde, perfektionistisch beschrieben und in inakzeptablen Fristen gefordert wurde. Es konnte sich auch um ein ferner liegendes Ziel handeln. In so weit hielt man sich also noch alle Optionen offen.

Am 4. 5. hielt Präsident Bush in Oklahoma eine große außenpolitische Rede, in der die Ankündigungen Bakers von Brüssel bekräftigt wurden und der Präsident nach der zukünftigen Rolle nuklearer Waffen in Europa fragte. Gleichzeitig regte er einen NATO-Gipfel noch vor der Sommerpause an, ein wichtiger Termin, um zum voraussichtlich kritischen Zeitpunkt des Parteitages in Moskau entscheidungsfähig zu sein, und forderte die Beschleunigung der Wiener KSE-Verhandlungen, dem für die Struktur konventioneller Streitkräfte in Europa nach der deutschen Vereinigung immer wichtigeren Forum.

An diesem Tage wurde mir eine Tickermeldung hereingereicht – wir hatten im Pressereferat sowohl einen DPA- wie einen Tass-Ticker – die Äußerungen eines sowjetischen Generals, Batenin, vor der Presse in Deutschland wiedergab, wonach ein neutrales oder nichtpaktgebundenes Deutschland kaum den Interessen europäischer Sicherheit entspreche, führe es doch nicht nur zu einem wirtschaftlichen, sondern auch zu einem politischen Giganten. Nachbarn müssten aufgrund des vereinigten militärwirtschaftlichen Potentials eines ungebundenen Deutschlands ernste Befürchtungen haben. Die Konzeption der doppelten Mitgliedschaft wäre nur überzeugend, wenn der Warschauer Pakt eine Zukunftsperspektive hätte. Dafür gebe es aber keine Hoffnung. Daher sei die am meisten bevorzugte Variante die Aufnahme von ganz Deutschland in die politische Organisation der NATO.

Das war unmittelbar vor den am 5. 5. beginnenden Verhandlungen der Zwei-plus-Vier auf Ministerebene eine Sensation. Hier hatte sich nun sehr klar die „SD-Fraktion" zu Wort gemeldet. Der Name des Generals war mir kein Begriff. Er war aber als Berater des ZK aufgetreten. So rief ich Rykin an, um herauszufinden, um wen es sich handelte, und um ein Gespräch mit ihm zu bitten. Wir mussten unbedingt wissen, wer das war und mit welcher Autorität er sprach, auch wenn er nach dem Tenor seiner Aussagen der „SD-Faktion" zugeordnet werden konnte. Rykin antwortete, er wisse, um wen es sich handele, er sei kein eigentliches Mitglied des ZK-Sekretariates. Ob ich ihn trotzdem sprechen wolle. Diese Antwort signalisierte sehr deutlich, dass Batenin zum KGB gehörte. Bei einem General der Streitkräfte wäre diese Frage nicht unbedingt zu erwarten gewesen. Da ich aber seit längerem zu dem Schluss gekommen war, dass es einen Teil des KGB gab, der eine für uns und die USA akzeptable Lösung herbeiführen wollte, sagte ich ja. Rykin erwiderte, er wolle sehen, was sich machen lasse.

Am gleichen Tage hatte Schewardnadse in Bonn ein Gespräch mit dem Bundeskanzler. Wir erfuhren nach einiger Zeit, dass Schewardnadse dabei dringlich um einen großen Kredit gebeten hatte, was mich in meiner Analyse bestärkte, dass wir uns die Einheit am Ende für Geld kaufen könnten. Für uns zu beachten war auch, dass das lettische Parlament an diesem Tage die Unabhängigkeit des Landes erklärt hatte. Zu dieser Entwicklung gehörte, dass der US-Senat eine Resolution annahm, mit der der SU alle Handelsbegünstigungen solange vorenthalten wurden, bis das sowjetische Energie-Embargo gegen Litauen aufgehoben werde. Die USA reagierten damit auf die baltische Entwicklung sehr viel härter als der Bundeskanzler und Mitterand. Die Fragilität der Lage in

Moskau war in Washington offenbar nicht bewusst. Diese wurde aber am 5. Mai erneut sichtbar, als sich Ligatschow in der Prawda mit einer Ablehnung der Außenpolitik Gorbatschows äußerte. Sie bedeute den Verlust der Verbündeten.

Am 5. 5. fand in Bonn die erste Sitzung der Zwei-plus-Vier auf Ministerebene statt. Obwohl Vertraulichkeit vereinbart war, gaben die Sowjets Schewardnadses Rede offenbar sofort an die Presse, so dass ich über die wesentlichen Forderungen bald unterrichtet war. Die Unterrichtungen, die wir in jenen Monaten über diese Verhandlungen von der Zentrale erhielten, waren regelmäßig eher kurz und allgemein, offenbar damit niemand dem Bonner Team in die Karten gucken konnte. Dabei brauchten wir in Moskau doch dringlich präzise Informationen, um den uns wohl gesonnenen Moskowitern, von denen wir laufend angesprochen wurden, die richtigen Antworten geben zu können. Das schien dem AA aber offenbar nicht wichtig genug, um uns voll ins Bild zu setzen.

Den Medien nach hatte Schewardnadse „andere Varianten" als die bisher diskutierten für den Aufbau eines europäischen Sicherheitssystems gefordert, offenbar auf Grund der von Portugalow und Tarasenko beschriebenen Analyse, dass die deutsche Einheit erheblich schneller kommen werde, als die bisher vor allem von Genscher beschriebenen gesamteuropäischen Instanzen geschaffen werden könnten. Dementsprechend forderte er die Entkoppelung der äußeren von der inneren Einheit, mit der die innere vollzogen werden könnte, bevor die äußere Einheit hergestellt würde, mit der dann erst die alliierten Vorbehaltsrechte aufgehoben werden könnten. Er beharrte auf der Rechtmäßigkeit der Maßnahmen der Vier Mächte in ihren Besatzungszonen in der Nachkriegszeit, also auch auf der Nichtrevidierbarkeit der Enteignungen 1945 bis 1949. Die NATO sei ein Militärblock, der Kernwaffenschläge ins Kalkül ziehe. Sie müsse sich ändern.

Am 7. 5. wurde in Moskau ein weiterer „Offener Brief" des ZK veröffentlicht. Er war gegen die „Demokratische Plattform" gerichtet, also die Vereinigung der Progressiven hinter Jelzin, die sich nach dem Februar-Plenum gebildet hatte und die Spaltung der Partei im Zuge der Herstellung eines Mehrparteiensystems betrieb. Der Brief hätte wiederum nicht ohne Gorbatschows Billigung erscheinen können. Er hatte sich damit erneut auf die Seite der Konservativen geschlagen. Dieses andauernde innenpolitische Lavieren ließ zwar keinen zwingenden Schluss auf seine außenpolitischen Absichten zu, war aber wieder ein schlechtes Zeichen.

Wir untersuchten in dieser Lage das Verhältnis der Armee zu Gorbatschow, nicht nur, weil die Armee offensichtlich die Konservativen unterstützte, wie man bei den Eingriffen in Tiflis 1989 und Baku 1990 hatte feststellen können, sondern vor allem, weil bei unseren Verbündeten, besonders den Briten und den Franzosen, sich die Auffassung verbreitete, wenn man Gorbatschow in den deutschen Dingen zu viel abverlange, würde er durch einen Militärputsch beseitigt werden und die Marschälle würden an die Spitze des Landes treten, um die gesamte Perestroika wieder rückgängig zu machen. Anzeichen einer zunehmenden Spannung zwischen der von Jakowlew geführten „SD-Fraktion" und den Militärs seit der Intervention in Baku hatte es in der Tat gegeben.

Da waren zunächst die unerhörten Anwürfe Koschedubs und Makaschows gegen Gorbatschow auf dem letzten Volkskongress zu nennen. In der Debatte hatte auch Marschall Achromejew, Gorbatschows militärischer Berater, den besonders prominenten, progressiven Abgeordneten Sobtschak, der mir wegen seiner wohl vom KGB stammenden kompromittierenden Informationen über verschiedene Minister aufgefallen war, scharf angegriffen und der Beleidigung der Armee geziehen, nachdem Sobtschak in dem Bericht der Untersuchungskommission des Volkskongresses über die Tifliser Ereignisse vom Vorjahr die Moskauer Armeeführung für die Gewaltanwendung in Tiflis verantwortlich gemacht hatte. Auffällig war auch ein ungewöhnliches Sondertreffen Gorbatschows mit den aus den Streitkräften kommenden Volksdeputierten am Rande dieser Sitzung des Kongresses gewesen, bei dem er diese Deputiertengruppe zu beschwichtigen versucht hatte. Und der General Rodionow, der Kommandeur der in Tiflis eingesetzten Truppen, sowie der Militärstaatsanwalt Katusew hatten Schewardnadse wegen seiner Außenpolitik offen kritisiert, was auf eine gewichtige Stellung der konservativen Militärs schließen lies, war doch Rodionow seit dem Tifliser Gewalteinsatz zur Zielscheibe von Angriffen der Progressiven geworden, und sein Auftreten lies erkennen, dass ihn das nicht beeindruckte. Er hatte sogar bei den Ehrungen, die jedes Jahr zum 1. Mai vergeben wurden, von Gorbatschow einen Orden erhalten. Vor allem aber hatte Gorbatschow den bisherigen Armeegeneral Jasow zum Marschall befördert, offenbar um den Verteidigungsminister sich dadurch auch persönlich zu verpflichten.

Hinzu kam die Lopatin-Affäre. Lopatin, ein Major der Politorgane und Deputierter, war uns schon im Vorjahr aufgefallen, als er Verteidigungsminister Jasow vor dem Obersten Sowjet wegen der sozialen Zustände in den Streitkräften scharf kritisiert und in erhebliche Bedrängnis gebracht hatte. Lopatin hatte dann in „Kommunist", also dem theoretischen Journal der Partei, das inzwischen eindeutig zu den von Jakowlew inspirierten, gelenkten Perestroika-Publikationen gehörte, einen Artikel veröffentlicht, in dem er aus diesen Missständen negative Schlussfolgerungen für die Einsatzbereitschaft der Streitkräfte gezogen hatte. Zwar waren in dem Artikel auch einige, kurze Angaben über die Unsicherheit neuer Senkrechtstarter enthalten, jedoch ging es überwiegend um Kritik an den Politorganen und Vorwürfe wegen der Vernachlässigung der sozialen Bedürfnisse der Soldaten durch die militärische Führung. Auch deren oberflächliche Berechnungen der Kosten einer Berufsarmee wurde angegriffen. Lopatin war deshalb vor kurzem aus der Partei ausgeschlossen worden, er habe damit militärische Geheimnisse offenbart, mit der Folge, dass er bei den Delegiertenwahlen zum Parteitag nicht kandidieren konnte. Er arbeitete inzwischen mit einer Gruppe jüngerer

Offiziere an einem Alternativentwurf zu dem Entwurf Jasows für die von Gorbatschow angekündigte Militärreform und war so prominent geworden, dass er auf einigen Transparenten der progressiven Demonstranten während der Mai-Parade gegen Jasow in Schutz genommen worden war. Hier wurde also die Auseinandersetzung über die Reform in die Öffentlichkeit und die Streitkräfte hineingetragen.

Ins Bild gehörte auch eine internationale Pressekonferenz Jakowlews am 4. 5., in der er auch zu der Frage Stellung genommen hatte, ob die Gerüchte zuträfen, dass es am 25. 2. Truppenansammlungen bei Moskau gegeben habe, durch die politischer Druck auf Gorbatschow hatte ausgeübt werden sollen. Jakowlew erklärte, diese Gerüchte entbehrten jeder Grundlage. Die Streitkräfte seien ein Teil des Volkes. Sie nähmen so wie viele an dem Prozess der Perestroika teil, auch an allen Schwierigkeiten. Die Perestroika erfordere auch von den Streitkräften viel, sie nähmen dies aber wie alle Teile der sowjetischen Gesellschaft auf sich. Das war weniger ein Dementi als eine mahnende Aufforderung an die Streitkräfte. Der Frage, ob er im Zeichen des Mehrparteiensystems für die Auflösung der Politorgane der Streitkräfte sei, war Jakowlew ausgewichen, hatte jedoch zum Verfahren gegen Lopatin gesagt, es handele sich wohl um den Versuch „bestimmter Leute, persönliche Rechnungen zu begleichen." Er hatte damit erkennbar für Lopatin und gegen Jasow Partei ergriffen und es war bezeichnend für die politische Bedeutung dieser Affäre, dass die Prawda den Fall aufgriff und sich ebenfalls an Lopatins Seite gestellt hatte.

Das Ganze hatte die typischen Ingredienzien einer Intrige zur Herabsetzung des Ansehens der obersten Militärs durch einen vorgeschickten Major, der in aller Öffentlichkeit mit kompromittierenden Informationen die schmutzige Wäsche der Streitkräfte wusch. Als Major hatte er zwar kaum den Rang der anderen Autoren des „Kommunist", hatte aber offenbar Rückhalt ganz oben, sonst wäre er, was jedermann wusste, dort nicht gedruckt worden. Das passte ins Bild eines halbverdeckten Kampfes zwischen Teilen des Sicherheitsapparates, als Politoffizier gehörte Lopatin im weiteren Sinne dazu, mit den regulären Streitkräften. Korotitsch, der Chefredakteur von Ogonjok, also einer Zeitschrift, die die Streitkräfte permanent scharf kritisierte, hatte dem Gesandten gesagt, es formiere sich eine Koalition zwischen Teilen des alten Apparates und Teilen des höheren Offizierscorps. Überhaupt habe das Gewicht der Militärs zugenommen. Jasow sei loyal gegenüber Gorbatschow, schwerer sei die Loyalität der Generalität insgesamt zu beurteilen.

Schließlich war ich an einer Passage in einem Prawdaartikel anlässlich des 45. Jahrestages des Kriegsendes hängen geblieben. Dort war Marschall Schukow, sicherlich der bedeutendste sowjetische Heerführer während des Zweiten Weltkrieges, nicht etwa wegen seiner überragenden militärischen Erfolge gefeiert worden. Er wurde vielmehr gelobt, weil er, entgegen den Beschuldigungen Chruschtschows, keine bonapartistischen Ambitionen gehabt habe. Für meinen Geschmack war das wieder die typische Verwendung der Geschichte für aktuelle politische Zwecke. Schukow hatte zweimal im Auftrag Chruschtschows in die hohe Politik eingegriffen. Das erste Mal, als er persönlich Berija am Ende des Machtkampfes um die Nachfolge Stalins verhaftet hatte, das zweite Mal, als er in einer unionsweiten Blitzaktion die Mitglieder des ZK nach Moskau eingeflogen hatte, als Chruschtschow im Politbüro in die Minderheit geraten war und die ZK-Mehrheit brauchte, um sich im Kampf gegen die „Anti-Partei-Gruppe" um Malenkow und Molotow an der Macht zu halten. Chruschtschow hatte Schukow relativ bald danach seines Kommandos enthoben, offensichtlich besorgt, dem Marschall könne seine Rolle in der Politik zu Kopfe gestiegen sein. Mit anderen Worten wurde vermutlich hier mit dem Hinweis auf Schukow der militärischen Spitze ihr Platz in der Machtstruktur zugewiesen.

In unserem Bericht zu der britisch/französischen These von der Gefahr der Marschälle für Gorbatschow kamen wir so zu dem Schluss, dass von den obersten Militärs als solchen Gorbatschow wohl keine ernsthafte Gefahr drohe, jedoch von ihnen ähnliche Auffassungen vertreten würden wie von den konservativen Teilen der Führung und des alten Partei- und Regierungsapparates. Andererseits zeigte Ligatschows gerade erkennbar gewordene, kritische Haltung zu den Verteidigungsausgaben, dass zwischen den Konservativen und den Militärs nicht automatisch Schulterschluss genommen wurde, was für Gorbatschows Spiel mit den verschiedenen Strömungen bedeutsam war. Insgesamt neigten wir also dazu, das Risiko eines Militärputsches für nicht so dramatisch zu halten wie Briten und Franzosen, aber Indizien für sich verschärfende Spannungen zwischen den obersten Soldaten und den engsten Verbündeten Gorbatschows in der Führung Jakowlew und Schewardnadse gab es schon.

Am 9. 5. hielt Gorbatschow eine große Rede aus Anlass des 45. Jahrestages des Kriegsendes. In Sachen Deutschland forderte er nun eine Konferenz unter Einbeziehung unserer Nachbarn, sagte jedoch nichts zur entscheidenden Frage der NATO-Mitgliedschaft, was auf grundsätzliche Offenheit hindeutete. Er blieb zu Status- und Sicherheitsfragen Deutschlands kurz und allgemein, sprach jedoch ausführlich und positiv über die Chancen des Ausbaus der Beziehungen zu uns, was unsere Analyse bestätigte, dass in diesem Bereich wohl der erforderliche Preis für die NATO-Mitgliedschaft zu zahlen sein würde.

Am 10. 5. gab der Minister eine Regierungserklärung vor dem Bundestag ab, in der er über den Verhandlungsstand und unsere Position unterrichtete. Zu meiner Erleichterung sagte er Nein zu einer Trennung der Endtermine zur Erreichung von innerer und äußerer Einheit. Bei Zwei-plus-Vier dürften keine Fragen offen bleiben. Für die sowjetischen Truppen werde eine Übergangslösung erforderlich. Das war nun doch vernünftig.

Am 13. 5. gab Jasow der Iswestija ein Interview, in dem er die NATO-Mitgliedschaft ablehnte. Die Transformation des Warschauer Paktes könne nicht einseitig erfolgen, sondern nur gegenseitig mit der NATO. Die Beton-Fraktion war also noch nicht geschlagen.

Am 14. 5. erschien dann ein Interview des Ministers mit dem „Spiegel", in dem er sich zuversichtlich zeigte, dass die SU am Ende der NATO-Mitgliedschaft zustimmen werde. Nun schwenkte der Minister endlich ein und ich war erleichtert.

Am 14. 5. gab es auch eine Meldung von AFP, die Gratschew zitierte – also den ZK-Mitarbeiter und Frankreich-Spezialisten, der mir im vergangenen Herbst mit positiven Äußerungen zur Wiedervereinigung aufgefallen war – erforderlich sei eine „Friedensurkunde", also kein „Friedensvertrag" im formellen Sinne. Er hatte sich sicherlich mit Bedacht so ausgedrückt, eine wichtige Bewegung weg von unerfüllbaren Forderungen. Am gleichen Tage sagte Koptelzew der „Welt": „Wir haben nichts gegen Amerikaner in Europa." Hier wurde erkennbar, dass Koptelzew offenbar tatsächlich zur „SD-Fraktion" oder den „Amerikanern" zählte, die die USA nicht durch Beharren auf der Neutralität Deutschlands aus Europa verdrängen wollten.

An diesem Tage war auch Teltschik auf einer Geheimreise nach Moskau gekommen. Die Botschaft wurde deshalb von seiner Ankunft nicht amtlich aus Bonn unterrichtet. Da die Sowjets aber unseren Luftwaffenattaché auf den Flughafen gerufen hatten, um die Luftwaffen-Maschine Teltschiks abzufertigen und die Besatzung zu betreuen, waren wir noch am gleichen Tage im Wesentlichen im Bilde. Da Teltschik von den Vorstandsvorsitzenden der drei größten deutschen Banken, Deutsche Bank, Dresdner Bank und Commerzbank, begleitet war, brauchte man über den Gesprächsgegenstand nicht lange zu rätseln. Es ging offensichtlich um Kredite und ich freute mich, dass das Bundeskanzleramt nun vorsichtig mit dem Poker um die finanzielle Gegenleistung für die Einheit begann.

Vom 15. – 17. 5. kam Baker nach Moskau und verhandelte weiter über die Bedingungen für die Deutsche Einheit. Wir erfuhren bald danach von unseren amerikanischen Kollegen, worum es gegangen war. Die Amerikaner hatten den Sowjets neun Punkte aufgezählt, die die westliche Gegenleistung für die Einheit in der NATO verdeutlichen sollten. Die Amerikaner hatten sich also Gedanken über die gleiche Frage gemacht, an der ich seit Monaten arbeitete. Diese neun Punkte waren:

- die westlichen Verbündeten seien bereit zu Nachfolgeverhandlungen über konventionelle Abrüstung für ganz Europa, die auch die Streitkräfte in der europäischen Zentralregion abdecken müssen, d. h. auch zu Reduzierungen der Mannschaftsstärken der Staaten in dieser Region führen würden, die von dem bevorstehenden Ergebnis der KSE-Verhandlungen, sie betrafen nur die USA und die SU, noch nicht erfasst waren;
- die westlichen Verbündeten seien bereit, mit Verhandlungen über nukleare Kurzstreckenwaffen zu beginnen, sobald der KSE-Vertrag unterzeichnet ist;

- das vereinte Deutschland wird auf Besitz und Produktion von ABC-Waffen verzichten;
- die NATO würde eine umfassende Überprüfung des Streitkräftebedarfs und der Strategie sowohl im konventionellen als auch im nuklearen Bereich vornehmen, um diese mit den veränderten Rahmenbedingungen in Einklang zu bringen.
- die NATO-Streitkräfte werden während der Übergangszeit nicht auf das frühere Territorium der DDR ausgeweitet;
- die Deutschen stimmen einer Übergangszeit für die aus Deutschland abzuziehenden sowjetischen Streitkräfte zu;
- Deutschland wird feste Verpflichtungen in Bezug auf seine Grenzen eingehen und dabei klarstellen, dass das Territorium eines vereinigten Deutschland nur die Bundesrepublik Deutschland, die DDR und Berlin umfasst;
- der KSZE-Prozess wird gestärkt;
- Deutschland hat klargemacht, dass es sich bemühen wird, wirtschaftliche Fragen in einer Weise zu lösen, die der Unterstützung der Perestroika dienen könnte.

Diese Aufzählung durch die Amerikaner kam genau zur rechten Zeit, denn es war entscheidend, den Sowjets noch vor dem Parteitag unsere Gegenleistungen klar machen, damit die Gorbatschow-Mannschaft sich dort für die NATO-Mitgliedschaft des vereinten Deutschland schlagen würde. Zugleich hatten diese neun Punkte aber noch einige gewichtige Lücken wie die Frage der Obergrenze für die Bundeswehr nach der Einheit, die Höhe unseres finanziellen Engagements, der konkreten Gestaltung der NATO und der Länge der Übergangszeit für den sowjetischen Truppenabzug.

Dies wurde mir unmittelbar im Anschluss an den Baker-Besuch klar, als drei Journalisten von der New York Times mich in meinem Büro aufsuchten, um sich über unsere Position zu informieren. Es waren dies Bill Keller, der Moskauer Korrespondent, sowie Tom Friedman und Craig Whitney aus Washington bzw. Paris. Sie waren in Bakers Tross nach Moskau gekommen und Henning Horstmann hatte ihnen in Washington offenbar geraten, mich aufzusuchen, vielleicht war das aber auch Serge Schmemann gewesen, der ab und an in Moskau auftauchte. Sie schilderten mir zunächst ihre Eindrücke vom Verhandlungsstand auf der Basis dessen, was sie von Baker und seiner Delegation gehört hatten. Sie kamen dabei zu einem ganz pessimistischen Ergebnis. Sie wussten, dass Schewardnadse das terminierte Abschlussgespräch mit Baker wegen offenbarer interner Streitigkeiten abgesagt hatte. Die Verhandlungen seien völlig festgefahren. Baker sei in der NATO-Frage trotz der neun Punkte keinen Zentimeter vorwärts gekommen. In dieser Lage bleibe nichts Anderes übrig, in Washington gebe es schon eine entsprechende Denkschule, als erst einmal die weitere Entwicklung in der SU und im

Warschauer Pakt abzuwarten, denn im Zeitablauf werde es mit der SU ohnehin weiter bergab gehen, so dass sie dann auch mit geringeren Gegenleistungen als der jetzt verlangten Neutralisierung würde zufrieden sein müssen.

Ich musste mir Mühe geben, meinen Alarm nicht zu zeigen. Von der Existenz einer solchen Washingtoner Denkschule hatte ich schon gehört. Unsere Botschaft in Washington hatte dies in ihrer Berichterstattung erwähnt. Dieser Denkschule war aber offenbar nicht klar, dass sie mit einer solchen Taktik den „Germanisten" in Moskau in die Hände spielte, die, wie mir Portugalow gedroht hatte, mit einer „Hängepartie" die Bundesregierung unter Druck setzen wollten. Erst recht konnte ich den Amerikanern, schon gar nicht vor den Mikrophonen in meinem Dienstzimmer, offenbaren, dass die Bundesregierung eine solche Verschleppung zu fürchten hatte, weil dann der Rückhalt in der Bevölkerung für das Festhalten an der NATO-Mitgliedschaft ins Rutschen kommen könnte.

Ich begann deshalb mit der Versicherung, alles hänge von Gorbatschow ab. Dieser sei ein echter Reformer. Er wolle sein Land tatsächlich von Grund auf ändern, damit es den Anschluss an die Weltzivilisation finde. Dazu gehöre nicht nur eine Innenpolitik, mit der das alte, neostalinistische System beseitigt werden solle, um die großen Talente des russischen Volkes endlich durch ein marktwirtschaftliches System nutzen zu können und so zu Wachstum zu gelangen. Dazu gehöre auch eine völlig andere Außenpolitik, die sich von der untragbaren Last der Konfrontation mit dem Westen, Japan und China befreie, um den Mühlstein um den sowjetischen Hals los zu werden, den die imperiale Politk, vor allem das Imperium in Mittel- und Osteuropa bedeute.

Dieser Grundansatz habe natürlich Konsequenzen vor allem im Umgang mit der anderen Supermacht, den USA. Wenn die SU die System-Konfrontation endgültig beenden wolle, dürfe sie keine Politik machen, die die USA strategisch herausfordere. Damit komme eine Politik nicht in Betracht, die mit der Forderung nach der Neutralisierung Deutschlands die strategische Position der USA in Europa, die ganz überwiegend aus ihren Basen und Truppen in Deutschland bestehe, fundamental bedrohe, indem sie deren Abzug verlange. Wenn die SU versuchte, die USA strategisch aus Europa zu verdrängen, dann ginge der Rüstungswettlauf erst richtig los. Gleichzeitig hätten die Sowjets verstanden, dass das vereinte Deutschland durch die NATO-Mitgliedschaft eingebunden werde und so das Risiko verringert werde, dass Deutschland zu einem wieder um Machtpositionen in Europa konkurrierenden, klassischen Nationalstaat werde. Dies sei Gorbatschow klar. Er betreibe aber nicht lediglich Deutschland-, sondern Weltpolitik. Sie sei auf einen Ausgleich mit den USA und eben dadurch auf Erhaltung der sowjetischen Ebenbürtigkeit gerichtet.

Mit anderen Worten scheide eine Neutralisierungspolitik für Deutschland aus. Umgekehrt habe die SU jedoch ernsthafte Aussichten, nicht nur von dem für seine Einheit dankbaren Deutschland, sondern von allen großen Staaten des Westens wirtschaftliche Hilfe zu bekommen, wenn sie der NATO-Mitgliedschaft und dem Abzug aus den Warschauer-Pakt-Staaten zustimme. Deutschlands Wirtschaftskraft sei zwar durchaus beachtlich. Seine Leistungsfähigkeit wäre aber weit überfordert, wenn es neben der Entwicklung der DDR den Entwicklungsbedürfnissen der riesigen SU allein gegenüberstünde. Das Kalkül, sich mit der Einheit immerhin die deutsche Wirtschaftskraft zu sichern, verfehle deshalb schon im Ansatz die erforderlichen Dimensionen für die SU. Die SU brauche die Hilfe des gesamten Westens.

Für uns sei es natürlich nicht leicht, diese Politik hinter der Vielzahl der Stimmen in Moskau zu erkennen. Ich dächte manchmal, wie Churchill gesagt habe, wir beobachteten Kämpfe zweier Bulldoggen unter einem Teppich, so dass zwar das Ringen der verschiedenen Fraktionen erkennbar sei, nicht aber, wer jeweils oben und wer unten liege. Das sei aber letztlich irrelevant, da an Gorbatschows Prioritäten kein Zweifel bestehe. Wir seien deshalb überzeugt, dass er die erforderlichen Entscheidungen spätestens auf dem nächsten Parteitag Anfang Juli durchsetzen wolle, da eine weitere Verschleppung der deutschen Dinge zu Zweifeln an seiner Durchsetzungsfähigkeit generell, d. h. auch im Innern, führen würde.

Friedman fragte daraufhin, was mit den sowjetischen Truppen in Deutschland geschehen solle, wenn die amerikanischen Truppen blieben. Ich räumte ein, dass dies das vielleicht schwierigste Problem sei, insbesondere angesichts der großen Anzahl sowjetischer Truppen in Deutschland, die um ein Vielfaches stärker seien als in Polen oder Ungarn. Bei der Lösung dieses Problems müsse man sich der historischen Aufgabe bewusst sein, vor der man stehe. Es gelte, nach den Fehlschlägen von 1919 und 1945 nunmehr eine dauerhafte Friedensordnung für ganz Europa zu schaffen, bei der nicht die eine oder die andere Partei gedemütigt werde, so dass sie von vornherein die Gefahr des Entstehens von Revanchegelüsten in sich trüge. Dies bedeute, dass die sowjetischen Truppen aus Deutschland abziehen müssten, um nicht zwischen Deutschland und Russland dasselbe Problem zu schaffen, an dem die Bemühungen Stresemanns und Briands zur deutsch-französischen Aussöhnung nach dem ersten Weltkrieg gescheitert seien.

Andererseits dürfe natürlich auch die SU nicht gedemütigt werden. Wir kennten und achteten den russischen Stolz. Erforderlich sei ein Abzug in Würde. Er werde also eine gewisse Zeit brauchen, etwa drei oder vier Jahre, um auch eine geordnete Aufnahme der abziehenden Truppen in der SU sicherstellen zu können. Mit anderen Worten werde eine Übergangsperiode notwendig. Für sie sei die Fortgeltung der Vorbehaltsrechte nicht erforderlich. Auf ihnen zu bestehen, würde das deutsch-sowjetische Verhältnis von Beginn der Einheit an schwer belasten. Die erforderliche rechtliche Basis lasse sich aber ohne weiteres durch einen bilateralen Vertrag schaffen, wie wir ihn mit Frankreich hätten.

Meine Argumentation diente natürlich nicht nur dazu, die New York Times davon abzubringen, in den USA eine Verzögerungspolitik zu fordern, was Bush und Baker in ihrer Unterstützung für uns bei einer raschen Lösung hätte stören können. Die Eloge auf Gorbatschow mit der partiellen Offenlegung meiner Analyse der inneren Auseinandersetzungen in Moskau war gezielt auf die sowjetischen Mithörer. Auch sie sollten vorwärts gezogen und von der „Hängepartie" abgebracht werden, indem ich die Lösbarkeit der anstehenden Probleme hervorhob, denn in diesem Endspiel des weltpolitischen Kampfes um Deutschlands Platz in Europa waren auch wir nun in „Zeitnot", weil der alles mitreißende Schwung der Bewegung in Deutschland nicht ewig anhalten würde. Es sollte mit meinen Erklärungen deutlich werden, dass wir dabei auf Gorbatschow setzten und uns von den offensichtlichen Auseinandersetzungen mit den Konservativen bei den „Germanisten" und in der „Betonfraktion" nicht irre machen ließen. So habe ich meine wachsenden Zweifel wegen Gorbatschows Lavieren bewusst unterdrückt und nicht offengelegt, dass Gorbatschow, trotz seiner erkennbaren Präferenz für die „Amerikaner" und die Zusammenarbeit mit den USA, sich noch nicht endgültig gegen die Politik der Neutralisierung Deutschlands und der Vertreibung der Amerikaner aus Europa festgelegt hatte.

Deshalb ging es darum, den Sowjets noch einmal die entscheidenden Argumente für die NATO-Mitgliedschaft vor Augen zu führen. Dazu versuchte ich, indem ich vor den Mikrophonen die Möglichkeit einer problemlosen Einigung auf eine Übergangsperiode beschrieb, die Hierarchien von Außenministerium und ZK-Sekretariat zu umgehen, von denen nicht zu erwarten war, dass sie von sich aus Gorbatschow entsprechende Möglichkeiten darlegen würden. Es blieb nichts anderes übrig, als durch diese Methode des Gesprächs mit den Mikrophonen, die die Franzosen „parler au lustre" (mit dem Kronleuchter reden) nannten, unsere Position nach oben in die sowjetische Hierarchie zu befördern. Mit der Bürokratie des Außenministeriums oder des ZK-Sekretariates zu sprechen, war zwecklos, wie ich aus den Gesprächen mit Portugalow und der Arbeitsebene des Außenministeriums wusste. Rykin war konzeptionell unbegabt, er kam also auch nicht in Frage. Daschitschew oder Proektor schienen mir zu riskant. In ihre Hände wollte ich mich nicht begeben. Ein Gespräch der Bonner mit der sowjetischen Botschaft dort über diese Zusammenhänge wäre sinnlos gewesen, denn sie war fest in der Hand der Betonfraktion. Dieser Weg war also auch versperrt.

Die Mikrophone waren aber vermutlich in der Hand der „SD-Fraktion". Man konnte es immerhin probieren. So habe ich versucht, all meine Beredsamkeit zu entfalten, um Gorbatschow von einer Politik der strategischen Herausforderung der USA durch Beharren auf Truppenabzug abzubringen und die uns wohl gesonnene Fraktion noch vor dem Entscheidungskampf auf dem Unions-Parteitag endgültig zu überzeugen, dass sich alle Probleme jetzt im raschen Vorwärtsgehen würden lösen lassen.

Am 17. 5. war der Bundeskanzler mit Genscher und Stoltenberg in

Washington, um den bevorstehenden sowjetisch-amerikanischen Gipfel vorzubereiten. Der Bundeskanzler betonte dabei besonders die ökonomischen Interessen der Sowjets und Gorbatschows Angewiesenheit auf außenpolitischen Erfolg in seiner innenpolitischen Bedrängnis. Dementsprechend sollten die Amerikaner den Gipfel gestalten. In der Pressekonferenz sagte der Bundeskanzler, die sowjetischen Truppen könnten für eine Übergangszeit bleiben. Man brauche dafür einen Aufenthaltsvertrag. Die Stationierungskosten übernähmen wir. Der Minister erläuterte den Amerikanern, die Sowjets hätten in ihren Medien mit einer Kampagne zur Entdämonisierung der NATO begonnen. Dazu gehöre auch eine Einladung des NATO-Generalsekretärs Manfred Woerner nach Moskau. Ich freute mich darüber, zeigte es doch, dass unsere Berichterstattung offenbar weiterhin aufmerksam gelesen wurde.

Am gleichen Tage empfing Gorbatschow in Moskau die litauische Ministerpräsidentin Prunskiene. Sie stimmte dabei der Suspendierung der Unabhängigkeitserklärung zu, was eine sehr willkommene Entspannung des baltischen Problems bedeutete. Frau Prunskiene war mir mit rhetorisch ausgezeichneten, liberalen Reden im sowjetischen Volkskongress aufgefallen. Sie war offenbar nicht so hartleibig wie Präsident Landsbergis. Aber es blieb natürlich eine gewisse Frage nach ihrer Durchsetzungsfähigkeit zu Hause.

An diesem Tag meldete sich auch der Generalsstabschef Moisejew zu Wort, der mir im vergangenen Jahr mit seiner Versicherung aufgefallen war, die Streitkräfte hätten nichts gegen die deutsche Einheit. Jetzt forderte er Neutralisierung und Demilitarisierung, das war die Falin-Position. Am 18. 5. traf sich der Gesandte, Dr. Heyken, mit Koptelzew zu einem Mittagessen, bei dem dieser eindeutig erklärte, Basis der sowjetischen Truppenpräsenz bis zum Abzug könne auch ein bilateraler Vertrag sein. Seine von mir bei dem Abendessen in der Residenz registrierte Gegenposition zu seinen formal Vorgesetzten Bondarenko und Kwizinskij, der inzwischen in Moskau eingetroffen war, konnte kaum klarer sein und er fühlte sich offenbar stark genug, sie uns gegenüber offenzulegen.

Am gleichen Tage wurde bei uns der Vertrag mit der DDR über die Wirtschafts- und Währungsunion unterschrieben. Nun waren die beiden deutschen Teile bereits praktisch untrennbar verbunden, obwohl die entscheidenden außenpolitischen Fragen noch ungelöst waren. Die „Zeitnot" nahm also weiter zu.

Am 19. 5. veröffentlichte Proektor einen Artikel in der Literaturnaja Gazeta, in dem er sich nicht gegen die NATO-Mitgliedschaft wendete, sondern sie als Mittel zur Einbindung Deutschlands beschrieb. Sie sei kein großer Schaden. Es gebe eine Asymmetrie in der Entwicklung von Warschauer Pakt und NATO. Das entstehende Ungleichgewicht müssten die beiden Supermächte ausgleichen. Vielleicht hatten meine Argumente dazu beigetragen. Am 21. 5. vertrat dann Portugalow in einem Interview mit der „Welt" die genaue Gegenposition. „Eine NATO-Mitgliedschaft ist für uns absolut inakzeptabel... Das ist ein guter Trick, wenn sie uns unterzujubeln versuchen, dass wir die angebliche Unhaltbarkeit unserer Position selbst verstehen und drauf und dran sind, darauf zu verzichten... So z. B. der Artikel von General Batenin, der im Grunde genommen nur seine eigene Meinung – Respekt, Respekt, aber eigene Meinung war es trotzdem, nicht mehr – zum Ausdruck gebracht hat. Sie wissen, dass wir das so nicht akzeptieren." Hier versuchten die Germanisten, die allmählich immer deutlicher werdende Schwäche ihrer Position wieder zu verdecken. Am 22. 5. machte Ligatschow erneut seine Ablehnung der Außenpolitik Gorbatschows deutlich. Der innersowjetische Kampf über die Deutschlandpolitik wurde immer dramatischer.

Aufgehängt an einer Diskussion des Botschafters mit mehreren Deutschlandspezialisten des Arbatow-Instituts unter Führung von Professor Davydow schickte ich am gleichen Tage eine weitere Analyse der sowjetischen Position nach Hause, so wie sie sich seit dem Grundsatz-Bericht vom 13. März zwei Monate zuvor entwickelt hatte, weil ich die Dringlichkeit herausarbeiten wollte, mit der die Schlüsselfragen nun zu entscheiden waren. Ich schrieb:

„Der Ablauf der Baker-Gespräche, Äußerungen Jasows, die Akzentverschiebung in der Publizistik der letzten Woche (Proektor, Daschitschew, Kondraschow) und die Aussagen der Wissenschaftler in einer Diskussion mit dem Botschafter bestätigen insgesamt die Analyse der Botschaft vor Beginn der Zwei-plus-Vier-Gespräche. Die Frage der NATO-Mitgliedschaft ist für die SU negotiabel. Entscheidend ist für sie der Umfang westlicher Abrüstungsmaßnahmen insbesondere in Deutschland, die Gewährleistung ihrer Einbeziehung in die gesamteuropäische Zusammenarbeit und das Ausmaß wirtschaftlicher Hilfe.

-Der Apparat des Außenministeriums steht grundsätzlich auf der konservativ-ablehnenden bzw. auf Verschleppung in der Hoffnung auf Komplikationen bedachten Seite. Eine erst jetzt veröffentlichte Rede Samjatins, des sowjetischen Botschafters in London, bestätigt dies ebenso wie die Versuche Kwizinskijs, durch Trennung von „inneren" und „äußeren" Aspekten Zeit für „Zwischenlösungen" für Berlin zu finden. Samjatin fordert insbesondere, die Vier-Mächte-Rechte zu nutzen, um der „Diktatur der Straße" zu begegnen. Die Unverletzlichkeit der Grenzen in Europa schließe die Erhaltung zweier deutscher Staaten ein. Dies ist die klassische Haltung des Außenministeriums (und war auch als Forderung, das Militär einzusetzen – womit sonst beendet man die „Diktatur der Straße"? – verstehbar. Diese Gefahr schien zwar entfernt, stand aber natürlich immer noch im Hintergrund, wie Samjatins Argumentation belegte, je nach dem, wer sich in Moskau durchsetzte).

-Sein Apparat ist aber nicht politisch entscheidend. Seine Verzögerungstaktik kann sich vielmehr nur in dem Maße auswirken, und dabei auch Schewardnadse binden, wie in der gesamten Auseinandersetzung in der sowjetischen Führung die Fähigkeit Gorbatschows zum Voranschreiten überhaupt jeweils eingeschränkt ist oder wächst. Wenn Gorbatschows außenpolitischer Spielraum sich im Zusammenhang mit einer innenpolitischen Konsolidierung seiner Position erweitert, sind operative Vorschläge des Apparates des Außenministeriums keine wesentlichen Hindernisse für Fortschritte.

-Die leichte Entspannung der litauischen Probleme mit den Gesprächen mit Frau Prunskiene sowie die offenbar doch relativ starke Position der Progressiven auf dem Volkskongress der Russischen Föderation zusammen mit anderen Indizien(etwa der Wiederaufnahme von Major Lopatin in die Partei oder der sich wieder öffnenden Debatte über den „Demokratischen Zentralismus" in der Partei) deuten daraufhin, dass Gorbatschows Spielraum in den letzten Tagen wieder zugenommen hat.

-Die Tatsache, dass man während des Baker-Besuchs in Sachen Deutschland bzw. KSE nicht zu Ergebnissen gekommen ist, beweist nicht etwa das Gegenteil. Beide Komplexe gehören in sowjetischer Sicht zusammen. Vor den Gesprächen in Washington hat Gorbatschow kein Interesse an Fortschritten in Details wie z. B. der Flugzeug- oder Panzer-Frage. Die SU erhofft sich, den Indizien nach, vielmehr von diesem Gipfel ein konkretes Angebot in den Fragen, wer in Deutschland in Zukunft wie viele Truppen und Waffen behalten darf, welche Institutionen im Rahmen eines europäischen Systems der Sicherheit und Zusammenarbeit diese Zahlen überwachen und für Stabilität und Zusammenarbeit in Europa sorgen sollen.

-Dies bedeutet, dass sowohl die Zwei-plus-Vier-Gespräche wie die Wiener Verhandlungen wohl zunächst einmal bis zum Gipfel von der SU auf Warten geschaltet werden, jedenfalls in den entscheidenden Fragen. Dies ist schon eine taktische Konsequenz aus westlichen Bestrebungen, die sicherheits-politischen Dimensionen der Vereinigung aus den Zwei-plus-Vier-Gesprächen herauszuhalten.

-Wenn Gorbatschow aber auf dem Gipfel eine westliche Position präsentiert wird, die die westliche Bereitschaft beweist, wegen der Entwicklung in Deutschland sicherheitspolitisch in Europa schon in der zweiten Jahreshälfte die neuen Dimensionen festzulegen, dann wird er diese Position aller Voraussicht nach aufgreifen.

-Dies liegt nicht nur an den sicherheitspolitischen Vorteilen, die er dadurch konsolidieren kann. Vielmehr trüge eine solche Entwicklung gerade der mit Deutschland verbundenen Fragen auch ganz wesentlich zur Zurückdrängung seiner innenpolitischen Gegner bei. Diese Gegner sind in der Partei nach wie vor stark, wie das Interview mit Ligatschow am 21. 5. zeigte. Zwar zeigt sich in der Entwicklung der verschiedenen Parlamente (der Union und Russlands), dass die Wähler dem „Apparat" nach wie vor nicht ihre Stimmen geben. Solange aber Gorbatschow den Parteitag nicht erfolgreich bestanden hat, besitzen seine Gegner mit dem Parteiapparat nach wie vor Zugriff auf das immer noch relativ am Besten funktionierende Lenkungsinstrument in diesem Land. Außenpolitischer Erfolg ist für Gorbatschow also zu einer wesentlichen Bedingung seines innenpolitischen Erfolges geworden.

-Solange aber der Westen weder konkrete Zahlen für die Stärke der zukünftigen deutschen Streitkräfte und ihrer Bewaffnung auf den Tisch legt, trotz Andeutungen in Interviews, und solange er nicht klar macht, welche nicht-deutschen NATO-Truppen auch nach Abzug der Roten Armee noch bleiben sollen, solange die Organe des zukünftigen europäischen Sicherheitssystems nicht näher bezeichnet und mit sinnvollen Funktionen versehen sind, hat Gorbatschow keine Möglichkeit, seine Gegner zu überspielen und den Apparat zu übergehen. Die Bewegung bei START zeigt, dass er bei genügender Konkretisierung der Entscheidungsalternativen dazu in der Lage ist."

Wir mussten also unsere Positionen zu den wesentlichen offenen Fragen nun so rasch konkretisieren, dass der Durchbruch außenpolitisch auf dem Washingtoner Gipfel und innenpolitisch auf dem Parteitag erfolgen konnte. Gleichzeitig ging es mir darum, die wechselseitige Abhängigkeit von Außen- und Innenpolitik herauszuarbeiten, um den Bonnern zu helfen, die verwickelte Lage in Moskau einerseits, aber auch unsere Möglichkeiten, sie für uns günstig zu beeinflussen, andererseits zu verstehen. Aber wie immer bekamen wir keine Antwort.

An diesem Tage schickte der Bundeskanzler Gorbatschow einen Brief in der Folge der Verhandlungen Teltschiks mit den Bankern, in dem er eine Kreditgarantie im Zusammenhang einer Gesamteinigung bei Zwei-plus-Vier anbot und so geschickt den Poker über die Höhe unserer finanziellen Gegenleistungen fortsetzte.

Und ebenfalls an diesem Tage stellten die NATO-Verteidigungsminister bei ihrer halbjährliche Tagung in Brüssel fest, dass mit dem bevorstehenden Vertrag über konventionelle Abrüstung in Europa die Möglichkeit eines Überraschungsangriffs auf die NATO durch weit überlegene konventionelle Kräfte praktisch beseitigt werde, und beschlossen deshalb eine Überprüfung der Militär-Strategie des Bündnisses. Die Zielsetzung der Erhöhung der Verteidigungsausgaben um jährlich 3% wurde aufgehoben. Dies waren bedeutsame Entscheidungen, mit denen das Bündnis nun begann, sich auf die bevorstehende grundlegende Veränderung der strategischen Lage einzustellen, indem es sich selbst veränderte und so auf eine zentrale Forderung Gorbatschows und Schewardnadses einging.

Am 23. 5. traf sich der Minister mit Schewardnadse in Genf. Nach dem, was wir davon hörten, war das Gespräch insgesamt befriedigend verlaufen. Insbesondere hatte sich Schewardnadse bereit erklärt, die Obergrenze für die Bundeswehr im Rahmen der Wiener Verhandlungen über einen ersten Vertrag über konventionelle Abrüstung in Europa festzulegen, nicht im Zwei-plus-Vier-Vertrag. Das implizierte die Festlegung dort von Personal-Obergrenzen für alle Streitkräfte, nicht nur die der SU und der USA, in dem noch zu definierenden Reduktionsgebiet und würde so eine Singularisierung Deutschlands als einzigem, eine solche Begrenzung übernehmenden, Land vermeiden. Die Frage war, ob die anderen so erfassten Staaten damit einverstanden sein würden, hatten sie doch bisher damit rechnen können, erst in einem späteren, zweiten solchen Vertrag eventuell erfasst zu werden.

Am 24.5. legte der Ministerpräsident Ryschkow ein neues Programm zur Wirtschaftsreform vor. Es bedeutete eine Verwässerung des schon unzureichenden Abalkin-Programms. Ryschkow verkündete sogar, dass der Brotpreis verdreifacht werden werde. Entweder kam darin völlige Unverständnis für marktwirtschaftliche Zusammenhänge zum Ausdruck, denn es kam sofort zu Hamsterkäufen, oder er wollte mit der Provokation solchen Verhaltens demonstrieren, dass eine Preisreform unmöglich sei. Es war in jedem Falle ein Rückschritt.

Am 25. 5. kam Mitterand nach Moskau. Wir wurden von unseren französischen Kollegen ausführlich unterrichtet. Gorbatschow habe sehr fest auf der Doppelmitgliedschaft Deutschlands in beiden Bündnissen bestanden. Es habe aber auch eine Frage nach dem französischen Modell der NATO-Mitgliedschaft gegeben und auch Erkundigungen zur Entwicklung der NATO-Strategie. Die Verlängerung der Vier-Mächte-Rechte über den Zeitpunkt der Vereinigung hinaus habe keine Rolle gespielt. Gesamteindruck: die anfängliche Betonung der Festigkeit war im Gesprächsverlauf mit Verhandlungsbereitschaft verbunden worden.

Am 28. 5. gab es bei Demonstrationen in Jeriwan, der Hauptstadt Armeniens, 22 Tote. Eine weitere Republik mit nationalistischen Unruhen. Am 29. 5. wurde Jelzin vom Volkskongress der Russischen Föderation zum Präsidenten dieser Republik gewählt. Dem war am 25. 5. eine flammende Rede Gorbatschows vor diesem Kongress vorausgegangen, in der er die Deputierten eindringlich vor der Wahl dieses Populisten gewarnt hatte. Gegenkandidat Jelzins war Poloskow gewesen, ein Konservativer. Gorbatschows zentristischer Kandidat Wlassow war erkennbar chancenlos gewesen. So hatte sich Gorbatschow im Effekt für die Konservativen ausgesprochen und war damit eklatant gescheitert, weil die Progressiven inzwischen voll zu Jelzin übergelaufen waren. Das Ergebnis war eine deutliche Schwächung der Stellung Gorbatschows, der immer mehr zwischen die Flügel eines sich polarisierenden Parteispektrums geriet.

In diesen Tagen, in denen die Entscheidung über Deutschland immer näher rückte und sich zeigen musste, wozu Gorbatschow noch fähig war, kam mein amerikanischer Kollege Ray Smith zu mir, um sich vor dem anstehenden sowjetisch-amerikanischen Gipfel von Washington über unsere Lagebeurteilung zu erkundigen. Ich war zwar mit ihm nicht ähnlich warm geworden, wie mit seinen Vorgängern während meines ersten Moskauer Postens, aber wir trafen uns doch von Zeit zu Zeit zum Abgleich unserer Eindrücke. Wir gingen in die Kabine und waren natürlich sofort bei der Frage aller Fragen, nämlich der sowjetischen Haltung zur NATO-Mitgliedschaft des vereinten Deutschland. Ich sagte ihm dann, ich könne Genscher nicht verstehen. Ich sei überzeugt, dass die NATO-Mitgliedschaft durchsetzbar sei, wenn wir sie mit der nötigen Hartnäckigkeit verlangten und Gorbatschow vor allem ökonomische Gegenleistungen böten, mit denen er zeigen könne, dass seine Politik sich lohne. Meine Gespräche und Analysen der einschlägigen sowjetischen Aussagen hätten mich immer stärker von diesem Ergebnis überzeugt. Smith hörte sich dies ruhig an, zeigte sich allerdings skeptisch, so dass ich noch einmal auf der Notwendigkeit ökonomischer Gegenleistungen insistierte. Ich bin sicher, dass er berichtete, was ich ihm gesagt hatte. Es war von entscheidender Wichtigkeit, dass diese Botschaft in Washington ankam, bevor man sich mit Gorbatschow zusammensetzte. Dementsprechend offen und nachdrücklich redete ich auf Smith ein.

Ein anderer Gesprächspartner dieser angespannten Tage war Christian Schmidt-Heuer, der Korrespondent der „Zeit" in Moskau, ein guter Kenner der Moskauer Politik mit langjähriger Erfahrung vor Ort, verheiratet mit einer

Ungarn-Deutschen, Maria Huber, die ihrerseits eine Expertin vor allem in Fragen der Wirtschaftssysteme der COMECON-Staaten war. Ich sprach mit Schmidt-Heuer in meinem Dienstzimmer und ging mit ihm, der ebenfalls skeptisch geworden war, in näherer Zukunft ein für uns akzeptables Ergebnis erreichen zu können, noch einmal durch die Argumente, die ich den Journalisten von der New York Times erläutert hatte. Schmidt-Heuer war darüber hinaus auch an der völkerrechtlichen Seite des Problems interessiert. Er hatte gute Kontakte auch zur 3. europäischen Abteilung des Außenministeriums und war dort wohl auf Argumente gestoßen, mit denen behauptet wurde, der Status quo sei durch das „europäische Vertragswerk", d. h. den Moskauer und Warschauer Vertrag, den Grundvertrag mit der DDR und die Schlussakte von Helsinki ein für alle mal festgeschrieben worden.

Ich erklärte ihm dann, wieder auch für die Mikrophone, dass Gromyko zwar in der Tat zunächst gegen den Brief zur Deutschen Einheit als den Moskauer Vertrag begleitendes und interpretierendes Instrument gewesen war, dass die Sowjets dann aber nach Scheels Insistieren den Brief ohne Widerspruch entgegengenommen hatten. Vor allem aber sei der Brief 1972 kurz vor der entscheidenden Abstimmung im Ratifikationsverfahren im Bundestag in Moskau im sowjetischen Ratifikationsverfahren dem Obersten Sowjet vor der Abstimmung vorgelegt worden, sicherlich, um dadurch das Verfahren in Bonn zur Zustimmung zu führen. Die Prawda habe dies seinerzeit gemeldet und wir hüteten seitdem diese Ausgabe der Prawda wie unseren Augapfel. Die sowjetische Ratifikation habe also in offizieller Kenntnis des Briefs zur Deutschen Einheit stattgefunden. Das „Europäische Vertragswerk", von dem die Sowjets sprächen, habe deshalb von vornherein unter diesem Vorbehalt gestanden.

Wesentlich seien auch die einschlägigen Bestimmungen der Schlussakte von Helsinki und zwar nicht nur wegen der bekannten Garantie des Selbstbestimmungsrechts und dem Recht zur friedlichen einvernehmlichen Änderung von Grenzen, sondern vor allem der Garantie des Rechtes jedes Staates, „einem Bündnis anzugehören oder ihm nicht anzugehören." Auf dieses Recht hatte uns der Botschafter in unseren Diskussionen in der Morgenrunde während der letzten Tage aufmerksam gemacht und wir verwendeten dieses Argument eifrig. Als unser KSZE-Hauptunterhändler in Genf und Helsinki Mitte der 70er Jahre kannte der Botschafter die Schlussakte wie seine Westentasche. Gorbatschow könne also, so mein Resümee gegenüber Schmidt-Heuer, auf juristisch für unsere Vereinigungspolitik zentrale Regelungen verweisen, die Breschnew mit dem Westen geschlossen hatte, der Übervater der Konservativen. Das sei im Kampf mit diesen eine wesentliche Erleichterung für Gorbatschow.

Am 29. 5. erschien in der Iswestija ein Grundsatz-Artikel Schewardnadses, in dem er auf die bevorstehenden Tagungen der NATO auf Außenminister- und Gipfel-Ebene, den EG-Gipfel und den in Houston anstehenden Gipfel der G 7 hinwies. Sie ließen alle Beschlüsse erwarten, die für die gute Weiterentwicklung der West-Ost-Beziehungen sorgen würden. Gleichzeitig schilderte er die positive Dynamik der Veränderung der NATO-Doktrin und erwähnte die Bedeutung der zukünftigen Parameter der militärischen Stärke der Bundeswehr und des Ausbaus der gesamteuropäischen Strukturen. Es war eine Abkehr von den negativen Darstellungen durch Teile der sowjetischen Medien während der letzten Monate und zeigte, dass die Mannschaft Gorbatschows verstanden hatte, dass wir uns in allen verfügbaren Foren für ein Entgegenkommen als Gegenleistung für die Einheit in der NATO und den Abzug aus Deutschland einsetzten und dabei auch bereits gut vorwärts gekommen waren.

Am 29. 5. gab der Minister den „Nürnberger Nachrichten" ein Interview, in dem er für die Reduzierung auch der europäischen Truppen, nicht nur der amerikanischen und sowjetischen, schon durch den ersten KSE-Vertrag eintrat. So wurde sein Konzept zur Vermeidung unserer Singularisierung klar. Die erforderliche Zustimmung aller dann von Mannschaftsreduzierungen betroffenen Staaten stand aber noch aus und war keineswegs sicher.

In diesen Tagen kam in Moskau die „Deutsch-Sowjetische Wirtschaftskommission" zusammen, in der wir regelmäßig mit den Sowjets unsere wirtschaftliche Kooperation besprachen, soweit dies nicht in der Kompetenz der EG lag. Dieses Mal ging es zentral um das Schicksal der sowjetischen Außenhandelsverträge mit der DDR, die den Sowjets wichtige Lieferungen zu billigen Preisen aus der DDR gewährten. Sie waren alle in den letzten Wochen in großer Hast verlängert worden. Die Außenhandelsbürokratien in Moskau und Ost-Berlin waren sich seit langem vertraut. Wir durchschauten natürlich dieses Spiel zu unseren Lasten, denn dass die DDR nicht mehr allzu lange bestehen und dadurch wir ins Obligo dieser Vereinbarungen kommen würden, war ja offensichtlich. Wir sicherten den Sowjets trotzdem „Vertrauensschutz" für diese Verträge zu, was zwar vage war, von den Sowjets aber als Zusage der Erfüllung verstanden wurde. Es war ein wichtiger Schritt zur Erhaltung ökonomischer Verbindungen über die Einheit hinaus und deshalb auch politisch von Gewicht in der Vorbereitung auf die Entscheidung der Sowjets in den nächsten Wochen.

Gleichzeitig begannen bei uns die Verhandlungen mit der DDR über den Einigungsvertrag. Die Einheit wurde immer schneller zum fait accompli, bevor die wesentliche Fragen ihrer internationalen Einbindung gelöst waren. Die von den inneren Kämpfen in der SU ausgehenden Gefahren waren, wie mir immer aufs Neue erschreckend klar wurde, zu Hause nur den Wenigsten bewusst. Aber wir mussten so vorgehen und vollendete Tatsachen schaffen. Das erzeugte in Moskau maximalen Druck für eine Regelung nach unseren Interessen.

Der jährliche, große Empfang Ende Mai zum Tag des Grundgesetzes brachte dieses Jahr ein volles Haus wie nie. Es kamen viele Sowjets, die sich bei uns noch nie gezeigt hatten. So kam am Ende Burlatsky auf mich zu, der Chefredakteur der Literaturnaja Gazeta, der mir von meinem ersten Aufenthalt ein Begriff war, weil er der Leiter des Think-Tank bei Andropow im ZK-Sekretariat gewesen war, zu dem auch Bowin, Bogomolow, Butenko und Arbatow gehört hatten, also die Politintellektuellen, von denen ich inzwischen überzeugt war, dass sie zu den Vordenkern der Perestroika gehörten. Von ihnen hieß es jetzt, sie hätten ihre politische Prägung unter Chruschtschow durch den 20. Parteitag mit der Geheimrede gegen Stalin erhalten. Sie seien „Sechziger", also in den Anfangsjahren der sechziger Jahre politisiert worden. Burlatsky fragte mich ohne Umschweife, wie es denn nun weitergehen solle. Es sei doch alles ziemlich kompliziert. Ich antwortete ihm kurz, wir verhandelten mit allen Seiten. Die Probleme seien alle lösbar, ohne irgendjemand dabei zu überfordern. Das entsprach nicht nur den Tatsachen, sondern lenkte auch den Druck etwas von uns weg und auf die Drei Mächte, vor allem die Amerikaner, und deutete so an, dass die Sowjets nun mit diesen übereinkommen müssten. Burlatsky verstand das auch sofort und verließ mich ebenso unvermittelt, wie er gekommen war.

Auf diesem Empfang hatte ich auch ein Gespräch mit Rodin, einem der Sektorleiter aus der 3. europäischen Abteilung, der nicht ganz so vernagelt wie Bondarenko war. Er fragte mich, ob es zuträfe, dass wir parallel zu Zwei-plus-Vier einen großen, bilateralen Vertrag mit der SU abschließen wollten. Ich antwortete, ich hielte das für eine gute Idee, jedoch müssten wir sehr vorsichtig sein, dass damit nicht der Rapallo-Komplex in Westeuropa wiederbelebt werde. Die SU solle sich deshalb um ähnliche bilaterale Abmachungen mit anderen West-Europäern bemühen, auch wenn sie natürlich nicht das Gewicht einer solchen deutsch-sowjetischen Bindung erreichen könnten. Er strahlte. Das sei wirklich eine gute Nachricht. So wurde erkennbar, dass die Sowjets sich von so einem Vertrag sehr viel versprachen. Es war richtig, darauf vorsichtig einzugehen. Das konnte uns wegen des darin liegenden, gewissen bilateralen Entgegenkommens gegenüber den „Germanisten" im laufenden, schwierigen „Endspiel" helfen.

In diesen Tagen legte ein mir bis dahin unbekannter Ökonomie-Professor, Schatalin, der russischen Föderation ein Übergangsprogramm zur Marktwirtschaft in „500 Tagen" vor. Der eigentliche Verfasser war offenbar ein junger Wissenschaftler, Schatalins Vertreter in dessen Institut, Jawlinskij. Damit entstand nun auch auf diesem Feld eine Konkurrenz zur von Gorbatschow beherrschten Unionsebene, auf der diese Reform nicht vorwärts kam. Claudia hatte sich während ihres Volkswirtschaftsstudiums in Köln mit dem Vergleich von Wirtschaftssystemen beschäftigt und dabei Oskar Lange und Ota Sik gelesen, also die bekanntesten unter den Volkswirten, die sich mit der Einfügung marktwirtschaftlicher Prinzipien in eine sozialistische Planwirtschaft befasst hatten. Sie studierte dieses 500-Tage-Programm in den Einzelheiten und erklärte mir die zu erwartenden Probleme, auch dann, wenn man, wie notwendig, so mutig und radikal vorging, wie Schatalin dies vorschlug. Auch dieses Programm sei in der entscheidenden Frage der Einführung des Privateigentums, vor allem an Grund und Boden, nicht eindeutig. Jawlinskij erklärte die Einführung von Privateigentum zwar für unumgänglich, verwies aber auf den Widerstand der Ministerien dagegen.

Das war für mich eine weitere Dimension der politischen Probleme, die Gorbatschow zu bewältigen haben würde, nun also auch noch ein sich aufschaukelnder Kampf um die konkreten Parameter einer neuen Wirtschaftsordnung. In diesem Umfeld sich kumulierender Schwierigkeiten, von denen jede die volle Aufmerksamkeit der Sowjets forderte, mussten wir so rasch es ging unsere nationale Aufgabe bewältigen, bevor das sowjetische System wegen seiner inneren Wirren möglicherweise in seine alte Starrheit zurückfiel.

Im Anschluss an Jelzins Wahl zum Russischen Präsidenten schrieb Adam zwei große Analysen der sich damit abzeichnenden innenpolitischen Situation mit zunehmender Polarisierung zwischen Progressiven und Konservativen.

„Das Schrumpfen der Mittelposition wird die politische Entwicklung in der SU weiter beschleunigen. Die zentralen Instanzen der Union werden in neuen Instanzen der RSFSR ernsthafte politische Konkurrenz erhalten. Die Formierung der „Souveränität" der RSFSR führt jedenfalls tendenziell zu einer Lockerung der Union und so zu einer Begünstigung separatistischer Bestrebungen anderer Republiken...

Gorbatschow hat als Präsident der Union und Generalsekretär der Partei sowie Oberkommandierender der Streitkräfte die nach wie vor entscheidenden Lenkungsinstrumente in der Hand. Jelzin kann sich aber in der Zukunft auf die Rückendeckung des russischen Parlamentes berufen, das sich zwar nur zur guten Hälfte auf die Progressiven stützt, sich aber im Willen zur Verlagerung eines Großteils der politischen Entscheidungsgewalt von der Union auf die RSFSR weitgehend einig ist. Jedenfalls wird Jelzins Wahl Gorbatschow zwingen, einen erheblich größeren Teil seiner Zeit auf die Konsolidierung der eigenen Basis in Russland zu verwenden. Darauf deuten auch einige Ligatschow herabsetzende Veröffentlichungen in der Partei-Presse hin...

Jelzin hat nun ein Amt inne, dem in der Übergangsphase zu neuen Verfassungen der RSFSR und der Union große Gestaltungsmöglichkeiten innewohnen. Er hat ein beispielloses politisches Comeback erlebt. Sein Sieg markiert den Triumph der Radikaldemokraten gegenüber dem konservativen Block von Russophilen und Parteiapparat. Außenpolitisch bedeutet dies eine Schwächung der Gegner der deutschen Einheit. Es bestehen kaum noch Zweifel, dass auch die RSFSR bald zum Präsidialsystem übergehen wird. Dann dürfte Jelzin kaum noch zu schlagen sein.

... Die RSFSR wird wohl schon im Sommer/Herbst eine neue Präsidialverfassung erhalten und sich zu neuen Prinzipien eines Unionsvertrages bekennen. Die Ausarbeitung eines derartigen Vertrages wird sich dann nicht länger aufschieben lassen. Er muss von allen Republiken separat gebilligt werden, um für sie in Kraft zu treten. Damit würde der Austritt des Baltikums aus der Union besiegelt. Die herrschende Stimmung in der RFSFR dürfte jedenfalls gegenwärtig weitere Sanktionen gegen sezessionswillige Republiken kaum mehr tragen."

So zeigte dieser Bericht, wie prekär Gorbatschows Position in der sowjetischen Innenpolitik inzwischen war und verdeutlichte damit, wie dringlich es geworden war, mit ihm zum Abschluss zu kommen, denn welche Außenpolitik eventuelle Nachfolger betreiben würden, war völlig unvorhersehbar.

Am 1. 6. schickten wir den zweiten Bericht Adams nach Bonn, der die Analyse der innenpolitischen Entwicklung noch vertiefte.

„Während sich die krisenhafte Entwicklung in allen Bereichen von Politik, Wirtschaft und Gesellschaft zuspitzt, hat Gorbatschow mit der Verkündung des „regulierten Marktes" den Eindruck erzeugt, er habe nun auch den Rubicon bei der Wirtschaftsreform überschritten. Daran mag man zweifeln, wenn man die Vorschläge Ryschkows auf ihren Gehalt untersucht. Die politische Überzeugung vom Abschied von der Planwirtschaft hat Gorbatschow aber selbst verfestigt, als er diesen „Übergang" mit dem von 1917 verglich.

Gorbatschow steht in diesen Wochen am Schnittpunkt gegenläufiger Entwicklungen. Einer seit Stalin präzedenzlosen Fülle formaler Macht seit seiner Wahl zum Präsidenten steht ein rapides Absinken des Ansehens und der Glaubwürdigkeit bei der eigenen Bevölkerung gegenüber...

-Die Föderation ist nur ein Schlagwort. Versuche, es mit konkretem Inhalt zu füllen, werden immer wieder von den Ereignissen überrollt.

-Die Wirtschaftsreform ist ein Konglomerat von unvereinbaren Ansätzen.

-Der Verfall der Partei und das neue Selbstbewusstsein der neugewählten Sowjets als demokratisch gewählte, aber sich selbst noch nicht durch überzeugende Arbeit legitimierende Parlamente haben ein Machtvakuum und Orientierungslosigkeit erzeugt.

Gorbatschows größte Leistung liegt vor allem darin, dass er alte, verkrustete Strukturen gesprengt und lange verschlossene Türen aufgeschlossen hat. Wenn Gorbatschow in der Substanz seines politischen Willens, wenn auch nicht in seiner Rhetorik, zu den Radikalen gehört, auch weil sich in den letzten Monaten die Unmöglichkeit der Substantiierung des „Dritten Weges" zwischen „realem Sozialismus" und „Revisionismus" auch in der SU erwiesen hat, dann muss er wohl schneller Farbe bekennen, als ihm lieb ist. Einmal mehr fragt man sich deshalb, ob er glaubt was er sagt, oder ob er immer noch die Taktik des Handelnden verfolgt, der seine Gegner nicht aufmerksam machen will.

Ungewiss bleibt, wie der Parteikongress auf die vorbereiteten Reformtexte der „Demokratischen Plattform" reagieren wird. Zusammensetzung und Mehrheitsverhältnisse lassen sich noch nicht abschätzen. Gefahr droht von der Etablierung einer rivalisierenden russischen Parteiorganisation, die zum Sammelbecken für konservativ-nationalistische Kräfte werden könnte, in dem die Aggressivität ideologischer Reminiszenzen mit dem Expansionsanspruch eines großrussischen Chauvinismus eine explosive Mischung bildet...

Es zeichnet sich die Möglichkeit des radikalen Transfers von Machtbefugnissen auf die Peripherie ab. Er würde Gorbatschows Machtposition auf Unionsebene aushöhlen und ihm nur noch die äußere Hülle von umfassenden Vollmachten lassen."

Wahrscheinlich stöhnten die Bonner inzwischen über unseren Anstrengungen, den ungeheuren Zeitdruck zu verdeutlichen, in dem wir inzwischen unsere Interessen zu sichern hatten. Aber der nervliche Druck, unter dem wir inzwischen standen, brauchte einen Ausgang. Die innere Entwicklung in der

SU konnte schon bald zu Entscheidungsunfähigkeit führen, ohne dass absehbar war, wann danach wieder Handlungsfähigkeit erreicht werden würde, geschweige denn, wer dann zu Entscheidungen befugt und fähig sein würde und in welche Richtung das dann gehen würde. Wir mussten deshalb mit unserer Politik das Tempo des sich beschleunigenden Zerfalls der SU überholen.

Vom 31. 5. – 4. 6. fand in Washington und Camp David der amerikanisch-sowjetische Gipfel statt. Noch bevor ich darüber Informationen aus der Berichterstattung der Washingtoner Kollegen oder der amerikanischen Kollegen in Moskau erhielt, sah ich in den sowjetischen Fernsehnachrichten eine Reportage, der relativ deutlich zu entnehmen war, dass Gorbatschow sich das Argument mit dem Recht aus der Schlussakte von Helsinki zu eigen gemacht hatte, dass es jedem Staat freisteht, einem Bündnis anzugehören oder ihm nicht anzugehören. Ich konnte zu Hause vor dem Fernseher meine Triumph-Gefühle kaum beherrschen und ließ mich auf das nächste Sofa fallen, um diesen entscheidenden Durchbruch lautlos auszukosten.

Aus den Berichten unserer Kollegen in Washington und den Gesprächen mit den amerikanischen Kollegen in Moskau erfuhren wir dann bald Näheres. Gorbatschow hatte in der Diskussion mit Bush dem Argument mit dem Recht der Schlussakte, einem Bündnis anzugehören oder nicht anzugehören, zugestimmt. Im Übrigen hatte er zu Deutschland weitgehend Falin das Wort überlassen, der die NATO-Mitgliedschaft leidenschaftlich abgelehnt hatte und insistent hartleibig geblieben war. Schewardnadse habe sich davon zwar abgesetzt, aber nicht direkt die Gegenposition vertreten, sondern Gorbatschow zur Stellungnahme aufgefordert, was dieser mit dem im Effekt der Mitgliedschaft zustimmenden Helsinki-Argument dann auch getan hatte. Mit anderen Worten hatte Gorbatschow zunächst Falin probieren lassen, wie weit er mit seiner Position kam, und ihn insofern nicht selbst abgeschmettert, sondern dies den Amerikanern überlassen. In seiner typischen Art hatte er sich selbst erst festgelegt, als klar geworden war, welcher Weg gangbar war und welcher nicht.

Am 5. 6. unterrichtete der engste deutschlandpolitische Mitarbeiter Bakers, Bob Zoellick, die Politischen Direktoren der Außenministerien in der Bonner Vierergruppe davon, dass die Frage wirtschaftlicher Unterstützung sich wie ein roter Faden durch Gorbatschows Darlegungen in Washington gezogen habe. Als ich davon erfuhr, war ich überglücklich. Meine Grundanalyse, die ich seit dem Brief an Teltschik zu Jahresanfang immer wieder übermittelt hatte, hatte sich als richtig erwiesen.

Am gleichen Tage fand in Kopenhagen eine KSZE-Menschenrechts-Konferenz statt. Schewardnadse kündigte dort in deutlicher Antwort auf die kürzlichen Beschlüsse der NATO an, dass die SU ihre Nuklearwaffen in Mitteleuropa einseitig reduzieren werde. Genscher setzte seine Bemühungen um die „Entfeindung der Bündnisse" fort und Schewardnadse sagte ihm, alles hänge von der Veränderung der NATO ab. Es bestätigte sich also, dass die

NATO-Mitgliedschaft grundsätzlich durchsetzbar war, wir mussten aber darauf achten, dass sie im Zuge der geforderten „Veränderung" nicht die Mittel verlor, die notwendig waren, um ihre Garantie auch umsetzen zu können.

Vom 5. – 19. 6. herrschte in Kirgisien der Ausnahmezustand nach Zusammenstößen mit mehreren Hundert Toten, die schon während Gorbatschows Amerikareise ausgebrochen waren. Am 7. 6. tagte in Moskau der Politisch-Beratende Ausschuss, das höchste Organ des Warschauer Paktes. Es verlautete, der Vertrag solle in einen Vertrag gleichberechtigter Staaten umgewandelt werden. Ungarn forderte die Auflösung der militärischen Organisation des Paktes und kündigte seinen Austritt daraus an. Nichts zum militärischen Status Deutschlands, was auf Meinungsverschiedenheiten hindeutete.

Am gleichen Tage sprach sich der ungarische Außenminister Horn, der immer an der Spitze der Entwicklung stand, in einer Rede vor der Parlamentarischen Versammlung der WEU für die NATO-Mitgliedschaft des vereinten Deutschland aus. Am 8. 6. war Premierministerin Thatcher in Moskau zu Gesprächen mit Gorbatschow. Unsere britischen Kollegen konnten uns nichts sagen. Eine wahre Schande.

Am gleichen Tage veröffentlichen die NATO-Außenminister neben dem üblichen, langen Kommunique eine kurze Erklärung, das „Signal von Turnberry", ihrem Tagungsort in Schottland, mit dem sie ihren Willen bekräftigten, ihr „Äußerstes zu tun, um die Vereinigung Deutschlands zu erreichen." Sie streckten der SU und den Mitgliedern des Warschauer Paktes die „Hand der Freundschaft und der Zusammenarbeit" entgegen. Im Kommunique wurde der Beschluss zur Überprüfung der Strategie, konventionell wie nuklear, bekräftigt und das Ziel beschrieben, die Zwei-plus-Vier-Verhandlungen bis zum KSZE-Gipfel im Herbst abzuschließen. Das Recht Deutschlands der freien Bündniswahl wurde ebenso hervorgehoben wie die Überzeugung, dass das vereinte Deutschland in der NATO bleiben werde.

Das war alles gut und schön, war mir aber noch bei weitem nicht konkret genug zur Anpassung von „flexible response" und zu den zukünftigen Personalstärken der Streitkräfte der Mitgliedsstaaten. Zur Frage, ob diese Stärken bereits im ersten KSE-Vertrag festgelegt werden könnten, schwieg das Kommunique. Aus dem Kontext ergab sich eher, dass in diesem Vertrag, d. h. noch in diesem Jahr, abgesehen vom Personal der Sowjets und Amerikaner, nur die Obergrenzen für bestimmte Hauptwaffensysteme festgelegt werden sollten, wie es bisher beschlossen war. In der Schlüsselfrage, der Personalobergrenze für die Bundeswehr nach der Einheit, gab es noch keine Konkretisierungen.

Am 9. 6. begleitete ich eine Gruppe von Bundestagsabgeordneten der CDU unter Führung des Abgeordneten Wilz zu einem Gespräch mit Falin in das ZK. Dabei brach Falins Hass auf die Amerikaner ungehemmt hervor. Er wedelte mit der Kopie eines uralten Artikels einer amerikanischen Zeitschrift in der Luft herum, in der ein angeblicher Plan der USA zum nuklearen Erstschlag auf die SU mit Namen „Drop Shot" veröffentlicht wurde. Ich konnte es kaum glauben und fühlte mich 6 Jahre zurückversetzt, als ich während des Kampfes um die Nachrüstung schon einmal genau die gleiche Tirade Falins über „Drop Shot" gegenüber deutschen Besuchern erlebt hatte. Der Plan sei nach wie vor gültig. Hier werde die wahre amerikanische Politik enthüllt. Ihr könne man niemals entgegenkommen.

Falin redete sich so in Rage, dass alle Versuche unserer Abgeordneten fehlschlugen, ihn mit Hinweisen auf die völlig veränderte Lage und die westliche, auch amerikanische Bereitschaft zu Zusammenarbeit zu besänftigen. Falin blieb völlig unbeeindruckt und lehnte die NATO-Mitgliedschaft des vereinten Deutschland vehement ab. Für mich war dies die Bestätigung meiner alten Analyse, dass Falin der Hauptgegner einer Lösung für Deutschland war, die die Zustimmung der USA finden konnte. Sein Ziel war eindeutig und unverändert die Vertreibung der Amerikaner aus Europa. Er fühlte sich auch offenbar immer noch frei, diese Politik mit aller Kraft zu verfolgen, auch noch nach dem Washingtoner Gipfel. Die Schlacht war also noch nicht geschlagen. Die Entscheidung würde wohl erst auf dem Unions-Parteitag unmittelbar vor dem Kanzlerbesuch fallen.

Am 11. 6. traf sich der Minister mit Schewardnadse in Brest. Der Botschafter erklärte mir vorher, er könne mich nicht dorthin mitnehmen. Ich war darüber traurig und verärgert. Später fragte ich mich, ob die Bonner vielleicht dahintergesteckt hatten. Ich wusste ja, dass ich im AA nicht mehr persona grata war. Nach der Rückkehr des Botschafters aus Brest kam mein französischer Kollege Duclos zu mir, um sich nach dem Ergebnis zu erkundigen. Ich sagte ihm, da ich nicht dabei gewesen sei, könne ich ihm nicht viel sagen. Er wisse ja, dass Genscher sich um die Entfeindung der Bündnisse bemühe. Er denke offenbar auch daran, schon bei dem jetzt anstehenden KSE-Vertrag Personalobergrenzen nicht nur für die SU und die USA festzusetzen, um die Singularisierung Deutschlands bei der wohl anstehenden Festsetzung einer Obergrenze für die Bundeswehr nach der Einheit zu vermeiden. Das würde dann wohl auch französische Truppen erfassen. Die Franzosen sollten sich in Bonn erkundigen, denn noch sei unklar, wie die Frage der zukünftigen Obergrenze für die Bundeswehr geregelt werden solle.

Mir schien es wichtig, dass wir mit den u. U. betroffenen Verbündeten bald über die Personalobergrenzen sprachen, denn dieses vermutliche Hauptproblem nach der NATO-Mitgliedschaft als solcher kam mit großer Geschwindigkeit auf uns zu. Später hörte ich dann, dass Schewardnadse in Brest als Gegenleistung für den Abzug der sowjetischen Truppen verlangt hatte, eine gesamteuropäische Vereinbarung einer Übergangszeit abzuschließen, mit der die Zwei-plus-Vier-Vereinbarung gesamteuropäisch eingebettet werden sollte. Das war ein neuer Versuch, den Teilnehmerkreis der abschließenden Regelung über Deutschland unerträglich auszuweiten und die Übergangszeit nicht auf einen bilateralen Vertrag zu stützen. Inakzeptabel. Schewardnadse war offenbar immer noch unfähig, sich über solche von der Betonfraktion vorgelegte Forderungen hinwegzusetzen. Kein gutes Zeichen.

Am 12. 6. erklärte sich die RFSFR für souverän. Es gelte der Vorrang der russischen Gesetze vor denen der Union. Damit würde, wenn es beachtet würde, aus der sowjetischen Föderation eine Konföderation. Der Beschluss war aber sicher nicht nur juristisch gemeint, sondern vor allem als politische Herausforderung Jelzins an Gorbatschow.

Am gleichen Tage berichtete ich über eine Regierungserklärung Gorbatschows vor dem Obersten Sowjet über die Ergebnisse der Gipfel von Warschauer Pakt und Washington. Sie enthielt eine erkennbare, nun offene sowjetische Annäherung in Richtung auf die NATO-Mitgliedschaft des vereinten Deutschland. Gorbatschow sagte auch, die französische Lösung sei ein „Mythos", er strebe sie für Deutschland nicht an. Dafür gewann die Forderung nach einer Regelung des Verhältnisses der beiden Bündnisse zu einander immer größeres Gewicht. Gorbatschow sagte, er habe über Elemente einer evtl. gemeinsamen Deklaration bereits mit Mrs. Thatcher gesprochen. Der Komplex der Institutionalisierung der KSZE spielte in Gorbatschows Rede keine größere Rolle.

Seine Darlegungen liefen auf die Forderung einer Übergangsperiode hinaus, während derer die Bundeswehr der NATO und die NVA der Bundesregierung unterstellt waren und die sowjetischen Truppen schrittweise abzogen. Während dieser Zeit sollte Deutschland offenbar beiden Bündnissen angehören, danach jedoch, so die Implikation, nur noch der NATO. Dafür sollten die USA der Priorität der Annäherung der Blöcke in organischer Verbindung mit den Wiener- und den gesamteuropäischen Prozessen zustimmen. In dieser Übergangszeit solle der Prozess der Vereinigung Deutschlands mit dem Aufbau eines gesamteuropäischen Sicherheitssystems synchronisiert werden, „so weit dies möglich ist." Im Übrigen zeigten Fragen der Abgeordneten ein wachsendes Interesse an einer „peace-dividend", was Gorbatschow benutzte, um die wirtschafts- und sozialpolitische Motivation seiner Abrüstungspolitik zu erläutern. Das waren nun wichtige Fortschritte.

Der für Rüstung zuständige ZK-Sekretär Baklanow hatte in der Debatte aber vor „übereilten Initiativen" gewarnt. Der als Dogmatiker bekannte Abgeordnete Suchow hatte Gorbatschow mit der Bemerkung angegriffen, er kenne die Lage der Menschen in den USA wohl besser als deren Lage in der SU. Trotz solcher Bremsversuche war Gorbatschow aber weiter vorwärts gegangen und der Oberste Sowjet hatte in einer Resolution seinen Darlegungen zugestimmt. Mehr war jedenfalls vor dem sowjetischen Parteitag und einer Konkretisierung der westlichen Position auf dem Juli-Gipfel der NATO nicht zu erwarten.

Am 13. 6. kam Ray Smith erneut zu mir, um vor der am 22. 6. bevorstehenden Zwei-plus-Vier-Minister-Konferenz in Berlin die Lagebeurteilungen auszutauschen. Ich begründete meine Meinung von der Durchsetzbarkeit der NATO-Mitgliedschaft nun auch mit Gorbatschows Auftritt vor dem Obersten Sowjet, erinnerte aber auch erneut an die Notwendigkeit, der SU wirtschaftlich entgegenzukommen.

Am gleichen Tage hatte sich Ligatschow auf dem Gründungskongress des „Bauern-Verbandes der SU" wieder einmal als der eigentliche Vorkämpfer traditioneller Vorstellungen und Hauptwidersacher Gorbatschows profiliert. Staat und Partei seien in einer gefährlichen Lage. Die gegenwärtige Linie der Führung drohe, zum Zerfall der SU zu führen. Konzession folge auf Konzession. Wenn man sich bis zum Ende um Kompromisse bemühe, könne man alles verlieren. Noch schärfere Angriffe kamen vom Vorsitzenden dieses „Bauern-Verbandes", tatsächlich eines Verbandes der Kolchos-Vorsitzenden, Starodubzew, der sich gegen Gorbatschows Lockerung des Gemeineigentums an Grund und Boden wandte. Dieser Bauern-Kongress war offensichtlich von den Konservativen als Gegenkongress gegen einen kürzlichen „Pächter-Kongress" organisiert worden, der die Pacht von Land durch Einzelbauern von den Kolchosen forderte und den Gorbatschow benutzt hatte, um die Chancen der Marktwirtschaft zu preisen. Dagegen hatte sich der Ministerpräsident Ryschkow bei Einbringung seiner stark verwässerten Reformvorschläge strikt gegen jeden Verkauf von Land an Bauern gewandt. Insgesamt formierten sich also vor dem Parteitag die Konservativen und Gorbatschow konnte es nicht hindern.

Am 14. 6. setzte sich Jasow in der „Sowjetskaja Rossija", einer Zeitung der Konservativen, gegen die Schwächung des Warschauer Paktes ein. Am gleichen Tage erschien in der „Rabotschaja Tribuna" ein Interview Baklanows, der schon in der Debatte im Obersten Sowjet über die Regierungserklärung Gorbatschows aufgefallen war. „Kostenlosen Käse gibt es nur in Mausefallen" war der Titel, unter dem Baklanow die Deutschlandpolitik Gorbatschows scharf kritisierte. Die Konservativen sammelten also wirtschafts- wie verteidigungspolitisch ihre Truppen vor dem Parteitag und zeigten sich weiter intransigent.

Am 14. und 15. 6. ließ Iliescu in Bukarest Studenten-Demonstrationen von Schlägern auseinandertreiben, die er aus den Bergbaugebieten hatte heranschaffen lassen. Ein Beleg dafür, dass er nicht zu den echten Reformern gehörte. So zeigte sich in Rumänien, wohin die von Moskau ausgelöste Lawine überall führen konnte, wo die Demokraten schwach und die Geheimpolizeien noch stark waren, nämlich zu einer Entwicklungsdiktatur durch die Geheimpolizei, wie sie z. B. Migranian auch für die SU gefordert hatte.

Am 16. 6. forderte General Lobow, der Oberkommandierende des Warschauer Paktes, eine Obergrenze für die Bundeswehr von „150.000 oder 250.000 Mann." Das zeigte den zu erwartenden Druck in dieser Frage, ließ jedoch auch auf eine erhebliche Verhandlungsmarge schließen.

Am 18. 6. traf der Minister sich in Münster, dem Ort des Westfälischen Friedens, mit Schewardnadse. Wir wurden über die Einzelheiten nicht unterrichtet, hörten nur, dass die Gespräche befriedigend verlaufen seien und sich nun abzeichne, dass es nicht zu einer gemeinsamen Erklärung der beiden

Bündnisse, sondern der Mitgliedsstaaten beider Bündnisse kommen solle. Ein Fortschritt, weil so eine Legitimierung des Warschauer Paktes vermieden wurde.

Am gleichen Tage lieferte ich den Baden-Württembergischen Ministerpräsidenten Lothar Späth im Kreml zu einem Gespräch mit Gorbatschow ab, der mich freundlich anlächelte. Er war offenbar in voller Form und begrüßte Späth freundlich wie einen alten Bekannten. Später begleitete ich Späth zu einem Gespräch mit Falin in das ZK, das schwierig verlief. Falin forderte, vor der Einheit zunächst ein gesamteuropäisches Sicherheitssystem zu schaffen. Das war bei Falin das Code-Wort für die Neutralisierung Mitteleuropas. Falin baute also die höchsten Hürden auf. Für mich war das nur das von Falin seit langem Erwartete, aber es zeigte, dass die Position derer, die unsere Neutralität verlangten, immer noch nicht gebrochen war.

Am 19. 6. gab Primakow, Vorsitzender eines der beiden Häuser des Obersten Sowjet, der DDR-Agentur ADN ein Interview. Alles hänge von der Wandlung der NATO ab. Also u. U. ja zur NATO-Mitgliedschaft. Primakows Einordnung in die „SD-Fraktion" erhärtete sich. Am gleichen Tage wurde Daschitschew in DDP zitiert, die NATO-Mitgliedschaft sei „vielleicht unvermeidlich".

Am 19. 6. begann der Gründungskongress der Russischen Partei. Zum Vorsitzenden wurde Poloskow gewählt, ein bekannter Stalinist. Dadurch wurde erkennbar, was zu erwarten gewesen war, nämlich dass in dieser Organisation die Konservativen die Mehrheit hatten. Diese kritisierten Gorbatschow scharf. General Makaschow hielt eine Rede gegen „Eierköpfe und Verräter", womit die Zivilisten an der Spitze der Reformer Jakowlew und Schewardnadse gemeint waren. „Nur Schwachsinnigen gefällt die Formel, dass niemand beabsichtigt, uns anzugreifen." Es mehrten sich die Anzeichen der Kritik von militärischer Seite, Jasow, Gromow (der frühere Oberkommandierende in Afghanistan) und auch Achromejew. Die neue russische Parteiorganisation wurde damit eindeutig als Gegenmacht zum von Gorbatschow beherrschten Parteiapparat der Union aufgebaut. Nach seiner Niederlage gegen Jelzin im russischen Volkskongress, bei der die Progressiven ihn verlassen hatten, verlor Gorbatschow auf diesem russischen Parteitag nun auch die Kontrolle über den entgegengesetzten konservativen Flügel in Russland. Während er diese Flügel 1989 noch souverän gegeneinander ausgespielt hatte, wuchs jetzt die Gefahr, dass er zwischen ihnen zerrieben wurde.

Unser Sozial-Attaché, Thomas Poese, organisierte in diesen Tagen für meine Abteilung die Besichtigung eines Moskauer Maschinenbaubetriebes. Der Gang durch die Werkshallen zeigte selbst für einen Laien wie mich ein ziemliches Durcheinander eines völlig veralteten Maschinenparks. Man zeigte uns stolz deutsche Maschinen aus der Vorkriegszeit, die immer noch liefen und im Westen natürlich längst durch moderne ersetzt worden wären. So etwas erklärte die russische Bewunderung für deutsche Technik. Beim anschließenden Essen erkundigte sich unser Gastgeber, der für „internationale Beziehungen" zuständige Sekretär der Betriebsgewerkschaft, offensichtlich auf mich gezielt, nach unserem Eindruck vom russischen Parteikongress. Ich schilderte ihm meine Besorgnis über die Mehrheit der Konservativen und der Chauvinisten und betonte, dass der Westen, allen voran Deutschland, mit diesen Kräften nicht zusammenarbeiten könne. Ich hoffte aber, so sagte ich ihm explizit, dass es Gorbatschow gelingen werde, auf dem bevorstehenden Unions-Parteikongress seine Politik durchzusetzen. Ich war sicher, dass mein Gesprächspartner dies weitergeben würde. Es musste alles getan werden, um auf dem Unions-Kongress den entscheidenden Showdown herbeizuführen und zu gewinnen. Die Konservativen formierten sich immer stärker und es war nun keine Zeit mehr zu verlieren.

Am 21. 6. schlug der Bundeskanzler im Bundestag vor, einen Nichtangriffspakt zwischen den Mitgliedsstaaten beider Bündnisse abzuschließen und darin die Möglichkeit des Beitritts für alle anderen Europäer vorzusehen. Wir entwickelten damit Vorschläge, die eine gewisse Veränderung der Bedeutung der Bündnisse implizierten, natürlich gezielt auf Moskau zur Demonstration, dass auch die NATO sich veränderte.

Am gleichen Tage fassten die beiden deutschen Parlamente, Bundestag und Volkskammer, eine gleichlautende Resolution mit Anerkennung der Oder-Neiße-Grenze und dem Beschluss zu einem Vertrag des vereinten Deutschland mit Polen, der die bestehende polnische Westgrenze festschreiben sollte. Ich dachte an Proektors „Anregungen" und war sehr zufrieden. Die Resolution kam genau zum rechten Zeitpunkt vor dem Parteitag.

Und ebenfalls an diesem Tage sagte Schewardnadse in einer Rede im Obersten Sowjet der Union, der Einsatz von Gewalt zur Blockierung der deutschen Wiedervereinigung würde den 3. Weltkrieg provozieren. Eine stärkere Abwehr des offenbar immer noch spürbaren Gedankens an einen Truppeneinsatz in der DDR war kaum vorstellbar. Damit zeigte Schewardnadse nun doch seine Karten. Der Showdown war also offenbar jetzt im Gange.

Am 22. 6. griff Ligatschow auf dem russischen Parteitag Gorbatschow, Jakowlew und Schewardnadse scharf an. Sie seien für „den Zusammenbruch der sozialistischen Gemeinschaft" verantwortlich. Am gleichen Tage gab Jasow Nowosti ein Interview ganz gegen die NATO-Mitgliedschaft des vereinten Deutschland. Er bestritt, dass es irgendeinen Wandel der NATO gebe.

An diesem Tage gewährten wir der SU einen Finanzkredit von 5 Mrd. DM. Wir erhöhten gezielt unser Gebot.

Auch an diesem Tag hatte der Botschafter wieder einmal ein Gespräch mit DDR-Botschafter König. Dieser erzählte, Jakowlew habe Gysi gesagt, der Unions-Parteitag werde das entscheidende Forum zur Auseinandersetzung mit den Konservativen. Wenn es da nicht gelinge, die Konservativen vom Volk zu trennen, wisse er, (Jakowlew) auch nicht, wie es weitergehen solle. Nun trieb also Alles auf eine Entscheidung zu.

Am gleichen Tage fand in Ost-Berlin die zweite Tagung der Zwei-plus-Vier auf Ministerebene statt. Wir hörten wieder nichts Direktes aus dem AA, jedoch berichtete die FAZ am 23. offensichtlich auf der Basis eines guten Briefings. Danach hatte Schewardnadse einen Vertragsentwurf übergeben, der praktisch aus einer Zusammenstellung sämtlicher deutschlandpolitischer Forderungen der Sowjets und der DDR der letzten Jahrzehnte bestand, einschließlich einer demilitarisierten Zone mitten durch Deutschland und der Nicht-Revision der Enteignungen zwischen 1945 und 1949. Für mich ein völlig inakzeptables Gemeinschaftswerk der Beton-Fraktion und der Germanisten aus Kwizinskijs geübter Feder. Die anschließende Pressekonferenz hatte Schewardnadse aber zu der Bemerkung genutzt, der Entwurf sei nicht das letzte Wort. Es gebe auch andere Varianten. Damit hatte er sich in für sowjetische Verhältnisse sehr großer Klarheit von seinen eigenen Vorschlägen während der Verhandlungen abgesetzt und mehr oder minder zu verstehen gegeben, er sei aus innenpolitischen Gründen gezwungen gewesen, zunächst dieses Papier auf den Tisch zu legen, obwohl es eigentlich seiner Position gar nicht entspreche. Mit diesem Eindruck beruhigte ich mich jedenfalls, wenn sich auch immer noch die ungebrochene Hartnäckigkeit unserer Gegner gezeigt hatte.

Am 24. 6. begleitete mein Kollege Detlev Wolter den damaligen bayrischen Innenminister Stoiber zu einem Gespräch mit Falin in das ZK. Falin drohte dabei, wenn die sowjetischen Bedingungen nicht akzeptiert würden, könne es zur Schließung der innerdeutschen Grenze kommen, also mit der Wiedererrichtung der Mauer. Außerdem versuchte er, die innenpolitische Entwicklung in der SU ins Feld zu führen. Die Wahl Poloskows sei eine schwere Belastung von Zwei-plus-Vier. Diese Einlassungen waren so extrem, dass sie nicht mehr wirklich beeindruckten. Sie waren eher ein Beleg dafür, dass sich Falin inzwischen am Ende seiner Möglichkeiten zu wirksamer Einflussnahme befand, zeigten aber seinen Willen, auch zu äußersten Mitteln zu greifen, um die Vereinigung in der NATO doch noch zu verhindern.

Gastgeber Stoibers war ein stellvertretender sowjetischer Innenminister, ein General der Polizei. Den Zeitungen hatte ich entnommen, dass er von anderen Teilen des Sicherheitsapparates wegen Korruption massiv angegriffen worden war. Ich machte deshalb in einem Bericht vor Stoibers Besuchstermin darauf aufmerksam, dass ein derartig umstrittener Mann als Gastgeber für einen deutschen Politiker nicht in Frage kommen könne. Aus Bonn oder München kam darauf keine Reaktion und bald darauf landete Stoiber begleitet von seiner Frau und einer Delegation aus seinem Ministerium in Moskau. Ich holte sie vom Flughafen ab und lernte bei einem kleinen Sektempfang, den dort seine Gastgeber in einem separaten VIP-Raum organisiert hatten, den General und seine Begleitung etwas kennen. Sie bestand aus einer Reihe von „Damen" und „Herren", die mir geradezu skandalös erschienen. Sie gehörten zu einer „Gesellschaft", damals gab es so etwas in der SU noch nicht, die u. a. die Duty-free-Läden auf den sowjetischen Flughäfen betrieb, vermutlich also KGB, und ihr Leiter bot mir an, er sei zum Arrangement aller Arten von gesellschaftlichen Anlässen bereit. Noch deutlicher wurde Alles, als Stoiber und seine Delegation zu den wartenden Autos geführt wurden. Es waren drei weiße, amerikanische „Stretch-Limos", also verlängerte Ford-Lincolns mit Fernsehantenne auf dem Dach statt der üblichen schwarzen Wolgas oder Tschaikas.

Beim großen Diner beim Botschafter am Abend amüsierten die Sowjets sich großartig. Dem General kam es darauf an, in München ein Büro für den ständigen Kontakt mit dem bayrischen Innenministerium zu errichten. Die Münchener schienen interessiert, so zu einem ständigen, direkten Draht nach Moskau zu kommen. Stoibers Mitarbeiter besprachen mit den Vertretern der „Gesellschaft" die Abgabe ausrangierter Autos der Münchener Feuerwehr an die Moskowiter. Staunend und betrübt sah ich dem Treiben zu.

Wie Strauß bei seinem berühmten Besuch 1987 zeigten die Münchener sich allzu bereit zu Zusammenarbeit, auch wenn sie sich dabei selbst zu billig verkauften. Ein Mitarbeiter des ZK hatte mir hohnlachend davon erzählt. Als die Maschine mit Strauß, Tandler und Stoiber Moskau erreicht hatte, Ende Dezember im tiefsten russischen Winter, war das Wetter so schlecht, dass der Pilot mitteilte, er könne nicht landen. Man müsse wohl nach Helsinki ausweichen. Strauß sei daraufhin nach vorne gegangen und habe den Piloten mit beinahe physischer Gewalt gezwungen, die Landung zu wagen. Sonst werde er es selber machen. Tandler und Stoiber hätten in der Kabine den Rosenkranz gebetet, aber es sei alles gut gegangen. Der ZK-Mann hatte diese Geschichte von Strauß Mitarbeitern. Diese hatten davon nach der Landung lachend erzählt. Ihnen war offenbar überhaupt nicht bewusst, dass für die Russen dies nicht lediglich eine lustige Geschichte war, sondern ihnen offenlegte, wie viel Strauß an den Gesprächen in Moskau lag. Er hatte sich so als Demandeur erwiesen. Die Erzähler hatten sicher übertrieben, aber die Sowjets amüsierten sich immer noch darüber.

Am 24. 6. ließ Schewardnadse gegenüber AFP erkennen, dass er sich mit dem sowjetischen Vertragsentwurf von Berlin nicht mehr identifiziere. Das ließ hoffen.

Am 25. 6. erklärte die EG sich auf ihrem Gipfel in Dublin grundsätzlich bereit, der SU Wirtschaftshilfe zu gewähren. Die EG-Kommission wurde beauftragt, die Modalitäten zu prüfen. Unsere Orchestrierung der verschiedenen bilateralen und multilateralen Förderungsmöglichkeiten kam gerade rechtzeitig vor dem Unionsparteitag voran, auf dem die Entscheidung auch über die Bedingungen der deutschen Einheit fallen musste.

Am gleichen Tage stimmten wir der Zahlung von 1,25 Mrd. DM für den Aufenthalt der Truppen im 2. Halbjahr zu. Teltschik sagte der „Welt", der Abzug solle eher in 2 – 3 Jahren als in 3 – 4 ablaufen. Der Poker ging in die nächste Runde.

Am 26. 6. sagte Schewardnadse der Prawda, wenn Änderungen in Osteuropa unterdrückt würden, wäre eine Tragödie die Folge. Die SU sei gegenüber dem zukünftigen militärpolitischen Status Deutschlands nicht indifferent. Aber diese Frage werde vermutlich anders gesehen werden, abhängig von den Veränderungen, die in Europa stattfänden wie Veränderungen der NATO, Institutionalisierung der KSZE, substantielle Reduzierung des deutschen militärischen Arsenals. Es war eine erkennbare Replik auf die Reden der Konservativen à la Ligatschow und Makaschow auf dem russischen Parteikongress und zeigte Schewardnadse nun ganz auf unserer Linie. Gleichzeitig wurde erkennbar, dass er den Konservativen nach wie vor den Willen zuordnete, die Entwicklung in Mittel-Osteuropa notfalls doch noch durch Einsatz der Truppen zu revidieren. Wir waren also trotz aller Faits accomplis nicht nur in der DDR immer noch nicht endgültig über den Berg, was in Deutschland der euphorischen Bevölkerung nicht klar war.

Am 27. 6. unterrichtete der italienische Botschafter Salleo den Botschafter über ein Gespräch, das er mit Kwizinskij gehabt hatte. Dieser sei eine ganz harte Linie gefahren. Er forderte die Fortdauer der Vier-Mächte-Rechte über die Einheit hinaus und die Akzeptanz der in Berlin vorgetragenen Position. Für mich war das nicht überraschend. Von Kwizinskij war nichts Anderes als härteste Gegnerschaft zu erwarten.

Am gleichen Tage nutzte ich einen Bericht über die Aussagen Schewardnadses, das Interview Baklanows und einen Artikel von R. Fjodorow, der mir als der für die DDR verantwortliche Stellvertreter Falins aufgefallen war, um den Bonnern die drei in der Deutschlandpolitik miteinander kämpfenden Moskauer Fraktionen näher zu beschreiben. Sie stünden für die „Amerikaner", die „Konservativen" (Beton-Fraktion) und die „Germanisten".

„... Die „Konservativen", die sich im Parteiapparat, in der Rüstungsindustrie, im Apparat des Außenministeriums und im Generalstab halten, sind im Grunde gegen die Einheit und gegen die „Freiheit der Wahl" für Osteuropa, weil sie die alte Politik für die Garantie der Weltmachtstellung der SU gestützt auf militärische Stärke in Osteuropa halten.

Die „Amerikaner", zu denen allen voran Gorbatschow, Jakowlew, Schewardnadse, aber auch Primakow, Sagladin und die „Institute" gehören, sehen die deutsche Vereinigung und die „Freiheit der Wahl" im Warschauer Pakt dagegen als Hebel, um nicht nur einen Platz am Tische Europas sondern auch eine offene Zusammenarbeit mit den USA dauerhaft gewährleisten zu können. (So hatte Schewardnadse den militärisch-industriellen Komplex, an dessen Spitze Baklanow stand, scharf angegriffen und einmal mehr verdeutlicht, dass die deutsche Einheit in sowjetischem Interesse liege, sowie dass die Bedingungen dafür angesichts einer sich verändernden NATO voraussichtlich akzeptabel sein würden. Freundschaft könne nicht auf „Bajonetten, Panzern und Blut" aufgebaut werden.)

Die „Germanisten", die sich z. T. im ZK, im Außenministerium, in den Medien und auch z. T. wohl im KGB finden, machen die Politik der „Amerikaner" mit: Sie denken im Grunde genommen aber eher an eine Politik, die, bei aller Reform in den Staaten Osteuropas, den militärischen Fuß nicht aus der Tür nimmt, und, wenn die USA schon nicht ganz aus Europa zu vertreiben sind, deren militärische Präsenz wenigstens so weit wie möglich reduziert. (Fjodorow hatte eine dafür typische, von Nostalgie nach der DDR und der enttäuschten Hoffnung auf ihre Selbstständigkeit geprägte Klage veröffentlicht. Sie stand für viele sowjetische Germanisten, die ihre Frustration über den Untergang ihres Ziehkindes, der DDR, in Angriffen auf die Bundesregierung abreagierten.)

Ihre Position stellt außenpolitisch-konzeptionell eine Art von Brücke dar, auf der sich die SU zwischen „konservativer" und „amerikanischer" Position hin und her bewegen kann, wobei die Richtung von den innenpolitischen Kräfteverhältnissen in der SU abhängt. Noch ist diese Brücke nicht abgebrochen."

Der Bericht war so ein Versuch, den Bonnern die Orientierung im Moskauer Dschungel zu erleichtern und ihnen zu zeigen, mit wem wir es jeweils zu tun hatten. Vor allem aber versuchte ich so, die Bonner zu äußerster Nutzung unserer Möglichkeiten gerade jetzt in der entscheidenden Phase, d. h. dem innersowjetischen Kampf vor und auf dem Unionsparteitag zu bewegen.

Die entscheidende Frage war, wie sich Gorbatschow unter den sich nach wie vor erbittert bekämpfenden Fraktionen entscheiden würde. Dabei sprach seine bisheriger Politik dafür, dass seine Präferenz auf Seiten der „Ame-rikaner" liegen würde. Er hatte sich aber ständig bemüht, sich alle Optionen möglichst lange offen zu halten und hatte bisher jede letzte Entscheidung zwischen den Positionen vermieden. Vielmehr hatte er sich Kwizinskijs (Konservative) und Falins Germanisten) ständig bedient, auch wenn an verschiedenen Punkten erkennbar geworden war, dass es ihm dabei um die Maximierung unserer Gegenleistung, nicht aber um unerfüllbare Bedingungen ging. Er stand in seiner gesamten Westpolitik ständig unter massivem Druck seiner innenpolitischen Gegner, die er bis dahin noch nicht hatte entscheidend besiegen können. Alles deutete darauf hin, dass die auch für uns entscheidende Auseinandersetzung im inneren Machtkampf sich auf dem bevorstehenden Parteitag entscheiden würde. Es kam bis dahin also darauf an, das war das Ergebnis meiner Lagebeurteilung, die uns offenbar günstig Gesonnenen mit Argumenten für diesen Entscheidungskampf dort zu munitionieren.

Am 27. 6. beschloss das ungarische Parlament den Austritt des Landes aus dem Warschauer Pakt. In Bulgarien endeten die ersten freien Wahlen mit einem Sieg der Postkommunisten. Der neue Premierminister, Lukanow, galt jedoch als Mann Moskaus.

Ich erhielt einen Anruf von Schmatow, Rykins Vertreter im ZK. Es ging um den General, den ich von Rykin als Gesprächspartner erbeten hatte. General Batenin sei bereit, mich zu empfangen. Ob ich wirklich mit ihm reden wolle. Er gehöre nicht direkt zum ZK-Sekretariat. Ich bejahte erneut. Ich wusste dadurch nun relativ genau, woher Batenin kam, offenbar vom KGB. Aber das war vermutlich der mächtigste Teil des Moskauer Spektrums, auf den wir einwirken mussten und zwar jetzt. Ich blieb deshalb bei meinem Gesprächswunsch. Wir vereinbarten den 2. Juli als Gesprächszeitpunkt.

In diesen Tagen traf ich Rykin irgendwo auf einem Korridor, als ich deutsche Gäste ins ZK begleitete. Er machte mir eine Andeutung, er habe sich über die Art gewundert, in der von deutscher Seite der von Schewardnadse in Berlin übergebene Entwurf eines Zwei-plus-Vier-Vertrages aufgenommen worden sei. Hätten wir denn die Rede Gorbatschows vor dem Obersten Sowjet am 12. 6. nicht verstanden? Er verabschiedete sich dann lachend, ich wüsste wohl, dass sie auf Art. 146 nicht bestehen würden. Art. 23 könne laufen. Ich war ziemlich verwundert. Ich wusste ja nicht genau, wie wir uns bei den genannten Gesprächen eingelassen hatten. Aber der Hinweis auf die Gorbatschow-Rede beruhigte mich. Ich hatte sie offenbar richtig verstanden. Die innersowjetische Front verlief also tatsächlich mitten durch das ZK-Sekretariat, und die Position Rykins und seiner Hintermänner, wer immer das im Einzelnen war, hatte offenbar mehr Einfluss auf Gorbatschow, als Falin ihn besaß.

Am 28. 6. bezeichnete Gratschew in „Le Monde" den russischen Parteikongress als „Staatsstreich" gegen Gorbatschow. Das ließ erwarten, dass er sich auf dem Unions-Parteitag mit seinem gesamten Gewicht einsetzen würde. Die „Amerikaner" formierten sich.

Am 29. 6. akzeptierte Litauen offiziell den Kohl-Mitterand-Vorschlag und suspendierte die Unabhängigkeitserklärung. Für mich ein Grund zu Erleichterung, dass Gorbatschow so nicht auch noch dieses Problem akut gegen die Konservativen zu bewältigen hatte. Er hob am Tag danach das Wirtschaftsembargo auf und die Lage im Baltikum entspannte sich.

Am 1. 7. sagte Portugalow der „BILD", die NATO-Mitgliedschaft sei absolut unannehmbar. Der Adlatus Falins sprach nun auch öffentlich Klartext, nachdem er mehrfach Nebel geworfen hatte. Am gleichen Tage trat unsere Wirtschafts- und Währungsunion mit der DDR in Kraft. Wir waren spätestens jetzt voll engagiert. Die Entscheidung musste nun bald fallen.

Am 2. 7. fuhr ich zu dem neuen Nebengebäude des ZK unmittelbar hinter der alten Zentrale am Alten Platz in einer Seitenstraße, in dem ich noch nie gewesen war. Dort sollte das Gespräch mit Batenin stattfinden. Als ich dort eintraf, wurde ich von dem üblichen KGB-Wachsoldaten kontrolliert, der zu dem Regiment gehörte, das in Moskau alle wesentlichen Gebäude von Staat, Partei und Regierung bewachte. Er war, wie diese Prätorianer immer, groß, mit der hohen Uniformmütze noch größer, schlank in seiner blauen KGB-Uniform und von eisiger Kälte. Er bat mich auf eine Bank am Rande der großen Eingangshalle. Mein Gesprächspartner sei noch nicht da. Nach einigen Minuten des Wartens betrat ein Herr in Zivil die Halle und öffnete seine Brieftasche, so dass eine lange Kette von Plastikkarten heraus fiel, wie wir sie für Kreditkarten verwendeten. Es waren offenbar lauter Ausweise, Propuske wie man sie in Russland nennt, mit denen er erkennbar überall Zugang besaß. Der Posten kontrollierte ihn unbeeindruckt genau, was offenbar zu leichter Verärgerung führte. Er kam dann auf mich zu und stellte sich vor „Batenin". Wir gingen hinauf in den zweiten Stock, wo er eine Tür öffnete, an der sein Namensschild angebracht war.

Batenin eröffnete das Gespräch ohne viel Federlesen mit einer Tirade gegen Gorbatschow. Er schwanke wie ein Rohr im Wind und habe kein Konzept. Jakowlew sei der wichtigste Mann. Von ihm stamme die gesamte Politik. Der laufende Parteitag werde vor allem zeigen, dass die Partei nicht mehr auf der Höhe der Zeit sei. Natürlich werde sie in ein – zwei Jahren eine parlamentarische Partei. Das Hin und Her über die „Avantgarde-Rolle" sei nur ein Rückzugsgefecht der Apparatschiks. Sie machten etwa zwei ½ Millionen der 18 Millionen Parteimitglieder aus, von denen sich die Masse wohl bald aus der Partei verabschieden werde.

Während seiner Philippika gegen Gorbatschow und der Hymne auf Jakowlew spürte ich, wie sich bei mir die Haare sträubten. Ich weiß seitdem, dass dies nicht nur eine Redensart ist. Ich war jetzt offensichtlich im Herz der Finsternis des Moskauer Dschungels angekommen. Der Lobpreis Jakowlews von dieser Seite, offenbar der „SD-Fraktion", überraschte mich eigentlich nicht. Ich war ja schon im vergangenen Jahr zu dem Ergebnis gekommen, dass Jakowlew der Vordenker der ganzen Politik der Perestroika einschließlich ihrer Außenpolitik war. Aber dass Gorbatschow von dieser Seite gegenüber einem westlichen Diplomaten derartig hart kritisiert wurde, war doch unglaublich, aber es war geschehen.

Batenin fuhr fort, es wäre besser gewesen, wenn Gorbatschow in der Frage der Entwicklung der Partei ebenso entschlossen wie Jakowlew vorgegangen wäre. Er zögere aus manchmal verständlichen innenpolitischen Gründen. Die Konstruktion des Präsidialrates sei eigentlich eine Fehlkonstruktion. Gorbatschow brauche eine ihm gut zuarbeitende und seine Politik im Obersten Sowjet und der Exekutive verlässlich umsetzende Mannschaft. Sie könne nicht nach dem Prinzip „von allem etwas" zusammengesetzt sein, das Gorbatschow zu Grunde gelegt habe. Es sei auch falsch, dass Gorbatschow sich zu stark „auf diese Leute hier" (aus dem ZK-Sekretariat) stütze. Sie seien alle im alten Geist erzogen. Gorbatschow brauche neue Leute, die es z. B. im Obersten Sowjet durchaus gebe. Er habe zwar großen Respekt vor Falin, das sei sicherlich der umfassendst gebildete und erfahrene Germanist, den man habe. Aber auch er denke zu sehr in historischen Kategorien.

Jakowlew und Primakow seien da anders. Jakowlew sei nicht nur in der internationalen Politik, sondern auch in der „Ideologie" und überhaupt die „Nummer zwei". Primakow gewinne laufend an Gewicht. Schewardnadse sei ein sehr vernünftiger Mann, aber er sei vorsichtig, weil er ein schwieriges Verhältnis zu den Militärs habe und insofern aufpasse. Die hohe Generalität sei insgesamt sehr konservativ geprägt. So sei doch auffällig, dass Jasow in seiner Vorstellung vor dem Parteikongress in der Prawda so gut wie nichts über die Armeereform gesagt habe. Er habe es bisher auch völlig versäumt, den General Makaschow öffentlich zur Ordnung zu rufen, der Gorbatschow „und alles" auf dem russischen Parteikongress so scharf angegriffen habe. Im Grunde habe Jasow damit seinen Präsidenten desavouiert. Makaschow sei nicht irgendwer. Er befehlige in seinem aus früher zwei Wehrkreisen zusammengelegten Wehrkreis fünf

Armeen, also einen Großteil der Reserven der Roten Armee. Die Generalität habe es derzeit aber auch besonders schwer und konservative Generale gebe es ja wohl nicht nur in der SU. Es gelte jetzt vor allem, sie zu beruhigen.

Dabei sei natürlich von ganz großer Bedeutung, was die NATO auf ihrem bevorstehenden Gipfel beschließe. Wenn man damit die in der SU erforderliche Beruhigung erreicht habe, dann könne man auch außenpolitisch weiter voranschreiten. Dazu seien vor allem zwei Dinge nötig, die feierliche Erklärung des Nichtangriffs und die Beschreibung der KSZE-Institutionaisierung als Mittel zur dauerhaften Beteiligung der SU. Es müsse gar nicht ein Nichtangriffsvertrag sein, auch eine gemeinsame Erklärung der beiden Bündnisse sei nicht unbedingt erforderlich. Man wisse ja, dass die Bündnisse nicht Völkerrechtssubjekte seien. Die Zusage des Verzichts auf Angriff sei aber ein seit langen Jahren fest in den Köpfen sitzendes Ziel.

Der Warschauer Pakt existiere als militärische Organisation praktisch nicht mehr. Es gebe zwar noch große Stäbe mit vielen Generalen und Admiralen. Sie hätten aber, außer sowjetischen Truppen, praktisch keine Truppen mehr unter ihrem effektiven Befehl. Was politisch aus dem Warschauer Pakt werde, sei offen. Übrig bleiben könne also, auch im militärischen Sinne, eine Beziehung der SU zu Polen.

Batenin kritisierte dann mit großer Schärfe die Art und Weise, in der die deutsche Seite auf Schewardnadses Vertragsvorschlag in Berlin reagiert habe. Genscher habe Schewardnadse bei weitem nicht hart genug abgeschmettert. Er, Batenin, habe die offiziellen sowjetischen Vorschläge, die in Berlin präsentiert worden seien, für bedauerlich gehalten. Schon ihre Formulierung in z. T. ultimativem Ton passe nicht in die Zeit. Insgesamt werde durch solche Vorschläge Zeit verloren. Es sei aber auch konzeptionell grundfalsch, nicht von vornherein von einem völlig souveränen, auch in der Bündnisfrage freien Deutschland auszugehen. Wir hätten sicherlich festgestellt, dass sich Gorbatschow vor dem Obersten Sowjet in dieser Frage sehr viel offener geäußert habe. Er hätte zwar als Präsident noch weiter gehen können und eigentlich, seiner Meinung nach, auch müssen, als Generalsekretär habe er aber die Sache noch etwas verpacken müssen.

Ich sang daraufhin einmal mehr das Lob Gorbatschows. Der Parteitag begann am Tag darauf. Bei aller Wertschätzung Jakowlews war klar, dass nur Gorbatschow den gordischen Knoten würde durchschlagen können. So sagte ich, natürlich sei auch uns der Kontrast zwischen der bei Zwei-plus-Vier bezogenen offiziellen Position und den Reden und Interviews Gorbatschows und seiner engsten Mitstreiter Jakowlew und Schewardnadse aufgefallen. Die innenpolitischen Hintergründe, die Gorbatschow dazu offenbar bewogen hätten, seien uns nicht immer klar. Jedoch sei nun der Augenblick der Wahrheit gekommen. Eine vergleichbare Gelegenheit, die entscheidenden Weichen zu stellen, werde es in absehbarer Zeit kaum geben. Wenn Gorbatschow jetzt wieder auf Zeit spiele, würde dies von allen Seiten als Zeichen der Schwäche verstanden. Wir selbst hätten alles getan, um die internationale Politik so zu orchestrieren, dass Gorbatschow die Gipfelentscheidungen von EU, NATO und G 7 auf dem Parteitag für sich ins Feld führen könne. Wir seien uns sicher, dass Gorbatschow dies verstanden habe und nun die notwendigen Entscheidungen im Kampf mit seinen Gegnern treffen werde.

Die konzeptionellen Ansätze, welche die offizielle sowjetische Position bei Zwei-plus-Vier trügen, brächten uns aber nicht vorwärts. Die darin zum Ausdruck kommende Parallelität der Behandlung von NATO und Warschauer Pakt sei verfehlt. Es sei der entscheidende Vorteil der Konzentration auf die schrittweise Entwicklung des KSZE-Rahmens, dass sie nicht dazu zwinge, den in Tempo und Substanz so unterschiedlich verlaufenden Prozessen in beiden Bündnissen zu folgen. So falle es uns z. B. schwer zu verstehen, warum die SU in Wien bisher Probleme mit vertrauensbildenden Maßnahmen für ungewöhnliche militärische Aktivitäten habe. Die NATO habe für uns für die vorhersehbare Zeit unverzichtbare, sicherheitspolitische Funktionen. Gleichzeitig sei ihre Veränderung zu einer anderen Organisation nicht nur in Worten in vollem Gange.

Batenin antwortete darauf zu meiner Verblüffung mit einer regelrechten Laudatio auf die NATO, die eben schon lange auch eine politische Organisation sei und auch über „Aufklärungsmittel" verfüge. Er verstehe aber, dass wir den Gedanken des gemeinsamen europäischen Hauses in Wien verwirklichen wollten. Die SU brauche natürlich feste, verlässliche Instrumente der Verifikation der notwendigen Garantien. Man müsse sehen, ob sie sich aus den in Wien erörterten Ansätzen entwickeln ließen. Er habe insbesondere Probleme mit dem Konzept der nuklearen Abrüstung bis auf Null in Europa, das auch in Berlin wieder auf den Tisch gelegt worden sei. Er trete seit Längerem schon für ein Konzept der „Abhaltung" und „Kriegsverhinderung" mit Nuklearwaffen auf dem erforderlichen Minimal-Niveau ein. Bei der Formulierung von Vorschlägen habe sich aber öfter die russische Neigung zu radikalen Lösungen durchgesetzt. Er stimme zu, dass man in einer Welt, in der auch die Ghaddafis handelten, nicht auf Null gehen könne.

Ich erwiderte mit dem Hinweis auf die letzten Beschlüsse der NATO sowohl der Nuclear Planning Group, als auch der Verteidigungs- und der Außenminister insbesondere mit dem „Signal von Turnberry". Die grundlegende Überprüfung der nuklearen Strategie sei nicht nur in Auftrag gegeben, sondern in vollem Gange. Der Beschluss, die nuklearen Kurzstreckenraketen und die nukleare Artillerie nicht zu modernisieren, sei nun endgültig. Dabei sei die grundlegende Veränderung der strategischen Lage entscheidend, die mit dem Abzug der sowjetischen Truppen aus Mitteleuropa verbunden sei. Weil damit die Fähigkeit zu überraschendem, raumgreifendem Angriff des Warschauer Paktes entfalle, gebe es im Rahmen der flexiblen Antwort keine Notwendigkeit zu rascher, nuklearer Eskalation mehr. Nukleare Waffen würden so zur Ultima Ratio. Es sei ganz wesentlich, dass die SU sich diese weittragende Veränderung der NATO-Strategie bewusst mache.

Auch und gerade weil die NATO sich verändere, sei es für die SU akzeptabel, dass das Vereinte Deutschland ihr angehören werde. Die NATO werde aber auch in Zukunft ihre ursprüngliche Funktion: „to keep the Americans in, the Russians out and the Germans down" zu erfüllen haben. Deutschland werde also eingebunden bleiben. Dies verlangten alle unsere westlichen Nachbarn und Verbündeten.

Batenin fragte dann, an welche Obergrenze für die Bundeswehr wir dächten. Ich erwiderte, ich wisse dies nicht und wenn ich dies wüsste, würde ich es ihm nicht sagen. Das sei Sache des Bundeskanzlers. Aber ich könne immerhin vorhersagen, es gebe entsprechende öffentliche Forderungen von CDU und FDP, dass wir flexibel sein würden.

Batenin fuhr fort, es sei für Gorbatschow und die Perestroika ganz besonders wichtig gewesen, dass der BK die Initiative zu wirtschaftlicher Unterstützung für die SU ergriffen habe. Es sei entscheidend für die Gesamtentwicklung, dass man in der SU nun endlich den Durchbruch zur Marktwirtschaft schaffe. Dazu gehörten nun einmal Privateigentum und die Abschaffung der Branchenministerien. Er hoffe, dass dies nach dem Parteitag, teilweise auf der Basis präsidentieller Dekrete, endlich gelingen werde. Dabei sei der materielle Ausdruck des westlichen Interesses am Erfolg der Perestroika natürlich sehr wichtig. In der Frage des Wohnungsbaus habe die Armee tatsächlich sehr ernste Probleme. Sie brauche Wohnungen. Es gehe ja nicht nur um die 700.000 Truppen, die heute noch im Ausland stationiert seien, sondern auch um die 500.000 aus dem Militärbezirk Baltikum.

Ich fragte daraufhin, es gebe Behauptungen, die Streitkräfte würden keine ausländische Hilfe annehmen, weil sie das in ihrer Würde kränke. Batenin widersprach. Das sei Unsinn und ein vorgeschobenes Argument der Gegner des Ganzen. Die Streitkräfte würden also ihre Interessen in dieser Frage sehr nüchtern einschätzen. Könnten wir uns vorstellen, beim Wohnungsbau zu helfen und wenn ja in welcher Dimension? Ich antwortete, im Prinzip sei das wohl möglich. Über die Dimension könnten sie aber nur mit dem Bundeskanzler sprechen. Batenin fragte dann nach unseren Vorstellungen für die Abzugsfrist. Um wieviel Jahre gehe es. Ich antwortete, auch dies sei eine Frage für den Bundeskanzler. Wir wollten aber einen Abzug in Würde. Das werde nicht einfach sei, weil die Bevölkerung der DDR, trotz aller offiziellen Bekundungen der SED, seit Jahrzehnten kein gutes Verhältnis zu diesen Truppen habe. Andererseits sähen wir natürlich, dass eine so große Truppenmasse nicht in wenigen Monaten abgezogen werden könne.

Batenin fuhr fort, der Übergang zur Berufsarmee müsse kommen. Die Einberufungen funktionierten schon jetzt nicht mehr. Im Kaukasus seien ihnen nur die Aserbeidschaner gefolgt, die Georgier schon kaum und in Armenien sei nicht ein einziger erschienen. Gleichzeitig wolle die Armee nicht, in die Nationalitätenkonflikte hineingezogen zu werden. Die Inneren Truppen hätten allerdings nicht genügend Leute. So habe man sich teilweise damit beholfen, einige Teile der regulären Armee einfach in Uniformen der Inneren Truppen zu stecken.

Jedenfalls sei klar, dass die SU und Deutschland, das sich ja nach Art. 23 einige, in Zukunft wieder an die enge Verbundenheit vergangener Jahrhunderte anknüpfen würden. Das werde beiden nutzen. Allerdings wüssten wir wohl, dass z. B. die Franzosen vor der ganzen Entwicklung noch z. T. historische Ängste verspürten. Ich antwortete, auch deshalb sei es wichtig, neben unseren bilateralen Beziehungen den KSZE-Rahmen auszubauen und nicht nur privilegierte Beziehungen zwischen uns, sondern eine alle einbeziehende Struktur zu schaffen.

Gegen Ende des Gesprächs erklärte Batenin, er wolle noch eine Frage ansprechen. Sie sei aber als persönliche Frage gemeint und solle „unter uns" bleiben. Es gehe um das nördliche Ostpreußen. Dieses Problem werde sich für die SU und für Deutschland über kurz oder lang stellen. Man sehe, wie sich die Lage im Baltikum entwickelte. Er sei selbst in Ostpreußen gewesen. Es handele sich um ein in jeder Beziehung zurückgebliebenes Gebiet, nicht nur im Vergleich zum Vorkriegszustand, sondern auch im Vergleich zum Ent-wicklungsstand Russlands.

Ich erwiderte, ich könne nicht sehen, dass sich eine solche „Frage" stelle. Unsere Haltung sei eindeutig. Bei der Vereinigung gehe es um die Bundesrepublik Deutschland, die DDR und das ganze Berlin. Wenn die SU Probleme mit der Entwicklung des nördlichen Ostpreußen habe, so sei das ihre Sache. Es sei im beiderseitigen Interesse, alles zu vermeiden, was von sowjetischer, konservativer Seite missbraucht werden könnte, um die Glaubwürdigkeit der deutschen Position in Zweifel zu ziehen.

Es war tatsächlich ein haarsträubendes Gespräch. Schon die scharfe Kritik an Gorbatschow war mehr als ungewöhnlich. Der Lobpreis Jakowlews aus dem Munde eines offenbaren KGB-Generals überraschte mich dagegen nicht mehr. Dass Jakowlew der Chef der Fraktion der „Amerikaner", sprich „SD" war, wie ich sie wegen seines Studiums in den USA genannt hatte, vor allem aber weil es ihr nicht lediglich um Deutschlandpolitik ging, sondern sie vor allen anderen mit den USA Politik machen wollten, war ja schon länger Ergebnis meiner Analyse. Kaum zu fassen war aber, auch wenn ich Ähnliches in milderer Form schon von Rykin gehört hatte, dass er unsere Berliner Einlassungen angegriffen hatte, weil sie die offizielle sowjetische Position nicht hart genug abgelehnt hatte. Diese völlige Offenheit der eigenen, unserem Hauptziel günstig gesonnenen Position hat mich mehr als verblüfft, auch wenn ich schon seit Langem zu dem Schluss gekommen war, dass diese Position so sein musste, wenn sie logisch dem Ziel des Anschlusses an die Welt-Zivilisation dienen wollte.

Der Schluss des Gesprächs zu Ostpreußen setzte dem Ganzen die Krone auf. Ich habe versucht, diese für uns lebensgefährliche Sondierung sofort zu töten. Wenn sich irgendwie herumgesprochen hätte, wir seien mit den Sowjets im Gespräch wegen des nördlichen Ostpreußen, und sei es auch nur über seine zukünftige Entwicklung, so wäre nicht nur mit Panik in Polen zu rechnen gewesen, sondern auch mit Entsetzen und totaler Ablehnung bei den Drei Mächten, einschließlich der Amerikaner, die sich ja bereits mehrfach überaus sensibel in der Frage der Westgrenze Polens gezeigt hatten. Wir hätten so alle Unterstützung im Westen verloren und wären den Sowjets ausgeliefert gewesen.

Ich habe das Gespräch vor allem genutzt, um Batenin für uns zu instrumentalisieren. Ich konnte davon ausgehen, dass er das Gespräch nach oben weitergeben würde. Er hatte natürlich versucht, mich über die entscheidenden, noch offenen Punkte auszuholen. Aber ich konnte diese Fragen nutzen, um der „SD-Fraktion", zu der er gehörte, unsere Gegenleistungen in glühenden Farben zu beschreiben, so dass sich Gorbatschow jetzt zum Abschluss mit dem Bundeskanzler während dessen bevorstehenden Besuchs und vor allem vorher zum dafür erforderlichen Entscheidungskampf mit seinen Gegnern auf dem Parteitag entschloss.

Als wir dann nach Gesprächsende die Treppe wieder hinuntergingen, also außerhalb der Reichweite der Mikrophone waren, sagte Batenin, er gehöre zu einem „karatelnij organ", also einem „strafenden Organ", mit anderen Worten zum KGB. Das erschütterte mich nun nicht mehr, war aber bezeichnend für seine Absicht, uns wissen zu lassen, mit wem wir gesprochen hatten. In meinem Bericht hielt ich so fest, dass Auftreten und Einlassungen dafür sprächen, dass Batenin für einen der sowjetischen Dienste arbeite und dort einen relativ hohen Rang besitze. Gleichzeitig habe sich meine Analyse bestätigt, dass es starke Meinungsverschiedenheiten zwischen den dem ZK zuarbeitenden Stellen und dem Apparat des Außenministeriums gab. Aus der Sicht der Gehilfen von Jakowlew und Primakow sei die Berliner Position der SU unnötig hart und unsere Ablehnung unnötig schwach gewesen. Diese Gruppe erwarte sich von der NATO-Gipfel-Erklärung nicht so sehr Zusagen organisatorisch-struktureller Zusammenarbeit zwischen den beiden Bündnissen, als vor allem politische Zielbeschreibungen, mit denen der innenpolitische Widerstand der Konservativen aufgefangen werden könne. (Nichtangriffsverpflichtung, KSZE-Institutionalisierung). Außerdem stehe die NATO-Frage wohl so im Zentrum, weil die Möglichkeiten zur Überwachung des militärischen Potentials Deutschlands, die in den Wiener Verhandlungen angelegt waren, bisher nicht ausreichend bewusst seien.

Am gleichen Tage bestritt Schewardnadse im „Spiegel", dass die DDR käuflich sei. Das war zur Gesichtswahrung wohl notwendig, aber verhüllte die sowjetische Interessenlage nur sehr dürftig. Am 3. 7. wurde Falin in DPA zitiert, die NATO-Mitgliedschaft sei unannehmbar. Er blieb intransigent.

Am gleichen Tag versuchten die Polen in einer Note ein Junktim zwischen dem In-Kraft-Treten von Zwei-plus-Vier und unserem Grenzvertrag mit ihnen herzustellen. Das war natürlich inakzeptabel, auch wenn wir bereit waren, den Abschluss des Grenzvertrages zu beschleunigen, konnte er der Einheit nur folgen, weil er eben nur vom vereinten

Deutschland abgeschlossen werden konnte. Die Polen waren also noch unnötig schwierig.

Das wichtigste Ereignis dieses Tages war jedoch Gorbatschows Eröffnungsrede auf dem nun beginnenden Unions-Parteikongress. Die Reden wurden in der Prawda im Volltext abgedruckt, so dass man die Debatten gut verfolgen konnte. Gorbatschow verteidigte darin seine Osteuropapolitik gegen seine Kritiker, die immer noch den Einsatz von Truppen wollten, und stellte sich an die Seite Jakowlews und Schewardnadses. Von Ligatschow und Baklanow waren wieder sehr kritische Reden zu verzeichnen.

Es wurde immer deutlicher, dass die Gegner Gorbatschows sich seine Deutschlandpolitik als den Kampfplatz herausgesucht hatten, auf dem sie ihn stürzen wollten, offenbar auf die Unpopularität einer prodeutschen Politik setzend. Deutschland und die Deutschen waren in Russland nie populär gewesen, wenn es auch eine gewisse Bewunderung für unsere Wissenschaft und Technik gab. Wohlstand auf dem Fundament von Fleiß, Genauigkeit, Pflichtbewusstsein und Verlässlichkeit erzeugte in Russland traditionell Neid, nicht aber den Willen zu vergleichbarer Anstrengung. Vor allem aber war der zweite Weltkrieg unvergessen, nicht nur, weil die Propaganda die Erinnerung daran über Jahrzehnte aktiv am Leben gehalten hatte, sondern wegen des tatsächlich ungeheuren Leidens unter dem deutschen Vernichtungskrieg. Dieser Hintergrund machte es Gorbatschow schwer, seine Politik zu verteidigen. Auf dem vorangegangenen russischen Parteitag waren deshalb auch er und die Reformer unterlegen. In der Erkenntnis der Gefahr des Umsturzes von rechts erklärte Jelzin aber jetzt auf dem Unions-Kongress seine Bereitschaft zur Zusammenarbeit mit Gorbatschow. Der Parteiapparat versuche, die Macht zu übernehmen. Jelzin drohte deshalb mit der Enteignung des Parteivermögens. Er brachte so die Progressiven wieder an die Seite Gorbatschows.

In meinem ersten Bericht über den 12 Tage dauernden Parteitag konzentrierte ich mich auf die Auseinandersetzung zwischen Militärs und Reformern auf dem Parteitag selbst und parallel dazu in den Medien.

„Die Auseinandersetzung zwischen einem offenbar größeren Teil der hohen Generalität und dem militärisch-industriellen Komplex einerseits und den Vorkämpfern der Perestroika andererseits hat sich am 4. und 5. Juli noch einmal erheblich verschärft und findet inzwischen fast ungeschützt in der Öffentlichkeit statt. Die verantwortliche Führung der Streitkräfte, Jasow und Generalsstabschef Moisejew, verhalten sich bisher loyal zur politischen Führung unter Gorbatschow... Die konservativen Teile der Generalität befinden sich offenbar primär in der Spitze der politischen Hauptverwaltung der Streitkräfte, nicht nur, weil diese mehr und mehr ihre Existenzberechtigung in Frage gestellt sieht, sondern weil sie wohl der Ort ist, an dem die Interessen des alten Parteiapparates, der Rüstungsindustrie und der Militärs am Intimsten miteinander verbunden sind... Jasow, so hatten wir

von progressiven Journalisten gehört, sei ein Glücksgriff Gorbatschows, der der Perestroika zwar nicht konzeptionell verpflichtet, aber loyal sei... Dagegen sei fraglich, wo Moisejew stehe, er könne auch ein Mann Ligatschows sein...

Die Attacken der progressiven Deputierten haben inzwischen eine auch im Ton kaum mehr zu überbietende Schärfe angenommen. Der Vorwurf an die Konservativen, evtl. doch zur Erhaltung der alten, privilegierten Stellung putschen zu wollen, wird inzwischen ungehemmt erhoben und beruht, soweit wir dies aus Gesprächen entnehmen können, auf echten Befürchtungen, dass es in absehbarer Zeit zu konfrontativen Entwicklungen „nicht mehr vorhersehbarer Art" zwischen Progressiven und Konservativen „wie in Osteuropa im vergangenen Jahr" kommen könne... Der Ablauf der gestrigen Debatte des außenpolitischen Ausschusses des Parteitages sowie ein Interview mit einem stellvertretenden Generalstabschef in der Hauptnachrichtensendung am Abend deuten aber darauf hin, dass Gorbatschows Mannschaft die Dinge trotz des sich verschärfenden Widerstandes unter Kontrolle hat...

Der Leiter der Politischen Hauptverwaltung der Südgruppe der Truppen, (die jetzt aus Ungarn abrückt,) General Nikulin, hielt eine Rede, wonach die SU ihre Verbündeten in Europa verloren habe. Die Bestrebungen um den Bau des Europäischen Hauses seien ein Mythos, der tatsächlich zum Rückzug aus Europa geführt habe. Die Aufrufe zur „Entpolitisierung" der Streitkräfte sollten nur verschleiern, dass es um den Versuch gehe, die Armee unter die Kontrolle antisozialistischer Kräfte zu bringen... Darüber hinaus hat der Oberkommandierende der Pazifikflotte erklärt, die Abrüstungsverhandlungen hätten zur Folge, dass die USA das verlorene, militärische Potential rasch durch Anderes ersetze, während die SU ihre Verträge beachte. Die Konversion der Rüstungsindustrie führe zu einer Beeinträchtigung der Verteidigungsfähigkeit. Generalstabschef Moisejew hat dagegen darauf hingewiesen, dass das auch nach der Abrüstung verbleibende Potential zur Verteidigung ausreiche und im Falle eines nuklearen Konflikts sogar genüge, um eine Welt-Katastrophe zu verursachen.

Stv. AM Kwizinskij war in der Debatte der Hauptverteidiger der neuen Außenpolitik, insbesondere der Osteuropa- und der Deutschlandpolitik. Man habe dem Westen die Möglichkeit genommen, die SU als Weltfeind darzustellen. In Mittel- und Osteuropa habe es positive Entwicklungen gegeben. „Das Plus überwiegt das Minus. Der Prozess der deutschen Vereinigung hat unumkehrbaren Charakter angenommen und führt vermutlich vor Jahresende zu einer logischen Vollendung. Es entsteht ein Koloss von fast 80 Millionen Menschen mit riesigem ökonomischen Potential, vor dem sich einige in Europa fürchten. Gleichzeitig gewinnt aber der Helsinki-Prozess an Kraft und verbreitet sich die Perspektive für eine Verbesserung der Beziehungen der europäischen Staaten." Eine reale Alternative zur Vereinigung und zum Abzug der sowjetischen Truppen aus den osteuropäischen Staaten (dazu gehörte nach sowjetischem Sprachgebrauch auch die DDR) gebe es nicht. „Es wäre unmöglich, Truppen in Ländern zu halten, die dagegen sind."

Die Komsomolskaja Prawda v. 4. 7. brachte einen offenen Brief progressiver Abgeordneter, darunter Arbatow, Lopatin, Ambarzumow (ein Professor aus dem Bogomolow-Institut und Gründer einer Sozialdemokratischen Partei) und Saslaswskaja, (die besonders beredte, progressive Deputierte aus Nowosibirsk, die mit ihrer Studie 1983 berühmt geworden war), der auf die Frage nach der Loyalität der Streitkräfte hinausläuft: „Mit wem ist die Armee?" Er beschreibt die Gefahr einer sich derzeit bildenden Koalition zwischen der konservativen Generalität, dem Parteiapparat und dem militärisch-industriellen Komplex... Das Verteidigungsministerium wird beschuldigt, die Streitkräfte-Reform blockieren zu wollen. Was dort bisher geschehe, laufe auf kosmetische Maßnahmen hinaus. Man wolle unbedingt weiter große Summen für den Kauf überflüssiger Waffen ausgeben und vernachlässige die sozialen Interessen der Soldaten. Ein stellvertretender Chef der politischen Hauptverwaltung der Streitkräfte, General Schlaja, antwortete darauf vor dem Parteitag. Er wendete sich vor allem gegen die Vorschläge zur „Entpolitisierung" der Armee, womit er die Forderung nach Auflösung der politischen Hauptverwaltung meinte. Er verknüpfte die Notwendigkeit der Erhaltung des bisherigen Systems (der Politruks) mit der „Avantgarde-Rolle" der Partei, dem Slogan, der für die konservative Ablehnung des politischen Pluralismus stand...

In einer Paneldiskussion im Fernsehen zwischen Dsassochow (Vorsitzender des Auswärtigen Ausschusses des Obersten Sowjet. Ich hatte ihn im vergangenen Herbst beim Besuch Willi Brandts in der Residenz kennengelernt. Er hatte eine Karriere zwischen Parteiposten im Vorland des Kaukasus und diplomatischen Posten im Nahen Osten gemacht. Im Gespräch war er ohne eigenes Profil geblieben. Auf Grund seines Werdeanges im Wechsel von Inlands- und Auslandsposten hielt ich ihn für einen KGB-Mann), *General Lobow,* (Oberkommandierender des Warschauer Paktes), *Ryschow* (Vorsitzen-der des Wissenschaftsausschusses des Obersten Sowjet der Union) *und Borowik* (Vorsitzender des „Komitees zur Verteidigung des Friedens", d. h. KGB) *argumentierte Dsassochow stark mit Hinweisen auf die Veränderungen der NATO, Ryschow mit der Vernachlässigung der sozialen Interessen der Soldaten. Lobow meinte dagegen, die Begrenzung der deutschen Streitkräfte sei gut und schön, es gehe aber auch um das deutsche ökonomische Potential und die revanchistischen Strömungen in Deutschland. Dem hielt Borowik die Resolution der deutschen Parlamente zur polnischen Westgrenze entgegen.*

Diese Diskussionen zeigte, wie wichtig es gewesen war, der Mannschaft Gorbatschows rechtzeitig zum Parteikongress die nötigen Argumente zu liefern. Kwizinskijs zähneknirschende Zustimmung – mit unserer Bezeichnung als „Koloss" hatte er seine wahre Meinung angedeutet – zeigte die Richtigkeit von Gorbatschows Taktik, ihn durch Rückversetzung nach Moskau an die Kandare zu nehmen und Dsassochows Schwenk weg von Falin war bezeichnend dafür, dass die SD-Fraktion nun doch den gordischen Knoten durchschlagen wollte. Aber der Kampf war immer noch hart und nicht endgültig entschieden. Die nächsten Tage mussten die Entscheidung bringen.

In diesen Tagen hatte ich ein ausführliches Gespräch mit Kokoschin im Arbatow-Institut. Ich suchte ihn auf, um unsere Botschaft nicht nur über Batenin nach oben zu kanalisieren. Kokoschin hatte sich bisher als nicht extrem erwiesen und ich vermutete ihn bei den „Amerikanern". Auch bei ihm war die Frage der NATO-Mitgliedschaft bereits in unserem Sinne entschieden. Ich bemühte mich besonders, noch einmal die solide, völkerrechtliche Basis unserer Position herauszuarbeiten: Brief zur deutschen Einheit mit Vorlage im sowjetischen Ratifikationsverfahren, Helsinki-Schluss-Akte mit Selbstbestimmungsrecht, Peaceful Change der Grenzen und Recht der freien Bündniswahl. Er antwortete, das sei ihm alles nicht neu. Es war aber ja nicht nur für ihn bestimmt. Wir gingen dann so ziemlich über den selben Grund, über den ich auch mit Batenin gegangen war, wobei auch er versuchte, mich über die noch offenen, kritischen Fragen wie die Obergrenze für die Bundeswehr oder die Höhe möglicher Wirtschaftshilfe auszuholen. Ich gab ihm die dieselben Antworten wie Batenin.

Je länger wir sprachen, desto mehr wurde deutlich, dass er ein spezifisches Interesse hatte. Er pries die Leistungsfähigkeit der sowjetischen Rüstungsindustrie und beschrieb ihre im Zuge der Abrüstung freiwerdenden Kapazitäten. So ergäben sich günstige Gelegenheiten für die Rüstungskooperation mit der zukünftigen Bundeswehr, die die alten Kontakte der NVA übernehmen könnte. Ob ich nicht in der Lage sei, ihm Kontakte zu unserer Rüstungsindustrie zu vermitteln? Er würde dann selber sehen, was sich machen ließe. Ich erwiderte, auf diesem Gebiet kennte ich mich nicht aus. Ich würde mich erkundigen, aber grundsätzlich sei auch bei uns mit einem Rückgang der Rüstungsausgaben zu rechnen. Das war ein vorsichtiges Nein, denn ich war dagegen, in Zukunft den sowjetischen politisch-militärischen Komplex von uns aus zu alimentieren. Es kam vielmehr darauf an, die Sowjets vom Zwang zum strukturellen Wandel ihrer Industrie zu überzeugen. Ich hielt es aber in der gegebenen Lage für unklug, Kokoschin glatt abfahren zu lassen. Es kam immer noch darauf an, ihnen maximale Hoffnungen zu machen.

Kokoschin zeigte mir dann beim Abschied noch seinen Artikel über die preußischen Heerführer während der deutschen Einigungskriege, ich glaube in der Zeitschrift seines Instituts „USA". Ich bedankte mich lachend für sein Interesse. Die spätere Lektüre ergab, dass der Artikel nicht weiter interessant war. Ich schied in der Überzeugung, dass Kokoschin den anhaltenden Kampf auf dem Parteitag bereits für von der SD-Fraktion gewonnen hielt und an eine darauf folgende Zeit dachte, in der Deutschland und die SU tatsächlich auf allen Gebieten zusammenarbeiten würden. Insofern war das Gespräch beruhigend. Ich berichtete es mit dem Hinweis, dass Kokoschin angesichts seiner erkennbaren Nähe zum Militär möglicherweise zur GRU, dem Spionagedienst der Streitkräfte, gehörte.

Am 5./6. 7. fand in Brüssel der NATO-Gipfel statt. Seine Beschlüsse waren für uns von höchstem Wert, denn sie belegten, dass die NATO sich bereits erheblich verändert hatte.

- Die SU ist kein Gegner mehr;
- es wird eine multilaterale Erklärung des Gewaltverzichts und des Nichtangriffs zwischen den NATO-Staaten und den Mitgliedsstaaten des Warschauer Paktes vorgeschlagen;

- die NATO schlägt diplomatische Verbindungen zur SU vor;
- nukleare Waffen sollen nur noch als „last resort", d. h. letztes Mittel, eingesetzt werden.
- die NATO sagt zu, bei in Zukunft zu führenden KSE I a-Verhandlungen in Wien auch Truppenreduzierungen für die bei den laufenden KSE I-Verhandlungen noch nicht erfassten, europäischen Teilnehmerstaaten zu vereinbaren;
- der institutionelle Ausbau der KSZE wird zugesagt.

In seiner an den NATO-Gipfel anschließenden Pressekonferenz gab Mitterand völlig überraschend den Abzug aller französischen Truppen aus Deutschland binnen drei Jahren bekannt. Frankreich werde sich auch nicht an multilateralen Truppen beteiligen (ihre Bildung hatte Baker vorgeschlagen, um die NATO weiterhin zusammenzuhalten.) oder multilaterale Truppen auf seinem Boden zulassen. Die geradezu panische Angst, von der Weiterentwicklung der NATO durch multilaterale Corps betroffen zu werden, oder rüstungskontrollpolitische Beschränkungen auf sich nehmen zu müssen, wurde deutlich. Frankreich wollte im Grunde von jeder Einbindung freibleiben. Das machte alle Bemühungen zu Nichte, aus der deutsch-französischen Brigade allmählich multilaterale Kontingente zu entwickeln, an denen ich Jahre lang mitgearbeitet hatte. Andererseits war die Ankündigung des Abzugs aus Deutschland im gegebenen Kontext sehr von Nutzen, weil damit die Sowjets nicht mehr die Einzigen waren, die aus Deutschland abziehen würden. Wenn auch nicht bei Zwei-plus-Vier festgelegt und gegen unseren Willen und Interesse und das Interesse des Bündnisses, war der französische Abzug zunächst einmal sicher ein Argument von Gewicht in der innersowjetischen Debatte über den zukünftigen sicherheitspolitischen Status Deutschlands.

Am 6. 7. äußerte sich Schewardnadse in einer Tass-Erklärung prompt positiv zu diesen Ergebnissen des Londoner NATO-Gipfels. Sie seien realistisch und konstruktiv und Bewegung in die richtige Richtung. Er würdigte vor allem die Änderung der Strategie der NATO und hatte offenbar noch zur rechten Zeit verstanden, was ich Batenin erklärt hatte. Er erkannte also die Veränderung der NATO an, die von ihm und seinen Gesinnungsgenossen zur Voraussetzung der deutschen Einheit in der NATO gemacht worden waren. Bezeichnend für diese positive Aufnahme des Gipfels durch die Gorbatschow-Mannschaft war die bald darauf ausgesprochene Einladung von NATO-Generalsekretär Manfred Woerner zu einem Besuch in Moskau unmittelbar nach dem laufenden Parteitag.

Am gleichen Tage äußerten aber Falin und Dsassochow, die Londoner Ergebnisse reichten nicht aus. Von Falin war nichts Anderes zu erwarten. Dsassochows Kritik erstaunte mich dagegen. Ich hatte ihn für einen Mann der SD-Fraktion gehalten. Es ging also weiter hin und her unter den Sowjets.

Ebenfalls an diesem Tage trat Mladenow, der Nachfolger Schiwkows als Präsident Bulgariens, nach Großdemonstrationen der Studenten zurück. Das Fernsehen hatte gemeldet, dass er bei den Demonstrationen im Dezember gesagt hatte, das Beste wäre, Panzer einzusetzen. Schelew, der bisherige Oppositionsführer wurde sein Nachfolger. So gingen die Dinge in Bulgarien offenbar in Richtung auf eine echte, nicht nur vorgetäuschte Transformation weiter.

Die Welt brachte an diesem Tag einen Artikel von Lothar Rühl, u. U. werde man bei der Obergrenze der Bundeswehr bis auf 300.000 Mann zurückgehen müssen. Rühl, bis vor kurzem noch Staatssekretär im Verteidigungsministerium, hatte mit Sicherheit Kontakt zu unserer NATO-Gipfel-Delegation gehabt und von den Londoner Gesprächen und unseren weiteren Überlegungen gehört. Mit meiner Charakteristik unserer Haltung als „flexibel" hatte ich also richtig gelegen. Und Rühls Bemerkung kam in Moskau genau zur rechten Zeit.

Am 7. 7. sagte Moisejew in der FAZ nein zur NATO-Mitgliedschaft. Trotz seiner Parteitagsrede mit einer grundsätzlichen Verteidigung der Außenpolitik Gorbatschows war er also noch nicht endgültig gewonnen. Dagegen sagte am gleichen Tage Bowin im sowjetischen Fernsehen in Reaktion auf den NATO-Gipfel, diese Mitgliedschaft des vereinten Deutschland entspreche dem „Realismus und der Kunst des Möglichen".

Auf dem Parteitag brachten in den folgenden Tagen Reden Primakows, Schewardnadses und Jakowlews dann einen energischen Gegenangriff auf die Konservativen in der außenpolitischen Diskussion. Primakow hatte den einführenden, die Politik des Neuen Denkens kompromisslos, sogar aggressiv vertretenden Bericht für die Führung vorgetragen. Die Außenpolitik des Neuen Denkens sei nicht nur richtig, sondern „siegreich" gewesen. Zwar seien die Prozesse der Stabilisierung der militärpolitischen Lage in der Welt noch nicht unumkehrbar, es werde aber immer klarer, dass die internationale Stabilität mehr und mehr von der inneren Entwicklung der SU abhänge. Die Widerstände (der Konservativen) gegen die Demokratisierung der SU belasteten letztlich ihre internationale Stellung.

Ligatschow sagte dagegen, er wolle zur Lage in Osteuropa nur eine Frage ansprechen und zwar „die sogenannte deutsche Frage". Er meine, sie müsse, und das sei keine Einmischung, in der SU in der Gesellschaft und den höchsten Institutionen von Staat und Partei geprüft werden. Am Horizont erhöben sich bereits 80 Millionen Menschen mit riesigem ökonomischem Potential. „Ich akzeptiere z. B. nicht, wenn man sagt, die Vereinigung geht voran." Tatsächlich gehe aber der Anschluss voran. Das präjudiziere die Sache aber nicht endgültig. Das sowjetische Volk könne dazu durchaus noch seine Meinung sagen. Ligatschow hatte also versucht, durch den Vorschlag, zunächst in der SU ein Referendum abzuhalten, den ganzen Prozess aufzuhalten und doch noch umzudrehen, mit der impliziten Drohung, die Truppen einzusetzen, im Hintergrund, als er gesagt hatte, er akzeptiere die gegebene Lage nicht, denn wie sonst hätte sie inzwischen zurückgedreht werden können.

Jakowlew geriet in der Verteidigung der Baltikum-Politik (Ribbentrop-Molotow-Pakt) stark in die Defensive. Seine Ausführungen zur Osteuropapolitik hielten den Konservativen vor allem die Daten 1953, 1956 und 1968 vor. Er habe sich 1968 „sozusagen bei der Wiederherstellung der Basis des Sozialismus" in Prag befunden. Dies sei ihm heute noch peinlich. Durch Parteitagsbeschlüsse sei nicht zu ändern, dass das Lebensniveau in Südkorea zehnmal so hoch wie in Nordkorea sei. Es sei zwar richtig, dass die Entwicklung die Rolle der SU als Führer und Garant in Osteuropa verringert habe. Dies sei aber bei den USA im Westen ebenso und das sei gut. Zur deutschen Frage legte er dar, dass die SU im Grunde immer für die Einheit gewesen sei. Heute werde sie „durch das Leben selbst" vorangetrieben. Eine andere Frage sei, dass von deutschem Boden keinerlei Bedrohung der SU ausgehen dürfe. Die Behauptung, das „europäische Haus" stehe unter „westlicher Schlüsselverwaltung" wies er zurück.

Schewardnadse legte dar, man habe in Bezug auf Deutschland zwei Optionen, entweder schütze man seine Sicherheitsinteressen in den Zwei-plus-Vier-Verhandlungen, oder man verwende die halbe Million Truppen in der DDR, um die Vereinigung zu blockieren. Das wäre eine Katastrophe für Europa und „für unser Volk." Zur Zukunft des Warschauer Paktes sagte er, dass ein auf Gewalt aufgebauter Block keine verlässliche Stütze sein könne. Er fügte der Kette der von Jakowlew aufgezählten Interventionen noch den Hinweis auf Afghanistan hinzu und betonte, dass man sich besonders für den Schutz sowjetischer Ehrenmale in Deutschland einsetzen werde. Er lehnte entschieden ab, dass es in der deutschen Frage irgendeinen „Handel" gebe oder die DDR „verschenkt" werde. Anschließend würdigte er ausführlich die Ergebnisse des NATO-Gipfel. Dabei erwähnte er auch, anders als in seiner schriftlichen Stellungnahme für Tass vom gleichen Tage, die deutsche Bereitschaft zu einer bindenden Erklärung über die Begrenzung der deutschen Streitkräfte. Das „gemeinsame europäische Haus" sei keineswegs ein Mythos. Die Londoner Erklärung zeige vielmehr, dass man eine neue militärpolitische Lage in Europa schaffe.

Am Tag darauf kam Schmidt-Heuer wieder zu mir. Er war vor dem Hintergrund der Parteitags-Debatten wieder voller Skepsis über die Durchsetzbarkeit der NATO-Mitgliedschaft. Ich hielt in meiner Antwort noch einmal eine Laudatio auf Gorbatschow. Er sei zwar auf dem russischen Parteitag in der Minderheit geblieben. Jetzt sei seine Mannschaft aber in Kontrolle der Mehrheit der Delegierten des Unionskongresses. Sie glaube nach den letzten Beschlüssen der Allianz nun tatsächlich, dass die NATO sich verändere. Dazu trügen sicher auch die Ankündigungen Mitterands bei. Die Sowjets hätten verstanden, dass, wenn sie abzögen, der Hauptgrund für die Präsenz der anderen entfalle. Ausnahme die Amerikaner, für die es um die strategische Präsenz in Europa und ihre Rolle als europäische Macht gehe. Außerdem hofften die Sowjets vermutlich auf die Dynamik, die im US-Kongress bereits eingesetzt hatte und der zu Folge der einflussreiche Senator Sam Nunn bereits erklärt hatte, 70.000 Mann in Deutschland seien genug. Schmidt-Heuer leuchtete das ein. Meinerseits war es auch ein Versuch, vor den Mikrophonen das beste aus den überraschenden Erklärungen Mitterands zu machen.

Am 9. 7. schickte ich einen ausführlichen Vorbericht vor dem am 14. 7. beginnenden Besuch des Bundeskanzlers nach Bonn, um damit noch die Briefing-Books für diese voraussichtlich entscheidenden Verhandlungen zu erreichen. Ich schrieb:

I

„Die sowjetische Außenpolitik ist seit einem halben Jahr innenpolitisch heftig umstritten. Die Gegner der Mannschaft Gorbatschows nutzen mit Vorliebe außenpolitische Argumente, und hier besonders die deutsche Vereinigung, um in ihrem innenpolitischen Kampf letztlich Gorbatschow und seine Mannschaft von der Macht zu vertreiben, zunächst einmal von der Macht in der Partei. Diese Gegner haben vermutlich die Mehrheit des laufenden Parteikongresses hinter sich. Die sowjetische Bevölkerung hat aber weitgehend verstanden, dass Gorbatschows Gegner mit der Mobilisierung antideutscher Ressentiments nicht nur die alte Außen- sondern vor allem die alte Innenpolitik betreiben wollen. Und noch ist die Lage in Russland, trotz weiter zunehmender Instabilität nicht so aus den Fugen, dass die Bevölkerung inzwischen die alte Ordnung neuem Chaos vorzöge.

Der Kampf um die Macht an der Spitze wird aber auf dem Forum des Parteitages mit den verschleiernden Bekenntnissen zur Geschlossenheit längst durchschaut, auch wenn er vermutlich vor allem hinter den Kulissen, was nur in Anspielungen sichtbar wird, mit großer Härte und allen Mitteln byzantinischer Intriganz ausgetragen wird. Er ist keineswegs endgültig entschieden, auch wenn Gorbatschow sich erneut, aber nur bis auf Weiteres durchzusetzen scheint. Ligatschow nutzt die Defensive, aus der heraus die Progressiven operieren müssen, mit aller Kraft zum Angriff. Er scheut aber bisher vor der offenen Herausforderung der Mannschaft Gorbatschows zurück, entweder der Mehrheit zu folgen oder abzutreten. Ursache ist vermutlich, dass er und die sich hinter ihm sammelnden Konservativen sich nicht ausreichend sicher sind, nach der Gewinnung der Macht in der Partei auch die Macht über die Volksvertretungen zu gewinnen. Gleichzeitig ist die Situation in den Streitkräften und in dem von Gorbatschows Mannschaft geleiteten Sicherheitsapparat nicht so eindeutig, dass ihr Gehorsam einer neuen Parteiführung gegenüber in jedem Falle gewährleistet erscheint. Insgesamt zweifelt der alte Parteiapparat also daran, ob er im Falle des offenen Bruchs mit Gorbatschow der sich festigenden „Mitte-Links-Koalition" aus parlamentarischer Legitimität und präsidentieller Macht überlegen wäre.

Dennoch ist das Kräfteverhältnis delikat und innenpolitisch auch die Außenpolitik relevant, wenn auch z. Zt. nicht kritisch für die Machtverhältnisse. Gorbatschow kann also weit weniger als seine Vorgänger außenpolitisch frei nach dem von ihm definierten sowjetischen Interesse handeln, sondern muss darauf achten, was er innenpolitisch durchsetzen und das heißt nach und nach der Bevölkerung erklären kann, so dass die konservative Demagogie nicht mehr verfängt. Angesichts der Ergebnisse des NATO-Gipfels gelingt dies aber mehr und mehr.

Die außenpolitische Debatte hat sich inzwischen, wie gerade die sehr harten Auseinandersetzungen zeigten, die Jakowlew und Schewardnadse am 7. 7. vor dem Parteitag zu bestehen hatten, auf die Frage zugespitzt, wer für „den Verlust Osteuropas" verantwortlich ist. Dabei wird immer wieder deutlich, dass die „Freiheit der Wahl" für die Ost-Europäer im Grunde von niemand mehr für öffentlich angreifbar gehalten wird. Dass daraus aber der Schluss gezogen werden soll, die SU müsse sich machtpolitisch tatsächlich entsprechend verhalten, leuchtet der überwiegend in der Kategorie der „Kräfteverhältnisse" denkenden Masse der Bevölkerung, vom Apparat ganz zu schweigen, nicht ein. Das gilt erst recht für die deutsche Frage, in der man, wegen der deutschen Verantwortung für den zweiten Weltkrieg, neben der Macht auch die Moral an seiner Seite glaubt.

Die öffentliche Diskussion hatte sich in den letzten Monaten, auch auf Grund der sowjetischen Verhandlungstaktik, sehr stark auf die Frage nach der NATO-Mitgliedschaft als solcher zugespitzt. Gorbatschow und Schewardnadse, dessen ausführliche, positive Stellungnahme zum NATO-Gipfel am 7. 7. von Iswestija und Krasnaja Swesda veröffentlicht wurde, haben erst angefangen, der hiesigen Öffentlichkeit zu erläutern, dass der Westen als Gegenleistung ein ganzes Paket von Maßnahmen der Abrüstung, der NATO-Reform und der KSZE-Institutionalisierung sowie der ökonomischen Zusammenarbeit geschnürt hat. Die Ursachen dafür sind vielfältig. Zum einen gibt es Anzeichen dafür, dass der hiesige Apparat selbst, schon weil er diesen Interessenausgleich um und mit Hilfe der deutschen Einigung im Grunde ablehnt, gar nicht in der Lage war, selbst ein entsprechendes Konzept zu entwickeln. Zum Anderen gibt es Anzeichen dafür, dass dieser Apparat bis in die Spitze hinein von dem Ausmaß des westlichen Entgegenkommens überrascht ist, weil auch diese Spitze teilweise wohl nur kurzfristig taktisch denkt und die eigene gegenwärtige Schwäche genau kennt. Schließlich aber noch tiefer sitzt der Selbstzweifel, also der Zweifel daran, ob die SU in Zukunft in der Lage sein wird, die ihr vom Westen jetzt gebotenen Möglichkeiten zu nutzen, der SU die Marginalisierung also selbst dann droht, wenn der Westen sie nicht will.

Immerhin hat aber das Ergebnis des NATO-Gipfels hier, wie diese Parteitagsdebatte zeigte, Gorbatschow erheblich entlastet. Schewardnadse, der sich am 7. 7. eindrucksvoll schlug, während Jakowlew stark in die Ecke gedrängt wurde, konnte darlegen, dass eben nicht nur die alte sowjetische Position in Osteuropa zerfällt, sondern neue, für die SU günstige Strukturen entstehen. Dem entspricht, dass das Fernsehen in verschiedenen Sendungen inzwischen nicht nur von der Vereinigung als feststehender Tatsache ausgeht, sondern auch die NATO-Mitgliedschaft in den Medien mehr und mehr den Charakter des wohl Unvermeidlichen erhält. Auch in der öffentlichen Diskussion fällt dabei auf, dass zunehmend von der Notwendigkeit wirklicher deutscher „Souveränität" gesprochen wird.

II

Damit wird deutlich, dass es auch in der NATO-Frage nicht um das „Ob" sondern um das „Wie" geht. Das Souveränitätsargument wird dabei ambivalent verwendet. Die einen, wohl die Jakowlew-Schule, benutzen es, um die Freiheit der Bündniswahl zu begründen.

Die anderen (Falin und die Germanisten) benutzen es, um den Abzug unserer westlichen Verbündeten zu verlangen und Deutschlands Integration in den Westen zu lockern. Die Gefahr, dadurch in einen grundsätzlichen Konflikt mit den USA zu geraten, ist beiden Denkschulen bewusst. Insofern wird die SU, mit Hilfe von Fragen wie der Länge und der rechtlichen Konstruktion der Übergangsperiode für ihren völligen Truppenabzug hier wohl nur dosierten Druck ausüben, der sich wohl stärker gegen unsere westeuropäischen Verbündeten und deren Präsenz als gegen die USA richten wird. Im Grunde geht man hier aber als natürlich davon aus, dass der sicherheitspolitische Status ganz Deutschlands am Ende der Übergangsperiode homogen sein wird, wenn man auch versucht, Sonderregelungen für das DDR-Gebiet u. U. auf Dauer zu erreichen.

 Die Rede von Generalstabschef Moisejew vor dem außenpolitischen Ausschuss des Parteitages belegt das natürliche sowjetische Interesse an einer multilateralen Regelung von Truppenstärken. Es geht der SU nicht nur um die NATO-Truppen in Deutschland, sondern immer mehr auch um die Streitkräfte Polens, der Tschechoslowakei und Ungarns. Auch daraus ergibt sich, dass die SU nicht die Zeit zu einer längeren Auseinandersetzung mit den USA über deren Präsenz bei uns hat. Schewardnadse hat die sowjetische „Zeitnot" vor dem Parteitag einmal mehr hervorgehoben. („Es liegt nicht in unserem Interesse, die Regelung der äußeren Aspekte der deutschen Vereinigung in die Länge zu ziehen.") Sie ergibt sich aus den Beschleunigungen in der DDR und in allen Staaten Osteuropas in den letzten Wochen, insbesondere in Polen. Der rasche Ausbau einer verfestigten Struktur der KSZE ist für die SU in dieser Lage geradezu das ideale Mittel, nicht zuletzt auch, um die Sezessionsbewegungen im Baltikum und Moldawien politisch einzuhegen.

III

In diesen Zusammenhang der inneren Stabilisierung der SU gehört die Frage nach Sinn und evtl. Gestaltung wirtschaftlicher Hilfe in großem Maßstab. Die innerwestliche Debatte darüber ist dem hiesigen Publikum zwar nicht völlig verborgen geblieben, obwohl die Parteitagsreden die Zeitungsspalten fast völlig füllen. Sie ist aber der hiesigen Öffentlichkeit kaum bewusst, auch weil die Initiativen Gorbatschows der letzten Wochen hier bisher nicht bekannt gemacht wurden. Dies liegt an einer gesteuerten Informationspolitik, die bei aller Erleichterung über die sich abzeichnende, dringend benötigte Unterstützung, angesichts der konservativen Stimmung der Parteitage und der völligen Uninformiertheit der Masse über wirtschaftliche Zusammenarbeit in der Welt, dem „Ausverkaufs-Argument" nicht Vorschub leisten wollte. Immerhin hat die Prawda vom 9. 7. die innerwestliche Diskussion jetzt relativ präzise dargestellt. Schewardnadse hat sich auf dem Parteitag am 7. 7. aber sehr bemüht, jeden Zusammenhang zwischen westlicher Wirtschaftshilfe und sowjetischer Europapolitik zu bestreiten. Man könne aber nichts gegen „Zusammenarbeit" haben. Daneben wehrt sich natürlich der alte Apparat der Wirtschaftslenkung gegen den Verlust von Entscheidungsbefugnissen nun nicht nur im eigenen Land sonder auch noch an internationale Strukturen.

 Bei allem Sinn für Großmachtprestige und der Erwartung, dass der Westen es beachtet, ist aber deutlich, dass Gorbatschow und seine engsten Berater inzwischen erkannt haben, dass ein größeres internationales Hilfsprogramm nicht nur gefährliche Löcher stopfen könnte, sondern auch einen weiteren Hebel zum Aufbruch eben dieses Entscheidungsmonopols der alten Wirtschaftsverwaltung liefern würde, wenn sie sich auch hüten, dies selbst öffentlich zum Ausdruck zu bringen.

Die deutsche Interessenlage ist für sie dabei ein willkommenes Hilfsmittel. Bei allem zähen Kampf um wirtschaftliche Leistungen von unserer Seite gibt es aber keine Anzeichen dafür, dass es ihnen dabei primär um die politische Kompensation des Verlustes ihrer früheren Stellung in Deutschland geht. Man erwartet also von uns in den mit der Vereinigung sachlich verbundenen Wirtschaftsfragen Großzügigkeit, sucht aber im Grunde genommen nicht nach einem ökonomischen „Preis" für die politische Zustimmung zur Einheit. Er muss aus sowjetischer Sicht vielmehr politisch im Aufbau der Gesamtkonstruktion einschließlich ihrer ökonomischen Strukturen liegen."

Der Botschafter fügte dem noch den operativ wichtigen Hinweis auf das Erfordernis äußerster Sensibilität für die russische Seelenlage in den bevorstehenden Gesprächen hinzu. Ich war zufrieden, den Bonnern so auf der Grundlage der Arbeit der Monate seit dem Beginn von Zwei-plus-Vier ein zusammenfassendes Lagebild geben zu können, in dem die Akzente sich leicht von der Notwendigkeit zu Wirtschaftshilfe zum Erfordernis des Ausbaus der KSZE verschoben hatten, es aber bei der Grundanalyse von der Durchsetzbarkeit der NATO-Mitgliedschaft für das vereinte Deutschland blieb.

Am gleichen Tage setzten die sowjetischen Medien ihre Berichterstattung über die Ergebnisse des NATO-Gipfels fort. Sie wurden als Folge sowjetischen Drängens, also als sowjetischer Erfolg, dargestellt. Der NATO-Gipfel sei eine Wasserscheide. Die Iswestija schrieb, die SU sei seit ihrem Bestehen noch nie so sicher gewesen. Das mediale Umfeld des Kanzlerbesuchs wurde also nun unmittelbar vorher positiv gestaltet.

Am 10. 7. wurde Gorbatschow auf dem Parteitag mit 2.411 gegen 1.116 Stimmen zum Generalsekretär gewählt. Er hatte es also wieder geschafft, die Mehrheitsverhältnisse, die zu Beginn gegen ihn lagen, wieder für sich umzudrehen. In seiner Akzeptanz-Ansprache legte er das Grundmotiv seiner Außenpolitik offen. Sie diene der Befreiung von Ressourcen für die inneren Probleme, womit sich unsere Grundanalyse erneut bestätigte. Er fragte dabei Ligatschow, der die Politik gegenüber den Staaten Mittel-Osteuropas und in der deutschen Frage noch einmal scharf kritisiert hatte: „Sollen wir denn wieder die Panzer schicken?". Da niemand wagte, dazu offen ja zu sagen, machte Gorbatschow aus Schwäche eine entscheidende Stärke.

Für uns hieß das, dass bei fast gleich starken Flügeln die Mitte sich offenbar wieder zu Gorbatschow geschlagen hatte und damit seine außenpolitische Handlungsfreiheit nach der Niederlage auf dem russischen Parteitag gegen die Konservativen einerseits und auf dem russischen Volkskongress gegen die Progressiven hinter Jelzin andererseits wieder hergestellt war, jedenfalls bis auf Weiteres. Der Versuch, Gorbatschow über seine Deutschlandpolitik zu stürzen, war gescheitert. Gorbatschow war wegen dieses Versuches gezwungen gewesen, sie zu verteidigen, natürlich nicht wegen unserer blauen Augen, sondern um zu zeigen, dass er immer noch Chef im Ring war. Insofern war er aber nun auch endgültig gezwungen, mit uns zum Abschluss zu kommen. Er war also zum „Demandeur" in der deutschen Frage geworden, weil von ihrer Lösung inzwischen seine innenpolitische Dominanz abhing. Jetzt mussten wir handeln.

Am Tag darauf erschien plötzlich Karaganow in meinem Zimmer. Er hatte eigentlich einen Termin bei Schäfers, hatte dann aber so energisch darauf bestanden, mit mir zu sprechen, dass Schäfers ihn unangemeldet zu mir brachte. Ich konnte so dem Gespräch nicht ausweichen, obwohl ich ihn nach verschiedenen Begegnungen zu den Hardlinern rechnete. Er gefiel sich in ätzendem Zynismus und mit seinem rasierten Glatzkopf gab er sich als eine Art Ersatz-Mephisto. Meine Bemühungen zur Umgehung von Kwizinskij/Bondarenko und Falin/Portugalow waren auch abgeschlossen. Ich war überzeugt, dass meine Beschreibungen eines für die „Amerikaner", und das hieß die offenbar wieder stärkste Fraktion, akzeptablen Konzeptes inzwischen oben angekommen waren. Ich hatte also eigentlich keinen Grund zu weiteren Gesprächen. Nun fiel Karaganow aber über mich her. „Versailles, Versailles" rief er, die NATO-Mitgliedschaft des vereinten Deutschland wäre für die SU ebenso vernichtend wie der Versailler Frieden für Deutschland. Sie wäre also eine Katastrophe für die Beziehungen der Russen zu den Deutschen. Diese würden eine so tiefe Demütigung nie vergessen und entsprechend entschlossen auf Revanche sinnen.

Mir wurde erschreckend klar, dass der Versuch, Deutschland praktisch zu neutralisieren, trotz der Parteitagsergebnisse offenbar immer noch nicht tot war. Mir fiel auch ein, dass Gratschew vor kurzem in Frankreich erklärt hatte, niemand fordere ein 100.000-Mann-Heer für das vereinte Deutschland. Ich dachte dabei an Ulbrichts berühmte Beteuerung kurz vor dem Mauerbau, niemand wolle eine Mauer bauen. Es gab also in Moskau offenbar weiterhin Kräfte, die die Gesamtstärke der Bundeswehr so drücken wollten, dass wir praktisch entmilitarisiert gewesen wären.

Obwohl ich bisher immer vermieden hatte, mich auf eine Zahlendiskussion einzulassen, entschloss ich mich nun, den Spieß umzudrehen. Ich sagte also Karaganow, umgekehrt sei es richtig. Es gebe offenbar Leute, die uns wieder wie in Versailles auf 100.000 Mann drücken wollten. Diese tiefe Demütigung Deutschlands habe bekanntlich zum Aufstieg Hitlers beigetragen. Ich sei überzeugt, dass Gorbatschow eine solche Demütigung nicht wolle. Sie würde alle Aussichten für eine fruchtbare Zusammenarbeit nach der Einheit zerstören. Wir bestünden ja gar nicht darauf, die Streitkräfte zu behalten, die sich aus der Verschmelzung von Bundeswehr und NVA ergäben, nämlich etwa 650.000 Mann. Wir seien bereit, über eine Reduzierung mit uns reden zu lassen. Aber die Sowjets müssten wissen, dass unsere Flexibilität dabei selbstverständlich Grenzen habe. Ich erklärte ihm dann wie zuvor Batenin und Kokoschin, die Ergebnisse des NATO-Gipfels, insbesondere die Beschlüsse zur Nuklearstrategie und die neun Punkte Bakers, so wie sie sich auf dem NATO-Gipfel weiterentwickelt hatten. Er schied aber offenbar unbeeindruckt. Die volle NATO-Mitgliedschaft komme nicht in Frage.

Parallel dazu fand vom 9. – 11. 7. in Houston in Texas der G-7-Gipfel der größten Industriestaaten der Welt statt. Im Schluss-Kommunique stellten die Teilnehmer eine Verpflichtung fest, die Reformbewegungen in der SU und in Mittel-Osteuropa zu unterstützen, was einem Grundsatzbeschluss zu Hilfe nahe kam. Gleichzeitig wurde der IWF beauftragt, die Konditionalität für Kredite zu prüfen. Einige Teilnehmer, so hieß es weiter, seien bereits jetzt in der Lage und Willens, Kredite zu gewähren. Das war weniger konkret, als ich gehofft hatte, um Gorbatschow zum Voranschreiten mit dem Bundeskanzler in der deutschen Frage während dessen nun unmittelbar bevorstehenden Besuchs zu überzeugen. Andererseits war die Forderung nach Konditionalisierung von Krediten, umso zu wirtschaftlich tragbaren Strukturen in den Empfängerländern zu kommen, wirtschaftspolitisch einleuchtend.

Am 11. 7. erschien ein Artikel von Bowin in der Iswestija. Die Ergebnisse des NATO-Gipfels seien ein historischer Durchbruch. Die Voraussetzungen für eine NATO-Mitgliedschaft des Vereinten Deutschland seien nunmehr gegeben. Damit meldete sich die SD-Fraktion rechtzeitig zu Wort. Am gleichen Tage ging in Bonn die Einladung des Bundeskanzlers zu einer Reise nach Stawropol in Gorbatschows Heimat während seines bevorstehenden Moskau-Besuchs ein. Ein gutes Zeichen. Am 12. 7. ging ich zu Bowin in die Iswestija, in dem er seine Medienäußerungen für die NATO-Mitgliedschaft bestätigte. An seiner Zugehörigkeit zur SD-Fraktion war nun kein Zweifel mehr. Am gleichen Tage erklärte Portugalow in der „Weltwoche", die NATO-Mitgliedschaft sei akzeptabel, aber Deutschland müsse entnuklearisiert werden. Portugalow wusste genau, dass eine Truppenpräsenz für die USA in Deutschland untrennbar mit ihrer nuklearen Abdeckung verknüpft war. „No nukes, no troops" sagte man in der NATO. Seine Darlegungen waren also nur eine verhüllte Bestätigung seiner – und Falins – alter Position. Die Amerikaner sollten zum Abzug gezwungen werden.

Und ebenfalls am gleichen Tage wurde Iwaschko, ein ukrainischer Parteiführer, mit 3.109 Stimmen gegen 776 für Ligatschow zum stellvertretenden Generalsekretär der Partei gewählt. Ein großer Sieg Gorbatschows über die Konservativen. Die Progressiven hatten sich offenbar ganz auf seine Seite geschlagen. Wohl um in dieser Situation seine eigenständige Machtposition zu verdeutlichen, trat Jelzin mit Aplomb aus der Partei aus und verließ zusammen mit Sobtschak publikumswirksam den Saal.

Ich schickte an diesem Tage noch einen die außenpolitische Debatte des Parteitages zusammenfassenden Bericht nach Hause, in dem ich zu dem Schluss kam, Gorbatschows Außenpolitik sei auf dem Parteitag gegen harten, zahlenmäßig allmählich schrumpfenden Widerstand voll bestätigt worden. Die Außenpolitik und hier vor allem der „Verlust Osteuropas" und die deutsche Wiedervereinigung, sehr viel weniger die Konzessionen an die USA, war, neben der Landwirtschaftspolitik, aber eines der Hauptthemen gewesen, mit denen die Konservativen unter Führung von Ligatschow die Mannschaft um Gorbatschow zu diskreditieren versucht hatten. Mit ihrem Scheitern sei auch dieses Instrument innenpolitisch erst einmal stumpf geworden. In seiner Rede nach der Wahl zum Generalsekretär habe sich Gorbatschow dann stark genug gefühlt, um die „Inhaber hoher Posten im Staat" zum Rücktritt aufzufordern, wenn sie mit der Außenpolitik nicht einverstanden seien. Von Schlüsselbedeutung sei die Rede Generalstabschefs Moisejew gewesen, in der er der Politik Gorbatschows bescheinigte, sie sei nicht zum Schaden der Sicherheit der SU gewesen. Gorbatschow habe damit auch außenpolitisch eine sehr viel freiere Hand gewonnen. Mit dieser Schlussfolgerung wurde klar, dass jetzt der Moment der Entscheidung gekommen war. Wir durften nun nicht mehr zögern, in den bevorstehenden Gesprächen die noch offenen Kernfragen mutig anzugehen. Der Augenblick war günstig.

Am 12. 7. kam NATO-Generalsekretär Manfred Woerner zu Gesprächen mit der sowjetischen Führung und Gorbatschow nach Moskau. Vor Beginn kam er zu uns in die Botschaft, wo wir ihn ins Bild über den Stand des Parteitages setzten. Er war nervös und voller Sorge, ob sein Besuch gut verlaufen werde. Ich erläuterte ihm, dass Gorbatschow, insbesondere nach der Auseinandersetzung auf dem Parteitag, ein Interesse am Erfolg seines Besuches mit der Demonstration habe, dass die NATO sich verändert habe. Gorbatschow wolle auch durch die Gespräche mit ihm den Erfolg seiner Westpolitik beweisen. Das Ergebnis des NATO-Gipfels ermögliche ihm, der sowjetischen Öffentlichkeit zu zeigen, dass die NATO nicht mehr der Feind sei, als der sie immer dargestellt worden sei. Auch der Weltwirtschaftsgipfel von Houston mit seinen freundlichen Tönen für die SU komme ihm zu Hilfe. Dies leuchtete Woerner sichtbar ein und er war erleichtert. Ich schilderte ihm dann die Versuche Jelzins, die ganze Macht durch das Aufbrechen der Union zu erobern, worauf Gorbatschow mit dem Versuch kontere, die Assoziierten Republiken in Russland gegen die von Jelzin beherrschten Zentralinstanzen der RSFSR in Stellung zu bringen. Woerner erwiderte, das sei aber sehr gefährlich, denn es könne zu einer Gesamt-Auflösung führen. Er hatte recht, aber wir hatten es eben mit Vabanquespielern zu tun.

Am 13. 7. war Kwizinskij in Warschau. Wir bekamen einen brühwarmen Bericht unserer Kollegen von dort, denn die Polen hatten sie unmittelbar danach unterrichtet. Kwizinskij hatte sie gegen uns aufgehetzt und ihre Forderung nach einem Junktim zwischen dem Zwei-plus-Vier-Vertrag einerseits und dem Grenzvertrag mit ihnen andererseits zu diesem Zweck übernommen. Er versuchte immer noch mit allen Mitteln, die sich abzeichnende Einigung bei Zwei-plus-Vier zu verhindern. Am gleichen Tage erklärte aber Koptelzew in ADN der sowjetische Vertragsentwurf von Berlin sei nicht verhandelbar. Damit bestätigte sich, dass er zur SD-Fraktion gehörte. Und ebenfalls an diesem Tage erschien in der „Zeit" ein Artikel Karaganows, die NATO-Mitgliedschaft wäre für die SU ein „Versailles".

Am Nachmittag traf ich auf dem vorgezogenen Empfang der Franzosen zum 14. Juli Kokoschin. Ich benutze die Gelegenheit, um ihm ausführlich die Ergebnisse des G-7-Gipfels von Houston nahezubringen. Die Aussichten auf wirtschaftliches Entgegenkommen aller großen westlichen Staaten bei Akzeptanz der NATO-Mitgliedschaft seien nun günstig. Er fragte auch noch einmal nach unseren Vorstellungen zur zukünftigen Größe der Bundeswehr. Ich antwortete, wir seien schon lange kein militaristischer Staat mehr und hätten insofern eine gewisse Flexibilität, solange man uns nicht singularisiere und unter ein Niveau drücken wolle, das der Größe unseres Landes im Vergleich zu anderen Ländern in Europa angemessen sei.

Am 14. 7. schrieb die Iswestija zur Begrüßung des Bundeskanzlers, die weitere Ablehnung der NATO-Mitgliedschaft sei unzweckmäßig. Am gleichen Tage äußerte sich Schewardnadse in Tass sehr positiv zum Besuch Woerners. Nun war alles bereit.

Am Abend des 14. kamen der Bundeskanzler und der Minister mit ihren Delegationen und einem großen Pressetross in Moskau an. Wir holten sie vom Flughafen ab und begleiteten sie in die Gästehäuser auf den Leninhügeln. Dort traf ich Mitarbeiter Woerners, Kollegen aus dem deutschen Auswärtigen Dienst, die an die NATO zu Woerner ausgeliehen waren. Sie übergaben der Delegation des Bundeskanzlers eine Zusammenfassung der Gespräche Woerners. Wie sie mir erzählten, waren die Gespräche gut verlaufen. Ein gutes Omen.

Am nächsten Morgen fuhr ich zum Gästehaus des Bundeskanzlers, um zusammen mit dem Botschafter und einigen Kollegen von der Botschaft die Delegation abzuholen. Ich war dann im Frühstückszimmer dabei, als der Botschafter den Kanzler kurz über die Lage unterrichtete. Falin habe ihm noch am Vortage gesagt, eine NATO-Mitgliedschaft komme nicht in Frage. Er selbst schätze die Lage allerdings als offen ein. Ich stand danach im Foyer, wo ich kurz mit Teltschik sprechen konnte, während wir auf die Wagenkolonne warteten. Teltschik zählte dann im Einzelnen auf, was wir in den letzten Monaten bi- und multilateral getan hatten, um den Sowjets die NATO-Mitgliedschaft akzeptabel zu machen. Ich war sicher, dass er sich der Mikrophone ringsumher bewusst war. Man konnte und sollte uns wohl hören. Ich sagte ihm nur kurz, ich sei überzeugt, die Mannschaft um Gorbatschow habe das begriffen. Ich habe mich aber nicht getraut, ihm klar zu sagen, dass ich überzeugt sei, dass alles gut gehen werde.

Wir fuhren dann hinunter in die Stadt zum Gästehaus des Außenministeriums in der Alexej Tolstoi Straße, zur „Spiridonowka" also. Zunächst wurden die Gespräche wieder getrennt geführt. Der Bundeskanzler sprach, begleitet von Teltschik, mit Gorbatschow und Tschernjajew, der Minister, begleitet von Elbe, mit Schewardnadse und Tarasenko. Während wir in einem Nebenzimmer warteten, nahm Kastrup Kwizinskij frontal auf die Hörner. Ich habe den sonst immer ruhigen und beherrschten Kastrup nie so heftig erlebt.

Wir wüssten, was Kwizinskij in Warschau getrieben habe. Es sei skandalös, wie er versucht habe, in den Gesprächen bereits erzielte Übereinkünfte über das Vorgehen gegenüber den Polen wieder aufzulösen. Kwizinskij, der ja nicht widersprechen konnte, wand sich wie ein Aal und ich war sehr stolz auf Kastrup.

Dann wurden wir zunächst zu Genscher und Schewardnadse gerufen. Als ich den Raum betrat, sagte Schewardnadse auf Russisch, nun könne man ja wirklich im Vertrauen sprechen. Ich nahm es als Anspielung auf meine von den Sowjets angenommene Zugehörigkeit zum BND. Kaum wurde das Gespräch der beiden Minister fortgesetzt, es ging um die Grenzfrage, als die Delegationen zur Vollsitzung in den Hauptsaal zusammengerufen wurden.

Ich setzte mich – am Haupttisch war für mich kein Platz – unmittelbar schräg hinter den Bundeskanzler neben Kästner, meinen alten Vorgesetzten von meinem ersten Posten in Moskau. Im allgemeinen Stühlerücken kam Teltschik zu Kästner und mir und sagte nur kurz strahlend: „Es klappt." Ich konnte meinen Jubel kaum unterdrücken. Als ich aufblickte, traf sich mein Blick mit dem Gorbatschows, der dem BK gegenüber saß. Er hatte mich offenbar schon länger beobachtet und lächelte freundlich, als wir uns ansahen. Ich war ihm offenbar inzwischen ein Begriff. Zu meiner Begeisterung begann der Bundeskanzler dann das Gespräch sehr einfühlsam mit einem Glückwunsch an Gorbatschow für den Erfolg auf dem Parteitag. Er selbst kenne diese Situation sehr genau von vielen Parteitagen der CDU, auch von dem letzten. Es sei ja bekannt, was dort gewesen sei, sagte er in Anspielung auf die Gruppe um Spaeth, die dort hatte versuchen wollen, ihn abzusetzen. Diese Einordnung in die Gemeinschaft demokratischer Politiker ging Gorbatschow glatt runter. Er strahlte über das ganze Gesicht, freute sich sichtlich und bestätigte seinen Erfolg auf dem Parteitag nach offener, schwieriger Debatte.

Das folgende Gespräch blieb dann eher allgemein. Kurz bevor aber die stark geschrumpften Kern-Delegationen in den Kaukasus nach der Bergstation Archis aufbrachen, schoben der Bundeskanzler und Gorbatschow noch eine kurze Pressekonferenz in einem Nebengebäude des Gästehauses ein. Dabei zitierte Gorbatschow Moisejew, der im Mittel-Gang des Saales unter den Journalisten stand, nach vorne auf das Podium und bat ihn um seine Stellungnahme zum Stand der Verhandlungen. Es war ein gezielter Schritt, um Moisejew zu einer öffentlichen Unterstützung zu zwingen und ihm so Querschüsse schwer zu machen. Genauso war Gorbatschow wenige Tage zuvor verfahren, als er Kwizinskij und Moisejew bestimmt hatte, im Auswärtigen Ausschuss des Parteitages seine Politik darzulegen und zu verteidigen. Sie gehörten ja beide eher zu den Gegnern dieser Politik und wurden so in die Disziplin genommen und öffentlich festgelegt. Moisejew legte dann dar, er erwarte von den Gesprächen in Archis mit Sicherheit eine Klärung der zukünftigen Stärke der Bundeswehr. Das lief, so musste man ihn verstehen, auf die Akzeptanz der NATO-Mitgliedschaft hinaus, denn von ihr hatte er gar nicht mehr gesprochen. Ich sprang nach dem Aufbruch der Delegationen in den Kaukasus in mein Auto, um zur kanadischen Botschaft zu fahren, wo Woerner für die Botschaften der NATO-Staaten ein Debriefing von seinen Gesprächen der letzten Tage gab. Ich schilderte ihm am Rande Teltschiks Resümee und Moisejews Stellungnahme und er war überglücklich.

Am 16. 7. zeigte die Pressekonferenz des Bundeskanzlers und Gorbatschows in Schelesnowodsk im Vorland des Kaukasus, dass wir uns in allen wesentlichen Punkten durchgesetzt hatten. Offen geblieben war eigentlich nur noch die Gesamtsumme unserer finanziellen Leistungen. Ich platzte vor Stolz über unsere Arbeit während der letzten Monate. Unsere Berichterstattung hatte sich als weitgehend richtig erwiesen. Die volle Abdeckung des vereinten Deutschland durch die NATO-Garantie hatte sich tatsächlich als durchsetzbar erwiesen, ebenso wie die Ablösung der Vorbehaltsrechte noch vor Beginn der Übergangsperiode für den Truppenabzug. Die Begrenzung der Bundeswehr hielt sich im Rahmen. Dieses Ergebnis war sogar eher noch besser, als ich erwartet hatte. Gorbatschow verwendete auf der Pressekonferenz das Souveränitätsargument, um die Ergebnisse zu verteidigen. Wir hatten auf das Vordringen dieses Arguments vorher hingewiesen. Von den Amerikanern kam danach die Frage an uns: „How did you do it?" Dort hatte man, trotz meiner Briefings für Ray Smith, die Fraktionsbildung in Moskau und die Stärke der „Amerikaner" sowie die Präponderanz der ökonomischen Interessen in der Gorbatschow-Konzeption nicht verstanden. Meine Hinweise waren wohl in der Flut der Informationen, die Washington täglich erreicht, untergegangen.

Am gleichen Tage trat KGB-Chef Krjutschkow im Obersten Sowjet für Gewalteinsatz bei inneren Problemen ein, wie die Sowjetskaja Rossija, die Zeitung der Konservativen, meldete. Wir durften die innere Entwicklung nicht aus dem Auge verlieren.

Am Tag danach rief mich Gerd Ruge an, der damalige Leiter der ARD-Vertretung in Moskau, und bat mich um Hilfe. Er hatte Markow von Nowosti zum Internationalen Frühschoppen nach Deutschland eingeladen, wo die Einigung von Archis diskutiert werden sollte. Bonn hatte aber Markow das Visum verweigert. Ich ärgerte mich über den Bonner Unverstand. Markow war also, das war mir bis dahin nicht klar gewesen, ein KGB-Mann, der in Bonn deshalb offenbar aufgefallen war. Er war aber vor allem der einzige sowjetische Journalist, – für uns war es Graf Nayhauß von der „Bild-Zeitung" – den Gorbatschow nach Archis mitgenommen hatte. Auf dem berühmten Photo von Kohl, Gorbatschow und Genscher an einem runden Tisch in den Bergen im Kreis der umstehenden Delegationen war Markows Mondgesicht in der Mitte zu erkennen. Es war also klar, dass er in Moskau allerhöchstes Wohlwollen genoss und das seine Ausladung politisch ein Affront gewesen wäre. Ich rief wegen des Zeitdrucks Elbe an, den Leiter des Ministerbüros im AA in Bonn, und schilderte ihm die Situation mit dem

Petitum dafür zu sorgen, dass Markow ein Visum bekam, was dann auch geschah. Elbe kannte Markow offenbar von irgendeiner Gelegenheit. Es war ein weiteres Mal, dass ich mich über die Bonner Praxis ärgerte, uns nicht mitzuteilen, wer als KGB-Mann erkannt worden war. Wir schlossen dies zwar bei keinem unserer Gesprächspartner aus, aber es hätte geholfen, so etwas positiv zu wissen.

Am gleichen Tage war der Präsident der EU-Kommission, Jacques Delors, zu Gesprächen mit der sowjetischen Führung in Moskau. Das war für uns sehr nützlich, denn so zeigte sich, dass unsere Zusagen über die Aussichten auf westliche Hilfe sich materialisierten. In Paris einigten sich die Außenminister der Zwei-plus-Vier in Paris mit dem polnischen Außenminister, in der Frage der Bestätigung der polnischen Westgrenze so zu verfahren, wie in der Resolution von Bundestag und Volkskammer vorgesehen. Kwizinskijs Störmanöver war gescheitert. Ich berichtete über die Darstellung des Woerner-Besuchs in den sowjetischen Medien. Sie beschrieben darin die NATO als gewandelte Organisation.

Am 25. 7. gaben die Briten die starke Reduzierung der Rhein-Armee von 55.000 auf 25.000 Mann in den nächsten vier Jahren bekannt. Die Einigung von Archis wirkte sich aus. Nach der französischen Abzugserklärung war dies ein weiterer Schritt in der Antwort der NATO auf die sowjetische Abzugsentscheidung, der zeigte, dass sich Frankreich und Großbritannien nicht in Deutschland „festkrallen" würden, wie Portugalow behauptet hatte. Wir konnten dies in der nun bevorstehenden Schlussphase der Zwei-plus-Vier-Verhandlungen ins Feld führen, falls es von Falin et al. noch Widerstände geben würde.

Am 26. 7. begann der Abtransport der amerikanischen C-Waffen aus Deutschland. Ein weiterer Beleg für die Veränderung der NATO-Strategie.

Am 2. 8. marschierte Saddam Hussein in Kuweit ein. Die Weltpolitik bekam sofort eine neue Perspektive.

Am gleiche Tage ging ein längeres Telegramm ab, das ich schon vor dem Besuch des Bundeskanzlers entworfen, aber noch nicht abgeschickt hatte, weil ich die Bonner nicht in dem Willen beirren wollte, alles daran zu setzen, jetzt zum Abschluss zu kommen. Es befasste sich mit der Lage in der SU vor der voraussichtlich nicht stattfindenden Sommerpause. Das wesentliche Ergebnis (vgl. den Volltext in der Anlage 2) war:

„1. Die Einigung von Archis über den zukünftigen Platz Deutschlands gelang vor allem, weil die SU die Gewähr erhielt, sich in Zukunft am internationalen Austausch unter den großen Industriestaaten voll beteiligen zu können. Die Frage, ob sie diese Möglichkeit auch zu nutzen vermag, ist damit nicht beantwortet. Die Struktur der SU hat vielmehr inzwischen so tiefe Risse, dass der Hauptbeteiligte am östlichen Ende dieser Architektur schon in einigen Monaten nicht mehr die SU, sondern die Russische Republik sein könnte. Denn im Wettlauf zwischen den Zerfallsprozessen in der Union und den Konsolidierungsbemühungen Gorbatschows ist der Sieger nicht mehr sicher...

2. Gorbatschow hat zwar auf dem Parteitag mit erneuter taktischer Brillanz den letzten, für die Perestroika wirklich gefährlichen Ansturm des „alten Regimes" abgewehrt. In der Woche seitdem ist aber mit der Verzögerungstaktik der Litauer, der Souveränitätserklärung der Ukrainer, dem nur noch mit großer Mühe verhinderten „Krieg" zwischen zwei Republiken (Armenien und Aserbeidschan), dem Bürgerkrieg zwischen Usbeken und Kirgisen und vor allem der sich beschleunigenden Vorwärtsstrategie der RSFSR unter Jelzin die rapide Schrumpfung der tatsächlichen Macht der Union, d. h. Gorbatschows und der Unionsregierung deutlich geworden.

3. Der Selbstbehauptungswille der RFSFR drückt sich auch ökonomisch aus. In einer in weiten Teilen Russlands sich verschärfenden Versorgungskrise fühlen sich Jelzin und die Regierung der RSFSR unter Silajew ermutigt, radikale Maßnahmen des Übergangs zur Marktwirtschaft sofort vorzuschlagen und nicht die angekündigten Maßnahmen der Union abzuwarten. Jelzin hat daher auch zu Beginn der letzten Woche ein Programm des Übergangs zur Marktwirtschaft mit dem etwas demagogisch klingenden Titel „Vertrauensmandat für 500 Tage" vorgelegt. Die Folge dieses Versuchs, die von Gorbatschow und Ryschkow angekündigten Schritte zur Einführung der Marktwirtschaft zu übertrumpfen, könnte eine weitere Unterminierung der staatsrechtlichen und politischen Struktur der SU sein, wenn Jelzin und Gorbatschow nicht letztlich doch zur Zusammenarbeit bereit sind, wofür es immerhin Absprachen gibt. Es lässt sich jedoch nicht völlig ausschließen, dass sich die SU von einem extrem zentralistischen Staat immer schneller in eine nur als Konföderation zu bezeichnende Staatenassoziation verwandelt.

4. Der Gedanke, den sich zuspitzenden Kampf der slawischen Republiken um vor allem ökonomische Eigenständigkeit einzusetzen, um die politische Verantwortung für den schweren Übergang zum Markt auf mehreren Schultern zu verteilen, wird von den intellektuellen Vordenkern Gorbatschows bereits unter die Leute gebracht. Die Hoffnung, nach diesem Übergang, wenn sich die Unvernunft der russischen Radikalen und anderer Nationalisten gezeigt hat, wieder fester im Sattel zu sitzen, und doch noch eine Konföderation zusammenhalten zu können, ist wohl auch berechtigt. Sie zeigt aber die ganze Schwierigkeit einer Lage, in der Gorbatschow, dies ist nicht mehr auszuschließen, kaum etwas Anderes mehr übrig bleiben könnte, als nicht nur Litauen sondern die Balten insgesamt einmal tatsächlich selbständig ihr Glück versuchen zu lassen, und im Transkaukasus sowie in Mittelasien die dortigen Völker ihren Leidenschaften zu übergeben, und sei es nur, weil die slawischen, „europäischen" Völker immer weniger bereit sind, ihre Söhne zwischen die Fronten der „Asiaten" zu schicken...

Die Kontakte der Bundesländer zur RSFSR und zur Ukraine sollten ... intensiviert und so abgestimmt wie möglich eingesetzt werden. Kontaktbemühungen der Republiken – wir spüren sie von Seiten der russischen Regierung – sollten wir nicht zurückweisen, andererseits dadurch aber auch nicht das nach wie vor zentrale Verhältnis zur Union belasten...

Jedenfalls wird die Auseinandersetzung zwischen der Zentralgewalt und den Republiken, vor allem aber zwischen der Union und der RSFSR, uns in der nächsten Zeit ganz besonders beschäftigen. Dabei wird die Fähigkeit Gorbatschows und Jelzins zum politischen Kompromiss, trotz vorhandener, auch persönlichkeitsbedingter Gegensätze und einer Rivalität, die an der Machtfrage gemessen heute stärker ist als je, ein Hauptkriterium sein. Absprachen für einen solchen Kompromiss sind getroffen. Ob sie tragfähig sind, wird sich zeigen. Wenn Gorbatschows Taktik, und darauf deutet Manches, jetzt darin besteht, Jelzin die Verantwortung für den radikalen Übergang zur Marktwirtschaft zuzuspielen, indem er die RSFSR nicht ernsthaft bei der Zerstörung des von Ryschkow geleiteten Instrumentariums der Wirtschaftslenkung auf Unionsebene behindert, dann wäre das ein erneutes Beispiel für sein Geschick, aus Schwäche Stärke zu machen. Es kann aber den Zusammenhalt der Union kosten."

Das war ein Versuch, durch die Beschreibung des sich entwickelnden Chaos in der SU die Bonner in ihrer Euphorie über die Einigung in den Hauptfragen zu höchst möglichem Tempo bei der Lösung der Fragen anzuspornen, die nach der Einigung von Archis noch offen waren. Man konnte nicht mehr ausschließen, dass es in nicht mehr allzu ferner Zeit in Moskau niemand mehr geben könnte, der abschlussfähig, oder u. U. sogar noch abschlusswillig war. Das Fenster der Gelegenheit für Deutschland, Osteuropa und das ganze West-Ost-Verhältnis schloss sich rapide mit dem sich beschleunigenden Zerfall der Union.

Am 3. 8. einigten sich Baker und Schewardnadse in Moskau auf ein gemeinsames Kommunique zum Einmarsch Saddam Husseins in Kuweit, mit dem sich die SU vorbehaltlos an die Seite der USA stellten. Die Gorbatschow-Mannschaft löste sich damit erstaunlicherweise von ihrem alten Klienten. Gleichzeitig verschob sich der Focus der internationalen Aufmerksamkeit weg von uns in den mittleren Osten. Wir waren aber noch gar nicht fertig.

Am gleiche Tage trafen sich Gorbatschow und Jelzin und verabredeten einen gemeinsamen Ausschuss von Experten, der unter Vorsitz von Schatalin, dem Ökonomen, der mit seine radikalen Vorschlägen zum Übergang zur Marktwirtschaft in Russland über Nacht bekannt geworden war, Vorschläge zur Wirtschaftsreform machen sollte. Noch schien sich also die Allianz zu halten, die sich zwischen den Progressiven hinter Jelzin und der Mitte hinter Gorbatschow auf dem Parteitag zum Sieg über die Konservativen gebildet hatte.

Am 5. 8. erklärte der Bundeskanzler vor den Vertriebenenverbänden, die Grenzanerkennung sei der Preis der Einheit gewesen. Das war ein wichtiger Schritt zur Versöhnung derer, die nun ihre Hoffnungen auf eine Rückgewinnung ihrer alten Heimat endgültig aufgeben mussten, mit dem neuen, vereinten Deutschland.

Am 7. 8. wurde eine Äußerung Moisejews bekannt, mit der er bestritt, dass die NATO ihre Nuklearstrategie verändert habe. Meine Einordnung von ihm unter die Hardliner bestätigte sich. Seine Äußerung war ein ominöses Zeichen, dass er, und damit seine Gesinnungsgenossen, sich immer noch nicht geschlagen gaben.

Am 16. 8. übernahm Jelzin das Schatalin-Programm. Damit stellte sich die Frage, wie Gorbatschow es damit hielt.

Am 17. 8. war der Minister in Moskau zu einem Besuch, bei dem er sich mit Schewardnadse einigte, dass die am 12. 9. bevorstehende Zwei-plus-Vier-Runde in Moskau die letzte sein sollte. Das erhöhte zwar den Einigungsdruck, bedeutete aber vor allem, dass die Verschleppungsgefahr wohl beherrschbar blieb. Das war angesichts der Anzeichen für fortdauernde innersowjetische Auseinandersetzungen auch in den deutschen Dingen sehr bedeutsam.

In diesen Tagen gaben die USA die Reduzierung ihrer Gesamtstreitkräfte um 442.000 Mann bekannt. Es war zwar noch unklar, wie ihre Truppen in Europa davon betroffen waren. Der Beschluss setzte aber den Trend zu Abzügen bei uns fort und war, solange die strategische Präsenz der USA in Europa davon nicht berührt wurde, auch für uns nützlich, um die Sowjets zu bewegen, die noch offenen Fragen rasch zu lösen.

Am 19. 8. teilte eine Tass-Erklärung mit, dass die Vorbehaltsrechte erst zum Zeitpunkt der Übergabe der letzten Ratifikationsurkunde zum Zwei-plus-Vier-Vertrag erlöschen könnten. Das war für uns gefährlich, weil dieser Zeitpunkt das Erlöschen von den unübersichtlichen Entwicklungen in der SU abhängig machte. Ein weiteres Zeichen erneuter Verhärtung der sowjetischen Position.

Am 23. 8. Unabhängigkeitserklärung Armeniens und Turkmenistans, am 24. Tadjikistans. Die Assoziierten Republiken in der RSFSR, die Karelier, Baschkiren, Tartaren, Jakuten, die Komi, Kabardiner und Balkaren verabschiedeten „Souveränitätserklärungen". In Georgien folgten die Abchasen, in der Moldau-Republik die Gagausen, während die russisch und ukrainisch bewohnten Gebiete dieser Republik östlich des Dnjestr ihre Sezession erklärten. Der Flickenteppich der Nationen, Nationalitäten und Stämme in der SU, besonders in der RSFSR, löste sich rapide auf. Die um sich greifende Praxis der gegenseitigen Ungültigkeitserklärungen von Rechtsakten durch rivalisierende gesetzliche Körperschaften auf Unions-, Republiks- und Assoziierter Republiks-Ebene erzeugte einen zunehmenden Zynismus gegenüber gesetzgeberischer Tätigkeit überhaupt. Der „Rechtsnihilismus" wuchs. Was also immer mehr zählte, war die schiere Macht.

Am gleichen Tage stimmte die Volkskammer mit 296 gegen 62 Stimmen bei 7 Enthaltungen für den Beitritt der DDR nach Art 23 GG. Auf der inneren Schiene waren wir nun fast fertig.

In diesen Tagen wurde der frühere KGB-General Kalugin im ehemaligen Wahlkreis des jetzigen Chefs der neugegründeten russischen Parteiorganisationen und Neo-Stalinisten Poloskow zum Deputierten im Obersten Sowjet der RSFSR gewählt. Kalugin hatte im Wahlkampf seine Angriffe auf den KGB bis zu dem Vorwurf gesteigert, Gehilfen der jetzigen Führung des KGB seien zu den westlichen Diensten übergelaufen, was die KGB-Führung mit dem Vorwurf beantwortete, die Verräter seien während Kalugins Amtszeit als Chef der Gegenspionage nicht gefunden worden. Jetzt wurde also sogar die schmutzige Wäsche des KGB in aller Öffentlichkeit gewaschen.

Parallel bekamen wir einen Bericht unserer Kollegen in Warschau über ein Gespräch des Botschafters mit dem neuen Außenminister Skubiszewski. Dieser zeigte sich dabei auf das Äußerste besorgt über Aktivitäten der Deutschen Bank im nördlichen Ostpreußen. Er befürchtete, dass dahinter Bemühungen steckten, doch wieder Anspruch auf dieses Gebiet zu erheben. Der Bericht gab mir eine schon lange erhoffte Gelegenheit, mich zusammenfassend zu den Aktivitäten zu äußern, die von verschiedener Seite damals im Gange waren und das Wohlwollen des Auswärtigen Amtes genossen. Da ging es um die Errichtung einer Kant-Statue in Königsberg oder die Schaffung einer Gedenkstätte für Ännchen von Tharau in Memel und eben Versuche des Vorstandsvorsitzenden der Deutschen Bank, Christians, dem Gebiet wirtschaftlich auf die Beine zu helfen, oder des Auswärtigen Amtes, das Gebiet, bisher militärisches Sperrgebiet und für Touristen geschlossen, für deutsche Ferienreisende zu öffnen.

Ich schrieb, jede dieser Aktivitäten möge für sich genommen völlig unschuldig sein. Zusammengenommen ließen sie sich jedoch, wie Skubiszewskis empfindliche Reaktion zeige, auch politisch verstehen. Ich riet, auf das Innenministerium einzuwirken, um dessen Aktivitäten dort zu bremsen und auch Herrn Christians zu warnen. Ich lernte ihn einige Monate später in Moskau kennen, als er zur Vorstellung seiner Memoiren gekommen war. Er war der Typ des deutschen Offiziers, der sein ganzes Leben an seiner Beteiligung am Russlandfeldzug gelitten hatte und den Russen gegenüber ein echtes Schuldgefühl empfand. Das ehrte ihn, die Sowjets versuchten aber sofort, sich dies ökonomisch zu nutze zu machen. Ich bat dann auch das AA, Christians die Zusammenhänge und damit die Gefahr zu erklären, dass er mit seinem Engagement für Ostpreußen Gefahr lief, in eine Falle zu geraten. Später hörte ich, dass Staatssekretär Lautenschlager, der im Amt für alle wirtschaftliche Fragen verantwortlich war und Christians gut kannte, diesen um Zurückhaltung gebeten habe, wozu Christians auch bereit war. Ich war darüber sehr erleichtert. Für all diese Fragen war nach der Einheit noch genügend Zeit.

Am 28. 8. erklärte der Minister, wie vereinbart, vor den Delegationen zu den KSE-Verhandlungen in Wien unsere Verpflichtung, die Bundeswehr innerhalb von 3 – 4 Jahren auf 370.000 Mann zu reduzieren. Am 31. 8. unterzeichneten Schäuble und Krause den Einigungsvertrag.

Am gleichen Tage schrieb ich Teltschik wieder einen Brief. Ich schilderte ihm die seit Archis entstandene Lage. Nach einem demonstrativen gemeinsamen Gang über den Roten Platz von Gorbatschow und Jelzin zu Monatsanfang gab es Anzeichen für eine Verhärtung Gorbatschows in den entscheidenden, den Wirtschaftsfragen. Damit deuteten sich ein Bruch Gorbatschows mit den Progressiven und ein Zuwachs des Einflusses der Konservativen an. Ich riet Teltschik deshalb, „den Sack" nun so rasch wie möglich zu schließen. Wir müssten jetzt rasch zu Ende kommen, koste es auch noch einmal zwei oder 3 Mrd. DM. Wir dürften uns auf keinen Fall an sekundären Fragen verhaken. Ich war in jenen Tagen angesichts der inneren Entwicklung und den Anzeichen von Verschleppungsmanövern durch Bondarenko – Kwizinskij – Falin – Moisejew beinahe in Panik, es könne ihnen doch noch gelingen, den Abschluss so lange zu verzögern, bis es in Moskau zu einem grundlegenden Umschwung käme, der die gesamten Ergebnisse von Archis wieder zu Nichte machen würde. Es war ja noch nichts unterschrieben!

Und die inneren Auseinandersetzungen nahmen weiter zu. Kwizinskij und Bondarenko versuchten nun, wie ich von den Gesprächen während Genschers letztem Besuch wusste, die Verhandlungen über sekundäre Fragen, wie die Enteignungen zwischen 1945 und 1949, Entschädigungen für angeblich sowjetisches Eigentum wie z. B. die Urangruben von Wismut oder den Schutz der sowjetischen Ehrenmäler für ihre Gefallenen in die Länge zu ziehen. Auch die Verhandlungen über die Verträge über den Truppenaufenthalt in der Abzugsperiode und über unsere Hilfe für den Bau von Wohnungen für die abzuziehenden Truppen in der SU gestalteten sich schwierig. Teltschik antwortete mir eine Woche später positiv und bedankte sich. Meine Hinweise seien hilfreich gewesen. Der große Zeitdruck, unter dem alles ausgehandelt worden sei, habe sich letztlich als nützlich erwiesen. Er hatte die Anzeichen ähnlich bewertet und den Bundeskanzler entsprechend beraten.

Ende August wurden in der SU die Streitkräfte mit großem Propagandaaufwand zur Hilfe bei der Ernte eingesetzt. Der Ministerrat forderte sogar die Verhängung des Notstandes. Ich ging wieder einmal zu Golembiowski in die Iswestija, um die innenpolitische Lage zu erörtern. Er sagte mir, es handele sich wieder um den Versuch der Konservativen, durch Ausrufung des Notstandes Gorbatschow zur Aufgabe der Liberalisierung zu zwingen. Das Strickmuster sei immer dasselbe. Meine Sorge, Gorbatschow könne doch noch von den Konservativen überwältigt werden, wuchs wieder. Anfang September gab es in Moskau eine Knappheit von Brot, über deren Ursache es nicht zu überprüfende Gerüchte gab. Wie oft bei solchen Problemen war wieder von einer Provokation die Rede, also der Behauptung, die Knappheit sei künstlich herbeigeführt worden, um bei der Wirtschaftsreform Schwierigkeiten zu bereiten. Am 4. 9. wurde der Schatalin-Plan, jetzt Plan der RSFSR zur Wirtschaftsreform der gesamten Union, veröffentlicht, der erste, einigermaßen überzeugende Plan, den konkreten Übergang zur Marktwirtschaft herbeizuführen.

In diesen Tagen hatte ich ein Gespräch mit Schischlin, jenem ZK-Funktionär, der mir im November 1989 mit seinen Äußerungen in den USA aufgefallen war, die SU habe, anders als unsere westlichen Verbündeten, nichts gegen die Wiedervereinigung. Ich hatte zuvor versucht, im Außenministerium etwas über das Treffen zwischen Gorbatschow und Bush in Helsinki in Erfahrung zu bringen, das überraschend für den 9. September vereinbart worden war. Im Außenministerium konnte oder wollte man mir dazu aber nichts sagen. So rief ich Schischlin an. Mein Vorgänger hatte mir seine Telefonnummer hinterlassen und in der Notiz war er als Leiter der Abteilung für internationale Kommunikation bezeichnet. Meine sonstigen Kontakte im ZK waren Deutschland-Fachleute und nicht unbedingt die richtigen Gesprächspartner über ein sowjetisch-amerikanisches Treffen. Ich stellte mich vor und fragte ihn, ob ich ihn zu einem Gespräch über den Gipfel von Helsinki aufsuchen dürfe. Zu meiner völligen Verblüffung antwortete er: „Wissen Sie was, ich komme zu ihnen. Dann können wir uns kennenlernen." Ich sagte natürlich sofort zu und wir verabredeten einen Termin am folgenden Tag. Ich war darüber sehr erstaunt, weil die Sowjets, schon gar solche höheren Ranges, zu solchen Gesprächen eigentlich nie zu uns in die Botschaft kamen. Selbst der Botschafter musste sich regelmäßig zu ihnen begeben. Aber ich dachte mir, wenn er das will, warum nicht?

Nach seiner Ankunft am nächsten Tag holte ich ihn an der Pforte der Botschaft ab und wir gingen in mein Büro. Während er sich an den Tisch setzte, um den ein paar Sessel standen, sagte er: „Also hier war das. Hier halten Sie Ihre Besprechungen." Ich war wie vom Donner gerührt. Man konnte diese Bemerkung nur als Eingeständnis verstehen, dass wir in meinem Zimmer abgehört worden waren. Das wusste ich zwar ohnehin, aber er war offenbar zu mir gekommen, weil er den Ort kennenlernen wollte, an dem Wichtiges besprochen worden war. Ich habe es auf meinen Vortrag vor den New York Times Korrespondenten – und den Mikrophonen – zu den Lösungsmöglichkeiten der offenen Fragen der Verhandlungen über Deutschland bezogen, denn er war wohl die ausführlichste und gewichtigste aller Äußerungen gewesen, die in diesem Zusammenhang in meinem Dienstzimmer gefallen waren. Mit anderen Worten, meine damalige Taktik hatte offenbar funktioniert. Man hatte uns zugehört und war überzeugt worden, dass es anders ginge, als Bondarenko, Kwizinskij und Falin behaupteten. Ich war dementsprechend befriedigt, ja begeistert, ohne es mich anmerken zu lassen, und stolz. Meine Erläuterungen hatten offenbar Gewicht bei der endgültigen Entscheidungsbildung gehabt. Deshalb war Schischlin zu mir in mein Büro gekommen.

Das anschließende Gespräch war dann weniger aufregend. Offenbar sollte es in Helsinki mit Bush gar nicht um die noch zwischen uns offenen Deutschlandfragen gehen, sondern um den Irak und Kuwait. Deutschland stand schon nicht mehr im Zentrum der Weltpolitik, obwohl die für uns notwendigen Vereinbarungen noch nicht fertig ausgehandelt waren. Am 11. 9. sprach Bush im Kongress davon, dass wir die Errichtung „of a new world order" erlebten, „based on the rule of law, not on the law of the djungle." Das übersah die immer noch riesigen Widerstände im Moskauer Dschungel. Am gleichen Tage unterstützte Gorbatschow im Obersten Sowjet der Union den Schatalin-Plan. Mit gleicher Verve verteidigte er aber Ryschkow, der diesen Plan vollständig ablehnte. Gorbatschow lavierte also wieder. Er wollte die Brücke zu den Konservativen immer noch nicht abbrechen, ein weiteres, schlechtes Zeichen.

Am Nachmittag dieses Tages saß ich mit dem Minister und den Kollegen aus dem Auswärtigen Amt, die zu den Schlussverhandlungen von Zwei-plus-Vier nach Moskau gekommen waren, kurz im Gästehaus zusammen, bevor am späteren Nachmittag Gespräche zwischen dem Minister und Schewardnadse anstanden. Der Minister fragte mich plötzlich, was ich von den Nachforderungen hielte, die Kwizinskij in den Tagen seit der Einigung von Archis erhoben hatte. Ich sagte ihm dann vor den Mikrophonen, wir sollten darauf auf keinen Fall eingehen. Kwizinskij wolle wieder einmal zeigen, dass er der bessere Unterhändler als Gorbatschow in Archis wäre. Das werde Gorbatschow aber nicht dulden. Genscher nahm dies offenbar befriedigt entgegen. Von meinen Befürchtungen, dass Kwzinskij wahrscheinlich erheblich weiterreichende Ziele hatte als ein paar Nachbesserungen, konnte ich dem Minister an diesem Ort nichts sagen.

Als ich am 12. 9. morgens in das Hotel Oktjabrskaja kam, wo die Schlussrunde der Minister stattfand, merkte ich zunächst nichts von der Dramatik der vergangenen Nacht, als es dem Minister erst mit Hilfe des von ihm aus dem Bett geholten Baker gelang, britische Nachforderungen in letzter Minute abzuwehren. Die Briten wollten unbedingt das Recht zu Manövern von nichtdeutschen NATO-Truppen im beitretenden Gebiet durchsetzen, ein Recht, das militärisch nichts brachte, den Sowjets aber die Gesichtswahrung noch einmal erschwerte. Es war schon seltsam, dass die Briten wieder zum kritischen Zeitpunkt in Moskau quer schossen, 1970 bei den Verhandlungen Scheels über den Moskauer Vertrag, als der britische Gesandte in letzter Minute die Konsultation der Drei Mächte verlangte, bevor Scheel abschließen könnte, und nun wieder. Es brachte nichts als Verstimmung ein.

Frank Elbe, Genschers Büroleiter, gab mir am Morgen des 12. seinen Ausweis, damit ich in den Verhandlungssaal hineingelassen wurde und so saß ich die letzte halbe Stunde noch dabei, als die Minister sich gegenseitig zum Abschluss beglückwünschten. Alle Probleme waren gelöst. Genscher und Kastrup war es sogar gelungen, die Frage der Enteignungen zwischen 1945 und 1949 aus dem Vertragstext herauszuverhandeln und in einem begleitenden Briefwechsel unterzubringen, der uns Möglichkeiten zur Entschädigung öffnete. Dann standen wir alle auf und die sechs Delegationen drängten sich in den kleinen benachbarten Raum hinter den Tisch, an dem die Minister zur Unterzeichnung saßen. Ich fand, ich gehörte vor allem wegen meiner Anstrengungen dazu, Gorbatschow vor dem Parteitag von der Attraktivität unseres Angebotes zu überzeugen, und stellte mich nach hinten in das Gedränge der Delegationen, so dass ich von der eigentlichen Zeremonie kaum etwas sah. Aber ich erlebte Geschichte, nicht nur deutsche, sondern ganz Europas und sogar der Welt mit der Einigung der beiden Weltmächte über den Ausgleich über ihren gewichtigsten Streitpunkt, die Ordnung in Europa mit Deutschland als Zentrum.

Nachspiel

Trotz der Begeisterung und dem Gefühl tiefer Befriedigung über die Unterzeichnung des Zwei-plus-Vier-Vertrages fiel danach die kaum mehr erträgliche Spannung der letzten 1½ Jahre nicht von mir ab. Die inneren Risse im Gebäude der Sowjetunion waren in den Monaten über den Sommer immer tiefer geworden. Die Fülle der z. T. schon fast bürgerkriegsähnlichen Auseinandersetzungen war zu einer ernsten Bedrohung des gesamtstaatlichen Zusammenhalts geworden und so stellte sich die Frage, wie lange wir noch in Moskau einen handlungsfähigen Vertragspartner haben würden, der den Vertrag getreu ratifizieren und dann auch über die vier Jahre der Übergangsperiode mit dem machtpolitisch entscheidenden Truppenabzug auch erfüllen würde.

Dabei stellte sich für unsere Arbeit das gleiche Problem wie seit dem Beginn der operativen Öffnung der deutschen Frage. Die Bonner Instanzen befanden sich, erst recht nach der Vertragsunterzeichnung, in einem Zustand der Euphorie und hielten die Dominanz Gorbatschows auch wegen seines Zusammengehens mit den Amerikanern im Kampf gegen Saddam Hussein für offensichtlich langfristig gesichert. Wir hatten daran jedoch Zweifel, die bald zunahmen, die Bonn aber offenbar für verfehlt und die Folge schlechter Nerven oder kremlinologischer Spekulationen hielt. Wir mussten also auf der Hut bleiben, um dennoch rechtzeitig das zu optimistische Bonner Weltbild zurechtrücken zu können.

Am Morgen nach der Unterzeichnung des Zwei-plus-Vier-Vertrages nahm ich mit den Kollegen aus Bonn an der Paraphierung des „großen Vertrages" durch Genscher und Schewardnadse wieder in der „Spiridonowka" teil. Es war dies der wichtigste aus dem Paket bilateraler Verträge, die wir parallel zu den Zwei-plus-Vier-Verhandlungen fertig gestellt hatten, weil er den Sowjets die Gewähr dafür gab, dass wir auch in Zukunft, wenn die Übergangsperiode vorbei sein würde, eng und umfassend mit ihnen zusammenarbeiten würden, Verpflichtungen also, die für die bevorstehende Ratifizierung des Zwei-plus-Vier-Vertrages durch den Obersten Sowjet von großer Bedeutung waren.

Neben einer ganzen Reihe von Artikeln, in denen die zukünftige Zusammenarbeit in Wirtschaft, Wissenschaft und Kultur vereinbart wurde, enthielt der Vertrag zu Anfang auch einige politische Regelungen, in denen wir bis an dir Grenze dessen gegangen waren, was uns ohne Verletzung unserer Bündnisverpflichtungen in der Nato möglich war. So enthielt der Artikel 3 auch die Verpflichtung, einem eventuellen Angreifer gegen eine der beiden Vertragsparteien keine militärische Hilfe oder sonstigen Beistand zu leisten. Wir konnten diese Verpflichtung, um deren Formulierung in den Verhandlungen lange gerungen worden war, auf uns nehmen, da die Nato definitionsgemäss ein reines Verteidigungsbündnis ist, also niemals Beistand zu einem Angriff eines Bündnispartners auf einen Dritten umfasst. Wir hatten uns von den Sowjets nicht über die Schwelle der Illoyalität im Bündnis ziehen lassen. Wir hatten das Bündnis, um dessen Garantie für das vereinte Deutschland wir so hart gekämpft hatten, also intakt bewahrt. Umso bestürzter war ich einige Tage darauf, als sich ein westlicher Kollege nach dem Inhalt dieses Artikels erkundigte, weil er von französischer Seite gehört hatte, mit diesem Artikel hätten wir uns aus der Bündnissolidarität entfernt. Ich erklärte ihm die Regelung und schlug dem Auswärtigen Amt vor, umgehend in Paris vorstellig zu werden, damit dieser Irrtum sich nicht verbreitete. So geschah es dann auch. Es ging ja um den Kern der gesamten Regelungen, multilateral im 2+4 Vertrag und bilateral in diesem Vertrag über gute Nachbarschaft.

Während die beiden Minister spaßeshalber wetteiferten, wer die Seiten des umfangreichen Vertrages schneller paraphieren konnte, nutzte ich die Gelegenheit, um den Abrüstungsbeauftragten der Bundesregierung, Botschafter Holik, mit Tarasenko zusammenzubringen. Wir hatten in den Wochen zuvor – und das war ein schlechtes Zeichen für die Moskauer Machtverhältnisse – festgestellt, dass die Sowjets versuchten, die in Wien vereinbarten Obergrenzen dadurch zu umgehen, dass sie Tausende schwerer Waffen hinter den Ural verlagerten, um sie nicht gemäß dem fertig ausgehandelten KSE-Vertrag vernichten zu müssen, wozu sie verpflichtet gewesen wären, wenn sie im europäischen Teil der SU geblieben wären. Zudem hatten sie einige Heeresdivisionen in zur Marine gehörende Küstenschutz-Divisionen umklassifiziert, um sie außer Anrechnung zu halten. Das waren offenbar mit dem Außenministerium nicht abgestimmte Tricks, die natürlich den Abschluss der Wiener Verhandlungen sehr erschwerten. Tarasenko erklärte die Probleme des Außenministeriums mit dem Verteidigungsministerium in völliger Offenheit und bat um Vertrauen, dass man das Problem für uns befriedigend lösen würde. Als Holik nachhakte, antwortete Tarasenko etwas resigniert, „ihr werdet uns erst trauen, wenn wir uns nackt vor euch hinlegen." Für mich war das ein Beleg, dass es in der Tat auch jetzt noch notwendig war, ihnen scharf auf die Finger zu sehen.

Am 14. 9. erklärte der Verfassungsrat ein Gorbatschow-Dekret mit dem Verbot von Demonstrationen in Moskau für verfassungswidrig. Zur gleichen Zeit sagte Jelzin in Obersten Sowjet der RSFSR, es gebe ernst zu nehmende Hinweise über Truppenbewegungen der Fallschirmjäger aus Tula in Richtung Moskau, die zur Einschüchterung der Progressiven und Jelzin-Anhänger gestreut würden. Jasow sagte dazu, die Truppen seien zur Einsammlung der Kartoffelernte eingesetzt, womit er ihre Nähe bestätigte. Das Ganze war wie im Februar vor dem ZK-Plenum und dem Volkskongress aufgezogen, als schon einmal versucht worden war, Pro-Jelzin-Demonstrationen juristisch und mit Gerüchten über Truppenbewegungen zu verhindern.

Am 16. 9. fand die geplante Großdemonstration in Moskau dennoch statt. 200.000 Demonstranten für Jelzin forderten den Rücktritt Ryschkows und nun auch Gorbatschows. Das zeitweilige Bündnis Gorbatschows mit Jelzin war offenbar schon wieder zu Ende. Dies zeigte sich auch, als Jawlinskij, der bisherige Gehilfe Schatalins, nun unter eigenem Namen ein 500 Tage Programm zum Übergang zur Marktwirtschaft vorlegte, das Gorbatschow ablehnte, womit er sich weiter in Richtung auf die Konservativen bewegte.

Am 21. 9. lag dem Obersten Sowjet der Union ein Gesetzentwurf vor, der Gorbatschow ein praktisch unbegrenztes Notverordnungsrecht gegeben hätte. Der Oberste Sowjet nahm dass Gesetz jedoch mangels Quorum nicht an, offenbar weil die progressiven Abgeordneten den Saal verlassen hatten. Der Oberste Sowjet der RSFSR verstand diesen Gesetzesentwurf als eine Herausforderung Jelzins durch Gorbatschow, da er u. a. auch die Möglichkeit geschaffen hätte, den Obersten Sowjet der RSFSR aufzulösen. Das Präsidium des Obersten Sowjet der RSFSR fasste deshalb am 22. 9. einen Beschluss, die Souveränität der RSFSR gegen Übergriffe der Union zu verteidigen. Der Stellvertreter Jelzins als Präsident des Obersten Sowjet der RSFSR, Chasbulatow, verwies im Fernsehen darauf, dass die Abgeordneten der RSFSR am 24. 9., wenn der Oberste Sowjet der Union erneut über das Ermächtigungsgesetz für Gorbatschow abstimmen sollte, in Moskau präsent sein würden, um auf jeden Übergriff des Obersten Sowjet der Union oder des Unions-Präsidenten, Gorbatschow, sofort reagieren zu können. Die Machtkonkurrenz zwischen Jelzin und Gorbatschow hatte sich nun zu einer tiefen Verfassungskrise entwickelt.

Am 24. 9. ging ich in die entscheidende Sitzung des Obersten Sowjet der Union im Swerdlow-Saal des Kreml. Die Atmosphäre war sehr gespannt. Eine Reihe jüngerer, progressiver Abgeordneter wehrte sich heftig gegen die Vorlage mit den außerordentlichen Vollmachten für Gorbatschow. Sie bedeute eine Abdankung des Obersten Sowjet, zerstöre die Gewaltenteilung und sei darauf gerichtet, der RSFSR die Durchführung der Wirtschaftsreform aus der Hand zu nehmen. Einer dieser Abgeordneten gab auch detaillierte Hinweise auf verschiedene Truppenbewegungen der letzten Zeit, die Vorbereitungen zu Eingriffen in das politische Leben sein könnten. Gorbatschow reagierte darauf vom Podium herab eisig und drohend, wie ich ihn noch nie beobachtet hatte. Es gehe nicht um mehr Macht für ihn, sondern um mehr Verantwortung für eine rasche Bewältigung der schweren Aufgaben. Er zitierte dann den KGB-Chef, Krjutschkow, auf die Rednertribüne, um zu den Gerüchten über Truppenbewegungen Stellung zu nehmen. Krjutschkow stieg nach vorn ans Rednerpult und verspottete die progressiven Deputierten. Er wisse von nichts. Nur keine Angst. Wenn es jemanden gäbe, der von Truppenbewegungen etwas wissen müsste, wenn es sie denn gegeben hätte, dann sei es ja wohl er als Chef des KGB. Es war der blanke Hohn. Auch Lukjanow, der die Sitzung leitete, stimmte in die drohenden Töne gegenüber den progressiven Deputierten ein und fiel mir dabei zum ersten Mal als offenbar stark konservativ auf.

Es war eine gespenstische Situation. Ligatschow, der auf der Besuchertribüne nur wenige Plätze neben mir saß, verfolgte sie mit gespannter Aufmerksamkeit. Er balancierte, mit mühsam unterdrückter Aufregung, vorne auf der Sesselkante. Gorbatschow erhielt seine zusätzlichen Vollmachten mit 305 gegen 36 Stimmen. Er hatte danach bis zum 31. 3. 91 das Recht, Verordnungen mit Gesetzeskraft zu erlassen sowie Anweisungen zu geben in Bezug auf die Fragen der Eigentumsordnung, der Organisation der Wirtschaftslenkung, des Haushalts- und Finanzwesens, des Arbeitslohns, der Preisbildung sowie „der Stärkung der Rechtsordnung". Er konnte auch „Organe und andere staatliche Strukturen" errichten, um den unionsweiten Markt zu schaffen und das Zusammenwirken der Union mit den Republiken, den assoziierten Republiken, autonomen Gebieten und Kreisen zu gewährleisten. Das waren z. T. überaus dehnbare Begriffe, die in der Tat weitreichende Möglichkeiten des Vorgehens gegen das rivalisierende Machtzentrum der RSFSR mit sich brachten.

Gorbatschows Auftritt bestürzte mich. Er war ganz offensichtlich auf dem Weg zurück zu den Konservativen und dies nur wenige Tage nach der Unterschrift unter den Zwei-plus-Vier-Vertrag. Die Tinte der Unterschriften war ja noch kaum trocken. Ich kam nach den schlechten Anzeichen der letzten Wochen nun zu dem erschreckenden Schluss, dass auch für uns der Kampf noch nicht vorbei war. Wenn Gorbatschow diesen nun offensichtlich eingeschlagenen Kurs weg von den Progressiven weiter ging, dann begab er sich in die Hände der Konservativen, die die Deutschlandpolitik mit uns massiv bekämpft hatten und inzwischen wohl kaum anderer Meinung geworden waren. Stark beeindruckt von Gorbatschows offenbarer Verachtung für die jungen Abgeordneten fuhr ich in die Botschaft zurück. Ich hatte gehofft, mich nach der Unterzeichnung des Zwei-plus-Vier-Vertrages etwas zurücklehnen und die Dinge von da an gelassener angehen zu können. Jetzt wurde mir aber klar, dass die Machtkämpfe in Moskau keineswegs beendet waren und sogar ein Sieg der Konservativen nicht auszuschließen war. Das wäre aber für die Ratifikation des Zwei-plus-Vier-Vertrages höchst gefährlich gewesen. Dann war sogar möglich, dass es zu Problemen beim Truppenabzug kommen würde. Mit anderen Worten war von mir und meinen Kollegen weiterhin höchste Aufmerksamkeit gefordert.

In diesen Tagen forderte der polnische Außenminister Skubiszewski, den Truppenabzug aus Polen bis Ende 1991 abzuschließen. Das wurde von sowjetischer, militärischer Seite abgelehnt. Schewardnadse war offenbar nicht stark genug, sich den Militärs entgegenzustellen. Ein weiteres, negatives Zeichen für die Entwicklung der Unionsinstanzen war auch die Ernennung von Krawtschenko, dem Tass-Chef, einem bekannten Konservativen, zum Generaldirektor von Gosteleradio, also dem Fernsehen und Rundfunk. Damit wurde das wichtigste Medium den Konservativen übergeben und Jakowlew, in dessen Bereich die Medien gehörten, hatte dies nicht verhindern können.

Ende September erschien dann der Deputierte Tschubais bei mir. Ich kannte ihn bis dahin nicht, aber Adam hatte ihn bei seinen ständigen

Streifzügen durch die Moskauer Parlamente angesprochen. Er gehörte zu den Gründern der neuen Sozialdemokratischen Partei. Er war in die Botschaft gekommen, begleitet von vier oder fünf jüngeren Sowjets, angeblich um sich mit Adam über die Gründung einer Jugendorganisation der neuen Partei zu beraten. Bei Adam in der Botschaft angekommen, hatten sie aber gebeten, mit mir sprechen zu können, und Adam brachte sie einfach bei mir vorbei. Nachdem sie sich gesetzt hatten, versuchte ich mit Tschubais über sein Parteiprojekt ins Gespräch zu kommen. Er zeigte dann aber seinen Begleitern lediglich mein Büro, was mich erstaunte, und zog mit seinen Begleitern rasch wieder ab.

Ich kam beim Nachdenken über diese Begegnung zu dem Schluss, dass es ihnen, wie zuvor Schischlin, nur darauf angekommen war, einmal mein Büro zu sehen. Das bestärkte mich in meiner Überzeugung, dass meine Vorträge und Gespräche für die westlichen Journalisten und auch das Gespräch mit Karaganow in den entscheidenden Wochen vor dem Washingtoner Gipfel und dem Parteikongress wichtig gewesen waren. Ich hatte dabei versucht, die Gorbatschow-Mannschaft mit meinen Darlegungen zu einer Zeit vorwärts zu locken, als jede Verzögerung gefährlich für uns gewesen wäre. Gorbatschow hatte dann tatsächlich eine Politik gemacht, die dem von mir beschriebenen Konzept vielleicht nicht zufällig entsprach. Das erklärte auch die schnelle Einigung über die Hauptfragen bereits im ersten Gespräch mit dem Bundeskanzler noch in Moskau vor der Reise in den Kaukasus. Die Entscheidung war wie von mir erwartet schon vorher gefallen, als Gorbatschow seine Linie gegen den erbitterten Widerstand Falins und der Konservativen festlegte, weil er wusste, was von uns zu erwarten war.

Am 24. 9. erklärte die DDR den Rückzug der NVA aus dem Warschauer Pakt.

Am 27. 9., ziemlich genau ein Jahr nach meinem einführenden Vortrag für Botschafter Blech über den Kampf zwischen SS und SD als dem Kern der sowjetischen Politik, schrieb ich dann einen Bericht: „Politische Entscheidungsbildung in der SU", in dem ich in einem Überblick über das vergangene Jahr mit seinen für uns so zentralen Entscheidungen versuchte, diese damalige Arbeitshypothese zu belegen. Ich schrieb:

„*1. Der Ablauf unserer Verhandlungen mit der SU über die mit der Vereinigung Deutschlands zusammenhängenden Fragen hat exemplarisch gezeigt, dass es neben dem Apparat des Außenministeriums und dem des ZK-Sekretariates andere Apparate gibt, die die obersten Entscheidungsträger Gorbatschow, Schewardnadse und Jakolew bei außenpolitischen Entscheidungen beraten und dabei offenbar mehr Einfluss und Durchsetzungsvermögen besitzen, als diese beiden klassischen Säulen der außenpolitischen Entscheidungsbildung. Die Frage, um wen es sich dabei handelt, liegt nahe.*

2. Ein erster, publizistischer Hinweis auf den später Zwei-plus-Vier genannten Sechserkreis kam aus dem IMEMO (Baranowski), dem Institut, dessen vorletzter Direktor (Primakow) seit etwa einem Jahr neben Tschernjajew und Boldin im unmittelbaren Umkreis von Gorbatschow arbeitet, und dort den höchsten Rang besitzt. Sein

Vorgänger als Direktor des IMEMO war Jakowlew, seit etwa zwei Jahren der nach Gorbatschow politisch, vor allem konzeptionell aber auch operativ in kritischen Fragen der Innenpolitik (Litauen, Parteienpluralismus, russischer Nationalismus) einflussreichste Mann des gesamten sowjetischen politischen Systems.

3. Der nächste, schon beinahe den Charakter eines Vorschlags tragende Hinweis auf den Sechserkreis kam, kurz vor dem Besuch des Bundeskanzlers im Februar, bei dem das Zwei-plus-Vier Konzept sich durchsetzte, von Prof. Daschitschew. Er arbeitet im Institut von Prof. Bogomolow. Dieses Institut, bis vor wenigen Jahren anders als das IMEMO für westliche Diplomaten unzugänglich, hat sich als das intellektuell gerade auch innenpolitisch immer wieder bei weitem am Besten unterrichtete und konzeptionell spätere Entwicklungen vorwegnehmende Institut erwiesen. Es geht dabei nicht nur um Außenpolitiker wie Daschitschew und Ambarzumow, dessen Analysen der Lage in Osteuropa geradezu Teil der Bewegungen waren, die zu der Welle der Regime-Wechsel in Osteuropa zum Jahresende 1989 beigetragen hatten (und der jetzt als Abgeordneter im Obersten Sowjet der RSFSR gute Verbindungen zur Mannschaft um Jelzin unterhält). Zu diesem Institut gehören vor allem innenpolitische Vordenker wie Kljamkin und Migranjan, die schon im vorigen Herbst sowohl die Präsidialverfassung publizistisch vorbereiteten, die dieses Frühjahr beschlossen wurde, als auch die „zusätzlichen Rechte" beschrieben, die der Präsident beim Übergang zum neuen politischen und wirtschaftlichen System brauche, um das durch Zerstörung der alten Institutionen entstehende Chaos zu stabilisieren, bis neue Institutionen funktionieren. Migranjan hat vor wenigen Tagen in Vorbereitung der ersten Debatte am 21. 9. das dann am 24. 9. beschlossene „Ermächtigungsgesetz" gerechtfertigt.

4. Die erste Andeutung, dass die SU evtl. nicht auf einem besonderen militärischen Status des DDR-Gebietes beharren werde, sondern deutsche „Souveränität" der Leitgedanke sei, stammte aus einem Gespräch mit Prof. Proektor, der auch zum IMEMO gehört, in dem Gespräch, wie schon früher, aber Gewicht darauf legte, dass er nicht nur Wissenschaftler sei und operative Bitten (Botschaft zum Jahrestag des Kriegsendes, Parlamentsbeschlüsse zur polnischen Grenze) überbringe.

5. Erheblich klarer in der Ablehnung der Forderungen, die uns in den Zwei-plus-Vier-Verhandlungen von Schewardnadse offiziell, wenn auch mit abschwächenden Bemerkungen, übermittelt worden waren, und mit harter Kritik sowohl am Außenministerium wie am ZK-Sekretariat wegen deren Missachtung unserer „Souveränität", war General Batenin zu Julianfang. Batenin gab sich während des Gesprächs Mühe zu verdeutlichen, dass er dem ZK-Sekretariat selbst eigentlich nicht angehöre, sondern einem „strafenden Organ". Seine von großem Selbstbewusstsein getragenen Darlegungen gingen in vielen der im Kaukasus dann für uns so glücklich gelösten Fragen weit über die damaligen Positionen von Kwizinskij und Falin hinaus.

6. Es ist deutlich, dass Schewardnadse und die ihm unmittelbar zuarbeitenden Personen in den gesamten Verhandlungen eine im Grunde genommen uns gegenüber viel offenere Haltung einnahmen als die „Germanisten". Dies ist insbesondere in Gesprächen mit dem Leiter des Planungsstabes im Außenministerium, Tarasenko, mehrfach sehr klar geworden. Seine Laufbahn spricht dafür, dass er kein bloßer Berufsdiplomat ist. Insbesondere die Tatsache, dass er von einer Verwendung an der UNO-Vertretung in New York zu

Schewardnadse ging, als dieser noch georgischer Parteichef war, lässt eine Zugehörigkeit zu einem Dienst vermuten, der auch innere Aufgaben hat.

7. Diese Periode in der Karriere Tarasenkos ist aber die Zeit, in der Andropow Generalsekretär war, und in der nicht nur Gorbatschow seinen politischen Durchbruch ganz an die Spitze schaffte. (Hier wurde vor wenigen Tagen ein Auszug aus einem angeblich von Andropow stammenden Brief an das Politbüro veröffentlicht, mit dem er Gorbatschow als Nachfolger empfahl. Tichonow, Ustinow und Tschernenko hätten das aber verhindert.) Es war auch die Zeit, in der Grundgedanken der Perestroika-Konzeption z. B. in der Kritik der polnischen Entwicklung, in Veröffentlichungen des Bogomolow Instituts von Bogomolow selbst oder von Butenko ersten, öffentlichen Ausdruck erhielten. Der jetzt wieder sehr prominente und in der Breschnew-Zeit etwas zurückgetretene Burlatsky hatte damals seine ersten, wieder auffälligeren Auftritte. Bowin, der seiner Verbundenheit mit Andropow noch heute durch zwei Andropow-Photos in seinem Büro Ausdruck gibt, hatte damals einen Aufschwung. Bowin, Burlatsky und Bogomolow haben alle im Büro Andropows gearbeitet, als dieser ZK-Sekretär für die sozialistischen Staaten war, also bevor er zum KGB ging.

8. Die Verbindung zu Andropow in dieser Funktion ist nicht nur bei Bowin nachweisbar, sondern auch bei Lukjanow und Krjutschkow festzustellen, die beide nach eigenem Bekenntnis Andropow 1956 in Ungarn beraten haben. Lukjanow, Studienfreund Gorbatschows von der Moskauer juristischen Fakultät, hat aber, genauso wie Jakowlew, auch zugegeben, in die Bewältigung der tschechoslowakischen Entwicklung 1968 direkt eingeschaltet gewesen zu sein. Bowin war es schließlich, der uns im Sommer 1989, noch vor dem Höhepunkt der Fluchtbewegung über Ungarn, sagte, er wolle sich in Bonn mit Leuten unterhalten, die sich „mit der Wiedervereinigung" befassten.

9. Es ist kaum ein Zufall, dass auf dem Höhepunkt des Kampfes zwischen der Gorbatschow-Mannschaft und den Konservativen in diesem Frühsommer im Rahmen der Kalugin-Affäre, die damals ihren Höhepunkt erreichte, Jakowlew öffentlich in die Nähe des KGB-Renegaten Kalugin gerückt wurde. Er nahm dem sich entwickelnden Angriff dann mit einem Interview für die Komsomolskaja Prawda, der inzwischen eindeutig härtesten Perestroika-Publikation unter den Tageszeitungen, die Spitze. Seine von der hiesigen Öffentlichkeit längst vergessene Studienzeit in den USA Ende der 50er Jahre, also im tiefen kalten Krieg, als dort nicht jeder Sowjetmensch studieren durfte, wurde aber wieder an die Oberfläche befördert.

10. Sucht man nach Auslandsbeziehungen in der frühen Karriere Schewardnadses, so saß er ab Ende der 50er Jahre im Präsidium des „Solidaritätskomitees mit den Völkern Asiens und Afrikas", wo er in den 60er Jahren dessen damaligen Sekretär, den jetzigen Verantwortlichen für „Ideologie" im neuen Politbüro der KpdSU, Dsassochow, kennenlernte. Schewardnadse war, nach einem ersten Aufstieg im Komsomol, in der Mitte seiner Karriere bis zur Ernennung zum Außenminister lange Jahre im Bereich der inneren Sicherheit tätig, bevor er im georgischen Parteiapparat an die Spitze trat. Schewardnadse kennt Gorbatschow aus gemeinsamer Komsomol-Zeit.

11. Die Arbeit im Komsomol hat auch den Anfang der Karriere Dsassochows geprägt, der seinen Durchbruch zur Spitze hier im vorigen Jahr schaffte, als er Vorsitzender des Auswärtigen Ausschusses des neu gewählten Obersten Sowjet der Union wurde.

Dsassochow hatte nach seiner Komsomol-Zeit und der Arbeit im „Solidaritätskomitee", einer typischen Frontorganisation des KGB, als Botschafter in Syrien und 1. Sekretär des Gebietspartei-Komitees für Nord-Ossetien exekutive Erfahrung gesammelt. Er ist, wie der jetzige Stellvertreter Falins, Gratschew, und wie Ignatenko, Gorbatschows neuer Pressesprecher, und wie Schewardnadse ein typischer Fall eines der jetzigen Perestroika-Politikers, die im Komsomol, nicht aber den Gebietsparteiorganisationen, den Karriere-Durchbruch geschafft haben, und sich früh in der Nähe des Sicherheitsapparates bzw. von internationalen Fragen bewegt haben.

12. Fasst man den Gesamteindruck zusammen, der sich aus der Beobachtung der Karrieremuster und der politischen Verbundenheit der Personen ergibt, die hier in den letzten Jahren Außen- und Innenpolitik maßgeblich prägen, z. T. sogar als Köpfe der Perestroika gelten können, so ergibt sich das Bild einer intellektuellen Elite, die schon sehr frühzeitig ausgesucht, einander wohl nicht nur persönlich sondern auch organisatorisch verbunden ist, und die in einem harten Kampf während der 80ziger Jahre die traditionellen Eliten des Parteiapparates und des Außenministeriums niedergerungen hat.

13. Das Bild ist allerdings nicht klar. Es lassen sich teilweise auch Rivalitäten und sogar Auseinandersetzungen innerhalb dieser Gruppe beobachten, auch an der Spitze zwischen Gorbatschow-Jakowlew-Schewardnadse-Lukjanow, wobei Lukjanow als treuester der Gefolgsleute Gorbatschows erscheint. Im Kampf mit den klassischen Methoden des Apparates hat diese Gruppe aber zunächst die Breschnew-Gruppe und dann die „Sibirier" unter Ligatschow, Ryschkow könnte ihr letzter Vertreter an der Spitze sein, zurückgedrängt. Die von ihr selbst ins Werk gesetzte Demokratisierung, man kann das Wort inzwischen ohne Anführungszeichen verwenden, hat ihr aber nun einen Gegner geschaffen, mit dem diese Elite evtl. nicht mehr fertig wird, den russischen Nationalismus bzw. Populismus mit Jelzin an der Spitze.

14. Wie geschickt sie dabei dennoch manövriert, mag das kürzliche, große Interview Jelzins mit „Sojus" zeigen. Nach einer Beschreibung seiner Depression und des Gefühls der Isolation im Anschluss an seinen Austritt aus der Partei auf dem 28. Parteikongress habe ihn als erster und einziger der Führung Jakowlew angerufen und ihn zum Durchhalten aufgefordert. Die immer wieder erneut wegen der Risiken auch für die eigene Stellung kaum zu fassende Entschlossenheit, das alte System in der SU zu zerstören, und dem Land, und sei es unter größten Schwierigkeiten, eine Chance auf die dynamische, dem Stand der Zeit entsprechende Entwicklung zu geben, wird darin sichtbar."

Es war ein Versuch, mit dem AA in einen analytischen Dialog zu treten. Deshalb verzichtete ich darauf, die beschriebene Mannschaft explizit als „SD" zu bezeichnen. Aber ich wollte klar machen, dass meiner Meinung nach die politisch entscheidenden Leute zu einer Fraktion des Sicherheitsapparates gehörten, was bedeutete, dass wir dementsprechend weiterhin sehr vorsichtig sein mussten. Das war nach der Einigung über die Wiedervereinigung und der dadurch ausgelösten Euphorie in Deutschland wichtig genug. Aber wie so oft bekam ich keine Antwort, die mir Gelegenheit hätte geben können, meine Analyse weiter zu unterfüttern, z. B. mit dem Hinweis darauf, dass es Bogdanow, ein KGB-Mann, gewesen war, der uns im Sommer 1989 die ökonomische Grundmotivation für die Perestroika erklärt hatte, woraus sich schon damals auch ergab, dass eine der die ganze Entwicklung treibenden Kräfte aus dem Sicherheitsapparat kam.

Am 29. 9. fällte ein Urteil das Bundesverfassungsgerichts ein Urteil, dass die für die Bundestagswahl vorgesehene, einheitliche 5%-Grenze, die die PDS wohl kaum erreichen würde, verfassungswidrig sei. Wie ich bald merkte, gab es in Moskau nach wie vor viele Apparatschiks, die sich der PDS als Nachfolgerin der SED eng verbunden fühlten und solche Entwicklungen genau verfolgten.

Am 1. 10. wurden die Vorbehaltsrechte der Vier Mächte suspendiert. Es war Genscher gelungen, die Sowjets von diesem für uns sehr bedeutsamen Schritt vor der Einheit am 3. 10. zu bewegen.

Am gleichen Tage fanden in verschiedenen Städten der Ukraine Großdemonstrationen gegen die Kontrolle Moskaus und der Partei statt.

Am 3. 10. fand aus Anlass der Vereinigung ein großer Empfang in der Residenz statt. Jetzt hatten auch wir endlich einen richtigen National-Feiertag. Als Ehrengast kam Lukjanow, damals Vorsitzender eines der Häuser des Obersten Sowjets der Union. Er war überaus freundlich und sah keinerlei Probleme bei der Ratifikation des Zwei-plus-Vier-Vertrages. Die Residenz platzte aus allen Nähten. Noch nie hatten wir derartig viele Gäste gehabt. Vor allem die beiden Parlamente, der Oberste Sowjet der Union und der der RSFSR, waren stark vertreten. So war z. B. auch General Rodionow gekommen, also der konservative Fallschirmjägergeneral, der für die Toten von Tiflis im Frühjahr 1989 verantwortlich war, obwohl ihn niemand direkt eingeladen hatte, er war aber wohl Deputierter. Mir fiel auf, dass er praktisch mit niemand sprach, insbesondere auch nicht mit einem anderen General, ebenfalls in Uniform, General Wolkogonow, dem früheren stellvertretenden Oberkommandierenden der Politruks, der sich vom Stalinisten zu Breschnews Zeiten zu einem der radikalsten Reformer im Obersten Sowjet der RSFSR gewandelt hatte. Aber auch die übrigen Deputierten deckten das ganze Spektrum ab. So unterhielt ich mich kurz mit Starodubzew, dem sehr konservativen Vertreter der Kolchos-Direktoren. Aber auch er gratulierte uns.

Am 4. 10. wurde Primakow von Gorbatschow nach Bagdhad geschickt. Sein Auftrag, Saddam Hussein zum Einlenken zu bewegen, war der richtige, zeigte aber auch den Willen Gorbatschows, nicht länger einfach der amerikanischen Politik zu folgen, wie Schewardnadse dies offenbar für richtig hielt. Ich ging zum Leiter der für den Mittleren Osten zuständigen Abteilung des Außenministeriums, um Näheres zu erfahren. Mein Gesprächspartner, ganz aus der Schule derjenigen, die in der Vergangenheit engste Beziehungen zum Irak als quasi-sozialistischem Staat unterhalten hatte, entzog sich jeder klaren Festlegung über die zukünftige Irak-Politik der SU. Nicht gerade ein ermutigendes Zeichen.

Am gleichen Tage kam es im Obersten Sowjet bei der Aufhebung des Freundschaftsvertrages mit der DDR zu einer heftigen Diskussion, in der die Deutschlandpolitik Gorbatschows von einigen Abgeordneten scharf angegriffen wurde. Auslöser waren offenbar Darlegungen Bondarenkos gewesen. Für mich ein Alarm-Zeichen. Anscheinend formierte sich eine Opposition gegen die Ratifizierung von Zwei-plus-Vier. Ich schlug deshalb dem Botschafter und dem Gesandten in einer Besprechung in der Kabine vor, in den bevorstehenden Monaten der sowjetischen parlamentarischen Behandlung unserer Verhandlungsergebnisse eine intensive „lobbying-campaign" bei den wichtigsten Abgeordneten zu unternehmen, um die in ihnen liegenden Vorteile für die SU hervorzuheben und die Abgeordneten nicht nur den Argumenten Falins und Kwizinskijs zu überlassen. Sie stimmten zu und wir begannen auszuschwärmen.

Bei weiteren Demonstrationen in der Ukraine forderte „Rukh", die ukrainische Volksfront, nun klar die Unabhängigkeit. In Georgien gewann Gamsakhurdia, der Führer der extremen Nationalisten, die Wahlen zum Parlament mit dem Programm, die Unabhängigkeit durchzusetzen. Der Zerfallsprozess der SU beschleunigte sich immer mehr.

Am 10. und 11. 10. begleitete ich den stellvertretenden Vorsitzenden der CDU-Fraktion im Bundestag und deren außenpolitischen Sprecher, Prof. Hornhues, zu Gesprächen im Obersten Sowjet der Union und dem der RSFSR. Dabei kritisierte der Vorsitzende des Ausschusses für Verteidigung und Staatssicherheit im Obersten Sowjet der Union, Scharin, „populäre und energische Politiker wie Gorbatschow und Schewardnadse", weil diese Entscheidungen von wesentlicher Bedeutung für die Sicherheit der SU ohne Abstimmung mit dem Obersten Sowjet fällten. Er kritisierte dann die Abzugsabkommen mit Ungarn und der Tschechoslowakei. Die Abzugsfristen seien viel zu kurz. Entschädigungsverpflichtungen für das sowjetische Immobilienvermögen seien inexistent, die sozialen Folgen für die Truppen nach Rückkehr ungeklärt. Dies werde in keinem Falle hingenommen. Das konnte man natürlich alles auch auf den Abzug aus Deutschland beziehen, wo uns die gleichen Probleme zu schaffen machten.

Scharin kritisierte dann weiter die KSE-Vereinbarungen mit ihren Folgen für die sowjetische Rüstungsindustrie bei zu raschen und zu tiefen Haushaltskürzungen. Er erkundigte sich ausführlich nach dem Schicksal der Offiziere der NVA. Er stand, wie andere Gesprächspartner der letzten Tage, wie z. B. der Präsident des Obersten Gerichts der SU gegenüber dem Präsidenten des Bundesgerichtshofes, der nach Moskau gekommen war, unter dem Eindruck von Katastrophenmeldungen ehemaliger DDR-Würdenträger. Auch eine Reihe anderer Beobachtungen zeigte, dass die alte DDR-Elite bei ihren früheren Partnern und Ausbildern trotz der Einheit offensichtlich gezielt gegen uns Stimmung machte.

Der Vorsitzende des Auswärtigen Ausschusses des Obersten Sowjet der Union, Dsassochow, hatte Hornhues darauf hingewiesen, dass sich bei Entwicklung revanchistischer Kräfte bei uns Probleme für die SU ergeben könnten. Er wolle uns auch darauf aufmerksam machen, dass man sich über alles, was in der SU passiere, nur aus „genauen Quellen" unterrichten dürfe.

Es war dies eine Warnung vor zu engen Kontakten mit der RSFSR. Dsassochow wußte, dass Hornhues auch ein Gespräch mit Chasbulatow vom Obersten Sowjet der RSFSR haben würde. Die multinationale SU bleibe ein verlässlicher Partner. Er sei sicher, dass auch wir für einen starken, sowjetischen Staat seien. Es sei notwendig, auch den Geschäftsleuten und Bankiers im Westen zu sagen, dass sie sich an die Union halten sollten. Die Kompetenzen für Verteidigung, Außenpolitik, Verkehr, das Geldwesen und die Banken blieben auch nach dem zukünftigen Unions-Vertrag bei der Union. Die Unions-Führung werde also die strenge Kontrolle aller Devisen behalten. Er wünsche uns Glück bei der Integration der DDR. Es gehe in Moskau jetzt nicht darum, politische Expertisen über die DDR anzustellen. (Falin hatte beim Bergedorfer Gesprächskreis wenige Tage zuvor in Moskau das Gegenteil gefordert. Solche Untersuchungen sollten offenbar zur Demonstration dessen dienen, dass Gorbatschow einen hochentwickelten Staat zu billig hergegeben habe.) Dsassochow hatte uns so zwar indirekt hinsichtlich der Ratifikation beruhigt, jedoch deutlich davor gewarnt, sich mit der RSFSR einzulassen.

Besonders eindrucksvoll war das Gespräch mit Chasbulatow im russischen Obersten Sowjet. Dieser, ein Moskauer Juraprofessor offenbar muslimischer Herkunft aus dem Vorland des Kaukasus, stellte sich als einer der Köpfe von Jelzins Politik der „brinkmanship" in der Konfrontation/Kooperation mit Gorbatschow heraus. In seinem unbedingten Willen zu „Folgerichtigkeit" war er ein typischer russischer Radikaler. Er kritisierte uns, weil wir „in Gorbatschow verliebt" seien. Die wahre Macht sei auf Seiten der RSFSR. Sie habe das Vertrauen des Volkes. So habe man gerade ein Gesetz beschlossen, das in der RSFSR eine klare Hierarchie der Sowjets festlege. Die Sowjets der Assoziierten Republiken und der autonomen Gebiete seien nun klar dem Willen des Obersten Sowjet der RSFSR untergeordnet. Ein Artikel dieses Gesetzes setze auch einen entgegenstehenden Passus des einschlägigen Unionsgesetzes außer Kraft. Die „großen Juristen Gorbatschow und Lukjanow" seien nämlich an dem Wirrwarr schuld, der sich in den Souveränitätserklärungen sogar von Stadtbezirken zeige. In der Wirtschaftsreform werde man das Schatalin-Programm durchführen. Man verzichte zwar auf eine eigene Währung und bleibe beim Rubel. Es sei aber notwendig, die Emissionstätigkeit zu kontrollieren, denn die Union sei durch den ungehemmten Gebrauch der Notenpresse an der Inflation schuld. Chasbulatow hatte damit bestätigt, dass Gorbatschow versuchte, mit Aufwertung der Assoziierten Republiken und der darunter liegenden Ebenen die politische Basis Jelzins in der russischen Föderation zu zersplittern. Außerdem tobte offenbar eine erbitterte Schlacht um die Geld- und Devisen-Quellen zwischen der Union und der RSFSR.

Der Kern dieses Machtkampfes, in dem sich die zentralen Instanzen der Union als immer hohler erwiesen, kam in einem Gespräch zum Ausdruck, das der Botschafter mit dem Präsidenten des Obersten Gerichts der Union geführt hatte. Als ehemaliger Richter am Bezirksgericht in Swerdlowsk, der Heimat Jelzins, kenne er diesen sehr gut. Er sei nicht mehr der, den er gekannt habe, sondern ein Mann, den der politische Ehrgeiz verdorben habe und dem es nicht mehr um das Ganze gehe. Das unterscheide ihn von Gorbatschow, zu dessen Kurs des Umbaus in relativer Stabilität der Union bzw. zukünftigen Föderation es im Grunde keine vernünftige Alternative gebe. Gorbatschow werde sich durchsetzen und es werde auf einer neuen verfassungsrechtlichen Basis eine „Union" oder Föderation/Konföderation geben, die sich geographisch von der bisherigen Union nicht unterscheide.

Wir wurden durch diese Unterhaltungen also mitten in den nun offen ausgebrochenen, erbitterten Machtkampf zwischen Gorbatschow und den Unionsinstanzen einerseits mit Jelzin und den Instanzen der RSFSR andererseits hineingeführt. Dieser Kampf überschattete inzwischen alle anderen politischen und ökonomischen Probleme und stellte das vor uns liegende Ratifikationsverfahren für Zwei-plus-Vier in ein unübersichtliches, von starken Schwankungen beherrschtes Umfeld. Noch waren wir aus dem Dschungel also nicht heraus.

In diesem Monat wurden die START-Verhandlungen der Sowjets mit den USA stark zurück geworfen, als die Sowjets auf Betreiben der Militärs schon erzielte Vereinbarungen über die Verifikation der Reduzierungsverpflichtungen wieder aufkündigten. Ein weiteres Zeichen, dass sich Schewardnadse nicht mehr durchsetzen konnte und ihm Gorbatschow dabei auch nicht mehr half. Ein schlechtes Omen für uns.

Am 12. 10. brachte der Tass-Ticker eine Einladung für Journalisten zu einem öffentlichen „hearing" des Auswärtigen Ausschusses des Obersten Sowjet der Union über die mit Deutschland geschlossenen Verträge. Aus verschiedenen Meldungen der Tage zuvor wusste ich, dass die Forderung nach solchen „Hearings", einer in der SU bis dahin unbekannten, parlamentarischen Übung, von konservativen Gegnern der Vereinbarungen stammte. In der Annahme, dass für Journalisten offene Veranstaltungen wie üblich auch Diplomaten offen standen, fuhr ich in den Kreml. Das „Hearing" bestand dann aber nicht etwa aus einer Anhörung von Sachverständigen. Es handelte sich vielmehr um die Sitzung, in der das Außenministerium, vertreten durch Schewardnadse, die Vereinbarungen mit uns, also den Zwei-plus-Vier-Vertrag und die begleitenden bilateralen Verträge, in den Obersten Sowjet einbrachte und so das Ratifikationsverfahren eröffnete. Schewardnadse hielt dazu einen längeren Vortrag über die Verhandlungen, der in der Bewertung endete: „Optimales Ergebnis."

Vor Beginn der Frageperiode für die Abgeordneten forderte der Vorsitzende, Burlatsky, die Journalisten auf, den Saal zu verlassen. Ich fühlte mich nicht angesprochen, war wohl auch viel zu gespannt auf die nun anstehenden Fragen, so dass ich sitzen blieb. Burlatsky fixierte mich mehrfach mit fragendem Blick, ohne dass ich ihn verstand, aber er sagte nichts zu meiner Präsenz. Niemand forderte mich auf zu gehen. So hörte ich bis zum Ende der

Sitzung zu. Die folgenden Fragen waren dann eher gedämpft, es kam kein Aufruf, die Ratifikation zu verweigern. Deshalb verließ ich die Sitzung etwas beruhigter.

Vor der Tür sprach ich Tschurkin an, Schewardnadses Pressesprecher, der den Minister begleitete, und bat ihn um eine Kopie des Vortrages des Ministers. Er lehnte ab. Tass werde den wesentlichen Inhalt bringen. Wir kamen dann auf den Irak-Konflikt und Tschurkin sagte mir, wir sollten es nun nach der Einheit und der Souveränität mit dem „Normal-Werden" nicht übertreiben und gar ein Truppenkontingent an den Golf schicken. Das würde die Deutschlandpolitik Gorbatschows in den Augen vieler Deputierter diskreditieren. Mir wurde dabei bewusst, dass die Irak-Krise und unsere Politik darin Auswirkungen auf das Moskauer Ratifikationsverfahren haben könnten und wir deshalb sehr vorsichtig vorgehen mussten.

Am 14. 10. blieben die Republikaner in Bayern knapp unter 5%. Der Bundeskanzler hatte damit sein in der Debatte über Form und Zeitpunkt der endgültigen Bestätigung der Oder-Neiße-Grenze verfolgtes Ziel erreicht. Die Polemik gegen Zwei-plus-Vier wegen des endgültigen Verzichts auf die Ost-Gebiete verfing offenbar nicht.

Der polnische Außenminister Skubiszewski unterschrieb am gleichen Tage in Kiew einen Vertrag mit der Ukraine, in dem es hieß, die Aufnahme diplomatischer Beziehungen werde „geprüft". Das war ein bis dahin völlig undenkbarer Einbruch in die völkerrechtliche Alleinvertretung der Republiken durch die Union.

Am 15. 10. erhielt Gorbatschow den Friedensnobelpreis. Er fuhr aber, offenbar aus Rücksicht auf die Konservativen, nicht zur Preisverleihung nach Oslo. Das war ein schlechtes Zeichen für die Moskauer Machtverhältnisse. Gorbatschow war nicht einmal mehr in der Lage, internationales Lob zu akzeptieren.

Am 16. 10. verkündete Gorbatschow seinen Plan zur Wirtschaftsreform. Angeblich ein Kompromiss zwischen den Vorschlägen von Schatalin und Ryschkow, tatsächlich jedoch ohne alle wesentlichen Elemente des Schatalin-Plans und damit in der Sache ein Verzicht auf jede echte Reform. Gorbatschow kam nicht mehr voran.

Am gleichen Tage unterschrieb Skubiszewski einen Vertrag mit der RSFSR, mit dem die Herstellung diplomatischer Beziehungen vereinbart wurde, nicht mehr nur „geprüft" wie mit der Ukraine. Ich ging in die polnische Botschaft, um mich zu erkundigen. Dort war man sehr offen. Polen sei Nachbar der SU und ihrer Republiken. Es sei für Polen entscheidend, in der Entwicklung seiner Beziehungen nicht hinter anderen, auf Nachfrage: „z. B. den Ungarn", hinterherzuhinken. Deshalb habe Skubiszewski nicht nur mit Schewardnadse und kurz mit Gorbatschow, sondern auch ausführlich mit dem Ministerpräsidenten und dem Außenminister der RFSFR, Silajew und Kosyrew gesprochen. Die Frage der Aufnahme diplomatischer Beziehungen mit der RSFSR habe man bei Schewardnadse angesprochen. Er habe zwar nicht zugestimmt, aber auch nicht widersprochen. Auf polnische Frage, an wen man sich vor allem im Außenhandel halten solle, habe die sowjetische Seite gebeten, den Unionsvertrag abzuwarten und sich in der kardinalen Frage der Rohstofflieferungen geweigert, über Fristen von mehr als ein Jahr überhaupt zu sprechen. Auf polnischer Seite glaube man aber, ein Unionsvertrag sei nicht einmal in einem halben Jahr zu erwarten.

Mit Schewardnadse und Kwizinskij habe man intensiv über die Schaffung einer neuen vertraglichen Grundlage zwischen beiden Seiten gesprochen. Der Freundschaftsvertrag von 1965 sei vollkommen veraltet. Die Sowjets drängten auf Achtung ihrer Ehrenmäler in Polen, die dort Gegenstand politischer Leidenschaften seien. Polen wünsche angesichts der Entwicklung der öffentlichen Meinung einen raschen Truppenabzug. Die Sowjets hätten erklärt, dies zu wissen. Sie würden auch abziehen, dies müsse aber wegen des Abzugs aus Deutschland mit deren Bewegung koordiniert werden. Polen habe dagegen auf die Abzugsfristen aus Ungarn und der Tschechoslowakei hingewiesen.

Der polnische Gesprächspartner erkundigte sich nach unserer Beurteilung der Chancen für eine Öffnung des nördlichen Ostpreußen. Als ich antwortete, die Sowjets hätten gerade einen Reiseantrag eines Botschaftsmitarbeiters abgelehnt, fügte er hinzu, Schewardnadse und Kwizinskij hätten das nördliche Ostpreußen als zur Ansiedlung von Sowjetdeutschen schon wegen seiner völligen ökonomischen Rückständigkeit als ungeeignet bezeichnet. (Die sowjetischen Medien hatten berichtet, dass Skubiszewski sich ausdrücklich gegen eine solche Ansiedlung ausgesprochen habe. Das Gespräch mit Gorbatschow habe weitgehend aus allgemeinen Darlegungen zum Stand der Perestroika bestanden. (Aus dieser Beschreibung klang eine gewisse Missachtung Gorbatschows durch, so als sei dieses Gespräch im Grunde irrelevant gewesen, nach dem Motto, er habe sich einmal mehr über seine fixen Ideen verbreitet.) Das Dokument mit der RSFSR enthalte neben der Aufnahme diplomatischer Beziehungen eine Bestätigung der bestehenden Grenzen und den Verzicht auf Gebietsansprüche. Außerdem werde der Wille zur Entwicklung der Zusammenarbeit mit dem „Kaliningrader Gebiet", also dem nördlichen Ostpreußen, niedergelegt. Es gehöre ja zur RSFSR.

Diese Schilderung gab einen tiefen Einblick in das Verhältnis der Union zu den Republiken, vor allem zu Russland. Der Zerfall der Union schritt offenbar rapide voran, wenn Schewardnadse nicht einmal mehr wagte, der Herstellung diplomatischer Beziehungen zur RFSFR zu widersprechen. Damit wurde für uns die Frage allmählich akuter, wer in Zukunft unser Gegenüber z. B. während des für vier Jahre vorgesehenen Truppenabzuges sein würde. Chaotische Entwicklungen, wie sie nicht mehr auszuschließen waren, konnten den Abzugsprozess erheblich stören. Außerdem bestätigte sich die Empfindlichkeit der Entwicklung des nördlichen Ostpreußen. Die Polen wollten dies offenbar selber in die Hand nehmen und Russen wie Polen wollten die Sowjet-Deutschen dort nicht haben.

Am 20. 10. war die Gründung der überparteilichen, nicht kommunistischen Bewegung „Demokratisches Russland" zu verzeichnen. Sie stand hinter Jelzin, nicht mehr hinter Gorbatschow.

Am 31. 10. schickte ich eine Analyse der sowjetischen Osteuropapolitik nach Hause, weil wir nach der Einheit nun noch stärker am Schicksal der Staaten zwischen uns und der SU interessiert waren und die Entwicklungen dort auf unsere Beziehungen zur SU ausstrahlten. Es gab Anzeichen, dass die SU versuchte, sich von dem immer aussichtsloseren Bemühen zu lösen, so viel wie möglich von der alten Struktur zu retten, z. B. die Absage eines eigentlich verabredeten Gipfels des Warschauer Paktes. Neue Ansätze für eine gesamteuropäische Wirtschaftsgemeinschaft prallten politisch nicht nur auf die primäre Westorientierung der Nachbarn der SU im Zeichen der „Rückkehr nach Europa", sondern wurden gleichzeitig durch die sich gegenseitig verstärkenden zentrifugalen Prozesse innerhalb der SU und innerhalb mancher dieser Nachbarstaaten erschwert.

Eine eigene, spezifisch die Beziehungen zu Osteuropa bestimmende Grundidee der sowjetischen Politik war nicht erkennbar. Das politische Kapital, das in der Erlaubnis zur Selbstbefreiung steckte, wurde, im wesentlichen aus inneren Gründen, nicht genutzt. So wuchs die Gefahr eines Wiederaufwachsens alter osteuropäischer Konflikte um Territorien zwischen dem Kern der heutigen SU und dem Ostrand Mitteleuropas. Sie wurde umso größer, als die Zweifel an der Fähigkeit der SU stiegen, den KSZE-Prozess auch in seiner zukünftigen, institutionalisierten Form zur Zügelung der ausbrechenden nationalen Leidenschaften wirksam nutzen zu können.

Es ging den Staaten von Bulgarien bis Polen gegenüber der SU nun um ökonomische Übergangsregelungen, bis sie in der Lage waren, sich dem Wind des freien Wettbewerbs der Weltwirtschaft allein ohne sowjetische Anbindung auszusetzen. Die SU war gleichzeitig, insbesondere wegen der zunehmenden Knappheit von Rohöl zur Deckung des eigenen Bedarfs, nicht in der Lage, die gegebenen, grundsätzlichen Abhängigkeiten politisch zu nutzen, sondern war gezwungen die verbleibenden, knappen Exportmöglichkeiten zum Erwerb von Valuta im Westen zu verwenden.

In dieser Lage, in der es der SU sowohl politisch wie ökonomisch an Mitteln zur weiteren Bindung ihrer Nachbarn fehlte, wuchs die Sorge vor evtl. Bestrebungen zur Erweiterung der NATO. Experten aus den Instituten verzeichneten nicht nur seismographisch die Entwicklung der Kontakte der Nachbarn zur NATO, sondern auch jede westliche, insbesondere amerikanische Äußerung, die die NATO als gegebene, etablierte und florierende Organisation der in den Kinderschuhen steckenden KSZE-Institutionalisierung entgegenstellte und so die NATO zum eigentlichen Ort der Gewährleistung europäischer Sicherheit mache.

Noch größere Sorge machte sowjetischen Gesprächspartnern aus dem ZK-Sekretariat und den Instituten – vor allem Frau Pawlowa-Silvanskaja aus dem Bogomolow-Institut fiel mir dabei auf – das aus ihrer Sicht wachsende

Risiko eines sich Aufschaukelns der nationalistischen Bewegungen in den sowjetischen Republiken, besonders in Moldawien und der Ukraine, aber auch in Russland und der vergleichbaren Zunahme nationaler Leidenschaften in Rumänien, Ungarn, der Slowakei und Polen. Ich war Frau Pawlowa-Silvanskaja im vergangenen Jahr bei verschiedenen Gelegenheiten begegnet, wobei sie mir zunächst wegen des fließenden Wienerisch auffiel, in dem sie sich ausdrückte. Sie war wie viele der interessanteren Gesprächspartner vom Bogomolow-Institut und sie erwies sich dann als so nachdenklich und gut unterrichtet, dass ich sie dort aufsuchte. Sie empfing mich nicht in ihrem Zimmer, sondern führte mich in einen staubigen Abstellraum, der mit ausrangierten Sesseln und Stühlen vollgestopft war. Das wunderte mich natürlich, aber ich vermutete, sie wollte das Gespräch dort mit mir führen, weil dort wohl keine Mikrophone installiert waren. Sie verwendete dann für Ost-Mitteleuropa das später viel benutzte Bild vom Ende einer Eiszeit, unter der all die vielfältigen territorialen Probleme der Region eingefroren gewesen aber auch erhalten geblieben waren und nun mit dem Zurückgehen des Eises wieder virulent wurden. Es sei keineswegs auszuschließen, dass die SU in diese Konflikte hineingezogen werden könnte, was die Gewaltfrage mit all ihren Implikationen für die SU selbst wieder akut machen könnte. Daran war etwas, wenn man etwa an die Moldau und die rumänischen Ambitionen dachte, dieses Gebiet zurückzugewinnen.

Damit hatte sie auch die innenpolitische Lage aufs Tapet gebracht. Sie beschrieb sie als entscheidenden Kampf zwischen Konservativen und Reformern, der immer härter werde und in eine entscheidende Phase eingetreten sei. Sie beschimpfte dann zu meinem Erstaunen ihren Institutsdirektor Bogomolow, den ich als einen der profiliertesten Vordenker der Reform eingeordnet hatte, als feige und oberschlau. Er entziehe sich einer klaren Positionierung in diesem Kampf und sei für Monate nach Rom entschwunden. Es war wohl diese Offenheit, die sie zur Wahl dieses vermutlich nicht abgehörten Abstellraums als Ort für unser Gespräch veranlasst hatte. Für mich war das Gespräch so auch eine Bestätigung dafür, dass die Reformer sich zusehends in Bedrängnis fühlten.

Meine Gesprächspartner aus den Instituten und dem ZK-Sekretariat in jenen Wochen des Herbstes 1990 waren zwar überwiegend davon überzeugt, dass die SU schließlich als Union jedenfalls der drei slawischen Republiken mit Anhängseln in Kasachstan und in Armenien erhalten bleiben werde. Sie verwiesen aber darauf, dass es vermutlich zunächst zu einer weiteren Steigerung der Emotionen gerade auch in der Ukraine und in Weißrussland kommen könnte, die sich nicht nur gegen die alte, sowjetische Ordnung, sondern nicht minder gegen die Nachbarvölker im Westen, also die Polen, Slowaken, Ungarn und Rumänen wenden könnte. Diese Völker hätten ihre alten Zwistigkeiten um diese oder jene Territorien nicht vergessen. Im Gegenteil kämen sie jetzt, wie man an der Entwicklung zwischen Polen, Weißrussland und Litauen sehen könne, alle wieder an die Oberfläche.

Weil man in der SU immer noch versuchte, sich der bitteren Entscheidung zum Verzicht auf die „sozialistische Wahl" zu entziehen, war es Moskau nicht möglich, die Beziehungen der SU zu ihren Nachbarn nun auf die tragfähige Basis der Befreiung zu stellen. Man wollte in Moskau nicht zugeben, dass es eben nicht nur um sicherheitspolitisch vertretbare Abzüge aus Nachbarstaaten ging, sondern auch um die Selbstbefreiung der SU von einem falschen Gesellschaftsmodell. Dies bedeutete, jedenfalls für die nähere Zukunft, dass die Wahrscheinlichkeit einer Anspannung der Beziehungen zu den Nachbarn größer war, als die einer Gesundung.

Auf uns kam so, ob wir wollten oder nicht, die riesige Aufgabe zu, den neu befreiten Staaten die Aussicht auf eine gute Entwicklung zu bieten, wenn sie sich entsprechend den Grundsätzen verhielten, die im Umgang westlicher Staaten untereinander galten. Es war klar, dass diese Aufgabe uns allein überforderte. Wir mussten alles tun, um unsere westlichen Verbündeten und Partner zu bewegen, sich nun in dieser, ihnen historisch eher fremden, Region zu engagieren. Jedes Anzeichen eines Wiedererwachens deutscher Hegemonialpolitik in Ost-Mitteleuropa war dabei schädlich. Das bedeutete vor allem, die Instrumente der Europäischen Union zum Tragen zu bringen, um unseren östlichen Nachbarn von vornherein zu demonstrieren, dass eine Wiederaufnahme ihrer alten Versuche, die großen, westeuropäischen Staaten gegeneinander auszuspielen, nur schaden würde.

Am 5. 11. begleitete ich den Botschafter im Rahmen unserer lobbying campaign für Zwei-plus-Vier zu einem langen Gespräch mit Dsassochow, dem Vorsitzenden des Auswärtigen Ausschusses des Obersten Sowjet der Union. Er wies daraufhin, dass man sich in Moskau in diesem Herbst weiter intensiv mit Deutschland befassen werde, ließ aber keinen Zweifel an der Ratifikation erkennen. Für die Zukunft sei wichtig, dass die deutsche Führung regelmäßig deutlich mache, dass es keinen Revanchismus oder Revisionismus mehr gebe. Politisch empfindlich wäre es auch, wenn der Eindruck entstünde, dass in der ehemaligen DDR Bürger politisch auf den Index gesetzt und sozusagen neue Berufsverbote eingeführt würden. Der Botschafter erwiderte, die SU solle sich nicht aus falsch verstandener Loyalität mit Personen oder Organisationen verbinden, die diese Loyalität nicht verdienten. Die DDR-Nomenklatura war offenbar weiterhin in Moskau gegen uns aktiv.

Innenpolitisch hatte sich Dsassochow bemüht, die Aussichten auf Erfolg von Gorbatschows Bemühungen um einen stark zentralistischen Unionsvertrag als günstig darzustellen und den Widerstand der RSFSR herunterzuspielen. Man sehe eine gewisse Beunruhigung bei den ausländischen Bankiers. Wenn diese hörten, dass die RSFSR beschlossen habe, dass die Unionsgesetze dort nicht gelten sollten, und der Oberste Sowjet der Union das Gegenteil beschließe, glaubten sie, die Lage sei nicht klar. Dies sei aber keine juristische Frage. Es sei klar, wer siegen würde. Der Bundeskanzler müsse dies besonders genau wissen. Man solle also auf die Geschäftswelt einwirken und sie an Abschlüssen mit den Republiken hindern. Das waren nicht sehr überzeugende Beschönigungen der verworrenen Lage, bezeichnend aber der Hinweis, dass am Ende nicht das Recht, sondern die Macht entscheidend sein würde.

Bei der Parade auf dem Roten Platz anlässlich der Oktober-Revolution am 7. 11. kam es wieder zu Protesten gegen Gorbatschow. Ein weiterer Prestige-Verlust. Am 9. /10. 11. besuchte Gorbatschow Bonn. Der große, bilaterale Vertrag wurde von ihm und dem Bundeskanzler unterzeichnet. So weit wir in Moskau mitbekamen, herrschten eitel Freude und Sonnenschein.

Am 10. 11. hatten Gorbatschow und Jelzin ein Gespräch. Es endete ohne Einigung. Die Konfrontation der Union und der RSFSR verstärkte sich. Am 13. 11. traf sich Gorbatschow mit einer Versammlung von 1100 Militärs. Ihre Stellungnahmen waren voller Nationalismus und Beschwerden über die Missachtung der Unionsorgane. Gorbatschow warb um sie und verteidigte die Union. Es drohe der Zerfall, womit die Schuld daran bei Jelzin festgemacht wurde. Am 14. 11. erklärte sich Georgien für unabhängig.

Am 15. 11. unterzeichneten wir den Grenzvertrag mit Polen.

Am 17. 11. legte Gorbatschow auf der Basis seiner Sondervollmachten einen Plan zur Reorganisation der Exekutive vor. Der wenige Monate zuvor geschaffene Präsidialrat wurde wieder abgeschafft. Ein Föderationsrat wurde an seine Stelle gesetzt. Ihm sollten die Chefs aller Republiken angehören. Das war ein Versuch, die Union zusammenzuhalten, jedoch ein sehr schwerfälliges Entscheidungsorgan.

Vom 19. – 21. 11. fand in Paris der KSZE-Gipfel statt, auf dem der KSE-Vertrag unterzeichnet wurde und so die Abrüstung und Rüstungskontrolle in Europa wesentlich voran kam. Die konventionelle Konfrontation ging ihrem Ende entgegen. Zugleich wurde die „Charta für ein neues Europa" der KSZE angenommen, eine Art von Verfassung für das Zusammenleben der Völker und Staaten im zukünftigen Europa. Und schließlich wurde eine „Gemeinsame Erklärung" der 22 Mitgliedsstaaten von NATO und Warschauer Pakt unterzeichnet, die im Kern eine Nichtangriffs- und Zusammenarbeitsverpflichtung enthält. Das sowjetische Fernsehen brachte dazu für die Hauptnachrichtensendung ein Interview mit Gorbatschow aus Paris, das mich alarmierte. Anstatt das Pariser Ergebnis zu feiern, das ja eine ganze Reihe von gewichtigen, sowjetischen Forderungen erfüllte, benutzte Gorbatschow das Interview zu einer wütenden Tirade gegen die Balten wegen ihrer Unabhängigkeitsbestrebungen mit kaum verhüllten Drohungen. Für mich war das ein weiteres Indiz dafür, dass er sich auf dem Rückweg zu den Konservativen befand.

Am gleichen Tage unterzeichneten Jelzin und Krawtschuk, der ukrainische Präsident, einen Vertrag über die gegenseitige Anerkennung ihrer Souveränität. Das überdeckte in Moskau den Pariser Gipfel und verschärfte den Verfassungskonflikt. Am 23. 11. drohte Jasow im Fernsehen mit Waffengewalt, wenn es in den Republiken keine „Ordnung" gebe.

Am diesem Tage verlangte Gorbatschow noch weitere Vollmachten vom Obersten Sowjet der Union, die er nach einigem Hin und Her auch bekam.

Er schlug nun einen neuen Unionsvertrag vor, mit dem den 15 Republiken erheblich größerer Spielraum eingeräumt werden würde. Es war ein weiterer Versuch, den Machtkampf zwischen den führenden Politikern mit juristischen Mitteln unter Kontrolle zu bringen. Bisher hatte das noch nie funktioniert. In der SU war die Macht immer stärker als das Recht.

Am 25. 11. wurde Wałęsa in Polen zum Präsidenten gewählt. Jaruzelski trat ab. Der weltpolitische Umbruch schritt weiter voran, trotz der in der SU stärker werdenden retardierenden Kräfte.

In diesen Tagen las ich in Interfaks, dass eine Reihe von Abgeordneten des Obersten Sowjet der Union nun nicht mehr nur Anhörungen, sondern einen Parlamentarischen Untersuchungsausschuss über die Verhandlungen über die deutsche Einheit forderte. Meine Sorgen über die Ratifikation der Verträge stiegen.

Interfaks meldete in diesen Tagen auch, dass sich in Moskau ein „Ausschuss zur nationalen Rettung" gebildet habe. Ihm gehörten angeblich Lukjanow (Vorsitzender des Obersten Sowjet der Union), Generaloberst Warennikow (Oberbefehlshaber der Landstreitkräfte) und der Volksdeputierte Starodubzew (Vorsitzende des Verbandes der Kolchos-Direktoren) an, also drei der prominentesten Konservativen. Ich dachte bei der Lektüre an den „Wohlfahrtsausschuss" der französischen Revolution, der die Herrschaft des Terrors gebracht hatte. Jedenfalls hatten die Meldungen dieser Agentur sich im vergangenen Jahr immer als zutreffend und auf der liberalen Seite herausgestellt. Die Bildung eines solchen Ausschusses war ein ominöses Vorzeichen eines Staatsstreiches von Rechts. Der Vorschlag zur Gründung eines solchen Ausschusses war von der den rechten Flügel des sowjetischen Volkskongresses bildenden Deputiertengruppe „Sojus" (Union) gekommen. Aufgabe des Ausschusses sollte, nach Suspendierung aller Parlamente und der Spitzen der Exekutive in Union und Republiken, die „Stabilisierung der Lage" sein. Auf diesen Versammlungen war auch ein Ultimatum an Gorbatschow diskutiert worden. Falls er bis Mitte Dezember (Beginn Volkskongress der Union) nicht „Ordnung geschaffen" habe, solle er zurücktreten und dem Ausschuss Platz machen.

Neben „Sojus" nahmen an diesen Versammlungen verschiedene „Parteien" und Gruppierungen teil, die sich als „zentristischer Block" bezeichneten. Dieser „Block" war von Lukjanow empfangen worden, worauf enge Mitarbeiter Schewardnadses uns als besonders negatives Zeichen hingewiesen hatten. Nach einem Interview des Deputierten Trawkin, eines russischen Populisten, bestand der „zentristische Block" aus vom KGB unterwanderten, z. T. sogar geschaffenen Gruppierungen, ein Indiz für Lukjanows wahren Standpunkt.

Kurz danach begleitete ich den Botschafter zu einem Gespräch mit ihm als nächstem Schritt in unserer Ratifikations-Kampagne. Blech schenkte Lukjanow einen Band des „Staatslexikons", was diesem sichtlich gefiel. Er hielt sich viel auf seine rechtswissenschaftliche Eminenz zugute. Zur Ratifikation von Zwei-plus-Vier machte er positive Geräusche. Die Unterhaltung wendete sich dann der inneren Lage zu, wobei uns Lukjanow glatt ins Gesicht log. Er behauptete, bei den jüngsten Unruhen in Georgien habe es so gut wie keine Toten gegeben. Wir wussten aber aus mehreren, guten Quellen, dass es einige Zig Tote gegeben hatte. Mir hatte Lukjanow schon bei der kürzlichen Sitzung des Obersten Sowjet nicht gefallen, in der er präsidiert hatte, als Gorbatschow die jungen Abgeordneten bedrohte. Ich nahm ihn seitdem stärker ins Visier. Sein Einfluss schien zu wachsen. Die jungen Dolmetscher aus der 3. Europäischen Abteilung, die übersetzten, erstarben in Ehrfurcht vor ihm. So hatte ich sie noch nie erlebt, selbst bei Gorbatschow nicht.

Hinzu kam ein Zeitungsartikel – die Sprachlehrerin Adams hatte uns darauf aufmerksam gemacht – über Andropows Brief mit der Designierung Gorbatschows als seinem Nachfolger, der von Tichonow, Tschernenko und Ustinow unterdrückt worden war, so jedenfalls die Darstellung. Das war bereits bekannt. Hinzukam aber jetzt der Hinweis, dass damals Lukjanow der Leiter der „Allgemeinen Abteilung" des ZK-Sekretariates gewesen sei, also der Abteilung, der wohl die Verteilung solcher Briefe oblag. Die Implikation war, dass Lukjanow an diesem Manöver gegen Gorbatschow beteiligt gewesen sei. Das war nun wieder reine Kremlinologie, aber die hinter dieser Veröffentlichung stehende Absicht war offenbar, das Prestige Lukjanows als besonders mächtig zu heben und ihn von Gorbatschow, dem er bisher so nahe geschienen war, abzusetzen.

Am 28. 11. traf sich Gorbatschow mit Schriftstellern. Das Zusammentreffen wurde spät abends im Fernsehen übertragen. Gorbatschow wendete sich dabei mit großer Schärfe gegen die Loslösungsversuche verschiedener Republiken und tat auch sonst den Konservativen schön. Entscheidend sei die Erhaltung der Union. Es war die offene Wendung zu autoritärer Herrschaft und bestätigte meine Analyse, dass Gorbatschow sich zu den Konservativen zurückbegab. Ich machte meinen amerikanischen Kollegen, Ray Smith auf die Sendung aufmerksam. Er sah sich dann eine Aufzeichnung an und bestätigte meinen Eindruck.

Am 29. 11. beschloss der UNO-Sicherheitsrat die Resolution 678, die zum Einsatz von „all necessary means", d. h. auch dem Einsatz militärischer Gewalt, gegen Saddam Hussein ermächtigte. Die SU stimmte zu. Das beruhigte mich wieder etwas.

Am 30. 11. begann unsere Lebensmittelhilfe, mit der wir in großem Stil Nahrungsmittel in die Zentren Russlands brachten. Auch für unsere Public relations ein nützliches Programm.

Am 2. 12. wurde der Bundeskanzler in den ersten gemeinsamen Bundestagswahlen wiedergewählt. Er war der Kanzler der Einheit.

Am gleichen Tage wurde Bakatin, ein Reformer, als Innenminister durch Pugo ersetzt, einen Mann mit KGB-Hintergrund aus Lettland, der mit Gewalt gegen Separatismus drohte. Der Rechtsschwenk Gorbatschows akzentuierte sich.

Anfang Dezember ging ich wieder einmal zu Golembiowski. Anlass war, dass wir einen neuen Pressereferenten bekommen hatten, Botschaftsrat I. Klasse Enno Barker, später Botschafter in Tansania, aber von Haus aus ein Experte für die SU. Nachdem ich ihn vorgestellt hatte, fragte ich Golembiowski, was er von der Lage halte. Ich sei zunehmend über das Vordringen der Konservativen besorgt. Man müsse wissen, dass wir bei aller Dankbarkeit für die Einheit, nicht in der Lage sein würden, mit einer SU eng zusammenzuarbeiten, die in das alte System zurückfalle. Ich hatte meine Sorgen so zugespitzt, weil ich hoffte, von ihm so eine offene Antwort zu bekommen, wie ich sie früher von ihm erhalten hatte. Er war dann aber ganz anders als gewohnt sehr vorsichtig und redete offensichtlich um den heißen Brei herum. Er verstummte auch, wenn die Sekretärin hereinkam, um Tee nachzuschenken, bis sie den Raum wieder verlassen hatte. Das waren sehr schlechte Zeichen. Offenbar fühlte er sich nicht mehr sicher genug, um seine frühere Kritik an Gorbatschow wegen mangelnden Mutes zu rascher, weiterer Liberalisierung offen zu wiederholen, obwohl doch die Lage dazu reichlich Grund gegeben hätte. Als wir in die Botschaft zurückfuhren, sagte mir Barker: „Sie sind aber steil eingestiegen." Ich antwortete, wir müssten auf der Fortsetzung der Demokratisierung mit größter Eindringlichkeit bestehen, damit die Sowjets nicht glaubten, wir seien bereit, so ziemlich alles zu schlucken, um nur die Ratifikation nicht zu gefährden. Das würden die Sowjets als Angst verstehen, das Schlechteste, was einem im Umgang mit ihnen passieren konnte.

In jenen Tagen war ich voller Sorge, dass man zu Hause im Überschwang der Gefühle der Dankbarkeit für Gorbatschow übersah, dass sich die politische Situation in Moskau in den Wochen seit der Unterzeichnung von Zwei-plus-Vier schon wieder stark verändert hatte, und zwar nicht zu unseren Gunsten. Gorbatschow stand in den Wochen bis zur Eröffnung der nächsten Sitzungsperiode des Volkskongresses der Union am 17. 12. wieder vor einer Herausforderung, in der sein politisches Überleben an der Spitze des Systems wegen des Kampfes zwischen Konservativen und Progressiven nicht sicher war. Dabei war die Gefahr von „Rechts", also der Kombination des alten Apparates der Wirtschaftslenkung unter Ryschkow mit dem der Partei hinter Ligatschow, der Generalität und den „Organen" größer, als die von „Links", also den Republiken und vor allem der RSFSR hinter Jelzin, weil die reale Macht in den Händen von „Rechts" war. Deshalb lehnte sich Gorbatschow immer mehr an die „Rechte" an und gab allmählich die bisherige Position in der Mitte auf, von der aus er bisher operiert und die Perestroika vorangebracht hatte. Er hatte eben die „Linke" inzwischen weitgehend an Jelzin verloren.

Er versuchte weiterhin, die Kraft der „Linken" zu brechen, indem er die russischen Neo-Stalinisten unter Poloskow und die Partikularisten aus den assoziierten Republiken gegen Jelzin einsetzte. Gleichzeitig versuchte er, die „Rechte" durch eine Kabinettsreform zu schwächen, mit der er Ryschkow und die Branchenminister los werden wollte. Die „Organe" sollten offenbar durch einen über ihnen stehenden „Koordinierenden Sonderdienst" mediatisiert werden und durch Personalwechsel in der Spitze der Streitkräfte sollte der Widerstand der Konservativen im Offizierscorps gebrochen werden. Gorbatschow war also immer noch in einen Kampf nach allen Seiten verwickelt. Die „Rechte" hatte aber Rückenwind, die Kabinettsreform stagnierte, der KGB wurde immer sichtbarer, z. B. mit dem Vorschlag, in Zukunft in den großen Städten KGB-Soldaten gemeinsam mit der Miliz patrouillieren zu lassen, um die öffentliche Ordnung zu sichern und die Korruption zu bekämpfen. Insgesamt spitzte die Lage sich also immer mehr zu.

In dem Entwurf eines Briefes an den Leiter des SU-Referates im AA, Klaus Neubert, später Botschafter in Rom und Paris, schilderte ich am 5. 12. 1990 meine letzten Eindrücke. Bei den liberalen Intellektuellen war eine Mischung aus Verachtung und Bedauern über Gorbatschow zu spüren, weil er sich vom „Sozialismus" nicht lösen konnte. Beim Mann auf der Straße wurde er inzwischen als „Schwätzer" verurteilt. Kritisch konnte es für Gorbatschow werden, wenn die Republiken (Balten) sich gegen die Union in Formen wehrten, die die Streitkräfte-Führung nur noch durch Waffengewalt glaubte, brechen zu können. Die Grenze zwischen der Drohung mit Gewalt und ihrem tatsächlichen Einsatz war deshalb der kritische Punkt für Gorbatschow. Es konnte, trotz aller bisherigen Entschlossenheit zum Verzicht auf Gewalt, inzwischen durchaus zum Gewalteinsatz kommen, wenn der Versuch zu autoritären, aber noch gewaltlosen Lenkungsformen und Methoden, den er damals unternahm, scheiterte.

Ein solches Scheitern musste angesichts der Abnutzung von Gorbatschows Autorität und der Radikalität bzw. erfahrungslosen Rücksichtslosigkeit seiner Gegner von uns einkalkuliert werden. Die Masse in der SU bestand nicht aus Demokraten und wenn der oberste Demokrat, und sei es nur taktisch und zeitweise, sich von der Demokratisierung abwendete, so galt es vorsichtig zu sein. Nach einigem Nachdenken schickte ich den Brief nicht ab. Ich war mir nach der ungeheuren Anspannung der letzten Jahre nicht mehr sicher, ob ich nicht doch etwas von meiner Kaltblütigkeit verloren hatte und übersensibel geworden war.

Im Dezember entschloss sich Bush, sicher vor dem Hintergrund der Irak-Krise, nun doch zu einer wirtschaftlichen Soforthilfe für die SU. Das kam zwar etwas spät und hätte uns früher mehr geholfen, war aber auch jetzt im Ratifikationsverfahren noch nützlich, um das neue Verhältnis der Weltmächte zu demonstrieren.

Nach einer Fernseh-Ansprache des KGB-Chefs Krjutschkow am 11. 12. legte ich dem Botschafter einen auswertenden Bericht vor. Ich schrieb:

„Der Vorsitzende des KGB, Krjutschkow, hat seine Organisation und „alle ihr zur Verfügung stehenden Mittel" in den Dienst einer konservativ auf Erhaltung von „Sowjet-Macht" und „einheitlicher Union" gerichteten Politik gestellt. Er hat damit unausgesprochen aber klar verständlich gegen die Versuche Jelzins und des kasachischen Präsi-

denten Nasarbajew Partei ergriffen, den Republiken der zukünftigen SU größere Freiräume gegenüber dem „Zentrum" zu sichern, bevor der von Gorbatschow vorgelegte, im Kern zentralistische neue Unionsvertrag unterschrieben werden soll. Der KGB hat so mit drohenden Tönen sein Gewicht in der zentralen politischen Auseinandersetzung dieser letzten Woche vor Beginn des Volkskongresses der Union zur Geltung gebracht...

Die von der Botschaft seit einigen Monaten beobachtete, sich allmählich entwickelnde Tendenz zu von Gorbatschow autorisiertem, härterem Durchgreifen hat jedenfalls mit der Erklärung Krjutschkows die Schwelle zwischen der reinen Verteidigung der öffentlichen Ordnung und der Durchsetzung konservativer politischer Positionen überschritten...

Leider wurde der Bericht nicht abgeschickt. Ich sähe zu schwarz, hieß es.

Am 12. 12. erklärte Kirgisistan als letzte der Republiken seine Souveränität.

Am 15. 12. kam der amerikanische Kolumnist Jim Hoagland von der Washington Post zu mir, vermutlich wieder auf Empfehlung von Henning Horstmann in Washington. Da er nicht in die Botschaft kommen wollte, lud ich ihn zum Mittagessen nach Hause ein. Ihn interessierte dann nur eine Frage: Wie seien die deutlichen Unterschiede in der Irak-Politik zwischen Schewardnadse einerseits und Primakow andererseits zu erklären. Wo stehe dabei Gorbatschow. Ich versuchte, ihm zu erklären, dass Gorbatschow beide parallel einsetze, um die evtl. Erfolge beider Wege nutzen zu können. Weiter konnte ich vor den Mikrophonen nicht gehen. Hoaglands Beobachtung, dass Schewardnadse sich rückhaltlos auf die amerikanische Seite begeben hatte, während Primakow offenbar als alter Arabist nach wie vor versuchte, die traditionellen Beziehungen zum Irak zu retten, war richtig. Dass dahinter der andauernde Kampf von SD (Schewardnadse) und SS (wo ich Primakow inzwischen anordnete) stand, wie ich nach einem wütenden Angriff Primakows auf die Amerikaner im Fernsehen inzwischen glaubte, konnte ich ihm vor den Mikrophonen nicht erklären. Das war immer noch viel zu heikel. Richtig war, dass Gorbatschow inzwischen auch außenpolitisch die Nähe der Konservativen zu suchen schien. Das war aber ein Eindruck, der bei uns intern bleiben musste, um nicht zu Zweifeln an der Ratifikation von Zwei-plus-Vier zu führen, die unseren Aussichten geschadet hätten.

Am 17. 12. begann die IV. Sitzungsperiode des Volkskongresses der Union. Er billigte nach dramatischer Debatte die Sondervollmachten, die der Oberste Sowjet der Union Gorbatschow gewährt hatte. Die Mehrheit dafür kam aber erst zu Stande, als die Progressiven sich noch einmal auf Gorbatschows Seite schlugen, weil sie offenbar ein Bündnis Gorbatschows mit den Konservativen fürchteten, das die Alternative gewesen wäre. Gorbatschow hatte sich zwar zur Fortsetzung der Perestroika bekannt, jedoch vor allem die Erhöhung der Disziplin gefordert, ein Schlüsselbegriff für die Erhöhung des Einflusses des KGB. Krjutschkow hielt erneut eine reaktionäre Rede, in der Machenschaften des Auslandes die Schuld an vielen Problemen gegeben wurde.

Am 20. 12. trat Schewardnadse mit einer dramatischen Rede vor dem Volkskongress von seinem Amt zurück. „Idjot diktatura!", die Diktatur kommt, das war der Kern seiner emphatischen Warnung vor einer Machtübernahme der Konservativen in Militär, KGB und Partei. Sie waren offensichtlich gemeint, auch wenn Schewardnadse sie nicht beim Namen genannt hatte. Während ich noch vor dem Fernseher saß, um die weitere Sitzung zu verfolgen, rief der Leiter des Ministerbüros, Frank Elbe, an und fragte, was das alles zu bedeuten hätte. Die Agenturen hatten die Nachricht sofort um die Welt verbreitet. Ich zögerte, ihm am offenen Telefon meine Meinung zu sagen und wand mich, um einer klaren Aussage zu entgehen. Sie sollte Gegenstand eines sofortigen Berichtes sein. Als Elbe jedoch auf einer Antwort bestand, sagte ich ihm, in der im Kongress entstandenen Lage habe Gorbatschow eine Abstimmungsniederlage gedroht. Schewardnadse habe vermutlich bezweckt, die an und für sich inzwischen von Gorbatschow entfremdeten Reform-Deputierten aus Angst vor einem sonst zu erwartenden Bündnis Gorbatschows mit den Konservativen doch noch zum Votum für Gorbatschow zu bewegen.

Das war eine mögliche Hypothese, für die Manches sprach. Aber da wir in den Wochen zuvor unsere immer pessimistischer werdenden Eindrücke nicht hatten übermitteln können, war man nun in Bonn total überrascht. Es war also notwendig, die Zusammenhänge in einem analytischen Bericht zu schildern. Ich schrieb:

„Die telefonisch übermittelte Vermutung der Botschaft, Schewardnadses dramatisches Rücktrittsangebot könne dem Zweck gedient haben, eine die Außenpolitik Gorbatschows bestätigende Reaktion des Volkskongresses hervorzurufen, scheint sich inzwischen zu bestätigen. Der Volkskongress hat inzwischen einer Resolution zugestimmt, die zum Einen die bisherige Außenpolitik für richtig erklärt und die zum zweiten Schewardnadse auffordert, seinen Entschluss zu überdenken.

Um den ganzen Ablauf einzuordnen, lohnt es sich jedoch, sich die hier gegebene Situation vor Augen zu führen. Schewardnadse ist Gorbatschow intim verbunden. Noch vor kurzem hat Gorbatschow seine persönliche Verbundenheit zu ihm mit der Beschreibung eines gemeinsamen nächtlichen Spaziergangs im April 1985 bekundet, als sie in der Devise für die Perestroika „So darf man nicht (weiter-)leben" übereinstimmten. Es ist also unwahrscheinlich, dass Schewardnadses Erklärung nicht vorher mit Gorbatschow abgestimmt war, auch wenn man diese Möglichkeit angesichts der äußerst zugespitzten Machtkämpfe hier nicht völlig ausschließen kann.

Schewardnadse ist ein Georgier und hat es schon von der Nationalität her schwer. Er ist aber seit langem ein Intimfeind der Konservativen, was sich insbesondere in der Auseinandersetzung mit der Generalität und dem früheren KGB-Chef Tschebrikow über die Tifliser Ereignisse vom April 1989 zeigte. Sie haben ihn danach immer wieder im Zusammenhang mit den verschiedenen Abrüstungsverhandlungen, dann der Deutschlandpolitik und in den letzten Wochen der Golf-Politik ins Visier genommen. Sein Verhältnis zum Verteidigungsministerium und zum Generalstab war seit längerem als „völlig zerrüttet" bezeichnet worden. Dies aber keineswegs nur, weil er der Exponent der Außenpolitik des „Neuen Denkens" ist, er hat sich auch mehrfach eindeutig an die Seite derer gestellt, die die alte Ideologie tatsächlich beseitigen und demokratische Verhältnisse schaffen wollen. Die Taktik seines Ministeriums gegenüber Bestrebungen der Republiken war dementsprechend von großer Flexibilität.

Der andere Exponent dieser Politik ist Präsidialratsmitglied Jakowlew. Er ist seit langem Zielscheibe der Rechten, weil es insbesondere die von ihm geleitete Untersuchungskommission zum Ribbentrop-Molotow-Pakt war, die die baltischen Entwicklungen im vergangenen Jahr legitimierte. Die Versuche der Konservativen, im Sommer und im Frühherbst 1989 im Baltikum Zusammenstöße zu provozieren, war vermutlich mitursächlich für die Entlassung Tschebrikows (der jetzt wieder im Plenum des Volkskongresses sitzt). Die Anspannungen im Baltikum der letzten Woche, die in Lettland in den letzten Tagen besonders, zeigen aber einen erneuten Versuch, die Sezessionsbewegungen an der Peripherie zu einem Machtwechsel im Zentrum zu nutzen. Die Wahl Jakowlews in die Akademie der Wissenschaften wirkt so durchaus als Aufbau einer Auffangstellung für ihn, auch wenn er erklärt hat, er wolle „politisch aktiv" bleiben.

Es ist jedoch die sich verstärkende Auflösung des Unionsverbandes, der in den letzten Monaten die politische Kraft der Konservativen so stärkt, dass sie jetzt glauben, die Forderung nach „es muss Ordnung geschaffen werden", d. h. nach Einführung des Ausnahmezustands und von „Regierung durch den Präsidenten", durchsetzen zu können. Gerade die letzte Forderung, die die, angeblich nur zeitweise, Suspendierung der Tätigkeit der Parlamente der betroffenen Republiken und Gebietskörperschaften impliziert, zeigt die Stoßrichtung. Es geht keineswegs nur um die Gewährleistung öffentlicher Sicherheit in bürgerkriegsähnlicher Lage wie in Nagorny-Karabach, Süd-Ossetien oder der Moldau-Republik. Es geht um die Zerstörung der neu formierten Positionen politischer Legitimität in den Republiken, gegen die die alten zentralen Institutionen nicht mehr ankommen. Die neuen Republikführer wie Jelzin und Nasarbajew haben dies sehr wohl erkannt und wehren sich auf dem Kongress mutig und energisch.

Das Rücktrittsangebot Schewardnadses zeigt aber (egal wie es behandelt wir), wie sehr schmal der Grat geworden ist, auf dem Gorbatschow balanciert. Er ist gezwungen, zur Glaubhaftmachung seiner Bekenntnisse zur „Ordnung" seine engsten Mitstreiter aufs Spiel zu setzen. Personell als Ersatz käme zunächst vor allem wohl Primakow in Betracht. Er hat sich in seinem Einsatz für die sowjetischen Irak-Geiseln wohl gewisse Sympathien der Konservativen erworben. Aus seinen sonstigen Darlegungen der letzten Jahre ist aber klar, dass er ein Mann der Perestroika ist. Die Generalität, die „Organe" und der militärisch-industrielle Komplex werden sich darüber gewiss nicht täuschen. Je nachdem wie sie sich durchsetzen, ist also auch er nicht der beste Tipp.

Damit ist die Frage nach der Stärke der Stellung Gorbatschows gestellt. Die Botschaft hat schon im September berichtet, dass nicht mehr auszuschließen ist, dass er zwischen den Fronten zerrieben wird. Immerhin ist die Frage nach seinem Rücktritt hier inzwischen ein legitimer Gegenstand parlamentarischer Beratung. Wir haben, etwa während des 28. Parteitages oder während des ZK-Plenums zu Jahresanfang, auch schon mehrfach ähnlich dramatische Situationen erlebt, in denen Gorbatschows politisches Schicksal und das seiner Politik gefährdet war. Die Auffassung, dass zunächst einmal mit harter Hand wieder Ordnung – gegen die Republikaner – geschaffen werden muss, hat auch viel sachlich Richtiges und kann durchaus ernsthaft die Intention Gorbatschows sein. Die Frage ist aber inzwischen berechtigt, ob die Instrumente, die dies hier durchsetzen sollen, noch bereit sind, sich zu diesem Zweck Gorbatschow zur Verfügung zu stellen, der die Unordnung ihrer Meinung nach zu verantworten hat. Die sich zuspitzende, immer offener werdende Aus-einandersetzung der letzten Wochen, in denen er schon seinen Innenminister Bakatin nicht halten konnte, zeigen Gorbatschow jedenfalls mehr in der Defensive reagierend, denn als den überlegenen Staatsmann von 1989. Ein uns befreundeter hochrangiger Journalist sagte uns vor wenigen Tagen, die Demokraten hätten alle erkannt, dass ihr Platz eigentlich in der Opposition sei, da sie sich gegen die Exekutive nicht durchsetzen könnten. Dieser Auffassung sei wohl auch Gorbatschow selbst, nicht nur Personen wie Popow oder Sobtschak. Gorbatschow sei aber zu diszipliniert, um es nach außen zu zeigen.

Nachdem ich dies in fliegender Hast zu Papier gebracht und mit Unterschrift des Botschafters abgeschickt hatte, überlegte ich natürlich, wie ich weiteren Aufschluss gewinnen könnte. Schewardnadse hatte sich vor allem gegen zwei „schwarze Obristen" gewandt, also zur Reaktion zählende, relativ hohe Offiziere, Alksnis und Petruschenko, die die Deutschlandpolitik als „Verrat" angegriffen hatten. Petruschenko hatte dabei die sicher nicht nur rhetorisch gemeinte Frage gestellt: „Warum bleiben wir nicht einfach da?". Es ging also zentral auch um uns. Ich fragte mich aber auch, ob bei der Rücktrittserklärung Schewardnadses die Irak-Politik eine Rolle spielte. Es hatte Anzeichen dafür gegeben, dass Schewardnadse mit der Entsendung Primakows zu Saddam Hussein überhaupt nicht einverstanden gewesen war, nicht nur weil ihm dadurch ein Rivale erstand, sondern auch weil dadurch seine proamerikanische Politik ins Zwielicht geraten war. Ich rief deshalb Tarasenko an, um ihn um einen Termin zu erbitten. Er war selbst nicht zu sprechen und sein Gehilfe sagte mir, Tarasenko sei so belastet, dass er in absehbarer Zeit wohl keine Zeit für mich haben würde.

Ich rief daraufhin Bowin an und fragte ihn, ob ich ihn sprechen könne, um über die Situation nach Schewardnadses Rücktrittserklärung zu sprechen. Zu meiner Verblüffung, Vergleichbares hatte ich noch nie erlebt, fragte er zurück, „Warum kommen Sie nicht gleich?". Ich sagte natürlich sofort zu und sprang in mein Auto, um zur Iswestija am Puschkinplatz zu fahren. Auf meine Frage, was los sei, wiegelte Bowin ab. Es sei alles halb so schlimm. Schewardnadse habe überreagiert. Er sei durch die vergangenen Monate nervlich überbeansprucht. Es werde sich jedenfalls außenpolitisch nichts Wesentliches ändern. Das Letztere war offenbar seine ‚Message', die er möglichst schnell an den Mann bringen wollte. Das musste der Grund für das sofortige Gespräch sein. Es war auch insofern ungewöhnlich, als während wir sprachen, eine Frau ins Zimmer kam, die sich hinter mich setzte. Bowin entschuldigte sie mit der Bemerkung, es werde ein Fernsehinterview mit ihm vorbereitet. Sie hantierte aber nicht etwa mit irgendwelchen Kabeln oder Lampen, sondern verhielt sich ruhig. Er sah ständig zu ihr hinüber und ich fragte mich, ob sie ihm Zeichen gab. Es blieb bei Bowins Bemühen um Beruhigung.

Kurz nachdem ich wieder zurück in meinem Büro war, erhielt ich einen

Anruf von Tarasenkos Sekretärin. Sie entschuldigte sich für die mir erteilte Absage. Der Betreffende habe nicht gewusst, wer ich sei. Tarasenko würde sich freuen, mich am nächsten Morgen bei sich zu empfangen. Ich wunderte mich darüber natürlich und fragte mich, was im Büro Tarasenkos wohl vorgefallen war. Aber ich ging natürlich am nächsten Morgen in das Außenministerium, wo ich im Vorzimmer Tarasenkos den japanischen Botschafter traf, der offenbar gerade ein Gespräch mit ihm gehabt hatte. Ich schrieb dann den folgenden Bericht über Tarasenkos Mitteilungen:

„Heute habe ein Gespräch Schewardnadses mit Gorbatschow stattgefunden. Gorbatschow habe Schewardnadse gebeten, seine Entscheidung zu überdenken. Schewardnadse habe dies abgelehnt. Er sei nicht bereit, „moralischen Selbstmord" zu begehen, indem er seine Entscheidung zurücknähme und dadurch entwerte. Schewardnadses Entscheidung zum Rücktritt sei heute noch fester als zuvor. Er habe dem Präsidenten gesagt, sein Rücktritt sei ein „Opfer". Er halte sich als Politiker und Mensch für zu diesem Opfer verpflichtet. Schewardnadse wolle mit seinem Rücktritt das Volk warnen. Die in seiner Erklärung eingangs beschriebenen Gründe (Angriffe der Obristen auf seine Außenpolitik) spielten für seine Entscheidung nur eine geringe Rolle. Es gehe nicht um Verletzungen der persönlichen Eitelkeit oder Ehre. Es gehe Schewardnadse darum, das Land vor den Kräften zu warnen, die jetzt mit eiserner Faust Ruhe schaffen wollten. Sie seien, dies sehe Schewardnadse seit längerem, immer stärker im Vordringen. Es gehe um „gewisse Leute" mit einer sehr einfachen, ganz undemokratischen Weltanschauung. Sie wollten die sich bildenden neuen demokratischen Strukturen wieder unter Kontrolle bringen. Insofern sei der Rücktritt auch eine außenpolitische Entscheidung. Schewardnadse wisse, dass man Außen- und Innenpolitik nicht trennen könne. Es sei eben unmöglich, ein „europäisches Haus" zu bauen, wenn in der SU im Innern diktatorische Verhältnisse herrschten. Schewardnadse wolle mit seinem Rücktritt also auch sein außenpolitisches Werk verteidigen.

Das Angebot der Vizepräsidentschaft durch Gorbatschow in dessen gestriger Reaktion auf dem Volkskongress sei eine „Dummheit" gewesen. Es habe für Schewardnadse keinen Sinn, neben dem Präsidenten gegenüber den Vertretern der zukünftigen Mannschaft allein zu bleiben. Was würden sie zu zweit schon ausrichten können. Schewardnadse wisse aber ziemlich genau, was für ein „Typ" die zukünftige Mannschaft bestimmen werde.

Schewardnadse habe schon länger über Rücktritt nachgedacht. So sei es z. B. bei der Primakow-Reise nach Bagdad beinahe soweit gewesen. Er habe diese Reise für falsch gehalten. Der Präsident habe aber anders entschieden. Schewardnadse sei aber noch geblieben, weil er sein Werk zum Abschluss habe bringen wollen. Dies sei inzwischen in gewisser Weise geschehen. Die deutschen Dinge lägen fest. Der KSE-Abschluss sei erreicht. Der Pariser Gipfel liege hinter uns. Der „point of no return" sei insofern jetzt erreicht. Dies habe ihm erlaubt, sich nun innenpolitisch mit seiner ganzen Überzeugungskraft einzusetzen.

Am Morgen des 20. habe er Schewardnadse den für ihn ausgearbeiteten Bericht für den Volkskongress über die Gesamtaußenpolitik vorgelegt. Schewardnadse habe ihn gelesen und gebilligt, jedoch dann ihm und Stepanow (Leiter Ministerbüro) gesagt, er habe sich zum Rücktritt entschlossen. Er habe die ganze Nacht nicht geschlafen. Seine Frau habe ihm zugestimmt. Er habe mit seinen Kindern in Tiflis telefoniert. Sie hätten seinen Entschluss alle gebilligt. Dann habe man eine neue Erklärung formuliert. Sie sei unter dem Druck der Situation natürlich etwas inkohärent. Aber sie enthalte doch das Entscheidende. Die Entwicklung in Georgien spiele eine marginale Rolle. Dort seien jetzt frühere „Menschenrechtskämpfer" am Werk, die die Rechte von Minderheiten mit Füßen träten. Dort sei für Schewardnadse auf absehbare Zeit kein Platz.

Auf Frage, ob nicht doch die positiven Reaktionen des Volkskongresses zeigten, dass Schewardnadse den gewünschten Effekt erreicht habe, erwiderte Tarasenko, die Beschlüsse des Volkskongresses seien gut und schön. Das Entscheidende sei aber, dass er bisher keine Anzeichen dafür sehe, dass die „Kräfte der eisernen Faust" begriffen hätten, dass ihre Politik falsch sei. Sie wüssten nichts von der Welt. Sie hätten über Jahrzehnte ein geschlossenes Weltbild entwickelt. Das sei die Tragik der Lage.

Auf Frage nach den Chancen eines Ausgleichs zwischen dem Zentrum und den Republiken erklärte Tarasenko, natürlich brauche man inzwischen Verhandlungen zwischen der Union und den Republiken wie international zwischen Staaten üblich. Nötig sei, sich ohne illusorische Fristsetzungen an den Verhandlungstisch zu setzen. Dazu werde es aber wohl nicht kommen. Der Volkskongress werde für den Unionsvertrag stimmen, was die RFSFR prompt für nicht bindend erklären werde. Er sehe zur Zeit keinen Ausweg. Schewardnadse wolle eigentlich nicht weiter amtieren. Aber eine Art von Ministerstreik sei natürlich auch seltsam. Die „wilden" Verhältnisse in der SU zwängen aber zu einem in Demokratien ungewöhnlichen Verfahren.

Schewardnadse bitte den BM um Verständnis, dass er am 20. 12. einfach nicht in der Verfassung gewesen sei, um zu telefonieren. Er habe auch mit Baker nicht gesprochen. Er wolle sich jedoch in absehbarer Zeit melden. Er bitte, dem BM seinen Dank für seine Freundschaft und Wertschätzung zu übermitteln. Er habe sie immer hoch gehalten und werde dies weiter tun. LPol antwortete, er wisse, dass der BM diese Haltung voll erwidere.

Tarasenko war teilweise den Tränen nahe. Seine Darstellung wirkte überzeugend. Nach ihr ist Schewardnadse zu der Auffassung gelangt, dass Gorbatschow, ob er will oder nicht, evtl. bald nicht mehr in der Lage sein könnte, seine alte Politik fortzusetzen, jedenfalls aber gezwungen sein könnte, seine Innenpolitik der Demokratisierung zunächst einmal aufzugeben."

Nun waren die Bonner gewarnt und ich war entsprechend erleichtert. Tarasenkos Darlegungen hatten auch die Richtigkeit meiner vorherigen Analyse in weiten Teilen bestätigt. Unklar war allerdings geblieben, ob Schewardnadse im vorherigen Einverständnis mit Gorbatschow gehandelt hatte. Das schien mir wegen der sehr engen Beziehung beider seit vielen Jahren und ihren gemeinsamen Karrierewurzeln immer noch wahrscheinlicher, als der von Tarasenko behauptete Bruch zwischen beiden. Im Ergebnis kam es darauf aber nicht an. In jedem Falle wurden äußerste Maßnahmen ergriffen, um die Konservativen noch einmal zurückzudrängen.

Am 23. 12. hielt Krjutschkow vor dem Volkskongress eine Rede, die noch drohender war, als seine Fernsehansprache eine Woche zuvor. Er erklärte Gewaltanwendung für nötig, um „überall wieder für Ordnung zu sorgen." Er beschuldigte die CIA und andere westliche Nachrichtendienste, die Unruhen zu schüren. Das war ein schwerer Rückfall in traditionelle Praktiken und eine Bestätigung von Schewardnadses Warnung.

Am 24. 12. kam Professor Tsipko zu mir. Er war ursprünglich ein Gesprächspartner Adams gewesen, nachdem er in „Nowij Mir" Artikel veröffentlicht hatte, die eine gezielte Zerstörung der ideologischen Grundlagen des Marxismus-Leninismus enthielten und über die Adam berichtet hatte. Tsipko hatte dann den Wunsch geäußert, mit mir zu sprechen und Adam hatte ihn an mich abgetreten. Aus seiner Karteikarte im Archiv hatte sich ergeben, dass er lange im ZK-Sekretariat gearbeitet hatte und dort stellvertretender Leiter der Abteilung für die Satellitenstaaten gewesen war, also eine relativ hohe Position gehabt hatte. Jetzt firmierte er als stellvertretender Direktor des, natürlich, Bogomolow-Instituts, also wie Daschitschew. Nach meinen bisherigen Unterhaltungen mit ihm im Institut hatte ich ihn der SD-Fraktion zugeordnet. Als ich mich im Frühjahr 1990 zum ersten Mal mit ihm unterhielt, hatte er zu den Intellektuellen gehört, die Gorbatschow als unentschlossen und konzeptlos schwankend darstellten. Gorbatschow wisse im Grunde nicht, was er wolle. Er zaudere und könne sich nicht entscheiden. Ich war dem mit meiner üblichen Hymne auf Gorbatschow entgegengetreten. Gorbatschow habe einen überlegenen Überblick und wisse deshalb genau, wann er was entscheide. Gorbatschow war eben in jedem Fall der entscheidende Mann und es wäre für uns schädlich gewesen, wenn zu erkennen gewesen wäre, dass auch wir, natürlich, über sein Lavieren manchmal sehr beunruhigt waren.

Als Tsipko mich jetzt anrief und fragte, ob er kurzfristig zu mir in die Botschaft kommen könne, wunderte ich mich etwas über die offenbare Dringlichkeit und sagte deshalb zu. Ich schrieb darüber den folgenden Bericht:

I.

1. *„Am 24. 12. hatte LPol (Leiter Politik, also ich) ein Gespräch mit Prof. Tsipko, stv. Direktor des Bogomolow-Instituts, und, soweit von außen erkennbar, einer der führenden Köpfe bei der Operationalisierung von Gorbatschows politischer Strategie. Er forderte den Westen auf, auch nach der Rede Krjutschkows nicht „in Panik zu verfallen."*

Tsipko erläuterte die hier gegebene Situation wie folgt: Das Hauptproblem des Landes sei das unerträgliche Nebeneinander zweier Machtzentren, dem der Union unter Gorbatschow und dem der RSFSR unter Jelzin. Die Frage der „Souveränität" der RSFSR sei keine Frage der SU als Föderation oder Konföderation. Das sei nur die Chiffre, hinter der Jelzin seinen Anspruch auf die Beherrschung des ganzen Landes verberge, denn die RSFSR sei von ihrem Gewicht so bedeutend, dass der Rest dann dem folgen müsse, der die RSFSR beherrsche.

In dem Kampf der beiden Machtzentren, er sehe z. Zt. noch keine Struktur, die diesen Konflikt auflösen könnte, sei die Frage entscheidend, auf welche Seite sich „die patriotischen Kräfte" begeben würden. Jelzin sei zunächst nur eine Schöpfung der extremen Demokraten gewesen. Er habe dann aber gemerkt, dass er von ihnen manipuliert werde. Diese extremen

Demokraten, etwa Frau Starowoitowa (eine Petersburger Professorin, die auf dem Volkskongress glänzende, liberale Reden gehalten hatte und mir so aufgefallen war.), seien Intellektuelle ohne wirkliche Massenbasis und ohne Sinn für das, was man dem Volk zumuten könne... Jelzin werbe auch um die Armee und den KGB. Noch habe er es aber nicht geschafft, voll von der einfach denkenden, russisch empfindenden Masse als ihr Führer akzeptiert zu werden.

Gorbatschow habe etwa seit dem Sommer seinerseits gemerkt, dass der russische Patriotismus mit den zunehmenden Verfassungskonflikten immer stärker werde. Er habe deshalb seinerseits begonnen, sich um diese Kräfte zu bemühen... Diese Bewegung sei aber sehr breit. Es gehörten vor allem viele schlicht patriotisch-russisch denkende Kräfte gerade auch in Armee und KGB dazu. Für diese seien die Demokraten vor allem jüdische Intellektuelle, die die Großmacht SU = Russland zerstören wollten. Als Gorbatschow vor einigen Jahren Korotitsch, Baklanow und Jakowlew zu Chefredakteuren gemacht habe, (bei Ogonjok, Znamja und Moskowskije Nowosti, den wohl prominentesten Perestroika-Zeitschriften) sei dies für diese Kräfte nur schwer zu ertragen gewesen, denn alle drei seien Juden. Gorbatschow stehe so vor der schweren Aufgabe, die Identifikation von Perestroika mit Zerfall der SU-Demokratisierung-Juden aufzulösen.

Dies sei im Grunde eine Generationen-Aufgabe. Das „Feindbild" des Westens sitze tief in den Köpfen und Herzen. Es sei nicht auf Ideologen beschränkt. Der russische Nationalismus, der jetzt wieder erwacht sei, und sich in der neuen Welt zurecht finden müsse, sei traditionell antiwestlich und antisemitisch...

Es gebe so keine andere Wahl. Man müsse sich um die russischen Patrioten kümmern. Sie seien in Armee und KGB stark vertreten. Vom Ausland käme wohl in erster Linie Deutschland für Versuche in Betracht, sie davon zu überzeugen, dass das heutige Russland keinen Grund zur Xenophobie besitze. Die französische Regierung werde in der Sicht dieser Kräfte für in der Hand der Juden gehalten. Die Administration Bush/Baker sehe sich jeden Tag wegen der Stärke der „jewish lobby" in größeren Problemen.

Aus seiner Sicht wäre es also sehr wichtig, dass wir etwa mit Seminaren oder Symposien über deutsch-russische Beziehungen und die gegenseitige Beeinflussung der deutschen und der russischen Kultur versuchten, das geschlossene Weltbild der russischen Patrioten aufzubrechen. Dabei müsse man ja nicht die hoffnungslosen Extremisten einladen.

Kurzfristig gehe es aber Gorbatschow um die Beruhigung dieser Kräfte. Sie ließen sich vermutlich durch das Streben nach einer gestärkten Exekutive gewinnen...

Die Rede Krjutschkows sei natürlich schlimm. Sie zeige das Ausmaß der Xenophobie. Aber was Gorbatschow vorhabe, sei eben doch eine „otschin tonkaja operatia" – eine sehr feine Operation.

Falls Gorbatschow Primakow zum Außenminister machte, der scheine ja der Favorit der Amerikaner zu sein, mache er einen schweren Fehler. Denn wenn das Problem darin bestehe, die Patrioten zu gewinnen, dann komme mit ihm genau der falsche Mann. Er habe eine ausgesprochen „mafiose" Karriere gemacht. Er sei georgischer Jude. Er sei Vollmitglied der Akademie der Wissenschaften geworden, ohne jemals ein Buch geschrieben zu haben. Er habe auch der Mannschaft um Breschnew nahegestanden und dann rasch weiter Karriere gemacht.

Janajew (der neue Vizepräsident der Union) sei seiner Aufgabe schlicht nicht gewachsen. Er sei ein „durchschnittlicher Sozialist". Dsassochow sei da schon ein anderes Kaliber, komme aber wohl auch nicht in Frage. Falin sei natürlich der intellektuell überlegene Profi. Er sei auch kein Typ, der selber groß heraus kommen wolle, sondern ein loyaler, sehr disziplinierter Gehilfe Gorbatschows. Dieser sei ihm wohl gesonnen. Seine Beziehungen zur DDR seien immer schlecht gewesen, er habe allerdings wohl gewisse Hoffnungen auf eine sozialistische Erneuerung (der DDR) als Staat gehabt. Es habe im vergangenen Jahr eine für die Entscheidung über Deutschland ganz entscheidende Sitzung gegeben. An der habe Falin aber absichtlich nicht teilgenommen. Wer auch immer Außenminister werde, die Außenpolitik werde nicht geändert.

II.

Nach unserem Eindruck ist Tsipko, der aus der Ideologie-Abteilung des ZK stammt, und wie er sagte, als Journalist bei der Komsomolskaja Prawda begonnen hat, ein Gorbatschow verpflichteter Mann. Er besitzt einen ungewöhnlichen Überblick und hat sich bisher in keine der sich formierenden Gruppen endgültig einbinden lassen. Seine Artikel weisen ihn inzwischen als einen der Zerstörer des „realen Sozialismus" aus. Er wirkt engagiert aber leidenschaftslos, ist sicher sehr russisch, aber zu gebildet, um selber Antisemit zu sein.

Seine Lage-Beschreibung: — eine sehr feine Operation — deckt sich in vielem mit unseren Beobachtungen. Gorbatschow versucht, seine Machtstellung in einem Kampf nach allen Seiten durch die anstehenden Verfassungsänderungen erneut zu kräftigen. Um die erforderliche 2/3 Mehrheit zu erreichen, braucht er die Stimmen der „Patrioten", die Stimmen der Demokraten hat er schon eher, weil diese ohne Gorbatschow kaum eine Chance haben, was sie letztlich wissen.

Nach Schewardnadses Warnung haben sie erst recht keine Wahl. Die Frage ist so, ob es Gorbatschow gelingt, die „Patrioten" für Verfassungsänderungen zu gewinnen, die ihn de jure zum Diktator machen, oder ob diese Kräfte glauben, eher bei gegebener Rechtslage ihre Bedingungen stellen zu können. Wenn die Verfassungsänderungen angenommen werden, hat Gorbatschow jedenfalls neue Möglichkeiten im Kampf um die Suprematie mit den Republiken, insbesondere der RSFSR."

Tsipko hatte offenbar um dieses Gespräch gebeten, normalerweise war es umgekehrt, weil er eine Botschaft zu überbringen hatte, die einerseits uns beruhigen, andererseits die Konservativen aufwerten sollte. Wahrscheinlich hatte er auch von meinen Gesprächen mit Golembiowski und Bowin gehört, so dass er meinen Alarm über die innere Entwicklung kannte. Seine Analyse der Situation in Russland war interessant und sein Hinweis auf die Schlüsselstellung der „Patrioten" wohl auch zutreffend. Dennoch gefiel mir seine Empfehlung nicht, sich um sie zu kümmern. Dafür kamen nur die Progressiven in Betracht. Auch sein Einsatz für Falin war mir suspekt. Ich wusste zu genau, dass Falin unser gefährlichster Gegner war. Das konnte ich Tsipko nach seinem Plädoyer für ihn natürlich nicht sagen. So hatte ich geantwortet: „Er kennt uns zu gut. Das mögen wir nicht", als er vorsichtig sondiert hatte, ob ich an einem Gespräch mit Falin interessiert sei. Sie wohnten im gleichen Haus und so ließe sich das arrangieren, hatte er gesagt. Vor allem war ich mir aber nicht sicher, ob er nicht doch auf deutschen Antisemitismus rechnete, als er uns als die wohl einzig für das Gespräch mit den russischen Antisemiten in Betracht kommende, westliche Nation bezeichnet hatte. Von da an mied ich das Gespräch mit Tsipko. Ich habe ihn nicht wiedergesehen, bevor ich Moskau vier Monate später verließ.

Aber vor allem blieb mir seine Beschreibung von Gorbatschows Vorgehen als „sehr feiner Operation" im Kopf, denn es war dies die klare Charakteristik der Politik Gorbatschows als konspirativ, d. h. ohne die wahren Ziele jemals offen zu legen. Damit wurde Gorbatschows offensichtliche Wendung nach Rechts als notwendig, aber nicht seinen wahren Überzeugungen entsprechend bemäntelt. Dadurch sollten offenbar wir gewonnen werden, genauso wie mit der Beteuerung, an der Außenpolitik werde sich nichts ändern. Wenn aber Leute wie die „schwarzen Obristen" Einfluss bekämen, dann hätte das gravierende Auswirkungen auf die Beziehungen zu uns, denn der glatte Ablauf des Truppenabzugs wäre gefährdet gewesen und die Versuchung, uns mit dieser Präsenz zu erpressen, hätte an Wahrscheinlichkeit gewonnen. Wir durften uns Tsipkos Entschuldigungen für die Rechtswendung Gorbatschows also nicht anvertrauen. Ich schrieb das Ganze noch schnell zusammen, um noch rechtzeitig zum Kirchgang mit meiner Frau und den Kindern am Heiligen Abend zu Recht zu kommen. So musste der Bericht, wie manchmal, ohne die eigentlich notwendige, tiefere Reflexion abgehen.

Am 27. 12. in der relativen Ruhe der Tage zu Jahresende gelang es mir, den Botschafter zur Unterschrift unter einen längeren Bericht über den KGB zu bewegen, weil sich weiter die Anzeichen dafür mehrten, dass sein Einfluss wuchs und für die zukünftige Entwicklung kritisch geworden war. Ich schrieb:

I.

„1. Versuche, die sowjetische Innenpolitik in Perioden einzuteilen, haben immer etwas Problematisches. Die verschiedenen Entwicklungsströme verlaufen parallel und sind meist älter, als die Periode, in der einer von ihnen dominant erscheint. Mit diesem Vorbehalt kann man in etwa sagen, dass die Perestroika 1985-1987 aus noch systemneutralen Reformversuchen bestand, dann aber, etwa ab der 19. Parteikonferenz, den Charakter einer Revolution von oben annahm. Richtig ist in jedem Fall, dass sich spätestens seit den weitgehend freien Wahlen zum Volkskongress im Frühjahr 1989 die Frage stellt, welche Funktion der KGB in einer sich demokratisierenden Sowjetunion noch haben kann.

Jedenfalls liegt es in der politischen Logik einer ernst gemeinten Demokratisierung, dass eine politische Geheimpolizei, und das ist der Kern der Aufgabe des KGB, ihre Daseinsberechtigung verlieren muss. Die Frage, die sich mit dem Beginn der „Revolution von oben" stellte, war insofern nur die Frage nach dem Zeitpunkt dieses Funktions- und damit Machtverlustes des KGB im Verlauf dieses Prozesses der Demokratisierung. Es liegt wiederum in der Logik eines solchen Prozesses, diesen Zeitpunkt dann anzusetzen, wenn die „Revolution von oben" in eine „Revolution von unten" umschlägt, oder wenn jedenfalls, in einer friedlich verlaufenden Entwicklung, die Fähigkeit und der Wille der Bevölkerung, die Politik autonom, in freier Entscheidung zu steuern, so stark geworden ist, dass er sich der Steuerung von oben entzieht und dann auch seine Überwachung durch eine politische Geheimpolizei irrelevant wird. Angesichts der scharfen Reden des KGB-Vorsitzenden Krjutschkow in den letzten Tagen spricht Vieles dafür, dass wir uns diesem Zeitpunkt nähern. Unklar ist jedoch, ob dies zu Versuchen des KGB führt, die Entwicklung noch einmal aufzuhalten, oder ob es eher darum geht, die „Rechte" insgesamt noch einmal zu beruhigen, um die Demokratisierung schließlich doch fortsetzen zu können.

II.

1. In den Wochen vor dem Volkskongress gab es in den sowjetischen Medien eine erkennbare Diskussion über die Frage, wer die wahren Erben der Politik Andropows eigentlich sind. Mit dem Titel „Ernüchterung" veröffentlichte die „Sowjetskaja Rossija", die dem Ancien Regime treu gebliebene unter den großen Tageszeitungen, einen Artikel eines Leningrader Parteifunktionärs (J. Below), in dem unter Verwendung der oben beschriebenen Periodisierung mit der Perestroika abgerechnet wird...

2. Vor allem legt er dar, dass die Perestroika, die er als unabdingbare Umwandlung beschreibt, im Grunde mit dem Artikel Andropows (vom Anfang 1983) „Über die Lehre von Karl Marx und einige Fragen des sozialistischen Aufbaus in der SU" begonnen habe. Man müsse zu den darin enthaltenen Vorstellungen zurück, die „auf einem verstärkten Fundament staatlicher Disziplin" einen „evolutionären" Prozess beschrieben hätten, der den Lehren der marxistisch-leninistischen Dialektik entspreche.

3...

4... die Anwartschaft Gorbatschows auf die Nachfolge Andropows als Generalsekretär in der Rivalität zu Tschernenko und die Förderung Gorbatschows durch Andropow gegen den Breschnew-Zögling Tschernenko war 1983 klar erkennbar.

III.

1. Der jetzige KGB-Chef Krjutschkow hat mehrfach selbst öffentlich betont, dass er Andropow seit Ungarn 1956 persönlich verbunden war und ihm seine Karriere verdankt. Seinen jetzigen Posten als Chef des KGB verdankt er aber Gorbatschow, als dieser im September 1989 Tschebrikow absetzte...

2. Krjutschkow ist ein Mann der Auslandsspionage. Er hat seine Karriere also nicht in dem vermutlich erheblich größeren und politisch über Jahrzehnte erheblich wichtigeren Teil des KGB gemacht, der für die geheimpolizeiliche Überwachung der Bevölkerung in der SU und die Repression systemkritischer politischer Entwicklungen zuständig ist. Wo er selbst steht, ist, auch nach seiner letzten, sehr konservativen Rede vor dem Volkskongress am 22. 12. nicht eindeutig zu sagen. Jedenfalls hat er auf den Volkskongressen im Herbst des vorigen Jahres und in diesem Frühjahr Reden gehalten, in denen er sich eindeutig zur Perestroika und zu Gorbatschow bekannte. Es gibt auch Äußerungen aus dem ersten Halbjahr 90, in denen er den KGB als Instrument „des Staates" und nicht mehr, wie klassisch, „der Partei" beschrieben hat.

3. In seiner Fernseh-Ansprache vom 11. 12. .... ergriff Krjutschkow mit drohendem

Unterton Partei für „Sowjet-Macht" Der Kampf „um die Frage des Eigentums und um die Frage der Struktur der öffentlichen Gewalt" – d. h. die Einführung der Gewaltenteilung – sei „eine ernsthafte Gefahr".

4. Krjutschkow stellte seine Organisation „mit allen ihr zur Verfügung stehenden Mitteln" im Kampf gegen Jelzin auf die Seite Gorbatschows und nahm dabei die Argumentation der Konservativen in Anspruch. Politisch ging es also in dieser Rede nicht nur um einen Angriff „nach Links" sondern jedenfalls auch um eine Umarmung der Kritiker „von Rechts" ...

5. Die in der Rede vom 11. 12. angelegten, aber nur geringen Ansätze, auch das Ausland und insbesondere ausländische Geheimdienste für die Schwierigkeiten in der SU verantwortlich zu machen, wurden jetzt erheblich ausgebaut (Im November waren es noch nur die rechtsextremistischen Obristen, die dem CIA vorwarfen, mit den Separatisten aus dem Baltikum, der Moldau und dem Kaukasus zu konspirieren.) Krjutschkow beendete seine Aufzählung der angeblich vom Ausland gesteuerten oder zu verantwortenden „destruktiven" Tätigkeiten aber mit der Feststellung, dass die „grundlegenden Ursachen" der Probleme sich „nach Meinung des KGB innerhalb des Landes befinden." ... Krjutschkow rief gegen Schluss seiner Darlegungen über die inneren Probleme der SU AM Baker zum Zeugen dafür an, dass es kurzfristig in der SU nicht um den Erfolg der Reformen gehe, „sondern darum, Anarchie und Chaos nicht zuzulassen." ... Vor allem war diese Rede in ihrer ganzen Schärfe eine starke Unterstützung für die von Gorbatschow gewünschten, noch mehr Macht in seinen Händen konzentrierenden Verfassungsänderungen, denen Ryschkow zuvor als die Probleme nicht lösend widersprochen hatte. Nach Krjutschkows Artikulation all der tiefsitzenden, xenophoben Vorurteile, die das Denken der Konservativen und eines großen Teils der Bevölkerung prägen, ... waren Gorbatschows Chancen auf die Stimmen seiner konservativen Kritiker jedenfalls mit dieser Rede sicherlich gewachsen.

IV.

1. Gorbatschow hat in den Jahren seit 1985 eine der klassischen Institutionen der SU nach der anderen angegriffen und jedenfalls teilweise entmachtet. Zunächst die Medien mit „Glasnost", dann die Sowjets mit „Demokratisierung", danach den Parteiapparat mit beiden Mitteln, die Armee mit einseitiger Abrüstung und „Armee-Reform". Die Methode war sehr oft die der Diskreditierung der jeweils führenden Personen, nicht die des offenen Kampfes gegen deren politische Ziele. Vielmehr folgte der Zerstörungsprozess einem Wechsel zwischen verbalen Bekenntnissen zu alten Idealen und tatsächlichen Maßnahmen der schrittweisen Entmachtung im Umbau personeller und organisatorischer Strukturen. Im Ergebnis entstand so oft der Eindruck, dass den Betroffenen ihre Entmachtung erst bewusst wurde, als es bereits zu spät war, oder jedenfalls der Kampf um die alte Position aus einer schwierigen Defensive heraus geführt werden musste.

2. Der KGB blieb dabei lange aus der Schusslinie. Vieles, gerade die Verbindung der engeren Mannschaft Gorbatschows zum Sicherheitsapparat, (insbesondere Lukjanow aber auch Schewardnadse) spricht sogar dafür, dass die den Sicherheitsapparat steuernde und kontrollierende Elite den KGB selbst als Instrument im Kampf gegen die alten Machtstrukturen eingesetzt hat...

4. In den letzten Wochen haben sich Interviews nicht nur Krjutschkows sondern auch nachgeordneter Führer des KGB gehäuft, in denen die Verdienste des KGB bei der Verbrechensbekämpfung, der Verhinderung von „ökonomischer Sabotage" und der „Auslandsaufklärung" gerühmt werden. Nicht zuletzt seine Rolle als unbestechlicher Wächter bei der Verteilung der ausländischen Hilfe wird dabei herausgestellt. Dies mag nicht nur der Warnung der Bevölkerung, sondern auch der Beruhigung des eigenen Personals dienen.

5. Es ist wahrscheinlich ohnehin zu einfach, von „dem KGB" zu sprechen. Der riesige Repressionsapparat, der wohl seine Masse ausmacht, muss jedenfalls von anderen Teilen dieser Organisation für politische Analyse und Einflussnahme unterschieden werden. Es ist durchaus denkbar, dass dieser Repressionsapparat im Sommer des Jahres seinerseits erkannt hat, dass in der Logik einer ernsthaften Demokratisierung der SU seine Entmachtung liegt. Plausibel ist jedenfalls, dass die Zerfallsprozesse in der SU der letzten Monate auch für diesen Apparat alarmierende Ausmaße angenommen haben.

6. Insgesamt legt es die Gesamtentwicklung der SU also Gorbatschow nahe, mit dem KGB vorsichtiger umzugehen, dessen Angehörige sich traditionell als die Treuesten der Treuen begreifen, wobei die „Treue" der jeweiligen „Macht" gilt, wer immer sie gerade besitzt.

Gestützt vor allem auf die beiden Reden Krjutschkows der letzten Wochen im Fernsehen und vor dem Volkskongress war dieser Bericht ein Versuch, den Bonnern noch einmal meine These von den beiden Teilen das KGB nahezubringen und darauf aufmerksam zu machen, dass inzwischen offenbar nicht mehr die SD-Fraktion die Oberhand hatte. Wie immer bekam ich keine Antwort, die mir erlaubt hätte, die Begründung dieser Analyse weiter zu untermauern und die Zusammenhänge weiter zu entwickeln. Ich war aber zufrieden, den Rechtsschwenk Gorbatschows mit der Annäherung an diese Kräfte herausgearbeitet zu haben, aus der sich ein wachsendes Risiko für die Ratifikation der Verträge mit uns ergab.

Am 27. 12. wurde Janajew vom Volkskongress zum Vizepräsidenten der SU gewählt. Er war zwar der Chef der sowjetischen Gewerkschaften, also einer riesigen Massen-Organisation, aber kein besonders eindrucksvoller Mann und bisher nicht hervorgetreten. Ich hatte vor wenigen Wochen bei einem Essen, das der Botschafter in der Residenz für die Spitze der IG-Metall gegeben hatte, neben ihm gesessen. Er war der sowjetische Gastgeber beim Besuch dieser hochkarätigen Gewerkschaftsdelegation unter Führung von Herrn Steinkühler. Janajew stank aus allen Poren nach Wodka, wie nur Alkoholiker das tun. Im Gespräch hatte er offenbar Mühe, einigermaßen höflich zu bleiben. Er konnte mit uns Deutschen, auch den Gewerkschaftern, erkennbar wenig anfangen und verließ die Residenz ziemlich abrupt unmittelbar nach dem Dessert. Wir saßen dann noch lange mit der Delegation zusammen, die johlend die Zigarrenkiste des Botschafters plünderte, als er auf Befragen gestanden hatte, er könne ihnen Monte Christo anbieten. So gelang es den Gästen zu demonstrieren, dass sie mit guten Zigarren genauso kennerisch umzugehen verstanden, wie die größten Bosse der Industrie. Aber als Erklärung für die Wahl Janajews zum Vizepräsidenten auf

Vorschlag Gorbatschows blieb nur, dass er offenbar eher den Konservativen als den Reformern zuzurechnen war und Gorbatschow sich ihnen näherte.

Am 7. 1. gab das sowjetische Verteidigungsministerium bekannt, dass Fallschirmjäger nach Estland, Lettland, Litauen, Georgien, Armenien, Moldau und die West-Ukraine entsandt worden waren, angeblich um die Einhaltung der Wehrpflicht durchzusetzen. Die drohende Absicht gegenüber den Forderungen nach Unabhängigkeit war aber unverkennbar und sicher beabsichtigt.

Am 10. 1. schickte Gorbatschow den Litauern einen Drohbrief. Wenn sie bei ihrer Sezessionspolitik blieben, könne er die direkte Präsidenten-Herrschaft einführen. Das war genau die Forderung der moskautreuen, abgespaltenen Minderheit der litauischen KP. Nach den Sondervollmachten, die der Volkskongress im Rahmen der Verfassungsänderungen gerade Gorbatschow gewährt hatte, war dies eine nun gegebene juristische Möglichkeit.

Am 11. 1. wurde in Litauen ein „Ausschuss zur nationalen Rettung" gegründet, der sofort die Einführung der „Präsidialverwaltung" Gorbatschows forderte, eine Chiffre, die die Aussetzung der litauischen und der Unionsverfassung und damit das Ende der Demokratisierung und der Parlamentsherrschaft in Litauen bedeutete, also das Ende der Unabhängigkeitsbestrebungen. Mir fiel im Übrigen auf, dass sich der litauische Ausschuss genauso nannte, wie der vor wenigen Wochen in Moskau gegründete „Ausschuss zur nationalen Rettung" mit konservativen Mitgliedern. Das bedeutete, dass diese offenbar auch für die Union letztlich den Ausnahmezustand und das Ende der Demokratisierung wollten, die zu provozieren schon in Tiflis 1989 und Baku 1990 das Ziel der Konservativen gewesen war.

Am 11. 1. versuchte Gosteleradio, die Aufsichtsbehörde für die Medien, die neue Nachrichten-Agentur Interfaks zu schließen, die schon im Dezember von der Gründung eines „Ausschusses zur nationalen Rettung" in Moskau berichtet hatte, indem sie den Mietvertrag für die Redaktionsräume mit sofortiger Wirkung kündigte. Interfaks fand jedoch schnell neue Räume. Sie war bei ihrer Gründung ein gutes Jahr zuvor von Jakowlew vorgestellt worden. Das ganze bestätigte meine Vermutung, dass Interfaks nicht einfach eine kommerzielle Gründung war. Woher hätten in der SU auch aus dem Stand ein offenbar dichtes Korrespondentennetz und der Zugang zu über viele sensible Interna verfügende Moskauer Quellen kommen können. Dieser Krieg der Agenturen – auf der anderen Seite stand die stock-konservative Tass – bestätigte auch die verborgene Zweiteilung der „Organe", die über solche Informationen verfügten.

Am 12./13. intervenierten Sondereinsatzkräfte offenbar bestehend aus Fallschirmjägern und KGB-Truppen in Wilna. Bei der Besetzung des Fernsehturms kam es zu 14 Toten, als sich die Litauer gegen die Panzer stellten. Die Fernsehbilder mit den überrollten Demonstranten erinnerten, sicherlich mit Absicht, an Tien An Men. In seinen ersten Stellungnahmen, die ich nach der Rückkehr aus den Ferien Mitte Januar im Fernsehen verfolgte, vermied Gorbatschow angestrengt jede Verurteilung der Gewaltanwendung und des Truppeneinsatzes. Er behauptete, erst post festum informiert worden zu sein, was entweder gelogen war, oder ihn sehr schwach, weil nicht unterrichtet, aussehen ließ. Interfaks nannte die Namen einiger der in Moskau für die Intervention Verantwortlichen, darunter Lukjanow und Warennikow, die beide schon von derselben Agentur Ende November bei der ersten Meldung über die Gründung eines konservativen „nationalen Rettungsausschusses" in Moskau genannt worden waren. Noch am 13. 1. reiste Jelzin ins Baltikum in eine noch ungeklärte Lage der Konfrontation der Truppen mit den Unabhängigkeitsbewegungen und schloss Verträge mit allen drei baltischen Republiken über gegenseitige Hilfe und der Anerkennung ihrer Unabhängigkeit durch die RSFSR.

Am 14. 1. wurde nach einem Herzinfarkt Ryschkows, so hieß es, Pawlow, ein bisher nicht aufgefallener Minister, zum Ministerpräsidenten der Union ernannt. Nach seinen ersten Äußerungen war er überzeugter Planwirtschaftler. Die Rückwärtsorientierung Gorbatschows setzte sich also fort. Der Ruck nach Rechts akzentuierte sich mit dieser Ernennung eines Mannes, der gewiss keine Einigung mit Schatalin und Jawlinski, den marktwirtschaftlich orientierten Vordenkern Jelzins bei der Wirtschaftsreform in der RSFSR, würde finden können.

Am gleichen Tage hörte ich in der Morgenrunde zu meinem Entsetzen, dass die Botschaft während meiner Abwesenheit in den Ferien in ihrer Berichterstattung ausgeschlossen hatte, dass die Intervention in Litauen mit Absicht zu einer Zeit vorgenommen worden war, in der die westliche Aufmerksamkeit durch den Irak-Konflikt abgelenkt war, ähnlich wie bei der Ungarn-Intervention 1956 durch den Suez-Konflikt. Das konnte man aber keineswegs als gesichert ansehen. Die baltische Entwicklung lief ja schon lange, so dass die militärische Intervention schon früher seit der Verhärtung Gorbatschows ab Ende September 1990 möglich gewesen wäre. Jedenfalls konnte man die Entwicklung nicht nur aus den Vorgängen im Baltikum erklären. Mindestens so wichtig war die Entwicklung in Moskau, wo die Ereignisse an der Peripherie schon früher als Hebel für grundlegende Veränderungen hatten dienen sollen und zwar Veränderungen nach rückwärts.

In „Moskowskije Nowosti" erschient ein Aufruf „Gegen das verbrecherische Regime, das nicht abtreten will", der für die Balten eintrat und scharfe Kritik an Gorbatschow enthielt. Er war unterzeichnet von Bowin, Bogomolow, Golembiowski, Ambarzumow, Stankjewitsch, Popow, Schatalin, Schmeljow, Petrakow, Tsipko und Saslawskaja, also der intellektuellen Elite der Reformpolitik, alle langjährige Anhänger Gorbatschows, die ihn nun verließen. Die Mehrzahl waren meine engsten Gesprächspartner. Burlazky veröffentlichte in der von ihm geleiteten „Literaturnaja Gazeta", der am höchsten geachteten Zeitung der intellektuellen Elite der SU, zusammen mit anderen einen vergleichbar Gorbatschow-kritischen Artikel. Das war ein weiteres Alarmzeichen, dass Gorbatschow der Reform untreu geworden war.

Am 15. 1. blockierte das Europäische Parlament 2,3 Mrd. DM Hilfe für die SU wegen der Intervention im Baltikum. Solche Reaktionen waren dringend notwendig, um weitere Rückfälle in sowjetisches Verhalten zu verhindern. Am 16. 1. veröffentlichte Gorbatschow ein Dekret, mit dem ein unionsweites Referendum zur Erhaltung der Union für den 17. 3. angesetzt wurde.

Am gleichen Tage schickte ich eine längere Analyse nach Hause, in der ich versuchte zu zeigen, dass wir es nicht nur mit einer baltischen Krise zu tun hatten, sondern dass inzwischen die gesamte Struktur der SU tief erschüttert war, so dass vom Ausgang im Baltikum auch das Schicksal der Union wesentlich abhing. Ich schrieb:

„Gorbatschows Darstellung, er habe von der Gewaltanwendung in Wilna erst am Morgen des 13. 1. erfahren, die Schüsse fielen zwischen 2 und 3 Uhr, verdient im Zusammenhang der gesamten politischen Entwicklung im vergangenen Jahr analysiert zu werden. Der erste Eindruck, den Gorbatschows Darstellung hinterlässt, ist der eines Staatspräsidenten, der, genauso wie der die Schuld auf den Kommandeur der Garnison verschiebende Verteidigungsminister, kritische politische Entwicklungen nicht mehr kontrollieren kann... Das Risiko von Toten war der politischen Führung in Moskau vor dem 13. 1. bereits auch völlig bewusst, wie das letzte Interview Schewardnadses mit Moskowskije Nowosti beweist, in dem er von der Gefahr einer Wiederholung von „Tiflis" und „Baku" sprach. Wenn so Gorbatschow und Jasow wohl auch keinen Befehl zum Schießen gegeben haben, so tragen sie doch die politische Verantwortung für eine Entwicklung, in der angesichts der bekannten Intransigenz von Landsbergis das Risiko einer Eskalation, wie sie dann eintrat, bewusst in Kauf genommen wurde.

Dies darf natürlich die politische Verantwortung der litauischen Führer um Landsbergis, die ihrerseits zu keiner Zeit um Deeskalation bemüht schien, nicht vergessen machen. Die litauische Führung unter Landsbergis hatte den entscheidenden, die schwelende Auseinandersetzung mit der Union eskalierenden Schritt zur Sezession mit der Unabhängigkeitserklärung vom 11. 3. 90 getan...

Die Reaktion der russischsprachigen Bevölkerung ... auf diese Maßnahmen war eine wachsende Erbitterung und Politisierung... Der Schlüssel (zum Verständnis der Entwicklung) liegt wahrscheinlich nicht in der Entwicklung im Baltikum allein, sondern im Zusammenwirken dieser baltischen Entwicklung mit dem sich seit dem vergangenen Sommer entwickelnden Kampf Gorbatschows mit Jelzin um die Vorherrschaft in der SU...

Nachdem Gorbatschow im August festgestellt hatte, dass eine Koalition mit Jelzin ihn in Gefahr brachte, zum Juniorpartner zu werden, suchte er etwa beginnend mit September/Oktober nach Verbündeten... Das Ergebnis war die über November/-Dezember zu beobachtende zunehmende Stärke der Kräfte, die sich in den „Obristen" artikulieren und die noch im Sommer so entscheidend geschlagen schienen...

Der Rücktritt Schewardnadses, ... gehört hierher, genauso wie die immer schärfer werdenden Reden Krjutschkows. Ab November war auch ein allmähliches Einschießen hoher Militärs auf die baltischen Probleme festzustellen, obwohl etwa die Dienstverweigerung in den kaukasischen Republiken kein geringeres Ausmaß hatte und die in der

Ukraine politisch tendenziell gefährlicher ist. Ab Dezember kam dann eine sich allmählich steigernde Kampagne konservativer, zentraler Medien hinzu.

... Während (Jelzin) also vermutlich im Dezember noch die unionstreuen Militärs nicht provozieren wollte, scheint es ihm nun höchste Zeit, wenigstens diesen (baltischen) Republiken zur Seite zu stehen, wohl vor allem, ... um nicht nach weiterem „Aufräumen" im Baltikum einer etablierten Praxis der Behandlung „unbotmäßiger" Republiken gegenüberzustehen.

So ist die Werbung um die Loyalität der Streitkräfte vor allem durch Jelzin in den letzten Tagen eine logische Konsequenz...

Sowohl der „russische" Faktor wie das Festhalten an der Union sprechen so eher für eine weitere Loyalität der Streitkräfte zu Gorbatschow. Gleichzeitig ... wird Gorbatschow ... in die Arme der Konservativen getrieben. Trotz dieser Vermutung, dass die „reale Macht" Gorbatschow treu bleibt, sind die Kräfteverhältnisse aber keineswegs eindeutig geklärt. ....

Die Angst vor der Gewalt führt auch hier in Moskau immerhin zu Behauptungen prominenter Reformpolitiker uns gegenüber, Jelzin schlafe inzwischen in seinem Büro, weil er fürchte, sonst auf dem Weg dorthin im Obersten Sowjet der RFSFR, dem „Weißen Haus", abgefangen zu werden...

Außenpolitisch ist wohl von seinem (Gorbatschows) Willen zur Fortsetzung der Politik des „Neuen Denkens" auszugehen. Es ist jedoch abzusehen, z. T. in der Golf-Frage auch bereits in Ansätzen erkennbar, dass er auch außenpolitisch Bedingungen von konservativer Seite wird kaum völlig abwehren können. Die institutionellen Anliegen werden wohl ein noch höheres Gewicht erhalten."

Der letzte Satz diente dazu, die Bonner auf die Notwendigkeit höchster Sensibilität im Umgang mit den sowjetischen Truppen in Deutschland aufmerksam zu machen. Ihre Loyalität war nicht mehr sicher zu bestimmen und von Gorbatschow einerseits und Jelzin andererseits umworben. Das Interesse der Streitkräfte lag aber in Deutschland wohl mehr im Bleiben als im Gehen. Und dies in einer Lage, in der die Verträge, nicht nur der Zwei-plus-Vier-Vertrag, sondern auch der große Nachbarschaftsvertrag, der Aufenthalts- und Abzugsvertrag, der Überleitungsvertrag über die entscheidenden finanziellen Fragen und der Vertrag über die Zusammenarbeit auf dem Gebiet der Wirtschaft, Industrie, Wissenschaft und Technik, noch nicht ratifiziert und in Kraft waren. Wir waren also vor Erpressungsversuchen zur Nachbesserung, ja nicht einmal vor der grundlegenden Infragestellung des gesamten Paketes sicher und der Einfluss der Konservativen in Moskau wuchs.

Es ging inzwischen nicht mehr nur um den fast demokratisch anmutenden Versuch Gorbatschows, sich bei den „Patrioten" eine Massenbasis zu verschaffen, den Tsipko mir geschildert hatte, sondern zentral um das Kommando über die Gewehrläufe. Der Einsatz von Truppen für die Gewinnung der Oberhand im Kampf der Konservativen mit Jelzin war inzwischen nicht mehr eine befürchtete Eventualität sondern unumgehbare Tatsache geworden. Gorbatschows Lavieren lief in der Wirkung auf eine

Stärkung der Konservativen hinaus. Jelzins Aufruf zum Streik zum Protest gegen die Moskauer Konservativen, vor allem an die Bergarbeiter des Kusbas und des Donbas, die im Sommer 1989 so wirkungsvoll gestreikt hatten, war auch bisher kaum beachtet worden.

Am 17. 1. begann am Golf die Luftkampagne der USA und Großbritanniens gegen den Irak.

Am 20. 1. kam es in Riga zu bewaffneten Auseinandersetzungen zwischen „Einsatzkräften für Sonderaufgaben" des sowjetischen Innenministeriums einerseits und lettischen Polizei- und Freiwilligen-Truppen andererseits. Es gab vier Tote. Gleichzeitig hatte sich nun auch in Lettland ein „Komitee zur nationalen Rettung" gebildet, das vom Vorsitzenden des moskautreuen Flügels der KP geleitet wurde, alles wie kurz zuvor in Litauen. In Riga kam jetzt hinzu, dass der Aufruf dieses Komitees von einer „alllettischen Volksversammlung" gebilligt worden war, einem von den Konservativen zusammengestellten Pseudoparlament, das der Gewaltanwendung parlamentarische Legitimität verschaffen sollte. Das war aber zu durchsichtig, um irgendwo zu verfangen. Die Kämpfe endeten mit einem Patt, aus dem sich die Unionseinheiten dann zurückzogen. Aber wie zuvor in Wilna hatten die Dinge auf Spitz und Knopf gestanden. Da die Bevölkerung sich wie in Litauen ganz überwiegend friedlich gegenüber den russischen Minderheiten verhielt, kam es zu keiner weiteren Eskalation, die zu provozieren wohl die Absicht der Moskauer Hintermänner der Einsätze gewesen war. Am gleichen Tage demonstrierten in Moskau etwa 100.000 Jelzin-Anhänger gegen Gorbatschow und die Gewaltinterventionen im Baltikum, die sie Gorbatschow zu Last legten.

Am Abend dieses Tages nahm Gorbatschow zum ersten Mal eindeutig im Fernsehen Stellung zu den Ereignissen im Baltikum und verurteilte nun die Gewaltanwendung. Er bestritt erneut, von der Interventionsabsicht vorher etwas gewusst zu haben. Das verstärkte den Eindruck entweder von Schwäche, wenn seine Behauptung wahr wäre, oder von Verlogenheit, wenn sie nicht zuträfe. Beide Lesarten schadeten seiner politischen Stellung. Am 21. 1. legte Gorbatschow gemeinsam mit Krjutschkow, Pugo und Jasow, den drei „Gewaltministern", einen Kranz am Lenin-Mausoleum nieder und demonstrierte so seine Identifikation mit ihnen.

Gleichzeitig meldete Interfaks, dass Jakowlew, Abalkin, Primakow, Sitarjan (stv. Ministerpräsident und marktwirtschaftlicher Reformer) sowie Osipjan (ein Reform-Wissenschaftler) sich aus der Gorbatschow-Mannschaft zurückgezogen hätten. Wenn das stimmte, bei Primakow schien mir dies zweifelhaft, dann hatten sich damit nach den Intellektuellen nun auch die wichtigsten bisherigen Stützen Gorbatschows in der Exekutive von ihm getrennt. Das alles bewies, dass die baltischen Interventionen eine Art von politischer Wasserscheide waren, an der Gorbatschow, trotz seines andauernden äußeren Lavierens, endgültig auf die konservative Seite übergegangen war.

Am 22. 1. gab Gorbatschow vor einer internationalen Pressekonferenz, die extra zu diesem Zweck einberufen worden war, eine „Erklärung" zur baltischen Krise ab. Sie setzte die Akzente deutlich anders als in seiner Rede vor dem Obersten Sowjet der Union vom 14. 1. nach der Gewaltanwendung in Wilna. Während er seinerzeit vor allem Landsbergis und die Balten für die Zuspitzung verantwortlich gemacht und keine Worte der Trauer oder des Bedauerns für die Opfer gefunden, sondern sogar das „Komitee für nationale Rettung" Litauens erwähnt hatte, ohne es zu kritisieren, drückte er jetzt seine Trauer und Betroffenheit aus, charakterisierte die „Ereignisse" von Riga und Wilna als „in keinem Fall der Linie des Präsidenten entsprechend" und stellte fest, dass eine Übergabe der Macht, durch wen es auch sei, nur auf verfassungsmäßigem Wege ohne Gewalt möglich sei.

Die Absicht, mit dieser Erklärung insbesondere das Ausland zu beruhigen, sprach aus seiner Betonung der Unverändertheit sowohl der sowjetischen Innen- wie Außenpolitik. Seine Begleitung durch Jakowlew, Primakow und Bessmertnych, dem Nachfolger Schewardnadses als Außenminister, war in diesem Sinne demonstrativ. Gorbatschow wirkte ernst, beinahe scharf und verärgert darüber, dass „nicht wenige" im Ausland die Entwicklung „falsch interpretieren" und infolgedessen „das, was in den vergangenen Jahren in den internationalen Beziehungen erreicht wurde, für bedroht erklären." Das war wohl als Anspielung auf eine deutsch-französische Demarche in dieser Angelegenheit und eine entsprechende, kritische Erklärung Bakers zu werten.

Von der chinesischen Botschaft hörten wir dazu, Gorbatschow sei zu diesem Vorgehen gezwungen, um am Exempel Baltikum klar zu machen, dass er einen Zerfall der Union auch mit Gewalt verhindern werde. Er gehe dabei nach der Methode vor: Zwei Schritte vor, einen zurück. An unsere Adresse fügten die Chinesen hinzu, daran müsse jeder interessiert sein, der das Mächtegleichgewicht in der Welt erhalten wollte.

Auffällig war kurz darauf eine Rede Krjutschkows vor einer Moskauer Versammlung, in der er behauptete, die Streitkräfte seien „einer litauischen Provokation" zum Opfer gefallen. Eine typische KGB-Argumentation, mit der er versuchte, die Verantwortung für das Vorgefallene von sich auf seine politischen Gegner zu verlagern. Aber er zeigte damit auch, dass er sich noch nicht stark genug fühlte, um die Verantwortung offen einzugestehen. Er konnte sich mit dieser Argumentation sogar von weiterer Gewaltanwendung distanzieren.

In diesen Tagen verweigerte der sowjetische Kommandeur in Polen, in den nächsten 5 oder 6 Jahren abzuziehen, forderte also eine weit längere Abzugsfrist, als die vier Jahre, die für den Abzug aus Deutschland vereinbart waren und die bisher zur Begründung dafür hatten herhalten müssen, dass der Abzug aus Polen länger dauern sollte, als der aus Ungarn und der Tschechoslowakei. Das war ein beachtliches Symptom für die Haltung der Militärs zu den Abzugsverpflichtungen, die inzwischen galten.

Gleichzeitig wurden aus dem Baltikum, insbesondere von der baltischen Flotte und den Garnisonen dort, Proteste gegen Jelzins Forderung nach

„russischen Streitkräften" laut. Jelzin hielt zwar an diesem Vorschlag fest, betonte aber, die entscheidende Instanz sei der russische Volkskongress, und nahm so vorsichtig etwas Druck aus dieser Kontroverse im Kampf um die Loyalität der bewaffneten Macht.

Am 25. 1. warnte die Prawda die Außenminister Polens, Ungarns und der Tschechoslowakei, zu Fragen der Zukunft des Warschauer Paktes gemeinsame Positionen gegen die SU festzulegen und sich ohne sowjetische Beteiligung untereinander abzustimmen. Ein ominöses Zeichen des Rückfalls in die alte Hegemonialpolitik.

Am gleichen Tage legte das Europäische Parlament nun auch die Lebensmittelhilfe für die SU in Höhe von 1, 5 Mrd. DM aufs Eis.

Am 25. und 26. 1. wurden Dekrete Gorbatschows veröffentlicht, mit denen die Rechte des KGB verstärkt wurden, z. B. bei Durchsuchungen. Zugleich wurden gemeinsame Patrouillen von Polizei, KGB und Militär in den Städten beschlossen. Das erhöhte den Druck auf Jelzin und die Demokraten, deren Kraft weitgehend in den großen, nun durch verstärkte Patrouillen behinderten Demonstrationen steckte.

Am 28. 1. traf sich der Minister in Bonn zum ersten Mal mit den Außenministern Lettlands und Estlands zu offiziellen Gesprächen, eine sehr bedeutsame Weiterentwicklung unserer Position zur baltischen Frage, denn wir hatten zwar die Annexion der baltischen Staaten durch die SU niemals anerkannt, jedoch aus Rücksicht auf Moskau bisher offizielle politische Kontakte auf hoher Ebene mit den Balten vermieden. Zur Einstimmung des Ministers auf diese Gespräche schrieb ich:

„1. Die gegenwärtige Lage im Baltikum ist, soweit wir feststellen können, bis aufs Äußerste gespannt... .

2. Soweit wir dies hier verfolgen können, ist das Bild, das die westlichen Medien zeichnen, durchaus einseitig. So sehr man für die Leiden der baltischen Völker der letzten Jahrzehnte der Unterdrückung Verständnis haben muss, und so klar die Verantwortung der sowjetischen, bewaffneten Macht für die Zuspitzung der letzten Tage ist, so sehr darf man nicht übersehen, dass in allen baltischen Republiken z. T. seit zwei Generationen bedeutende russische Minderheiten leben. ...

3. Beobachtungen westlicher Kollegen der letzten Tage in Wilna schildern die Stimmung der litauischen Führung als einerseits zum Äußersten entschlossen, andererseits chaotisch... .

4. Die Situation in Moskau lässt gleichzeitig darauf schließen, dass es auch hier Kräfte gibt, die den „show down" im Baltikum wollen. Sie wollen ihn zu einem Machtwechsel in Moskau einsetzen... Die Frage, ob Gorbatschow diese Apparate hier in Moskau noch vollständig kontrollieren kann, ist durchaus sachlich begründet. Es ist auf der anderen Seite auch eine noch verwendbare Arbeitshypothese, dass er diese Kräfte, worin seine politische Verantwortung liegt, bis zu einem gewissen Grade gewähren lässt, weil gleichzeitig

— die Balten beeindruckt werden sollen;

— den „Rechten" demonstriert werden soll, dass die Probleme mit Gewalt nicht lösbar sind;

> *– Jelzin und die übrigen Republiken doch noch zu einer „föderalen" Unionsstruktur bewegt werden sollen.*
> *Bis zu einem noch nicht vorliegenden Beweis des Gegenteils erscheint Gorbatschows Beteuerung des Willens zur Kontinuität seiner Politik, wenn auch unter den Bedingungen der gegebenen, gerade auch ökonomisch immer schwieriger werdenden Lage, durchaus noch glaubwürdig.*
> *5. Es ist allerdings inzwischen keineswegs mehr sicher, dass es ihm gelingt, sich an der Macht zu halten...*
> *6. Bei einem Scheitern Gorbatschows, u. U. an baltischer Intransigenz, ist aber die Alternative vermutlich ohnehin die „Rechte", d. h. z. B. ein Parteiführer wie Ligatschow, der sich zur Zeit wieder deutlicher mit Interviews und „Memoiren" zu Wort meldet und im Bündnis mit den konservativen Militärs, KGB und dem Partei- und Regierungsapparat vermutlich eine Rückkehr zum „realen Sozialismus" versuchen würde...*
> *7. Es gibt neben den beschriebenen, aus hiesiger Sicht überzeugenden politischen Überlegungen auch keinen moralischen Grund, der gegen eine Politik der Stärkung der „Mitte" spräche, d. h. auch der Bekämpfung baltischen Extremismus. Denn auch moralisch ist nur eine Baltikum-Politik zu rechtfertigen, die den schmalen Weg zu einer evtl. Unabhängigkeit offen hält. Das ist aber bei einer Überlastung der Fähigkeit in Russland zu umfassendem Wandel unmöglich.*
> *8. Dies gilt insbesondere außenpolitisch, weil sowohl Jelzin als Vorkämpfer Russlands als auch noch mehr die Konservativen als Verteidiger des früheren „realen Sozialismus" uns gegenüber mit großer Wahrscheinlichkeit fordernder auftreten werden als Gorbatschow."*

Hintergrund dieses Plädoyers, sich nicht völlig auf die baltische Seite zu schlagen und Gorbatschow in seiner großen Bedrängnis noch einmal den benefit of the doubt zu geben, war natürlich die Sorge um die Ratifizierung der Verträge mit uns, die bei weiterer Eskalation der Machtkämpfe leicht unter die Räder kommen konnten. Daran mussten wir zu aller erst denken. In einer immer chaotischer werdenden Lage mussten wir so rasch wie möglich die Verträge an Land ziehen.

In diesen Tagen fassten die verantwortlichen Institutionen des RGW den Beschluss, diese Wirtschaftsgemeinschaft der ost- und mitteleuropäischen Planwirtschaften aufzulösen.

Am 31. 1. und 1. 2. fand ein ZK-Plenum statt, in dem es auch um Deutschland gegangen war und über das ich am 4. 2. berichtete:

I.

> *„Zwar scheinen Berichte deutscher Korrespondenten übertrieben, wonach auf dem letzten ZK-Plenum Gorbatschow seine Deutschlandpolitik u. a. mit einer Rücktrittsdrohung verteidigt habe. Verschiedene Anzeichen deuten jedoch daraufhin, dass seine bisherige Außenpolitik, insbesondere die Rüstungskontrollpolitik von konservativer Seite zunehmend schärfer kritisiert wird. Dabei geraten auch die Verträge mit uns in die Diskussion. Die Botschaft bleibt jedoch bei ihrer Bewertung, dass die Ratifikation des Zwei-plus-Vier-*

Vertrages nicht ernsthaft gefährdet ist, solange Gorbatschow sich in seinen Ämtern hält. Dies ist aber immer noch die wahrscheinlichere Entwicklung.

II.

Eine Rückfrage bei dem Korrespondenten, von dem diese Beschreibung des ZK stammt, ergab Folgendes: Hauptstreitpunkt der Diskussion zur Außenpolitik sei die Abrüstungspolitik gewesen. Deutschlandpolitische Aspekte hätten nur eine Nebenrolle gespielt. Gorbatschow sei auf dem Plenum in der Außenpolitik, aber nicht nur dort, weitgehend isoliert gewesen. Kaum jemand habe für ihn Partei ergriffen...

Rykin, Kokoschin und R. Fjodorow sagten uns, es bilde sich auch innerhalb der Partei eine gewichtige Kritik an den Vereinbarungen mit uns. Viele seien der Meinung, die Abzugsfristen seien viel zu kurz, und die deutschen Gegenleistungen zu gering. Jedenfalls sei es notwendig, dass wir uns an „substantiellen Maßnahmen" beteiligten, um die Sowjet-Deutschen in der SU zu halten... Es gebe z. Zt. eine Art von Überprüfung der Ergebnisse der Außenpolitik Schewardnadses. Dieser habe eine insgesamt übermäßig kühne Außenpolitik gemacht und das Aufnahmevermögen und die Verarbeitungskapazität der Streitkräfte und des KGB überfordert. Er habe sie gleichzeitig vor den Kopf gestoßen, indem er sie bei wichtigen Entscheidungen bei KSE wie bei START z. T. einfach übergangen habe. Besondere Bitterkeit habe das Verhalten der Amerikaner in den START-Verhandlungen hinterlassen. Hier hätten sie auch nicht die kleinste Konzession gemacht. Schewardnadses Grundkonzept sei gewesen, durch Konzessionen auch einseitiger Art, einen politischen Durchbruch im Verhältnis zu den USA zu erzwingen, dem sich am Ende auch die Militärs und die Rüstungsindustrie in den USA nicht würden entziehen können. Diese Rechnung sei aber nicht aufgegangen. Die Osteuropapolitik sei überstürzt und konzeptionslos gewesen. Das Prinzip der „Wahlfreiheit" habe nur die alte Lage zerstört, ohne ein neues Verhältnis der SU zu ihren Nachbarn zu begründen. Dies bekomme man jetzt sehr bitter zu spüren.

Es wäre auch in der Deutschen Frage besser gewesen, längere Fristen zu vereinbaren. Die Verhandlungstaktik Schewardnadses bzw. des Außenministeriums in der NATO-Frage sei auch völlig verfehlt gewesen. Im Zeitalter der Geheimdiplomatie hätte man sich die Neutralitätsforderung vielleicht scheibchenweise abhandeln lassen können. Jetzt habe man den Eindruck eines totalen Umfalls erzeugt. Dies erschwere die psychologische Lage sehr. Bisher habe man geglaubt, dass die USA ein eigenes Interesse an der Verhinderung des Zerfalls der SU zu Grunde legten. Jetzt sehe dies, gerade im Lichte der Reaktion auf die baltischen Ereignisse aber anders aus...

Nach Tarasenko ist die Festlegung auf die Pariser Dokumente vom November 1990 im Grunde verfrüht gewesen. Man habe damit den Versuch gemacht, in einer Kraftanstrengung einen gewaltigen Sprung über einen Sumpf hinweg zu machen, was den Sumpf aber nicht beseitigt habe...

Lpol (also ich) hat auf die Gefahr hingewiesen, die in einem Rütteln an den vorliegenden Vereinbarungen stecke. Die SU setze damit die Glaubwürdigkeit ihres Willens, in einer neuen europäischen Ordnung Partner zu sein, und nicht mehr militärisch dominieren zu wollen, aufs Spiel. Die Vereinbarungen mir uns seien Teil des Fundaments für eine neue Ordnung in Europa. Wenn die SU versuche, es wieder in Frage zu stellen, werde sie weder die alte Lage wiederherstellen, noch die Chancen der neuen Konzeption wahrnehmen können. Kokoschin hatte erwidert, die neue Konzeption sei doch nur „embryonal". Die gesamte Entwicklung seit dem vergangenen Herbst deute auch daraufhin, dass die USA sie nicht wirklich ernst nähmen.

III.

Das Gesamtbild bestätigt, dass es im Zuge des Wiedererstarkens der Konservativen ... auch wieder eine stärkere Kritik an der Außenpolitik des vergangenen Jahres gibt. Bisher wird sie jedoch eher in internen Debatten als nach außen hin laut.

Das Schwergewicht der Kritik hat sich verschoben. Während auf dem Parteitag im vorigen Sommer die Deutschlandpolitik im Zentrum stand, ist es jetzt eher die Rüstungskontrollpolitik und alle Fragen, die relativ direkten Bezug auf Prestige und Interessen der Streitkräfte haben. Die Frage nach der Notwendigkeit der deutschen Einheit oder unserer NATO-Mitgliedschaft werden als solche nicht mehr erörtert. (Ob es bezüglich des Letzteren dabei bleibt, wird man abwarten müssen. Sicher ist es nicht.)"

Diese Wiedergabe verschiedener Gespräche diente der Untermauerung unserer Analyse, dass die Verhältnisse merklich schwieriger für unsere Interessen geworden waren und wir uns nicht in Sicherheit wiegen durften, nun alle Probleme, die sich auch außenpolitisch im Zuge der Verwirklichung der deutschen Einheit stellen mochten, gewiss lösen zu können.

Am 2. 2. verfügte der neue Ministerpräsident Pawlow den Austausch aller 50- und 100- Rubelscheine durch neue mit der Begründung, das Ausland habe die alten Scheine gehortet, um die SU damit zu überschwemmen und Inflation und Chaos auszulösen. Es war ein eindeutiger Rückfall in alte Argumentationsmuster. Dem Ausland sollte die Schuld für den inflationären Geldüberhang und den allgemeinen, durch Horten verstärkten Mangel gegeben werden. Eine geradezu abenteuerliche Argumentation für eine Regierung, die angeblich die enge, wirtschaftliche Zusammenarbeit mit dem Ausland suchte.

Am 3. 2. behauptete Oberst Alksnis, Gorbatschow habe von der Interventionsabsicht im Baltikum vorher gewusst, dann aber im Verlauf der Operation die Nerven verloren. Der Führer des lettischen „Nationalen Rettungskomitees", Rubiks, der gleichzeitig der Vorsitzende der moskautreuen, lettischen KP war, habe ihm gesagt: „Moskau hat uns verraten." Sie hätten alles getan, was Moskau verlangt habe, danach sollte Gorbatschow die Präsidial-Herrschaft einführen, „aber er hat uns verraten." Die extreme Rechte stand also noch nicht fest hinter Gorbatschow, bzw. war es diesem noch nicht gelungen, sie wieder fest an sich zu binden. Gleichzeitig passte Alksnis Darstellung zu der seit Tagen fest vertretenen Auffassung der am anderen Ende des politischen Spektrums stehenden „Demokraten", dass die Theorie von außer Kontrolle geratenen, fanatisierten, örtlichen Spezial-

Einheiten, die angeblich ohne vorherige Billigung Moskaus im Baltikum gehandelt hätten, falsch sei, weil in der SU derartiges Vorgehen nicht ohne Billigung aus Moskau vorstellbar sei. Damit schien Gorbatschow nun wieder in der Mitte zwischen Konservativen und Progressiven zu stehen. Die chinesische Interpretation des Ablaufs als zielbewusste Politik nach dem Motto zwei Schritte vorwärts, einer zurück, war wahrscheinlich die richtige.

Am 5. 2. wurde der Botschafter in das Außenministerium einbestellt und die Sowjets übergaben Forderungen nach Entschädigung für KZ-Opfer und Zwangsarbeiter. Darüber war schon vor der Unterschrift unter den Zwei-plus-Vier-Vertrag vorsichtig gesprochen worden und wir hatten die Sowjets gewonnen, solche Forderungen aus dem Zwei-plus-Vier Paket herauszuhalten, um nicht andere Staaten im Rahmen quasi friedensvertraglicher Regelungen zu ähnlichen Forderungen zu motivieren. Aber grundsätzlich waren wir zu solchen Entschädigungen bereit. Dagegen waren sowjetische Forderungen nach Erhöhung der Besatzungskosten während der Abzugsperiode unannehmbar und mussten zurückgewiesen werden, um nicht breitere Nachbesserungsversuche zu provozieren.

Am 7. 2. ging ich ins ZK-Sekretariat zu Gratschew, um ‚die Temperatur' zu messen. Er war gerade erster stellvertretender Leiter der internationalen Abteilung des ZK geworden, wo die Umorganisation in einen Stab des Präsidenten in vollem Gange war. Sein riesiges Büro mit dem typischen, mit grünem Filz bezogenen Besprechungstisch in T-Form ausreichend für 20 Personen zeigte seinen inzwischen sehr hohen Rang. Er sagte mir, wir waren uns bisher nur kurz auf Empfängen begegnet, er habe seine Karriere im Auslandsarm des Komsomol begonnen und in den Abteilungen für Auslandspropaganda, Propaganda und internationale Beziehungen des ZK-Sekretariates fortgesetzt.

Gratschew bekräftigte einleitend den Willen des Präsidenten zur Fortsetzung seiner Innen- und Außenpolitik. Er halte die Ratifizierung der im vorigen Jahr erzielten Verträge für unbedingt erforderlich. Er sei entschlossen, die Ratifikation nunmehr in näherer Zukunft durchzusetzen. Der Präsident habe gerade in den gegenwärtigen kritischen, man könne sogar sagen dramatischen Tagen der innersowjetischen Entwicklung keinen Zweifel daran gelassen, dass er seine Stellung als Präsident mit dieser Ratifikation verbinde.

Uns müsse klar sein, dass sich Gorbatschow gerade auch, weil er sich für die internationale Sicherheit verantwortlich fühle, für die Erhaltung der SU als in sich geschlossenem, einheitlichem Staat einsetze. Die baltische Frage sei keineswegs nur eine Frage der sowjetischen Innenpolitik. Der Westen müsse sich vielmehr die Frage stellen, ob er tatsächlich an einem Zerfallsprozess interessiert sei, der das große Risiko, in gewaltsame Auseinandersetzungen umzuschlagen, in sich trage, ob man wolle oder nicht.

Der Präsident sei zu äußerster Behutsamkeit im Umgang mit den Streitkräften gezwungen. Es sei nicht im Interesse des Westens, den Präsidenten in der Frage des politischen Einflusses der Streitkräfte zu einer raschen

Entscheidung zu veranlassen. Dieser Einfluss habe natürlich erheblich zugenommen. Es sei uns sicher nicht verborgen geblieben, dass sich das Verhalten der Streitkräfte jedenfalls teilweise regional als kaum kontrollierbar erwiesen habe. Die Nerven lägen bloß. Wegen des Abzugs aus Europa werde von der Zukunft der Soldaten als ewig in Zelten lebenden „Palästinensern" gesprochen.

Es gebe konservative Kräfte, die über die vergangenen Monate den Streitkräften immer stärker eine politische Polle zugespielt hätten. Dies wirke sich natürlich auch außenpolitisch aus, insbesondere weil diese an und für sich innenpolitisch motivierten Kräfte erkannt hätten, dass sich die Außenpolitik als Kampffeld gegen den Präsidenten eigne. Dies liege daran, dass weite Teile der sowjetischen Öffentlichkeit und des Apparates die Außenpolitik des vergangenen Jahres noch nicht verstanden und auch emotional noch nicht verarbeitet hätten.

Die westliche Reaktion auf die Entwicklung im Baltikum habe bei vielen den Eindruck hinterlassen, dass der Westen in einem Augenblick der sowjetischen Schwäche in früheres Instinktverhalten „teile und herrsche" zurückgefallen sei. Gerade in der gegenwärtigen Krise sei Gorbatschow darauf angewiesen, dass der Westen die konservativen Kreise beruhige, indem er verdeutliche, dass er den Zerfall der SU nicht wolle und die Erneuerung der SU für im Sinne der europäischen Sicherheit wichtig halte.

Ich erwiderte, die Reaktionen der letzten Tage des Bundeskanzlers in einer Regierungserklärung vor dem Bundestag und des Ministers in Davos hätten unseren Willen zur Fortsetzung der bisherigen Politik untermauert. Wir hätten uns deshalb gegen Entscheidungen eingesetzt, die als Sanktionen verstanden werden könnten.

Uns beunruhige aber, bei allem Verständnis für die sensible Verfassung mancher Abgeordneter, dass es dem Außenministerium bisher wohl nicht gelungen sei, die Abgeordneten ausreichend über den Zusammenhang zu unterrichten, aus dem heraus die Übereinkünfte des vorigen Jahres erst ihren eigentlichen Sinn bezögen. Schewardnadse habe sich im vorigen Jahr darüber beklagt, wie der Oberste Sowjet und das Außenministerium in seiner Abwesenheit deutschlandpolitische Fragen behandelt hätten. Es müsse vermieden werden, dass die Abgeordneten auf falsche Stichworte reagierten. Leider habe der Apparat des Außenministeriums schon im vorigen Jahr eher rückwärts gewandt in Richtung auf die Rettung überholter Strukturen in der DDR, z. B. in der Wirtschaft, verhandelt, während wir die Konzepte für die Bewältigung der Zukunft der Beziehungen, z. B. der sozialen Probleme der abziehenden Soldaten geliefert hätten. Kwizinskij habe uns beschrieben, dass man im Obersten Sowjet über die „Verfolgungen" in der DDR nachdenke. Es könne nicht im Interesse der SU liegen, sich mit dem ehemaligen SED-Apparat, also der Vergangenheit der deutsch-sowjetischen Beziehungen, zu identifizieren.

Gratschew erwiderte, er verstehe, was mit der Konzentration auf die

Zukunft gemeint sei. Es sei verständlich und natürlich, dass z. B. Diplomaten und Generäle nicht weiterbeschäftigt würden. Wir müssten aber berücksichtigen, dass der Eindruck, wir wollten „alte Rechnungen mit der SED begleichen", uns in Moskau sehr schaden würde. Der sowjetische Apparat fühle sich für das Schicksal dieser Menschen verantwortlich. Sie hätten ja über Jahrzehnte letztlich nur getan, was sie hätten tun müssen.

Ich bewertete das Gespräch mit der Schlussfolgerung, dass Gratschew die politische Verantwortung Gorbatschows für die Entwicklung im Baltikum wohl zu sehr herabspiele. Seine Beschreibung der Schwierigkeiten Gorbatschows mit den Konservativen sei aber glaubwürdig. Das westliche Interesse an der Verhinderung eines destabilisierenden Zerfallsprozesses der Union sei derzeit wohl das Mittel, mit dem Gorbatschow versuche, seine bisherige Außenpolitik durchzuhalten und innenpolitisch akzeptabel zu machen. Dieses Interesse könne im Westen durchaus auch dadurch artikuliert werden, dass man die Unmöglichkeit des Erhalts der SU ohne friedlichen Ausgleich zwischen Zentrum und Republiken herausarbeite.

Gratschew hatte sich, auch durch seine große Offenheit, als ein Mann der Elite erwiesen, die die Vordenker und wichtigsten Operateure der Revolution von oben, auch in der Außenpolitik, gestellt hatte. Ich rechnete ihn, auch wegen seines Anfangs im Auslandsarm des Komsomol, zur SD-Fraktion. So hatte ich das Gespräch vor allem zu dem Hinweis benutzt, dass Gorbatschow das Vorgehen des Apparates des Außenministeriums im Ratifikationsverfahren besser kontrollieren müsse, eine notwendige Botschaft, die sicherlich ankommen würde, nach allen Erfahrungen, die Gorbatschow bereits mit diesem Apparat gemacht hatte.

Während eines Besuchs im nördlichen Ostpreußen am 8./9. 2. hielt Jelzin in Königsberg eine Rede, in der er den Versammelten erklärte: „Ihr seid unsere Leute, wir werden Euch an niemand verkaufen." Das sprach dafür, dass ich im Jahr zuvor Batenin richtig verstanden hatte, als er sondiert hatte, über das nördliche Ostpreußen zu verhandeln. Es zeigte zugleich Jelzins zunehmende Versuche, sich des russischen Nationalgefühls zu bemächtigen.

Am 10. 2. lief im Baltikum die erste Runde von Volksbefragungen zur Unabhängigkeit, mit denen die Balten der von Gorbatschow angesetzten unionsweiten Volksbefragung zuvor kamen. Das Ergebnis war eindeutig für die Unabhängigkeit.

Am 13. 2. schickte ich einen längeren Bericht über Personalveränderungen an der Spitze des KGB nach Hause, die ich als Anzeichen dafür wertete, dass in der tiefen Krise der SU nun auch die „Organe" des Sicherheitsapparates in ihrem inneren Zusammenhalt erschüttert würden. Zunächst scheine sich die Krjutschkow ergebene Mannschaft aus dem Bereich für Auslandsspionage über den Apparat zur inneren Repression durchgesetzt zu haben. Die Iswestija hatte am 8. 2. einen ungewöhnlich detaillierten Bericht über „die in letzter Zeit ernstesten Personalveränderungen auf Schlüsselpositionen des KGB" gebracht. Krjutschkow habe sie selbst als „unter Berücksichtigung

443

ihrer Ebene ziemlich ungewöhnlich" bezeichnet. Dann wurde gemeldet, dass der Armeegeneral und 1. Stellvertreter Krjutschkows, Bobkow, nach 45 Jahren im KGB „die Organe verlassen habe." Seine Rolle im politischen Leben sei schon deshalb als „besonders ernst" bewertet worden, weil er während der Zeit der „Dissidenten" die Arbeit der früheren fünften, der ideologischen Verwaltung des KGB geleitet habe. Auch ein anderer Vertreter Krjutschkows, Piroschkow, werde pensioniert. Nachfolger als 1. Stellvertreter werde der bisherige Leiter der Gegenspionage, Gruschko. Seinen Posten habe der „professionelle Aufklärer und Spezialist für die ehemalige DDR", Titow, übernommen.

Am Schluss fing der Artikel die politische Wucht der Anfangsausführungen zum „Urlaub" Bobkows etwas ab. Bobkow und Piroschkow hätten schon im vorigen Jahr um Entscheidung über ihre Pensionierung gebeten. Die Veränderungen seien letztlich aber erst jetzt eingetreten, da „einige Fragen", so wurde Krjutschkow zitiert, „auf Ebene des Präsidenten entschieden" worden seien. Man könne die Veränderungen, so die Iswestija, insgesamt nicht als kardinale Veränderungen in der Arbeit des KGB, aber als Stärkung der Position Krjutschkows durch Personen, auf die er sich fest verlassen könne, bewerten. Diese Darstellung der Iswestija erweckte den Eindruck, dass Krjutschkow seinen 1. Stellvertreter und einen der Leiter des Apparates für die innere Repression nach Absicherung bei Gorbatschow entlassen hatte, offenbar weil er sich auf sie nicht „fest verlassen" konnte. Das waren in der Tat klare Anzeichen dafür, dass es nun auch im KGB zu tiefen und scharfen Auseinandersetzungen gekommen war.

Die neue Moskauer Zeitung „Komersant" brachte am 11. 2. dazu ein Interview mit dem Ex-KGB-General Kalugin, mit einer anderen Version. Bei Gruschko und Titow handele es sich um Personen, die sich als professionelle Aufklärer nicht bewährt hätten, aber Krjutschkow loyal seien. Sie seien mit dem britischen Doppelagenten Gordijewskij verbunden gewesen und hätten nach dessen Überlaufen nur dank Krjutschkows Schutz professionell keinen Schaden erlitten. Bobkow sei ein früherer Vertreter Andropows gewesen. Die Dissidenten wären damals sehr viel schlechter davongekommen, wenn Bobkow nicht ein Mann so hoher Prinzipien gewesen wäre. Uns war Bobkow aber im Jahr zuvor aufgefallen, als ein früherer tschechoslowakischer Innenminister in „Moskowskije Nowosti" Bobkow beschuldigt hatte, 1968 eine besonders negative Rolle gespielt zu haben.

Anzeichen für Auseinandersetzungen in der Führung des KGB hatte schon ein großes Interview Krjutschkows mit der „Literaturnaja Gazeta" vom 23. 1. enthalten. Er war darin darauf angesprochen worden (solche Behauptungen waren kurz zuvor in der neuen Zeitung „Njesawissimaja Gazeta" erschienen), im Falle eines Umsturzes und einer Rückkehr zum Totalitarismus in der SU werde Bobkow Vorsitzender des KGB. Ob dies heiße, dass Krjutschkow in „entsprechenden Kreisen" als „übermäßig liberal und demokratisch" gelte. In seiner Antwort hatte Krjutschkow seinen Vertreter Bobkow zwar verteidigt, jedoch hinzugefügt „wollen wir ihre Worte als Signal betrachten und uns für ihn interessieren." Danach war öffentlich klar, dass er die Vorwürfe gegen Bobkow immerhin der Überprüfung für wert hielt, ein weiterer Beleg für einen Machtkampf im KGB, jedoch in der Darstellung so ausgerichtet, dass Krjutschkow als liberaler als Bobkow erschien, was Kalugin bestritten hatte. Es war unmöglich, da hindurch zu schauen. Aber die Schlussfolgerung lag nahe, dass es nun tatsächlich um die Kontrolle des KGB ging.

Am 28. 1. war auf der Seite eins der Prawda beginnend ein eineinhalbseitiger Artikel Jakowlews erschienen, der Anzeichen für Kritik am KGB in der obersten sowjetischen Führung enthielt. Der in Aufmachung und Länge auffällige Artikel befasste sich mit dem Mord an Kirow unter dem Titel „Über die Dezember-Tragödie 1934". Nun wusste jeder Sowjetmensch, dass der Mord am Leningrader Parteichef Kirow der eigentliche Auftakt zu den „großen Säuberungen" Stalins, also dem Massenterror der Geheimpolizei, gewesen war. Jakowlew kritisierte nun Untersuchungsergebnisse des KGB aus dem Vorjahr, man habe keine Beweise für eine Beteiligung Stalins und des NKWD gefunden. Jakowlew legte dann ausführlich dar, dass aus einer Reihe von Gründen die Version vom Einzeltäter nicht sehr wahrscheinlich sei und dass Chruschtschow in seiner Geheimrede vor dem 20. Parteitag dargelegt hatte, dass Jagoda (der damalige Chef des NKWD) bei diesem Mord auf Befehl Stalins gehandelt habe.

Jakowlew stellte dann aber vor allem einen Gegenwartsbezug her. Die Einstellung zum Kirow-Mord sei ein „Lackmus-Test" für die Haltung zu den „Veränderungen in der Innenpolitik" der SU. Die Frage nach der Wahrheit in dieser Sache sei als Frage nach der Wahrheit überhaupt aktuell. Deshalb müssten die Untersuchungen fortgesetzt werden. Im Ergebnis war dies eine zwar implizite, aber doch für jeden Sowjetbürger erkennbare Beschuldigung des KGB, mit seiner Untersuchung diesen Test nicht bestanden zu haben, also sich gegen die Perestroika zu stellen und damit eine Warnung vor Krjutschkow.

Besondere Erwähnung verdiente auch ein Artikel aus einer ebenfalls neuen Zeitung „Stolitsa" (Hauptstadt), die sich ausführlich mit Person und Karriere sowie Auffassungen von Lukjanow befasste. Er wurde darin im Ergebnis als KGB-Mann seit Mitte der 50er Jahre bezeichnet. Seine bekannte, aber sonst kaum mehr apostrophierte Tätigkeit in Budapest 1956 und Prag 1968 wurde dabei wieder hervorgeholt. Vor allem wurde seine Position als Leiter der ZK-Abteilung für „Administrative Organe" ab 1987 herausgearbeitet, in der Jeschow und Berija seine Vorgänger gewesen seien. Er habe die Kontrolle über die „Organe" mitgenommen, als er vom ZK zum Obersten Sowjet gewechselt sei. Der Artikel war umso bemerkenswerter, als Lukjanow besonders die Kontrolle über die „alten Archive" zugesprochen wurde. (Die es nach Jakowlew gerade waren, die besser ausgewertet werden mussten.) Lukjanow habe den Obersten Sowjet praktisch entmachtet. Er habe überholte Ansichten und sei verantwortlich für die wirkungslose Politik Gorbatschows der „Regierung durch Ukas". Abschließend kritisierte der Artikel den „Lukjanowismus", der in seinem Wesen in „geheimer Opposition zu allem Festen und Gesunden" bestehe. Diese Breitseite gegen die „graue Eminenz" Lukjanow konnte man nicht als politische Sensationsmache abtun. Zum einen hatte das Moskauer Publikum noch den Angriff Schewardnadses auf Lukjanow auf dem Volkskongress im Dezember im Ohr. Zum anderen hatte der usbekische Präsident Karimow in einem aufsehenerregenden Interview mit der Iswestija am 27. 1. Lukjanow wegen dessen Führung der Arbeit des Obersten Sowjet scharf kritisiert. Ich fühlte mich durch das Alles in meiner Analyse bestätigt, dass Lukjanow der Chef der „SS-Fraktion" war und die beiden Fraktionen, „SS" und „SD" in heftigem Kampf lagen.

Parallel zu all dem setzte sich die Diskussion darüber fort, wer eigentlich der wahre Erbe Andropows sei, Gorbatschow oder Ligatschow. Dieser hatte im gerade in „Argumenti i Fakti" erschienenen, letzten Teil seiner „Memoiren" beansprucht, der wahre Erbe zu sein. Und ein ehemaliger persönlicher Mitarbeiter Tschernenkos zog in einem Interview mit der Literaturnaja Gazeta in Zweifel, dass Andropow Gorbatschow als Nachfolger gewollt habe. In einem Land, das es liebte, aktuelle Politik in historischen Analogien darzustellen, weil die wirklichen Auseinandersetzungen wegen ihres konspirativen Charakters nicht offen bei Namen genannt werden konnten, ging es wieder einmal in „einer Zeit der Wirren" (die Periode am Anfang des 17. Jahrhunderts, als der letzte Zar Boris Godunow ohne einen eindeutigen Erben gestorben war und politisch ein Fast-Chaos herrschte. Die Anspielung darauf fand sich öfter mit Gegenwartsbezug in den Medien) um die Frage, wer der „falsche Demetrius" eigentlich war, d. h. wer der legitime Nachfolger war und wer dabei betrog.

Diese Häufung der Artikel und Interviews zum KGB und die dortigen Personalveränderungen sowie die wieder einmal in historische Fragen verhüllte Auseinandersetzung zwischen Jakowlew und Lukjanow legten den Schluss nahe, dass der Sicherheitsapparat in der Tat bis in die Spitze hinein gespalten war. Dort fanden offenbar heftige Auseinandersetzungen statt und angesichts des eher sinkenden politischen Profils Jakowlews und der wachsenden Sichtbarkeit Lukjanows war nicht klar, ob die Insinuation der Iswestija richtig war, mit der Absetzung Bobkows habe sich der „liberale" Flügel durchgesetzt. Eher schien das Risiko eines Rückfalls in alte Verhältnisse zu wachsen und wir hatten noch fast 400.000 Mann bei uns.

Am 14. 2. sagte Kwizinskij dem irischen Botschafter, die Ratifizierung von Zwei-plus-Vier werde überaus schwierig. Das klang ganz anders als Gratschew. Es gebe Fragen wie die Entschädigung von Zwangsarbeitern, der Erfüllung von DDR-Handelsverträgen mit der SU (dahinter steckte die für uns sehr kostspielige Umrechnung dieser Verträge in DM) und der Menschenrechte (gemeint die Behandlung der DDR-Verantwortlichen durch unsere Gerichte), alles mögliche Ansatzpunkte für Nachforderungen. Der Ire unterrichtete uns natürlich sofort, worauf Kwizinskij sicher gerechnet hatte.

Auf seine Feindschaft war immer Verlass. Immerhin hatte er sich aber noch nicht getraut, diese Forderungen zusammengefasst direkt uns gegenüber mit dem Hinweis auf das noch nicht abgeschlossene Ratifikationsverfahren zu vertreten. Aber die Verhandlungen über die DDR-Verträge und die Zwangsarbeiter schwebten und mussten von uns erfolgsorientiert vorangetrieben werden. Einen Stillstand konnten wir uns nicht leisten.

In dieser Situation entschloss ich mich, im Rahmen unserer Lobbying-Campaign auch zu Alksnis, einem der „schwarzen Obristen", zu gehen, dem Deputierten, der am Offensten gefordert hatte, die mit uns unterzeichneten Verträge einfach nicht einzuhalten und der aller Wahrscheinlichkeit nach ein unbelehrbarer Stalinist war. Ich wollte versuchen herauszufinden, wen er vertrat und wie sicher er sich seiner Position war. Gleichzeitig wollte ich klar machen, dass das Bestehen auf den zum Teil diskutierten, gigantischen Entschädigungssummen für angebliche sowjetische Investitionen in der DDR nur die bei uns bestehende Dankbarkeit und echte Kooperationsbereitschaft zerstören würde, die sich damals in einer Woge der Hilfsbereitschaft im russischen Winter manifestierte. Bei dem Bemühen, mich vorher etwas über ihn zu orientieren, kam heraus, dass Alknis Vater ein hoher General des KGB in Lettland gewesen war, der Name zeigt die lettische Herkunft. Die lettischen Bolschewiken waren für ihre Radikalität und Grausamkeit in der Zeit des Bürgerkrieges berüchtigt.

Alksnis empfing mich in seinem Deputierten-Büro, das sich in einem schäbigen Zimmer des zum Deputiertenhaus umfunktionierten, ziemlich heruntergekommenen Hotel „Moskwa" am Manegen-Platz nahe am Kreml befand. Zu meiner Überraschung war Alksnis nicht allein. Er war begleitet von einem der jungen Dolmetscher aus dem Verteidigungsministerium, den ich vom Sehen kannte. Alksnis hatte also offenbar gute Beziehungen zu diesem Ministerium, was auf Rückhalt von dort auch für seine Forderungen schließen ließ. Er war also wohl keineswegs nur ein extremistischer Einzelgänger am äußersten, rechten Flügel. Im Gespräch äußerte er sich dann relativ gemäßigt. Jedenfalls drohte er nicht etwa, die Verträge nicht zu ratifizieren oder nicht einzuhalten, sondern gab sich zivilisiert. Er glaubte aber, wenn die Verträge einmal ratifiziert seien, würden die Deutschen und der Westen der SU wieder den Rücken kehren. Ich benutzte die Gelegenheit, ihm vor Augen zu führen, dass mit diesen Verträgen eine neue Epoche des Zusammenlebens in Europa beginnen würde, in der Deutschland und Russland nach historischem Muster zusammenarbeiten könnten, wenn sich das neue Denken in der SU fortsetze. Er nahm dies ohne Widerspruch auf, aber ich bildete mir nicht ein, ihn überzeugt zu haben. Jedenfalls schreckte er vor der Drohung mit dem Bruch mit uns zurück, den seine Reden im Volkskongress implizierten.

Am 18. 2. veröffentlichte Gorbatschow einen Friedensplan für den Irak-Konflikt auf der Primakow-Linie, also mit einer Lösung von der von Schewardnadse noch verfolgten bedingungslosen Identifikation mit der amerikanischen Politik. Der Einfluss der Konservativen machte sich damit nun – entgegen der Erklärung Gorbatschows von der Unverändertheit von Innen- und Außenpolitik wenige Tage zuvor – auch in der Außenpolitik bemerkbar, eine für uns potentiell sehr gefährliche Entwicklung.

Am gleichen Tage übermittelte der Bundeskanzler Gorbatschow unsere Gesprächsbereitschaft zu Entschädigungen für Zwangsarbeiter und KZ-Opfer. Das war ein in der gegebenen Lage in Moskau sehr wichtiger Schritt, just in time.

Am 19. 2. forderte Jelzin Gorbatschow zum Rücktritt und Übergabe der Macht an den Unionsrat auf.

In diesen Tagen traf ich Rykin auf einem Empfang. Er schilderte mir unsere Ratifikationsaussichten nach wie vor positiv, kam dann aber auf die Irak-Politik Gorbatschows zu sprechen und gab zu verstehen, dass sie sich gegenüber Schewardnadses Position mit der Übergabe des Dossiers an Primakow geändert habe. Mir war diese Veränderung schon seit Primakows erster Reise nach Bagdad im Spätherbst zur Auslösung der sowjetischen Geiseln aufgefallen. Nach seiner Rückkehr von einer weiteren Reise dorthin nach Beginn der Luftkampagne hatte er sich im Fernsehen geradezu hasserfüllt gegen die Amerikaner gewendet. Die so offensichtliche Zunahme des Einflusses von Leuten seines Schlages bedeutete für uns nichts Gutes. Sinn des Hinweises Rykins auf Primakow war wohl auch eine gewisse Warnung an uns. So antwortete ich ihm, ich wünschte Gorbatschows Friedensplan mit der Aufforderung an Saddam Hussein zum Rückzug aus Kuweit, umso die bevorstehende Bodenoffensive der Amerikaner zu vermeiden, viel Erfolg. Es war zwar unwahrscheinlich, dass Saddam Hussein darauf eingehen würde, aber es hätte die Bodenoffensive überflüssig und Saddam Hussein zu Hause wohl unmöglich gemacht. Daran konnte uns nur gelegen sein.

Am 22. 2. gab der Botschafter in der Residenz einen Empfang für den Sprecher des Vorstandes der Deutschen Bank, Christians, der aus Anlass des Erscheinens einer russischen Ausgabe seine Kriegserinnerungen nach Moskau gekommen war. Die ihn umgebenden Sowjets aus Verlags- und Bankwesen verhielten sich ihm gegenüber dabei fast devot. Ich unterhielt mich mit einem von ihnen, dem Deputierten Lukin, der sich außenpolitisch einen Namen gemacht hatte. Wir sprachen dabei über das nördliche Ostpreußen und ich sagte ihm, man solle Nostalgie nicht mit politischem Interesse verwechseln, als er auf Christians Interesse für Ostpreußen zu sprechen kam. Er sagte mir dann ins Gesicht, ich gehörte ja offenbar zum BND, ein Diplomat würde sich niemals so äußern. Meine Replik, mit der ich das zurückwies und auf die Notwendigkeit einging, nach der deutschen Einheit die Grenzen nicht in Frage zu stellen, nahm er skeptisch auf. Wir sollten uns dort kräftig engagieren. Es war der bekannte Versuch, uns aufs Glatteis zu führen.

Am gleichen Tage demonstrierten in Moskau 400.000 Menschen für Jelzin.

Die Masse war auf seiner Seite. Das wurde am nächsten Tag noch klarer, als bei einer Gegendemonstration nur etwa 100.000 Teilnehmer, viele in Uniform, von Gorbatschow mobilisiert werden konnten. Am 23. 2. sprach sich Jasow in der Prawda gegen die Auflösung des Warschauer Paktes aus. Er hatte noch nicht aufgegeben. Am 24. 2. gab es eine erneute Demonstration der Jelzin-Anhänger – dieses Mal etwa 150.000. Die allgemeine Unruhe wuchs nun auch sichtlich in Moskau.

Am diesem Tage begann die Bodenoffensive am Golf. Ich wusste von meinen Gesprächen mit dem für den Irak zuständigen Abteilungsleiter im Außenministerium, dass es viele Angehörige des außenpolitischen Apparates als tiefe Demütigung verstanden, den über viele Jahre so massiv unterstützten Irak vor dieser Intervention nicht schützen zu können, ja ihr sogar im Sicherheitsrat der UN zustimmen zu müssen und zwar wegen einer Außenpolitik der Westbindung, die allem widersprach, was sie über Jahrzehnte gedacht und getan hatten. So war eine untergründige Stimmung der Wut und des Willens zur Revanche entstanden, die auch unsere Interessen gefährden konnte.

Am 25. 2. wurde entgegen Jasows Position auf einem Außenministertreffen des Warschauer Paktes die Auflösung von dessen militärischer Struktur beschlossen und die völlige Auflösung des Paktes angekündigt. Die Ost-Mitteleuropäer hatten sich also nicht einschüchtern lassen.

Am 26. 2. warnte Gorbatschow in Minsk vor Intellektuellen vor der Gefahr eines „Bürgerkrieges", Jelzin wolle die Union zerstören. Der Machtkampf zwischen ihnen eskalierte also immer weiter.

Am 28. 2. endeten die Kampfhandlungen im Irak.

Am 1. 3. begannen nun doch große Streiks der Bergarbeiter. Sie forderten den Rücktritt Gorbatschows und schlugen sich auf Jelzins Seite. Die ohnehin schon hohen innenpolitischen Spannungen nahmen weiter zu. Am 2. 3. beschloss ein bisher unbekannter „Demokratischer Rat des Demokratischen Kongresses", der offenbar aus einer Versammlung der Führer der Unabhängigkeit fordernden Volksfronten der verschiedenen Republiken bestand, die Gründung eines „Commonwealth" an Stelle der Union. Am 3. 3. fand in den baltischen Staaten die zweite Runde der Volksbefragungen zur Unabhängigkeit statt. Die Mehrheiten für die Lösung aus der SU bestätigten sich. Zur gleichen Zeit forderten die Konservativen, eine Sondersitzung des Russischen Volkskongresses einzuberufen, um Jelzin dort zu stürzen. Jelzin konterte mit dem Aufruf zu weiteren Massendemonstrationen, er war sich der Kontrolle der russischen Straße inzwischen offenbar recht sicher.

Am 4. 3. ratifizierte der Oberste Sowjet der Union den Zwei-plus-Vier-Vertrag mit nur 19 Gegenstimmen. Ich war zur Sitzung in den Kreml gefahren, musste dann aber im Foyer vor den verschlossenen Türen des Swerdlow-Saales warten, weil die Sitzung kurzfristig für nicht öffentlich erklärt worden war. Als sich die Türen bald darauf öffneten, kam Dsassochow auf mich zu und gratulierte. Wir könnten zufrieden sein. Alles sei glatt gegangen. Allerdings sei die Ratifikation des Aufenthalts- und des Überleitungsvertrages aufgeschoben worden, aber sie werde gewiss bald folgen. Dann kam einer meiner Gesprächspartner aus den Jahren 1989 und 1990 hinzu, Maslennikow, der Redakteur der Prawda gewesen war, bevor er dann Sprecher Gorbatschows geworden war. Jetzt war er Sprecher Lukjanows und ich war auf Distanz zu ihm gegangen. Er sagte, die Abgeordneten hätten sich „der bitteren Realität" (der deutschen Einheit in der NATO und des Zerfalls des Warschauer Paktes) nicht widersetzen können. Das zeugte von dem Widerwillen vieler gegen die Politik des vergangenen Jahres, vor allem mit uns. Mir fiel dennoch ein Stein vom Herzen. Das große Ziel war endlich erreicht. Ich sprang in mein Auto, um zu berichten, aber wie oft bei solchen Nachrichten waren die Agenturen schneller. So konnte ich nur kurz die insgesamt offenbar freundliche Atmosphäre im Obersten Sowjet beschreiben, die angesichts der Lage nicht unbedingt mehr zu erwarten gewesen war.

Meine Gefühle waren ein wahrer Anti-Climax. Die ungeheure Anspannung und der Druck der Verantwortung, in einer zunehmend chaotischen Entwicklung die Bonner gut zu beraten, wichen der Erleichterung und der Erschöpfung. Ich war mir mangels Reaktionen aus Bonn ja nie sicher, dass man dort die ganze Gefährlichkeit der Entwicklung der letzten Monate für uns überhaupt verstanden hatte. Nun war die gefürchtete Prozedur letztlich doch undramatisch über die Bühne gegangen. Dennoch waren meine Sorgen der Monate seit der Unterzeichnung der Verträge nicht unbegründet gewesen.

Wie hatte der Herzog von Wellington doch über die Schlacht bei Waterloo gesagt: „It was à damn bloody close run thing." Es hätte jederzeit schief gehen können. Wir hatten mit aller Kraft des Verstandes, des Herzens und der Seele gekämpft und die Nervenanspannung des Kampfes mit den Höllenhunden der sowjetischen Dienste, bei denen ich zu entscheidender Zeit interveniert hatte, um die Spaltung der Sowjets in sich bekämpfende Fraktionen für uns zu nutzen, war ungeheuer gewesen. Es ging ja um die Existenz Deutschlands als freies Land, die auf dem Spiel stand, solange wie in Moskau die mächtige Fraktion der unsere Neutralität Fordernden noch nicht entscheidend besiegt war. Aber wir hatten auch geradezu unglaublich viel Glück gehabt, dass sich diese und die hinter ihnen stehende Fraktion der Konservativen gerade die Deutschlandpolitik als Hebel herausgesucht hatten, um Gorbatschow zu stürzen, und ihn so zwangen, seine Westpolitik zum Abschluss mit den Amerikanern und uns zu führen, um sich dadurch innenpolitisch zu behaupten. Die Konservativen waren aber in den Monaten seit der Einigung im Kaukasus immer stärker geworden.

Jedenfalls fühlte ich mich berechtigt, das Auswärtige Amt um meine sofortige Rückversetzung zu bitten. Ich war zwar erst wieder zwei Jahre in Moskau, aber was für Jahre. Es waren Jahre permanenter Hochspannung gewesen und ich hatte, abgesehen vom Urlaub in Deutschland, praktisch ohne Wochenenden jeden Tag 14 bis 16 Stunden gearbeitet, vor allem weil ich oft bis über Mitternacht die Fernsehsendungen anzusehen hatte, in denen ab 22 Uhr die Debatten der verschiedenen parlamentarischen Gremien der Union und Russlands übertragen wurden, nachdem die Live-Übertragungen der Anfänge 1989 tagsüber dazu geführt hatten, dass das ganze Land statt zu arbeiten vor dem Bildschirm saß. In diesen Debatten ließen sich aber die wahren Positionen der sowjetischen Politiker und die Cliquen und Seilschaften, die die Politik mehr und mehr bestimmten, am Leichtesten erkennen. Ich konnte den Fernseher deshalb nicht vor Ende der Debatten abschalten. Und ohne die tägliche Fron der Lektüre der wichtigsten Zeitungen und Zeitschriften wären die dann oft sehr ergiebigen Gespräche mit für uns wichtigen politischen Operateuren nicht möglich gewesen. Ich hatte auch genug von der unmöglichen Lebensweise unter ständiger Überwachung und fast ohne Privatleben. Ich fand, ich hatte nach der Ratifizierung meine Pflicht getan.

So schrieb ich meinem früheren Botschafter und Lehrmeister Meyer-Landrut, der inzwischen Staatssekretär im Auswärtigen Amt geworden war, einen Brief, in dem ich ihn bat, für meine baldige Rückversetzung zu sorgen. Das geschah dann auch, denn ein paar Tage später rief mich der zuständige Kollege aus der Personalabteilung an, man wolle meinen Wunsch ausnahmsweise erfüllen. Ob ich bereit sei, in die Kulturabteilung der Zentrale zu wechseln, wo man für mich einen Posten als Koordinator schaffen könne. Ich war darüber zwar nicht sehr begeistert, denn die Kulturabteilung war normalerweise kein Karriere fördernder Platz und die Aufgabe reichlich vage. Vielleicht war mir das auch vor allem angeboten worden, um die Festigkeit meiner Bitte um Ablösung zu testen. Jedenfalls sagte ich zu. Ich hatte genug von Moskau und dem Dschungel, in den ich mich hatte begeben müssen.

Am 5. 3. befürwortete Krjutschkow Gewaltanwendung im Innern. Am 8. 3. veröffentlichte Tass den Entwurf Gorbatschows für den neuen Unionsvertrag.

Am 7. 3. schickte ich auf Weisung des AA einen längeren Bericht über die inzwischen entstandene, für uns gefährlicher werdende Gesamt-Lage nach Hause. Er diente mir zu einer Art von Schwanengesang nach zwei unglaublich dramatischen Jahren. Ich wollte noch einmal helfen, die halbjährliche Sitzung der NATO-Regionalexperten für die SU und Osteuropa vorzubereiten, einem wichtigen Forum zur Herstellung einer gemeinsamen Lage-Beurteilung, der Voraussetzung für gemeinsame Politik der Verbündeten, auf die wir angewiesen blieben, nicht zuletzt während der bevorstehenden vier Jahre, in denen das Damoklesschwert der sowjetischen Truppenpräsenz noch über uns hängen würde. Das Format und die Themen waren vorgegeben. Ich schrieb:

I.

General trends and outlook
Der Gesamttrend einer weiteren Erschütterung des Zusammenhalts des sowjetischen

Staatsverbandes hat sich im vergangenen Halbjahr fortgesetzt und so verstärkt, dass inzwischen erhebliche Zweifel daran bestehen, dass die SU in ihrer alten Zusammensetzung selbst mit Gewalt noch erhalten werden kann.

Die Anlehnung Gorbatschows an die „reale Macht" in Streitkräften und KGB fand ihren Höhepunkt in der Gewaltanwendung zur Januar-Mitte. Die Angewiesenheit Gorbatschows auf diese Kräfte, die er vermutlich nicht mehr bis ins letzte kontrolliert, hat zwar etwas abgenommen, weil sich Gewalt erneut als zur Problemlösung ungeeignet erwiesen hat. Gleichzeitig hat aber diese Gewaltanwendung die politische Polarisierung in Russland so verstärkt, dass das politische Überleben Gorbatschows in der mit dem Referendum vom 17. 3. zu erwartenden Lage und der danach zu erwartenden Neuformierung der Kräfte nicht mehr ohne Weiteres gesichert erscheint.

... Das Ergebnis ist eine zunehmende Labilität der Gesamtlage, in der die Kraft der SU zu einer kohärenten Außenpolitik weiter abnimmt.

II.

4. Gorbatchevs Position

... Gorbatschow . . besitzt heute nur noch eine geringe Popularität. Gleichzeitig ist jedoch auch seine eigentliche politische Basis, die ihm seine Ämter als Präsident und Generalsekretär der Partei verleihen, brüchiger geworden. Als Präsident hat er den bisher nicht gebrochenen, sondern weiter zunehmenden, wenn auch im Einzelnen unterschiedlich motivierten und ausgerichteten Widerstand der Republiken gegen sich. Vor allem muss er aber damit rechnen, dass sein Hauptgegner, Jelzin, sich nach dem Referendum am 17. März im Frühsommer in einer Direktwahl zum Präsidenten der RFSFR durchsetzt. Demgegenüber würde sich sein Mangel an Legitimität als nur indirekt von einem seinerseits nur partiell frei gewählten Volkskongress gewählter Unionspräsident erheblich auswirken, selbst wenn die Mehrheit der Unionsbevölkerung sich wie zu erwarten am 17. 3. für die Union ausspricht. Die Position als Parteichef verleiht ihm unter demokratischen Bedingungen kaum mehr ein entscheidendes Übergewicht. Sie ist wertvoll zur Kontrolle des unter undemokratischen Bedingungen immer noch wirksamen Apparates. Der KP ... (mangelt es aber) an sachlich überzeugenden Angeboten für die Zukunft, das wird, gerade auch durch Aufrufe zu „Disziplin" und „Geschlossenheit", auf dem letzten ZK-Plenum deutlich.

So ist der Einsatz der „dritten Kraft", d. h. die Abstützung auf den Sicherheitsapparat, während einer neuen autoritären Phase, die zur „Stabilisierung des Übergangs" zu Demokratie und Marktwirtschaft dienen soll, auch die hier die politische Debatte eigentlich bewegende Entwicklungsoption. Da die in sich heterogenen und oft nicht überzeugenden „Demokraten" für Gorbatschow auf absehbare Zeit verloren scheinen und die Partei jenseits eines autoritären „Übergangs" nichts zu bieten hat, solange sie an der „sozialistischen Wahl" festhält, erscheinen solche autoritären Formen als Ausweg für Gorbatschow.

In dieser Lage ist vermutlich entscheidend, dass der Sicherheitsapparat in sich uneins zu sein scheint. Die eine Gruppierung scheint an ihrem Grundziel, der Modernisierung der sowjetischen Gesellschaft, festzuhalten. Sie befürchtet deshalb, dass eine autoritäre Zwischenphase allzu leicht zu einer erneuten Verhärtung totalitär-rückständiger Verhält-

nisse führt. Die andere Gruppierung, die wohl im Baltikum in Aktion war, will die autoritäre Verfestigung, um die Wende rückwärts einleiten zu können. Im Ergebnis deutet dies auf eine weitere Erosion der Position Gorbatschows und einen Übergang der Macht auf die großen Republiken.

5. Center-periphery ties, the Baltic States

Der jetzt vorliegende Entwurf eines Unionsvertrages lässt die entscheidenden Fragen, insbesondere wie viele Republiken die neue Union bilden sollen, offen. Ursache dafür ist nicht so sehr die Frage eventueller Sezessionen an der Peripherie, obwohl die Sezessionen jedenfalls Litauens, eventuell aber auch Estlands und Lettlands und gar Moldowas mehr und mehr für letztlich unvermeidbar gehalten werden. Entscheidend dafür ist vielmehr die ungeklärte Machtfrage zwischen der Union und der RFSFR, in der Gorbatschow, jedenfalls kurzfristig, eine in den Verhandlungen über den Unionsvertrag erkennbare Spaltungspolitik betreibt.

Die Ukraine, Weißrussland und Kasachstan, sowie die Kasachstan weitgehend folgenden anderen zentralasiatischen Republiken stehen in dieser Auseinandersetzung zwar noch tendenziell auf Seiten Jelzins, sobald aber die Kraft des Zentrums gebrochen ist, werden sie wohl ihrerseits auf eine innere Differenzierung der RFSFR drängen, um nicht an Stelle des alten einen neuen Hegemon einzutauschen. Diese Republiken werden deshalb wohl die zukünftige Unionsstruktur wesentlich mitbestimmen, es sei den Jelzin gelänge es rasch sich durchzusetzen.

Die transkaukasischen Staaten befinden sich inzwischen alle drei in fast bürgerkriegsähnlichen Zuständen... Letztlich sind diese Republiken aus der Sicht der Russen, ob Gorbatschow- oder Jelzin-Anhänger, schon aus geographischen Gründen zu wirklicher Sezession unfähig.

6. The Baltic States

Dies ist der entscheidende Unterschied zu den baltischen Staaten und zu Moldowa. Moldowa hat aus Moskauer Sicht einen natürlichen Partner, mit dem es sich unweigerlich zusammenschließen wird, wenn es glaubt, dies ungestraft zu können, Rumänien. Vor allem aber sind Litauen, danach auch Lettland und Estland nach den Volksbefragungen aus Moskauer Sicht nur noch mit Gewalt im sowjetischen Staatsverband zu halten. Die Entscheidung gegen Gewalt in dieser Frage ist aber noch nicht abschließend gefallen.

Sie ist durch die Ereignisse der Januarmitte mit der Frage nach Gewalt als Herrschaftsmittel in der zukünftigen Union überhaupt identifiziert worden. Wenn sich die Absage an Gewalt als Herrschaftsmittel in der Union durchsetzt, was bisher nicht gesichert ist, dann werden die baltischen Staaten mit großer Wahrscheinlichkeit „finnlandisiert". Das heißt, dass die bindende Kraft, die sich aus wirtschaftlichen, kulturellen und strategischen Faktoren ergibt, sich nach den Toten in Wilnius und Riga wohl nicht mehr im Vertrauen auf ein im Zeitablauf erhofftes „Vernünftig-Werden" entscheidend auswirken wird. Der Verlauf der Entwicklung zwischen Moskau und dem Baltikum hängt insofern inzwischen kaum noch von den baltischen Fragen als überwiegend von der zukünftigen Machtstruktur in Moskau ab. Sie ist dementsprechend ungewiss.

7. Other republics

Das politisch und wirtschaftlich instabile Georgien unter Zviad Gamsachurdija liegt vor allem in der Nationalitätenpolitik auf extrem-nationalistischem Konfrontationskurs mit der Union.

Unter Präsident Nasarbajew gewinnt Kasachstan in der Union zunehmend an Profil. Er formuliert zwischen konservativen Zentralisten und den extremen Äußerungen Jelzins seine eigene pragmatisch-realistische Position für den Fortbestand einer veränderten Union. Die Tatsache, dass Nasarbajew zur marktwirtschaftlichen Umorientierung seines Landes ausländische Spezialisten und den Hauptautor des „500-Tage-Programms", Jawlinskij, nach Alma Ata gerufen hat, ist Ausdruck dafür, das Kasachstan von dem sowjetischen Spitzenpolitiker regiert wird, der derzeit das klarste und überzeugendste Zukunftskonzept besitzt.

III.

Soviet Foreign Policy
1. Main goals and priorities
Nach Sicherung der in größter „Zeitnot" gewonnenen Verhandlungsergebnisse auf dem Pariser Gipfel, die der SU die Beteiligung an der zukünftigen europäischen Ordnung einbrachten, war die Behauptung der SU als Weltmacht das vorrangige Ziel Gorbatschows in dem sich entwickelnden Golfkonflikt. Das parallel zunehmende Gewicht konservativer Kräfte in der sowjetischen Innenpolitik und die Schwierigkeiten insbesondere des Militärs, die Vorteile der neuen Außenpolitik überhaupt zu erkennen oder zu akzeptieren, behinderten Gorbatschow dabei zunehmend, zunächst durch das „Geisel-Problem" und dann durch die Unfähigkeit zu eigener, militärischer Beteiligung an alliierter Seite. So konnte Gorbatschow weder die alte Position als Verbündeter des Irak noch die neue als Partner der USA nutzen. Im Ergebnis muss die SU nun darum kämpfen, an der Friedensregelung ernsthaft beteiligt zu werden. Ihre Hebel dazu stecken weniger in ihrer Mitgliedschaft im Sicherheitsrat der UN als im Interesse der USA und der westeuropäischen Mächte, sie an der Lösung der großen internationalen Fragen zu beteiligen, weil sonst die sowjetische Kooperationsbereitschaft in der in Bewegung geratenen Lage in Mittel-Osteuropa verloren gehen könnte.

Außenpolitisch hat die SU insofern logisch mit der Neuinterpretation des KSE-Vertrages am zentralen Element der zukünftigen europäischen Ordnung angesetzt, wohl auch um die Notwendigkeit ihrer Kooperation zu beweisen. Die Gefahr einer Gefährdung des START-Ergebnisses nimmt sie dabei in Kauf, auch weil sie in ihrer gegebenen wirtschaftlichen Lage kaum mehr mit einer Erneuerung gefährlicher, strategischer Konkurrenz zu den USA drohen kann. Die Verschiebung des operativen Schwergewichts ihrer Außenpolitik auf Europa ist auch in den Bemühungen erkennbar, durch ein Netz bilateraler Beziehungen zu den Mittel-Ost-Europäischen Staaten wenigstens noch deren Finnlandisierung erreichen zu können, nachdem ihr die Entwicklung dort fast ein Jahr aus der Hand geglitten war.

...

8. Recent developments
...

Ziele der sowjetischen Politik im Golf waren die friedliche Lösung des Konflikts im Rahmen der UN-SR-Maßnahmen ohne eigenes militärisches Engagement sowie die

Stärkung der UN-Organe. Während die Abstützung des von den USA im SR vorgegebenen Kurses der Anti-Irak-Koalition neben Gorbatschow wesentlich dem früheren Außenminister Schewardnadse zuzuschreiben war, verstärkte sich nach dessen Rücktritt der innenpolitische Druck (Armee, konservative Kräfte) hin zu einer eigenständigen Golf- und Nahost-Politik der SU weiter. Nach dem Scheitern von Gorbatschows Friedensplan ist es wohl der schnellen Niederschlagung der irakischen Armee und dem damit erreichte Waffenstillstand durch die Alliierten zu verdanken, dass die Gegner des außenpolitischen Kurses der SU, wie z. B. Präsidentenberater Primakow, sich mit ihrer Kritik nicht durchsetzen konnten, die darauf gerichtet war, die SU wieder aus der Anti-Irak-Allianz zu lösen.

... Während mit Südkorea diplomatische Beziehungen aufgenommen wurden, ebenfalls wie im Falle Saudi-Arabien verbunden mit einem Milliarden-Dollar-Kredit an Wirtschaftshilfe, erhofft man sich von dem bevorstehenden Besuch Gorbatschows in Japan, die relativ reservierte Haltung der Japaner gegenüber der SU revidieren zu können. Dies dürfte insbesondere davon abhängen, inwieweit die japanische Regierung gewillt ist, ihre Politik der Öffnung gegenüber der SU von der Rückgabe aller zwischen der SU und Japan strittigen Kurilen-Inseln abhängig zu machen. Jüngste Äußerungen Jasows und Achromejews deuten auf die Bereitschaft zur Rückgabe der beiden kleineren Inseln hin.

Outlok and Implications

Die zukünftige Außenpolitik der SU hängt in einem seit 1917 nicht mehr gekannten Maße von ihrer Innenpolitik ab. Der Versuch Gorbatschows, außenpolitische Kontinuität mit einer autoritären Phase in der Innenpolitik zu verbinden, hat wenig Erfolgsaussichten, wie die westliche und die innersowjetische Reaktion auf die baltischen Ereignisse gezeigt haben.

Kommt es zu einer autoritären Stabilisierung, so ist außenpolitisch wieder mit Konkurrenzverhalten, insbesondere in Europa, und wirtschaftspolitisch mit eher wieder abschottenden Tendenzen zu rechnen. Beide Verhaltensweisen waren in den letzten Wochen schon in Ansätzen erkennbar,

Geht die innenpolitische Entwicklung der Machtverlagerung zu den Republiken voran, so ist außenpolitisch mit einer noch stärkeren Konzentration auf die europäischen Nachbarn und verstärktes Werben um ökonomische Hilfe zu rechnen."

Das Ganze war eine Zusammenfassung der Analysen der letzten Wochen, mit der ich versuchte, den Verbündeten die weitgehende Verflüssigung der sowjetischen Struktur und die daraus folgenden Risiken zu verdeutlichen. Diesmal gab es sogar ein Echo. Die Kollegen von unserer NATO-Vertretung bedankten sich. Sie hätten mit dem Bericht eine gute Grundlage gehabt, um die Diskussion bei der NATO zu steuern. Das freute mich natürlich. Wir blieben ja weiterhin essentiell auf die NATO angewiesen.

Am 10. 3. demonstrierten in Moskau 500.000 Menschen gegen den Entwurf Gorbatschows für einen neuen Unionsvertrag.

Am 13. 3. erschien ein Artikel eines mir bis dahin unbekannten stv. Leiters der Internationalen Abteilung des ZK, Musatow, mit Kritik an einem NATO-

Vordringen nach Osteuropa und der Behauptung, die Westgrenze der SU sei bedroht.

In diesen Tagen lud mich Markow von Nowosti zu einem Abschiedsessen ein. Er hatte davon gehört, dass ich nach Bonn zurückkehren würde. Ich wusste seit der Visumsverweigerung im Jahr zuvor, dass er ein KGB-Mann war, aber ich dachte mir, vielleicht hat er noch eine besondere Message zum Abschied. So nahm ich die Einladung an. Wir trafen uns in einem großen Restaurant hinter dem GUM im Zentrum der Altstadt. Markow führte mich aber nicht zu einem Tisch im Hauptsaal, sondern in ein gesondertes Zimmer im ersten Stock, wo wir alleine waren. Die Unterhaltung drehte sich dann um die innere Situation, vor allem die schwierige Wirtschaftslage und in diesem Zusammenhang zog er einen der nach dem Einzug der alten von Pawlow neu ausgegebenen 50-Rubelscheine aus der Tasche und zeigte mir so das neue Geld. Ich nahm es in die Hand und betrachtete es mit Interesse, als er anbot, mir den Schein zum Abschied zu schenken. Ich lehnte natürlich ab, fragte mich dann aber, ob die ganze Szene gestellt worden war, um mich mit einer Geldübergabe zu kompromittieren. Markow ging dann hinaus und lies mich eine Zeit lang allein, so dass ich aufstand und mich ans Fenster stellte, um hinaus zu schauen. Als ich dann zur Tür ging, um mich zu verabschieden, erschien Markow plötzlich wieder. Das weitere Abschiedsgespräch war dann unauffällig. Ich habe ihn danach einige Jahre später einmal wiedergesehen bei einem Symposion des Bergedorfer Gesprächskreises in Petersburg. Er war inzwischen zum Leiter von Nowosti aufgestiegen und war nun im Ministerrang.

Am 14. 3. flogen die Sowjets unter offensichtlicher Verletzung unserer Souveränität und der Vereinbarungen über den Status ihrer Truppen bei uns Honecker nach Moskau aus. Ich war froh, dass wir ihn los waren. Das Strafverfahren gegen ihn entsprach zwar rechtsstaatlichen Grundsätzen. Ein längerer Prozess wäre aber mit einer ständigen Belastung unsere Beziehungen zu den Sowjets verbunden gewesen, die wir möglichst unbelastet halten mussten, um den reibungslosen Truppenabzug über die Bühne zu bringen. Noch standen wir ja erst am Anfang der vierjährigen Abzugsperiode, in der wir von den Wechselfällen der Entwicklung in der SU bedroht waren.

Am 15. 3., sicherlich nicht zufällig am folgenden Tag, übergaben die Sowjets in Bonn die Ratifikationsurkunde zum Zwei-plus-Vier-Vertrag. Sie waren die letzte Vertragspartei, die das tat. Nun war der Vertrag in Kraft.

Am gleichen Tage schickte ich einen Bericht zum Thema „Stabilitätspolitik in Europa" nach Hause, um den das AA gebeten hatte. Dort war man nun endlich dabei, sich Gedanken über ein neues Konzept für unsere Politik gegenüber den frei gewordenen Staaten Mittel- und Osteuropas zu machen, die wir ja nicht einfach nach der Einheit ihrem Schicksal überlassen durften, um uns wieder ganz nach Westen zu wenden. Als Grundlage für ihre Berichterstattung hatten alle Botschaften der Region den Entwurf einer Aufzeichnung des AA für den Minister bekommen, der mir jedoch in der

Bewertung der von der SU ausgehenden Risiken so unzulänglich erschien, dass ich nicht punktuell Stellung nehmen wollte, sondern einen eigenen Entwurf schickte. Vor Allem wollte ich so die Kontinuität des konzeptionellen Denkens der Außenpolitiker in Moskau in imperialen, eurasischen Dimensionen auch nach den Jahren der Perestroika beschreiben und so vor meiner Rückkehr eine Zusammenfassung der außenpolitischen Analysen der vergangenen zwei Jahre und einen Ausblick auf das zukünftig zu erwartende Verhalten Moskaus, wer immer dort herrschen würde, bieten. Ich schrieb:

I.

1. „ Das im Pariser Paket (KSZE, KSE, NATO/WP-Erklärung, Zwei-plus-Vier – Vertrag), ergänzt durch bilaterale Verträge der SU mit den großen west-europäischen Staaten angelegte, neue Konzept einer gesamteuropäischen Struktur der Sicherheit und Zusammenarbeit ist in der SU nach wie vor sowohl weitgehend nicht verstanden wie umstritten... Die Ursachen dafür sind vielfältig sowohl innenpolitischer Natur wie auch im außenpolitischen Selbstverständnis der SU angelegt.

2. Die innenpolitische Entwicklung gibt dem sowjetischen Militär z. Zt. in der operativen wie konzeptionellen Sicherheitspolitik eine erheblich stärkere Stellung als 1990. Diese Führung, die am 13. 3. in einem Fernsehgespräch mit drei stellvertretenden Verteidigungsministern (1. stv. VM Koschetow, OB Landstreitkräfte Warennikow, OB strategische Raketenstreitkräfte Maksimow) vertreten war, begreift die Auflösung des Warschauer Paktes nicht nur als Verlust des entscheidenden Hegemonie-Instruments in Europa. (Niemand in diesen Kreisen hält die Fortexistenz des WP als „politisches Konsultationsorgan" nach Auflösung der militärischen Kommandostruktur für sicherheitspolitisch relevant.) ... Typisch für die hohe sowjetische Generalität ist auch die in Jahrzehnten der „Kameradschaft" mit den Armee-Führern der WP-MS gewachsene Überzeugung, in diesen Staaten tatsächlich Verbündete besessen zu haben. Dass die ehemaligen Partner keine legitimen Vertreter ihrer eigenen Völker waren, war nicht wirklich bewusst oder, wir spüren das in der Diskussion des Schicksals der ehemaligen NVA-Führung, wurde so stark verdrängt, dass diese sowjetische Generalität die Auflösung des WP als im Grunde genommen undemokratisch, eigentlich nur durch westliches Ausnützen sowjetischer Schwäche erklärlich begreift.

Zu diesem Denken gehört, die SU weiterhin als mit den USA gleichberechtigte Supermacht zu verstehen. Die SU passt danach als solche ohnehin nicht in ein „europäisches Haus", allenfalls in eine Ordnung von „San Franzisco bis Wladiwostok". Aber auch eine solche Konstruktion mit den beiden Supermächten als Flügelmächten widerspricht dem nicht nur sowjetischen, sondern auch sehr russischen Selbstverständnis, eine euroasiatische Macht zu sein. Eine Sicherheitskonstruktion, die sowjetische Interessen in Fernost (China) und Mittelost (Afghanistan, Iran, Golf) nicht mit umfasst, wird insofern als von vornherein allenfalls subsidiär zu anderen, umfassenderen Ordnungen hilfreich verstanden.

4. Selbst diejenigen hier, die den Supermacht-Anspruch nicht nur selbst aufgegeben haben, sondern ihn sogar für unsinnig, weil ökonomisch nicht einlösbar halten, haben deshalb das „europäische Haus" wohl immer eher als eine Gemeinsamkeit kulturell-ökonomischer Charakteristika denn als eine auf Europa bezogene politische Ordnung verstanden, auch wenn sie unsere Bemühungen des vorigen Jahres als überaus hilfreich begrüßt haben. Die „Synchronisation", die sie anstrebten, ist aber nicht gelungen.

5. Das Supermacht-Denken findet derzeit eine energische Unterstützung in der zivilen, konservativen Elite. So hat der langjährige 1. stv. Außenminister Kornijenko vor wenigen Tagen in der Sowjetskaja Rossija eine geradezu vernichtende Kritik der Golf-Politik Schewardnadses („Dilettant") veröffentlicht. Der ehemalige stv. Außenminister Kapiza (Fernost-Spezialist) ist in der Zwei-plus-Vier Ratifikations-Debatte mit extremer Schärfe gegen die Deutschland- und MOE-Politik des vorigen Jahres, und damit gegen Gorbatschow, aufgetreten.

6. Dieses Denken analysiert die weltpolitische Entwicklung nach wie vor als „Nullsummenspiel". Kornijenko hält deshalb die Verdrängung der SU aus dem Nahen/ Mittleren Osten für das primäre Ziel Bushs. Kapiza sieht dementsprechend in der Auflösung des Warschauer Paktes vor allem die Absicht der NATO, bis an die Grenzen der SU vorzudringen. Dieses Denken ist von dem Willen der NATO nicht zu überzeugen, auf die erkennbaren, und offensichtlich nur taktisch gestreckten Interessen Polens, der Tschechoslowakei und Ungarns auf Schutz durch die NATO nicht einzugehen. Dies alarmiert umso mehr, als inzwischen nicht mehr nur das WP-Glacis verloren scheint, sondern die Zurückdrängung der SU auf etwa die Grenzen vor dem Molotow-Ribbentrop-Pakt ernsthaft befürchtet wird...

Es wäre leichtsinnig anzunehmen, dass dieses Denken hier nur die extrem-konservative Rechte beherrscht. Zweifel jedenfalls am Willen der USA, die im Konzept von Paris angelegte Ordnung auch dann zu implementieren, wenn die SU sie machtpolitisch nicht mehr erzwingen könnte, sind auch bei Gorbatschow erkennbar. Das im Ansatz erkennbare Zusammenspielen der RFSFR-Führung mit den neuen Regimen in den MOE-Staaten ist auch nur kurzfristig-taktischer Natur im Kampf für die Suprematie der Republiken in der zukünftigen Union. Russischem Selbstverständnis entspricht die Unabhängigkeit der Randrepubliken nicht...

7. Schließlich ist zu berücksichtigen, dass der Umbruch in den MOE-Staaten 1989 zwar den Indizien nach nicht nur von Gorbatschow und Schewardnadse toleriert, sondern vom progressiven Teil des hiesigen Sicherheitsapparates sogar aktiv gefördert wurde. Das Ziel dabei war aber kaum die dann unaufhaltsame Entwicklung zu an Westeuropa orientierten Ordnungsformen, sondern ein modernisierter Sozialismus ohne die Real-Sozialisten à la Honecker. Diese Teile der sowjetischen politischen Maschinerie sind durch die geschaffenen Fakten zwar nicht grundsätzlich anderen Sinnes geworden. Unsere Kontakte im Herbst 1989 und im Winter 1989/90 deuteten auch darauf hin, dass ihnen das Risiko des Scheiterns der „Modernisierungskonzeption" und damit der Veränderung des status quo in Europa von vornherein bewusst war. Sie nahmen es angesichts ihrer Priorität der Zerschlagung der alten Symbiose der Parteiapparate der SU mit denen in den WP-MS in Kauf. Diese Kräfte sind hier in Moskau aber derzeit deutlich in der Defensive und befürchten bei raschem „West-Drift" der MOE-Staaten ihr Hauptargument zu verlieren, wonach die Auflösung des WP die Voraussetzung für die Einbeziehung der SU in die internationale Partnerschaft ist.

8...

9. Zwar haben (die Konservativen) in der Abstimmung über das „deutsche Paket" nur relativ wenige Stimmen aufweisen können, die öffentliche Aufforderung Petruschenkos, eben einfach zu bleiben und endlich mit „Entschlossenheit" und der Bereitschaft, eine Verschlechterung der Beziehungen zu den Stationierungsstaaten in Kauf zu nehmen, spricht aber für die Bereitschaft der hinter ihnen stehenden Kreise, auch erpresserische Mittel anzuwenden. In einer Lage, in der Gorbatschow in großer Bedrängnis operiert und ökonomisch die Talsohle noch nicht erreicht ist, finden diese Kreise sicherlich teilweise Unterstützung auch bei anderen, an und für sich nicht dem alten System anhängenden Kräften.

10. Es ist diese Schwäche Gorbatschows, die die „West-Drift" der MOE-Staaten beschleunigt, damit aber gleichzeitig die Konservativen hier bestärkt. Die Bemühungen des Außenministeriums, diese Bewegung mit bilateralen Verträgen, die die MOE zu Neutralität verpflichten, aufzuhalten, kommen bisher kaum voran. Da das Außenministerium – unterhalb Schewardnadses – unsere Konzeption des Ausbaus der KSZE-Institutionen wohl niemals für ausreichend zur Wahrung sowjetischer Sicherheitsinteressen gehalten hat, sucht es nach direkten, westlichen Zusagen der Nicht-Ausdehnung der NATO, u. U. sogar der westeuropäischen Organisationen angesichts deren politischer Finalität.

11. Die Forderung danach wird in den letzten Wochen umso klarer, als die SU nicht nur im Golf-Konflikt die in der NATO eingespielten Fähigkeiten zum Zusammenwirken der alliierten Streitkräfte eindrucksvoll erleben konnte. Sie sieht auch, dass in der laufenden sicherheitspolitischen Diskussion im Westen die Westeuropäer sich erneut um verteidigungspolitische Integration bemühen und die USA bisher kaum tatsächliche Anzeichen zu einer Reduzierung ihrer Präsenz in Europa zeigen...

12. „Kooperative Strukturen" wie die in Wien werden also kaum genutzt, oder fehlen noch, wie in der Stagnation des „Dialogs" der SU mit der NATO sichtbar wird. Die Aussichten auf neue, gerade auch ökonomisch wertvolle Strukturen der Zusammenarbeit nach dem Zerfall des RGW sind schlecht, trösten aber auch kaum, weil die eigenen binnenwirtschaftlichen Probleme die effektive Nutzung der Anbindung an GATT, IMF und EG kaum erlauben.

II.

Das Ganze ist nur der Beweis der Richtigkeit unserer Grundkonzeption aus den vergangenen Jahren, das vorhandene Instrumentarium wirksam zu halten, anzupassen und durch neue Instrumente zu ergänzen, um eine auf Gleichgewicht aufgebaute Ordnung der Zusammenarbeit in ganz Europa zu schaffen. Die Partner, mit denen wir sie in der SU umsetzen wollen, sind aber erheblich schwächer geworden und ihre Gegner erheblich stärker als 1990. Dafür ist unsere Position erheblich konsolidierter. Dies wird auch hier erkannt.

Das „deutsche Paket" wurde ratifiziert, weil ein für die schließliche Mehrheit ausschlaggebender Teil der Deputierten dies als „bittere, aber unausweichliche Konsequenz der entstandenen Realität" (Maslennikow) empfand. Dies bedeutet für uns die Möglichkeit, der SU zu zeigen, dass auch ihre Interessen in einer anhaltenden Dynamik der Verwirklichung des Pariser Paketes liegen, weil diese Dynamik ihre Einbeziehung ermöglicht, während Nachbesserungsversuche zu Verhärtungen im Westen, zur Isolierung der SU in den Übrigen andauernden Veränderungen in Europa sowie zur Verschüttung der Möglichkeiten führen, mit ihren unmittelbaren Nachbarn in den MOE-Staaten ein neues, partnerschaftliches Verhältnis aufzubauen."

Der Bericht zielte darauf, Illusionen über die „Neue Weltordnung" zu bekämpfen und zugleich die große Aufgabe für unsere Politik der nächsten Jahre, die Konsolidierung der Transformation in den MOE-Staaten, herauszuarbeiten.

Auch dieses Mal bekam ich ein Echo. Unser NATO-Botschafter, Hans-Friedrich v. Ploetz, später Staatssekretär und Botschafter in London und Moskau, der mein geschätzter Chef in der sicherheitspolitischen Unterabteilung der politischen Abteilung des AA gewesen war, schrieb mir, der Bericht helfe ihm in der bevorstehenden, ersten kollektiven Diskussion des NATO-Rates mit dem sowjetischen Botschafter. Wir müssten bei diesem Dialog der NATO mit den Sowjets nur aufpassen, weder die KSZE noch die Europäische Politische Zusammenarbeit zu unterlaufen. Das war auch ganz meine Meinung. Die amerikanische Tendenz, in und um die NATO ein Netz neuer Organisationen aufzubauen, um dort und nicht im KSZE-Rahmen die Transformation Mittel- und Osteuropas, einschließlich der SU, zu betreiben, hielt ich für verfehlt, weil die NATO weiterhin unverdünnt ihrer Grundaufgabe dienen musste, nämlich der Gesamtkonstruktion nicht nur während der Transformation der mittel-osteuropäischen Staaten den festen Rückhalt einer handlungsfähigen Militärallianz zu geben, auf deren Entscheidungen die SU keinen Einfluss gewinnen durfte. Das zentrale Ziel der SU in der neuen Lage war ja erkennbar, in der Entscheidungsbildung der NATO ein quasi- oder sogar völkerrechtlich verankertes Vetorecht zu gewinnen. Das durfte nicht sein. Der Dialog mit ihr ließ sich aber problemlos in der KSZE führen.

Am 17. 3. gab es in Gorbatschows Unionsreferendum überwiegend positive Mehrheiten. Das Gleiche galt aber für die von den Republiken eingefügten Zusatzfragen, die dem widersprachen z. B. in der RFSFR. In Georgien hatten angeblich 99% für die Unabhängigkeit gestimmt. Und in sechs Republiken, den drei baltischen, Moldau, Armenien und Georgien, war die Gorbatschowsche Frage gar nicht gestellt worden. Der Versuch Gorbatschows, den Willen der überwältigenden Mehrheit zur Erhaltung der Union zu demonstrieren, war also gescheitert.

Am 21. 3. 1991 beschloss der Oberste Sowjet der Union wieder einmal auf Antrag Gorbatschows ein Demonstrationsverbot, nachdem Jelzin wieder zu Demonstrationen aufgerufen hatte. Am 28. 3. beschloss der Russische

Volkskongress, dieses Verbot Gorbatschows zu missachten. Er stimmte dabei für Jelzin, nachdem beantragt worden war, dessen Fähigkeit, sein Amt als Russischer Präsident zu führen, zu überprüfen. In dieser Konfrontation der Parlamente von Union und RFSFR sprach man vom „Krieg der Gesetze". Ich verließ an diesem Tage gegen Mittag die Botschaft zu Fuß und ging zum Gartenring. Bei meinem weiteren Gang zum Kalinin-Prospekt und diesen hinunter Richtung Kreml zum Boulevard-Ring stellte ich fest, dass die Verhältnisse sich nun nicht nur verbal sondern auch tatsächlich zu einer prärevolutionären Lage entwickelt hatten. Die Straßen waren schwarz von Menschen. Man sprach von 100.000 Demonstranten trotz Demonstrationsverbot. Der Zugang zum Kreml war von Truppen abgesperrt. Die Seitenstraßen standen dicht voll mit Schützenpanzern mit den dazu gehörigen Besatzungen. Das Truppenaufgebot, offenbar Innere Truppen, war beispiellos in Moskau. Es waren kaum weniger Soldaten als Demonstranten. Und über dem Ganzen schwebte eine riesige, schwarze Rauchwolke, weil die amerikanische Botschaft brannte, angeblich wegen nicht ausreichend gesicherter Schweißarbeiten. Die Atmosphäre war gespenstisch.

Am 29. 3. geriet Jelzin im Russischen Volkskongress in Gefahr abgesetzt zu werden. Er gewann dann aber wieder die entscheidende Abstimmung, weil nun auch die Konservativen (Poloskow), die hinter der Entwicklung die Hand Gorbatschows vermuteten, für ihn stimmten. Gorbatschows Mitte konnte sich nicht mehr durchsetzen. Seine Anlehnung an die Rechte funktionierte auch nicht mehr.

Am 31. 3. wurde der Warschauer Pakt nun vollständig aufgelöst. Am 2. 4. ratifizierte der Oberste Sowjet den Überleitungs- und den Truppenvertrag mit uns, was zunächst wegen den Forderungen nach Nachbesserungen aufgehalten worden war. Nun war der letzte juristische Fuß der Sowjets in Sachen Wiedervereinigung Deutschlands aus der Tür.

In diesen Tagen gab mir der Gesandte, Dr. Heyken, ein Abschiedsessen. Ich war ihm sehr verbunden, denn er hatte oft in meinen Auseinandersetzungen mit dem zaudernden Botschafter über Berichte von mir oder von meinen Mitarbeitern vermittelt. Auf meine Bitte hatte er meine wichtigsten westlichen Kollegen, Ray Smith von den Amerikanern, Michel Duclos von den Franzosen und David Manning von den Briten dazu gebeten sowie als einzigen Sowjetmenschen Golembiowski von der Iswestija. Ich hatte ihn ausgesucht, weil er in unseren Gesprächen jedes Vierteljahr die besten Beschreibungen der jeweiligen Innenpolitischen Situation gegeben hatte. Er erschien, ganz elegant und westlich, im weißen Dinnerjacket mitsamt einer durchaus vorzeigbaren Frau. Heyken hielt nicht nur die bei solchen Anlässen übliche, wohlwollende Abschiedsrede, sondern lobte mich über den grünen Klee.

Meine Freude darüber kippte abrupt, als Golembiowski nach dem Händeklatschen über diese Tischrede einwarf: „On nje wyderjal." (Er hat nicht widerstanden.) Damit behauptete er also, ich hätte in meinen Unterhaltungen während der vergangenen zwei Jahre, vermutlich vor allem in den entscheidenden Wochen vor und während des Parteikongresses, unter dem Druck der Nervenanspannung vor dem Showdown eigentlich gegen meinen Willen mehr gesagt, als ich hätte sagen dürfen. Ich hätte also unzulässigen Einblick in unsere Verhandlungsposition gegeben. Ich widersprach entsetzt und sagte ihm, ich hätte immer nur gesagt, was ich hätte sagen wollen. Von einem Nachgeben auf den Druck, unter dem ich stand, könne keine Rede sein.

Es war nur eine kurze Auseinandersetzung, aber ich habe natürlich lange darüber nachgedacht. Im Ergebnis bestätigte seine Bemerkung die Richtigkeit meiner Gesprächstaktik in den Gesprächen mit den Journalisten von der New York Times und mit Schmidt-Heuer, Batenin, Kokoschin und Karaganow vor den Mikrophonen. Die Sowjets hatten mir meine Darlegungen offenbar als Enthüllung unserer tiefer liegenden Absichten, Konzessionsbereitschaft und Motive abgenommen. Das war aber genau, was ich gewollt hatte, als es im Kampf mit den Verzögerern und Verschleppern unter den Sowjets wie Falin, Portugalow, Kwizinskij und Bondarenko darum ging, Gorbatschow und seine Mannschaft zu bewegen, weiter vorwärts zu gehen, indem ich durch Beschreibung der Einigungsmöglichkeiten den sowjetischen Willen zum Abschluss mit Zustimmung zur NATO-Mitgliedschaft zu stärken versuchte. Meine Argumente hatten ihre Durchschlagskraft offenbar vor allem aus der Meinung der Zuhörer bezogen, sie hätten mir diese Darlegungen gegen meinen Willen abgerungen. Mein Vorgehen war also richtig und offenbar sehr erfolgreich gewesen, denn Gorbatschow hatte sich so vor dem Parteitag nach langem Lavieren für unser Konzept entschieden.

Ich machte zu Anfang April natürlich auch noch einen Abschiedsbesuch im Außenministerium. Dort empfing mich zu meiner Überraschung nicht mein Counterpart Ussytschenko, bei dem ich mich angemeldet hatte, sondern Bondarenkos 1. Stellvertreter Koptelzew, den ich der SD-Fraktion zurechnete. Die Unterhaltung war eher zurückhaltend und reserviert, keine Feier der großen Vereinbarungen, die in den vergangenen zwei Jahren erzielt worden waren. Koptelzew kam dann aber auf sein eigentliches Anliegen. Bei uns solle man auf jede strafrechtliche Verfolgung der SED-Größen verzichten. Das sei für unsere zukünftigen Beziehungen wichtig. In Russland gelte es als große Tugend, alte Freunde nicht im Stich zu lassen. Es werde die konservativen Kreise mobilisieren, wenn der alte Apparat aus SED und anderen Teilen in immer größere Bedrängnis geriete. Das könne der sowjetischen Regierung ernsthafte Schwierigkeiten bereiten. Koptelzew fragte, welche Chancen ein „Straffreiheitsgesetz" habe. Ich gab ihm die Antwort, die ich zu diesem Thema auch sonst gab, es kämen lediglich die allgemeinen Strafgesetze zur Anwendung, die für jedermann gälten. Von einer Diskriminierung der SED-Nomenklatura könne also keine Rede sein.

Koptelzew leitete dann zur Frage des „sogenannten sowjetischen Immobilienvermögens" in den neuen Bundesländern über. Dort seien nun rasch „reale Resultate" (d. h. hohe Entschädigungen) nötig. Er lies sogar anklingen, dass die SU, wenn es nicht zu solchen Entschädigungen komme, einfach ihre Schulden aus dem Handel mit uns nicht begleichen könnte. Im Übrigen hielt ich seine Mitteilung fest, die SU strebe nach bilateralen Verträgen mit allen MOE-Staaten nach dem Modell des gerade mit Rumänien geschlossenen Vertrages. Das bedeutete die ‚Finnlandisierung' dieser Staaten, d. h. eine Einordnung in einen sowjetischen Hegemonialbereich, in dem eine Anbindung an die westlichen Organisationen nicht möglich gewesen wäre. Wir wussten, dass Kwizinskij durch die mittel-osteuropäischen Hauptstädte reiste und überall denselben, sie Moskau zuordnenden Vertrag durchzusetzen versuchte, auf den bezeichnenderweise sich bisher nur die Rumänen unter Iliescu eingelassen hatten. Schließlich sagte Koptelzew zur Zukunft der Union, der Westen solle sich heraushalten, sonst würden die Konservativen in Russland gestärkt wie z. B. nach der Einmischung der UNO im Baltikum. Er selbst erwarte in absehbarer Zeit, dass sich das Solschenizyn-Modell durchsetzen werde (also die SU ohne die nicht-slawischen Randgebiete).

Ich bewertete das Plädoyer für die SED-Kader als ernst zu nehmen, ähnlich wie das Drängen nach Immobilienentschädigung. Hinsichtlich der Warnung vor Einmischung in der baltischen Frage schien mir immer noch die Hoffnung mitzuschwingen, die Balten würden sich am Ende vielleicht doch noch anders entschließen. Emotional und auch politisch hatte man von diesen Staaten wohl noch nicht endgültig Abschied genommen.

Bei meinem Abschiedsbesuch im ZK ging es ähnlich. Ich hatte mich bei Rykin angemeldet, wurde dann aber von Falins 1. Stellvertreter Gratschew empfangen, mit dem ich mich ja nur einige Wochen zuvor ausführlich unterhalten hatte. Gratschew war sehr freundlich, aber sein Anliegen war das gleiche wie das von Koptelzew: keine Strafverfolgung der SED-Bonzen. Ich gab ihm die gleiche Antwort.

Für meine Verabschiedung hatte man also zwei Angehörige der „SD-Fraktion" ausgesucht, mit der wir so gute Erfahrungen gemacht hatten, die aber jetzt verdeutlichten, dass sie versuchen würden, uns in den bevorstehenden Jahren des Truppenabzugs unter Druck zu halten. Ihre offensichtliche Rücksichtnahme auf die Alt-Kader und die Militärs zeigten jedenfalls, wie stark diese wieder geworden waren. Dementsprechend heikel würde die vor uns liegende Übergangszeit werden, in der wir für den reibungslosen Abzug der sowjetischen Truppen sorgen mussten, ganz gleich, wie sich die Dinge in Moskau entwickeln würden. Eine schwierige Aufgabe lag vor uns.

Kritik und Selbstkritik

Verschwörungstheorien sind nach Meinung westlicher Sozialwissenschaftler die Erklärungsversuche derjenigen, die zu dumm sind, um komplexe Zusammenhänge analytisch zu durchdringen. Dagegen besteht meine Erfahrung des weltpolitischen Umbruchs in der SU und davon angetrieben in den Staaten des sowjetischen Hegemonialbereiches in der Tat in der Erfahrung einer vom Moskauer Kopf ausgehenden, seit Andropows Zeiten vorbereiteten und dann mit unbeirrbarer Konsequenz durchgezogenen Verschwörung einer Elite des Sicherheitsapparates, beginnend mit dem Kampf um die Breschnew-Nachfolge, über die Theoriereform Andropows, die innere Demokratisierung unter Gorbatschow, die Entlastung des Imperiums vom Rückzug in Afghanistan bis zur Abstoßung der MOE-Staaten aus dem Hegemonialbereich, der Wiedervereinigung Deutschlands, dem Ende der nuklearen Konfrontation mit den USA, dem Truppenabzug aus Mitteleuropa und dem inneren Kampf um die Macht zwischen der Mitte hinter Gorbatschow, den Konservativen hinter Ligatschow und den Progressiven hinter Jelzin mit dem damit einhergehenden, von diesen Protagonisten betriebenen und dann unkontrollierbaren Aufbrechen der Union. Nach dem Ablauf der Ereignisse kann man kaum zu einem anderen Ergebnis kommen.

Ich räume ein, für die Analyse politischer Entwicklungen in westlichen, offenen Gesellschaften, in denen die erkennbaren Interessen der verschieden Schichten, Organisationen, Gruppen und Individuen frei und offen aufeinanderstoßen, bis sich eine politische Resultante aus den verschiedenen Faktoren ergibt, ist die Ablehnung von Verschwörungstheorien sicherlich richtig. Diese Auffassung bezogen auf die SU und ihre Satelliten verkennt aber ganz grundlegend den konspirativen Charakter der SU von ihrem Ursprung im Untergrund vor der Revolution 1917 und in dieser Revolution an, durch ihre gesamte Geschichte vom Kampf Lenins gegen seine Rivalen über die schrittweise Ermordung der Mitglieder des Leninschen Politbüros durch Stalin, die großen Säuberungen, die Beseitigung Berijas nach Stalins Tod, die Absetzung Chruschtschows, dem Kampf um die Nachfolge am Ende der Breschnew-Zeit bis zu den permanenten Machtkämpfen in den Jahre Gorbatschows an der Spitze. Die SU war eben keine freie, offene Gesellschaft, sondern historisch durch über 300 Jahre Tartarenherrschaft, 500 Jahre Zarendespotie und dann mehr als 70 Jahre Bolschewismus geprägt, also von politischen Strukturen, die Verstellung und Täuschung als lebensnotwendigen Selbstschutz vor der unberechenbaren und grenzenlos grausamen Macht des politischen Systems den Menschen aller im Bereich dieser Despotie lebenden Völker zur zweiten Natur gemacht hatten.

Die Fülle der inzwischen vorliegende Literatur[29] über die Jahre von 1982 bis 1991 erlaubt es, die in meinem Bericht über diese Jahre zum Ausdruck kommende These von der konspirativ vorgehenden Revolution von oben durch eine relativ kleine Gruppe einer intellektuellen Elite aus dem sowjetischen Sicherheitsapparat kritisch zu überprüfen. Bei der Nutzung der Erinnerungen der Protagonisten zum Zweck einer solchen Kritik ist natürlich Vorsicht geboten. Sie haben ja alle offene Rechnungen zu begleichen und wollen sich selbst ins rechte Licht setzen. Vor allem sind sie aber alle tief geprägt von dem Leben und Handeln in der Konspiration, so dass sie vermutlich meistens allenfalls die halbe Wahrheit sagen. Aber vor dem Hintergrund der beobachteten Tatsachen lassen sich ihre späteren Darstellungen doch öfter auf ihren Wahrheitsgehalt überprüfen.

Es lohnt, sich dabei ganz generell die Analyse vor Augen zu führen, die Honecker später für seine Absetzung und die Periode der Perestroika insgesamt gegeben hat: „Mein Sturz als Partei- und Staatschef war das Ergebnis eines groß angelegten Manövers, dessen Drahtzieher sich noch im Hintergrund halten. Diejenigen, die sich heute damit brüsten, sind dagegen kleine Fische. Hier handelt es sich um große Vorgänge, die nicht von heute auf morgen eintraten, sondern um langfristig angestrebte Veränderungen auf der europäischen Bühne, ja auf der Weltbühne. Man konnte sich offenbar stützen auf die sowjetischen Berater in seinem (Mielkes) Ministerium, in seinen Organen."[30] Honecker hat also den Gesamtablauf nicht nur in der DDR mit einer großangelegten, von langer Hand vorbereiteten Konspiration des KGB erklärt.

Es gibt inzwischen auch andere Aussagen von Hauptbeteiligten, wonach sie ihre politischen Ziele und die dazu in Aussicht genommenen Methoden natürlich nicht offenlegen konnten, als sie die Macht übernommen hatten. So schreibt z. B. Alexander Jakowlew in seinen bisher nur auf Russisch vorliegenden Erinnerungen: „Es wäre abenteuerlich gewesen, 1985 einen „Plan" der grundlegenden Reform, der Abschaffung des Machtmonopols, der Mono-Ideologie und des Mono-Eigentums vorzuschlagen. Der Apparat der Partei, der KGB und die Generalität hätten das nicht akzeptiert."[31] Und: „Es ist ganz paradox, aber für Glasnost musste man geheim kämpfen."[32]

Über die dementsprechende Denkweise und den Charakter der Mitglieder der Parteiführung schreibt Burlatsky, einer der Vordenker der Revolution von Oben mit jahrzehntelangem Zugang zur obersten Führung: „Das Erste ist eine Liebe für krasse Schmeichelei, das Zweite eine unheilbare Neigung, auf Denunziationen zu hören. Sie wollten über Andere etwas sehr Persönliches, Intimes und Geheimes wissen und gaben dem mehr Gewicht, als öffentlichen Stellungnahmen oder Handlungen."[33] Und Jakowlew charakterisiert die Funktionsweise des Apparates wie folgt: „Die Disziplin im Apparat wird nicht auf dem Gefühl persönlicher Verantwortung aufgebaut, sondern auf Angst, Auflauerung und Intrigen."[34] So ähnlich beschreibt auch Schabowski, einer der operativen Vorkämpfer der Revolution von Oben in der DDR, die Mentalität der SED-Führung. „Am Anfang stand konspiratives Handeln in geheimen Zirkeln. Die Illegalität zwang zu Reglements, zu Kommandoraison und

Glaubensdisziplin. Der eine darf den andern nicht kennen. Du musst ausführen, was dir gesagt wird. Die Kommunisten haben sich dann (1917) mit eiserner Disziplin und revolutionärem Elan durchgesetzt. Das hat natürlich die ganzen Strukturen der Partei geprägt. Sie ist Vorbild aller kommunistischen Parteien gewesen. Und jeder Generalsekretär war ein nachgemachter Lenin."[35]

Der ganze Irrsinn des permanenten „Auflauerns" aller Angehörigen der Nomenklatura bis in die Spitze wird in einer Unterhaltung mit Andropow deutlich, die Arbatow, auch er einer aus dieser Elite des Sicherheitsapparates, in seinen Erinnerungen beschreibt. Andropow, damals KGB-Chef, lehnte den Vorschlag ab, eine offensichtliche Denunziation eines Funktionärs, der Breschnew kritisiert hatte, nicht an Breschnew weiterzuleiten. Denn Breschnew könnte diese Denunziation auf anderem Wege bereits kennengelernt haben und würde es übelnehmen, wenn Andropow sie, obwohl ihr denunziatorischer Charakter feststand, nicht weitergeleitet hätte. „Dies umso mehr, als es Menschen gibt, die entzückt wären, mich in den Augen Breschnews kompromittieren zu können, wenn ich ihm etwas unterschlüge, was ihn persönlich betrifft" wird Andropow zitiert. Arbatow beschreibt also die Situation des obersten aller „Auflauerer" so, dass er sich gewiss war, selbst von seiner eigenen Organisation observiert zu werden und so selbst Objekt von Denunziationen werden zu können.[36] Dies war also das System, in dem Reformer versuchen mussten, ihre Vorschläge durchzusetzen.

Welche Vorstellungen diese Elite 1985 hatte, wird in einem Memorandum Jakowlews an Gorbatschow aus dem Dezember 1985[37] deutlich, das fast alle wesentlichen Elemente der späteren Politik der Beseitigung des realsozialistischen Modells enthält.

- Die politischen Folgerungen des Marxismus sind für die gegebene Zivilisation inakzeptabel.
- Es geht nicht nur um die Demontage des Stalinismus, sondern um den Wechsel eines tausendjährigen Staatsmodells.
- Die Gesellschaft braucht den freien Informationsaustausch wie die Luft zum Atmen. Er ist nur bei Demokratie und Glasnost möglich.
- Selbständige Unternehmen und ein freier Kapitalmarkt
- Die Partei muss geteilt werden.
- Freie Wahlen
- Unabhängige Gerichte
- Menschenrechte
- Rechtsstaat

Niemand außer Gorbatschow bekam dieses Memorandum zu sehen, denn: „Die Lage verlangte Schlauheit. Ohne diese gibt es in Russland keine Reform."[38]

Die Wurzeln lagen aber früher. Sie waren mir in Ansätzen 1982 bei der Analyse der Andropow-Rede zu Lenins Geburtstag und dem Aufsatz Butenkos,[39] der Andropows großen Artikel[40] über die „Widersprüche" weitgehend vorwegnahm, ins Auge gefallen, ohne dass ich sie in ihrer ganzen

Tragweite verstanden hatte. Aber ich hatte sie für Zeichen des Abfalls vom Glauben der marxistisch-leninistischen Orthodoxie gehalten, weil danach gesellschaftliche „Interessen" politisch organisiert und so das Machtmonopol der Partei beseitigt werden sollte. Die Existenz der von mir „B-Gruppe" genannten Polit-Intellektuellen, die diese ideologische Neuausrichtung betrieb, war mir nach dem Hinweis von Bill Courtney auf Burlatsky und dem Gespräch mit Bogomolow über die „Widersprüche-Artikel" bewusst geworden, auch wenn ich ihren Einfluss noch nicht beurteilen konnte. Aber Burlatsky, Bowin, Bogomolow, Butenko und Arbatow, das hatte ich damals erfahren, hatten einen Brain Trust bei Andropow gebildet. Das hatte mir auch Arbatow bestätigt.

Was ich damals nicht einmal ahnen konnte, kann man heute in dem Buch nachlesen, in dem Burlatsky die Jahre seit dem Tod Stalins beschreibt.[41] Es ist ein faszinierender Blick hinter die Kulissen der Jahre von 1953 bis 1991. In diesen Jahren war Burlatsky, auch er von der Ausbildung her Jurist am Moskauer Institut für Staat und Recht der Akademie der Wissenschaften, erst persönlicher Gehilfe Chruschtschows, dann engster Mitarbeiter Andropows, Redakteur eines neuen Parteiprogrammes und dann, unter Breschnew nicht mehr in Gnaden, Mitarbeiter verschiedener Publikationen. Danach zu Andropows Zeit als Generalsekretär kam er wieder nach vorn und unter Gorbatschow und Jakowlew wurde er Chefredakteur der Literaturnaja Gazeta, Volksdeputierter und Vorsitzender eines Unterausschusses des Ausschusses des Obersten Sowjet der Union für auswärtige Angelegenheiten. Er hatte also abgesehen von der Mitte der Breschnew-Zeit einen privilegierten Einblick in die Abläufe an der Parteispitze und wirkte an der Weiterentwicklung der Ideologie, d. h. des jeweiligen politischen Grundkonzeptes z. T. prominent mit.

1953 wollte Berija, der damalige Chef des KGB, so Burlatsky, die Wiedervereinigung gegen die Neutralisierung Deutschlands, um zu friedlicher Koexistenz zwischen den Blöcken zu kommen und Wirtschaftshilfe zu gewinnen, also die Beseitigung der DDR.[42] Berija hatte damals vor, mit den Westmächten über einen beträchtlichen finanziellen Ausgleich für eine sowjetische Zustimmung zu einem neutralen, vereinigten Deutschland zu verhandeln.[43] Die DDR sei nicht einmal ein richtiger Staat, so habe er gesagt. Sie werde nur durch die sowjetischen Truppen am Leben erhalten.[44] Berija sei der Meinung gewesen, man dürfe der DDR den Sozialismus nicht aufzwingen und entsandte Semjonow nach Ost-Berlin, um die SED-Führer von der neuen Politik zu unterrichten.[45] Berija habe sich mit dieser Politik von seinem Henker-Image befreien wollen. Mit anderen Worten lag die Wurzel der Politik, die die DDR zum Handelsobjekt mit dem Westen machte, im Sicherheitsapparat während des Umbruchs zur Zeit des Endes von Stalins Herrschaft und des Kampfes unter seinen Nachfolgern.[46]

1962 wurde Burlatsky tatsächlich Leiter eines Braintrusts an der Parteispitze, d. h. einer Gruppe von „Konsultanten" in der Abteilung des ZK-

Sekretariates für die realsozialistischen Staaten, verantwortlicher ZK-Sekretär dafür war damals Andropow. Burlatskys Nachfolger in dieser Funktion waren Schachnasarow (später neben Tschernjajew der engste Gehilfe Gorbatschows während der Perestroika), Bowin, Arbatow und Bogomolow, später auch Gorbatschows späterer Pressesprecher Gerassimow. Auch Schischlin hat dort gearbeitet.[47] Danach, so Burlatsky, hätten auch andere Abteilungen des ZK-Sekretariates sich solche Beratergruppen geschaffen, z. B. in der internationalen Abteilung mit Tschernjajew und Sagladin, zu Gorbatschows Zeiten sein engster Mitarbeiter bzw. sein außenpolitischer Berater. Noch zu Zeiten Andropows als ZK-Sekretär für die realsozialis-tischen Staaten war dann auch Arbatow der Leiter der von Burlatsky gegründeten Gruppe. Andropow habe sie „Aristokraten des Geistes" ge-nannt, so Burlatsky voller Bewunderung für Andropow.[48]

Anfang 64 machte Burlatsky Chruschtschow Vorschläge für eine neue Verfassung:
- Rechtstaat
- freie Wahlen
- Gewaltenteilung
- Herrschaft des Präsidenten[49]

Im Dezember 1964 legte Burlatsky Andropow ein Memorandum zur Reform der Gesamtpolitik vor. Die Vorschläge waren:
- Wirtschaftsreform
- Demokratisierung der Staatsverwaltung
- Trennung von Staats- und Parteifunktionen
- wirtschaftliche Selbstverwaltung von Unternehmen und Regionen
- scharfe Reduzierung der Rüstung insbesondere bei Raketen und Nuklearwaffen
- Ende der militärischen Konfrontation mit dem Westen
- Kürzung des Verteidigungshaushaltes
- Nutzung des Rüstungssektors für friedliche Produktion.[50]

Man sieht aus einem Vergleich des Memorandums von Jakowlew für Gorbatschow von 1985 mit dem Memorandum Burlatskys für Andropow von 1964 eine deutliche Kontinuität der Grundgedanken der Reform. Auch Schachnasarow, später der engste Gehilfe Gorbatschows in den Fragen der Beziehungen zu den Satellitenstaaten, berichtet über Reformdiskussionen mit Andropow Mitte der sechziger Jahre, in denen er Grundgedanken der späteren Reformen wie umfassende Abrüstung und Ende der Zielsetzung, in jeder Waffenkategorie Parität mit den USA zu erzielen, oder erst politische Reform, dann Wirtschaftsreform, da sonst die Wirtschaftsreform nicht durchsetzbar sei, vorgetragen hat, jedoch von Andropow abgewiesen wurde, weil dieser fürchtete, mit solchen Vorschlägen von Breschnew abgesetzt zu werden.[51] Und Daschitschew berichtet von der Wiederaufnahme der Reformüberlegungen zu Beginn von Andropows Herrschaft als Generalsekretär, als er diesem im Januar 1983 ein umfangreiches Gutachten zur

Außenpolitik vorgelegt habe, in dem er seine Analyse von der Notwendigkeit eines völligen Umdenkens begründete.[52]

Diese Reformanstöße der Vordenker unter Chruschtschow und Andropow waren also unterbrochen durch die Breschnew-Zeit. Burlatsky hatte 1965 das Angebot Breschnews abgelehnt, als sein persönlicher Redenschreiber zu arbeiten. Deshalb wurde er zu jener Zeit als politischer Beobachter der Prawda abgesetzt, zusammen mit Jegor Jakowlew, unter Gorbatschow dann gewichtiger Chefredakteur von Moskowskije Nowosti, Len Karpinskij, zeitweise auch im Bogomolow-Institut, und Juri Tschernitschenko, beide in der Perestroika-Periode prominente liberale Deputierte und Publizisten. Karpinsky, einer der Journalisten, der mir 1989 als besonders liberal auffiel, hat dazu geschrieben, durch die militärische Intervention in Prag 1968 „wurden neue Schichten in der (sowjetischen) Partei-Intelligentsia geweckt, die den Prager Versuch (den Prager Frühling) in der SU erfolgreich (mit der Perestroika) wiederholten."[53] Er bestätigt also die Existenz der Reformelite.

Burlatsky wandte sich, als er unter Breschnew angegriffen wurde, an Alexander Jakowlew als den damaligen Leiter der Propagandaabteilung des ZK-Sekretariates mit der Bitte, ihm gegen seine offenbar von Suslow betriebene Absetzung zu helfen, was nicht gelang, aber ihre alte Verbindung zeigt. Und Bowin, der nach der Absetzung Chruschtschows einige Jahre als persönlicher Redenschreiber Breschnews gearbeitet hatte, fiel in Ungnade, weil er mit dem Einmarsch in der Tschechoslowakei 1968 nicht einverstanden war.[54] Er war dann zur Zeit der Perestroika der wohl einflussreichste sowjetische Journalist. Alexander Jakowlew wurde ebenfalls auf Betreiben Suslows im November 1972 als Leiter der Propaganda-Abteilung des ZK-Sekretariates abgesetzt und nach Kanada als Botschafter abgeschoben. Er hatte einen großen Artikel in der Literaturnaja Gazeta veröffentlicht, „Gegen den Antihistorismus", in dem er Nationalismus, großrussischen Chauvinismus und Antisemitismus scharf kritisiert hatte.[55] Andropow und Gorbatschow holten ihn dann 1983 zurück, als die Mitglieder der von Andropow vor der Breschnew-Zeit gegründeten Gruppe politischer Vordenker wieder auf einflussreiche Posten gesetzt wurden.[56] Mein späterer Gesprächspartner Tsipko konnte genau zu dieser Zeit 1983 ein Buch „Einige Philosophische Aspekte der Theorie des Sozialismus" veröffentlichen, in dem er die „Autonomie des Individuums und die freie Wahl der sozioökonomischen Entwicklung" forderte[57], also eine völlige Änderung der geltenden ideologischen Basis.

Die Protektion Andropows von Gorbatschow, die mir erst 1983 aufging, als ich die Identität des „Kerns" der Rede Gorbatschows zu Lenins Geburtstag mit dem Artikel Andropows in „Kommunist" feststellte, wird von Arbatow beschrieben. Als er sich 1977 bei Andropow, damals KGB-Chef, darüber beklagte, dass es keinen intellektuell qualifizierten Führungsnachwuchs in der Partei gebe, verwies ihn Andropow auf Gorbatschow, den er dann 1978 gegen Widerstand der Breschnew-Clique nach Moskau geholt habe.⁵⁸ Andropow war also schon als KGB-Chef, noch bevor er Anfang 1982 ins ZK-Sekretariat zurückkehrte, mächtig genug, um einen seiner Proteges gegen den Widerstand der Breschnew-Clique zum ZK-Sekretär zu machen.

Mit meiner Analyse des Nachrufs auf Zwigun und der Fernseh-Selbstkritik Schtscholokows Anfang 1982, nachdem Botschafter Meyer-Landrut uns erläutert hatte, dass Zwigun mit Breschnew verschwägert war und Schtscholokow zu Breschnews Küchenkabinett gehörte, hatte ich dann, wie die zitierte Literatur nun bestätigt, den Faden der Ariadne durch das Labyrinth des Kampfes um die Nachfolge Breschnews zwischen Andropow und dem KGB einerseits, Tschernenko und dem Clan von Dnjepropetrowsk andererseits in der Hand. Es war ein Kampf um die Suprematie im sowjetischen System, das, so z. B. Jakowlew, nach Gründung der Tscheka durch Lenin aus einer Doppelherrschaft von Partei und Geheimpolizei bestand⁵⁹, also ein Kampf zwischen dem bisher dominierenden Teil, dem Parteiapparat, mit dem ab Andropows Sieg im Nachfolgekampf dominierenden Teil, der Geheimpolizei.

Arbatow⁶⁰ und Jakowlew⁶¹ bestätigen, dass Zwigun, Andropows 1. Stellvertreter im KGB, eine Kreatur Breschnews war, genauso wie Schtscholokow, den Breschnew schon zu Beginn seiner Amtszeit zum Innenminister gemacht hatte. Arbatow nennt als Motiv Breschnews dafür, dass Schtscholokow moralisch zweifelhaft und dadurch leichter zu steuern gewesen sei.⁶² Arbatow rückt auch den Selbstmord Zwiguns in den Zusammenhang der riesigen Korruptionsaffäre um die Breschnew-Familie, auch wenn er kein eigenes Urteil darüber abgibt, ob dieser Selbstmord tatsächlich im Zusammengang mit dieser Affäre stand. Er weist auf Galinas „skandalöses" Veralten und den schwindelerregende Aufstieg ihres Mannes Tschurbanow hin.⁶³ Er beschreibt auch ausführlich die Korruption Schtscholokows, der z. B. Schätze aus Museen an sich gebracht habe.⁶⁴ Gorbatschow berichtet dazu, dass Schtscholokow nach seinem Amtsantritt als Innenminister einfach die Kriminalitätsstatistiken gefälscht habe, um eine Verbesserung darlegen zu können.⁶⁵ Andropow habe Schtscholokow unbedingt stoppen wollen. Jakowlew schreibt dazu, Andropow habe Breschnew einen Brief über Korruption im Innenministerium unter Schtscholokow geschrieben, die auch einige Mitglieder der Familie Breschnew kompromittiere. Breschnew habe daraufhin aber seine Freundschaft zu Schtscholokow verstärkt.⁶⁶ Und Jakowlew beschreibt auch den politischen Zweck des Vorgehens des von Andropow kontrollierten KGB. „Die Offenlegung der skandalösen Verhältnisse am Ende der Breschnew-Zeit war vom KGB gespeist, um Breschnew zu kompromittieren."⁶⁷ Genauso hatte ich dies seinerzeit verstanden.

Arbatow berichtet auch von dem Verdacht Andropows im Frühjahr 1982, er sei von Breschnew nach Suslows Tod zu Anfang des Jahres als KGB-Chef abgelöst worden, um der Weiterverfolgung der Affäre, der offenbar selbst Zwigun nicht mehr hatte widerstehen können, ein Ende zu machen, indem er einen Mann seines Vertrauens, Fedortschuk, zum KGB-Chef gemacht habe und Andropow durch Versetzung ins ZK-Sekretariat insoweit kaltstellte.[68] Bezeichnend für diese Situation eines sich verschärfenden Machtkampfes im Jahresverlauf 82 war dann, dass Andropow die Sommerferien Breschnews und Tschernenkos mit deren Abwesenheit aus Moskau dazu nutzte, um den tief in die Affäre verstrickten Parteisekretär Medunow von seinem Posten in Krasnodar abzulösen, der Region im Süden, in der die Sommerhäuser der Führung „Datschen", – komfortable Villen, keine Schrebergärtner-Hütten – und eben auch die der Tochter Breschnews und ihres Anhanges lagen. Jakowlew nennt Medunow einen „genialen Schmeichler" Breschnews.[69] Arbatow schildert, dass Breschnew und Tschernenko aus dem Urlaub Zeichen des Unmutes über die Absetzung Medunows nach Moskau gesendet hätten.[70] Gorbatschows Erinnerungen verdeutlichen, dass er in diesem Sommer 1982 bei der Absetzung Medunows wegen „mafiaähnlicher Strukturen in der Kurortzone" eng mit Andropow zusammengewirkt hat. Der Vorschlag, Medunow in Moskau zum stv. Beschaffungsminister zu machen, stammte von ihm. Gorbatschow schreibt dazu: „Alle wussten, dass Medunow von Breschnew selbst „betreut" wurde. Doch plötzlich ... (wurde Medunow abgesetzt)... Andropows Autorität stieg zusehends."[71] So Gorbatschow.

Mein späterer Gesprächspartner im ZK-Sekretariat Gratschew schildert ein Gespräch von ihm mit Gorbatschow an dessen letztem Tag im Amt am 25. 12. 1991, in dem er Gorbatschow fragte, ob er nicht besorgt sei, dass sich jemand wegen seiner Vergangenheit an ihm rächen könnte, nachdem er aus dem Amt geschieden sei. Er fragte Gorbatschow in diesem Zusammenhang nach Medunow, natürlich mit Bedacht, er wusste, was wichtig gewesen war, und Gorbatschow beschreibt in seiner Antwort seine damalige Zusammenarbeit mit Andropow wegen der Korruption und der „Orgien" (Galinas) und Schtscholokows Versuch, das Vorgehen gegen Medunow zu verhindern. Schtscholokows habe ihn vernichten wollen.[72] Eine Szene am Ende Gorbatschows also, die die Schlüsselbedeutung des Anfangs mit Andropow im Kampf mit dem Breschnew-Clan noch einmal verdeutlicht. Im Kampf mit dem von Breschnews Knechten kontrollierten Teil des Sicherheitsapparates fiel also 1982 die Entscheidung für den von Andropow kontrollierten Teil, zu dem offenbar auch Gorbatschow gehörte. Ihr Sieg war die Basis für Gorbatschow bis zum Ende 1991.

Bei Arbatow findet sich dann weiter eine Unterhaltung mit Andropow Ende Oktober 1982. Andropow sei froh und erleichtert darüber gewesen, dass Breschnew ihm gesagt hatte, er sei die unumstrittene Nummer zwei und solle von seinen Vollmachten uneingeschränkt Gebrauch machen.[73] Damit wusste er, dass er gesiegt hatte. Mit anderen Worten, meine im Verlauf des Jahres 1982 allmählich auf der Basis bruchstückhafter Informationen gewachsene Überzeugung, dass der von Andropow gesteuerte KGB sich im Kampf um die Nachfolge Breschnews gegenüber dem von Tschernenko kontrollierten Parteiapparat durchgesetzt hatte, wird von den dazu vorliegenden Aussagen gewichtiger Beteiligter voll bestätigt. Das war 1982 für uns westliche Beobachter gar nicht so schwer zu erkennen, denn die Affären um den Breschnew-Clan gerieten Stück für Stück auch in die westlichen Medien, allem Anschein nach, weil der KGB selbst dafür sorgte, dass der eine oder andere der westlichen Korrespondenten einen entsprechenden Tipp bekam. Arbatow lässt dies durchblicken. Jakowlew schreibt sogar ganz klar, die Offenlegung der Korruption des Breschnew-Clans sei über den von Andropow geführten KGB in die westlichen Medien gekommen.[74]

Die zitierten, sowjetischen Funktionäre schreiben natürlich nicht offen und im Zusammenhang davon, dass die Affäre 1982 um Galina, ihre Brillanten und korrupten Männer und Freunde und mit der Entfernung von Breschnews Leuten in der Spitze des Sicherheitsapparates, Zwigun beim KGB und Schtscholokow im Innenministerium, die Eroberung der Macht durch Andropow zum Ziel hatte. Aus der Zusammenschau ihrer einschlägigen, wenn auch verstreuten Bemerkungen ergibt sich dies jedoch eindeutig. Diese Machtverschiebung zum Sicherheitsapparat war aber fundamental für die gesamte Entwicklung danach. Gorbatschow hat sich dann 1984/1985 im Kampf mit Grischin um die Nachfolge Tschernenkos selbst der gleichen Mittel bedient. Er ließ die Mitarbeiter Grischins in der Moskauer Parteileitung während dessen Urlaub und Abwesenheit aus Moskau vom KGB auf Korruption untersuchen und teilte dies Grischin, der protestierte, auch offen mit. Er, Grischin, brauche sich keine Sorgen zu machen, wenn „dort" (bei Grischins Moskauer Gehilfen) alles in Ordnung sei. Eine erkennbare Drohung, deren Umsetzung Grischin bei Tschernenko zu verhindern versuchte. Offenbar vergeblich, denn in der entscheidenden Politbürositzung nach Tschernenkos Tod war es dann zu allgemeiner Überraschung Grischin, der als Hauptkonkurrent Gorbatschows gegolten hatte, der Gorbatschow als neuen Generalsekretär vorschlug.[75] Er wusste warum.

Bei Arbatow findet sich auch eine indirekte Bestätigung für meine Analyse der Artikel Butenkos[76] und Andropows von 1982 und 1983, dass die Entwicklungen in Polen, Ungarn und der Tschechoslowakei ein wichtiger Grund für das grundsätzliche Überdenken der Politik gegenüber den realsozialistischen Staaten war. Andropow habe die Ereignisse in Ungarn 1956 zwar für „Konterrevolution" gehalten, als Ursache dafür jedoch nicht „schmutzige Tricks ausländischer Agenten" sondern den „Export der stalinistischen Deformation" gesehen, habe also die Eignung des „Modells" in Frage gestellt.[77] Und Rakowski berichtet von einem Gespräch mit Bogdanow – einer meiner Gesprächspartner, der mir 1989 die ökonomischen Wurzeln der Perestroika verdeutlicht hat – im Januar 1988, in dem Bogdanow erklärt habe, ohne das Kriegsrecht in Polen hätte es keine Perestroika in der SU gegeben.[78] Meine Schlussfolgerung 1982/83, dass ein „agonizing reappraisal" der sowjetischen Osteuropapolitik im Gange war, im wesentlichen weil die polnische Entwicklung zeigte, dass die Herrschaft mit militärischer Gewalt nicht dauerhaft zu sichern war, war also richtig gewesen.

Die Kontinuität des Denkens, das in Andropows Beratergruppe in der ersten Hälfte der sechziger Jahre entwickelt wurde, ist dann allmählich deutlicher in den Reden Andropows unmittelbar nach seiner Amtsübernahme als Generalsekretär zu erkennen, als er noch nicht von seiner Krankheit, und damit auch politisch, mehr und mehr geschwächt war, z. B. in der ZK-Rede am 22. 11. 82 und der vor allem außenpolitisch bekannt gewordenen Rede am 21. 12. 82, in denen sein Wille deutlich wird, den Mechanismus der Wirtschaftslenkung zu verändern. So schlug Tschernjajew,[79] damals stv. Leiter der Internationalen Abteilung des ZK, Andropow unmittelbar nach dessen Amtsantritt als Generalsekretär 1982 vor,

- die Truppen aus Afghanistan abzuziehen,
- den Polen zuzusagen, dass es niemals zu einer militärischen Intervention kommen werde,
- den Abzug aller SS-20 aus Europa,
- die Reduzierung der Streitkräfte auf ¼,
- die Ausreise aller Dissidenten
- und die Verurteilung des Antisemitismus.

Burlatsky veröffentlichte zu dieser Zeit einen Aufsatz „Einige Fragen der Theorie der Internationalen Beziehungen" mit Kritik an der These der Neo-Stalinisten, dass der Kapitalismus sich in einer allgemeinen Krise befinde.[80] Noch unter Andropow hielt Gorbatschow die Rede zu Lenins Geburtstag im April 1983 mit dem Zitat aus dem Andropow-Aufsatz über Marx als „Hauptsache". Gorbatschow griff dieses Gedankengut der Andropow-Beratergruppe dann offen in seiner großen Rede vor der Allunions-Konferenz im Dezember 1984, praktisch einer Vorschau auf die Perestroika, zu einer Zeit wieder auf, als er absehen konnte, bald Tschernenko nachzufolgen. Im April 1984 veröffentlichte Ambarzumow vom Bogomolow-Institut, der zur Zeit der Perestroika an der Gründung einer sozialdemokratischen Partei beteiligt war, einen Aufsatz, in dem er Butenkos Analyse zustimmte, dass der Sozialismus in der Krise stecke.[81] Das waren also einige der Wurzeln für Jakowlews eingangs zu diesem Kapitel zitierten Memorandum von 1985.

Bezeichnend für die andauernden Kämpfe unter den Vordenkern im Apparat war dann, dass Butenko, Ambarzumow und Tsipko, der seine kritische Doktorarbeit unter Andropow hatte veröffentlichen können, während der Tschernenko-Zeit 1984 massiv von konservativer Seite, insbesondere dem damaligen Chefredakteur des „Kommunist", Kosolapow, angegriffen wurden und Tsipko von Gorbatschow vor Maßregelung gerettet wurde.[82]

Jakowlew schildert, wie die Mannschaft um Gorbatschow nach dessen Amtsantritt als Generalsekretär 1985 durch ständige Täuschung ihrer Gegner in der alten Struktur bis hinauf in das Politbüro ihre Politik vorantrieb.[83] Sie nannte die Leitbegriffe, erklärte aber nicht, was sie implizierten. Der Vorrang der allgemein-menschlichen Werte vor dem Klassenkampf bedeutete das Ende der marxistisch-leninistischen Weltanschauung. Das wurde aber nicht offen gesagt, sondern mit immer wiederholten Bekenntnissen zum Sozialismus bemäntelt und versteckt.

Außenpolitisch war es ähnlich. Das Prinzip der „Freiheit der Wahl" wurde schon im grundlegenden ZK-Plenum im April 1985 genannt.[84] Die Implikation der Bereitschaft zur Aufgabe des Imperiums einschließlich der DDR wurde aber nicht offengelegt, auch weil es eine genau ausgearbeitete Politik gegenüber den realsozialistischen Staaten nicht gab.[85] Und „Glasnost", die auf dem 27. Parteitag 1986 beschlossen wurde, war eben nicht nur ein Mittel der Korruptionsbekämpfung, als das es konservative Angehörige des Sicherheitsapparates verstanden, sonder „eine riesige Mine unter dem gesamten totalitären Regime,"[86] so Jakowlew.

Die Gegner Gorbatschows, denen trotz der Verschleierung durch die Gorbatschow-Mannschaft allmählich die Implikationen klar geworden waren, arbeiteten mit ähnlichen, verdeckten Methoden, z. B. bei der Veröffentlichung des Anti-Perestroika-Manifests in dem Artikel von Ligatschow, der ja nur vorgeblich von Nina Andrejewa war, im März 1988 während eines Auslandsaufenthaltes Gorbatschows.[87] Die Kämpfe an der Spitze waren praktisch permanent. Z. B. bestätigt Tschernjajew meine damalige Analyse des Landwirtschaftsplenums des ZK als Reform-Blockade im März 1989, wo das Plenum wegen des Widerstands Ligatschows gegen die Reform sich „am Rande des Skandals und der Spaltung" befunden habe. [88] Die Serie der von der Konservativen zusammen mit Teilen des KGB provozierten Unruhen mit Gewaltanwendung des Sicherheitsapparates war ein weiteres dieser Mittel des politischen Kampfes gegen Gorbatschow mit konspirativen Mitteln. Was mir Golembiowski im Frühsommer 1989 an Hand von Tiflis erklärt hatte, bestätigt Jakowlew. Der KGB habe diese Zwischenfälle provoziert, um seine eigene Unverzichtbarkeit zu demonstrieren.[89]

Gorbatschows Weisung an Jasow in der Politbürositzung nach den Tifliser Ereignissen „Von nun an darf sich die Armee an solchen Dingen nicht ohne Beschuss des Politbüros beteiligen." zeigt seine Erkenntnis, dass er während seiner Abwesenheit in London hatte ausmanövriert werden sollen und dass er sich nun stark genug fühlte, dies indirekt anzusprechen.[90]

Gorbatschow selbst hat seine eigentlichen Anschauungen tatsächlich immer zu verstecken versucht. Er hatte verstanden, so der damalige DDR-Botschafter in Moskau, König, dass weder das Politbüro noch der Generalstab seinen Absichten zugestimmt hätte und deshalb habe er er seine Pläne vor ihnen verheimlicht.[91] Diese Täuschung über seine wahren Absichten ging soweit, dass sogar engste Mitarbeiter, wie Tschernjajew und Jakowlew, zeitweise an ihm irre wurden. Aber unter größtem Druck hat er dann doch beiden sein Verbleiben an der Spitze der immer stärker von den Konservativen beherrschten Parteiorganisation erklärt, als sie ihn zur Partei-Spaltung und Gründung einer sozialdemokratischen Partei drängten: „Man darf dieses Monster nicht plötzlich in die Freiheit entlassen."[92] Und: „Ich kann diesen verlausten, tollwütigen Hund (die Partei) nicht von der Leine lassen."⁹³ Mit anderen Worten, er blieb an der Parteispitze nicht wegen seiner im Grunde eben doch noch marxistisch-leninistischen Auffassungen, sondern weil er den nach wie vor gefährlichen Parteiapparat nicht seinen konservativen Gegnern überlassen wollte. Auch er war deshalb, wie Jakowlew schreibt, zur „großen Lüge" gezwungen, wenn er echte Reformen durchsetzen wollte.⁹⁴ Er musste also an der Parteispitze bleiben, obwohl er längst mit der marxistisch-leninistischen Orthodoxie gebrochen hatte, durfte das aber nicht offen eingestehen.

Auch außenpolitisch standen die wesentlichen Ziele der Reformer vom Anfang der Perestroika an fest. Sie wollten die „Nukleare Konfrontation und die Teilung zwischen Ost und West beenden, genauso wie das wahnsinnige Wettrüsten und den Kalten Krieg", so Jakowlew.⁹⁵ Und Gorbatschow beschrieb das Grundmotiv seiner Politik, der SU den Zugang zur Moderne zu schaffen, wie folgt: „Weil wir in Opposition zur ganzen Welt standen, nahmen wir uns selbst die Möglichkeit, am Fortschritt der Zivilisation teilzunehmen."⁹⁶ Gratschew zitiert Gorbatschow: „Grundgedanke war von 1985 an, dass es ohne Beendigung des Wettrüstens keine Perestroika geben" konnte.⁹⁷ Es ging also in der Tat von vornherein um eine fundamentale Entlastung von nicht länger tragbaren Lasten und die Öffnung der Möglichkeit zur Gewinnung von Wirtschaftshilfe durch die potenten, entwickelten Staaten.⁹⁸ Bezeichnend dafür ist z. B. ein Memorandum Arbatows an Gorbatschow unmittelbar nach dessen Amtsübernahme als Generalsekretär 1985. Er schlug ihm darin u. a. vor, auf zwei oder notfalls alle vier Kurileninseln zu verzichten, um die es im Streit mit Japan ging, einfach um den Zugang zur japanischen Wirtschaftskraft zu gewinnen.⁹⁹

Dass die Revolution von Oben auch die Satellitenstaaten fundamental verändern würde, war der Gorbatschow Mannschaft ebenfalls von vornherein klar. Zwar heißt es bei den Gehilfen Gorbatschows übereinstimmend, dass es niemals eine durchgearbeitete Osteuropapolitik oder gar einen Plan zu seiner Transformation gegeben habe.¹⁰⁰ Schachnasarow, Gorbatschows engster Mitarbeiter in diesen Fragen, erklärt es sogar zu einem „Märchen", dass Gorbatschow gezielt versucht habe, alle realsozialistischen Staaten zur Durchführung der Perestroika zu zwingen.¹⁰¹ Und von Jakowlew ist überliefert, dass er das sowjetische Vorgehen gegenüber diesen Staaten mit dem Napoleons bei dessen Schlachten verglichen hat. „On s'engage, et puis on voit." (Man eröffnet den Kampf und dann sieht man weiter.) Wenn es wohl auch richtig ist, dass Napoleon seine Schlachten nicht bis in die taktischen Einzelheiten vorplante, so würde man ihn wohl unterschätzen, wenn man glaubte, er habe nicht vorher jeweils einen durchdachten Schlachtplan entwickelt, aber natürlich einen flexiblen.

Bei der Osteuropapolitik Gorbatschows war es ähnlich. Grund-Elemente der „freien Wahl" wie vor allem der Wille zur nuklearen und konventionellen Abrüstung – die den Truppenabzug implizierte – lagen von vornherein fest.¹⁰² Tsipko, damals im ZK-Sekretariat für die Satellitenstaaten zuständig, berichtet, dass Gorbatschow ihre Führer bereits 1985 gewarnt habe, sie müssten sich „ändern oder abtreten". Er hat also mit Absetzung gedroht, wenn sie seiner Politik nicht folgten. Bei einer streng vertraulichen Beratung der Parteichefs im Oktober 1985 in Sofia hat Gorbatschow ihnen bereits klargemacht, dass die SU keine Verantwortung mehr für die innere Lage bei ihnen übernehmen werde[103], mit anderen Worten der Einsatz der sowjetischen Truppen als ultima ratio bei inneren Problemen nicht mehr in Frage komme. Damit entzog er ihnen, was alle verstanden, die ultima ratio ihrer Herrschaft. Bei einem geschlossenen Treffen Ende 1986, es kann sich nur um den damaligen RGW-Gipfel handeln, habe er die Parteichefs „mit einer unglaublich harten Bewertung der Beziehungen unter den sozialistischen Staaten und der Situation des (sozialistischen) Lagers insgesamt" alarmiert. Die bestehende Ordnung führe „zum Desaster", das nur durch radikale Veränderung von Innen- und Außenpolitik verhindert werden könne. Gorbatschow habe darauf bestanden, dass sie ihre Systeme reformierten und die Legitimität ihrer Völker fänden, also freie Zustimmung von unten. Sie könnten sich nicht mehr auf die Unterstützung Moskaus für die alte Ordnung verlassen.[104] Das waren nicht nur Warnungen, sondern von vornherein massiver Druck auf Reform. So zeigte sich dort auch, dass Honecker, Schiwkow, Kádár, Husák und Ceaușescu gegen die Perestroika waren.[105]

In der üblichen, halb verschlüsselten Art wurde Gorbatschows Philippika an die Chefs der RGW-Staaten auch mit einem Bericht der Prawda über dieses Treffen v. 14. 11. 1986 öffentlich erkennbar, in dem es hieß, das (sowjetische) Politbüro fordere die „Beschleunigung der sozioökonomischen Entwicklung" in den RGW-Staaten.[106] Das damalige Schlagwort für die Politik Gorbatschows hieß noch „Beschleunigung". Auf der RGW-Tagung im Oktober 1985 hatte sich Gorbatschow sogar bemüht, die „Beschleunigung" der sozialökonomischen Entwicklung zu einem allgemeinen Kriterium für den Aufbau des Sozialismus zu erklären, also ideologisch für alle kommunistischen Staaten verbindlich zu machen.[107] Es wurde also erkennbar, dass die SU die Satellitenstaaten drängte, die gleiche Politik zu betreiben. König schreibt dazu: „Die Haltung der sozialistischen Länder zur Umgestaltung (also zur Perestroika) in der SU und deren Akzeptanz wurde zum bestimmenden Faktor für die sowjetische Politik gegenüber den sozialistischen Staaten. Faktisch versuchte die sowjetische Führung ihre Hegemonialrolle gegenüber ihren Verbündeten in neuer Form durchzusetzen. Sie zeigte dabei wenig Flexibilität und bediente sich oft überkommener Formen politischen Drucks."[108] Die später von Gerassimow verkündete „Sinatra-Doktrin", nach der angeblich jeder Staat im bisherigen Hegemonialbereich „seinen Weg" habe wählen können, hat also nur verschleiert, dass Gorbatschow diese Staaten von vornherein zur Demokratisierung, d. h. einem sehr konkreten Konzept, drängte. Es bedeutete auch für sie einen totalen Wechsel der politischen Struktur, eben auch eine Revolution von oben, um Legitimität von unten zu erlangen.

Da sie sich widersetzten,[109] hat Gorbatschow auch von vorn herein ihre Beseitigung betrieben. So ist bezeugt, dass er bereits im September 1985 Kádár aufgefordert hat, „einen würdigen Nachfolger einzuarbeiten."[110] Gorbatschow suchte dabei selbst nach Thronfolgern für die Machthaber in den Staaten des Warschauer Paktes, er behandelte sie eben nach wie vor als Satelliten, und setzte dabei auch geheimdienstliche Mittel ein.[111] Im Mai 1988 am Vorabend der Landeskonferenz der ungarischen Partei flog Krjutschkow nach Budapest, um Kádár zum Rücktritt als Parteichef zu bewegen, der dann auch erfolgte.[112]

Das im Wesentlichen ökonomische Motiv für diese Politik gegenüber den Satellitenstaaten machte Gorbatschow ebenfalls klar. So erläuterte er den versammelten Parteichefs der Warschauer-Pakt-Staaten Mitte Juli 1988 in Warschau: „Die Ausgaben für Verteidigung und die Rohstoffindustrie sind längere Zeit so hoch gewesen, dass wir vom Lebensstandard unter den sozialistischen Ländern her praktisch den letzten Platz einnehmen... Das geht nicht." [113] Jeder dieser Parteiführer wusste aber, wie entscheidend die billigen Rohstoffe aus der SU für die Wirtschaft ihrer Länder waren. Wie stark diese Motivation war, ist auch aus Krenz Bericht über sein Gespräch mit Gorbatschow in Moskau am 1. 11. 1989 zu entnehmen, in dem Gorbatschow die Unerträglichkeit der Lasten aus Polen und Ungarn hervorgehoben und so auch seine Haltung zur weiteren Subventionierung der DDR signalisiert hatte.[114] Gorbatschow war natürlich auch selber klar, dass die politischen Änderungen in der SU ebensolchen Veränderungen in den WP-Staaten einen starken Antrieb gaben.[115] Letztlich räumt auch Schachnasarow ein, „ohne Perestroika wäre es bei unseren Verbündeten zu keinen Veränderungen gekommen."[116]

Das zeigt die grundlegende Kausalität. Die Lawine ging von Moskau aus und zwar bewusst, nicht aber von Volksbewegungen in den WP-Staaten. Deren dann unaufhaltsamer Aufschwung ab Mitte 1987 war die Folge, nicht der Ursprung der weltpolitischen Neuorientierung Moskaus, als die Völker der WP-Staaten nach der Beobachtung der Entwicklung in der SU Schritt für Schritt immer besser erkannten, dass eine sowjetische Intervention tatsächlich nicht mehr zu befürchten war, auch wenn sie dann dieser Neuorientierung erst das ganze Ausmaß eines weltpolitischen Umbruchs gaben.

Die Parteiführer der realsozialistischen Staaten haben also früh gemerkt, dass die Perestroika nicht nur wegen ihrer Außenpolitik, sondern vor allem wegen der grundlegenden Veränderung des „Modells" für sie hochgefährlich war. Sie wussten, dass die Herrschaft ihrer Parteien und damit ihre persönliche Herrschaft nicht länger begründbar war, wenn die angeblich von den ehernen Gesetzen der Geschichte vorgegebene Parteiherrschaft im realen Sozialismus in der SU durch Parteienpluralismus ersetzt wurde. So schildert Tschernjajew z. B. eine Unterhaltung mit dem Vorsitzenden der DKP, Herbert Mies, in Moskau am Rande des 27. Parteitages 1986, in der Mies die heimliche „Furcht" Honeckers und anderer Parteiführer beschreibt, dass die

Veränderungen in der SU auf ihre Systeme übergreifen könnten.[117] Bezeichnend dafür ist auch ein von Tschernjajew zitiertes Telegramm des KGB aus Prag über eine Unterhaltung des tschechoslowakischen Parteichefs Jakeš mit Fidel Castro Anfang 1989. Die tschechischen Kommunisten, also die von Breschnew 1968 eingesetzte Mannschaft, hassten die Perestroika, so das Telegramm, und sagten ihr völliges Scheitern voraus. Castro habe die Perestroika als Verrat am Marxismus-Leninismus, an der Revolution, dem Sozialismus und an den Freunden und als Opportunismus und Revisionismus der schlimmsten Art verflucht.[118]

Bezeichnend für die indirekte, halbverdeckte Vorgehensweise der Mannschaft Gorbatschows vorbei an den offiziellen, von den Konservativen kontrollierten Kanälen war auch eine Vereinbarung des damaligen tschechoslowakischen Ministerpräsidenten Strougal mit Bogomolow bereits 1986, mit der Strougal, dem von ihm erkannten Willen Gorbatschows folgend, zusagte, Gorbatschow über Bogomolow und dessen Institut Vorschläge zur Reform der Tschechoslowakei zuzuleiten und so auch die eigene, konservative, Perestroikafeindliche Parteiführung zu umgehen. Im März 1987, also in dem Frühjahr, in dem auch Rakowski und Pozsgay aktiv wurden, hielt Strougal dann in Prag eine Rede, in der er im Bewusstsein des Moskauer backings die Politiker kritisierte, die behaupteten, die neue Politik der SU sei für die Tschechoslowakei irrelevant. Es seien dieselben Leute, die davor immer gesagt hätten, die sowjetischen Erfahrungen hätten universellen Wert. Das war eine offene Kampfansage an die damalige Führung in Prag, die sicherlich verstanden hat, dass sie nicht nur von Strougal ausging, sondern Moskau im Rücken hatte.[119] Die Begeisterung der Bevölkerung bei Gorbatschows Pragbesuch im April diesen Jahres, bei völligem Übersehen des ihn begleitenden Husák, hat der tschechoslowakischen Führung den Druck Moskaus drastisch vor Augen geführt[120]. Ihre Antwort war die Absetzung Strougals 1988. Bogomolow hatte dagegen 1987 in „Kommunist" einen Artikel veröffentlicht, in dem er die Satellitenstaaten praktisch zur Übernahme der Perestroika aufforderte. [121]

Vor diesem Hintergrund ist ein Gespräch Jakeš mit Gorbatschow am 18. 4. 1989 zu verstehen, also zu einer Zeit, als die Lawine Polen und Ungarn bereits tief verändert hatte. Jakeš bat dabei nachdrücklich, die Position der SU von 1968, sprich die Breschnew-Doktrin, nicht zu ändern. Jakeš betonte, die tschechoslowakische Führung unterstütze die Perestroika in der SU voll und ganz und habe die Absicht, sie auch in ihrem Lande durchzusetzen. Gorbatschow wusste das besser, denn den zitierten Bericht aus Prag hatte er sicher nicht vergessen. Er sagte Jakeš dann nur, er habe hoffentlich das Interesse an Umgestaltungen nicht verloren und gab ihm zu verstehen, dass ein Versuch, auf alten Positionen zu verharren, von vornherein zum Scheitern verurteilt sei.[122]

Dies ist nur ein weiteres Beispiel dafür, dass die SU die Lawine aktiv den Abhang hinunter schob. Ihre eigentliche Wucht bezog die Lawine aber daraus, dass die realsozialistischen Staaten von ihrem Wesen her dem „Modell" folgen mussten, auch wenn sie es nicht wollten und deshalb z. T. sogar auf das Scheitern Gorbatschows setzten. Das berühmteste Gespräch in diese Richtung ist wohl das mit dem SED-Politbüro am 7. 10. 1989, in dem Gorbatschow Honecker und seiner Mannschaft sagte: „Es wäre besser, die Reformen von oben zu veranlassen als solange zu warten, bis feindlich gesonnene politische Kräfte das Banner der Veränderung an sich reißen."[123] Den dahinter stehenden erbitterten, verdeckten Kampf macht dann ein Gespräch deutlich, das der polnische Parteiführer Rakowski Anfang Dezember 1989, also nach Honeckers Absetzung, in Moskau mit Gor-batschow führte. Gorbatschow hatte dabei gesagt: „Der Alte (Honecker) hat gesagt, er werde mit den Reformen anfangen, wenn ich (Gorbatschow) gestürzt bin. Na und?"[124] Mit anderen Worten wusste Gorbatschow durch die sowjetischen Dienste natürlich, was Honecker eigentlich dachte und dazu in Ost-Berlin sagte. Honecker setzte offenbar auf einen Sieg Liga-tschows in Moskau und dementsprechend muss Gorbatschows Politik gegenüber Honecker verstanden werden. Auch aus der Schilderung Königs eines Gesprächs mit Axen im November 1988 wird erkennbar, dass Axen und Honecker auf den Sturz Gorbatschows hofften,[125] weil sie bei einer Machtübernahme durch die Konservativen ihre eigene bisherige Politik unverändert würden fortsetzen können. Unsere Interpretation des Besuchs und der Rede Honeckers in Magnitogorsk im Sommer 1989 waren also richtig gewesen.

Es ist natürlich richtig, dass der Umbruch in Polen 1988/89 sehr viel ältere Wurzeln hatte, als die Freigabe der Wahl des gesellschaftlichen Systems durch Gorbatschow. Wenn man nicht bis zu den Streiks 1956 zurückgehen will, dann muss man dies jedenfalls bis zu den ersten großen Streiks in Danzig 1970, aus denen die Solidarność hervorging. Es ist aber genauso klar, dass das polnische System sich, vor allem auf sowjetischen Druck hin, mit allen Mitteln der Repression bis zum politischen Mord während des Kriegsrechtes ab 1981 gegen die Solidarność gewehrt hat. Sein Wille zur Repression war bis 1987 ungebrochen und auch weitgehend erfolgreich, wenn man an die Bewertung der Lage zu Ende jenes Jahres durch Kardinal Glemp denkt, als er Vizepräsident Bush sagte, die Solidarność in Polen sei ein abgeschlossenes Kapitel. Der die polnische Gesellschaft wohl wie kein Zweiter kennende Primas war also der Meinung, die Arbeiterbewegung sei durch die Jahre der Repression bis zur Bedeutungslosigkeit herabgedrückt worden. Und einer der wichtigsten Berater der Solidarność, Adam Michnik, wird von Rakowski mit der Frage zitiert, warum die Partei den Runden Tisch nicht bereits 1986 organisiert habe, denn damals sei die Solidarinosz sehr schwach gewesen.[126]

In so fern stand Jaruzelski also nicht unter massivem Druck „von unten", als er Mitte 1987 Rakowski Recht gab, dass umfassende Reformen nötig seien.[127] Dieser hatte ihm Mitte Mai ein über 60 Seiten langes Memorandum – „Anmerkungen zu einigen Aspekten der politischen und wirtschaftlichen Situation der Volksrepublik Polen in der zweiten Hälfte der achtziger Jahre" –

mit grundlegenden Reformvorschlägen vorgelegt, die Jaruzelski sofort billigte. Das führt natürlich zu der Frage, warum der polnische Staats- und Parteichef zu dieser Zeit nach Jahren der permanenten Gängelung aus Moskau und entsprechender permanenter Einmischung des sowjetischen Botschafters in die polnischen Entscheidungen im Sinne der realsozialistischen Orthodoxie[128] nun das Ruder herumwarf und einen ganz anderen Weg, nämlich den einer liberalen Politik, gegenüber der Solidarność einschlug.

Die Antwort ergibt sich aus dem zitierten Memorandum Rakowskis. Rakowski schreibt, er habe seine darin enthaltenen Vorschläge auf Grund von Beobachtungen in Polen und in allen realsozialistischen Staaten entwickelt.[129] Trotz polnischer Besonderheiten habe er Krisensymptome in allen diesen Ländern festgestellt. Eines dieser gemeinsamen Probleme sei die Verstaatlichung der Produktionsmittel, weil dadurch die Bürokratie die Arbeiterklasse von den Produktionsmitteln getrennt habe. Das klingt sehr nach dem Argument Andropows und Gorbatschows aus der Widersprüche-Debatte, das staatliche Lenkungssystem entspreche nicht mehr den gegebenen Produktivkräften. Man müsse, so damals Rakowski, auch das Konzept der führenden Rolle der Partei überdenken. Sie dürfe nicht mehr die Wirtschaft verwalten. Die Opposition müsse zu den Wahlen zugelassen werden. Gewerkschafts-Pluralismus sei notwendig.[130]

Vor allem aber ging Rakowski in diesem Papier gegen die Orthodoxen vor, die bisher mit dem Argument der „Staatsraison" ihre Politik verteidigt hätten. Die Staatsraison erfordere nach deren Meinung u. U. auch das gewaltsame Vorgehen gegen die Opposition, weil sonst sich „bestimmt jemand einmischen würde". Rakowski begegnete diesem Hinweis auf bei Reformen zu erwartenden sowjetischen Zwang mit der rhetorischen Frage: „Wenn aber dieser jemand angesichts seiner eigenen Interessenlage keineswegs einzugreifen bereit wäre?"[131] Er verwies also darauf, dass die SU nicht mehr militärisch intervenieren werde. Die Bedeutung dieses zentralen Argumentes wird auch dadurch erkennbar, dass Rakowski sein langes Memorandum nur an dieser einen Stelle wörtlich zitiert.

Es war also der fundamentale Umschwung der sowjetischen Politik, der spätestens nach dem RGW-Gipfel vom November 86 und dem „Demokratisierungs-Plenum" in der SU zu Anfang 1987 offensichtlich geworden war, der Rakowski und Jaruzelski zu ihrer Öffnung gegenüber der Opposition bewog. Mitte Oktober 1987 ordnete Jaruzelski die Verteilung des Memorandums Rakowskis in der Parteispitze an. Es wurde dann auch sehr bald öffentlich bekannt, offenbar durch gezielte Indiskretionen.[132] Es war also auch in Polen eine von der sowjetischen Entwicklung ausgelöste Entscheidung „von oben", die den Weg zum Wechsel des politischen Systems frei machte. Man kann davon ausgehen, dass diese Entscheidung nicht ohne Absicherung in Moskau getroffen wurde. Das gleiche gilt für Rakowskis Beförderung in das Politbüro Mitte Dezember 1987, die von der Weltpresse als Bekenntnis Jaruzelskis zur Reform verstanden wurde.

Zu Recht, denn es war noch im allgemeinen Gedächtnis, dass Jaruzelski 1981 Rakowski zum stv. Ministerpräsidenten vorgeschlagen hatte, nachdem dieser in einem großen Artikel in der „Polytika" gefordert hatte, die damals sehr starke Solidarność zum Partner der Regierung zu machen.[133] Er war daraufhin in das Visier Breschnews geraten, der damals Jaruzelski mit der Interventionsdrohung unter Druck setzte. Rakowski galt seitdem als Reformer, der dann zur Zeit des Kriegsrechtes als „Konterrevolutionär" angegriffen wurde, nicht nur von den polnischen Orthodoxen, sondern auch von den Sowjets.[134] Die Billigung seines Memorandums und seine Beförderung Ende 1987 waren vor diesem Hintergrund ein unmissverständliches Signal für den Willen zu einem grundlegenden Umschwung.

Bei Gorbatschows Staatsbesuch in Polen am 12. Juli 1988 zeigte sich Gorbatschow des längeren in herzlichem Einvernehmen mit Rakowski.[135] Kurz darauf bot Jaruzelski der Solidarität den „Runden Tisch" an und bald darauf wurde Rakowski Premierminister. Dieser kündigte eine Koalitionsregierung an und trat für die Legalisierung der Solidarność ein. Ende September gab Schischlin, der schon mehrfach erwähnte Spitzenfunktionär aus der Propaganda-Abteilung des ZK-Sekretariates in Moskau, ein Interview für „Le Monde", in dem er sagte, „Gewerkschafts-Pluralismus ist keine Ketzerei", deutlich auf Polen bezogen,[136] billigte also die Legalisierung der Solidarność. Anfang Oktober 1988 flog Rakowski dann zu ausführlichen Gesprächen mit Ryschkow und Gorbatschow nach Moskau, die erkennbar erfolgreich verliefen.[137] Der ganze Ablauf zeigte ein einvernehmliches Vorgehen, mit dem Gorbatschow signalisierte, dass er mit der das Tempo in Moskau inzwischen überholenden Entwicklung in Polen voll einverstanden war. Mein Eindruck von Anfang 1989, dass Rakowski der Mann der Gorbatschow-Mannschaft in Polen war, war also richtig. Was er tat, war Moskauer Politik. Die der Öffentlichkeit durch gezielte Indiskretionen sofort bekanntgemachte Billigung Gorbatschows der Ernennung Mazowieckis zum Ministerpräsidenten in einem Telefonat mit Rakowski am 22. 8. 89 war ein weiterer Beleg dafür, dass Gorbatschows aktive, nicht lediglich hinnehmende Rolle bei der Demokratisierung der WP-Staaten bekannt wurde[138]. Er hatte Rakowski in jenem Telefonat von sich aus aufgefordert, bei der Machtübergabe an die neue Regierung Kooperationsbereitschaft zu zeigen.[139]

Rakowski hat seine Erinnerungen „Es begann in Polen" genannt. Das ist nicht ganz falsch, wenn man an die Bedeutung der polnischen Entwicklung für die sowjetische Politik zur Perestroika hin bedenkt. Entscheidend war aber, wie die beschriebenen Abläufe zeigen, auch für Polen die Entwicklung der sowjetischen Politik ab 1985, die ja noch von einer Reihe anderer Faktoren der Außen-, Innen-, und Wirtschaftspolitik der SU vorangetrieben worden war.

Das Gleiche gilt, mutatis mutandis, auch für die anderen realsozialistischen Staaten, wie es sich auch am Beispiel Ungarns zeigen lässt, bei dem der Umschwung ebenfalls in der ersten Jahreshälfte 1987 einsetzte. So war es wohl kaum ein Zufall, dass eine von Pozsgay geleitete Kommission im Mai 1987, zeitgleich mit Rakowskis Memorandum in Polen und Strougals Rede in Prag, in Ungarn ein Papier „Wendepunkt und Reform" veröffentlichte, mit Forderung nach Rechtsstaat, Menschenrechten, unabhängiger Justiz, Marktwirtschaft mit freier Preisbildung nach Angebot und Nachfrage, den selben Gedanken, die in Jakowlews Reformvorstellungen seit 1985 propagiert wurden. Wenn man die Etappen der weiteren Entwicklung in Ungarn hier noch einmal Revue passieren lässt, so vollzogen sie sich überwiegend nach dem bekannten Muster verdeckt ausgetragener Machtkämpfe zwischen verschiedenen Gruppen der Parteiführung, und bereits im Juni 1987 suchte der neue Ministerpräsident Grosz Kontakt mit Moskau über die Absetzung Kádárs.[140]

Mit der für die realsozialistischen Staaten ganz ungewöhnlichen, offenen Erklärung Pozsgays seiner Kandidatur zum Parteichef Ende April 1988 gegen den amtierenden Kádár, dem so beschleunigten Sturz Kádárs Ende Mai 1988 mit dem Aufrücken von Grosz, Pozsgay, M. Nemeth und Nyers in die Spitze, dem anschließenden Besuch von Grosz bei Gorbatschow Anfang Juli[141] mit dessen Absegnung des neuen Kurses in Ungarn[142] ergibt sich ein steter Wechsel der Entwicklung in Ungarn mit Abstimmungen mit Gorbatschow in Moskau.[143] Dabei fielen dann im Juli 1988 auch Bemerkungen Gorbatschows, die zeigen, dass er sich schon damals der Brisanz der ungarischen Entwicklung für die DDR sehr wohl bewusst war, als er Grosz drängte, mit den Reformen voranzuschreiten „egal, was die DDR sagen könnte."[144] Es ging dann in Ungarn weiter mit der Gründung des „Demokratischen Forums", also einer Quasi-Partei, im September 1988 und dem Besuch von Grosz und Nemeth bei Jakowlew Anfang November 1988, wo mit Sicherheit dass weitere Vorgehen in Ungarn besprochen worden ist, und mit der Übernahme der Parteiführung durch den gegenüber Grosz erkennbar radikaleren Nemeth am 24. November 1988. Die ungarischen Reformer wussten, dass Gorbatschow jemand Progressiveres als Grosz für Kádárs Nachfolge wünschte.[145]

Die deutschlandpolitischen Implikationen der so laufend mit Moskau abgestimmten, ungarischen Entscheidungen wurden mit der Unterzeichnung der UN-Flüchtlingskonvention durch Ungarn in diesem Monat auch öffentlich deutlicher, denn das darin verbriefte Recht, Flüchtlinge nicht zurückzuschicken, war eben nicht nur auf ungarische Flüchtlinge aus Rumänien anwendbar. Vollends klar wird aber die sowjetische Einwilligung mit der im Sommer 1989 schrittweise von Mai bis September offenbar werdenden Politik der Öffnung der Grenze für DDR-Bewohner in dem Bericht, den Nemeth über sein Gespräch mit Gorbatschow Anfang März 1989 in Moskau gegeben hat.[146] Gorbatschow hat dort nicht nur die Ungarn gedrängt, ihre politischen Reformen, insbesondere die Einführung eines Mehrparteiensystems voranzutreiben, was einmal mehr zeigt, dass er die Reformen in den realsozialistischen Staaten nicht nur hinnahm, sondern aktiv zu beschleunigen bemüht war.[147]

Nemeth hat dort vor allem auch, bevor Pozsgay Mitte April 1989 öffentlich die Grenze als „historisch, politisch und technisch überholt" bezeichnete,[148] die Absicht der Grenzöffnung mit Gorbatschow erörtert und Gorbatschow hat ihr nicht widersprochen. Nemeths Mutmaßung, Gorbatschow habe die Grenzsperren zu Österreich nicht allzu ernst genommen,[149] kann man getrost verwerfen. Sie war beiden Gesprächspartnern sicherlich klar. Warum sonst hätte Nemeth sie in Moskau auf höchster Ebene überhaupt angesprochen, wenn nicht wegen ihrer politischen Bedeutsamkeit vor allem für den Staat, für den Mauer und Stacheldraht konstitutiv waren, die DDR. Für wie politisch bedeutsam Nemeth die Grenzöffnung hielt, wird auch darin erkennbar, dass er dem amerikanischen Präsidenten Bush bei dessen Besuch in Ungarn am 12. und 13. 7. 1989 offiziell und vor den Augen der Kameras ein Stück Stacheldraht aus den Grenzverhauen übergab.[150]

Die DDR-Führung hat die von der ungarischen Entscheidung, die Grenzhindernisse nicht weiter zu unterhalten, ausgehende Gefahr für sich auch sofort erkannt. Noch am selben Tag der ungarischen Bekanntmachung, dem 2. 5. 1989, gab es darüber eine Diskussion im Politbüro der SED und es wurde beschlossen, Außenminister Fischer nach Moskau zu schicken.[151] Nach Moskau wohlgemerkt, nicht nach Budapest, also war der SED von vornherein klar, dass es sich wesentlich um sowjetische Politik handelte. Und das wurde in Ost-Berlin sofort als „wesentliche Zäsur" verstanden, umso mehr als Schewardnadse Fischer dann in Moskau mitteilte, die SU sei nicht befugt, etwas gegen die ungarische Entscheidung zu unternehmen, was nichts Anderes als die politische Weigerung war, die DDR in ihrem Petitum zu unterstützen. Das wäre aber damals noch ohne Weiteres möglich gewesen, wie sowohl Schewardnadse als auch die SED-Führung wussten. Die DDR wusste damit, dass von der von Moskau gebilligten, vermutlich aber sogar angestoßenen Grenzöffnung ein Impuls ausging, auch dem „DDR-Abschnitt des Eisernen Vorhangs den Rest zu geben."[152]

Die DDR blieb auch den ganzen Sommer über sowohl in Moskau wie in Budapest aktiv, wurde aber weiterhin abgewiesen.[153] Und Mielke hatte verstanden, dass es nicht nur um die DDR ging. „Es geht um die Machtverhältnisse im Sozialismus generell,"[154] also selbst um die Machtverhältnisse in Moskau. So hat er in der Sitzung des Politbüros der SED vom 5. 9. gesagt. Ihm war also die entscheidende Rolle der SU auch in dieser Frage bewusst. Und offenbar hielt er die „Machtfrage" selbst in Moskau nicht für endgültig geklärt, hoffte also immer noch auf einen Sieg der Konservativen hinter Ligatschow. Immerhin war Ligatschow im Frühjahr 1989 in der DDR gewesen. Es ist angesichts der damaligen Gesamtlage, vor allem Ligatschows Kampf mit Gorbatschow auf den ZK-Plena in Moskau, unwahrscheinlich, dass während dieses Besuches nur über Landwirtschaft, das engere Feld von Ligatschows damaligen Zuständigkeiten, gesprochen worden ist.

Meine aus der Struktur des sowjetischen Systems abgeleitete Überzeugung im Frühjahr und Sommer 1989, dass die Grenzöffnung kein ungarischer Alleingang war, traf also zu. Man fragt sich, warum Nemeth und Horn danach Jahre lang versucht haben, den Eindruck zu erwecken, sie hätten auf eigene Initiative und ohne Moskauer Segen gehandelt. Sie haben Jahre lang gelogen. Warum? Doch wohl weil die von Moskau ausgehende Gesamtbewegung nicht erkennbar werden sollte. Diese Absicht lässt ihrerseits darauf schließen, dass es sich um eine verdeckte, vom Moskauer Sicherheitsapparat ausgehende Politik gehandelt hat. Warum sonst hätten Nemeth und Horn Gorbatschow nicht als Urheber loben sollen?

Von dem Gespräch des Bundeskanzlers mit Gorbatschow am Telefon nach den Geheimgesprächen Nemeths und Horns mit ihm und dem Minister am 25. 8. in Gymnich, in dem Nemeth sich für die Grenzöffnung einen großen Kredit holte, wusste ich damals nichts. Aber die Meinung des Bundeskanzlers, eine Absicherung in Moskau durch ein Telefonat mit Gorbatschow sei wohl nötig, zeigt, dass auch er nicht davon überzeugt war, die Ungarn könnten so etwas ohne Moskaus Rückendeckung unternehmen. Und Gorbatschows berühmte Antwort: „Die Ungarn sind gute Leute", stand für das Handeln der Ungarn Hand in Hand mit der Gorbatschow-Mannschaft in dieser deutschlandpolitisch umwälzenden Operation.[155] Die Verzweiflung der Honecker-Riege über diese von Moskau mit ungarischer Hilfe geschaffene Lage kam dann in einem Krisengespräch zum Ausdruck, das Mielke einberief, nachdem Horn am 31. 8. in Ost-Berlin die DDR nach den Gesprächen mit uns zuvor über die Lage unterrichtet hatte, also dass die Grenze nun unwiderruflich geöffnet werden werde. Mielke soll dabei sogar militärische Interventionen in Ungarn mit Hilfe der Tschechoslowakei erwogen haben, woraus sowohl die Erkenntnis der tödlichen Gefahr spricht, die von der Grenzöffnung für die DDR ausging, als auch der völlige Realitätsverlust der SED-Spitze.[156]

Die Politik der Grenzöffnung zeigte den Willen Gorbatschows, die DDR-Führung unter Honecker unter massiven Druck zu setzen, ohne dass dies offen gesagt wurde; genauso, wie mir das spätestens im August 1989 klar geworden war, als uns ein sowjetischer Halbleiter gesagt hatte, man werde keine Mauer an der Oder bauen. Aber spätestens seit dem Sputnikverbot in der DDR Ende November 1988, bei dem das „Neue Deutschland" die Ergebnisse von Glasnost als das „Gequake wild gewordener Spießer" qualifiziert hatte,[157] wusste Gorbatschow, dass Honecker auf der Seite Ligatschows stand und auf das Scheitern der Perestroika und ihrer Führer setzte.

Sucht man nach dem Anfang des operativen Aufgreifens der deutschen Frage durch die Sowjets, so stößt man in der Literatur auf Tschernjajews Erinnerungen. Sein Buch macht klar, dass er zu der gleichen intellektuellen Elite gehörte wie Arbatow, Jakowlew, Bowin und Sagladin, mit denen er seit Jahren befreundet war, als ihn Gorbatschow Ende Januar 1986 zu seinem außenpolitischen Gehilfen machte.[158] Seine Freunde Jakowlew und Arbatow hatten ihm zugeredet, den Posten bei Gorbatschow anzunehmen. Er beschreibt auch, dass diese Elite mit Gorbatschows Amtsübernahme die Gedanken wieder aufgriff, die unter Andropow angestoßen worden waren, aber in der als beschämend empfundenen Tschernenko-Zeit nicht hatten gefördert werden können. Er hat seine Stellung als Protokollant der Gespräche Gorbatschows mit Ausländern auch zielgerichtet genutzt. „Ich entwickelte eine Berichtsmethode, die auch eine gewisse politische Botschaft enthielt."[159] Als genau solche Übermittlung Gorbatschows weiterer Absichten hatte ich diese Berichte verstanden. Tschernjajews erster Rat an Gorbatschow Anfang Januar 1986 an seinem ersten Tag als dessen Gehilfe war, bei der Vorbereitung des 27. Parteitages das „Problem der deutschen Einigung nicht zu übersehen", da „ohnehin nicht zu vermeiden ist, dass wir eine Strategie für viele vor uns liegende Jahre definieren."[160]

Für seine Einstellung ist bezeichnend, dass er gegenüber Gorbatschow Ende März 86 ein Telegramm des sowjetischen Botschafters aus Ost-Berlin rügte. Der Botschafter habe zwar die Problematik der Entwicklung der deutsch-deutschen Beziehungen, es war die Zeit der von Strauß eingefädelten Großkredite, beschrieben, jedoch keine Vorschläge gemacht, wie mit dieser Entwicklung umgegangen werden solle. Tschernjajew hat also die bis dahin verfolgte Politik der SU, die DDR von einer noch engeren Beziehung zu uns abzuhalten, für nicht länger sinnvoll erklärt. Damit deutete sich eine ganz grundlegende Änderung der Deutschlandpolitik an, denn man kann davon ausgehen, dass Tschernjajew sich der Zustimmung Gorbatschows zu seiner Kritik einigermaßen sicher war.

Das zeigt auch Tschernjajews Schilderung des Staatsbesuchs von Bundespräsident v. Weizsäcker im Juli 1987. Sie bestätigt meine damalige Schlussfolgerung, dass nämlich der „wichtigste Punkt" an Gorbatschows Äußerung zur Deutschen Frage nicht der Verweis auf eine unvorhersehbare Geschichte war, so hatte ihn ein Großteil der deutschen Medien verstanden, sondern dass „Gorbatschow die Wiedervereinigung nicht ausschloss." Er habe auch nicht widersprochen, als Weizsäcker betonte, es gebe nur ein deutsches Volk. „Er (Gorbatschow) hatte tief im Innern verstanden, wenn nicht schon früher, dass es ohne die Lösung des deutschen Problems und die Herstellung normaler Beziehungen zwischen beiden großen Völkern keine größere Verbesserung der internationalen Beziehungen geben würde."[161] Der Wille zur Lösung der deutsche Frage als Schlüssel zum Zugang zum Westen insgesamt, und damit der Verzicht auf eine die USA antagonisierende Form dieser Lösung mit Neutralisierung, Denuklearisierung oder gar Entmilitarisierung, mein Kernargument in den entscheidenden Wochen vor dem 28. Parteitag und dem Besuch des Bundeskanzlers im Juli 1990, sind hier bereits zu finden.

Unmittelbar nach Weizsäckers Besuch erschien am 21. 7. 87 in der „Literaturnaja Gazeta" ein Artikel „Die Deutschen und wir", in dem der Autor, Potschiwalow, zu dem Schluss kam, dass es nicht, wie die SED behauptete, zwei deutsche Nationen gebe, eine der DDR und eine andere der BRD, sondern nur ein deutsches Volk. Bereits im April 1987 hatte Schewardnadse Daschitschew zum Leiter eines wissenschaftlichen Beirates beim Außenministerium berufen und damit seine Offenheit für dessen Position gezeigt. Obwohl Daschitschews revolutionäre Thesen zur Deutschlandpolitik auf einer Konferenz im November 1987 von Bondarenko und den offiziellen Deutschlandpolitikern vehement abgelehnt worden waren, wurde Daschitschew nicht etwa von diesem Posten abgesetzt, sondern begann, seine Auffassungen auch öffentlich zu vertreten. So veröffentlichte er z. B. im Mai 1988 einen Artikel mit dem Titel „Ost-West, Auf der Suche nach neuen Beziehungen" in der „Literaturnaja Gazeta", Burlatskys Zeitung, in dem er die herkömmliche sowjetische Politik gegenüber den realsozialistischen Staaten kritisierte und sich gegen die Breschnew-Doktrin und für Selbstbestimmung aussprach. Als er dann Mauer und Stacheldraht als Überreste und Überlieferungen des Kalten Krieges bezeichnete, führte das Anfang Juni 1988 zu einer Beschwerde des für Außenpolitik zuständigen Mitgliedes des SED-Politbüros, Hermann Axen, beim sowjetischen Botschafter Kotschemassow.[162] Die DDR-Führung war also davon überzeugt, dass es sich nicht lediglich um die unmaßgeblichen Meinungen eines Wissenschaftlers handelte. Zu Recht.

Das Gespräch Honeckers mit Gorbatschow Ende September 1988 in Moskau verlief dementsprechend gespannt, denn Gorbatschow betonte nicht nur die Notwendigkeit von Wirtschaftsreformen, nachdem er die Erhöhung der Rohstofflieferungen abgelehnt hatte, sondern betonte auch die Notwendigkeit der Entfaltung der Demokratie im Sozialismus, und obwohl er erklärte, er wolle nicht über die DDR urteilen, war beiden Gesprächspartnern die Anwendbarkeit dieser Forderung auch auf die DDR sicher klar.[163]

Die Schlüsselbedeutung des Besuchs des Bundeskanzlers einen Monat darauf wird von Tschernjajew bestätigt. „Unsere Beziehungen zu Deutschland – Tschernjajew meint damit ganz selbstverständlich uns, nicht die DDR – waren (1988) weniger fortgeschritten, als zu anderen entwickelten Staaten. Gorbatschow hielt das für unnormal. Er sagte oft, ohne Deutschland könne die SU keine europäische Politik haben." Das Treffen mit Kohl am 28. 10. 88 war dann „eine Wasserscheide". Es entwickelte sich eine „echte Freundschaft" zwischen Gorbatschow und Kohl. So war dieser Besuch auch wichtig für den außenpolitischen Durchbruch mit Gorbatschows großer Rede vor der Generalversammlung der Vereinten Nationen im Dezember 1988.[164] Dort verkündete Gorbatschow ja nicht nur massive, einseitige Reduzierungen der konventionellen Streitkräfte der SU, sondern entwickelte das Konzept der „Freiheit der Wahl" nun für jedermann erkennbar zur endgültigen Absage an die Breschnew-Doktrin und das Gespräch mit dem Bundeskanzler davor war dafür wesentlich gewesen, weil es die Gangbarkeit des eingeschlagenen Weges zu den großen westlichen Staaten gezeigt hatte.

Im Februar 1989 wurde in Moskau mit drei Gutachten für die Führung, eines vom Bogomolow-Institut, eines vom ZK-Sekretariat unter Federführung von Falin und eines vom Außenministerium, eine Art von Bilanz der bisher in den Satellitenstaaten erreichten Veränderungen gezogen, die auch Empfehlungen zum weiteren Vorgehen gegenüber diesen Staaten enthielten. Das Papier des Bogomolow-Instituts, redigiert von einem meiner Gesprächspartner, Frau Pawlowa-Silvanskaja, forderte im Ergebnis, da „Kataklysmen" in diesen Staaten nicht auszuschließen seien, müsse die sowjetische Partei die Initiative bei dem Übergang zum Reform-Sozialismus behalten und verweist darauf, dass es dafür in all diesen Staaten Partner gebe, die man dazu einsetzen könnte.[165] Hier wird noch einmal deutlich, dass die ganze Entwicklung auf der Iniative Moskaus beruhte und mit Moskau besonders verpflichteten Personen verdeckt vorangetrieben wurde.

Bezeichnend für das von Falin verantwortete Gutachten des ZK-Sekretariates war die Gorba-tschows ganzer Politik entgegenlaufende Empfehlung, die Frage der Gewaltanwendung „im Ungewissen" zu lassen, damit die Fundamente des Sozialismus nicht in Frage gestellt werden könnten.[166] Dem stimmte das im Übrigen noch konservativere Papier des Außenministeriums zu und forderte, die Staaten des Warschauer-Paktes „auf dem Weg des Sozialismus zu halten"[167]. Falin und vermutlich Bondarenko wussten also, dass es sich überall letztlich um eine Gewaltherrschaft handelte. Hier werden die von mir später festgestellten drei Denkschulen bereits erkennbar. Sie stimmten aber in einem überein: die Gesamtentwicklung sollte weiterhin von Moskau gesteuert werden.

Typisch für die die eigentlichen Ziele verdeckende Vorgehensweise der SU auch in der deutschen Frage war dann das Gespräch, das Schewardnadse am 9. 6. 89 in Ost-Berlin mit Honecker führte, um ihn über die Ziele der SU beim bevorstehenden Besuch Gorbatschows in Bonn zu unterrichten. Im Protokoll heißt es u. a. „Genosse Eduard Schewardnadse teilte mit, dass er den Auftrag des Genossen Michail Gorbatschow habe, mit Genossen Honecker das Ersuchen der BRD zu beraten, in offiziellen Dokumenten der UdSSR nicht mehr den Begriff „Bundesrepublik Deutschlands" (in russisch Genitiv), sondern „Bundesrepublik Deutschland" zu verwenden. Genosse Erich Honecker erklärte unter Hinweis auf die offizielle Bezeichnung der BRD in unserem Sprachgebrauch, dass er darin kein Problem sehen wird."[168] Die Tatsache, dass Schewardnadse diese Frage auf höchster Ebene, sogar im Auftrag Gorbatschows, gegenüber Honecker ansprach, zeigt, dass meine damalige Bewertung richtig war, dass diese Änderung nicht nur von sprachlicher Bedeutung war, sondern dass der SU die politischen Implikationen dahinter klar waren, nämlich ein Eingehen auf eine auf die deutsche Einheit zielende Politik. Sie zeigt auch, dass Schewardnadse dies aber Honecker nicht etwa offen sagte und dass Honecker die Implikationen nicht verstand. Diese absichtliche Täuschung Honeckers durch Schewardnadse zeigt auch einmal mehr, dass Gorbatschows Mannschaft schon damals Honecker verachtete und loszuwerden entschlossen war. Diese Frage Schewardnadses an Honecker vor dem Gorbatschow-Besuch in Bonn zeigt schließlich, dass Gorbatschow und seine Mannschaft schon vor den folgenden Erfahrungen in den Tagen danach bei uns in Moskau beschlossen hatten, den Weg zur deutschen Einheit zu öffnen.

Der „enthusiastische und ernstgemeinte Empfang Gorbatschows, die ungewöhnliche Qualität und der Sinn der Gemeinsamen Erklärung waren tatsächlich der Beginn des Prozesses der deutschen Wiedervereinigung."[169] So Tschernjajew über den Gorbatschow Besuch in Bonn im Juni 1989. Jetzt ging es also nicht mehr nur um das Öffnen einer Option. Eben, das war der „Sinn der gemeinsamen Erklärung", ich hatte das richtig verstanden.

Und die Unrichtigkeit der „Sinatra-Doktrin", nach der Gorbatschow in den Satellitenstaaten angeblich nicht mehr intervenierte, wird in Falins Beschreibung des Gesprächs Honeckers mit Gorbatschow in Moskau vor dessen Besuch in Magnitogorsk Ende Juni 1989 einmal mehr deutlich, in dem Gorbatschow „mit diplomatischen Worten, aber vollkommen deutlich zu verstehen gab, dass Reformen unausweichlich seien. Blieben sie aus, so trage die DDR dafür allein die Verantwortung. Gorbatschow ließ keinen Zweifel daran, dass es keine Wiederholung von 1953 geben werde."[170] Er hat Honecker also massiv unter Druck gesetzt und zwar mit der gleichen Botschaft wie schon 1985 und 1986, Demokratisierung, da die sowjetischen Gewaltmittel und damit auch die eigenen nicht länger zur Herrschaftssicherung zur Verfügung stünden.

Und auf dem RGW-Gipfel in Bukarest Anfang Juli 1989 wies er dann sogar offen darauf hin, es gebe Intrigen, die auf Fraktionsbildung in der SU zielten, machte also Honecker, Jakeš, Ceaușescu und Schiwkow klar, dass ihre Versuche, in der SU zu einem Umsturz mit Hilfe der Konservativen zu gelangen, von ihm erkannt worden waren, was ihnen klar machte, dass Gorbatschow mit aller Macht um die Durchsetzung der Perestroika auch bei ihnen kämpfen würde,[171] weil es damit auch um seine eigene Machtstellung als Führer der SU ging.

In einem Gespräch zwischen Marcus Wolf und dem KGB Ende Juli 1989 in Moskau, das Krenz in seinen Erinnerungen schildert, wird auch deutlich, dass es zu jener Zeit bereits parallel zu dem Besuch Gorbatschows bei uns und dem Prozess der schrittweisen Grenzöffnung in Ungarn eine verdeckt ablaufende Operation des KGB und der Deutschlandpolitiker hinter Falin in Richtung auf ein operatives Aufgreifen der Deutschen Frage gab. Die Gesprächspartner Wolfs vom KGB hätten diesen abschließend gefragt, wie er „die Perspektiven der westdeutschen Konzeption einer Wiedervereinigung und des Abbaus der Mauer" sehe, nachdem er beschrieben hatte, dass von der SED-Führung keine Erneuerung zu erwarten sei.[172] Wolf habe dort auch mit Falin, Portugalow und Koptelzew über „die Einheit der Nation" gesprochen, die ihm gesagt hätten, die SED habe sich leichtfertig vom Ziel der deutschen Einheit losgesagt. Falin hat in diesem Gespräch die Bildung einer Konföderation unterstützt und dabei auch eine Fusion von SED und SPD als möglich bezeichnet.[173]

Wolf hat aber Krenz von diesen Gesprächen in Moskau nichts erzählt, als er diesen Anfang August, also unmittelbar danach, in Berlin traf. Krenz stellt in seinem Buch die rhetorische Frage, ob Wolf etwa nicht hellhörig geworden sei, als seine Gesprächspartner in Moskau so argumentierten. Mit anderen Worten hatte Krenz keinen Zweifel, dass Wolf die Tragweite der Äußerungen seiner Moskauer Gesprächspartner verstanden hatte, dies aber absichtlich vor ihm verbarg. Dahinter steckt natürlich Krenz Überzeugung, dass Wolf nicht lediglich ein Schriftsteller war, als den er sich damals ausgab, sondern nach wie vor in gewichtiger Position für den KGB arbeitete. Krenz spricht diese Überzeugung nicht aus, so weit funktioniert die Konspiration auch heute noch. Seine Annahme, dass der Leser dies auch so versteht, ist aber mit den Händen zu greifen.[174]

Meine Analyse bei der Einarbeitung des neuen Botschafters vom September 1989, auch nach dem Interview Wolfs mit der Prawda mit der an Honecker gerichteten Rücktrittsaufforderung, dass der „SD" die Lawine anschiebe und damit auch die deutsche Frage auf uns zukomme, bestätigt sich hier. Auch wird deutlich, dass für Falin und seine Gehilfen von vornherein nicht die Erneuerung der DDR durch Reform, sondern die Wiedervereinigung, zu den von ihnen formulierten Bedingungen natürlich, das eigentliche Ziel war.

In diesen Zusammenhang gehört auch, was Schabowski über die Rolle von Wolf in jenen entscheidenden Monaten schreibt. Wolfs Rücktritt als Stasi-Spionagechef 86 sei vom KGB inszeniert worden.[175] Gorbatschow habe sich allgemein bei Personalwechseln in den WP-Staaten weniger des Parteiapparates als des KGB bedient.[176] Der KGB habe Gorbatschow als Erben seines langjährigen Chefs Andropow gesehen. 1987, also zur Zeit des Aktiv-Werdens von Rakowski, Pozsgay und Strougal, sei Krjutschkow in die DDR gefahren und sei dort von dem doch angeblich pensionierten Wolf betreut worden. Wolf habe danach eine „Legende", also in typischer Geheimdienst-Manier, über sich aufgebaut, mit der er sich den Anschein eines Reformers gegeben habe.[177]

Krjutschkow habe bei diesem Besuch auch mit Modrow gesprochen. Die „KGB-Konfidenten" Wolf und Modrow[178] seien seit den frühen Anfängen der DDR „mehr als nur durch einen Partei-Kontakt verbunden" gewesen.[179] Mit anderen Worten hat seitdem auch Modrow für den KGB gearbeitet. Darauf deutet auch das Protokoll der Deutschlandbesprechung bei Gorbatschow vom 26. Januar 1990, in der Gorbatschow Modrow gleich zu Anfang als „wirklichen Freund" bezeichnet hat[180], das typische Schlüsselwort, um die Zugehörigkeit der betreffenden Person zum sowjetischen Sicherheitsapparat klar zu machen. Das wird auch in der Aussage Krjutschkows in der gleichen Besprechung deutlich, als er sagte, es sei notwendig, „aktiv für unsere Freunde, die ehemaligen Mitarbeiter des KGB und des MfS in der DDR, einzutreten".[181] Im Ergebnis der Krjutschkow-Reise 1987 sei in Aussicht genommen worden, nach einem Ende Honeckers solle Wolf Parteichef und Modrow Ministerpräsident werden.[182]

Nach der Absetzung Honeckers am 16. 10. 89 habe es in der Ost-Berliner Sowjet-Botschaft ein Gespräch Falins mit Wolf und Modrow gegeben, in dem Falin den beiden, nachdem nun Krenz zum Nachfolger gemacht worden war, vorgeworfen habe, ihr „Szenario" mit Wolf als Parteichef und Modrow als Ministerpräsident sei nun nicht mehr verwirklichbar. Wolf habe dann versucht, die Großdemonstration auf dem Alexanderplatz am 4. 11. 89, die ich als Auftritt der SD-Fraktion in der DDR verstanden hatte, wie man sieht zu Recht, zu nutzen, um wieder die Initiative zu gewinnen.[183] Das sei nicht gelungen, jedoch hätten Wolf, Modrow und Gysi bis zum Februar 1990 versucht, die DDR unter ihrer Führung zu erhalten.[184]

Das ist alles natürlich mit Vorsicht zu genießen, jedoch trifft es sich mit meinen damaligen Eindrücken vom politischen Sinn der Demonstration auf dem Alexanderplatz und den Zielen, die Modrow und Gysi bei ihren Besuchen in Moskau Ende Januar/Anfang Februar 1990 verfolgten. Es ist auch ein weiterer Beleg dafür, dass meine sich damals allmählich verfestigende Überzeugung richtig war, dass die gesamte Außenpolitik gegenüber den Staaten des Warschauer Paktes von langer Hand in Gang gesetzt und jedenfalls auch mit Hilfe des KGB, oder besser gesagt eines Teils davon, umgesetzt wurde.

Schabowski erweckt mit seiner Darstellung den Eindruck, als habe die von Falin und dem KGB betriebene Ersetzung Honeckers durch Wolf/Modrow und Gysi einerseits nichts mit dem von ihm zusammen mit Krenz im August/September/Oktober verdeckt vorbereiteten Putsch im Politbüro der SED gegen Honecker mit Rückversicherung bei Gorbatschow in Moskau andererseits zu tun gehabt. In dieser Zielsetzung der Absetzung Honeckers waren sich die beiden Gruppen einig.[185] Schabowski schreibt auch, Wolf, Gysi und Modrow seien an der Absetzung von Krenz Anfang Dezember 1989 beteiligt gewesen.[186] Ihr Bündnis war also nur von kurzer Dauer.

Er beschreibt selbst seine Position gegenüber Wolf einerseits und Honecker und Mielke andererseits. Er sei von den letzteren wegen seiner Freundschaft mit „dem der Führung suspekt gewordenen" Wolf „heruntergeputzt" worden.[187] Und es passt zu dem Verständnis zweier getrennt vorgehender Gruppen, dass sich Modrow in diese Wochen vor dem Sturz Honeckers mehrfach Versuchen von Krenz entzog, sich an dem Putsch gegen Honecker zu beteiligen.[188] Krenz hielt ihn zwar eindeutig für einen potentiellen Verbündeten gegen Honecker. Modrow handelte aber, wie Falin später sagte,[189] entsprechend einem anderen „Szenario", bei dem nicht Krenz der Nachfolger Honeckers werden sollte. Modrow lässt dies auch in seinen Erinnerungen anklingen,[190] wo er beschreibt, natürlich ohne dies offen einzuräumen, wie er versuchte, Krenz als Nachfolger Honeckers als Parteichef zu verhindern, indem er vorschlug, die Ämter des Generalsekretärs und des Vorsitzenden des Staatsrates in Zukunft zu trennen, was ihm auch prompt den Vorwurf eintrug, er wolle ja nur selbst anstelle Honeckers Parteichef werden. So wurde er verstanden.

Auch Honecker berichtet, dass das Trio Modrow, Wolf und Gysi schon lange vor der Wendezeit im September/Oktober/November 1989 agierte und von Moskau in der Nachfolge von Krenz als Führungsgruppe installiert worden sei.[191] Dazu passt, dass Honecker die Dresdner SED-Leitung und damit Modrow schon im Februar 1989 wegen ihrer Perestroika-positiven Haltung scharf kritisiert hat. Seine entsprechende Rede im SED-Politbüro[192] geriet jedenfalls bald in die Öffentlichkeit, was sowohl an Honecker gelegen haben kann, der seine Position so bekannt machen wollte, als auch an Modrow, weil das zu seinem Ruf als mutigem Reformer beitrug. Dass Modrow der Mann Moskaus war, ergibt sich auch aus Gorbatschows Hinweis, dass Versuche, Modrow seines Amtes in Dresden zu entheben, nach „Einwänden aus Moskau" gescheitert seien,[193] was auch zeigt, wie stark der Einfluss Moskaus auf Personalentscheidungen auch zu Zeiten der fortgeschrittenen Perestroika noch war. Und es war für die Moskauer Personalpolitik bezeichnend, dass Gorbatschow sich in seinem Gespräch mit Krenz am 1. 11. in Moskau positiv zu Modrow äußerte und damit klar machte, dass er auch zu diesem Zeitpunkt Modrow eine gewichtige Rolle geben wollte.[194]

Ganz sicher kann man sich indessen nicht sein, dass die beiden verdeckt ablaufenden Operationen zur Beseitigung von Honecker und dessen Gerontokraten im Politbüro der SED durch Falin mit Wolf, Modrow und Gysi einerseits und durch Krenz und Schabowski andererseits völlig unabhängig von einander verlaufen sind. Jedenfalls in Moskau wusste man von beiden.[195] So fällt auch auf, dass Krenz in seinen Erinnerungen ein dreistündiges Gespräch mit Gysi am 27. Juli 1989 schildert, also zu der Zeit, als er mit Hilfe der FDJ Material für den Sturz Honeckers sammelte, in dem Gysi ihm seine Sicht der DDR beschrieb und er sich davon 20 Seiten Notizen machte[196] Krenz Behauptung, er habe sich mit ihm unterhalten, weil dieser sich einen Namen als Anwalt und dabei auch Verteidiger von Oppositionellen gemacht habe, ist wenig überzeugend. Warum hätte er sich mit einem schlichten, wenn auch erfolgreichen Anwalt so ausführlich über die Gesamtlage der DDR unterhalten und dann so ausführliche Notizen machen sollen? Krenz ging doch offensichtlich davon aus, dass er es mit einer politisch einflussreichen Person zu tun hatte.

Er schreibt, er habe sich damals mit vielen Persönlichkeiten unterhalten. Er beschreibt aber näher nur die Gespräche mit Zweien, Gysi und Wolf. Deshalb liegt die Vermutung nahe, dass Krenz, der im Politbüro ja auch für Sicherheit verantwortlich war, davon gehört hatte, dass Gysi in Bestrebungen zur Reform der DDR mit dem KGB verwickelt war. Dafür spricht auch, dass Krenz andeutet, dass er Gysi nicht einfach für einen Anwalt hielt, denn er beschreibt, dass Gysi über das Gespräch mit ihm den Justizminister der DDR informiert habe, also einen anderen Teil des Sicherheitsapparates. „Eigentlich" nichts Unnormales, schreibt er zu diesem erkennbaren Versuch Gysis, sich abzusichern und nicht in die Hand Krenz zu begeben.[197]

Und auch Schabowski hielt sich von diesem Strang Falin/Wolf/Gysi der Entwicklung ja nicht fern, war also bei dem verdeckten Kampf gegen

Honecker nicht lediglich mit Krenz verbunden. So gehörte er auch zu den Rednern auf der Großdemonstration am 4. 11., die im Übrigen mit Hilfe seiner Berliner Parteiorganisation vorbereitet und durchgeführt worden war.[198] Krenz hat diese Demonstration in seinem Gespräch mit Gorbatschow in Moskau am 1. 11. vorbesprochen.[199] Schabowski stellt sie dagegen als Versuch der „KGB-Vertrauensleute" um Wolf und Modrow dar, nach der Übernahme des Amtes des Generalsekretärs der Partei durch den nicht zu dieser Gruppe zählenden Krenz wieder die Initiative zu gewinnen.[200] Dies erklärt auch die große Nervosität Gorbatschows im Gespräch mit König am gleichen Tage im Kreml anlässlich des Empfangs zur Feier der Oktoberrevolution. Gorbatschow war dabei wohl nicht nur von der Sorge getrieben, die Demonstranten könnten den Mauerdurchbruch versuchen. Es ging um die weit bedeutsamere Frage, ob es der SD-Fraktion in der DDR, die die Demonstration organisiert hatte, damit gelingen würde, die Volksbewegung hinter sich zu bringen.[201] Die angeblich zu dieser Demonstration aufrufenden Schauspieler und Schriftsteller waren also nur in der üblichen Volksfronttaktik kommunistischer Parteien vorgeschoben worden, umso den Anschein der Unabhängigkeit der Einladenden zu erwecken. Die „Linkspartei" schiebt ja noch heute angeblich von ihr unabhängige Schauspieler vor, wenn es um Kandidaturen für hohe Ämter geht, für die die Zustimmung auch von Wählern gewonnen werden soll, die die „Linkspartei" direkt nicht wählen würden.

Bei Falin findet sich dazu allenfalls eine versteckte Anspielung. Er schreibt in seiner bösen Abrechnung mit Gorbatschow „Konflikte im Kreml", er habe nach dem Treffen Gorbatschows mit Honecker in Moskau im Juni 1989 , also kurz vor der Rede Honeckers in Magnitogorsk, die Hoffnung gehabt und eine Illusion bewahrt, dass die unvermeidlichen Veränderungen in der DDR ohne Blutvergießen ablaufen mögen und dass die junge Generation der SED, die die „alte Garde" gestützt habe, die Republik vor dem Sturz ins Chaos bewahren möge.[202] Das heißt ja wohl, dass er den Sturz Honeckers für unvermeidbar hielt und auf die junge Generation setzte, auf die sich dann Krenz bei der Vorbereitung der Absetzung Honeckers stützte. Für den ganzen weiteren Ablauf entscheidend war dann, dass der SED klar gemacht wurde, dass die SU unter keinen Umständen einen Gewalteinsatz in der DDR unterstützen würde.[203] Mit anderen Worten wurde der SED in diesem Gespräch Honeckers mit Gorbatschow verdeutlicht, dass sie in ihrem Kampf gegen die sich über Ungarn und dann die Tschechoslowakei aufbauende Fluchtbewegung und die von dieser wesentlich mit ausgelösten Woge des zivilen Widerstands in der DDR ihre reichlich vorhandenen Gewaltmittel nicht einsetzen konnte, woraus sich die Unwiderstehlichkeit der Wucht der Lawine der Systemveränderung im Herbst erst ergab. Diese Unwiderstehlichkeit ergab sich also primär aus Moskauer Politik, mit der der mit dem Ausbleiben von gewaltsamer Repression rapide wachsende Mut der Menschen herbeigeführt und entwickelt wurde.

Die entscheidende Bedeutung der Politik Gorbatschows für die Entwicklung in der DDR lässt sich dann bei seinem Besuch zum 40. Jahrestag der DDR am 6. und 7. Oktober erneut erkennen, als er dem SED Politbüro eindringlich die Notwendigkeit zu grundlegenden Reformen darlegte. Dieses Gespräch war wohl besonders bedeutsam dafür, dass Krenz Vorbereitungen für den Sturz des Parteichefs in die akute Phase der Umsetzung eintraten, weil von da an er und die von ihm nun konkret angesprochenen Mitglieder der SED-Führung sich der sicheren Rückendeckung aus Moskau sicher sein konnten.[204] Mit dem Bekanntwerden von: „Wer zu spät kommt, den bestraft das Leben" wussten aber nun vor allem auch die Menschen in der DDR, dass die Sowjets jedenfalls das Honecker-Regime nicht mehr trugen. Krenz hat Gorbatschow auf diese Wirkungen seines Gesprächs mit dem SED-Politbüro am 7. 10 in seinem Gespräch mit ihm am 1. 11. in Moskau auch hingewiesen.[205]

Da aber das Tjutschew-Zitat in Gorbatschows Rede, auf das mich Rykin vorbereitet hatte, von Krenz und seinen Verbündeten noch nicht verstanden war, war ihnen in jenen Wochen des Umbruchs im Herbst 1989 noch nicht klar, dass die Sowjets nicht nur eine Systemreform in der DDR wollten, sondern dass es Moskau um einen Wechsel an der Spitze der DDR ging, mit dem sie eine auf die Wiedervereinigung gerichtete Politik, natürlich zu sowjetischen Bedingungen, würden betreiben können. Dagegen war mir nach den Indizien wie Moisejews Sympathie für die deutsche Einheit, Bowins Interesse an Spezialisten für die Wiedervereinigung und der Übersetzung von „Deutschland" im Nominativ in der „Gemeinsamen Erklärung" seit dem Frühsommer klar, dass die Sowjets sich die Option einer Wiedervereinigungspolitik öffneten.

Die nächste Etappe der Entwicklung in der DDR nach dem Gorbatschow-Besuch war die große Demonstration am 9. 10. in Leipzig, die von den SED-Medien vorher als entscheidender Showdown dargestellt wurde. Es waren gezielt Gerüchte verbreitet worden, zur Versorgung der großen Zahl von zu erwartenden Verletzten seien Krankenhäuser und Sanitätseinheiten in Alarmbereitschaft versetzt worden. Wegen des Aufrufs vor ihrem Beginn von sechs Leipziger Prominenten, darunter dem Chef-Dirigenten des Gewandhaus-Orchesters, Kurt Masur aber auch drei Spitzenfunktionären der SED, zu friedlichem Verhalten ist diese Demonstration berühmt geworden. Honecker und Mielke hatten jedenfalls Anweisungen herausgegeben, „feindliche Aktionen im Keim zu ersticken" und zur Unterbindung „weiterer Krawalle" den „Einsatz aller geeigneten Mittel" d. h. auch Gewalt verlangt.[206] Der Ablauf im Einzelnen wird von Krenz und Honecker verschieden dargestellt, soweit es um die Frage geht, von wem der Anstoß zu einem Befehl an die Polizei, die Stasi und die Armee ausgegangen ist, keine Gewalt anzuwenden.[207] Danach ist wahrscheinlich, dass jedenfalls zunächst Honecker und Mielke zum Gewalteinsatz bereit waren, trotz der auf höchster Ebene mehrfach übermittelten

Position Gorbatschows, dass die sowjetischen Truppen zu Einsätzen à la 17. Juni 53 nicht mehr zur Verfügung stünden.

Glaubhaft ist jedenfalls, dass Krenz am Nachmittag des 8. 10. in der Vorphase vor der Leipziger Demonstration den sowjetischen Botschafter Kotschemassow angerufen hat, wie dieser berichtet hat, um sich, doch wohl weil er nicht in eigener Verantwortung entscheiden wollte, über die Haltung der Sowjets in der entscheidenden Gewaltfrage zu unterrichten. Krenz schreibt darüber nichts, offenbar in dem Versuch, sich allein das Verdienst für den Befehl zum Gewaltverzicht zuzuschreiben. Botschafter Kotschemassow hat aber eindeutig berichtet, dass er Krenz auf dessen Anruf hin „kategorisch" geraten habe, „auf keinen Fall repressive Maßnahmen zu ergreifen, und schon gar nicht von der Armee." Krenz habe dem zugestimmt, aber erklärt, Honecker sei in dieser Frage anderer Meinung. Kotschemassow hat dann sofort auch noch den Oberbefehlshaber der sowjetischen Streitkräfte in der DDR, General Snetkow, angerufen, und ihm gesagt, er dürfe sich unter keinen Umständen in die Leipziger Ereignisse einmischen oder sich von Provokationen beeinflussen lassen. Am Tag darauf sei derselbe Befehl aus Moskau ergangen.[208] Insofern war es wiederum eine sowjetische Entscheidung, die in dieser Schlüsselfrage für die gesamte weitere Entwicklung den Ausschlag gegeben hat. Meine damalige Analyse, dass der Gewaltverzicht des Honecker-Krenz-Regimes nur mit sowjetischem Eingreifen zu erklären sei, war also richtig.

Wenige Tage darauf war ich in Moskau bei dem Empfang für Willi Brandt zu dem Ergebnis gekommen, dass Falin in der Tat das Angebot der Wiedervereinigung nutzen wollte, um Deutschland aus der NATO herauszubrechen und die Stellung der USA in Europa zu zerstören, als mir sein Stellvertreter Fjodorow gesagt hatte, Bahr wolle „eine Mitteleuropa-Lösung." Ich hatte dies aus der langjährigen Beobachtung des Gleichklangs der Ziele Bahrs und Falins seit dem Moskauer Vertrag geschlossen. Liest man heute Falins „Konflikte im Kreml", so wird vollständig klar, dass dies tatsächlich die eigentliche Zielsetzung von Falins Deutschlandpolitik war, der auch der Austausch an der DDR-Spitze dienen sollte. So schreibt er über die Auseinandersetzungen in Moskau über die Deutschlandpolitik im November/Dezember 1989, also zu einer Zeit, als die neue SED-Führung noch verzweifelt versuchte, die DDR durch Reformen zu stabilisieren, dass Tschernjajew und Schachnasarow dafür eingetreten seien, ganz Deutschland in die NATO zu entlassen. Er deutet sogar an, dass sie damit schon damals die Position ihres Chefs Gorbatschow vertreten hätten, der sich selbst noch bedeckt hielt,[209] während er, Falin, unseren Brief zur Deutschen Einheit von 1970 zitierend, für eine „europäische Friedensordnung" in Form eines „gesamteuropäischen Sicherheitssystems" eingetreten sei, in dem die Interessen der SU „ausreichend berücksichtigt" seien. Hier bestätigt sich meine Analyse von der Ambivalenz der Formel des Briefs zur Deutschen Einheit, die mir schon bei Bahrs Vortrag vor uns als Attachés aufgegangen war.

Also keine NATO-Mitgliedschaft, schrieb Falin an Gorbatschow, sondern den Status eines blockfreien Landes, „wenn Ihnen (Gorbatschow) der Terminus Neutralität nicht zusagt."[210] Im Herbst 1989 bestand aber noch keine Notwendigkeit für Gorbatschow, sich zwischen diesen beiden fundamental verschiedenen deutschlandpolitischen Zielsetzungen zu entscheiden. Falins Darstellung bestätigt jedenfalls die Richtigkeit meiner damaligen Arbeitshypothese, dass es neben den Beton-Köpfen im Außenministerium die „Germanisten" um Falin gab, die die DDR zum Handelsobjekt ihrer gegen die strategische Stellung der USA in Europa gerichteten Politik machen wollten, und daneben auch noch den „SD", der vor allem mit den USA Politik machen wollte und die Deutschlandpolitik dementsprechend beeinflusste. Es gab aber zeitweise auch noch eine vierte Position, die, wie von mir erlebt, von Falins 1. Stellvertreter im ZK, Fjodorow, vertreten wurde, der in einem ausführlichen Gespräch mit DDR-Botschafter König am 21. 10. also im Aufgalopp zu der für den 4. 11. geplanten Großdemonstration von Wolf et al. auf dem Alexanderplatz, darauf drängte, dass die DDR sich sogar bis hin zur Aufgabe des Sozialismus umbilde und stabilisiere.[211]

Die nächste Etappe der sowjetischen Politik, um ein operatives Eingehen der Bundesregierung und vor allem der Drei Mächte auf die deutsche Frage zu erzwingen und ihr nicht wie 1953 durch Antwort-Noten auszuweichen, war die Öffnung der Mauer wieder nur wenige Tage später am 9. November. Zum Verständnis dieses Ereignisses ist es entscheidend wichtig, sich vor Augen zu führen, dass diese Grenzöffnung nicht aus heiterem Himmel fiel, auch wenn ich gestehe, überrascht gewesen zu sein, als sie dann am 9. 11. tatsächlich kam. Vorangegangen war aber von Mai bis September der Kampf um die Umgehbarkeit der Mauer in den zielgerichteten Schritten der Öffnung der Grenze in Ungarn sowie der Kampf um die Reisefreiheit der Botschaftsflüchtlinge insbesondere in Prag, nachdem die Tschechoslowakei das am 11. 9. von den Ungarn endgültig voll geöffnete Schlupfloch an der ungarisch-österreichischen Grenze mit Schließung der eigenen Grenze zu Ungarn für DDR-Reisende prompt wieder verschlossen hatte. Auch die bald folgende Beseitigung dieses tschechoslowakischen Hindernisses für die Ausreise war, angesichts der offenbaren, konservativen Position der Tschechoslowaken unter Jakeš, sowjetischer Politik zu verdanken, als Schewardnadse am 28. 9. in New York auf Genschers Bitte um Intervention in Prag einging.[212]

Mit der Öffnung nun auch der tschechoslowakischen Grenze zu uns und, nach einigem Hin und Her der Offenhaltung der DDR-Grenze zu Polen und der Tschechoslowakei, war aber die Mauer Anfang Oktober endgültig wirkungslos geworden, so dass sich am Grenzübergang von der Tschechoslowakei zu uns bei Weidhaus nach Bayern endlose Trabi-Kolonnen bildeten. Das war der Hintergrund, vor dem die SED-Führung nun mit Hochdruck begann, an einem neuen Reisegesetz, und als das nicht schnell genug ging, einer Reiseverordnung zu arbeiten.[213]

Krenz habe, so wird berichtet[214], Anfang November Gorbatschow angerufen und ihn gefragt, was er angesichts der wachsenden Demonstrationen und der Fluchtwelle machen solle. Gorbatschow habe geantwortet, er solle die Grenze öffnen und Dampf ablassen, um dadurch „eine Explosion" zu verhindern. Zwar findet sich für ein solches – der Lage nach sehr plausibles – Gespräch kein direkter Hinweis in den Memoiren von Krenz und Gorbatschow. Jedoch beschreibt Gorbatschow in seinen Erinnerungen die Lage in der DDR nach der Machtübernahme durch Krenz wie folgt: „Das Land stand am Rande einer sozialen Explosion, des politischen Zerfalls und des wirtschaftlichen Zusammenbruchs."[215] Gorbatschows Lagebeurteilung war also genauso wie in dem genannten Telefongespräch mit Krenz geschildert und es entspricht seiner ganzen Vorgehensweise, dass er dies Krenz zu diesem Zeitpunkt von dessen Amtsübernahme auch mitgeteilt hat.

Nach dem Protokoll des Gesprächs von Krenz mit Gorbatschow am 1. 11. in Moskau bei Krenz' Antrittsbesuch als Generalsekretär ergibt sich, dass Krenz dabei die Mauer und das Grenzregime als „nicht mehr recht in die heutige Zeit passend, aber notwendig" bezeichnet hat. Gorbatschow hat dazu geantwortet, „Wenn die DDR eine Formel findet, dass die Menschen ihre Verwandten besuchen können, dann wäre das für die Gesellschaft der DDR ein sehr befriedigender Zustand."[216] Das ist zwar weit weniger klar als jenes Telefonat, zeigt aber die Richtung beider Politiker vor der Maueröffnung doch mit ausreichender Klarheit. Damit war Moskaus bisher aus dem Gesamtablauf der schrittweisen Grenzöffnung erkennbar positive Haltung zur Öffnung der Mauer für die neue DDR-Führung auch unmissverständlich manifest geworden. Gleichzeitig hat Gorbatschow dieses Gespräch genutzt, um Krenz klar zu machen, dass die SU engste Abstimmung aller Schritte der DDR mit ihr verlangte.[217] Dass die Maueröffnung in diesen Tagen des Novemberbeginns zum akuten Thema geworden war, zeigt auch eine Diskussion im sowjetischen Politbüro am 4. 11. 1989, in dem sich Schewardnadse offen für die Beseitigung der Mauer aussprach, während Krjutschkow lediglich bemerkte, dann werde es für die DDR schwer, was keinen Widerspruch bedeutete.[218]

Reisefreiheit war also in den Wochen seit den Grenzöffnungen in Ungarn und dann der Tschechoslowakei zum zentralen und immer akuteren Problem für die SED-Führung geworden. Deshalb verlas Krenz die entsprechende Verordnung auch vor dem ZK-Plenum am Nachmittag des 9. 11. Das bedeutet, dass man Krenz und Schabowski glauben kann, wenn sie versichern, ihnen sei die Tragweite der Presseerklärung, die Schabowski dann am 9. 11. kurz vor 19.00 Uhr verlas, klar gewesen. Allenfalls zweifelhaft ist die Frage, ob die Maueröffnung schon am Abend des 9. oder, wie der Text der die Verordnung begleitenden Befehle besagte, erst am Morgen des folgenden Tages beabsichtigt war.[219] Dass sie kurzfristig gewollt war, steht fest.

Die These, die Maueröffnung sei nur durch Zufall wegen eines Versehens von Schabowski oder den selbständigen Mut einiger Grenzoffiziere zu erklären, ist vor diesem Hintergrund ohnehin nur für die Frage relevant, ob sie einige Stunden früher oder später erfolgen sollte. Krenz beschreibt aber angesichts der Bedeutung der Mauer für die Existenz des SED-Regimes durchaus glaubwürdig, dass er kurz vor 21.00 Uhr einen Anruf von Mielke erhalten hat, in dem Mielke ihm die Bewegung von Menschen in Berlin-Mitte in Richtung auf die Grenze beschrieb. Kurz darauf habe Mielke erneut angerufen und gefragt, „Was sollen wir machen?" Womit erkennbar wird, dass der Sicherheitsapparat die Grenze zu dieser Zeit noch kontrollierte. Krenz gab darauf noch keine Antwort, sondern telefonierte mit Verteidigungsminister Keßler. Krenz schildert zwar dieses Gespräch mit Keßler nicht näher. Aber man kann sich den Inhalt denken, denn, so Krenz, kurz darauf rief Mielke erneut bei ihm an. Als Krenz ihn fragte „Was schlägst du vor?", habe dieser geantwortet, „Generalsekretär bist du." Woraufhin er ihm gesagt habe, „Hoch mit den Schlagbäumen." Mielke habe ihm dann recht gegeben.[220] Die Kommandeure haben aber erst gegen 22.00 Uhr begonnen, die lautesten Demonstranten passieren zu lassen. Und erst gegen 23.30 Uhr haben sie dann einfach jeden durchgelassen.

Mit anderen Worten hat Krenz im Bewusstsein der Haltung Gorbatschows zur Gewaltfrage und nach Abstimmung mit den Spitzen des Sicherheitsapparates die Weisung zur Öffnung der Grenze gegeben. Zeit zu ihrer Übermittlung an die Grenze gab es zwischen 21.00 und 22.00 Uhr genügend. Das Ganze war also kein Versehen, sondern dem Charakter der Mauer als am Besten kontrollierter Grenze der Welt entsprechend. Behauptungen der – von der Stasi kontrollierten – Kommandeure der Grenzübergänge, sie hätten nach eigenem Gutdünken gehandelt, kann man also getrost verwerfen.[221]

In diesem Zusammenhang ist bezeichnend, dass die Frage, auf die Schabowski am Schluss seiner Pressekonferenz nach Verlesung der Presseerklärung über die Mauereröffnung angeblich verwirrt „ab sofort" antwortete, nach dem Zeugnis des Fragestellers, eines italienischen Journalisten namens Ehrmann, von einem hohen Funktionär, vorher bestellt worden ist. Er müsse unbedingt nach der Reisefreiheit fragen. Schabowski hat diese Bestellung offenbar bestritten, aber niemand hat behauptet, dass er der Besteller war. Er schreibt jedenfalls, Krenz habe ihm bei der Übergabe der Presseerklärung vor der Pressekon-ferenz gesagt „Das wird ein Knüller". Krenz schreibt etwas milder, er habe gesagt: „Das wird eine Weltnachricht", worin doch zum Ausdruck kommt, dass sie sich beide über die Tragweite im Klaren waren. Das wird auch in Scha-bowskis Behauptung deutlich, er habe sich die Bekanntgabe für das Ende der Pressekonferenz vorgenommen, um Fragen zu entgehen,[222] was bedeutet, dass er mit dem angeblich verwirrten Suchen nach dem Text und der stotternden Vortragsweise nur eine Schau veranstaltet hat, durch die die Mitteilung noch auffälliger wurde. Er wusste doch, womit er in die Pressekonferenz gekommen war. Schabowski, ehemaliger Chefredakteur des Neuen Deutschland und Vollmitglied des Politbüros, war doch ein mit allen Hunden gehetzter, presseerfahrener Propagandist, der natürlich wusste, was er tat. Er hat ja auch dem amerikanischen Fernsehkorrespondenten Tom Brokaw unmittelbar nach der Pressekonferenz bestätigt, dass die Mauer ab sofort offen sei.[223] Der Ablauf vor den Journalisten am Abend des 9., der dann die westlichen Meldungen von der Maueröffnung provozierte und damit den Sturm auf die Mauer in der Nacht, war also eine Scharade. Sie hatte aber einen klaren Zweck, die Öffnung der Mauer, um den Westen unter maximalen Druck zu setzen.

Wie immer noch entscheidend die sowjetische Haltung war, wird durch eine Mitteilung Schewardnadses in der Literaturnaja Gazeta vom 10. 4. 91 ein erkennbar, wonach es in der Nacht vom 9. auf den 10. 11.1989 Forderungen nach der Aufstellung von Sperrdivisionen an der Grenze zwischen den beiden deutschen Staaten gegeben habe. Moskaus offenbare Ablehnung dieser Forderung macht klar, dass es in diesen konkreten Fragen des Vorantreibens ihrer Deutschland- und Westpolitik die nach wie vor im Hintergrund bleibende Haltung der Mannschaft Gorbatschows war, die den mit der Maueröffnung eintretenden, grundlegenden geopolitischen Wandel durchgesetzt hat. Dieser Hinweis Schewardnadses öffnet aber auch einen Einblick in die Machenschaften, mit denen die Gegner dieser Politik, offenbar vor allem in militärischen Kreisen, doch noch ein militärisches Eingreifen provozieren wollten.[224] Andeutungsweise macht Krenz darauf aufmerksam. Er berichtet von einer Mitteilung des DDR-Generals Streletz gegen Mitternacht, wonach die Sowjets ihre Streitkräfte in der DDR in „erhöhte Gefechtsbereitschaft" und deren Führungsorgane sogar in „volle Gefechtsbereitschaft" versetzt hätten. Und gleichzeitig wurden auf Befehl des DDR-Verteidigungsministers Keßler die DDR-Grenztruppen in „erhöhte Gefechtsbereitschaft" versetzt, also die parallele Maßnahme zur sowjetischen Alarmierung getroffen wurde[225],

Kwizinskis Anruf bei Teltschik in Berlin am Abend danach wegen drohenden „Chaos" in der DDR, mit dem er die Bitte Gorbatschows an Kohl übermittelte, beruhigend einzuwirken, gehört in diesen Zusammenhang. Diese Bitte Gorbatschows ist wohl nur dadurch zu erklären, dass er über die Lage in der DDR falsch unterrichtet worden war. Es hatte seit der Maueröffnung kein „Chaos", insbesondere keine Übergriffe gegen sowjetische Einrichtungen gegeben. Vermutlich ist also der Vorschlag zum Einsatz von „Sperrdivisionen" durch Falschinformation begründet worden. Mit anderen Worten: die Situation, als die Deutschen sich selig in den Armen lagen, stand in jener Nacht auf Spitz und Knopf.

Der Wille einiger Sowjets aber, die Entwicklung auch nach dem Mauerfall u. U. auch mit Gewalt weiter aus dem Hintergrund zu steuern, kam auch in einem Geheim-Besuch Falins in Ost-Berlin am 24. 11. zum Ausdruck, in dem Falin, für den Fall, dass die Kontrolle über die Entwicklung in Deutschland nicht anders aufrecht zu erhalten sein sollte, sogar erwog, die Grenzen wieder abzublocken, also „Sperrdivisionen" einzusetzen [226]Bei dieser Besprechung mit Krenz und Modrow ging es um die Abstimmung der Politik nach dem Mauerfall. [227]Und zu Schabowskis Schilderungen wohl des gleichen Gespräches[228] passt die Darstellung eines anonymen Stasi-Offiziers, wonach dort Falin im Kontakt mit Wolf und Modrow die entscheidenden Weichen für den Abgang von Krenz gestellt und u. a. eine Führung einer kommunistischen Partei durch Wolf ins Auge gefasst habe. Vor allem aber sei es Falin nicht so sehr um die Rettung der DDR gegangen, „sondern in erster Linie so viel von der DDR zu retten, dass die Sowjets für ihre Deutschlandpolitik die Karten in der Hand hatten", also darum, den Wert der DDR als Tausch-Objekt zu erhalten[229] Meine entsetzte Überlegung in Köln am Abend des Mauerfalles, dass das Ganze vielleicht nur in Szene gesetzt war, um uns durch die Fakten der Grenzöffnung die Neutralität als Preis der Wiedervereinigung aufzuerlegen, die durch die Noten von 1952 und 1953 nicht durchsetzbar gewesen war, traf also tatsächlich Falins Intentionen.

Von Portugalows berühmtem Besuch bei Teltschik am 21. 11., in dem er nicht nur über das ob, sondern bereits das wie der Wiedervereinigung sprach, wusste ich damals nichts. Portugalow hat aber später erklärt, der Sinn seines Besuches sei es gewesen, „der deutschen Regierung klarzumachen, dass wir (also anders als die Westmächte) diejenigen sind, die im Grunde genommen mit dem erhöhten Tempo einer Annäherung zwischen beiden deutschen Statten durchaus leben können."[230] Meine Analyse der mich alarmierenden Äußerungen Schischlins, Gratschews und Jakowlews jener Tage im Westen, dass die SU eher als die Westmächte zur Wiedervereinigung bereit sei, war also richtig gewesen. Die Sowjets versuchten, uns durch vorgeblich größere Offenheit in der deutschen Frage von unseren westlichen Verbündeten zu trennen. Modrow sieht in diesem Gespräch Portugalows und dem Gespräch Falins mit ihm und Krenz ein paar Tage später Anzeichen für „doppeltes Spiel" einiger KPdSU-Politiker, bestätigt also, dass die Sowjets wenigstens zwei Optionen verfolgten, sowohl die Stabilisierung wie den Verkauf der DDR.[231]

Auch in der folgenden Etappe des Niedergangs der Lawine, dem Umbruch in der Tschechoslowakei, gibt es inzwischen Hinweise auf das Einwirken Moskaus nicht nur aus dem Hintergrund. Bereits Anfang September, also noch vor dem Höhepunkt der Flüchtlingskrise um unsere Botschaft, hatte Masurow, ein sowjetischer Spitzen-Funktionär, in einem Interview für die Iswestija erklärt, die tschechoslowakische Führung solle die Bühne verlassen.[232] Beim großen Empfang im Kreml am 7. 11. hat Gorbatschow dem tschechoslowakischen Botschafter das Gleiche gesagt. [233] Und am 16. 11. 1989 sagten die Sowjets dem tschechoslowakischen Ideologie-Papst und seit 1968 als Hardliner bekannten ZK-Sekretär Foitik, den sie nach Moskau einbestellt hatten, die sowjetischen Truppen in der Tschechoslowakei würden nicht zur Erhaltung des an der Macht befindlichen, konservativen Regimes eingesetzt werden. Von da an spätestens war also auch Jakeš und Genossen klar, dass nun sie an der Reihe waren.[234] Mein damaliger Eindruck bei der Lektüre der Interfax-Meldungen in Moskau, dass die am Tag darauf beginnende Welle von Großdemonstrationen mit der Meldung vom Tod eines Studenten von der Geheimpolizei provoziert worden war, die das Jakeš-Regime beseitigen wollte, ist durch die Untersuchung der Abläufe durch eine spätere offizielle tschechoslowakische Kommission bestätigt worden.²³⁵

Es steht fest, dass der General des tschechoslowakischen Geheimdienstes, der die Operation, d. h. die Genehmigung der Demonstration und ihr provoziertes Abschwenken in die Innenstadt mit der dann unvermeidlichen Konfrontation mit der Polizeigewalt, entworfen und in Gang gesetzt hat, sich am gleichen Tag in Prag mit zwei KGB Generälen getroffen hat. Einer davon, Gruschko, war einer der stv. Vorsitzender des KGB und wenige Tage zuvor aus Moskau eingeflogen. Zwar ist das kein direkter Beweis dafür, dass der KGB über die Operation, die den Umsturz auslöste, unterrichtet war, jedoch halte ich es für ausgeschlossen, dass zwischen der tschechoslowakischen Geheimpolizei und Gruschko nur über das Wetter gesprochen wurde. Vielmehr kann man ziemlich sicher sein, dass der tschechoslowakische Geheimdienst Moskau zumindest auf dem Laufenden gehalten hat. Gruschkos Reise nach Prag genau zu dieser Zeit spricht sogar dafür, dass das Ganze von Moskau ausgegangen ist, jedenfalls aber abgesprochen war.²³⁶

Sebestyen schildert auch, dass in den entscheidenden Tagen nach der Demonstration mit dem angeblich toten Studenten Gorbatschow den stv. Leiter der internationalen Abteilung des ZK in Moskau, Musatow, nach Prag geschickt habe, angeblich nur um sich verlässlich zu unterrichten, weil der sowjetische Botschafter in Prag zu den Konservativen gehörte. Musatow ist dabei aber sogar zu Sitzungen des Bürgerforums gegangen, in dem Havel die Bürgerbewegung organisierte, die im Dezember das Jakeš-Regime hinwegfegte. Man kann davon ausgehen, dass Musatow dorthin nicht nur zum Zuschauen kam. Er war im ZK-Sekretariat für die Staaten des Warschauer Paktes etwa das Gleiche wie Falin für die DDR, also der Mann, der unmittelbar unter der Politbüroebene die Politik gegenüber diesen Staaten steuerte. Das Erscheinen eines so hohen Funktionärs aus Moskau mit dieser Stellung in der Nähe Gorbatschows im Prager Bürgerforum in jenen kritischen Tagen war ein öffentliches Zeichen der Unterstützung der Gorbatschow-Mannschaft für Havels Anstrengungen. Die bloße Information darüber wäre auch ohne eine solche persönliche Präsenz möglich gewesen. So haben es mit Sicherheit sowohl Havel wie Jakeš verstanden. Musatow demonstrierte den Standort Moskaus an der Seite der Bürgerbewegung.²³⁷

Mit anderen Worten, auch die Entwicklung in der Tschechoslowakei war nicht lediglich eine Revolution von unten. Die Menschen dort hatten nach den von Moskau angestoßenen und weitgehend gesteuerten Entwicklungen in Polen, Ungarn, und der DDR Mut geschöpft. Das allein war aber nicht ausreichend, sondern der von Moskau gegebene Zündfunke durch das Gerücht über den toten Studenten und die demonstrative Parteiergreifung der Gorbatschow-Mannschaft für die Bürgerbewegung in den Tagen danach waren die auslösenden und treibenden Faktoren. Es handelt sich um ein weiteres Kapitel der mit verdeckten Mitteln betriebenen Politik Gorbatschows der umfassenden Entlastung der SU.

Genauso steht heute fest, dass die Entwicklung in Bulgarien wesentlich nicht auf einer Bewegung von unten, vor allem die Ökologie-Bewegung, zurückzuführen ist, sondern auf einer Verschwörung von Mladenow und einigen anderen Spitzenfunktionären beruhte, die spätestens auf dem WP-Gipfel Anfang Juli 1989 in Bukarest ebenfalls mit Gorbatschow abgestimmt war, als Gorbatschow auf Mladenow zugegangen war. [238]

Was Rumänien betrifft, so ist ein vergleichbares Gespräch zwischen einem rumänischen Spitzenfunktionär, Brucan, mit Gorbatschow über einen Sturz Ceaușescus und die Machtübernahme durch eine reformierte Kommunistische Partei für November 1988 bezeugt.[239] Brucan war schon 1987 aufgefallen, als er der BBC ein Ceaușescu-kritisches Interview gegeben hatte.[240] Er hatte also tatsächlich, wie von mir unterstellt, das Moskauer backing, als er im Frühjahr 1989 den „Brief der Sechs" in die westlichen Medien lancierte. Iliescu hat sich am 22. 12. 89 darauf berufen, dass er Gorbatschow gut genug kenne, um ihn um Hilfe zu bitten, wenn die Dinge schlecht gingen.[241] Und der Name der Revolutionsregierung unter Iliescu – dem Altkommunisten, der wie Rakowski <Strougal> und Pozsgay zuerst 1987 als Regime-Kritiker aufgefallen war – „Nationale Rettungsfront", erinnert an die „Rettungskomitees", die sich ein Jahr später in der SU bildeten. Jedenfalls waren die Verschwörer in der „Nationalen Rettungsfront" in Rumänien in der Lage, die Macht sofort zu übernehmen, als die Massendemonstrationen in Bukarest Ceaușescu vertrieben hatten. Diese „Front" kann also nicht aus dem Nichts gekommen sein. An ihrer Durchsetzung mit Angehörigen der Geheimpolizei Securitate ist ebenfalls kein Zweifel. Auch wenn es bisher wenig weitere Belege für eine direkte Involvierung der Sowjets in den Umsturz in Rumänien gibt, so war es auch dort mindestens so sehr eine Revolution von oben durch Gorbatschow-Sympathisanten wie eine echte Volkserhebung.[242]

Heute ist bekannt, dass die für die weitere Entwicklung der sowjetischen Deutschlandpolitik entscheidende Sitzung am 26. 1. 1990 in Moskau stattfand. Sie wird von Gorbatschow, Tschernjajew, Schachnasarow und Falin beschrieben[243], wobei sich zwar Unterschiede ergeben, jedoch kein Zweifel daran besteht, dass die deutsche Einheit für unvermeidlich gehalten wurde und im Ergebnis die NATO-Mitgliedschaft des vereinten Deutschland keine entscheidende Bedeutung für Gorbatschow hatte. Schachnasarow schreibt zwar, dass Gorbatschow den Austritt aus der NATO, zumindest Abzug ausländischer Truppen und Entmilitarisierung zur Bedingung gemacht habe.[244] Bei Tschernjajew findet sich in seinen Memoiren davon jedoch nichts.[245] Und in Gorbatschows Zusammenfassung in seinen Erinnerungen kommt davon ebenfalls nichts vor.[246] Aus dem inzwischen vorliegenden, angesichts seiner heute bekannten Persönlichkeit wohl verlässlichen Vermerk Tschernjajews über diese Besprechung[247] ergibt sich jedenfalls, dass

Gorbatschow nicht von einer „Bedingung" gesprochen hat. Er hat sich vorsichtiger ausgedrückt: „Das Wichtigste ist, dass niemand damit rechnen sollte, dass ein vereintes Deutschland in die NATO eintritt. Die Anwesenheit unserer Streitkräfte wird das nicht zulassen. Und abziehen können wir sie, wenn die Amerikaner ihre Streitkräfte ebenfalls abziehen. Dies aber werden sie noch lange Zeit nicht tun." Das heißt doch, zwar sollte Niemand den Abzug der sowjetischen Truppen erwarten, es könnte sich aber sehr wohl so ergeben. Das ist etwas ganz anderes als die Forderung des NATO-Austritts als einer conditio sine qua non. Und in seiner Zusammenfassung sagte Gorbatschow: „Zum Problem der Streitkräfte in Europa sich so verhalten, dass es nicht so erscheint, als zögen wir einfach zum 50. Jahrestag des Sieges ab." „Nicht so erscheint", also obwohl es sich tatsächlich so verhält.

Hier wird das eigentliche außenpolitische Grundkonzept des Abzugs zur Entlastung erkennbar, genauso wie in Jakowlews Hinweis in dieser Besprechung, „Amerika braucht unsere Streitkräfte in der DDR mehr als wir selbst", was doch heißt, dass die SU an der Präsenz der sowjetischen Truppen eigentlich kein starkes Interesse besitze, sondern die USA sie brauche, um ihre eigene Präsenz zu rechtfertigen. Jakowlew spricht zwar von Neutralisierung und Entmilitarisierung als „Bedingungen", nach allem was wir aber inzwischen über sein außenpolitisches Konzept spätestens seit 1985 wissen, kann man die Annahme, er habe damit seine wahre Meinung ausgedrückt, getrost verwerfen. Es handelt sich vielmehr um einen typischen Fall seiner Verschleierungstaktik. Aber diese Taktik war von den konservativen Gegnern im Politbüro zu diesem Zeitpunkt durchschaut. Krjutschkow hat z. B. dazu gesagt, in den Monaten zu Jahresende 1989/Jahresanfang 1990 habe Jakowlew noch weitergehende Positionen zum Verhalten gegenüber der deutschen Frage gehabt, als Gorbatschow.[248]

Falin berichtet, dass Gorbatschows Berater, also Tschernjajew und Schach-nasarow, in dieser Besprechung offen gegen diese Bedingung gewesen seien.[249] Gorbatschows Vorbringen zur Frage des NATO-Austritts ist so eher die Beschreibung einer nach außen einzunehmenden Position als eine Festlegung gewesen. Mit dieser Position sollten seine eigentlichen Absichten verdeckt und der Preis für ihre Aufgabe in die Höhe getrieben werden.[250] Indem er seine Berater voran schickte, sie wussten am Besten, wo seine Präferenzen lagen, trieb er in der für ihn typischen Manier einerseits die Dinge in die gewünschte Richtung, exponierte sich aber noch nicht endgültig. Gleichzeitig verglich Gorbatschow in dieser Besprechung die gegebene Lage mit der beim Brester Frieden[251], also einer Lage, in der die SU gezwungen war, auf die härtesten Friedensbedingungen einzugehen. Meine Interpretation der Präsentation von Schatrows Stück „Der Brester Frieden" in jenen Monaten war also richtig gewesen, genauso wie meine damaligen Analysen für Bonn, vor allem Teltschik, dass sich die SU in einer Zwickmühle oder extremer „Zeitnot" befand, denn Gorbatschow forderte in dieser Besprechung dazu auf, vor allem Zeit zu gewinnen[252], weil er erkannt hatte, dass ihm in der DDR und den anderen Warschauer-Pakt-Staaten die Zeit davon lief.

Auch seine primäre Zielsetzung der möglichst raschen Befreiung der SU von den Lasten des Imperiums in der DDR kam am Ende dieser Besprechung in dem Auftrag Gorbatschows an Achromejew klar zum Ausdruck, „die Frage des Abzugs unserer Streitkräfte aus der DDR zu prüfen."[253] Gorbatschow erklärte diese Schlüsselfrage für die Weltstellung der SU als im Zentrum Europas fest verankerter Macht dabei erstaunlicherweise für eine: „mehr innen- als außenpolitische Frage",[254] weil man für die Familien der abziehenden Soldaten sorgen müsse. Mit dieser politischen Einordnung der Truppenpräsenz in Deutschland erstickte er jeden Versuch im Keim, aus dieser Präsenz in den bevorstehenden Ver-handlungen ein außenpolitisches Faustpfand für die Zustimmung zur Einheit zu machen. Das Fazit meines Briefes von Anfang Januar an Teltschik, dass die sicherheitspolitischen Fragen für Gorbatschow nicht entscheidend waren und wir uns im Grunde die Einheit für Geld kaufen könnten, traf also tatsächlich Gorbatschows Vorstellungen.

In dieser Besprechung zeigte sich auch die bekannte Präferenz Falins, die sowjetische Deutschlandpolitik mit der SPD umzusetzen, während Tschernjajew und im Ergebnis auch Gorbatschow die CDU und den Bundeskanzler als die Partner betrachteten, mit denen die Politik der Vereinigung gemacht werden sollte. Hier hat sich die persönliche Beziehung ausgezahlt, die der Bundeskanzler zu Gorbatschow aufgebaut hatte. Sie beruhte aber auch auf Gorbatschows Selbstverständnis, der als Führer einer Weltmacht nur mit den ausländischen Spitzen Politik machen wollte. Schließlich war in dieser Besprechung auch in der Person von Fjodorow, Falins Stellvertreter für die DDR, die Betonfraktion vertreten, als er z. B. bestritt, dass es bei uns überhaupt einen Wunsch nach Wiedervereinigung gäbe.[255]

Wichtigstes Ergebnis dieser Besprechung war im Übrigen, nun Verhandlungen im Rahmen der Sechs zu suchen. Als Daschitschew am 29. 1. bei mir sondierte, was wir von einer Initiative für Verhandlungen in diesem Rahmen hielten, war er also offenbar bereits über das Ergebnis der Besprechung bei Gorbatschow nur drei Tage zuvor unterrichtet, was dafür spricht, dass er, wie Baranowski, tatsächlich der Gruppierung im Apparat angehörte, die den Vorstellungen Gorbatschows am Nahesten stand, jedenfalls näher als die Germanisten um Falin und die Betonfraktion um Kwizinski/Bondarenko.

Am 23. Januar, wenige Tage zuvor, hatte in Moskau eine Besprechung Gorbatschows mit seinen engsten Mitstreitern, allen voran Jakowlew, stattgefunden, in der das Anfang Februar bevorstehende ZK-Plenum mit der Aufgabe der führenden Rolle der Partei und der Annahme einer sozialdemokratischen „Plattform" vorbereitet wurde.[256] Zusammen mit Jakowlew, Medwedew, Boldin, Schachnasarow, Petrakow und Tschernjajew kam Gorbatschow noch nicht zu einem endgültigen Ergebnis. Am 28. berichtete

Jakowlew dann dem die Plattform redigierenden Tschernjajew, dass er Gorbatschow sein Programm vorgetragen habe:

- Verdrängung des Politbüros und des ZK,
- Präsidial-Verfassung, Mehrparteiensystem, Ende Machtmonopol der Partei,
- Privateigentum,
- Armeereform, Absetzung der Generäle,
- Truppenabzug aus Osteuropa,
- Großkredite vom Westen. [257]

Nach einer anderen Darstellung erhob Jakowlew diese Forderungen – praktisch das Gesamtkonzept der Perestroika – in einem Gespräch zu dritt an diesem Tag zwischen Gorbatschow, Jakowlew und Tschernjajew.[258] Es wurde dabei zwar nicht klar, was davon Gorbatschow im Einzelnen gebilligt hatte, aber der Truppenabzug wurde hier eben nicht von Bedingungen abhängig gemacht und den Beteiligten war sicher klar, dass Großkredite aus dem Westen unerreichbar würden, wenn sie versuchten, die Amerikaner aus Europa zu vertreiben. Solche Kredite waren aber ein konstitutiver Teil dieses durch die zunehmende ökonomische Rückständigkeit wesentlich ausgelösten und bestimmten politischen Gesamtkonzeptes.

Hier kam also der wahre Kern der Präferenzen Gorbatschows und Jakowlews zum Ausdruck, der hinter den Ergebnissen der Deutschlandbesprechung wenige Tage danach stand. Und das ZK hat dann dieses Jakowlew-Programm, in dem innen- und außenpolitische Reform mit einander verbunden waren und von einander abhingen, am 7. 2. 1990 in wichtigen Teilen wie der Abschaffung der führenden Rolle der Partei und der Einführung eines Präsidial-Systems beschlossen, auch wenn Gorbatschow dort nicht mit der ganzen Radikalität vorging, die Jakowlew vorgeschlagen hatte.[259] Zu diesem Zeitpunkt waren die Reformer also noch stärker als ihre Gegner und standen noch hinter Gorbatschow.

Aus der Beschreibung seines Gesprächs mit Modrow wenige Tage darauf am 30. 1. geht hervor, das Gorbatschow schon damals Modrow und dessen Politik der Stabilisierung der DDR durch eine „Vertragsgemeinschaft" mit uns fallen gelassen hatte, obwohl er Modrow für den „fähigsten und würdigsten Nachfolger Honeckers" hielt, weil Modrow nicht mehr Herr der Situation war und hinter der Entwicklung zurückblieb.[260] Gorbatschows Schilderung der Entscheidung für Verhandlungen „Zwei-plus-Vier" und nicht „Vier-plus-Zwei" Anfang Februar 90 zeigt auch, dass er Falin schon damals für einen seiner „Opponenten" hielt, der wegen dieses angeblich grundsätzlichen Zugeständnisses eine ganze Pyramide von Beschuldigungen aufgetürmt habe. Dazu Gorbatschow: „Das sind alles Spitzfindigkeiten."[261] Gleichzeitig beklagt sich Falin in seinem Buch „Konflikte im Kreml" darüber, dass Gorbatschow sich in den entscheidenden deutschlandpolitischen Fragen monatelang nicht endgültig festlegte, sondern die Entscheidung mehrfach mit

Hinweis auf die jeweils bevorstehenden Gespräche mit Baker, dem Bundeskanzler, mit Mitterand und auf die Wahlen in der DDR aufschob.[262] Mit anderen Worten, die beiden, Gorbatschow und Falin, wussten, was sie von einander zu halten hatten. Gorbatschow hielt aber Falin im Amt, offenbar um ihn unter Kontrolle zu halten und zu verhindern, dass er ganz zur Opposition überging, während Falin offenbar blieb, weil er hoffte, nach wie vor entscheidenden Einfluss nehmen zu können.

Hier bestätigt sich, dass Falin und Gorbatschow zwar in einer Politik des Einsatzes der DDR als Handelsobjekt mit dem Westen übereinstimmten, sich jedoch in ihrer Zielsetzung fundamental unterschieden. Falins Politik war gegen die US-Präsenz in Deutschland gerichtet. Sein Konzept der Einheit in einer europäischen Friedensordnung hat er DDR-Botschafter König am 30. 1. 90 beschrieben, in dem er einmal mehr an die alten Vorschläge der SU anknüpfte (durch die die USA verdrängen werden sollten).[263] Gorbatschow wollte dagegen letztlich eine Politik mit den USA und den Westmächten machen und verstand, dass die Forderung nach dem Austritt des Vereinten Deutschland als Angriff auf die US-Präsenz in Europa begriffen würde. Derjenige, der ihm dies offenbar am klarsten und eindringlichsten erklärt hat, war der britische Außenminister Hurd im April 1990. „Ein Ausscheiden Deutschlands aus der NATO würde faktisch den Zerfall dieses Bündnisses bedeuten, d. h. er würde das weitere Verbleiben der amerikanischen Streitkräfte in Europa unmöglich machen"[264], sagte Hurd Gorbatschow. Hurd deutet in seinen Memoiren hierzu vor allem an, wie er und das Foreign Office vorsichtig versuchten, Mrs. Thatcher aus der Sackgasse herauszuhelfen, in die sie sich mit ihrem Kampf gegen die Wiedervereinigung verrannt hatte.[265]

Für wie entscheidend für Gorbatschow die amerikanische Haltung war, ist in dem Hinweis Schachnasarows erkennbar, Gorbatschow habe Angst gehabt, den Amerikanern mit dem Gespenst eines neuen Rapallo einen Schrecken einzujagen, als Falin vor dem 8. Mai 1990 einen neuen bilateralen Vertrag mit uns vorgeschlagen hatte.[266] Mein Vortrag vor den Journalisten der „New York Times" von Mitte Mai, dass Gorbatschow verstanden habe, dass das Bestehen auf das Ausscheiden Deutschlands aus der NATO von den USA als strategische Herausforderung begriffen werden würde, war völlig richtig und hat wohl dazu beigetragen, diesen entscheidenden Nagel noch etwas tiefer einzuschlagen.

Allerdings hat Gorbatschow wohl einige Zeit gebraucht, um sich diesen entscheidenden Zusammenhang zu Eigen zu machen. Dobrynin berichtet von einem Gespräch mit Gorbatschow im Frühjahr 1985, kurz nach seinem Amtsantritt. Darin habe Gorbatschow die Grundgedanken seiner Außenpolitik erklärt. „Erstens. Es gibt keinen Sieg über den Imperialismus mit Waffengewalt. Noch können wir unsere heimischen Probleme ohne ein Ende des Wettrüstens lösen. Zweitens. Wir müssen versuchen, das Maximum an amerikanischen Truppen aus Europa zu vertreiben. Für die Amerikaner bedeutet das den Rückzug über den Ozean, für uns nur wenige hundert

Kilometer hinter die Grenze, wo ihre Präsenz von Europa stark gefühlt werden wird."[267] Mit anderen Worten wird hier das fundamentale Entlastungsinteresse bereits ganz zu Anfang von Gorbatschows Außenpolitik vorangestellt. Dass dem die genannte zweite Priorität widersprach, weil ein Ende des Wettrüstens nicht bei einer Politik des Vertreibens der USA aus Europa zu erwarten war, hat sich dagegen bei Gorbatschow vielleicht tatsächlich erst endgültig zwischen dem Gipfel von Malta im Dezember 1989 und dem von Washington Ende Mai 1990 durchgesetzt, wo er im scharfen Gegensatz zu Malta erklärte, er hoffe, die amerikanischen Truppen würden noch lange in Europa bleiben.[268]

Falin war, wie seine Bücher zeigen, unser hartnäckigster und wegen seiner Kenntnisse und diplomatischen Fähigkeiten gefährlichster Gegner. Er war wohl auch nicht eigentlich Berufsdiplomat. In seinen Erinnerungen schildert er seine erste Verwendung nach Ende seiner Universitätsausbildung in einer Stelle, die man nach seiner Beschreibung für die zentrale Auswertung der den Moskauer Apparaten zugehenden Auslandsinformationen halten muss, also einen Teil des Sicherheitsapparates.[269] Für seine Zugehörigkeit zu ihm spricht auch sein Wechseln hin und her zwischen dem ZK-Apparat und dem Diplomatischen Dienst und vor allem seine Verwendung als Chef von Nowosti, der vom KGB als cover für seine Agenten benutzten und wohl getragenen Nachrichtenagentur neben Tass. Er selber schreibt, er habe in den 50er Jahren für die „Informationsinstitutionen" gearbeitet.[270] Deutlicher kann man es von ihm wohl nicht erwarten.

Gratschew berichtet, dass Falin, Dobrynin und Kwizinskij noch im Frühjahr '90 sogar dafür eintraten, in der DDR doch wieder wie 1953 die sowjetischen Truppen einzusetzen, um die Vereinigung aufzuhalten.[271] Kwizinskij schreibt selbst über diese Lage im Frühjahr 1990: „Eine unschlagbare Trumpfkarte blieb uns allerdings, – der Einsatz unserer militärischen Möglichkeiten in der DDR."[272] Er sagt dann zwar, dass dies zu einer Katastrophe hätte führen können, was seiner vorherigen Bewertung von der verfügbaren Unschlagbarkeit dieser Möglichkeit widerspricht. Im Ergebnis macht er aber dann die Führung dafür verantwortlich, das dieser Einsatz ausgeschlossen wurde. Hätte er selbst zu entscheiden gehabt, wäre die Entscheidung wohl anders ausgefallen, wie seine eigene Beschreibung seines erbitterten Kampfes gegen die NATO-Mitgliedschaft mit dem, wie er wusste, von vornherein inakzeptablen Vertragsentwurf von Berlin deutlich macht.[273] Und seine Bitterkeit über die Verhandlungsführung durch Schewardnadse und Gorbatschow kommt auch in seinem Bekenntnis zum Ausdruck, er glaube heute noch, dass Deutschland aus der NATO oder zumindest aus deren Militärorganisation ausgetreten wäre, wenn man das deutsche Volk entschieden genug vor die Wahl gestellt hätte – nationale Einheit oder NATO – .[274] Es gab eben, wie ich damals befürchtete, tatsächlich eine Moskauer Fraktion, die uns genau mit dieser Alternative aus der NATO herausbrechen wollte.

Meine Sorge über das die ganze Zeit über uns schwebende Damokles-Schwert des Truppeneinsatzes war also sehr berechtigt, und zwar bis zum Schluss der Verhandlungen und sogar bis zur Ratifikation, d. h. in einer Lage, in der die Menschen in der DDR diesen Einsatz schon längst für ausgeschlossen hielten. Es war der politische Wille Gorbatschows, dass die SU zu diesem Mittel nicht doch noch griff, als sie in äußerster Zeitnot die Deutschlandregelung auszuhandeln hatte. „Er kam im Mai 1990, als sich die wirtschaftliche Lage in der SU rasch verschlechterte, und ihm klar wurde, dass die Aussichten auf Fortsetzung der Reform auf dem Spiel standen, zu der Schlussfolgerung, dass die Gewinnung Deutschlands, des Staates und der großen Nation, nicht Kohls oder Genschers, als strategischem Alliierten für die Zukunft sehr viel wichtiger war, als die Fortsetzung kleiner Streitereien über Formeln. Diese Entscheidung wurde Teil seiner allgemeinen Entschlossenheit, die Perestroika zu retten", so Gratschew.[275]

Falin legte Gorbatschow über das ganze erste Halbjahr 1990 eine Serie von Memoranden vor, die immer die Neutralität, Entnuklearisierung und Abrüstung Deutschlands zum Ziel hatten, auch wenn die einzelnen Schritte zu diesem Ziel nicht immer gleich beschrieben wurden.[276] Seine Zielsetzung war immer die gleiche wie die Stalins und Berijas von 1952 und 1953[277], auf die er sich z. B. in einem Memorandum v. 18. 4. 90 sogar als Vorbild berief.[278]

Es ist bezeichnend für Falins Herkunft und die Kontinuität seines Denkens aus seinen ersten Berufsjahren, dass er an diesem Konzept immer festgehalten hat. So schildert er z. B. eine heftige Auseinandersetzung mit Gromyko im Jahre 1977, in der er an dem Ziel eines vereinten Deutschland, natürlich zu sowjetischen Bedingungen, festhielt, während Gromyko, darüber verärgert, energisch die Position verteidigte, die ich bei ihm immer wieder registriert hatte, wonach es nun zwei deutsche Staaten gebe und daran nichts zu ändern sei.[279] Falin hatte die DDR kritisiert, als sie die Zugehörigkeit zur deutschen Nation aus ihrer Verfassung strich. So bestanden über die Jahrzehnte von Stalin/Berija/Semjonow über Gromyko/Falin bis zu Gorbatschow/Schewardnadse/Falin im sowjetischen Apparat zwei Denkschulen parallel nebeneinander, wie die Deutsche Frage letztlich zu lösen sei.

Am 9. 7. 90 versuchte Falin unmittelbar vor den entscheidenden Gesprächen Gorbatschows mit dem Bundeskanzler in Moskau und im Kaukasus noch einmal sowohl schriftlich wie mündlich die Neutralisierung durchzusetzen. Gorbatschow sagte ihm dazu noch vor Gesprächsbeginn – es war eben schon alles Wesentliche entschieden, bevor der Bundeskanzler eintraf – „Ich werde tun, was ich kann, aber ich fürchte, dass der Zug schon abgefahren ist."[280] Zuvor hatte er Falin mit seinen Vorstellungen vor die Wand laufen lassen, als er ihm während des entscheidenden Gesprächs mit den Amerikanern am Nachmittag des 31. Mai in Washington das Wort erteilte und Falin seine Vorstellungen ohne jeden Erfolg ausbreiten konnte.[281] So konnte Gorbatschow immer darauf hinweisen, dass Falin seine Chance zur Durchsetzung seiner Vorstellungen gehabt habe.

Der Verlauf dieses sowjetisch-amerikanischen Gipfels belegt auch, dass meine Analyse für Teltschik richtig war, dass das sowjetische Interesse an Wirtschaftshilfe das alles entscheidende sowjetische Motiv war, und deshalb die Deutschland betreffenden Fragen zu unserer Zufriedenheit lösbar waren, wenn dieses Interesse bedient wurde. Schon die grundsätzliche Zusage von Wirtschaftshilfe der USA auf dem Gipfel von Malta Anfang Dezember 1989 war wichtig gewesen, wie Tschernjajew berichtet.[282] Vor dem Washingtoner Gipfel ein halbes Jahr später rief der Bundeskanzler Bush an, um ihm die Bedeutung von Wirtschaftshilfe noch einmal eindringlich ans Herz zu legen.[283] Während der Gespräche in Washington und Camp David, als sich der Durchbruch über die Formel von der Freiheit der Bündniswahl aus der Schlussakte von Helsinki abzeichnete, hat Bush den Bundeskanzler seinerseits angerufen, um ihn in der entstandenen kritischen Situation um Rat zu fragen. Der Bundeskanzler legte ihm daraufhin noch einmal dar, dass Wirtschaftshilfe der wohl wichtigste Punkt sei. Bush und Baker fanden in der Folge eine Formel, um das fertig ausgehandelte Handelsabkommen der USA mit der SU, das bisher wegen der Litauer Entwicklung auf Eis gelegen hatte, doch noch auf dem Gipfel unterzeichnen zu können und sagten schließlich sogar noch staatliche Garantien für private Kredite an die SU zu.[284] Das gab den Ausschlag, wie auch Tschernjajew bestätigt.[285]

Aus seinen Erinnerungen ergibt sich auch, dass die Zeit nach dem russischen Parteitag Ende Juni/Anfang Juli 1990 vor dem Unionsparteitag die Zeit war, in der Gorbatschow sich innen- und außenpolitisch endgültig entscheiden musste. „Jetzt entweder ein Ultimatum an die Partei (auf dem bevorstehenden Unionsparteitag) und ein „Brester Frieden" oder die Perestroika ist am Ende."[286] Es war die Stunde des „Zwielichts", so Tschernjajew. Jakowlew hat seine Erinnerungen „Sumerki" (Dämmerung) genannt, was man auch mit „Zwielicht" übersetzen kann und auf ersten Blick seltsam für den Vorkämpfer von „Glasnost" wirkt. Der Sinn erschließt sich vielleicht aus einem Hegel-Zitat, das von den Angehörigen der höheren Nomenklatura damals öfter verwendet wurde „Die Eule der Minerva fliegt in der Dämmerung", die Eule der Weisheit, im „Zwielicht" kommt also die entscheidende Erleuchtung.

Das kann auch der verschlüsselte Hinweis darauf sein, dass die ausschlaggebenden Personen zu einer verdeckt operierenden Organisation gehörten, die eben im „Zwielicht" arbeiteten. Jedenfalls ist inzwischen bestätigt, dass Jakowlew Ende der fünfziger Jahre in Columbia tatsächlich mit Kalugin zusammen studiert hat, was für mich 1990 ein Indiz dafür gewesen war, dass auch er dem Sicherheitsapparat entstammte.[287] Jakowlew schreibt über diese Tage, in denen die Eule der Minerva flog, dass der 28. Parteitag, auf dem er im Zentrum der Angriffe der Reaktionäre gestanden habe, tatsächlich über die Perestroika insgesamt entschied.[288] Es war der kritische Punkt. Auch die internationale Bedeutung sei „riesig"[289] gewesen, was unsere damalige Analyse bestätigt, dass dort auch über das weitere Vorgehen uns gegenüber, vor allem beim bevorstehenden Besuch des Bundeskanzlers, entschieden wurde. So war es richtig und sehr wichtig gewesen, Gorbatschow noch vor Beginn des Parteitages über die wesentlichen Elemente unseres Angebotes mit Hilfe der Mikrophone ins Bild zu setzen und so zum Entscheidungskampf dort gegen Ligatschow und seine konservativen Gegner in unserem Sinne zu motivieren. Ich habe mich dabei an den Rat gehalten, den George Kennan 1946 der amerikanischen Regierung für den Umgang mit den Sowjets gegeben hat „There is no weapon so disarming and effective in relation with the communists as sheer honesty. They know very little about it."[290]

Die Besuche von Schischlin und Tschubais bei mir Ende Juli/Anfang September 1990 waren Indizien dafür, dass meine Gespräche, die ich mit verschiedenen Gesprächspartnern vor den Mikrophonen in meinem Dienstzimmer führte– ohne Zahlen zu nennen – mit der intensiven Schilderung westlicher Hilfsbereitschaft bei Zustimmung zur NATO-Mitgliedschaft und der Lösbarkeit der Abzugsprobleme ganz oben bei den Sowjets gewirkt haben. Mein Ziel, die Blockierer und Saboteure Kwizinski/ Bondarenko einerseits und Falin andererseits zu umgehen und unser Konzept aus multi- und bilateralen Elementen zur Lösung aller Probleme noch vor dem entscheidenden Kampf auf dem Parteitag an Gorbatschow heranzutragen, wurde auf diese Weise erreicht. Vielleicht ist auch das Gespräch des Bundeskanzlers mit Gorbatschow am 7. September ein Indiz für diese Wirkung. In diesem Gespräch feilschte Gorbatschow im Anschluss an die Gespräche im Kaukasus hart mit dem Bundeskanzler über die Höhe unserer finanziellen Leistungen. Als der Bundeskanzler seinerseits acht Mrd. DM anbot, sagte Gorbatschow „Ich glaube, ich bin in eine Falle geraten."[291] Ich denke, ich verstehe, was er damit meinte. Er hatte mit höheren Summen gerechnet.

Meine Eindrücke schon in den Tagen unmittelbar nach der Zeichnung des Zwei-plus-Vier-Vertrages, dass Gorbatschow begann, sich mehr und mehr an die Konservativen anzulehnen, wird von Jakowlew bestätigt. „Es bildete sich eine antireformatorische Koalition aus Partei-, Regierungs- und Militärelite, sowie der Führung des militärisch-industriellen Komplexes und der Geheimdienste."[292] Er schildert auch, dass er Gorbatschow über die folgenden Monate mehrfach davor gewarnt habe, sich auf sie zu stützen, jedoch ohne Erfolg, was Jakowlew zu manch bitterer Bemerkung über Gorbatschow veranlasst.[293] Dieser sei im Herbst 1990 unter dem Druck der Konservativen „zerbrochen".[294] Der KGB habe ihn mit Desinformationen über das Denken der Bevölkerung gefüttert.[295] Gorbatschow habe sich so von Krjutschkow täuschen lassen,[296] der ihn mit seinen Agenten (vor allem Büroleiter Boldin) umgeben habe.[297]

Es ist aber angesichts der Gesamtwirkung Gorbatschows wahrscheinlicher, dass Jakowlew, aus Enttäuschung bitter geworden, die Wirkung des KGB auf Gorbatschows innere Überzeugungen überschätzte und Gorbatschows Weg zurück zu den Konservativen nicht aus seiner Aufgabe seiner reformerischen Ziele entsprang, sondern aus der Erkenntnis der Stärke der Konservativen und der daraus folgenden Notwendigkeit, sie wieder einzufangen, was ihm im

Ergebnis des Sommers 1991 allerdings nicht gelang. Gorbatschows Taktik im Herbst 1990 wird so vielleicht besser in der Wirkung deutlich, die die Warnung Schewardnadses vor der Diktatur im Dezember 1990 gehabt hat, die in die gleiche Richtung wie Jakowlews Hinweise jener Monate ging. Die Liberalen, so Tschernjajew, unterstützten Gorbatschow auf diesem Volkskongress nur, weil sie Angst hatten, dass sonst die Reaktionäre die Oberhand gewinnen würden.[298] Genau meine damalige Schlussfolgerung. Zu diesem Zeitpunkt im Dezember 1990 ging Gorbatschows Taktik im Umgang mit den Konservativen, bei unverändertem Reformwillen, also noch auf.

Wie berechtigt meine Sorge um die Ratifikation der Verträge durch den Obersten Sowjet war, zeigt auch die Beschreibung einer Sitzung des Obersten Sowjet Anfang Oktober vor Beginn des Volkskongresses. Dort hat Falin wegen des Verhandlungsergebnisses das Außenministerium scharf angegriffen, obwohl er – wie jedermann – wusste, dass die Verantwortung bei Gorbatschow selbst lag.[299] Falin hat den Ball in dieser Sitzung also durchsichtig um die Ecke gespielt. Kwizinskij hat wohl in derselben Ausschuss-Sitzungen daraufhin gekontert: „Du mit deinem Brief zur deutschen Einheit bist an allem Schuld."[300] Womit klar war, dass er selbst das Ergebnis von Zwei-plus-Vier eigentlich auch nicht billigte, aber zu einer anderen Fraktion als Falin gehörte. Meine Analyse, die Falin der Germanisten-Fraktion mit dem Ziel der Neutralisierung Deutschlands zuordnete, und Kwizinski der Beton-Fraktion zurechnete, die keinerlei Veränderungen wollte, war also richtig. Kwizinskij schreibt zu dieser offenen Auseinandersetzung, dass Falin ganz sicher sein konnte, dass das Außenministerium lieber die Schuld auf sich nahm, als den Apparat des Präsidenten preiszugeben.[301] Beiden war natürlich die inzwischen eingetretene innenpolitische Lage klar. Ihre offene Auseinandersetzung in dieser Sitzung schadete im Ergebnis dem ungenannt bleibenden Gorbatschow.

Und indem Gorbatschow dann Kwizinskij, nicht aber den für Auftritte der Exekutive vor dem Obersten Sowjet eigentlich verantwortlichen Außenminister Bessmertnych, bestimmte, die Verträge vor dem Obersten Sowjet zu vertreten, zwang er ihn, trotz seiner total ablehnenden Meinung, doch für sie einzutreten.[302] Ähnlich war Gorbatschow ja schon auf dem 28. Parteitag verfahren, als er Kwizinskij zwang, seine Mittel-Osteuropapolitik zu verteidigen. Genauso ging es Falin. Gorbatschow rief ihn vor der entscheidenden Sitzung an, bei der ich dann vor der Tür saß, und nahm ihn in die Pflicht.[303] Falins Darstellung, er habe freiwillig auf Äußerung seiner ablehnenden Haltung verzichtet, ist deshalb wenig glaubwürdig[304]. Er stand in der Disziplin des Apparates. Er wagte dann nicht,[305] in offener Sitzung die seiner Meinung nach unverantwortlichen Verhandlungsergebnisse[306] anzugreifen. Wir haben es also tatsächlich Gorbatschow zu verdanken, dass die Verträge in der entstandenen Lage zunehmenden Einflusses der Reaktionäre doch noch ratifiziert wurden, bevor es zum erkennbar herannahenden Putschversuch kam. Er wollte damit ein wesentliches Ergebnis seiner Politik retten und das ist ihm gelungen.

Fazit

Die deutsche Diplomatie hat also in der Phase des weltpolitischen Umbruchs 1989/1990 bis hin zur Ratifikation der Verträge durch die Sowjets 1991 einen gefährlichen Kampf gekämpft. Wir mussten in dem politischen Sturm, den Gorbatschow gezielt entfacht hatte, das für das geeinte Deutschland nach der Erfahrung aus der Geschichte zentrale Interesse durchsetzen, in der Mitte Europas nicht isoliert, sondern fest in die Europäische Union und die das amerikanische Gewicht in Europa erhaltende NATO eingebunden zu bleiben, um dadurch das Grundproblem der deutschen Existenz zu lösen, unser zur Hegemonie zu geringes, aber zum Nischendasein à la Schweiz zu großes Gewicht. Die Gemeinschaft mit unseren Verbündeten und Partnern in der NATO und der EU war, ist und bleibt die Voraussetzung dafür, dass unsere Nachbarn gegen das mit der Einheit und unserer Dynamik wieder wachsende deutsche Gewicht nicht erneut Zuflucht zu balancierenden Gegenkoalitionen nehmen.

Es ging also nicht nur um unsere Sicherheitsinteressen gegenüber einer, trotz des Zerfalls der SU, erhalten bleibenden, großen Nuklear-Macht am östlichen Flügel der europäischen Konstellation und um unser Interesse an offenen Märkten in Europa trotz wachsender Sorge vor der Stärke unserer Wirtschaft und Währung rund um uns herum. Neutralität hätte ja nicht nur die NATO zerstört, sondern wäre auch unvereinbar mit der auf eine „immer engere Union" zielenden EU-Mitgliedschaft gewesen. Es ging also um unsere fundamentale Verankerung als Glied der westlichen Gemeinschaft und um einen dauerhaften Frieden in Europa und zwischen den beiden Weltmächten. Es gelang, die von Moskau gezielt vorangetriebene Verflüssigung der europäischen Struktur zu nutzen, um diese Verankerung noch einmal erheblich zu verstärken, indem wir rechtzeitig die NATO reformierten und die Vertiefung der europäischen Integration durch die Währungsunion wesentlich förderten.

Gleichzeitig musste eine Ordnung gefunden werden, die auch Russland erlaubte, seine Zielsetzung auf „Anschluss an die Weltzivilisation" mit Aussicht auf Erfolg zu verfolgen. Dazu musste ein Prozess verfolgt und ein Ergebnis erreicht werden, die für Russland keine Niederlage brachten, sondern die Basis für seine Partizipation am internationalen Austausch schufen, wenn es sich an die geltenden Regeln hält. Wir wollten von vornherein jede Demütigung verhindern. Sie hätte in Russland nur zum Willen zur Revanche geführt. Was wir dazu tun konnten, haben wir getan. Der Bundeskanzler Helmut Kohl und auch Präsident Bush haben den Russen international sämtliche Türen geöffnet. Die westliche Wirtschaft stand bereit, in großem Stil zu investieren.

Wenn es den Russen seitdem kaum gelingt, diese Möglichkeiten zu nutzen, dann liegt dies nicht an uns, sondern an ihnen selbst, weil in Russland die Politik Gorbatschows nicht verstanden worden ist. Sie war auf die Befreiung des Landes vom falschen Bewusstsein, von der unerträglichen Last des Imperiums und von der Vernachlässigung des individuellen Talents der Menschen durch ein autoritäres Regime gerichtet. Erst wenn das von Putin bestimmte Russland auf Wiederherstellung seiner Hegemonie im „Nahen Ausland" verzichtet, und die Kräfte des Landes auf seinen inneren Aufbau statt auf die Wiederherstellung einer eurasischen Hegemonie konzentriert, wird Russland die von Gorbatschow bewirkte Befreiung des Landes im Austausch mit der Welt nutzen können. Dann werden auch die westlichen Investoren einsteigen, die von der Schein-Marktwirtschaft des russischen Staatskapitalismus und der Kontrollmanie der Putin'schen Behörden abgeschreckt worden sind.

Das revisionistische, auf Wiederherstellung der früheren Größe gerichtete „eurasische" Programm, das in Putins Klage zum Ausdruck kommt, der Zerfall der SU sei die größte geopolitische Katastrophe des 20. Jahrhunderts gewesen, wird Russland immer stärker zurück in die Konfrontation mit seiner Umgebung und den großen Mächten führen, so dass für Russland dann wieder Isolation und Stagnation zu erwarten sind. Die von uns zusammen mit unseren Verbündeten gelegte Basis für eine Beteiligung Russlands am internationalen Leben muss also von den Russen selbst durch ein endlich realistisches Selbstbild wieder vollständig freigelegt werden, wenn die Befreiung vom ancien regime in Russland ihre ganze befreiende Kraft entfalten soll. Das setzt zugleich den Verzicht auf die von der Geheimpolizei getragene Entwicklungsdiktatur voraus, die das Land im Anschluss an den Sieg des Sicherheitsapparates unter Andropow und Gorbatschow zur Zeit beherrscht.

Es ging damals nicht nur um Deutschland, so zentral die Auseinandersetzung über die Einordnung unseres vereinten Landes in eine westlich geprägte Europäische Ordnung auch war. Es ging, neben Russland, zugleich um Polen, Tschechien, die Slowakei, Ungarn, Rumänien und Bulgarien, deren Befreiung und Transformation zu Demokratien und Marktwirtschaften ja vom Abzug der 400.000 Mann sowjetischer Truppen aus Deutschland abhing, die über Jahrzehnte die westliche Backe des gigantischen Schraubstocks bildeten, in den die SU diese Länder eingespannt hatte. Aus dieser Zwangslage hat alle diese Länder erst die westliche, vor allem die deutsche Politik befreit, bei aller Anerkennung für ihr eigenes, mutiges Aufbegehren, nachdem die von Moskau gelöste Lawine die Gefahr der Intervention beseitigt hatte.

Es ging zugleich um Westeuropa, das nur durch die Aufnahme dieser Staaten in ihre Gemeinschaft den Erfolg ihrer Transformation sichern kann. Westeuropa kann selbst eine Zukunft in Sicherheit und Wohlstand nur finden, wenn es gelingt, aus Mittel-Osteuropa auf den Westen des Kontinents ausstrahlende, destabilisierende Wirkungen zu verhindern. Ohne die Integration Mittel-Osteuropas sind aber dort Stagnation und chaotischen Entwicklungen nicht nur wegen alter ethnischer Konflikte zu befürchten.

Und es ging natürlich um die USA, deren Weltmachtstellung durch die sowjetische Politik in Gefahr geraten konnte, wenn sich in Moskau die

Neutralisierungspolitik durchgesetzt hätte. Viel hat daran nicht gefehlt. Die überragende Position der Amerikaner musste ungeschmälert erhalten, damit das verbleibende, große nukleare Potential Russlands ausbalanciert bleibt und ihre andauernde Präsenz in Europa das gewachsene Gewicht Deutschlands weiterhin relativiert sowie damit Europa für die Bewältigung der gegenwärtigen und zukünftigen Probleme der Weltpolitik die „essential power" der USA als Verbündeten und Partner behält.

Hauptproblem dabei war, dass Gorbatschow und seine Mannschaft, trotz lange vorher angedachter Konzepte, in Moskau zu keiner Zeit unumstritten waren und frei nach ihren Vorstellungen handeln konnten. Zwar hatte mit dem Sieg Andropows im Machtkampf mit dem Breschnew-Clan tatsächlich der Sicherheitsapparat die Oberhand gewonnen, wie von Merle Fainsod als ständiges Risiko der von Lenin begründeten Doppelherrschaft aus Partei und Geheimpolizei beschrieben. Das war der Epochenbruch mit der Lenin-Stalin-Modell, der die Schlussfolgerung aus ökonomischer Stagnation, Scheitern des sowjetischen Modells und der Herrschaftssicherung mit Militärinterventionen und subventionierten Rohstofflieferungen in den Satellitenstaaten, Niederlage im Wettrüsten und Scheitern der Friedenspropaganda in den westlichen Staaten zog.

Alle diese Ursachenstränge waren für diesen Bruch wesentlich. Aber es lohnt, sich an Stalins verächtliche Frage an Truman und Attlee auf der Konferenz der „Großen Drei" in Potsdam 1945 zu erinnern: „Wie viel Divisionen hat der Papst?"[307] Die Kirche hat die Fähigkeit, die Gewissen der Gläubigen zu formen, so sagt sie selbst, also eine Macht, von der Politiker nur träumen können. Johannes Paul II. hat Stalin die Antwort gegeben. Er hat in der Tat die Polen in ihrem Widerstandswillen „galvanisiert". Die Unüberwindlichkeit dieser Kraft war, wie die von Andropow 1982 angestoßene innersowjetische Debatte gezeigt hat, entscheidend, um in Moskau den Durchbruch zu einer tatsächlich das gesamte Modell in Frage stellenden Überprüfung zu schaffen und zu einem völlig neuen Konzept der Stärkung der SU zu gelangen, denn das war natürlich das Ziel Gorbatschows, durch umfassende Entlastung und westliche Hilfe.

Gorbatschow, der von Anfang an zu Andropows Sieger-Mannschaft gehörte, konnte sich dann aber in den dadurch ausgelösten Machtkämpfen mehr und mehr auf nur einen Teil dieses Apparates stützen, die Vordenker im „SD", die im Verlauf der „sehr feinen Operation" Gorbatschows, also der Verschleierung seiner wahren Ziele, zur Überwindung seiner Gegner schließlich sogar das Vertrauen zu ihm verloren. Die Konservativen waren in Partei und Sicherheitsapparat immer sehr stark. Ihr Bündnis aus Militär, Teilen des KGB und des Parteiapparates hat in den Jahren von 1988-1991 praktisch permanent versucht, Gorbatschow zur Rückkehr zur Gewaltanwendung und zu neostalinistischen Regierungsmethoden oder zum Rücktritt zu zwingen, indem sie die Nationalitätenkonflikte (Nagorny-Karabach, Tiflis, Moldau, Baku, Wilnius, Riga) anheizten. Gleichzeitig zerstörten die

Progressiven mit ihrem Überlaufen zu Jelzin im Aufbrechen des Unionsverbundes Gorbatschows politische Basis und profitierten ihrerseits von den Nationalitätenkonflikten. Gorbatschow war deshalb gezwungen, den konspirativen Traditionen seines Landes zu folgen, um seine Politik mit schwer erkennbaren, verdeckten Mitteln durchzusetzen. Das erklärt sein Vorgehen, mit dem er nicht sagte, was er tat, bis zum Ende 1991.

Er ist also bis zu diesem Ende immer ein Kind des Sicherheitsapparates und dessen Methoden geblieben, in dem er seine Laufbahn begonnen hatte. Diese Vorgehensweise wurde aber von seinen Gegnern zu Hause und in den realsozialistischen Diktaturen schrittweise erkannt. Wir durchschauten dieses Vorgehen gerade noch rechtzeitig und konnten in den wenigen Wochen des Wechsels Gorbatschows von den Progressiven zurück zu den Konservativen die Spaltung des Apparates in Betonfraktion hinter Kwizinskij/Bondarenko, Germanisten-Neutralisten in der Berija-Tradition hinter Falin und proamerikanischem „SD" hinter Jakowlew nutzen, indem wir unser Angebot an den Germanisten und der Beton-Fraktion vorbei über den „SD" an Gorbatschow heranbrachten und ihn so überzeugten, dass das Voranschreiten zu uns für ihn lohnend war. Nur so konnten wir unsere Interessen durchsetzen, bevor die inneren Konflikte die SU zerrissen und damit den Partner zerstörten, den wir für ein akzeptables Ergebnis brauchten.

Entscheidend dafür war die mutige, entschlossene, weitsichtige und niemals auftrumpfende Politik von Präsident Bush, dessen Verdienste, beraten von Außenminister Baker und Sicherheitsberater Scowcroft, für den weltpolitischen Umbruch auch in seiner Heimat noch immer nicht völlig erkannt sind. Präsident Reagans Politik während seiner ersten Administration war sicherlich wesentlich dafür gewesen, dass die Sowjets nach dem Scheitern ihrer Propaganda- und Rüstungspolitik umschwenkten und, nachdem sie das Wettrüsten verloren hatten, versuchten, nun durch Abrüstung einen entscheidenden Vorteil zu gewinnen. Reagan ist dabei in Reykjavik fast auf Gorbatschow hereingefallen und war drauf und dran, die nukleare Abschreckung der NATO zu zerstören, indem er auf „alle ballistischen Raketen" zu verzichten bereit war.

Bush war dann erheblich professioneller im Umgang mit Gorbatschows Offensive auf die westliche öffentliche Meinung. Bush erkannte auch rechtzeitig, wie er Gorbatschows zunehmende Angewiesenheit auf außenpolitische Erfolge nutzen konnte. So ging er durch die genau getimte Reform der NATO Ende Juni 1990 auf Gorbatschow zu, um ihm zum Erfolg auf dem bevorstehenden 28. Parteitag zu verhelfen, auf dem erkennbar über das Schicksal Gorbatschows und seiner Politik im Kampf mit den Konservativen entschieden werden würde. Ohne diesen Erfolg Gorbatschows wäre aber mit einem Rückfall in die neostalinistische Politik der Breschnew-Periode zu rechnen gewesen, ohne dass trotz aller innerer und äußerer Probleme ein baldiges Ende dieses Rückfalls sicher gewesen wäre, denn die mit einem solchen Rückfall verbundene, wachsende Rückständigkeit ist den Spitzen dieser, die Breschnew-Periode preisenden Kräfte in der SU immer letztlich gleichgültig gewesen. Ihnen ging es immer nur um ihre eigene Macht. Auf Bushs Politik kam es also für die Entscheidung im sowjetischen Machtkampf 1989/1990 entscheidend an, die den weltpolitischen Umbruch ermöglichte und ohne die die Befreiung Osteuropas und die deutsche Vereinigung nicht möglich gewesen wären.

Nach meiner Erfahrung bei diesen umwälzenden Veränderungen der Weltordnung machen tatsächlich Männer Geschichte. Es kam darauf an, die sich im Frühsommer 1990 nur wenige Wochen lang in „äußerster Zeitnot" bietende Gelegenheit entschlossen und mit ganzem Gewicht zu nutzen, um den von den Sowjets flüssig gemachten Verhältnissen eine neue Form zu geben, in der wir, aber auch alle anderen beteiligten Staaten, ihre wesentlichen Interessen würden wahren können. Dafür war Bundeskanzler Helmut Kohl ausschlaggebend, nicht nur weil er Adenauers visionärem Konzept treu geblieben war und die von Helmut Schmidt erfundene Nachrüstung durchgesetzt und die Ansatzpunkte aus der Neuen Ostpolitik Willi Brandts konsequent genutzt hat. Sein untrüglicher Machtinstinkt, sein hinter pfälzischer Bonhommie verborgener, scharfer analytischer Verstand, sein Eingehen auf die sowjetischen ökonomischen Interessen und seine feinfühlige Reaktion auf Gorbatschow und dessen Prestige-Bedürfnisse, seine kalkulierte, vor allem aber sehr mutige Übernahme der weltpolitischen Initiative mit dem 10-Punkte-Konzept, seine souveräne Verhandlungsführung in den entscheidenden Gesprächen, sein Vertrauenskredit in Washington, seine europapolitische Glaubwürdigkeit, sein Gefühl für Frankreich und sein Respekt für Großbritannien mit den schwierigen Partnern Mitterand und Thatcher und vor allem seine patriotische Leidenschaft für unsere so lange unterdrückten Landsleute mussten in den entscheidenden Wochen zusammenkommen, um das so glückliche Ergebnis zu erreichen.

Für mich und meine Kollegen an unserer Botschaft in Moskau war es ein einmaliges Privileg, an für unser Land so entscheidenden äußersten Anstrengungen mitarbeiten zu können. Ich bin dafür sehr dankbar.

Anhang

Anlage 1

Grundsatzbericht zur voraussichtlichen sowjetischen Position bei den Zwei-plus-Vier-Verhandlungen v. 13. 3. 1990:

„Es ist unmöglich, die sowjetische Eröffnungsposition in den nun beginnenden Zwei-plus-Vier Gesprächen vorherzusagen. Es geht der Botschaft vielmehr darum, auf der Basis einer Analyse der die sowjetische Deutschlandpolitik treibenden Kräfte die Position zu beschreiben, die sie am Ende eines, schon aus Gründen der Präsentation harten und sichtbaren und aus Gründen der Umsetzbarkeit längeren Verhandlungsprozesses als schließlich akzeptabel hinnehmen könnte. Auch eine solche Analyse trifft auf viele Unwägbarkeiten, vor allem der weiteren Entwicklung der sowjetischen Innenpolitik. Zum Aufbau unserer Strategie und Taktik wird sie gleichwohl übermittelt.

I.

1. Gorbatschow, der in diesen Tagen seine Position und die seiner Mannschaft an der Spitze der SU festigt, während die Ordnung darunter sich weiter auflöst, hat vor allem ein Ziel: den Anschluss der SU an die „Weltzivilisation". Diese Zielsetzung wendet sich primär nach Innen. Sie führt zu einer schrittweisen, aber zielstrebigen Zerstörung des alten, sowjetischen Systems. Die inzwischen über erste Anfänge hinaus gediehene „Demokratisierung" erscheint nach wie vor nicht als das eigentliche Ziel, sondern als Mittel zum Zweck, nämlich der Zerstörung der Symbiose von Parteiherrschaft, zentraler Verwaltungswirtschaft und militärischer Stärke, die für das Zurückfallen des Lebensniveaus der sowjetischen Gesellschaft verantwortlich war. Die Anhebung dieses Niveaus ist das hinter dem „Anschließen an die Weltzivilisation" liegende Ziel. Die Verlagerung des Schwergewichts der Wirtschaftspolitik auf Konsumgüterindustrie und Landwirtschaft sind die wesentlichen Mittel. Die „Demokratisierung" dient wesentlich der Durchsetzung dieser Verlagerung.

2. Die Außenpolitik des „Neuen Denkens" ist der Versuch, für diese Innenpolitik den notwendigen außenpolitischen Spielraum zu schaffen. Sie soll durch einen Abbau der Ost-West-Konfrontation die Abwendung von der Schwerindustrie und der Rüstung erlauben und westliche Hilfsquellen für den Aufbau der sowjetischen Wirtschaft erschließen. Das INF-Abkommen war dabei die Probe aufs Exempel. Die Mannschaft um Gorbatschow weiß seitdem, dass es der westlichen Sicherheitspolitik nicht darauf ankommt, militärische Überlegenheit zu gewinnen bzw. zu behalten(nachdem die Nachrüstung zuvor bewiesen hatte, dass die SU keine Aussicht darauf hat, sie ihrerseits zu gewinnen.). Gorbatschow weiß also seitdem, dass er, jenseits aller Kalküle militärischer Kräfteverhältnisse, ein militärisches Sicherheitsproblem im Grunde nicht hat. Als nukleare Supermacht wird niemand die SU angreifen. Der riesige konventionelle Apparat ist weit überdimensioniert. Der eigene Angriff mit seiner Hilfe brächte die SU in tödliche Gefahr.

3. Die eigentliche Triebkraft auch der sowjetischen Deutschlandpolitik liegt danach nicht in der sowjetischen Sicherheitspolitik. Nach der Erkenntnis der Möglichkeit, grundsätzlich die sowjetischen Sicherheitsinteressen durch Gleichgewichtsabreden wahren zu können, ist sie vielmehr von dem Ziel bestimmt, durch Überwindung der Teilung Deutschlands ein Mittel zu gewinnen, mit der der Ausschluss der SU aus der Zusammenarbeit der hochentwickelten Staaten beendet werden kann, der die Folge der Aufzwingung des realsozialistischen Systems auf Mittel- und Osteuropa war.

4. Die Freigabe der Systemwahl in den Mitgliedsstaaten des Warschauer Paktes und die in der DDR daraus folgende Entwicklung der deutschen Vereinigung sind insofern nicht nur Konsequenz des eigenen Systemwandels, vor dessen Hintergrund Modrows Versuche zur Zementierung der Reste des realen Sozialismus anachronistisch wirken. Diese Freigabe soll auch die militärische Konfrontation zwischen Ost und West abbauen, die die Möglichkeit zur Mitwirkung und Zusammenarbeit in einer arbeitsteiligen Weltwirtschaft (Paradebeispiel COCOM) verhindert hat.

5. Inzwischen hat Gorbatschow sogar die Erfahrung machen können, dass die Kombination von einseitigen Rüstungskontroll- und abrüstungspolitischen Konzessionen mit der Freigabe der Systeme der WP-MS und dem grundsätzlichen Ja zur deutschen Einheit nicht nur die eigene Wirtschaft tendenziell entlastet, sondern auch den Sicherheitsinteressen der SU unmittelbar dient. Dies zeigt sich nicht nur im raschen Verlauf der Wiener Verhandlungen, in denen sich schon jetzt abzeichnet, dass der Versuch des „firebreaks" der 195000 Mann nicht gelingt, sondern die Chancen wachsen, auch das Personal der Streitkräfte anderer NATO-MS als der USA fühlbar reduzieren zu können. Es zeigt sich auch in dem wachsenden Druck westlicher Parlamente, nun bald eine „peace-dividend" einstreichen zu können.

6. Die Frage der NATO-Mitgliedschaft Deutschlands verliert, wenn dieser Prozess sich fortsetzt, rapide an Bedeutung. (Die westlichen Medien haben den einschlägigen Satz aus Gorbatschows Interview mit ARD und DDR-Fernsehen v. 6. 3. falsch übersetzt. Auch der INFO-Funk (des Bundespresseamtes) brachte die falsche Übersetzung. Gorbatschow sagte: „Ich glaube, wenn die europäischen und die Wiener Prozesse voranschreiten, wenn wir zu Helsinki II kommen, dann werden NATO und WP aus militärpolitischen zu politischen Organisationen. Dies ist die eine Lage. Und dann gibt es in diesem Handel keine Notwendigkeit zu fragen, wo der Platz des vereinigten Deutschlands ist.") Es geht Gorbatschow tatsächlich um einen Handel, in dem die NATO-Mitgliedschaft Deutschlands durchaus zu haben ist, wenn auch zu einem bisher nicht definierten Preis der Abrüstung und Öffnung.

7. Diese sowjetische Position wird gerade auch aus innenpolitischen Gründen, und nicht nur solchen der Verhandlungstaktik, hinter der Bekräftigung („absolut ausgeschlossen") der Ablehnung der NATO-Mitgliedschaft verborgen. Dadurch wird versucht, nicht nur die Größe der zukünftigen deutschen Streitkräfte sondern aller in Deutschland dislozierten Streitkräfte möglichst gering zu halten. Dieses Ziel wird aber als solches, bisher, im deutschlandpolitischen Kontext nicht in den Vordergrund gestellt, weil sich die SU der relativen Schwäche ihrer Verhandlungsposition in dieser Frage in einer Lage bewusst ist, in der ihre Truppenpräsenz auch in der DDR immer schwieriger wird. Dies gilt zumal, wenn sich nach der Grenzgarantie auch in Polen der Wunsch der Bevölkerung nach Abzug wieder durchsetzt und die Versuche Jaruzelskis durchsichtig werden, die Position der alten sowjetischen Instrumente in Polen mit Hilfe der Grenzfrage zu zementieren. Gleichzeitig hat man hier längst verstanden, dass die NATO und andauernde Stationierungen westlicher Streitkräfte in Deutschland durchaus geeignet sind, um den Handlungsspielraum eines vereinten Deutschland einzuschränken.

8. Daneben mehren sich in den letzten Wochen in der SU die Anzeichen dafür, dass Gorbatschow nun tatsächlich darangeht, die „Armee-Reform" voranzutreiben und darunter ein Prozess verstanden wird, in dem die Streitkräfte nicht nur stärker von einer Wehrpflichtigen in Richtung auf eine Armee von Längerdienenden umstrukturiert, sondern auch noch einmal erheblich reduziert werden soll. Auch in diesem Prozess sind Abrüstungserfolge im Zuge von Wien und der Vereinigung der beiden deutschen Staaten hilfreiche Argumente. Sie sind aber nicht die eigentliche Triebkraft, die vielmehr aus dem Willen zur inneren Umgestaltung der SU folgt.

9. Die Konsequenzen dieser Priorität innerer Interessen angesichts der Erkenntnis, dass die äußeren Sicherheitsinteressen grundsätzlich nicht durch Angriffsrisiken belastet sind, lassen sich an der Entwicklung der START-Verhandlungen während der letzten zwei Jahre darstellen. Diese Verhandlungen bestehen seitdem aus einer, sich in letzter Zeit sogar beschleunigenden, Serie von Konzessionen. (SDI-Frage, SLCM, Zählregeln usw.). Nach jeder Runde kann man zwar feststellen, dass Schewardnadse bestreitet, überhaupt Konzessionen gemacht zu haben, bzw. hilfsweise vorträgt, sie seien in sowjetischen Interesse. Gleichzeitig verteidigen Achromejew und Karpow die jeweils geltende sowjetische Position mit ungebrochener Hartnäckigkeit. Der Entwicklungstrend der sowjetischen Position in diesen für die sowjetischen Sicherheitsinteressen zentralen Verhandlungen wird aber nicht mehr vom Willen des verhandelnden Apparates bestimmt, keine Konzessionen zu machen, jedenfalls solange die andere Seite auch keine macht, sondern von dem Willen Gorbatschows und Schewardnadses, zu einem neuen, politisch und nicht militärisch bestimmten Verhältnis zu den USA zu gelangen.

10. Für das Tempo der Verhandlungen über die Herstellung der deutschen Einheit ist daher aus sowjetischer Sicht nicht das Tempo der Entwicklung in der DDR bzw. zwischen der DDR und uns oder der Entwicklung des europäischen Sicherheitssystems allein entscheidend. Nicht weniger wichtig ist vielmehr das Tempo, mit dem sie ihr eigenes System zu Hause verändern kann. Wenn diese Veränderungen vor kritischen Punkten stehen, wie in diesen Wochen, kann man deshalb erwarten, dass sie den deutschen Prozess mit allen Mitteln zu bremsen versucht. Wenn das Tempo des Abbaus der Position in Mitteleuropa die Fähigkeit der sowjetischen Öffentlichkeit zur Verarbeitung von Veränderungen überschreitet, weil sich auch sonst so viel verändert, dann muss der deutsche Prozess eben warten. Sobald der Umbau zu Hause die erforderliche äußere

Manövrierfähigkeit geschaffen hat, kann und soll aber der Prozess in und um Deutschland voranschreiten.

11. Dies bedeutet auch, dass für das Tempo des sowjetischen Truppenabbaus in der DDR nicht nur Umfang und Tempo in Verhandlungen zugesagter westlicher Reduzierungen entscheiden, sondern stark die Fähigkeit der SU hineinspielt, die abzuziehenden Truppen zu Hause aufzunehmen. Die SU weiß, dass kaum etwas den Abbau im Westen stärker beschleunigt, als eigene Abzüge. Es ist also durchaus denkbar, dass sie, um den westlichen Abbauprozess zu beschleunigen, ihrerseits den Abzugsprozess steuert und je nach verhandlungstaktischer Lage und innerer Absorptionsfähigkeit bremst oder beschleunigt. In dieses Kalkül spielt das aus ihrer Sicht im Verlauf wachsende Risiko hinein, dass ihre Streitkräfte in der DDR Gegenstand von Angriffen der Bevölkerung werden und sie aus Gründen der sowjetischen Innenpolitik nichts so sehr scheut, als den Eindruck, mit Schimpf vertrieben zu werden, bzw. aus solchen der Außenpolitik, die Glaubwürdigkeit ihres Einsatzverzichts für diese Streitkräfte zu gefährden.

12. Es ist danach zwar damit zu rechnen, dass die SU als Gegenleistung für ihren Abzug aus der DDR eine drastische Reduzierung der Bundeswehr und den Abzug des größten Teils unserer Verbündeten aus Deutschland verlangt. Gleichzeitig wird sie wohl auch lange Fristen für die Implementierung zunächst von Wien I und dann der darauf folgenden umfassenderen und auf Deutschland bezogenen Reduzierungen verlangen. Wir haben aber durchaus begründete Aussichten darauf, dass es sich dabei nicht lediglich um eine Neuauflage der Versuche der fünfziger Jahre handelt, das Bündnis durch Neutralisierung Deutschlands zu spalten und die Position der USA in Europa zu unterminieren. Es ist allerdings durchaus möglich, dass die Eröffnungsposition der SU äußerlich dieser alten Position in vielem ähnlich.

13. Letztlich geht es ihr jedoch um den Versuch, die Stärke der durch den Westen in Mitteleuropa dislozierten Streitkräfte möglichst stark zu reduzieren und diese Reduzierungen völkerrechtlich dauerhaft zu machen. Der Fortbestand des Bündnisses als das gesamte Deutschland abdeckendes Versprechen der Hilfe im Sinne von Art 5 und 6 des NATO-Vertrages sind dagegen wohl kein entscheidendes Problem. Es gewinnt seine Brisanz vielmehr aus der gegenwärtigen innenpolitischen Konstellation in der SU, in der die Frage der NATO-Mitgliedschaft zu einer Art von Test geworden ist, ob der Westen Gorbatschow zu einem völligen Umfall zwingen kann oder nicht. Gorbatschow braucht für diesen „Handel" also Zeit und Reduzierungszusagen.

14. Daneben ist der Aufbau gesamteuropäischer, völkerrechtlich verankerter Strukturen der kollektiven Sicherheit sicherlich hochwillkommen, aber wohl nicht sine qua non, wenn es wenigstens zu institutionalisierten Konsultationsgremien für Streitfälle und etwa einer Bekräftigung der in den ersten Artikeln der UNO-Charta niedergelegten Grundsätze des Gewaltverzichts usw. kommt.

II.

1. Der zweite große mit der Vereinigung verbundene Fragenkomplex ist der der Grenzen und des Friedensvertrages. Die SU stellt zwar die polnische Westgrenze in den Vordergrund. Sie weiß aber, dass die völkerrechtliche Garantie dieser Grenze in der Substanz nicht strittig ist, sondern nur in der Form. Der SU geht es ganz entscheidend um die Erringung völkerrechtlicher Garantien ihrer eigenen Westgrenze einschließlich ihrer Annexionen während des Krieges.

2. Aus diesem Grunde ist für sie eine bilaterale, vertragliche Festschreibung der polnischen Westgrenze durch Polen und Deutschland, evtl. garantiert durch die Vier Mächte, nicht ausreichend. Auch ein bilaterales Abkommen zwischen Deutschland und ihr, etwa zur Bekräftigung des Moskauer Vertrages, würde den gewünschten Zweck nicht erreichen. Angesichts der Offenhaltung der definitiven Regelung z. B. in Bezug auf Ostpreußen in Potsdam 1945, will sie vielmehr jetzt den dort erwähnten „Friedensvertrag", jedenfalls aber eine völkerrechtlich verbindliche Regelung, die auch die Drei Mächte einbezieht. Sie weiß, dass eine solche Regelung jedenfalls von den Drei Mächten angesichts der Entwicklung im Baltikum, Ostpreußen ist da wohl das geringere Problem, nur sehr schwer zu erhalten sein wird. Sie wird deshalb die Truppen-(Sicherheits-)Frage mit der Grenzfrage verknüpfen. Hier könnte die Lösung darin gesucht werden, dass die Grenzen des Vereinten Deutschland einvernehmlich beschrieben und dadurch die Potsdamer Beschlüsse in Bezug auf die Grenzen für erledigt erklärt werden.

3. Wir müssen damit rechnen, dass die SU, weil sie hier echte Anliegen hat, Forderungen auf Entschädigung für Zwangsarbeit stellt, wenn in Verhandlungen über eine friedensvertragliche Regelung die Reparationsfrage ansteht. Jedenfalls wird die SU diesen Bereich nutzen, um die Verhandlungen in die Länge zu ziehen und, wenn ihr dies opportun erscheint, zu diesem Zweck auch von vornherein erkennbar inakzeptable Forderungen erheben, auch um dadurch befriedigende Regelungen ihrer ökonomischen Verflechtung mit der DDR durchzusetzen.

4. Noch stärker taktisch geprägt dürften Versuche sein, Teile der Beschlüsse der Vier Mächte der Kriegs- und Nachkriegszeit, die sich auf die innere Ordnung Deutschlands beziehen, über die Vereinigung hinaus zu perpetuieren. Mit solchen Versuchen ist zu rechnen, wenn wir in der auszuhandelnden friedensvertraglichen Regelung festlegen wollen, dass die Rechte und Verantwortlichkeiten mit dem Zeitpunkt der Vereinigung erlöschen. Zu einer solchen Beendigung des Vorbehaltsbereiches ist die SU nicht nur grundsätzlich bereit, sie strebt sie sogar an, um sich auch insoweit zu entlasten und vor allem eine neue Basis der friedlichen Zusammenarbeit mit dem Westen zu gewinnen.

5. Der entscheidende Gesichtspunkt ist in dieser Frage wohl der Zeitpunkt der Aufgabe des Vorbehaltsbereichs. Er darf in sowjetischer Sicht nicht vor der für sie befriedigenden Entscheidung (nicht ihrer Implementierung) der Sicherheits- und der Grenzfragen liegen. Sie wird wohl auch darauf bestehen, vorher ausreichende Regelungen bzgl. ihrer ökonomischen Interessen im Verhältnis zur früheren DDR zu erhalten.

6. Vor allem aber sind die Vorbehaltsrechte und Verantwortlichkeiten für sie das entscheidende Mittel, um jede Entwicklung auf dem „inneren Gleis", also des faktischen und staatsrechtlichen Zusammenwachsens der beiden deutschen Staaten, unter Vorbehalt zu stellen. Dabei wird sie sich nicht scheuen, rein „innere" Fragen mit der Behauptung zu „äußeren" Fragen zu machen, dass sie die „Sicherheit" oder den „Status" Deutschlands beeinträchtigten oder berührten. Ob sie dabei allerdings soweit gehen würden, wie uns gegenüber angedeutet wird, also in der DDR zur Verhinderung von Regelungen mit uns wieder eine Art von Besatzungsregime, evtl. zusammen mit den Drei Mächten, eingeführt würde, ist eher fraglich, nicht nur weil die Mitwirkung der Drei Mächte bei einem solchen Vorgehen wohl zweifelhaft wäre, wenn es nicht klar auf die Vereinigung sondern ihre Verschiebung ausgerichtet wäre, sondern auch weil die SU sich wohl scheut, sich gegenüber der DDR-Bevölkerung und der internationalen Öffentlichkeit noch einmal so als Besatzungsmacht zu exponieren. Wenn allerdings dies als das einzige Mittel erscheint, um die erforderliche Zeit für die Gewährleistung eines geordneten, innenpolitisch akzeptablen Abzuges zu gewinnen, sowie die Grenzfrage befriedigend zu lösen, so wird die SU wohl auch zu so extremen Schritten bereit sein.

7. In den Kontext solcher Überlegungen gehört wohl auch das von Zeit zu Zeit erwähnte Thema Berlin. Die SU weiß natürlich, dass diese Frage sich im Zuge der Vereinigung der beiden Staaten und der Beendigung der Vorbehaltsrechte und Verantwortlichkeiten von selbst erledigt, so dass in der friedensvertraglichen Regelung allenfalls ein Artikel erforderlich ist, dass damit auch alle Vereinbarungen bzgl. Berlin gegenstandslos werden. Sie hält das Thema „Berlin" wohl vor allem aus taktischen Gründen bereit, um mit Vorschlägen wie der Erstreckung eines Vier-Mächte-Regimes auf die DDR und (Groß-)Berlin als „Übergang" bis zur Vereinigung Zeit zu gewinnen. Es spricht jedenfalls nichts für die Vermutung, dass die SU eine solche Regelung, und sei es zeitweise, für durchsetzbar oder gar auf Dauer für erstrebenswert hielte.

III.

1. Insgesamt geht es der SU in den bevorstehenden Verhandlungen also primär um Zeitgewinn, um den aus ihrer Sicht nicht nur unaufhaltsamen, sondern für sie nützlichen Prozess der Beseitigung des Riegels, den die deutsche Teilung für sie vor Europa schob, politisch akzeptabel und innenpolitisch durchsetzbar zu gestalten.
Die materiellen Anliegen der SU in der Sicherheits- und der Grenzfrage sind deshalb nicht etwa schwach, aber nicht von dem gleichen Gewicht, da diese Anliegen aus der Sicht Gorbatschows auch anders, wenn auch nicht in der gleichen Qualität, befriedigt werden bzw. angesichts der Gewissheit des friedlichen Verhaltens des Westens in seiner gegebenen, Deutschland einbindenden Struktur ohnehin grundsätzlich befriedigt sind.

2. Kritische Größe in diesem Gesamtablauf ist deshalb vor allem die innenpolitische Entwicklung in der SU, und hier insbesondere die „Konversion des Denkens" der politischen Klasse und der Streitkräfte, die bisher noch nicht ausreichend davon überzeugt hat, dass die SU in friedlicher Zusammenarbeit mit dem Westen größere Aussichten auf eine gute innere Entwicklung hat als in der Verteidigung militärischer Machtpositionen, um jedenfalls einen Teil Europas zur Zusammenarbeit zwingen zu können.

3. Wenn man nach Anhaltspunkten für die Länge der Etappen sucht, die die SU evtl. akzeptieren könnte, so ist z. Zt. An Folgendes zu denken:
-Der KSZE-Gipfel dieses Jahr im Spätherbst soll, wie die Sowjets noch in den letzten Tagen ausstreuten, nicht etwa die Regelung für Deutschland absegnen, sondern nur den Verhandlungsstand bewerten.

-Für die Absegnung kommt aus sowjetischer Sicht der Gipfel 1992 in Betracht. Es ist denkbar, dass er also der Zeitpunkt ist, bis zu dem nicht nur die erforderlichen Vereinbarungen der „äußeren Schiene" ausgehandelt und unterzeichnet, evtl. sogar ratifiziert sein sollen, sondern auch der Zeitpunkt, zu dem die Vereinigung der beiden deutschen Staaten auf der „inneren Schiene" zu einer Fusion der beiden Völkerrechtssubjekte gediehen ist, so dass danach lediglich die Implementierung der auf beiden Schienen ausgearbeiteten Übergangsregelungen abläuft.

-Jedenfalls spricht alles für den sowjetischen Willen, eine Vereinigung auf der inneren Schiene nicht völkerrechtlich zu sanktionieren, bevor auf der äußeren Schiene in allen wesentlichen Fragen Übereinstimmung erzielt und wenigstens bis zur Unterschrift gediehen ist.

4. Der Abzug der sowjetischen Truppen und – soweit durchsetzbar – der korrespondierende Abbau der westlichen Streitkräfte soll nach sowjetischem Konzept schon vor diesem Zeitpunkt des Treffens der beiden Schienen beginnen, schon um den im diesem Herbst bei Wien I zu erwartenden Vereinbarungen Folge zu leisten. Dieser Abzug soll aber wohl über den Zeitpunkt des Treffens der beiden Schienen hinaus andauern. Wie lange die Übergangszeit danach noch dauert, hängt dabei entscheidend sowohl von den Implementierungsfristen für Wien I ab, die angesichts der Abzugsvereinbarungen mit Ungarn und der Tschechoslowakei nicht vor Mitte 1991 zu Ende sein können, vermutlich aber bis zum Gipfel 1992 gestreckt werden soll, um die größeren Massen aus der DDR und Polen aufnehmen zu können. Die Übergangszeit nach dem Treffen der beiden Schienen wäre dann wohl synchron zu den Vereinbarungen von Wien II. Die für solche umfassenden Abzüge hier genannten Jahreszahlen sind 1995 – 1996, was also eine vierjährige Übergangsfrist nach der Vereinigung bedeutete. Es ist aber, wegen der hier sicherlich mit Nachdruck vorangetriebenen Armee-Reform, durchaus denkbar, dass auch die SU zu kürzeren Fristen bereit ist.

5. Diese zeitliche Strukturierung, '90 – '92 bis zur Vereinigung von innerer und äußerer Schiene, '92 – '96 bis zur Beendigung der Implementierung, ist nur ein erster Versuch, aus den vorliegenden Daten einen gewissen Sinn zu machen. Je nach der Entwicklung in der DDR und der SU selbst, je nach der Bereitschaft der Drei Mächte, sowjetische Interessen zu befriedigen oder nicht, können auch ganz andere Fristen zu Stande kommen. Festhalten kann man aber immerhin, dass die SU keineswegs den Eindruck erweckt, den Prozess nun besonders in die Länge ziehen zu wollen. Es ist durchaus denkbar, dass sie rascher vorgehen will als etwa Frankreich oder Großbritannien. Ob das für sie akzeptable Tempo ausreicht, um mit der Entwicklung auf der inneren Schiene Schritt zu halten, ist eine andere, für die SU aber derzeit besonders sensible Frage."

Anlage 2

Bericht v. 2. 8. 1990 über die Lage der SU vor der nicht stattfindenden Sommerpause

I

1. Die Einigung von Archis über den zukünftigen Platz Deutschlands gelang vor allem, weil die SU die Gewähr erhielt, sich in Zukunft am internationalen Austausch unter den großen Industriestaaten voll beteiligen zu können. Die Frage, ob sie diese Möglichkeit auch zu nutzen vermag, ist damit nicht beantwortet. Die Struktur der SU hat vielmehr inzwischen so tiefe Risse, dass der Hauptbeteiligte am östlichen Ende dieser Architektur schon in einigen Monaten nicht mehr die SU, sondern die Russische Republik sein könnte. Denn im Wettlauf zwischen den Zerfallsprozessen in der Union und den Konsolidierungsbemühungen Gorbatschows ist der Sieger nicht mehr sicher. Sehr spät, unter manchen Aspekten zu spät, ist erkannt worden, dass die institutionelle Reform Union/Republiken (sozusagen Bund und Länder) nicht ein Problem für sich, das man mit beliebigen Zeitvorstellungen in Angriff nehmen kann, sondern wesentliches Element aller Reformen, gerade auch der wirtschaftlichen ist, weil es dabei um die Funktionsfähigkeit des Staates an sich geht. Wie sich die Zuständigkeiten von Union und Republiken aufteilen, ist eine Frage, dass darüber nicht zuletzt gegenüber der Außenwelt Klarheit bestehen muss, eine andere, eigentlich wichtigere.

2. Gorbatschow hat zwar auf dem Parteitag mit erneuter taktischer Brillanz den letzten, für die Perestroika wirklich gefährlichen Ansturm des „alten Regimes" abgewehrt. In der Woche seitdem ist aber mit der Verzögerungstaktik der Litauer, der Souveränitätserklärung der Ukrainer, dem nur noch mit großer Mühe verhinderten „Krieg" zwischen zwei Republiken (Armenien und Aserbeidschan), dem Bürgerkrieg zwischen Usbeken und Kirgisen und vor allem der sich beschleunigenden Vorwärtsstrategie der RSFSR unter Jelzin die rapide Schrumpfung der tatsächlichen Macht der Union, d. h. Gorbatschows und der Unionsregierung deutlich geworden.

3. Der Selbstbehauptungswille der RFSFR drückt sich auch ökonomisch aus. In einer in weiten Teilen Russlands sich verschärfenden Versorgungskrise fühlen sich Jelzin und die Regierung der RSFSR unter Silajew ermutigt, radikale Maßnahmen des Übergangs zur Marktwirtschaft sofort vorzuschlagen und nicht die angekündigten Maßnahmen der Union abzuwarten. Jelzin hat daher auch zu Beginn der letzten Woche ein Programm des Übergangs zur Marktwirtschaft mit dem etwas demagogisch klingenden Titel „Vertrauensmandat für 500 Tage" vorgelegt. Die Folge dieses Versuchs, die von Gorbatschow und Ryschkow angekündigten Schritte zur Einführung der Marktwirtschaft zu übertrumpfen, könnte eine weitere Unterminierung der staatsrechtlichen und politischen Struktur der SU sein, wenn Jelzin und Gorbatschow nicht letztlich doch zur Zusammenarbeit bereit sind, wofür es immerhin Absprachen gibt. Es lässt sich jedoch nicht völlig ausschließen, dass sich die SU von einem extrem zentralistischen Staat immer schneller in eine nur als Konföderation zu bezeichnende Staatenassoziation verwandelt.

4. Der Gedanke, den sich zuspitzenden Kampf der slawischen Republiken um vor allem ökonomische Eigenständigkeit einzusetzen, um die politische Verantwortung für den schweren Übergang zum Markt auf mehreren Schultern zu verteilen, wird von den intellektuellen Vordenkern Gorbatschows bereits unter die Leute gebracht. Die Hoffnung, nach diesem Übergang, wenn sich die Unvernunft der russischen Radikalen und anderer Nationalisten gezeigt hat, wieder fester im Sattel zu sitzen, und doch noch eine Konföderation zusammenhalten zu können, ist wohl auch berechtigt. Sie zeigt aber die ganze Schwierigkeit einer Lage, in der Gorbatschow, dies ist nicht mehr auszuschließen, kaum etwas Anderes mehr übrig bleiben könnte, als nicht nur Litauen sondern die Balten insgesamt einmal tatsächlich selbständig ihr Glück versuchen zu lassen, und im Transkaukasus sowie in Mittelasien die dortigen Völker ihren Leidenschaften zu übergeben, und sei es nur, weil die slawischen, „europäischen" Völker immer weniger bereit sind, ihre Söhne zwischen die Fronten der „Asiaten" zu schicken...

II.

1. Am 20. 7. haben gemeinsam der Präsidialrat und der Föderationsrat unter Vorsitz des Präsidenten getagt. Die 3 baltischen Staatschefs haben sich vertreten lassen, nachdem es Landsbergis in der Sitzung dieses Gremiums vor dem Parteikongress der Union noch ratsam erschienen war, Gorbatschows Position durch seine Teilnahme zu stärken. Ryschkow hat dort ein Programm des schrittweisen Übergangs zur Marktwirtschaft und Nischanow das Grundkonzept des neuen Unionsvertrages vorgetragen, nach dem es jeder der Republiken grundsätzlich freistehen soll, wie viele und welche ihrer souveränen Rechte sie auf die Union delegieren will.

Gorbatschow erklärte beide Projekte für „zwei Seiten derselben Medaille" und argumentierte dazu vor allem mit der Notwendigkeit, einen großen, gemeinsamen Markt zu erhalten, dessen im Vergleich zu einer Aufteilung nach Republiken höhere Effizienz zum wichtigsten Bindemittel der zukünftigen Union werden soll.

2. Jelzin, das Präsidium des Obersten Sowjet der RFSFR und die sich bildende Regierung unter Silajew haben aber parallel inzwischen ein eigenes, erheblich radikaleres Programm entwickelt, das in ersten Umrissen bekannt geworden ist und insbesondere aus einer rapiden „Privatisierung" der Volkswirtschaft der RFSFR besteht.

3. Parallel dazu zeichnen sich Bemühungen ab, aus der „Demokratischen Plattform" der KPdSU, dem Deputierten-Block des Volkskongresses der RFSFR „Demokratisches Russland", der „Demokratischen Partei" Trawkins und verschiedenen „sozialdemokratischen Assoziationen" eine neue „Demokratische Bewegung" zu machen, die der KPdSU bzw. deren russischem Teil ernsthaft Konkurrenz machen soll.

4. Dabei gibt es Fälle, dass russische Intellektuelle, die Gorbatschow bis vor wenigen Monaten treu waren, in zunehmendem Maße zu Jelzin überlaufen. So berät anscheinend Arbatow und sein Institut Jelzin und Silajew intensiv nicht nur außenpolitisch, sondern mit Gutachten zur föderativen Ordnung, dem Bankensystem oder dem Aufbau der Justiz in den USA. Andererseits hat die Soziologin Saslawskaja vor kurzem Gorbatschow erneut öffentlich unterstützt. Mit einem werbenden Besuch beim zentralen Fernsehen versuchte Gorbatschow, diesem Trends der Intelligenz am 19. 7. zu beggnen, die sich mehr und mehr bedauernd oder abfällig äußert, Gorbatschow habe mit seinem Festhalten am „Sozialismus" nun selbst den Zug verpasst. Gorbatschows vierstündiges Treffen mit Wirtschaftswissenschaftlern am 27. 7. im Kreml diente wahrscheinlich ebenso diesem Zweck.

5. Gleichzeitig verstärkt sich die jüdische Emigration. Die russische Selbstfindung erscheint vielen sowjetischen Juden als gefährlich. Angesichts des offen aufbrechenden Antisemitismus in den extrem russisch-nationalistischen Kreisen ist dies zumindest verständlich. Die Prawda hält das Problem für ernst genug, um einen Artikel „Gibt es bei uns eine Judenfrage?" zu veröffentlichen. Und einer der Ko-Vorsitzenden des hiesigen Dachverbandes der jüdischen Organisationen erklärte in einem Interview, es gebe heute drei Länder der Emigration in einer immer schwieriger werdenden Lage, die USA, Israel und die DDR. (Wir hören hier von jüdischen Freunden und Bekannten, dass tatsächlich in hiesigen jüdischen Kreisen Deutschland als ein Musterfall der Toleranz betrachtet und die Einreise in die DDR unter deren neuer Regierung für problemlos gehalten wird.)

6. Vor Allem versicherte uns der prominente russische Politiker Trawkin, (er gehört dem Präsidium des Obersten Sowjet der RFSFR an, führt eine bisher kleine Partei an, war aber ernsthaft für einen der führenden Posten der RFSFR im Gespräch) glaubwürdig, dass das alte Wirtschaftssystem einfach nicht mehr funktioniere. Der Plan werde nicht mehr beachtet, die „Staatsaufträge" nicht mehr erfüllt. Die Betriebe suchten sich ihre Partner „horizontal" selbständig. Das Volk „vertraut uns", weil es sich von Gorbatschow und Ryschkow inzwischen nichts mehr erhoffe. Seine Lage sei aber immer bedrängter. Die RFSFR werde sich deshalb von der Unionswirtschaftspolitik nicht länger behindern lassen.

III.

1. Nachdem die Union ihre Delegation für die Verhandlungen mit Litauen rasch gebildet hat, zieht Landsbergis jetzt die Bildung der litauischen Delegation in die Länge. Inzwischen ist zwar ihr Leiter gewählt, jedoch arbeitet eine Gruppe von Abgeordneten des Obersten Sowjet Litauens, bisher ohne Abschluss, an einem detaillierten Verhandlungsmandat, das mehr und mehr die Form eines Entwurfs eines Sezessionsvertrages annimmt.

2. Parallel dazu ist es am Wochenende in Jurmala zu einer Einigung gekommen Verträge zwischen den Balten und der RFSFR zu schließen. Ministerpräsidentin Prunskiene aus Litauen gab nach der Föderationsrat-Sitzung am 21. 7. ein Interview, in dem sie für den neuen Unions-Vertrag eine „Nulllösung" als politisch eigentlich von kaum jemand noch völlig abgelehnt bezeichnete, also eine Situation, in der eine Republik „null" souveräne Rechte an die Union delegiert. Sie implizierte ein Einverständnis Gorbatschows und Primakows mit einer solchen Lösung. Es könnte sich hier eine Politik abzeichnen, durch die, durch rasche Lösung für Litauen, die Balten gespalten werden sollen. Am 20. 7. brachte das Fernsehen Bilder vom Zusammentreffen Bakers mit den baltischen Außenministern in Washington.

3. Und zum 22. 7., dem Tag der Annexion der baltischen Staaten durch die SU 1940 vor fünfzig Jahren, verabschiedete der Oberste Sowjet der Union einen Aufruf an die drei baltischen Völker, im Rahmen des neuen Unionsvertrages gleichberechtigt mit den anderen „sozialistischen" Republiken zusammenzuarbeiten, während der Oberste Sowjet Litauens diesen Tag als den der „Beleidigung, Entehrung und des Unglücks" bezeichnete.

4. Gleichzeitig nahm er ein Gesetz an, das auf die Einführung einer Wehrpflicht für eine litauische Armee hinausläuft.

IV.

1. Die Nachrichten aus dem Transkaukasus vermitteln das Bild einer sich beschleunigenden Aufrüstung der Armenier und Aserbeidschaner mit täglichen Überfällen auf die Truppen der Union, um sich Waffen zu beschaffen. Die Grenze ist inzwischen eine „Staatsgrenze", wie sie die Union nach außen unterhält mit streng bewachten Übergängen, schwer bewaffneten Patrouillen und teilweisen Sperren. Die Regierung Armeniens duldet die Organisation einer armenischen „Selbstverteidigungskraft". Im Zentrum der Auseinandersetzung, in Nagorny Karabach, vergeht kein Tag mehr ohne Bombenexplosionen oder Schießereien.

2. In Georgien ist ein nicht mehr zu übersehendes Gewirr neuer Parteien, Gruppen und Grüppchen entstanden, die sich nicht nur gegen die Minderheiten in Georgien wie die Abchasen und Osseten wenden, sondern sich auch untereinander mit der Besetzung von Büros und Boykottaufrufen bekämpfen, wobei die extremen Nationalisten immer dreister auftreten. Für den Herbst wird, im Zuge der Wahlen für den Obersten Sowjet, nicht nur eine Souveränitätserklärung à la Ukraine, sondern eher mit einer Unabhängigkeitserklärung à la Litauen gerechnet.

3. Die Auseinandersetzungen in Kirgisien, die seit Anfang Juli über 200 Tote gekostet haben, dauern an. Die Inneren Truppen können, trotz Ausgangssperre, die inzwischen tief verfeindeten, an und für sich durch Abstammung, Sprache und Religion nah verwandten Kirgisen und Usbeken nur mit Mühe von einander trennen. Überbevölkerung, Arbeitslosigkeit und Mangel an bewässertem Land sind die Ursachen des Konflikts, der also alle Aussichten auf Dauer hat.

4. In den slawischen Republiken entwickelt sich eine „Mütter-Bewegung", die sich immer lautstärker dagegen wehrt, dass ihre Söhne im Transkaukasus und in Mittelasien während ihres Militärdienstes (der auch bei den Inneren Truppen abgeleistet werden kann) zur Befriedung eingesetzt werden. Das Ergebnis sind nicht nur Presseartikel, sondern Beschlüsse wie die in der ukrainischen Souveränitätserklärung, dass die Wehrpflichtigen „in der Regel" nur noch in der Heimatrepublik dienen sollen.

V.

1. Gleichzeitig hören wir aus höheren Etagen des Sowjetischen Außenministeriums, dass binnen kurzem einige Republiken Anträge auf Aufnahme in die UN oder andere internationale Organisationen stellen könnten. Verschiedene würden jedenfalls eigene Auslandsvertretungen, und sei es auch nur U. U. als Handelsvertretungen, errichten wollen.

2. Die sich zusammenschließenden, Jelzin tragenden Organisationen der „Demokratischen Allianz" haben eine Erklärung verabschiedet, mit der sie sich an die westlichen Regierungen wenden, der SU keine Kredite zu geben. Ökonomische Hilfe solle in Form der Finanzierung und Beratung neuer wirtschaftlicher Tätigkeit in der RFSFR erfolgen.

3. Ein Vergleich der verschiedenen „Souveränitätserklärungen" zeigt, dass sowohl die RSFSR wie die Ukraine gerade auf wirtschaftlichen Gebiet die relativ größte Eigenständigkeit anstreben, und der Union im Wesentlichen nur die „politischen" Kompetenzen für Verteidigung und Außenpolitik überlassen wollen. Es ist nicht abzusehen, wann und wie diese Auseinandersetzung zwischen den beiden entscheidenden slawischen Republiken einerseits und der Union andererseits entschieden sein wird. Auf absehbare Zeit sind beide Republiken international operativ zwar kaum handlungsfähig. Die Unionsinstanzen sind dies natürlich nach wie vor. Jeder Staat, der mit ihnen völkerrechtliche Regelungen trifft, tut aber gut daran, sich des guten Willens oder jedenfalls der Toleranz dieser Regelungen durch die beiden genannten Republiken zu versichern. Er läuft sonst Gefahr, es mit den u. U. in Zukunft entscheidenden Kräften zu verderben. Die Kontakte der Bundesländer zur RSFSR und zur Ukraine sollten zu diesem Zweck so intensiviert und abgestimmt wie möglich eingesetzt werden. Kontaktbemühungen der Republiken – wir spüren sie von Seiten der neuen russischen Regierung – sollten wir nicht zurückweisen, andererseits dadurch aber auch nicht das nach wie vor zentrale Verhältnis zur Union belasten. Es muss zu denken geben, dass unlängst der Pressesprecher des Präsidenten, Maslennikow, in einer gesondert einberufenen Pressekonferenz vor „Einmischung in innere Angelegenheiten" gewarnt hat, nachdem Baker, mit Blick auf Jelzin, davon gesprochen hatte, die USA würden Kontakte „zur Opposition" knüpfen. Es geht um sehr viel mehr, als um das natürliche Spannungsverhältnis zwischen den zur Zeit hier führenden Politikern.

4. Jedenfalls wird die Auseinandersetzung zwischen der Zentralgewalt und den Republiken, vor allem aber zwischen der Union und der RSFSR, uns in der nächsten Zeit ganz besonders beschäftigen. Dabei wird die Fähigkeit Gorbatschows und Jelzins, trotz vorhandener, auch persönlichkeitsbedingter Gegensätze und einer Rivalität, die an der Machtfrage gemessen heute stärker ist als je, ein Hauptkriterium darstellen. Absprachen für einen solchen Kompromiss sind getroffen. Ob sie tragfähig sind, wird sich zeigen. Wenn Gorbatschows Taktik, und darauf deutet Manches, jetzt darin besteht, Jelzin die Verantwortung für den radikalen Übergang zur Marktwirtschaft zuzuspielen, indem er die RSFSR nicht ernsthaft bei der Zerstörung des von Ryschkow geleiteten Instrumentariums der Wirtschaftslenkung auf Unionsebene behindert, dann wäre das ein erneutes Beispiel für sein Geschick, aus Schwäche Stärke zu machen. Es kann aber den Zusammenhalt der Union kosten."

Anmerkungen

1 Kennan, „Memoiren eines Diplomaten",
2 a. a. O., S. 127
3 a. a. O. S. 534
4 Aron, „L´opium des intellectuels", S. 25 ff
5 Brown, „The Rise and Fall of Communism", S. 105 ff
6 Lenin, „Was Tun?" 1902
7 Djilas, „Gespräche mit Stalin", S. 194
8 Fainsod, „How Russia is ruled", S. 328
9 a. a. O., s. 477 ff
10 a. a. O. S. 329
11 a. a. O. S. 355
12 a. a. O. S. 3'89
13 a. a. O. S. 486
14 a. a. O. S. 389 und S. 484 ff
15 Djilas, a. a. O. S. 139
16 Meissner, „Die Breschnew-Doktrin", S. 14
17 a. a. O.
18 a. a. O. S. 15
19 a. a. O. S. 18
20 a. a. O. S. 20 ff
21 a. a. O. S. 47 ff
22 a. a. O. S. 75 ff
23 Schwarz, „Adenauer", Bd. ein S. 912
24 Vgl. Baring, „Machtwechsel", S. 332 ff
25 Vgl. Wolfgang Leonhard, „Am Vorabend einer neuen Revolution?", und Klaus Mehnert, „Der Sowjetmensch"
26 Vgl. Genscher, „Erinnerungen", S. 712
27 Vgl. hierzu die Schilderung von Genschers, stark von Dehler beeinflussten Grundkonzeption in Heumann, „Hans-Dietrich Genscher", S. 92 ff
28 Vgl. den Aufsatz Genschers „Deutsche Ost-, Sicherheits- und Wiedervereinigungspolitik" in „Liberal" (Jg. 8/ 1966), in dem Genscher trotz unserer Westintegration mehrfach von unserer „Mittellage" spricht und sich gegen die atomare Teilhabe der Bundeswehr engagiert. Das geteilte Deutschland müsse ein Interesse an einem „Aufgehen der Paktsysteme in einem größeren europäischen Sicherheitssystem" haben. Hier zeigt sich die Kontinuität seines Denkens in der Nachfolge Dehlers.
29 Vgl. das Literaturverzeichnis im Anhang
30 Andert/Herzberg, „Der Sturz", S. 21
31 Jakowlew, „Sumerki", S. 5/6
32 a. a. O. S. 401, vgl hierzu Ligatschow, „Inside Gorbachevs Kremlin, Boulder 1966, durch das ganze Buch, insbesondere S. 94 ff, zieht sich der Vorwurf, Jakowlew habe seine gesamte, auf Kapitalismus gerichtete Politik als „eminence grise" verdeckt vorangetrieben.
33 Burlatsky, „Khrushchev and the first Russian spring", a. a. O., S. 106
34 Jakowlew, a. a. O. S. 347

35 Schabowski, „Das Politbüro", S. 155
36 Arbatow, „Das System", S. 298, 299
37 Jakowlew, a. a. O. S. 5 ff
38 Jakowlew, a. a. O., S. 35
39 Butenko in Voprossi Filisofii 10, 1982, S. 21
40 Andropow in Kommunist 3 1983 S. 9
41 Burlatsky, „Khrushchev and the first Russian Spring"
42 a. a. O., S. 106, vgl dazu auch die Darstellung bei Schabowski, „Wir haben fast alles falsch gemacht", S. 154. 155
43 Vgl. Kempe, " Berlin 1961", S. 45 gestützt auf Subok/Pleschakow, „Der Kreml im Kalten Krieg" S. 230
44 a. a. O., gestützt auf Gromyko, „Erinnerungen", S. 441
45 So Falin, „Politische Erinnerungen", S. 315, 316, 318, und Kwizinjskij „Vor dem Sturm", S. 13, vgl. dazu Löwenthal, „Vom Kalten Krieg zur Ostpolitik" in „Die Zweite Republik" S. 620
46 vgl. die ausführliche Beschreibung dieser Deutschlandpolitik Berijas und Semjonows Rolle dabei bei Schabowski, „Wir haben fast Alles falsch gemacht", S. 146f. Und 154 f.
47 Arbatow, „Das System", S. 105
48 Burlatsky, a. a. O. S. 184 ff
49 a. a. O. S. 200
50 a. a. O. S. 236
51 Schachnasarow, „Preis der Freiheit", S. 33 ff
52 Daschitschew, „Die Sowjetunion und Ostmitteleuropa – aus der Geschichte eines messianischen Hegemonismus" in „Die DDR – Analyse eines aufgegebenen Staates" , S. 7'89
53 English, „Russia and the Idea of the West", S. 114 f.
54 Arbatow, a. a. O., S. 106
55 Jakowlew, a. a. O. S. 340 ff
56 Vgl. English, a. a. O. S. 2 ff
57 a. a. O. S. 167
58 Arbatow, a. a. O., S. 285
59 Jakowlew. a. a. O. S. 534
60 Arbatow a. a. O. S. 277
61 Jakowlew, a. a. O., S. 546 ff
62 Arbatow, a. a. o. S. 276
63 a. a. O., Jakowlew a. a. O. S. 548
64 Arbatow a. a. O.
65 Gorbatschow, „Erinnerungen", S. 156
66 Jakowlew, a. a. O. S. 548
67 a. a. O. S. 546 f.
68 Arbatow, a. a. O. S. 288
69 Jakowlew a. a. O. S. 371
70 Arbatow a. a. O. S. 289
71 Gorbatschow, „Erinnerungen", S. 211
72 Gratschew, „Final Days", S. 1"88, Ligatschow, a.a.O., S. 31 bestätigt dies mit dem

Hinweis, dass 1984 das Innenministerium Gorbatschows Vergangenheit auf der Suche nach kompromittierendem Material durchsucht hat, ein weiteres Indiz dafür, dass die verschiedenen Teile des Sicherheitsapparates für den Macht-Kampf auf oberster Ebene eingesetzt wurden.

73 Arbatow, a. a. O. S. 190
74 a. a. O. S. 276 f, Jakowlew a. a. O. S. 548
75 Jakowlew a. a. O. S. 550/551
76 English berichtet a. a. O. S. 128, dass Butenko damals ein Buch veröffentlicht hat, „Theorie und Praxis des Aufbaus des Sozialismus", in dem er schrieb: „Mangel an Demokratie, zu zentralisierte Industrie sind schuld an den ost-europäischen sozioökonomischen Problemen."
77 Arbatow a. a. O. S. 292
78 Rakowski, „Es begann in Polen", S. 57
79 Gratschew, „Gorbatschow´s Gamble" S. 39
80 Burlazky in „Woprossi Filisofii" 9/83, zitiert bei English a. a. O. S. 176, FN 104
81 Ambarzumow in „Woprossi Historii" 4/84, zitiert bei English a. a. O. S. 177, FN 106
82 English, a. a. O. S. 1'87
83 Jakowlew a. a. O. S. 437 über den 27. Parteitag 1986, S. 440 über die 19. Parteikonferenz 1988 und S. 444 über das den 28. Parteitag vorwegnehmende ZK-Plenum im Februar 90
84 a. a. O. S. 595
85 a. a. O. S. 593
86 a. a. O. S. 438
87 a. a. O. S. 412, vgl. die Darstellung bei Ligatschow, a,a.O., S. 301, wo er bestreitet, Initiator des angeblich von Nina Andrejewa stammenden Artikels gewesen zu sein, jedoch zugibt, ihn den Herausgebern der großen Zeitungen empfohlen zu haben, was genügt, um seine neo-stalinistische Position offen zu legen.
88 Tschernjajew, a. a. O. S. 216, Ligatschow, a.a.O., S. 204 ff beschreibt, dass genau in jenen Wochen die Staatsanwälte Gdljan und Iwanow gegen ihn ermittelten, Gorbatschow hatte also in der typischen KGB-Manier auf Ligatschows Widerstand reagiert, ein weiteres Indiz dafür, dass der Sicherheitsapparat in Gefolgsleute und Gegner der Perestroika gespalten war.
89 Jakowlew, a. a. O. S. 536/537
90 Dalos, a. a. O. S. 224
91 Vgl. König, „Fiasko eines Bruderbundes", S. 163
92 a. a. O. S. 472
93 Tschernjajew, „My six Years with Gorbachev", S. 280
94 Jakowlew a. a. O. S. 471
95 a. a. O. S. 226
96 Tschernjajew, a. a. O. S. 298
97 Gratschew a. a. O. S. 55
98 Vgl König, „Das Fiasko eines Bruderbundes", S. 70 „Gorbatschow zog die irrige Schlussfolgerung, dass er mit Hilfe der westeuropäischen Länder die wirtschaftliche Rückständigkeit der SU schnell überwinden und die Perestroika retten könnte. Auf diesem Wege sah er in den verbündeten Ländern nur eine Last, ohne die er mehr Bewegungsfreiheit finden würde." König beschreibt hier das Konzept, das ich im September 1989 der SD-Fraktion zugeordnet habe.

99 a. a. O., S. 28
100 z. B. Gratschew, a. a. O. S. 128
101 Schachnasarow, a. a. O., S. 106
102 Gratschew a. a. O. S. 55
103 vgl. Dalos, „Gorbatschow", S. 198
104 Tsipko zitiert bei English, a. a. O. S. 224 mit weiteren Nachweisen
105 Dalos, a. a. O. S. 199
106 Zitiert bei Levesque, S. 52
107 König a. a. O. S. 61
108 König, a. a. O. S. 189
109 Vgl. die Beschreibung bei König, a. a. O. S. 191
110 Dalos, a. a. O. S. 16
111 a. a. O. S. 200
112 a. a. O. S. 206
113 Schachnasarow a. a. O. S. 124
114 Krenz, a. a. O. S. 202
115   Schachnasarow a. a. O. S. 125
116 a. a. O. S. 104
117 a. a. O. S. 63
118 Tschernjajew a. a. O. S. 204, vgl. dazu Delos, a. a. O. S. 210
119   Levesque, a. a. O., S. 59 f.
120 Dalos, a. a. O. S. 200
121 Levesque, a. a. O. S. 69
122 Schachnasarow, a. a. O. S. 111 ff.
123 a. a. O. S. 148
124 Rakowski, a. a. O. S. 233
125 König, a. a. O. S. 220
126 Rakowski a. a. o. S. 136
127   a. a. O. S. 150
128 a. a. O. S. 98 ff.
129 a. a. O. S. 143
130 a. a. O. S. 149 ff
131 a. a. O. S. 152
132 a. a. O. S. 150
133 a. a. O. S. 15 ff
134   a. a. O. S. 77 ff
135 a. a. o. S. 154 ff
136 zitiert bei Levesque, a. a. O. S. 112
137 Rakowski, a. a. O. S. 202 ff
138 a. a. O. S. 335 ff
139 Beschloss / Talbot, „Auf Höchster Ebene", S. 136
140 Levesque, a. a. O. S. 65
141 Tökes, „Hungary´s negotiated Revolution", s. 2'89
142 Vgl. Schachnasarow, a. a. O. S. 115
143 Vgl. Levesque a. a. O., S. 66 ff

144 Schachnasarow, a. a. O.
145 Levesque, a. a. O. S. 67/68
146 Vgl. Grosser, Bierling, Kurz, „Die sieben Mythen der Wiedervereinigung", S. 134
147 a. a. O. S. 132
148 Frankfurter Rundschau, 18. 4. 1989
149 Grosser, Bierling, Kurz a. a. O.
150 Krenz, „Herbst 1989 ", S. 39
151 Schabowski, „Wir haben alles falsch gemacht", S. 161 f.
152 a. a. O. S. 162
153 Vgl. Reuth, Bönte, „Das Komplott" S. 64
154 Vgl. Stephan a. a. O. S. 124
155 Kohl, „Erinnerungen 1982 – 1990", S. 923
156 Vgl. Reuth, Bönte, a. a. O. S. 62 f
157 „Neues Deutschland" v. 2. 12. 1988, vgl. auch „Neues Deutschland" v. 25. 11. 1988
158 Tschernjajew a. a. O., S. 10
159 a. a. O. S. 49
160 a. a. O., S. 50
161 a. a. O. S. 115
162 Vgl. Reuth, Bönte, a. a. O. S. 41
163 a. a. O. S. 43
164 Tschernjajew a. a. O. S. 198
165 Levesque, a. a. O. S. 94 ff
166 a. a. O. S. 104 ff
167 a. a. O. S. 108 f
168 Stephan, „Vorwärts immer, rückwärts nimmer!", S. 80
169 Tschernjajew, a. a. O. S. 223
170 Falin, „Politische Erinnerungen" S. 483
171 Levesque, a. a. O. S. 120
172 Krenz a. a. O. S. 51
173 Levesque a. a. O. S. 151 gestützt auf Wolf „Im eigenen Auftrag", S. 234
174 a. a. o.
175 Schabowski, a. a. O. S. 170
176 a. a. O. S. 163
177 a. a. O. S. 172
178 a. a. O.
179 a. a. O. S. 170
180 Vgl. Galkin/Tschernjajew, „Michael Gorbatschow und die Deutsche Frage", Sowjetische Dokumente, S. 286
181 a. a. O. S. 288
182 Schabowski a. a. O.
183 a. a. O.
184 a. a. O. S. 178 f
185 a. a. O. S. 172
186 a. a. O. S. 180
187 Modrow, „Ich wollte ein neues Deutschland" S. 26 ein f

188 Krenz a. a. O. S. 103
189 Vgl. oben Endnote 104, 105
190 Modrow a. a. O. S. 263
191 Honecker, „Moabiter Notizen", S. 38
192 Vgl. Stephan, a. a. O. S. 63 ff
193 Gorbatschow, Erinnerungen" S. 929
194 Stephan, „Vorwärts immer, rückwärts nimmer", mit dem Gesprächsprotokoll, insb. S. 205
195 Vgl. Königs Beschreibung der Umstände des Gesprächs von Tisch mit Gorbatschow in Moskau, in dem dieser im Auftrag von Krenz die Zustimmung zur Absetzung Honeckers einholte. König schließt aus diesen Umständen, sicher zu Recht, dass Gorbatschow schon vorher im Bilde war. König, a. a. O. S. 330.
196 Krenz a. a. O. S. 4 ein ff
197 a. a. O.
198 Reuth, Bönte a. a. O. S. 146
199 Krenz, „Herbst 1989" , S. 199
200 Schabowski, „Wir haben fast alles falsch gemacht", S. 172
201 König a. a. O. S. 340
202 Falin, „Konflikte im Kreml", S. 150
203 a. a. O.
204 Krenz a. a. O. S. 77 ff
205 Stephan, a. a. O. S. 200
206 Vgl. Rödder, „Deutschland einig Vaterland" S. 1987 mit weiteren Nachweisen.
207 Vgl. Krenz a. a. O. S. 80 ff,
208 Kotschemassow, „Meine letzte Mission", S. 168/169
209 Falin a. a. O. S. 152 ff
210 a. a. O. S. 159 f
211 König a. a. O. S. 335 ff
212 Vgl. Genscher, „Erinnerungen" S. 19
213 Krenz a. a. O. S. 226 ff, Schabowski a. a. O. S. 28ff
214 Beschloss/Talbot, „Auf Höchster Ebene" S. 177
215 Gorbatschow, „Erinnerungen", S. 712
216 Stephan, „Vorwärts immer, Rückwärts nimmer", S. 214
217 Krenz, Herbst 1989 , S. 197
218 Dalos, a. a. O. S. 214
219 Krenz, a. a. O. S. 245
220 Krenz a. a. O. S. 246 f.
221 vgl. im Einzelnen die Darstellung bei Neubert, „Unsere Revolution", S. 220
222 Schabowski a. a. O. S. 29, vgl. Krenz, a. a. O. S. 245
223 Schmemann, „When The Wall Came Down", S. 51,
es ist unverständlich, dass Hertle, von dem die detaillierteste Rekonstruktion des Mauerfalls stammt, „Chronik des Mauerfalls", Berlin, 2009, bei der populären Anfangsdarstellung bleibt, die Mauer sei ohne Befehl von Oben von den Kommandanten der Übergänge aus eigener Initiative geöffnet worden. Er schildert selbst die wesentlichen Indizien, dass die Öffnung vorher geplant war, und räumt in seinem Vorwort auch ein, dass diese Öffnung erst um 23.30 Uhr erfolgte, also Krenz genügend Zeit gehabt hatte, seine mit Mielke und Streletz, also den Kommandeuren

des Gewaltapparates besprochene Entscheidung in Gang zu setzen.
224 Vgl. Krenz a. a. O., S. 249, wonach die sowjetischen Truppen in dieser Nacht in „erhöhte Gefechtsbereitschaft" versetzt worden waren,
225 Vgl Neubert, „Unsere Revolution", S. 221
226 Kuhn, „Gorbatschow und die deutsche Einheit", S. 77
227 Krenz in Kuhn, a. a. O. S. 72
228 Vgl. oben Fußnote 106, 197
229 In Kuhn a. a. O. S. 76
230 a. a. O. S. 82, zur von historischen Ressentiments getragenen, grundsätzlich antideutschen Haltung von PM Thatcher siehe das Buch von George Urban, „Diplomacy and Disillusion at the Court of Margaret Thatcher", London 1996
231 Modrow, a. a. O. S. 348
232 Zitiert bei Levesque, a. a. O. S. 183
233 a. a. O. S. 184
234 Kaiser, „Why Gorbachev happened", S. 306
235 Sebestyen, „Revolution 1989 ", S. 370 f
236 a. a. O.
237 a. a. O. S. 376 mit anderer, aber nicht überzeugender Analyse
238 Pleshakov, „There is no freedom without bread", S. 197 ff
239 a. a. O. S. 220
240 Levesque, a. a. O. S. 200
241 . Pleshakov, a. O. S. 224
242 Stokes, „The walls came tumbling down", S. 165 ff
243 Gorbatschow, „Erinnerungen", S. 714 f, Tschernjajew, a. a. O. S. 271 f. Schachnasarow a. a. O. S. 150, Falin „Politische Erinnerungen" S. 489 f.
244 Schachnasarow a. a. O.
245 Tschernjajew a. a. O.
246 Gorbatschow, a. a. O. S. 715
247 Galkin/Tschernjajew, „Michael Gorbatschow und die deutsche Frage", München 2011, S. 286 ff
248 Vgl. v. Plato, „Die Vereinigung Deutschlands, ein weltpolitisches Machtspiel", S. 183
249 Falin a. a. O.
250 Vgl. die Darstellung bei Delos, a. a. O. S. 217
251 Galkin/Tschernjajew, a. a. O.
252 a. a. O. S. 289
253 Gorbatschow a. a. O.
254 Tschernjajew a. a. O. S. 272
255 a. a. O. S. 271
256 a. a. O. S. 255
257 Vgl. Tschernjajew, a. a. O. S. 257
258 v. Plato, a. a. O. S. 204 f.
259 a. a. O. S. 206
260 Gorbatschow, „Wie es war", S. 100
261 a. a. O. S. 102
262 Falin, „Konflikte im Kreml" S. 153

263 Vgl. König a. a. O. S. 418 f
264 Gorbatschow, a. a. O. S. 119/120
265 Hurd, „Memoirs", S. 387
266 Schachnasarow, a. a. O. S. 99
267 Dobrynin, „In Confidence", S. 570
268 Beschloss/Talbot, a. a. O. S. 291
269 Falin, „Politische Erinnerungen", S. 25
270 a. a. O. S. 27
271 Gratschew, „Gorbachev´s Gamble", S. 156
272 Kwizinskij. a. a. O. S. 40
273 a. a. O. S. 39 ff
274 a. a. O. S. 22
275 Gratschew, a. a. O. S. 158
276 Falin, a. a. O. S. 155 ff
277 Vgl. zu den damaligen Abläufen auch Gaddis, „The Cold War", S. 106
278 a. a. O. S. 169
279 Falin, „Politische Erinnerungen", S. 239
280 Gaddis a. a. O. S. 199
281 Bush/Scowcroft, „A world transformed", S. 283
282 Tschernjajew, a. a. O. S. 230
283 Kohl, „Erinnerungen 1990-1994", S. 132
284 Vgl. Bush/Scowcroft, a. a. O., S. 285 ff.
285 Tschernjajew, a. a. O. S. 268, Bush/Scowcroft a. a. O.
286 Tschernjajew, S. 276
287 English a. a. O. S. 199
288 Jakowlew, a. a. O. S. 455
289 a. a. O. S. 456
290 Vgl. Gaddis, „George Kennan, An American Life", S. 98
291 Kohl, a. a. O. S. 212
292 Jakowlew, a. a. O. S. 429 f.
293 a. a. O. S. 510 ff
294 a. a. O. S. 502
295 a. a. O. S. 464
296 a. a. O. S. 467f
297 a. a. O. S. 563
298 Tschernjajew a. a. O. S. 294
299 a. a. O. S. 312
300 Falin, „ Politische Erinnerungen", S. 498
301 Kwizinskij, a. a. O. S. 68
302 a. a. O. S. 86 ff
303 Falin, „Politische Erinnerungen", S. 498
304 a. a. O., vgl auch Kwizinskij, a. a. O. S. 99
305 a. a. O. S. 98 f
306 Falin, „Konflikte im Kreml", S. 39
307 Vgl. Leahy, „ I was there", S. 408

Literaturverzeichnis

Dokumente

Außenpolitik der Bundesrepublik Deutschland, Dokumente von 1949 – 1989, München, 1990
Deutsche Außenpolitik 1990/91, Eine Dokumentation, Bonn, 1991
Deutsche Außenpolitik nach der Einheit 1990 – 1993, Eine Dokumentation, Bonn, 1993
Deutsche Einheit, Sonderedition aus den Akten des Bundeskanzleramtes 1989/90, München, 1998
Documents on British Policy Overseas, Series III, Volume VII, „German Unification", London, Whitehall History Publishing
Galkin/Tschernjajew, „Michel Gorbatschow und die Deutsche Frage", Sowjetische Dokumente 1986 – 1991, München, 2011
Hilger, „Diplomatie für die deutsche Einheit", München, 2011
Lehmann, Ines, „Die Außenpolitik der DDR 1989/1990", Baden-Baden, 2010
Nakath, Detlef/Neugebauer, Gero/ Stephan, Gerd-Rüdiger, Hrsg. „Im Kreml brennt noch Licht", Berlin, 1998
Nato, „Final Communiques !986 – 1990", Brüssel, 1990
Nato, „Final Communiques 1991 – 1995" Brüssel, 1995
Stephan, Gerd-Rüdiger, Hrsg., „Vorwärts immer, rückwärts nimmer", Berlin, 1994
Umbruch in Europa, Die Ereignisse im 2. Halbjahr 1989, Eine Dokumentation, Bonn, 1990
Zwei plus vier, Eine Dokumentation, Bonn, 1991

Memoiren, Monographien und weitere Literatur

Ackermann, Eduard, „Mit feinem Gehör", Bergisch Gladbach 1994
Adenauer, Konrad, „Erinnerungen 1945 – 1953", Stuttgart, 1983
Adenauer, Konrad, „Erinnerungen 1953 – 1955", Stuttgart, 1984
Adomeit, Hannes, „Gorbachev, German Unification and the Collaps of Empire", Post Soviet Affairs, 1994, 10, 3, S. 197-230
Adomeit, Hannes, „Imperial Overstretch : Germany in Soviet Foreign Policy from Stalin to Gorbachev", Baden-Baden, 1998
Allardt, Helmut."Moskauer Tagebuch", Düsseldorf, 1973
Antall, Josef, „Selected Speeches and Interviews", Budapest 2008
Appel, Reinhard, (Hrsg.) „Einheit die ich meine", Köln, 2000
Arbatow, Georgi, „Das System", Frankfurt, 1993 f
Arndt, Claus, „Die Verträge von Moskau und Warschau", Bonn, 1973
Aron, Raymond, „L´Opium des Intellectuels", Paris, 1968

Attali, Jacques, „Verbatim III, 1988 – 1991", Paris 1995
Bahr, Egon, „Zu meiner Zeit", Berlin, 1999
Baker, James A., „Drei Jahre, die die Welt veränderten", Berlin, 1996
Baring, Arnulf, „Am Anfang war Adenauer", München, 1971
Baring, Arnulf, „Machtwechsel", Stuttgart, 1982
Barron, John, „KGB", München, 1974
Bergsdorf, Wolfgang,(Hrsg.),"Der Sieg der Freiheit", in „Die Politische Meinung", Oktober 2009
Bergsdorf, Wolfgang, Hrsg. „Deutsche Einheit, Ein Projekt", Erfurt, 2008
Berlin, Isaiah, „Russische Denker", Frankfurt, 1981
Beschloss, Michael R./Talbot, Strobe,"Auf höchster Ebene", Düsseldorf, 1993
Bialer, Seweryn, „Stalin's Successors", Cambridge 1980
Bialer, Seweryn, „Der hohle Riese", Düsseldorf, 1987
Biermann, Rafael, „Zwischen Kreml und Kanzleramt", Paderborn, 1998
Bohlen, Charles E. „Witness To History", New York, 1973
Bozo, Frederic, „Mitterand, la fin de la guerre froide et l'unification allemande", Paris, 2005
Braithwaite, Rodric, „Across The Moscow River", London, 2002
Bräutigam, Hans Otto, „Ständige Vertretung", Hamburg, 2009
Brodie, Bernard, „Strategy in the Missile Age", Princeton, 1959
Brown, Archie, „The Gorbachev Factor", Oxford, 1996
Brown, Archie, „Seven Years That Changed The World", Oxford, 2008
Brown, Archie, „The Rise And Fall Of Communism", London, 2009
Brzezinski, Zbigniew, „Power and Principle", New York, 1983
Buckley, William F. Jr., „The Fall of The Berlin Wall", Hoboken, 2004
Burlatski, Fedor, „Khrushchev And The First Russian Spring", New York, 1991
George,/Scowcroft, Brent,"A World Transformed", New York, 1998
Bundesinstitut für ostwissenschaftliche und internationale Studien, „Sowjetunion !980/81", München 1981
Bundesinstitut für ostwissenschaftliche und internationale Studien, „Sowjetunion 1982/83", München 1983
Bundesinstitut für ostwissenschaftliche und internationale Studien, „Sowjetunion 1984/85", München, 1985
Bundesinstitut für ostwissenschaftliche und internationale Studien, „The Soviet Union 1986/1987", Boulder, 1989
Bundesinstitut für ostwissenschaftliche und internationale Studien, „Sowjetunion 1988/89", München, 1989
Bundesinstitut für ostwissenschaftliche und internationale Studien, „Sowjetunion 1990/91", München 1991
Carrere d'Encausse, Helene, „L'Empire Eclate'", Paris ,1978
Clark, Alan, „Diaries , In Power, 1983 – 1992", London, 2004
Corbett, R.J.S. „Berlin and The British Ally 1945 – 1990", Berlin
Crankshaw, Edward, „Khrouchtchev, souvenirs", Paris, 1971

Dalos, György, „Gorbatschow, Mensch und Macht", München 2011
Daschitschew, Wjatscheslaw,/ Ströhm Carl Gustav, (Hrsg.) „Die Neuordnung Mitteleuropas", Mainz, 1991
Dehio, Ludwig, „Gleichgewicht oder Hegemonie", Zürich, 1996
de Maiziere, Lothar, „Ich will, daß meine Kinder nicht mehr lügen müssen", Freiburg, 2010
Djilas; Milovan, „Gespräche mit Stalin", Frankfort
Dobrynin, Anatoly, „In Confidence", New York, 1995
Dreher, Klaus, „Helmut Kohl", Stuttgart, 1998
Duisberg, Claus J., „Das Deutsche Jahr", Berlin, 2005
Engel, Jeffrey A. „The Fall Of The Berlin Wall", Oxford, 2009
English, Robert D., „Russia and the Idea of the West, Gorbachev, Intellectuals and the End of the Cold War",New York, 2000
Fainsod, Merle, „How Russia is ruled", Cambridge Mass, 1958
Falin, Valentin, „Politische Erinnerungen", München, 1993
Falin, Valentin, „Konflikte im Kreml", München, 1997
Fischer, Louis,, „Das Leben Lenins", Köln, 1965
Frank, Paul, „Entschlüsselte Botschaft", Stuttgart, 1981
Froment-Meurice, Henri, "Vu du Quai", Paris, 1998
Gaddis, John Lewis, „We now Know", Oxford, 1997
Gaddis, John Lewis, „The Cold War", London 2005
Garton Ash, Timothy „Ein Jahrhundert wird abgewählt", München, 1990
Garton Ash, Timothy, „The Polish Revolution", London, 1991
Garton Ash, Timothy , „Im Namen Europas", München ,1993
Gates, Robert M., „From the Shadows", New York, 2006
Gaus, Günter, Wo Deutschland liegt", Hamburg, 1983,
Genscher, Hans-Dietrich, „Erinnerungen", Berlin, 1995
Gorbatschow, Michael, „Erinnerungen", Berlin, 1995
Gorbatschow, Michael, „Wie es war", München, 2000
Gorbatschow, Michael, „Alles zu seiner Zeit", Hamburg, 2013
Gorodetsky, Gabriel, „Soviet Foreign Policy", London, 1994
Gratschew, Andrei,"Final Days", Oxford, 1995
Gratschew, Andrei, „Gorbachev´s Gamble", Cambridge, 2008,
Grosser, Dieter/Bierling, Stephan/ Kurz, Friedrich, „Die sieben Mythen der Wiedervereinigung", München 1991
Henke, Klaus-Dietmar, Hrsg. „Revolution und Vereinigung 1989/90", München, 2009
Hertle, Hans-Hermann, „Chronik des Mauerfalls", Berlin, 2009
Herzberg, Andert, „Der Sturz, Honecker im Kreuzverhör", Berlin, 1991
Hilger, „Diplomatie für die deutsche Einheit", München, 2011
Hillgruber, Andreas, „Die gescheiterte Großmacht", Düsseldorf, 1980
Honecker, Erich, „Moabiter Notizen", Berlin, 2010
Howe, Geoffrey, „Conflict of Loyalty", London, 1994
Huber, Florian, „Schabowskis Irrtum", Berlin, 2009

Hurd, Douglas, „Memoirs", London, 2003
Hutchings, Robert L., „American Diplomacy and the End of the Cold War", Baltimore, 1997
Iliescu, Ion, „Aufbruch nach Europa", Köln, 1995
Indelicato, Alberto, „Martello e Compasso", Mailand, 1999
Jakowlew, Alexander, „The Fate of Marxism in Russia", New Haven, 1993
Jakowlew, Alexander, „Sumerki", Moskau, 2005
Jelzin, Boris, „The Struggle For Russia", London, 1994
Jelzin, Boris, „Against The Grain", London, 1990
Kaiser, Karl, „Deutschlands Vereinigung", Bergisch Gladbach, 1991
Kaiser, Robert G., „Why Gorbachev happened", New York, 1991
Kempe, Frederick, „Berlin 1961", München 2011
Kennan, George F., „Memoiren eines Diplomaten", Stuttgart, 1968
Kiessler, Richard,/ Elbe, Frank, „Ein runder Tisch mit scharfen Ecken", Baden-Baden, 1993
Kissinger, „Kernwaffen und Auswärtige Politik", München, 1974
König, Gerd, „Fiasko eines Bruderbundes", Berlin, 2011
Kohl, Helmut, „Ich wollte Deutschlands Einheit", Berlin, 1996
Kohl, Helmut, „Erinnerungen 1982 – 1990", München, 2005
Kohl, Helmut, „Erinnerungen 1990 – 1994", München, 2007
Kohl, Helmut, „Vom Mauerfall zur Wiedervereinigung", München, 2009
Kohl, Walter, „Leben oder gelebt werden", München, 2011
Kotkin, Stephen, „Uncivil Society", New York, 2009
Kotschemassow, Wjatscheslaw, „Meine letzte Mission", Berlin, 1994
Kowalczuk, Ilko-Sascha, „Endspiel", München, 2009
Kramer, Mark, „The Collaps of Eastern European Communism and the Repercussions within the Soviet Union", Journal of Cold War Studies, Vol. 5, No. 4, Fall 2003, S. 178-256, Vol.6, No. 4, Fall 2004, S. 3-64, Vol. 7, No.1, Winter 2005, S. 3-96
Krenz, Egon, „Wenn Mauern fallen", Wien 1990
Krenz, Egon, „Herbst 89", Berlin, 1999
Kroh, Ferdinand, „Wendemanöver", München, 2005
Küsters Hanns Jürgen, „Das Ringen um die deutsche Einheit", Freiburg, 2009
Kuhn, Ekkehard, „Gorbatschow und die Deutsche Einheit", Bonn, 1993
Kwizinskij, Julij A., „Vor dem Sturm", Berlin, 1993
Leebaert, Derek, „Soviet Military Thinking",London, 1981
Leonhard, Wolfgang, „Die Revolution entlässt ihre Kinder", Köln, 1955
Leonhard, Wolfgang, „Am Vorabend einer neuen Revolution?", Gütersloh, 1975
Levesque, Jacques, „The Enigma of 1989", London, 1997
Ligatschow, Jegor, „Inside Gorbachev's Kremlin", Boulder, Colorado, 1996
Löwenthal, Richard,/Schwarz, Hans-Peter, „Die Zweite Republik", Stuttgart, 1974
Major, John, „The Autobiography", London, 1999

Malycha, Andreas/Winters, Peter Jochen, „Die SED", München, 2009
Marples, David R. „The Collapse of the Soviet Union", Harlow, 2004
Matlock, Jack F., „Autopsy of an Empire", New York, 1995
Mehnert, Klaus, „Über die Russen heute", Stuttgart, 1983
Meissner, Boris, „Die Breschnew-Doktrin", Köln, 1969
Merseburger, Peter, „Grenzgänger", München, 1988
Meyer, Michael, „The Year That Changed The World", London, 2009
Meyer-Landrut, Andreas, „Mit Gott und langen Unterhosen", Berlin, 2003
Millar, Peter, „1989, The Berlin Wall", London, 2009
Mlynar, Zdenek, „Nachtfrost", Köln, 1978
Modrow, Hans, „Ich wollte ein neues Deutschland", Berlin, 1998
Moersch, Karl, „Kursrevision", Frankfurt, 1978
Neubert, Ehrhart, „Unsere Revolution", München, 2008
Newhouse, John, „Cold Dawn, The Story Of Salt", New York 1973
Nitze, Paul H., „From Hiroshima to Glasnost", London, 1990
Plato, Alexander von, „Die Vereinigung Deutschlands", Bonn, 2003
Pleshakov, Constantine, „There is no Freedom Without Bread", New York, 2009
Pond, Elizabeth, „Beyond the Wall", New York, 1993
Politische Studien, Themenheft 1/2010, „20 Jahre Deutsche Einheit", München 2010
Rakowski, Mieczyslaw, „Es begann in Polen", Hamburg, 1995
Rauch, Georg von, „Geschichte der Sowjetunion", Stuttgart, 1977
Reagan, Ronald, „Erinnerungen", Berlin, 1990
„Reflections on 1989", IP Global Edition, 11/12 2009
Reißig, Rolf/Glaeßner, Gert Joachim, „Das Ende eines Experimentes", Berlin 1991
Reuth, Ralf Georg/Bönte, Andreas, „Das Komplott", München 1995
Ritter, Gerhard A., „Wir sind das Volk, Wir sind ein Volk", München, 2009
Ritter, Gerhard A., „Hans Dietrich Genscher, das Auswärtige Amt und die deutsche Vereinigung", München, 2013
Rödder, Andreas, „Deutschland einig Vaterland", München 2009
Ruehl, Lothar, „Machtpolitik und Friedensstrategie", Hamburg, 1974
Sabrow, Martin, „1989 und die Rolle der Gewalt", Göttingen, 2012
Sacharow, Andrei, „Mein Leben", München, 1991
Sarotte, Mary Elise „1989, The Struggle to Create Post-Cold War Europe", Princeton, 2009
Schabowski, Günter, „Das Politbüro", Hamburg, 1990
Schabowski, Günter, „Wir haben fast alles falsch gemacht", Berlin, 2009
Schachnasarow, „Preis der Freiheit", Bonn, 1996
Schapiro, Leonard, „The Communist Party of the Soviet Union", London, 1970
Schäuble, Wolfgang, „Der Vertrag", Stuttgart, 1991
Schelling, Thomas C. „Arms and Influence", New Haven, 1970
Schewardnadse, Eduard, „Die Zukunft gehört der Freiheit", Hamburg, 1991
Schmemann, Serge, „When The Wall Came Down", London, 2006

Schmidt, Helmut, „Strategie des Gleichgewichts", Stuttgart, 1969
Schmidt, Helmut, Menschen und Mächte, Berlin, 1987
Schuller, Wolfgang, „Die Deutsche Revolution 1989", Berlin, 2009
Schwarz, Hans-Peter, „Adenauer, Der Aufstieg", Stuttgart, 1986
Schwarz, Hans-Peter, „Adenauer, Der Staatsmann", Stuttgart, 1991
Sebestyen, Victor, „Revolution 1989", London 2009
Shultz, George P., „Turmoil and Triumph", New York, 1993
Sinowjew, Alexander, „Katastroika", Berlin, 1988
Smith, Gerard, „Double Talk", London, 1985
Smith, Hedrick, „Die Russen", München, 1976
Stent, Angela, „Russia and Germany Reborn", Princeton 1999
Stökl, Günther, „Russische Geschichte", Stuttgart, 1973
Stokes, Gale, „The Walls Came Tumbling Down", Oxford, 1993
Stratmann, K.-Peter, „Nato-Strategie in der Krise?", Baden-Baden, 1981
Talbot, Strobe, „Endgame", New York, 1980
Talbot, Strobe, „Deadly Gambits", New York, 1984
Teltschik, Horst, „329 Tage", Berlin, 1991
Thatcher, Margaret, „The Downing Street Years", London, 1993
Timmermann, Heiner, Hrsg. „Die DDR in Deutschland", Berlin, 2001
Timmermann, Heiner, Hrsg. „Die DDR – Analyse eines aufgegebenen Staates", Berlin, 2001
Tökes, Rudolf L. „Hungary´s Negotiated Revolution", Cambridge, 1996
Tschernjajew, Anatoly, „My Six Years with Gorbachev", University Park, 2000
Ulam, Adam B., „Dangerous Relations", Oxford 1983
Umbach, Frank, „Das Rote Bündnis", Berlin, 2005
Urban, George R., Diplomacy and Disillusion at the Court of Margaret Thatcher, London, 1996
Vedrine, Hubert, „Les mondes de Francois Mitterand", Paris, 1996
Volkogonov, Dmitri, „The Rise And Fall Of The Soviet Empire", London, 1999
Voslensky, Michael, „La Nomenclatura", Paris, 1980
Waigel, Theo,/ Schell, Manfred, „Tage, die Deutschland und die Welt veränderten", München, 1994
Walters, Vernon, „Die Vereinigung war voraussehbar", Berlin, 1994
Weidenfeld, Werner, „Außenpolitik für die Deutsche Einheit", Stuttgart 1998
Wohlstetter, Albert, „The Delicate Balance Of Terror", Foreign Affairs, Vol. 37, No. 2, 1959
Zelikow, Philip /Rice, Condoleeza, „Germany Unified and Europe Transformed", London, 1995

Personenverzeichnis

Aaron, David, amerikanischer Sicherheitsexperte, S. 44.
Abboville, d`, französischer Diplomat, S. 75
Abakumow, Wiktor Semjonowitsch, sowjetischer Innenminister, S. 178
Abalkin, Leonid Iwanowitsch, sowjetischer Wirtschaftswissenschaftler, S. 135, 139, 302, 305, 349, 435438
Abrassimow, Pjotr Andrejewitsch, sowjetischer Diplomat, S. 32, 36,56, 60, 89, 93
Achromejew, Sergei Fjodorowitsch, sowjetischer Marschall, S. 92, 96, 108, 112, 259, 260, 262, 263, 335, 338, 358, 361, 455, 458, 503, 505, 518521
Ackermann, Eduard, Pressesprecher des Bundeskanzlers, S. 290, 293
Adam, Rudolf, deutscher Diplomat, S. 132, 136, 142, 143, 146, 147, 151, 157, 161, 182, 186, 194, 196, 199, 224, 228, 310, 313, 316, 323, 326, 351, 352, 354, 399, 400, 402, 403, 415, 418, 424
Adamec, Ladislaw, tschechoslowakischer Ministerpräsident, S.236, 241, 245, 248
Adamischin, Anatoli Leonidowitsch, sowjetischer Diplomat, S. 259, 262, 321324
Adenauer, Konrad, deutscher Staatsmann, S. 26, 29, 30, 33, 97, 101, 147, 151, 155, 277, 280, , 515518
Aennchen von Tharau, S. 392
Afanasjew,Viktor Grigorjewitsch, sowjetischer Journalist, S. 25, 218
Aganbegjan, Abel Gesewitsch, sowjetischer Wirtschaftswissenschaftler, S. 108, 112
Aitmatow, Tschingis Torekulowitsch, sowjetischer Schriftsteller, S. 119, 123, 162, 166
Alexander II., russischer Zar, S. 223
Alexandrow, Anatoli Petrowitsch, sowjetischer Physiker, S. 76
Alksnis, Viktor Imantowitsch, sowjetischer Oberst und Deputierter, S. 421, 424, 440, 443, 447, 450
Allardt, Alexander, deutscher Diplomat, S. 132, 136, 154, 158, 181, 185
Ambarzumow, Jewgeni Arschakowitsch, sowjetischer Wirtschaftswissenschaftler, S. 79, 83, 161, 165, 175, 372, 375, 401, 404, 432, 435, 473476
Andrejewa, Nina Alexandrowna, sowjetische Politikerin, S. 117, 121, 122, 474477
Andropow, Juri Wladimirowitsch, sowjetischer Partei-und KGB-Chef, S. 51, 52, 53, 54, 55, 56, 59, 60, 61, 62, 63, 64, 66, 67, 69, 70, 71, 72, 76, 77, 78, 81, 82, 83, 84, 85, 86, 89, 94, 96, 98, 100, 101, 102, 103, 104, 105, 106, 107, 109, 110, 112, 114, 116, 137, 141, 145, 147, 149, 154, 156, 158, 180, 183, 186, 190, 199, 202, 206, 210, 234, 243, 244, 246, 267, 270, 282, 284, 323, 326, 350,352, 402,404, 415, 418, 428, 431, 444, 446, 449, 464, 466, 467, 468, 469, 470, 471, 472, 473, 480, 483, 485, 489, 491, 512, 513
Arbatow, Georgi Arkadjewitsch, sowjetischer Politikberater, S.57, 63, 101, 102, 131, 137, 146, 152, 155, 325, 350, 372, 466, 468, 469, 470, 471, 472, 475, 484, 524
Arbatow, (Junior), sowjetischer Abrüstungsexperte, S. 152, 153, 181
Arnim, Claudia v., geb. Freiin v. Maltzan, meine Frau, S.36, 70, 112, 114, 182, 253, 264, 266, 271, 294, 350
Arnim, Henning v., Oberfinanzpräsident, mein Vater, S. 13

Arnot, Alexander, deutscher Diplomat, S. 137
Aron, Raymond, französischer Soziologe, S. 17, 75
Attlee, Clemens, britischer Premier-Minister, S. 513
Augstein, Rudolf, deutscher Journalist, S. 91
Axen, Herrmann, SED-Politiker, S. 248, 479, 486

Bachmann, Thietmar, deutscher Diplomat, S. 132
Bahr, Egon, deutscher Politiker, S. 27, 28, 29, 30, 31, 46, 47, 50, 63, 64, 74, 97, 166, 192, 212, 219, 220. 222, 223, 254, 267, 277, 284, 494.
Bakatin, Wadim Viktorowitsch, sowjetischer Innenminister, S. 314, 315, 415, 421
Baker, James, amerikanischer Außenminister, S. 152, 153, 155, 202, 243, 245, 252, 253, 257, 264, 265, 286, 287, 323, 326, 327, 328, 332, 338, 339, 342, 345, 353, 375, 383, 390, 395, 422, 425, 429, 436, 505, 508, 514, 525, 527
Baklanow, Grigori Jakowlewitsch, sowjetischer Schriftsteller, S. 173, 425
Baklanow, Oleg Dmitrjewitsch, sowjetischer Minister, S. 356, 357, 362, 371
Barakling, Deutscher Oberst i.G., S. 328
Baranowski, sowjetischer Experte für Außenpolitik, S. 252, 272, 311, 346, 400, 503
Baring, Arnulf, deutscher Historiker, S. 151
Barker, Enno, deutscher Diplomat, S. 416
Barry de Longchamps, französischer Diplomat, S. 60 f
Barzel, Rainer, deutscher Politiker, S. 30
Bartholomew, Reginald, amerikanischer Diplomat, S. 44
Baschmet, Juri, sowjetischer Bratschist, S. 112
Bassewitz, Henneke Graf v., deutscher Diplomat, S. 185
Bastian, Gert, deutscher Politiker, S. 99
Batenin, Geli, sowjetischer General, S.333, 343, 364, 365, 366, 367, 368, 369, 370, 374, 375, 382, 401, 443, 462
Baudissin, Friedrich Graf v., deutscher Admiral, S. 293, 294
Beck-Oberdorf, Marieluise, deutsche Politikerin, S. 99
Belenet, Regis de, französischer Diplomat, S. 74 f.
Below, J., sowjetischer Journalist, S. 428
Bereschkow, Valentin Michailowitsch, sowjetischer Deutschland-Spezialist, S. 145 f.
Berghofer, Berghofer, Bürgermeister von Dresden, S. 216
Beria, Lawrenti Pawlowitsch, sowjetischer Politiker und NKWD-Chef, S.20, 178, 209, 337, 445, 464, 467, 507, 514
Bertram, Bodo, deutscher Diplomat, S. 91
Bessmertnych, Alexander Alexandrowitsch, sowjetischer Außenminister, S. 436, 510
Besimenskij, Lew, sowjetischer Journalist, S. 107
Bialer, Seweryn, amerikanischer Sowjetologe, S. 52
Bickaukas, litauischer Funktionär, S. 302
Biedenkopf, Kurt, deutscher Politiker, S. 100 f.
Bilak, Vasil, tschechoslowakischer Politiker, S. 121
Birger, Boris, russischer Maler, S. 270, 271
Bismarck, Otto v., deutscher Staatsmann, S. 28, 80, 85, 208, 214, 216, 221, 223, 294
Blackman, Anne, amerikanische Journalistin, S.154

Blagowolin, sowjetischer Strategie-Experte, S. 58, 298
Blech, Klaus, deutscher Diplomat, S. 186, 196, 206, 207, 209, 215, 219, 225, 226, 232, 240, 245. 259, 264, 286, 290, 308, 320, 321, 330, 331, 348, 354, 359, 362, 380, 385, 400, 405, 406, 412, 414, 427, 430, 441, 460 , 489
Blumenthal, Karl Graf v., preussischer General, S. 313
Bobkow, stv. KGB-Chef, S. 444, 445, 446
Böhme, Ibrahim, DDR-Politiker, S. 296, 307
Bogdanow, Radomir Georgijewitsch, sowjetischer Sicherheits-Funktionär, S. 58, 59, 154, 155, 180, 403, 471, 472
Bogomolow, Oleg Timofijewitsch, sowjetischer Wirtschaftswissenschaftler, S. 62, 63, 79, 110, 137,138, 161, 203, 350, 402, 411, 432, 468, 478, 485
Boldin, Waleri Iwanowitsch, sowjetischer Funktionär, S. 400, 503, 509
Bondarenko, Alexander Pawlowitsch, sowjetischer Diplomat, S. 37, 56, 38, 64, 97, 133, 162, 166, 191, 196, 197, 203, 204, 206, 215, 219, 225, 226, 235, 241, 242, 243, 248, 254, 257, 260, 267, 272, 294, 310, 312, 318, 321, 322, 325, 324, 343, 350, 382, 393, 394, 405, 462, 487, 503, 509, 514
Borowik, Genrich Awieserowitsch, sowjetischer Politiker, S. 373
Bowin, Alexander Jewgenjewitsch, sowjetischer Journalist, S. 59, 63, 137, 154, 269, 278, 296, 312, 350, 376, 383, 402, 416, 421, 426, 432, 468, 469, 484, 493
Brandt, Willy, deutscher Staatsmann, S. 26, 30, 50, 166, 178, 219, 221, 223, 230, 254, 267, 373, 494, 5145
Brazauskas, Algirdas, litauischer Partei-Chef, S. 255
Breschnew, Leonid Iljitsch, sowjetischer Parteichef, S. 20, 24, 40, 41, 42, 43, 49, 50, 51,52, 53, 54, 55, 59, 60, 64, 65, 66, 69, 74, 79, 91, 104, 109, 116, 117, 124, 127, 145, 178, 207, 242, 267, 319, 348, 404, 425, 427, 464, 468, 469 470, 471, 472, 478, 481, 485, 515
 Brett, Wolfgang, deutscher Diplomat, S. 88
Brezinski, Zbigniew, amerikanischer Sicherheitsberater, S. 44, 45
Briand, Aristide, französischer Außenminister, 319, 341
Brodie, Robert R. amerikanischer Stratege, S. 46
Brokaw, Tom, amerikanischer Journalist, S. 497
Browikow, sowjetischer Diplomat, S. 283, 284
Brown, Archie, britischer Sowjetologe, S. 18
Brucan, Silviu, rumänischer Politiker, S. 137, 501
Bucharin, Nikolai Iwanowitsch, sowjetischer Politiker, S. 20
Bülow, Bernhard Fürst v., Reichskanzler, S. 293
Bulganin, Nikolai Alexandrowitsch, sowjetischer Politiker, S. 97
Burkhardt, Jakob, deutscher Historiker, S. 224
Burlatsky, Fedor, sowjetischer Journalist und Funktionär, S. 63, 137, 173, 180, 282, 349, 350, 402, 407, 432, 465, 467, 468, 469, 473, 486
Bush, George, amerikanischer Präsident, S. 82, 104, 105, 153, 179, 194, 225, 236, 242, 245, 260, 278, 295, 316, 324, 328, 332, 342, 353, 393, 394, 417, 425, 458, 479, 483, 507, 508, 511, 514, 515
Butenko, Anatoli, P. , sowjetischer Soziologe, S. 62, 63, 76, 110, 137, 138, 143, 350, 402, 466, 467, 472, 473

Bykow, sowjetischer Wissenschaftler, S. 57

Carré, Philippe, französischer Diplomat, S. 71
Carrère d'Encausse, Hélène, französische Sowjetologin, S. 87
Carstens Karl, Bundespräsident, S. 68, 104, 209
Carstens, Manfred, deutscher Politiker, S. 180
Carter, Jimmy, amerikanischer Präsident, S. 44, 66, 75
Castro, Fidel, kubanischer Partei-Chef, S. 478
Ceaucescu, Nikolae, rumänischer Partei-Chef, S. 121, 136, 137, 262, 476, 488, 501
Chasbulatow, Ruslan Imjanowitsch, russischer Politiker, S. 398, 405
Chmelnitzki, Bogdan, ukrainischer National-Held, S. 185
Christians, Wilhelm, deutscher Banker, S. 392, 448
Chrustschow, Nikita Sergejewitsch, sowjetischer Parteichef, S.12, 20, 23, 49, 53, 97, 118, 143, 144, 178, 180, 270, 309, 336, 337, 350, 445, 467, 468, 469
Churchill, Winston-Spencer, britischer Staatsmann, S. 11, 14, 341
Citron, Klaus, deutscher Diplomat, S. 248
Clausewitz, Carl v., deutscher Stratege, S. 75
Cornwell, Rupert, britischer Journalist, S. 242
Cornwell, Susan, amerikanische Journalistin, S. 242, 299
Courtney, William, amerikanischer Diplomat, S.63, 71, 72, 4667
Curzon, George, britischer Außenminister, S. 168
Czyrek, Josef, polnischer Politiker, S. 40, 122

Daschitschew, Wjatscheslaw, sowjetischer Deutschlandexperte, S. 137, 138, 146, 147, 157, 164, 194, 202, 220, 231, 260, 273, 274, 275, 276, 282, 285, 290, 291, 296, 307, 342, 344, 358, 401, 424, 468, 486, 503
Dawydow, sowjetischer Politologe, S. 344
Dehler, Thomas, deutscher Politiker, S. 277
Delors, Jacques, Präsident der EG-Kommission, S. 388
Denissow, Edison, sowjetischer Komponist, S. 112
Dienstbier, Jiri, tschoslowakischer Außenminister, S. 306
Dimitriew, sowjetischer Diplomat, S. 139, 146, 147, 157, 194
Dimitrow, Georgi Michailowitsch, bulgarischer Politiker, S. 98
Dingens, Peter, deutscher Diplomat, S. 50
Djilas, Milovan, jugoslawischer Politiker, S. 19, 21
Dobrynin, Anatoli Fjodorowitsch, sowjetischer Diplomat, S. 505, 505, 506
Doder, Dusko, amerikanischer Journalist, S. 66
Dostojewski, Fjodor Michailowitsch, russischer Dichter, S. 14, 16, 178
Drach, ukrainischer Politiker, S. 199
Dregger, Alfred, deutscher Politiker, S. 140, 222
Dsassochow, Alexander Sergejewitsch, sowjetischer Politiker, S. 373, 375, 402, 403, 405, 406, 412, 426, 449
Dubček, Alexander, tschechoslowakischer Staatsmann, S. 236
Duclos, Michel, französischer Diplomat, S. 249, 355, 461
Duisberg, Claus, deutscher Diplomat, S.25, 227, 228

Dumas, Roland, französischer Außenminister, S. 231
Dutschke, Rudi, deutscher Studentenführer, S. 16
Dscherzinski, Felix, sowjetischer Politiker, S. 21

Ehmke, Horst, deutscher Politiker, S. 63
Ehrmann, Riccardo, italienischer Journalist, S. 496
Eichhorn, Christoph, deutscher Diplomat, S. 182, 184
Elbe, Frank, deutscher Diplomat, S. 247, 385, 387, 395, 419
Engels, Friedrich, deutscher Philosoph, S. 17
Enghien, Herzog v., Mitglied des französischen Königshauses, S.91
Engholm, Björn, deutscher Politiker, S. 205
Eppelmann, Rainer, DDR-Bürgerrechtskämpfer, S. 152
Eppler, Erhard, deutscher Politiker, S. 169
Erhard, Ludwig, deutscher Staatsmann, S. 26
Evans, Rowland, amerikanischer Journalist, S. 286

Fabius, Laurent, französischer Parlaments- und Ministerpräsident, S. 234
Fainsod, Merle, amerikanische Sowjetologin, S. 15, 20, 513
Falin, Valentin Michailowitsch, sowjetischer Funktionär, S. 46, 47, 97, 107, 133, 163, 165, 166, 167, 168, 169, 194, 201, 202, 205, 212, 220, 223, 248, 261, 267, 270, 272, 285, 291, 294, 307, 312, 329, 330, 331, 343, 353, 354, 355, 358, 360, 361, 362, 364, 365, 370, 373, 375, 380, 382, 383, 385, 388, 393, 394, 401, 405, 406, 426, 462, 486, 487, 488, 489, 490, 491, 492, 494, 495, 498, 499, 501, 502, 503, 504, 505, 506, 507, 509, 510, 514
Fedortschuk, Witali Wassiljewitsch, KGB-Chef, S. 55, 69, 470
Feldmann, Olaf, deutscher Politiker, S. 217
Feltsmann, Wladimir russischer Pianist, S. 80
Fischer, Oskar, DDR-Außenminister, S. 483
Fjodorow, Rafail, sowjetischer DDR-Experte, S. 220, 233, 267, 296, 362, 363, 439, 494, 495, 503
Fjodorow, Akademik, Leiter des Instituts für Maschinenbau, S. 300,
Foitik, Jan, tschechoslowakischer Politiker, S. 499
Fontane, Theodor, deutscher Dichter, S. 197
Fouche´, Joseph, Chef der französischen Geheimpolizei, S. 221
Frank, Paul, deutscher Diplomat, S. 29, 165
Friedman, Tom, amerikanischer Journalist, S. 339, 341
Frolow, Iwan Timofejewitsch, sowjetischer Journalist, S. 218
Fuchs, Jockel, deutscher Politiker, S. 170

Galbraith, John Kenneth, amerikanischer Wirtschaftswissenschaftler, S. 178
Gamsakhurdia, Zwiad, georgischer Politiker, S. 405, 454
Gaulle, Charles de, französischer Staatsmann, S. 183, 321
Gdljan, Telman Chorenowitsch, sowjetischer Staatsanwalt, S. 142, 159, 325
Gehlen, Reinhard, General, Gründer des BND, S. 308

Genscher, Hans-Dietrich, deutscher Außenminister, S.31, 43, 68, 89, 92, 94, 95, 96, 105, 107, 115, 116, 140, 150, 162, 205, 206, 208, 222, 223, 230, 245, 247, 252, 260, 265, 266, 269, 275, 276, 277, 284, 286, 287, 288, 289, 290, 292, 310, 311, 312, 323, 324, 328, 329, 334, 337, 338, 342, 343, 346, 347, 349, 353, 355, 357, 365, 385, 386, 387, 391, 395, 396, 404, 423, 437, 442, 483, 495, 507
Gerassimow, Gennady Iwanowitsch, Pressesprecher Gorbatschows, S.230, 289, 468, 476
Geremek, Bronisław, polnischer Dissident, S. 230
Gergorin, Jean-Louis, französischer Sicherheitsexperte, S. 75
Ghaddafi, Muammar, lybischer Diktator, S. 367
Ghandi, Mahatma, indischer Staatsmann, S. 178
Gidaspow, Boris Wenjaminowitsch, Leningrader Parteichef, S. 316
Giers, Nikolai Karlowitsch, zaristischer Außenminister, S. 299
Gilels, Emil, sowjetischer Pianist, S. 112
Glemp, Kardinal, Primas von Polen, S. 224, 479
Godunow, Boris, russischer Zar, S. 446
Goebbels, Josef, Hitlers Propaganda-Chef, S. 115, 125, 133
Gogol, Nikolai Wassiljewitsch, russischer Dichter, S. 14, 185
Golembiowski, Igor Nestorowitsch, sowjetischer Journalist, S. 140, 141, 181, 199, 270, 303, 393, 416, 426, 432, 461, 474
Gongadse, sowjetischer Diplomat, S. 248
Gorbatschow, Michail Sergejewitsch, sowjetischer Partei-Chef, S. 12, 23, 47, 65, 70, 78, 79, 104, 105, 106, 108, 109, 110, 111, 112, 113, 115, 116, 117, 118, 119, 121, 122, 123, 125, 126, 127, 128, 129, 130, 131, 132,133, 134, 135, 136, 137 139, 140, 141, 142, 144, 145, 147, 148, 149, 150, 152, 153, 155, 156, 157, 158, 159, 160, 162, 163, 166, 169, 171 174, 175, 176, 179, 180, 181, 182, 186, 187, 188, 190, 191, 194, 195,199, 199, 201, 202, 203, 206, 208, 209, 210, 211, 212, 213, 214, 215, 216, 217, 218, 219, 221, 225, 226, 227, 229, 230, 232, 233, 234, 235, 236, 238, 239, 240, 242, 243, 244, 245, 246, 247, 249, 250, 251, 252, 253, 254, 257, 258, 259, 260, 261, 262, 263, 264, 265, 267, 268, 269, 270, 271, 272, 273, 274, 275, 276, 278, 279, 280, 281, 282, 283, 284, 286, 287, 289, 290, 292, 295, 296, 297, 298, 300, 301, 302, 303, 307, 309, 310, 311, 313, 314, 315, 316, 317, 319, 322, 323, 324, 325, 326, 327, 328, 329, 330, 331, 332, 334, 335, 336, 337, 339, 340, 341, 342, 343, 344, 345, 346, 347, 348, 349, 350, 351, 352, 353, 354, 356, 357, 358, 361, 362, 363, 364, 365, 366, 367, 369, 370, 371, 372, 373, 375, 376, 377, 378, 380, 381, 382, 383, 384, 385, 386, 387, 388, 389, 390, 391,392, 393, 394, 395, 396, 397, 398, 399, 400, 401, 402, 403, 404, 405, 406, 407, 408, 410, 411, 412, 413, 414, 415, 416, 417, 418, 419, 420, 421, 422, 423, 424, 425, 426, 427, 429, 430, 431, 432, 433, 434, 435, 436, 438, 439, 441, 442, 443, 446, 447, 448, 450, 452, 453, 455, 458, 459, 460, 461, 462, 464, 466, 467, 468, 469, 470, 471, 472, 473, 474, 475, 476, 477, 478, 479, 480, 481, 483, 484, 486, 487, 488, 489, 490, 491, 492, 493, 494, 495, 496, 497, 498, 500, 501, 502, 503, 504, 505, 506, 507, 509, 510, 511, 512, 513, 514, 515, 516, 517, 518, 519, 523, 524, 525
Gordijewskij, Oleg Antonowitsch, KGB-Oberst, S. 444
Granin, Daniil Alexandrowitsch, russischer Schriftsteller, S. 251
Gratschew, Andrei S. Sowjetischer Funktionär, S. 231, 232, 249, 338, 364, 382, 403, 441, 442, 443, 446, 463, 471, 475, 499, 507

Gremitzkich, sowjetischer Diplomat, S. 243, 248
Grischin, Viktor Wassiljewitsch, sowjetischer Politiker, S. 35, 108, 109, 113, 114, 116, 471, 472
Gromow, Boris, Bsewolodowitsch,, sowjetischer General, S. 358
Gromyko, Andrei Andrejewitsch, sowjetischer Außenminister, S.29, 30, 37, 38, 50, 72, 79, 81, 92, 94, 95, 96, 97, 107, 108, 116, 118, 132, 162, 348, 507
Grósz, Károly, ungarischer Partei-Chef, S. 121, 136, 137, 211, 217, 482
Grossmann, Wassili Semjonowitsch, russischer Schriftsteller, S. 172, 176, 177,178,
Gründel, Herrmann, deutscher Diplomat, S. 180
Gruschko,Viktor Fjodorowitsch, KGB-General, S. 444, 500
Gueffroy, Chris, Mauer-Opfer, S. 128
Guillaume, Günther, Stasi-Spion, S. 223
Gysi, Gregor, SED-Politiker, S. 225, 244, 248, 258, 263, 278, 279, 359, 490, 491

Habermas, Jürgen, deutscher Philosoph, S. 17
Habsburg, Otto Erzherzog v. Österreich, S. 190
Haffner, Sebastian, deutscher Publizist, S. 320
Hager, Kurt, SED-Propaganda-Chef, S. 116
Hájek, Jiří, tschechoslowakischer Außenmnister und Dissident, S. 189
Haller, Benedikt, deutscher Diplomat, S. 132, 289
Hallstein, Walter, deutscher Diplomat, S. 24
Hartman, Arthur, amerikanischer Diplomat, S. 79f.
Hartmann, Peter, deutscher Diplomat, S. 227, 228 .
Havel, Václav, tschechoslowakischer Staatsmann, S. 128, 170, 235, 236, 235, 241, 262, 284, 295, 500
Heinrich, Prinz v. Preussen, deutscher Admiral, S. 293
Herrmann, Joachim, SED-Politiker, S. 221
Heyken, Eberhard, deutscher Diplomat, S. 135, 136, 141, 142, 166, 181, 187, 204, 209, 247, 287, 288, 309, 336, 343, 405, 461
Heym, Stephan, deutscher Schriftsteller, S. 225,
Hillgruber, Andreas, deutscher Historiker, S. 28, 29, 151
Hitler, Adolf, deutscher Diktator, S. 15, 28, 50, 146, 151, 167, 173, 209, 246, 249, 261, 319, 382
Hoagland, Jim, amerikanischer Journalist, S. 418
Hoetzsch, Otto, deutscher Ost-Wissenschaftler, S. 15
Hofmann, Gunter, deutscher Journalist, S. 221
Holik, Josef, deutscher Diplomat, S. 397
Holik, Wiltrud, deutsche Diplomatin, S. 114
Honecker, Erich, SED-Chef, S.32, 33, 85, 98, 103, 105, 107, 108, 128, 138, 147, 164, 166, 169, 170,175, 179, 182, 197, 198, 202, 209, 210, 211, 212, 217, 221, 234, 248, 307, 323, 456, 458, 465, 476, 479, 484, 486, 487, 488, 489, 490, 491, 492, 493, 504
Hopkins, Harry, Berater Präsident Franklin Roosevelts, S. 266
Horacek, Milan, deutscher Politiker, S. 98, 99
Horn, Gyula, ungarischer Außenminister, S. 167, 194, 225, 295, 306, 354, 484,

Hornhues, Karl-Heinz, deutscher Politiker, S. 405
Horstmann, Hans-Henning, deutscher Diplomat, S. 286, 339, 418
Hoyer, Werner, deutscher Politiker, S. 217
Huber, Herrmann, deutscher Diplomat, S. 54, 64, 189
Huber, Maria, deutsche Journalistin, S. 348
Hurd, Douglas, britischer Außenminister, S. 505
Husák, Gustav, tschechoslowakischer Präsident, S.121, 251, 476, 478

Ignatenko, Pressesprecher Gorbatschows, S. 403
Iliescu, Ion, rumänischer Präsident, S. 121, 262, 357, 462, 501
Ischinger, Wolfgang, deutscher Diplomat, S. 234
Iwanow, Nikolai Wenjaminowitsch, sowjetischer Staatsanwalt, S. 142, 157, 159, 325
Iwaschko, Wladimir Antonowitsch, sowjetischer Politiker, S. 383,

Jagoda, Genrich Georgijewitsch, Chef des NKWD, S. 178, 445
Jakes, Milos, tschechoslowakischer Partei-Chef, S. 243, 478, 488, 495, 499, 500
Jakowlew, Alexander Nikolajewitsch, sowjetischer Politiker, S. 118, 128, 132, 139, 156, 157, 158, 167, 168, 169, 177, 178, 188, 191, 225, 232, 233, 235, 254, 261, 270, 281, 283, 285, 286, 314, 322, 323, 335, 336, 337, 358, 359, 362, 365, 366, 369, 370, 371, 376, 377, 379, 400, 402, 403, 420, 431, 435, 436, 446, 465, 466, 467, 468, 469, 470, 471, 472, 473, 474, 475, 482, 484, 499, 503, 504, 508, 509, 510513
Jakowlew, Jegor Wladimirowitsch, sowjetischer Journalist, S. 173, 425, 469
Janajew, Gennadi Iwanowitsch, sowjetischer Politiker, S. 426, 430
Jaruzelski, Woiciech, polnischer Staatschef, S. 40, 41, 120, 122, 124, 127, 137, 174, 179, 191, 194, 221, 224, 225, 300, 324, 414, 479, 480, 481, 518
Jasow, Dmitri Timofejewitsch, sowjetischer Marschall und Verteidigungsminister, S. 140, 171, 199, 261, 270, 272, 283, 284, 335, 336, 337, 344, 359, 365, 371, 397, 413, 433, 435, 449, 455, 473
Jawlinski, Grigori Alexejewitsch, sowjetischer Wirtschaftswissenschaftler, S. 350, 398, 421, 454
Jelzin, Boris Nikolajewitsch, sowjetischer Politiker, S.117, 131, 132, 133, 134, 136, 157, 159, 175, 194, 195, 197, 214, 257, 281, 283, 294, 295, 325, 334, 347, 351, 356, 358, 371, 383, 384, 389, 390, 392, 398, 401, 403, 405, 406, 407, 413, 416, 417, 420, 424, 425, 429, 433, 434, 435, 436, 437, 438, 443, 448, 449, 452, 453, 454, 460, 461, 464, 514, 524, 527
Jeschow, Nikolai Iwanowitsch, sowjetischer Innenminister, S. 178, 445
Jessenin, Sergei Alexandrowitsch, russischer Dichter, S. 172
Johannes Paul II., Papst, S. 39, 40, 54, 62, 120, 243, 244, 250, 513

Kádár, Janos, ungarischer Partei-Chef, S. 67, 68, 69, 121, 476, 477, 482
Kaestner, Uwe, deutscher Diplomat, S. 86, 324, 386
Kahn, Herman, amerikanischer Nuklear-Stratege, S. 46
Kaiser, Karl, deutscher Politik-Wissenschaftler, S. 44
Kalugin, Oleg Danilowitsch, KGB-Dissident, S. 322, 323, 391, 402, 444, 445, 508

Kaman, Kurt, amerikanischer Diplomat, S. 77
Kant, Immanuel, deutscher Philosoph, S. 97, 392
Kapiza, sowjetischer Diplomat, S. 458
Karaganow, Sergei Alexandrowitsch, sowjetischer Politologe, S. 271, 382, 384394, 462
Karimow, Islam Abduganijewitsch, Präsident Usbekistans, S. 446
Karjakin, Juri, sowjetischer Philosoph und Deputierter, S. 161
Karpinski, Len Wjatscheslawowitsch, sowjetischer Funktionär, S. 143, 469
Karpow, Viktor Pawlowitsch, sowjetischer Diplomat, S. 231, 518
Kastl, Jörg, deutscher Diplomat, S. 101, 104, 105, 106, 111, 112, 114, 115
Kastrup, Dieter, deutscher Diplomat, S. 25, 162, 241, 250, 287, 324, 325, 385, 386, 395
Katharina die Große, russische Zarin, S. 147, 299
Katusew, sowjetischer Militärstaatsanwalt, S. 335
Keller, Bill, amerikanischer Journalist, S. 242, 339
Kelly, Petra, deutsche Politikerin, S. 98
Kennan, George F., S. 13, 15, 80, 86, 113, 266, 509
Kennedy, John F., amerikanischer Präsident, S. 73
Keßler, Heinz, DDR-Verteidigungsminister, S. 497, 498
Kiesinger, Kurt Georg, deutscher Bundeskanzler, S. 27
Kinkel, Klaus, deutscher Außenminister, S. 43, 46, 50, 75, 96, 223, 246, 277
Kirow, Sergei Mironowitsch, sowjetischer Politiker, S. 445
Kissinger, Henry A., amerikanischer Außenminister, S. 46, 72, 79, 80, 86, 95, 223
Kiszczak, Czeslaw, polnischer General und Politiker, S. 122, 127, 174, 191
Kittel, Walter, Staatssekretär im Bundeslandwirtschafts-Ministerium, S. 268
Klein, Johnny, deutscher Politiker, S. 289
Kljamkin, Igor Moisejewitsch, sowjetischer Soziologe S. 142, 143, 204, 401
König, Gerd, DDR-Diplomat, S. 150, 331, 359, 474, 476, 479, 492, 495, 505
Kohl, Helmut, deutscher Staatsmann, S. 47, 64, 68, 69, 79, 82, 83, 84, 85, 86, 101, 102, 104, 105, 115, 116, 125, 133, 138, 140, 146, 150, 155, 190, 192, 193,194, 195,196, 205, 210, 216, 220, 221, 222, 223, 228, 229, 230, 232, 233, 234, 235, 236, 242, 243, 244, 245, 246, 247, 248, 249, 252, 254, 255, 259, 264, 265, 268, 269, 275, 276, 284, 286, 287, 288, 289, 290, 292, 295, 297,300, 307, 319, 321,322, 323, 325, 326, 327, 328, 329, 330, 333, 342, 343, 346, 359, 364, 368, 370, 377, 383, 384, 385, 386, 387, 390, 393, 408, 412, 413, 415, 442, 448, 484, 486, 498, 505, 506, 507, 508, 509, 511, 515
Kokoschin, Andrei Afanasjewitsch, sowjetischer Strategie-Experte, S. 58, 309, 312, 373, 374, 382, 384, 440, 462
Kondraschow, sowjetischer Journalist, S. 344
Kondratjew, sowjetischer Journalist, S. 198, 254
Kopelew, Lew Sinowjewitsch, russischer Schriftsteller und Dissident, S. 104, 144
Koptelzew, Valentin Alexejewitsch, sowjetischer Diplomat, S. 312, 321, 338, 343, 384, 462, 463 488
Kornienko, Georgi Markowitsch, sowjetischer Diplomat, S. 92, 458

Korotitsch, Witali Alexejewitsch, sowjetischer Journalist, S. 118, 173, 181, 322, 336, 425
Kortunow, Andrei V., sowjetischer Politologe, S. 278,
Koschedub, sowjetischer Marschall, S. 303, 304, 335
Koschetow, stv. Sowjetischer Verteidigungsminister, S. 457
Kosolapow, Richard Iwanowitsch, sowjetischer Politologe, S. 473
Kostandow, Leonid, sowjetischer Vizeministerpräsident für Außenhandel, S. 84
Kosyrew, Andrei Wladimirowitsch, russischer Außenminister, S. 408
Kotschemassow, Wjatscheslaw Iwanowitsch, sowjetischer Diplomat, S. 89, 251, 252, 486, 494
Kowaljow, Anatoli Gawrilowitsch, sowjetischer Diplomat, S. 97, 196, 197, 225, 226, 231, 273, 321
Kraske, Konrad, deutscher Politiker, S. 170
Krause, Günther, DDR-Minister, S. 392
Krawtschenko, sowjetischer Journalist, S. 170, 399
Krawtschuk, Leonid Makarowitsch, ukrainischer Präsident, S. 413
Kremenjuk, sowjetischer Politologe, S. 310
Krenz, Egon, SED-Chef, S. 152, 163, 207, 209, 217, 224, 225, 234, 244, 248, 278, 296, 323, 477, 488, 489, 490, 491, 492, 493, 494, 496, 497, 498, 499
Krjutschkow, Wladimir Alexandrowitsch, KGB-Chef, S. 191, 199, 315, 387, 398, 402, 417, 418, 423, 424, 425, 428, 429, 430, 433, 434, 435, 436, 443, 444, 445, 451, 477, 489, 496, 502, 509
Kroll, Hans, deutscher Diplomat, S. 101
Kühlmann, Richard v., Staatssekretär des Auswärtigen Amtes,(Außenminister), S. 320
Kühnrich, Hardy, DDR-Journalistin, S. 307
Kwizinskij, Julij A., sowjetischer Diplomat, S. 56, 64, 100, 197, 230, 248, 254, 272, 321, 325, 344, 360, 363, 372, 373, 382, 384, 385, 386, 387, 388, 393, 394, 395, 401, 405, 409, 442, 446, 463, 498, 503, 505, 506, 509, 510, 514

Lambsdorff, Hagen Graf v., deutscher Diplomat, S.73, 99, 103
Lamers, Karl, deutscher Politiker, S. 259, 260, 264
Lamsdorf, Wladimir Nikolajewitsch Graf, zaristischer Außenminister, S. 299
Lange, Oskar, polnischer Wirtschaftswissenschaftler, S. 350
Landsbergis, Vytautas, litauischer Präsident, S. 302, 316, 343, 433, 436, 524, 525
Laptew, Pawel Antonowitsch, sowjetischer Funktionär, S. 141
Lautenschlager, Hans-Werner, deutscher Diplomat, S. 392
Leber, Georg, deutscher Politiker, S. 95
Le Carre, John, britischer Schriftsteller, S. 242
Lefevre, Wolfgang, deutscher Studentenführer, S. 16,
Lenbach, Franz v., deutscher Maler, S. 85, 220
Lenin, Wladimir Iljitsch, sowjetischer Parteichef, S. 11, 16, 18, 19, 20, 21, 49, 53, 54, 61, 68, 69, 78, 84, 142, 143, 144, 177, 178, 240, 320, 464, 466, 469, 470, 473, 513
Leonhard, Wolfgang, deutscher Sowjetologe, S. 52
Libal, Michael, deutscher Diplomat, S. 48, 67

Ligatschow, Jegor Kusmitsch, sowjetischer Politiker, S. 102, 117, 118, 131, 132, 133, 134, 135, 140, 157, 176, 182, 188, 194, 199, 213, 218, 251, 257, 261, 273, 283, 284, 306, 314, 334, 337, 345, 351, 357, 359, 362, 371, 372, 376, 378, 381, 383, 384, 398, 403, 416, 438, 446, 464, 474, 479, 484, 509
Lisitschew, Alexei Dmitrjewitsch, sowjetischer General, Kommandeur der Politverwaltung, S. 315
Lobow, Wladimir N., sowjetischer General, Oberkommandierender des Warschauer Paktes, S. 357, 373
Logan, David, britischer Diplomat, S. 232
Lorenz, Andreas, deutscher Journalist, S. 91
Lopatin, sowjetischer Major und Politoffizier, S. 335, 336, 345, 372
Löwenthal, Richard, deutscher Politik-Wissenschaftler, S. 15, 16, 17,26
Lücking, Walter, deutscher Diplomat, S. 30
Lukanow, Andrei, bulgarischer Politiker, S. 363
Lukin, Wladimir Petrowitsch, sowjetischer Politiker, S. 448
Lukjanow, Anatoli Iwanowitsch, sowjetischer Politiker, S. 186, 398, 402, 403, 404, 406, 414, 415, 429, 432, 445, 446, 450
Lyne, Roderic, britischer Diplomat, S. 232

Ma, chinesischer Diplomat, S. 54
Männel, Gerda, Sachbearbeiterin, S. 132
Maiziere, Lothar de, DDR-Ministerpräsident, S. 254, 332
Maiziere, Ulrich de, Generalinspekteur der Bundeswehr, S. 254
Makaschow, Albert Michailowitsch, sowjetischer General, S. 303, 335, 358, 362, 365
Maksimow, sowjetischer General und stv. Verteidigungsminister, S. 457,
Malenkow, Georgi Maximilianowitsch, sowjetischer Politiker, S. 20, 337
Maltzan, Ago Frhr. v., deutscher Diplomat, S. 294, 320
Mandelstam, Ossip Emiljewitsch, russischer Dichter, S. 172
Manning, David, britischer Diplomat, S. 461
Marcuse, Herbert, deutscher Philosoph, S. 16
Maren-Griesebach, Manon, deutsche Politikerin, S. 99
Markow, sowjetischer Journalist, S. 165, 291, 387, 388 456,
Marshall, George C., amerikanischer Stabschef des Heeres und Außenminister, S. 14
Marx, Karl, deutscher Philosoph, S. 18, 21, 22, 61, 76, 77, 109, 110, 112, 428, 473
Maslennikow, Arkadi A., sowjetischer Journalist und Sprecher Gorbatschows, S. 145, 450, 460, 527
Masur, Kurt, Dirigent und DDR-Bürgerrechtler, S. 217, 493
Masurow, Kirill Trofimowitsch, sowjetischer Politiker, S. 499
Matlock, Jack, amerikanischer Diplomat, S. 231, 232.
Mazowiecki, Tadeusz, polnischer Dissident und Ministerpräsident, S. 191, 194, 236, 481
Meckel, Markus, Dissident und DDR-Außenminister, S. 331
Medunow, Sergej Fjodorowitsch, sowjetischer Funktionär, S. 60, 67, 69, 84, 471
Medwedew, Roi Alexandrowitsch, sowjetischer Dissident, S. 157, 161, 162

Medwedew, Wadim Andrejewitsch, sowjetischer Politiker, S. 118, 188, 503
Mehnert, Klaus, deutscher Sowjetologe, S. 52
Melamid, sowjetischer Professor, S. 188, 210
Mendelewitsch, Lew, sowjetischer Diplomat, S. 138, 139, 146, 196, 248, 318
Merkulow, Wsewolod Nikolajewitsch, NKWD-Chef, S. 178
Mertes, Alois, deutscher Politiker, S. 92
Meyer-Landrut, Andreas, deutscher Diplomat, S. 49, 50,51, 63, 80, 84, 90, 96, 106, 114, 136, 145, 148, 167, 168, 169, 203, 451, 470
Mickiewcz, Adam, polnischer Dichter, S. 88
Michnik, Adam, polnischer Dissident, S. 223, 479
Mielke, Erich, Stasi-Chef, S. 217, 248, 465, 483, 484, 493, 496
Mies, Herbert, Partei-Chef der DKP, S. 477
Migranjan, Andrannik, sowjetischer Soziologe, S. 204, 205, 282, 357, 401
Miodowicz, Alfred, polnischer Politiker,S. 125
Miroschnitschenko, Olga (Trifonowa), sowjetische Schriftstellerin, S. 112
Mischnick, Wolfgang, deutscher Politiker, S. 245
Mittag, Günter, SED-Politiker, S. 221, 244
Mitterand, Francois, französischer Präsident, S. 74, 75, 216, 225, 231, 242, 245, 249, 250, 258, 259, 263, 265, 279, 284, 300, 328, 333, 346, 364, 375, 377, 505, 515
Mladenow, Petar, bulgarischer Außenminister, S. 224, 251, 376, 501
Mlynář, Zdeněk, tschechoslowakischer Politiker, S. 67
Mock, Alois, österreichischer Außenminister, S. 167, 194
Modrow, Hans, Ministerpräsident der DDR, S. 169, 208, 212, 216, 230, 233, 253, 254, 258, 260, 263, 278, 279, 285, 291, 298, 489, 490, 491, 498, 499, 504, 517
Möllemann, Jürgen W., deutscher Politiker, S. 269
Mohorita, tschechoslowakischer Jugendfunktionär, S. 234
Moisejew, Michail Alexejewitsch, sowjetischer Generalstabschef, S. 148, 150, 160, 211, 343, 371, 372, 376, 380, 384, 386, 387, 390, 393, 493
Molotow, Wjatscheslaw Michailowitsch, sowjetischer Außenminister, S. 20, 146, 167, 168, 187, 191, 193, 209, 261, 320, 337, 377, 420, 458
Moltke, Helmut James Graf v., deutscher Widerstandskämpfer, S. 15
Moltke, Helmut Graf v., deutscher Feldmarschall, S. 313
Momper, Walter, Regierender Bürgermeister von Berlin, S. 230
Morosow, Sawwa Timofejewitsch, russischer Industrieller und Sammler, S. 97
Musatow, Waleri, sowjetischer Funktionär, S. 455, 500

Nagorski, Stan, amerikanischer Journalist, S. 115
Nagy, Imre, ungarischer Ministerpräsident, S. 167
Napoleon Bonaparte, französischer Kaiser, S. 76, 91, 177, 205, 297, 302, 475
Nasarbajew, Nursultan Abischewitsch, kasachischer Parteichef, S. 418, 420, 454
Nayhauß, Mainhardt Graf v., deutscher Journalist, S. 387
Nemeth, Miklos, ungarischer Politiker, S. 121, 125, 137, 157, 167, 225, 482, 483, 484
Nesselrode, Karl Robert, Graf v., zaristischer Reichskanzler, S. 299
Neubert, Klaus, deutscher Diplomat, S. 417

Neuer, Walter, deutscher Diplomat, S. 287, 289, 290,
Nevermann, Knut, deutscher Studentenführer, S. 16
Newhouse, Bob, amerikanischer Abrüstungsexperte, S. 44
Nikolaus II., russischer Zar, S. 51, 293
Nikulin, sowjetischer General, S. 372
Nischanow, Rafik Nischanowitsch, usbekischer Politiker, S. 524
Nitze, Paul, amerikanischer Sicherheitspolitiker, S. 64, 96, 100
Nixon, Richard, amerikanischer Präsident, S. 72
Nunn, Sam, amerikanischer Senator, S. 378
Nyers, Rezsö, ungarischer Politiker, S. 121, 201, 217, 482

Obuchow, Alexei, sowjetischer Diplomat, S. 55, 57
Ogarkow, Nikolai Wassiljewitsch, sowjetischer Marschall, S. 72, 91, 92, 94, 108
Ohnesorg, Benno, deutscher Student, S. 16
Opletal, Jan, tschechoslowakischer Student, S. 233
Osipjan, Juri Andrejewitsch, sowjetischer Wissenschaftler, S. 435

Palach, Jan, tschechoslowakischer Student, S. 128
Parsons, Talcott, amerikanischer Soziologe, S. 204,
Pasternak, Boris Leonidowitsch, russischer Dichter, S. 35
Pauls, Christian, deutscher Diplomat, S. 325
Paulus, Friedrich, deutscher Feldmarschall, S. 183
Pawlowa-Silvanskaja, sowjetische Politologin S. 410, 411, 487
Pawlow, Walentin Sergejewitsch, sowjetischer Ministerpräsident, S. 432, 440, 456
Peissik, Michel-Yves, französischer Diplomat, S. 211
Pelsche, Arvid Janowitsch, sowjetischer Politiker, S. 52, 84, 88
Perfiliew, sowjetischer Diplomat, S. 210, 235
Peter der Große, russischer Zar, S. 51, 87, 299
Petrakow, Nikolai Jakowlewitsch, sowjetischer Wirtschaftswissenschaftler, S. 270, 302, 432, 503
Petruschenko, sowjetischer Oberst und Deputierter, S. 421, 459
Pfleiderer, Karl Georg, deutscher Politiker, S. 277
Pipes, Richard, amerikanischer Russland-Experte, S. 93
Piroschkow, Wladimir Petrowitsch, stv. KGB-Chef, S. 444
Ploetz, HansFriedrich v., deutscher Diplomat, S. 460
Podgorny, Nikolai Viktorowitsch, sowjetischer Politiker, S. 52, 74
Poese, Thomas, Sozialreferent, S. 132, 300, 358
Poloskow, Iwan Kusmitsch, sowjetischer Politiker, S. 322, 347, 358, 360, 391, 416, 461
Ponomarjow, Boris Nikolajewitsch, sowjetischer Politiker, S. 53, 98
Popieluszko, polnischer Priester, S. 110, 120, 124
Popow, Gawriil Charitonowitsch, sowjetischer Wirtschaftswissenschaftler und Deputierter, S. 161, 175, 212, 213 421, 432
Popow, Waleri Nikolajewitsch, sowjetischer Diplomat, S. 56, 57, 313
Portugalow, Nikolai, sowjetischer Funktionär, S. 47, 205, 206, 219, 234, 248, 250,

272, 291, 328, 329, 330, 331,334, 340, 343, 364, 383, 388, 462, 488, 499
Potschiwalow, Leonid, sowjetischer Schriftsteller, S. 485
Powers, Gary, amerikanischer Pilot, S. 33
Pozsgay, Imre, ungarischer Politiker, S. 120, 121, 127, 128, 142, 167, 190, 198, 225, 478, 482, 483, 489, 501
Primakow, Jewgeni Maximowitsch, sowjetischer Politiker, S. 156, 191, 224, 358, 362, 365, 370, 376, 400, 404, 418, 420, 421, 422, 425, 435, 436, 447, 448, 455, 525
Prochanow, Alexander Andrejewitsch, sowjetischer Journalist, S. 274, 282
Proektor, Daniil, sowjetischer Deutschlandexperte, S. 57, 86, 87, 156, 252, 296, 319, 320, 326, 327, 328, 343, 344, 359, 401
Prunskiene, Kazimiera, litauische Ministerpräsidentin, S. 343, 345, 525
Pugo, Boris Karlowitsch, sowjetischer Innenminister, S. 415, 435
Puschkin, Alexander Sergejewitsch, russischer Dichter, S. 14, 208
Putin, Wladimir Wladimirowitsch, russischer Präsident, S. 512

Rachlin, Samuel, dänischer Journalist, S. 59
Rakowski, Mieczyslaw, polnischer Politiker S. 40, 120, 121, 122, 124, 157, 174, 179, 191, 221, 225, 472, 478, 479, 480, 481, 482, 489, 501
Rasumowski, Georgi Petrowitsch, sowjetischer Funktionär, S. 188
Rathenau, Walter, deutscher Außenminister, S. 320
Reagan, Ronald, amerikanischer Präsident, S. 42, 59, 66, 72, 79, 81, 94, 102, 103, 107, 111, 122, 123, 207, 228, 249, 514
Reents, Jürgen, deutscher Politiker, S. 98, 99
Reinhold, Otto, SED-Ideologe, S. 191, 201
Repin, Ilja, russischer Maler, S. 185,
Ribbentrop, Joachim v., Hitlers Außenminister, S. 146, 167, 168, 187, 191,193, 209, 261, 320, 377, 420, 458
Richter, Swjatoslaw, sowjetischer Pianist, S. 112,
Ritter, Klaus, Direktor der Stiftung Wissenschaft und Politik, S. 308, 309
Rodin, sowjetischer Diplomat, S. 279, 350
Rodionow, sowjetischer General, S. 335, 404
Roman, Petre, rumänischer Ministerpräsident, S. 262
Romanow, Grigori Wasiljewitsch, sowjetischer Politiker, S.105, 116
Romberg, Walter, DDR-Politiker, S. 296
Ronneburger, Uwe, deutscher Politiker, S. 217
Roosevelt, Franklin Delano, amerikanischer Präsident, S. 266
Rose, Klaus, deutscher Politiker, S. 180
Rubiks, Alfreds, lettischer Politiker, S. 440
Rühl, Lothar, deutscher Sicherheitsexperte, S. 44, 46, 376
Ruge, Gerd, deutscher Journalist, S. 387
Rusakow,, Konstantin Viktorowitsch, sowjetischer Politiker, S. 62, 68
Ruth, Friedrich, deutscher Diplomat, S. 82
Rykin, Viktor, sowjetischer Funktionär, S. 133, 141, 167, 208, 214, 217, 220, 284, 296, 297, 298, 333, 342, 363, 364, 369 439, 448, 463, 493
Ryschkow, Nikolai Iwanowitsch, sowjetischer Ministerpräsident, S. 131, 155, 176,

188, 251, 270, 298, 302, 314, 317, 346, 352, 357, 389, 394, 397, 403, 408, 416, 429, 432, 481, 524, 525, 527
Ryschow, Juri Alexejewitsch, sowjetischer Politiker, S. 373

Sacharow, Andrei Dmitrijewitsch, sowjetischer Physiker und Dissident, S. 76, 136, 158, 253, 253, 270
Saddam Hussein, irakischer Diktator, S. 388, 390, 396, 404, 415, 421, 448
Sagladin, Wadim Valentinowitsch, sowjetischer Funktionär, S. 63, 97, 99, 145, 146, 164, 260, 264, 270, 320, 321, 325, 362, 468, 484
Salleo, Ferdinando, italienischer Diplomat, S. 362
Salygin, Sergei Pawlowitsch, sowjetischer Schriftsteller, S. 309
Samjatin, Leonid Mitrofanowitsch, sowjetischer Funktionär, S. 344
Sanne, Carl-Werner, deutscher Diplomat, S. 31
Saslawskaja, Tatjana Iwanowna, sowjetische Soziologin, S. 78, 108, 110, 372, 432, 524
Schabowski, Günter, SED-Politiker, S. 225, 229, 229, 465, 489, 490, 491, 492, 496, 497, 498
Schachnasarow, Georgi Chosrojewitsch, Berater Gorbatschows, S. 468, 475, 477, 494, 501, 502, 503 504, 505
Schäuble, Wolfgang, deutscher Politiker, S. 271, 392
Schäfers, Reinhard, deutscher Diplomat, S. 132, 146, 151, 152, 155, 157, 169, 200, 215, 221, 223, 230, 272, 297, 310, 313, 323, 332, 382
Scharin, sowjetischer Politiker, S. 405
Schatalin, Stanislaw Sergejewitsch, sowjetischer Wirtschaftswissenschaftler, S. 350, 390, 393, 398, 406, 408, 432
Schatrow, Michail Filippowitsch, sowjetischer Dramatiker, S. 320, 502
Schedrina, sowjetische Deutschland-Expertin, S. 260, 264
Scheel, Walter, deutscher Außenminister, S. 29, 30, 97, 165, 245, 348, 395
Schelew, Schelju, bulgarischer Politiker, S. 376
Schellenberg, Walter, SS-Offizier, S. 207
Schelling, Thomas, amerikanischer Spieltheoretiker und Stratege, S. 46
Schewardnadse, Eduard Amvrosijewitsch, sowjetischer Politiker, S. 116, 128, 129, 139, 142, 152, 153, 155, 157, 162, 182, 201, 202, 205, 206, 207, 208, 210, 217, 224, 225, 230, 231, 234, 235, 237, 245, 246, 247, 249, 251, 252, 256, 257, 259, 260, 261, 262, 264, 265, 267, 269, 275, 279, 280, 283, 284, 285, 286, 288, 289, 290, 291, 292, 294, 298, 306, 310, 313, 314, 318, 322, 323, 325, 327, 328, 329, 331, 333, 334, 335, 337, 338, 339, 344, 346, 348, 353, 355, 357, 358, 359, 360, 361, 362, 364, 365, 366, 370, 371, 375, 376, 377, 379, 380, 385, 386, 390, 391, 395, 396, 399, 400, 401, 402, 403, 404, 405, 407, 408, 409, 414, 418, 419, 420, 421, 422, 423, 424, 426, 429, 433, 436, 439, 442, 447, 448, 455, 458, 459, 483, 485, 487, 496, 498, 506, 507, 510, 518
Schily, Otto, deutscher Politiker, S. 99, 308
Schischlin, Nikolai, sowjetischer Funktionär, S. 231, 232, 393, 394, 400, 468, 481, 499, 509
Schiwkow, Todor, bulgarischer Partei-Chef, S. 125, 128, 170, 219, 224, 230, 251, 376, 476, 488
Schlaja, sowjetischer General, S. 373

Schlund, Vera, Sachbearbeiterin, S. 132
Schmatow, sowjetischer Funktionär, S. 363
Schmeljow, Nikolai Petrowitsch, sowjetischer Wirtschaftswissenschaftler, S. 432
Schmemann, Serge, amerikanischer Journalist, S. 73, 105, 242, 339
Schmidt, Helmut, deutscher Staatsmann, S. 41, 43, 44, 45, 46, 57, 64, 67, 68, 74, 162, 163, 515
Schmidt-Heuer, Christian, deutscher Journalist, S. 221, 347, 348, 377, 378, 462
Schnittke, Alfred, sowjetischer Komponist, S. 112
Schnur, Wolfgang, DDR-Rechtsanwalt, S. 308
Schollwer, Wolfgang, Deutschland-Experte der FDP, S. 277
Scholz, Rupert, Bundesverteidigungsminister, S. 140
Schorlemmer, Friedrich, DDR-Bürgerrechtler, S. 225
Schostakowski, Wjatscheslaw, Nikolaijewitsch, sowjetischer Funktionär, S. 270
Schröder, Gerhard, deutscher Außenminister, S. 26
Schröder, Gerhard, deutscher Bundeskanzler, S. 219
Schukow, sowjetischer Journalist, S. 145
Schukow, Georgi Konstantinowitsch, sowjetischer Marschall, S. 180, 336
Schtscherbitzki, Wladimir Wasiljewitsch, ukrainischer Partei-Chef, S. 131, 199
Schtscholokow, Nikolai Anisimowitsch, sowjetischer Innenminister, 49,50, 51, 61, 67,68, 69, 84, 109, 142, 470, 471, 472
Schuhmacher, Vertreter der Friedrich-Ebert-Stiftung in Moskau, S. 141
Schurkin, Witali Wladimirowitsch, sowjetischer Europa-Experte, S. 181
Schwarzmann, deutscher Diplomat, Botschafter, Chef des Protokolls, S. 13
Scowcroft, Brent, amerikanischer Sicherheitsberater und General, S. 514
Sebestyen, Viktor, britischer Journalist, S. 500
Semjonow, Wladimir Semjonowitsch, sowjetischer Diplomat, S. 209, 210, 467, 507
Shapiro, Leonard, amerikanischer Sowjetologe, S. 15
Shulmann, Marshall, amerikanischer Sowjetologe, S. 52
Shultz, George P., amerikanischer Außenminister, S. 288
Siegl, Elfie, deutsche Journalistin, S. 142
Sik, Ota, tschechoslowakischer Wirtschaftswissenschaftler, S. 350
Silajew, Iwan Stepanowitsch, russischer Ministerpräsident, S. 389, 408, 524
Sinowjew, Grigorij Jefsejenewitsch, sowjetischer Politiker, S. 20
Sitarjan, Stepan Aramaisowitsch, sowjetischer Politiker, S. 435
Skubiszewski, Krzysztof, polnischer Außenminister, S. 285, 306, 391, 399, 408, 409
Slocombe, Walter, amerikanischer Sicherheitspolitiker, S. 44
Smith, Ray, amerikanischer Diplomat, S. 347, 356, 387, 415, 461
Snetkow, Boris, sowjetischer General, Oberkommandierender in der DDR, S. 493
Sobtschak, Anatoli Alexandrowitsch, sowjetischer Jurist und Deputierter, S. 161, 162, 188, 261, 295, 335, 382, 421
Sokolow, Sergei Leonidowitsch, sowjetischer Marschall und Verteidigungsminister, S. 180

Solomenzew, Michail Sergejewitsch, sowjetischer Politiker, S. 102, 132
Solowjow, Juri Filippowitsch, sowjetischer Politiker, S. 157
Solschenizyn, Alexander Isajewitsch, russischer Schriftsteller, S. 185, 250, 309, 463
Spaeth, Lothar, deutscher Politiker, S. 358, 386
Staehlin, Carl, deutscher Ost-Wissenschaftler, S. 15
Stalin, Josif Wisarionowitsch, sowjetischer Parteichef, S. 14, 18, 19, 20, 21, 22, 23, 29, 49, 53, 59, 61, 67,68, 142, 143, 144, 146, 147, 151, 167, 168, 173, 177, 178, 180, 183, 209, 219, 255, 261, 277, 309, 335, 337, 350, 352, 445, 464, 467, 507, 513
Stankjewitsch, Sergei Borisowitsch, sowjetischer Politiker, S. 175, 181, 295, 431
Starkow, sowjetischer Journalist, S. 218
Starodubzew, Wasili Alexandrowitsch, sowjetischer Politiker, S. 357, 404, 414
Starowoitowa, Galina Wasiljewna, sowjetische Politikerin, S. 425
Steinkühler, Franz, deutscher Gewerkschafter, S. 429
Stepanow, sowjetischer Diplomat, S. 422
Stoiber, Edmund, deutscher Politiker, S. 360, 361
Stoltenberg, Gerhard, deutscher Politiker, S. 269, 291, 304, 324, 342
Stoph, Willi, DDR-Ministerpräsident, S. 33, 221, 248
Strauß, Franz Josef, deutscher Politiker, S. 85, 290, 361, 485
Štrbac, Ljubiša, jugoslawischer Diplomat, S. 54
Streletz, Fritz, stv. DDR-Verteidigungsminister, S. 498
Stresemann, Gustav, deutscher Außenminister, S. 319, 341
Strougal, Lubomir, tschechoslowakischer Ministerpräsident, S. 478, 480, 482, 489, 501
Suchow, Leonid Iwanowitsch, sowjetischer Politiker, S. 356
Sudhoff, Jürgen, deutscher Diplomat, S. 89
Süssmuth, Rita, deutsche Politikerin S. 234
Suslow, Michail Andrejewitsch, sowjetischer Politiker, S. 23, 41, 52, 53 156, 171, 178, 470
Suworow, Alexander Wasiljewitsch, zaristischer Feldmarschall, S. 303
Swerdlow, Jakow Michailowitsch, sowjetischer Politiker, S. 397
Szürös, Matyas, ungarischer Politiker, S. 106, 198

Talleyrand, französischer Außenminister, S. 91, 205
Tandecki, deutscher Generalleutnant, S. 82, 83
Tandler, Gerold, deutscher Politiker, S. 361
Tarasenko, Sergei, sowjetischer Diplomat, S. 287, 318, 322, 331, 334, 385, 397, 401, 421, 422, 423 439
Teltschik, Horst, Leiter der außenpolitischen Abteilung des Kanzleramtes, S. 220, 227, 228, 265, 266, 268, 287, 290, 324, 338, 346, 352, 361, 385, 386, 387, 392, 393, 499, 502, 503, 507
Terechow, Wladislaw Petrowitsch, sowjetischer Diplomat, 321, 322
Thadden, Rudolf v., deutscher Politiker, S. 16
Thatcher, Margaret, britische Premier-Ministerin, S. 111, 123, 139, 140, 150, 153, 202, 214, 216, 235, 240, 242, 245, 272, 284, 354, 356, 505, 515

Theodor, Ingrid, Sekretärin, S. 132
Thomasek, Kardinal, Primas der Tschechoslowakei, S. 121, 236
Thürner, Gyula, ungarischer Diplomat, S. 67, 68
Tichonow, Nikolai Alexandrowitsch, sowjetischer Ministerpräsident, S. 77, 78, 86, 116, 402, 415
Tirpitz, Alfred v., deutscher Admiral, S. 293, 294
Tisch, Harry, SED-Politiker, S. 244
Tito, Josef Brosz, jugoslawischer Parteichef, S. 19, 23
Titow, Gennadi Fjodorowitsch, KGB-General, S. 444
Tjutschew, Fjodor Iwanowitsch, russischer Dichter und Diplomat, S. 208, 214, 493
Todenhöfer, Jürgen, deutscher Politiker, S. 99
Tökes, Laslo, rumänischer Bischof, S. 179, 251
Tolstoi, Alexei Nikolaijewitsch, russischer Schriftsteller, S. 97
Tolstoi, Lew, russischer Dichter, S. 14, 49, 97, 177, 178,
Topornin, Boris Nikolajewitsch, sowjetischer Jurist, S. 299, 300
Trawkin, Nikolai Iljitsch, sowjetischer Politiker, S. 414, 524, 525
Trifonow, Juri, sowjetischer Schriftsteller, S. 112
Trofinowa, Olga, Witwe von Trofinow S. 112
Trotzki, Lew Davidowitsch, sowjetischer Politiker, S. 12, 19, 20, 22, 172, 320
Truman, Harry S., amerikanischer Präsident, S. 513
Tschaadajew, Pjotr Jakowlewitsch, russischer Schriftsteller, S. 178
Tschaikowski, Peter Iljitsch, russischer Komponist, S. 80
Tschebrikow, Viktor Michailowitsch, KGB-Chef, S. 69, 102, 132, 140, 199, 219, 261, 419, 420, 428
Tschechow, Anton Pawlowitsch, russischer Dichter, S. 14
Tschernenko, Konstantin Ustinowitsch, sowjetischer Partei-Chef, S. 52, 53, 55, 60, 61, 64, 65, 67, 68, 78, 104, 105, 107, 108, 109, 110, 111, 113, 116, 402, 415, 428, 446, 470, 471, 472, 473483
Tschernitschenko, Juri Dmitrijewitsch, sowjetischer Journalist, S. 469
Tschernjajew, Anatoli Sergejewitsch, sowjetischer Funktionär, S. 247, 248, 289, 290, 296, 385, 400, 468, 472, 473, 474, 477, 478, 484, 485, 486, 487, 494, 501, 502, 503, 504, 507, 508, 510
Tschitscherin, Georgi W.,sowjetischer Außenminister, S. 320
Tschubais, Anatoli Borissowitsch, sowjetischer Politiker, S. 399, 400, 509
Tschurbanow, Juri Michailowitsch, sowjetischer stv. Innenminister, S. 60, 68, 117, 127, 470
Tschurbanowa, Galina (Breschnewa), Tochter Breschnews, S. 60, 61, 67, 69, 470, 472
Tschurkin, Witali Iwanowitsch, sowjetischer Diplomat, S. 210, 408
Tsipko, Alexander, sowjetischer Soziologe, S. 143, 424, 426, 427, 432, 434, 469, 473, 475
Tuchatschewski, Michail Nikolajewitsch, sowjetischer Marschall, S. 180

Ulam, Adam, amerikanischer Sowjetologe, S. 52, 72
Ulbricht, Walter, DDR-Parteichef, S. 25, 37, 209, 221, 382
Ussytschenko, Leonid, sowjetischer Diplomat, S. 38, 133, 144, 203, 310, 311, 462

Ustinow, Dimitij Fjodorpwitsch, sowjetischer Rüstungs- und
Verteidigungsminister, S. 52, 66, 72, 94, 100, 109, 110, 111, 402, 415

van Well, Günther, deutscher Diplomat, S. 48
Vogel, Hans-Jochen, deutscher Politiker, S. 74, 75, 141
Vogel, Heinrich, deutscher Sowjetologe, S, 126
Vogel, Wolfgang, DDR-Rechtsanwalt, S. 33, 193

Wałęsa, Lech, polnischer Staatsmann, S. 74, 122, 124,125, 191, 414
Warennikow, Valentin Iwanowitsch, sowjetischer General, S. 414, 432, 457
Warnke, Jürgen, deutscher Politiker, S. 270, 272
Weber, Juliane, Leiterin des Büros des Bundeskanzlers Helmut Kohl, S. 290
Weber, Max, deutscher Soziologe, S. 204
Weinberger, Caspar, amerikanischer Verteidigungsminister, S. 228
Weissenburger, Ursula, Sekretärin, S. 133
Weizsäcker, Carl-Friedrich Frhr. v., deutscher Physiker, S. 75, 76
Weizsäcker, Richard Frhr. v., Bundespräsident, S. 75, 116, 132, 148, 154, 485
Wellershoff, deutscher Admiral und Generalinspekteur der Bundeswehr, S. 148
Wellington, Herzog v., britischer General, S. 450
Wenck, Walter, deutscher General, S. 245
Wetter, deutscher Brigadegeneral, S. 148
Whitney, Craig, amerikanischer Journalist, S. 339
Wieck, Hans-Georg, deutscher Diplomat, S. 59
Wieland, Leo, deutscher Journalist, S. 66
Wilhelm I., deutscher Kaiser, S. 223
Wilhelm II., deutscher Kaiser,S. 249, 293, 294
Wilz, Bernd, deutscher Politiker, S. 354
Wirth, Josef, deutscher Reichskanzler, S. 320
Wischnewski, Hans-Jürgen, deutscher Politiker, S. 74
Witte, Sergei Juljewitsch Graf, zaristischer Ministerpräsident, S. 299
Wlassow, Juri Petrowitsch, sowjetischer Gewichtheber und Deputierter, S. 159, 162, 347
Woerner, Manfred, deutscher Politiker, S. 115, 140, 306, 343, 375, 385, 387, 388
Wohlstetter, Albert, amerikanischer Physiker und Stratege, S. 46
Wolf, Markus, stellvertretender Minister für Staatssicherheit der DDR, S. 197,198, 202, 208, 212, 221, 225, 244, 487, 394, , 488, 489, 490, 491, 495, 499
Wolkogonow, Dmitri Antonowitsch, sowjetischer General und Historiker, S. 143, 404
Wolter, Detlev, deutscher Diplomat, S. 132, 185, 360
Wormspächer, Vorsitzender der „Wiedergeburt", S. 307
Worotnikow, Witali Iwanowitsch, sowjetischer Politiker, S. 102, 105, 176
Wosnesenski, Andrei Andrejewitsch, russischer Dichter, S. 112

Zoellick, Bob, amerikanischer Politik-Berater, S. 353
Zwigun, Semjon Kusmitsch, stellvertretender KGB-Chef, S. 51, 61, 67, 68, 470, 471, 472

Abkürzungsverzeichnis

AA Auswärtiges Amt
ADN Nachrichten-Agentur der DDR
ARD Arbeitsgemeinschaft der Rundfunkgesellschaften Deutschlands

BBC Britsh Broadcasting Corporation, Britischer Rundfunk
BM Bundesminister
BMVg Bundesministerium für Verteidigung
BND Bundesnachrichten Dienst,
BRD, DDR-Abkürzung für Bundesrepublik Deutschland

CDU Christlich Demokratische Union
CIA Central Intelligence Agency, amerikanischer Auslands-Nachrichten-Dienst
CBS Columbia Broadcasting System, amerikanischer Fernseh-Sender
COCOM, Coordinating Committee, Ausschuß zur Koordinierung der Ost-Exporte
COMECOM Council for mutual Economic Aid, Rat für gegenseitige Wirtschaftshilfe
CSU Christlich Soziale Union

DDP Deutscher Depeschendienst
DDR Deutsche Demokratische Republik
DPA Deutsche Presseagentur

EG Europäische Gemeinschaft
ERW Enhanced Radiation Weapon, Waffe mit verstärkter Strahlen-Wirkung, Neutronen-Bombe,
EWG Europäische Wirtschaftsgemeinschaft

FAZ Frankfurter Allgemeine Zeitung
FBI Federal Bureau of Investigations, amerikanische Bundes-Polizei
FDP Freie Demokratische Partei
Fotl ‚Follow on to Lance, geplantes Nachfolge-Modell der nuklearen Kurzstreckenrakete Lance
FU Berlin, Freie Universität Berlin

GLCM ground launched cruise missile, bodengestützte Flügel-Rakete,
GPU, sowjetische Geheimpolizei
GRU Hauptverwaltung Aufklärung, Auslands-Nachrichten-Dienst der sowjetischen Streitkräfte

ICBM Intercontinental Ballistic Missile, Interkontinentale ballistische Rakete
IISS, International Institute for Strategic Studies, Internationales Institut für strategische Studien

IMEMO sowjetisches Institut für internationale Beziehungen
INF Verhandlungen über Intermediate Nuclear Forces, Verhandlungen über nukleare Mittelstrecken-Waffen

INFO-Funk Informationsdienst des Bundespresse-Amtes für die deutschen Auslandsvertretungen
IWF Internationaler Währungsfond

KGB Komitee für Staatssicherheit, sowjetische Geheimpolizei
Komintern, Kommunistische Internationale, internationale Vereinigung der kommunistischen Parteien
KpdSU Kommunistische Partei der Sowjetunion
KPSS Kommunistische Partei der Sowjetunion
KSE I, Verhandlungen über Konventionelle Sicherheit in Europa, I. Teil,
KSE I a, ergänzende Verhandlungen zur KSE I,
KSE II, Verhandlungen über Konventionelle Sicherheit in Europa II. Teil
KSZE Konferenz für Sicherheit und Zusammenarbeit in Europa
KVAE Konferenz über Vertrauens- und Sicherheit-bildende Maßnahmen in Europa

MBFR Mutually Balanced Force Reductions, Verhandlungen über gegenseitig balanzierte Streitkräfte-Reduzierungen
MIG sowjetische Jagd-Flugzeuge
MID Ministerium für auswärtige Angelegenheiten, das sowjetische Außenministerium
MOE Mittel-Ost-Europäische Staaten
MS Mitglieds-Staaten
MX Missile Experimental, amerikanische ballistische Langstrecken-Rakete

NATO North Atlantik Treaty Organization, Nord Atlantik Pakt Organisation
NKWD Volks Kommissariat über Innere Angelegenheiten, sowjetische Geheim-Polizei
NPD National Demokratische Partei Deutschlands
NVA Nationale Volks-Armee, die Streitkräfte der DDR

OB Oberbefehlshaber

PDS Partei des Demokratischen Sozialismus
PvAP Polnische Vereinte Arbeiter-Partei, die polnische kommunistische Partei

RGW Rat für gegenseitige Wirtschaftshilfe, die multilaterale Organisation für wirtschaftliche Zusammenarbeit der Staaten des Warschauer Paktes

SALT Strategic Arms Limitation Talks, Verhandlungen zur Begrenzung strategischer Waffen

SAM surface to air missile, Flugabwehr-Rakete
SAM sowjetisches Außenministerium
SBZ Sowjetische Besatzungszone,
SDP Sozialdemokratische Partei der DDR

SDI Strategic Defense Iniatiative, amerikanisches Programm zur Schaffung einer strategischen Raketen-Verteidigung
SED Sozialistische Einheitspartei Deutschlands

SIOP Single Integrated Operations Plan, amerikanischer Plan für die Nuklear-Kriegsführung
SLCM sea launched cruise missile, see-gestützte Flügel-Rakete
SPD Soialdemokratische Partei Deutschlands
SS Schutz-Staffel der Nazis
SS Surface to Surface Missile, Boden-Boden-Raket
START Verhandlungen über die Reduzierung strategischer Waffen
SU Sowjetunion

Tscheka, Außerordentliche Kommission, sowjetische Geheimpolizei

UNO United Nations Organization, Vereinte Nationen
UpDK, Verwaltung zur Betreuung des diplomatischen Corps
USA United States of America
US United States, Vereinigte Staaten

VKSE Verhandlungen über konventionelle Sicherheit in Europa
VM Verteidigungsminister
WEU Westeuropäische Union
WP Warschauer Pakt

ZDF Zweites Deutsches Fernsehen
ZK Zentral-Komitee